安徽地税年鉴

ANHUI DISHUI NIANJIAN

2015

安徽省地方税务局 编

全 国 百 佳 图 书 出 版 单 位
时代出版传媒股份有限公司
黄 山 书 社

全省地方税务工作会议在合肥召开

全省地方税务工作会议

1月15日，全省地方税务工作会议在合肥召开。会议总结回顾了2013年全省地税工作，对深入学习贯彻党的十八届三中全会精神及全国税务工作会议、全省经济工作暨城镇化工作会议精神作了部署，明确了今后一个时期地税工作的目标任务，并对2014年工作进行了安排。会议号召全省地税系统凝心聚力，改革创新，向着税收现代化目标奋力前行。省地税局党组书记、局长汪建国代表省局党组在会上作工作报告。副局长洪晓建、胡春武分别主持会议，纪检组长方学军，副局长倪三立、周敬军，政治部主任郑圣良，副巡视员李建国出席会议。会议还进行分组讨论和交流发言。省地税局局属单位主要负责人，各市、县(区、市)地税局局长参加了会议。

汪建国局长参加第一分组讨论

洪晓建副局长参加第二分组讨论

胡春武副局长参加第三分组讨论

纪检组长方学军参加第四分组讨论

倪三立副局长参加第五分组讨论

周敬军副局长参加第六分组讨论

政治部主任郑圣良参加第七分组讨论

副巡视员李建国参加第八分组讨论

各市地税局经验交流代表发言

省地税局局属单位主要负责人，各市、县（区、市）地税局局长参加会议。

省地税局上线“政风行风热线”

“政风行风热线”现场

1月9日，省地税局党组成员、纪检组长方学军率有关处室负责人到省电台“政风行风热线”节目直播间，与全省广大听众就地税热点、难点问题进行直接交流，并现场回答了听众的咨询。

相关处室负责人与听众交流

省地税局召开党的群众路线教育实践活动总结会议

1月24日，省地税局召开党的群众路线教育实践活动总结会议。省地税局党组书记、局长、教育实践活动领导小组组长汪建国作总结讲话。省委第7督导组组长黄荣华出席会议并讲话，副组长周晓刚和督导组全体成员出席会议。省局领导洪晓建、胡春武、方学军、倪三立、周敬军、郑圣良、李建国和省局机关干部职工、局属二级单位主要负责人、16个市局主要负责人及部分退休老同志参加了会议。

省局领导洪晓建、胡春武、方学军、倪三立、周敬军、郑圣良、李建国参加会议。

全省地税系统春训动员大会（视频）

省地税局召开春训动员会对全系统党的群众路线教育实践活动提要求

2月7日上午，省地税局召开全省地税系统春训动员大会（视频）。省地税局党组成员、政治部主任郑圣良作题为《认真践行群众路线努力改进工作作风》的动员讲话，对全省地税系统开展党的群众路线教育实践活动提出要求。省地税局党组书记、局长汪建国主持会议，省局领导洪晓建、胡春武、方学军、倪三立、李建国和省局干部职工在主会场参加会议，各市、县（区）地税局干部职工和分局干部职工在当地分会场参加会议。

省局干部职工在主会场参加会议，各市、县（区）地税局干部职工和分局干部职工在当地分会场参加会议。

省地税局组织收看全国税务系统党风廉政建设工作会议

组织收看全国税务系统党风廉政建设工作会议

省局领导汪建国、洪晓建、胡春武、倪三立、郑圣良、李建国及省局机关和二级机构副处级以上干部在分会场参加会议。

2月13日，省地税局组织收看全国税务系统党风廉政建设工作会议，省局领导汪建国、洪晓建、胡春武、倪三立、郑圣良、李建国及省局机关和二级机构副处级以上干部在分会场参加会议。会议结束之时，省局党组书记、局长汪建国要求参会同志认真学习贯彻全国税务系统党风廉政建设工作会议精神，扎实做好反腐倡廉各项工作，坚持依法治税、廉洁从税，为地税事业改革发展提供强有力的保证，并就贯彻落实好总局会议精神提出四项具体要求。

省地税局组织系统先进模范人物事迹报告巡讲活动

汪建国局长和政治部主任郑圣良看望先进事迹报告团成员，并与其合影

先进事迹报告团巡讲集中会现场

为深入开展党的群众路线教育实践活动，广泛宣传基层先进人物事迹，大力推进“三和”地税建设，2月11日–13日，省局组织系统先进模范人物事迹报告团分赴各市作巡回报告。报告团出发前，省地税局党组书记、局长汪建国专门看望了报告团成员，向他们表示亲切慰问，并勉励大家不断发挥榜样引领作用，坚守为民情怀，立足本职岗位，勤奋努力工作，为税收事业作出新的更大的贡献。党组成员、政治部主任郑圣良在集中会上作了讲话，对报告团成员提出了殷切希望。

全省地税系统党风廉政建设工作会议在合肥召开

2月21日，全省地税系统党风廉政建设工作会议在合肥召开。省地税局党组书记、局长汪建国出席会议并作讲话，省地税局党组成员、纪检组长方学军作工作报告。省局领导洪晓建、胡春武、倪三立、郑圣良、李建国出席会议。各市地税局局长、纪检组长、监察室主任，各县（市、区）地税局局长，省地税局局属各单位副处级以上干部参加会议。

会议现场

汪建国局长参加分组讨论

胡春武副局长参加分组讨论

纪检组长方学军参加分组讨论

副巡视员李建国参加分组讨论

洪晓建副局长参加分组讨论

倪三立副局长参加分组讨论

政治部主任郑圣良参加分组讨论

4个市局和2个县局作了大会发言交流

安徽省税务学会2013年会暨成果交流会在合肥召开

省税务学会2013年会暨全省税务调研成果交流会

省税务学会六届一次常务理事会议

全省税务学会2013年会暨全省税务调研成果交流会、省税务学会六届一次常务理事会于2月27–28日在合肥召开。这次会议的主要任务是：回顾总结2013年全省税务学会主要工作；解读十八届三中全会关于深化财税体制改革的有关内容；分析2014年全省税务学会工作面临的形势和任务；研讨交流2013年全省群众性优秀税收调研成果；布置落实2014年全省税务学会工作，发布全省群众性税收调研课题及课题编组名单。

安徽大学法学院华国庆教授解读十八届三中全会有关财税体制改革路线图

省地税局机关妇委会组织开展“百村百区志愿行”活动

王言向小学生赠送物品

省局机关妇委会一行与小学生们合影

“三八节”前夕，省局机关妇委会组织机关女同志赶赴省地税局美好乡村建设定点帮建村——太湖县城西乡方洲中心村，开展以帮助贫困学生为重点的“百村百区志愿行”活动。

3月7日，省局机关同志一行来到太湖县城西乡方洲中心村，详细了解方洲中心村美好乡村建设的情况，认真听取了相关情况介绍，参观考察了美好乡村建设现场。随后大家又来到城西乡方洲中心村小学，将饱含着省局机关党员干部关爱之情的2千余元助学款以及学生新衣服和小学生课外书籍等送到贫困学生的手上，为他们献上一份爱心。

全省地方税务稽查工作会议召开

洪晓建副局长作报告

与会人员进行讨论

3月20日，全省地方税务稽查工作会议在汤池培训中心召开。各市地税局，广德、宿松县地税局分管稽查工作领导、稽查局局长、省局直属局分管稽查工作领导、稽查分局局长、省局稽查局负责人和各科室主要负责人参加会议。

省地税局组织青年志愿者义务植树

春风绿沃野，万物换新颜。3月21日上午，省地税局组织青年志愿者30余人来到合肥市四里河森林公园参加义务植树活动。此次植树活动是省地税局青年志愿者服务系列活动之一，旨在通过绿化种植和爱绿护绿活动，树立“植绿、护绿、爱绿”的绿色文明理念，争做生态文化的传播者、绿色家园的建设者、环境保护的促进者。

志愿者们合影

志愿者们在义务植树

省地税局组织党员干部学习习近平总书记兰考讲话精神

会议现场

3月26日，省地税局召开干部职工大会，省局党组书记、局长汪建国传达学习习近平总书记在河南省兰考县调研指导党的群众路线教育实践活动时的重要讲话精神。省地税局党组成员、政治部主任郑圣良主持会议，局领导洪晓建、方学军及省局机关干部职工参加会议。会议要求省局机关党员干部认真学习和深刻领会总书记重要讲话精神，要把讲话精神贯彻落实到各项整改任务之中，做到立学立改、持续整改，不断巩固扩大省局机关教育实践活动成果，切实解决“四风”突出问题，让广大纳税人和系统基层干部职工实实在在感受到省局机关党员干部作风转变带来的新气象；要按照总书记“深学、细照、笃行”的要求，大力学习弘扬焦裕禄精神、争做焦裕禄式好党员好干部，时刻把焦裕禄精神作为加强修养、锤炼党性的行动标杆，像焦裕禄同志那样为民、务实、清廉，为党和人民的事业生命不息、奋斗不止；要以总书记重要讲话为动力，按照既定部署和目标，进一步理清思路，进一步改进作风，进一步激发活力，扎实抓好年度各项工作落实。

省地税局组织机关党员干部集中观看影片《焦裕禄》

3月26日下午，省地税局组织局属各单位党员干部集中观看影片《焦裕禄》。观看后，省局机关党员干部一致认为，焦裕禄同志是新时期我们每个党员干部立身做人的学习标杆，焦裕禄精神是新时期我们每个党员干部干事创业的精神动力。大家纷纷表示，一定要努力学习和践行焦裕禄同志牢记宗旨、心系群众的公仆精神，勤俭纯朴、艰苦创业的奋斗精神，实事求是、调查研究的求实精神和廉洁奉公、勤政为民的奉献精神，立足本职岗位，自觉付诸实践。

播放影片《焦裕禄》

全省地税系统绩效考评工作会议召开

8个获奖单位合影

绩效考评工作会议现场

3月31日，省地税局召开2013年度全省地税系统绩效考评会议。省局领导、各市地税局、省地税局局属各单位主要负责人参加考评会，对各市地税局2013年工作进行绩效考评。

省地税局做客新安晚报“厅长零距离”活动

“厅长零距离”活动结后，汪建国局长现场布置落实电话咨询问题的后期跟进工作。

4月16日下午，省地税局党组书记、局长汪建国，党组成员、副局长胡春武率领政策法规处、劳财税处、所得税处、两税处、基金费处、纳税服务处、征管科技处、稽查局、直属局和合肥市地税局负责人参加了新安晚报“厅长零距离”活动，围绕便民办税春风行动、小微企业及就业创业税收优惠、个人所得税政策、发票管理等涉税热点难点问题，与纳税人进行了电话交流，现场解答了近30位纳税人的咨询。

省地税局召开推进现代化分局建设十佳单位现场评审会

胡春武副局长在评审会前布置工作

评审现场

4月19日，全省地税系统推进现代化分局建设十佳单位现场评审会在合肥召开，来自全省各地的18个省级先进单位参加现场评审。各市（含宿松、广德县）地税局分管领导应邀参加观摩。评审包括PPT总体汇报、专题阐述和现场答疑三个环节，评审集中展示了系统五年来现代化分局建设成果，形式新颖，特色鲜明，达到预期目标，获得参会人员的广泛好评。

省地税局被评为省直机关“十佳书香机关”光荣称号

4月23日，省地税局在“书香安徽阅读季”启动仪式暨第五届“省直机关读书月”游园活动上被省委宣传部、省直机关工委、省新闻出版局评为省直机关“十佳书香机关”光荣称号。

胡春武副局长（右二）接受颁奖

全省地税系统“三项能手“决赛在合肥举行

合肥电子工程学院考点

政治部主任郑圣良巡视征管、稽查能手考场

为促进系统干部职工加强业务学习、提高业务技能，安徽省地税局决定在2013年“全员大练兵春训大考试”基础上，举行全省地税系统征管能手、稽查能手和税收信息化能手竞赛。经各市县局选拔推荐，4月27日上午，共有353人参加了省局在合肥举办的能手决赛。省局抽调人员认真做好监考等考务工作，省局党组成员、政治部主任郑圣良参加巡考。

省地税局召开纪念“五四”青年座谈会

座谈会会场

5月4日上午，省局召开机关青工委换届会议暨纪念“五四”青年座谈会，总结回顾青工委成立3年多来的主要工作情况，选举产生新一届青工委委员。省局党组书记、局长汪建国出席座谈会并讲话。

局属单位10位青年代表发言

省地税局机关组织收看电影《第一书记》

5月7日，省地税局机关组织收看电影《第一书记》，省地税局领导汪建国、洪晓建、李建国和局机关干部职工一起观看影片。

局领导和机关干部职工一起观看

电影放映现场

省地税局在省直机关七运会上连获佳绩

省地税局代表队在省直机关第七届运动会上连创佳绩，充分展示出省地税局开展全民健身运动的良好成果。

接受颁奖

胡春武副局长在乒乓球比赛中

倪三立副局长在乒乓球比赛中

田径赛场奋勇拼搏

乒乓赛场过关斩将

羽毛球赛场英姿飒爽

游泳赛场劈波斩浪

省地税局举办学习贯彻《党政领导干部选拔任用工作条例》专题培训班

省委组织部干部监督处处长李亚东作辅导报告

省地税局政治部副主任张守凤作辅导报告

省局领导汪建国、胡春武、倪三立、郑圣良、李建国与省局机关全体干部职工及各市地税局主要负责人一起聆听辅导报告。

6月18日至19日，省地税局举办领导干部和人事干部专题培训班，学习贯彻新修订的《党政领导干部选拔任用工作条例》。邀请省委组织部干部监督处处长李亚东作《关于加强干部选拔任用工作监督的意见》专题辅导报告；省地税局政治部副主任张守凤在培训班上作《干部任用条例》专题辅导报告。省地税局党组书记、局长汪建国，党组成员、副局长胡春武、倪三立，省地税局党组成员、政治部主任郑圣良，副巡视员李建国出席培训班，与省局机关全体干部职工及各市地税局主要负责人一起聆听辅导报告。

省地税局在安徽分会场参加全国税务系统视频会议

全国税务系统视频会议安徽分会场

国家税务总局召开全国税务系统视频会议，学习贯彻习近平总书记出席指导兰考县委常委班子专题民主生活会时的重要讲话精神及中央政治局常委同志联系点经验座谈会精神，总结交流税务总局联系点做法经验，推动税务系统第二批党的群众路线教育实践活动单位开好专题民主生活会。省地税局领导汪建国、洪晓建、胡春武、倪三立、郑圣良及省局属各单位主要负责人，省局党的群众路线教育实践活动领导小组办公室和各巡回督导组全体成员在安徽分会场参加视频会议。

省地税局“地税发展大讲堂”开讲《税务综合办公信息系统应用》

王林主讲《税务综合办公信息系统应用》

省局机关干部职工聆听讲座

6月20日，省地税局举办第29期“地税发展大讲堂”，由省局办公室王林同志主讲《税务综合办公信息系统应用》。

省局青工委组织开展“七一”主题教育实践活动

为隆重纪念中国共产党建党93周年，牢记党的光辉历史，6月27—28日省地税局青工委组织省局21名青年党员干部赴宣城市和泾县革命老区开展“学党史、学先进、送温暖”迎“七·一”主题教育实践活动。

在新四军史料陈列馆，青年党员干部们认真听取讲解，了解党的发展历程和革命先烈勇于奉献的高尚品格，深入接受革命传统教育的洗礼。在皖南事变革命烈士纪念碑前，青年党员干部向革命烈士敬献花圈，面对党旗重温入党誓词，表达对革命先烈的崇高敬仰之情。在“地税改革窗口单位”宣州区行政服务中心地税局办税服务窗口和“省局现代化分局创建十佳单位”宣城市地税局稽查局，青年党员干部们与基层同志进行业务交流和沟通，了解基层改革成果，学习基层先进经验。青年党员干部还同泾县地税局基层老党员、困难党员和优秀党员代表进行了交流，并送上慰问金。省局机关青年党员干部进一步坚定了理想信念，提升了政治素养，增强了为基层服务的意识。

参加活动人员合影

参观新四军史料陈列馆

向革命烈士敬献花圈

重温入党誓词

省地税局召开纪念建党93周年党课报告（视频）会

纪念建党93周年党课报告（视频）会

局属各单位干部职工在主会场聆听报告

为隆重纪念中国共产党成立93周年，再掀学习贯彻习近平总书记系列重要讲话精神的高潮，号召和鼓励广大地税党员干部积极投身改革发展实践。7月1日上午，省地税局党组书记、局长汪建国作了题为《深入学习贯彻习近平总书记系列重要讲话精神，在税收现代化征程中发挥党员模范带头作用》的党课报告。全省地税系统8000多名党员和入党积极分子分别在各地会场参加了党课报告（视频）会。

省地税局召开2014卷安徽地税年鉴编委会

7月1日，省地税局召开2014卷《安徽地税年鉴》编委会，省局领导汪建国、洪晓建、胡春武、倪三立、郑圣良和编委会成员出席会议，与会同志对2014卷年鉴的内容进行审订。

安徽地税年鉴编委会

省地税局举办纪念安徽地税改革与发展20周年座谈会

8月15日，省地税局举办纪念安徽地税改革与发展20周年座谈会，省局领导汪建国、洪晓建、胡春武、倪三立、周敬军、郑圣良出席会议。省局党组书记、局长汪建国在会上作了重要讲话，洪晓建副局长主持会议，胡春武副局长宣布了全国地税系统“20年20件大事”评选结果。13名与会代表作了发言。部分离退休老干部、省局局属各单位负责人及部分干部职工参加会议。

纪念安徽地税改革与发展20周年座谈会

省地税局党组中心组举办财税改革专题讲座

省局领导汪建国、洪晓建、胡春武、方学军、郑圣良及局属各单位全体干部职工聆听讲座。

高培勇作讲座

财税改革专题讲座现场

为纪念安徽地税改革与发展20周年，8月25日，省局党组中心组举办财税改革专题讲座，特邀请中国社会科学院学部委员、中国社会科学院财经战略研究院院长高培勇主讲，省局领导汪建国、洪晓建、胡春武、方学军、郑圣良及局属各单位全体干部职工聆听讲座。

省地税局举办第三十一期“地税发展大讲堂”

9月5日，省局特邀省检察院检委会员、职务犯罪预防处处长王玉兰，主讲《远离职务犯罪 打造清廉地税》，省地税局领导汪建国、洪晓建、王朝晖及省局机关全体干部职工聆听讲座。

王玉兰作讲座

讲座现场

省地税局举办全省地税系统绩效管理信息系统（省局版）操作培训班

与会人员认真听讲

9 月 11 日，省地税局举办全省地税系统绩效管理信息系统操作培训班，省局党组书记、局长汪建国看望参训人员并作开班讲话。本次培训会旨在推进绩效管理信息系统如期顺利上线，提高运用信息化手段开展绩效考评的能力和水平，省局和 16 个市局、78 个县区局绩效办人员、省局局属各单位绩效管理工作联络员共 120 余人参加。

培训班上课现场

汪建国局长看望参训人员并作开班讲话

省地税局召开绩效管理工作再推进视频会议

宿州、蚌埠、滁州市局作交流发言

绩效管理工作再推进视频会议

9 月 23 日，省地税局召开绩效管理工作再推进视频会议，省局党组书记、局长汪建国出席会议并讲话，总结前一阶段工作，对全面试行绩效管理工作进行再动员、再部署。宿州、蚌埠、滁州市局作交流发言。省局领导、机关全体人员，各市局主要负责人、绩效办主任在省局主会场参会；各市、县局领导班子成员、机关全体人员和基层分局负责人在各地分会场参会。

省地税局举办《县级税务机关纳税服务规范》动员及培训视频会

视频会现场

9 月 23 日至 24 日，省局召开视频会，对全省地税系统推行《县级税务机关纳税服务规范》进行总动员，并对相关业务进行培训。省地税局党组成员、副局长洪晓建作动员讲话。参加动员和培训的有省、市、县三级地税机关“推进县级税务机关纳税服务规范领导小组”成员，省局有关处室以及全省地税系统各办税服务厅、各管理分局全体同志。

省地税局举办保密专题研究党课报告会

9月29日，省地税局举办保密专题研究党课报告会（第三十二期地税发展大讲堂），省局党组成员、副局长、保密工作领导小组组长胡春武在报告中重点阐述了保密工作地位和作用，当前保密工作面临的形势和任务，保密管理基本制度，失泄案件警示教育等。省局领导洪晓建、方学军、倪三立、王朝晖和省局机关全体党员干部、二级机构主要负责人，分管保密工作负责人及涉密工作人员参加了报告会。

胡春武副局长主讲

保密专题研究党课报告会会场

省局领导和省局机关全体党员干部、二级机构主要负责人，分管保密工作负责人及涉密工作人员参加了报告会。

省地税局组织参加全国税务系统党的群众路线教育实践活动总结（视频）大会

10月9日，总局召开全国税务系统党的群众路线教育实践活动总结（视频）大会，省局领导汪建国、洪晓建、胡春武、方学军、倪三立、郑圣良、王朝晖及省局局属各单位主要负责人，省局党的群众路线教育实践活动领导小组办公室全体人员，省局第二批教育实践活动各巡回督导组全体成员在安徽地税分会场参加会议。

省局领导和与会人员一起在安徽地税分会场参加会议

全国税务系统党的群众路线教育实践活动总结（视频）大会

省地税局召开学习贯彻习近平总书记重要讲话深入推进全省地税系统作风建设（视频）会议

学习贯彻习近平总书记重要讲话，深入推进全省地税系统作风建设视频会议。

省局机关全体干部、局属各单位科以上干部在主会场参加会议。

10月13日下午，省局召开学习贯彻习近平总书记重要讲话 深入推进全省地税系统作风建设视频会议。省局党组书记、局长汪建国做讲话，省局领导胡春武、方学军、王朝晖出席会议，省局群众路线教育实践活动领导小组办公室主任、省局党组成员、政治部主任郑圣良主持会议。省局机关全体干部、二级单位科以上干部在主会场参加会议，各市、县局班子成员、机关全体税干、分局负责人在各地分会场参加会议。

“三和”地税创建荣获“安徽省文明单位创建十佳品牌”

“安徽省文明单位创建十佳品牌”授牌仪式

10月15日上午，省文明办副主任刘涛一行莅临省地税局，为省局“三和”地税创建获得“安徽省文明单位创建十佳品牌”进行授牌。省地税局党组成员、政治部主任郑圣良参加了授牌仪式。

省直全国文明单位互查组来省地税局检查指导文明创建工作

10月15日上午，省直全国文明单位互查组来省地税局开展文明单位互查工作。省直文明办主任何海波一行8人，集中听取了省地税局文明创建工作情况汇报，现场查阅了创建文件资料和影像图片，察看了办公环境。省地税局党组成员、政治部主任郑圣良参加汇报。检查组对省地税局文明创建工作给予肯定，并就下步创建工作提出了建议和希望。

汇报会现场

国家税务总局副局长丘小雄视察调研安徽地税工作

丘小雄作讲话

座谈会现场

10月27日，国家税务总局党组成员、副局长丘小雄在总局收入规划核算司等部门负责同志的陪同下来安徽地税视察调研组织收入等工作。省地税局局长汪建国、副局长王朝晖陪同调研。

省地税局召开学习贯彻十八届四中全会和省委会议精神扎实推进法治安徽地税建设党组中心组（扩大）会议

会议现场

10月28日下午，省地税局党组召开中心组（扩大）专题学习会议，传达学习党的十八届四中全会和省委会议精神。局党组书记、局长汪建国主持会议并讲话。省地税局领导班子其他成员、机关副处级以上干部参加会议。

省地税局举办第33期“地税发展大讲堂”——开讲《当代公共管理的发展》

宋伟作讲座

大讲堂现场

11月5日，省地税局举办第三十三期地税发展大讲堂，特邀中国科技大学 公共事务学院宋伟院长主讲“当代公共管理的发展”。省局领导汪建国、洪晓建、胡春武、倪三立、郑圣良、王朝晖及全体干部职工聆听了讲座。

省地税局召开党组中心组学习贯彻党的十八届四中全会精神学习研讨会

研讨会现场

11月10日，省局党组召开党组中心组深入学习贯彻党的十八届四中全会精神学习研讨会，省局领导汪建国、洪晓建、胡春武、方学军、倪三立、郑圣良、王朝晖在会上分别作了发言。党组中心组成员和局属各单位主要负责人参加会议。

省地税局举办第34期“地税发展大讲堂”——开讲《珍惜现有生活 远离职务犯罪》

大讲堂现场

柴学友作讲座

11月19日，省地税局举办第34期“地税发展大讲堂”，特邀安徽省人民检察院原党组成员、正厅级巡视员柴学友主讲《珍惜现有生活 远离职务犯罪》。省局领导汪建国、方学军、郑圣良、王朝晖及局机关干部职工在主会场聆听讲座，市、县局机关和部分基层分局干部职工通过视频转播在分会场聆听了讲座。

省委组织部、省直机关党建工作考核组来省地税局考察

考核汇报现场

12月2日，省委组织部、省直机关党建工作考核组来省局开展2013年、2014年机关党建考核工作。省局党组书记、局长汪建国主持汇报会，省局党组成员、副局长、机关党委书记胡春武汇报了2013年、2014年省地税局机关党建工作开展情况。考核组对省局机关党建工作给予充分肯定。

省地税局召开2014年税企座谈会

12月16日，省地税局召开2014年税企座谈会，听取纳税人的意见与建议。省局党组成员、副局长洪晓建、纳税服务处处长金啟钟、直属局局长傅二林等参加了会议。安徽日报报业集团、安徽江淮汽车股份有限公司、安徽省能源集团有限公司、安徽置地投资有限公司、安徽省信用担保集团有限公司和国元农业保险股份有限公司等企业代表在会上发言。

洪晓建出席座谈会

税企座谈会会场

安徽日报报业集团计划财务中心副主任王学菊

安徽江淮汽车股份有限公司财务部税务科科长方芳

安徽省信用担保集团有限公司计划财务部总经理汤闽

安徽置地投资有限公司常务副总舒启茹

安徽省能源集团有限公司财务部主任沈春水

国元农业保险股份有限公司财务总监孙丛林

省地税局党组召开2014年度民主生活会

12月30日，省局党组召开2014年度党员领导干部民主生活会。省委党的群众路线教育实践活动第七督导组全程指导会议，省局党组书记、局长汪建国主持会议。

民主生活会会场

省局党组成员、副局长洪晓建在全省地税稽查工作会议上作题为《开拓创新 锐意进取 大力提升稽查工作现代化水平》主题报告。

以春训活动为契机组织开展稽查业务考试，激发稽查人员的学习热情，提升稽查人员的业务素质。

在全年各项重点工作启动之前，结合实际工作开展各项形式新、内容实、项目精的春训活动。

安 徽 省 地

2014年，省局稽查局认真贯彻省局和总局稽查局的工作部署，以大力整顿和规范税收秩序为中心，扎实开展税收专项检查、重点税源企业检查和打击发票违法犯罪活动等各项检查工作，认真抓好稽查法治建设、稽查现代化建设和稽查队伍建设，在严峻复杂的税收形势下，充分发挥稽查职能，堵漏增收成绩斐然。2014年查补收入总额24.02亿元，同比增长83.1%。

深圳市地税局调研我省稽查信息化建设工作

与国税局、公安厅联合召开打击发票涉税违法犯罪活动新闻发布会，联合通报了2013年税务部门联合公安机关开展打击整治发票违法犯罪专项行动的工作成效，公布了6起重大发票涉税违法犯罪案件。

在汤池培训中心召开全省地税稽查工作会议，贯彻落实全省地税工作和全国税务稽查工作会议精神，交流稽查工作经验，部署2014年全省地税稽查工作任务。

为提升全省地税稽查审理业务工作水平，在汤池培训中心举办全省税务稽查审理业务培训班。各市、县（区）稽查局及省局直属局稽查分局审理部门负责人参加了培训。

省局党组成员、副局长洪晓建在南、北片稽查局长座谈会上强调全省各级稽查部门要会选案、敢办案、善办案、强管理。

在汤池培训中心举办全省地税系统稽查业务知识更新培训班，各市、县（区）局稽查局业务骨干参加培训。

局 稽 查 局

为进一步推动稽查案卷管理工作，交流稽查案卷管理经验，提高税收执法案卷质量，在汤池培训中心召开全省地税稽查案卷评审会。

总局稽查局局长马毅民为参加全省地税系统稽查业务培训班的人员作稽查现代化专题讲座。

为进一步提高提高稽查人员解决新问题、驾驭大要案的能力，在中央财经大学举办全省地税系统稽查业务培训班，各市稽查局负责人和稽查业务骨干参加培训。

分别在池州、阜阳召开南、北片稽查局长座谈会，通报各地2014年上半年稽查工作开展情况、存在问题，研究部署下半年各项重点工作任务。

省地税局直属局是省地税局直属机构，负责省级地方税和基金（费）征收工作，直接为近4000家省属企业和单位提供税收管理和服务。2014年，在省局党组的坚强领导下，在省局局属各单位的大力支持下，直属局认真贯彻落实全省地税工作会议精神，牢记“为国聚财，为民收税”宗旨，采取一系列措施，改进工作作风，提高工作效率，推进依法治税，服务企业发展，圆满完成了各项工作任务。全年共组织各项收入216.78亿元，约占全省同期地税总收入的9.23%。直属局被省直工委授予“2011-2013年度省直文明单位”称号；被省精神文明建设指导委员会授予“第十届安徽省文明单位”称号；直属局征收科被省直文明委命名表彰为“学雷锋活动示范点”；在省地税局绩效考评中，直属局被评为优秀单位。

安徽省地

召开税企座谈会辅导企业开展纳税申报自查工作

在安徽大剧院举办2014年度企业所得税汇算清缴工作培训会议

组织科级以上干部集中学习最新政策法规

干部职工开展春训工作

直属局局长傅二林陪同省局主要负责人参加读书月活动

组织办税一线人员集中学习纳税服务规范

组织办税服务厅工作人员进行公务礼仪培训

办税服务厅工作人员向纳税人演示自助办税设备使用

局直属局

荣获“2011-2013 年度省直文明单位”称号

直属局局长傅二林看望参加省局机关迎春联欢会演出职工

积极参加社区志愿者活动

积极参加省局机关迎春联欢会

省地税局党组书记、局长汪建国来数据处理中心调研、指导工作

召开省级数据大集中系统开发推广先进集体、先进个人暨三项能手表扬大会

安徽省地税局电子

总局电子税务管理中心姚琴主任来数据处理中心视察、指导工作

举办税收信息化能手竞赛，来自全省的103名选手参加竞赛。

举办全省地税系统基层分局“两员”培训，加强基层分局“两员”队伍建设。

税务信息管理中心

省网络安全与商用密码检查组来省地税局检查、指导信息安全工作

举办全省地税系统网络与信息安全培训班

2014年，电子税务信息管理中心以信息化应用提升为主线，以优化系统、深化应用、强化运维、保障安全为重点，开拓进取，扎实工作，圆满完成全年工作任务，有效发挥了信息化对税收工作的技术保障、信息支持和创新驱动作用。

大集中项目组解散并召开总结座谈会

宾馆员工在省局迎新春联欢会上表演舞蹈《雨思》

广玉兰宾馆成功创建“安全生产标准化三级企业”

安徽省地税局培

合肥市安全监督管理局“创标”小组前来审核宾馆创建“安全生产标准化三级企业”文件资料。

2014年，培训（服务）中心在省局及分管局领导的正确领导及局属各单位的大力支持下，开拓进取，努力做好广玉兰宾馆的经营管理工作和对省局职工的服务保障工作，较好地完成了各项任务。

宾馆进行全员消防疏散演习

客房部服务技巧知识培训

宾馆举办综合知识培训

工程部设备操作规程知识培训

训（服务）中心

宾馆进行防火防震安全教育培训

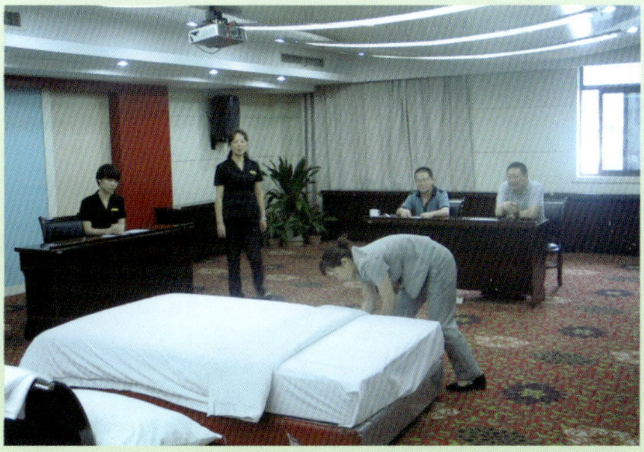

客房部实际操作考试

春节前夕，宾馆举办迎新春联欢会，丰富员工业余文化生活。

宾馆开办“员工天地”，加强企业文化建设。

2014年，合肥市地税局在省局和市委、市政府的坚强领导下，克服经济下行、管理转型等多重压力，扎实工作，不辱使命，组织收入跃上新台阶，服务发展取得新成效，依法治税迈出新步伐，征管质效实现新提升，税政管理取得新突破，队伍建设展示新风貌，廉政建设得到新加强。全系统扎实开展党的群众路线教育实践活动，较好地完成了各项工作任务，为推进地税事业新发展、服务合肥长三角副中心和“大湖名城、创新高地”建设作出新贡献。在合肥市地税局组织收入突破500亿元之际，省、市领导对地税工作给予了充分肯定和鼓励鞭策。新年伊始，市政府还专门向合肥市局发来贺信。

合肥市地

省地税局党组书记、局长汪建国深入企业车间开展群众路线教育实践活动调研。

省地税局副局长胡春武莅临合肥市地税局，听取二维码查询系统演示汇报。

合肥市举行依法行政知识竞赛，副市长黄文涛莅临市局考场巡视指导。

市地税局、市国税局领导看望在安徽大剧院联合开展税收宣传月活动的税务干部。

市局领导班子和机关党员干部到市检察院预防职务犯罪警示教育基地接受警示教育

市地税局、市国税局在安徽大剧院联合开展税收宣传月大型税收政策宣讲辅导会和咨询活动。

组织机关党员干部参观渡江战役纪念馆，在总前委雕塑前重温入党誓词。

召开全市地税系统绩效管理推进会议，并进行绩效管理信息系统知识培训。

召开党的群众路线教育实践活动动员会

方税务局

举办地税系统办税服务厅人员礼仪培训

信息中心对所辖各县（市）局的领导班子成员进行领导综合查询系统培训。

办税服务厅工作人员规范服务，最大限度地便利纳税人，树立地税形象。

举行2014年全员业务考试

开展科级干部竞争上岗能力素质测试

肥东县地税局

2014 年，肥东县地税系统在市局党组和县委县政府的坚强领导下，认真贯彻党的十八大和十八届三中、四中全会精神，紧密围绕组织收入和服务发展的工作主题，全年共组织各项税费收入 19.92 亿元，其中，地方税收入实现 14.97 亿元，完成市局下达的收入计划，社会保障基金收入 4.33 亿元，增收 0.25 亿元，增长 6.1%；其他基金费收入 0.61 亿元。

2014 年，肥东县地税局流程创新提高征管水平，机制创新优化征收管理，科技创新保障信息平台，方式创新提效税政管理，积极有效落实惠民政策，先后荣获“第十届全省文明单位”“合肥市卫生先进单位”“肥东县双拥合格单位”　“合肥市五一劳动奖状”等光荣称号，连续三年被肥东县委、县政府表彰为肥东县目标考核优秀单位。

邀请县纪委宣讲团为全体税干以案说廉

落实便民春风行动倾听纳税人心声

税政科深入企业调研，为建筑业“营改增”提供第一手资料。

对全县住宅类和商业类存量房进行统一评估，建立存量房交易计税价格评估模型数据库。

税收宣传活动中税干与 9 旬老翁共话民生

机关全体党员重温入党誓词

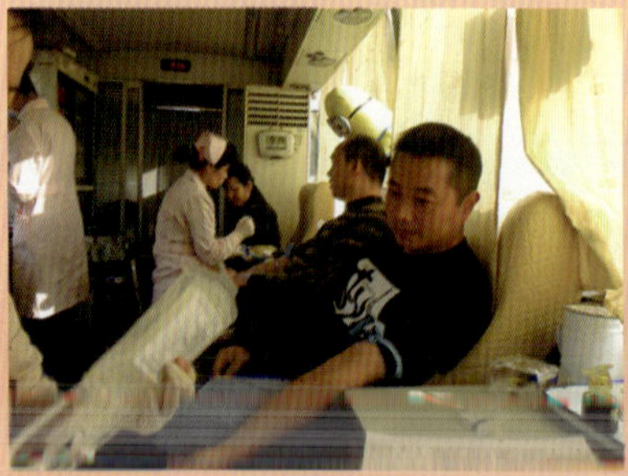

干部职工参加义务献血活动

[illegible]

组队参加县直机关拔河比赛提高团队合作精神

2014 年，肥西县地税局坚持以党的十八大精神为指导，践行党的群众路线，认真贯彻“一个确保、两个提高”的总体要求，统筹做好“组织收入和服务发展”两篇文章，以推进党风廉政风险防控为主线，全面提升税收征管质量，确保了地方税收入健康稳定增长和系统上下平安为税，圆满完成了各项工作任务。

2014 年，肥西县局入库税费 33.5 亿元，完成地方税收入 26.99 亿元，收入总量和地方税收入连续 7 年位居全省各县区第一名，并获得安徽省第十届文明单位、安徽省地税系统依法行政示范单位、合肥市卫生先进单位、合肥市残疾人就业工作先进单位、2013 年度肥西县政府目标管理优秀单位、2013 年度肥西县政风行风评议先进单位、2013 年度肥西县机关效能建设先进单位、2013 年度肥西县双拥合格单位等。

肥西县地税局

省局党组成员、副局长洪晓建在合肥市局相关人员的陪同下，深入桃花分局和华南城进行调研。

县局局长杜逊甫杜慰问困难老党员和群众

缅怀革命先烈，加强宗旨教育，部分党员干部参观渡江战役纪念馆。

调研合肥华南城建设及经营情况

结合税收宣传月活动，举办地税杯漫画和征文比赛。

组织税干参加肥西县道德讲堂活动

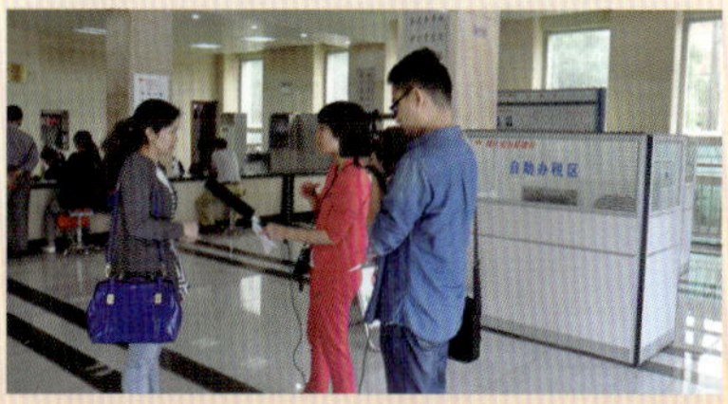

开展便民办税春风行动，图为纳税人在接受媒体采访。

为加强党风廉政建设，预防职务犯罪，组织全体干部职工参观合肥市庐阳区教育警示基地。

组织参加肥西县“践行群众路线、为民务实清廉——我的岗位我负责”演讲比赛。

组织干部职工参加义务献血活动

长丰县地税局

2014 年，长丰县地税局认真贯彻省局“一个确保，两个提高”总体要求，紧紧围绕市局“建好队、收好税、树形象”和长丰县委、县政府“全市争先进、全省争一流、全国争百强”奋斗目标，以科学发展观为指导，以服务地方经济社会发展为己任，大力组织税费收入，全力推进队伍建设，为长丰经济社会跨越发展做出了新的贡献。

2014 年，长丰县地税系统共组织各项税费收入 27.37 亿元，从 2013 年的全省第 5 位上升到第 2 位，同比增收 5.31 亿元，增长 24%。其中，地方税收入 22.59 亿元，仍居全省第 2 位，同比增收 4.60 亿元，增长 26%，占全县财政收入的近三分之二；社保基金收入 4.04 亿元，同比增收 0.67 亿元，增长 20%；其他基金费收入 0.73 亿元，同比增收 0.4 亿元，增长 5%。为长丰经济、社会、民生发展提供了强有力的财力保障。

2014 年，全县地税系统先后被授予“安徽省卫生先进单位”、“合肥市卫生先进单位”、“合肥市残疾人就业工作先进集体”、“长丰县双拥工作优秀单位”、“长丰县机关效能建设先进单位”、“长丰县目标考核优秀单位”等荣誉称号。

省局党组成员、副局长倪三立一行深入县局调研税收工作。

邀请解放军电子工程学院专家作“当前我国的海洋安全形势与应对策略”形势报告。

召开春训工作会议，总结 2013 年税收工作，分析经济社会形势，谋划 2014 年工作任务。

召开党的群众路线教育实践活动动员大会，县委第七督导组到会并提出督导意见。

举办党的群众路线教育实践活动专题辅导报告会，省直工委党校副教授张佩琳应邀作辅导报告。

组织党员干部集体参观长丰县预防职务犯罪警示教育基地和肥东县东进抗日纪念馆。

组织志愿者到长丰县科技、文化、卫生“三下乡”活动启动仪式现场开展税法宣传活动。

组织业务骨干为水湖镇江汽希望小学全体师生上税法知识课，受到师生热烈欢迎。

邀请 10 位市、县党代表、人大代表、政协委员开展座谈交流，听取意见和建议。

[illegible]双墩分局调研税收工作。

[illegible]

[illegible]批评。

[illegible]康知识”讲座。

巢湖市地税局

2014年，巢湖市地税局全面贯彻落实上级的决策部署，倾力做好组织收入和服务发展“两篇文章”。工作中，强基础、抓规范、树新风、促发展，团结奋进，奋发有为，成效显著。

一手抓“收好税”。围绕组织收入中心，加强对重点行业企业的税收预测分析，开展税源调查，提高组织收入工作预见性；精心调度督导，动态掌握收入结构变化情况，增强了组织收入工作的主动性和预见性；实施综合治税，夯实征管基础，强化税收精细化管理，强化个体税收管理，强化欠税管理，强化重点税源监控，做到了应收尽收。

一手抓“带好队”。班子建设做到了民主集中；注重提高干部职工业务能力和思想觉悟，注重调动全员的主观能动性；落实党风廉政建设责任制，坚持弘扬廉政文化，广开社会监督渠道，主动接受纳税人监督；教育实践活动扎实持久深入开展，做到了“规定动作不走样，自选动作有特色”；积极参与文明创建，全年组织多次文明单位和窗口创建、志愿服务、结对帮扶和拥军慰问等活动。2014年，巢湖市地税局被命名为安徽省第十届“文明单位”，连续第十次获得巢湖市“政风评议满意单位”。

巢湖市委常委、常务副市长张受海（左一）调研税收工作，听取工作汇报。

省局稽查局周光伟副局长（左二）带队对市局现代化分局建设情况进行考核验收。

局党组书记、局长王飞（右二）赴华能巢湖发电有限责任公司开展税源摸底和服务走访调研。

加强对开业、变更、注销、迁移、停（复）业、外出经营以及起征点附近纳税人管理，管住管好“芝麻税”、零散税。

创新办税服务举措，服务手段升级，纳税人在接受新闻媒体采访时给予高度评价。

开辟“便民办税春风热线”直播访谈节目，塑造巢湖地税良好形象。

党的群众路线教育实践活动期间，组织党员税干参观渡江战役纪念馆。

注重发挥廉政教育平台作用，进一步营造崇廉、学廉、守廉的良好氛围。

“八一”期间，走访慰问海军上海训练基地驻巢部队，并召开“双拥”座谈会。

庐江县地税局

省地税局副局长洪晓健（右一）来庐调研

庐江县县长王连贵（中）慰问地税人员

县局负责人走访选派干部进驻乡村

2014年，庐江县地税局立足党的群众路线教育实践活动平台，坚持以人为本，转变工作作风，强化职责使命，扎实推进税费业务建设和干部队伍建设，较好地完成了以组织收入为中心的各项工作任务。全年共组织税费收入17.6亿元，同比增长4.8%，其中地方税收12.1亿元，同比增长2.4%，有效地遏制了骨干企业税源下降收入下滑的态势。本年度，县局被市委、市政府授予合肥市优秀单位，连续六届蝉联省文明单位，庐城和龙桥两个办税服务厅先后跻身全省“先进”行列。

为纳税人讲解小微企业减税政策

县电视台采访报道县局纳税服务先进事迹

慰问困难群众

廉戏进地税

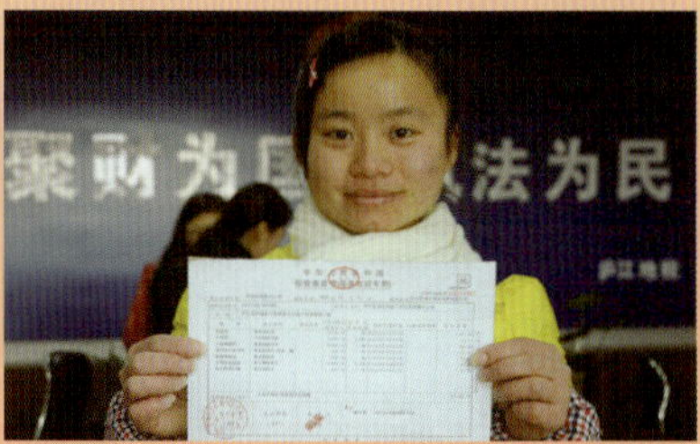

元旦开出首张新税票

淮北市地税局（之一）

花建慧副省长调研“三证合一”试点工作

2014年，淮北市地税系统在市委、市政府和省局的坚强领导下，围绕服务科学发展、共建和谐税收主题，把握稳中求进总基调，遵循依法行政基本准则，抓住税收管理转型升级主线，以“五精地税建设”为载体，凝心聚力、求实创新、真抓实干，税费收入平稳增长，服务发展提质增效，依法行政纵深推进，税收管理转型升级，队伍建设争先进位，党风廉政建设持续深化。全年累计组织税费收入67.86亿元，其中入库地方税36.53亿元，增长12.5%，加上“营改增”2亿元转移国税因素，同比增长18.7%，超额完成了省局和市委、市政府下达的税收预算目标任务，为建设文明富裕美丽幸福精致新淮北作出了应有的贡献。市局机关顺利通过第四批全国文明单位复查验收，5家单位被评为第十届省级文明单位，市局办税服务厅和12366热线被授予全市“双十佳”服务品牌，市局通过省级依法行政示范单位和法律进机关示范单位验收，市局被评为“2014年度安徽省地税系统绩效管理优秀单位”。

市领导慰问地税干部职工参观地税文化展厅

局领导向群众征求纳税服务体系建设意见建议

每季一抽考

春训大会发出年度工作动员令

警税共建庆“八一”

淮北市地税局（之二）

在省局指导下严肃认真召开民主生活会

在市委第十组首家召开群教活动动员会

联办“地税杯”国家宪法日电视法律知识竞赛

举办反腐倡廉知识竞赛

顺利通过省依法行政示范单位验收

组织参观警示教育中心

12366 热线工作室 8 月 1 日正式运营

志愿服务进社区

濉溪县地税局

2014年，濉溪县地税局在省、市地税局和县委、县政府的正确领导下，深入贯彻落实党的十八大和十八届三中、四中全会精神，牢记为国聚财、为民收税使命，坚持“一个确保、两个提高”，统筹做好“两篇文章”，围绕税收现代化目标和服务发展主题，紧扣改革创新主线，不断提高税收征管质效，全年累计组织税费收入14.74亿元，比上年同期13.9亿元增收0.84亿元，同比增长6.03%，连续10年获得县委县政府目标管理考核优秀单位，被授予全省地税系统“依法行政示范单位”，全省地税系统“现代化分局建设规划（2009-2013）先进单位”荣誉称号，机关蝉联第六至第十届“安徽省文明单位”。

市委书记肖超英（中）、县委书记李加玉（右一）莅临县局调研指导群众路线活动开展。

省局党组成员、巡视员方学军莅临县百善分局调研指导。

省委督导组莅临县局督导群教活动

召开局党组班子专题民主生活会

召开党的群众路线教育实践活动动员会议

按季召开“税企恳谈会”

召开试行“先批后审”行政审批新模式工作会议

慰问双堆镇施刘村困难群众

亳州市

2014年，亳州市地税局以组织收入为中心，以服务发展为己任，不断夯实基础建设，持续推进改革创新，着力提升税收征管、纳税服务、依法治税、干部队伍建设及内部管理水平，全面完成了省地税局和市委、市政府交办的各项任务，地税事业实现了新发展。

全年，共组织入库税费收入72.58亿元，同比增收7.21亿元，增长11%。其中：入库地方税55.11亿元，同比增收5.28亿元，增长10.6%；入库基金（费）17.47亿元，同比增收1.93亿元，增长12.4%。地方税总量跃居全省第10位，创历史排名最好成绩。当年，市地税局被评为第四届“全国文明单位”；市局及所属县区地税局均被评为第十届“安徽省文明单位”；市地税局连续第9年被评为市直机关绩效考评“优秀单位”。亳州市委书记杨敬农、市长汪一光、分管副市长刘辉分别对地税工作作出批示，对该局2014年取得的优异成绩给予充分肯定和表扬。

省局党组成员、副局长胡春武（左二）一行深入亳州市地税系统开展工作调研。

省委群众路线教育实践活动第三督导组莅临督导

省委文明办主任贺懋燮（右三）督查争创省级文明单位工作

召开党的群众路线教育实践活动动员大会

召开全市地税系统党风廉政建设工作会议

召开全市地税系统2014年春训会议，总结2013年工作，部署2014年任务。

召开教育实践活动专题民主生活会

地税局

市局领导深入古井酒厂酿造车间实地察看企业生产经营情况

组队参加全市"庆七一"合唱比赛

市局领导班子走进亳州市纪委、亳州广播电视台等单位联办的电视问政"沟通—政务零距离"栏目，现场倾听纳税人和群众的呼声诉求，接受民意大考。

亳州市党员考绩卡试点工作现场会在市地税局召开，该局作为试点单位在会上作经验交流。

组织地税干部参观反腐倡廉警示教育基地

深入企业与纳税人面对面交流，征询意见建议。

到利辛县江集敬老院开展帮扶慰问活动

庆祝建党 93 周年，组织全体党员重温入党誓词。

举办"迎新年联欢会"，丰富职工业余文化生活。

2014年，谯城区地税局深入学习贯彻落实党的十八届三中全会和习总书记系列讲话精神，坚持“一个确保、两个提高”的总体要求，抓好组织收入工作，加强税收征管，严格依法治税，提高纳税服务水平，不断推进党风廉政建设和队伍建设。同时，积极开展党的群众路线教育实践活动，切实改进工作作风。在严峻的组织收入形势下，克服税收任务增长幅度大、现实税源不足等困难，采取多项措施，挖潜增收，2014年共组织入库各项收入14.98亿元，同比增收1.72亿元，增长13%，其中：入库地方各税11.51亿元，同比增收1.39亿元，增长13.7%；入库基金费等收入3.47亿元，同比增收0.33亿元，增加10.5%。

2014年，先后被安徽省文明委表彰为第十届省级文明单位，被亳州市文明委表彰为文明行业创建先进单位，被区政府通报嘉奖记三等功一次。

谯城区地税局

谯城区委常委、组织部长蒋均平（右一）检查指导工作。

召开党的群众路线教育实践活动动员大会

局长哈媛媛（前排左一）向纳税人介绍税收政策

到淝河镇敬老院开展帮扶慰问活动

召开全区地税系统推进绩效管理动员会

举办廉政警示教育专题讲座

到亳州市看守所开展预防职务犯罪警示教育活动

召开2014年度特邀监察员座谈会

涡阳县地税局

2014年，涡阳县地税局主动适应经济发展新常态，深入践行党的群众路线教育实践活动，大力组织收入，深化征管改革，优化纳税服务，加强队伍建设，推进党风廉政和反腐败工作，各项工作均取得显著成效。2014年累计入库各项税费收入10.14亿元，其中：入库地方税收入6.69亿元，占全县财政收入15.91亿元的42%。入库基金费收入3.25亿元，同比增收502万元，增长2%。2014年，该局办税服务厅荣获“省级标准化办税服务厅”称号，被省局授予全省地税系统依法行政示范单位、全省地税系统实施现代化分局建设规划先进单位，被省纪委、省监察厅评为全省廉政文化进机关示范单位，被省机关事务管理局、省发改委、省财政厅联合授予第一批省级节约型公共机构示范单位，被安徽省精神文明建设指导委员会授予“第十届安徽省文明单位”称号。

省局党组成员、副局长胡春武（右一）深入县地税局调研指导工作。

省局副巡视员李建国（右二）在公吉寺分局调研指导工作。

召开“苦干六十天年终大会战”活动动员会

县局党组书记、局长李红伟带领领导班子成员赴涡阳县福利院慰问孤寡老人。

举办企业所得税汇算清缴培训班

赴涡阳县革命烈士陵园开展“弘扬优良传统 缅怀革命先烈活动”。

开展在职党员进社区志愿服务活动

庆祝国际志愿者日，传播志愿服务文化。

蒙城县地税局

省局党组成员、纪检组长方学军一行（右二）到县局调研、指导工作。

亳州市委常委、县委书记袁方（左一）慰问12·4宪法日宣传人员。

2014年，蒙城县地税局在市地税局和县委、县政府的坚强领导下，认真学习党的十八大、十八届三中、四中全会精神，践行党的群众路线，充分发挥职能作用，紧紧围绕“一个确保、两个提高”的总体要求，统筹做好“组织收入和服务发展”两篇文章，各项地税工作实现了新的突破。

2014年，组织税费收入总量达到13.2亿元，同比增收2.27亿元，增长20.8%，创历史新高。其中地方税收入9.6亿元，同比增收1.75亿元，增长22.4%。组织基金（费）收入3.32亿元，同比增收0.45亿，增长16.8%，为县域经济发展作出了突出贡献，受到县委、县政府通报表彰，市委常委、县委书记袁方对地税工作作出重要批示。

2014年，该局扎实开展第23个税收宣传月活动，积极实施《全国县级税务机关纳税服务规范》，开展“便民办税春风行动”，举办5期“地税大讲堂”和2期干部夜校，积极开展“三强三好”优秀团队创建工作，开展“江淮普法行”活动，积极推进绩效管理，认真开展党的群众教育实践活动，群众路线教育实践活动的“亮点”做法在安徽电视台、亳州广播电视台播出。组织开展羽毛球、乒乓球比赛等文体活动，丰富职工文化生活。

亳州市地税局党组书记、局长刘岩（右二）到县局调研。

召开2014年春训会议

亳州市电视台、广播电台专题采访报道该局群众路线教育活动工作亮点。

县局党组书记、局长张效德深入企业开展调研

组织干部职工赴阜阳第一警示教育基地开展警示教育

组织党员干部到焦裕禄纪念馆参观学习

一份耕耘一份收获，该局先后获得“安徽省第十届文明单位”荣誉称号；荣获安徽省“六五”普法中期先进集体荣誉称号；获得全市“纳税服务工作和大企业管理工作先进单位”、全市“新征管软件AHTAX2013推广应用先进单位”、全县“思想宣传工作先进单位”等称号；岳坊分局获得省级“标准化办税服务厅”荣誉称号；稽查局、城关分局获得2014年度全市“三强三好”优秀团队荣誉称号。在省、市局能手竞赛活动中，2人获得省局“三项能手”称号，27人获得“市局能手”称号。

县局领导深入重点企业开展税收调研

召开党的群众路线教育实践活动动员会

利辛县地税局

2014年，利辛县地税局以服务地方经济发展大局为己任，全力组织税费收入，为经济发展提供财力保障；认真落实税收优惠政策，有效扶持企业健康发展；不断强化精神文明建设，大力开展文明创建活动；持续提升纳税服务质效，着力优化税收发展环境；立足工作作风转变，扎实开展党的群众路线教育实践活动；着眼重点工作突破，推动各项地税工作再上新台阶。全年共组织征收入库税费收入9.38亿元，比上年同期增收1.39亿元，增长17.45%，税费收入突破9亿元大关，超额完成上级下达的年度组织收入任务，为服务地方经济建设和社会发展作出了突出贡献。该局被省文明委评为“安徽省第十届文明单位”；被县委县政府评为全县综合评比二等奖；被县政府记集体三等功。

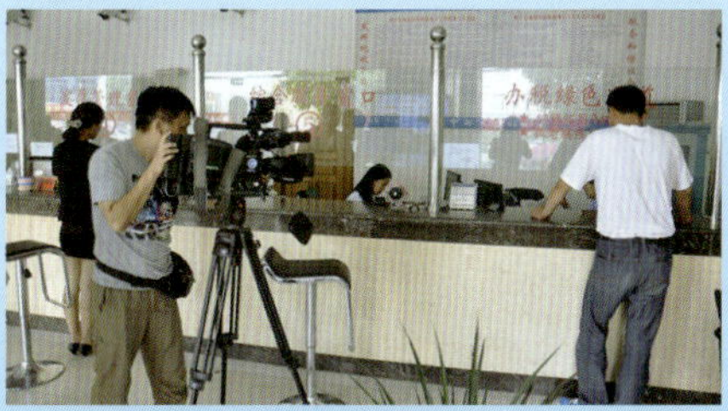

亳州市电视台采访报道县局纳税服务创新工作

王振德局长（右一）深入联系服务企业开展“一对一”帮扶

组织中层干部参观焦裕禄纪念馆,接受现场教育。

参加“江淮普法行”法律宣传咨询服务活动

走访慰问困难群众，开展扶贫济困活动。

志愿者服务队成员参加文明县城创建活动

宿州市

宿州市委常委、组织部长蒋昌盛视察指导地税工作

召开全市地税系统工作会议，表彰先进工作者。

2014年，宿州市地税局按照省局、市委、市政府决策部署，以开展党的群众路线教育实践活动为契机，积极跟进财税体制改革步伐，主动适应税收工作新常态，凝心聚力，攻坚克难，稳中求进，狠抓落实，整体工作呈现出全面播种、次第开花的生动景象。市局在全省“征管能手、稽查能手、税收信息化能手”竞赛中，共有13人入选，入选人数位居全省地税系统榜首，其中1名同志取得了“稽查能手”全省第一名的优异成绩。该局被全国总工会授予“职工书屋示范点”，荣获第十届“安徽省文明单位”以及第八届“宿州市文明单位”。宿州市委书记张曙光、市长史翔多次作出批示，充分肯定地税部门工作成绩。

召开群众路线教育实践活动动员大会

组织税干聆听全省先进人物事迹巡讲报告

市局党组书记、局长陈俊深入基层分局征求意见。

举办群众路线应知应会知识测试

地 税 局

开展“便民办税春风行动”，进行企业所得税汇算清缴业务培训。

党组中心组开展“学习焦裕禄、争当好干部”座谈

市国、地两家税务部门就整合资源、优化服务达成一致意见。

总结“三项能手”竞赛经验，部署推进重点工作。

市局党组书记、局长陈俊慰问退休职工，帮助解决生活困难。

召开市局领导班子专题民主生活会，认真开展批评和自我批评。

市局创意拍摄税收公益广告

举办全市地税系统第二届职工健身运动会

泗县地税局

2014年，泗县地税局以深化改革为契机，围绕组织收入中心工作，坚持依法治税，大力开展依法行政规范年活动；强化信息管税，认真落实信息化提升年要求；突出服务兴税，深入推进便民办税春风行动；狠抓人才强税，扎实开展党的群众路线教育实践活动，各项工作取得了新成效。全年组织收入6.38亿元，同比增收1.06亿元，增长19.97%。其中税收4.59亿元，同比增收0.87亿元，增长23.33%。税收收入增幅位居全市各县区首位，全省第12。县地税局蝉联安徽省第十届文明单位，被命名全省少儿素质教育工作先进单位、省地税局依法行政示范单位、市六五普法中期先进单位、市职工之家，延续保留市依法行政示范单位，荣获县直一类单位一等奖、县百姓热线、党委系统信息工作等多项先进集体称号。全系统实现第八届市文明单位满堂红。

省委第四督导组督查党的群众路线教育实践活动

在县职教中心启动便民办税春风行动，聘请中学生义务税收宣传员。

积极参加县百姓热线活动并获全县先进单位

召开廉政文化进家庭活动

组织开展三项能手暨岗位大练兵选拔考试

全力帮扶结对共建村建设发展，荣获村民赠送锦旗。

积极开展多种形式的文体活动，荣获市局系统职工运动会团体总分第二名

组织开展国家宪法日为主题的道德讲堂活动

市妇联授予纳税服务中心三八红旗集体荣誉称号

灵璧县地税局

开展"学雷锋"志愿服务宣传活动

召开县局班子群众路线教育活动民主生活会

2014年，灵璧县地税局恪守"为国聚财、为民收税"理念，坚持以组织收入为中心、以服务地方经济发展为己任，全面升级提速，推进重点工作落实。组织收入首破6亿，获县政府通报表彰；市政协副主席、县委书记唐庆明、县长朱守坤等领导先后批示，给予表扬和鼓励。依法行政再创佳绩，一人在市依法行政知识竞赛中获个人"二等奖"，县局被市政府确定为"依法行政示范单位"。加强岗位练兵，推进"双百双千"工程，队伍素质显著提升，两人获 "省级能手"荣誉称号，三人获 "市级能手"荣誉称号。党风廉政建设常抓不懈，群众路线教育活动开展善做善成，该局获县"双争工作"（争先进位、争创一流）优秀单位、蝉联第十届省级文明创建单位，分局获第八届市级文明创建单位。

缅怀革命先烈，开展革命传统教育。

参加县"庆五一"万人长跑活动

举办综合办公系统软件培训，新软件如期上线运行。

举办"春风"杯乒乓球邀请赛助威税收宣传

国家宪法日暨全国法制宣传日，集中宣传活动有声有色。

开展关爱留守儿童结对捐赠帮扶活动

萧县地税局

2014年，萧县地税局以组织收入工作引领依法治税大局，以“三和”地税建设带动文明创建升级，以推进税收现代化目标总揽各项工作，系统上下“拧成一股绳、共划一船桨”，戮力同心、砥砺奋进，努力克服经济下行压力增大，煤炭、房地产行业需求不足等一系列不利因素影响，实现三个文明建设“难中突破、高位连增、整体跃升”，形成“上级局满意、党政满意、群众满意”的优良局面。蝉联“安徽省文明单位”、“安徽省六五普法中期先进单位”、“宿州市文明单位”、“宿州市依法行政示范单位”；荣获全县目标责任管理一等奖、全县政风行风热线工作先进单位、全县政风行风评议“执法监督类”先进单位、全县组织工作先进单位等荣誉称号；在全省地税系统“三项能手”竞赛中，获奖人数位居全市地税系统首位，纳税服务中心荣获全省地税系统“标准化办税服务厅”和全省“巾帼文明岗”称号，同时，征管税政、两税和基金费征收、机关党建、纪检监察、纳税服务、信息化建设、财务管理、人事后勤等各方面工作都呈现出亮点纷呈的可喜局面，受到各级表彰。

召开机关党员干部座谈会，交流群众路线教育实践活动心得体会。

县局党组书记、局长朱强（左二）下企业走访，征求纳税人对税务机关反对“四风”、优化服务的意见建议。

深入帮扶村开展扶贫慰问送温暖活动

宿州市地税局、萧县地税局两级领导深入田间地头，督查秸秆禁烧工作落实。

参加全国首个“烈士纪念日”公祭活动。

举办税收业务技能等级考试

砀山县地税局

2014年，砀山县地税局按照上级局和县委、县政府的工作部署和要求，紧紧围绕年初工作思路和年度工作重点，全力狠抓目标任务的贯彻落实，整体工作发展态势良好，被县委授予“五星级党组织”称号。

全年共组织入库各项税费收入6.98亿元，同比增收0.83亿元、增长13.42%，其中：地方税收入4.42亿元，首次突破4亿元大关，同比增收0.61亿元、增长16.16%，占财政总收入的48.89%；基金费等其他收入2.56亿元，同比增收0.21亿元、增长8.98%。

我待扬帆乘破浪，更举鲲鹏上九霄。迎着税收“新常态”的发展挑战，该局以组织收入为中心，以依法行政为主线，夯实征管基础，优化纳税服务，强化队伍建设，深化反腐倡廉，持续推进税收现代化建设，致力向更新更高的目标迈进！

开展“防范执法风险，预防职务犯罪”专题辅导讲座。

党组书记、局长闵继玲带队深入基层开展群众路线教育实践活动。

“低碳骑行” 宣传税法

荣获“宿州市第二届职工运动会”团体第一的好成绩。

走上街头，扮美城市环境。

组织召开换届选举党员大会

及时开展业务培训，全力推进绩效管理软件运行。

深入调研，贴心服务重点企业。

埇桥区地税局

2014年，面对严峻复杂的形势，埇桥区地税局进一步提神聚力、综合施策，全年共组织入库各项税费16.89亿元，同比增0.63亿元，增长3.88%。其中税收收入11.7亿元，同比增收0.46亿元，增长4.05 %，总量居全省县区第11位，较去年上升2位；基金费收入5.19亿元，同比增收0.17亿元，增长3.47%；税务部门其他罚没收入28万元，同比增收10万元，增长55.56%，为地方经济社会发展提供了坚实的财力保障。做好组织收入工作的同时，其他重点工作在“新常态”形势下成效显著：依法治税在深化中积极前行；管理质效在转型中初现成效；纳税服务在优化中逐步升级；队伍建设在提效中迸发活力；党风廉政在惩防中巩固完善，其他各项工作也受到区委、区政府表彰。

市委常委、埇桥区委书记孙勇（左二）到埇桥符离分局调研。

宿州市地税局党组书记、局长陈俊（左一）慰问区局离退休困难职工。

党组书记、局长蔡子平（站立）巡查税收基本业务技能等级考试。

通过悬挂标语横幅、摆放图片展板、发放宣传资料、提供咨询服务等方式开展“12.4”我国首个国家宪法日宣传活动。

组织党员干部观看大型廉政剧现代梆子戏《平安是福》

税收宣传月期间系列活动之一组织开展：绿色税收春风行活动。

开展办税服务实践日活动，辅导纳税人填写涉税表格。

赴颍上县地税局学习矿区税收管理经验

召开党组专题民主生活会

在全市地税系统第二届职工运动会上，表演健身拉丁舞。

蚌埠市地税局（之一）

2014年，面对宏观经济下行压力加大、房地产增速下滑、结构性减税因素增加、企业要求减负等复杂局面，蚌埠市地税系统认真贯彻落实省局和市委、市政府部署要求，以组织税费收入、夯实征管基础和群众路线教育实践活动三项重点为抓手推动全局工作，主动作为，积极应对，奋力赶超，全面完成了各项工作任务。市委书记周春雨、市长白金明等市领导和省局领导多次作出重要批示或提出表扬；市政府专门对2014年地税工作进行通报表彰；荣获2014年度全省地税系统绩效管理优秀单位；蝉联全市党政机关目标管理考核优秀单位；荣获全市政风效能建设第三名，受到市委、市政府表彰；系统8家单位荣获“第十届安徽省文明单位”称号。

蚌埠市委书记周春雨、市长白金明充分肯定和表扬地税工作

全省地税系统税收工作专题调研座谈会在蚌埠召开

召开全市民营企业家代表座谈会

到凤阳小岗村开展群众路线教育实践活动

为帮扶村办实事办好事

组织党员干部到蚌埠市反腐倡廉警示教育基地参观学习

开展“双拥在基层”活动

蚌埠市地税局（之二）

举办“学模范鼓斗志、忆往昔展未来”主题道德讲堂活动

举办建局20周年暨第5届职工运动会

开展“征管基础年”活动

举办地税与您相约·阳光就业税收政策咨询专场活动

深化行政审批制度改革，推行“三证合一”

首次以购买服务方式委托第三方开展纳税人满意度调查

在办税服务厅设立营改增政策咨询台为试点单位开辟绿色通道

税收青年志愿者开展“圆梦大学”活动

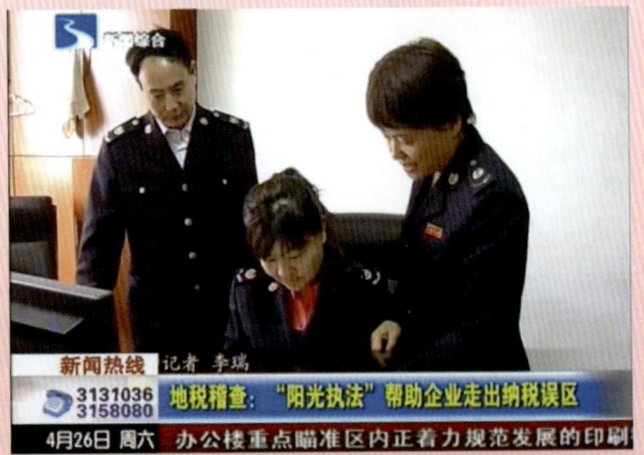

联合市电视台制作“与法同行”节目

怀远县地税局

2014年，怀远县地税局面对经济下行压力和全面落实结构性减税政策等复杂严峻形势，坚定信心，积极应对，严格落实组织收入原则，税费收入实现稳步增长。全年共组织税费收入11.28亿元，同比增长12.5%。其中，地方税入库7.80亿元，增长13.2%；各项基金（费）入库3.48亿元，增长10.8%，为怀远经济社会发展提供了有力支撑。扎实开展党的群众路线教育实践活动，强化队伍建设和党风廉政建设，深化作风和效能建设，推进地税文化建设。荣获省级文明单位、县创建文明行业先进单位称号，获县政府目标考核优秀单位、双拥模范单位，在全县2013年度政（行）风测评中获第一类单位第一名、2014年度为免评单位，获县直机关效能建设目标考评先进单位，职工书屋获颁“安徽省示范点”。

省领导任海深调研指导教育实践活动

上线怀远县电视台政风行风面对面节目

召开党的群众路线教育实践活动动员大会

到园区企业开展税收宣传与调研

开展纳税人学校培训

举办道德讲堂

参加无偿献血

义务帮助农民收粮食

固镇县地税局

市局党组书记、局长郑成良（左二）到固镇县局调研、征求意见

县局党组书记、局长宋方奎（右一）与基层党组织签订共建协议

2014 年，固镇县地税局坚持以组织收入为中心，以强化征管基础和党的群众路线教育实践活动为抓手，以深化新征管系统应用为平台，积极应对组织收入、税制改革、优化服务和规范执法带来的挑战，夯实征管基础，优化征管模式，提升服务效能，强化风险防控，激发队伍活力，圆满完成各项工作任务。坚持以税源排查为先导，强化收入分析，依法科学征收，全年组织税费收入 7.33 亿元。其中，地方税收入 5.11 亿元，增长 23.3%，增幅居全省各县（区）前列；基金费收入 2.21 亿元，增长 7.9%。荣获第十届安徽省文明单位、蚌埠市依法行政示范单位、蚌埠市女职工工作规范化示范单位、蚌埠市卫生先进单位、固镇县就业和社会保障优质服务单位等称号。

扎实开展党的群众路线教育实践活动

召开全县地税工作暨党风廉政工作会议

认真开展述职述廉活动

举办年度业务轮考，提升干部队伍素质。

定期举办道德讲堂活动

开展丰富多彩的文体活动

五河县地税局

省局党组成员、纪检组长方学军调研指导工作

2014 年，五河县地税局牢牢把握组织收入原则，加强收入组织和调度，强化税收研判分析，加强对重点建设项目税收的管控，细化分解落实收入计划，加大组织收入考核力度，实现了地方税收入的稳步增长。全年共组织入库税费收入 8.58 亿元，同比增收 0.6 亿元，增长 8%。其中，地方税收入 6.21 亿元；基金费收入 2.37 亿元，增长 15.6%。荣获第十届安徽省文明单位、安徽省卫生先进单位、蚌埠市廉政文化进机关示范点、全市第五批选派工作成效明显的集体等称号。被评为全市地税系统先进集体和基层先进领导班子。政务中心地税窗口先后被评为县政务中心“2014 年度先进窗口”、市级和省级政务中心“最佳服务窗口”。机关档案管理工作顺利通过省一级重新考核认定。

省委党的群众路线教育实践活动督导组莅临检查指导

深入选派帮扶村开展调研活动

举办纳税人学堂——个税软件升级专项培训会

开展学雷锋志愿服务活动

参加全市地税系统第五届职工运动会

召开中心组（扩大）学习贯彻十八届四中全会精神集体研讨会

举办道德大讲堂

阜阳市

2014年，在省局和市委、市政府的坚强领导下，阜阳市地税局认真学习贯彻习近平总书记系列重要讲话和党的十八届三中、四中全会精神，围绕税收现代化的目标，落实“讲法治、抓改革、重人本、促发展”的工作思路，扎实开展党的群众路线教育实践活动，统筹做好组织收入和服务发展“两篇文章”，持续推进税收管理转型升级，较好地完成各项任务，为促进阜阳经济社会发展作出了积极贡献。全年组织收入首次突破百亿元“大关”，达107.4亿元。其中，地方税收入76.5亿元，同比增长23.6%，增幅全省第一。地方税收入占全市财政收入的比重为42%，收入比重为20年来最高。

一年来，阜阳市地税局和5个县市局均被授予第十届“安徽省文明单位”荣誉称号，市地税局先后荣获“省级依法行政示范单位”、“阜阳科技工作先进单位”、“阜阳市科学技术二等奖”、“阜阳市政务公开先进单位”等多项称号。

市长李平、常务副市长卢仕仁等领导听取阜阳地税工作汇报

省局党组书记、局长汪建国来阜开展工作调研

省局党组成员、副局长胡春武到阜阳指导工作。

省局党组成员、副局长洪晓建到阜阳进行调研。

省局党组成员、副局长倪三立到阜阳调研农民建房耕地占用税征收管理工作。

市局党组书记、局长黄如军深入企业征求对地税工作的意见建议。

市局调研员马艳带队参加政风行风热线，现场解答群众关切问题。

市局副局长锁仁凌为纳税人学校揭牌

市局政治处主任陶小杰主持召开系统干部人事教育工作会议

市局纪检组长杨绍林参加纪检监察暨“三转”工作座谈会

举办“庆三八 展风采”青春趣味活动

召开纳税信用等级评定工作会议

开展“绿化家园 美化阜阳”党员义务植树活动

荣获市级依法行政示范单位荣誉称号

地 税 局

扎实开展党的群众路线教育实践活动

召开 2014 年度春训工作会议

学焦裕禄精神 树立公仆情怀

召开全市地税系统教育实践活动现场推进会

举办全市地税系统政务工作培训班

界首市地税局

2014年，界首市地税局按照阜阳市局年度工作部署和界首市委、市政府中心工作安排，紧紧围绕“重活动、抓收入、严管理、防风险、提能力、树形象”工作思路，着力在领导班子制度建设、税收法治文化建设和三项风险防控建设工作上下功夫，全面推进了各项工作上台阶。全年组织收入突破8亿元大关，达8.13亿元，增收2.14亿元，同比增长35.69%，其中地方税收入5.54亿元，增收1.62亿元，同比增长41.2%；基金费收入2.59亿元，增收0.52亿元，同比增长25.24%。税、费收入均创历史最好水平，为地方经济的发展做出了积极贡献。文明创建再获丰收，先后获得安徽省“六五”普法中期先进集体、阜阳市地税系统绩效考核先进单位、阜阳市地税系统政务信息工作先进单位、界首市政法暨社会管理综合治理工作先进单位、界首市双拥先进单位、界首市服务地方经济发展先进单位、等先进称号。政风行风评议位居界首市行政执法类第二名，并连续12年位居界首市执法单位前三名；在阜阳市局和界首市委、市政府开展的党风廉政建设考核中均名列第一名；在2014界首市第七届职工趣味运动会活动获得团体第三名。

省局党组书记、局长汪建国一行在阜阳市地税局党组书记、局长黄如军陪同下到界首市地税局走访调研。

界首市市委副书记、市长何逢阳到界首地税局检查指导工作。

阜阳市地税局党组成员、政治部主任陶小杰走访界首市重点企业

召开党的群众路线教育实践活动动员会

开展学雷锋志愿服务活动

开展道德讲堂活动

党组书记、局长王建军到包联乡镇任寨乡走访慰问困难群众

局领导到基层分局开展调研

颍州区地税局

2014年，颍州区地税局严格组织收入原则，立足于抓早、抓实、抓细的工作方针，强化税源管理和收入分析预测，上下一心，奋力拼搏，超额完成全年收入任务。累计组织各项税费收入17.42亿元，其中，地方税收入12.86亿元，基金费收入4.56亿元，税费双双同创历史新高，收入总量居全市8县市区第一位。地方各税同比增收3.5亿元，增长37.37%，大大高于全省平均增幅，位居全省前列；基金费同比增收0.66亿元，增长16.92%。颍州区18亿多元的财政收入中，地方各税占比近7成，收入比重居地税部门组建20年来最高。在全局广大干部职工的共同努力下，颍州区地税局被评为阜阳市依法行政示范单位、颍州区第三届文明单位和颍州区综治、双拥、统计、安全生产工作先进单位；在阜阳市地税系统绩效管理考核中获优秀单位，在颍州区综合目标考核中列垂直管理单位第一名，在颍州区政风行风评议中获垂直管理单位第二名，并被区政府记集体三等功。

召开党的群众路线教育实践活动动员大会

举行党的群众路线教育实践活动现场观摩会

阜阳市地方税务局党组书记、局长黄如军到颍州辖区企业调研指导工作

阜阳市人民政府依法行政示范单位创建验收组前来检查工作

颍州区委常委、常务副区长贾光明检查指导区局工作

区局党组书记、局长孟学中深入基层单位调研工作

开展共建活动，慰问颍西光荣院

2014年，颍东区地方税务局以党的十八大、十八届三中、四中全会精神为指引，按照省市局和区委、区政府工作要求，抓住税收管理转型升级主线，遵循依法治税基本准则，坚持“一个确保、两个提高”，统筹做好“两篇文章”，深入推进“三和”地税建设，锐意进取，务实创新，各项工作得到扎实推进和全面发展。2014年累计组织各项税费收入5.98亿元，同比增收1.53亿元，增长34%，增幅位于全省第四。相继获得阜阳市廉政文化建设标兵单位、阜阳市第八届文明单位、颍东区综合治理先进单位、颍东区双拥工作优秀单位等荣誉称号，连续第七次被区委、区政府授予“集体三等功”。

颍东区地税局

阜阳市委副书记叶露中指导区局开展党的群众路线教育实践活动

阜阳市党的群众路线教育实践活动“查找问题，立行立改”现场会在颍东区地税局召开。

组织志愿者清扫积雪

开展献爱心活动慰问留守儿童

向纳税人开展述职述廉

开展“三进三联”进基层活动

深入重点企业开展“一对一”纳税辅导

开展便民春风行动，举办税收业务辅导会。

颍泉区地税局

省司法厅领导到区局检查普法工作，并给予高度评价。

市人大副主任范淑清率市人大常委会督查组到区局调研法制工作，给予高度评价。

党的群众路线教育实践活动相关单位到区局观摩活动开展情况。

举办大讲堂，为全局税干提高认识、扩展视野提供新的平台。

区纪委组织相关单位来区局交流廉政文化建设工作。

以考促学端正学风

优化经济发展环境多措并举，多家媒体采访区局工作经验。

扎实开展纳税服务活动，区局领导深入企业排解生产经营实际困难。

走进政风行风热线，解答群众关心的税收问题。

2014 年，颍泉区地税局严格按照省、市局和区委、区政府工作部署，以 16 项“年活动”为抓手，深入推进依法治税，全面提高税收管理水平，持续优化税收服务，大力加强队伍建设，建立廉政风险防控体系，不断推进地税工作转型升级，颍泉地税良好形象连年提升。近年来，颍泉区地税局在组织收入工作中，取得了优异成绩，2010 年组织地方税收入 1.57 亿元，增幅 40.7%；2011 年组织地方税收入 2.32 亿元，增幅 50.8%；2012 年组织地方税收入 4.12 亿元，增幅 74.5%，增幅位居全省第一；2013 年组织地方税收入 4.78 亿元，增幅 16.0%；2014 年组织地方税收入 6.77 亿元（含契税、耕地占用税），增幅 24%。同时，颍泉区地税局先后获得全省廉政文化示范单位、全省地税税收法制员工作先进单位、阜阳市第八届文明单位、阜阳市依法行政示范单位、区创先争优活动先进基层党组织、区双拥优秀单位、区巾帼创先争优先进集体、区社会治安综合治理先进集体、区集体三等功等荣誉。

临泉县地税局

2014年，临泉县地税局在省、市局和县委、县政府的正确领导下，认真学习贯彻党的十八大和十八届三中、四中全会以及习近平总书记系列重要讲话精神，扎实开展党的群众路线教育实践活动，牢记为国聚财、为民收税使命，围绕税收现代化目标，坚持“一个确保、两个提高”总体要求，统筹做好“两篇文章”，大力组织税费收入，各项工作均取得了显著成效。2014年，全县地税系统累计组织税费收入在2013年突破6亿元的基础上，再次突破7亿元大关，达7.73亿元，同比增长11.1%，其中，入库地方税收入5.05亿元，同比增长8.1%。入库基金费2.68亿元，同比增长17.1%。

2014年，临泉县地税局荣获安徽省第十届文明单位、省级廉政文化进机关示范点、阜阳市依法行政示范单位、阜阳市“文明单位大展台”工作先进单位、阜阳市代收工会经费先进单位、临泉县双拥工作合格（模范）单位等多项荣誉称号，政风行风评议位列全县重点执法单位前三名。

省局党组成员 副局长洪晓建（左二）深入临谭笔庄进行调研

“八一”慰问人武部官兵

参加全县职工运动会，丰富职工文体生活。

开展深学细照笃行焦裕禄精神活动

举办绩效管理信息系统培训

举办十八届四中全会精神辅导报告会

设立咨询台，开展12.4宪法日宣传活动。

深入企业实地了解企业生产情况

通过“政风行风热线”平台，架起地税部门与社会各界交流沟通的“空中桥梁”。

建立廉政文化展示室

阜南县地税局

2014 年，阜南县地税局紧紧围绕总局提出的“三个严禁、三个实在、三个服务”要求，按照省局“一个确保、两个提高”的新要求、新内涵，围绕“服务科学发展、共建和谐地税”的主题，统筹做好组织收入和服务发展“两篇文章”，科学组织收入，加强队伍建设，优化纳税服务，推进征管改革，充分发挥地税职能作用，扎实开展党的群众路线教育实践活动，持续改进作风，各项工作呈现了欣欣向荣的新局面。2014 年组织入库税收、基金（费）6.01 亿元，同比增收 0.89 亿元，增长 17.4%，被全国妇联授予“全国三八红旗集体”荣誉称号，荣获第十届安徽省文明单位，被省地税局、阜阳市人民政府分别授予“安徽省地税系统依法行政示范单位”、“全市依法行政示范单位”荣誉称号，被阜南县人民政府授予“集体三等功”，被县委、县政府评定为 2013 年推进惩治和预防腐败体系建设暨落实党风廉政建设责任制先进党组，被县双拥委命名为“双拥合格单位”，被县委、县政府评为综治及平安建设工作先进单位。

省局党组成员、副局长洪晓建（左一）到阜南进行工作调研

省局党组成员、副局长倪三立（前右一）到阜南调研耕地占用税征管工作

阜阳市委常委、组织部长余向东（左二）到阜南县地税局调研。

送税法进企业，向纳税人当面解答税收政策。

参观沈浩同志先进事迹陈列馆，缅怀公仆为民情怀。

召开纳税人座谈会“面对面”征求意见建议

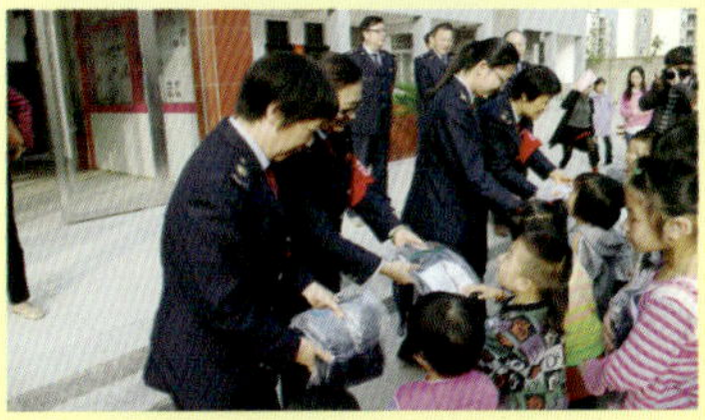

组织学雷锋志愿者向残疾儿童捐赠衣物

税务人员深入农业产业园，宣传惠农优惠政策。

县局党组书记、局长陈传宇（右三）到帮扶村开展结对帮扶活动。

阜阳市妇联副主席高颍利（左一）为阜南县地税局荣获“全国三八红旗集体”授牌。

太和县地税局

2014年，太和县地税局在阜阳市地税局和太和县委、县政府的正确领导下，以十八届三中、四中全会精神为指引，以“三抓三促”为主线，以组织收入为中心，紧紧围绕县委、县政府“四大两先”总体发展思路和工作目标，主动适应经济新常态，创新管理模式，夯实征管基础，坚持依法治税，狠抓组织收入工作，全年共入库各项税费11.11亿元，较上年同期增收3.09亿元，增长38.5%，其中地方税入库8.04亿元，较上年增收2.96亿元，增长58.2%，增幅位居全省各县市区之首，组织收入实现了历史性突破。

2014年，太和县地税局荣获安徽省“第十届文明单位”称号，被阜阳市政府评为全市残疾人就业保障金征收工作先进单位，被阜阳市纪委命名“廉政文化进机关示范点”，并推荐为省纪委“廉政文化进机关示范点”，荣获太和县政府通令嘉奖并记集体三等功。局机关党委被县直工委命名为“先进基层党组织”；政务中心地税局窗口被阜阳市妇联表彰为“巾帼文明岗”；政务中心地税局窗口、三堂分局被命名为县级“青年文明号”等。

深入结对帮扶村开展帮扶活动

慰问困难群众

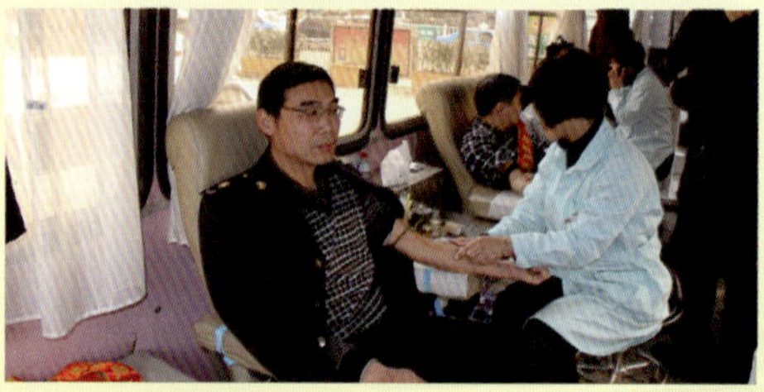

开展学雷锋志愿者无偿献血活动

与国税局联合成立纳税人学校

在县政务服务中心联合组建 “国地税联合办证登记”窗口

开办“道德讲堂”

做客太和县政风行风热线直播间，解答群众关注的税收问题。

组织开展廉政知识测试，深化党风廉政建设

走进烈士纪念馆，瞻仰革命先烈丰功伟绩

组织全体干部职工开展“扶贫日”捐款活动

深入开展各类能手竞赛，提升服务技能和水平

志愿者服务队走上街头开展义务劳动

组织机关干部开展纳税服务实践日活动

颍上县地税局

2014年，颍上县地税局坚持组织收入与服务发展双轮并进，强化基础征管，整治税收环境，深挖增长点，全年税费收入总量突破10亿元大关，达10.86亿元，比上年增收0.75亿元，增长7.4%。为推动颍上加速崛起、经济社会又好又快发展做出了突出贡献。落实好各项优惠政策，全年共落实税收优惠减免税款近1176万元，有力减轻企业负担，释放了政策红利，激发地方经济活力。

坚持收税带队一起抓，强化教育培训，做好各项结对帮扶工作，积极开展公益志愿、文明创建工作，取得显著成绩，亮点频出。县局连续获得省七届、八届、九届、十届文明单位，社会综合治理先进单位称号，阜阳市依法行政示范单位等荣誉。工作成绩得到县委主要领导批示表彰，县人民政府给予记集体三等功。

安徽省地税局党组成员、副局长胡春武一行到颍上县地税局调研。

县局党组书记、局长燕堃带队到八里河镇开展群众路线征求意见活动。

阜阳市地税局党组书记、局长黄如军一行到颍上县地税局调研。

颍上县党的群众路线教育实践活动现场推进会在颍上县地税局召开

颍上县"三和地税杯"摄影获奖作品展在县邮政广场举行。

走进县广播电台"政风行风热线"

两税划转后第一张耕地占用税税票在颍上县地税局润河分局开出

县地税局党组书记、局长燕堃到赛涧乡慰问困难群众

省局党组书记、局长汪建国来淮南调研

省局党组成员、副局长胡春武来淮南调研

开展首个国家宪法日暨全国法制宣传日宣传活动，市长王宏（右一）到场指导。

淮 南 市

2014 年，淮南市地税局紧紧围绕为国聚财、为民收税宗旨，坚持将地税工作融入全市经济社会发展大局，坚持将充分发挥税收职能作用作为立局之本，在应对挑战中争创一流业绩，在夯实基础上积聚发展后劲，在改革创新中谋求发展优势，较好地完成各项工作任务。全年组织入库各项税费总收入 97.32 亿元，其中：地方税收入完成 51.36 亿元，顺利完成省局和市政府税收计划；基金费收入完成 45.96 亿元，同比增收 7.16 亿元，增长 18.5%。

一年来，该局荣获“安徽省第十届文明单位”、“安徽省依法行政示范单位”、“淮南市文明行业”等多项荣誉称号，连续第 19 年获得全市目标管理考核优秀单位称号。

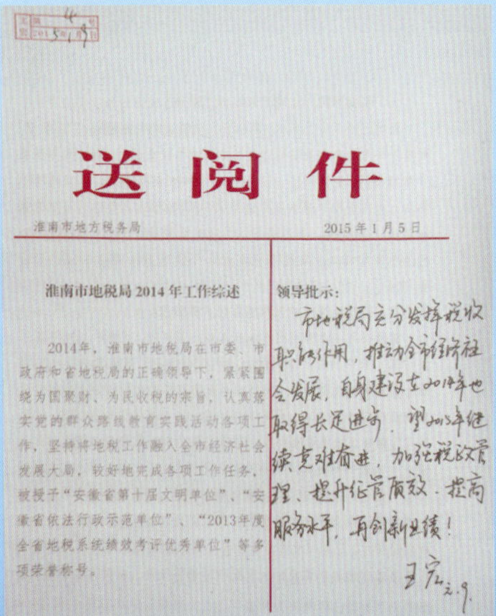

送阅件

淮南市地方税务局　　2015 年 1 月 5 日

淮南市地税局 2014 年工作综述

2014年，淮南市地税局在市委、市政府和省地税局的正确领导下，紧紧围绕为国聚财、为民收税的宗旨，认真落实党的群众路线教育实践活动各项工作，坚持将地税工作融入全市经济社会发展大局，较好地完成各项工作任务，被授予“安徽省第十届文明单位”、“安徽省依法行政示范单位”、“2013年度全省地税系统绩效考评优秀单位”等多项荣誉称号。

领导批示：

市地税局充分发挥税收职能作用，推动全市经济社会发展，自身建设在2014年也取得长足进步。望2015年继续克难奋进，加强税政管理、提升征管质效、提高服务水平，再创新业绩！

王宏 元.9

淮南市市长王宏批示表彰市地税局 2014 年工作

开展税收宣传走进校园活动

召开春训暨党的群众路线教育实践活动动员大会

开展首届职工运动会

地税局

首次公开举行税务行政处罚听证会

顺利配送全省地税系统第一单网上领票业务

个人所得税自助办税终端系统在市政务中心地税办税服务窗口正式启用

市局党组书记、局长李长富参加行风热线

档案复验检查工作

召开国地税合作会议

荣获第四届淮南市文明行业称号

12366 纳税服务呼叫中心成立

凤台县地税局

县地税局充分利用阳光热线宣传平台开展税收宣传活动

签订党风廉政责任书，强化“两个”责任。

高考期间县地税局志愿者开展献爱心活动

2014 年，全局上下紧紧围绕服务科学发展、共建和谐税收主题，严格依法组织收入，各项工作稳步推进。依法治税持续巩固，着力打造法制型地税机关；征管基础持续强化，征管质量明显提升；纳税服务持续优化，力推集约化办税新模式。2014 年，凤台县局牢牢把握税制改革趋势，一方面着力加强重点税源摸排分析，堵塞征管漏洞；一方面不断挖掘新主体税种增长潜力，改进征管方式。2014 年共组织入库各项收入 18.04 亿元，其中地方税收入 9.25 亿元，基金（费）收入 8.79 亿元。

加强地税文化建设，凝聚系统精气神。组织开展体育、书画、摄影等交流活动。依托宣传栏、走廊文化、院墙文化，内外网站等阵地，营造文明创建良好氛围。

凤台县局在荣获安徽省第八、第九届文明单位基础上，再次荣获“安徽省第十届文明单位”，并获“省局依法行政示范单位”“淮南市文明单位标兵”“淮南市双拥先进单位”等多项荣誉称号。

县地税局充分利用新闻媒体广泛宣传地税部门新时期纳税服务理念

开展道德讲堂报告会

积极参与美好乡村建设

积极开展走访纳税人，了解纳税人需求

2014年，滁州市地税系统积极应对经济下行、结构性减税政策增多、房地产市场降温等不利因素，坚持“两副重担一肩挑”，加强分析研判，强化征管措施，千方百计抓好税费征管工作，累计组织税费收入125.83亿元，增长9%。其中：入库地税收入87.86亿元，总量居全省第4位，增长7.8%；征缴各类基金费37.96亿元，总量居全省第7位，增长12%。市局获市政府通报表扬，连续6年被市政府表彰为政务公开先进单位，被评为2014年度滁州市“十佳文明行业窗口单位”，全市地税系统7个单位获第十届安徽省文明单位。

滁州市地税局（之一）

省地税局副局长胡春武、市政协副主席李庆宁一行参加滁州市局领导班子民主生活会

省地税局纪检组长方学军深入我局基层分局调研指导工作

省地税局副局长倪三立率考核组到滁州市地税局开展2013年度党风廉政建设责任制暨市局领导班子和处级干部年度考核工作

市纪委书记戴启远参观全市地税系统职工庆“七一”书法绘画摄影展

召开全市地方税务工作会议

召开全市地税系统党风廉政建设工作会议

召开党的群众教育实践活动动员大会

召开全市地税系统落实党风廉政建设和反腐败工作党组主体责任集体谈话会议

召开全市地税系统加强基层思想文化建设工作座谈会

市地税局领导参加市党风廉政教育中心

滁州市地税局（之二）

市地税局局长刘武华深入天长市企业调研

市地税局副局长阚卫平深入办税服务厅调研指导

市地税局副局长包遵诚走进《政风行风热线》直播室

市地税局纪检组长胡升庆到市政务服务中心地税窗口调研指导

市地税局政治处主任仰先平慰问驻滁部队官兵

市局和各县市区局领导参加信息化应用提升年专题培训

河北省双拥办来市局交流双拥工作

江苏省地税局来学习交流房产税和城镇土地使用税明细申报系统先进管理经验

对纳税人进行税收政策辅导

举办道德讲堂，合唱队共唱《公民道德歌》。

举办健康知识讲座

定远县地税局

2014年，定远县地税局坚持“一个确保、两个提高”总体要求，统筹做好组织收入和服务发展“两篇文章”，共征收各项税费11.68亿元，同比增收1.5亿元，其中地方税收入8.41亿元，同比增收1.11亿元，增长15.3%，地方税收入增幅位列全市第一，收入总量在全市位次实现了“五进三”的大幅跨越，占全县财政收入贡献率达58%，县委、县政府主要领导分别作出表扬性批示。

2014年，定远县地税局各项工作成果丰硕，连续四届蝉联“省级文明单位”称号，荣获县级目标绩效考核优秀单位，荣获标准化办税服务厅建设省级先进单位称号，获县委党风廉政建设责任制考核优秀等次，获县级“政务公开示范点”称号，成功引进投资3.2亿元的新能源、环保型生物质能发电项目。

开展采石行业税收专项整顿活动

开展“践行群众路线 转变工作作风”税企座谈会

组织全县地税系统干部职工赴看守所开展廉政警示教育，感悟高墙内外，体验自由珍贵。

组织基层分局长开展集体述职述廉

滁州市地税局局长刘武华调研指导地方税收入工作

税干组织骑行开展税收宣传

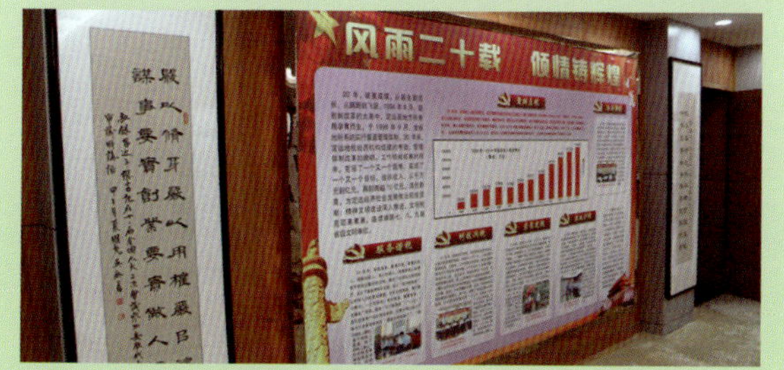

恰逢地税成立20周年之际，创办税务文化室，弘扬正能量。

开展学雷锋志愿活动，赴敬老院慰问孤寡老人。

省局党组成员、副局长胡春武（右一）到县地税局调研指导党的群众路线教育实践活动。

省局干部教育处处长石文彬（左二）来县局调研指导群众路线教育活动，召开座谈会听取干部意见建议。

2014年，全椒县地税局围绕“为民、务实、清廉”主题，认真开展党的群众路线教育实践活动，促进了党员干部作风大转变，推动了“便民办税春风行动”扎实推进，保证了服务规范的贯彻执行，积极实施绩效考核，工作质效全面提升。

全年共组织收入13.4亿元，同比增收1.4亿元，增长11.7%，再创历史新高，其中实现地方税收入9.39亿元，同比增加1.1亿元，增长13.2%，按财政口径计算累计完成9.14亿元，圆满完成了年度计划，为建设“六个全椒”作出了重要贡献，受到县委和县政府主要领导的批示称赞。同时，也为地税成立20周年献上了一份厚礼。

县局续获安徽省第十届“文明单位”称号；被省地税局评为“全省地税系统实施现代化分局建设规划（2009—2013年）先进单位”；被县委、县政府授予“双拥模范单位”；在2014年度组织的县直单位目标绩效考核中，再次评为优秀单位；局机关党委荣获县党建工作优秀表彰；办税服务厅被认定为2014年度标准化办税服务厅建设省级先进单位。

全椒县地税局

举行县地税系统“三项能手”选拔赛

县局党组成员、局长王军（右三）在开展群众路线教育活动期间走访村民，征集意见。

组织党员干部到滁州市党风廉政教育中心参观，接受警示教育。

举办大规模培训班，为全县纳税人和缴费对象辅导税费知识及相关政策。

定期深入企业走访，宣讲税收政策，实地了解生产经营情况。

组织税干赴安徽大学接受知识更新培训

天长市地税局

2014年，天长市地税局大力推进精细化管理，创新征管方法，挖掘增收潜力，累计组织各项收入19.56亿元，较上年增长9%，增收1.62亿元，税费总量在全省各县市排名由2013年的第9位上升至第8位，税收总量在全省各县市排名已由2013年的第7位上升到第6位。

2014年，天长市地税局在全局税干的开拓进取下，在组织收入、征收管理、队伍建设、党风廉政等各个方面均取得了显著成绩，特别是信息化建设方面，率先在全省开发运用了“土地增值税清算管理系统”和“建安发票闭环管理系统”，提升信息管税能力。该局荣获全省地税系统“依法行政示范单位”，被天长市委、市政府授予“依法行政示范单位”、“人口与计划生育目标管理责任书考核先进单位”、“政务公开先进单位”；连续多年在政府目标绩效考评中获得“先进单位”。

滁州市局局长刘武华（右一）检查指导天长地税工作，并与纳税人亲切交谈。

省局劳财税处处长张英到天长地税实地调研土地增值税管理系统运行状况。

召开党的群众路线教育实践活动动员大会，扎实开展群众路线教育实践活动。

组织税干深入企业调研，了解企业生产经营状况。

开展“走进地税、媒体问政”活动，主动接受媒体监督。

开展“便民办税春风行动”，组织税干走上街头开展税收宣传。

开展“美好乡村伴税行”活动，到田间地头开展涉农税收宣传

参加天长市廉政文化文艺演出，充分展示地税干部清廉的形象。

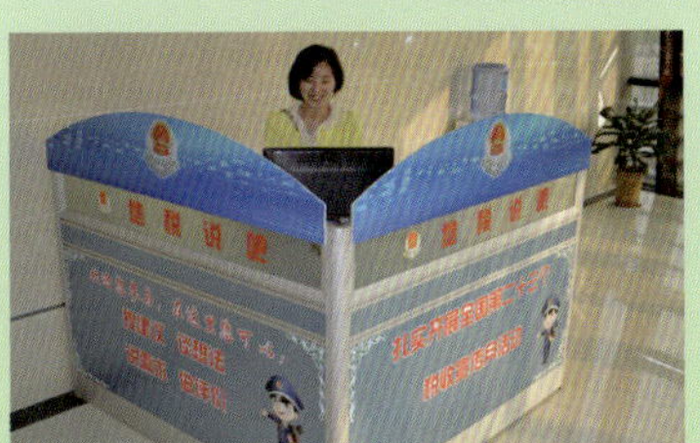

第23个税收宣传月期间，在办税服务厅设立“地税说吧”，邀请纳税人对地税工作提意见。

建安发票“闭环”管理系统成功上线，在安徽省地税系统属首创。

凤阳县地税局

2014年，凤阳县地税局以党的十八大和十八届三中全会精神为指引，全面贯彻落实全省、全市地税工作会议精神和县委、县政府工作部署，倾力抓好党的群众路线教育实践活动，大力推进依法治税，着力优化纳税服务，全力提升征管基础和信息化应用建设，努力规范行政管理，切实加强党风廉政建设，全力推进税收现代化建设步伐，确保了组织收入中心工作圆满完成，为地方经济社会发展做出一定的贡献。全年完成入库各项收入11.66亿元，增长6.54%，增收7160万元。其中地方税收入8.1亿元，增长6.56%，增收4990万元；各项基金费收入3.56亿元，增长6.79%，增收2170万元。

县委副书记、县长王强到县局服务大厅调研指导工作

凤阳县县委副书记、县长王强调研指导凤阳县地税局廉政文化建设。

县地税局党组书记、局长裘军在行政服务大厅开展窗口帮办日活动，现场帮助解决落实纳税人实际困难。

召开党的群众路线教育实践活动总结会

召开绩效管理工作推进会，进一步贯彻落实省、市局会议精神，采取有效措施，强力推进绩效管理工作有序开展。

召开“三联三增”活动的开展和结对共建工作与帮扶对象进行座谈。

与帮扶对象官塘镇凤龙社区、企业鑫鹏石英砂厂成立了联合党支部，签订了共建协议书。

慰问驻凤消防大队全体官兵，并送出食用油、大米等慰问品和慰问金。

参加凤阳县举办“我们的节日·中秋节” 经典诵读活动，并取得第四名的好成绩。

参加凤阳县举行森林增长工程党政军负责同志和县直机关干部义务植树活动。

明光市地税局

滁州市局局长刘武华（中）带领市局相关科室人员在市局开展税收调研

滁州市局纪检组长胡升庆（前左一）在明光市局局长吕维刚（前右一）陪同下，参观该局稽查局廉政文化廊。

2014年，明光市地方税务局在上级局和明光市委、市政府的坚强领导下，坚持以组织收入为中心，以党的群众路线主题教育活动、征管基础提升年、信息化应用提升年为主线，牢固树立依法治税意识，充分发挥地税职能，服务于明光市经济发展，全年组织地方税收入6.21亿元，占全市财政收入的55%，同比增长13.8%。组织入库各项基金费合计3.12亿元，税费收入再创历史新高，各项工作取得了较为突出的成绩。明光市委书记许光友、市长余成林、常务副市长杨文萍等市领导分别作出重要批示，充分肯定明光市地方税务局2014年的各项工作。

2014年，创建工作取得可喜成绩。明光市地税局荣获了明光市综合治理先进单位，明光市级双拥模范单位，滁州市“依法行政示范单位”，明光市地税局办税厅顺利通过省局验收，被认定为2014年度省级标准化办税厅称号。在连续荣获第六届、第七届、第八届、第九届省级“文明单位”的基础上，2014年，明光市地税局又荣获了第十届省级“文明单位”称号。

市局稽查局组织召开案件剖析座谈会

明光市地税局将税收宣传月活动同市桃花节活动融合在一起，进一步扩大税收宣传月活动的影响力。

召开党组专题民主生活会

组织党员干部到市检察院反腐倡廉警示教育基地开展廉政教育

组织部分党员干部到小岗村参观学习沈浩同志的先进事迹

积极参加市行政服务中心举办的迎新春文艺汇演

省局副局长胡春武调研指导群众路线教育实践活动

局长余华建与“中国好人”、地税窗口税干高翔交流窗口服务工作

来安县地税局

2014年，来安县地税局在滁州市地税局和来安县委、县政府的坚强领导下，全面贯彻落实党的十八大、十八届三中、四中全会精神，以开展第二批党的群众路线教育实践活动为主线，以“征管基础提升年”和“信息化应用提升年”为抓手，坚持以组织收入为中心，全面推进依法行政，着力夯实征管基础，稳步实施绩效管理，不断加强党风廉政建设，朝着税收现代化目标稳步前行，为地方经济社会发展提供有力保障。2014年共组织收入11.48亿元，同比增收4750万元，增长4.3%。其中：地方税收7.98亿元，同比增收716万元，增长0.9%；基金（费）收入3.5亿元，同比增收4034万元，增长13%，实现了地方税费收入持续稳定增长，被评为第十届安徽省文明单位、滁州市政府依法行政示范单位。

赴县反腐倡廉教育馆接受廉政教育

税收宣传月期间深入施工现场开展税法宣传

举办“我们的节日·端午”主题活动，邀请家人走进税干日常工作。

举办践行“三严三实”道德讲堂

赴全椒周家岗开展革命传统教育

骑行队践行“便民办税春风行动”，送税法进农户。

2014 年，六安市地税局各项工作呈现新常态。税费收入超越历史，总量首次突破百亿大关，达到 101.6 亿元，同比增长 18.3%；政策效应积极释放，服务地方发展更加有力，减免各类税收 6.27 亿元；法治地税足音铿锵，行政指导项目 467 次，稽查各税收入 1.17 亿元；征管改革蹄疾步稳，推送综合治税信息 1.2 万条，筛选高中风险纳税人 118 户，追征税款 6292 万元；税收服务春风化雨，开展“便民办税春风行动”，一次性推出 29 项免填单服务；信息化支撑坚定有力，开展信息化应用提升年活动，910 人通过应用能力等级考试；干部队伍严管善待，开展群众路线教育实践活动，撰写剖析材料 10 万余字，制定整改措施 51 条。成功运用绩效管理千分体系，实现对所辖各局和局机关的绩效考核。加强反腐倡廉建设，713 人次进行廉政风险防控自测，实施审计项目 126 个。

2014 年，六安市地税局顺利通过第四批“全国文明单位”复审，被评为“全国税务系统先进集体”、“安徽省第十届文明单位”、“全省地税系统绩效考评优秀单位”。被六安市委、市政府评为六安市第七届文明单位、市政府目标管理考核先进单位、全市依法行政先进单位。

六安市地税局（之一）

六安市委书记孙云飞（左一）视察地税工作

省局党组成员、副局长胡春武在六安市地税局与干部座谈

市地税局局长吴福姐慰问敬老院老人

组织机关干部赴安徽好人馆参观学习

机关干部职工接受革命传统教育

在市政府网站开展在线访谈

举办党的十八届四中全会精神辅导讲座

开展“纪念地税机构成二十周年——光荣与梦想”主题演讲。

六安市地税局（之二）

七一期间，重温入党誓词

召开系统绩效管理推进会

召开党的群众路线教育实践活动动员会

地税志愿者服务队走上街头开展志愿服务

交流党的群众路线教育学习心得

税收宣传走进地税希望小学

新建的职工书屋为职工提供了丰富的阅读资源

职工在道德讲堂上表演自编的小品节目

召开全国文明单位创建推进会

霍山县地税局

市局局长吴福姐赴霍山县开展调研走访活动

帮扶结对共建村修筑 2.4 公里村组水泥路，方便群众生产生活。

召开教育实践活动征求意见座谈会

开展一年一度的向纳税人述职述廉活动

与政府购买服务中标单位签订项目合同

开展“金税徽”志愿服务活动

2014 年，霍山县地税局认真贯彻落实省、市局和霍山县委、县政府的工作部署，坚持以党的十八大和十八届三中、四中全会精神为指导，以服务科学发展、共建和谐税收为主题，以管理转型升级为主线，在组织收入、税收征管、纳税服务、文明创建、队伍建设等各个方面，取得了一定的成绩，有力地促进了地方经济社会发展。

2014 年，县地税部门累计组织入库各项税费收入 10.52 亿元，同比增收 0.72 亿元，增长 7.3%。其中：入库地方税收入 7.57 亿元，同比增收 0.52 亿元，增长 7.4%；入库社会保险费收入 2.6 亿元，同比增收 0.21 亿元，增长 8.8%。2014 年以来，县局相继荣获了安徽省第十届文明单位、六安市第七届文明单位、六安市地税系统绩效管理考核第一名、霍山县基层党建工作先进单位、服务工业民营经济先进单位、政务公开先进单位等荣誉称号，县局两个办税服务厅被授予省局标准化办税服务厅建设省级先进单位。

开展道德讲堂进校园活动

开展爱心助学圆梦活动

金寨县地税局

2014年，金寨县地税局在省、市局和县委、县政府的坚强领导下，以深入开展党的群众路线教育实践活动为动力，围绕税收现代化目标，着力在组织税费收入上下功夫，在税源专业化管理和提高干部队伍素质上求突破，在创新征管方式上求发展，在服务地方经济发展上重实效，在深化党风改进作风上强保障，各项工作亮点纷呈、可圈可点。税费收入总量、地方税收入、基金费收入分别首次突破6亿元、4亿元、2亿元大关，其中，入库地方税收入4.5亿元，入库六项社会保险费收入2.05亿元。先后获得“金寨县依法行政示范单位”、“金寨县作风效能建设示范单位”、“全省地税系统依法行政示范单位”、“六安市第七届文明单位”和“安徽省第十届文明单位”等多项荣誉。

省委常委、省纪委书记王宾宜莅临调研指导工作

开展结对共建活动，送去项目扶持资金。

召开特邀监察员会议

召开2014年春训工作会议

与县国税局联合开展税收宣传月咨询日活动

六安市地税系统征管科技暨税源专业化管理现场观摩会在县局召开

召开教育实践活动专题民主生活会

召开绩效管理工作推进会

举办“税收与诚信”主题道德讲堂活动，开展企诚信承诺签名。

组织全员信息化应用能力等级考试

舒城县地税局

2014年，舒城县地税局克服税源短缺、经济下行、结构性减税、营改增减收等重重困难，始终坚持以组织收入为中心，以服务经济社会发展为己任，牢固树立“聚财为国，执法为民”理念，各项工作均取得了显著成绩。全年共组织入库各项收入10.54亿元，比上年同期增长12%。同时，征管基础不断夯实，纳税服务持续优化，队伍建设不断加强，行政管理日趋规范，党风廉政建设不断深入。2014年，县局受到县政府通令嘉奖，相继荣获六安市“第七届文明单位”、“六五”普法先进集体、全县目标绩效考核优秀单位、机关效能建设先进集体、基层组织建设工作先进集体、政务公开和政务服务工作先进单位、城乡结对共建先进单位、平安单位，连续十三年荣获“支持地方经济发展工作先进集体”。

省地税局党组成员、副局长洪晓建（右二）一行来舒城检查指导工作

召开全系统党的群众路线教育实践活动动员大会

开展股权转让业务税收检查专项培训

选派业务骨干赴安徽大学进行更新知识培训

市局派业务骨干对舒城县地税局开展AHTAX2013软件深化应用培训

县局领导看望慰问春蕾特殊儿童康复训练中心特殊儿童

县局纳税人学校与国税局联合宣传《纳税服务规范》

成功举办信息化应用能力等级考试

市地税局党组书记、局长吴福姐深入示范园区开展走访调研

2014年，金安区地税局以十八大和十八届三中、四中全会精神为指导，以服务科学发展、共建和谐社会为主题，以管理转型升级为主线，以开展党的群众路线第二批实践活动为动力，认真贯彻落实省、市局和区委、区政府的工作部署，圆满完成了各项任务。全年，累计组织税费收入9.34亿元，同比增收1.49亿元，增长19%。其中入库地方税收入6.5亿元，同比增收1.26亿元，增长24%。先后荣获安徽省第十届文明单位，六安市第七届文明单位，全市地税系统“网络文明传播工作先进单位”，金安区第七届文明单位、金安区“2014年度机关效能建设先进单位”等荣誉称号，并受到金安区政府主要领导批示肯定。

金安区地税局

举办小微企业税收政策辅导会

开展“学雷锋志愿服务”活动

开展12.4国家宪法暨法制宣传日活动

开展更新知识培训

区局践行群众路线，文艺演出送到百姓身边

参加金安区“勤廉颂”文艺汇演

税企携手成功举办“道德讲堂”

召开党的群众路线专题民主生活会情况通报会

裕安区地税局

2014年是深化改革元年，裕安区地税局全面贯彻党的十八大和十八届二中、三中、四中全会精神，紧紧依靠省、市地税局和区委、区政府的坚强领导，紧紧依靠全体地税干部凝心聚力，坚持“一个确保，两个提高”，统筹做好“两篇文章”，紧紧抓住税收管理转型升级这一主线，强化税收征管，夯实征管基础，推进依法行政，优化纳税服务，加强党风廉政建设，持续改进作风，深化队伍建设，规范行政管理，深入开展第二批党的群众路线教育实践活动，创新思路，团结拼搏，解放思想，真抓实干，迎难而上，奋力完成了全年各项工作任务。

全年共组织各项收入10.32亿元，总量首次突破10亿元大关，同比增收1.43亿元，增长16.1%，其中：税收收入累计入库7.3亿元，同比增收1.39亿元，增长23.5%，完成年度计划的104.2%；六项社保费累计入库3.02亿元，同比增收442万元，增长1.5%，为地方经济社会发展作出重要贡献，受到区委、区政府通令嘉奖。

2014年，先后获得“第十届安徽省文明单位”、“第七届六安市文明单位”、“裕安区第六届创建文明行业先进单位”、“六安市卫生先进单位”、“2013年度区效能建设合格单位”、裕安区“综治优秀成员单位”、“2013年度裕安区双拥工作合格单位”等荣誉。同时深入挖掘本单位的先进典型，推选出了7名同志上报市局进行表彰，其中一人荣获一季度“六安好人”荣誉称号。

市局副局长胡海运（右三）到裕安区企业调研税收工作

区局党组书记、局长毛德忠（右二）慰问离退休老干部。

召开党的群众路线动员会

志愿者到顺河镇青峰敬老院参加敬老爱亲活动

组织房地产企业会计处理培训

组织趣味运动会

组织人员到小岗村接受廉政教育

组织税法宣传进社区活动

以“快乐工作，健康生活”为主题在全局范围内开展工间操活动。

霍邱县地税局

六安市地税局副局长金雷深入霍邱重点企业调研纳税服务情况

2014年，霍邱县地税局积极应对复杂多变的宏观经济形势，克服支柱产业销售量锐减以及结构性减税政策的影响，坚持以“组织收入”为中心，紧紧围绕“服务科学发展、共建和谐地税”这根主线，牢牢把握“税收管理现代化”这一主题，强化队伍管理，积极稳妥实施绩效考核，挖潜提效人力资源；更新服务理念，全面启动便民办税春风行动、推进《纳税服务规范》运行，开通微信公众平台。开展AHTAX2013数据清理、软件培训、数据迁移，确保新软件按时上线运行，推进电子税务局和网上申报系统应用，继续深化“同城通办”，强化地税QQ热线和纳税人学校建设，落实纳税服务投诉管理办法，营造税企互动平台；突出文艺魅力，开展“我手画我心”廉政漫画比赛，举办地税成立20周年图片展，推进地税事业和谐发展。圆满完成了各项目标任务，地税工作取得新成绩

2014年，共组织入库各项税费收入13.22亿元（其中工商税9,71亿元、基金费2.7亿元），同比增收1.41亿元，增长9.4%。县地税局获得安徽省第十届文明单位、六安市第七届文明单位、霍邱县文明单位称号；被安徽省地税局授予标准化服务厅建设先进单位；被六安市地税局授予先进领导班子、党风廉政建设工作优秀单位、信息化宣传先进单位；被市妇联授予先进集体；被霍邱县委县政府授予党风廉政建设先进单位、目标管理综合考核县直单位一等奖、霍邱县双拥工作先进单位、机关效能建设先进单位、服务企业先进单位。连续六年获得“霍邱县委县政府目标管理一等奖”。

心系群众冷暖，节前访贫问苦。

开展群众路线教育实践活动，走访乡镇领导征求意见。

为A级纳税人授牌，大张旗鼓宣传诚信纳税。

深入小微企业调研，商讨经营发展良策。

举办项目管理数据采集业务培训会

庆祝地税成立20周年，展示地税形象。

积极参加国家宪法日活动，宣传税收法规。

开展“我手画我心”廉政漫画比赛

开展送戏下乡活动，展示地税文化。

寿县地税局

省委督导组莅临我局检查指导群众路线教育实践活动

市地税局党组书记、局长吴福姐(中)一行调研基层分局工作

2014年，寿县地税局在上级局和县委、县政府的坚强领导下，面对经济下行、结构性减税、税制改革等诸多不利因素的影响，锐意进取，开拓创新，团结奋进，规范管理，统筹做好组织收入和服务发展“两篇文章”，圆满完成了各项工作任务。税费收入再创新高，共组织入库各项税费收入8.6亿元，同比增收1.3亿元，增长17.9%，实现历史性跨越。其中：地方税收入5.85亿元，同比增收0.9亿元，增长18.1%，占县财政收入比重为62.9%、占财政收入增量的62.3%；基金(费)等收入2.75亿元，同比增收0.41亿元，增长17.4%。依法治税深入推进，税政管理细化完善，征管质效稳步提升，纳税服务全面规范，教育实践卓有成效，廉政建设扎实开展，队伍建设不断加强。县地税局先后荣获“安徽省第十届文明单位”、“六安市第七届文明单位”、寿县政风行风暨发展环境“千人评”行政执法类单位第一名等荣誉称号。

县局党组书记、局长李逢银(右中)一行到分局检查指导工作

召开绩效管理工作推进会

开展信息化应用能力等级考试

举办预防职务犯罪专题讲座

县地税局按季举办道德讲堂

县地税局纳税人学校开展纳税辅导培训

六安市地税局局长吴福姐到叶集区地税局办税服务厅指导纳税服务工作

叶集区地税局局长杨群（右二）深入企业调研

召开党的群众群众路线教育实践活动总结会，总结活动取得的成果。

叶集区地税局

2014年，叶集试验区地方税务局认真贯彻落实上级局和试验区工、管委工作部署，着力抓好党的群众路线教育活动，不断深化征管改革，推行绩效管理，完善执法体系建设，优化纳税服务，提升干部队伍综合素质，增强勤政廉政意识，加大创建力度，全面完成了年度工作任务。年度组织各项收入2.06亿元（其中：地方税1.56亿元），实现了年初制定的税费收入突破2亿元大关的目标。获得了安徽省第九届文明单位、六安市第七届文明单位，荣获叶集试验区2014年度效能建设先进单位、2014年度民主评议政风行风先进单位。

开展结对共建活动，联合党委举办道德讲堂

与纳税人座谈、签订税收遵从协议书

区局领导班子慰问孙岗村老党员

开办纳税人学校，对企业财务人员进行业务培训

加强税收宣传，举办“地税·民生杯”摄影比赛

省局局长汪建国、马鞍山市市长魏尧在市局局长刘鲁舟陪同下，深入办税服务分局调研指导工作。

举行安徽地税12366纳税服务热线升级改造项目上线仪式，省局副局长洪晓建出席仪式并宣布12366纳税服务热线正式上线。

马鞍山市地税局（之一）

利用马鞍山滁州商会举行成立一周年纪念大会之机，组织人员送税法进商会，发放税收资料，开展专题讲座。

召开土地使用税征收标准调整暨地税成立20周年座谈会。市领导，市财政局领导，各县、区政府及各园区管委会分管领导、财政局长应邀参会。

2014年，马鞍山市地税局紧扣组织收入这一中心，紧贴服务发展这一大局，紧抓教育实践这一载体，凝心聚力，奋发有为，圆满完成年初既定的目标任务，向实现税收现代化迈出了坚实的一步。组织收入面对房地产市场低迷、一次性税源萎缩和“营改增”范围扩大的三重减收压力，实现了地方税收入占财政收入比重、税收收入质量和可用财力三个明显提高。全年组织收入138.49亿元，其中地方税收入88.2亿元。教育实践活动扎实推进，得到省局和市委督导组的充分肯定。特别一提的是，在全国税务系统党的群众路线教育实践活动总结会议上，国家税务总局党组书记、局长王军充分肯定了马鞍山市地税局的做法：安徽省马鞍山市地方税务局组织纳税人与税务干部面对面整改、重点改、持续改，拉近了征纳之间距离。这也是全国少数地市级税务局、全省税务系统唯一受表彰的单位。开展了一系列创新工作，率先完成12366升级改造，成功实现与总局12366呼叫中心的业务对接；率先实施税收稽查管理体制改革，实现市县稽查“一体化”；率先实施征管档案“电子化”。等等。

召开全市地税系统党的群众路线教育实践活动动员会

举行全市地税系统税收信息化能手竞赛

马鞍山市地税局（之二）

召开全市地税系统党风廉政建设工作会议

召开教育实践活动"两代表一委员"、民主党派人士及干部群众代表座谈会，广泛征求意见建议。

市局组织召开全市地税稽查管理体制改革动员会

召开中介服务机构开展土地增值税清算情况汇报会

当涂县地税局

“税润姑孰”税收宣传活动

颁发税收宣传“小记者”证书

干部职位竞争上岗笔试考试

举办文艺活动丰富职工文化生活

开展城镇土地使用税政策辅导

庆祝建国65周年暨地税组建20周年大会

市县地税局主要领导深入农村困难家庭“走亲戚”

召开党组中心组群众路线教育实践活动专题学习交流会

志愿者积极创建文明城市

2014年，当涂县地方税务局攻坚克难，扎实工作，取得了较好的成绩，为全县经济社会发展做出了贡献。全年累计组织入库税费收入21.5亿元，其中：地方税收入17.13亿元，同比增收0.29亿元，增长1.7%；社会保险费入库3.78亿元；其他基金费入库0.6亿元。被授予“第十届安徽省文明单位”，连续三年在县委县政府目标管理综合考核中荣获一等奖，所属办税服务中心被省地税局授予“省级标准化办税厅”。

召开2014年春训会议

中层干部开展党性教育活动

含山县地税局

党组书记、局长尹晓华到安徽青花坊瓷业有限公司开展“一对一”服务。

2014年，含山县地税局坚持“一个确保、两个提高”，围绕“1234”工作思路，紧紧抓住规范这一主线，圆满完成税费收入任务，全面落实依法治税要求，积极推进税收管理创新，着力提升纳税服务水平，切实加强队伍作风建设，不断完善风险防控体系，各项工作成效显著。全年共组织税费收入9.39亿元，其中：地方税收入7.06亿元，增长14.52%。被省委、省政府授予第十届“文明单位”；获得“全省地税系统实施现代化分局规划先进单位”；在含山县政府组织的年度政风、行风评议中，连续第七年获全县第一名；办税服务中心获得“马鞍山市巾帼文明示范岗”称号。

认真落实省地税局要求，建设标准化办税服务厅。

与环峰小学联合举办的“税收动漫校园行”青少年税收启蒙宣传活动。

深入开展党的群众路线教育实践活动

税收管理员到房地产开发企业了解生产经营情况

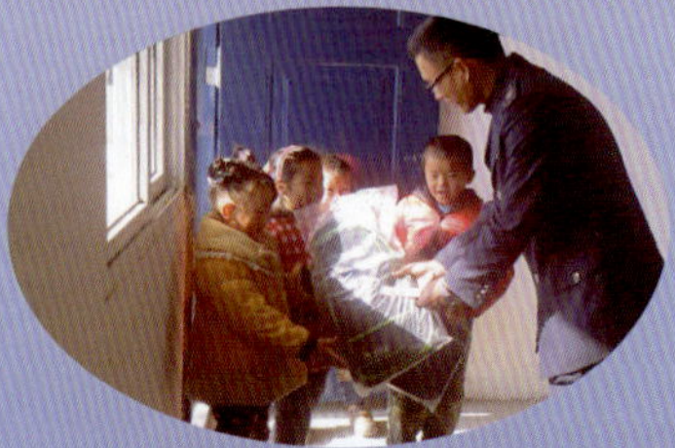

组织干部到陶厂镇卜李小学看望慰问农村留守儿童。

组织干部职工参加文明停放车辆引导志愿服务活动

组织一线执法税干，前往巢湖监狱开展警示教育活动。

省局方学军组长督导和县地税局教育实践活动

和县人民政府县长戴瑞同志调研地税部门征管改革

和县地税局

2014年，和县地方税务局按照深入学习贯彻党的群众路线教育实践活动工作要求，坚持“科技加管理”的总体思路，积极推进管理转型升级，大力提升涉税服务质效。全年共组织税、费、金收入13.41亿元，其中税收收入达10.8亿元，首次突破10亿关口；地方税总量在全省77个县（县级市、区）中分列第20位。

根据和县地税局实际，制定、出台《和县地方税局2014年度深化税收征管改革工作实施方案》。进一步优化设置税收征管机构，采取腾笼换鸟的方式，置换部分分局的职能。将县内重点行业（建安、房地产、金融保险）及其它重点税源企业（规模以上企业等）实施集中管理，充分发挥行业管理及大企业管理的资源优势。

积极参加和县“三线、三边”治理工作，全员参加以“门前三包”为主要内容的路面巡查活动，周末义务开展责任区大扫除。加强与帮扶社区的结对共建活动，先后与西埠熊官塘、枣林、石杨戴沿坝、历阳大桥社区开展了主题为“美好乡村建设”的创建工作。在系统内开展“寻找最美地税人”活动，将一些甘于奉献的税务干部推荐出来，参加全省的评选。2014年，和县地方税务局被评为“安徽省第十届文明单位”。

开展纳税人电子税务操作技能培训

征管改革中的“税、库、银”三方协议变更联系会议

税务干部开展矿山企业典型调查

国、地税联合开展“诚信纳税签名”活动

开展“大手牵小手”普通话推广活动

与戴沿坝行政村开展“美好乡村”结对帮扶工作

参加县人民政府开展的“三线、三边”治理活动

开展“迎新年县直机关拔河比赛”活动

与浦发银行员工座谈

党政领导干部选拔任用工作条例专题报告会

开展税费政策大讲堂活动

芜 湖 市

2014年，芜湖市地税局在省地税局和芜湖市委、市政府的正确领导下，全面贯彻党的十八大、十八届三中、四中全会和全省地税工作会议精神，按照稳中求进、改革创新的总要求，继续坚持“一个确保、两个提高”，统筹做好“两篇文章”，紧扣推进税收管理转型升级工作主线，以组织税费收入为中心，以提升征管质效为抓手，以规范税收执法为导向，以优化纳税服务为重点，各项工作取得积极成效，为芜湖经济社会发展作出了新的贡献。全年共组织各项收入241.84亿元，同比增长7.26%，增收16.37亿元。精神文明建设成效显著，全局共有7个分局9个服务窗口（科室）分别被市直机关工委授予第六批创建“共产党员示范岗”和第二批创建“共产党员示范岗标兵”荣誉称号。在市政府政风评议工作中，市地税局荣获第一名，办税服务大厅在47个行风评议单位中名列第二名。市局被省纪委授予“全省第一批廉政文化建设示范点(标兵)单位”。

为纳税人设立专门的咨询辅导区

开展税法宣传咨询活动

地税干部深入企业调研生产经营情况

地 税 局

参观合肥渡江战役纪念馆

组织道德讲堂

积极参加女职工运动会

办税服务大厅窗口人员耐心细致地为纳税人讲解

繁昌县地税局

2014年，繁昌县地税局牢记“为国聚财，为民收税”的神圣使命，紧紧围绕省、市地税局和县委、县政府关于税收工作的总体部署，圆满完成了年初确定的各项工作任务。全年共组织各项税费收入18.14亿元，同比增长4.8%，增收0.83亿元。其中：组织地方税收入13.51亿元，同比增长12.5%，增收1.50亿元，为推动县域经济发展、服务保障社会民生等方面做出了积极贡献，受到了县政府的通令嘉奖。

2014年，征管分局办税服务厅被认定为“省级标准化办税服务厅”，县局获得省级“工人先锋号”、“全县双拥优秀单位”等荣誉称号。

组织全体中层干部参加廉政图片展，加强警示教育

到荻港镇赭圻村第三小学开展“税法进校园 童心伴税行”活动

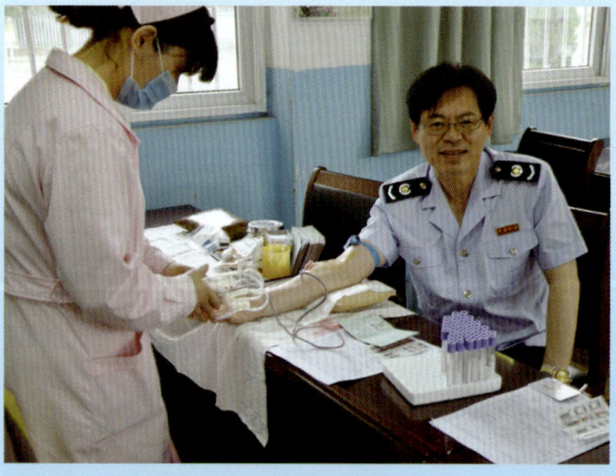

组织11名志愿者参加义务献血活动

召开党的群众路线教育实践活动领导班子专题民主生活会

开展军民共建、送爱心进军营活动

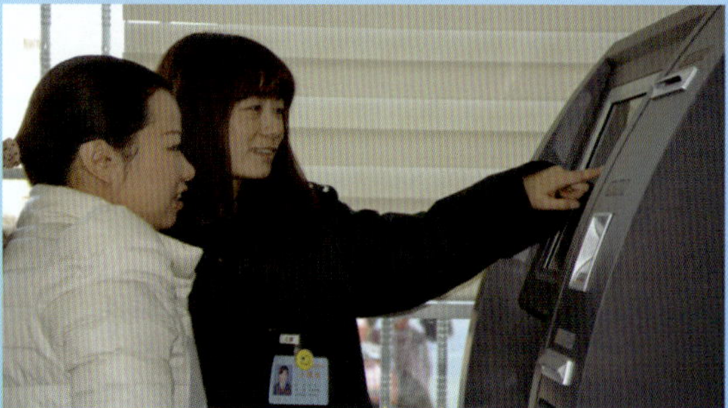

税干在演示个人所得税完税证明自助打印流程，首份个税完税证明实现自助打印

召开民主生活会

蚌埠市地税局来县考察税源专业化管理工作

芜湖县地税局

芜湖县地税局牢记为国聚财、为民收税使命，致力打好组织收入、改革试点和素质提升三大攻坚战役，为县域“转型升级、率先发展”做出了应有贡献。致力打好组织收入攻坚战，共组织各项收入 15.41 亿元，较上年增长 9.44%，圆满完成了全年预算收入任务，连续 13 年获县政府嘉奖。致力打好改革试点攻坚战，进一步推进机关实体化、扁平化管理，深入开展纳税评估工作，积极探索税源专业化管理改革试点新路子，为全省地税系统工作推广积累和提供了经验。致力打好素质提升攻坚战，坚持把为县域经济社会发展服务、让纳税人满意作为各项工作的出发点和落脚点，主动发挥省级文明单位的示范带头作用，积极争当文明创建的排头兵，荣获“安徽省文明单位”、芜湖市“五一劳动奖状”称号。

举办城镇土地使用税政策宣传辅导会

深入重点企业走访调研

指导帮扶联系村工作

组织风险管理平台全员培训

参加县直机关主题微型党课竞赛

南陵县地税局

2014年，南陵县地税局在市地税局、县委、县政府的正确领导下，以科学发展观为指导，以组织收入为中心，围绕经济社会发展大局，全面落实税收政策，积极推进依法行政，较好地完成了全年的各项工作任务。全年共组织各项收入14.55亿元，较上年同期增长14.6%，增收1.85亿元。其中：地方税收入10.16亿元，增长20.1%，增收1.7亿元。社保费收入4.1亿元，增长3.2%，增收0.13亿元，各项征缴率均达98%以上，其他收入0.29亿元。县局先后荣获第十省文明单位、省卫生先进单位、省地税系统依法行政示范单位、市“五一劳动奖状”、市“三八红旗”集体，连续第二年获市地税系统绩效考评优秀单位，荣获县依法行政示范单位、县“六五”普法中期先进集体、县学雷锋活动示范点、县人口和计划生育帮扶工作先进单位，并受到县政府通报表彰。

县委书记程刚（右一）、县长徐晓明（右二）慰问我局“12.4”普法宣传干部

局长朱建忠（左排右二）带队前往钱桥村开展双联系活动

举办纳税人培训学校活动

召开党风廉政建设工作会议

开展道德讲堂活动

召开群众路线征求意见座谈会

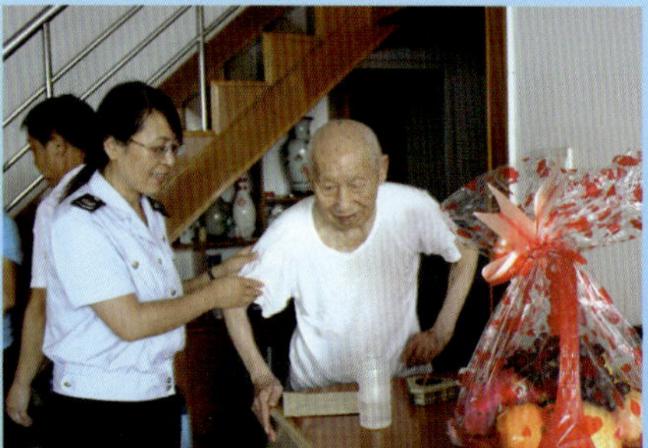
慰问退休老干部

开展“送温暖献爱心”公益捐款活动

县局党组书记、局长李炳华（中）在纳税服务实践日中接受纳税人业务咨询

全县地税系统深入开展第二批党的群众路线教育实践活动

无为县地税局

2014年，无为县地税局以积极的姿态坚持“一个确保、两个提高”，统筹做好“两篇文章”，全年累计组织各项收入19.2亿元，在全省县区局中排名第9位，创年度收入历史新高。

在党组书记、局长李炳华的带领下，该局被评为安徽省第六、七、八、九、十届省级“文明单位”，芜湖市窗口行业文明创建先进单位，芜湖市地税系统绩效考评争先创优单位，展示了良好的无为地税形象。

组织党员干部参观革命烈士纪念馆

开展税法进校园活动

开展干部讲堂活动

举办道德讲堂活动

展地税风采，激扬巾帼志

中央第三巡回督导组组长陆浩（中）一行来宣并赴市地税局督导党的群众路线教育活动

市委书记姚玉舟（中）在市地税局开展财税工作调研

宣城市

市委副书记、市长韩军（右排中）在市地税局调研指导工作

2014年，宣城市地税局深入学习贯彻党的十八大和十八届三中、四中全会精神，树立和践行宣城地税人共同价值观，紧紧围绕“一条主线”（深化税收专业化管理），积极坚持“两手抓”（一手抓征管改革，一手抓路线教育），不断推进“两项建设”（干部队伍建设和党风廉政建设），努力提升“四个水平”（组织收入、支持发展、依法行政、纳税服务水平），各项工作取得进展。市局和下辖县市区局全部获得“全市创建依法行政示范单位”称号，市地税局荣获安徽省“第十届文明单位”，连续第六年被市委、市政府表彰为“市直目标管理考核优秀单位”。自2007年以来，全市地税工作连续第八年被市政府通报嘉奖。

市依法行政示范单位授牌暨经验交流会在市地税局召开，全市地税系统创建实现“满堂红”。

局长胡兴宽带队走进市电视台直播间参加“百姓问政”活动

市局组织开展党的群众路线教育实践活动群众测评

利用纳税人学校开展业务培训，全面推行纳税服务规范。

举办建立国、地税长效合作机制座谈会，深化国地税合作。

局长胡兴宽为系统中层以上干部上党课

组队参加宣城市第九届全民健身登山比赛

地税局

组织志愿者参加义务植树活动

举办第五期“道德讲堂”

开展社保费业务培训，提升专业能力。

组织“大练兵”，举行全员信息化应用能力等级考试。

组织机关党员干部赴泾县云岭开展革命传统教育

组织青年志愿者赴溪口镇吕辉村看望革命老区留守儿童

旌德县地税局

2014年，该局以党的群众路线为指引，持续推进作风建设；以机关实体化、分局管事化改革为抓手，提升组织收入的工作质效。在宏观经济进入调速换挡的特殊时期，仍组织各项收入3.85亿元，其中：地方税收入2.73亿元，各类基金费收入1.12亿元，圆满完成了年度计划任务。其他各项工作实现了平稳运行、创新发展、有所成就的目标。不仅连续第三年获县政府通报嘉奖，还荣获“宣城市依法行政示范单位”、“宣城市‘六五’普法中期先进单位”和“安徽省第十届文明单位”等称号。

宣城市副市长、旌德县委书记周密（中）到任后莅临该局视察。

“幸福税月”志愿服务队学雷锋小组为孤寡老人包饺子献爱心

清明节组织党员干部在烈士陵园重温入党誓词，牢记责任使命。

税收宣传志愿者走村串户为美好乡村纳税人送税法

推行项目化管理、抓重点、破难点、铸亮点

局长朱立飞（中）主持召开形势分析会，对组织收入工作进行动态监管，有效调度。

旌德县时任县长李孝云（右二）和常务副县长楼书丹（右三）莅临地税调研组织收入工作。

首个“国家宪法日”前夕，组织全县执法人员参加集体宣誓活动。

开展“便民办税春风行动”送税法进企业

召开党的群众路线教育实践活动学习交流会

宣州区地税局

2014年，宣州区地税局以党的十八大和十八届三中、四中全会精神为指引，以党的群众路线教育实践活动为统揽，认真贯彻落实省、市地税工作会议精神，锐意进取，务实创新，圆满完成全年各项工作目标。组织税费收入实现突破性增长，总量达到19.64亿元，增长16.3%。紧紧围绕组织收入中心任务，打造优质纳税服务品牌，创新亮点工作，服务地方经济发展；深入推进税收执法责任制，依法治税水平跃上新台阶。荣获“省级地税系统依法行政示范单位”光荣称号；深化税收专业化管理，税收征管质效不断提高；结合党的群众路线教育实践活动，完善干部队伍建设机制；强化反腐倡廉，夯实廉政保障。

开展送税法进社区宣传活动

举办税务综合办公系统培训会

召开一线税干向纳税人述职述廉会议

举办全局计算机应用能力测试

宁国市地税局

宁国市政协主席何光华（前排左一）视察地税工作

市地税局党组书记、局长李寅生（左排中）带队到企业调研座谈。

2014年，宁国市地税局面对复杂的宏观经济环境，紧紧围绕省市局和地方党委政府工作部署，按照“目标引领、问题导向、管理创新”的工作思路，坚持稳中求进总基调，弘扬改革创新主旋律，强化组织收入核心职能，大力夯实管理基础，深入推动税收专业化改革，持续推进依法行政，倾力优化纳税服务，全面加强队伍建设，圆满完成全年各项工作目标。全年累计组织地方各项收入25.11亿元，同比增收2.77亿元，增长12.4%。其中：地方税收入17.43亿元，增幅12.9%。

一年来，该局连续第十三年获得宁国市“目标管理先进单位”，荣膺安徽省“第十届文明单位”称号，再次获得“宣城市地税系统绩效考核优秀单位”称号。

开展中秋慰问敬老院老人活动

组队参加宁国市纪念全国人大成立60周年法律知识电视竞赛

在“红领巾税法宣传教育基地” 举办征文颁奖仪式文艺汇演

组织百名税干开展“公民基本道德规范”签名承诺活动

税干张亚楠（前排左四）作为安徽地税系统唯一代表参加总局“12366北京呼叫中心开放日”活动。

组织税干参加军民共建活动

广德县地税局

2014年，广德县地税局在县委、县政府的坚强领导下，迎难而上、趁势而为，共完成地方税费收入17.69亿元，同比增收2.38亿元，增长16%，为全县经济社会发展提供了坚实的财力支撑。其中：地方税收入13.26亿元，同比增收1.36亿元，增长11%。基金费收入4.43亿元，同比增收1.02亿元，增长30%。

一年来，广德县地税局坚持依法治税，组织收入职能充分发挥，税收征管质效全面提升，服务发展水平显著提高，依法治税能力切实加强，群教活动保持常态长效，队伍作风建设成效显著，党建基础工作稳步推进，获得了全省地税系统实施现代化分局建设规划先进单位、“安徽省第十届文明单位”等称号，组织收入工作连续六年受到县政府通报表彰。

县地税局纳税人学校举办阳光稽查政策辅导

组织开展“换位体验”活动，纳税人体验一线征收工作。

举办“圆梦助学”活动，局长任平和受助学生签订圆梦助学承诺书。

召开地税成立20周年座谈会

组织开展“迎国庆”登山运动会

召开党的群众路线教育实践活动总结大会

联合国税局开展《全国县级税务机关纳税服务规范》专题访谈

联合检察院开展“以案释疑”辨析会

召开第二批党的群众路线教育实践活动动员大会

第 23 个税收宣传月期间组织开展税法宣传活动

绩溪县地税局

2014 年，绩溪县地税局在市局和县委县政府的正确领导下，按照“好为标准、快字当先”的总体要求，主动适应经济发展新常态，以依法组织收入为中心，全面推进税收专业化建设，突出税源管理、纳税服务、税收执法和队伍建设四个重点，实现收入质量、征管质效、执法水平和行政效能的新业绩、新突破和新跨越。全年共组织入库税费收入 5.30 亿元，同比增长 2.1%，其中入库地方税收入 3.23 亿元，同比增长 3.9%。

2014 年，绩溪县地税局被评为第十届省级文明单位、宣城市依法行政示范单位，连续十四年被评为绩溪县目标管理考核优秀单位。

组织党员干部赴许家朋烈士墓祭奠

组织 2013 年度企业所得税汇算清缴业务培训

组织青年志愿者参加军民共创文明县城活动

荣获 2013 年度绩溪县文明创建工作先进集体

组织党员干部赴 96151 部队开展廉政教育

开展推进依法行政专题讲座

郎溪县地税局

县地税局组织20余名党员干部来到县毕桥镇蒋顾村烈士陵园参加传统革命教育活动

举行"税源·家园"为主题的征文活动颁奖仪式

2014年，郎溪县地税局在市局和县委、县政府的正确领导下，以践行党的群众路线教育实践活动为主轴，牢牢把握"改革攻坚、创新突破"这一主题，全年工作呈现齐头并进，稳中有升、健康发展的良好势头，全年共组织税费收入12亿元，同比增长6.8%。入库地方税收9.55亿元，同比增长8.5 %。2014年12月26日被评为省级"中华诗教先进单位"荣誉称号。被省总工会和省文行办授予《中国梦劳动美我的梦》职工读书活动视频奖单位组一等奖。2014年被市政府授予 "宣城市依法行政示范单位"，被郎溪县政府授予"依法行政先进单位"荣誉称号。连续十三年被郎溪县委县政府授予目标考核先进单位称号，连续四年被郎溪县政府予以通令嘉奖。

利用双休日开展了税务岗位礼仪培训，全局全体窗口人员参加了培训。

深入十字开发区两户浙商企业，开展企业大体验活动。

为全面落实中央八项规定，进一步强化作风建设。郎溪县地税局以车辆管理为突破口严格内部管理。

郎溪县总工会、地税局组织举办了"我运动、我快乐、我健康"趣味运动会。

县局党组书记、局长俞卫东一行慰问军民共建单位驻郎某部

举办"深化作风建设，规范纳税服务"新年诗歌朗诵会。

泾县地税局

2014年，全县地税系统坚持以科学发展观为指导，统筹做好“组织收入、服务发展”两篇文章，坚持攻坚克难，依法科学有效组织收入，全年累计组织各项收入9.13亿元（含“两税”），同比增收1.19亿元，增长15%；其中，地方税收入6.35亿元，同比增收1.09亿元，增长20.7%，地税占财政收入比重达43%。专业化管理持续推进，征管质效进一步提高。坚持依法行政，法制水平不断提升。服务经济发展落到实处，全年累计减免各项税收2619.15万元。系统作风行风建设不断深化。干部队伍建设持续深入，各项创建工作取得丰硕成果，在2013年度县直机关效能和政风建设社会评议中，县地税局以垂直单位第一名的优异成绩被县委、政府通报表扬。获得安徽省“六五”普法中期先进集体、宣城市依法行政示范单位、市级文明单位等一系列荣誉，被评为全县目标管理绩效考核先进单位。

泾县常务副县长肖阳（左三）参加县地税局税收宣传月活动

泾县人大调研地税工作

召开纳税人学校培训会议

召开“三严三实”学习交流会

组织干部参观云岭新四军廉政史料展

召开财源建设推进报告会

举办税收短信服务平台培训会

与泾县城关三小联合举办小学生绘画比赛

春训会议集体廉政宣誓

便民办税春风行动启动仪式

2014年，铜陵市地税局认真贯彻落实党的十八届三中、四中全会精神和省地税局、市委市政府决策部署，主动融入大局、倾力服务发展，深入推进依法治税，深化税收征管改革，充分释放政策红利，持续改进工作作风，实现税费收入稳定增长，2014年累计组织税费收入64.59亿元，同比增收5.46亿元，增长9.2%，收入规模再创新高。其中：地方税收入44亿元，同比增收3.97亿元，增长9.9%；社保等基金费收入20.59亿元，同比增收1.49亿元，增长7.8%，为深入推进税收现代化和建设美丽幸福新铜陵做出了积极贡献。先后荣获全省地税系统征管数据应用省级集中工作先进集体、铜陵市依法行政示范单位、铜陵市第三届“书香机关”、安徽省第十届文明单位等荣誉称号。

铜陵市地税局第一期纳税人学堂开班

铜陵市地税局（之一）

便民办税春风行动——邀请纳税人走进办税服务厅现场体验方便快捷的办税服务

铜陵学院大学生校外实习基地揭牌

召开小贷公司代表座谈会，为企业发展出主意、解难题。

开展“暖企行动”送政策上门

为纳税人解决税控机故障

个人所得税系统在铜陵上线

举办全市地税系统“三项能手”竞赛

群众路线工作会议

铜陵市地税局（之二）

举办税收行政执法业务培训班

开展“慈善一日捐”活动

邀请铜陵军分区司令王元作国防形势教育报告

开展环境整治义务劳动

廉政文化进机关现场书画展

铜陵县地税局

2014年，铜陵县地税局牢记“为国聚财，为民收税”使命，全年累计组织各项税费收入10.61亿元，再攀10亿元关口，其中：地方税收入8.34亿元，同比增长2.11%。深入推进依法行政，规范执法行为，落实税收政策，依法办理各类地方税费减免0.51亿元。坚持管理与服务“双轮驱动”，深化税收征管改革，建立完善派事服务和派事防范两个机制；全面落实《纳税服务规范》，以“便民办税春风行动”为抓手，实现纳税服务实体化、扁平化、集约化。积极推进党务政务公开，完善第三方评价机制，规范内部管理。2014年度，铜陵县地税局连续第二次获得“省级文明单位”荣誉称号，先后被省地税局和市依法行政办公室评为“依法行政示范单位”。

省局政治部主任郑圣良（右一）深入京福高铁施工一线走访调研

在县委举办井湖“道德讲堂”地税专场

召开群众路线教育实践活动动员大会

举办企业所得税培训讲解最新税收政策。

开展“绿色出行”活动，倡导低碳生活。

开展普法知识考试

借力铜陵牡丹节载体开展税收宣传

邀请市委党校专家为干部职工导读十八届三中全会精神

池州市委书记陈强（左四）到办税厅检查指导工作

汪文贵局长（左二）深入企业调研

池州市

成立全省首个依托第三方组织搭建的纳税人权益保护组织——“纳税人之家”

市直窗口单位工作人员参观办税服务厅

2014年是池州地税成立20周年，也是近年来形势最为复杂多变、任务最为艰巨繁重的一年。池州市地税局认真贯彻省地税局和池州市委、市政府的部署要求，坚持“实干强基，创新争先”的治局理念，承压而上，奋力作为，较好地完成了各项工作任务，为幸福池州建设做出了积极贡献，受到市委、市政府领导肯定并通报表扬。全年共组织税费收入53.5亿元，同比增长1.3%，其中：地方税收入42.72亿元，基金费收入10.78亿元。2014年度，先后获得全省地税系统绩效考评优秀单位、中央和省驻池单位目标管理考核一等单位、第十届安徽省文明单位、第六届池州市文明行业、全市依法行政示范单位称号、全市政务公开工作先进单位、全市优秀政府网站、市直双拥优秀单位等多项荣誉称号。

领导班子开展专题民主生活会

召开规范简并办税座谈会

按照纳税服务规范要求进行一次性告知

地税局

积极开展“三线三边·清白行动”

社会中介机构进驻12366热线工作室

上门宣传辅导旅游业相关税收政策

通过纳税人学校举办新办企业税收知识培训班

获得2013年度全省系统绩效考评优秀单位

贵池区地税局

2014年，贵池区地税局继续按照“一个确保、两个提高”工作思路，加强税费征管，强化税种管理，累计组织税费收入13.15亿元。开展“便民办税春风行动”，推行“带班负责人”工作制度，提高纳税服务质量。开展“征管基础年”活动，推进税收征管规范管理。在基层分局试点推行“因事设岗，按流程分组”税源管理模式，征管改革稳步推进。开展“书香伴税行”活动，评比“最美地税人”，首设“身边好人榜”，队伍建设成效明显。先后荣获第十届安徽省文明单位、池州市第六届文明行业先进单位、依法行政工作示范单位、法律八进示范点先进单位和贵池区双拥优秀单位、社会管理综合治理先进单位、作风建设先进单位等荣誉。

贵池区地税局党组书记、局长（右一）走访企业

举办企业所得税汇算清缴培训会

举办政务礼仪培训班

开展“江淮普法行”广场宣传

召开党的群众路线教育实践活动动员会

开展革命传统教育活动

开展廉政书法作品征集评选活动

青年志愿者慰问福利学校孤残儿童

东至县地税局

省局党组成员、副局长洪晓建在东至县地税局调研指导工作

省局党组成员、副局长倪三立深入东至县地税局东流分局开展工作调研

2014 年，东至县地税局在市局和县委、县政府的正确领导下，坚持依法治税，深化征管改革，优化纳税服务，加强作风建设，各项工作取得了显著成绩。全年共组织税费收入 8.28 亿元，同比增长 1.1%，其中：地方税收入 6.17 亿元，增长 0.6%，占全县财政收入的比重为 46.8%；基金费收入 2.11 亿元，增长 2.7%，圆满完成了组织收入工作任务。深入推进依法行政，强化执法行为监督，县局荣获全省地税系统依法行政示范单位和东至县依法行政单位称号。持续优化纳税服务，提升服务品质，在全县百家企业评服务活动中荣获第一名。全面推进现代化分局建设，征管质效显著提升，东至县地税局征管分局被评为全省地税系统现代化分局建设“十佳”单位。加强干部队伍建设，扎实开展群众路线教育实践活动，大力提升队伍能力素质。深化系统文明创建工作，县局荣获第十届安徽省文明单位、池州市第六届创建文明行业工作先进单位、东至县作风效能建设先进单位和东至县第五届创建文明行业活动先进单位称号；城区办税服务厅被安徽省妇女联合会授予省级“巾帼文明岗”荣誉称号。

省局党组成员、副局长王朝晖一行调研舆情管理、绩效管理工作

县局党组书记、局长琚红一行深入企业走访

开展“巾帼志愿者送税法”活动

举办房地产行业税收专项检查查前辅导会

邀请纳税人参与“办税服务体验日”活动。

开展理想信念教育聆听革命烈士英勇事迹。

“巾帼文明岗”志愿者开展关爱留守儿童结对帮扶活动。

省局副局长倪三立（右前一）在青阳县地税局调研指导工作

池州市地税局党组书记、局长汪文贵（左二）在青阳县地税局调研指导工作

青阳县地税局

2014年，青阳县地税局紧紧围绕实现税收现代化目标，扎实开展“群众路线教育实践”活动和“干部综合素质拓展年”活动，负重拼搏，砥砺奋进，全年共组织入库各项税费收入8.11亿元，同比增长2.4%，其中地方税收入6.56亿元，同比下降1.1%。同时，全面推行落实《纳税服务规范》，扎实开展“便民办税春风行动”，推进“纳税服务城乡一体化”改革，城区办税厅被省局认定为“标准化办税服务厅建设省级先进单位”。开展税改20周年征文、书香伴税行、演讲比赛等活动，1名同志入选全省地税系统身边好人榜，4名同志入选全市地税系统身边好人榜。还先后被县政府和市政府授予“依法行政示范单位”、“池州市法律进机关示范点”等称号，荣获全县社会管理综合治理工作先进单位、农村基层组织建设先进单位，全市地税系统综合考评优秀单位，第十届安徽省文明单位。

青阳县地税局党组书记、局长程学军（左一）走访慰问困难群众

开展群众路线教育实践活动

送税法进乡村

道德讲堂开讲

开展服务民企发展座谈

举行全员业务考试

石台县地税局

2014年石台县地税局围绕发展目标主动作为，全年共组织入库各项税费收入1.65亿元，比上年增长4.8%，其中完成政府口径地方税1.04亿元，增长3.6%，占地方财政收入的50.5%。认真落实《全国县级税务机关纳税服务规范》，全面实施“一窗式受理”。构建“四位一体”依法行政体系，规范执法，被池州市政府授予“依法行政示范单位”称号。加强税收宣传，开展八个一活动，取得良好的反响和社会效果。积极参加文明创建，组织志愿者参加全县“爱我形象、爱我家园、爱我石台”志愿服务系列活动，先后开展学雷锋、“爱护大自然·保护母亲河”清除白色垃圾和社区文明共建等志愿服务活动。荣获“池州市双拥模范单位”、“石台县双拥优秀单位”和“第十届安徽省文明单位”荣誉称号。

省地税局党组成员、副局长洪晓建（左二）到石台调研

组织业务考试，提升干部素质

被池州市政府法制办授予依法行政示范单位称号

到帮扶村学校看望慰问留守儿童

税收教育基地开班，将税收知识读本发放给学生

参加县旅游志愿服务活动

组织职工到爱国、国防教育基地接受教育

纳税人学校开班

组织开展走访征求意见活动

组织召开向纳税人述职述廉报告会

九华山地税局

2014年，九华山地税分局坚持在依法征税显职能、文明兴税优服务、廉洁从税保平安方面狠下功夫，促进地税各项工作全面健康发展。积极开展税收收入调研，抓好年纳税额30万元以上的重点税源管理，开展建筑业税收、营业用房税收和佛教界经营税收清理工作。重点走访民营企业、寺庙宾馆和个体大户，举办多期税收业务政策应用培训活动，切实提升纳税人满意度。扎实开展群众路线教育实践活动，持续改进作风建设，开展道德讲堂、文明共建、金秋敬老、关注留守儿童和志愿服务等活动，不断激发队伍活力。全年入库地方税收入9257万元，保持了地税收入与经济发展相协调。分局在蝉联第七、八、九届安徽省级文明单位的基础上，荣获第十届省文明单位、第六届池州市文明行业先进单位和风景区政风评议工作先进单位。

组织开展税收优惠政策暨涉税风险防范培训

组织开展“三送服务进乡村”志愿活动

组织开展税收宣传进寺庙活动

组织开展税收宣传进景点活动

组织开展慰问留守儿童活动

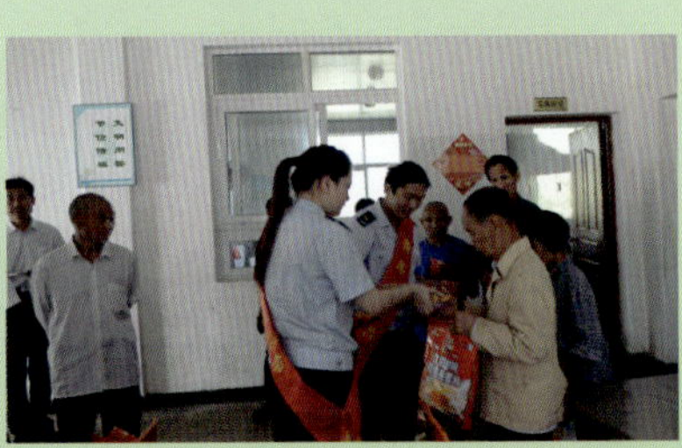

组织开展“金秋敬老”志愿服务活动

安庆市地税局（之一）

2014年，安庆市地税局认真贯彻省地税局和市委市政府的决策部署，围绕服务科学发展、共建和谐税收主题，遵循依法行政基本准则，深入推进“三和”地税建设，全力推进地税事业的全面发展，圆满完成各项目标任务。全年共组织税费收入131.16亿元，同比增收16.7亿元，增长14.6%。其中：税收收入完成85.44亿元，同比增收11.69亿元，增长15.8%；基金（费）收入完成45.72亿元，同比增收5.01亿元，增长12.3%。市局荣获“第十届省级文明单位”、“安徽省廉政文化进机关示范点”、“安庆市依法行政示范单位”等荣誉称号，被市委市政府评为“争先创优目标绩效考核优秀单位”。

省局党组书记、局长汪建国调研安庆市文化旅游产业

省局党组书记、局长汪建国指导安庆市局党组中心组会议

安庆市人大副主任程学东调研地税工作

省局党组成员、副局长洪晓建指导安庆市局领导班子民主生活会

省局党组成员、巡视员方学军调研安庆地税工作

看望慰问残障儿童

举办税收大讲堂

安庆市地税局（之二）

市委第八督导组在安庆市局召开党的群众路线学习教育活动现场交流推进会

税收宣传月期间举办税收知识灯谜有奖竞猜活动

邀请政风行风监督员召开征求意见座谈会

与安庆市残联开展交流活动

召开“践行核心价值、打造好人安庆”宣讲报告会。

召开党的群众路线教育实践活动暨春训动员大会

召开党的群众路线教育实践活动领导小组扩大会议暨“三项能手”表扬大会。

召开七一党课报告会

组队参加安庆市职工运动会

组织干部职工子女开展暑教活动

组织开展税收宣传活动

组织开展预防职务犯罪执法观摩活动

组织税干上街扫雪

怀宁县地税局

2014年，怀宁县地税局征收税费首次突破10亿元，达到10.9亿元，同比增收1.2亿元，增长12.4%。其中，入库地方各税7.71亿元，同比增收0.91亿元，增长13.46%。征缴各项基金、费、附加3.15亿元，同比增长10.14%。县局蝉联十届“安徽省文明单位”；连续16年被安庆市地税局授予“全市地税系统绩效考评优秀单位”；被安庆市委宣传部授予全市首批“学习型党组织建设工作示范点”；被怀宁县委授予“全县宣传思想工作先进单位”、“全县党风廉政建设先进单位”、“城乡基层党组织共建先进单位”、“五星级基层党组织”；被怀宁县政协授予“2013年度县政协民主评议先进单位”；被怀宁县纪委授予“廉政文化建设示范点”。机关档案管理省特级顺利通过重新考核验收。2014年第八期《决策》杂志，以“收好税，先带好队”一文刊载县局带队治税的成功经验。

机关党委顺利完成换届选举

联合县国税局在市民广场开展税法宣传

组织开展“廉洁文化进家庭”乒乓球比赛

召开基层分局领导干部家属助廉座谈会

党组书记、局长何平（图中）“七一”看望慰问农村困难老党员。

机关档案工作目标管理省特级再次通过重新考核

新建的“地税文化展示厅”获多方好评

2014 年度春训大会圆满召开

全县地税干部职工参加登山活动

枞阳县地税局

2014 年，枞阳县地税局认真贯彻落实上级局和县委、县政府的工作部署，坚持依法行政，推进改革创新，持续改进作风，各项工作有序推进。全年入库各项税费 7.92 亿元，比 2013 年增收 0.54 亿元，增长 7.4%，其中地方税收入库 4.65 亿元，比上年增收 0.11 亿元，增长 2.5%，税收总量八县排名第三；基金（费）入库 3.27 亿元，比上年增收 0.43 亿元，增长 15.5%，在非常困难的局面下圆满地完成了各项工作任务，为县域经济健康发展、社会和谐稳定作出了积极贡献。2014 年，枞阳县局荣获“第十届安徽省文明单位”称号，被县委授予“目标管理工作先进单位”和“政务服务中心窗口单位”。

深入开展党的群众路线教育实践活动

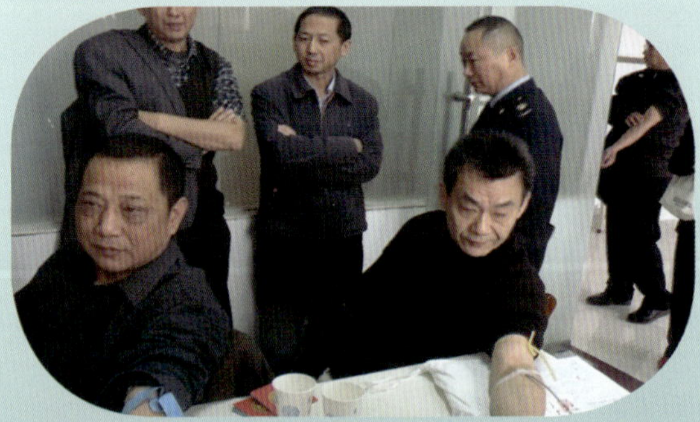
系统干部职工踊跃参加义务献血

县委常委、常务副县长到地税开展调研工作

县委组织部长何炳南看望地税选派驻村干部

与枞阳小学开展“结对共建”活动

召开系统党风廉政建设会议

桐城市地税局

省局局长汪建国到桐城市地税局调研2014年收入任务和2015年工作思路和桐城机关文化建设

2014年，桐城地税局共组织各项收入16.37亿元，比上年多收1.63亿元，增长11.02%。其中地方税收入11.76亿元，比上年多收1.21亿元，增长11.48%；社保费收入4.36亿元，比上年多收0.36亿元，增长9%。被桐城市委、市政府分别授予“2014年度促进科学发展考评先进单位”、“2014年度落实党风廉政建设责任制暨惩防体系建设先进单位”、“2014社会管理综合治理暨平安创建工作先进单位”，安徽省地税系统依法行政示范单位，并蝉联第七、八、九、十届省级文明单位。

省局副局长洪晓建到桐城市地税局检查指导工作

省委驻安庆、黄山党的群众路线教育实践活动督导组组长李宏塔来桐城市地税局调研党的群众路线教育实践活动开展情况。

召开2014年度春训暨党的群众路线教育实践活动动员会

志愿者服务队慰问福利院老人

举办第二届全体职工运动会

举办新时期税务干部素能提升培训

与桐城公安消防大队开展军民共建活动

潜山县地税局

开展困难户慰问活动，看望慰问了当地困难群众，并送上了慰问金。

积极响应县政府号召，组织79余人次参加扑灭山火行动。

组织全体党员干部到烈士陵园进行爱国主义教育活动，向烈士敬献花篮，重温入党誓词。

参加爱心捐款活动，向因病致贫的困难家庭捐款。

2014年，潜山县地税局共组织税费收入7.03亿元，同比增收0.65亿元，增长10%。其中：完成地方税收入4.43亿元，同比增收0.59亿元，增长15%；入库基金费收入2.6亿元，同比增收644万元，增长3%。

在推动地方税费收入持续增长的同时，通过深化AHTAXT2013软件应用，推进信息管税，不断夯实征管基础；通过落实《县级税务机关纳税服务规范》和“便民办税春风行动”着力优化纳税服务，促进征纳和谐；通过群众路线教育实践活动，持续反“四风”转作风，深化党风廉政建设；通过绩效管理平台，打造全程可控的税务管理新格局。2014年潜山县地税局被安徽省精神文明建设委员会授予“第十届省级文明单位”称号、被潜山县委、县政府表彰为“2014年度绩效考核先进单位”。

组织举办潜山县第二届“地税杯”羽毛球比赛，来自全县各界的20支球队参加了此次比赛。

邀请县委党校教师到余井中心党校进行未成年人思想道德教育活动。

抽调100名纳税人，对潜山地税的工作作风、廉政建设、办事效率、服务水平等方面进行了现场问卷调查。

宿松县地税局

省局副局长胡春武来宿松指导工作

省总工会授予“工人先锋号”称号

县局班子成员开展“一对一”服务

开展“群众路线大家谈”活动

2014年，在省、市地税局及县委、县政府的坚强领导下，全县地税干部正确把握“稳中求进、好中求快、改革创新”的工作总基调，坚持“以人为本，从严治队，科技兴税”的治税思想，各项工作取得了新发展。

通过实施税收风险管理、强化信息管税、夯实各项税收征管工作，积极创新税收管理，征管质效进一步提升；围绕规范服务，深化服务举措，全面推进纳税服务转型升级；多措并举，规范税收执法行为，全面落实依法行政；以党的群众路线教育实践活动为契机，以作风建设为重点，狠抓系统党风廉政建设，队伍整体素质得到有效提升。

面对组织收入的巨大压力和挑战，全县地税干部科学施策、精准发力，税费收入实现了新的突破，全年完成税收收入4.22亿元，同比增收0.84亿元，增长25%，入库各项基金费2.69亿元，同比增收0.36亿元，增长15.3%。圆满完成了县委、政府下达的税费收入任务。

中共安徽省委讲师团“走进宿松地税”

组织开展“学雷锋志愿者活动”

2014年，望江县地税局始终坚持“为国聚财、为民收税”宗旨，严格按照“一个确保、两个提高”要求，统筹做好组织收入和服务发展“两篇文章”，各项工作全面发展，社会满意度进一步提高。

文明创建喜结新成果 望江县局获得安徽省第十届文明单位、第四届安庆市创建文明行业先进单位称号等荣誉称号，在望江县委、县政府综合考评中获得第二名、安商服务第三名。

税费收入实现新增长 全年共入库税费5.33亿元，增长5.8%。其中：地方税3.24亿元，增收0.14亿元，增长4.4%，基金费2.09亿元，增收0.16亿元，增长8.4%。地税收入占地方财政收入的比重为73.1%。

队伍管理迈出新步伐 深入开展以反对“四风”为主要内容的党群教育实践活动，党风、政风、行风、作风进一步好转。组织开展道德讲坛，开展党员志愿者服务日活动。开展明察暗访，严肃工作纪律，举办各类业务培训班。推行绩效管理工作，充分利用考核结果。

服务发展做出新贡献 深入企业调研，释放税收政策效应，缓征困难企业税款3千万元。落实税收优惠政策，全年减免各税0.32亿元。开展“便民办税春风行动”，税企关系更加密切。

望江县人大主席团到地税局调研指导工作

望江县政协领导到地税局调研指导工作

望江县地税局

召开党的群众路线教育实践活动总结大会

举办税收分析会

举办征管业务培训班

开展纳税人满意度调查测评会

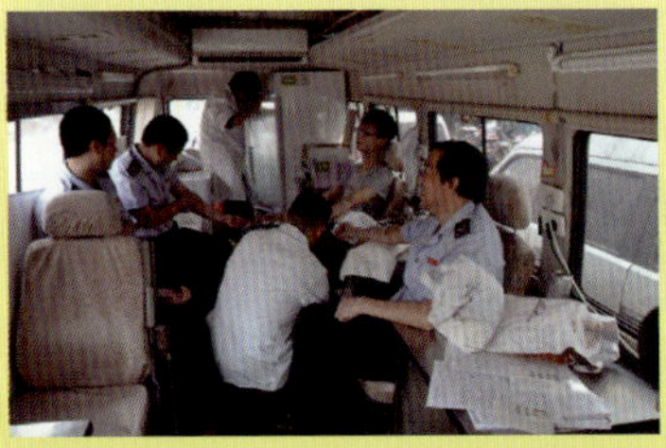

组织党员无偿献血

组织干部职工观看教育片

岳西县地税局

省局党组成员、副局长洪晓建到县局开展党的群众路线教育实践活动巡回督导工作

举办税收培训班

全面总结党的群众路线教育实践活动

深入重点企业现场办公

县局主要领导慰问困难群众

举办法制培训班

成功创建“市级依法行政示范单位”

2014年，岳西县地方税务局面对收入基数持续“抬高”和结构性减税政策不断出台等因素影响，全系统上下团结一心，攻坚克难，立足收工作税、辛苦税和服务税，进一步加强收入分析和重点税源监控，加大督查和考核力度，细化行业和税种管理，强化税费征管，千方百计组织收入，想办法堵漏增收，地方税费收入实现了较快增长，超额完成了年度收入计划，为经济社会发展提供了可靠财力保障。2014年，共组织入库地方收入4.43亿元，同比增收0.68亿元，增长18%。其中：地方各税收入2.88亿元，同比增收0.55亿元，增长24%，占年度税收计划的104%。基金费收入1.55亿元，同比增收0.13亿元，增长9%。

一年来，岳西县地方税务局的工作成绩得到了各级领导、社会各界的充分肯定，荣获“第十届省级文明单位”光荣称号，成功创建“市级依法行政示范单位”。自2008年，连续七年被评为县直单位绩效考核（垂管单位）“优秀单位”。2014年初，被市总工会授予“模范职工之家”光荣称号，被评为全市地税系统绩效考核“优秀单位”，被评为全县政风民主评议先进单位、落实党风廉政建设责任制先进单位和全县文明行业先进单位等。

市地税局主要领导到岳西走访调研，深入贯彻落实党的群众路线教育实践活动。

首个国家宪法日，税干走上街头宣传税法。

举办岳西县“地税杯”廉政文化书画展

全县绩效考核（垂管单位）第一名

省局党组书记、局长汪建国到太湖县地税局开展群众路线走访调研。

省局副局长胡春武深入太湖县开展结对帮扶活动

召开党的群众路线教育实践活动动员大会

开展“缅怀革命先烈、重温入党誓词”活动。

太湖县地税局

2014年，太湖县局以科学发展观为统领，深入贯彻落实党的十八大、十八届三中、四中全会精神、在挑战中把握机遇，在服务中强化职能，各项工作取得了突出的成绩：全年累计完成税费收入5.51亿元，比去年同期增收0.94亿元，增长20.7%。其中入库地方税收3.27万元，比去年同期增收0.58亿元，增长21.36%；完成社会保险费2.15亿元，比去年同期增收0.36亿元，增长20.6%。

太湖县局连续七次蝉联“第十届安徽省文明单位”，被县委、县政府授予“2014年绩效考核先进单位”、“2014年社会管理创新先进单位”、“太湖县依法行政示范单位”。中华诗词学会授予太湖县局“中华诗教先进单位”，这是全省地税系统第一家、全省执法单位第一家获此殊荣的单位。

到工业园区企业开展税法宣传活动

和安徽山里郎集团公司联合举办诗词吟唱会

志愿者单车队利用周末开展了“低碳环保 文明出行”公益骑行活动。

中华诗词学会对县局创建“全国诗教先进单位”工作进行验收。

黄山市地税局（之一）

2014年，黄山市地税系统以党的十八大和十八届三中、四中全会精神为指引，始终坚持“一个确保、两个提高”总体要求，充分发挥地税职能，大力推进依法治税，不断深化征管改革，切实加强作风建设和队伍建设，各项工作取得新的成效。2014年，全市地税系统累计组织各项税费收入59.21亿元，其中完成地方税收入43.48亿元，比上年增收0.47亿元，增长1.1%。积极开展党的群众路线教育实践工作，以全面落实“两前两办”和“办税清单”为基础，在全市范围内推行《全国县级税务机关纳税服务规范》（1.0版），深入推进简化工作环节、简捷办税流程、简并涉税资料、推行格式化告知的“三简一告知”工作，推行“容缺管理”和“免填单”服务，切实减轻纳税人办税负担。认真落实党风廉政建设“两个责任”，不断强化干部队伍作风建设，积极开展绩效管理工作，采取“比选择优”方式选拔2名市局正科级领导干部，充分调动全系统争先创优的激情与活力。

省委督导组督查指导市局党的群众路线教育实践活动

学习贯彻“三严三实”，认真做好地税工作。

参观杨业功纪念馆，强化党员干部宗旨意识、廉政意识。

召开全市地税系统加强领导班子建设专题座谈会

认真谋划绩效管理工作

便民服务春风行－走进市经济开发区

黄山市地税局（之二）

依托纳税人学校开展多样化培训

践行群众路线 走访企业调研

“送政策进社区”便民服务“零距离”

借助“政风行风热线”，积极开展税收宣传。

运用比选择优法选拔领导干部

开展工作交流，强化涉税网络舆情监控管理。

为纳税人提供优质咨询服务

参加“清垃圾 美环境 迎新年”城乡环境大整治活动

走进革命老区石武坑祭奠英烈

歙县地税局

2014年，歙县地税局紧紧围绕税收现代化建设目标，坚持“一个确保、两个提高”，统筹做好组织收入和服务发展“两篇文章”，团结拼搏，砥砺进取，奋发有为，圆满完成各项目标任务。全年共组织入库各项税费收入9.05亿元，其中：地方税收6.61亿元，比上年增收287万元，增长0.44%；基金费收入2.44亿元，比上年增收113万元，增长0.47%。荣获省直驻歙单位目标管理优秀单位，黄山市依法行政示范单位，第十届安徽省文明单位。在“三位一体”评议中，连续第十年名列全县23家行政执法和管理单位第一。

开拓进取的县局领导班子

就落实党风廉政建设主体责任，集体约谈基层分局长和县局股室负责人。

与富堨中心学校联合举办“税收带来家乡美”剪纸比赛。

县局领导班子成员带队开展工作巡查

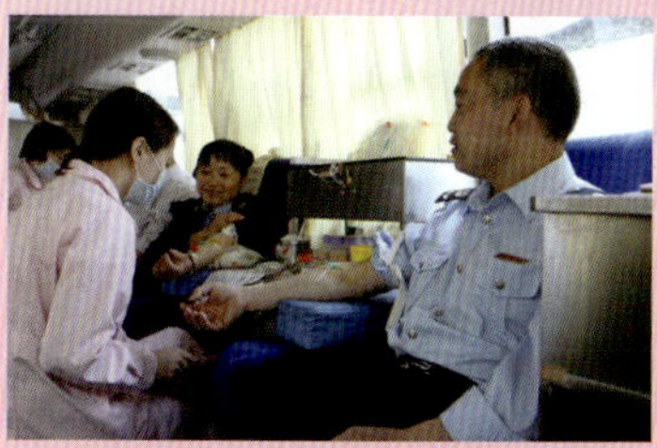

志愿者积极参与无偿献血活动

举办社会保险费网上申报业务培训，150多家财政预算管理单位财务人员参训。

开展发票突击检查工作

组织全体党员赴皖浙赣省委旧址——石屋坑，开展党史教育日活动。

专家服务团成员为拟上“新三板”的企业提供专业化、个性化的税收服务。

自助办税终端系统正式启用，成功打印出第一张个人所得税完税证明。

休宁县地税局

组织税干参加杨业功纪念馆，接受革命传统教育。

开展全员税收业务知识竞赛

2014年，休宁县地税局组织税费收入6.796亿元，其中地方税收入5亿元（财政口径），同比增长6.3%，顺利完成县政府年初下达的目标任务；组织社会保险费1.49亿元，五险征缴率均达到95%以上。加力实施征管改革，对农村税收实行日常巡回管理，全面推行以“征管五率”为抓手的税收风险管理，继续完善协税护税网络。持续推进依法行政，开展“六五”普法宣传教育，实施“延伸稽查”；全面开展便民办税春风行动，推行《全国县级税务机关纳税服务规范》1.0版。财务管理趋于完善，绩效管理有序推进。加强所得税专业化管理，做好城镇土地使用税的等级范围和税额标准的调整工作，成功上线存量房评估系统，高度重视股权转让及土地增值税征管。认真落实结构性减税政策，深化自助缴费，改进医保缴库方式。加强队伍建设，开展岗位大练兵，推进群众性精神文明创建活动。深入推进反腐倡廉建设，抓好“两个责任”落实和“两权”监督制约。2014年，被评为“第十一届黄山市文明单位”；“职工书屋”被命名为全市示范“职工书屋”；办税服务厅被认定为“2014年度标准化办税服务厅建设省级先进单位”。

与海阳二中共同举办中学生税收法制教育知识竞赛

开展全县纳税人发票使用情况大检查

参加齐云山万人徒步登山活动

县文明委检查休地税局文明创建情况时观看摄影展

县局机关党支部成员前往万安镇吴田村开展结对共建活动

组织税干参加在状元广场举行的“12.4”法制宣传日系列活动。

休宁县市场监督管理局地税局召开协税护税联系会议，推进综合治税。

召开税收工作务虚会，与各乡镇负责人及财政所长一道总结2014年财税工作，摸排2015年税源。

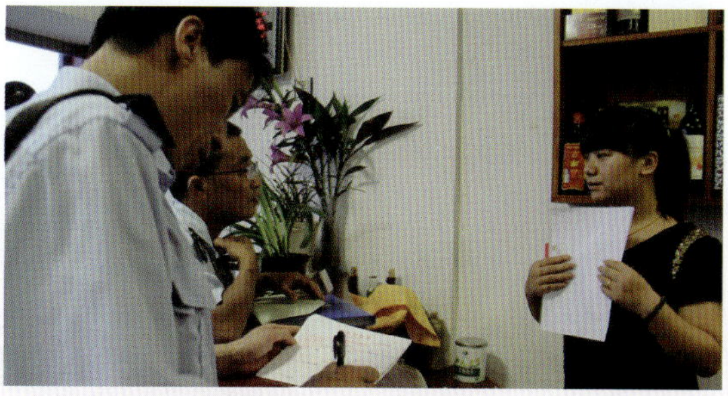

联合开展发票突击检查

“便民办税春风行动”税法进军营

召开党的群众路线教育实践活动动员会

组织党员、干部赴杨业功纪念馆，接受革命传统教育和廉政警示教育。

徽州区地税局

2014年，紧紧围绕到2020年基本实现税收现代化的目标，以深入开展党的群众路线教育实践及“信息化应用提升年”活动为契机，坚持“一个确保，两个提高”，统筹做好“两篇文章”，励精图治，改革创新，顺利完成了年初确定的目标任务。全年共组织入库地方各项收入6.1亿元，较上年同期增收0.16亿元，增长2.73%，其中组织入库区级地方税4.27亿元、市级地方税0.22亿元、基金费1.6亿元。203人进行了年所得12万元以上个人所得税自行申报、3496名纳税人开具了个人所得税完税证明、1117户运用了个人所得税信息登记系统、536户纳税户享受税收优惠政策，减免缓抵税款0.37亿元。同时，依法行政、税收征管、纳税服务、信息化建设、队伍建设和党风廉政建设取得新的成效。获得“第十届省级文明单位”及“第十一届市、区级文明单位”命名表彰。

举办《全国县级税务机关纳税服务规范》1.0版业务培训

徽州区纳税人权益维护中心正式挂牌

组团参加黄山市地税系统第三届职工体育运动会

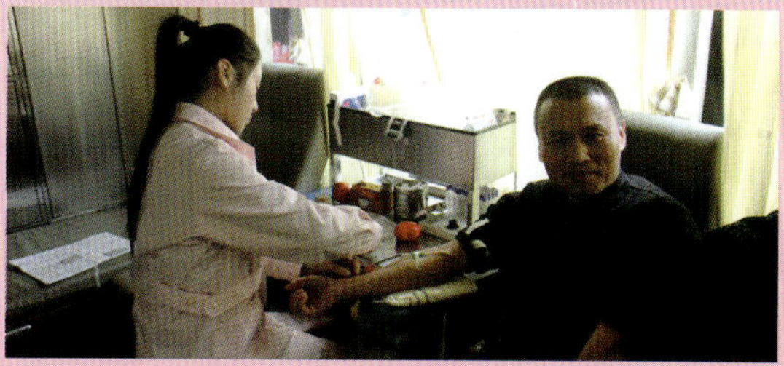

在职党员干部积极主动参加义务献血

黄山区地税局

2014年，黄山区地税局在省市局和区委区政府的正确领导下，以组织收入为中心，以税收现代化建设为目标，以党的群众路线教育活动和作风建设为主线，锐意创新，真抓实干，狠抓落实，各项工作稳步推进。全年共组织入库税费收入6.89亿元，其中税收收入5.31亿元，比上年同期增收0.43亿元，增长8.7%。完成基金费收入1.58亿元。区局在全区机关“三位一体”评议中名列前茅，受到黄山区委、区政府通报表彰，城区办税服务厅荣获2014年度标准化办税服务厅建设省级先进单位。

省局副局长胡春武深入黄山区地税局开展税收调研

市局局长吴念能到黄山区地税局进行工作指导

举办党风廉政讲座

全员业务测试

积极开展党的群众路线教育实践活动

开办纳税人学校

“地税杯”黄山区好故事演讲比赛

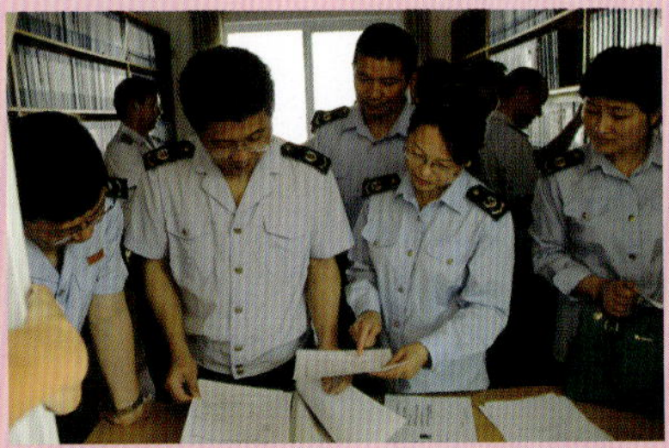

开展征管档案观摩活动

特邀监察员座谈会

祁门县地税局

县地税局党组书记、局长孙晓鸿（左一）在结对共建单位与村委座谈

2014年，祁门县地税局紧盯税收现代化目标，紧扣税收管理转型升级主线，抓制度建设、规范办税、创新服务，和谐征纳关系；抓税户管理、欠税清理、数据比对，夯实征管基础；抓干部培训、绩效管理、作风建设，扎实开展党的群众路线教育实践活动，干部整体素质的提升有力地推动了全局各项工作开展。全年共组织各项税费收入4.43亿元，同比减收339万元，下降0.76%。其中组织地方税收入3.12亿元，同比增收1935万元，增长6.6%，完成年度收入计划的100.67%。组织其他基金费收入1.3亿元，同比减收0.23亿元，下滑14.8%。先后荣获了第十届省级文明单位，省级先进办税服务厅，县“三八”红旗集体，县案件卷宗评查特等奖，廉政歌曲大合唱三等奖；另外，祁门县地税局城关分局、信息中心还荣获县级青年文明号集体。

开展学习新党章，重温入党誓词宣誓仪式。

启动第23个税收宣传活动月之“骑行送税法、生态阊江行”税宣活动。

到杨业功纪念馆接受革命教育

积极参加全市地税系统第三届职工体育运动会

参加县纪委组织的廉政歌曲大合唱比赛

弘扬雷锋精神，投身志愿服务，共建美好祁门。

举办“践三观、五不让、七比七看我先行”主题演讲比赛。

黟县地税局

2014年，黟县地税局在上级局和县委、县政府的领导下，全面贯彻落实党的十八届三中、四中全会精神，坚持稳中求进、改革创新，以提质增效为重点，统筹做好组织收入和服务发展“两篇文章”，全年入库税费收入2.54亿元，同比增收235万元，其中入库地方税收入1.79亿元，同比增收207万元，实现了地方税费收入平稳增长和年度预算收入任务全面完成，相继荣获第十届“安徽省文明单位”、“安徽省地税系统依法行政示范单位”、黄山市“十佳助残爱心集体”荣誉称号，在县政府目标管理考核中被评为优秀等次。此外，系统上下在“六五”普法、岗位竞赛、信息化应用等工作中还涌现出了一批先进个人和岗位能手。

省市局领导在黟县局开展工作调研

开展学雷锋志愿服务

在宏村景区开展税法宣传

便民办税春风行动进园区

实地了解重点工程建设情况

开展党的群众路线教育实践活动

开展革命传统教育

开展信息化应用能力等级考试

编 辑 说 明

《安徽地税年鉴》是由安徽省地方税务局主办、《安徽地税年鉴》编辑部编辑出版的大型文献资料。主要收录2014年安徽省地方税务局重要文献、文件及调研报告等，如实记述了安徽省地税系统工作情况，刊载当年重要的统计资料、图表、照片。内容丰富，资料详实。

本卷年鉴共分9个部分：

第一部分　重要文献　主要收录了省委、省政府和国家税务总局对2014年度安徽地税工作的批示、省局领导在地税工作有关会议上的讲话26篇。

第二部分　重要文件选编　重点选编省局2014年度发布的税收业务规范性文件。收集省地税局起草的重大的、对实际工作指导性较强的、具有普遍意义的文件。这部分内容分17类，共85条。

第三部分　安徽省地税局机关工作概述　全省地方税收工作、政务工作、税收法制、劳务和财产行为税、所得税、耕契两税、基金（费）征收、收入规划核算、纳税服务、征管科技、财务管理、装备工作、干部人事、干部教育、内审工作、离退休工作、机关党建、纪检监察、稽查工作、省直属局工作、税收信息化工作、宣传中心工作及培训中心工作概述等，共23篇。

第四部分　安徽省各市、直管县地税工作概述　共18篇。

第五部分　典型经验　主要收录了2014年在全省地方税务工作会议和全省地税系统党风廉政建设工作等会议上的交流材料，共11篇。

第六部分　调研报告　本部分共收录各类报告16篇。

第七部分　税收统计、税务登记资料　主要收录全省地税部门组织收入分税种、分市、县（市、区）情况和全省2014年度的地方税税务登记基本情况。

第八部分　机构人员　收录了截止到2014年12月31日省地税局副处级以上干部名单，各市、县（区）地税局领导名单，省直管县地税局领导名单。

第九部分　附录　主要收录了2014年度安徽省地方税务局受省、厅局级以上单位表彰的单位和个人名单。

本卷年鉴安排宣传专版133个。其中省局26个；市、县（区）局107个。

本卷年鉴在编辑过程中得到安徽省地税局领导、各市、县（区）地税局和省地税局机关各处室、二级机构以及有关单位的鼎力相助，在此表示衷心的感谢！

《安徽地税年鉴》有错漏和不妥之处，殷切希望广大读者不吝赐教。

《安徽地税年鉴》编辑部

2015卷《安徽地税年鉴》编辑委员会名单

《安徽地税年鉴》编辑名单

特约审稿人名单

胡兴宽　戴国琨　倪　民　陶周清　郑成良
刘　岩　程建华　刘武华　苏自勤　刘鲁舟
查让平　陈　俊　石文彬　汪文贵　吴福姐
吴念能　任　平　蔡默雷

撰稿人名单

（排名不分先后）

李今是　刘利庆　何祥森　汪　愉　姚银虎
张跃军　朱景生　吕　琳　张正超　谢业明
张德霞　许　飞　陶　平　吴显涛　王尚峰
鲍春林　汪其轩　郝徐鹏　蒋　珂　陈　浩
潘　敏　张　铮　杨　柳　丁先文　骆晓青
莫　靖　席　伟　陈茂鑫　戴　清　刘　榕
韩思远　王　健　左　婧　沈云斐　周　纯
万　娜　刘正保　郇小泓　高　婕　张　强
余　超　胡　斌　段胜男　陈春华　郑　刚
李家义　王雪艳　庞雪飞　姚惠平　马文蒴
程平原　潘　力　余凤台　章敏娜　贺雪松

目 录

第一部分 重要文献

省委、省政府和国家税务总局领导对2014年度安徽地税工作的批示 …………………………… (1)
国家税务总局副局长丘小雄在视察调研安徽地税工作座谈会上的讲话 ………………………… (2)
安徽省地税局局长汪建国在全省地方税务工作会议上的讲话 …………………………………… (3)
安徽省地税局局长汪建国在全省地税系统党风廉政建设工作会议上的讲话 …………………… (9)
安徽省地税局局长汪建国在征管数据应用省级集中工作先进集体先进个人暨税收三项能手表扬大会上的讲话 ………………………………………………………………………………… (14)
安徽省地税局局长汪建国在落实党风廉政建设和反腐败工作党组主体责任集体谈话会上的讲话 ……………………………………………………………………………………………… (17)
安徽省地税局局长汪建国在全省地税系统推进绩效管理工作视频会议上的讲话 …………… (22)
安徽省地税局局长汪建国在纪念安徽地税改革与发展20周年座谈会上的讲话 ……………… (24)
安徽省地税局局长汪建国在全省地税系统绩效管理工作再推进视频会议上的讲话 ………… (26)
安徽省地税局局长汪建国在学习贯彻习近平总书记重要讲话深入推进全省地税系统作风建设视频会议上的讲话 ………………………………………………………………………………… (29)
安徽省地税局局长汪建国在学习贯彻党的十八届四中全会精神专题研讨会上的讲话 ……… (33)
安徽省地税局副局长洪晓建在全省地税系统稽查工作会议上的讲话 ………………………… (36)
安徽省地税局副局长洪晓建在全省地税系统收入规划核算工作会议上的讲话 ……………… (41)
安徽省地税局副局长洪晓建在全省地税系统推行《县级税务机关纳税服务规范》动员及培训视频会上的讲话 ………………………………………………………………………………… (47)
安徽省地税局副局长洪晓建在《安徽地税》内刊宣传工作会议上的讲话 ……………………… (50)
安徽省地税局副局长胡春武在全省地税系统财务管理工作会议上讲话 ……………………… (54)
安徽省地税局副局长胡春武在全省地税系统推进税收风险管理座谈会上的讲话 …………… (58)
安徽省地税局副局长胡春武在建立国地税合作长效机制调研座谈会上的讲话 ……………… (63)
安徽省地税局副局长胡春武在信访、舆情和应急管理专题工作会议上的讲话(摘要) ……… (65)
安徽省地税局纪检组长方学军在全省地税系统党风廉政建设工作会议上的报告 …………… (68)
安徽省地税局副局长倪三立在全省地税系统信息化工作暨信息化应用提升年活动动员会议上的讲话 ……………………………………………………………………………………………… (74)

安徽省地税局副局长倪三立在全省地税系统税政工作会议上的讲话 …………………………（79）
安徽省地税局政治部主任郑圣良在全省地税系统春训动员大会上的讲话 ……………………（86）
安徽省地税局政治部主任郑圣良在全省地税系统干部人事教育工作会议上的讲话 …………（89）
安徽省地税局副巡视员李建国在全省地税系统内审工作会议上的讲话 ………………………（96）
安徽省地税局副巡视员李建国在纳税服务和大企业税收管理工作会议上的讲话 …………（100）

第二部分 重要文件选编

综合类
安徽省地方税务局关于印发 2014 年全省地方税收工作重点任务的通知 ……………………（106）
安徽省地方税务局关于进一步做好税收政策解读工作的通知 …………………………………（110）
安徽省地方税务局关于印发《安徽省地方税务局机关绩效管理办法(试行)》及 2014 年度考评指标的通知 ………………………………………………………………………………………（111）
安徽省地方税务局关于实施绩效管理的意见 …………………………………………………（115）
安徽省地方税务局关于印发《安徽省地税系统绩效管理办法(试行)》及 2014 年度考评指标的通知 ……………………………………………………………………………………………（117）
安徽省地方税务局关于加强全省地税系统应急管理工作的实施意见 ………………………（121）
税收法制类
安徽省地方税务局关于印发深化税务行政审批制度改革若干问题的意见 …………………（124）
安徽省地方税务局关于发布《安徽省地方税务系统税务行政复议和解调解办法(暂行)》的公告 ………………………………………………………………………………………………（126）
税政类
安徽省地方税务局关于进一步加强国际税收管理工作的意见 ………………………………（129）
安徽省地方税务局关于房产税和城镇土地使用税明细申报事项的公告 ……………………（130）
安徽省地方税务局关于印发《安徽省地方税务局简化小型微利企业所得税优惠管理暂行办法》的通知 ……………………………………………………………………………………………（131）
安徽省地方税务局　安徽省国土资源厅关于在全省范围内推广以地控税以税节地工作的通知 ………………………………………………………………………………………………（133）
安徽省地方税务局关于使用资源税纳税申报表的通知 ………………………………………（134）
基金(费)类
安徽省人力资源和社会保障厅　安徽省财政厅　安徽省经济和信息化委员会
安徽省地方税务局关于延续执行皖政〔2013〕5 号文件有关政策的通知 ……………………（135）
安徽省地方税务局关于进一步加强社会保险费费源管理的通知 ……………………………（136）

安徽省财政厅　安徽省人力资源和社会保障厅　安徽省卫生和计划生育委员会　安徽省地方税务局关于编制2015年社会保险基金预算的通知 ……………………………… (137)
安徽省财政厅　安徽省地方税务局转发财政部　国家税务总局关于对小微企业免征有关政府性基金的通知 ……………………………………………………………… (139)

收入规划类

安徽省地方税务局关于印发《安徽省地方税务系统税款缴库退库实施办法》的通知 ……… (140)

纳税服务(大企业税收管理)类

安徽省地方税务局关于印发深入开展“便民办税春风行动”实施方案的通知 …………… (146)
安徽省地方税务局关于进一步规范和改进12366热线接听工作的通知 ……………… (149)
安徽省地方税务局关于规范简并办税事项推行办税清单工作的意见 ………………… (150)
安徽省地方税务局关于开展总局定点联系企业税务遵从管理年度报告工作的通知 ……… (152)
安徽省地方税务局关于印发《全省地税系统推进县级税务机关纳税服务规范工作实施方案》的通知 ……………………………………………………………… (154)
安徽省地方税务局　安徽省国家税务局关于开展2012—2013年度纳税信用等级评定工作的通知 ……………………………………………………………… (155)
安徽省地方税务局关于印发《全省地税系统大企业税收服务与管理办法(试行)》的通知 ……………………………………………………………… (157)
安徽省地方税务局　安徽省国家税务局关于印发《安徽省纳税信用管理实施办法》的通知 ……………………………………………………………… (160)

征管和科技类

安徽省地方税务局关于印发《安徽省地方税务局个体工商户税收定期定额征收管理实施办法》的通知 ……………………………………………………………… (165)
安徽省地方税务局关于印发《安徽省地方税纳税申报管理暂行办法》的通知 ……………… (170)
安徽省地方税务局关于进一步优化地方税务设立登记程序的公告 …………………… (174)
安徽省地方税务局关于落实便民办税春风行动若干征管措施的通知 ………………… (175)
安徽省地方税务局关于开展欠税清理工作的通知 ………………………………… (179)
安徽省地方税务局　安徽省国家税务局关于贯彻落实《安徽省人民政府关于建立涉税信息交换与共享机制的通知》的通知 ……………………………………… (180)
安徽省地方税务局关于进一步推进基层分局现代化建设的若干意见 ………………… (184)
安徽省地方税务局转发国家税务总局关于加强税收风险管理工作的意见的通知 ……… (187)
安徽省地方税务局关于进一步规范延期缴纳税款行政许可事项审批工作的通知 ……… (192)
安徽省国家税务局　安徽省地方税务局关于规范纳税人识别号编制规则的通知 ……… (193)

安徽省国家税务局　安徽省地方税务局关于发布《安徽省注销税务登记管理办法(试行)》的公告 …………………………………………………………………… (194)
安徽省地方税务局　安徽省国家税务局关于联合开展个体工商户税收定期定额核定工作的通知 …………………………………………………………………… (197)

干部人事类

安徽省地方税务局关于确定所得税等 13 个省级专业人才库入库人员名单的通知 ………… (199)
安徽省地方税务局转发《关于进一步做好领导干部报告个人有关事项工作的通知》的通知 …………………………………………………………………… (219)
安徽省地方税务局关于人力资源社会保障部　国家税务总局表彰我省地税系统全国税务系统先进集体和先进工作者情况的通报 ……………………………………… (220)
安徽省地方税务局关于调整基层联系点的通知 ………………………………………… (220)
安徽省地方税务局关于确定政策法规等 3 个省级专业人才库入库人选的通知 ………… (221)
安徽省地方税务局转发省委组织部关于印发《超职数配备干部整改工作实施意见》的通知 …………………………………………………………………… (225)
安徽省地方税务局关于印发《全省地税系统开展"双拥在基层"活动实施方案》的通知 …… (228)
中共安徽省地方税务局党组关于转发《安徽省干部档案任前审核暂行规定》的通知 ……… (230)

教育培训类

安徽省地方税务局关于印发 2014 年全省地税系统党建和精神文明建设工作意见的通知 …………………………………………………………………… (236)
安徽省地方税务局关于表扬全省地税系统征管能手、稽查能手、税收信息化能手的通报 …………………………………………………………………… (238)
安徽省地方税务局关于印发安徽省地税系统设立身边好人榜实施意见的通知 ………… (241)
安徽省地方税务局关于进一步加强和规范干部教育培训管理工作的通知 ……………… (242)
安徽省地方税务局关于印发《2014—2017 年全省地税系统干部教育培训规划》的通知 …… (244)
安徽省地方税务局关于印发全省地税系统"道德讲堂"建设实施意见的通知 …………… (247)
安徽省地方税务局转发国家税务总局关于印发《税务系统作风建设"巩固深化拓展"主题活动方案》的通知 ……………………………………………………………… (249)

财务管理类

安徽省地方税务局关于地税系统单位内部食堂纳入定点管理有关事项的通知 …………… (252)
安徽省地方税务局关于推进政府向社会力量购买服务工作的通知 ……………………… (252)
安徽省地方税务局关于印发《安徽省地方税务系统结转结余资金管理暂行办法》的通知 …………………………………………………………………… (255)

装备类

安徽省地方税务局关于印发装备后勤工作有关政策解答口径的通知 ……………………（258）

关于印发安徽省地方税务局职工集体宿舍管理暂行办法的通知 ……………………（260）

安徽省地方税务局关于印发安徽省地税大楼物业管理委员会财务管理暂行办法的通知 ……………………（262）

安徽省地方税务局转发安徽省财政厅关于印发安徽省省级2015—2016年集中采购目录及采购限额标准的通知 ……………………（264）

安徽省地方税务局关于进一步规范国有资产出租出借行为的通知 ……………………（265）

安徽省地方税务局关于进一步规范全省地税系统固定资产统计工作的通知 ……………………（266）

安徽省地方税务局转发安徽省财政厅关于委托公共资源交易中心办理省本级政府集中采购业务的通知 ……………………（267）

内审类

安徽省地方税务局关于印发安徽省地方税务系统领导干部经济责任审计办法的通知 ……（271）

机关党建类

安徽省地方税务局机关委员会关于印发《省地方税务局"机关党建服务基层年"活动实施方案》的通知 ……………………（276）

纪检监察类

安徽省地方税务局关于进一步加强和改进明察暗访工作的通知 ……………………（279）

安徽省地方税务局党组关于印发贯彻落实中共中央《建立健全惩治和预防腐败体系2013—2017年工作规划》及省委实施意见的实施办法的通知 ……………………（280）

中共安徽省地方税务局党组关于印发《安徽省地方税务局党组落实党风廉政建设主体责任实施办法》和《驻安徽省地方税务局纪检组落实党风廉政建设监督责任实施办法》的通知 ……………………（291）

安徽省地方税务局关于进一步加强政风行风建设的通知 ……………………（297）

稽查类

安徽省国家税务局　安徽省地方税务局关于认真做好2014年打击发票违法犯罪活动工作的通知 ……………………（298）

安徽省国家税务局　安徽省地方税务局关于开展2014年税收专项检查工作的通知 ………（300）

安徽省地方税务局转发国家税务总局关于开展历史建筑、公园等公共资源中私人会所税收秩序专项整治工作的通知 ……………………（302）

安徽省地方税务局　安徽省国家税务局关于开展餐饮企业发票使用情况专项整治工作的通知 ……………………（304）

安徽省地方税务局关于组建稽查专业化专家团队的通知 ……………………（306）

安徽省地方税务局关于开展全省重点税源企业税收检查工作的通知 …………………… (308)
安徽省地方税务局转发国家税务总局关于公布重大税收违法案件信息有关工作事项的通知 …………………… (309)
安徽省地方税务局转发国家税务总局关于印发《税务稽查案卷管理暂行办法》和《税务稽查案卷电子文件管理参考规范》的通知 …………………… (312)

电子税务类

安徽省地方税务局关于印发《安徽地方税收综合管理信息系统短信平台应用管理办法》的通知 …………………… (322)
安徽省地方税务局关于印发《安徽地方税收综合管理信息系统运行维护管理办法》和《安徽地方税收综合管理信息系统数据维护管理办法》的通知 …………………… (323)
安徽省地方税务局关于印发《安徽地方税收综合管理信息系统(AHTAX2013)运行维护工作规范》的通知 …………………… (327)
安徽省地方税务局转发国家税务总局关于发布《自助办税终端系统技术规范》的通知 …… (331)
安徽省地方税务局关于印发《安徽省地税系统网络与信息安全应急响应综合预案(试行)》的通知 …………………… (331)

党的群众路线教育实践活动专题类

中共安徽省地方税务局党组党的群众路线教育实践活动领导小组关于市、县(市、区)地方税务局开展党的群众路线教育实践活动的指导意见 …………………… (346)
中共安徽省地方税务局党组党的群众路线教育实践活动领导小组关于印发《学习贯彻“三严三实”要求开展教育实践活动“回头看”的实施方案》的通知 …………………… (348)
中共安徽省地方税务局党组关于全省地税系统深化“四风”整治、巩固和拓展党的群众路线教育实践活动成果的意见 …………………… (350)

第三部分　安徽省地税局机关工作概述

全省地方税收工作综述 …………………… (355)
政务工作概述 …………………… (360)
税收法制工作概述 …………………… (362)
劳务和财产行为税(国际税务管理)工作概述 …………………… (364)
所得税工作概述 …………………… (367)
耕地占用税和契税工作概述 …………………… (370)
基金(费)征收管理工作概述 …………………… (372)
收入规划核算工作概述 …………………… (373)

纳税服务(大企业税收管理)工作概述 …………(376)
征管科技工作概述 …………(379)
财务管理工作概述 …………(381)
装备工作概述 …………(385)
干部人事工作概述 …………(388)
干部教育工作概述 …………(391)
内审工作概述 …………(394)
离退休工作概述 …………(395)
机关党建工作概述 …………(397)
纪检监察工作概述 …………(399)
稽查工作概述 …………(401)
省直属局工作概述 …………(403)
税收信息化工作概述 …………(406)
宣传中心工作概述 …………(408)
培训(机关服务)中心工作概述 …………(411)

第四部分　安徽省各市、直管县地税工作概述

合肥市地方税收工作概述 …………(414)
淮北市地方税收工作概述 …………(416)
亳州市地方税收工作概述 …………(418)
宿州市地方税收工作概述 …………(420)
蚌埠市地方税收工作概述 …………(423)
阜阳市地方税收工作概述 …………(426)
淮南市地方税收工作概述 …………(429)
滁州市地方税收工作概述 …………(432)
六安市地方税收工作概述 …………(436)
马鞍山市地方税收工作概述 …………(439)
芜湖市地方税收工作概述 …………(442)
宣城市地方税收工作概述 …………(445)
铜陵市地方税收工作概述 …………(447)
池州市地方税收工作概述 …………(450)
安庆市地方税收工作概述 …………(453)

黄山市地方税收工作概述 ……………………………………………………………………(455)
广德县地方税收工作概述 ……………………………………………………………………(457)
宿松县地方税收工作概述 ……………………………………………………………………(462)

第五部分 典型经验

以勇于担当精神 履行好第一职责 完成好首要任务 …………………… 合肥市地方税务局(465)
练好内功 当好参谋 为经济社会发展建言献策 ……………………… 宣城市地方税务局(467)
强基础 优服务 严考核 推进税收规范执法 ………………………… 滁州市地方税务局(468)
深化纳税评估 推进税收征管转型升级 ……………………………… 铜陵市地方税务局(470)
振奋精神 开拓进取 努力锻造坚强有力的地税干部队伍 ………… 亳州市地方税务局(471)
依法依纪 履职尽责 着力加大自办案件力度 ………………………… 黄山市地方税务局(473)
重治标之效 固治本之基 …………………………………………………… 铜陵市地方税务局(475)
坚持“一案三查”制度 着力增强惩治效果 ……………………………… 马鞍山市地方税务局(477)
抓“四考” 促“四风” 探索党风廉政建设新路径 …………………… 淮北市地方税务局(479)
强化监督制约 防范队伍风险 …………………………………………… 肥东县地方税务局(481)
全面推进征管创新 有效防范化解风险 ………………………………… 泾县地方税务局(483)

第六部分 调研报告

安徽地税系统稽查信息化建设实践与探索 ……………… 安徽省地方税务局稽查局课题组(486)
新形势下提高税务稽查选案质效的思考 ………………… 安徽省地方税务局稽查局课题组(489)
安徽地税系统职务犯罪情况分析 ………………………… 安徽省地方税务局监察室课题组(492)
完善我国地方税收立法权的法律研究 ……………… 安徽省地方税务局政策法规处课题组(498)
依法履行职责 维护合法权益 ……………………… 安徽省地方税务局政策法规处课题组(506)
关于支持推动长江经济带发展税收政策建议的调研报告
…………………………………………… 安徽省地方税务局耕地占用税和契税管理处课题组(508)
优化支持自主科技创新的企业所得税政策若干思考
……………………………………………………………… 安徽省地方税务局所得税处课题组(512)
省级集中下的信息安全保障体系建设研究
…………………………………………… 安徽省地方税务局电子税务信息管理中心课题组(517)
深入学习贯彻《干部任用条例》 努力建设高素质地税干部队伍
………………………………………………………… 省地税局党组成员、政治部主任 郑圣良(522)
安徽省地方税收入与经济增长关联分析

…………………………………………………… 安徽省地方税务局收入规划核算处课题组(529)
浅论加强省级地税机关服务型基层党组织建设
………………………………………………………… 安徽省地方税务局机关党委课题组(535)
关于教育培训成果运用的研究 ……………………… 安徽省地方税务局干部教育处课题组(538)
地税系统基本建设管理存在问题的分析与思考 ………… 安徽省地方税务局内审处课题组(542)
地方税收征管改革20年之思考 ……………… 安徽省地方税务局征管和科技发展处课题组(545)
安徽省高新技术企业减免税政策效应分析报告
……………………………………… 安徽省地方税务局收入规划核算处　所得税处课题组(549)
优化干部队伍结构　推进地税人才队伍建设 …………… 安徽省地方税务局政治部课题组(555)

第七部分　税收统计、税务登记资料

税收统计类

全省地税部门组织收入分税费种分市、县(市、区)情况 …………………………………… (560)
全省税收收入、生产总值、财政收入比较 ………………………………………………… (598)
全省地税部门分税(费)种收入完成情况 ………………………………………………… (601)
全省分市分产业地方税收入构成表 ……………………………………………………… (606)
全省地税税收收入分市完成情况 ………………………………………………………… (607)
全省地方税收入分行业表 ………………………………………………………………… (612)
全国分省市区税收及经济总量表 ………………………………………………………… (616)
全国税务部门组织收入分税种情况表 …………………………………………………… (617)
全国地税税收收入分省市完成情况 ……………………………………………………… (618)
全国营业税收入分省市完成情况 ………………………………………………………… (619)
全国地税企业所得税收入分省市完成情况 ……………………………………………… (620)
全国地税个人所得税收入分省市完成情况 ……………………………………………… (621)

税务登记类

2014年度全省地税部门税务登记基本情况 ……………………………………………… (622)

第八部分　机构人员

安徽省地税局处级以上干部名单 …………………………………………………………… (626)
各市、县地税局领导班子成员名单 ………………………………………………………… (627)
省直管县地税局领导班子成员名单 ………………………………………………………… (633)

第九部分　附　　录

2014 年度局属单位绩效考评（创先争优）优秀单位和优秀等次公务员（工作人员）名单 ……（634）
2014 年度安徽省地税系统绩效考评（创先争优）优秀单位和处级公务员优秀等次人员名单 ……（634）
2014 年度安徽省地税系统获省部级以上表彰的先进个人名录 ……（635）
2014 年度安徽省地税系统获省部级以上表彰的先进集体名录 ……（635）
省地税局记三等功公务员（2012—2014） ……（636）
市地税局记三等功处级公务员（2012—2014） ……（636）

第一部分　重要文献

省委、省政府和国家税务总局领导对2014年度安徽地税工作的批示

2014年2月10日，国家税务总局党组书记、局长王军在《中国税务报》头版新闻报道《安徽地税局节后“马上进状态”》上批示：抓得好，特予表扬！

2014年7月7日，中共安徽省委常委、宣传部长曹征海在省文化体制改革领导小组办公室《文化事业建设费征收管理工作专题会议纪要》上批示：感谢国税、地税和财政对文化事业费征收工作的重视和支持。

2014年10月30日，国家税务总局党组成员、副局长丘小雄在《安徽省国家税务局　安徽省地方税务局关于建立长效合作机制创新税收服务和管理工作的意见》上批示：我认为安徽这项工作做的是好的，应予肯定。

2014年10月31日，国家税务总局总会计师孙瑞标在《安徽省国家税务局　安徽省地方税务局关于建立长效合作机制创新税收服务和管理工作的意见》上批示：请稽查局、纳服司关注安徽国、地税局合作机制运行情况，帮助推动、总结提炼经验，借以指导全国。

2014年11月4日，国家税务总局党组书记、局长王军在《安徽省国家税务局　安徽省地方税务局关于建立长效合作机制创新税收服务和管理工作的意见》上批示：请财行司商办公厅通报推广，加按语。

2015年1月14日，中共安徽省委副书记、省长王学军对地税工作作出重要批示：2014年，全省地税系统面对经济下行压力加大的严峻形势，攻坚克难，扎实工作，圆满完成了收入任务，为稳增长、调结构、促改革、惠民生作出了积极贡献，谨向同志们表示衷心感谢和诚挚问候！希望在新的一年里认真贯彻落实党中央、国务院和省委、省政府的决策部署，积极适应经济发展新常态，坚持依法治税，大力组织收入，深化税收改革，加强队伍建设，再接再厉，再创佳绩，为打造三个强省、建设美好安徽作出新的更大贡献！

2015年1月20日，中共安徽省委常委、常务副省长詹夏来对地税工作作出重要批示：2014年，全省地税系统团结拼搏，克难奋进，圆满完成税收收入任务，各项工作都取得新成绩，谨向大家致以诚挚的问候！今年的任务更为艰巨，希望大家按照省委、省政府的部署，坚持依法治税，加强税收征管，优化纳税服务，坚决落实各项税改任务和税收优惠政策，推进队伍建设，努力为全省经济持续健康发展作出更大贡献！

国家税务总局副局长丘小雄在视察调研安徽地税工作座谈会上的讲话

(2014年10月28日,根据记录摘要整理,未经本人审阅)

同志们:

这次来安徽,主要是调研组织收入等工作。刚才听了建国同志的情况汇报,我感到,今年以来,安徽地税部门扎实推进各项工作,地税收入保持了平稳较快增长,与经济发展的协调性较好,为完成全年任务奠定了坚实基础。下一步,要进一步强化措施,继续抓紧抓实组织收入等各项工作,确保完成全年任务。下面,谈三点意见。

一、努力挖掘组织收入潜力

今年全国税收形势十分严峻,收入任务压力较大,总局近期对有潜力的地方追加了中央级收入任务,希望安徽地税部门认真落实组织收入原则,坚持依法征税,加强科学调度,挖掘增收潜力,努力做到应收尽收,确保完成全年任务,在增收上多做贡献。

二、坚定做好地税工作的信心

当前,税制改革正深入推进,地方税体系建设步伐加快,中央和地方的关系将进一步稳定和完善,这给地税部门吃了"定心丸"。随着税制改革的推进,地税部门将面临更加繁重的任务和更多新的挑战,一方面,要积极参与税制改革,为税改建言献策,落实好税改任务;另一方面,要积极面对税制改革对地税征管提出新的要求、带来的新考验,特别是对做好以自然人为主要对象的征管工作,必须认真研究,及早谋划,完善制度措施,提升征管能力,打牢工作基础。地税工作只能加强,不能削弱。总局一直高度重视地税工作,近期还将专门下发文件,对指导和服务地税工作作进一步的要求。安徽国税、地税部门在深化合作上进行积极探索和实践,取得了明显成效,要继续深入下去。

三、扎实推进绩效管理

总局部署开展绩效管理工作,这对于税务系统建设具有重大而深远的意义,必须不折不扣地抓好落实,坚持走下去。要对前期试点工作总结完善,巩固成果,提升水平。要勇于克服困难,积极探索实践,并注意与地方考核指标相衔接,为完善和推进绩效管理工作提供好的意见和建议。

安徽省地税局局长汪建国在全省地方税务工作会议上的讲话

（2014 年 1 月 15 日）

同志们：

这次会议的主要任务是，以党的十八大和十八届三中全会精神为指引，认真学习贯彻全国税务工作会议、全省经济工作暨城镇化工作会议精神，总结工作，分析形势，部署任务。下面，我讲三点意见。

一、攻坚克难，锐意开拓，全省地税工作取得新成绩

过去的一年，全省地税系统认真贯彻省委、省政府和国家税务总局部署要求，抓住税收管理转型升级这条主线，坚持“一个确保、两个提高”，攻坚克难，锐意开拓，圆满完成各项任务。这一年，我们积极应对复杂形势和严峻挑战，坚持依法科学征收，实现税费收入平稳较快增长，总量达 2126 亿元，增长 17.1%，其中地方税收入 1398 亿元，增长 15%；这一年，我们按照省领导“一年上台阶、两年创一流”的要求，举全系统之力攻坚，安徽地税综合管理信息系统成功上线应用，114 万纳税户纳入管理，征管数据应用实现省级大集中，信息化建设取得重大进展；这一年，我们遵照中央和省委统一部署，扎实开展党的群众路线教育实践活动，认真落实总局“三个三”要求，为民务实清廉的新风气蔚然兴起。与此同时，我们重点抓好以下工作：

（一）用足用活税收政策，服务发展成效显著。完成广播影视业和铁路运输、邮政业营改增试点任务。开展千户民企服务需求调查和个性化服务进万家等活动，制定服务民营经济发展 66 项政策措施，对 6.2 万户小微企业等营业税纳税人落实免税政策。认真落实扶持就业再就业、支持高新技术企业、文化产业发展等税收优惠。对困难企业实行社保费“五缓两降”。全面取消发票工本费。全年累计减免缓抵各项税费超过 200 亿元。广泛开展“当参谋、比贡献”活动。特别是在三中全会以后，围绕深化财税体制改革、完善地方税体系等课题，形成了一批调研成果，受到省领导肯定。

（二）强化权力监督制约，依法行政深入推进。出台全面推进依法行政若干意见，实施税务行政处罚裁量基准。开展依法行政示范单位创建，深化依法行政指导试点。推进“六五”普法，深入开展税收宣传，加强舆论引导。改进税收综合督查，对 16 个市局 19 个方面执法等情况进行深入检查，对存在问题限期整改。开展税收专项检查、重点税源企业检查，打击发票违法犯罪，查补各项收入 13 亿元。认真落实中央八项规定和厉行节约各项要求，强化内审监督，审减建设资金 1800 余万元；省局出台 20 多项制度办法，规范办文办会、公务接待，加强资产、车辆和财务管理；完善财务公开制度，推进“三公”经费预算公开。

（三）着力满足纳税人需求，纳税服务持续优化。各级领导集中走访企业，征求纳税人意见建议 500 多条；4200 多名机关干部参加办税服务实践日活动。制定改进作风更好服务纳税人的“10 条措施”、出台严肃税风税纪切实维护纳税人合法权益的若干规定，并公开承诺。开展税务行政审批清理，取消 1 项、下放 3 项，仅保留省级审批 2 项。加大办税服务厅标准化建设力度，推进集约化办税，全省 57 个办税服务厅被认定为省级标准化办税服务厅。开展“四零服务”竞赛。调整和改进“一对一”服务对象和方式。加强纳税咨询服务和热点问题收集分析,通过12366热线和地税网站、局长信箱等渠道,及时回应纳税人的疑问和关切。

(四)积极探索实践,税收管理不断加强。细化税政管理。加强和改进所得税管理,企业所得税汇缴面达100%,出台建筑安装业所得税征管办法;年所得12万元以上纳税人自行申报近4万人,比上年增加近9000人,部分市率先应用个人所得税自助办税终端系统。推进存量房交易征管工作,运用评估系统调整9.7万套交易房申报价格,调增税款7亿元。开展以地控税试点。实行煤炭行业税源专业化管理。制定机动车车船税代收代缴管理办法。全面完成“两税”职能划转,制定落实“两税”征管业务规程。推进征管改革。深化专业化管理试点,统一岗责体系,重建管理流程。加强风险监控,建立了涵盖11个业务域、由141个指标构成的指标体系。完善纳税评估,全年评估7.2万户,排查风险点35.5万个,评估入库税款13.5亿元。强化信息管税,网上申报基本覆盖所有企业户,11个市局建立获取外部信息机制,通过比对分析入库税款40.3亿元。整合稽查资源,实施分类分级稽查,实行稽查案件飞行检查。现代化分局建设五年规划圆满完成。

(五)坚持人才兴税,干部队伍建设逐步深化。加强市县局领导班子建设,出台推进领导班子制度建设工作意见,建立班子成员分工情况报告制度,制定后备干部选拔培养管理办法。全面启动人才建设“双百双千工程”,制定省级专业人才库管理办法,完成省、市、县三级人才库首批人才选配工作,397人进入省级人才库。继续大规模培训干部,开展学习十八大精神集中轮训,举办地税发展大讲堂,开展岗位大练兵、春训大考试等系列活动,省局举办各类培训班40余期,全系统有9012人参加在线学习,平均成绩位于省直单位前列。继续推荐年度优秀书目,加强职工书屋示范点建设。推进三型党组织创建,开展中国梦主题教育,积极争创第十届省文明单位,开展结对帮扶活动,做好离退休干部管理服务工作。完善绩效管理,全面落实效能建设“十项制度”。

(六)突出抓好风险防控,党风廉政建设进一步加强。围绕改进作风密切联系群众,省局党组制定“18条措施”,作出八项公开承诺。认真落实党风廉政建设责任制,修订考核办法,规范日常考核。深入推进廉政风险防控,出台工作意见,编印风险防控手册。加强廉政教育,通过上廉政课、组织观看警示教育片、参观廉政教育基地、通报典型案例等形式增强实效。开展中央八项规定落实情况监督检查,对干部住房、会员卡、经商办企业、窗口收费等进行专项清理。深入推进政风行风建设,开展暗访检查,限期整改问题。认真受理信访举报,加大案件查办力度,发挥警示作用。

上述工作成绩的取得,是省委、省政府和国家税务总局正确领导的结果,是广大纳税人大力支持的结果,凝聚着广大地税干部职工的汗水和心血。在此,我谨代表省局党组向大家表示衷心的感谢和崇高的敬意!

在总结成绩的同时,我们要清醒地看到自身存在的问题,突出表现在:服务大局的主动性和创造性仍较欠缺,就税收论税收的惯性思维还比较浓;依法行政的意识需要进一步增强,不按制度办事、执法随意等现象在一些地方依然存在;税收管理服务水平与形势发展还不相适应,征管基础仍不够扎实,纳税服务的针对性实效性仍不够强,信息化应用水平有待提高;干部队伍结构老化、活力不足、素质能力有差距;有些同志缺少干事创业的精气神,不思进取、不愿吃苦,少数领导干部精神懈怠、庸懒散软、不敢担当,甚至有极少数人为税不廉、以税谋私、权钱交易、违法乱纪等等。对此,必须高度重视,切实加以解决。

二、展望未来,坚定信心,开创地税事业改革发展新局面

十八届三中全会通过的《决定》,描绘了全面深化改革的宏伟蓝图,对完善和发展中国特色社会主义制度,推进国家治理体系和治理能力现代化作出了战略部署，指明了党和国家各项事业的前进方向，对税收改革发展具有重大指导意义。

要把握新机遇。《决定》对深化财税体制改革作出一系列重大部署，这是自1994年税制改革以来地税事业发展的一次重大机遇。从税收职能定位看，《决定》强调，财政是国家治理的基础和重要支柱，科学的财税体制是优化资源配置、维护市场统一、促进社会公平、实现国家长治久安的制度保障。这凸显了税收在国家治理体系和治理能力现代化中的重要地位。从税制改革方向看，《决定》提出，保持税负稳定，保持现有中央和地方财力格局总体稳定。逐步提高直接税比重。结合税制改革，考虑税种属性，进一步理顺中央和地方收入划分，发挥中央和地方两个积极性，同时明确提出完善地方税体系，对改革增值税、消费税、个人所得税、房地产税、资源税制度和环境保护费改税等作出部署。目前，税制改革渐次推开，地方税体系建设将加速推进。从税收征管体制看，《决定》明确提出完善国税、地税征管体制，同时对建立健全社会房产、信用等基础数据统一平台，建立个人收入和财产信息系统，建立健全社会征信体系等作出部署。这些都表明，地方税收征管体制将得到进一步加强。

要迎接新挑战。当前，我国经济发展已进入增长速度换挡期、结构调整阵痛期，安徽发展仍面临诸多深层次矛盾和问题，转型发展要求十分紧迫，税收职能作用发挥将会遇到更多“两难”甚至“多难”问题；法治政府建设步伐加快，各方面监督更为广泛深入，社会对税收维护公平正义充满期待，对落实税收政策、规范税收执法提出更高要求；市场经济深入发展，纳税人的组织形式、经营方式日趋多元化、复杂化，税收管理面临新的考验；新一轮信息技术快速发展，企业信息管理能力不断增强，政府部门间对涉税信息的互动需求日益增加，对提升信息管税能力的要求更为迫切。税收工作内外环境的深刻变化，给带队治税提出了许多新的课题。在诸多挑战面前，我们唯有向改革要动力、要办法、要红利。

要聚力新目标。全国税务工作会议提出，到2020年基本实现税收现代化，并明确了6大目标体系，即完备规范的税法体系、成熟定型的税制体系、优质便捷的服务体系、科学严密的征管体系、稳固强大的信息体系、高效廉洁的组织体系。聚力新目标，必须立足实际，明确任务，通过接续不断地推进税收管理转型升级，一步一步向税收现代化迈进。我们要主动参与税收立法，严格规范税收执法，为健全税法体系、落实税收法定原则作出贡献；我们要积极落实税制改革任务，推动完善地方税体系，为更加有效发挥地税职能、促进经济社会持续健康发展不懈努力；我们要坚持纳税人至上，持续改进服务，不断提高税法遵从度和纳税人满意度；我们要坚持专业化信息化方向，积极构建现代化地方税收征管体系，不断降低税收流失率和征纳成本；我们要坚持科技兴税，深入推进业务与技术融合，不断提高信息技术应用能力，更好地服务税收、服务社会；我们要优化征管资源配置，积极转变职能，倾情带队，从严管理，努力打造政治坚定、业务精湛、廉洁高效的地税干部队伍。

面对新机遇、新挑战、新目标，我们必须坚持改革创新，与时俱进，以更大的决心和勇气冲破保守思想观念的束缚，克服传统路径的依赖，勇于开拓，勇于实践。我们必须坚持依法行政，注重运用法治思维和法治方式处理税收改革发展中遇到的矛盾和问题，切实做到依法征税、依法行政。我们必须坚持问题导向，善于主动发现工作中存在的突出问题和矛盾，用创新的思维、改革的办法，推动从制度机制上解决问题、化解矛盾。我们必须坚持统筹推进，加强顶层设计，尊重基层首创精神，对方向明确、见效快的，加快推进；对涉及面广、条件尚不成熟的，大胆探索、试点先行。

三、乘势而上，狠抓落实，努力实现2014年地税工作新突破

今年是全面深化改革的第一年。全省地税工作要以党的十八大和十八届三中全会精神为指引,认真贯彻全国税务工作会议和全省经济工作暨城镇化工作会议部署,牢记为国聚财、为民收税使命,围绕税收现代化目标,坚持"一个确保、两个提高"总体要求,抓住税收管理转型升级主线,坚持依法行政,推进改革创新,持续改进作风,统筹做好"两篇文章",圆满完成各项任务,为促进经济持续健康较快发展、社会和谐稳定作出积极贡献。

(一)依法科学组织收入

今年税收收入形势依然复杂严峻。营改增继续扩围、落实扶持小微企业发展税收优惠、房地产市场持续调控等因素,短期内会造成一定减收,但是,我们更要看到,我国经济仍具有很大的发展潜力,全面深化改革将释放新的动力和活力,我省正处于大有可为的黄金发展期、转型升级的战略机遇期和深化改革的重要窗口期,税收增长的经济基础将会持续巩固、壮大。综合分析,今年全省地方税收入增长预期目标确定为10%左右。要强化组织收入任务观念,确保完成全年收入任务。

严格依法征收。认真贯彻组织收入原则,规范税费征管,坚决防止和查处收"过头税"、空转等违规行为。加强申报管理,严格堵漏增收。科学编制税收计划,建立健全税收收入质量监测评价体系。开展收入质量检查,推动组织收入工作由计划管理向质量管理转变。切实加强收入分析,把握主动权。

加强基金费征收。深入贯彻《社会保险法》,积极参与完善我省社保费征收管理办法。主动做好收入预算编制,科学分析测算,参与预算管理。推进扩面征收,抓好欠费管理,加强日常征管。统筹做好其他基金费工作。

认真落实优惠政策。清理规范税收优惠政策。继续加强税收优惠政策落实情况的跟踪问效。建立减免税核算制度,加强减免税数据分析应用。按照省政府要求,落实好社保费缓缴、降率政策。

(二)认真落实税制改革任务

加强税制改革调研。按照总局部署,认真落实环境保护费改税、房地产税立法等相关调研工作。密切关注税制改革动向,积极向有关方面反映情况、提出建议。重点围绕服务发展和地方税体系建设,继续开展"当参谋、比贡献"税收调研活动。

贯彻落实税制改革政策措施。继续配合有关部门做好铁路运输和邮政业营改增试点工作,对通信、生活服务业和销售不动产、金融保险业、建筑安装业进行摸底调查和分析测算,做好试点扩围准备。认真落实企业年金和职业年金个人所得税递延纳税、扩大研发费用税前扣除范围、治理大气污染、支持棚户区改造、扩大国家自主创新示范区先行先试政策实施范围等税收措施。认真落实涉农税收优惠政策和扩大小微企业优惠政策适用范围等政策措施。认真落实就业创业、企业重组与股权投资、支持走出去、服务外包等方面税收政策。

完善税政管理。研究企业所得税分类管理方法,改进汇缴检查方式。继续做好全员全额扣缴明细申报管理,建立个人收入档案制度,完善代扣代缴明细账制度。推广应用个人所得税自助办税终端系统。加强自然人股权分红和转让所得征管。完善"两税"管理机制,全面落实契税"先税后证"、耕地占用税"先纳税、后批地"制度。全面推广房产税、城镇土地使用税明细申报管理。开展"以房控税"试点。大力推行以地控税。认真贯彻落实土地使用税差别化征收政策。继续推进存量房交易征管工作。做好车船税代收代缴工作,完善部门协作机制。加强土地增值税预征和清算管理。做好国际税收工作。

(三)大力推进依法治税

健全依法行政工作机制。认真落实总局出台的税务行政审批事项目录清单、税收执法权力清单、税务"黑名单"三项制度。深入落实税收自由裁量权实施意见和裁量基准。研究制定依法行政的具体考核方案和标准。深化依法行政示范单位创建工作。总结试点经验,稳妥推进依法行政指导工作。认真做好税务行政复议和应诉工作。

强化税收执法监督。深入推行税收执法责

任制，加强对具体行政行为人机结合的执法考核。改进税收综合督查，强化督查整改，深化结果利用。继续做好涉税规范性文件的审核、备案、公告等工作。加强重大案件审理。继续发挥好税收法制员制度的监督作用。加强税收执法风险防范工作。

深化行政审批制度改革和政务公开。加大行政审批改革力度。完善涉税审批后续事项监管。深化政务公开，推进决策公开、管理公开、服务公开、结果公开。按照统一部署，有序推进部门及其“三公”经费预决算公开。

加强税法宣传和舆论引导。推进“六五”普法，加强税收法制宣传教育。开展好税收宣传月活动，改进日常税收宣传，加强税收法规政策咨询解读工作。落实信访、舆情、应急管理“三位一体”制度要求，及时应对和妥善处理各类涉税舆情和突发事件。办好地税网站和《安徽地税》内刊。

大力整顿规范税收秩序。加强大要案查处，加大检举案件查办力度。继续开展重点税源企业检查、税收专项检查和区域税收专项整治。继续开展打击发票违法犯罪活动。制定行业和项目检查指南，探索实行集团企业统一检查，全面实施异地交叉稽查。

(四)着力优化纳税服务

推进办税服务平台建设。继续加强标准化办税服务厅和政务中心地税窗口建设。发布办税服务厅标准化操作指南，完善服务标准，规范服务流程。逐步改变按基层分局设置办税服务厅的传统模式，推动办税服务资源集约利用。推进电子税务局功能应用。

优化办税程序。简并优化现行各类办税事项及其办理程序，规范实施标准。按照“窗口受理、内部流转、限时办结、窗口出件”要求，切实解决纳税人办税“多头跑、多次跑”的问题。

完善纳税服务措施。升级完善12366热线功能，定期检查通报热线运行情况，加强市局热线工作室建设，组建咨询专家团队，加强热点问题和典型案例分析利用。深化“一对一”服务纳税人工作机制。深入开展“四零服务”。继续开展“办税服务实践日”活动。

强化纳税人权益保护工作。研究改进纳税信用评定指标体系，探索建立纳税信用信息库，完善诚信激励和失信监管的动态管理措施，与国税部门联合开展纳税信用等级评定。探索建立以纳税人为主体的第三方维权组织。建立各层级志愿者服务组织，鼓励支持纳税服务志愿者开展志愿服务。落实纳税服务投诉管理办法。

(五)积极推进征管改革

进一步明确征管改革思路。分类深化改革试点，把握好改革的力度和进度。重点推进集约化纳税服务、纳税评估、风险管理统筹，继续探索建立分类分级专业化管理体制，创新县域税收管理模式，完善税收管理员制度。推进现代化分局建设与推进征管改革有机结合。

完善风险管理。开展重点行业纳税评估，建立分层级的预警值、阀值参数体系，完善行业评估模型，应用大集中系统大力推进评估工作。规范纳税评估与纳税服务、日常管理、税收稽查的衔接。探索第三方信息在评估中的应用。运用大集中系统决策支持软件，积极开展征收管理监控工作。

加强征管基础工作。完善户籍管理和征管数据资料管理，以电子流规范征管业务流程。完善发票管理制度，组织相关行业发票清理检查。全面实施新税收票证管理办法，解决大集中软件征缴过程中涉票问题。建立税收统计与分析报表体系，实现与大集中软件的同步对接。

推进大企业税收管理。充分发挥大企业管理人才库的团队优势，加强总局定点联系企业税收遵从管理。开展我省首批25户定点联系企业管理服务工作，以建立税收风险防控机制为核心，研究制定大企业税收服务与管理工作规程。

创新稽查管理。积极推进分类分级稽查。探索实行审计式检查、调研式检查。以县级稽查案件为重点，继续开展稽查案件飞行检查。大力推进电子查账。加强涉税信息交流与稽查情报交换，深化国税地税联合稽查。

优化征管资源配置。积极研究征管改革试点中机构设置、职能和人员配备等问题。探索建立与税收专业化、信息化要求相适应的税收组织机构体系。重点研究推进新形势下城区、农村分局征管资源优化配置工作。

启动新一轮现代化分局建设。编制2014至2018现代化分局建设五年规划,丰富建设内涵,加强分类指导,抓好典型示范,打造特色鲜明、适应现代税收管理要求的基层分局。强化市、县局对建设工作的领导责任,突出基层及税干的主体地位。

(六)完善提升信息化建设

开展"信息化应用提升年"活动。以大集中系统成功上线为契机,通过应用培训、测试考评,完善制度、优化流程,强化监督、防控风险等工作,大力提升全员信息化应用能力。

继续做好大集中系统优化、完善与开发工作。针对应用中发现的问题,研究相应措施,优化完善系统功能。推进决策支持软件开发测试和上线运行工作。对大集中系统持续开发完善,与税收政策调整同步,与优化办税程序相适应。

推进大集中系统运维体系建设。研究建立以省局为主、市局为辅,上下统一、职责清晰、协调有序、流程规范、响应快速的运行维护体系,制定运维制度框架和运维流程。加强日常运维和安全管理。完善信息安全管理制度,对大集中系统进行信息安全测评。

(七)规范细化行政管理

规范资产管理和政府采购工作。研究出台固定资产管理工作规程,强化动态监控,开展资产清查,解决账实不符问题。严格公务用车编制管理,实行一车一编制,从严控制执法执勤用车配备范围和标准。严格执行政府采购工作规程,继续执行"统报统采",加大批量集中采购力度,适度控制协议供货采购规模。

加强财务、预算和基本建设管理。落实新的系统经费政策。编实编准部门预算,盘活存量资金。引入项目预算评审论证机制,建立符合地税实际的预算绩效评价指标体系。继续探索政府购买服务。坚持进度通报制度,加大考核力度,提高预算执行率。严格"三公"经费管理。全面实施行政事业单位内部控制规范。加强财务分析及其结果利用,完善支出开支范围和标准。修订完善系统基本建设管理制度。不再核准新建楼堂馆所,从严控制维修改造项目。加强在建项目后续管理。

强化内部审计监督。深化财务收支审计,重点对预算管理、专项资金使用、大额资金支出、采购管理以及内控制度建设等情况进行审计监督。完善经济责任审计办法,强化离任审计与任中审计"两审制"。基建审计和大宗物品采购审计监督面要达到100%。加强后续审计,探索建立审计整改问责机制。完善现有内审软件功能,实现对审计项目全覆盖。加强审计成果利用,推动审计监督与系统管理有效衔接。

(八)不断深化干部队伍建设

加强领导班子建设。坚持好干部标准,选优配强领导班子。加强领导干部异地交流任职制度建设。加强后备干部队伍选拔、培养和管理。推动干部上挂下派。加强对县局班子建设的指导和管理,注重对基层领导干部的培养和使用。

深化人事制度改革和干部管理。完善干部选拔任用、考核评价等制度办法。研究制定调整不适宜担任现职领导干部制度。改进对领导班子和领导干部的考核评价,加强对干部德的考察、考核。改进和加强离退休干部服务与管理工作。

推进人才队伍建设。制定实施人才培养规划。继续抓好"双百双千工程"实施和人才库建设。围绕人才培养、使用等关键环节,建立健全激励机制。继续与高校联合培养硕士研究生,积极鼓励自学成才。优先招录急需的税收专业人才。

改进教育培训工作。开展全员大练兵,举办征管能手、稽查能手、税收信息化能手竞赛活动。组织好春训活动。开发适合基层干部需求的专业技能培训项目。规范兼职教师管理。修订税务培训用书。推进干部在线学习,启动税务网络培训工作。规范培训项目管理,从严控制到省外办班，提升培训质量。

强化效能建设和绩效管理。深入实施效能提升行动，继续推进效能建设“三个延伸”，加强“十项制度”落实情况监督检查。加强和推进督查督办工作，完善发函督办等制度，重点督办省局重大决策部署贯彻落实情况。按照总局统一部署，积极推行税务系统绩效管理。

加强党建工作。开展习近平总书记系列重要讲话和十八届三中全会精神学习活动。深化三型党组织建设。推进“承诺、践诺、评诺”制度化、常态化。完善党务公开。结合“三和”地税建设，开展社会公德、职业道德、家庭美德实践活动，做好第四批全国文明单位创建申报工作。加强机关群团工作。做好结对共建和帮扶慰问工作。

（九）切实加强党风廉政建设

十八大以来，新一届中央领导集体高度重视党风廉政建设和反腐败工作。对中央、省委省政府和总局部署要求，要坚决贯彻落实；对党风廉政建设和反腐败工作，一刻也不能放松。春节过后，省局将召开专门会议，对今年党风廉政建设任务作专题部署。这里，需要重点强调的是，要通过认真落实党风廉政建设责任制考核办法，进一步强化“一岗双责”；通过抓好中央八项规定的贯彻落实，进一步改进工作作风和政风行风；通过深化廉政教育、完善风险防控、严格监督检查、严肃案件查办，进一步抓实反腐倡廉日常工作；通过深化纪检监察干部队伍建设，进一步强化反腐倡廉组织保障。

（十）扎实开展党的群众路线教育实践活动

根据中央和省委部署，今年上半年，市县地税机关将要集中开展教育实践活动。各地要按照统一部署，加强领导，精心安排，与做好各项地税工作有机结合起来，特别是要贯彻好总局“三个三”要求，确保取得实实在在的成效。省局要在持续整改、巩固提高的同时，加强对市、县局教育实践活动的指导、督导。通过教育实践活动的开展，促进工作作风进一步转变，有力保障各项任务完成。

同志们，站在地税事业改革发展的新起点，我们豪情满怀、重任在肩。让我们在省委、省政府和国家税务总局的正确领导下，勇于担当，奋发有为，向着税收现代化新目标奋力前行！

安徽省地税局局长汪建国
在全省地税系统党风廉政建设工作会议上的讲话

（2014 年 2 月 21 日）

同志们：

刚才，学军同志代表省局党组作的工作报告，我完全赞同，各地要认真抓好落实。下面，我再讲三点意见。

一、深刻把握新形势新要求，切实增强深入推进党风廉政建设的紧迫感和责任感

深入开展党风廉政建设和反腐败斗争是全党的重大政治任务和全社会的共同责任。党的十八大以来，新一届中央领导集体高度重视党风廉政建设和反腐败工作，习近平总书记发表了系列重要讲话，强调以“猛药去疴、重典治乱”的决心，以“刮骨疗毒、壮士断腕”的勇气，打赢党风廉政建设和反腐败斗争这场硬仗。中央纪委三次全会全面分析了当前党风廉政建设和反腐败斗争的形势，研究部署了当前和今后一个时期反腐倡廉工作的总体思路和主要任务，强调以深化改革推进反腐败斗争，增强全党的组织纪律性，坚持以零容忍态度惩治腐败。省纪委九届四次全会对今年全省党风廉政建设和反腐败工作主要任务作了部署安排，要求严明组织纪律，以改革创新精神推进党风廉政建设和反腐败工作。全国税务系统党风廉政建设工作会议，全面分析了当前税务系统党风廉政建设面临的新形势，深刻剖析了存在的问题，强调认真落实工作责任，坚持纪律作风惩腐一起抓。这些部署要求，旗帜鲜明，切中要害，为进一步推进全省地税系统党风廉政建设指明了方向。我们要认真学习领会，坚决贯彻落实。

近年来，全省地税系统坚持惩治和预防腐败一起抓，反腐倡廉工作成效明显，特别是去年以来，省局党组扎实开展党的群众路线教育实践活动，认真贯彻中央八项规定，集中解决"四风"问题，促进了作风进一步转变。但是，对照新形势新要求，我们要清醒地看到地税系统党风廉政建设存在的问题和不足。在纪律执行上，一些地方仍然存在有纪律不遵守、有制度不执行，执行中打折扣、变通走样等情况，加上责任追究不到位，使得有些规章制度形同虚设。在作风建设上，持续推进的力度还不够大，针对性还不够强，与上级要求和纳税人、基层的期待还有差距，在有的单位，服务意识不强、服务效率不高等情况还比较普遍，纳税人反映的合理诉求没得到及时响应，基层咨询请示问题得不到及时明确答复。在廉洁从税上，庸懒散软、铺张浪费、奢靡享乐、吃拿卡要等不良现象，在有些地方和少数人身上仍不同程度地存在；以税谋私、权钱交易等违法行为仍时有发生；去年系统共有30人受到党纪政纪处分，3人受到组织处理，10人被追究刑事责任，2人被判有罪但免予刑事处罚，8人正在接受司法机关审查。上述问题，既有干部自律意识不强甚至思想蜕变的原因，也与一些地方领导干部抓党风廉政建设不力、管理监督不严有关。个别领导干部认为党风廉政建设是一把手的事，是纪检组长的事，是监察部门的事，与自己关系不大，可管可不管，"一岗双责"没有落到实处；有的领导干部对苗头和倾向性问题视而不见，不想抓、不敢管，怕得罪人，当老好人；有的地方纪检监察工作水平不高，反腐败与纪律要求、作风建设结合不紧，预防与惩治统筹推进不够。我们一定要增强忧患意识，强化责任担当，对存在的问题保持高度警觉并切实采取措施，坚定不移地把系统党风廉政建设和反腐败工作推向深入。

二、突出重点，切实抓好党风廉政建设任务落实

关于今年的党风廉政建设工作，学军同志已经作了具体部署。这里，我着重强调几点。

（一）严格执行各项纪律。地税系统垂直管理，人员多，战线长，没有严明的纪律，队伍就成了散兵游勇，就会一盘散沙。只有使纪律真正成为"带电的高压线"，严肃执纪，才能形成凝聚力和战斗力。

一要严守政治纪律。地税系统遵守和维护党的政治纪律，关键就是要确保政令畅通，始终同党中央保持高度一致，确保中央、省委省政府和国家税务总局各项决策部署在地税系统不折不扣地贯彻落实。对市县局来说，就是要把省局党组的各项决策部署和要求落到实处。坚决杜绝上有政策下有对策，合意的就执行、不合意的就不执行或变通执行。对搞阳奉阴违的，要坚决追究责任。

二要严守组织纪律。要切实增强党性，强化组织意识，时刻想到自己是党的人，是组织的一员，摆正个人与组织的关系，自觉接受组织安排和纪律约束。要遵守组织制度，认真执行民主集中制，特别是要严格落实请示报告制度，主动向党组织报告重大工作和重要情况，自觉在党组织的领导下履行职责。个人服从组织，下级服从上级，一级对一级负责，一点也不能含糊。

三要严守人事纪律。用好一个干部，可以树立一面旗帜，调动一方积极性；反之，则会带来负面影响，挫伤一方积极性。各级党组一定要认真贯彻落实中央新颁布的《党政领导干部选拔任用工作条例》和《关于加强干部选拔任用工作监督的意见》以及省委各项要求，坚持正确的用人导向，选好用好干部，形成风清气正的用人环境。坚决整治用人上的不正之风，对跑官要官、买官卖官、拉票贿选、违规用人、说情打招呼等问题，要严肃查处。纪检监察部门对实名和线索明确的举报案件，要一查到底。对有举报还没有正式任命的干部，要认真调查核实；对有严重问题的，不仅不得任命，还要依纪依法处理，坚决防止"带病提拔"。

四要严守财经纪律。中央八项规定和《党政机关厉行节约反对浪费条例》等一系列有关文件，不仅对改进作风提出了新要求，而且对财务管理工作的规范约束也更细、更严。各级地税机关要严格遵照执行，特别对"三公"经费，要进一步细化完善管理办法，严格支出标准，规范列支程序，加强审核监督。各级领导干部要带头遵守财经纪律，对在公务活动中的各项支出，严格按标准执行。对办会、培训、采购、接待、用车、出差等各项涉及经费开支的公务活动，承办部门、参与人员要认真学习掌握并严格执行有关标准，不把问题留到下一环节。财务管理部门要加强对各项支出的审核，对不符合规定的，不能怕得罪人，坚决予以纠正。内审监督部门要加强日常监督检查，及时纠正财务管理和经费开支方面的不规范行为。要严格执行津贴补贴政策，坚决杜绝违规发放津贴补贴。

五要抓好工作纪律。这方面的违纪现象，最近中央电视台等媒体报道了很多。有些现象，如迟到早退、溜号、串岗，工作时间玩手机、打电脑游戏、上网炒股，对来电来访、办事咨询敷衍应付等等，系统内也较为常见。这些问题看似平常小事，实则影响大局，直接影响到一个单位乃至整个系统的形象。这些问题为什么屡禁不止？究其原因，除个人因素外，主要还是所在单位的领导没有尽到管理责任。这里，我们再次强调，抓工作纪律，省局处室单位、市县局科股室、分局负责人负直接领导责任。本机关的效能办和监察、人事部门负有日常监督检查责任。上级机关对下级机关要开展经常性的明查暗访，并形成制度机制，重点加强对工作纪律执行情况的监督检查。要强化问责，对发现的问题，不仅追究当事人的责任，还要追究直接领导的责任，屡查屡犯的，同时追究直接领导的上级领导责任。

（二）深入推进作风建设。作风关系党风政风。新一届中央领导集体以坚定的决心和信心带头改进作风，得到了人民群众的极大拥护。改作风不是一阵风，决不能走回头路，必须乘胜前进，持之以恒加以推进。

一要认真落实八项规定。各级地税机关要把落实八项规定作为铁的政治纪律，一抓到底，抓出实效。要按照中央关于今年重点推进公车制度改革、整治"会所中的歪风"等方面的要求和省委省政府、国家税务总局部署，结合实际，不折不扣落实到位。当前要继续抓好办公用房的清理工作。要认真执行《党政机关厉行节约反对浪费条例》，细化落实措施，抓住重点，攻克难点，深入推进节约型地税机关建设。八项规定是"红线"，闯了必受惩处；条例规定是"警戒线"，越过就是违纪。各级领导干部一定要增强政治责任感，保持敏锐性，绝不能心存侥幸，彻底消除模糊认识，带头落实好各项规定，对自己负责、对所在单位负责、对上级负责。纪检监察部门要严格执纪监督，对把上级要求当成耳边风、依然我行我素的，或虽有所收敛、但打折扣、搞变通的，一旦发现，严厉惩戒，严肃问责，坚决防止作风问题反弹。

二要着力解决"四风"问题。当前，第二批教育实践活动已经启动，市县局作为第二批活动单位，与广大纳税人、与基层一线联系更直接、更紧密，教育实践活动能否取得实际效果，关键看能否真正解决好"四风"问题，让党委政府满意、让纳税人满意、让基层满意。要积极响应、全身投入国家税务总局开展的"便民办税春风行动"，扎实开展意见大走访、换位大体验、办税大提速、落实大检查、作风大扫除，深入查一查，看看还有没有以会议贯彻会议、以文件贯彻文件、以考核代替落实的情况；还有没有态度冷漠、方法简单粗暴、"门难进、脸难看、事难办”的现象;还有没有高高在上,以管理者自居,对纳税人颐指气使、对基层诉求漠然的问题;还有没有铺张浪费、大吃大喝、贪图享受、讲排场、比阔气的歪风;还有没有滥用税收裁量权、执法不公,收人情税、关系税,吃拿卡要,以税谋私、搞权钱交易的邪气,切实把“四风”问题找准、找全,把纳税人反映最强烈、社会最关注、基层最期盼的问题解决好,真正让八项规定、省委省政府三十条、总局“三个三”要求落到基层、落到实处。

三要严格监督考核。要强化督查督办,将对作风情况的监督、考核、问责贯穿到日常税收工作之中,同时通过完善绩效考评机制,努力营造人人担当、争先进位的良好氛围。从今年起,全国税务系统推行绩效管理,上半年在总局机关和9个省局试点,下半年在全国税务系统推广。省局将按照总局统一部署,积极做好准备,有计划有步骤地在全省地税系统推行绩效管理。下一步,要将改进作风的各项制度规定融入到绩效管理之中,细化落实到考评内容设定、考评指标设计等方面,做到目标明确,任务量化,便于监督,同时注重利用信息化等有利条件,加强监督考核。

(三)严肃查办腐败案件。从严治队,惩治手段必不可少。我们要以零容忍的态度惩治腐败,对违纪违法案件发现一起、查办一起,绝不姑息、绝不手软。

一要强化责任。严厉惩处腐败分子,是各级党组织的重要政治责任。一把手要负总责、亲自抓。纪检组长要增强主动性,直接抓,对查办案件每个环节的工作加强指导和把关。纪检监察部门对查办案件工作要具体负责,班子其他成员要积极支持,人事、资产、财务、内审、稽查等有关部门要协同配合,形成查办案件工作合力。对重点案件或下级机关查办有困难的案件,上级机关负有直接查办或牵头查办的责任。对那些瞒案不报、有案不查的行为,对查办案件工作不力的单位,要严肃追究责任。

二要有案必查。违纪违法案件不管涉及谁,查处难度不管有多大,都要依纪依法坚决查处。要严肃查办发生在领导机关和领导干部中贪污贿赂、买官卖官、权钱交易、腐化堕落、失职渎职案件,严肃查办发生在税收执法和行政管理重点领域、关键环节和侵害纳税人利益的腐败案件,严肃查办滥用公权、私用公款、公务活动违纪违法以及一把手腐败等案件。同时,严格实行涉税案件“一案双查”。在实施税收检查中,只要发现地税机关或地税人员涉嫌违纪违法行为的事实或线索,绝不能碍于情面,必须及时移交纪检监察部门进行调查处理,该移交不移交的,要严肃追究相关单位和领导的责任。

三要抓早抓小。有些干部违纪违法被查处之后,总是抱怨当初在其问题很小的时候组织上没有及早提醒。这固然有避重就轻、推卸责任之嫌,但作为负有监管职责的党组织,确实有值得反思的地方。我们要本着对事业、对社会、对干部负责任的态度,全面掌握干部的思想、工作、生活情况,对干部身上存在的问题要早发现、早提醒、早纠正、早查处,切实防止小问题演变成大问题。这才是真正爱护干部。

(四)不断强化制约监督。权力不论大小,只要不受制约监督,都可能被滥用。要切实加强惩防体系建设,认真落实中央五年工作规划和省里实施意见、总局实施办法,不断加强对权力运行的制约和监督,切实把权力关进制度的笼子,努力形成不敢腐的惩戒机制、不能腐的防范机制、不易腐的保障机制。

一要强化廉洁自律。各级领导干部要以身作则,严格自律,认真执行廉政准则、八项规定等各项规定要求,不为私欲所动,不为私利所惑,不为私情所困,要像总书记强调的那样,摆正公私关系,时刻提醒自己公款姓公,一分一厘都不能乱花,公权为民,一丝一毫都不能私用。同时,要推进廉政教育常态化,做到讲话必有廉政要求,培训必有廉政内容,考试必有廉政问题,任职必有廉政谈话,进一步深化廉政文化建设,并积极运用典型引路、以案释法、网络教育等方式,进一步增强廉政教育的针对性和实效性。

二要突出监督重点。要突出对各级一把手的监督,重点强化对一把手执行民主集中制、决策重大事项等方面的监督，严格实行一把手不直接分管人、财、物、项目等具体事务的制度和末位表态制度，在重大问题上不能一把手一个人说了算，形成“副职分管、正职监管、集体领导、民主决策”的权力运行机制。要突出对管人、管财、管物等重点岗位的监督，完善内控制度，形成不能腐的防范机制。要突出对执法一线人员的监督，细化、量化税收执法自由裁量权标准和幅度，进一步规范自由裁量权行使。

三要创新监督手段。按照“制度＋科技”的要求，在继续完善落实好谈心谈话、述职述廉、约谈、函询等日常监督制度的同时，积极运用科技手段，提高对权力运行的监控水平。要推进流程管理，利用大集中系统，优化各类管理要素和服务资源，完善岗责体系和组织机构的职责体系，规范税收执法权运行。要加强权力运行监测考核，搭建全省风险监控平台，对税收管理工作的各个方面、各个环节、所有过程进行风险防范和控制，重点加强对下级执法和管理的过程监控和结果考核，提高风险防范能力。

四要完善监督机制。要持续推进党务公开、政务公开，健全决策公开、管理公开、服务公开和结果公开制度，有序推进“三公”经费预决算公开，按照减少层次、优化流程、提高效能、方便办事的原则，进一步规范并公开权力运行流程，切实将税收执法权和行政管理权运行置于阳光之下。要深化廉政风险防控，实行防控管理动态化、常态化，根据经济社会发展、法律法规调整、职能转变和预防腐败新要求，定期调整职权目录、查找风险点、完善防控措施。要建立健全风险防控责任落实机制、动态监控机制、预警处置机制和检查评估机制，强化中期监控和后期处置。

三、强化保障，切实履行党风廉政建设工作责任

党风廉政建设责任制是反腐倡廉的一项重要基础性制度。严格落实各级党组的主体责任和各级纪检监察部门的监督责任，是确保地税系统党风廉政建设责任制得到有效落实的重要保证。各级党组要主动担当，积极作为，切实担负起全面领导的主体责任。要加强对党风廉政建设工作的统一领导，不断健全反腐倡廉工作领导体制和工作机制，明确分工，强化责任，做到守土有责。各级一把手作为党风廉政建设的第一责任人，必须树立不抓党风廉政建设就是严重失职的意识，切实解决不想抓、不敢抓、不会抓等问题，做到重要工作亲自部署、重大问题亲自过问、重点环节亲自协调、重要案件亲自督办。纪检组长要把主要精力放在抓反腐倡廉工作上，不得分管人财物、税收征管、稽查等方面的工作，切实履行好推进反腐倡廉工作的直接领导责任。领导班子其他成员要坚决摒弃党风廉政建设不是自己主业、可管可不管等错误认识，切实履行“一岗双责”，主动承担起分管范围内的党风廉政建设工作，坚决落实好党组的部署和要求。这里要特别强调，不履行主体责任的领导班子不是合格的班子，不重视党风廉政建设的一把手不是合格的一把手，不落实“一岗双责”的领导干部不是合格的领导干部。各级纪检监察部门要聚焦中心，突出主业，认真落实好监督责任。既要履行好协助党组加强党风廉政建设和组织协调反腐败工作的职责，又要及时督促检查相关部门落实惩治和预防腐败任务，经常进行检查监督，严肃查处腐败问题。同时，还要完善并严格执行责任追究办法，健全责任分解、检查监督、倒查追究的完整链条，有错必纠，有责必问，真正让责任制落到实处。

打铁还需自身硬。各级纪检监察部门要自觉担负使命，按照转职能、转方式、转作风的要求，切实加强自身建设。要聚焦中心任务，明确职责定位，落实主业主责，执好纪、问好责、把好关。要不断创新方式方法，坚持纪律、作风、惩腐一起抓，坚持惩治与预防并重，坚持制度、科技等手段并举，坚持抓早抓小、快查快办，不断提升反腐倡廉工作水平。要坚持高标准严要求，带头改进作风，先禁其身而后人，自觉接受监督，切实做到忠诚可靠、服务人民、刚正不阿、秉公执纪。广大纪检监察干部要不断加强政治理论和业务学习，努力提高履职能力。各级党组要继续重视纪检监察干部队伍建设，配齐、配强、配好纪检监察干部,旗帜鲜明地支持他们依纪依法履行职责,同时要严格要求、严格监督、严格管理,用铁的纪律打造过硬队伍。省局将对市县局及分局纪检监察岗位人员配备情况进行监督检查,并进一步加强对基层纪检监察工作的指导。

同志们,做好地税系统党风廉政建设和反腐败工作责任重大,任务艰巨。让我们在省委省政府和国家税务总局的坚强领导下,以钉钉子的精神改作风,以拧螺丝的韧劲抓落实,锐意进取,勇于担当,不断取得反腐倡廉工作新成效,为实现税收现代化新目标提供有力保障。

安徽省地税局局长汪建国在征管数据应用省级集中工作先进集体先进个人暨税收三项能手表扬大会上的讲话

(2014 年 4 月 30 日)

同志们:

在五一国际劳动节来临之际,今天专门召开会议,通报表扬征管数据省级集中工作先进集体、先进个人及征管、稽查、税收信息化三项能手。刚才,宣读了表扬通报。首先,我代表省局党组向受表扬的先进集体、先进个人和三项能手表示热烈的祝贺!向为大集中系统开发、试点和推广作出积极贡献的同志们,向立足岗位实践、努力争先进位广大干部职工的表示衷心的感谢和由衷的敬意!

从 2012 年开始,系统上下围绕“一年上台阶、两年创一流”的信息化建设目标,群策群力、攻坚奋战,仅用 6 个月时间就开发完成了大集中核心征管系统,并在 2013 年初试点成功,去年底全面上线运行,从目前看,整个系统有序运转,建设目标基本完成,全省 117.8 万纳税户全部纳入大集中系统管理,标志着安徽地税信息化建设跃上了一个崭新台阶,在税收现代化征程中迈出了关键一步。这是安徽地税人的骄傲,是所有大集中系统建设者的荣耀,在安徽地税发展进程中留下了浓墨重彩的一笔。

在大力推进税收信息化的同时,我们抓住人才队伍建设不放松。实施人才建设“双百双千工程”,推进各类人才库建设,大规模培训干部,开展岗位大练兵,努力营造人人皆可成才、人人尽展其才的浓厚氛围。这次三项能手竞赛,得到了系统上下的积极响应,经过层层选拔、激烈角逐,一大批人才脱颖而出。

今天受到表扬的先进个人和各项能手,他们把个人成长融入到地税发展大局之中,在平凡的岗位上刻苦钻研、忘我工作、争先进位、勇于担当,展现了安徽地税人良好的精神风貌。我们要以先进个人和各项能手为榜样,见贤思齐,争先进位,自觉在税收发展实践中历练成长,努力为地税事业发展贡献智慧和力量。下面,我讲两点意见。

一、以实际行动向榜样学习,不断凝聚起推进地税事业发展的动力

当前,全省地税系统正满怀豪情地向着税收现代化新目标奋力前行。新形势、新使命、新任务,对我们提出了新的更高要求。我们要掀起比学赶超的热潮,以先进个人和各项能手为榜样,以实际行动向他们学习,努力将精神力量化作推进工作的强大动力。

一要大力发扬爱岗敬业精神，干一行、爱一行。对公职人员来说，爱岗敬业既是最朴素的要求，也是最高尚的境界。近年来，系统上下涌现出许多爱岗敬业的典型，他们以事业为重、以工作为要，恪尽职守，默默奉献，在各自的岗位上取得了显著成绩。特别值得一提的是，在大集中系统开发上线的过程中，涌现出许许多多爱岗敬业的动人事迹，感人至深。系统开发前期，为争取时间，项目组集中封闭60天，提前完成了开发准备工作；为加快开发进度，项目组的同志每周工作6天，每天工作超过10个小时；为确保系统平稳上线，参与上线工作的同志们主动放弃节假日、双休日，加班加点，坚守岗位，为上线保驾护航。这些，体现出广大税干对事业的热爱、对工作的执着、对岗位的负责。

我们要增强职业荣誉感，牢记"为国聚财、为民收税"的神圣使命，做到干一行、爱一行、干好一行，努力在税收工作实践中实现个人价值；我们要以身边的爱岗敬业典型、业务能手为榜样，标准向高处看，付出与先进比，强化自我激励，干好本职工作；我们要保持淡泊宁静的心态，坦然对待名利得失、荣辱进退，珍惜岗位，心无旁骛地投入工作，以履职尽责、敬业奉献的实际行动做好工作、赢得尊重。

二要大力发扬刻苦钻研精神，干中学、学中干。业有所成必学有所成。勤于学习、善于学习，才能更好地履行职责，完成日益艰巨的税收工作任务。这次在三项能手竞赛中脱颖而出的选手，不论是在机关工作的同志，还是在基层分局工作的同志，可以说，都是所在单位乃至全局的业务骨干，他们有一个共同的特点，就是善于学习钻研，勤于工作实践，在业务上精益求精，在工作上勇于争先。参加大集中系统开发、试点和推广工作的同志，对新知识、新业务，都有着一种强烈的求知欲望，有着一股不解决问题不罢休的钻劲。这样一种钻研态度、实践精神，正是我们的干事创业的宝贵财富。

我们要强化学习意识和钻研精神，紧跟时代步伐，不断学习新知识、钻研新技能，以适应税收事业发展的新要求；我们既要对税收业务知识、岗位工作技能学深学透，还要对经济、政治、法律、文化、科技等各类知识有所掌握，拓展学习领域，提升综合素养；我们既要向书本学习，也要立足岗位、向实践学习，既要向专家、业务骨干学习，也要主动向纳税人学习，干中学、学中干，为担负起更加艰巨的工作任务做好知识储备、练就过硬本领。

三要大力发扬勇于担当精神，勤干事、敢负责。能否担当，是对一名干部政治上的考验。在急难险重的任务前面，能够冲得上去，顶住压力、战胜困难、完成任务，这是担当精神的具体体现。实施省级数据大集中，是关乎地税发展的一项重大任务，一直面临很多困难和挑战。系统上下迎难而上，奋力攻坚，被抽调的同志舍小家为全局，忘我工作，攻克了一个又一个难关；一些单位主动请缨，承担试点任务，敢于第一个"吃螃蟹"；很多同志坚守在推广第一线，全过程监控，及时解决问题，保证了顺利上线。这些，都是顾大局、敢担当、讲奉献的生动写照。

当前，经济下行压力仍然很大，组织收入困难依然很重；随着大集中系统的深化应用，还会不断遇到新的问题；在税收改革发展的进程中，也将会出现更多新的情况和矛盾。面对新挑战，我们要事不避难、主动担当，尽心尽力干好工作。要强化"我的岗位我负责"的责任意识，在其位谋其政，任其职履其责，把该收的钱一分不少的收上来，把该提供的服务一点不差地做到位，一抓到底、干就干好，任何时候都经得起各种检验；要勇于面对矛盾和问题，遇事不推诿、不绕着走，想方设法化解矛盾、解决问题；要敢于承担责任，工作中有了问题、出现失误，敢于承认，主动承担，不回避、不遮掩，及时纠正改正，主动吸取教训，更好地改进工作。各级领导干部特别主要领导要带头弘扬担当精神，切实增强政治意识、忧患意识、使命意识，坚持原则，敢抓敢管，发挥示范作用，带好队、收好税、尽好责，努力把各项工作做实做好。

四要大力发扬团结协作精神，善共事、聚合力。团结出凝聚力、团结出战斗力。这一点，在大集中系统开发和上线过程中,体现得尤为明显,处处展现了安徽地税人以大局为重、团结共事的作风和境界。项目组18个工作小组分工不分家,协同配合,拧成一股绳;省局22个处室单位,11个部门全程参与,其他11个部门在后方鼎力支持;16个市局与省局协调联动,建立市－县－分局三级协同工作机制,顾全大局,全力配合。通过系统上下的共同努力,保障了大集中系统成功上线、平稳运行。事实再一次证明,团队的力量、合作的精神是我们攻克难关、干事成事的坚强保证。

我们要团结一致向前看,上下一盘棋,心往一处想、劲往一处使,确保完成各项地税工作任务;我们要充分调动各方面的积极性、主动性和创造性,加强系统上下、部门之间的沟通协调,形成良性机制,增强工作整体效能;各级领导干部要带头讲团结,班子成员之间要加强沟通、相互信任,多补台,多支持;同事之间要珍惜缘分,生活上相互关心、工作上相互帮助,努力形成系统上下、部门之间、同事之间团结协作、合作共事的创业氛围,不断凝聚起推进地税事业发展的整体合力。

二、以大集中系统上线为契机,努力提升税收管理服务水平

大集中系统上线,只是推进信息化建设、向着税收现代化迈进的一小步。能否取得最终成果、为税收现代化提供强力保障,深化应用是关键。今年是全省地税系统"信息化应用提升年",要把大集中系统深化应用放在第一位。各级领导干部要带头学习、熟练掌握、主动应用。在推广应用过程中,系统上下要合力监测,及时发现、解决系统运行中存在的问题,进一步完善优化升级大集中系统,推动技术与业务深度融合,努力将技术成果转化为税收管理和服务的实际能力,为推进税收现代化、更好地发挥地税职能奠定坚实基础。

*一要着力提升税收分析预测水平。*大集中系统的应用,实现了信息数据省级集中和共享,为深入开展税收分析工作奠定了基础。如何将海量的数据转化为有价值的决策参考依据,必须提高税收分析能力。要完善分析指标体系,加强内外部信息数据的处理分析,更加全面、深入地从税收角度观察、分析经济运行。要加强分析监控,在抓好日常监控分析的同时,切实做好新政策施行、旬月季年等关键时点的税收分析,同时还要不定时地对重点行业、税种、项目和重点地区进行专题分析、综合分析,让集中上来的数据"活起来",更好地服务组织收入工作,服务党委政府决策。

*二要着力提升税收风险管理水平。*大集中系统广泛运用工作流技术,对税收业务实现过程化控制,为防范税收管理风险和纳税遵从风险提供了有力支撑。要通过工作流,对税收业务各环节加强控制,最大限度地减少日常税收工作中问题的发生。要强化内部管理的风险监控与改进,及时掌握下级机关执法等情况,找出问题,督促整改,防范和化解税收管理风险。要认真开展纳税评估工作,采取风险扫描方式,及时分析纳税遵从情况,针对问题严重程度采取针对性措施,帮助纳税人防范纳税遵从风险,实现从事前审核审批向事中、事后监管转变。

*三要着力提升纳税服务水平。*大集中系统的上线,为进一步优化纳税服务搭建起强大的技术和业务平台。要充分利用这个平台,通过对服务流程的再优化,把先进的服务理念和服务方式镶嵌到系统之中,不断强化电子税务局功能,推动纳税服务升级。当前,系统上下正在集中开展"便民办税春风行动",要进一步发挥大集中系统的作用,在加强政策咨询服务、提高办税服务效率、简并涉税表证单书、改进税务行政审批等方面,细化落实服务举措。既要做好"规定动作",还要做好"自选动作",紧密结合实际,推出具有地方、单位特色的创新举措,并不断完善服务制度和机制,让广大纳税人真正从税收信息化建设成果中得到实惠。

同志们,先进就是标杆,精神就是力量。我们要提振精气神,凝聚正能量,团结奋进,扎实工作,不断开创地税事业发展新局面,为打造"三个强省"、建设美好安徽作出新的更大贡献。

安徽省地税局局长汪建国在落实党风廉政建设和反腐败工作党组主体责任集体谈话会上的讲话

（2014年6月18日）

同志们：

最近，省委召开了落实党风廉政建设和反腐败工作党委（党组）主体责任集体谈话会，省纪委召开了纪检监察机关“三转”工作推进会和省直机关党组（党委）落实主体责任座谈会。省局及时召开党组会，传达学习省领导重要讲话精神，就落实党组主体责任、推进“三转”等工作进行了研究部署，并决定分别召开落实党组主体责任集体谈话会议和推进“三转”工作会议。推进“三转”工作会议，由学军同志在市局纪检组长、监察室主任培训班期间主持召开。今天，由我代表省局党组向各市局和省局局属单位主要负责人开展一次集体约谈，主要是进一步学习贯彻中央、省委和省纪委有关会议精神，就落实党组主体责任面对面给大家讲清楚、提个醒。重点讲三个问题。

一、充分认识落实党组主体责任的极端重要性

党的十八大以来，新一届党中央以前所未有的力度加强反腐倡廉建设，并对党委责任问题作了进一步明确和强调。十八届三中全会《决定》提出，落实党风廉政建设责任制，党委负主体责任。在今年初中央纪委三次全会上，习近平总书记全面阐述了党委落实主体责任的重大意义、主要内容和深刻内涵。最近，王岐山同志在纪检监察机关“三转”专题研讨班上就主体责任问题作了突出强调，指出“为什么我最近抓住主体责任不放？看看党章和三中全会报告，‘牛鼻子’就是这个主体责任。党委要不管党，党委书记要不旗帜鲜明地抓党风廉政建设，我认为纪委根本做不到。”张宝顺同志在集体谈话会上强调，“各级党委（党组）要深刻认识落实主体责任的极端重要性，增强忧患意识，坚守责任担当，真正把主体责任放在心上、抓在手上、扛在肩上、落实在行动上。”这些都充分说明，党委（党组）落实好党风廉政建设主体责任，是坚持党要管党、从严治党的重大举措，是党员领导干部特别是“一把手”必须履行的政治责任，也是新时期加强地税干部队伍建设的迫切要求。

应该说，全省地税系统各级党组在落实党风廉政建设主体责任问题上主流是好的，这也是近年来系统健康发展的重要原因。但必须看到，一些地方、单位在这方面存在的问题也不容忽视。

一是对党风廉政建设重视不够。有的党组思想认识上有偏差，虽然认识到抓党风廉政建设的重要性，但主体责任意识不浓、担当意识不强，对党风廉政建设工作更多地让纪检组监察室去抓，有的甚至把业务工作与党风廉政工作割裂开来，存在“两张皮”、“简单化”的现象。这种认识和工作上的偏差，近年来虽然有所好转，但还没有彻底纠正过来。有的党组看上去对反腐倡廉很重视，虽然会也开了，文件也发了，任务也分解了，但大多还是停留在表面上，满足于领导讲个话、签个责任书就万事大吉，没有把党风廉政建设真正放在心上、抓在手上,责任未压实,甚至走形式、应付检查,与其他业务工作相比,对党风廉政建设投入的精力不足。有的党组对党风廉政建设责任分解、责任考核、责任追究等工作落实不到位,如少数单位任务分解不及时、责任不明确,特别是责任分解后未进行跟踪问效和监督检查,导致任务分解、责任分解形同虚设;少数单位责任追究不严,该问责的没有问责,该追究的没有追究,或者是问责、追责,轻描淡写,做做样子。有的班子成员履行"一岗双责"意识不强,对分管部门和下属要求不严、监督不力。存在这些现象,都与党组对党风廉政建设重视不够有关,都与党组对党风廉政建设责任制认识不足有关,都与党组没有很好地落实主体责任有关。

二是对查办违法违纪案件重视不够。有的单位主动发现并查处的案件较少,大部分是上级交办或有关部门转办的信访举报件,而且对交办或转办的信访举报件没有认真核查,大多以"查无实据"或"与事实不符,建议了结"等反馈结果。如果真是没有问题,那是好事,但实际上只要纪委、司法机关一介入,往往就一查一个准。有的单位收到信访举报比较多,但初核很少,立案查处更少,尤其是一些线索具体、指向明确、重复举报的信访举报件,却仍然坚持不查不处,或轻查轻处,结果是,不但没有保护干部,反而害了干部,也给单位造成极坏影响。有的单位瞒案不报,或迟报少报,患得患失,实则贻误时机,造成工作被动。任何单位发生违法违纪案件,或者对案件处理不当,党组都难辞其咎。我们应该清醒地看到,党组主体责任落实不力,对案件查办重视不够、督促不力,客观上纵容了上述现象的发生。

三是对党员干部日常管理监督重视不够。有的单位组织监督乏力,领导干部"怕得罪人"的思想严重,平时"你好、我好、大家好",搞无原则的"一团和气",即使个别干部出现一些苗头性、倾向性问题,也"睁一只眼、闭一只眼",只当"太平官"。有的单位对干部日常监管,只靠"一把手"或纪检组长,其他班子成员"事不关己、高高挂起",宁愿少一事不愿多一事。有的单位纪检组监察部门瞻前顾后,畏首畏尾,不敢大胆履行监督职责,导致日常监督管理缺位。有的单位日常管理松懈,只要暗访,必然发现问题,而且问题"多发"、"反复发"。虽然有的只是作风纪律、效能建设方面的问题,如迟到早退、上网玩游戏等等,看似"小事情",但反映出一个单位存在的管理不严、监督不力的"大问题"。如果不抓早抓小,该教育的不教育、该批评的不批评、该监督的不监督,一旦干部"出事",所在单位的党组负有不可推卸的责任。

当前,改革进入攻坚期,也是利益格局调整的震荡期。税收处于各种利益的焦点,面临的诱惑和考验不断增多,税收违法违纪行为易发多发,方方面面的监督也越来越严格。特别是近年来,全系统信访举报量与发案量有增加趋势,被有关执纪执法部门查处的人数明显增多,系统党风廉政建设形势依然严峻,落实党组主体责任比以往任何时候都更为紧迫。各级党组特别是主要负责同志,一定要充分认识落实党组主体责任的极端重要性,把思想统一到中央和省委决策部署上来,勇于担当主体责任,全面落实主体责任,切实抓好党风廉政建设。

二、准确把握党组主体责任的主要内容

加强党风廉政建设,落实党组主体责任,是各级党组义不容辞的责任,对于地税系统来说,尤为重要。我们常讲,各级党组的主要任务是"收好税、带好队"。如何"收好税",相对来说,我们比较熟悉、经验办法较多,抓起来也得心应手。如何"带好队",光靠老经验、老办法,则很难行得通。在当前形势下,必须把加强党风廉政建设、落实好党组主体责任,作为加强干部队伍建设的一个重要方面,作为"带好队"的根本保障。在这个问题上,不能有丝毫的模糊、动摇、懈怠。落实党组主体责任,不是空的,而是实的;不是看不见的,而是摸得着的;不是没有具体工作内容,而是有很多任务需要落实。如何理解好、把握好党组主体责任的主要内容,通过学习习近平总书记和张宝顺书记讲话精神,结合地税工作实际,我认为,目前至少要在以下

七个方面抓好落实。

一是全面落实领导责任。领导责任是一个责任体系。大致分三个层面,第一个层面是党组要落实全面领导责任。各级党组要树立不抓党风廉政建设就是严重失职、不重视党风廉政建设就不是合格班子的意识,强化党组主体责任意识,全面加强对党风廉政建设的组织领导,旗帜鲜明地支持纪检监察部门履行监督职责。要认真贯彻落实好省局党组和地方党委有关党风廉政工作部署和决定。要定期召开会议分析本系统、本单位党风廉政建设形势,研究解决重大问题,结合实际创造性地开展工作。对于各级党组来说,实际工作中至少要做到以下几点。年初,要召开党风廉政建设工作专题会议,对年度工作有总体要求和全面部署;要签订党风廉政建设责任书,细化分解任务。年中,要组织督查,并将党风廉政建设相关工作落实情况纳入税收综合督查的重要内容,跟踪问效,及时解决存在的问题;要专门听取纪检监察部门党风廉政建设工作汇报,研究布置阶段性任务;要及时听取重大案件情况汇报,指导案件查办工作。年底或次年初,要开展党风廉政建设工作考核,抓好考核结果运用,并严格问责、追责,等等。同时,要注重加强纪检监察队伍建设,支持纪检监察部门开展工作,为纪检监察工作提供必要的条件。第二个层面是"一把手"要落实第一责任人的领导责任。"一把手"对单位党风廉政建设负总责,要强化抓好党风廉政建设是本职、抓不好党风廉政建设是失职、不抓党风廉政建设就是渎职的意识,切实把党风廉政建设作为应尽之责、主要责任,主动思考和研究谋划党风廉政建设工作。要经常想一想,自己对党风廉政建设方面的重要工作是否亲自部署了,对重大问题是否亲自过问了,对重要信访件是否亲自阅批了,对重要案件是否亲自督办了。作为党组书记,要主动提议召开党组专题会议,及时传达学习上级重要会议精神,研究安排反腐倡廉工作;主动提出党风廉政建设工作的年度安排意见;主动提议听取纪检监察工作汇报;主动与纪检组长沟通情况、交换意见;主动对信访举报作出明确批示;主动带队开展责任制落实情况的年度考核。同时,要带头廉洁自律,管好身边人。第三个层面是领导班子其他成员要落实分管工作的主要领导责任。班子成员要认真落实"一岗双责",在党组会上要主动发表意见,积极支持纪检监察工作;在分管工作范围内要切实把党风廉政工作与业务工作同布置、同落实、同检查、同考核;对分管部门和下属,要加强督促,发现问题苗头、早提醒、早汇报;要指导分管部门加强制度建设,完善业务工作流程,防控廉政风险;还要大力支持案件查办工作,等等。

二是选好用好干部。"为政之道,首在用人;立政之道,察吏为先"。选人用人是党组的重要职责,如果这方面出了问题,责任首先在党组,特别是"一把手"。落实选好用好干部这个责任,就要认真贯彻新修订的《党政领导干部选拔任用工作条例》,坚持正确用人导向,严格按制度和程序办事,杜绝干部"带病提拔",防止用人上的不正之风。凡是在提拔过程中有反映的一定要调查了解清楚,凡是没有经过纪检监察部门出具廉政情况反馈意见的坚持不上会研究。在选人用人上,我这里强调两点:一是动议环节特别重要。这一环节最能体现党组的意图。在我们这样的垂管系统,人员相对稳定,干部平时表现怎么样?有没有"病"?大家都比较清楚。抓好动议,是防止干部"带病提拔"的关键一环。二是用人导向特别重要。一定要坚持五湖四海,坚决不能搞小圈子、搞人身依附、搞个人依赖。

三是加强权力制约监督。不论是税收执法权还是行政管理权,每一项权力背后,都要有一整套制度来规范和约束。党组落实主体责任,就是要带头落实相关制度,自觉接受制约和监督。特别是"一把手"要带头落实不直接分管人、财、物、项目等具体事务的制度,带头落实重大问题决策民主集中制、"一把手"末位表态等制度。同时,还要认真落实好谈心谈话、述职述廉、约谈、函询等制度,以及廉政风险防控各项措施,加强对党员干部的日常管理监督。尤其要高度重视税收执法权的规范行使。系统这几年发生的腐败案件,大都与税收执法权滥用有关。税收减免缓抵,企业清算注销、所得税汇算清缴、案件审理、举报查处等方面,风险点较多,必须严加防控。这几年房地产行业是个腐败问题多发领域,地税系统栽跟头的干部中也有不少与此有关,关键一点,就是不遵守市场规则,而是拿税收执法权卖人情、做交易、谋私利。这方面,要引起重视、重点关注、严格监督。

*四是切实维护纳税人合法权益。*维护纳税人合法权益,是我们应尽之责。门难进、脸难看、事难办;推诿扯皮、首问负责制不落实;一次性告知不到位、让纳税人多次跑等现象,看似发生在基层,根子却在上面。党组要落实好这个责任,就要把群众路线教育实践活动的各项要求,贯穿落实于地税工作当中。要深入开展"便民办税春风行动",不断提升纳税服务水平,切实减轻纳税人负担。要进一步规范各项税收执法检查,最大限度压缩自由裁量空间,切实保障纳税人合法权益。要严格落实省局《进一步严肃税风税纪维护纳税人合法权益的若干规定》,坚决纠正损害纳税人权益的问题。对有关损害纳税人权益的投诉和举报,要及时受理,快速调查,妥善处理。

*五是重视和支持查办违纪违法案件。*党组对党风廉政建设工作的重视和支持程度,直接决定着推进力度和实际成效,在查办违纪违法案件上更是如此。各级党组要高度重视、大力支持纪检监察部门依法依规查办案件,对各类违纪违法行为"零容忍",做到发现一起、查处一起,决不姑息、绝不手软。同时,要严格遵守办案纪律,对办案工作不干预、不说情、不袒护。

*六是积极推进纪检监察部门"三转"工作。*纪检监察机关"转职能、转方式、转作风"是党中央着眼党要管党、从严治党作出的重要部署,是党组落实主体责任的重要任务,各级党组要认真贯彻省局推进"三转"工作会议精神,结合实际,抓好落实。要按照省局年初部署,纪检组长集中主要精力抓反腐倡廉工作,不得分管人财物、税收征管、稽查等方面的工作,分工调整必须在6月底前落实到位。在这个问题上,各级党组要想得开、要舍得,支持纪检组长充分履行职责、大胆开展工作。要配齐配强配优纪检监察干部队伍,各市、县局纪检监察部门人员没有配备到位的,必须抓紧落实。各级党组要大力支持纪检监察部门专心本职,聚焦主业,切实发挥监督、执纪、问责的职能作用。

七是带头廉洁从税。"其身正,不令则行"。领导干部干净做事、廉洁从政是挺起腰杆、敢抓敢管的底气,更是落实党风廉政建设责任制的基本要求,也是落实党组主体责任的最基本保证。各级领导干部特别是党组主要负责同志,是履行党组主体责任的第一责任人,要带头遵守廉洁从税各项规定,力求标准更高一些、要求更严一些、行动更坚决一些。要带头落实中央八项规定精神,从小处上防范,在细节上约束,持之以恒反"四风"、改作风,以率先垂范的实际行动,推动党风廉政建设责任制贯彻落实。

三、更加坚定地落实好党组主体责任

落实党组主体责任,为我们进一步"带好队、治好税"指明了方向。各级党组尤其是"一把手"要把落实主体责任摆上重要位置,全面加强对反腐倡廉工作的组织领导,常抓、细抓、深抓,真正把主体责任落到实处。

*一要强化政治自觉,勇于责任担当。*落实党组主体责任,是政治任务、政治纪律,更是政治责任。大家处在"一把手"的重要岗位,一定要强化政治定力和"看齐"意识,在大是大非问题上,保持清醒头脑,站稳政治立场,坚决落实党中央关于反腐倡廉的部署要求,始终与党中央保持高度一致。为官避事平生耻。领导干部要敢于担当、勇于担责,不躲避问题,不逃避矛盾,不怕得罪人,不当"老好人"。对少数违纪违法分子的"不得罪",就是对大多数干部群众的"得罪"。"一把手"要认真履行第一责任人的职责,既要管好自己、又要管好班子,既要抓好业务工作、又要抓好党风廉政建设,对存在苗头性、倾向性问题的要及时提醒制止,"拉拉袖子"、"咬咬耳朵",甚至"大喝一声"。要本着对组织负责、对干部负责的态度,"看好自家的

门，管好自己的人”，做到守土有责、守土负责、守土尽责。要坚持“严是爱、宽是害”，从严管理干部，要求在先，话讲到位，措施跟上。在干部严格管理上，我们宁愿受到干部的怨恨，也不愿看到干部出事后的悔恨，宁愿听到干部的骂声，也不愿听到干部在高墙里的哭声。大家要始终心存敬畏、手握戒尺，做出样子、带好队伍，确保主体责任不折不扣落实到位。要持之以恒地抓。作为“一把手”，抓党风廉政建设决不能时紧时松，决不能有丝毫的松懈和麻痹。不论你在当地工作时间长、还是短，不论你年龄较大、还是比较年轻，不论你距离退休时间很短、还是时间较长，都要把责任尽到位。我们要像一名值班战士，换岗的没到位，我们必须坚守岗位；我们要像接力赛小组的一员，要把接力棒牢牢地抓在手中，未稳稳当当地传递给下一棒，决不松手。

二要强化流程管理，推动责任落实。落实党组主体责任，不能仅仅停留在概念层面，需要创建一些载体，搭建一些平台，设计一些流程，以便更好地操作实施、检查考核。各级党组要从实际出发，积极探索，主动实践，全面加强流程管理，推动主体责任落实。要根据党风廉政建设形势与任务的要求，进一步修订完善党风廉政建设责任制考核办法，增加党组落实主体责任的考核内容，明确党组落实主体责任的具体流程。要加强对主体责任履行情况的监督检查，定期“把脉会诊”，及时解决问题，着力改进不足，促进主体责任有效落实。省局将在贯彻上级精神、深入调查研究的基础上，出台“进一步落实党组主体责任”和“纪检监察部门落实监督责任”的两个意见，统一和规范落实主体责任、监督责任的流程，督促和指导市县局党组落实主体责任、纪检监察部门落实监督责任。

三要强化制度建设，扎紧反腐篱笆。没有约束的权力必然产生腐败。党组要落实好主体责任，必须紧紧围绕管住权力这个核心，加强制度建设，强化对权力的制约和监督，从源头上防治腐败。近年来，我们在反腐倡廉制度建设上作了积极探索，建立了省局领导带队开展党风廉政建设责任制考核、加强廉政风险防控、推行网上审批等一些行之有效的制度，取得了明显效果。这些好的制度和做法，要继续保持下去并不断规范完善。但也要看到，随着形势的发展变化，新情况新问题层出不穷，必须与时俱进地调整完善制度体系。要突出对管人、管财、管物等重点岗位的监管，完善内控制度，形成不能腐的防范机制。要突出对执法一线人员的监管，细化、量化税收执法自由裁量权标准和幅度，进一步规范自由裁量权行使。要针对“大集中”系统应用后出现的新情况新问题，推进廉政风险防控制度和平台建设，避免出现制度缺失或漏洞，进一步提高风险防控水平。

四要强化责任追究，确保取得实效。有权就有责，权责要对等。如果一个地方和单位问题很多，腐败案件频发，主要领导即使自己是廉洁的，仍脱不了干系，脱不了主责，必然要被追责。前段时间，省委根据党风廉政建设责任制有关规定，对省直两个部门腐败案件进行了“一案双查”，对两个部门的党组和班子成员实施了责任追究。省委明确指出，这种责任追究，以后将是常态化的，并且要更严格。我们已经这样做了，但与省委要求相比，还存在差距，特别是在责任追究上力度还不够。今后，只要哪个地方、哪个单位违法违纪案件频发，就既追究当事人责任，又倒查相关领导责任。各级党组要从被追责的案件中吸取教训，引以为戒，坚持有错必究、有责必问，以严肃有力的责任追究落实好主体责任。

今天，就和大家谈这么多。希望大家充分认识落实党组主体责任的重大意义，自觉担负起应尽之责，全面加强党风廉政建设，不断取得反腐倡廉工作新成效，为实现税收现代化新目标提供有力保障。

安徽省地税局局长汪建国
在全省地税系统推进绩效管理工作视频会议上的讲话

（2014 年 6 月 19 日）

刚才，我们收听收看了全国税务系统视频会议。会议其中一项重要议程是对全国税务系统全面试行绩效管理工作作出了动员部署。为贯彻落实总局会议精神，全面推进我省地税系统绩效管理工作，下面，我讲两点的意见。

一、认真总结前阶段工作

税务总局决定自 2014 年起在全国税务系统实施绩效管理。具体来说，从今年 1 月 1 日起在总局机关和部分省国税局、地税局先行试点；7 月 1 日起在非试点省税务局全面铺开。

实施绩效管理是适应政府改革大势的应有之义，是服务经济社会发展大局的必然要求，是带好队收好税的有效抓手，对于激发干部队伍动力活力，充分发挥地税职能作用，进一步提升地税工作质效，具有重要意义。对此，省局党组十分重视，虽作为非试点单位，但从今年 3 月份就已经启动了这项工作，目前省局各项工作正按照总局要求，有力有序有效地推进。绩效管理工作即将在全系统全面试行，总结好前阶段工作开展情况，对于有序推进全系统绩效管理工作，十分必要。前一阶段，主要开展以下工作。

*一是加强组织领导。*省局成立了绩效管理工作领导小组，领导小组下设办公室，与省局效能办合署办公。同时，建立了联络员制度，强化部门协调联动，局属各单位分别明确 1 名工作人员负责联络协调、组织落实等，为工作顺利推进提供有力的组织和人力保障。

*二是出台意见办法。*以总局相关制度办法为蓝图和范本，研究制定了具体的实施意见；结合原有的省局机关局属单位和全省地税系统绩效考核评价暂行办法，研究制定了省局机关和全省地税系统绩效管理办法；逐步建立健全绩效管理工作任务的执行、监控、反馈等相关配套工作制度及表证单书。

*三是设计指标体系。*在指标体系设计上，坚持“一个遵循”，即始终遵循税务系统绩效考评框架体系，确保总局指标落地；做到“四个衔接”，即衔接好总局的考评指标、省里效能建设考核任务、省政府及全局年度重点工作任务，不简单照搬照抄，不搞层层加码；体现“三个特点”，即全面承接了总局考评指标、指标体系结构比较健全、指标导向作用明显。

*四是确立运行机制。*围绕一个总体意见，两个管理办法及两套指标体系，积极构建融合总局决策、省委省政府要求、机关及系统职责“四位一体”的绩效制度框架，初步搭建了决策下达、执行实施、结果考评、持续改进的运行机制。从 6 月份开始，总局对省局的考评已正式运行。省局机关对局属各单位的考评也正在逐步展开。

二、积极稳妥地推进绩效管理工作

推行绩效管理，是总局强力推进的重点工作之一，是一项系统工程和创新之举，涉及面广、任务繁重。各级地税机关要把思想和行动统一到总局党组的决策部署上来，切实增强责任感和紧迫感，把绩效管理作为第一批党的群众路线教育实践活动的重要成果和第二批教育实践活动的整改内容，巩固好、扩大好，牢牢把握总体要求，积极稳妥推进，务求取得实效。

一要提高思想认识。思想是行动的先导。与过去的考评方式相比,绩效管理最主要的区别在于强调日常监控和过程管理,以过程的规范严谨,确保结果的客观公正。各级地税机关和领导干部要消除思想上的误区,澄清责任归属上的模糊,认真研究绩效管理的内容、方式和方法,在继承中发展,在开拓中创新,谨防穿新鞋、走老路。

二要加强组织领导。各市、县局要牢固树立全局"一盘棋"思想,严格按照省局要求,建立健全领导体制和工作机制,成立绩效管理领导机构,设立办事机构,选配好工作人员。按照省局统一部署,切实加强领导,精心组织,周密安排,扎实推进。

三要抓好学习引导。实施绩效管理,需要各级地税机关和广大地税干部的共同参与。要坚持正确的舆论导向,广泛宣传绩效管理的重要意义和主要措施,为全面实施营造良好舆论环境。要认真组织学习总局、省局绩效管理系列文件精神,强化学习培训,广泛凝聚共识,形成人人都是责任人、实施者,个个争先进位的浓厚氛围。

四要积极试运行。绩效管理在省局党组统一领导下开展。省局党组抓局属各单位和各市局,省局局属有关单位和各市局向下延伸,各尽其责、各司其职,共同推进、共谋发展。省局机关要加快推进,发挥示范带头作用,为市、县局做表率、树标杆;市、县局要提前介入,加快工作磨合,为全面实施奠定基础。省局对市局的考评从7月1日起实施,市局对县局的考评原则上同步开展。

五要强化过程管理。全面实施绩效管理是一项新的工作,根据总局要求,省局结合实际制定的实施意见、考核办法及其指标体系尚有不成熟、不完善的地方,需要在实施过程中不断完善、持续改进。各级地税机关要积极主动、要真运行,在运行中充分发现问题,及时总结经验,提出意见建议,以此检验工作效率和适应能力。

六要注重统筹兼顾。要以考核指标体系为统揽,统筹兼顾好其他各项工作,做到突出重点、兼顾一般。要充分发挥好考核指标的"指挥棒"、"风向标"和"硬标准"作用,但不拘泥于指标设计、不计较分值设定,把考核指标作为基础性、引领性、示范性工作来抓,使各方面工作齐头并进、相得益彰。

七要有效运用考评结果。绩效管理的根本点和出发点,是激发和调动广大地税干部的积极性、主动性和创造性,以科学的考核机制和良好的工作绩效,促进地税事业科学发展。要用开拓的视野正确看待绩效考评,把绩效考评结果作为改进工作、评选评优的重要依据,结合多年来省局绩效考评的有效做法,综合运用好考评结果。

八要强化科技支撑。要充分运用现代科技手段,为绩效管理工作顺利推进提供信息保障和技术支撑。要加强与总局的联系沟通,争取尽早推广使用绩效管理信息系统,提高绩效管理信息化水平。现阶段要深度利用安徽地税综合管理信息系统、综合办公系统等,采集提取数据,切实减轻基层负担。

安徽省地税局局长汪建国
在纪念安徽地税改革与发展20周年座谈会上的讲话

（2014年8月15日　根据录音摘要整理）

同志们：

20年前的今天，安徽省地方税务局正式成立。20年来，安徽地税人乘着改革的春风，肩负"为国聚财、为民收税"的神圣使命，团结拼搏，锐意开拓，在税收事业改革发展的征途上留下了一串串闪光足迹，在安徽经济社会发展中书写了精彩篇章。

1994年的税制改革，是新中国成立以来规模最大、范围最广泛、内容最深刻的一次税制改革。经过这次税制改革和后来的逐步完善，初步建立了适应社会主义市场经济体制需要的税收制度，对于保证财政收入、加强宏观调控、促进经济社会发展，起到了重要作用。最近一两个月，全省地税系统以不同方式纪念税制改革暨地税机构组建20周年。省局也安排了一些纪念活动，今天的座谈会，是其中的一项。参加今天座谈会的代表，既有机构分设前参加税收工作的老同志，也有机构分设后入职的同志；既有处室单位负责同志，也有机关其他干部。刚才，13位同志的发言，从不同角度，回顾了安徽地税20年改革发展历程，畅谈了从事地税工作的职业感悟，展望了地税事业发展的美好未来。言语中充满了对地税事业的满腔热情、深厚感情和无限激情。大家的感触，归结到一点，那就是：选择地税无怨无悔。我感同身受，为之感动。

20年的发展足迹，印证了安徽地税创业起步、成长壮大、转型发展的奋斗历程。1994年机构分设后的头几年，安徽地税人满怀强烈的事业心和责任感，拧成一股干劲，白手起家、艰苦创业、执着探索，为各项工作起步发展打下了坚实基础。1998年系统垂管后的十年间，安徽地税进入了快速成长阶段，系统意识、专业意识不断增强，系统建设向纵深推进；全面接手了社会保险费征收，地税职能与经济社会发展和民生建设更加紧密。2007年党的十七大以来，在科学发展观的引领下，我们的带队治税理念继承发展、进一步丰富完善，创新实践不断深入，地税工作进入转型升级、科学发展的新阶段，整体工作水平显著提升。现在，进入全面深化改革的新时期，我们又站上了新的历史起点。

20年来，安徽地税人艰苦创业、砥砺奋进，各项工作不断迈上新台阶，取得了一个又一个新成绩。我们大力组织税费收入，收入规模由1994年的32.2亿元扩大到2013年的2125.3亿元，扩大66倍，年均增长24.7%，1994至2013年累计组织收入超万亿元，达10656亿元；我们认真落实各项税收政策措施，既支持了企业发展，又履行了工作职责，累计减免缓抵税费超过千亿元；我们扎实推进依法行政，注重规范权力运行，推动各项工作逐步走上法治化、规范化轨道；我们积极实施税收管理创新，深化征管改革，探索实践税收专业化管理，细化规范各税费种管理，持续改进纳税服务，税收管理和服务水平不断提升；我们持续加力税收信息化建设，实现了征管数据省级集中，信息技术对税收工作的支撑作用显著增强；我们坚持不懈抓好队伍建设，加强各级领导班子建设，推进机构改革和人事制度改革，实施素质提升工程，深化党风廉政建设、政风建设和效能建设，地税队伍整体素质和社会形象有了明显提升。

20年的地税改革发展成就，令人鼓舞，值得自豪！这是国家税务总局、省委、省政府和各级党委、政府重视关心、正确领导的结果；是全省地税系统广大干部职工，包括离退休同志团结一心、艰苦奋斗的结果；是社会各界和广大纳税人理解支持、积极配合的结果。在此，我代表省局党组向所有关心支持地税工作的各级领导、社会各界、广大纳税人，向辛勤工作、默默奉献的全省地税系统广大干部职工、离退休同志表示衷心的感谢和崇高的敬意！

在20年的不懈探索实践中，我们积累了许多宝贵经验，这对于地税事业未来发展具有十分重要的启示意义。我们深刻认识到：必须坚持与时俱进，不断解放思想，以先进的理念引领工作实践，确保地税事业发展前进方向；必须坚持服务大局，在大局下思考和行动，找准工作方位，有效发挥地税职能作用；必须坚持依法行政，不断提高运用法治思维和法治方式处理税收工作的能力，推动地税事业健康有序发展；必须坚持改革创新，不断突破传统路径的依赖，持续推进税收管理、服务变革，永葆地税事业发展活力；必须坚持科技兴税，强化信息技术支撑，推进信息技术与税收业务融合，保障职能作用发挥；必须坚持强化基层，打牢基础，夯实根基，不断提升基层分局服务纳税人、服务经济发展的能力；必须坚持人本兴税，不断深化队伍建设，注重思想引领，突出专业能力，锤炼过硬作风，凝聚事业发展正能量，等等。这些宝贵经验，是推进地税事业发展前进最值得珍视的精神财富。我们一定要坚持好、发扬好。

当前，我们所处的时代环境发生了重大变化，我们面临的挑战和考验不比20年前少，有的还更为复杂，地税事业发展任重道远。与机构成立之初相比，整个社会对税收的关注度更高，对税收功能、税收公平的期待更高，税收工作的外部监督更密更严。随着税制改革的深入，直接税比重将逐步提高，更多的自然人将成为征税对象，这对于目前以企业为主要征收对象的管理模式是一个现实挑战。同时，系统垂直管理给地税发展带来的影响也是极其深远的，要深入分析、认真总结。特别是如何带领地税这支队伍？对今后发展更是一个严峻考验，需要我们深入思考和研究，在队伍建设的长远规划上多下功夫。

在积极面对挑战的同时，我们更要善于抓住机遇。十八届三中全会将建立科学的财税体制纳入国家治理体系和治理能力现代化建设布局之中，对深化财税体制改革作出重大部署。从《深化财税体制改革总体方案》中，我们可以预见，新一轮的税制改革已经全面启动，“营改增”将加速扩围，消费税、资源税、环境保护税、房地产税、个人所得税等税收制度改革将有序推进，《税收征管法》修订将加快步伐，地方税体系将会逐步完善。地方税将由过去营业税、所得税等为主体逐步转向不以规模论英雄、而是以发挥税收调节功能为主要任务，在促改革、调结构、惠民生等方面的作用将更加凸显出来，地税部门在地方经济社会发展中的站位将进一步提升。同时，随着政府改革不断深入，税务队伍建设也将面临新机遇、趟出新路径。我们坚信，地税事业是光明的事业，地税事业发展将会有一番新的天地。

纪念，既是追溯既往，更是激发未来。国家税务总局向全国税务系统发出了号召，到2020年基本实现税收现代化，勾画了税收事业未来发展蓝图。我们要立足过去的工作基础，继承和发扬好经验好做法，把握新机遇，迎接新挑战，勇于担当，锐意开拓，奋力推进税收现代化。要更加坚定地推进依法治税，大力弘扬税收法治精神，不断提高运用法治思维和法治方式处理税收工作的能力，努力营造公平公正的税收环境；要更加自觉地服务发展大局，牢固树立税收经济观，将推进税收现代化融入服务经济社会发展的大局之中，主动适应新常态，以服务发展的实际成效，来检验推进税收现代化的新成果；要更加主动地改进纳税服务，充分尊重纳税人主体地位，牢固树立全心全意为纳税人服务的思想，不断转变执法理念、改进服务方式、提升服务能力，主动适应纳税人的新变化、回应纳税人的新期待、满足纳税人的新需求;要更加积极地推进税收管理创新,勇于创新,大胆实践,以专业化信息化为方向,优化资源配置,科学设置流程,积极推进征管改革,着力构建具有安徽特色的现代化地方税收征管体系;要更加深入地加强干部队伍建设,主动顺应税收现代化对干部队伍建设的新要求,倾情带队、从严管理,努力打造政治坚定、业务精湛、廉洁高效的干部队伍。

20年改革发展实践,一路艰辛一路歌,我们无愧于时代、无愧于事业、无愧于使命。20年的辉煌已载入史册,税收现代化的宏伟蓝图已经绘就。让我们在党的十八大和十八届三中、四中全会精神的指引下,在省委、省政府和国家税务总局的正确领导下,坚定信心,牢记使命,敢于担当,奋力开拓,不断谱写地税事业发展的新篇章,为实现税收现代化、建设美好安徽作出新的更大贡献。

安徽省地税局局长汪建国
在全省地税系统绩效管理工作再推进视频会议上的讲话

(2014年9月23日)

今天,我们召开全省地税系统绩效管理工作再推进会议,主要任务是认真贯彻落实税务总局实施绩效管理的决策部署和总体要求,总结交流前一阶段工作情况,对全面试行绩效管理工作进行再动员、再部署。下面,我讲三点意见。

一、充分认识实施绩效管理的重要意义

实施绩效管理,是税务部门适应政府管理改革的大势所趋,是服务经济社会发展大局的内在要求,是治税带队的有效抓手,也是税务部门开展党的群众路线教育实践活动的重要成果。系统上下务必统一思想,提高认识,切实增强做好绩效管理工作的坚定性和自觉性。

(一)实施绩效管理是改进工作作风、提高税收治理能力的必然选择。落实好十八届三中全会提出的加快政府职能转变,深化财税体制改革的要求,就必须通过有效的管理手段,创新行政管理方式,建设服务型、效能型税务机关。当前地税部门在税收执法、征管质效、纳税服务和行政效能等方面,都还有进一步提升的空间。实施绩效管理,客观评价工作业绩,将有效改进工作作风,强化干部职工的责任意识和服务意识,提高税收治理能力,保障税收改革有力推进。

(二)实施绩效管理是健全管理体系,实现发展目标的现实需要。地税系统实行垂直管理,人数众多,人员分布和组织结构点多面广线长,加上管理水平参差不齐,执行力有强有弱,很容易导致管理效能逐渐弱化。绩效管理作为指挥棒和风向标,有利于引导广大地税干部聚力长远发展愿景,聚焦阶段性工作目标,通过规范工作流程、强化过程控制、细化岗位职责等方式,优化管理要素配置,提高税务管理科学化、专业化、规范化水平。

(三)实施绩效管理是加强激励约束、提高行政效能的重要举措。绩效管理有利于建立组织目标导向下的竞争激励机制,引导考评对象提升工作积极性、主动性和创造性,激励先进、鞭策后进,解决干与不干一个样、干多干少一个样、干好干坏一个样的问题。通过绩效评价和反馈,帮助考评对象查找问题、分析原因、整改提高,促使干部职工在提高思想素质、增强业务能力、履行岗位职责上拿出实实在在的行动，提高行政效能，释放工作正能量。

二、扎实推进绩效管理工作

实施绩效管理是总局着眼税收事业发展全局、加强税务部门自身建设、强化系统管理所作出的战略部署，符合党中央、国务院关于政府绩效管理的要求。按照总局部署，虽然我们是绩效考评非试点单位，但完全有必要自我加压、积极作为。自今年3月份启动以来，省局先后成立了绩效管理领导机构和办事机构，印发了实施意见，制定了“两个办法”和“两套指标”，明确了考评工作流程和考评路径，部署了绩效管理信息系统并开展了业务培训。6月1日起，省局承接总局的模拟考评；10月1日起，省局将依托信息系统启动对机关考评和系统考评。目前，全系统绩效管理制度体系基本成型，考评信息化平台已经搭建，运行机制初步确立，层层推进势头明显。总体看，各项工作进展积极、态势良好。

在取得初步成效的同时，也要清醒地看到，当前绩效管理工作中还存在一些不足和问题，主要表现在：重视程度不一，还存在“上热下冷中间温”、工作力度逐层递减的现象；少数地方动员力度疲弱，少数同志思想上还存在模糊认识、等待观望和畏难情绪；工作进展不一、发展不平衡，特别是部分县区局的工作未及时跟上；考评体系有待进一步完善，信息宣传力度尚需进一步加大；随着考评工作的常态化，适应绩效管理工作的能力有待进一步提高等。这些，务必引起高度重视，在今后的工作中认真加以解决。

实施绩效管理，税收改革发展有需求，总局有部署有要求，各地有行动有成效。可以说，这项工作势在必行，势必要推好。全省地税系统要积极顺应新形势新要求，主动适应绩效管理工作新常态。

（一）要以开阔的视野正确看待绩效管理。正确看待绩效管理，全面审视绩效考评，树立科学的绩效观和考评观，是抓好绩效管理工作的根本前提。第一，绩效管理是“指挥棒”。绩效考评主要着眼于充分调动广大干部职工的工作热情和创业激情，把大家的精神和力量凝聚到地税改革发展的各项目标任务上来，凝聚到抓工作、促提高上来。通过考评，把主动工作、加快发展变为广大干部职工的自觉行动。第二，绩效管理是“风向标”。实施绩效管理，就是要通过制定科学合理的指标体系，通过奖优罚劣、奖勤罚懒，引导大家在推动落实中实现自身发展，在创造实绩中体现自身价值。通过绩效管理这一“风向标”，引导广大干部职工以实干立身、凭实绩进步。第三，绩效管理是“硬标准”。实施绩效管理，就是要在各层级之间、横向之间树立一个反映能力、体现水平的“硬标准”。通过运用这个“硬标准”的考量，能够反映出一个地方、一个部门工作水平的高低、工作业绩的大小，在全系统营造积极向上、奋发有为的良好氛围。

（二）要以科学的理念不断完善绩效管理。建立科学的绩效考评体系，要把握好两个方面。一方面，要使绩效考评结果真正能够反映和评估一个地方、一个部门的工作水平如何、效果怎样；另一方面，要在工作实践中持续改进、不断完善考评体系，使之更加科学合理、符合实际。一是明确考评目标，提高考评的针对性。要科学制定考评指标。在考评目标设置上，要采取自下而上、上下结合的方法，承接好上级的考评指标，衔接好地方党委政府的重点工作，结合好全局的中心工作和本单位、本部门的工作重点。要突出考核重点。坚持实事求是，因地制宜，把考评的重点体现在组织收入和服务发展上来。当前，要更加注重对依法行政、征管改革、纳税服务、落实税制改革任务、群众路线教育实践活动等方面的考核评价。要深化考核内容。既考工作进度，又考工作质量；既设置激励性指标，又设置必要的约束性指标；既设立基本目标作为“规定动作”，又设立创新工作作为“自选动作”。二是改进考评方式，提高考评的科学性。要坚持顶层设计与基层实践相结合。对机关的考评，在共性指标的基础上，要根据不同部门的核心职能，设置各自的个性指标，增加可比性，体现公平性;对系统的考评,要区分不同层级和序列,分别设定考评标准。特别是税源专业化管理试点单位,要积极探索对税源管理、纳税评估、纳税服务、税务稽查等不同序列的不同考评方式。要坚持定性考评与定量考评相结合。对本身有任务指标、能够量化的,必须量化;对没有具体指标但非常重要的工作,有可能量化的要尽量量化;难以量化的,则采取对工作对象、服务对象进行问卷调查、民主测评的方式,重点测评工作满意度和服务满意度。三是强化结果运用,提高考评的导向性。绩效考评能否取得实效,成为促进工作的有效抓手,一个关键因素就是考评结果运用是否得当。要以干实事、求实效为导向,把绩效考评结果作为评价工作实绩的重要依据,与领导班子和领导干部考评、干部选拔任用、评先评优紧密挂钩,并运用于干部问责。

(三)要以积极的态度主动适应绩效管理。我们每一名地税干部,干工作都要做到在岗在行在状态。一要克服"等"的思想,积极谋事。按照十八届三中全会精神,总局作出在全国税务系统实施绩效管理的决策部署,这是加强税务系统管理的创新之举。随着总局对地税部门业务指导的力度日益加强,绩效管理工作"开弓没有回头箭"。要有长期的思想准备,不能有丝毫的等待观望和犹豫徘徊,必须按照总局的要求,坚定不移地推,早抓早见效。二要克服"难"的思想,大胆做事。受方方面面的制约和影响,在推进绩效管理工作过程中必然会遇到一些难题难事,这些矛盾和问题正是考验我们尤其是各级领导干部的试金石。各级地税机关和领导干部要事不避难、知难不难,坚决克服畏难情绪和怠慢思想,切实增强大局意识、责任意识和争先进位意识,用改革的思维、创新的理念来化解前进中的难题。三要克服"推"的思想,主动成事。绩效管理是一项系统工程,涉及面广、工作量大,需要上下联动、左右互动、整体推动。各级地税机关和广大地税干部要以事业为重、大局为重,坚决克服处事无策、遇事推诿的思想和作风,勇于负责、敢于担当,拿出甩开膀子的干劲、久久为功的韧劲,真抓实干、善做善成。

三、确保绩效管理工作取得实效

绩效管理是一项新的探索性工作,要发扬钉钉子精神,稳扎稳打,步步为营,务求实效。

(一)加强领导、落实责任。各级"一把手"要亲自部署,推动落实,分管领导要具体负责,认真履职,加强协调。各级地税机关要按照绩效管理工作要求,建立目标明确、责任到人的指标体系和责任体系。当前,要着重解决好绩效办人员不足的问题,把绩效办当作非常设的"常设"机构,配齐配强力量。

(二)精心组织、全力推进。要着眼长远,把握好绩效管理"三步走"战略规划,努力创建富于地税特色、具有示范效应、发挥引领作用的绩效管理模式。要立足当前,紧盯10月1日绩效管理信息系统全面上线这个时间节点,把握好时间进度和质量要求,确保"横向到边、纵向到底"要求落地。

(三)持之以恒、不断创新。要对前一阶段工作进行"回头看",不断总结提高。要加强对绩效管理工作的研究,注重在建立长效机制上下功夫,在增强指标的科学性上下功夫,在强化信息化支撑上下功夫,在探索个人绩效上下功夫,充分发挥绩效管理功效,深入挖掘干部队伍内生动力。

安徽省地税局局长汪建国
在学习贯彻习近平总书记重要讲话
深入推进全省地税系统作风建设视频会议上的讲话

（2014 年 10 月 13 日）

同志们：

10 月 8 日，中央召开党的群众路线教育实践活动总结大会，习近平总书记发表了重要讲话。10 月 9 日和 10 日，国家税务总局和省委先后召开教育实践活动总结大会，贯彻中央会议和习近平总书记重要讲话精神。今天省局召开全省地税系统视频会议，主要任务就是：认真学习贯彻习近平总书记重要讲话以及省委、总局教育实践活动总结大会精神，部署下一阶段深入推进全省地税系统作风建设等工作任务，进一步巩固和拓展教育实践活动成果。下面，我讲两方面问题：

一、全省地税系统教育实践活动取得明显成效

根据省委和国家税务总局统一部署，自去年 7 月份开始，省局机关和市、县局先后参加了第一批和第二批党的群众路线教育实践活动。各级地税机关以党的十八大、十八届三中全会和习近平总书记系列重要讲话精神为指导，以"为民务实清廉"为主题，认真贯彻落实"照镜子、正衣冠、洗洗澡、治治病"的总要求，以补精神之"钙"、除"四风"之害、去行为之垢、立为民之制为重点，从严要求，认真谋划，狠抓落实，取得了实实在在的成果。

一是着眼提高思想境界，宗旨意识得到进一步强化。将学习教育贯穿活动始终，坚持教育与实践并重，认真组织学习习近平总书记系列重要讲话精神和党的重要理论文献。采取个人自学、集中辅导、专家讲座、座谈交流、先进事迹报告会、警示教育等多种形式，增强学习效果。活动期间，全系统共邀请专家学者作辅导报告 126 场次，领导干部讲党课 74 场次，观看《焦裕禄》和廉政警示片 157 场次，参观革命传统教育基地 13 场次，举办体会交流会 36 场次，撰写学习体会文章 5900 多篇。通过深入的学习教育，广大党员干部醒了脑、提了神、补了"钙"，受到一次深刻的马克思主义群众观和党的群众路线教育，党性修养进一步提升，政治纪律进一步强化，群众观点和宗旨意识进一步增强。

二是认真查找突出问题，"四风"积弊得到进一步整治。广大党员干部采取群众提、自己找、上级点、互相帮、集体议等方式，对照理论理想、党章党纪、民心民声、先辈先进"四面镜子"以及省局针对系统所列举的"四风"问题 14 种表现，认真查找自身存在的突出问题，从理想信念、宗旨意识、党性修养、政治纪律等方面深刻剖析思想根源，明确努力方向和整改措施，并广泛征求意见建议。活动中，省、市、县局领导先后深入 500 个基层分局、走访 780 多家不同类型的企业，召开 509 场基层群众代表和纳税人代表座谈会，发放征求意见函和问卷调查表 13000 多份，征求到 2070 多条意见建议，梳理出领导班子及班子成员"四风"问题 2300 多条。同时，上下联动，大力开展"六项专项整治"行动，通过即知即改、立行立改，"四风"问题得到有效整治,“三公”经费支出大幅下降,党风税风明显好转。

三是严肃党内组织生活,批评和自我批评优良传统得到进一步弘扬。各级领导班子组织开展广范围、多层次、有深度的谈心交心活动,通过谈心交心,把问题谈开、把思想谈通,把隔阂消除、把认识统一,为召开专题民主生活会奠定了良好基础。突出“反对‘四风’、服务纳税人”重点,按照“触动思想、触及灵魂,解决问题、增进团结”的要求,以整风精神召开了一次高质量的专题民主生活会。各级党组主要负责同志以树立标杆、向我看齐的态度,带头揭短亮丑;班子每名成员敢于动真碰硬、敢于思想交锋,相互批评坦诚相见,提出了1600多条批评意见,使领导干部普遍受到了一次严格的党内生活锻炼,达到“团结—批评—团结”的目的。

四是不断完善制度机制,税收执法和行政管理得到进一步规范。各级地税机关坚持破立并举,注重从制度机制上解决“四风”问题。认真梳理已有制度,对照查摆出来的突出问题,该废止的废止、该修订的修订,该建立的建立,重点在依法行政、服务纳税人、厉行节约反对浪费、公务接待、会议培训、公务用车和效能建设等方面建立完善了一系列制度办法,其中,制定196项、完善487项、废止224项,初步建立了反“四风”、转作风长期管用的制度体系。同时,强化制度执行,加强明察暗访,严格监督检查,用制度管权管事管人的良好氛围基本形成。

五是坚持两手抓两促进,地税工作得到进一步发展。把开展教育实践活动与地税各项工作有机结合,将活动成果及时转化为推进工作的动力,以作风的转变保障各项工作的落实,组织收入、依法行政、纳税服务、税收管理、信息化建设、队伍建设和党风廉政建设等各项工作扎实推进,活动成果在地税工作中得到了充分体现,真正做到“两不误、两促进”。去年,全系统组织税费收入总规模突破2000亿元。今年组织收入继续保持良好态势,1至9月份累计组织收入1793.74亿元,同比增长12.4%。其中,地方税收入1205.6亿元,同比增长13.7%,增幅居中部第二、全国第五。

在活动的深入开展中,我们取得了丰硕成果,也积累了许多宝贵经验。一是始终坚持以知促行、以行促知。把加强学习教育、强化理论武装作为首要任务,引导党员干部坚定理想信念,筑牢群众观点,强化宗旨意识,以思想自觉引导行动自觉,以行动自觉深化思想自觉,切实做到以知促行、以行促知、知行合一。二是始终坚持领导带头、以上率下。抓住领导带头这个根本、“一把手”这个关键,引导党员领导干部真正把自己摆进去,谋在前、走在前,做出样子,树立标杆,形成领导示范、层层跟进的生动局面。三是始终坚持问题导向、立行立改。坚持聚焦问题,紧紧抓住要害,做到有的放矢,集中发力,持续用劲,以解决问题的实际成效取信于民。四是始终坚持从严从实、加强督察。针对系统垂管实际,省、市、县局层层成立了教育实践活动巡回督导组,省局领导分别建立基层联系点,坚持高标准、严要求、认真抓,压茬推进、层层压紧、分类指导,跟踪问效,有力推动各项任务落到实处、取得实效。五是始终坚持注重实际、彰显特色。突出服务纳税人这个重点,开门搞活动,以纳税人的呼声为第一信号,以纳税人的需求为第一导向,以纳税人的满意为第一目标,以开展“便民办税春风行动”等活动为抓手,认真解决纳税服务方面存在的突出问题,主动接受纳税人监督和评判,努力取得让纳税人看得见、感受得到、大多数满意的效果。

在肯定成绩的同时,必须清醒看到,地税系统教育实践活动与中央及省委、总局要求、与纳税人期待相比,还存在一定的差距和不足,取得的成果也还是初步的。特别是在作风建设上,一些工作还不够稳固。主动地、自觉地抓作风的勇气和信心还不够足;有令不行、有禁不止现象在有的地方和一些工作上还不同程度存在;上下联动抓作风的合力还不够强;有的整改工作还没有落实到位,还存在死角;纳税服务能力和实效还有待进一步增强;抓党建工作的意识和责任还需要进一步强化,等等。对此,我们必须高度重视,清醒认识,切实按照上级要求,以锲而不舍、驰而不息的决心和毅力，把作风建设不断引向深入，使作风建设各项要求真正落地生根。

二、认真学习贯彻习近平总书记重要讲话精神，深入推进全省地税系统作风建设

习近平总书记在中央党的群众路线教育实践活动总结大会上的重要讲话，充分肯定了教育实践活动取得的重大成果，全面总结了教育实践活动的成功经验，深刻分析了新形势下加强党的建设面临的新形势，对从严治党作出全面部署，提出了8点要求。总书记的重要讲话总揽全局、思想深邃、内涵丰富，充分表明了党中央坚持党要管党、从严治党的鲜明态度，体现了我们党适应时代发展要求保持党的先进性和纯洁性的高度自觉，具有很强的思想性、针对性、指导性。省委书记张宝顺、总局局长王军对深入贯彻落实总书记重要讲话精神作出了明确部署。全省地税系统各级党组织一定要把学习贯彻总书记的重要讲话精神作为当前和今后一个时期的重大政治任务，组织党员干部深入学习好、领会好、贯彻好、落实好，按照中央、省委和总局的部署要求，以敬终如始的精神、从严从实的态度、锲而不舍的韧劲，把地税系统作风建设引向深入。

第一，要牢固树立"作风建设永远在路上"的意识。习近平总书记指出："作风建设永远在路上，永远没有休止符，必须抓常、抓细、抓长，持续努力、久久为功"。我们要清醒地认识到，中央大力加强作风建设的坚定决心不会改变，保持反"四风"的高压态势不会改变，绝不能有丝毫侥幸心理，必须一如既往地把作风建设抓紧抓实。我们要清醒地认识到，作风问题具有顽固性、反复性，经过这次教育实践活动，虽然解决了基层群众和纳税人反映强烈的一些突出问题，地税系统党员干部改进作风有了一个良好开端，但有些是在高压态势下取得的、被动的，取得的成效还是初步的、还不够稳固的，一些深层次问题还没有根本解决，一些纠正了的不良作风还可能反弹，一些新情况新问题还将不断出现。我们必须树立作风建设无尽期的观念，主动破除"一劳永逸"等各种影响长期抓作风建设的思想障碍，打好作风建设"持久战"、攻坚战。我们要清醒地认识到，地税部门工作与纳税人联系最直接、最广泛，我们的一言一行，纳税人看得最真切；我们的工作作风，在为纳税人服务中体现得最深刻，直接关系党和政府在人民群众心目中的形象。因此，我们必须以高度的政治责任感和政治意识，始终把作风建设摆到地税工作的重要位置，切实抓常、抓细、抓长、抓好。

第二，要以"钉钉子"精神深入推进整改落实工作。崇尚实干、狠抓落实是习近平总书记反复强调的，如果不沉下心来抓落实，再好的目标，再好的蓝图，也只是镜中花、水中月。当前，全省地税系统教育实践活动到了盘点交账的关键时刻。各单位要发扬钉钉子精神，按照所在地党委统一部署要求，认真总结，扎实抓好各项整改任务的落实，确保教育实践活动各项任务圆满完成。各单位要对前段工作开展一次"回头看"，严格按照整改落实的路线图、任务书和时间表，与人对应、与事对接，并根据问题的轻重缓急和解决问题的难易程度，认真抓好整改落实，并自觉接干部群众和纳税人监督。要认真梳理整改落实情况，对已经解决的问题，要及时"销号"，并不断巩固深化，防止反弹和"回潮"；对尚未落实到位的整改任务，无论是班子的还是个人的，都必须严格对照，一件一件地抓、一个一个地改，限期整改到位；对新出现的问题要及时跟进，做到新问题发现一个解决一个，常抓不懈；对普遍存在的问题要抓好建章立制，把问题整改与制度建设有效匹配起来。要加强整改工作跟踪问效、督办通报，做到问题在哪里就跟踪问效到哪里，问题什么时间解决就什么时间销号，以解决问题的实效赢得群众的满意。整改落实情况要纳入领导班子和班子成员年度考核。

第三，要把教育实践活动成果拓展到全心全意为纳税人服务上。巩固扩大教育实践活动成果，持续加强作风建设，必须紧紧围绕服务大局，努力做好各项地税工作。对市、县局地税机关来说,最重要的就是要抓好为纳税人服务工作。要牢固树立全心全意为纳税人服务的思想,以深入推行《全国县级税务机关纳税服务规范》为抓手,以纳税人最关心的问题为重点,强化“最大限度便利纳税人、最大限度规范税务人”的服务理念,不断创新服务手段,丰富服务内容,提升服务质效,努力解决服务纳税人的“最后一公里”问题,以纳税人满意度的提升来体现作风建设的实际成效。

第四,要按照“抓好党建是最大的政绩”要求抓好系统党建工作。习近平总书记强调,“必须增强管党治党意识、落实管党治党责任”,指出“各级各部门党委(党组)必须树立正确政绩观,坚持从巩固党的执政地位的大局看问题,把抓好党建作为最大的政绩。”要认真履行党建责任。各级党组把党建工作摆上重要位置,党组书记要带头抓党建,每位班子成员都要增强管党治党意识,在抓好本级机关党建的同时,加强系统党建指导,树立“不抓党建是失职、抓不好党建是不称职”的理念,坚持党建工作和税收工作一起谋划、一起部署、一起考核,坚决防止“一手硬、一手软”。要严格落实党内政治生活制度。党内政治生活,是党组织教育管理党员干部的主要平台,有什么样的党内政治生活,就有什么样的党员干部作风。要大力加强制度宣传,使党员干部熟知制度内容,着力打牢落实党内政治生活常态化基础。坚持讲政治、讲原则、讲规矩,下大气力解决好党内政治生活平淡化、随意化、娱乐化、庸俗化等问题,着力提高党内政治生活的政治性、原则性和战斗性。要严格落实党内政治生活的各项规定,坚持经常抓、抓经常、抓到位,着力营造团结和谐、纯洁健康、弘扬正气的党内上下关系、人际关系和工作氛围。要大力开展批评和自我批评,这是解决党内矛盾的有力武器,也是保持党的肌体健康的有力武器,要大胆使用、经常使用、用够用好,使之成为一种习惯、一种自觉、一种责任,着力帮助广大党员干部分清是非、辨别真假,坚持真理、修正错误,统一思想、增进团结。要重视加强基层党支部建设。切实选准配强基层党支部书记,开展支部书记党建业务培训,不断提高抓基层党建工作的能力。支部书记要自觉增强抓党建工作的意识,强化抓党建工作的责任,不能当着一般的工作、一般的兼职,切实抓好基层党组织思想建设、组织建设和作风建设,努力把基层党支部打造成推进税收现代化的坚强战斗堡垒。

第五,要“严”字当头加强干部队伍管理。习近平总书记指出:“从严治党,重在从严管理干部”,并强调“要坚持以严的标准要求干部、以严的措施管理干部、以严的纪律约束干部,使干部心有所畏、言有所戒、行有所止”。从严管理干部,要把好选拔使用入口关。选拔使用干部,是从严管理干部的第一道关口,选得好、看得准才能管得好。要认真贯彻执行新修订的干部选拔任用条例,严格按照规定的原则、标准、程序、纪律选拔任用干部,严把干部初始提名关、民主推荐关、组织考察关、酝酿决定关、任职试用关,坚决防止用人失当、“带病提拔”。从严管理干部,要重在平时、经常抓。要树立“严是爱、宽是害”的思想观念,要从小事抓起,从日常管起,通过经常性的教育提醒和监督制约,使各级干部坚定理想信念,加强道德修养,规范权力行使,培养优良作风,自觉履行党章赋予的各项职责,严格按照党的原则和法律法规办事。从严管理干部,要从为官不为、在岗不为抓起。当前,要深入推进绩效管理,充分调动广大干部职工的工作热情和创业激情,通过奖优罚劣、奖勤罚懒,引导大家在推动落实中实现自身发展,在创造实绩中体现自身价值,努力在全系统营造积极向上、奋发有为的良好氛围。

第六、要严格落实“两个责任”推进党风廉政建设。党风廉政建设是党的建设的重要方面,关系党风、政风和作风。当前,推进党风廉政建设,关键要落实好党组的主体责任和纪检组的监督责任。省局即将下发落实“两个责任”的实施办法,各单位要按照两个实施办法的精神,进一步细化工作措施,确保“两个责任”落实到位,做到真落实而不是假落实、落实到位而不是落实到空。要坚持以明确责任为先。各级党组织和领导干部要认真学习领会"两个责任"的意义、内涵和要求；要明确党组领导班子、主要负责人、党组成员及纪检干部的责任，并将"两个责任"逐项分解、层层分解，做到责任明确到部门，细化到个人；要层层签订落实"两个责任"的责任书，形成纵向到底、横向到边的责任网络。签订落实"两个责任"的责任书，不能只是写在纸上、贴在墙上、放在柜子里，用来装点门面、做做样子，而要使责任书成为硬约束，而不是"橡皮筋"。要坚持以完善制度为本。结合群众路线教育实践活动，修订完善进一步完善落实"两个责任"的工作制度，堵塞制度漏洞，强化制约监督，从源头上防止和遏制"四风"问题。要坚持以强化执行为要。要围绕政治纪律执行情况、惩防体系建设、干部队伍建设和反对与纠正四风等问题，认真执行作风建设各项规定、公务接待管理规定及党员领导干部个人有关事项报告规定。这些规定都是带有"高压电"的，谁触碰这些"高压电"就会自食其果；我们每个党员干部都要对自己的言行负责，如果任凭我行我素、自我松懈，最终会咎由自取。各级党组织要严格落实领导干部任前谈话、廉政风险岗位管理和述责述廉述险制度。各级纪检干部要按照"转职能、转方式、转作风"的要求，加强监督检查和作风巡查，层层传递压力，促进和保证责任制的落实。

同志们，教育实践活动有期限，践行群众路线、加强作风建设无止境。让我们以深入学习贯彻习近平总书记重要讲话和中央、省委和总局教育实践活动总结大会精神为契机，深入推进全省地税系统作风建设，以作风建设新常态，不断开创地税事业发展新局面！

安徽省地税局局长汪建国
在学习贯彻党的十八届四中全会精神专题研讨会上的讲话

（2014 年 11 月 10 日）

同志们：

刚才，听了大家的发言，很受启发。我结合学习和工作情况，谈点体会。

党的十八届四中全会对全面推进依法治国作出战略部署。依法治税是依法治国的重要内容。地税部门必须以四中全会精神为指引，在全面推进依法治国的伟大进程中，扎实推进治税地税建设。

一、深入领会全面推进依法治国的重大意义，切实增强推进法治地税建设的紧迫感和责任感

全会作出的《决定》，明确提出全面推进依法治国的总目标，即建设中国特色社会主义法治体系，建设社会主义法治国家。依法治国提升到前所未有的战略高度。首先，《决定》不是简单地提出依法治国，而是对全面推进依法治国作出战略部署。一体推进依法治国、依法执政和依法行政，全面建设法治国家、法治政府和法治社会，实现科学立法、严格执法、公正司法、全民守法，促进国家治理体系和治理能力现代化。其次，《决定》回答了治国理政中最基本、最重要的关系。指出，党的领导和社会主义法治是一致的，党的领导是中国特色社会主义法治最根本的保证，社会主义法治必须坚持党的领导，党的领导必须依靠社会主义法治，党的路线方针政策通过法律程序转化为国家意志，成为全国人民共同遵守的法律规范，实现党的主张和人民意志的有机统一。第三，《决定》深刻指出当前法治建设存在的突出问题。从立法、执法、司法、守法等多个角度分析了当前法治建设存在的矛盾和问题，并指出问题的性质和危害。不走依法治国的道路，就没有出路。这已经成为全党和全社会共识。

全面推进依法治国，落实到地税机关就是要全面推进依法治税，建设法治地税，促进税收现代化。地税部门一直高度重视依法治税工作，经过多年坚持不懈的努力，地税系统法治建设取得了明显成效。但是，必须清醒看到，与全面推进依法治国的要求相比，与推进税收现代化目标相比，与广大纳税人的新期待相比，与面临的新形势新任务相比，地税法治建设水平还亟待提高。特别是在思想认识上，对税收法治的理解和把握还有偏差，认识不高等问题还较为突出。有的同志自我满足，认为地税法治工作一直走在前面，获得很多先进，不需要再下大气力去抓；有的同志官本位意识较浓，重管理轻服务，认为加强税收法治建设主要是抓好对纳税人的管理，监督纳税人遵从税法，没有把纳税人放到平等的地位去对待；有的同志认为自己不在执法岗位，税收法治与己无关，等等。这些思想认识，与地税法治建设面临的形势、任务极不适应，必须坚决摒弃。

全省各级地税机关和广大地税干部要把学习贯彻四中全会精神作为重要政治任务，深刻把握全面推进依法治国的重大意义、总目标、基本原则和重点任务，切实把思想和行动统一到中央决策部署上来，认真落实省委、省政府和国家税务总局部署要求，扎实推进法治地税建设，向着税收现代化奋力前行。

二、坚持在法治的轨道上推进税收管理改革创新

习近平同志指出，在整个改革过程中，都要高度重视运用法治思维和法治方式；凡属重大改革都要于法有据。财税体制改革是全面深化改革的重要组成部分，推进税收管理改革创新必须以法治为引领，在法治的轨道上进行。实践中，应注意把握以下几点。

(一)依法征税是法治地税建设的核心。组织收入是税务部门的天职。收什么税、收多少税、减免多少、何时收，等等，税收法律制度都有明确规定。坚持依法征收不仅是税务机关履行组织收入职责的本质要求、完成收入任务的基本手段，而且是维护税法尊严、促进公平正义、保障纳税人合法权益的内在要求，也是税务部门落实税收法定原则的关键所在。没有依法征税这一条，法治地税建设就无从谈起。各级地税部门和广大地税干部一定要始终坚持组织收入原则，切实做到依法征税、廉洁从税。

(二)创新优化税收管理资源配置是法治地税建设的重要保障。科学合理配置税收管理资源，对规范税收执法行为、优化税收管理和服务起到促进作用，对税收法治建设产生积极影响。低层次的、交叉的、重叠的资源配置，客观上必然影响税收法治水平的提升。要立足实际，积极稳妥推进税收征管改革，优化资源配置，科学设置流程，完善管理机制，为规范税收执法、管理和服务建立有力保障，促进税收法治建设水平不断提升。

(三)深化税务公开对提升税收管理水平形成的倒逼力量是法治地税建设的外在动力。全面推进政务公开是加快建设法治政府的必然要求。地税机关作为行政机关和执法部门，必然要把权力置于阳光下，税收管理行为的依据、内容、标准、程序都要公开，公开为常态，不公开为例外。这对地税机关是全方位的考验。我们要深入推进税务公开，勇于接受来自外部的监督，将其作为规范自身权力运行的“紧箍咒”，不断规范优化执法、管理和服务，促进法治地税建设。

(四)规范的程序和刚性的执行是法治地税建设的关键环节。不论是税收实体法还是程序法，要确保有效落实，实际工作中必须要有配套的工作程序和刚性的制度执行作为保障。这些年来，我们制定出台了一系列税收工作制度和办法，基本保证了税收法律政策的落实。但是，工作还有很多盲点，程序不规范、制度交叉重叠甚至“打架”,执行变通、执行不到位等问题依然存在,一定程度影响了税法的权威。必须认真落实税收执法责任制,对税收工作制度进一步清理、归纳、完善,建立内在逻辑合理的有机联系,形成一整套便于掌握和自觉遵从的工作规则,明确执法责任,强化执行刚性,确保制度落实。

(五)普遍的深入的税收法治宣传教育是法治地税建设的长期基础性工作。全社会税收法治意识的形成不是一朝一夕的事情,需要持久深入的税收法治宣传教育,需要社会各界和广大纳税人的共同努力。作为地税机关,不仅要面向社会、面向纳税人持续开展税收普法宣传教育,引导和促进纳税人自觉遵从税法,而且要牢固树立征纳双方法律地位平等的观念,首先加强自身税收法律知识的学习,增强对税法的理解和把握能力,做到依法履行职责,自觉遵从税法。这样才能让纳税人信服,才能更好地引导纳税人遵从税法。

三、坚持用法治的思维和方式加强和完善系统管理

地税部门作为垂直到省的单位,系统管理是一个新课题,没有可供借鉴的成熟经验。地税系统垂直管理以来,在不同时期、不同环境下,我们探索实施了多种管理方式,有制度化的手段,也有非制度化的方法。一定时期、一定条件下,非制度化的因素在很大程度上弥补、抚平了制度手段的缺失,但非治本之策。实践一再告诉我们,面对不断变化的系统内外环境,要保证系统平稳、有序、健康发展,必须坚持用法治的思维和方式加强和完善系统管理,以依法行政为准绳,坚持按制度办事。

一是要树立制度为要的价值理念。这里制度是从广义上说的,既包括法律法规、党纪党规,也包括机关内部管理制度和办法。心中要装着制度,行动要遵循制度,把对制度的敬畏感作为个人安身立业的精神滋养,把坚持以制度管理作为抓系统带队伍的基本遵循。要广泛深入宣传学习系统管理的一系列规章制度,使每位干部职工特别是各级领导干部都要熟知制度内容,掌握规定要求,自觉以制度规范言行,在制度的框架下谋事干事。

二是要与时俱进推进制度建设。制度重在建设。必须适应形势变化,不断完善制度规定,使各项工作有章可循。在此基础上,关键要抓好制度执行。每一次对制度的不落实,就是对制度最大的“伤害”。领导干部要勇于担当,带头遵守制度,严格监督制度执行,每一位地税干部都要自觉维护制度权威,使制度的有效执行成为常态。

三是要自觉遵纪守法。党纪严于国法。作为党员干部,不仅要带头遵守法律法规和制度,而且要严格遵守党的各项纪律,这一点决不能含糊,尤其是党员领导干部,更要率先垂范。当前,一定要绷紧党风廉政建设这根弦,严格落实“两个责任”,坚决防止“四风”反弹,将从严管理的各项要求体现在党员干部的实际行动中。作为地税人,在社会上,既是普通公民、也是纳税人,同时还是地税机关执法形象的代言人,要自觉做合法公民,维护良好形象。这也是征纳和谐、系统和顺、家庭和美“三和”地税建设的内在要求。

安徽省地税局副局长洪晓建
在全省地税系统稽查工作会议上的讲话

（2014 年 3 月 20 日）

同志们：

这次会议的主要任务是，认真贯彻落实全省地税工作会议和全国税务稽查工作会议精神，总结2013年稽查工作，部署2014年稽查工作任务。下面，我讲三点意见。

一、真抓实干，全省地税稽查工作取得显著成绩

2013年，面对税收违法活动依然频发，各种重大税收违法案件屡见不鲜，不法分子作案手法日趋智能化、集团化的严峻形势，全省地税稽查部门坚持公正执法、文明执法、效率执法，充分发挥稽查职能作用，圆满完成各项工作任务，共查处税收违法案件4907件，查补收入总额13.12亿元，入库收入12.95亿元。

（一）大要案查处扎实有力。全省共查处百万元以上案件77件，查补收入2.87亿元，其中5000万元以上大要案3件，移送公安部门追究刑事责任17件。查办了一批中纪委、省纪委交办的税收违法案件，得到了有关领导和部门的充分肯定。全省地税稽查系统共受理举报案件410件，对符合查处条件的298件进行了立案查处，查补收入5174.76万元，入库收入5145.27万元。

（二）税收专项检查有序开展。按照“查全面、查细致、查深透”的原则，充分运用电子查账技术和手段，灵活运用解剖式、调研式等检查方式，加强与国税等部门联动，有序有效开展税收专项检查。全省专项检查查补收入7.82亿元，其中自查2388户，自查收入5.22亿元；检查1586户，查补收入2.6亿元。自查及检查合计入库收入7.07亿元。

（三）重点税源企业检查深入推进。按照“以企业自查为先导、以重点检查为保障”的工作模式，通过查前集中约谈、查中政策辅导、查后协助落实整改等手段，扎实开展重点税源企业检查。一是认真开展总局布置的重点税源企业检查，组织对联合利华、格力集团等10家集团公司下属121户在皖成员单位开展税收自查和重点检查。自查阶段查补收入1551.55万元，重点检查45户，查补收入1027.56万元。二是根据总局有关重点税源企业轮查工作要求，开展全省重点税源企业检查。在全省地税纳税400强企业中选择三年以上未检查的84户企业进行检查，查补收入合计2.04亿元。三是由省局稽查局带队，抽调稽查人才库人员，对全省16户重点税源企业实施异地交叉稽查，查补收入4825.49万元。

（四）打击发票违法犯罪成效明显。与国税、公安等部门加强沟通和协调，建立打击发票违法犯罪活动工作协调机制。全省共对9106户企业的受票情况进行检查，查处违法企业2183户，比上年同期增长45.92%；查获非法发票5.1万份，涉及金额18.25亿元；查补税款1.1亿元，比上年同期增长25.67%，加收滞纳金810.22万元，罚款1853.21万元。通过媒体曝光案件6起，向公安部门移送案件18起。因打击发票违法犯罪工作表现突出，我省地税系统3个单位和4名个人获总局通报表彰。

（五）稽查现代化建设稳步推进。稽查管理方式改革继续推进。在现有人员、机构、编制三不变的前提下，进一步推进市、县稽查资源、业务的整合和城区一级稽查。分类分级管理有序开展。初步建立起省、市、县（区）三级统一指挥、分类稽查、协调高效的运转体系，缓解了过去稽查体制下“有人无案查，有案无人查”等问题，增强了稽查工作的针对性、有效性和能动性。稽查管理软件开发成功全面运行。AHTAX2013 稽查业务域于 11 月份成功全面上线运行，标志着全省稽查信息化工作又上新台阶。电子查账深化应用。在全省范围内继续购进电子查账软件 100 套，截至 2013 年底，我省稽查部门共配置 274 套电子查账软件，实现省局稽查局每个检查人员人手一套，市局稽查局每个检查组、每个县局稽查局至少保有一套，进一步加大了查账软件的推广应用。协查系统及时上线。按照总局要求，采购设备，调试程序，开展培训，保证发票协查系统如期上线运行，强化了案件协查管理。

（六）系统管理有效加强。不断加强稽查案件管理。制定《安徽省地方税务局稽查局稽查案件飞行检查暂行办法》，对全省各级地税稽查部门查处的稽查案件实施检查，查摆问题，督促整改，推动案件质量提高。进一步加强系统沟通交流。充分发挥《安徽地税稽查信息》、《安徽地税》杂志稽查之窗和安徽地税稽查案例库等信息平台作用，报道全省稽查工作动态，整理全省地税稽查系统调研报告和案例，展示工作业绩，交流工作经验，促进稽查工作成果转化。

（七）稽查队伍建设不断强化。加强稽查核心技能培训。年初，开展专项检查视频培训，全省 1000 多名稽查一线人员参加培训；8 月和 10 月分别在辽宁税专、汤池培训中心组织开展全省地税系统稽查业务骨干和基层稽查人员培训班，全省共 150 人次参加培训。加快培养高素质专业人才。开展稽查能手选拔活动，向总局报送 5 名业务特长人员入选总局稽查人才库。对全省稽查人才库进行调整，补充调整 100 名稽查人才库人员，做到人才库动态管理。完善稽查考核评价体系。修改印发《2013 年度安徽省地方税务局稽查工作考核评分标准》，将落实稽查计划与责任制考核相结合，加强全面考核，激发队伍活力。加强党风廉政建设。以正面典型和反面案例为“镜子”，广泛开展廉政教育活动；加强稽查执法监督，采取以实地回访为主，结合问卷调查、集体座谈等形式开展稽查回访活动。全省共回访企业 698 户，回收《稽查案件回访调查表》729 份。

一年来，在各级地税局党组的正确领导和大力支持下，广大稽查干部认真履行职责，辛勤努力工作，作出了应有的贡献。在此，我代表省局党组向全体稽查干部及所有关心和支持稽查工作的各级领导和有关部门表示崇高的敬意和衷心的感谢。

在肯定成绩的同时我们也清醒地认识到，当前稽查工作中还存在着一些突出问题：一是稽查管理方式改革仍需进一步推进。二是适用税收专业化管理的稽查分类分级管理机制有待进一步加强。三是税务稽查执法能力还不能完全适应当前形势和任务需要，存在人员不足、年龄老化、高素质专业人才不足的情况。四是部分稽查干部的工作作风有待进一步改进。对这些问题，我们必须高度重视并在今后工作中采取有效措施认真加以解决。

二、理清思路，进一步推进税务稽查现代化建设

全国税务工作会议提出，到 2020 年基本实现税收现代化。全省地税工作会议发出了向着税收现代化新目标奋力前行的动员令。为了适应新形势对稽查工作的要求，提升稽查现代化水平，全省地税稽查系统要积极迎接经济转型升级、税制改革全面深化带来的机遇和挑战，进一步更新观念，调整思路，明确方向。坚持以提升执法能力为主线，以创新稽查工作体制机制为基础，以完善执法手段和执法方式方法为途径，以强化稽查队伍素质为保障，积极应对，认真落实，身体力行，深入推进稽查现代化建设。

一要更新观念，深化改革。要实现稽查现代化，观念更新是先导。当前，一些税务机关和稽查部门仍然存在一些制约稽查现代化的陈旧观念,比如,把稽查作为收入任务调节器,认为加强稽查会影响征纳关系的和谐,稽查的任务就是打击犯罪等等。这些观念的落后,严重阻碍稽查现代化建设的步伐。我们要牢固树立强化稽查工作是维护税法尊严和促进税法遵从的理念;加大稽查力度是规范经济秩序、服务大局的理念;公正公平稽查是提供最优服务的理念;严厉打击违法犯罪是对全体纳税人最大保护的理念。要下大力气理顺稽查体制、创新稽查方式、改进稽查手段,强化稽查队伍,全面对接税制改革,积极融入征管改革,为保障现代征管机制顺畅运行提供有力支撑,为全面深化税制改革保驾护航。

*二要强化职责,发挥职能。*充分发挥稽查以查促收、促管、促改、促查、促廉职能作用,强化税务稽查在现代化征管体系中的支撑作用,是实现税务稽查现代化的重要途径。要发挥稽查以查促收、促管、促改、促查、促廉的职能作用,必须始终围绕"查"字这一核心。"查"是"促"的起始、基础和先决条件,查得不深不透,促就失去了根基。全省地税稽查部门必须始终立足"查"字抓稽查工作,要敢于亮剑,勇于担当,切实担负起有效维护税收秩序、提高纳税遵从、保障税收收入的重要职责,通过不断利剑出鞘,依法严厉查处各类税收违法行为,大力规范涉税行为,引导和提高全社会税法遵从度,不断为保障税收职能作用充分发挥作出应有的贡献。

*三要理顺体制,适应发展。*建立现代化的稽查管理体制,是实现稽查现代化的基础。要按照科学管理原理,突破区域限制,通过统筹税务检查资源,健全科学、规范、高效的税务检查管理方式,实现稽查资源优化配置和稽查机构"扁平化"设置。要完善内部管理体制和权力运行机制,建立分工合理、责任清晰、运转灵活、监管有力的组织体系。目前我省稽查管理体制的改革虽然还存在很多困难和阻力,但我们不应停止不前。要进一步调整和完善一级稽查管理体制,建立稽查资源与税源匹配的稽查管理体制。要进一步完善分类分级管理,建立管理范围与专业能力相适应的分类分级检查体制。要进一步完善选案、检查、审理、执行四个环节相互制约的内控机制,建立程序完备、流程顺畅、责任明确、监控有效的稽查工作分工制约机制。

*四要创新方法,提高效率。*稽查手段现代化,是实现稽查现代化的重要支撑。各级稽查部门要不断适应新形势,利用信息化带来的技术创新,实现稽查手段的现代化,提高稽查工作效率。要以 AHTAX2013 税收管理应用系统为平台,不断加强涉税信息采集,促进信息共享利用,融合稽查数据、征管信息和第三方涉税信息形成稽查资源库,加强案源分析,不断提高选案的精准度。要大力推进电子查账、电子取证,有效应对企业利用电子账簿虚假记账及利用互联网交易等逃避税收行为,提高对信息化管理企业的稽查能力。要合理安排资金投入,配备符合现代化条件的稽查办案装备,促进稽查装备的信息化,全面提高稽查现代化装备水平。

*五要增强素质,提高能力。*一支高素质的专业化队伍是推进稽查现代化的根本保证。据统计,截至 2013 年底,我省稽查机构人员实际人数 1099 人,省编办批准的全省稽查机构行政编制人数 1338 人,全省稽查人员缺编 239 人,其中市、县(区)局年龄在 45 岁以上人员占 49%,年龄在 35 岁以下人员仅占 5%,能够独自承担稽查执法工作的人员比例也相对较低。这一现状不仅离稽查现代化的要求相距甚远,而且也远远不能满足当前稽查执法工作的实际需要。各级税务机关对此要有深切的危机感和紧迫感,高度重视稽查队伍建设工作。要围绕增强稽查干部的核心技能和专业素质,加强稽查业务培训和实战演练。要围绕激发稽查队伍的动力和活力,完善队伍建设制度机制和激励手段。要围绕促进稽查队伍的廉政建设和风险防范,着力构建以内控机制为主体的税务稽查风险管理体系。努力造就一支政治坚定、业务精湛、作风优良、勤政廉洁的高素质专业化稽查队伍。

三、凝心聚力,全面完成 2014 年稽查各项工作任务

今年是贯彻落实党的十八届三中全会精神、全面深化改革的第一年,全省地税稽查部门要服务地方税收工作大局，坚持依法行政，围绕稽查现代化新目标，进一步深化稽查管理方式改革和工作机制方法创新，重点规范稽查执法，着力增强执法能力，严厉打击各类税收违法行为，进一步提高稽查工作整体水平，为全省地税事业持续健康发展作出新的贡献。为此，我们要扎实做好以下工作：

（一）始终紧抓稽查重点工作

依法严厉查处重大违法案件。继续保持打击税收违法行为的高压态势，对执法难点、执法热点、群众举报的大案要案和危害较深、社会影响较大的“新闻”案，要一查到底，查深、查细、查透。要加强上级稽查局对下级稽查局案件查办的指挥力度。要做好涉税案件公告工作，对涉税违法大案、要案，要利用各种新闻媒体进行公开曝光，加强宣传，扩大影响，强化税务稽查的威慑力。

扎实开展税收专项检查和区域税收专项整治工作。省局将根据总局要求确定税收专项检查指令性和指导性项目。各地要统一归口管理，适当增加检查户数，扩大检查面。要对辖区内税收秩序相对混乱、税收违法行为比较集中的地区开展税收专项整治。省局稽查局将加强对税收专项检查的督导，发挥省级数据大集中优势，及时筛选相关数据，指导各地开展检查。

继续开展重点税源企业检查工作。对重点税源企业继续实行轮查制度，省、市两级分级部署开展检查。要按照行业和税收风险类别等级确定检查重点，依照自查与重点检查相结合的检查方式进行检查，做到上下联动、政策统一、查深查透。要加强国地税联合检查、跨地区联动检查工作。省局稽查局要加强对重点税源企业检查的督导，提升重点税源企业检查成效。

保持打击发票违法犯罪的高压态势。认真落实全国打击发票违法犯罪活动工作部署。结合各项税收检查工作，进一步开展虚假发票“买方市场”整治工作。积极会同公安部门进一步加大对制售假发票“卖方市场”的打击力度。积极配合通信管理、公安等部门开展发票违法信息的整治，有效衔接治标与治本工作。曝光发票违法犯罪典型案例，积极鼓励社会公众检举发票违法犯罪行为，提高社会公众对虚假发票危害性的认识。

重视违法行为检举工作。贯彻落实《税收违法行为检举管理办法》，发挥各级举报中心桥梁和纽带作用。实施检举案件分类处理，明确分类权限和程序，提高检举案件管理水平。严格为检举人保守秘密，依法确认、计算和兑付奖金。引导检举人准确检举税收违法行为，做好检举案件的矛盾化解、疏导、说服工作。

（二）大力提升稽查执法水平

规范稽查执法行为。严格依照法定权限和法定程序实施稽查，增强执法的统一性和规范性。深化 AHTAX2013 稽查业务域应用，规范案件处理流程，强化稽查执法留痕管理，提高案件管理质量。加强对稽查工作特点和规律的分析研究工作，制定行业和项目检查指南，建立统一的业务规范。落实执法责任制，强化风险防控，规范稽查执法，做到检查工作过程可控，监督有力。

提升稽查服务水平。按照政府信息公开规定，依法提高稽查执法透明度，保护纳税人合法权益，规避稽查执法风险。严格案件审理工作，最大限度地避免对纳税人处理处罚的畸轻畸重。充分听取纳税人意见，切实保障纳税人的知情权、申辩权和监督权。切实落实总局《关于进一步规范税务机关进户执法工作的通知》要求，有效控制进户检查次数和检查时间。

优化稽查方法手段。强化稽查案源管理，充分利用 AHTAX2013 税收管理平台征管信息、第三方信息等案源信息，提高选案的针对性和科学性。选择部分社会关注热点和易发涉税问题的行业开展调研式稽查工作。积极开展审计式稽查试点工作。深化查账软件应用，加大查账软件应用的深度和广度，提高稽查对信息化企业检查的能力。进一步加强稽查案例库建设，动态总结查账经验技巧，推进典型案件的增值利用，深化稽查成果运用。

（三）巩固完善稽查管理体制改革成果

继续推进稽查管理方式改革。在现有稽查

组织机构建设基础上，克服困难，着力创新和改进稽查管理方式方法，理顺工作关系，整合和优化税务稽查资源，进一步完善城区一级稽查体制，做实省级稽查局，做强市级稽查局，调整完善县级稽查局职能。对保留的县局稽查局，总局要求从三个方面进一步调整职能：一是将县局稽查局的选案权和审理权上收到市局稽查局；二是将县域内的重点税源企业调整到市以上稽查局实施检查；三是将县域内发生的重大税收违法案件交市以上稽查局查处。对第一点，我省已经推广实施，要进一步巩固完善。对后面两点，我省要结合稽查分类分级管理方式进一步落实总局要求。

积极推行稽查分类分级管理。实施分类分级稽查管理方式，按照税源分布结构，赋予不同层级稽查局相应执法任务，使稽查人力、物力、财力等稽查资源与稽查执法对象的分布相对应，即省局稽查局负责对本区域重点税源企业和重大税收违法案件的组织或查处工作，市局稽查局主要负责本区域企业的检查和一般性税收违法案件的查处工作，县局稽查局按照市局稽查局的统一安排开展检查、案件查处和其他执法工作。

进一步强化稽查信息管理。要依托现代化的信息平台，加强稽查内部部门之间、稽查部门与征管部门之间、地税稽查部门与国税稽查部门之间的信息交流与共享。要善于采集和积累信息，迅速流通和加工信息，有效利用和繁衍信息。要深度挖掘现有信息，解读信息中隐藏的信号，发现问题，找出原因，转化为能服务于税收稽查实际工作的“活”信息。职责制宜

（四）着力夯实稽查管理基础

加强制度落实。进一步强化重大税收违法案件管理、涉税案件协查管理，推动稽查工作更加规范统一。认真落实总局出台的税务“黑名单”制度，加大宣传报道力度，推进社会诚信体系建设。完善稽查案件飞行检查制度，规范稽查执法行为，提高稽查案件质量。完善稽查系统信息、报表、报告报送制度，加强督查考核，畅通信息传递。进一步健全与征管、法规、税政和电税中心等部门的良性互动机制。进一步加强国税、地税稽查部门信息交换、联合办案等方面的深层次合作。进一步巩固完善税警协作办案机制和情报交换制度。

强化绩效管理。根据稽查工作的特点，突出各项重点工作，科学设定责任目标，完善绩效考核的程序、标准、办法。依托AHTAX2013稽查业务域管理平台，对每项工作的环节、过程及最终结果进行跟踪。结合省局绩效考核评价、现代化分局测评和稽查案件飞行检查工作，加强稽查各项考核指标的运用。将考核结果与评先创优、干部使用等挂钩，强化绩效目标的导向作用，激发稽查干部工作潜能，提升稽查工作质效。

加大宣传力度。各级税务机关和稽查部门要充分利用各种媒体和途径，主动宣传税务稽查工作开展情况，及时曝光查处的重大税收违法案件，做到税务稽查的宣传和税务违法案件的曝光长年有声音、有图像、有文字，长流水不断线。各级稽查部门要主动向上级稽查部门提供宣传素材，及时按照上级要求提供案例、工作情况和重要成果，为加大宣传力度创造必要条件。

（五）全面加强稽查队伍建设

充实稽查干部队伍。目前，全国税务稽查人员占全体税务人员的比例为12%，我省仅为9%，如果按编制配齐稽查人员，上述比例可达11%。总局要求，凡是低于12%的单位，要尽快通过遴选方式把系统内高素质的人才吸引到稽查队伍中。因此，我省要按照总局要求，按编制配齐配强稽查人员，充实全省稽查力量。

加强业务能力建设。坚持基层优先、统筹安排原则，完善各层次、各岗位的知识能力培训。鼓励稽查干部参与全国税务领军人才竞选，加强稽查人才库建设，充分发挥精英人才的综合效应和示范带动作用。加速培养可以对特定行业实施深入检查的专家队伍，使稽查执法能够对本地区重点税源企业实施有效监控。大力培养稽查骨干队伍，逐步提高可以独立执法的一线稽查人员比例。鼓励稽查干部参加在职

学历教育和注册税务师、注册会计师、司法资格等考试。

加强党风廉政建设。完善稽查执法内控机制，通过跟踪管理、内部监督、外部监督等手段，加强对稽查运行全过程的监督制约。认真落实执法责任制和领导干部“一岗双责”，增强反腐倡廉的责任感。贯彻实行“一案双查”制度，牢牢守住“两条生命线”，进一步完善内部监督。深入开展廉政执法教育，警示稽查干部筑牢反腐倡廉的思想防线。坚决纠正损害纳税人利益的不当行为，坚决查处滥用职权、以权谋私等违法违纪行为。

深化作风建设。各地要按照省局开展群众路线教育实践活动统一部署，加强领导，精心安排，与做好各项稽查工作有机结合起来，特别是要贯彻好总局“三个三”要求和省局效能建设十项制度，确保取得实实在在的成效。要完善纳税人权益保护制度，建立健全包括征纳沟通、风险防范、涉税信息保密等纳税人权益保护工作的长效机制。加强政务公开，增强稽查透明度和公信力。加强稽查回访工作，虚心征求纳税人对稽查工作的意见和建议，不断改进稽查工作作风。

同志们，今年稽查工作任务重、要求高，希望大家认清形势，坚定信心，鼓足干劲，真抓实干，奋力开创稽查工作新局面，为实现税收现代化新目标作出应有的贡献。

安徽省地税局副局长洪晓建
在全省地税系统收入规划核算工作会议上的讲话

（2014年3月25日）

同志们：

这次会议的主要任务是：认真学习贯彻全省地方税务工作会议精神，总结去年工作，分析当前形势，部署今年任务。下面，我讲三点意见。

一、2013年工作回顾

过去的一年，全省各级收入规划核算部门按照国家税务总局收入规划工作要点和省局总体部署要求，围绕统筹做好组织收入和服务发展“两篇文章”，扎实工作，锐意开拓，大力发挥职能作用，各项工作取得了新的成效。省局被国家税务总局授予收入规划核算业务报表编报工作综合考核“成绩突出单位”；被财政部、国家税务总局授予“全国税收调查工作先进单位”。

（一）统筹组织税收收入，促进收入稳定增长

稳中有为抓好组织收入工作。2013年，全省地税系统共组织入库地方税收入1398.3亿元，增长15%，超额完成省政府下达年度税收增长目标，得到省领导的充分肯定。一是按照求实、稳妥的原则，密切联系政府有关部门，反复调查测算，编制下达年度税收计划。二是加强税收计划动态管理。省局坚持按旬监控税收入库进度，加强年度税收预测，适时对7个市税收计划进行适度调整。蚌埠、安庆、阜阳、淮北和宿州市局在年度关键时点抓好组织收入指导部署工作。淮南市局坚持税收分析和调度例会

制度。合肥、芜湖市局完善考核办法,全面考核税收预测、税收计划和税收质量。三是提高指导组织收入工作针对性。省局和各市局深入基层实地调研,分析经济税收运行态势和组织收入工作中存在的问题,积极提出加强征管、挖潜增收的建议。四是突出税收质量监督。省局从改进制度入手,并利用会议、文件和领导讲话等渠道,提出严肃组织收入纪律要求。铜陵、池州市局积极开展指标风险评价和税收资金安全检查,强化收入质量监督预警。

(二)广泛开展税收分析,服务效能持续提升

加力推动税收分析工作。一是继续做好日常税收分析和关键时点税收计划执行情况分析,注意从微观和宏观、经济和政策、基数和口径等多个角度分析税收增减原因,研判经济税收运行趋势,找出问题和提出建议。二是大力推动专题分析,不断扩展分析角度和层次。蚌埠、马鞍山市局加强对组织收入、征管举措和落实结构性减税政策成效的分析宣传。淮北、铜陵、黄山市局就税收经济对比、行业税收结构等方面形成多篇税收分析报告。宣城、安庆从市局到各县局始终高度重视税收分析工作,形成一批有深度、有影响的“产品”,得到了当地党委政府的积极评价。三是搭建税收分析交流平台,省局专人负责对各地上报的较为优秀的税收分析报告进行修改编辑,通过内网“税收分析”专栏供全省地税系统共享,开辟了税收分析交流、借鉴新途径。

(三)借力软件开发应用,税收核算规范升级

深度参与“大集中”软件开发应用。一是以“大集中”系统推广应用为契机,升级完善收入规划核算业务需求。抽调的黄山、合肥、淮南、淮北、芜湖市业务骨干克服种种困难,尽心尽职,编写和分析规划核算业务需求,在指标归类、统计规则、实现方式等方面取得了新突破。二是倾力配合软件试点运行及推广。省局加强对“大集中”收入规划项目小组工作指导,统一全省税收核算模式,并配合做好对上线单位的应用培训、票证清点、数据迁移、会统初始化等重点工作。铜陵、合肥等先期试点单位突破传统核算形式限制,减并核算单位数量,规范业务处理流程,为全省上线积累经验。

(四)持续强化基础管理,数据质量明显提高

大力夯实税收会计、统计、票证等基础工作。一是加强各类报表数据关联性审核,数据质量进一步提高。池州市局对一次性税源开展应征数据核查。六安市局对与国民经济核算相关的营业税行业数据增减过大的县区,开展重点检查。二是拓展数据应用空间,按不同口径分类编印税收统计资料,及时发布收入动态。宣城市局注重从决策需求角度,常态化提供基本数据服务。三是优化税收预测方法,整合部门预测信息资源,定期开展预测准确率通报,税收预测效用明显增强。四是充分调研论证,制定颁发《安徽省地方税务系统税收票款管理实施办法》和相关配套措施,统一票证使用,简化票证种类,并开展税收票证印刷需求量预测,节约税收票证印制成本。滁州、亳州市局依托票证检查查询软件,推进税票规范化应用。

(五)开展税源监控和专项调查,监控作用有效发挥

扎实推进重点税源监控和两项专项调查。一是修订省级重点税源监控制度,完善分级监控机制,持续扩大监控范围,省级重点税源监控企业达10932户,并首次按季发布全省《重点税源监控资料》。二是推动各地开展重点税源分析报告编写工作,拓宽总局重点税源分析来源。三是从布置、培训、咨询、审核各环节入手,确保税收调查基础数据的准确性。四是细化减免税调查方案,充分利用网络交流情况、解答问题,圆满完成总局部署的减免税调查工作。宣城市局与宣城国税加强沟通协调,避免了减免税重复调查;池州市局加强减免税审批备案管理,为评估和核实减免调查数据准确性提供了依据。

(六)广泛深入开展培训活动,切实加强队伍建设

各级地税机关加强收入规划核算人才队伍

建设，通过“走出去”和“请进来”的方式开展大规模培训。省局进一步加强对下级地税机关培训工作的指导，派人参与各地税收分析、税收调查、新税收票证等专门业务培训，首次举办全省收入规划核算分管领导业务培训班。重视发挥业务骨干的作用，组建全省收入规划核算业务人才库。

一年来，各级规划核算部门的同志们辛勤努力工作，认真履行职责，做出了突出的贡献，受到总局通报表彰。在此，我代表省局党组向全体规划核算部门的同志们及所有关心和支持规划核算工作的领导和同志们表示崇高的敬意和衷心的感谢！

在肯定成绩的同时，我们也要清醒地看到工作中存在的不足和问题。总体上看，收入规划核算工作还不能完全适应做好组织收入和服务发展“两篇文章”的需要，主要表现在：税收分析的能力与各方面的需要还有一定差距；核算基础仍不够扎实，会统核算质量有待进一步提高；少数干部由于从事规划核算工作时间较长，习惯惯性思维，创新动力不足；有的地方对规划核算工作重要性认识不够，支持不力；规划核算工作量不断增加和人员较少矛盾不同程度存在，等等。对此，各级领导和部门要高度重视，认真采取措施，切实加以解决。

二、顺应新形势，不断提升收入规划核算工作水平

国家税务总局提出税收改革发展的总体目标是，到2020年基本实现税收现代化，如何应势而变，顺势而为，发挥规划核算工作在税收现代化建设进程中的作用，需要我们充分认识当前所面临的新形势、新任务、新要求。

第一、经济税收环境多变，组织收入难度叠加，对收入质量要求更为迫切。就组织收入问题，王军局长在全国税务工作会议上特别指出，“税收收入计划增长指标即任务观念不能淡化，要实事求是进行任务考核”。汪局长在全省地方税务工作会议也强调，“要依法组织税收收入，确保完成全年收入任务”。从预测数据看，前三个月，全省地方税收呈现前高后低的增长态势，扣除年初集中入库非即期收入的影响，税收增长幅度不高，组织收入形势仍然存在较大不确定性。一方面，今年我省经济运行存在较大下行压力，稳中回升基础还不稳固，部分企业生产经营困难，资源环境约束偏紧。同时，结构性减税政策继续实施、铁路运输和邮政业“营改增”试点工作开始推行、小微企业发展政策支持力度加大、促进就业创业税收优惠政策持续跟进。经济环境偏紧、短期政策减收因素偏多，这些都加大了组织收入工作难度。另一方面，随着落实税收法定原则被中央进一步确认，公众对税收合法性、合理性、公平性的要求也愈来愈高。但在实际组织收入过程中，个别地方政府对税收收入高增长的期望过高，层层追加任务、征“过头税”现象有所抬头。部分单位存在通过政府融资平台虚征税款；通过调整企业缴税时间、在特殊时点预缴税款等方式实现税款提前或滞后入库；通过不及时落实优惠政策调节税款等。这些违规征税行为，在税收高增长的大背景下，被暂时搁置，而随着法治进程的加速推进，将以更快的速度、在更大的范围被凸显和放大，应当引起高度关注。

当然，在国家宏观经济政策保持连续性和稳定性背景下，国内经济发展基本面仍长期趋好，我省工业化、城镇化加速发展，“双轮驱动”动力强劲，加快发展具备不少有利条件和积极因素。特别是产业结构优化升级加快、实施创新驱动发展核心战略、促进民营经济大发展等，地方税收入可持续增长的经济基础更加坚实。长期看，以减税为取向的税收政策实施、稳定税负和地方税体系的重构，也有利于涵养和壮大经济税源。如何正视组织收入大局与存在问题，促进税收收入数量与质量的协调统一，促进税收收入平稳增长与依法治税的呼应融合，是摆在我们面前的重要职责。

第二，税收分析环境转变，分析目标指向扩展，对分析质量要求更为迫切。税收分析是组织收入和服务发展的重要手段，对提高征管效能、服务经济发展具有重要作用。去年6月，国家税务总局王军局长提出了领导带头调研抓分析的希望;研究解决实际问题、提升税务部门站位的分析方向建议;部门联动、上下联动,形成科学化、规范化的税收分析工作机制的要求;使税收分析有深度、有战略、有措施,独具税务系统特色的“拳头产品”的期望。全国税务工作会议也特别指出,要抓好税收分析,探索建立能对宏观经济运行、税收收入走势和税收征管工作产生重要影响的税收指数。全省地税工作会议强调,要围绕当地发展战略,找准切入点;收入分析要有层次、有内涵、有质量。

当前,我省地税系统税收分析方面还存在一些问题:一是一些地方对税收分析工作不够重视,满足于数据的采集、汇总和报送工作。二是表层分析多,而深度分析少,就数字论数字多,原因分析层次浅,特别是缺乏对诸多税收影响因素的深度揭示。三是税收分析多,而与经济关联的税源分析少,特别是专题分析较少,拳头产品和分析精品不足。如何通过高质量的税收分析成果展示,发现并解决经济运行、税收征管、政策实施等方面存在的实际问题,引领组织收入工作、服务经济社会发展大局,真正发挥税收分析“分析所指、工作所向”的作用,是摆在我们面前的紧迫任务。

第三、统计核算环境改变,数据应用领域拓宽,对数据质量要求更为迫切。税收数据是收入规划核算的核心,数据质量是税收数据的生命。当前,全省地税系统“大集中”核心征管系统已全面上线,管理决策支持系统正在分步测试并将投入使用,各类信息数量激增,核算方式更为灵活,数据展示更加细化,变革期各种数据问题也将凸显。这些,既为数据利用提供了前所未有的机遇,也对强化数据管理应用提出了前所未有的挑战。

当前,税收统计作为政府统计的分支,广泛应用于GDP、服务业增加值、固定资产投资等经济统计核算的各个领域,税收统计数据直接影响经济成果的准确反映。契合经济发展和结构调整,政府对开发园区、服务业、民营经济、税收优惠等多维度统计数据信息要求逐渐增多。这些,不仅要有数据广度和维度的支撑,更应有数据准度与质量的支撑。税收数据催生税收管理创新,管理创新又对数据信息的便捷、广泛、即时、交互产生深刻影响。如何在管理环境变革和信息质量双向互动中,推进数据管理,提高数据质量,提升服务强度,是摆在我们面前的全新课题。

认清形势,方能心中有数,才能服从全局。收入规划核算部门应顺应形势变化,提升部门站位,夯实工作基础。针对组织收入、税收分析、数据管理三项基本任务,努力做到四个“应变”。

(一)强化统筹协调,以“稳”应变。行稳方能致远。规划核算部门担负着统筹组织税收收入、协调完成国家预算的重要任务,应充分利用数据信息,在政府与部门、上级与下级、征收与管理之间发挥信息桥梁作用,以“稳”应变,统筹规划组织收入。稳,就是稳妥实施各项组织收入工作措施,促进税收收入平稳增长,稳步实现年度预算安排。

要坚持客观原则,强调税收计划与预期税源一致、执行结果与实际税源一致;加强税收收入目标动态管理。要坚持系统原则,关注财政预算、税源基础、政策调整等各方面的联系和影响;加强与党委、政府及相关部门的沟通,客观反应税源状况和税收形势,争取更多理解支持。要坚持主动原则,落实税收分析预测制度,把握经济税收互动发展规律,构筑和形成对未来走势的综合判断力,寻求牢牢把握组织收入工作主动权的有效途径。

(二)奉行依法治税,以“法”应变。法令行则国兴。各级税务干部特别是领导干部要从内心自觉树立对依法征税的尊重和信仰、对风险防范的敬畏和遵从。收入规划核算部门要更坚定地奉行依法治税原则,以“法”应变,法,就是进一步规范税收执法行为,注重税收收入质量,实现税收收入优质增长。

要坚持计划服从税源、征收服从政策,强化税收收入质量管理,完善收入质量评价方法和标准,加强评价结果的实际应用。要加强税收资金安全管理,规范税款征缴核算工作要求,及时发现税收收入异常情况,发挥税收会计统计监督职能。要开展组织收入原则落实情况检查,有效防范和及时治理各种应收不收、应抵不抵、应退不退、应减免不减免等行为。

(三)聚焦税收分析,以“实”应变。规划核算部门要强化自身在税收分析工作中的主导地位,以分析情况、查找问题、剖析成因、拿出举措为主线,深入开展税收分析工作,以“实”应变。“实”,就是夯实分析机制、充实分析方法、研究实际问题,取得实实在在的效果。

要继续夯实完善纵向联动、横向协作、纵横交错的立体分析网络机制,推进上下级和各部门的协同配合。要统筹税收分析与征管质量分析,联动税收分析与纳税评估和税务稽查,融合税收分析与政策实施建议,推进整体筹划。要建立科学完整的分析指标体系,充实分析方法,利用统计模型由表及里,逐层透视,对关联数据进行印证分析。要强化和明确分析的目标取向,做到从税收角度看社会、看经济、看发展。通过税收分析发现经济运行中的问题,反映社会各界关于税收政策的诉求,提出调整经济结构、转变发展方式、完善税收政策的建议,实现税收分析从简单到丰富、从表层到内核、从形式到实质的转变。

(四)优化数据核算,以“准”应变。收入规划核算部门作为数据管理和数据应用的重要部门,更应树立尊重数据理念,坚决杜绝人为控制数据采录、人为修改数据、人为“创造”数据等误导决策的行为。要进一步优化数据核算,以“准”应变,准,就是要构建数据统计标准,做到数据采集准确,数据反映准时,从而确保数据的质量。

要继续深化税收数据统计体系建设,拓展和延伸各类税收经济数据资源,建立完整、系统、准确反映经济税收运行状况及发展趋势,客观评价税收收入质量的税收统计与分析指标体系。要继续加强税收数据准时反映、及时公开、充分共享机制建设,实现数据价值最大化、提高数据公信力。要稳步扩大宏观、微观涉税信息采集范围,拓宽采集渠道,优化采集方式,提高数据采集质量及效率。要强化数据质量意识,加强数据质量审核,完善数据纠错机制。要突出数据管理信息化水平,实现报表体系修订与“大集中”征管软件的同步对接。

三、聚力新目标,切实做好2014年各项工作

2014年,全省地税系统收入规划核算工作的总体要求是:加强组织收入管理,提升税收分析水平,强化会统核算监督,巩固重点税源监控,提高税收预测准度,强化系统队伍建设,充分发挥反映、管理、监督、评价和服务职能,为加快收入规划核算转型升级、实现税收现代化新目标作出积极贡献。

(一)依法组织各项税费收入

确保完成全年收入任务。今年全省地方税收入增长预期目标确定为10%左右,各地税收计划也已分解下达。从一季度运行情况看,元月份增长43%,列全国地税第二位,开局良好,但2月份增长11.1%,3月份各地上报的预计数为负增长3%,高开低走,大起大落。各地要高度重视,认真采取有效措施,积极应对,确保各项税费收入持续稳定增长。

贯彻落实组织收入原则。依法征税,坚决不收过头税,坚决防止和制止越权减免税,坚决落实各项税收优惠政策,是税务部门组织收入的基本原则。税源充裕、任务紧张,税收法治观念都不能淡化。要科学处理加强税收征管与落实结构性减税政策之间的关系,统筹做好组织收入和服务发展“两篇文章”。

强化税收收入质量管理。要切实发挥税收会计核算的监督作用,组织开展税收资金安全检查,坚决防止占压、挪用、混库、转引税款等违法违规行为。探索建立税收收入质量监测体系,及时发现税收收入中的异常情况,发挥收入质量评价在引导税收征管行为等方面的作用。

努力提高税收预测水平。总局和省政府都高度重视此项工作,各地要注重对下级单位税收预测工作的指导与监督,对重点税源大户和非正常纳税户纳税情况,要重点关注,提前预判,进一步提高税收预测准确度。

(二)扎实做好税收分析工作

深入实际,广泛调研。开展税收分析不能只停留在报表上、数字里,要广泛组织开展调研活动,深入基层和企业,及时全面了解掌握情况,查找问题,剖析原因,提出建议。各地分管领导要积极为从事税收分析的人员提供平台,创造调研环境。

关注热点,当好参谋。开展税收分析不能千篇一律从税收到税收,要注重从税收角度观察经济运行情况,紧跟形势,关注地方经济发展的热点,关注经济、税收政策调整的热点,关注领导关心的热点。各地分管领导要多为从事税收分析的人员指方向、引路子。

上下联动,出彩出效。开展税收分析不能只停留在收入规划核算部门,要广泛调动基层力量,充分发挥一线管理人员政策熟、税源清的优势,将税源变动的情况与面上数据有机结合起来,形成有层次、有内涵、有质量的税收分析。各地分管领导要多为从事税收分析的人员做好协调工作,形成科学化、规范化的税收分析工作机制。

(三)切实加强规划核算基础工作

建立税收统计分析指标。为了进一步适应税收分析需要,国家税务总局提出了建立税收统计与分析指标体系改革方案,该体系科学、完整反映经济税收运行状况及发展趋势,能客观评价税收收入质量,具有多维度、广覆盖的特征。今年主要以现有税收会计统计报表指标体系为核心,大幅拓展和延伸各类税收、经济基础指标。各地要认真学习、理解指标涵义,充分运用新的征管系统,发挥其功能,确保核算准确、反映真实。

健全减免税核算制度。近年来,国家税务总局开展了一年一度的减免税专项统计调查,涉及面广、工作量大,但由于手段落后,基层反映强烈。今年起,总局作了减免税核算制度改革,从登记、申报、审批、核算等方面入手,分纳税人、分减免性质进行减免税核算,并从6月份起纳入月度报表体系。此项工作涉及基层申报管理、减免审批和备案等较多环节,各地要切实加强领导,认真做好部门配合,确保减免税核算完整、准确。

加强税收票证检查。2013年,总局颁发了新的《税收票证管理办法》,随后省局制定了一系列配套办法和制度,对税费票种作了重大改革。今年是启用新税票、执行新办法的第一年,各地要探讨建立以税收票证为载体,监督税收收入质量、保证税收票款安全的检查制度,切实做到以查促落实,以查促规范。

(四)发挥重点税源监控功效

加强省局监控数据日常应用。省局重点税源监控是以年纳税70万元以上的企业为监控对象,总户数达1.1万户。重点税源监控工作对于把握整体税收的走势,具有十分重要的作用。各地要进一步总结经验,加强监控数据应用,对本地区影响较大的重点户、重点行业,要形成分析报告,并制度化、常态化。

探索总局重点税源风险管理。总局重点税源监控是以年缴纳营业税、企业所得税限额设定监控对象,今年总户数达1586户,该报表数据需按月上报总局。近年来,总局通过各地上报的重点税源监控报表数据,依据数学模型开展风险识别,对数据异常、风险度高的企业,通过征管科技系统下发到各地,督促排查。各地要认真做好数据审核,结合税源专业化管理工作,对纳税异常的企业,做到早发现、早化解,提高风险控制能力。

认真做好税收调查工作。税收调查是财政部和国家税务总局为了测算税收政策调整效应联合部署的一项工作,我省地税系统共计4793户纳入调查。该项工作显著特征是逐户上报、指标多、变动频率高,且勾稽关系复杂。各地要加强对调查企业的辅导和基层调查人员的培训,强化基层审核把关意识,以减轻企业和基层的负担。

(五)不断提升人才队伍素质

强化专业人才建设。要注重遴选应用数学、信息与计算科学、应用统计学等专业对口人员到收入规划核算部门;要配齐配强收入规划核算部门人员,目前市局规划科不足3人的,要力争在上半年充实到位；要做好岗位交流人员工作移交和衔接工作，确保业务不断、工作不乱。

继续加大培训力度。要通过加强培训和鼓励自学方式，提升现有人员业务能力；要开展调研，全面了解基层收入规划核算的培训需求，有针对性地开展常规工作培训和重点工作培训；要通过分析评比、报表互审、经验交流等形式，广泛建立业务交流平台。

切实改进工作作风。收入规划核算人员在做好业务工作的同时，要结合正在开展的党的群众路线教育实践活动，认真贯彻执行总局"三个三"要求；要情系基层，如实反映基层期盼、响应基层呼声；要完善部门惩防体系建设，不断增强党员意识、公务员意识和廉洁从税意识，永葆收入规划核算系统兢兢业业、任劳任怨、勤奋务实的良好工作作风。

同志们，让我们在省局党组的坚强领导下，聚力新目标，迎接新挑战，振奋精神，开拓进取，扎实工作，全面提升我省地税收入规划核算工作水平，为2014年全省地税工作实现新突破作出新的更大的贡献！

安徽省地税局副局长洪晓建在全省地税系统推行《县级税务机关纳税服务规范》动员及培训视频会上的讲话

（2014年9月23日）

全省地税系统推行《县级税务机关纳税服务规范》动员及培训视频会议今天召开。上午，在全省地税系统绩效管理再推进动员大会上，省局党组书记，局长汪建国就我省地税系统全面推行《县级税务机关纳税服务规范》进行了强调、作出了指示，我们要深刻领会，认真贯彻。下午，省局召开专题视频会议，对推行《县级税务机关纳税服务规范》进行再动员，并进行培训。下面，我就《县级税务机关纳税服务规范》推行和培训工作讲三点意见。

一、统一思想，深刻认识推行《县级税务机关纳税服务规范》的重大意义

《全国县级税务机关纳税服务规范》是总局本着"最大限度便利纳税人、最大限度规范税务人"的理念，系统总结近年来我国纳税服务实践的创新成果，是全国税务系统纳税服务规范的最新统一标准体系，对推进税收现代化进程具有十分重要意义。

（一）《县级税务机关纳税服务规范》是两批群众路线教育实践活动整改的重要抓手。在两批群众路线教育实践活动征求意见中，纳税人反映比较强烈和集中的意见，就是纳税服务工作不够规范的问题。省局近年来开展的"一对一"服务纳税人、千户民营企业纳税服务需求调查显示，服务标准不统一，办税流程烦琐、涉税资料重复报送等问题在我省地税不同程度存在，统一服务规范、提高办税效率成为纳税人最大希望。县级税务机关处于税收工作第一线，以县级税务机关为抓手，以纳税人最关心的问题为重点，统一办税标准，规范服务内容，优化办税流程，明确办理时限，努力打造县级税务机关纳税服务规范，解决好纳税服务中存在的问题，就等于抓住了教育实践活动整改的主攻方向和工作重点。《全国县级税务机关纳税服务规范》的出台，响应了纳税人的迫切需求，解决了服务纳税人“最后一公里”问题。全省地税系统上下联动，推行服务规范，将大大促进“为民务实清廉”主题和总局“三个三”要求在税务系统尤其是在基层税务机关深深扎根。

(二)《县级税务机关纳税服务规范》是推进“便民办税春风行动”的重要保障。今年2月份以来，总局启动以“提速减负”为核心的“便民办税春风行动”，分期分批推出了一系列减轻纳税人办税负担、方便纳税人办税的措施。我省地税积极行动，省局印发《关于落实便民办税春风行动若干征管措施的通知》，出台《关于规范简并办税事项推行办税清单工作的意见》，规范8大类384项办税事项，简并涉税流程环节53%，精简涉税资料报送27%，整体办税效能有了很大提高。为把“春风行动”深入持久开展下去，总局汇集各地经验做法，吸纳了许多国家纳税服务的先进经验，形成了1.0版本的《全国县级税务机关纳税服务规范》，彰显了以纳税人为中心、推进纳税服务现代化的理念，总局今后还将有序推出不断升级的《县级税务机关纳税服务规范》，使“便民办税”之路常态化、制度化，推动纳税服务水平的持续提升。

(三)《县级税务机关纳税服务规范》是提升地税部门效率和形象的重要手段。《县级税务机关纳税服务规范》按照“流程更优、环节更简、耗时更短、效果更佳”的原则设计，总计1120条规范，涉及9大类72项212个服务事项。其中包括177条基本规范，103条升级规范。内容清晰、标准明确，通过全景式的展示，既为纳税人提供了清晰详细的办税指南，也为税务干部做好纳税服务提供了操作手册。根据测算，《县级税务机关纳税服务规范》实施后，纳税人报送的资料、办税环节、办税次数、办税时间等平均减少30%以上，有的甚至减少40%以上，尤其是即办事项增加50%以上。可以预见，随着《县级税务机关纳税服务规范》的实施，纳税服务工作将迈入文明规范、便捷高效的时代。在全省地税推行落实好《县级税务机关纳税服务规范》，使规范化服务成为地税部门的一种工作常态、行为习惯和行业风尚，有助于彰显地税人员的专业素养和服务精神，进而树立地税部门的良好社会形象。

二、抓紧抓实，确保《县级税务机关纳税服务规范》全面落实到位

按照总局统一部署要求，《县级税务机关纳税服务规范》从今年10月1日起全面推开。因此，推行工作时间紧、任务重、要求高，全省地税系统要按照总局、省局统一部署，积极行动起来，抓紧抓细抓实，确保按时启动，各项任务落实到位。

(一)加强领导，精心组织实施。《县级税务机关纳税服务规范》涉及面广，是全局性、系统性工程。各级地税机关要高度重视，切实加强领导，精心组织，周密安排。要切实加强领导。省局已经成立“推进县级税务机关纳税服务规范”领导小组并设立办公室，各市、县(市、区)局都要成立推行工作领导小组，一把手任组长负总责，分管领导任副组长具体抓，切实担负起推行工作的主体责任。纳税服务部门要统一牵头协调，政策法规、劳务和财产行为税、所得税、耕地占用税和契税、基金(费)、收入规划、征管科技、电税中心等成员单位要分工负责，密切配合，协同推进，形成齐抓共管的工作格局。要精心组织实施。总局专门下发了《规范试运行任务分解表》，提出了学习培训、文件修订完善、前后台业务衔接、配套完善措施、分级考核督办、总结运行经验等9大类64项具体工作任务，每项任务的时间节点非常明确。省局也印发了《实施方案》，明确了总体思路、主要内容、推进步骤、保障措施等具体要求。各地要按照总局和省局部署，将任务细化到岗、责任到人，有条不紊地安排好推行工作。

(二)加强研学，认真组织培训。总局《县级税务机关纳税服务规范》内容多，标准严，要求细，全省各级地税机关都要加强《县级税务机关纳税服务规范》的研究和学习。省局上周集中人力开展总局《县级税务机关纳税服务规范》和我省地税征管系统操作规范的差异比对工作，编印了“操作手册”，使推行更具操作性。各市、县(市、区)局应进一步加强研究，结合实际抓落实。要切实抓好对税干的培训。推行实施《县级税务机关纳税服务规范》，培训工作不可忽视。今明两天，省局通过视频方式举办培训，目的让大家对总局《县级税务机关纳税服务规范》出台背景、意义、主要内容和省局“操作手册”有个总体的了解，以确保10月1日按时启动。视频培训的效果毕竟有限，各市、县(市、区)地税局要在9月30日前，组织好后续再培训工作。基层的培训，要坚持服务内容学习与业务操作演练相结合，务必让每一位前台工作人员明晰执行标准，把握精髓，确保全面掌握和熟练操作。今后还要作为日常培训的必修内容。要做好对纳税人的培训。《县级税务机关纳税服务规范》的实施直接关系纳税人的办税，总局配合《县级税务机关纳税服务规范》的实施，修订下发新调整的表证单书，各地要依托纳税人学校等方式，对纳税人开展新表证单书填写、办税流程优化等方面的培训。通过及时有效的培训，为《县级税务机关纳税服务规范》顺利实施创造条件，以便更好执行，达到更好效果。

(三)广泛宣传，营造良好氛围。紧密结合第二批群众路线教育实践活动和“便民办税春风行动”，做好《县级税务机关纳税服务规范》的宣传工作，积极营造贯彻落实的良好氛围。要突出宣传重点。大力宣传推行《县级税务机关纳税服务规范》的决策背景、重要意义、具体内容和实施步骤；宣传国家税务总局、省地方税务局等各级领导关于全面实施《纳税服务规范》的指示精神；宣传《县级税务机关纳税服务规范》推行过程中优化流程、创新服务的举措；宣传《规范》推行过程中的先进典型，发挥引领示范作用。要广开宣传渠道，通过地税网站，办税服务厅，电视、报刊等社会媒介、在线访谈、纳税人学校等多种途径，采取行之有效、形式多样、生动活泼的宣传形式，向地税干部、社会各界和纳税人广泛宣传，帮助地税干部提高思想认识，让社会各界和广大纳税人知晓《县级税务机关纳税服务规范》实施的重要意义、方法步骤和服务内容，尤其是每个办税服务厅都要有宣传的内容，努力营造良好的实施氛围。

(四)加强沟通，建立协作机制。推行《县级税务机关纳税服务规范》，需要系统上下沟通、内外协作，共同做好各项措施的衔接工作。要加强前后台的衔接。《县级税务机关纳税服务规范》以纳税人依申请的服务事项为主，对县级税务机关前台服务提出了明确要求。对一些非即办事项和即办后需要转入后续管理的事项，需要加强后台处理对前台服务的支撑。各级地税机关要认真研究，按照《县级税务机关纳税服务规范》整合业务流程，加强前后台业务衔接，根据规范提出的时间以及核对、审核、调查等处理要求，优化调整相关业务处理流程，确保前台高效运转。办税服务厅和税源管理分局要有新的职能定位，加强配合，使前后台业务有序衔接。要协作完善征管信息系统。《县级税务机关纳税服务规范》涉及的服务事项和标准，需要通过完善征管信息系统，才能进行固化，减少人为因素干扰。总局要求各省要完成自有系统需求编写、开发、安装、升级、测试、联调，确保10月8日正常运行。各部门、各单位要密切配合，协作做好信息化配套衔接工作，进一步做好差异比对，及时调整修改征管软件，升级完善安徽地税征管信息系统，以适应《县级税务机关纳税服务规范》的新要求、新变化。

(五)加强督查，务求落地生根。《县级税务机关纳税服务规范》注重加强顶层设计，推行实施的关键在基层第一线，全省各级地税机关要一级抓一级，紧紧抓住《县级税务机关纳税服务规范》实施的目标，切实把各项服务标准落实到位。要强化督促检查。总局明确将落实工作督查作为群众路线教育实践巡回督导组的任务之一，并将在《县级税务机关纳税服务规范》运行期间开展明察暗访。全省各级地税机关要把督查工作贯穿于《县级税务机关纳税服务规范》推行的全过程，明确责任。对行动迟缓、落实不力的单位和部门，进行通报批评，直至追究有关领导责任。要研究制定《县级税务机关纳税服务规范》推行工作考核办法。下一步,总局将把《县级税务机关纳税服务规范》列入绩效考核指标体系,各级要建立奖惩机制,激励鞭策,奖勤罚懒,充分调动广大地税干部的工作积极性,确保《县级税务机关纳税服务规范》按时按质按量落地生根。

三、认真学习,以饱满精神状态完成培训任务

一要端正学习态度。《县级税务机关纳税服务规范》的内容涉及依纳税人申请的所有业务,涵盖征管、税政、法规、服务等多个方面,培训内容多,学习任务重。参训的全体同志肩负着推行和落实《县级税务机关纳税服务规范》的重任,要高度重视,端正态度,认真学习,吃透精神,把握要领。

二要严格遵守纪律。省局培训主会场由纳税服务处负责,各市、县(市、区)局培训分会场由纳税服务科、股负责,实行签到备案制度。希望参加培训的全体同志要严格遵守作息时间,不迟到、不早退。

三要集中精力学习。全体参训人员要排除干扰,以饱满的精神状态投入到学习中,认真听讲,入脑入心,力争在有限的时间里学有所获,为全面推行纳税服务规范打好基础。

同志们,推行《全国县级税务机关纳税服务规范》意义深远,责任重大。全省地税系统要坚持组织收入和推行规范服务两手抓、两促进,坚持高标准、严要求,为推进我省地税纳税服务工作再上新台阶而努力奋斗!

安徽省地税局副局长洪晓建
在《安徽地税》内刊宣传工作会议上的讲话

(2014 年 11 月 14 日)

今天把大家召集来,召开这个座谈会,主要任务只有一个,就是集思广益,认真总结近年来《安徽地税》办刊的成功经验,找出差距和不足,商讨研究进一步巩固加强全系统这块宣传主阵地的新思路、新方法,共同推动《安徽地税》刊物质量和编辑工作水平不断迈上新的台阶。有关议题,郭宝同志之后将在会上作具体说明。希望大家在座谈时知无不言,言无不尽。下面,我先讲三点意见。

一、准确定位,不断创新,《安徽地税》办刊质量稳步提高

近年来,《安徽地税》坚持办刊宗旨,紧紧围绕省局中心工作和系统业务需求,准确定位,精心策划,把握导向,突出重点,贴近工作,加强服务,受到了系统上下的充分肯定。归纳起来,主要有以下三个方面的特点:

(一)博采众长,形成特色。环视当前,各类税务杂志林立,其中不乏优秀者,其风格、内容都让人耳目一新。翻阅这些杂志,常有如坐春风之感。相比较而言,《安徽地税》虽然在版式设计上朴实无华,但在栏目设置上却精密周到,不输他人。尤其是"新闻立刊"的办刊思路,在同类刊物中并不多见,成为《安徽地税》的一大特色。所谓"新闻立刊",就是在刊物中更多地设置新闻类的栏目,把系统内外发生的各类涉税新闻及时报道出来。在《安徽地税》的 12 个常设栏目中,与此相关的栏目就占到 5 至 6 个,如"重点报道"、"一线巡礼"、"动态反映”、“图片新闻”、“天下税事”等，比重近一半，形成了“刊中有报”的特色，刊物的新闻含量非常丰富。我认为，这种特色的形成，既与宣传中心的负责同志以及编辑人员曾经从事过新闻工作的经历有关，也与他们善于采百家之长来补己之短的谦虚好学精神有关，当然，与他们对税收宣传工作的执着追求更是分不开。翻开一本杂志，鲜活的东西迅速映入眼帘，就能紧紧抓住读者的眼球，就能引发更多的关注，这就是新闻的魅力所在。《安徽地税》做到了这一点，值得充分肯定。

（二）创新形式，适应需求。关门办刊犹如闭门造车，打开门才能呼吸到新鲜空气，才能承接地气，蓬勃生机。作为内刊，《安徽地税》虽然没有市场竞争，但要办好它，也不能因循守旧，四平八稳，否则便了无个性，老气横秋，使广大读者对它失去新鲜感和“胃口”。为此，在省局党组的大力支持下，宣传中心打破常规，喊出开门办刊这一口号并付诸实践。近几年，《安徽地税》与省局法规处、稽查局相继合办了《人物彩照》、《法规专递》、《稽查之窗》等长期性栏目；与省局办公室、政治部、征科处、所得税处、监察室等合办了“税收宣传月”、“人物彩照”以及现代化分局建设、党风廉政建设等专题征文栏目；同时还应基层单位的要求，开辟了“地方专版”等栏目；目前正分别与省局办公室、信息中心合办“安徽地税成立20周年征文”、“信息化应用提升年征文”等栏目。这种开门办刊、广泛参与的做法，既满足了刊物对稿源的需求，扩大了选稿、用稿的空间，有利于提高刊物质量，有利于宣传与实际工作相结合，解决两张皮的问题，又能赢得系统上下的关心支持，有利于增强大家对《安徽地税》宣传工作的认可度。

（三）把握导向，突出重点。税收工作虽然千头万绪，但总有阶段性的任务和侧重点。部门和基层需要抓哪些工作、怎么抓，光靠发文件肯定不行。任务需要分解，政策需要解读。每个人对事物的认识程度不同，积极而有效的宣传引导，对于统一认识，提高执行力，推动工作开展，大有帮助。创刊以来，《安徽地税》作为省局指导系统工作的重要宣传载体，认真贯彻落实省局党组的决策部署，围绕重点工作，牢牢把握正确的舆论导向，很好地发挥了“喉舌”的作用。特别是近年来，围绕学习贯彻党的十八大精神和开展党的先进性教育、群众路线教育实践活动等重要宣传题材，《安徽地税》相继拿出大量版面，开辟专栏，集中刊发相关报道和宣传文章，营造浓厚的舆论氛围，积极引导广大税干投身其中，产生了良好的导向作用。与此同时，围绕新税收征管法的颁布实施、财税体制新一轮改革、“营改增”试点和推行绩效管理等重点工作和热点问题，有针对性地组织有关领导、专家撰写刊首寄语、政策解读、理论探讨、工作研究等文章，全方位、多层次地加强地对系统工作的宏观指导和政策引导，受到省局领导同志的肯定。另外，为了更好地贴近工作，服务一线，《安徽地税》近年把宣传重点向基层进行倾斜，加强了实用性、针对性，如“业务探讨”、“税干在线”等栏目，广大基层税干对此非常欢迎，投稿踊跃。

但是，我们也要看到，《安徽地税》目前依然存在一定的不足。如版式设计比较平淡呆板，有些文章编排略显粗糙，文字校对时有错误，栏目设置更新较慢，专题策划报道缺乏等等。虽然瑕不掩瑜，但读者对于这些问题，包容度是有限的，希望编辑人员在今后的工作中，力争做到尽善尽美，让大家挑不出“刺”或少挑出一些“刺”来。

二、着眼大局，顺势而为，进一步发挥《安徽地税》宣传主阵地的作用

《安徽地税》从创刊到现在，已经出版了141期，当中虽然经历了一个重大的转折，由公开出版到对内发行，但是作为省局机关内部主要出版刊物，在传递省局重要决策部署、指导全省地税工作、反映地税工作动态、展示地税工作成果、交流地税工作经验、传播地税文化等方面，一直发挥着重要的作用，其主要功能始终未变，是全省地税宣传工作名副其实的主阵地。这一点毋庸置疑，大家在工作中应该能深刻认识和体会到。

(一)发挥"喉舌"功能,提高话语权力。在前不久召开的全国税收宣传工作会议上,总局领导强调,要围绕税收工作大局,着眼于把握话语权、增强影响力、扩大覆盖面,进一步整合资源,创新形式,用好载体,讲好税务故事,唱响税务主旋律,传播税务正能量,为深化税收改革、实现税收现代化营造良好的舆论氛围,持续做出新的、更大贡献。在这次会议的讲话里,总局领导特别提到了"话语权"和载体的问题,这对于我们来说,启发很大。所谓"话语权",简而言之就是说话权,即控制舆论的权力。话语权掌握在谁手里,决定了社会舆论的走向。从特定意义上讲,税收工作的话语权应该主要由税务部门来把握,这对于税务部门树立良好的社会形象良、营造良好的税收环境至关重要。说话离不开喉舌,舆论离不开载体。《安徽地税》得天独厚,话语权优势明显,我们应该把它用好。在这里我要特别强调一点,就是我们不能把目光只停留在《安徽地税》是"内部刊物"这个属性上。因为现在《安徽地税》不仅系统上下人手一份,同时还要向当地党委、政府、人大、政协、纪委分管领导和驻地省政府政风监察员等单位和人员赠阅。外界可以透过《安徽地税》的字里行间,清楚地看到全省地税系统的一言一行、一举一动,可谓"窥一斑而见全豹"。这些年社会各界对全省地税工作给予了良好的评价,《安徽地税》作为主要宣传载体之一,应该说在其中发挥了积极的舆论导向作用,功不可没。

(二)加大税收法制宣传,为依法治税"鸣锣开道"。刚刚闭幕的十八届四中全会提出了"科学立法、严格执法、公正司法、全民守法"的十六字方针,为我们描述了依法治国的新蓝图。具体到税务行业,就是要"依法治税"。近年来,省局党组一直把加强税法宣传作为全系统依法治税、改进税收管理与服务工作的重要途径,作为加强全系统干部队伍建设、树立良好税务部门形象的重要手段。因为不对外公开发行,一般纳税人接触到《安徽地税》的机会不多,所以今后在栏目设置、文章选择上,《安徽地税》应更多地倾向于特定的读者群,注重提高税收法制宣传的针对性和有效性。一要以基层一线税干工作需求为导向,注重引导他们学好法用好法。要通过开设有关栏目,加强对税收程序法、实体法以及税收管理制度等方面的宣传,达到规范税收执法行为,化解税收执法风险,提高执法能力和效率的目的。二要以各级党政领导干部为对象,重点宣传税收在经济社会发展中的职能作用及依法治税的要求,争取他们对地税工作的支持。三要讲求时效与实效性。对于"税收宣传月"等活动要及时跟进;对于各项涉税法律法规和政策的出台,要及时宣传并进行解读。四要营造浓厚的依法治税舆论氛围。要用各种方式,大力宣传报道全省各级地税部门依法治税的做法、经验,向社会各界充分展示地税部门依法治税的成果,为依法治税奠定良好的社会基础。

(三)加强税收文化宣传,为地税建设注入正能量。文化的力量强大无比,先进的文化会促进各项社会事业繁荣发展。对地税事业而言,同样如此。近年来,全省地税系统在构建"三和"地税方面取得了突破,并因此获得了省政府的表彰。"三和"地税作为行业创建的一个品牌,已经从地税走向了社会。我们应该看到,当前社会存在多种思潮,有积极的,也有消极的,如果我们正能量不足,负能量就会增长,就会导致工作消极被动。《安徽地税》要在传播正能量上走在系统的前列。要通过对"三和"地税建设中涌现出来的先进典型事迹的宣传报道,广泛宣传爱岗敬业、公正执法、诚信服务、廉洁奉公的地税精神风貌,积极引导广大税干树立健康的文化理念、正确的价值取向、崇高的发展愿景,让清风正气在全系统不断回荡。同时,还要大力宣传地税部门深化改革、创新管理、优化服务、推进税收现代化建设的生动实践,让全社会都能理解并关心、支持地税工作,从而推动全省地税事业健康发展。

三、牢记责任,不断进取,努力办好《安徽地税》

当前,随着新一轮税制改革的到来,地税工

作任务日益繁重,税务干部的思想变化也更加活跃,税收宣传工作面临新的格局。如何不负省局党组的厚望,办好《安徽地税》,使其持续发挥宣传主阵地的作用,为推进全省地税工作提供强有力的精神动力和舆论支持,是包括我们在座各位在内的有关同志,都要认真思考的一个问题。我认为,今后一段时期,要办好《安徽地税》,须在以下三个方面多下功夫:

(一)增强责任意识,不断加强编辑工作。现在流行一句话叫"态度决定一切",没有责任感的人,通常办不好事,甚至把好事办砸,这样的例子不胜枚举。前面所提到的刊物存在的不足,或多或少与此有关。办刊作为一项严谨的工作,需要有高度负责的精神才能胜任。受制于现有条件,我们不苛求编辑人员不能犯错,关键在于编辑人员自己的状态不能松懈,要自我加压,以办好杂志为荣,这样才能办出合格的刊物,让领导放心,让读者满意。除了上述的责任感,我认为编辑人员还要全面提升素质。人们常说,要给别人一瓢水,自己得有一桶水才行。从事税收专业杂志编辑工作,除了思想政治觉悟和业务素质要高,同时还要具备一定的税收专业知识,要掌握一定的法律法规和政策,这就要求我们编辑人员在日常必须投入更多的精力,用来学习知识,提高本领。只有素质全面提升了,思想水平达到了一定的高度,我们才能真正把《安徽地税》办出风格、办出品位来。

(二)增强协作意识,不断提高通联水平。众人拾柴火焰高,做任何事,协作配合得好,往往事半功倍。在座的各位同志,在单位都兼负文字宣传工作,算得上是系统内的"笔杆子"。你们既是《安徽地税》的读者,又是《安徽地税》的作者,你们当中有的同志还亲眼见证了《安徽地税》的办刊历程并给予了大力支持,《安徽地税》取得的每一个进步,应该说都有你们的功劳。《安徽地税》创刊时,系统内有一个通联队伍,在座的同志有的可能就是当时的通讯员之一。后来由于客观原因,刊物属性变了,通联队伍的建设受到了影响,通联人员由"正规军"转为"游击队",但基本骨干还在。我们要充分发挥这些骨干的作用,提倡他(她)们多为《安徽地税》撰写好的新闻稿件和文章,为自己的宣传主阵地输送更多的"炮弹"。我认为这样做可以一举多得:既宣传了本单位、本部门,又锻炼了自己的笔头,增长了文才,同时还能为本单位的绩效管理增加分值。大家何乐而不为呢?关于今后要不要重新建立通联队伍,我建议大家在座谈时可以充分讨论。

(三)增强学用意识,不断增加《安徽地税》吸引力。为办好《安徽地税》,省局投入了一定的人力、财力、物力,确保系统税干人手一份。同时省局还专门下发通知,要求各单位、各部门将《安徽地税》列入本单位的日常学习计划,抓好税干的学刊用刊工作,并加强学习指导和监督工作。通知精神有没有真正得到落实,有没有在收到杂志后便将它束之高阁,大家在座谈中可以反映,但最好把原因说清楚,以便宣传中心进一步改进有关工作。之所以强调这一点,是因为一本杂志、一篇文章,编得再好、写得再好,没人去读,编辑和作者下的功夫再深也是枉然,杂志的指导性和桥梁纽带作用当然也无处发挥。对这种"落花有意流水无情"的现象,我们要有则改之无则加勉。我要告诉大家一件事,就是汪建国局长对《安徽地税》基本上做到每期必看,并且经常就有关稿件的处理向郭宝同志提出自己的看法和建议。我作为分管领导,对每期《安徽地税》的清样,也是认真审阅。在此,我希望在座的同志要做学好用好《安徽地税》的带头人,不仅自己学好用好,还要带动周围和单位的税干学好用好《安徽地税》。做到了这一点,《安徽地税》的吸引力自然就会增强,《安徽地税》编辑人员的办刊积极性就会更加高涨。

勇于进取者,永远长生!同志们,省局党组对办好《安徽地税》寄予厚望,广大税干对办好《安徽地税》充满期待,我们要以更加昂扬的斗志、饱满的热情,积极进取,勤奋工作,不辱使命,为推动全省地税事业发展作出应有的贡献。

安徽省地税局副局长胡春武
在全省地税系统财务管理工作会议上讲话

(2014年2月12日)

一、2013年财务工作取得新成效

(一)预算管理进一步加强。预算编制注重质量。召开市局主要领导、分管领导参加的预算编制会议,汪建国局长作重要讲话,统一思想认识,布置预算编制工作。更新部门预算基础信息,组织开展项目资金清理,夯实预算编制基础。改进预算编制方法,开展重点项目评审论证。大幅提高市、县局公用经费综合定额标准和公务用车运行维护费单项定额标准,提高履职保障水平。细化分解现代化分局补助、税务津贴调标和基本建设等经费预算,提高预算编制准确性和到位率。预算执行进度注重均衡。加大考核力度,明确执行责任。按月分析、通报预算执行进度,开展预算执行会商,加强沟通协调,及时解决预算执行中存在的问题。强化预算执行分工联系人制度,加强日常督导。2013年,剔除年底安排预算因素,预算执行率达到99.5%,预算执行均衡性好于往年。绩效评价工作取得积极进展。开展全省地税系统信息安全升级改造项目、现代化分局专项补助项目绩效评价。完善绩效评价指标体系,跟踪项目实施进度;邀请财政厅相关部门作指导,认真开展绩效自评,为扩大绩效评价范围积累经验。省局加强预算管理的做法得到了省财政厅的充分肯定,在全省2014年部门预算编制工作会议上作了经验交流。

(二)经费保障能力不断增强。主动应对经费政策调整。准确研判形势,制定多套方案,分析权衡利弊。及时召开部分市局座谈会,约谈部分结余较大市的分管负责人,统一认识,集思广益。主动与省财政厅协商制定新一轮地税系统经费政策。开展基本存款账户资金清理,摸清资金存量。积极主动地与财政厅会商,反映实际情况和困难。经地税系统上下共同努力,得到了省财政厅的支持与理解,市、县局基本存款账户资金暂不纳入省财政厅统管。优化资金投入。坚持保运转、保重点和向基层、向征管、向困难地区倾斜原则。按公用经费综合定额的5%压缩一般性支出,将更多资金投入税收征管、纳税服务等核心业务,重点保障数据大集中项目建设资金需求。此外,积极争取中央财政专项补助经费;及时结算政策性经费和抚恤经费。

(三)财务信息公开稳步推行。有序开展预决算和“三公”经费公开。明确公开主体、程序、职责,建立公开信息审核、监控机制。按季报送“三公”经费相关情况,分析“三公”经费支出水平,严格控制“三公”经费。积极推行财务信息公开。总结基层分局财务公开试点经验,逐步扩大财务公开试点范围,试点对象由基层分局扩大到县区局,公开内容由部分经济事项扩大到全部财务收支。夯实财务工作基础,控制关口前移,确保会计信息真实、准确,为财务信息公开奠定基础。

(四)基本建设管理更加严格。停止新建楼堂馆所。按照中央和省部署,布置开展停止新建楼堂馆所和办公用房清理工作。严把意向核准关,开展楼堂馆所建设情况自查和重点检查,协调地方政府督促整改违规行为。推广运用基本建设管理信息系统。选择宿州、安庆市

局试点，定期收集试点运行中存在的问题并及时研究解决。11月份组织开展了软件运用培训，全面推广运用软件。

（五）财务管理制度不断完善。印发财务公开暂行办法。以制度规范财务公开行为，以公开强化监督制约，以公开倒逼财务管理。印发财务工作会商制度。明确会商内容和重点，规范会商形式，固化会商程序。据统计，去年以来，省局开展了30余次内部和外部会商，有效增进了沟通，推动了预算执行，提升了工作效率。制定全省地税系统公用经费综合定额。对公用经费综合定额标准、使用范围、预算编制方法等作了具体明确规定，为预算精细化、规范化管理奠定基础。修订印发省局机关财务审批制度。完善审批内容，简化审批手续，规范审批流程。

（六）财务工作基础持续巩固。规范经费会计核算。严格遵循行政单位会计制度，适应财政财务改革要求，准确组织会计核算，深入运用会计核算软件，提高会计核算质量。分批开展财政集中支付电子化管理试点工作。推进财政直接支付无纸化改革，规范集中支付业务，防范资金支付风险，提高资金支付效率。《中国财经报》对省局试点工作进行了报道介绍。积极做好非税收入清算和票据年检工作。布置开展非税收入票据年检工作。配合省财政厅非税局对宣城、铜陵、安庆、阜阳等市局非税收入票据开展重点抽查。省局非税收入票据管理工作得到了省财政厅非税局的肯定。此外，还配合审计署南京特派办做好财政存量资金专项审计调查工作。

（七）财务队伍建设日益加强。工作作风改进。省局财务处在群众路线教育实践活动中，加强学习，提高认识。广泛征求系统意见、建议，收集改进工作意见建议46条。认真查摆“四风”方面存在的突出问题，开展批评与自我批评，制定针对性措施，切实整改，在向基层倾斜、提高定额标准和财务会商等方面取得了积极成效。培训力度加大。广泛征求培训内容、方式的意见、建议，调整优化培训方案。举办财务管理研修班和财务知识更新培训班，阜阳、安庆市局组织开展国库集中支付专题培训，邀请国库支付中心专业人员授课，有力地推动了工作的开展。

过去的一年，省局荣获预算管理综合考评一等奖，位列省直单位前列；非税收入票据管理、部门决算也受到财政厅通报表彰。汪建国局长批示：“财务处预算管理工作成绩显著，获得表彰，特表示祝贺，并向财务处的同志们表示感谢！”

在看到成绩的同时，我们也应当清醒地认识到工作中还存在一些问题和不足。主要表现在：干部职工对财政改革的新形势和财务管理的新要求普遍认识不足，部分领导干部认识不到位；人少事多的矛盾突出；编实编准预算还需努力；财务管理水平与当前形势要求存在差距等等，这些问题和不足有待在今后工作中认真研究，着力解决。

二、当前财务工作面临的形势和任务

2014年，在全面深化改革的大背景下，财务工作面临复杂纷繁的形势：从宏观形势看，一是预算更加规范、透明。《中共中央关于全面深化改革若干重大问题的决定》指出：“改进预算管理制度。实施全面规范、公开透明的预算制度”。预算的完整性、透明度显著增强。二是厉行节约政策更加严格。中央印发《党政机关厉行节约反对浪费条例》后，与之配套的因公出国经费、公务接待经费、差旅费、会议费等细化管理办法不断出台，厉行节约政策将发挥强有力的约束作用，财政供给经费规模将进一步压缩。三是部门预决算和“三公”经费公开将成为常态。2013年省级42个部门（包括省局）已公开全口径的预决算，今年将推进到市、县级，公开的内容也将细化。四是盘活存量资金是硬要求。根据规范预算管理的要求和趋势，要进一步盘活存量，把闲置、沉淀的财政资金用好，集中有限资金用于稳增长、调结构、惠民生的重点领域和关键环节；用改革的办法推动用好有限的增量资金，把闲置的存量资金清理出来，盘活用好。从财政举措看，一是财政改革措施频出,部门预算、国库集中支付等改革进一步深化,财政资金统管步伐加快,收支管理趋于严格,管理日益规范,支出难度加大。二是新的经费政策实施后,按税费收入规模计提的征管手续费取消,省级财政供给经费比重大幅上升。绝大部分支出都要通过国库集中支付,规范管理任务艰巨。从地税系统自身看,一是经费结余过多,在省直部门中居于前列,消化结余任务艰巨,并加大了争取经费难度。二是理财观念、财务管理水平与财政改革要求还有差距,理财能力与形势要求矛盾突出。长期以来,两个渠道供给经费,使得市、县局都有一块可观的“自留地”,何时使用、怎样使用及使用多少都可自主决定。实行新的经费政策后,政策调整倒逼财务管理,财务管理决定经费保障。

面对新的形势、新任务,做好财务工作,发挥财务工作保障职能,必须做到:

(一)切实转变理财观念。形势变化日新月异,财政改革不断深入。财务管理工作要经得起“晒”、通得过“审”、受得住“查”,就要强化三个观念:一是预算观念。先有预算,后有支出,严禁超预算或者无预算安排支出。在原有经费供给体制下,预算未能发挥应有的约束作用,实行新的经费政策后,能否保障供给、满足需要,不仅受制于财政供给经费总规模,而且还取决于我们的财务管理水平。二是绩效观念。“家有余粮,心中不慌”曾是地税系统的传统理财观念,已与形势要求不相适应。我们的资金来源于纳税人,结余沉淀的资金未能充分发挥应有的效益,就是浪费。全部资金实行财政统筹统管是必然趋势,而且在不远的将来就会成为现实。支出预算要注重绩效。未来绩效预算将会扩大到所有运用财政资金的事项,我们要从思想上提前做好准备。三是“节俭”观念。奢靡之始,危亡之渐。厉行节约既是建立廉洁政府、节约型机关的客观要求,也是新时期做好财务工作必须坚守的原则。

(二)始终坚持依法理财。财务管理工作必须在法律、法规、规章制度的框架下运行,从收入角度看,收入要合法。要防止一种倾向,即上划各项征管手续费后,基层分局违规向各级财政争取经费方式回潮。全部收支纳入预算后,经费自由支配空间缩小,在预算不准、资金难用的情况下,要严防违规争取经费行为。严禁私设“小金库”。从支出角度看,要合法合规。各项支出必须符合财经法规、制度,必须满足国库集中支付及政府采购的程序要求。

(三)不断创新体制机制。财务管理工作要与时俱进,不断拓宽思路,建立科学完整的财务管理体制机制。在全口径部门预算管理下,一方面要实现“财政”与“财务”深度融合。在现代财政制度下,预算单位财务管理任务是通过预算编制、执行来实现的,既要满足地税事业发展需要,又要体现、适应财政改革和财政政策的变化。经费供给体制变化后,如何将上划资金拿到手、使用好,需要我们开动脑筋。要善于分析财政政策走势及对财务工作影响,未雨绸缪,不断创新,提高财务工作的应变能力。另一方面要抓好“业务”与“财务”的有机结合。要增强创新意识,运用辩证思维,提高工作预见性和前瞻性,有效协调好预算前置与业务滞后矛盾。当前重点是研究探索地税系统有效实施政府购买服务工作,要吃透省政府关于政府购买公共服务实施意见精神,拓宽思路,从满足地税事业发展需要、优化支出结构出发,上下联动,积极探索,选准项目,做好可行性论证,积极推行政府购买服务工作。

三、群策群力做好2014年地税系统财务工作

2014年,财务工作的指导思想是,以党的十八大和十八届三中全会精神为指引,认真贯彻全省地税工作会议和全省财政工作会议部署,始终围绕中心工作,紧紧抓住预算管理“龙头”,大力推进财务管理现代化,迎难而上,开拓创新,切实提高服务大局、服务征管、服务基层水平,为实现税收现代化目标提供财力保障。

(一)以强化宣传为突破口,积极营造深化改革氛围。思想是行动的先导。在纷繁艰巨的改革形势和任务面前,做好宣传引导工作,冲破思想观念的束缚非常重要。要大力宣传财政和财务管理改革形势。《中共中央关于全面深化改革若干重大问题的决定》指出:“财政是国家治理的基础和重要支柱”,“全面深化改革的总目标是完善和发展中国特色社会主义制度,推进国家治理体系和治理能力现代化”。各级领导和干部职工不仅要从业务角度认识深化财政财务改革是建立现代财政制度的必然选择,更要从政治的高度认识财政财务改革的必然性、重要性和紧迫性。当前迫切需要大力宣传财政财务改革措施,尤其是厉行节约相关规定、预算刚性约束和监管机制、预决算及“三公”经费公开、国库集中支付、经费政策调整等内容。只有认识到位、思想统一,才能达到知晓、理解、重视、支持、参与改革目的,才能营造良好理财氛围。要大力宣传顺应改革的辩证思维。一要应变,顺势而为,在变革中谋发展,决不能抱残守缺、因循守旧。二要善变,主动作为,谋划变的方向,把握变的尺度和节奏,去争取最有利的结果。三要“不变”,坚持依法理财不变,严肃财经纪律,经得起内、外部监督和实践的检验;坚持最大限度的保障地税事业发展、维护干部职工合法利益不变。要大力宣传主动服务改革大局。财务工作要发挥职能作用,通过预算安排、制度保障、财力配置等措施,服务地方税税制改革、征管改革,支持信息化建设,切实保障依法行政。

(二)以提质增效为目标,推进预算管理科学化。编实编准部门预算。开展预算编制工作调研,广泛征求意见,优化预算编制方案,提高经费保障水平。主动适应经费政策变化,增强预算编制的前瞻性和可持续性,科学编制全口径部门预算。统筹谋划,盘活存量,提高资金使用效率。引入项目预算评审论证机制,扩大项目选择和资金覆盖面。继续强化预算执行管理。坚持“先有预算,后有支出”原则,严格按支出经济科目执行预算。硬化预算约束,从严控制预算调整,严格控制向下属单位转款。巩固联系人制度,落实执行责任。严格采购预算执行管理,实现应采尽采。加强部门协作和财务会商,解决实际问题,畅通执行环节。加强执行情况分析,实施动态监控。定期通报执行进度,加大考核力度,提高预算执行率。推行预算绩效评价。逐步扩大项目预算进行评价范围,建立符合地税实际的预算绩效评价指标体系,不断提升预算管理科学化水平。

(三)以完善落实制度为重点,促进日常管理规范化。健全财务管理制度。探索信息技术支撑下的财务管理新机制,提升管理水平。制定结转结余资金管理办法,明确消化结余资金的“路线图”和“时间表”。全面实施《行政事业单位内部控制规范》。制订实施方案,建立具有地税特色的内部控制规范,寓防患于日常管理之中,防范财务风险。推广运用基本建设管理信息系统。对基本建设项目实行动态监控。严格贯彻落实中央、省委省政府各项规定,一律停止新建楼堂馆所,加强在建项目过程监控,严格控制投资规模,杜绝超标准装修。

(四)以落实政策为契机,推进收支管理精细化。落实新的经费政策。开展调研,准确掌握经费需求,研究制定上划经费分配方案,统筹做好经费保障工作。及时跟踪问效新政策落实情况,加强分析研判,妥善应对政策实施中存在的困难和问题,主动沟通,积极协调。组织实施地税部门购买社会公共服务。建立上下联动机制,切实做好发票印制等项目购买服务工作。继续探索政府购买公共服务新举措,优化预算资金投向,促进地税事业发展。严格支出管理。落实《党政机关厉行节约反对浪费条例》,坚持从严从简、勤俭办事,严控“三公”经费支出,努力降低行政成本。从源头上严格控制,在审批上严格把关,在支付时严格审核。

(五)以会计核算为基础,实行财务信息公开化。准确核算会计信息。全面推行《行政单位会计制度》,准确组织会计核算,不断提高会计信息质量。建立定期财务分析制度,强化分析结果应用,完善相关支出开支范围和标准,持续降低行政成本。推进预决算与“三公”经费信息公开。坚持“依法合规、积极稳妥、真实易懂”原则,加强组织领导,提高思想认识,明确公开内容与形式、统一公开口径,稳步、有序推进部门预决算和“三公经费”信息公开。深入推进地税系统内财务公开。贯彻地税系统财务公开暂行办法,深入推进财务公开。以财务公开保障职工知情权、参与权,以公开保障收支规范,促进管理,防范风险。

(六)以业务培训为抓手,推动财务队伍专业化。配齐配强财务人员。各级地税机关要高度重视财务工作,将业务能力强、敬业负责、思想品德好的同志选拔调配到财务管理队伍。要根据工作需要,按照内控制度要求,合理配置财务人员,县区局至少配备2名财务人员,确保财务工作顺利开展。有针对性加强业务培训。坚持理论学习与实务操作相结合,注重培训质量。坚持培训与需求相结合,注重培训效果。坚持多渠道学习培训,鼓励自学。拓宽财务人员知识面,培养专业型、应用型人才。发挥人才库带动作用。要有计划地安排财务人才库成员参与系统财务重点工作,开展岗位锻炼,组织业务交流,提升人才库成员工作能力。加强廉政建设和作风建设。加强对财务干部廉洁自律教育与监督,进一步增强廉洁自律意识。践行群众路线,改进工作作风,着力增强宗旨意识、大局意识、责任意识,办实事,求实效。

四、关于新的经费政策

经省政府同意,从2014年起,调整地税系统税收经费相关政策。在政策调整过程中,省财政厅领导和预算处、政法处、采购处等部门给予我们以充分理解和大力支持。主要内容:一是征管手续费上划。全省地税系统征管的各项税费手续费上划省级财政。二是支出统一供给。全省地税系统的人员经费、公用经费和税收征管专项经费等全部由省财政按省级统一政策安排。三是规范预算管理。市县政府对地税部门的各种奖励,原则上用于弥补税收征管经费不足。进一步加强结转结余资金管理,切实减少结转结余资金规模,充分发挥资金使用效益。

要正确认识正面宣传。地税系统经费政策调整具有必然性。地税机构成立以来,经过历次经费政策调整,统一、规范、透明的经费政策逐步成型。同时,要看到政策的积极效应。新的经费政策,有利于依法征税,提高执法规范性和公正性;有利于集中财力办大事,夯实税收现代化的基础;有利于队伍建设,保持税务部门的良好形象。

要加快消化结余。制定消化结余方案,建立结余消化分析、监控机制,盘活存量资金,提高财政资金使用效率。要分期、分级明确结余消化目标,根据结余规模和结余消化进度,分类确定经费政策,统筹使用资金。

要调动两个积极性。省局加大向省财政厅经费争取力度,争取总量,细化预算项目,把好预算关口,力求取得来、用得完。经费供给水平相对较低、结余较小的市、县局,要不等不靠,坚持两条腿走路,争取经费总量,优化结构,提升经费保障水平。

安徽省地税局副局长胡春武
在全省地税系统推进税收风险管理座谈会上的讲话

(2014年6月26日)

同志们:

这次会议主要任务是结合扩大风险管理平台试点,研究布置下一步推进税收风险管理工作,进一步深化征管改革。刚才,试点单位介绍了做法，进行了软件演示，大家在认真学习后，明确了下一步的打算，提出了不少建设性的意见和建议，很有效果。下面，我讲三点意见：

一、近年来税收风险管理工作成效明显

近年来，全省地税系统认真探索税收风险管理工作，各地均有不同程度的突破。各层级税务干部认识普遍提升，思路逐步明晰，纳税评估和管理监控工作从无到有，逐步深入和规范，一批专业人才在实践中锻炼和成长，积累了宝贵的工作经验。特别是2013年下半年开始，省局提出同步推进纳税遵从风险和税收执法风险管理，集中组织力量建设新的风险管理平台，积极开展平台试点运行，为深入推进全省税收风险管理工作奠定了较好的基础。

*一是税收风险管理探索实践形成特色。*纳税遵从风险管理方面，我们立足现有条件和工作现状，从支持和推广铜陵市局开发的初步纳税评估软件入手，探索推进覆盖重点税源和重点行业的专业评估试点，逐步建立起相关的评估模型和指标体系。截至去年年底，全省纳税评估达到7.2万户，排查风险点35.5万个，评估入库税款13.5亿元。税收执法风险管理方面，2012年下半年起开始在蚌埠市局试点执法风险的管理监控。2013年，省局着手建立管理监控模型，初步形成包含141个指标、涉及11个业务域的指标体系。

*二是涉税信息交换和共享取得突破。*近年来，第三方涉税信息在税收风险管理中的作用不断凸显，全省各地积极开展相关工作，11个市建立了“政府领导、部门参与、信息共享”机制，搭建涉税信息交换平台。初步统计，2013年全省利用第三方涉税信息入库地方税收40.3亿元。经过近一年的努力，省政府将于近期下发《安徽省人民政府关于建立涉税信息交换与共享机制的通知》，为各地有效开展工作提供强力保障。

*三是建立高标准的风险管理系统并且试点运行。*引进总局金税三期决策支持系统架构，突出安徽地税风险管理实践特色，建立起包括遵从风险管理系统和管理风险监控系统在内的综合性风险管理平台。目前，纳税遵从风险管理系统中已有14个行业模型，173项指标，税收行业的覆盖面达到75%以上；管理风险监控系统中已经有监控指标82个，覆盖各税收管理环节。

2013年底，纳税遵从风险管理系统在铜陵、蚌埠市局和合肥市涉外分局投入运行，选择税源相对集中的房地产和建筑安装两大行业，发起2012年和2013年1－9月的全面风险识别，确定问题企业118户，评估入库税款5063.41万元；发现疑点351个、确认疑点183个，模型总体有效性达到52%。同时，管理风险监控系统于去年底在蚌埠市局试点运行，截至今年一季度共试运行上线指标58个、发现实际疑点25483个，共推送疑点6258个、应对4022个、确认3498个，疑点指标模型验证的有效性达到86.97%。这些前期试点单位，克服了很多困难，付出了大量艰辛努力，取得了积极成效，为全省下一步推广工作积累了经验，奠定了基础。

*四是风险管理人才队伍逐步壮大。*近几年的创新实践过程中，试点单位大胆尝试，成立专门工作机构，建立了工作机制，很多非试点单位也主动作为，积极探索，为专业化的风险管理人才成长创造了条件。省局坚持“以干代训”、“以干育才”的思路，集中组织系统部分人员，攻坚克难、不断进取，逐步培养起一批专业化骨干人才，为下一步深入推进税收风险管理提供了智力支撑。

二、进一步深化对税收风险管理的认识

（一）推进税收风险管理是税务部门转变政府职能的必然选择

十八届三中全会明确了加快转变政府职能的改革任务。当前，新一届中央政府正以行政审批制度改革为突破口，加快推进政府职能转变。国家税务总局为深入推进行政审批制度改革，年初主动公开87项行政审批权力清单，并提出要改革管理方式，总的要求是变事前审批为加强事中、事后监管，推进风险管理是适应这一趋势的必然选择。

一方面,推进税收风险管理,体现了税务部门转变政府职能的基本要求。加快转变政府职能,建设服务型政府,是政府改革的基本要求。对于税收管理来说,就是要突出纳税人的主体地位和作用,税收管理工作导向要从强制性管制向引导、促进纳税遵从转变。税收风险管理在强调纳税人自主申报纳税的权利和责任的基础上,通过一系列方法和手段,识别税收风险,予以提醒和纠正,给纳税人自我纠偏、纠错的机会,从而最大程度调动了纳税人的自主纳税意愿,保障了纳税人的主体地位。这种管理方式,从税务部门对纳税人单向的监管,转变为强调征纳双方共同参与的互动式管理,增强征纳沟通,减少征纳矛盾,促进纳税人主动依法履行义务,从而提高纳税遵从度和纳税人满意度。

另一方面,推进税收风险管理,是进一步转变税收管理方式的重要内容。政府改革要求在进一步简政放权,最大程度减少政府对微观事务管理的基础上,坚持放管并重,创新事中、事后管理方式。具体到税收管理工作中,我们管理对象的数量在增加、规模在扩大、变动在加速、利益分配更加复杂多变,管理难度进一步加大。传统的面面俱到、均衡用力的税收管理方式,已经不能满足这些形势发展的需要,必须推进和落实税收风险管理,较为准确和及时地发现纳税主体纳税行为中存在的风险问题,并区别不同性质的风险分别采取相应的应对措施,从而有效地加强税收事中和事后监管,维护市场秩序和税收秩序。

(二)税收风险管理是建立科学严密的征管体系的重要内容

在新的时期,国家税务总局提出税收现代化的目标,建立科学严密的征管体系是其中重要组成部分。推进税收风险,则是建立科学严密的税收征管体系的重要内容。

从风险管理的内涵看,风险管理是研究如何识别风险规律并控制风险的现代管理理论。可以说,对风险发生的规律进行识别、判断并采取不同的应对措施,是现代管理的一般规律,广泛应用于各个领域、各行各业,对现代税收征管体系建设同样具有重要的指导意义。毋庸置疑,税收风险是客观存在的,但其发生的规律也是可循的。总体上看,大部分纳税人和纳税行为是合法的,少部分人和行为是不合法的;不合法的行为有的影响是重要的,有的是次要的;有的是非主观故意的,有的是故意、恶意的。面对这样的税收风险规律,我们的税收征管活动就要避免少数人犯病,大家吃药,这对纳税人不公平;要避免病重、病轻、甚至无病,都用相同的药量,这样我们有限的征管资源是不够用的;也不能不管什么病,都是一种治疗方法,这样肯定是治不好病的。为了建立科学严密的税收征管体系,必须自觉应用风险管理理念,指导我们研究税收风险规律,完善风险管理手段,有效控制税收风险,实现税收管理目标。

从征管程序看,风险管理是对纳税遵从的全面、主动管理,是完善税收征管基本程序的内在要求。目前,发达国家和地区普遍实行五大征管程序,即申报纳税、纳税评估、违法调查、强制征收、法律救济,其中纳税评估发挥着重要的承上启下作用,是税务部门对纳税遵从风险主动发起的全面监管程序。我们目前的税收征管基本程序,在纳税人自主申报后,直接进入了税收检查程序,缺少对纳税人申报纳税真实性、合法性的审核程序(按照总局的定义,这就是纳税评估),而税收检查(通常指的是实地检查)是有限的,致使税收管理缺位,存在很大税收执法隐患。总局提出,将风险管理流程与税收征管基本程序相互融合。当前,强化纳税评估,探索发挥好纳税评估作为税收征管基本程序和风险管理工具的作用,有利于弥补缺陷,完善征管程序。

从方法和手段看,现代税收征管是一门科学,需要我们在实际工作中应用先进的管理方法和手段,将科学管理的基本要求落到实处。风险管理利用业务骨干的经验,借助于数学、统计学等自然科学方法,形成了税收管理分析的模型和指标体系,并且依托现代信息技术,深度加工分析海量的涉税信息,促使税收管理从传统的以定性分析为主逐步转变为定性和定量相结合,从依靠只可意会、不可言传的个人经验转变为可量化、可复制的规模化、标准化管理,从而推动征管工作向科学化、精细化方向发展。

需要强调的是,推进税收风险管理是当前深化税收征管改革的重中之重。各地实践表明,随着专业化管理的深入推进,任务分工越来越细,没有风险管理等综合管理手段的统领,难免陷入零散化、碎片化的困境,容易偏离改革目标。风险管理已形成了一套模式化的工作流程,能够为税收征管改革提供统筹协调和推进各环节工作的重要手段,有效弥补税收管理中的体制性缺陷。所以,以风险管理为导向推进税收征管改革,将风险管理贯穿于税收征管的全过程,就能够实现各项任务的有效串联,实现动态化、递进式管理,为持续深入推进税收征管改革提供强有力的支撑。省局今年深化征管改革的重点和要点就是以纳税评估和管理监控为有效手段,推进税收风险管理。

(三)风险管理是进一步规范税收管理的重要保障

近年来,各级地税机关采取有力措施,强化税收执法监督,加强党风廉政建设,取得了积极成效。但是地税系统执法和廉政问题时有发生。防范和化解税收执法和廉政风险依然是当前地税机关面临的现实课题。

一是风险管理有利于应对当前的风险防控形势。近年来,税收工作受到的社会关注度越来越高,我省基层地税部门的风险问题被查处和曝光,都反映出当前税收工作日益透明化的趋势,换句话说,我们要习惯在被监督下工作。税收执法风险管理通过实施一系列制度化、规范化措施,不断提示执法、管理风险,能够更好地保护广大的税务干部。

二是风险管理有利于转变工作作风,帮助基层防范执法风险。随着内外部环境的变化,税务机关尤其是基层税务部门面临的压力和风险越来越大。推进税收风险管理,促进机关对基层管理方式的转变。从侧重于对工作结果的检查考核,转变为侧重于过程的监控分析,帮助基层查找问题和薄弱环节,及时向基层推送,帮助基层防范执法和管理风险。同时,税收风险管理进一步明确了省、市级税务机关的风险识别、分析和评估责任,实现纵向上的合理分工,分担风险,减轻了基层直接应对复杂多变风险的压力。

三是风险管理是推进廉政风险防控的必然要求。开展廉政风险防范管理是党风廉政建设的创新举措,能够将责任落实到每个单位、每个岗位和每个人,实现关口前移,建立预防腐败的长效机制。税收执法风险管理,就是运用现代管理科学理论,通过系统化流程、科学化手段,体现"科技加制度"要求,主动地、有目的地、有计划地处理各类风险和问题,真正实现用制度管权、管人、管事。

三、下一步推进税收风险管理的工作要求

(一)提高认识,树立信心。随着形势发展,税收风险管理和征管改革会遇到诸多的新矛盾和新阻力,需要我们从思想上予以高度重视,沿着正确的方向不断前进。一是要充分认识税收风险管理符合税收管理现代化的基本要求,是进一步深化税收征管改革的核心内容和基础。推进风险管理,建立和发挥好纳税评估和管理监控的重要职能作用,有利于消除消极情绪、破解发展难题、扫清改革阻力。二是从发达国家经验看,风险管理是税收征管现代化进程中的一项长期性、连续性的重点工作。我省推进风险管理,即有利于解决下一步征管改革做什么和怎么做的问题,也有利于解决做的如何(绩效评价)的问题,是未来全省深化税收征管改革必须坚持的方向。三是与传统的税收征管工作相比,风险管理似乎是一件"高精尖"的工作,在具体执行过程中,容易产生难度较大、效果不明显的感觉。从蚌埠、铜陵等市局的实践看,风险管理平台的操作性和实用性得到了有效验证,风险管理系统具有的流程控制优势进一步显现,风险管理对于提高组织收入水平、完善税收监管、防范执法风险、夯实征管基础工作等都发挥了积极作用,只要思想重视、掌握方法、科学组织,就会取得良好效果。

(二)明确任务,强化责任。省局制订了风

险管理平台扩大试点工作方案,扩大试点从今年的7月份开始。初步考虑,纳税遵从风险管理系统试点方面,房地产和建筑安装两大行业扩大到全省,铜陵、蚌埠市地税局试点行业范围由原来的房地产和建筑安装行业扩大到全部14类行业。管理风险监控系统试点方面,马鞍山、铜陵、宣城和巢湖市地税局纳入试点范围;蚌埠市地税局试点业务范围扩大到系统全部设计开发的监控指标。年内,省局根据扩大试点情况,考虑全省全面推广。省局将根据各市局意见确定试点任务,各市局要根据省局文件明确的责任主体、时间进度和具体要求,认真抓好落实。为什么要强调这个问题?一是从全省征管改革试点情况看,部分试点单位在落实改革任务时,遇到困难停滞不前,甚至出现"绕弯"、"跳过"的现象,致使试点工作不充分,预期目标难以实现,最终流于形式。因此,此次风险管理试点工作,让各地自己认领任务,参与扩大试点工作,就要切实增强责任感和主动性,扎实开展工作,认真总结经验和成果,准确反映困难和问题,为全省税收风险管理积累宝贵经验。二是总局今年已将风险管理试点工作作为对我省绩效管理的考核指标。根据要求,总局下一步将继续扩大试点单位考核范围,省局也将跟进、落实。各试点市要高度重视风险管理工作,研究制定有效的管理措施,明确上下级之间、各部门之间的具体任务分工,加强过程控制,及时掌握工作进度和质量,圆满完成总局和省局绩效考核任务。三是各市要结合自身实际,及早主动谋划,稳步扎实推进。要充分认识风险管理的复杂性,明确部门和个人责任,加强关键环节和重点事项督导,确保各项工作落到实处。

(三)加强统筹,顺利推进。税收风险管理要求征管基本流程的重新改造,机构职能的配套调整,以及管理资源优化配置,涉及面广,需要各级各部门统筹考虑、通力协作。一是各地要成立领导协调机构,建立议事协调机制,统筹风险管理工作。要站在全局高度,规范纳税评估与纳税服务、日常管理、税收稽查的衔接。要引导各部门加强沟通协调,做好日常的信息移交和业务衔接。二是各地要加强上下联动,坚持一级抓一级、一级带一级,协调配合,形成合力。对省局明确的风险管理工作,要分解责任、认真落实,整体发力、强力推进。三是各地要加强部门合作,明确部门工作职责。风险管理机构负责风险管理任务发起推送、监控考核和业务培训。要发挥收入规划部门税收分析的宏观指导作用,做好风险管理规划。要发挥税政部门在税收政策和税种管理方面的经验和优势,提升风险指标模型有效性。征管科技部门要配置岗责体系,优化业务流程,做好协调工作。

(四)夯实基础,做好保障。风险管理工作具有长期性和艰巨性,必须下功夫扎实做好基础工作。一是加强信息采集。从掌握情况看,目前全省平均的财务报表电子报送率略高于50%,最低的地市只有30%多,电子信息的不完整、不准确,严重制约风险管理工作的开展。省局在AHTAX2013系统中开发了全省统一的数据接口标准和管理功能,省政府近期将下发建立涉税信息交换和共享机制的文件,为第三方涉税信息采集扫清了障碍。因此,各地要采取有效措施,切实加强内外部涉税信息采集和分析,保证数据的真实性、完整性和准确性。二是培养专业人才。风险管理工作需要人机结合开展工作,需要一批掌握财务和税收理论、熟悉税收法律、了解行业生产经营特点、有较高信息化水平的人才。各地要在现有的干部队伍中选调精兵强将,加强系统性和专业化培训,在实践中打造一支高水平的风险管理人才队伍。三是规范管理流程。风险管理负有集中监控税收管理各环节风险的职责,本身也是一项"风险"程度很高的工作,很容易成为各方关注的"焦点"。要推行集体审议制度,在风险管理过程中,凡是重要的工作环节,如,发起任务、风险等级调整、评估终结等,必须经过集体审议程序。

(五)持续改进,不断提高。各地要因地制宜采取有效措施,加快形成制度化、规范化的长效机制。一是注重总结提高。在运行风险管理平台过程中,要及时对系统业务流程和指标模型有效性作出评价,也可以利用系统的开放性,结合实际创新本地化的指标模型，补充完善全省税收风险管理软件。二是加强工作创新。要人机结合开展风险管理，发挥税干的创造性；要密切关注税收执法、征收管理、纳税服务等工作的新变化和新趋势，积极转变管理理念、体制、方式和手段，促进风险管理创新。三是共享管理成果。要发挥风险管理的数据分析优势，加强风险分析与经济税收、预测预警和政策效应等分析工作的联动。在落实国家税务总局关于规范进户执法、减少进户检查工作中，有效利用风险管理的成果，进一步提高进户执法和检查的效率。

安徽省地税局副局长胡春武在建立国地税合作长效机制调研座谈会上的讲话

（2014 年 11 月 19 日根据记录摘要整理）

同志们：

为深入了解国地税合作工作开展情况，加快建立国地税合作长效机制，省国税局、地税局组成联合调研组开展调研和督导活动。今天，省国税局倪廷辉总审计师主持召开座谈会，主要任务是对部分市国地税合作情况进行交流，促进基础较好、条件成熟的市县局在建立长效合作机制上率先起步。刚才，宣城、芜湖、马鞍山市及部分县的国、地税局介绍了经验和做法，与会同志研讨了在更大范围内、更深程度上推进合作所需解决的问题，我听后很受启发。实际上，这些问题在《安徽省国家税务局 安徽省地方税务局关于建立长效合作机制创新税收服务和管理工作的意见》（皖国税发〔2014〕167号）中已有表述和体现，需要在今后工作中予以密切关注和及时解决。

自龙岳辉局长和汪建国局长共同倡议，到167 号文件出台，前后不足 3 个月，体现了省国、地税局对合作的高度重视。省国税局、省地税局共同组织本次调研和座谈活动，再次印证了合作的默契和紧密性。今天，国地税的同志们聚在一起，如此开诚布公地交流工作、研究问题，进一步凸显了双方的合作诚意，也意味着合作的良好开端。下面，我再谈一些意见。

一、合作从“需要”迈向“必须”

从事物发展规律看，国、地税局的职能类似、目标一致，相互间的合作是必然的，因此，过去十多年来，工作上的一些问题通过合作得以解决。今天乃至未来，在国情、党情、民情不断演进的大背景下，税务部门内外部环境深刻变化，广大税务干部以及纳税人对税收管理和服务创新的诉求更加迫切。特别是党的十八届三中、四中全会分别提出了税制改革的目标和“法治政府”的建设要求，这必然需要推进依法行政、建设服务型政府，具体到税收工作，开展国地税合作，推进纳税服务和依法治税是必然选择。客观地评价，过去合作是进进退退、断断续续的，即使合作有些效果，大家的感受也并不深刻。当前和未来，如果我们还维持这种状态，忽视国地税合作的意义和作用，那么税务机关将广受诟病。可以说，国地税一荣俱荣、一损俱损，合作已经没有退路，国地税合作已由“需要”迈向“必须”。只有持续地开展合作，税务部门才能适应乃至领跑形势发展。大家一定要走出狭隘的“小我”误区，不断推进更大范围、更深程度的合作。

我们合作的最根本目的，就是优化纳税服务和提高管理效能，让纳税人满意、党委政府满意、国地税广大干部职工满意。在目前的税制体系下推进国地税合作,国税部门可能收获少一点、地税部门要多一点,但从税制改革和税收管理趋势看,国地税双方都能从合作中受益,真正实现“三个满意”。

二、必须重视抓好工作落实

邓小平同志说过,制度带有根本性、全局性和稳定性,当前的很多工作并不在于没有制度和部署,而是没有落实到位。近期,中央多次强调要“抓好落实”,习近平总书记对全国党委秘书长会议作出重要批示:“崇尚实干、狠抓落实是我反复强调的。如果不沉下心来抓落实,再好的目标,再好的蓝图,也只是镜中花、水中月。”167号文件是开展国地税合作的模本,明确了国地税合作的要求和举措,接下来,认真抓好落实就显得非常重要了。

这次我和倪总来是为近期将要召开的国地税合作领导小组会议或联席会议打前站的。“打前站”是“抓落实”的重要举措,要在全省确定一些试点单位加快推进国地税合作。选择宣城作为全省首批试点单位,是因为宣城国、地税局有较好的合作基础,有条件进一步扩大和深化合作。希望宣城市国、地税局率先高质量、高效率地落实国地税合作,地税部门要主动加强与国税部门的协调配合,共同在较短时间内探出路子、做出样子,形成可复制、可推广的经验,为领导小组会或联席会议作准备。希望芜湖市和马鞍山市紧紧跟上,走在全省前列。

三、几点工作倡议和要求

为了近期的合作开好头、起好步,我谨对与会的市、县国税局提几点倡议,也是对市、县地税局的要求。

(一)培育合作精神,把“共赢、多赢”作为价值取向。合作精神是长期合作、精诚合作、有效合作的持续动力和思想基础。任何法律都不可能穷尽一切事物,再好的文件都不能穷尽国地税合作事项,重在培育合作精神,从而保证各项工作的顺利推进。过去十多年的合作,之所以断断续续、进进退退,除了受外部环境影响外,还在于并未在思想深处真正树立合作精神,没有认识到国地税合作是国地税共赢,是国地税和纳税人等多赢。要围绕树立合作精神,加强对税务干部的教育宣传,提高系统税务干部的思想认识,帮助其树立真诚的合作意识。特别是需要下功夫着力培育基层税务干部的合作精神,夯实基层合作基础。

(二)建立健全合作分工机制,认真研究破解制约合作的体制机制。国地税两个部门机构设置不一样,特别是征管改革探索中,这种不一致还将持续甚至可能还会有新的变化。这就需要各级国地税部门深入、共同地解决工作职能分工和部门协作中的具体问题,不能停留在纸面上和表面上。目前,我省国地税合作由征管科技处牵头,这与总局部门职责分工是有区别的,可能会出现信息不对称等问题,因此必须要进一步健全机制,做实“一把手”工程是健全机制的关键。167号文件的出台,标志着国地税合作在省级层面已经有了清晰的目标要求和部署,希望市、县级国地税局根据文件精神,结合实际加快推进合作机制建设。

(三)要把加强信息沟通和宣传引导当做近期的重要任务。167号文件部署的合作既有老项目也有新举措,合作过程中会遇到机构、软件以及信息共享等方面的问题,肯定会有很多困难,这就需要进行上下纵向、两家横向和内部平行的多方位沟通,特别是要沟通好合作中的问题,实现步调一致,更好地扩大和深化合作。近期合作应重点关注国地税双方的涉税信息共享互通,这是新阶段国地税合作的抓手、基础和特点。还要在着眼于便民办税服务方面深化和扩大合作,做实几个牵动性强、影响力大的项目。同时,要认真抓好宣传工作,引导帮助纳税人主动配合和广泛参与,重视加大工作成效宣传力度,既要把好事做好,也要讲好安徽税务的故事,成熟一个宣传一个,不断提高税务部门美誉度和纳税人满意度。

开弓没有回头箭,合作大势不可逆转!各级国地税部门要结合实际扩大和深化合作,能实现的合作事项尽快实现,不能马上实现的也要创造条件逐步实现。相信在省、市、县三级国地税机关的共同努力下,合作中的问题和困难一定会被不断取得的成效所取代,我们的目标一定能达到!

安徽省地税局副局长胡春武在信访、舆情和应急管理专题工作会议上的讲话(摘要)

(2014年12月6日)

总的来说,随着党情、国情、社情和民情的发展,信访、舆情和应急管理工作的重要性越来越凸显,从总局的通报和我们掌握的情况看,安徽地税“三位一体”管理工作在全国处于偏上水平,这不仅得益于省局党组的高度重视,也得益于各市局、省局各处室的高度重视。除了应对比较好,根源还是我们自身的收税带队工作是健康发展的。面对新的形势和任务,我们还需要共同努力。下面,我讲几方面问题。

一、充分认识新形势下信访、舆情和应急管理工作的重要性

当前,正值系统上下深入学习贯彻党的十八届三中、四中全会和省委九届十次全会精神,科学谋划推进法治地税建设的重要阶段;也是系统上下确保2014年各项工作任务圆满收官,认真谋划2015年工作思路的关键阶段。扎实做好信访、舆情和应急管理工作,对维护系统稳定大局、营造良好税收环境具有十分重要的意义。

从实践经验和相关案例看,信访引发负面舆情,舆情触发应急,而舆情往往是极端表现形式的信访,这三个方面的问题还可能同时爆发,错综交织在一起,如果处置不当,不仅破坏性强,容易引起上级领导和社会的关注,而且加大解决问题的难度。我们必须始终警钟长鸣,在信访、舆情和应急管理工作上任何时候都不能有丝毫的麻痹大意。特别是我们这个系统点多、面广、战线长,从短期看,当前还面临深化改革、依法行政带来的减利和限权的局面,内部管理矛盾大、困难多,外部冲突触点多、燃点低,涉税突发事件和负面舆情整体升温,一旦出现事情,很容易被聚焦、被放大,对地税机关、地税干部形象造成贬损,进而给整体地税工作带来不利影响,这决定我们时刻要紧绷信访、舆情和应急管理这根弦。今天这个会,也希望向各位市局主要负责同志传递省局的坚定态度:要守土尽责,敢于担当,将矛盾化解在初始,把问题消除于萌芽。

二、当前系统内信访、舆情和应急管理工作的基本情况

一是信访工作。“信访工作是送上门来的群众工作”。从信访来源渠道分,主要有五个渠道:有传统信访,即纸质来信;有电话信访;有近年开通的互联网局长信箱;有上级转办信访件;还有极端的如网络等现代传媒传播。2011年3月,省局开通互联网局长信箱。此后,先后制定《关于互联网站局长信箱信件办理有关问题的通知》、《关于进一步规范基层需求办理工作的通知》等配套制度,逐步规范信箱办理,形成了定时浏览、即时承办、限时回复、适时分析的“四时”工作机制。

从省局互联网局长信箱看:2013年办理网友来信99件。2014年至今办理网友来信84件。总的来讲,省局互联网局长信箱是省局在信访工作实践中探索建立的有效平台,日益成为系统干部职工和广大纳税人反映情况、表达诉求、咨询政策、提出意见的重要渠道。从办理情况也可以看出,省局的工作机制畅通,各个处室非常努力,为大局、为系统缓压减压,做了大量的工作,效果也很好。

从市县局互联网局长信箱看:2008年以来,16个市局和个别县局陆续开通了互联网局长信箱,大多数市局制定了配套制度。但其作用有待进一步发挥,县局互联网信箱有待立即启动。

从省局外网纳税咨询互动平台的办理情况看:2013年全年收到纳税咨询1164条,回复1128条,回复率为96.9%;2014年前三季度收到纳税咨询1060条,回复1004条,回复率为94.7%。从回复情况看,省局各处室很努力,回应纳税咨询情况较好,保持较高的回复率,发挥了咨询平台的应有作用。

二是舆情应对。从目前的形势分析,全省地税系统的涉税负面舆情正呈“加速度”态势突发、频发和多发,这不是好事情,不仅影响了地税机关的公信力和形象,甚至对纳税遵从也会造成不利影响。大家要注意,从理论上讲,发了涉税负面舆情的不一定是坏事,没有发生的也不一定是好事。

当前,和其他省份相比,安徽地税系统舆情管理工作的总体态势是好的。但同时也必须看到,今年以来,我们暴露出一些矛盾和问题,如不少市局监控机制不健全、防控敏感性不高、协调处置能力不强、主动报告意识薄弱、重点舆情报告有始无终,即闭环没有形成,如果掌控不好,信息不对称,还会衍生新情况、新问题,等等。请务必保持清醒的认识,保持高度的警觉,切不可掉以轻心,决不能麻痹松懈。

三是应急管理。及时准确报告紧急重大情况,是各级地税机关的重要职责和任务,其重要性不言而喻。省局根据省政府、总局的相关部署,在2009年制定了《突发事件信息处理办法》,对突发事件信息报送范围、方式、时间、责任均有明确要求。今年5月,总局就进一步做好紧急重大情况报告工作,专门下发通知,作出明确要求,特别强调,紧急重大情况发生后,省级税务机关至迟在事发后3小时内报告总局,并每月通报省级税务机关的上报情况。省局转发了总局通知,省局对市局的要求是:紧急重大情况发生后,至迟在2小时内报告省局。

总体而言,各单位对这项工作是重视的,但存在的问题也不容忽视。有的单位没有报告的意识,反应迟钝、缺乏敏感性,紧急重大事项发生后,认为不需要报告,或者根本不知道要报告;有的单位故意隐瞒不报或拖着不报,遮遮掩掩,想不了了之,结果适得其反;有的单位虽然在事件发生后及时报告了,但没有根据事态发展,及时跟踪续报,等等。这些,反映出一些单位在落实紧急重大事项报告制度方面没有尽到应尽之责。

三、筑牢信访、舆情和应急“三位一体”防火墙

信访、舆情和应急“三位一体”管理工作如同“防火防洪救灾”,既要“救灾”,更要千方百计、科学有效地去“防”。关键是要形成严密、管用、真正有约束力的体制机制,让各种隐患能够及时发现,各种漏洞能够及时弥补,各种险情能够及时消弭。

下一步,要着力抓好四个方面工作:

一是要认真查找本单位、本系统在信访、舆情和应急管理工作中存在的漏洞和不足。“化解矛盾,没有退路,越往后肯定越难”。从近年来地税系统信访、舆情和应急管理中反映的情况看,大多数是“人民内部矛盾”,只要严格按照政策落实到位,绝大部分矛盾都能够化解掉。所以,要真正吸取教训,举一反三,切实加强内部管理和对干部的教育引导,切实依法加强税收征管和优化纳税服务,从源头上防止矛盾和隐患的累积和叠加。

要立足于“疏”,而不是“堵”,集中精力化解矛盾,最大限度地减少隐患的“存量”,最大限度遏制隐患的“增量”,坚决不能上下级之间层层推诿、同层级之间相互扯皮。要做到“新官理旧政”,法定职责必须为,法无授权不可为,对历史遗留问题和可能形成的新问题要积极主动地处理,不能“踢皮球”,打“太极拳”,传

“手雷”，埋“地雷”，“以邻为壑”。

从现在起，省局办公室要建立信访、舆情和应急日常管理定期通报制度和过错责任倒查追究制度，各级地税机关都要完善相关制度、措施，对因重视不够、应对不力、不当造成严重后果的单位和个人，要严肃处理，追究问责。

二是要落实责任，建立健全及时发现突发问题，联动处置突发事件和负面舆情的机制。安徽地税偌大一个系统，1 万多名干部职工，要不出问题，少出问题，必须按照“分级负责”的原则，层层压实责任，人人拧紧螺丝。

要及时发现突出问题。要提高“于无声处听惊雷”的本领，善于从信访和日常管理中捕捉和发现苗头性、倾向性的问题，严格遵循有关制度，该报告的要报告，该回应的要回应，该处置的要处置。

要联动处置突发事件。各市局主要领导要树立“守土尽责”意识，亲自抓；分管领导要切实履行职责，具体抓；办公室要切实发挥牵头主管作用，相关责任单位要按照工作分工密切配合，协同应对，坚决反对和防止推诿扯皮、麻木不仁。要加大与有关部门的联系沟通力度，争取重视支持，营造良好的税收舆论环境。

尤其要强调的是，一旦面临已经发生的重大突发事件或重大负面舆情，各单位、各部门主要负责人一定要勇于担当、勇于负责，靠前指挥，严格依照相关处置机制和预案分工应对。相关责任单位、职能部门要主动靠前协作，真正做到互相“补台”，互相“救场”，大力协同，打好“整体战”。

三是要牢固树立法律意识和法治观念，抓住根本，带好队收好税。一方面，只有管好自己的人，看好自己的门，做好自己的事，才能经得住任何危机的考验。对于不实反映或网络谣言，不能再抱着“清者自清、浊者自浊”的老观念，要坚信“网络绝非法外之地”，在谣言传播的第一时间就运用法律等武器戳穿它。另一方面，要形成工作倒逼机制。根据信访、舆情和应急管理中发现的线索和规律，不断筑牢各级地税机关领导干部的法治观念和程序意识，有针对性的加强自身建设和内部管理，防止因决策不科学、政策不落实、执法不规范、服务不优化、为税不清廉等引发负面突发事件。

四是要坚持群众路线，真诚对待各方关切和投诉，畅通群众利益诉求表达渠道。“防民之口，甚于防川”。中医讲“痛则不通，通则不痛”。信访工作实践表明，不开大门，把通道都堵死，当事人就会找其他渠道。如果众人的不满和疑惑能够及时通过正当渠道解决，越级上访的、贴小字报的、在互联网谩骂的就会减少。古罗马还有“塔西佗陷阱”之说，认为“当政府部门失去公信力时，无论说真话还是假话，都会被认为是说假话”。

因此，各单位一定要建立通畅的群众利益诉求渠道，取信于广大纳税人和地税干部职工，各类信箱、热线、信访渠道绝不能当摆设，不能失信。

要切实加强 12366 服务热线、局长信箱、外网咨询、违法违纪问题举报、来信来电投诉等管理，建立健全有效管用的责任制度和考核制度，做到妥善答复、及时回应，并定期分析情况，举一反三地解决工作中的问题。防止因拖延、敷衍，而使小问题变成大矛盾、不满情绪转为对抗行为，进而演变为负面突发事件。

上周，总局纳税服务司下发了一个整合规范对外公开电话的文件，希望各市局以此为契机，开通好、维护好、管理好这条渠道。要宣传好，最大限度宣传推广，让知之者众；要答复好，有问必答，让用之者多；要建立管用的机制，明确责任，明确时限，明确流程。

同志们，“隐患险于明火，防范胜于救灾，责任重于泰山”。信访、舆情和应急管理工作事关地税部门形象、事关系统稳定大局，要充分估计这项工作的敏感性、复杂性和艰巨性。希望大家一如既往地以如履薄冰、如临深渊的态度，本着对事业、对省局党组、对单位集体、对个人高度负责的精神，把这项工作抓深、抓细、抓实，为地税事业的改革发展营造良好的环境。

安徽省地税局纪检组长方学军在全省地税系统党风廉政建设工作会议上的报告

（2014年2月21日）

同志们:

我代表省局党组作党风廉政建设工作报告。这次会议的主要任务是:认真学习贯彻省纪委九届四次全会和全国税务系统党风廉政建设工作会议精神,总结2013年全省地税系统反腐倡廉工作,研究部署2014年任务。省局党组书记、局长汪建国同志将作重要讲话,我们要深入学习领会,认真贯彻落实。

一、2013年工作回顾

2013年,在省委省政府、国家税务总局和省纪委正确领导下,省局党组切实把党风廉政建设摆到更加突出的位置,加强领导,落实责任。各级地税机关按照省局党组部署和要求,积极推进党风廉政建设,各项工作取得了新的成效。

（一）作风建设成效明显

认真贯彻落实中央八项规定、省委省政府三十条规定和国家税务总局党组实施办法的精神,制定出台十八条措施,努力改进作风,密切联系群众。以"为民务实清廉"为主题,扎实开展党的群众路线教育实践活动。省局领导班子就加强作风建设公开承诺,认真整改"四风"方面存在的问题。进一步规范办文办会、公务接待、车辆管理、预算管理、出国(境)管理、检查考核等工作,完善了20余项制度。在落实"三个服务"和保护纳税人权益方面,制定出台了3个"十条措施"和严肃税风税纪若干规定。在中秋、国庆、春节等重要节日,重申"六个严禁",狠刹公款请客送礼等不正之风。开展干部房地产信息登记报告和副处级以上党员领导干部经商办企业信息登记报告工作。开展纪检监察干部和税务干部会员卡清退工作,全系统会员卡"零持有"、"零报告"共12370人。开展为民服务窗口经营性服务收费专项清理活动,全系统办税服务窗口经营性服务收费自查结果为"零报告"。开展基本建设、办公用房、公务用车专项清理工作,及时停止新建楼堂馆所,压缩在建办公用房建筑面积、降低装修标准,认真纠正超标准配备公务车等违规问题。不断强化厉行节约措施,开展公务接待费专项审计调查,全系统"三公经费"支出持续下降,其中公务接待费与上年度相比下降了33.35%。

（二）廉政教育形式多样

注重反腐倡廉教育的基础性作用。省局利用内外网站和地税信息、内刊等载体,加强宣传教育,组织机关干部观看反腐倡廉电教片,到合肥蜀山监狱接受警示教育,参观渡江战役纪念馆接受革命传统教育。在省局带动下,各级地税机关组织的脱产培训都把廉政教育作为重要内容,开设专题课程。宣城市局开展公职人员岗位廉政教育。黄山市局利用本系统发生的案例,编写《廉政风险防控教育手册》。淮北市局以"四考"为抓手,有针对性地开展廉政教育。马鞍山市局组织《税收违法违纪行为处分规定》专题讲座并进行全员考试。全系统反腐倡廉教育的实效性进一步增强。同时,深入推进廉政文化建设。池州市局组织开展以"反腐倡廉、清风税苑"为主题的廉政文化作品征集活动。淮南市局积极开展"一局一品"廉政文化创建活动。宿州市局依托"砀山梨花"、"灵璧钟馗”积极打造具有地域特色的廉政文化品牌。滁州市局常年坚持向税务干部发送廉政短信。芜湖市局用漫画图说《税收违法违纪行为处分规定》。安庆市局开展廉政文化“六进”示范点建设。

（三）日常监督管理不断深化

认真落实述职述廉、诫勉谈话、函询以及党组主要负责人、纪检组长与下级领导班子成员谈心谈话制度。全系统开展廉政谈话1185人次，诫勉谈话29人次，函询41人次，上交礼品礼金合计21.72万元，226名处级干部按规定报告了个人有关事项。省局纪检监察部门对干部选任工作进行了全过程监督，对全系统转任和提拔的26名副处级干部进行了任前集体廉政谈话，对47名干部拟任人选出具了廉洁自律情况书面说明。加强内部审计监督，全系统开展审计项目710个，发现违规问题954个，审减节约建设资金1891.06万元，提出审计意见建议1025条，促进建立完善内控制度30项。加强和改进税收综合督查工作，组织开展“回头看”。深化廉政风险防控工作，出台《关于深入推进全省地税系统廉政风险防控工作的意见》，全面上线应用“安徽地方税收综合管理信息系统”，进一步规范业务流程，积极运用信息技术手段防控执法风险、廉政风险。六安市局在所辖县区局全面推进廉政风险防控信息化建设，取得较好成效。宿州市局积极开展税收执法监察，注重防控执法风险和廉政风险。

（四）政风建设持续推进

开展千户民企服务需求调查和个性化服务进万家等活动。认真落实扶持就业再就业、支持高新技术企业、文化产业发展等税收优惠政策。开展以“服务受理零推诿、服务方式零距离、服务质量零差错、服务结果零投诉”为主要内容的“四零服务”竞赛。开展稽查案件回访活动，增强稽查执法透明度。开展暗访检查，对发现的问题及时通报并督促整改。制定《涉税网络舆情管理工作规则》，加强涉税舆情管理。省局领导参加“厅长零距离”热线接听、省政府网站访谈、省电台“政风行风热线”上线活动，召开纳税人座谈会，开展走访和征求意见活动，省局有关处室认真回复“网络问政”和各类咨询投诉，加强了与纳税人和社会各界的沟通交流。蚌埠市局利用“蚌埠地税”官方微博有效引导涉税舆论。六安市局开展税收执法和服务突出问题集中治理活动。阜阳市地税系统76个基层分局全部公开向纳税人述职述廉。合肥市局出台政风建设整改情况报告、督查和责任追究等制度。淮北、铜陵市局委托第三方开展调查评议。淮南、蚌埠市局委托第三方开展明察暗访活动。全系统以良好的姿态，迎接省政府开展的政风评议活动。

（五）案件检查力度进一步加大

认真开展信访举报核查，加强基层办案工作指导和督办，不断加大办案工作力度。2013年，全系统纪检监察部门共受理群众信访举报309件，初核84件，立案21件，同比分别增长50.7%、110%、162.5%。全系统共30人受到党纪政纪处分，3人受到组织处理，10人被追究刑事责任，2人被判有罪但免予刑事处罚，8人正在接受司法机关审查。及时通报典型案件，发挥查办案件治本功能。对全系统2008年以来被判刑人员的纪律处分执行情况进行清查。调整充实案件检查人才库，加强案件查办力量。黄山市局切实加大自办案件力度，起到了较好的震慑作用。亳州市局制定出台“以案促建”工作制度和违规违纪责任追究实施办法。铜陵市局认真开展“一案双查”。马鞍山市局认真落实案件移送制度，及时将自查发现的案件依法移交公安机关。

一年来，各级领导班子认真落实党风廉政建设责任制，责任分解、责任考核和责任追究三个环节的基础工作进一步夯实。省局修订了党风廉政建设责任制考核办法，省局领导首次带队对各市局进行检查考核，收到了较好效果。

各级党组重视纪检监察干部队伍建设，充实和加强纪检监察人员力量，开展多种方式的业务培训，注重对纪检监察干部的培养和使用，进一步提升了纪检监察干部的素质和能力，增强了纪检监察队伍的活力和干劲。各级纪检监察部门围绕中心,服务大局,认真履职,较好发挥了职能作用。

在肯定成绩的同时,我们也要清醒地看到系统党风廉政建设还存在一些不容忽视的问题。主要表现在:少数干部纪律意识淡薄,对作风建设新规定新要求认识不足、落实不到位;少数干部滥用职权、以税谋私、权钱交易或利用职务影响谋取不正当利益,违法违纪发案率明显上升;有的单位领导班子党风廉政建设主体责任意识不强,少数领导干部没有切实履行“一岗双责”;有的单位对案件查办工作主动性不强,力度不够,甚至压案不查或查而不处;有的单位报告重要案情不及时,甚至瞒案不报或故意少报漏报;有的单位纪检监察部门职能定位不清,主业淡化。对此,我们必须高度重视,采取有效措施,切实加以解决。

二、2014 年主要工作任务

今年全省地税系统党风廉政建设工作总体要求是:深入贯彻落实十八届中央纪委三次全会、国务院第二次廉政工作会议、省纪委九届四次全会和全国税务系统党风廉政建设工作会议精神,加强思想政治教育,持续改进作风,严格执行纪律,严肃查办案件,强化监督问责,深入推进党风廉政建设,为地税事业改革发展提供有力保证。

(一)全面加强纪律和作风建设

严格执行各项纪律。各级党组织和广大党员干部要严格执行政治纪律、组织纪律、财经纪律、工作纪律和生活纪律等各项纪律,坚决克服组织涣散、纪律松弛现象。要把维护政治纪律放在首位,加强执纪监督检查,决不允许有令不行、有禁不止,保证中央、省委省政府和国家税务总局以及省局各项决策部署贯彻落实到位。领导干部要坚持党性原则,严格执行民主集中制,严格执行请示报告制度,严格执行组织人事制度。要加强对党员干部教育和组织管理,坚决纠正无组织、无纪律、自由主义等现象。要严格执行国家和省委省政府规范津贴补贴政策,严肃财经纪律。

持之以恒改进作风。各级地税机关和领导干部要继续严格执行中央八项规定、省委省政府三十条规定、国家税务总局党组实施办法、省纪委十个严禁以及省局党组十八条措施,以“钉钉子”精神改进作风,严防反弹。按照统一部署,继续抓好违规建房和多占住房、违规经商办企业、收受会员卡以及办公用房、公务用车、基本建设等专项清理活动,及时查处和纠正违规行为,巩固成果。以深入开展第二批党的群众路线教育实践活动为契机,着力解决基层党员干部“四风”方面存在的突出问题。认真落实《党政机关厉行节约反对浪费条例》,严格执行公务接待管理规定和会议培训活动经费管理办法,严格遵守车辆配备使用管理规定,严格落实出国(境)管理规定,大力压缩“三公”经费支出。严禁用公款互相宴请、赠送节礼、高档消费,严禁到风景名胜区开会,严禁以培训、考察为名游山玩水。严肃查处党员领导干部出入私人会所、变相公款旅游问题。重点纠正领导干部利用婚丧喜庆、乔迁履新、就医出国等名义,收受下属和纳税人以及有利益关系单位和个人礼金的行为。纪检监察部门要加强监督检查,对顶风违纪者严厉查处、从严问责,并点名道姓通报曝光。

深入推进政风建设。认真贯彻落实国家税务总局“三个服务”、“三个实在”、“三个禁止”的要求和省局《进一步严肃税风税纪维护纳税人合法权益的若干规定》,以及省局服务大局、服务纳税人各项措施,营造公平公正的税收环境。完善办税公开机制,拓展办税服务厅功能,凡需纳税人上门办理的涉税事项都要在办税服务厅受理。严格执行《安徽省地税系统效能建设“十项制度”》,进一步提高行政效能。加强和改进明察暗访工作,开展制度性、经常性的明察暗访,发现问题严肃处理,公开曝光,加大整改力度。进一步畅通纳税人诉求表达和民主监督渠道,认真受理各类投诉和举报,及时回应社会关切。积极参加政风行风热线和民主评议政风行风活动。加强和改进基层执法人员向纳税人述职述廉工作,探索开展网上述廉评廉。

（二）严肃查办违纪违法案件

加大案件查处力度。各级地税机关必须对各类违纪违法行为零容忍，以壮士断腕的勇气保持案件查办工作的高压态势。严格审查和处置党员干部违反党纪政纪、涉嫌违法的行为，严肃查办发生在领导机关和领导干部中贪污贿赂、买官卖官、权钱交易、腐化堕落、失职渎职案件，严肃查办发生在税收执法和行政管理重点领域、关键环节和侵害纳税人利益的腐败案件，严肃查办利用税收执法权搞交易、有税不收、收“人情税”、以税谋私的案件。对重点案件或下级查处有困难的案件，上级机关要直接查办或牵头查办。统筹调配办案力量，充分发挥纪检监察案件检查人才库人员作用。完善典型案件剖析与通报制度，充分发挥反面典型的警示教育作用和查办案件的治本功能。

加强案件线索管理。认真贯彻落实中央纪委《关于切实加强和规范反映领导干部问题线索管理工作的通知》，建立健全问题线索集体排查、集中管理等制度，对指向明确、线索具体的信访举报要及时组织核查，对实名举报的要优先办理、及时回复，对转交下级查办的信访举报要跟踪督办。更加注意从舆情中发现案件线索，完善网络投诉举报受理机制，及时核查处理网络投诉和举报。完善案件线索共享机制，系统内的执法检查、督察内审、财务管理、资产管理等工作检查情况和结论，要及时向同级纪检监察部门通报。纪检监察部门案件线索受理及处置情况，要定期向上一级纪检监察部门报告。深入开展涉税案件“一案双查”工作。省局将对此开展专题调研，并选择部分单位进行重点推进。各市局要加大力度，确保“一案双查”工作今年有新的进展。今后，在实施税收检查中，发现地税机关或地税人员涉嫌违纪违法行为的事实或线索，该移交而不移交的，要严肃追究相关单位和领导的责任。

强化办案监督管理。上级纪检监察部门要加强对下一级纪检监察部门案件调查和审理工作的指导，建立健全上级纪检监察部门对下一级纪检监察部门案件调查和审理工作抽查制度。加强重要案情报告工作，对瞒案不报、未按规定时限报告或选择性报告案情的，要通报批评，并追究单位主要负责人和纪检组长责任。实行办案工作责任制和首查负责制，对首查敷衍造成不良影响的，要追究相关人员责任；对压案不查、查办不及时、查而不处或处理不当的，要追究单位主要负责人和纪检组长以及相关人员责任。加强《税收违法违纪行为处分规定》落实情况监督检查，强化税收违法违纪行为处分执行。

（三）着力强化教育和监督管理

强化反腐倡廉教育。深入开展反腐倡廉形势教育，认真学习领会习近平总书记系列讲话和中央有关文件精神，正确把握当前反腐倡廉形势和要求，把思想和行动统一到中央纪委、省纪委和总局纪检组的决策部署上来。深入开展理想信念和宗旨教育、党性党风和党纪条规教育、职业道德和岗位廉政教育，把握教育的规律性，坚持教育的经常性。坚持在各级各类脱产培训班上开设廉政教育专题课，试行新任领导干部廉政知识测试制度。加强系统内勤廉典型宣传教育，坚持运用税务系统违纪违法典型案例开展警示教育，以身边的事教育身边的人。推进廉政文化建设，发挥其激励引导作用，为反腐倡廉提供正能量。本着对地税事业负责、对干部职工负责的态度，多渠道、多途径掌握干部职工的思想、工作、生活情况，对存在的问题要早发现、早纠正、早查处，对苗头性问题及时约谈、函询，及时提醒，加强诫勉谈话工作，防止小毛病演变成大问题。

强化权力制约监督。坚持用法规、制度规范权力运行，把权力关进制度的笼子。进一步清理、修订和完善相关制度，并加强监督检查，提高制度执行力。认真学习贯彻中央《建立健全惩治和预防腐败体系建设2013—2017年工作规划》及省委和国家税务总局实施意见，结合实际，抓好落实。严格执行《税务系统领导班子和领导干部监督管理办法》及其实施细则，加强对各级领导班子和领导干部特别是“一把手”的监督，促进领导干部廉洁从政、廉洁自律。按照分权制衡的原则对领导班子成员进行分工,并定期调整,主要负责人不直接分管人、财、物。完善廉政谈话制度。按照干部管理权限,上级单位主要负责人或纪检组长对直接管理的下级单位领导干部、分管局领导对分管部门负责人,要定期进行廉政谈话。加强对下级领导班子民主生活会的指导,进一步提高民主生活会质量。按照统一部署,开展领导干部报告个人有关事项抽查工作,开展新提任领导干部有关事项公开制度试点。完善领导干部电子廉政档案建设,分级建立干部廉政档案。加强对干部选任、项目招标、工程建设、资金使用、涉税审批等工作过程的监督,拓展监督的深度和广度。加强内部审计监督,建立健全审计情况向局长办公会议汇报制度,强化审计结果运用。切实加大信访监督力度,促进党员干部自警自励。进一步深化党务公开和政务公开工作,推行权力清单制度。按照法定权限和程序,进一步完善涉税审批、检查、处罚的制度规范。各职能部门要认真履行职责,加强对管辖范围内各项工作的日常监督管理和廉政风险防控,强化对下级对口部门的业务层级监管。

强化执法一线监管。切实加强对基层单位负责人行使权力的制约和监督,着力解决基层负责人以权谋私、以税谋私、权钱交易、以职务影响谋取不正当利益的问题。省、市局对此要开展专题研究,进一步完善相关制度措施,有效遏制基层单位负责人违纪违法易发多发的态势。严格执行税收定额核定、涉税审批、税务检查、税务行政处罚、经费支出等方面的制度规定,重要事项坚持集体研究决定,防止个别人说了算或暗箱操作。省局今年将专门举办基层分局长廉政专题培训班,市、县局也要加强对基层一线人员的廉政专题培训。认真落实系统轮岗交流办法,切实加大一线执法人员轮岗交流力度。认真落实省局《关于规范税务行政裁量权工作的若干意见》和《税务行政处罚裁量基准(试行)》,规范程序,严格标准,防止执法随意性。开展税收执法监察,严肃查纠税务登记注销清算、普通发票代开、税收票证管理、纳税服务等方面存在的问题。下大气力纠正滥用职权、假公济私、刁难群众、吃拿卡要报等问题,对损害纳税人利益的行为,发现一起,查处一起,绝不姑息。

(四)不断完善反腐倡廉体制机制

严格落实党风廉政建设责任制。各级党组要切实担负党风廉政建设主体责任,各级纪检监察部门要认真履行监督责任。主要负责人必须树立不抓党风廉政建设就是严重失职的意识。各级领导干部必须进一步强化“一岗双责”意识,根据工作分工,对职责范围内的党风廉政建设负领导责任,坚持廉政工作与业务工作同部署、同落实、同检查、同考核。要认真落实《安徽省地税系统党风廉政建设责任制考核办法》,加强日常工作考核,加大责任追究力度。对发生重大违法违纪案件的单位,既要追究当事人责任,又要倒查追究相关领导责任。

完善廉政风险防控机制。巩固和完善以往行之有效的做法,深化成果运用,加强综合评估,确保既有措施落实到位。紧紧围绕重点对象、重点领域和关键环节,以岗位风险防控为基础,进一步健全风险预警、纠错整改、内外监督、考核评价和责任追究机制,形成一整套行之有效的廉政风险防控制度体系。坚持抓早抓小,建立和完善廉政风险动态监控、预警处置、检查评估、责任落实机制。认真落实“制度+科技”的要求,进一步完善“大集中”系统功能,研究建设“内控管理平台”,强化税收执法领域廉政风险信息化防控。

认真落实纪检监察工作体制机制改革举措。强化上级纪检监察部门对下级纪检监察部门的领导,建立健全报告工作、定期述职、约谈汇报等制度。坚持查办案件以上级纪检监察部门领导为主,线索处置和案件查办在向同级党组报告的同时必须向上级纪检监察部门报告。各级纪检监察部门要按照转职能、转方式、转作风的要求,聚焦中心,突出主业,切实加强监督检查工作,强化执纪问责。各级地税机关要建立健全职责明晰、配合密切、协调有序的反腐倡廉工作机制,保证纪检监察部门聚焦中心任务,保证纪检组长集中主要精力抓反腐倡廉工作。加强对纪检组长履行职责情况的考核评估。对协助党组抓党风廉政建设工作不力,致使本单位、本系统发生严重违纪违法案件的,要严肃追究纪检组长的责任。

(五)切实加强纪检监察干部队伍建设

各级党组要继续重视纪检监察干部队伍建设,配齐、配强、配好纪检监察干部。对纪检监察干部要严格要求、严格监督、严格管理。对不适合从事纪检监察工作或履职不得力的,要坚决调离。对泄露秘密、以案谋私等违纪违法行为零容忍,必须严肃查处。各级纪检监察部门和广大纪检监察干部要按照打铁还需自身硬的要求,以开展党的群众路线教育实践活动为契机,认真解决自身在“四风”方面存在的突出问题。要进一步增强政治责任感,勇于担当,认真落实好监督责任。要进一步增强组织纪律性,带头遵守各项纪律,做到正人先正己,自觉接受监督。要进一步加强学习和锻炼,不断提高政治思想水平和业务工作能力,不断提高执纪监督和查办案件能力。省局今年将继续举办纪检监察业务培训班,轮训基层纪检监察干部,努力使纪检监察干部的素质和能力适应新形势新任务的需要。各级地税机关要继续为纪检监察干部提高综合素质和工作能力提供机会、创造条件。各级纪检监察部门要针对工作中出现的新情况、新问题,加强调查研究,增强工作的主动性和创造性。要严格日常管理,强化基础工作,努力提高纪检监察工作水平。

同志们,反腐倡廉建设任务艰巨、责任重大。我们要按照中央、省委省政府和国家税务总局新部署新要求,在省纪委和省局党组的领导下,振奋精神,开拓进取,狠抓落实,深入推进党风廉政建设和反腐败工作,为促进地税事业改革发展和实现税收现代化作出新贡献!

安徽省地税局副局长倪三立
在全省地税系统信息化工作暨信息化应用提升年
活动动员会议上的讲话

（2014 年 2 月 6 日）

同志们：

今天召开全省地税系统信息化工作暨“信息化应用提升年”活动动员会议，主要任务是总结去年工作，交流工作经验，部署今年任务，动员开展“信息化应用提升年”活动。下面，我讲三点意见。

一、群策群力，攻坚克难，2013 年全省地方税收信息化工作取得重大进展

2013 年，在省局党组的坚强领导下，全省地税系统围绕“一年上台阶、两年创一流”目标，群策群力，攻坚克难，圆满完成安徽地方税收综合管理信息系统开发、试点和上线工作，实现了征管数据应用省级大集中，推动税收信息化工作取得了重大进展。

（一）省级集中软件开发成果丰硕

举系统之力，集全局之智，全力以赴推进省级集中软件开发工作。突出顶层设计。立足系统现状，着眼科学发展，从税收业务和信息技术两方面，进行统筹规划和顶层设计，确保省级集中系统能够适应地税事业发展需要。坚持创新驱动。运用流程管理理念规划征管系统，运用风险管理理念设计决策支持系统，推动业务由职能导向转变为流程导向，由结果监督转变为过程监督，有效支持税收专业化管理。将内控管理要求“固化”到软件中，重要业务操作实行“痕迹化”管理，防范税收执法风险和廉政风险。强化项目管理。创新项目管理方式，建立组长、总监、小组长三层组织架构，设立技术、业务双组长、双总监，分工负责。制定质量管控制度，开展软件质量评审，对 2700 万行代码进行审核，确保软件质量。加快开发进度。将四个系统、各个模块的开发进度细化分解，跟踪管理；每周召开项目组例会，评估进度，解决问题。省局项目组全体成员加班加点，连续作战，封闭研发，集中攻坚，以超常规的速度开发软件。组织试点运行。铜陵、合肥市局克服重重困难，精心做好软件试点准备工作，分别于 1 月、5 月顺利完成软件上线试点任务。省局认真总结两地试点经验，对软件功能进行完善、扩充，为全省推广奠定基础。

（二）软件推广应用工作圆满完成

全省地税系统将省级集中系统推广应用作为全年工作的重中之重，精心谋划，周密组织，高效、稳妥加以实施。加强组织领导。召开市局主要领导、分管领导参加的推广动员会议，汪建国局长作重要讲话，统一思想认识，部署推广工作。各地成立领导小组，召开动员会议，加强领导协调；市县局领导班子成员分赴基层一线，分管领导坚持靠前指挥，督导上线准备，推动工作落实。细化工作部署。制定推广工作方案和倒计时计划任务表，分解任务，明确时限，落实责任，使系统上下步调一致、高效有序开展工作。三次召开软件上线工作推进会，把握工作进度，现场解决问题，抓紧、抓实上线准备工作。精心组织实施。省局举办推广师资培训和数据清理迁移师资培训，开展软件压力测试。各地调动全局力量,“5+2”、“白+黑”,争分夺秒开展工作,认真制定工作计划,积极举办上线培训,加班进行数据清理,反复开展系统测试,多次模拟上线演练,快速开发接口软件,按时完成各项上线准备。在省、市局的共同努力下,分两批完成全省软件推广上线工作。

(三)基础设施建设持续加强

加大资金投入,按照高标准、高性能原则,加强信息化基础设施建设,为省级集中系统运行提供硬件平台。建成省级集中数据处理平台。多次赴税务总局汇报、协调设备跟标采购事宜,经过努力成功实现跟标采购,既提高了设备档次,又节省了大量资金。主动加强与财政、采购部门的沟通,提高采购效率。全力加快设备到货、安装、调试进度,9月初建成数据处理平台。拓展全省广域骨干网带宽。将省局-市局、市局-县局的线路带宽分别升级至220M、210M,省局互联网出口带宽升级至3100M,畅通省、市、县三级的信息高速公路。优化省局核心网络。调整省局核心网络结构,细划网络区域,部署安全设备,对重要区域交换机进行双机互备,提高核心网络的速度和可靠性。升级基层终端设备。各地对本单位的计算机、打印机等设备进行全面排查,更新设备,升级软件。基础设施高效建设为省级集中系统推广上线创造了必要条件,争取了宝贵时间。

(四)技术保障能力不断提升

强化运维管理,提升防护能力,保障省级集中系统安全、稳定、高效运行。运行维护水平逐步提升。制定《省级集中系统运维管理办法》,建设运维平台,组建运维团队,充分发挥省局项目组和市县局技术力量的作用,协同开展好省级集中系统运维工作。利用监控工具实施主动运维,定期开展系统健康检查,加强数据处理中心运行管理,运行监控和技术保障能力得到提升。继续做好视频会议系统技术支持。信息安全管理更加严格。先后开展信息系统安全大检查、信息安全专项检查、重要信息系统和政府网站安全专项检查、等级保护检查,以及省局机关保密和信息安全检查等工作,排查安全隐患。各地部署信息安全日志服务器,集中收集、定期分析信息安全日志,增强了安全预警能力;全面提升桌面安全管理系统和防病毒软件应用效果,安装率分别达到98.5%、96.3%。服务器基线符合度扫描工作逐步常态化。

(五)技术队伍建设日益加强

省局组织90多名业务和技术骨干,全程、深度参与省级集中系统开发工作;各地依靠自身技术业务力量,顺利完成软件上线准备和新老系统切换,既促进了业务与技术的融合,又在实践中锻炼了队伍,培养了一批既懂业务又精技术的复合型人才,为地税信息化事业的长远发展、跨越发展积蓄了力量。省局举办三期基层分局“两员”培训班,各地也积极开展“两员”培训,组织技术交流,“两员”队伍在省级集中系统上线应用中发挥了重要作用。完成省级人才库首批入库信息技术人才选拔,有2人入选总局首批全国税务领军人才培养计划,充分发挥高端人才的示范效应,激发了队伍活力。

2013年,是我省地税信息化工作发展的重要里程碑。省级集中系统的全面推广和省级数据应用大集中的顺利实现,标志着我省地税信息化建设取得了重大突破、迈上了崭新台阶。省委常委、常务副省长詹夏来同志批示:“这项工作起点高、进展快、质量好,已初见成效。望巩固和扩大成果,加快税收征管方式改革,加强队伍培训,充分发挥信息化在税务工作提高工作质量和水平方面的重要作用。”

在看到成绩的同时,我们也应当清醒地认识到工作中还存在一些问题和不足。主要表现在:干部职工的信息安全意识不强,软件应用能力不够;省级集中下的运维管理基础较弱,运维体系建设急需加强;信息安全管理水平与当前形势要求相比还存在差距,等等。这些问题和不足有待在今后的工作中认真研究,着力解决。

二、明确目标,抓好落实,认真开展“信息化应用提升年”活动

今年,全省地税信息化一项重点工作是开展“信息化应用提升年”活动。为扎实推进此项工作,省局电税管理中心制定了《“信息化应用提升年”活动方案(讨论稿)》,已作为会议材料发给大家,请各位认真讨论。会后,省局将尽快印发此文件,请各地结合实际,抓好落实。抓好这项工作,关键是要明确工作目标,抓好“六个一”活动。

明确工作目标。通过开展“信息化应用提升年”活动,达到“三个覆盖、三个提高、三个服务”目标。“三个覆盖”是指软件应用覆盖所有功能模块、所有业务域、所有岗责流程,“三个提高”是指提高全员信息化应用能力、提高税收数据分析利用水平,提高税收信息化管理水平,“三个服务”是指通过深化信息化应用更好地服务税户、服务基层、服务大局。

举办一次全员培训。围绕省级集中系统应用,广泛、深入开展全员信息化应用培训。省局将举办各市局深化应用师资培训和基层分局“两员”培训。各市、县局要分层级、分岗位开展全员应用培训,确保所有人员轮训一遍;对基层分局“两员”培训要覆盖所有业务域。市局要重点加强对市、县局领导班子成员和基层分局长的应用培训;要积极开展纳税人培训,使纳税人能够熟练使用电子税务局、通用机打发票客户端等涉税软件。

组织一次应用考试、竞赛。省局将对全省税收信息化应用能力等级考试题库进行更新、充实、升级。各地要依托省局题库和在线考试系统,市局统一组织,开展一次全员信息化应用能力等级考试,并将考试结果与职工年度考核挂钩。等级考试要区分不同对象,分类、分层次开展,避免“一刀切”,增强实效性。要自下而上,开展一次税收信息化能手竞赛,通过层层选拔,调动广大干部职工学习、应用软件的积极性。

实施一次软件全面优化升级。各级地税机关要深入开展软件应用情况调研,了解应用问题,收集实际需求,倾听基层意见。在广泛调研的基础上,针对基层反映的问题,组织力量对省级集中系统进行一次集中升级,完善系统功能,优化系统性能。同时,围绕税制改革任务和税收征管改革,持续组织应用系统开发和升级,使之与税收政策调整同步,与优化办税程序相适应。

制定一套税收业务制度规范。为更好适应省级集中系统应用,深入推行专业化信息化管理,省局将组织多个处室,制定或修订一批税收征管方面的办法、细则、制度,进一步优化办税流程,简化办税程序。各地要认真抓好这些办法、制度的落实,严格按照全省统一的业务规范、岗责流程,规范使用软件,将所有涉税业务全部纳入软件管理,坚决防止和纠正涉税审批事项的“体外循环”。

建立一项数据质量管理机制。省局将开发数据质量监控子系统,对省级集中数据质量进行监控,并定期通报监控结果。各地要结合实际,完善数据质量管理与考核办法,建立数据质量检查、通报、整改和问责机制,分解任务,落实责任,不断提升数据管理水平;充分利用决策支持系统和省局下发的省级集中数据,结合本地个性化需求,探索开展数据分析利用工作,以数据分析应用促进管理和服务创新。

开展一次软件应用征文。自下而上开展一次软件应用征文活动,交流软件应用的思路、措施和经验。市、县局要切实做好征文活动的宣传、组织和评选推荐工作,力争多出精品。省局将对各市上报的征文进行评选,评出单项奖和组织奖。通过征文活动,在系统上下掀起学习、应用、思考税收信息化的热潮,全面提升地税系统税收信息化应用水平。

三、科技引领,转型升级,不断提升技术保障水平

今年,各地要坚持科技引领,开展务实创新,加快推进技术保障工作转型升级,不断提升技术保障能力和水平,主动适应省级数据集中带来的新变化,积极应对信息安全面临的新挑战,勇于担当税制改革提出的新任务。

(一)增强运维保障能力

以制度、流程、平台和队伍建设为重点,加快完善以省局为主、市局为辅,上下统一、职责清晰、协调有序、流程规范、响应快速的运行维护体系,不断提升运维规范化、制度化、科学化水平。

建立运维工作机制。纵向上，建立省、市两级协同运维机制。市级以下负责所辖范围内的日常软件应用技术支持和网络、安全等设备运行维护；省局负责省级集中系统运行管理、重大疑难软件应用问题支持和全省广域骨干网的运行维护。县局难以解决的问题，上报给市局解决；市局难以解决的，上报给省局解决，形成分级负责、逐级上报、协同运维的工作方式。原则上，日常操作应用类问题都应该在市局以下解决。横向上，建立技术和业务部门协同运维机制，信息技术部门负责软件使用、性能优化、数据维护等应用类问题，以及主机、网络维护等技术类问题运维；征管科技部门负责功能调整、业务变更和工作流配置等业务类问题运维；其他业务部门参与解答和确认软件运维和升级中的业务问题。

健全运维制度流程。制度和流程是运维体系建设的基础。要完善制度流程，省局要加快完善省级集中系统运维相关制度，优化运维工作流程、管理流程和衔接流程，努力形成完整严密的制度体系、简化高效的流程体系，使每项运维工作都有规可据，每个运维环节都要求明确，运维各方之间能高效衔接。要狠抓落实，各地要结合实际，细化管理制度，明确各运维岗位的工作职责和质量标准，防止职责交叉，防止敷衍了事。严格按制度、流程实施运维，避免因技术人员的个人主义、经验主义导致重大运维失误。定期开展制度、流程执行情况检查，确保各项制度、流程能够落到实处。

优化技术支持服务。要热心服务基层。各地要切实负起责任，及时解决基层反映的软件应用问题，既要防止拖而不办，又要杜绝简单上报的不负责任现象。省局将建立运维绩效考核、通报机制，对各市局的运维问题解决率、及时率，以及制度执行情况进行考核、通报。要真心服务纳税人。对于纳税人反映的涉税软件应用问题，各地要热情受理、认真研究、及时解决。难以解决的，要及时上报，并向纳税人做好解释说明。要探索采购第三方技术支持服务。省级集中后，市县局承担的对基层和纳税人的技术支持服务工作显著增加。为了缓解运维工作事多人少的矛盾，各地可以向社会力量购买服务，将硬件设备的日常维护和对纳税人的技术支持工作外包给公司。服务可以外包，但信息安全责任不能外包。若采用服务外包方式，各地要切实加强对公司的管理，确保服务的质量和时效，确保涉税信息安全。

强化省级集中系统日常运维。将事前预防和应急处置相结合，加强运行监控，开展健康检查，组织应急演练，探索灾难恢复，切实做好省级集中系统的运行维护工作，确保系统安全、稳定、高效运行。

建立软件持续优化的工作机制。市、县局信息技术部门要注意收集软件应用问题和新增需求，并提出合理化意见，供省局完善软件时参考。省局电税中心统一收集、汇总后，将业务类问题提交征管科技部门。征管科技部门组织专家团队进行论证，提出初步处置意见和软件升级需求，经相关业务部门审核、确认后，交由电税管理中心组织软件开发。

(二)坚守信息安全底线

信息安全是税收信息化的生命线。当前，网络空间环境日趋复杂，信息安全形势日益严峻。各地要切实增强信息安全防范意识，采取有力措施，守住信息安全底线。

加强网上办税系统安全保障。研究建立健全网上办税系统安全保障机制，充分利用总局和地方互联网应急保障资源，完善应急保障体系，逐步形成反攻击、反渗透应急工作机制。积极探索适应互联网安全保障的信息技术，制定相关技术规范，加强评估和检查力度，对测评和检查中发现的问题进行深入分析和及时处置。

加强核心业务数据安全保护。将核心业务数据的安全保护作为信息安全保障工作的重中之重，探索建立数据分级、分类保护有关管理制度和技术措施。按照“合规进、授权用、加密传、安全存、审核出、销毁净、记录留”的原则对整个数据生命周期进行安全管理。要建立健全数据备份和恢复管理制度，制定切实可行的备份策略，定时备份数据，定期开展恢复演练，检查备份数据的完整性、可用性。

规范外部信息技术支持人员管理。严格执行《税务系统外部信息技术支持人员管理规范》,对外部信息技术支持人员实施集中、归口管理,对其工作内容进行安全保密评估,采取必要的技术手段加强对人员身份和权限的控制,严格上岗、离岗和考核管理。

加大信息安全测评、整改力度。省局将开展省级集中系统信息安全评测,并对各地基于互联网提供对外服务的信息系统开展应用安全评估。各地要认真开展信息安全检查,根据发现的问题,制定整改计划,切实进行整改;对于自助办税、外联系统等信息安全风险难点问题,要明确安全策略、技术和管理措施。对于新建信息系统,应当严格遵循省局有关办法组织开发,并委托有资质的第三方单位实施信息安全评测,开展等级保护定级和备案工作。

加强信息安全日常管理。继续加大信息安全教育,增强全员信息安全意识。加强终端计算机的日常管理工作,做到杀毒软件和桌面安全管理系统全覆盖,严格控制病毒爆发量,坚决杜绝内、外网混用行为。深入开展信息安全基准符合率扫描,查找隐患,进行加固。加强对信息安全事件的分析研判,重大攻击事件,应按有关规定及时上报。要针对省级集中系统突发中断情况,编制应急预案,开展应急演练,协调税收征管和纳税服务部门,做好对纳税人的解释和疏导工作。

(三)抓好基础设施管理

加强运行监控,实施规范管理,不断提升信息化基础设施管理水平,筑牢技术保障根基。

规范IT基础设施管理。探索利用虚拟化技术,整合现有设备,优化计算、存储资源分配,最大限度地发挥设备的作用。制定基础设施管理办法,逐步规范资源分配管理和日常运维工作。进一步做好小型机、存储等核心设备和数据库、中间件等系统软件的巡检和远程监控,定期开展健康检查和系统调优,保障系统高效运行。

加强数据中心管理。要依据总局规范,针对省局数据处理中心各类信息系统和供配电等基础设施,做好运行监控和值班等工作,保障数据处理中心安全稳定运转。要健全管理制度,促进数据中心规范化、科学化管理。

强化广域网和视频会议系统运行管理。强化广域网和视频会议系统的日常管理和技术优化工作,不断完善、落实日常监控和运行管理制度,明确故障处理流程,确保网络和视频会议系统畅通。

(四)加强技术队伍建设

开展信息化工作关键在人。各地要始终坚持以人为本的理念,继续重视和加强信息技术队伍建设。

有针对性地加强培训。省局要加强主机、存储、系统软件等技术培训,着力培养高层次、专业化的技术人才,增强省局技术保障能力。市局要加强网络、信息安全技术培训,至今年底各市局应当具备2名网络工程师(H3CSE或CCNP)和1名信息安全工程师(CISP)。要加强对oracle数据库技术和综合征管系统数据结构的培训、研究,提高各级信息技术人员分析、应用省级集中数据的能力和水平。

促进技术与业务的融合。要高度重视技术人员的税收业务知识培训,引导技术人员自觉学习、钻研税收业务和基层实务,鼓励他们跳出技术看技术,多从全局的高度、税收的视角思考、开展信息化工作,更好地实现技术与业务的融合。要教育技术人员努力做到"学用结合",将技术知识和信息化应用结合起来,提升队伍解决实际税收工作问题的能力。

加强"两员"队伍建设。各地应加大技术培训力度,继续加强基层分局计算机管理员(信息安全员)队伍建设,办税服务厅和税务人员人数较多的分局应设置技术保障岗,安排专职或兼职"两员"开展工作。

加强廉政建设和作风建设。加强对信息技术人员的廉洁自律教育与监督,进一步增强廉洁自律意识。践行群众路线,改进工作作风,着力增强宗旨意识、大局意识、责任意识和风险意识,脚踏实地,干事创业。

安徽省地税局副局长倪三立
在全省地税系统税政工作会议上的讲话

（2014年2月19日）

同志们：

这次会议的主要任务是，以党的十八大和十八届三中全会精神为指引，认真学习贯彻全国税务工作会议和全省地税工作会议精神，总结工作，分析形势，部署任务。下面，我讲三点意见。

一、砥砺奋进，2013年全省税政管理工作取得新成效

一年来，全省税政管理工作认真贯彻省委、省政府和国家税务总局、省局决策部署，砥砺奋进，锐意进取，为组织税收收入和促进经济社会发展做出了重要贡献，取得了显著成绩。

（一）稳步推进“营改增”试点扩围

一是提高思想认识。各地认真学习领会中央“营改增”改革精神，贯彻落实省政府工作部署，加强与财政、国税部门密切配合，在做好“1+6”试点后续工作的同时，积极推进“营改增”试点扩围。二是加强调查研究。省局领导亲自带队，深入邮政电信、铁路运输等企业调研，听取纳税人对“营改增”试点工作的看法，了解税负变化情况，分析测算“营改增”对地方税收收入和财政收入的影响，形成专题报告上报省政府。三是开展统计摸底。对全省铁路运输、邮电通信和广播影视作品的制作、发行、播映等三个试点行业的收入规模、纳税情况，开展了全面统计摸底工作，摸清1265户纳税人的相关情况。四是积极移交确认。各地及时向国税部门移交试点纳税人基本信息资料，并密切配合国税部门做好信息确认工作，确保我省8月1日广播影视作品制作、发行、播映和2014年1月1日铁路运输、邮政业纳税人顺利实施税制转换。

（二）切实加强企业所得税管理

一是汇算清缴全面展开。各地强化组织领导，细化过程管理，企业所得税汇算清缴工作成果显著。2013年我省参加汇缴户数77514户，应纳所得税额145.61亿元，汇缴面达到100%。二是高新企业管理有序。对高新技术企业认定情况进行抽查，进一步规范各项扣除口径。省局积极参与高新技术企业认定，从严要求认定标准，对不符合认定标准的，一律不予公示。全年新认定高新技术企业512家，通过复审160家。三是建安企业管理成效明显。深入建安企业开展调研，多次召开座谈会听取意见，与省国税局联合下发公告，进一步明确建筑安装业所得税管理有关问题，从政策和操作层面上解决了多年来管理不到位的问题。四是助推民营经济发展。召开全省百强民营企业代表座谈会，宣讲政策，听取意见建议。编印2万册民营经济适用税收优惠政策汇编，免费发放给纳税人。下发《关于促进民营经济持续健康较快发展的若干意见》，并在《安徽日报》全文刊登。

（三）着力规范个人所得税管理

一是开展个人所得税自行纳税申报。各地坚持申报质量和申报数量并重原则，较好地完成了全年自行申报任务。2013年我省自行申报人数再创新高，达到了39724人，同比增长8666人，得到总局通报表扬。二是推进个人所得税信息化管理。购买2013年系统运维服务及总分机构个人所得税信息采集软件。将个人所得税新申报表纳入征管软件的业务需求。在马鞍山市试点应用个人所得税自助办税终端。总局推广的个税信息系统实现全省覆盖,有12.8万户扣缴义务人、350万户纳税人、9个应税项目的申报信息纳入系统管理。三是加强高收入者个人所得税征管。各地与工商行政管理部门合作,加强对个人转让非上市公司股权所得征管;陆续制定管理办法,对个人股权转让个人所得税进行规范管理。四是支持小微企业发展。在认真调研的基础上,向省政府提出建议并被采纳,到11月份,全省所有未达起征点的个体户、个人独资、合伙企业均暂免征收个人所得税,切实减轻小微企业的税收负担。

(四)不断提升"两税"征管质效

一是落实"两税"业务规程。出台《安徽省耕地占用税征管业务规程》和《安徽省契税征管业务规程》,各地结合实际制定具体实施办法,统一征收流程,统一执行标准,统一表单证书,规范两税管理。二是强化"两税"征收管理。各地制定"两税"完税情况证明管理办法,规范家庭唯一住房认定,严格减免税管理,有效防范征管漏洞;加强重点税源监控,充分利用土地交易和耕地占用信息,开展"两税"专项监管和评估;将"两税"纳入房地产税收一体化征管,运用评税软件加强存量房契税管理。三是加强"两税"部门协作。各地积极将"两税"融入地方综合治税大平台,加强与国土资源、房产管理等部门的紧密协作,联合管税协作机制进一步完善。四是完善落实"两税"政策。针对房地产市场新情况,积极梳理"两税"政策执行问题,在充分调研、征求意见和请示总局的基础上,经有关会议讨论,形成了《契税和耕地占用税若干政策问题解释》,对25个问题进行细化明确,促进政策执行统一。

(五)积极推进其他税收管理

一是开展以地控税、以税节地试点工作。联合省国土资源厅确定合肥市、宣城市为试点地区,成立领导小组和工作机构,建立信息沟通机制。组织编写业务需求,与大集中软件有效衔接。二是全面开展存量房评估工作。存量房评估系统已在全省大多数县上线运行,全省评估增值率和税收增长率平均在20%以上。推进存量房评估软件与大集中系统整合对接工作。三是落实省政府土地使用税差别化征收政策。各地主动向政府汇报,调整土地使用税等级税额标准。鼓励各地实施土地使用税奖励政策,规避差别化征收的执法风险。编写差别化征收业务需求,融入大集中征管软件。四是加强土地增值税管理。各地依托房地产项目管理,认真开展土地增值税预征工作。先后出台四项成本评估标准,夯实土地增值税清算工作基础。五是加强国际税收管理。对现行《国际税收情报交换工作规程》提出修改意见。制作上报本年度美日韩加澳自动税收情报。联合省国税局、省外汇局出台我省服务贸易对外支付税务备案管理规定。

在充分肯定成绩的同时,我们必须清醒地看到,当前税政管理工作还存在一定差距:一是服务大局有差距。少数地方服务大局的主动性和创造性还不够强,服务大局措施还不多。二是管理创新有差距。个别单位创新税政管理的思路、办法不多,税政管理业务与信息技术融合不够。三是人才支撑有差距。少数单位税政人员知识老化、活力不足,不适应新时期税政管理工作需要。对以上问题,必须引起高度重视,采取有效措施认真解决。

二、改革创新,奋力开创全省税政管理工作新局面

党的十八届三中全会通过的《决定》,对全面深化改革和深化财税体制改革作出了战略部署,指明了税收事业改革发展的前进方向。我们要立足大局、把握大势,努力向税政管理工作现代化迈进。

(一)认清税收改革新形势

一是税制改革新趋势。《决定》提出,要深化财税体制改革,强调财政是国家治理的基础和重要支柱,科学的财税体制是优化资源配置、维护市场统一、促进社会公平、实现国家长治久安的制度保障。提出保持税负稳定,逐步提高直接税比重，完善地方税体系，并对改革增值税、消费税、个人所得税、房地产税、资源税制度和环境保护费改税等作出部署。税制改革与国家治理紧密相连，与地方税体系建设同步推进，税收职能作用将更加凸显。二是税收发展新目标。总局提出，落实《决定》精神，到2020年基本实现税收现代化，并描绘了税收改革发展6大目标体系，即完备规范的税法体系、成熟定型的税制体系、优质便捷的服务体系、科学严密的征管体系、稳固强大的信息体系、高效廉洁的组织体系。省局提出，要立足实际，明确任务，通过接续不断地推进税收管理转型升级，一步一步向税收现代化迈进。税收现代化的征程已经开启，税收改革发展将全面深入推进。三是税收管理新机遇。《决定》提出，完善国税、地税征管体制；建立全社会房产、信用等基础数据统一平台，推进部门信息共享；建立个人收入和财产信息系统；建立健全社会征信体系。总局提出把信息技术作为实现税收现代化的驱动力，全省地税大集中信息系统成功运行，为税收管理提供强大技术支撑。这些改革措施与税收发展协调配套，加强地方税管理迎来新契机。

（二）迎接税政管理新挑战

从政治形势看，社会主义民主政治不断发展，公民意识明显增强，纳税人对自身的权利主张和利益维护要求更高；法治政府建设和服务型政府加快推进，法治理念和服务理念深入人心，各方面监督更为广泛深入，对落实税收政策提出了更高要求。从经济发展看，经济转型升级步伐加快，纳税人迅猛增长，市场活动日趋复杂，新兴经济业态层出不穷，税源状况发生重大变化，尤其是提高直接税比重，税收管理的难度进一步加大；充分发挥市场在资源配置中的决定性作用和更好发挥政府作用，要求进一步转变政府职能，坚持有所为、有所不为，实施税收调控需要更加精准有效。从社会建设看，围绕更好地保障和改善民生、促进社会公平正义，实现发展成果更多更公平惠及人民，需要税收在改革收入分配制度，促进共同富裕，支持社会事业发展上发挥更大作用；创新社会治理，增强社会发展活力，促进社会和谐有序，需要进一步转变税收管理理念和方式。从科技进步看，科学技术越来越成为经济社会发展的主要力量，创新驱动是大势所趋。以云计算、大数据、移动互联网等为代表的新一轮信息技术飞速发展，使信息资源日益成为重要生产要素、无形资产和社会财富。日新月异的科技进步，蓬勃发展的信息化浪潮，对税收管理既是机遇也是挑战。

（三）把握税政工作新要求

1. 要有新思维。一是改革思维。适应新形势，开创新局面，必须把改革创新作为税政工作的动力之源。增强改革的进取意识、责任意识、机遇意识，在税收改革发展中强化税政工作的使命自觉和责任担当；坚持与时俱进，积极以问题导向查不足，从着眼未来找差距，用改革的办法破解税政工作面临的矛盾和问题，用创新的思路推动税政管理新发展。二是法治思维。法治是国家治理的基本方式，只有按照法治的要求贯彻执行税法，才能正确履行税政管理职责，保障税收职能实现。必须弘扬法治精神，坚持税收法定原则，自觉约束和规范税政管理权，保护纳税人合法权益；提高运用法治思维和法治方式落实税政工作的能力，作决策、定政策、定制度、抓执法、搞服务都要有依据、有章法、有程序。三是系统思维。政策是税收工作的基石，做好新形势下税政管理工作，必须树立系统思维，用联系发展的观点看问题，跳出税政谋划税政。准确把握税政工作的统筹性、整体性和协调性，做到面向经济社会发展大局能提升站位，在支撑安徽改革发展上更加有力；面向地税事业发展全局能找准定位，在推进税收管理转型升级上更加有为；面向社会管理环境新变化能把握方位，在加强税政科学管理上更加有效。

2. 要有新内涵。一是向税种管理科学化转向。处理好政策与管理、实体与程序的辩证关系，把强化税种管理作为落实税收政策的核心内容，寓政策管理于税种管理之中。要深入分析新形势下地方税制和税种特点，准确把握地方税源状况和管理环境变化，找准控管的关键环节和有效方法，完善单项税种管理措施，建立科学的税种管理制度。二是向税政管理专业化转型。适应现代税收管理专业化的新趋势，主动融入专业化管理大格局，推进税政管理专业化、实体化。善于把握税政管理与专业化管理的耦合性、关联性，按照专业化的要求，夯实政策管理基础，为专业化提供支撑。善于以风险管理为导向，把税种管理事项转化为风险管理任务，开展税种风险分析，评估税收政策执行，加强政策管理风险应对，形成与专业化管理相适应的税政管理机制。三是向税政服务现代化转变。聚焦建设服务型政府和转变政府职能新要求，积极转变税政管理理念和方式。着眼于服务大局，提高税制改革创新能力，推动地方税体系建设和税制改革落地生效，释放税制改革红利。着眼于服务税户，切实转变“管制”思维，以纳税人为中心，不断规范政策制定程序，优化政策管理制度、业务流程安排和政策服务方式，激发市场社会活力。着眼于服务基层，为基层提供高效税政服务，保障基层创造力，努力打造符合转变职能需要的服务型税政。

3. 要有新手段。一方面要实施信息管税。现代税政管理必须发挥科技第一生产力、信息第一资源的作用，走信息管税之路，由粗放式管理向精细化管理转变，这也是多年来我们不断探索应用税政管理信息系统成功经验的总结。要坚定税政管理信息化方向，善于在信息社会大环境下研究税政业务，不断推进税政业务与信息技术的融合；深化信息系统的应用，坚持税收政策调整、管理流程变革、税政服务拓展与信息系统升级同步，切实形成与信息化相适应的管理理念和工作方式。另一方面要实行税收共治。现代税政管理必须树立开放、合作的理念，走税收共治之路，由单一管理向多元治理转变。要坚定税政管理社会化方向，善于通过信息共享着力解决征纳信息不对称的管理瓶颈，积极把握地方税种涉税信息分布广泛、与政府管理普遍相联的规律，抓住国家推进信息共享的机遇，有效获取税种间、国地税间和其他部门间的涉税信息，为地方税尤其是所得税、财产行为税的改革和管理提供保障；善于通过社会协作优化税政管理资源配置，在社会治理大格局下，积极借助公共管理资源、社会组织力量，支撑提高税政管理服务质效。

4. 要有新能力。一是与时俱进的学习能力。事业发展没有止境，学习就没有止境。要以学习上的与时俱进，克服前进中的“本领恐慌”，适应税政工作新形势。要以时不我待的紧迫感，不断学习新理论、新知识、新技术，加快知识更新、优化知识结构、拓宽眼界和视野；要以持之以恒、深入钻研的精神学习，做到历史的、全面的、最新的把握政策，做到精通本岗位业务、熟悉本部门业务、了解全局业务。二是求真务实的调研能力。没有调查，就没有发言权，更没有决策权。落实税制改革新任务，实现税政管理新要求，刻舟求剑不行，闭门造车不行，必须深入开展调查研究，下功夫掌握实际情况，广泛集中意见建议，总结成功经验和有益探索，不断给出科学答案。三是抓铁有痕的落实能力。一分部署，九分落实。面对税政管理新任务新目标，要把工作重心放在狠抓落实上。要热爱税政事业，珍惜发展机遇，增强事不避难的担当精神，永不懈怠的进取精神和“岗位就是责任”的敬业精神，做到善始善终、善做善成。

三、开拓进取，夺取2014年全省税政管理工作新胜利

2014年，是全面深化改革的第一年和完成十二五规划目标任务的关键一年。全省税政管理工作，要按照省局统一部署，坚持统筹推进，坚持改革创新，圆满完成各项工作任务，在税政管理工作现代化道路上迈出新步伐。

(一)着力推进税制改革

落实“营改增”试点扩围工作。继续配合财政、国税部门落实好今年1月1日起实施的铁路运输和邮政业“营改增”试点工作。积极做好电信、生活服务业和销售不动产、建筑安装业“营改增”扩围准备，各地要全面了解，分大中小企业进行典型调查，在此基础上认真开展分析测算。

开展环保税、房地产税立法调研。今年，国家将推动环保税、房地产税立法。要按照总局部署，认真开展排污费改税、房地产税立法等相关调研工作。紧密结合安徽实际，开展调查测算，积极反映情况，提出有价值、有分量的建议。

贯彻煤炭资源税从价计征规定。今年，国家可能加快推进煤炭资源税改革，将煤炭资源税由从量定额计征改为从价定率计征。改革后，要做好针对行业税负明显加重的宣传解释工作，并研究制定行之有效的征管办法。

研究建设地方税体系。当前，地方税体系建设在不断推进。税政管理部门要紧紧把握税制改革的形势要求，大力开展地方税体系研究，积极当参谋、比贡献。

（二）依法科学组织收入

严格依法征税。坚持组织收入原则，坚决防止和查处收"过头税"、空转等违规行为。做好组织收入情况汇报工作和税收宣传解释工作，争取地方政府对依法征税的理解和支持。要强化组织收入任务观念，确保完成全年收入任务。

提升收入分析水平。落实收入分析报告制度，重点关注产业结构和地区税源结构分布状况，突出增减因素和走势预测分析。在统计分析的基础上，及时查找税收征管质量和政策执行中存在的问题，持续改进工作，充分发挥收入分析对税政管理的指导作用。

加强预缴预征管理。抓好企业所得税的预缴和土地增值税预征管理，落实好企业所得税预缴税款比例不低于70%的要求，严格按规定的预征率预征土地增值税，保证预缴预征税款及时足额入库。切实加强企业所得税年度申报和汇算清缴的核实与备案，及时开展土地增值税项目清算工作。

加强税收源泉控管。开展税源调查，加强重点地区、重点企业、重大项目税源监控。落实好契税和股权转让等项目的"先税后证"、耕地占用税"先纳税后批地"等制度，抓好源头控管。实施综合治税，提升代收代缴、代扣代缴管理水平。加强信息化建设，全面准确掌握税源，堵塞税收征管漏洞。

（三）强化税收政策落实

认真落实政策。认真落实企业年金和职业年金个人所得税递延纳税、扩大研发费用扣除范围、治理大气污染、鼓励居民消费、支持棚户区改造等税收措施。抓好涉农税收优惠政策和扩大小微企业优惠政策适用范围等政策措施的落实。按照总局部署，清理规范税收优惠政策。

及时完善政策。省局将梳理税收政策问题，对于权限范围内的问题进行研究，按照成熟一个明确一个的原则，尽快下发文件，为基层执法提供依据。对于需要上级机关明确的问题，积极提出修改建议。进一步加强政策解读，统一政策执行口径。

加强跟踪问效。实施绩效管理，强化过程控制和动态管理，不断改进和提升税收政策执行效果。建立重大税收政策执行情况的日常监控机制，掌握工作进度和完成情况，发现问题及时纠偏。对绩效不佳的单位和个人实行行政问责，严肃追究行政责任。

开展调查研究。把税政调研工作作为转变职能，改进作风，提高干部队伍素质的基础性工作。突出全局性、战略性、前瞻性问题的研究，突出热点、难点、重点问题的研究，突出重大政策和长效机制的研究。积极将调研成果提炼为决策成果，转化为政策措施。

（四）提升税政管理水平

加强所得税管理。继续强化企业所得税汇算清缴工作，实施全程跟踪管理，汇算清缴面要达100%。加强汇缴期间税收优惠和税前扣除事项的备案管理，把好政策落实关口。利用汇算清缴的数据开展纳税评估和检查，省局将引进中介机构对部分大企业汇算清缴工作质量进行抽检。落实好建筑安装业所得税管理公告，规范建安企业所得税管理秩序。对影响企业所得税的重要事项和重点行业，实行动态监控。

完善高收入者和股权转让源泉控管的制度措施，抓好高收入者个人所得税管理。实施"先税后证"，进行源头控管。对2013年已经实现全员全额扣缴明细申报全覆盖的市，要提高系统数据提取分析利用价值；对全员全额明细申报未达到100%的单位，要采取措施，2014年内尽早实现全覆盖。鼓励各市使用个人所得税自助办税终端设备;在设备没有安装或未及时运行的单位,要为纳税人开具和送达完税证明。

加强“两税”管理。强化“两税”重点征管,抓好土地使用权出让、划拨土地使用权转让、补缴土地出让金、代建保障房用地和商品房销售契税管理,规范城乡建设用地增减挂钩中农用地转用和设施农用地耕地占用税管理。推进一体化征收,把“两税”税源管理、征收管理、评估检查纳入地税征管体系,实行同征、同管、同查,统一契税与其他房地产税收计税价格。密切两税部门协作,健全与相关部门协作配合机制,不断提升“两税”源头控管和信息管税能力。

加强其他财产行为税管理。在全省全面推广房产税、城镇土地使用税明细申报管理。在全省推广“以地控税”工作,上线以地控税管理信息系统。尝试开展“以房控税”试点。建立煤炭行业税收管理信息交流平台,研究建立和推广煤炭行业地方税收纳税评估模型。认真贯彻落实土地使用税差别化征收政策。继续推进存量房交易征管工作。做好车船税代扣代缴模块上线工作。加强土地增值税预征和清算管理,适当提高预征率。

加强营业税和国际税收管理。在“营改增”期间,要严格落实营业税政策,确保政策执行不走样;要切实加强管理和监督,防范税收执法风险。进一步加强国际税收管理工作,推动地方税收反避税工作从外资企业向内资企业,特别是向“走出去”企业延伸;按照非居民享受协定待遇规程要求,抓好对备案类和审批类的管理,确保非居民企业和个人及时准确享受税收协定待遇;摸清“走出去”企业底数并建立涉税信息档案,夯实中国居民境外所得税收征管基础。

(五)着力优化纳税服务

为纳税人服务。及时公告税收优惠政策的具体内容、资格条件、程序步骤,方便纳税人充分享受税收优惠。加大税收政策宣传解读力度,提高税收政策的透明度和确定性。制定重大政策前,召开纳税人座谈会,公开征求意见。进一步优化涉税审批服务,自觉接受纳税人和社会各界的监督。

为基层服务。各税政管理部门的工作尽可能综合制发文件,统一作出安排。制定制度、提出措施时,为基层预留执行的准备时间。及时修订存在执行漏洞或难以操作的制度规定,防止和减少基层执法的风险。对基层请示的事项限时办结,及时回复。无特殊情况不得随意要求基层报送报表。

为经济社会发展服务。严格落实存量房交易、保障性住房建设、农村居民建房等各项优惠政策,促进房地产市场健康发展。落实现代服务业、民营经济、小微企业、环保产业等优惠政策措施,促进经济结构调整和发展方式转变。落实就业、教育、医疗、科研、文化等税收优惠政策,促进社会事业发展,保障和改善民生。

(六)不断加强队伍建设

开展学习培训。针对税制改革出台的新政策和未来税制改革方向开展系统性学习。选择重点、难点问题或行业,结合会计核算和评估案例开展所得税业务讲解。开展两税政策、软件应用和土地增值税业务培训。参加全省“信息化应用提升年”活动,大力提升信息化应用能力。

强化团队合力。当前,税政管理工作之间、与其他税收工作之间的关联性、支撑性越来越强,单兵作战、独立行动往往难以胜任工作、完成任务。要注重加强团队建设,通过团队合作、团队管理的方式,来凝聚集体力量、发挥比较优势、促进业务协同,以团队形成合力,提升工作质量和效率。

改进工作作风。全体税政人员要认真贯彻中央八项规定,认真执行总局“三个三”要求,认真落实省局关于改进作风各项规定,把群众路线教育实践活动与做好税政工作有机结合起来,促进工作作风进一步转变。省、市级税政部门要坚持重心下移,以真情关心基层、以务实服务基层,当好作风建设的标杆。

加强廉政建设。牢固树立廉洁从税意识,坚持敬畏法律、遵守纪律、崇尚规则,做到依法依规办事。规范权力运行机制，健全税政管理制度，做到用制度管事，靠制度管人。注重风险防范，强化过程控制，实行集体审议审批，有效防范执法风险和廉政风险。

同志们，推进地税事业改革发展任重道远、责任重大、使命光荣。我们要在省委、省政府和国家税务总局的正确领导下，在全省税政管理工作中，改革创新，真抓实干，向着税收现代化目标奋力前行，为全面建成小康社会、建设美好安徽作出新的更大贡献。

安徽省地税局政治部主任郑圣良在全省地税系统春训动员大会上的讲话

（2014 年 2 月 7 日）

同志们：

大家新年好！2014 年春训今天开始。根据省委统一部署，从元月下旬开始，各市、县地税局集中开展以“为民务实清廉”为主要内容的党的群众路线教育实践活动。因此，今年春训主题确定为“认真践行群众路线，努力改进工作作风”。借此机会，我受省局党组的委托，讲三点意见：

一、切实增强践行群众路线、改进工作作风的紧迫感和责任感

坚持群众路线，是我们党特有的政治优势和优良传统；践行好群众路线，必须要有良好的工作作风来保证。当前，在全省地税系统深入开展党的群众路线教育实践活动，努力改进工作作风，有着重要的政治意义和现实意义。

首先，践行群众路线、改进工作作风，是增强地税党员干部政治责任的内在要求。党的十八大指出，新时期，党的作风建设面临着诸多新形势、新特点、新任务，特别是党所面临的执政考验、改革开放考验、市场经济考验、外部环境考验，党所面对的精神懈怠危险、能力不足危险、脱离群众危险、消极腐败危险都迫在眼前，形势严峻。一段时间以来，这“四种考验”和“四种危险”，都在以不同方式影响着党员干部包括我们地税党员干部的工作作风、精神意志和干群关系。因此，我们要站在巩固执政党地位，站在以人为本、执政为民的高度，充分认识践行群众路线、改进工作作风的重要性，深刻把握践行群众路线、改进工作作风的新要求，以严肃认真的政治态度和高度自觉的政治责任感，积极投入到践行群众路线、改进工作作风的教育实践中来。

其次，践行群众路线、改进工作作风，是推进地税改革发展的重要保证。党的十八届三中全会吹响了全面深化改革的号角，对深化财税体制改革作出了重大部署，特别是明确提出了完善地方税体系，为税收事业改革发展指明了方向。最近，国家税务总局提出了到 2020 年要基本实现税收现代化的总体目标，就是建立完备规范的税法体系、成熟定型的税制体系、优质便捷的服务体系、科学严密的征管体系和稳固强大的信息体系，勾画了未来税收改革发展的蓝图。省委省政府作出了加快产业结构优化升级、大力实施创新驱动发展战略、大力发展民营经济、大力推进新型城镇化建设等一系列决策部署，所有这些对发挥税收职能作用提出了新的更高要求。面对新形势、新任务和新要求，全省地税工作会议发出了“向着税收现代化新目标奋力前行”的号召，并对 2014 年地税工作任务作出了具体部署。要完成新任务、实现新目标，需要我们勇于担负起历史重任，不断改进作风，不断汇集智慧、不断凝聚力量，谱写地税事业改革发展新篇章。

第三，践行群众路线、改进工作作风，是树立地税部门良好形象的现实需要。工作作风事关地税形象，事关地税事业发展。近年来，全省各级地税机关重视加强作风建设，地税队伍整体形象有了较大提升。但我们也应清醒地看到，一方面，由于受诸多因素的影响，一些干部工作激情减退，责任淡化，作风涣散，行为失范，庸懒散奢现象有所抬头。一方面，当今社会正处在快速转型过程中，经济体制转轨和社会结构转型相互交织，社会矛盾呈现出多发、复杂态势。地税部门作为政府的执法部门，处在社会利益调整的最前沿，社会关注度比较高，特别是推进新一轮税制改革和征管改革，势必影响到一些群体利益的调整。如果我们工作粗枝大叶、作风飘浮，往往会因一些小事诱发矛盾，甚至酿成事端、影响形象。因此，我们一定要充分认清地税部门改进工作作风面临的新形势和遇到的新挑战，自觉克服感觉良好、与己无关的糊涂观念，树立不断改进作风的责任意识，以饱满的热情投入到践行群众路线、改进工作作风的实践中来。

二、认真落实“三个三”要求，大力倡导新风正气

国家税务总局在群众路线教育实践活动中提出了“三个三”要求，即：搞好服务税户、服务基层、服务大局“三个服务”，做到任务求实、干事踏实、说话朴实“三个实在”，恪守执法禁贪、服务禁懒、管理禁散“三个禁止”。能否让“三个三”落地生根，是对我们践行群众路线、改进工作作风的检验。落实“三个三”要求，当前要在大兴“六种风气”上下功夫、见成效。

*一要大兴热忱服务之风。*在服务大局上，各级地税机关要以服务地方经济和社会发展为己任，充分发挥部门的职能优势，主动跟进省委省政府提出的加快产业结构优化升级、大力实施创新驱动发展战略、大力发展民营经济、大力推进新型城镇化建设等一系列决策部署，用足用活税收政策，努力为地方党委政府及时提供税收信息，主动建言献策，当好决策参谋，努力为地方经济社会发展营造良好的税收环境。在服务纳税人上，广大税务干部要牢固确立为纳税人服务就是为经济发展服务的观念，找准税收征管、纳税服务与纳税人利益需求的最佳结合点，提升服务理念，拓展服务空间，积极为纳税人当好税收法规的宣传员、税收政策的辅导员、税收管理的服务员，通过优质服务，让纳税人满意缴税、明白缴税、公平缴税和便捷缴税。在服务基层上，各级领导机关要真诚关心基层干部职工的工作、学习和生活，多倾听基层心声，多了解基层情况，多听取基层意见，实实在在地帮助基层解决工作和生活上的实际困难，努力为他们创造良好的工作生活环境，调动他们工作积极性。

*二要大兴求真务实之风。*习近平总书记告诫全党：“空谈误国，实干兴邦”。真抓实干，不仅是我们应有的精神状态，也是确保各项工作扎实推进、全面落实的重要保证。2014 年各项工作任务已经明确，现在关键是抓好落实，关键在于我们广大税务干部要有一个良好的精神状态和工作激情，要有勇于攻坚破难的勇气和锐气，要有战胜困难的决心和信心，要有一抓到底的实干精神，做到用实招、使实劲、做实功，确保各项工作不欠账，确保实现年度目标不落空。

*三要大兴开拓创新之风。*当前，我国经济发展已进入增长速度换挡期、结构调整阵痛期，我省的发展也面临着诸多深层次矛盾和问题，税收职能作用发挥将会遇到更多“两难”甚至“多难”问题；法治政府建设步伐加快，各方面监督更为广泛深入，社会对税收维护公平正义充满期待，对落实税收政策、规范税收执法提出更高要求；市场经济深入发展，纳税人的组织形式、经营方式日趋多元化、复杂化，税收管理面临新的考验；新一轮信息技术快速推进，企业信息管理能力不断增强，政府部门间对涉税信息的互动需求日益增加，对提升信息管税能力的要求更为迫切。所有这些税收工作内外环境的深刻变化，给带队治税提出了许多新的课题。因此，我们要顺应地税事业转型升级的发展潮流，强化前瞻意识、开拓意识和创新意识，保持昂扬精神状态，坚持靠改革求发展、靠创新找出路、靠智慧解难题，不断为地税事业改革发展注入生机和活力。

*四要大兴令行禁止之风。*系统上下要坚决执行中央、省委和省局关于改进工作作风的一系列规定，做到令行禁止，不打折扣、不搞折中、不打擦边球、不讲下不为例。坚决克服本位主义局部利益至上的观念，坚决反对自行其是、各自为政，有令不行、有禁不止，甚至上有政策、下

有对策的自由主义行为,要牢固树立服从大局、服务大局的观念,坚持下级服从上级、局部服从全局、小道理服从大道理,坚持在大局下定位,在大局下思考,在大局下行动,不折不扣地贯彻落实国家的大政方针和上级的重大决策部署,坚决维护国家税收法律法规和政策的统一性、严肃性,确保令行禁止、政令畅通。

*五要大兴廉洁从税之风。*牢记“两个务必”,发扬艰苦奋斗、勤俭节约的优良传统,坚决抵制拜金主义、享乐主义和奢靡之风,要严守法律底线。始终坚持“依法征税是税务部门的生命线,廉洁从税是每位税务干部的生命线”,严格执行国家税收法律法规,始终把依法征税贯穿税收工作全过程,坚决防止和制止收过头税,坚决防止和制止虚收空转等违法违规行为,坚决杜绝以税谋私和向纳税人吃、拿、卡、要、报。要严守党纪底线。努力加强党性修养,树立公仆意识,要对党纪党规心存敬畏,严格遵守党风廉政建设各项规定,时刻筑牢思想防线,常绷党纪之弦,常思贪欲之害,常怀律己之心,坚决做到不闯“红灯”、不谋私利、不徇私情。要严守道德底线。善待自己、家庭和组织,算好政治账、经济账、健康账和家庭账,始终保持清醒头脑,谨言慎行,做到不失地税形象、不失公务员身份、不失个人尊严。大力倡导低碳办公、低碳生活理念,节约行政,勤俭兴税,坚决反对铺张浪费和大手大脚。要保持良好的生活作风、健康的生活情趣,在各种诱惑面前心理不失衡、行为不失范、形象不失态,真正做到一身正气,两袖清风,干净干事,廉洁从税。

*六要大兴学习兴税之风。*践行群众路线,必须具备服务群众的过硬本领。当前,地税事业正处于改革发展和转型升级的关键时期,对地税干部能力与素质的要求、对地税人才的数量与结构的需求,比以往任何时候都更为迫切。为此,广大税务干部要始终坚持学习中国特色社会主义理论,做到真学、真懂、真信、真用;要大兴学业务、学技术之风,全面提升业务能力素质,努力破解地税改革发展中的难题。为此,要加快推进人才建设“双百双千”工程实施和各级人才库建设,努力造就一支结构合理、素质优良的人才队伍。时代发展呼唤英才辈出,改革大局赋予广阔舞台。全体干部职工要牢固确立“行行出状元,人人可成才”的观念,以高度的事业使命感,积极投入到人才强税的热潮之中,立足岗位,自增压力,勤奋学习,不断提高自身能力素质,努力形成百舸争流、竞相发展的人才工作局面。

三、严格立言立行,自觉付诸实践

践行群众路线、改进工作作风,没有局外人,没有旁观者,要从我做起,从现在做起,立言立行,立见成效。

*第一,各级领导要率先垂范。*践行群众路线、改进工作作风,各级领导要身先士卒、身体力行。一要带头联系群众。领导干部要有“衙门卧听萧萧竹,疑是民间疾苦声”的亲民情怀和为民责任感,坚持基层联系点制度,经常深入基层,主动贴近纳税人,了解基层的真实情况、关注干部职工的所思所想、关心纳税人所盼所忧,做到知民情、晓民意、解民困。二要带头改进作风。好作风是抓出来的,也是带出来的。作风建设具有崇上性,领导干部的作风,是一个单位作风的风向标。因此,领导干部在作风上身体力行、作出表率,就是一种无言的要求、无声的号召,对广大干部职工能够产生潜移默化的影响。各级领导干部要始终保持朝气蓬勃、奋发有为、昂扬向上的精神状态,扑下身子,真抓实干,奋力前行,务求实效,以良好的工作业绩和良好形象,赢得群众口碑。三要带头清正廉洁。清正廉洁是做人底线、正气之源。各级领导干部只有坚守底线、不越雷池,才能得到群众的认可,才能永葆政治本色。在工作上,坚持自励自强,不生懈怠之心;在用权上,严守制度“界线”,集体决策不专断;在经济上,筑牢法律“防线”,克勤克俭不贪占;在人情关系上,把握交友“红线”,按章办事不徇私;在生活上,夯实道德“底线”,作风检点不逾轨。真正做到立身不忘做人之本、为政不移公仆之心、用权不谋一己之私,以实际行动永葆政治本色、争做清廉表率。

*第二,各级机关要当好标杆。*改进工作作

风,省、市、县局机关责无旁贷,要以上示下、当好标杆。一是要带着感情指导基层。机关指导基层,要带着对基层干部职工的深厚感情去做工作,老老实实向基层学习,诚心诚意为基层服务。到基层检查指导时,对基层出现的问题要多从领导机关自身找原因、多从领导身上找原因,多从解决问题上出主意、想办法。上级机关只有与基层水乳交融,感同身受,基层才会视领导机关为自家人,才会愿意掏出心里话。二是要带着责任指导基层。机关干部只有深入到最基层,才能把基层真实情况摸透、搞准,把基层愿望和企盼弄清。要防止人下心没下,一定要肯下去办实事,一定要带着责任扎扎实实了解情况、解决问题。三是要带着任务指导基层。领导机关指导基层,就是要为基层排忧解难、多办实事,这样才会受到基层的欢迎和支持。大力倡导走出会议室听真话,跳出笔记本看实情,真情实意解难题,做到对待基层不给脸色,服务基层不设障碍,帮助基层不求回报。

第三,全体干部职工要自觉践行。践行群众路线、改进工作作风,没有局外人,没有旁观者,人人都是主角。基层是地税工作的主战场,是作风建设的最前沿。良好的地税形象,优良的工作作风,需要我们共同维护和养成。当前,我们要在全系统税务干部中大力践行并倡导"五种风尚":对事业任劳任怨、忠于职守、无言无悔的风尚;对工作精雕细刻、精益求精、一丝不苟的风尚;对纳税人服务至上、热情周到、倾心倾力的风尚;对作风言行一致、雷厉风行、持之以恒的风尚;对自己严于律己、两袖清风、一尘不染的风尚。

同志们,践行党的群众路线、不断改进工作作风,是一项长期任务和永恒课题。希望广大干部职工务必保持昂扬向上的精神状态,务必保持奋发进取的工作激情,务必保持真抓实干的工作作风,自增压力,自觉践行,圆满地完成各项工作任务,奋力推进安徽地税事业改革发展,为建设美好安徽作出新的更大贡献!

安徽省地税局政治部主任郑圣良
在全省地税系统干部人事教育工作会议上的讲话

（2014 年 3 月 24 日）

同志们:

这次会议的主要任务是,落实全省组织工作会议、全省地税工作会议精神,学习贯彻新的《干部任用条例》,总结去年工作,部署今年任务。省局党组对这次会议十分重视,汪建国局长会前听取了汇报,要求我们把这次会议开好,把今年工作安排好、任务落实好。下面,我讲四个问题。

一、认真学习贯彻新修订的《干部任用条例》

今年 1 月中央颁布了新的《干部任用条例》,并就贯彻落实工作进行了专门部署。省委对学习贯彻新条例高度重视,张宝顺书记作出专门批示,要求全省组织人事部门务必认真抓好学习宣传和组织实施工作。新条例是干部选拔任用工作的根本大法,是培养和选拔好干部的制度保证。抓好新条例的学习宣传和贯彻落实,是当前和今后一个时期全省地税干部人事部门的重要任务。

一要充分认识新条例颁布实施的重要意义。新条例体现了中央关于干部工作的新精神新要求,吸收了干部人事制度改革的新经验新成果,对干部选拔任用制度进行了改进完善,具有很强的指导性、针对性和操作性,是做好党政领导干部选拔任用工作的基本遵循。新条例对干部选拔任用的基本原则、标准条件、程序方法和纪律要求等作了全面的改进完善。在加强党组织的领导把关作用与充分发扬民主相结合方面有新举措,在解决干部选拔任用工作突出问题方面有新突破,在从严选拔、从严把关、严肃纪律、严格监督方面有新要求。新条例的颁布实施,对于贯彻落实党的十八大、十八届三中全会和习近平总书记系列讲话精神,落实信念坚定、为民服务、勤政务实、敢于担当、清正廉洁的好干部标准,建设高素质的党政领导干部队伍,保证党的理论、路线、方针、政策全面贯彻执行,具有十分重要的意义。

二要准确把握新条例的主要精神。新条例充分反映了干部工作理论认识、实践探索、制度建设的最新成果,主要体现在三个方面:第一,融入了干部选拔任用工作的新思想新观点。新条例最突出的特点,就是贯彻了习近平总书记关于做好干部工作的一系列重要论述精神,鲜明地将好干部标准写进总则,围绕有利于选准用好党和人民需要的好干部,完善了选拔任用党政领导干部的基本条件和资格,突出了理想信念、政治立场、政治态度、政治纪律的要求,坚持原则、敢于担当的要求,加强道德品行、作风修养的要求,把人岗相适、重视一贯表现贯穿到干部选拔任用工作全过程的要求等。第二,明确了干部选拔任用工作的新规定新要求。在坚持党管干部原则方面,要强化党组、分管领导和干部人事部门在干部选拔任用中权重和考察识别责任;在坚持干部工作的群众路线方面,要改进民主推荐和民主测评,防止简单以票取人、以分取人;在改进干部考察工作方面,要更加注重加强对政治品质和道德品行、科学发展实绩、作风表现、廉洁自律情况的考察;在推进干部人事制度改革方面,要进一步完善公开选拔、竞争上岗等竞争性选拔方式,引导干部在实干、实绩上竞争;在落实党要管党、从严治党要求方面,要更加注重从严培养选拔干部,从严管理监督干部,坚决整治和严厉查处跑官要官、拉票贿选等选人用人上的不正之风等。第三,体现了干部选拔任用工作的新经验新成果。首次把“树立正确政绩观,做出经得起实践、人民、历史检验的实绩”作为干部选任的条件,首次把“在关键时刻或者承担急难险重任务中经受住考验、表现突出、作出重大贡献”、“在条件艰苦、环境复杂、基础差的地区或者单位工作实绩突出”作为干部破格提拔的条件,把民主推荐结果由选拔任用的“重要依据”改为“重要参考”,明确了6种不得列为考察对象的情形等。总之,新条例内容丰富,涵盖干部工作的方方面面。我们要深刻领会、准确把握这些主要精神,确保选人用人的正确方向,确保干部选任工作规范有序,确保干部人事改革稳中求进。

三要切实抓好新条例的学习贯彻。首先,要广泛学习宣传新条例。各级地税党组要结合实际对学习贯彻新条例作出安排部署,各级领导干部要在学习贯彻新条例中当好表率,各级人事部门和人事干部要先学一步、学深一点,全面掌握条例内容。要把学习新条例纳入党组中心组学习、干部培训的重要内容,要对人事干部开展专门培训,要采取多种形式广泛宣传条例,使各级领导干部熟悉、人事干部精通、干部职工了解,形成有利于新条例贯彻落实的良好氛围。其次,要严格执行新条例。要严格贯彻落实干部选拔任用工作的基本原则,准确把握干部选任条件、资格要求和组织程序,切实加强干部人事纪律约束。要加大监督检查力度,省局将把新条例的学习贯彻执行情况作为系统干部选拔任用监督的一项重要内容,适时对各地进行专项检查,推动新条例的贯彻落实。第三,要不断完善配套制度。省局将及时根据省委组织部的规定,完善干部选拔任用操作程序,指导和规范系统干部选拔任用工作。目前,对新条例已提出方向但未作出明确规定、上级组织部门又未出台相关配套制度的,鼓励各地积极探索创新,尽量使条例的运用和操作能“接地气”,努力形成系统完备、科学规范、有效管用、简便易行的选人用人制度。

总之，我们要以学习贯彻新条例为契机，以改革创新精神深化干部队伍建设，努力开创干部人事工作新局面。

二、围绕中心，服务大局，2013年干部人事工作取得新的成绩

2013年，在省局党组和各市局党组的领导下，全省地税各级干部人事部门尽心履职、勇于担当，上下联动、共同努力，各项工作取得了新的成绩。

（一）领导班子建设及领导干部管理进一步加强。加强领导干部思想政治建设，分3期对218名处级干部进行了学习贯彻党的十八大精神轮训。加强市、县局领导班子制度建设，出台推进领导班子制度建设意见，15个县区局申报领导班子制度建设示范单位；建立了领导班子成员分工情况及时报告制度，市、县局逐级建立了分工制度；出台了市局领导班子后备干部选拔培养管理暂行办法。加强和改进考核工作，完善市局绩效考核内容，增加纳税人满意度测评和基层满意度测评，突出重点工作考核；加强对考核工作的领导，由省局领导带队，开展对16个市局领导班子及处级干部年度考核。加强干部管理监督，落实个人有关事项报告制度，系统235名处级干部、76名县区局主要负责人按规定进行了报告和报备；对3名市局主要负责人开展经济责任审计、2名副处级分局局长开展离任审计；开展领导干部在社会组织兼职、干部在企业任职（兼职）的清理自查。及时做好领导班子和领导干部的调整配备工作。

（二）干部人事工作服务大局进一步拓展。自觉把干部人事工作放在地税工作大局中谋划和推进。针对干部管理、教育培训、激励机制建设等系统干部队伍建设的重点问题，组织了5个课题组开展专题调研，形成了一批调研成果。适应税收征管改革的要求，积极争取省编办对征管改革试点的支持，协调省编办推进集中区、产业园区地税机构设立及部分地区行政区划调整优化地税机构设置等工作。服务省级数据大集中工作，去年以来，分3批从系统抽调了231名业务骨干，集中力量开展省级数据大集中系统建设。从机构、编制、职责等方面促进行政审批改革，进一步简政放权。

（三）干部人事管理进一步规范。规范干部选拔任用，坚持按制度办事、按程序操作，全年选拔调整转任处级干部37人，备案审批（核批）科级干部258人，审核办理调动58人。铜陵、池州、安庆、黄山等8个市局开展干部竞争上岗，选任科级干部30余名。加强干部人事监督，组织开展了对16个市地税局2013年干部选拔任用情况和新选拔任用干部“一报告两评议”；加强信访举报查核，全年查核各类信访举报20多件，对情况不清楚的不上会研究干部。开展了对16个市局干部人事档案专项检查，规范干部人事档案管理。加强机构编制管理监督，认真开展系统在编不在岗专项自查自纠清理工作，并得到了省编办的充分肯定。

（四）人才建设加速推进。把人才培养工作摆上重要日程，全面启动人才建设“双百双千工程”和省级人才库建设。截至去年年底，建立省级人才库13个，入库人员397人。各市、县局也逐级建立了人才库，加强了人才培养。鼓励干部学习成才，制订干部职工继续学习管理暂行办法，对干部通过学习提升学历层次、取得“三师”资格等给予奖励；继续与高等院校联合举办硕士研究生班，积极组织参加税务总局领军人才培养考试，2人被录取。

（五）教育培训和文明创建成效明显。大规模培训干部，省局全年举办不同类型培训45期，培训人员2600多人次，选调141名干部参加上级调学培训；积极指导市县局开展干部教育培训，审批市局外出培训项目42个2500人次。全年系统共举办各类培训1000多期，培训2万多人次。开展全员大考试，春训期间组织全系统11312人参加“春训大考试”，促进全员学习。推进干部在线学习，系统9012人参加在线学习，人均学时超过49小时，人均学分超过44分，处于省直单位前列。深化系统精神文明建设，制定实施思想政治和精神文明建设工作意见，加强系统党建、创建工作指导，深入开展道德大讲堂活动,广泛开展志愿者服务、道德模范评比、职工读书等群众性创建活动。省局、宣城市局被授予"全国职工书屋示范点";怀宁县局被授予"安徽省职工书屋示范点"。开展"我身边的好税官"评选活动,树立典型,激发干部队伍活力。

(六)人事基础管理和离退休工作进一步加强。坚持有序补充新人,市、县局共招录公务员等177名。开展公务员信息管理审核工作,完成了11449名公务员的人员信息审核。对2009年以来系统新招录的公务员和军转干部共385人进行了公务员登记。加强和规范出国(境)管理。严格工资审批管理,全年办理系统工资审批25753人次,办理退休134人。严格执行津贴补贴及奖金发放分级审批报备制度,规范系统收入分配秩序。完成了系统津贴补贴执行属地标准测算调整工作。认真落实离退休干部"两项待遇",组织开展多项有益活动,丰富离退休同志生活。

特别值得一提的是,去年下半年以来,政治部还承担了省局党的群众路线教育实践活动领导小组办公室日常工作,坚持把开展好教育实践活动作为头等大事,善始善终做好各项具体工作,确保活动扎实有效开展,得到省委和税务总局督导组的充分肯定,先后2次在省直、1次在总局督导组专门会议上作经验交流。

以上从面上概括总结了2013年系统干部人事工作。从各市局来看,2013年干部人事工作也有很多亮点:如在干部任用管理上,宣城市局加强领导班子制度建设,严格执行班子议事规则。蚌埠市局改进党组中心组学习,坚持党组中心组集体学习研究制度。铜陵市局在干部选拔任用中注重对干部"德"的考察,并实行"票决制"。池州市局出台了后备干部管理办法,建立了科级后备干部队伍。安庆市局在机关科长与县局负责人之间开展双向交流,淮南市局结合城区税务所机构整合和干部选任开展轮岗交流。淮北市局实施"考学、考勤、考绩、考廉"工作制度,加强干部日常考核管理。如在干部教育培训上,合肥市局连续7年组织干部全员考试,以考促学,以学提能。阜阳市局、黄山市局加大干部培训力度,规范培训管理。如在文明创建和地税文化建设上,亳州市局开展"三强三好"优秀团队创建活动,马鞍山市局开展"地税文化建设深化年"活动,宿州市局、芜湖市局推进道德讲堂建设,滁州市局着力打造"双拥"活动品牌,六安市局开展网络文明传播活动,提升干部职工道德素养和文明素质等等。

同志们,过去一年,全系统干部人事工作取得了新的成绩,这些成绩的取得是省局党组高度重视、加强领导的结果,是各市局大力支持的结果,是全系统人事干部齐心协力、努力工作的结果。但是,我们在看到成绩的同时,也要清醒地看到工作中还存在着问题和不足,主要是:一些单位和领导干部抓队伍建设措施不够有力,管理不到位,对干部队伍中出现的新情况、新问题研究不够、举措不多;少数领导班子和领导干部作风建设有差距,不适应当前改进作风的要求;部分基层干部业务能力与岗位要求有差距,干部教育培训的针对性、实效性有待进一步提高;队伍年龄结构趋于老化,业务骨干、专业人才少,不适应当前税收工作需要;部分干部职工思想不适应当前形势,在一些问题认识上有差距,由于激励约束措施不健全、不到位,干部队伍活力不强,等等。对此,我们必须高度重视,认真采取措施加以解决。

三、统筹兼顾,突出重点,扎实做好2014年干部人事工作

2014年干部人事工作总体要求是:认真贯彻落实党的十八大、十八届三中全会和全省组织工作会议、地税工作会议精神,坚持围绕中心、服务大局,扎实开展党的群众路线教育实践活动,认真贯彻新的《干部任用条例》,突出领导班子建设和人才培养这两个重点,统筹做好干部人事、教育培训、文明创建、离退休干部工作,强化管理,深化改革,为地税事业发展提供组织保障和人才支持。要具体做好以下六个方面工作:

(一)扎实开展党的群众路线教育实践活动。根据中央和省委的统一部署,目前市县地税局正在开展第二批党的群众路线教育实践活动。为加强对市县地税局教育实践活动的指导，省局下发了指导意见，并派出4个巡回指导组开展巡回指导。市县地税干部人事部门作为活动的参与者、组织者、推动者，一方面要按照地方党委、省局的部署要求，坚持以严的标准、严的措施、严的纪律，认真做好活动的具体组织实施工作，一方面要带头开展活动、带头改进作风、带头查找问题、带头整改提高。

（二）加强领导班子和干部队伍建设。认真组织好各级领导干部学习习近平总书记系列重要讲话和党的十八届三中全会精神轮训工作，此项工作要求在6月底前完成。充分利用教育实践活动成果加强各级领导班子建设，对这次在教育实践活动中查找出的班子和领导干部问题以及整改任务书，各市局要及时上报省局党组，政治部要督促整改到位，并将整改落实情况纳入领导班子领导干部年度考核。及时做好班子的调整配备工作，坚持德才兼备、以德为先的用人导向，按照“信念坚定，为民服务，勤政务实，敢于担当，清正廉洁”的好干部标准和省委“五个褒奖重用、五个警醒惩戒”的用人要求，选拔干部、调配班子。认真做好后备干部队伍建设工作，根据省委组织部的统一部署，省局今年将开展后备干部选拔配备工作。各市局要按照省局统一要求，做好本单位的后备干部选拔调整工作。坚持从严管理干部，立足抓早、抓小、抓苗头，严格执行干部谈心谈话、组织函询、诫勉警示等制度，健全干部经常性提醒教育工作机制。要严格执行领导干部请销假、个人有关事项报告等规定，综合运用纪检监察、审计、举报查核、述职述廉等多方信息，加强对领导班子和领导干部的监督管理。认真开展领导干部个人有关事项报告抽查核实工作。进一步修订完善领导班子和领导干部考核评价办法，改革和完善考核评价指标，引导领导干部树立正确的政绩观。加强对干部德的考察、考核。制订出台调整不适宜担任现职领导干部办法，及时调整不适宜担任现职的干部。

（三）深化干部人事制度改革。完善干部选拔任用机制，学习贯彻新条例，按照省委组织部的要求，进一步完善民主推荐、民主测评制度，改进竞争性选拔干部办法，充分发挥党组在干部选拔任用中的领导和把关作用，强化分管领导和人事部门在干部选拔任用中的权重和干部考察识别的责任，着力把好干部特别是作风好的干部选拔出来。继续推进干部轮岗交流，加强领导干部异地交流任职制度建设，规范异地交流干部任期。坚持新提任市、县局局长异地任职，市、县局纪检组长异地交流任职，实行市、县局班子其他成员分管工作定期调整或交流任职。加大干部挂职锻炼力度，开展多形式的干部挂职锻炼，通过开展机关与基层互派干部挂职锻炼，选调后备干部、优秀年轻干部到基层挂职或参与重要工作实践等多种形式，培养锻炼干部。加强干部选拔任用监督，严格执行干部选任规定，加大对违规违纪用人问题的查处和通报，严格干部职数和人员编制管理，按照中央和省委组织部的要求，开展超职数配备干部清理。从现在起，科级干部的任用均要报省局备案审批，对从县（市、区）局调至市局机关工作的人员，要先报省局政治部审核。稳步推进系统事业单位绩效工资管理，在完成事业单位分类的基础上，认真贯彻执行省里关于实施事业单位绩效工资有关政策，积极稳妥推进市县局事业单位绩效工资管理，增强事业单位活力。

（四）加强人才培养和教育培训工作。加力推进系统人才队伍建设，制订人才培养规划，继续推进人才“双百双千”工程和系统人才库建设，要围绕人才的培养、使用等关键环节，建立起人才培养使用管理激励机制，促进系统人才队伍建设。分类开展干部培训，要加强对干部队伍知识结构、业务能力现状的分析研究，找准干部培训中存在的突出问题和薄弱环节，开展有针对性、分层次、分类型的培训。当前要特别注重对基层一线人员开展财会、信息化及税收业务的基本技能培训。落实继续学习激励措施，鼓励干部参加学历教育和注册税务师、注册会计师等与税收工作紧密相关的资格考试，大力营造崇学尚学氛围。从今年开始,省局把各市局获得业务能手、中高级职称资格、进入人才双百双千工程及各类人才库人员数量纳入各单位年度考核。开展全员大练兵,在全系统组织开展征管能手、稽查能手、税收信息化能手竞赛活动,促进全员岗位大练兵。继续推进干部在线学习,研究启动税务网络培训工作。规范教育培训管理。进一步完善教育培训管理,创新方法手段,严格考核奖惩,提高培训实效。制定系统兼职教师管理办法,加强兼职教师的管理和服务,组织编写培训课件、业务范例或案例。为集中精力开展好系统第二批教育实践活动,今年市县局暂停赴省外培训。

(五)加强思想政治教育和文明创建工作。加强新形势下职工思想状况和思想动态研究,摸准干部职工的思想脉搏,开展有针对性的思想工作,化解疑虑、理顺情绪,宣讲形势、激发干劲。大力开展社会公德、职业道德、家庭美德实践活动,积极培育和践行社会主义核心价值观,推动精神文明建设深入发展。以志愿服务为重点,开展社会公德实践活动;以纳税服务为重点,开展职业道德实践活动;以五好家庭建设为重点,开展家庭美德实践活动。大力开展“道德讲堂”、先进人物事迹报告活动。扎实开展全国和省级文明单位创建,加大力度,提高层次,扩大成果。开展精神文明建设创新项目评选,总结和推广好经验、好做法。

(六)进一步做好干部人事基础工作。加强机构编制管理,严格干部职数和人员编制管理,严格按照“三定”规定核定的干部职数配备干部。积极研究征管改革试点中机构、职能和人员优化配置,在原“三定”方案框架下开展城区、农村分局人员优化配置试点。加强公务员退出备案管理,对因调出机关、辞去公职、被开除、退休等离开公务员队伍的人员,建立逐级报告退出情况制度。贯彻公务员考核奖励办法,开展公务员个人和集体记功表彰。加强系统公务员管理信息系统建设。严肃外事纪律,严格按规定组团,加强出国(境)管理。规范干部人事档案管理,推进干部人事档案电子化建设。规范工资和津补贴管理,强化工资审批管理。加强系统津贴补贴发放管理,严格执行国家和省里规定的各项津贴补贴政策,严格执行系统津贴补贴发放备案制度。做好离退休干部工作,加强对系统离退休干部工作指导,坚持老干部走访慰问、健康检查等制度,落实离退休干部政治和生活待遇。推进系统离退休干部支部建设工作。

四、加强自身建设,着力打造讲政治、重公道、业务精、作风好的模范部门

干部人事部门是党组的重要职能部门,人事干部是管干部的干部,应当以严格标准加强自身建设。全国两会期间,习近平总书记对各级领导干部提出了“三严三实”要求,既要严以修身、严以用权、严于律己,又要谋事要实、创业要实、做人要实。中央和省委对组织人事部门自身建设提出了讲政治、重公道、业务精、作风好的要求。我们必须认真学习领会,并以此为标尺抓好自身建设,打造模范部门。

第一,要增强政治责任。讲政治是对人事干部的第一位要求。要时刻牢记自己的职责,真正为党组当好参谋,选好用好干部,不出孬主意、馊主意,更不能出坏主意。要坚定不移地执行党的干部路线方针政策,严格按条例办事,按规章制度办事,按组织程序办事。要不折不扣地贯彻执行党组的决策部署,主动服务工作大局,努力使干部人事工作与党组的中心工作合拍一致,与地税事业发展同频共振。

第二,要坚持公道正派。公道正派是人事干部的立身之本、为人之道、处事之基。习近平总书记指出:“组织部门改进作风,最核心的是坚持公道正派”。各级人事干部要自觉恪守公道正派的职业操守,加强自我教育、自我修养、自我完善,使公道正派成为自己的“身份证”。要把公道正派的要求,不折不扣落实到选人用人等干部人事工作的方方面面,公道对待干部、公平评价干部、公正使用干部,自觉做到对干部负责、对组织负责、对地税事业发展负责。

第三,要做到知人善任。知人善任是人事干部的基本功。做到知人善任,就要不断增强自身能力，提高识别人、选用人的本领。系统各级人事干部必须练就一套过硬识别干部的本领，提高知人善任的能力。要加强对干部人事业务的学习钻研，特别是在新条例的出台、公务员法配套政策法规陆续推出的大背景下，更要加强学习，提高政策运用能力。要不断拓宽知识面，丰富思想方法和工作方法，加强与班子、干部的联系，用发展的眼光看待干部、用联系的观点分析干部、用辩证的思维评价干部，提高知人善任的能力。

第四，要始终廉洁自律。清正廉洁是为政之本，也是人事干部不可逾越的“红线”。系统各级人事干部必须从严律己、率先垂范，维护政治纪律，遵守各项规定。特别要严守组织人事纪律，当好人事“管家”，耐得住寂寞和诱惑，甘当人梯。要始终绷紧廉洁自律这根弦，严格遵守组工干部“十严禁”纪律规定。同时，各级组织对人事干部既要严格要求，又要真情关怀、真心爱护、真诚帮助，关心人事干部的身心健康和成长进步。

同志们，做好今年的干部人事教育工作，任务繁重，责任重大，让我们在省局党组的领导下，以积极进取的精神状态和严格扎实的工作作风，全面完成各项工作任务，为地税事业发展作出新的贡献！

安徽省地税局副巡视员李建国在全省地税系统内审工作会议上的讲话

（2014年4月14日）

同志们：

这次会议的主要任务是：贯彻全国税务系统督察内审工作会议和全省地税工作会议精神，总结2013年内审工作，部署2014年内审工作任务。下面，我讲三点意见。

一、2013年主要工作回顾

2013年，全省地税系统内审部门紧紧围绕省局中心工作，认真履职尽责，各项工作都取得了新进展。全系统全年共开展审计项目762个，查处违规问题金额112.94万元，审减节约建设资金1891.06万元，促进建立、完善内控制度30项。

（一）围绕中心工作，项目审计取得新成绩

突出重点，财务收支审计不断深化。以项目预算为重点，加强预算编制和执行审计；以内控制度建立和执行为重点，加强行政管理监督；以大额支出为重点，加强资金使用效益监督。合肥市局加强会议费、培训费预算执行审计监督，预算绩效管理水平有效提升。安庆市局着眼于内控制度审计，促进内部管理进一步制度化、规范化。全系统共开展财务收支审计项目48个，查处违规问题金额83.68万元，促进增收节支116.64万元。

拓展内容，经济责任审计稳步推进。坚持全面审计经济责任事项，审计内容向税收征管、税收政策执行和税收执法以及行政事务管理延伸，进一步强化对税收执法权和行政管理权的制约监督。阜阳市局在基层分局长经济责任审计中加强管理绩效审计，淮北、宿州市局出台制度，规范基层分局长经济责任审计程序和内容，强化基层分局长的依法行政意识。加强事前、事中监督，任中审计面进一步扩大。全年共对150名领导干部实施了经济责任审计，其中离任审计99人，任中审计51人，查处违规问题金额29.26万元。

强化监管，基建工程审计成绩突出。省局在省本级基建项目审计中注重突出市、县局的主体地位，增强市、县局的责任感，强化对基建审计工作的监督。亳州、蚌埠、淮南、滁州等市局全程参与基建项目现场测量、审核，加强现场监督。全年完成基建竣工决算审计和基建财务决算审计项目215个，审减1891.06万元，审减率达14.4%。同时，各级内审部门积极参与大宗物品采购审计监督，促进规范采购程序，节约采购资金。

督促整改，后续审计成效明显。坚持主要审计项目全部实施后续审计，审计整改务求实效，不仅核实已提出问题的整改情况，而且督促被审计单位加强长效机制建设，避免类似问题重复出现。六安市局将审计整改情况纳入效能监察，马鞍山市局将审计整改纳入年度绩效考核，强化监督落实。芜湖市局通过后续审计，促进分局出台个体工商户税收定额核定制度，并加强纳税人欠税管理。全年开展后续审计项目158个，促进清理往来款项569.08万元，补缴职工个税52.29万元，补征税费5416.47万元。

围绕热点、难点，专项审计调查广泛开展。组织开展系统公务接待费专项审计调查，促进全系统进一步落实公务接待管理制度，规范公务接待费核算管理，为逐步推进“三公”经费全面公开打好基础，得到省局主要领导的充分肯定。各地也结合当地实际开展专项审计调查工作，如铜陵市局开展二手房转让土地增值税清算情况专项审计调查，池州市局开展三代手续费和协税护税支出专项审计调查，深入掌握情况，服务领导决策。

（二）创新方式方法，内审监督有新举措

坚持统筹协调，整体推进。各级内审部门统筹协调，与相关部门密切配合，在项目审计任务繁重的情况下，积极发挥工作协调优势，注重围绕中心工作要求，扎实开展工作，在去年系统开展的公务接待费专项审计调查中表现尤为突出。芜湖、宣城市局在基层分局长经济责任审计中，统筹安排时间和人员，开展交叉审计，既完成了任务，又保证了审计效率和质量。

坚持标本兼治。一方面抓揭示违规违纪问题，全系统共报告发现问题954个，充分发挥了审计监督作用；另一方面抓分析制度机制原因，积极提出完善制度、堵塞漏洞的建议1025条，审计的服务职能充分彰显，为改进工作提供了重要参考。

坚持提升信息化应用水平。以安徽地税内审管理信息系统为平台，稳步推进应用计算机辅助审计，通过数据比对分析，查找审计疑点。省局和大部分市局应用内审软件开展项目审计，切实提高了审计效率和规范化程度。宣城市局组织业务骨干编写计算机程序，在税收征管审计中利用计算机程序发现审计疑点300余条，定性问题30余个。黄山市局组织内审人员结合项目审计撰写内审软件应用心得体会，向省局提出7条完善软件功能的建议。

坚持部门联动形成合力。坚持内审与财务管理、组织人事、纪检监察、装备后勤等部门的工作联动机制，实行审前会签计划、审中沟通信息、审后抄送结果，使有关部门及时掌握情况，有的放矢地出台管理制度。省局相继出台机关财务审批制度和机关公务车辆管理办法，并对装备后勤工作有关政策解答口径予以统一，审计成果得到有效转化利用。

（三）夯实工作基础，内审建设取得新进展

各级内审部门始终注意加强内审基础建设，为内审工作顺利开展提供保障。一是抓好人才库建设。不断完善内审人才库，明确了39名省局内审处人才库人员，推荐16名业务骨干进入省局的内部审计人才库。在学习培训、评先评优方面向人才库人员倾斜，激发内审人员的入库积极性。二是抓好内审制度建设。省局制定了《安徽省地方税务局财务收支审计办法》，进一步明确财务收支审计范围和重点内容，规范财务收支审计程序和审计方式方法。三是抓好业务能力建设。省局举办2期内审软件应用培训班，采取授课讲解和现场真实数据模拟操作方式，对100余名内审人员进行培训，提高了他们的软件操作应用能力，为进一步推广应用内审软件打好基础。组织10名内审人员参加省内审协会举办的CIA后续教育培训班。各地也对内审人员开展了业务培训。四是抓好廉政建设。坚持依法审计、廉洁审计，认真实行审计三级复核和审计结果集体审理。省局委托省政府采购中心对基建审计中介机构进行公开招标，进一步防控廉政风险。各地也通过会议、培训等形式，不断强化内审人员廉政教育。

2013年，系统内审工作获得了新的荣誉：省局内审处、宿州、安庆市局内审科被评为全省内部审计先进集体，芜湖市局周圣梅、滁州市局王智红被评为全省内部审计能手，受到省审计厅和省总工会联合表彰。宣城市局、太湖县局2篇论文分获全省内部审计理论研讨二、三等奖。

这些成绩的取得，离不开各级党组的高度重视，离不开相关部门的支持配合，离不开广大内审人员的共同努力、勤勉尽职、不辞劳苦、扎实工作。在此，我代表省局，向大家表示衷心的感谢和崇高的敬意！

肯定成绩的同时，我们还应该认识到系统内审工作中存在的问题和不足，一是内审工作的发展不够平衡，个别单位对内审监督的作用没有充分认识，个别领导对审计发现问题还不能正确对待,个别单位在审计整改落实上力度不够;二是少数单位利用审计成果还不够,审计综合效用没有充分发挥;三是少数内审工作人员责任心还不够强,审计文书不规范、统计报表数据疏漏、资料报送不及时等问题时有发生。这些都需要我们在今后的工作中采取有效措施,切实加以解决。

二、2014 年主要工作任务

2014 年,全省地税系统内审工作的总体要求是:以党的十八大和十八届三中全会精神为指引,认真贯彻落实全国税务系统督察内审工作会议和全省地税工作会议精神,紧紧围绕税收中心工作,全面加强审计监督,促进理好财、用好权、尽好责,履行好内审工作职责,为实现税收管理现代化服务。重点做好以下工作:

(一)全面开展项目审计

进一步深化财务收支审计。继续加强对各项收支真实性、合规性、效益性的审计,对一些不符合制度规定特别是屡审屡犯的问题,如大额现金支付、支出审核审批手续不全、坐支收入等,也要予以重视,杜绝可能发生的违法违纪行为。要围绕中央"八项规定"和省里、省局有关规定,加强对会议费、培训费、差旅费、"三公"经费、物业管理费等项目支出预算执行的审计监督,纠正超范围、超标准支出问题。加强津贴补贴审计监督,促进严格执行规范津贴补贴政策。结合厉行节约有关要求,对办公费、水电费、电话通讯费等支出进行比对分析,提出行之有效的措施,促进节能降耗。加强资产采购、配置、管理、处置审计,保障国有资产安全完整。加强内控制度建立和执行情况审计,从制度上强化源头控管。财务收支审计面应不低于40%。

进一步推进经济责任审计。按照系统领导干部经济责任审计有关规定,深入开展经济责任审计,离任审计面必须达到 100%。同时要提高任中审计比重,强化对领导干部履行经济责任的事前、事中监督。要强化权力监督,重点围绕领导干部任职期间贯彻执行组织收入原则、税收政策落实、人事管理、财务管理、行政管理制度制定和执行以及个人遵守有关廉政建设规定等方面的情况,开展内审工作,促进地税系统各级领导干部树立正确的权力观、政绩观。要高度重视基层分局长经济责任审计工作,防范分局长的履职风险。

进一步加大基建和大宗物品采购审计力度。在基建项目审计方面,一要选择有合格资质、社会公信力强的中介机构进行委托审计,对审计过程要进行跟踪监督,防范可能存在的风险。审计过程中要及时协调处理,保证审计顺利进行。二要重点关注建设资金支出是否合规,是否存在质量保证金扣留不足、超进度支付工程款等问题。三要严格按照审计权限范围开展审计,各地对市、县(区)局的基建和信息化工程,一律要向省局申请审计,对省局授权或可以自行开展审计的基建项目,必须做到基建决算和基建财务同审,不得缺审。在大宗物品采购审计方面,要进行全程监督,从内部审计的角度对采购程序、范围等提出意见,规范政府采购行为和招投标工作,从源头上预防廉政风险。

进一步加强后续审计。要高度重视后续审计对整改落实的促进作用,按照后续审计实施办法,加大对审计整改落实情况的跟踪检查力度。对屡审屡犯、落实不力或有问题不纠正不整改的,要进行督查督办,限期整改落实。对经济责任审计和财务收支审计,后续审计面要达到 100%。省局将对 2013 年度省本级审计意见整改落实情况进行通报。

进一步抓好专项审计和专项审计调查。省局今年将不再组织开展全省系统范围的专项审计调查,各地可以结合工作实际,围绕领导关注、群众关心的重点内容,自行选题开展专项审计和专项审计调查。要注重发挥专项审计和专项审计调查的独特作用,全面掌握情况,深入分析原因,切实做到开展一个项目就解决一个问题,取得实实在在的效果。

(二)继续加强内审基础工作

加强内审制度建设。根据系统经济责任审计工作发展的需要,省局今年将对《安徽省地方税务系统领导干部任期经济责任审计实施办法》进行修订，进一步完善经济责任审计内容、方式和程序，探索经济责任审计评价模式，加强对系统经济责任审计工作的指导。会前已要求各市局准备好对该办法的修改意见，会议将专门安排汇报讨论。总局准备出台审计问责制度，省局也将探索建立符合地税实际的审计结果问责制度，明确问责范围、方式、依据和程序，促进地税机关和领导干部依法行政、严格履职。各级在抓好省局相关制度落实的基础上，要及时结合本地实际建立配套制度，提高制度执行力。

推进内审信息化建设。今年的主要任务是继续推广使用安徽地税内审管理信息系统，各地要积极应用内审软件开展财务收支审计，提高审计工作效率，同时将软件应用中遇到的问题和好的建议及时向省局反馈，以进一步完善内审软件各项功能，提高软件的实用性和可操作性。省局还将适时开发内审软件的经济责任审计模块，逐步实现内审软件对主要审计项目的全覆盖。

加强内审队伍建设。要切实履行好内审工作职责，不辱使命，建设一支高素质、专业化内审队伍尤为重要。各地要切实加强内审机构建设，充实内审人员，同时要管好、用好内审人才库，切实发挥人才库人员的引领和辐射作用。加大培训力度，采取业务培训、工作交流、以审代训等形式，开展有针对性、多层次、多渠道的培训，提升内审队伍的整体工作能力。省局今年将继续举办内审业务培训班，重点做好对专职内审人员和人才库人员的业务培训。各地也要结合工作实际开展业务培训，提高内审人员业务素质。

加强作风建设。审计工作是纠偏匡正的工作，正人先正己。必须坚决杜绝可能存在的“庸懒散、骄娇暮”等不良风气，增强大局意识、风险意识、责任意识、创新意识，依法审计、文明审计，以规范审计权力行使为核心，以党纪、政纪和审计纪律为准绳，用高于别人的标准要求自己，用严于别人的标准监督自己，不折不扣地执行审计工作“八不准”纪律和各项廉政规定，营造风清气正的审计环境，树立内审部门的良好形象。

三、切实提高内审工作绩效

目前，从中央到地方都在强调绩效管理。党的十八大报告提出“创新行政管理方式，提高政府公信力和执行力，推进政府绩效管理”。十八届三中全会审议通过的《中共中央关于全面深化改革若干重大问题的决定》强调“严格绩效管理，突出责任落实，确保权责一致”。国家税务总局从今年开始在全国税务系统内试行绩效管理，出台了一系列考核内容和考核指标，省局也正结合系统实际做好实施绩效管理的准备工作。

对内审部门而言，适应绩效管理还应落在“绩”、“效”两字上。绩即成绩，内审工作的成绩就是发挥监督作用，查处多少问题，节约多少资金，挽回多少损失，此为标；效即效果，体现在促进制度完善，推动政策落实，改进观念意识，此为本。如何标本兼治，提高内审工作绩效，应从以下三个方面着手：

（一）进一步强化审计质量管理。审计质量是审计工作的生命线，这句话在会议上已经讲过很多次，可能听得多了就不太上心。但事实证明，“生命线”还是要提，而且要持续强调。为什么同一个单位，市局审计中没发现的问题，省局在审计中发现了；省局审计中没发现的问题，政府审计提出来了？究其原因，不仅仅是审计能力的差距，更重要的是内审工作制度落实不到位，在审计质量控制上出了问题：该走的工作程序没走，该审计的重点部位没审，该深究的问题没究。打铁还需自身硬，我们不能一味要求被审计单位落实制度，自身更要严格执行内审的各项工作制度。要按照省内审协会提出的内部审计“质量评估年”要求，坚持依法审计，做到审计程序合法完整，证据充分可靠，问题定性准确，评价客观公正，意见建议切实可行。要进一步强化质量意识和风险意识，加强现场审计质量控制，严格岗位责任，强化现场审计实时动态监管，抓好审计实施过程中的关键点和关键环节，如现金盘点、固定资产抽样盘存等规定动作必须完成;落实审计组长负责制,认真执行三级复核和业务会议讨论制度,建立健全审计质量检查制度,发现问题及时纠正,发现漏洞及时弥补,发现情况及时反映,确保审计结果体现出水平,审计质量经得起检验。

(二)进一步强化审计整改落实。审计整改是审计工作取得实效的关键。在当前,由于“重审计、轻整改”、“重处理、轻问责”和“新官不理旧账”等观念或多或少的影响,审计整改并未取得预期的突出效果。我们要多管齐下,合力促进审计整改落实到位。一是以后续审计促整改,坚持后续审计制度,加强对审计整改情况的监督检查,严格区分已整改、正在整改和未整改,实事求是反映整改结果。二是形成监督合力促整改,政府审计已经建立了审计整改联席会议制度,通过多部门协作提高审计整改效果,我们也应该充分发挥内审委员会职能,将审计结论提交内审委员会,促使相关业务管理部门针对审计发现的问题加强监督指导,督促被审计单位整改落实。三是利用结果促整改,要利用地税部门垂直管理的特点,将审计整改工作纳入领导班子考核和年度绩效考评,促进被审计单位和领导干部增强审计整改的主动性和积极性,强化审计整改的责任意识。

(三)进一步强化审计成果利用。首先,要提高审计成果的质量。不能局限于在单个项目中发现问题和提出建议,更要善于对审计中发现的零散、具体的问题进行归纳汇总和梳理,从宏观层面进行系统整合和综合分析,探寻具体问题间的内在联系和深层次原因,提出进一步解决和完善的对策,帮助被审计单位提高管理水平和管理质量,提升审计成果的高度和深度。还可以针对一定时期内多个项目中发现的同类问题进行归纳提炼,注重把握其规律性、倾向性、趋势性,为管理部门进一步强化管理提供参考。其次,要拓宽利用审计成果的途径。要及时向党组报告重要工作、重要情况和呈报有价值的材料,增强服务领导决策的主动性和时效性。加强与财务、资产管理、税收征管、税政管理、组织人事、纪检监察等部门的联系协调,增进审计成果利用的深度和广度。加大审计公开力度,除涉及国家和部门秘密的,探索性地对审计结果进行公开,既公开问题,又公开整改情况,放大审计结果的价值效应。加强内审信息工作,及时交流审计工作动态、有效做法和工作经验,宣传内审工作成果。

同志们,今年是内审“十二五”规划任务取得圆满成功的关键之年,做好今年的内审工作,任务艰巨、责任重大。让我们在省局党组的正确领导下,坚定信心,锐意进取,开拓创新,保质提效,努力实现内审工作新发展,为推进税收管理现代化作出新的更大的贡献!

安徽省地税局副巡视员李建国
在纳税服务和大企业税收管理工作会议上的讲话

(2014 年 5 月 28 日)

这次会议的主要任务是:贯彻落实全省地税工作会议精神,总结回顾2013 年全省地税系统纳税服务和大企业税收管理工作,交流工作经验,部署今年工作任务。下面,我讲几点意见。

一、锐意进取，全省纳税服务和大企业税收管理工作取得新成绩

2013年，全省地税系统纳税服务部门始终坚持“一个确保、两个提高”，坚持科学发展，不断加强纳税服务体系建设，扎实推进大企业税收管理，认真做好各项工作，为“三和地税”建设作出了积极贡献，取得了新的成绩。

（一）全面推进办税服务厅建设和管理。一是标准化建设大步推进。省局制定《标准化办税服务厅建设省级先进单位评审认定方案》，明确了省级标准化办税服务厅评审认定的内容和软硬件标准。各市地税局高度重视，将标准化办税服务厅建设列入工作重点，指导基层按照省局标准，改造和建设一批具有统一风格的办税服务厅。省局组织开展了达标评审工作，对推荐单位进行实地检查，通过量化评分考核，反馈整改提高，全省共有57个办税服务厅通过验收，被认定为首批省级标准化办税服务厅建设先进单位。二是管理模式得到创新。各级地税机关围绕纳税服务专业化，深入探讨、大胆实践如何在税收专业化管理的基础上创新纳税服务管理模式。省局在亳州、芜湖专门召开研讨会和现场会，出台《关于进一步加强办税服务厅管理工作的意见》，提出按照税源专业化管理要求，逐步在市、县局成立统一的纳税服务专门机构，打破传统的按照基层分局设置办税服务厅的管理模式，撤并、整合基层办税服务厅，实施集约化办税的要求。宣城、池州、马鞍山、蚌埠、宿州、芜湖县等市、县地税局积极整合办税服务资源，开展纳税服务一体化改革，设立纳税服务局（中心），统筹办税服务事宜，初步形成了以城区办税服务厅为主、农村办税点为延伸的管理新格局。

（二）积极完善12366纳税服务热线平台。一是完善管理制度。省局制定《全省地税系统12366纳税服务热线管理办法》，规范组织管理、功能职责、工作流程、工作制度，为12366纳税服务热线的运行管理提供了有力的制度保证。二是加强运维管理。AHTAX2013在全省推广上线后，由于发票查询路径及数据库结构等发生变化，导致12366热线发票查询系统无法正常使用。为确保12366服务热线正常运行，省局多次与运维商沟通协调，督促对热线进行升级改造，洽谈热线维保等事宜，确保服务热线效能发挥。经统计，全省地税系统全年服务热线人工受理咨询69348人次，自动受理4658次，发票查询1.06亿次，均比上年大幅增长。马鞍山、亳州市局新设独立的12366工作室，充实咨询热线队伍，提高坐席人员工作积极性，热线接听数量和回复质量得到提高，成效显著。

（三）不断丰富纳税服务举措。一是积极响应纳税人诉求，省局出台《关于进一步加强涉税诉求响应工作的意见》，规范涉税诉求渠道、办理程序和时限；开展了“千户民营企业纳税服务需求调查”，《中国税务报》纳税人专刊以“服务民企，先看他们需要什么”为题进行了报道。铜陵、芜湖市局制定《涉税诉求响应管理办法》，黄山市局出台《关于做好纳税人呼声处理工作的意见》，及时回应纳税人各类诉求。二是服务措施更加贴近纳税人。省局出台《关于进一步改进作风更好为广大纳税人服务的公告》，《安徽日报》以“10条地税新规服务纳税人”为题报道该做法。蚌埠市局开设“蚌埠地税”微博，随时随地满足纳税人需要。宿州市纳税服务中心建立千人税企QQ群，为纳税人提供在线服务。阜阳市局出台支持小型微型企业和个体工商户科学发展等优化纳税服务办法。广德县局关注民营企业成长，召开恳谈会，出台服务措施。宿松县局推行预约服务，由专人负责预约事项，建立有效运行机制。三是“一对一”服务纳税人活动不断推进。各级地税围绕服务发展、服务民生，深化“一对一”服务举措，目前，全省确定为“一对一”服务对象的纳税人共1995户。合肥市局联合国税评选表彰“十佳诚信纳税民营企业”。滁州市局加强对重点建设项目、承接产业转移企业及自主创新企业服务。淮北市局开展“一企一策”活动，将个性化服务落到实处。四是“办税服务实践日”活动扎实开展。全省各级地税机关干部参加实践日活动4000多人次。宣城市局上下联动,科学合理安排机关干部下基层,锻炼了队伍。池州市局创建“蓝星光”志愿者服务品牌。六安市局举办“四零服务”业务知识竞赛,将服务基层、服务纳税人引向深入。五是推动纳税人权益保护。各级地税机关要高度重视纳税人权益保护工作,强化组织领导,加强部门配合,认真落实好保护纳税人权益各项措施。马鞍山市地方税收维权协会组织开展了“维护纳税人权益调研文章”征集评选活动。蚌埠市局联合市工商联成立纳税人权益维护服务中心。淮南市局制定《纳税人权益保护实施方案》。安庆市局召开纳税人权益保障工作会议。亳州市局召开纳税人权益保护交流会等,响应纳税人权益保护方面的意见、建议和诉求,将维护纳税人权益落到实处。

(四)积极推进大企业税收管理。一是开展定点联系企业信息核实工作。核实、完善45户总局定点联系企业在皖成员企业信息数据6250多条,为更好开展大企业税收管理与服务奠定基础。二是开展税收风险特征采集工作。部署开展石油石化、烟草、银行、电信和电力等五个行业税收风险特征采集工作,合肥、蚌埠、淮南、芜湖、安庆市局共搜集整理五个行业风险特征信息73条。三是开展企业集团税收风险管理工作。对中国烟草、中国工商银行、中国大唐3户企业集团开展税收风险管理工作,与省国税局成立联合工作小组,组织开展企业自查督导、风险评估与初审等工作。四是做好中石化税收风险后续管理。对照总局下发的《中石化集团专项工作发现的税务风险点》,布置对我省22户石化企业进行自查和全面复查,督促企业整改,及时补缴税款和滞纳金274万元。五是启动我省定点联系企业税收服务和管理工作。抽调人才库业务骨干,对2012年编写的大企业税收服务和管理软件业务需求进行细化和完善,提交省局征管数据大集中组。确定我省首批25户定点联系企业,部署了企业基本情况摸底,组织开展了风险管理培训。

(五)促进注税行业健康发展。一是认真履行审批职责。严格准入制度,2013年,我们与国税严格审核把关,新批准设立10户税务师事务所,依法依规注销2户税务师事务所。二是开展资格年检工作。抽调亳州、宿州等市人员,与国税联合对全省等级税务师事务所和案头审核发现部分收支异常的事务所共50户开展实地检查。考核认定等级税务师事务所24户,其中AAA级1户,AA级9户,A级14户。

在肯定成绩的同时,我们也要清醒地认识到,当前纳税服务工作中还存在一些问题。一是服务需求导向还没有落到实处。对纳税人需求了解的及时性和准确性还把握不准、敏感性不强。二是服务资源整合还不到位。一些市、县纳税服务机构、职能还未整合,人力资源配备数量和质量还有待进一步优化。三是服务效率还有待进一步提升。办税程序繁琐、报送报表资料过多等现象仍然不同程度存在,办税服务前后台之间衔接还存在不少问题。四是干部的服务意识、服务能力、服务水平与纳税人日益增长的服务需求相比,还存在一定差距。五是对大企业税收管理的重要性认识还不到位,工作职责还未履行到位,等等。对此,我们必须高度重视,切实采取有效措施,认真加以解决。

二、认清形势,不断开创纳税服务和大企业税收管理工作新局面

党的十八届三中全会提出了全面深化改革的战略目标,对政府及其各个部门减政放权、转变职能提出了明确要求。国家税务总局也根据新形势,提出了服务纳税人、服务基层、服务大局的新要求。总局局长王军指出,纳税服务工作没有最好,只有更好;没有尽头,只有改进。我们要深刻领会其精神实质,认真学习、深入贯彻,牢记为国聚财、为民收税的神圣使命,更好地为纳税人服务,努力推动全省地税系统纳税服务和大企业税收管理工作迈上新的台阶。

更好服务纳税人具有重要的现实意义。纳税人是市场经济的主体,是社会财富的创造者,也是税收的提供者。为纳税人提供优质、高效的服务是税务部门的法定义务,也是全心全意为人民服务宗旨在税务部门的具体体现。其一,更好地服务纳税人是深化改革、转变职能的必然要求。税务部门是国家重要的经济管理部门和行政执法部门,直接面对广大纳税人,面向各类微观经济主体。税收执法是否规范、纳税服务是否到位,直接影响到纳税人的切身利益,关系到党和政府的形象,转变职能势在必行。一方面,我们必须按照简政放权的要求,加大行政审批改革,减轻两个负担,把该放的放开放到位,把不该管的交给社会,为纳税人营造良好税收环境;另一方面,还必须按照转变职能的要求,进一步为纳税人服好务,为经济发展增添动力。其二,更好地为纳税人服务是履行社会管理和公共服务职责的客观要求。党的十八大提出,要加强和创新社会管理,提高社会管理科学化水平。社会管理就是对人的管理和服务,涉及广大人民群众切身利益,税务部门与广大人民群众特别是纳税人利益密切相关,参与社会管理创新责无旁贷。税务部门参与创新社会管理,重点就是要不断改进和优化对纳税人的服务,努力营造公平公正的市场环境,促进形成诚实守信的社会氛围,切实维护社会和谐稳定。其三,更好地为纳税人服务是做好税收工作,进一步提高纳税人满意度的现实要求。税收工作好不好、实不实,纳税人感受最真切,最有发言权。近年来,国家税务总局将纳税人满意度调查作为常态化管理方式,调查范围从以往针对省会城市扩大到地市级和县级。纳税服务满意度调查客观反映了我国纳税服务工作的整体情况和落实效果。调查数据真切地反映了当前纳税服务工作存在的一些薄弱环节和一些不容忽视的问题,需要我们进一步加大工作力度,以改革创新的精神,不断创优纳税服务,提高纳税人满意度。

更好服务纳税人必须把握的关键点。各级税务机关必须把满足纳税人的合理需求作为提升税收工作的第一追求,把纳税人满意作为衡量税收工作的第一标准,认真倾听纳税人呼声,及时回应纳税人的关切,切实解决纳税人最关心、最直接、最现实的问题。一要以纳税人合理需求为工作出发点。坚持需求引导服务。想问题、办事情、做决策都要从纳税人需求出发,把税收管理工作的主导方向由以管理监督纳税人为主,转到以满足纳税人的合理需求为主,探索建立包括纳税人需求搜集、分析和响应体系的纳税服务需求管理体系,围绕纳税人的需求,开展工作差异比对,看看措施是不是对头、方法是不是得当,始终以纳税人之所需,作为税收工作之所向,使税收管理、纳税服务各项工作更加贴近纳税人的需求。二要以减轻纳税人负担为工作着力点。要科学统筹规划,合理配置和运用服务资源,推动集约化办税服务,在“减负、增效”上寻求突破,推进服务效能最大化。实现减负增效,既要考虑减轻纳税人的负担,提高办税效率,也要考虑减轻基层的负担,提高管理效率。一方面,要优化办税流程,简化涉税审批程序,合并填报的表证单书,为纳税人提供操作简便、程序简化、成本节约的纳税服务,不断提高纳税人税法遵从度。另一方面要压缩管理层级,为基层提供协调顺畅、保障有力的工作环境,持续激发服务动力,提高服务效益。三要以维护纳税人权益为工作根本点。尊重和保障纳税人知情权,加强税法宣传、辅导、培训和咨询服务,运用12366纳税服务热线、地税门户网站、纳税人学校、税企QQ群、税务微博等向纳税人提供统一、权威的政策查询和解答。坚持公平公正执法,规范税收秩序,坚决防止和纠正执法不公、滥用职权、以税谋私等问题,营造良好的税收环境,确保纳税人得到公平公正的对待。要强化涉税权益保护,严肃查处损害纳税人利益的各种行为,切实维护好纳税人的合法权益。四要以个性化服务作为大企业管理的切入点。全国大企业税收管理工作会议提出了大企业税收管理工作现代化的目标。我们要紧密结合我省地税实际,以大企业需求为导向,探索建立大企业涉税事项事先协调裁定制度和大企业涉税诉求快速响应机制作用。推进税收遵从合作协议签订。引导帮助企业完善税务风险内控体系。促进大企业税法遵从度和满意度的提高。

三、真抓实干,努力实现2014年纳税服务和大企业税收管理工作新突破

全省地税工作会议提出了今年工作的主要目标和任务,要求着力优化纳税服务,扎实推进大企业税收管理,我们必须以更高的标准、更高的要求谋划好全年工作。今年的纳税服务和大企业税收管理工作要点已经印发。这里,我就部分重点工作进行强调。

(一)规范简并办税事项。规范简并办税事项是省局今年重点部署的系统工程之一,是提升纳税服务质量和水平的重要举措,也是推进管理转型升级和税收现代化的重要举措。一要统一大厅受理。除有法律法规规定之外,所有纳税人办税事项全部进大厅,统一由办税服务厅受理,真正做到"集中受理、内部流转、限时办结、窗口出件"要求,避免纳税人"多头找、反复跑"现象发生。二要前移审批职能。按照集约化办税服务要求,科学调整职责分工,将过去由管理分局负责的部分办税事项审核职能前移至大厅,赋予大厅更多的审核权限。三要推广当场办结。规范办税事项的处理流程,能够当场办结事项,由办税服务厅受理审核后,按照规定当场出件、当场办结。确实需要移交后续管理的,及时推送,无缝对接,限时办结。四要精减报送资料。切实规范和精减需要纳税人报送的办税资料。凡是能够从征管软件中提取的,一律不再要求纳税人提供,凡是纳税人已经报送过的资料,一律不再要求纳税人重复报送。

(二)推进12366纳税服务热线建设。近年来,12366纳税服务热线越来越被众多的公民和纳税人关注、熟悉和使用,12366热线功能是否健全、服务质量高低、纳税人是否满意从一个侧面反映税务部门的形象和效率。我们要下大力气加强和规范好纳税服务热线建设。一要规范服务热线管理。认真落实纳税服务热线管理办法要求,规范热线运行,加强管理,狠抓运行质量监督考核,不定期检查各地12366纳税服务热线人工接听率、答复准确率,表扬先进,通报问题,强化整改。二要加强服务热线建设。各市地税局要积极创造条件,将原设立在办税服务厅的服务热线独立出来,建立12366服务热线工作室。要加强人员调配,选拔有一定业务基础的同志充实到服务热线岗位,每个市局服务热线接听人员应不少于2名。三要提升服务热线效能。要认真落实AB岗工作制度,确保热线全天候畅通。加强对热线人员的业务培训和岗位练兵活动,有效提升热线工作人员的服务能力。关心爱护服务热线人员,加强爱岗敬业意识教育,提高工作积极性和主动性。

(三)加强办税服务厅建设。一要推动集约化办税。本着"看准一项,推进一项,见效一项"的原则,总结部分市、县局的经验做法,打破按基层分局设办税服务厅的传统模式,整合优化基层办税服务厅,适当减少同一区域办税服务厅数量,不断推动办税服务资源的集约化。二要继续推进标准化建设。按照规划,继续开展标准化办税服务厅建设,组织实地检查评审,加强创建工作指导监督和跟踪问效,再认定一批省级标准化办税服务厅。要按照"六个统一"内容,编印办税服务厅标准化操作指南,完善标准,规范流程,为服务标准化提供统一依据。三要推进网上办税服务。大力推进网上办税服务和网上涉税审批,打造功能全面、方便实用的网上办税服务厅。加大宣传推广力度,努力实现实体和网上办税服务厅无缝对接、优势互补,更好地为纳税人提供优质服务。

(四)加强纳税人权益保护。一要落实诉求响应机制。认真落实省局《关于进一步加强涉税诉求响应工作的意见》,加强纳税人需求分析,及时了解和不断满足纳税人正当需求,有效开展纳税服务。畅通纳税人维权渠道,强化监督,切实保护纳税人的合法权益。二要提速纳税服务投诉处理。提供多种投诉渠道,及时受理和解决纳税服务投诉,实现纳税服务投诉的受理、承办、督办、反馈、监督和改进的良性工作机制,提高纳税服务投诉管理水平。三要组织好纳税信用等级评定。加强与国税部门的合作,开展2012－2013年度纳税信用等级评定工作。成立各级纳税信用等级评定委员会,精心组织,合理安排,确保纳税信用等级评定工作的顺利开展,保质保量完成评定任务。

(五)推进大企业税收服务和管理。一要加强大企业个性化服务。落实总局大企业个性化服务管理要求,建立大企业工作小组制度和联络员制度,探索大企业涉税事项事先裁定管理、重大事项报告管理,细化大企业个性化纳税服务。二要编写税收遵从管理年度报告。部署与总局定点联系企业在我省部分成员企业签订《税收遵从合作协议》,编写《税收遵从管理年度报告》,综合反映定点联系企业的管理构架、组织形式、核实方式、税务管理、税务风险内控机制、税务遵从等情况。三要落实税收风险管理任务。继续完成好2013年部署的中国烟草总公司、中国工商银行股份有限公司、中国大唐电力集团3户企业集团税收风险管理专项工作。有序开展2014年部署的中国石油天然气集团公司、中国农业银行、中国五矿集团、中国冶金科工集团公司、华为技术有限公司、三星(中国)投资有限公司6户企业集团全流程风险管理专项工作。四要开展好我省定点联系企业服务管理。全面摸排省局25户定点联系企业基本情况,探索开展以建立税收风险防控机制为核心的大企业税收专业化服务与管理工作。依托省局大企业人才库成员,实行团队化服务与管理,开展定点联系企业税收专业化服务和管理工作业务培训,建立针对定点联系企业纳税服务与风险管理的统筹协作机制,促进定点联系企业税收遵从。

(六)加强注税行业管理。一要加强注册税务师行业党建工作。落实总局党组《关于进一步加强注册税务师行业党的建设工作的通知》,配合国税,积极协助建立健全我省各注册税务师事务所党的组织体系。二要引导同心服务团开展好社会化服务工作。充分发挥注税行业人才资源优势,引导同心服务团成员为企业和社会提供专业性公益咨询和培训等服务,提升注税行业影响力。三要开展好注册税务师事务所年检工作。加强监管,促进我省注税行业健康发展。

同志们,纳税服务和大企业税收管理工作正站在一个新的起点。我们要深入贯彻十八届三中全会精神,按照省局党组的部署和要求,锐意进取,真抓实干,不断开创纳税服务和大企业税收管理工作新局面,为推动安徽地税事业科学发展、和谐发展做出新的贡献!

第二部分　重要文件选编

综合类

安徽省地方税务局关于印发2014年全省地方税收工作重点任务的通知

2014年1月22日　皖地税发〔2014〕1号

各市、县地方税务局，省地方税务局局属各单位：

根据省委、省政府和国家税务总局工作部署，省局了制定《2014年全省地方税收工作重点任务》，现印发给你们，请结合实际，认真贯彻执行。执行中遇到的情况和问题请及时报告。

2014年全省地方税收工作重点任务

2014年是全面深化改革的第一年。全省地税工作要以党的十八大和十八届三中全会精神为指引，认真贯彻全国税务工作会议和全省经济工作暨城镇化工作会议部署，牢记为国聚财、为民收税的神圣使命，围绕税收现代化目标，坚持“一个确保、两个提高”总体要求，抓住税收管理转型升级主线，坚持依法行政，推进改革创新，持续改进作风，统筹做好“两篇文章”，圆满完成各项任务，为促进经济持续健康较快发展、社会和谐稳定作出积极贡献。

一、依法科学组织收入

今年全省地方税收入增长预期目标确定为10%左右。要强化组织收入任务观念，加大组织收入工作力度，确保完成全年税费收入任务。

（一）严格依法征收。认真贯彻组织收入原则，规范税费征管，坚决防止和查处收“过头税”、空转等违规行为。加强申报管理，严格堵漏增收。科学编制税收计划，建立健全税收收入质量监测评价体系。开展收入质量检查，推动组织收入工作由计划管理向质量管理转变。切实加强收入分析，把握主动权。

（二）加强基金费征收。深入贯彻《社会保险法》，积极参与完善我省社保费征收管理办法。主动做好收入预算编制，科学分析测算，参与预算管理。推进扩面征收,抓好欠费管理,加强日常征管。统筹做好其他基金费工作。

(三)认真落实优惠政策。清理规范税收优惠政策。继续加强税收优惠政策落实情况的跟踪问效。建立减免税核算制度,加强减免税数据分析应用。按照省政府要求,落实好社保费缓缴、降率政策。

二、认真落实税制改革任务

(四)加强税制改革调研。按照总局部署,认真落实环境保护费改税、房地产税立法等相关调研工作。密切关注税制改革动向,积极向有关方面反映情况、提出建议。重点围绕服务发展和地方税体系建设,继续开展"当参谋、比贡献"税收调研活动。

(五)贯彻落实税制改革政策措施。继续配合有关部门做好铁路运输和邮政业营改增试点工作,对通信、生活服务业和销售不动产、金融保险业、建筑安装业进行摸底调查和分析测算,做好试点扩围准备。认真落实企业年金和职业年金个人所得税递延纳税、扩大研发费用税前扣除范围、治理大气污染、支持棚户区改造、扩大国家自主创新示范区先行先试政策实施范围等税收措施。认真落实涉农税收优惠政策和扩大小微企业优惠政策适用范围等政策措施。认真落实就业创业、企业重组与股权投资、支持走出去、服务外包等方面税收政策。

(六)完善税政管理。研究企业所得税分类管理方法,改进汇缴检查方式。继续做好全员全额扣缴明细申报管理,建立个人收入档案制度,完善代扣代缴明细账制度。推广应用个人所得税自助办税终端系统。加强自然人股权分红和转让所得征管。完善"两税"管理机制,全面落实契税"先税后证"、耕地占用税"先纳税、后批地"制度。全面推广房产税、城镇土地使用税明细申报管理。开展"以房控税"试点。大力推行以地控税。认真贯彻落实土地使用税差别化征收政策。继续推进存量房交易征管工作。做好车船税代收代缴工作,完善部门协作机制。加强土地增值税预征和清算管理。做好国际税收工作。

三、大力推进依法治税

(七)健全依法行政工作机制。认真落实总局出台的税务行政审批事项目录清单、税收执法权力清单、税务"黑名单"三项制度。深入落实税收自由裁量权实施意见和裁量基准。研究制定依法行政的具体考核方案和标准。深化依法行政示范单位创建工作。总结试点经验,稳妥推进依法行政指导工作。认真做好税务行政复议和应诉工作。

(八)强化税收执法监督。深入推行税收执法责任制,加强对具体行政行为人机结合的执法考核。改进税收综合督查,强化督查整改,深化结果利用。继续做好涉税规范性文件的审核、备案、公告等工作。加强重大案件审理。继续发挥好税收法制员制度的监督作用。加强税收执法风险防范工作。

(九)深化行政审批制度改革和政务公开。加大行政审批改革力度。完善涉税审批后续事项监管。深化政务公开,推进决策公开、管理公开、服务公开、结果公开。按照统一部署,有序推进部门及其"三公"经费预决算公开。

(十)加强税法宣传和舆论引导。推进"六五"普法,加强税收法制宣传教育。开展好税收宣传月活动,改进日常税收宣传,加强税收法规政策咨询解读工作。落实信访、舆情、应急管理"三位一体"制度要求,及时应对和妥善处理各类涉税舆情和突发事件。办好地税网站和《安徽地税》内刊。

(十一)大力整顿规范税收秩序。加强大要案查处,加大检举案件查办力度。继续开展重点税源企业检查、税收专项检查和区域税收专项整治。继续开展打击发票违法犯罪活动。制定行业和项目检查指南,探索实行集团企业统一检查,全面实施异地交叉稽查。

四、着力优化纳税服务

(十二)推进办税服务平台建设。继续加强标准化办税服务厅和政务中心地税窗口建设。发布办税服务厅标准化操作指南,完善服务标准,规范服务流程。逐步改变按基层分局设置办税服务厅的传统模式,推动办税服务资源集约利用。推进电子税务局功能应用。

(十三)优化办税程序。简并优化现行各类办税事项及其办理程序,规范实施标准。按照“窗口受理、内部流转、限时办结、窗口出件”要求,切实解决纳税人办税“多头跑、多次跑”的问题。

(十四)完善纳税服务措施。升级完善12366热线功能,定期检查通报热线运行情况,加强市局热线工作室建设,组建咨询专家团队,加强热点问题和典型案例分析利用。深化“一对一”服务纳税人工作机制。深入开展“四零服务”。继续开展“办税服务实践日”活动。

(十五)强化纳税人权益保护工作。研究改进纳税信用评定指标体系,探索建立纳税信用信息库,完善诚信激励和失信监管的动态管理措施,与国税部门联合开展纳税信用等级评定。探索建立以纳税人为主体的第三方维权组织。建立各层级志愿者服务组织,鼓励支持纳税服务志愿者开展志愿服务。落实纳税服务投诉管理办法。

五、积极推进征管改革

(十六)进一步明确征管改革思路。分类深化改革试点,把握好改革的力度和进度。重点推进集约化纳税服务、纳税评估、风险管理统筹,继续探索建立分类分级专业化管理体制,创新县域税收管理模式,完善税收管理员制度。推进现代化分局建设与推进征管改革有机结合。

(十七)完善风险管理。开展重点行业纳税评估,建立分层级的预警值、阀值参数体系,完善行业评估模型,应用大集中系统大力推进评估工作。规范纳税评估与纳税服务、日常管理、税收稽查的衔接。探索第三方信息在评估中的应用。运用大集中系统决策支持软件,积极开展征收管理监控工作。

(十八)加强征管基础工作。完善户籍管理和征管数据资料管理,以电子流规范征管业务流程。完善发票管理制度,组织相关行业发票清理检查。全面实施新税收票证管理办法,解决大集中软件征缴过程中涉票问题。建立税收统计与分析报表体系,实现与大集中软件的同步对接。

(十九)推进大企业税收管理。充分发挥大企业管理人才库的团队优势,加强总局定点联系企业税收遵从管理。开展我省首批25户定点联系企业管理服务工作,以建立税收风险防控机制为核心,研究制定大企业税收服务与管理工作规程。

(二十)创新稽查管理。积极推进分类分级稽查。探索实行审计式检查、调研式检查。以县级稽查案件为重点,继续开展稽查案件飞行检查。大力推进电子查账。加强涉税信息交流与稽查情报交换,深化国税地税联合稽查。

(二十一)优化征管资源配置。积极研究征管改革试点中机构设置、职能和人员配备等问题。探索建立与税收专业化、信息化要求相适应的税收组织机构体系。重点研究推进新形势下城区、农村分局征管资源优化配置工作。

(二十二)启动新一轮现代化分局建设。编制2014至2018现代化分局建设五年规划,丰富建设内涵,加强分类指导,抓好典型示范,打造特色鲜明、适应现代税收管理要求的基层分局。强化市、县局对建设工作的领导责任,突出基层及税干的主体地位。

六、完善提升信息化建设

(二十三)开展“信息化应用提升年”活动。以大集中系统成功上线为契机,通过应用培训、测试考评,完善制度、优化流程,强化监督、防控风险等工作,大力提升全员信息化应用能力。

(二十四)继续做好大集中系统优化、完善与开发工作。针对应用中发现的问题,研究相应措施,优化完善系统功能。推进决策支持软件开发测试和上线运行工作。对大集中系统持续开发完善,与税收政策调整同步,与优化办税程序相适应。

(二十五)推进大集中系统运维体系建设。研究建立以省局为主、市局为辅,上下统一、职责清晰、协调有序、流程规范、响应快速的运行维护体系,制定运维制度框架和运维流程。加强日常运维和安全管理。完善信息安全管理制度,对大集中系统进行信息安全测评。

七、规范细化行政管理

（二十六）规范资产管理和政府采购工作。研究出台固定资产管理工作规程，强化动态监控，开展资产清查，解决账实不符问题。严格公务用车编制管理，实行一车一编制，从严控制执法执勤用车配备范围和标准。严格执行政府采购工作规程，继续执行“统报统采”，加大批量集中采购力度，适度控制协议供货采购规模。

（二十七）加强财务、预算和基本建设管理。落实新的系统经费政策。编实编准部门预算，盘活存量资金。引入项目预算评审论证机制，建立符合地税实际的预算绩效评价指标体系。继续探索政府购买服务。坚持进度通报制度，加大考核力度，提高预算执行率。严格“三公”经费管理。全面实施行政事业单位内部控制规范。加强财务分析及其结果利用，完善支出开支范围和标准。修订完善系统基本建设管理制度。不再核准新建楼堂馆所，从严控制维修改造项目。加强在建项目后续管理。

（二十八）强化内部审计监督。深化财务收支审计，重点对预算管理、专项资金使用、大额资金支出、采购管理以及内控制度建设等情况进行审计监督。完善经济责任审计办法，强化离任审计与任中审计“两审制”。基建审计和大宗物品采购审计监督面要达到100%。加强后续审计，探索建立审计整改问责机制。完善现有内审软件功能，实现对审计项目全覆盖。加强审计成果利用，推动审计监督与系统管理有效衔接。

八、不断深化干部队伍建设

（二十九）加强领导班子建设。坚持好干部标准，选优配强领导班子。加强领导干部异地交流任职制度建设。加强后备干部队伍选拔、培养和管理。推动干部上挂下派。加强对县局班子建设的指导和管理，注重对基层领导干部的培养和使用。

（三十）深化人事制度改革和干部管理。完善干部选拔任用、考核评价等制度办法。研究制定调整不适宜担任现职领导干部制度。改进对领导班子和领导干部的考核评价，加强对干部德的考察、考核。改进和加强离退休干部服务与管理工作。

（三十一）推进人才队伍建设。制定实施人才培养规划。继续抓好“双百双千工程”实施和人才库建设。围绕人才培养、使用等关键环节，建立健全激励机制。继续与高校联合培养硕士研究生，积极鼓励自学成才。优先招录急需的税收专业人才。

（三十二）改进教育培训工作。开展全员大练兵，举办征管能手、稽查能手、税收信息化能手竞赛活动。组织好春训活动。开发适合基层干部需求的专业技能培训项目。规范兼职教师管理。修订税务培训用书。推进干部在线学习，启动税务网络培训工作。规范培训项目管理，从严控制到省外办班，提升培训质量和水平。

（三十三）强化效能建设和绩效管理。深入实施效能提升行动，继续推进效能建设“三个延伸”，加强“十项制度”落实情况监督检查。加强和推进督查督办工作，完善发函督办等制度，重点督办省局重大决策部署贯彻落实情况。按照总局统一部署，积极推行税务系统绩效管理。

（三十四）加强党建工作。开展习近平总书记系列重要讲话和十八届三中全会精神学习活动。深化三型党组织建设。推进“承诺、践诺、评诺”制度化、常态化。完善党务公开。结合“三和”地税建设，开展社会公德、职业道德、家庭美德实践活动，做好第四批全国文明单位创建申报工作。加强机关群团工作。做好结对共建和帮扶慰问工作。

九、切实加强党风廉政建设

（三十五）切实加强党风廉政建设。认真贯彻中纪委三次全会精神，坚决落实省委省政府、国家税务总局党风廉政建设部署要求。严格落实党风廉政建设责任制考核办法，强化“一岗双责”。抓好中央八项规定的贯彻落实，进一步改进工作作风和政风行风。深化廉政教育，完善风险防控，严格监督检查，严肃案件查办，抓实反腐倡廉日常工作。深化纪检监察干部队伍建设，强化反腐倡廉组织保障。召开专题会议部署全省地税系统年度党风廉政建设和反腐败工作。

十、扎实开展党的群众路线教育实践活动

(三十六)扎实开展党的群众路线教育实践活动。按照中央和省委、国家税务总局党组部署,认真开展教育实践活动。省局重点做好持续整改、巩固提高和总结工作,并加强对市、县局教育实践活动的指导、督导。市县地税机关要按照统一部署,加强领导,精心安排,与做好各项地税工作有机结合起来,贯彻好总局“三个三”要求,确保取得实实在在的成效,促进工作作风进一步转变。

安徽省地方税务局关于进一步做好税收政策解读工作的通知

2014年3月12日　皖地税发〔2014〕3号

省地方税务局局属各单位,各市、县地方税务局:

为帮助纳税人、基层地税机关和社会各界准确理解和执行税收政策,根据省政府和国家税务总局有关要求,现就进一步做好税收政策解读工作通知如下:

一、充分认识做好税收政策解读的意义

税收政策解读,是对税收文件的出台背景、目的意义、执行口径和操作方法等问题的解释性说明。做好税收政策解读工作,能够帮助纳税人、基层地税机关和社会各界准确理解税法,提高纳税人的税法遵从,规范税收执法行为,促进税收法定原则落实,保障纳税人合法权益,有利于营造良好的税收改革发展环境,也是地税机关进一步改进工作作风、优化纳税服务的具体体现。

二、明确税收政策解读的范围和流程

(一)坚持“以解读为原则、不解读为例外”,明确解读范围

报请以省政府名义出台的政府规章,必须进行解读;报请以省政府或省政府办公厅名义出台的税收规范性文件,以省局名义或省局为主联合出台税收规范性文件,必须进行解读;税收规范性文件以外的其他税收文件,凡涉及纳税人、需广泛知晓的,原则上应进行解读。另外,税收政策在执行中被误读误解,或发生涉税舆情时,也要及时予以回应或解读。

(二)坚持“谁起草、谁解读”,明确解读流程

在报送拟以省政府或省政府办公厅名义出台政府规章、税收规范性文件的请示时,要一并报送解读方案,解读方案一般包括解读提纲、解读形式、解读途径、解读时间等。解读方案一经省政府审定,主办处室、单位要抓紧编写解读材料,履行报审程序,按省政府规定时限和渠道发布。

在以省局名义或以省局为主联合出台税收规范性文件及需要解读的其他税收文件时,由主办处室、单位按照公文流转程序以及税收政策和解读材料“三同步”原则办理,即解读材料与税收文件同步起草、同步报批、同步发布。

对税收政策被误读误解或发生涉税舆情的,按照相关规定,由省局办公室协调相关业务处室、单位及时予以回应。

三、规范税收政策解读的内容和形式

税收政策解读的内容主要包括文件出台的背景依据、目的意义,文件内容的重点、理解的难点和落实的措施要求等。

税收政策解读可以是省局负责同志撰稿解读、政策问答、在线访谈、媒体专访等。解读材

料的形式一般为问答式，设问的角度要考虑纳税人的需求和社会各界容易产生的不同理解，语言文字要通俗易懂。

四、做好税收政策解读工作的相关要求

省局有关处室、单位是政策解读的主体，要对照上述要求，切实做好政策解读各项工作；省局办公室要主动跟进配合，确保政策解读与公文管理相关环节工作有机融合、有序推进；各级地税机关要广泛宣传省局的解读材料，必要时结合当地实际，及时进行补充解读。

安徽省地方税务局关于印发《安徽省地方税务局机关绩效管理办法(试行)》及2014年度考评指标的通知

2014年6月6日　皖地税发〔2014〕38号

省地方税务局局属各单位：

现将《安徽省地方税务局机关绩效管理办法(试行)》及2014年考评指标印发给你们，请认真组织实施，执行中的有关情况和问题，请及时反馈到省局绩效办。

附件1:2014年安徽省地税局机关绩效考评指标(共性部分)(略)

附件2:2014年安徽省地税局机关绩效考评指标(个性部分)(略)

附件3:2014年安徽省地税局机关绩效考评指标加分减分项目(略)

安徽省地方税务局机关绩效管理办法(试行)

第一章　总　　则

第一条　根据税务总局实施绩效管理工作部署及省地税局关于实施绩效管理的意见，结合实际，制定本办法。

第二条　本办法所称绩效管理，是根据税务总局统一部署，运用绩效管理理论和方法，建立符合地税工作规律和特点的绩效管理机制，对地税工作的过程和结果实施绩效考评，促进工作持续改进的管理方式。绩效管理主要包括绩效计划、过程管理、绩效考评、结果运用四个环节。

第三条　省地税局机关实施绩效管理，以转变职能、改进作风为出发点，以过程管理、强化执行为着力点，以持续改进、提高效能为落脚点，建立完善绩效评价和激励约束机制，促进内生动力、外树形象，做实“三个服务”，建设创新、法治、廉洁、服务型地税机关，推动地税事业科学发展。

第四条　绩效管理遵循以下原则：

(一)统一领导，分级管理；

(二)结合实际，探索创新；

(三)科学合理,客观公正;

(四)重点突破,整体推进。

第五条　本办法适用于省地税局机关处室单位(以下简称处室单位)。处室单位履行考评职责作为考评单位时,称为“考评部门”;处室单位作为考评对象时,称为“被考评部门”,分为业务类、行政类和直属单位类进行分类考核。

(一)业务类。由政策法规处、劳务和财产行为税(国际税收管理)处、所得税处、耕地占用税和契税管理处、基金(费)处、收入规划核算处、纳税服务(大企业税收管理)处、征管和科技发展处组成。

(二)行政类。由办公室、政治部、干部教育处、财务管理处、装备处、内审处、离退休工作处、机关党委、监察室组成。

(三)直属单位类。由稽查局、直属局和电子税务信息管理中心、宣传中心、培训(机关服务)中心组成。

第二章　组织领导

第六条　省地税局成立绩效管理工作领导小组(以下简称领导小组),领导和组织开展绩效管理工作,由省地税局主要领导任组长,其他局领导任副组长,分管局领导负责日常工作,处室单位主要负责人为成员。领导小组下设办公室(以下简称绩效办),设在省地税局办公室,负责绩效管理的组织、协调和日常工作。

第七条　领导小组主要工作职责:

(一)统筹协调、指导部署绩效管理工作;

(二)制定绩效管理工作规划、制度规范;

(三)审定年度绩效计划、工作方案;

(四)审定绩效考评结果;

(五)提出结果运用建议报省地税局党组审定;

(六)研究绩效管理工作中的其他重要事项。

第八条　绩效办主要工作职责:

(一)组织实施绩效管理工作;

(二)拟制绩效管理工作规划、制度规范;

(三)组织编制年度绩效计划、工作方案;

(四)组织开展过程管理、绩效考评工作;

(五)负责绩效管理工作指导检查和宣传培训;

(六)完成领导小组交办的其他工作。

第九条　考评部门依照职责分工参与绩效管理的组织实施和考评工作,其履行考评职责情况纳入绩效管理,由绩效办负责考评。绩效办履职情况由领导小组实施绩效考评。

第十条　被考评部门应建立和完善绩效管理工作机制,认真落实绩效管理工作任务,主要负责人为第一责任人,确定一名联络员负责日常联络协调、组织落实。

第三章　绩效计划

第十一条　省地税局机关绩效管理内容确定为“改革发展、行政效能、税务形象、满意服务”四类,实行千分制考评。同时设置年度加分减分项目和“一票否决”项目。

(一)“改革发展”包括改革任务、发展任务和创新任务。

(二)“行政效能”包括办文办会效能、督办工作效能、审计工作效能。

(三)“税务形象”包括处室单位班子建设、干部队伍建设和党风廉政建设。

(四)“满意服务”包括上级评价、税户评价和基层评价。

(五)“加分减分”是依照本办法规定对符合加分条件的事项进行加分,对发生重大责任问题事项进行减分。

(六)“一票否决”是依照本办法规定对发生违法违纪等重大问题造成严重影响或后果的处室单位,绩效考评结果确定为未达标等次。

第十二条　年度绩效计划包括年度工作目标和绩效考评指标。年度工作目标是编制绩效考评指标和实施绩效管理的依据,包括年度工作任务和预期目标等内容。绩效考评指标是年度工作目标任务的具体化,包括绩效内容、指标分值、考评标准、数据来源等要素。

第十三条　根据年度重点工作部署,绩效办组织编制绩效考评指标。

（一）指标初拟。被考评部门根据省地税局和本部门年度工作安排，初拟“改革发展”类考评指标；考评部门根据省地税局年度工作安排初拟“行政效能、税务形象、满意服务”类考评指标。被考评部门、考评部门向绩效办提交初拟的绩效考评指标。

（二）指标初审。绩效办对绩效考评指标的目标一致性、要素规范性、操作可控性等方面进行初审。

（三）征求意见。绩效办将绩效考评指标初审后反馈被考评部门和考评部门征求意见。被考评部门和考评部门根据反馈意见修改绩效考评指标，经绩效办审核，报分管局领导审批，提交绩效办。

（四）审定执行。绩效办根据被考评部门和考评部门提交的绩效考评指标编制《省地税局机关年度绩效计划》，报领导小组审定后执行。

第十四条 绩效计划的变更。绩效计划确定后，除省委省政府和税务总局年度内新安排部署的重要工作任务外，原则上年度内不作调整。因特殊原因需要调整的，在当年10月31日前由绩效办报领导小组审定后调整。

第四章 过程管理

第十五条 绩效办和考评部门对绩效计划执行情况实行过程管理，具体环节包括节点管理、日常监控、季度分析、半年自查等。

第十六条 节点管理。处室单位在拟制绩效考评指标时，应根据工作需要确定工作节点，明确阶段性目标和工作措施等，实施节点管理。

第十七条 日常监控。被考评部门应加强绩效计划执行情况日常监控，并按照绩效管理工作监控要求，将有关监控数据及时上传。考评部门应及时掌握被考评部门上报数据情况。

第十八条 季度分析。考评部门应根据日常监控情况进行季度分析，掌握工作进度，对被考评部门绩效计划落实情况进行分析指导，发现问题及时督促整改，并将有关情况反馈绩效办。

第十九条 半年自查。被考评部门对绩效计划执行情况进行半年自查，总结经验，查找问题，形成半年自查报告报绩效办。绩效办征求考评部门意见并结合季度分析反馈情况，形成绩效计划执行情况半年报告，报领导小组审定后予以通报。

第五章 绩效考评

第二十条 在税务总局绩效管理信息系统（地税版）上线前，省地税局机关绩效考评主要采取人工考评为主、计算机考评为辅的方式进行；上线后，采取计算机考评和人工考评相结合的方式进行。按照自查自评与检查考评相结合、定量考评与定性评价相结合、平时考评与年终考评相结合的方式开展。

第二十一条 绩效考评数据来源。定量指标数据通过人工上报采集和信息系统自动提取方式获取，定性指标数据由考评部门采取测评、调查、评审等方式形成。

第二十二条 年度绩效考评程序。省地税局机关年度绩效考评按照被考评部门自评、考评部门考评、绩效办审核、被考评部门分管局领导审阅、领导小组审定的程序进行。

第二十三条 被考评部门自评。被考评部门根据考评标准，对绩效计划执行情况进行自查自评，形成年度报告，主要包括自评得分、工作成效、存在问题及原因分析等内容。

第二十四条 考评部门考评。考评部门结合平时考评、被考评部门年度自查自评结果和过程管理情况，对被考评部门年度绩效计划执行结果进行审核、考评，形成考评结果建议并报送绩效办。

第二十五条 绩效办审核。绩效办对考评部门报送的考评结果建议及数据资料进行审核，并将审核结果反馈被考评部门。被考评部门无异议的，经被考评部门分管局领导审阅后报领导小组审定。被考评部门有异议的，绩效办会同考评部门研究确认后反馈被考评部门，仍有异议的,提交领导小组裁定。

第二十六条　领导小组审定。领导小组对年度绩效考评结果建议及相关资料数据等进行审定,形成考评结果并予以公示和通报。公示有异议的,予以复审。

第二十七条　被考评部门、考评部门在省地税局机关绩效考评中发生虚报、瞒报、弄虚作假等行为的,分别予以扣分减分处理。

第二十八条　考评结果等次。省地税局机关年度绩效考评结果划分"优秀、达标、未达标"三个等次。按业务类、行政类、直属单位类分类,每类考评总分前2名且达到900分(含)以上的单位为优秀等次;达到700分(含)以上、未达优秀等次的为达标等次;700分以下的为未达标等次。

第二十九条　加分项目。被考评部门有以下加分事项的,向绩效办申报并提供相关证明材料,经领导小组审定予以相应加分。

(一)获得省委省政府、税务总局、其他国家部委及以上级别表彰或有关领导表扬性批示。

(二)获得省地税局、其他省直厅局表彰或省地税局主要领导表扬性批示。

(三)工作经验被国家、省级主要媒体刊载报道或工作信息、调研报告被中办、国办及税务总局办公厅、省委省政府办公厅采用并得到党中央、国务院及税务总局、省委省政府领导肯定性批示。

(四)由领导小组研究审定的其他加分事项。

第三十条　减分项目。被考评部门发生以下重大责任问题的,由相关部门向绩效办提供证明材料,经领导小组审定给予相应减分处理。

(一)被省委省政府、税务总局等国家部委及以上级别通报批评或省委省政府、税务总局领导批评性批示。

(二)被省地税局等省直其他厅局通报批评或省地税局主要领导批评性批示。

(三)在安全、保密、信访、舆情和效能建设、应急管理等方面发生严重责任问题。

(四)因职务行为受到党纪政纪处分或被追究刑事责任。

(五)由领导小组研究审定的其他减分事项。

加分减分项目应制定具体的考评细则。

第三十一条　一票否决。被考评部门发生以下重大问题之一的,经领导小组报省地税局党组审定,实行一票否决,确定为"未达标"等次,并按相应减分项目减分。

(一)被税务总局、省委省政府及以上级别通报批评。

(二)处级领导干部因职务行为被追究刑事责任。

(三)处室单位工作人员因职务行为发生同一案件有3人以上被追究刑事责任。

(四)领导小组报省地税局党组审定的其他一票否决事项。

第六章　结果运用

第三十二条　年度绩效考评结果作为评价业绩、改进工作、提升绩效和激励约束的重要依据,主要运用于处室单位评先评优、领导干部年度考核、干部选拔任用以及工作问责等方面。

第三十三条　年度绩效考评结果为优秀等次的处室单位,确定为"省地税局机关绩效管理优秀单位"。每类考评总分第3名的单位,确定为"省地税局机关创先争优优秀单位"。对连续3年获得绩效管理优秀单位、创先争优优秀单位的,在其他评先评优中予以优先考虑。

第三十四条　年度绩效考评未达标的处室单位,由处室单位作出书面情况说明,提出整改措施。连续两年未达标的,分管局领导约谈单位负责人。

第三十五条　年度考评结束后,被考评部门应结合绩效考评结果,分析问题,查找原因,提出改进措施报绩效办,并纳入下一年度绩效计划。绩效办组织编写省地税局机关绩效管理年度报告,经领导小组审定后发布。

第七章　附　　则

第三十六条　本办法由绩效管理工作领导小组办公室负责解释。

第三十七条　本办法自2014年7月1日起施行。

安徽省地方税务局关于实施绩效管理的意见

2014年6月6日　皖地税发〔2014〕39号

各市地方税务局，广德、宿松县地方税务局，省地方税务局局属各单位：

国家税务总局决定，从2014年起在全国税务系统实施绩效管理。为深入贯彻落实税务总局部署要求，创新管理理念方式，激发干部队伍动力活力，提高工作效率效能，切实做好绩效管理工作，现提出以下意见。

一、实施绩效管理的重要意义

实施绩效管理是创新政府管理方式的重要举措。地税系统实施绩效管理，是适应税收改革和服务经济社会发展的内在要求，是加强干部队伍建设和优化税收服务的有力抓手。实施绩效管理，就是既通过制定考评指标、落实工作责任倒逼职能转变、工作改进，又通过评价工作业绩、强化结果运用，切实体现干与不干、干多干少、干好干坏不一样，提振干部精气神，释放工作正能量，树立地税部门良好社会形象。各级地税机关和广大地税干部要把思想统一到税务总局和省地税局党组的决策部署上来，增强责任感和主动性，扎实做好绩效管理工作。

二、实施绩效管理的指导思想、基本原则和目标规划

（一）指导思想

以邓小平理论、“三个代表”重要思想、科学发展观为指导，贯彻落实税务总局关于实施绩效管理工作部署和开展党的群众路线教育实践活动“三个三”要求，按照省地税局当前和今后一个时期的工作要求，以绩效为导向，以提升站位、增强地税公信力和执行力为目标，创新驱动，风险防控，持续推进地税事业科学发展。

（二）基本原则

统一领导，分级管理。全省地税系统绩效管理工作在省地税局党组统一领导下开展。省地税局负责绩效管理的总体设计和规划实施，并对省地税局各处室单位和市地税局实施绩效管理；省地税局有关处室单位和市地税局向下延伸，形成下管一级、分级实施的绩效管理工作格局。

结合实际，探索创新。坚持一切从实际出发，一切从工作出发，遵循地税工作规律，借鉴先进理念做法，总结系统内绩效考核评价工作经验，深化应用、积极探索，大力推进绩效管理理论和实践创新。

科学合理，客观公正。科学制定绩效管理办法，合理设置考评指标和考评标准，注重过程管理，建立规范的绩效管理工作流程和运行机制，做到考评数据信息完整准确、考评方式方法合理管用、考评结果公开透明，自觉接受监督，公开、客观、简易、方便地进行操作。

重点突破，整体推进。从全局出发，把解决当前突出问题与完善制度体系结合起来，统筹机关、系统考评，注重激励、鞭策结合，正确处理考评单位、被考评单位之间的关系，明确工作重点、优先顺序、主攻方向，整体推进地税工作持续健康稳定发展。

（三）主要目标

围绕提升站位、增强地税公信力和执行力

的“一提双增”目标,打造一条索链,即工作项目化、项目指标化、指标责任化的工作索链;构筑一个闭环,即绩效管理有目标、目标执行有监控、执行情况有考评、考评结果有反馈、反馈结果有运用的管理闭环;形成一种格局,即纵向到底、横向到边、双向互动、环环相扣、层层负责、人人向上的责任格局;建立一套机制,即落实重大决策部署的快速响应机制、地税工作持续改进的评价导向机制、树立地税队伍良好形象的内生动力机制、促进征纳关系和谐的服务增效机制。

(四)三年规划

按照税务总局“一年试运行、两年见成效、三年创品牌”的规划,扎实推进绩效管理工作。

2014年是“绩效启动年”。主要建立绩效管理的制度框架,上线运行绩效管理信息系统,试行绩效管理,省地税局局属有关单位和市地税局探索向下延伸,在试行中及时总结经验、充分发现问题、积极探求对策,为正式实施绩效管理、开展考评、运用结果奠定坚实基础。

2015年是“绩效推进年”。主要结合各级地税机关岗责体系建设,进一步完善绩效管理制度,优化考评指标体系,深化应用信息系统,全面推进纵向到底、横向到边的各层级绩效管理,上下联动,努力做到管理科学、措施完善、手段先进、运行高效。

2016年是“绩效提升年”。主要促进绩效管理体系更加完备、制度机制运行更加稳健,加强实践创新和理论研究,努力创建富于地税特色、具有示范效应、发挥引领作用的绩效管理模式。

在实现3年规划的基础上,总结提升,再接再厉,不断开创绩效管理工作新局面。

三、实施绩效管理的工作程序

(一)科学制定绩效计划

根据省委省政府和税务总局的决策部署、省地税局年度工作安排以及各处室单位年度工作要点等制定绩效计划。绩效计划按照可量化、可衡量、可实现的要求,细化分解为考评指标。考评指标坚持定量指标为主,定性指标为辅,从时间、数量、质量等维度,落实上级要求、参照历史数据,确定考评标准,体现正确工作导向。数据来源以完成工作的各项原始记录和自动生成的计算机数据为依据,做到可采集、可监控、可查验。

(二)全面实施绩效监控

把绩效管理的过程作为自我管理、自我诊断、自我评估、自我改进、自我提升的过程,强化过程控制和动态管理。各级各部门要建立重点工作任务和关键指标的日常监控机制,掌握工作进度和重点指标完成情况,发现问题及时纠偏,确保绩效计划得到有效执行和全面完成。

(三)严格开展绩效考评

绩效考评是绩效管理的重要内容和核心环节。要科学制定绩效考评工作方案,合理确定考评方式方法。被考评单位要对绩效计划和绩效指标完成情况开展自查自评,定期提交绩效报告,将计划绩效与实际绩效进行分析对比,查找问题和薄弱环节,制定绩效改进措施。上级考评单位要加强绩效考评工作指导,通过绩效考评,发现问题,提出改进工作、加强管理、提升绩效的意见和建议。

(四)有效运用考评结果

绩效考评结果是改进工作、加强管理的重要依据,要坚持正向激励为主,运用于年度公务员评先评优、干部问责,不断拓展运用范围。要将考评结果与领导班子和领导干部考评、干部选拔任用紧密挂钩,加大结果运用力度,对绩效不佳的单位和个人实行行政问责,严肃追究行政责任。

(五)重点抓好绩效改进

绩效管理的根本目的在于促进工作绩效不断持续改进和提升。各级各部门要针对绩效考评反映的情况和问题,结合绩效计划,纵横比较分析,查找问题,分析原因,制定整改措施,对各项管理制度、业务流程存在的不足进行完善和优化,并纳入下一年度绩效计划。

四、实施绩效管理的工作要求

(一)加强组织领导

省地税局成立绩效管理领导小组,下设办

公室。各市地税局要树立全局“一盘棋”思想，严格按照税务总局和省地税局要求，建立健全领导体制和工作机制，成立绩效管理领导机构，设立办事机构，明确具体工作人员，实行联络员制度，为实施绩效管理提供组织保障。组织开展工作，既要注重整体设计，又要突出重点，分步实施，稳妥推进。

（二）严格责任落实

省地税局党组抓各处室单位和市地税局，有关处室单位和市地税局向下延伸，各尽其责、各司其职、共同落实、共谋发展。各级各部门主要领导要亲自抓、分管领导要具体抓，一级抓一级，一级带一级，一级对一级负责，将绩效管理的压力和动力传导到每一个神经末梢。对工作开展不力的，要按规定问责，促进工作有效开展。

（三）深化协调联动

考评单位与被考评单位之间要加强沟通协调，分别就绩效计划、指标设置、过程管理、绩效考评、绩效改进等环节内容，进行深入广泛交流，形成工作共识和价值认同，确保绩效管理工作良性运转。省地税局有关处室单位要主动加强与税务总局相关考评司局的沟通协调，及时解决工作中遇到的困难和问题；各市地税局要加强与省地税局相关考评处室单位的联系沟通，及时报送工作进度和落实情况，推动工作有序开展。

（四）注重宣传引导

广泛宣传绩效管理基本理论知识和税务总局、省地税局决策部署，引导各级地税机关和广大地税干部广泛参与，提高干部职工对绩效管理工作的理解和认识，把绩效管理工作作为一项基础性、先导性、引领性的系统工程来抓；加强绩效管理工作的社会宣传，赢得社会各界和广大纳税人的理解和支持，为实施绩效管理营造良好外部环境。

（五）强化信息支撑

运用信息技术手段，提高绩效管理信息化水平。要把税务总局开发的绩效管理信息系统与安徽地方税收综合管理信息系统（AHTAX2013）、税务综合办公系统等有机衔接，深度利用信息系统，积极实行计算机考评，增强绩效考评的客观性、透明性、公正性。

安徽省地方税务局关于印发《安徽省地税系统绩效管理办法（试行）》及2014年度考评指标的通知

2014年8月1日　皖地税发〔2014〕53号

各市地方税务局，广德、宿松县地方税务局，省地方税务局局属各单位：

《安徽省地税系统绩效管理办法（试行）》及2014年度考评指标业经2014年7月30日省局绩效管理工作领导小组会议讨论通过，现予以印发。请认真组织实施，执行中的有关情况和问题，请及时向省局绩效办反馈。

附件：安徽省地税系统绩效考评指标（略）

安徽省地税系统绩效管理办法(试行)

第一章　总　　则

第一条　根据税务总局实施绩效管理工作部署及省地税局关于实施绩效管理的意见,结合实际,制定本办法。

第二条　本办法所称绩效管理,是根据税务总局统一部署,运用绩效管理理论和方法,建立符合地税工作规律和特点的绩效管理机制,对地税工作的过程和结果实施绩效考评,促进工作持续改进的管理方式。绩效管理主要包括绩效计划、过程管理、绩效考评、结果运用四个环节。

第三条　全省地税系统实施绩效管理,以转变职能、改进作风为出发点,以过程管理、强化执行为着力点,以持续改进、提高效能为落脚点,建立完善绩效评价和激励约束机制,促进内生动力、外树形象,做实“三个服务”,建设创新、法治、廉洁、服务型地税机关,推动地税事业科学发展。

第四条　绩效管理遵循以下原则:

(一)统一领导,分级管理;

(二)结合实际,探索创新;

(三)科学合理,客观公正;

(四)重点突破,整体推进。

第五条　本办法适用于各市地方税务局(以下简称市地税局)。

第二章　组织领导

第六条　省地税局成立绩效管理工作领导小组(以下简称领导小组),领导和组织开展绩效管理工作,由省地税局主要领导任组长,其他局领导任副组长,分管局领导负责日常工作,处室单位主要负责人为成员。领导小组下设办公室(以下简称绩效办),设在省地税局办公室,负责绩效管理组织、协调和日常工作。

第七条　领导小组主要工作职责:

(一)统筹协调、领导部署绩效管理工作;

(二)制定绩效管理工作规划、制度规范;

(三)审定年度绩效计划、工作方案;

(四)审定绩效考评结果;

(五)提出结果运用建议报省地税局党组审定;

(六)研究绩效管理工作中的其他重要事项。

第八条　绩效办主要工作职责:

(一)组织实施绩效管理工作;

(二)拟制绩效管理工作规划、制度规范;

(三)组织编制年度绩效计划、工作方案;

(四)组织开展过程管理、绩效考评工作;

(五)负责绩效管理工作指导检查和宣传培训;

(六)完成领导小组交办的其他工作。

第九条　省地税局具有考评职责的处室单位(以下简称考评处室单位),依照职责分工参与绩效管理的组织实施和考评工作,其履行考评职责情况纳入省地税局机关绩效管理,由绩效办负责考评。绩效办履职情况由领导小组实施绩效考评。

第十条　市地税局应成立绩效管理组织机构,主要负责人为第一责任人。建立和完善绩效管理工作机制,制定本局机关和系统绩效管理办法并组织实施,确定一名联络员负责系统上下的联络协调、组织落实等。

第三章　绩效计划

第十一条　全省地税系统绩效管理内容确定为“改革发展、依法行政、税务形象、满意服务”四类,实行千分制考评。同时设置年度加分减分项目和实行“一票否决”。

（一）“改革发展”包括改革任务、收入任务。

（二）“依法行政”包括征管效能、执法效能和内管效能。

（三）“税务形象”包括领导班子建设、干部队伍建设和党风廉政建设。

（四）“满意服务”包括上级满意度、税户满意度和基层满意度。

（五）“加分减分”是依照本办法规定对符合加分条件的事项进行加分，对发生重大责任问题事项进行减分。

（六）“一票否决”是依照本办法规定对发生违法违纪等重大问题造成严重影响或后果的市地税局，绩效考评结果确定为未达标等次。

第十二条　年度绩效计划包括年度工作目标和绩效考评指标。年度工作目标是编制绩效考评指标和实施绩效管理的依据，包括年度工作任务和预期目标等内容。绩效考评指标是年度工作目标任务的具体化，包括绩效内容、指标分值、考评标准、数据来源等要素。

第十三条　根据年度重点工作部署，绩效办组织编制绩效考评指标。

（一）指标初拟。考评处室单位根据省地税局年度工作安排，初拟对市地税局的绩效考评指标，并报绩效办初审。

（二）指标初审。绩效办对绩效考评指标的目标一致性、要素规范性、操作可控性等方面进行初审。

（三）征求意见。绩效办将初审后的绩效考评指标下发市地税局征求意见，并将征求意见反馈考评处室单位。考评处室单位根据反馈意见修改绩效考评指标，经绩效办审核，报考评处室单位分管局领导审批，提交绩效办。

（四）审定执行。绩效办根据考评处室单位提交的绩效考评指标编制《全省地税系统年度绩效计划》，报领导小组审定后执行。

第十四条　绩效计划变更。绩效计划确定后，除省委省政府和税务总局年度内新安排部署的重要工作任务外，原则上年度内不作调整。因特殊原因需要调整的，在当年10月31日前由绩效办报领导小组审定后调整。

第四章　过程管理

第十五条　绩效办和考评处室单位对绩效计划执行情况实行过程管理，具体环节包括节点管理、日常监控、季度分析、半年自查等。

第十六条　节点管理。考评处室单位在拟制绩效考评指标时，应根据工作需要确定工作节点，明确阶段性目标和工作措施等，实施节点管理。

第十七条　日常监控。市地税局应加强绩效计划执行情况日常监控，并按照绩效管理工作监控要求，将有关监控数据及时上传。考评处室单位应及时掌握市地税局上报数据情况。

第十八条　季度分析。考评处室单位应根据日常监控情况进行季度分析，掌握工作进度，对市地税局绩效计划落实情况进行分析指导，发现问题及时督促整改，并将有关情况反馈绩效办。

第十九条　半年自查。市地税局对绩效计划执行情况进行半年自查，总结经验，查找问题，形成半年自查报告，报绩效办。绩效办征求考评处室单位意见并结合季度分析反馈情况，形成绩效计划执行情况半年报告，报领导小组审定后予以通报。

第五章　绩效考评

第二十条　在税务总局绩效管理信息系统（地税版）上线前，全省地税系统绩效考评主要采取人工考评为主、计算机考评为辅的方式进行；上线后，采取计算机考评和人工考评相结合的方式进行。按照自查自评与检查考评相结合、定量考评与定性评价相结合、平时考评与年终考评相结合的方式开展。

第二十一条　绩效考评数据来源。定量指标数据采取人工上报采集和通过信息系统自动提取方式获取，定性指标数据由考评主体采取测评、调查、评审等方式形成。

第二十二条　绩效考评程序。绩效考评按照市地税局自评、考评处室单位考评、绩效办审核、考评处室单位分管局领导审阅、领导小组审定的程序进行。

第二十三条　市地税局自评。市地税局根据考评标准,对绩效计划执行情况进行自查自评,形成年度报告,主要包括自评得分、工作成效、存在问题及原因分析等内容。

第二十四条　考评处室单位考评。考评处室单位结合平时考评、市地税局年度自查自评结果和过程管理情况,对市地税局年度绩效计划执行结果进行审核、考评,形成考评结果建议并报绩效办。

第二十五条　绩效办审核。绩效办对考评处室单位报送的市地税局考评结果建议及数据资料进行审核,并将审核结果反馈市地税局。市地税局无异议的,经考评处室单位分管局领导审阅后报领导小组审定。市地税局有异议的,绩效办会同考评处室单位研究确认后反馈市地税局,仍有异议的,提交领导小组裁定。

第二十六条　领导小组审定。领导小组对年度绩效考评结果建议及相关资料数据等进行审定,形成考评结果并予以公示和通报。公示有异议的,予以复审。

第二十七条　市地税局在绩效考评中发生虚报、瞒报、弄虚作假等行为的,给予扣分减分处理。

考评处室单位发生上述行为的,纳入省地税局机关绩效考评予以相应扣分减分处理。

第二十八条　考评结果等次。全省地税系统年度绩效考评结果划分为“优秀、达标、未达标”三个等次。优秀等次按得分达到900分(含)以上,由高到低取前6名;达到700分(含)以上、未达优秀等次的为达标等次;700分以下的为未达标等次。

第二十九条　加分项目。市地税局有以下加分事项的,向绩效办申报并提供相关证明资料,经领导小组审定予以相应加分。

(一)获得省委省政府、税务总局、其他国家部委及以上级别表彰或有关领导表扬性批示。

(二)获得市委市政府、省地税局、其他省直厅局表彰或市委市政府、省地税局主要领导表扬性批示。

(三)工作经验被国家、省级主要媒体刊载报道或工作信息、调研报告被中办、国办及税务总局、省委省政府办公厅采用并得到税务总局、省委省政府领导肯定性批示。

(四)由领导小组研究审定的其他加分事项。

第三十条　减分项目。市地税局发生以下重大责任问题的,由相关部门向绩效办提供证明材料,经领导小组审定予以相应减分处理。

(一)被省委省政府、税务总局等国家部委及以上级别通报批评或省委省政府、税务总局领导批评性批示。

(二)被市委市政府、省地税局等省直其他厅局通报批评或市委市政府、省地税局主要领导批评性批示。

(三)在安全、保密、信访、舆情和效能建设、应急管理等方面发生严重责任问题。

(四)因职务行为受到党纪政纪处分或被追究刑事责任。

(五)由领导小组研究审定的其他减分事项。

加分减分项目应制定具体的考评细则。

第三十一条　一票否决。市地税局发生以下重大问题之一的,经领导小组报省地税局党组审定,实行一票否决,确定为“未达标”等次,并按相应减分项目减分。

(一)市地税局被省委省政府、税务总局及以上级别通报批评。

(二)市地税局履行职责因重大过错导致群体性事件,造成严重后果或恶劣影响。

(三)市地税局领导班子成员因职务行为被追究刑事责任。

(四)市地税局机关副科级以上领导干部或所辖县(市、区)地税局领导班子成员,因职务行为发生同一案件有3人以上被追究刑事责任。

(五)领导小组报省地税局党组审定的其

他一票否决事项。

第六章　结果运用

第三十二条　年度绩效考评结果作为评价业绩、改进工作、提升绩效和激励约束的重要依据，主要运用于市地税局评先评优、领导班子和领导干部年度考核、干部选拔任用以及工作问责等方面。

第三十三条　年度绩效考评结果为优秀等次的市地税局，确定为“安徽省地税系统绩效管理优秀单位”。对得分900分(含)以上且位列第7、8名的市地税局，确定为“安徽省地税系统创先争优优秀单位”；对得分900分(含)以上的其余市地税局，确定为“安徽省地税系统绩效管理优良单位”；对得分在800分(含)至900分的市地税局，确定为“安徽省地税系统绩效管理良好单位”。

第三十四条　对连续3年绩效考评获得优秀单位、创先争优优秀单位的市地税局及其负责人，在其他评先评优中予以优先考虑。

第三十五条　年度绩效考评未达标的市地税局，向省地税局作出书面情况说明，提出整改措施，取消市地税局主要负责人公务员优秀等次评定资格。连续两年未达标的，省地税局党组约谈市地税局主要负责人。

第三十五条　年度考评结束后，市地税局应结合绩效考评结果，分析问题，查找原因，提出改进措施报绩效办，并纳入下一年度绩效计划。绩效办组织编写全省地税系统绩效管理年度报告，经领导小组审定后发布。

第七章　附　　则

第三十六条　本办法由省地税局绩效管理工作领导小组办公室负责解释。

第三十七条　本办法自2014年1月1日起施行。

安徽省地方税务局关于加强全省地税系统应急管理工作的实施意见

2014年8月21日　皖地税发〔2014〕59号

各市、县地方税务局，省地方税务局局属各单位：

为深入贯彻落实《中华人民共和国突发事件应对法》、《国家突发公共事件总体应急预案》和省委、省政府、国家税务总局近期关于加强应急管理工作的部署要求，进一步提高全省地税系统应急管理工作水平，提出如下意见。

一、建立健全地税系统应急管理体系

(一)完善应急预案体系建设。预案编制工作是应急管理的基础。各级地税机关要以突发事件应对法为指导，根据总局和地方政府应急预案有关要求，结合实际，及时编制、修订本单位的应急预案。省局各相关职能部门应参照总局应急预案，结合实际，牵头制订、完善省局应急预案，并按规定报总局备案。市、县地税机关制订应急预案，要与省局和市、县人民政府应急预案相衔接，并报省局备案。要建立应急预案动态管理机制，根据突发事件的总结评估和应急演练等情况，及时调整完善应急预案。

(二)加强应急管理组织建设。要根据本单位实际情况，建立应急管理工作队伍，健全组织体系。省局成立由主要负责人任组长的应急工作领导小组,研究部署应急工作重大事项,总体指挥协调涉税突发事件的应对工作。下设由各相关职能部门参加的应急管理办事机构,发挥运转枢纽作用,履行值守应急、信息汇总和综合协调的职责,做好日常应急管理和具体应对处置工作。市、县地税机关应成立相应组织,配备必要的工作人员。同时,积极探索借助社会力量做好地税系统应急管理工作。

(三)健全应急协调工作机制。应急工作要遵循“以人为本、减少危害、属地为主、分级负责、依法规范、统一指挥、注重预防、科学处置”的原则。对应由地税部门响应的突发事件,要敢于担当,及时应对,积极争取当地政府的支持;对应由地方政府响应的突发事件,要服从指挥,及时报告,主动配合完成各项处置任务。要积极依靠地方政府,推进资源整合和信息共享,逐步建立与专业机构之间的应急联动机制。

二、认真做好应急管理重点环节工作

(四)切实做好突发事件监控和预警。定期组织风险排查,实行分类分级管理和动态监控,对可能引发突发事件的隐患,及时组织力量限期治理,争取把问题解决在萌芽状态。要建立健全值班制度,实行每日24小时值班。对需进行应急预警的,要及时报告,并运用地税网站、办税服务厅显示屏等有效渠道和手段发布预警信息。

(五)及时进行信息报告和情况沟通。市县局办公室、分局综合科(股)是具体承担突发事件信息报告工作的责任主体。信息报告实行首报和续报制度,首报要素应尽可能齐全,并根据事态发展,及时跟踪报告。依据突发事件性质,按规定向上级地税机关和地方政府双线同报,市地税局至迟在事发后2小时内向省地税局(办公室)报告。在事件处置过程中要及时沟通报告情况,确保上下级联系通畅、决策指挥科学有效。对谎报、瞒报、漏报、误报、迟报行为严肃追究责任。

(六)有效开展应急响应和处置。突发事件发生后,事发地地税机关要第一时间开展先期处置,及时启动应急预案,科学开展应对工作。需上级机关或其他单位响应处置的,在先期处置的同时,及时请求上级机关或其他单位予以响应处置。要有针对地实施处置措施,防止发生次生、衍生灾害事故,最大限度减轻突发事件的损害和影响。

(七)高度重视信息发布和舆论引导。完善信息发布制度,建立健全新闻发言人制度和涉税突发事件新闻报道快速反应机制,积极主动与新闻宣传部门沟通联系,根据情况通过适宜媒体发布事件背景、应对措施和处理结果等信息,恰当引导网民依法、理性表达意见。坚持新闻报道、舆论引导工作与应急处置工作同步研究,适时、适度以适当方式启动和实施。

(八)认真做好善后处理和总结评估工作。高度重视突发事件应对的善后处理工作,落实各项政策,安抚相关人员,做好领导走访慰问等工作。有关责任部门要依法开展调查处理工作,查明原因,处理责任人员,总结经验教训,制订整改措施并督促落实。在调查处理的基础上,对事件处置及防范工作进行评估。市地税局要按年度报送应急工作总结及应急形势分析报告。

三、切实加强应急管理保障工作

(九)加强组织领导。各级地税机关领导要高度重视突发事件的应急管理工作,主要负责人对本单位的公共安全负有总体领导责任,分管负责人负有直接领导责任。坚持预防与应急、常态与非常态相结合,常抓不懈,防患于未然。坚持信访、舆情、应急管理工作统一领导,统筹协调,综合施治。要加快形成统一指挥、反应灵敏、协调有序、运转高效的应急体制机制。

(十)开展教育培训和演练。将突发事件应对法等法律法规和应急管理专业知识纳入日常培训范围,规范培训内容、标准和形式。积极开展领导干部应急指挥和处置能力培训,加强干部职工安全知识和自救互救知识教育。对可能发生的突发事件,根据实际情况,有计划、有针对性地组织应急演练。对应急演练情况及时总结、分析,研究改进应急工作的措施和预案。

（十一）强化物质保证。应急管理工作经费纳入预算管理，分级负担，合理使用，保障突发事件应对工作需要。建立合理适度的应急物资储备，建立应急物资采购的快捷渠道。在对现有应急物资全面普查和有效整合的基础上，及时补充和更新各类必要应急储备物资。依托新技术、新设备和新工具，提高突发事件应对能力和水平。

（十二）严格考核和责任追究。建立突发事件应急管理工作责任制，定期组织检查，发现问题，及时通报，督促改进。建立应急管理考核制度，考核结果纳入系统绩效管理。建立应急管理责任追究制度，对有失职、渎职等行为的，要依法依规追究相应责任。

税收法制类

安徽省地方税务局关于印发深化税务行政审批制度改革若干问题的意见

2014 年 5 月 12 日　皖地税发〔2014〕32 号

各市地方税务局,广德、宿松县地方税务局,省地方税务局局属各单位:

现将《安徽省地方税务局关于深化税务行政审批制度改革若干问题的意见》印发给你们,请认真贯彻执行,执行中有何问题,请及时上报省局。

安徽省地方税务局关于深化税务行政审批制度改革若干问题的意见

为规范依法行政,提高地税系统行政审批效能,减少涉税审批事项环节,优化纳税服务,促进纳税遵从,保护纳税人合法权益,根据《中华人民共和国行政许可法》和中央及安徽省关于深化行政审批制度改革的若干规定,现结合地税部门实际,就进一步深化地税系统行政审批制度改革提出如下意见:

一、指导思想

以十八大和十八届三中全会精神为指导,以《中华人民共和国行政许可法》和相关法律、法规、政策为依据,以纳税人合理需求为导向,按照简化程序、提高效率、优化服务、防范风险的基本要求,全面提升地税系统行政审批工作能力和水平,切实维护纳税人合法权益。

二、基本原则

(一)公开透明原则。在办税场所、网络平台公开公示纳税人各项申请事项需报送的资料、表格及相关要求,多渠道宣传有关涉税审批工作事宜。

(二)精简效能原则。最大限度地下放涉税审批权限、缩短审批时限、减少审批环节、提升审批效能。

(三)集中办理原则。凡涉及纳税人申请办理的涉税审批事项,全部由办税服务厅或窗口统一受理,对所有地税行政审批事项实行“一窗式受理、一次性告知、一站式办结”。

(四)权责明晰原则。明确征纳双方权责义务,规范权力行使,坚持“谁审批、谁负责”,建立健全违规审批过错责任追究制度。

(五)监督制约原则。加大纳税人和社会监督力度,强化信息化监控制约,充分发挥纳税评估、事中检查、专项检查和事后稽查等监管措施作用。

(六)创新发展原则。坚持制度创新、技术创新和服务创新,充分发挥“大集中”系统的积极作用,优化审批流程,拓展网上申请办结功能和“同城通办”业务范围。

三、改革目标

深化地税系统行政审批制度改革，构建“窗口受理、内部流转、限时办结、后续监管”的涉税审批工作模式，建立“公正合法、规范操作、便捷高效、权责明晰”的涉税行政审批机制，实现“为纳税人办好事、纳税人好办事”的涉税审批环境，促进纳税遵从。

四、主要内容

（一）推进审批制度改革，简化涉税审批程序。

1. 规范审批项目。地税系统行政审批事项的设定权限、设定范围、实施机关、实施程序、审批责任等都必须符合法律、法规、政策的规定，任何单位不得自行设置或变通设置审批事项，也不得自行设置或更改审批前置条件。

2. 调整审批权限。对明确市、县（市、区）局审批权限以内的涉税审批事项全部由各市、县（市、区）局直接负责办理。根据需要可在办税服务厅、政务服务中心地税窗口设立“首席代表”负责承办。

3. 简化审批流程。各市、县（市、区）局应最大限度地简化审批程序，重实质、轻形式，尽力实现同一地区同一事项审批流程、标准、要求、报送资料、工作时限的统一。

4. 简并报送资料。按照法定、必需的原则，对应报送资料进行有效简并。可依据“大集中”系统采集纳税人相关涉税申请信息，凡在“大集中”系统为正常管理户的，可不再提供营业执照、税务登记证、经办人有效证件等复印件，逐步实现免填单功能，解决纳税人“多头跑”和“重复报”等问题。

5. 加大信息化管理力度。积极探索开展网上审批，纳税人通过大集中系统，可足不出户完成涉税申请事项，实时跟进了解审批进程、审批结果。通过系统数据共享，逐步实现审批“同城通办”。对审批每个工作环节进行限时设定和痕迹管理，及时提醒和纠正违规行为。

6. 规范文书使用。凡涉及涉税审批业务办理事项所需要使用的表证单书，按确定的格式、式样自行制作使用和管理。

（二）全面拓展前台业务，及时办理审批事项。

凡纳税人申请办理的各类涉税审批事项，一律到办税服务厅或政务服务中心地税窗口办理，实行“一窗式受理”。对资料齐全、内容完整、符合办理条件且属职责权限内的涉税审批事项，实行“一站式办结”。逐步实现后台管理职能前移。对于特殊情况，不能按规定时限办结的，须将延期的原因和延期期限告知纳税人，但不得超过法定期限。需要对申请材料的实质内容进行实地核实的，主管地税机关应当指派两名以上地税人员进行实地核查。

（三）明确审批法律责任，强化后续监督管理。

1、纳税人提交的申请和申报资料必须合法、真实。对提供虚假资料、采取欺骗手段通过涉税审批的，一经查实，将由批准地税机关集体审议后出具《税务行政审批事项撤销告知书》，并按有关法律、法规的规定进行相应处理。

2、各级地税机关必须建立健全行政审批后续监管制度。进一步完善纳税评估、事中检查、专项检查和事后稽查等监管措施。各主管地税机关要对当场办结的所有涉税审批事项进行及时的后续监管确认，严格防范管理空白与风险。

五、工作要求

（一）统一思想，提高认识。进一步深化行政审批制度改革，是《中共中央关于全面深化改革若干重大问题的决定》提出的明确要求，对于地税系统落实税收法定原则、规范依法行政、强化作风建设、效能建设等具有重要的指导意义和推动作用；对于群众路线教育实践活动、便民办税春风行动、优化纳税服务、保护纳税人合法权益具有积极意义。各级地税机关要利用多种形式组织干部职工认真学习相关文件精神，充分认识税务行政审批制度改革的重要性和必要性。

（二）加强领导，精心组织。为保证地税系统行政审批制度改革的稳步推进，省局成立税务行政审批改革领导小组,下设办公室。各级地税机关要成立相关机构,确保各项改革措施落实到位。

(三)强化沟通,增强合力。各级地税机关行政审批改革领导小组要定期召开会议,专题总结工作、研究问题,协调解决行政审批制度改革过程中存在的问题和矛盾。各部门、各单位要各负其责、通力协作,形成高效、便捷、顺畅的工作机制。

(四)明确岗责,加强培训。各单位要按照职责和权限划分,理顺工作机制,优化人员配置,确定相关人员的工作岗位和职责,以适应审批制度改革的要求,各单位要注重加强对人员的业务培训,使其熟练掌握税务行政审批相关业务知识,提高审批质量和水平。

(五)严格考核,压实责任。各级地税机关要进一步强化责任意识,按照执法责任制要求建立相应的责任追究制度,严格考核和责任追究。省局将把各级地税机关涉税行政审批制度改革贯彻落实情况,统筹纳入年终绩效考评及综合督查等工作。

附件:安徽省地方税务局行政审批事项公开目录(略)

安徽省地方税务局关于发布《安徽省地方税务系统税务行政复议和解调解办法(暂行)》的公告

2014年11月20日　2014年第3号

《安徽省地方税务系统税务行政复议和解调解办法(暂行)》已经审议通过,现予公布,自2015年1月1日起施行。

附件:文书式样(略)

安徽省地方税务系统税务行政复议和解调解办法(暂行)

第一条　为进一步规范税务行政复议和解、调解工作,提高税务行政复议案件办理效率和质量,保护税务行政复议申请人(以下简称申请人)的合法权益,推进纳税服务,监督和保障各级地税机关依法行使职权,根据《中华人民共和国行政复议法实施条例》、国家税务总局《税务行政复议规则》、《安徽省行政复议调解和解办法(试行)》规定,结合安徽省地税系统实际,制定本办法。

第二条　安徽省范围内申请人与被申请复议的地税机关(以下简称被申请人)协商开展税务行政复议和解,以及各级地税行政复议机关(以下简称复议机关)负责法制工作的机构(以下简称复议机构)对税务行政复议案件进行调解,适用本办法。

第三条　本办法所称和解,是指税务行政复议决定作出前,申请人与被申请人自行协商,达成和解协议,并经复议机构准许,从而解决行政争议的行政复议案件审理制度。

第四条　本办法所称调解，是指税务行政复议案件审理过程中，复议机构在查明事实的基础上，主持协调，引导争议各方交流沟通，就有关行政争议达成协议，从而解决行政争议的行政复议案件审理制度。

第五条　税务行政复议和解、调解的参加人为申请人、被申请人。与具体税务行政复议事项有利害关系的公民、法人和其他组织，可以作为第三人参加和解与调解。申请人、第三人可以委托代理人参加，但应当向复议机构提交授权委托书。并载明委托事项、权限、期限以及代理人可以参加和解、调解活动。被申请人应当由主要负责人或授权代理人员参加。

第六条　税务行政争议各方可以向复议机构提出和解或调解请求，复议机构也可以根据案件具体情况向争议各方提出和解或调解建议。

第七条　税务行政复议和解、调解应当遵循以下原则：

（一）自愿平等原则。申请人与被申请人应当自愿达成和解、调解协议。复议机构不得强迫各方当事人采取和解或调解方式，也不得强迫各方当事人接受调解结果。

（二）合法公正原则。税务行政复议和解、调解协议不得违反法律、法规、规章的禁止性规定，不得违背社会公德，不得损害国家利益、社会公共利益和他人合法权益。

（三）诚实信用原则。参加和解、调解的各方当事人应当诚实守信，自觉履行和解、调解协议。

（四）和解、调解优先原则。属于和解、调解范围的案件，复议机构应当先行调解、鼓励和解。

第八条　下列涉税行政复议案件，可以选择和解、调解的处理方式：

（一）涉及税务行政自由裁量权行使的；

（二）涉及行政赔偿、补偿争议的；

（三）涉及税务行政奖励争议的；

（四）涉及税务机关不履行法定职责的；

（五）涉及税务具体行政行为有瑕疵或不适当的；

（六）具体行政行为存在其他合理性问题的；

（七）涉及相关税法没有规定或者规定不明确，适用税法有困难或者争议的；

（八）其他可以和解或调解的涉税行政争议事项。

第九条　在税务行政复议和解、调解活动中，争议各方享有下列权利：

（一）自主决定同意、不同意或终止和解、调解；

（二）表达真实意愿，提出合理请求；

（三）要求调解人员回避；

（四）自愿达成和解、调解协议。

第十条　在税务行政复议和解、调解活动中，争议各方应履行下列义务：

（一）如实陈述案件事实，不得提供虚假证明材料；

（二）听从复议机构有关调解活动的安排；

（三）不得加剧纠纷、激化矛盾。

第十一条　和解按照以下程序进行：

（一）申请人或被申请人提出和解意愿并达成和解；

（二）申请人或被申请人向复议机构提交书面和解协议；

（三）复议机构决定是否准许和解并告知申请人、被申请人；

（四）被申请人制作《税务行政复议和解协议》。

《税务行政复议和解协议》应当载明复议请求、案件基本情况、达成和解具体内容，并由争议各方签字或盖章。

第十二条　因和解协议违反法律、法规、规章规定未获复议机构准许，复议机构应当继续依法办理复议案件。

第十三条　调解按照下列程序进行：

（一）征得申请人和被申请人同意；

（二）听取申请人和被申请人的意见；

（三）提出调解方案；

(四)达成调解协议；

(五)制作调解笔录，争议各方在调解笔录上签字或盖章；

(六)制作《税务行政复议调解书》。

《税务行政复议调解书》应当载明行政复议请求、案件基本情况、调解具体内容、结果，经双方当事人签字或盖章，并加盖复议机关印章或税务行政复议专用章。

第十四条　复议机构在调解活动中应当结合不同案件，探索采用灵活多样的调解方式，对重大、复杂、社会关注的行政复议案件，可以邀请有关专家或其他有利于促使达成调解协议的组织和个人参加调解活动。

第十五条　调解未达成协议或者《税务行政复议调解书》生效前一方反悔的，复议机关应当及时作出税务行政复议决定，不得以调解为由拖延办理案件。

第十六条　税务行政复议和解、调解应当在法定的行政复议审理期限内进行，和解、调解协议应当在税务行政复议案件审理期限届满前合理期限内作出，在上述期限内无法达成和解、调解协议的，税务行政复议机构应当及时报请税务行政复议机关作出决定。

第十七条　税务行政复议和解、调解协议发生法律效力之后，争议各方应当自觉履行。

申请人不履行或者无正当理由拖延履行调解协议的，被申请人可依法强制执行或者申请人民法院强制执行。

被申请人不履行或者无正当理由拖延履行调解调解协议的，复议机关应当责令其限期履行。

第十八条　复议机关在税务行政复议和解、调解过程中，对涉及申请人个人隐私或者商业秘密的，应当依法保密。

第十九条　复议机构应当按照规定将税务行政复议和解、调解的资料与复议案件一并立卷归档。

第二十条　本办法由安徽省地方税务局负责解释。

第二十一条　本办法自2015年1月1日起施行，暂行期限为2015年1月1日至2016年12月31日。

税政类

安徽省地方税务局关于进一步加强国际税收管理工作的意见

2014 年 1 月 16 日 皖地税发〔2014〕7 号

各市地方税务局，广德、宿松县地方税务局，省地方税务局直属局：

为贯彻全国税务系统加强国际税收管理工作会议精神，推动我省地税系统国际税收管理工作“一年上一个台阶、三年有一个明显变化”，不断开创国际税收管理工作新局面，现提出如下意见，请认真抓好落实。

一、推进地方税收反避税工作

各级地税机关要推动地方税收反避税工作从外资企业向内资企业，特别是“走出去”企业延伸；加大营业税和财产行为税转让定价调查力度，并实行跟踪管理；拓展“走出去”企业所得税转让定价、预约定价、成本分摊、受控外国企业管理、资本弱化和一般反避税等新措施；进一步做好金融、服务、房地产等第三产业以及关联股权、无形资产转让、融资交易等重点反避税领域案源的监控、甄选。

二、加强非居民税收管理

各基层分局尤其是大型企业较为集中的分局应切实履行好非居民税收管理职责，加强对一线地税人员非居民税收知识的普及力度；充分利用居民企业税收管理的流程和信息，发现非居民税源，加强税源监控，实现有效管理。各市地税局国际税收管理部门要按照非居民享受协定待遇规程要求，抓好对备案类和审批类的管理，确保非居民企业和个人及时准确享受税收协定待遇；加强对股息、利息、特许权使用费受益所有人身份的判定，防范非居民滥用税收协定享受税收优惠。

三、加强“走出去”税收管理

各级地税机关要摸清本地“走出去”企业底数并建立涉税信息档案，努力掌握居民企业及个人在境外拥有资产、开展经营及劳务活动的信息，夯实中国居民境外所得税收征管基础；落实受控外国企业管理制度，有效应对居民企业利用境外避税港逃避税行为；依据实际管理机构标准，加强境外企业认定为居民企业的所得税管理。

四、深化国际税收征管协作

各级地税机关要按照税收协定、情报交换协定规定的权利和义务，进一步做好税收情报交换工作，稳步推进专项和自动情报交换；建立税政、征管、稽查等部门的联动机制，增强情报请求与回复信息的针对性和实效性，充分发挥情报交换在税收征管和稽查工作中的作用。

五、优化跨境纳税服务

各级地税机关要按照扣缴非居民税额、境外投资额、纳税额等指标，建立全省非居民税源重点扣缴企业和“走出去”重点税源企业档案库，每年更新一次；定期走访纳入重点跨境税源档案库的企业，在非居民税收扣缴、境外投资等涉税事项上加强政策辅导，提供纳税服务；认真做好居民身份证明开具，利用税收协定规定的相互协商程序，积极协助我国居民企业和个人在境外享受应有的优惠待遇。

六、坚持国际税收协同管理

各级地税机关要深化与商务、国税、金融、外管、工商、公安、教育、文化、体育等部门的合作，拓展跨境税源信息采集渠道，形成跨境税源管理合力,不断提升国际税收协同管理水平。各级地税机关国际税收管理部门要加强与机关内部其他部门沟通协作,加强与上下级地税机关协作配合,及时传递、共享跨境涉税信息,确保政策口径统一规范、税源控管有效到位、税务管理协调有序。

七、加强跨境税源风险管理

各级地税机关国际税收管理部门要以统一推进征管信息系统风险管理为契机,积极研究跨境税源管理部分的风险管理流程、风险分析监控机制和风险应对策略,将跨境税源风险管理纳入征管信息风险管理平台,推动跨境税源信息管理的信息化、规范化和科学化。

八、强化国际税收管理组织保障

各级地税机关要认真履行省地税局《转发关于加强国际税收管理体系建设的意见》(皖地税〔2012〕48号)中规定的国际税收管理工作职责,合理配备国际税收管理人员,加大国际税收专业人才培养力度,努力建立一支满足新形势下国际税收管理工作需要的人才队伍。

各级地税机关要根据自身的情况确定国际税收管理工作的提升目标。跨境税源相对集中,国际税收管理工作基础较好的地方,要认真总结以往工作的经验,不断提升工作水平,争取取得更大成绩;国际税收管理工作相对薄弱的地方,要利用国际税收管理重要个案,加强实战锻炼,实现新的突破。各市地税机关要认真总结本区域加强国际税收管理工作情况,对照本意见提出的主要工作任务,逐条进行梳理总结,于每年7月10日和1月10日前向省地税局(国际税收管理处)单独报送加强国际税收管理工作情况报告。

安徽省地方税务局关于房产税和城镇土地使用税明细申报事项的公告

2014年1月17日　2014年第1号

为加强房产税、城镇土地使用税征收管理,自2014年2月1日起,在全省范围内实施房产税、城镇土地使用税明细申报,现将有关事项明确如下:

一、实施范围

在地方税务机关办理房产、土地明细登记的纳税人应当按照主管地税机关规定的纳税期限,办理房产税、城镇土地使用税明细申报。

二、申报办法

1. 通过电子税务局办理纳税申报的纳税人,应登录电子税务局,通过房产税、城镇土地使用税申报模块办理明细申报。

2. 不通过电子税务局办理纳税申报的纳税人,应填写纸质纳税申报表(申报表样式及填写示例附后),向主管地税机关办理纳税申报。

特此公告。

附件1:房产税明细申报表(示例)(略)

附件2:城镇土地使用税明细申报表(略)

安徽省地方税务局关于印发《安徽省地方税务局简化小型微利企业所得税优惠管理暂行办法》的通知

2014 年 6 月 17 日　皖地税发〔2014〕42 号

各市地方税务局，广德、宿松县地方税务局，省地方税务局稽查局、直属局：

现将《安徽省地方税务局简化小型微利企业所得税优惠管理暂行办法》印发给你们，请遵照执行。执行中发现问题，请及时报告省地税局（所得税处）。

安徽省地方税务局简化小型微利企业所得税优惠管理暂行办法

第一条　为落实小型微利企业税收优惠政策，简化小型微利企业税收优惠备案工作，根据《中华人民共和国企业所得税法》及其实施条例、《中华人民共和国税收征收管理法》及其实施细则、《财政部　国家税务总局关于小型微利企业所得税优惠政策有关问题的通知》（财税〔2014〕34 号）和《国家税务总局关于扩大小型微利企业减半征收企业所得税范围有关问题的公告》（国家税务总局公告 2014 年第 23 号）等有关规定，结合我省企业所得税管理工作实际情况，制定本办法。

第二条　本办法所指的小型微利企业，是指从事国家非限制和禁止行业，并符合下列条件之一的企业：

（一）工业企业，年应纳税所得额不超过 30 万元，从业人数不超过 100 人，资产总额不超过 3000 万元；

（二）其他企业，年应纳税所得额不超过 30 万元，从业人数不超过 80 人，资产总额不超过 1000 万元。

第三条　小型微利企业享受下列税收优惠政策：

（一）年应纳税所得额不超过 30 万元，减按 20% 税率缴纳企业所得税（以下简称减低税率政策）；

（二）对年应纳税所得额低于 10 万元（含 10 万元），其所得减按 50% 计入应纳税所得额，按 20% 税率缴纳企业所得税（以下简称减半征税政策）。

第四条　年应纳税所得额，是指企业每一纳税年度收入总额，减除不征税收入、免税收入、各项扣除以及允许弥补以前年度亏损后的余额。

第五条　从业人数，是指一个纳税年度内，与企业建立劳动关系的职工人数（签订劳动合同）和企业接受劳务派遣用工（签订劳务派遣合同）人数之和，按照企业年初和年末的从业人员数平均计算确定。

第六条　资产总额，按照上年度资产负债表中的年初、年末资产总额平均值计算确定。

第七条 工业和其他行业并存的混合型企业,按照核发的企业工商营业执照的主营业务确定。

第八条 国家禁止和限制行业,按照国家《产业结构调整指导目录(2013年版)》(发改委第21号令)执行。国家以后有新规定颁布,按照新规定执行。

第九条 符合条件的小型微利企业,在预缴和年度汇算清缴企业所得税时,可以按照规定自行享受小型微利企业所得税优惠政策,无需经地税机关审核批准,主管地税机关也不再对小型微利企业进行认定。

企业在月(季)度预缴时,满足小型微利企业优惠条件的企业,可直接申报填写减免税,不需另报任何资料。在每年企业所得税汇算清缴时,小型微利企业需在年度纳税申报表中如实填写企业从业人员和资产总额情况,均视同已向主管地税机关报送了备案资料,无需再报送税收优惠备案申请表。

第十条 小型微利企业预缴企业所得税时,按以下规定执行:

(一)实行查账征收的小型微利企业,上一纳税年度符合小型微利企业条件,本年度采取按实际利润额预缴企业所得税款,预缴时累计实际利润额不超过10万元(含10万元)的,可以享受小型微利企业减半征税政策;超过10万元而未超30万元的,可以享受小型微利企业减低税率政策;实际利润额已超过30万元的,停止享受小型微利企业税收优惠政策。本年度采取按上年度应纳税所得额的季度(或月份)平均额预缴企业所得税的,可以继续按照原平均额进行预缴,享受小型微利企业优惠政策。

(二)实行定率或定额征收企业所得税的核定征收小型微利企业,上一纳税年度符合小型微利企业条件,本年度可以享受相应的税收优惠政策。实行定率征收的小型微利企业,年度应纳税所得额低于10万元(含10万元)的,享受小型微利企业减半征税政策;超过10万元而未超30万元的,可以享受小型微利企业减低税率政策。实行定额征收的小型微利企业,由主管地税机关根据《财政部 国家税务总局关于小型微利企业所得税优惠政策有关问题的通知》(财税〔2014〕34号)规定,直接给予核减税额。

(三)本年度新办的小型微利企业,在预缴企业所得税时,凡累计实际利润额或应纳税所得额不超过10万元(含10万元)的,可以享受减半征收优惠政策;超过10万不超过30万元的,可以享受减低税率优惠政策。

(四)《财政部 国家税务总局关于小型微利企业所得税优惠政策有关问题的通知》(财税〔2014〕34号)文件发布以后,符合条件而未享受减半征税政策的小型微利企业第一季度多预缴的企业所得税,可以在以后季(月)度应预缴的税款中抵减。

第十一条 符合条件的小型微利企业,在年度中间可以自行享受优惠政策。年度中间开业或者终止经营活动的,以其实际经营期作为一个纳税年度确定。

第十二条 小型微利企业符合享受优惠政策条件,但预缴时未享受的,在年度汇算清缴时统一计算享受。小型微利企业在预缴时享受了优惠政策,但年度汇算清缴时超过小型微利企业从业人数、资产总额和年应纳税所得额标准的,应按规定补缴税款。

第十三条 小型微利企业同时又是高新技术企业时,企业可以选择享受小型微利企业税收优惠政策或者高新技术企业税收优惠政策。除此之外,小型微利企业还符合企业所得税法及其实施条例中规定的其他各项税收优惠条件的,可以同时叠加享受。

第十四条 符合条件的小型微利企业,其二级分支机构不就地分摊缴纳企业所得税。

第十五条 非居民企业不适用小型微利企业的税收优惠政策。

第十六条 主管地税机关对享受小型微利企业税收优惠的纳税人,应建立健全管理台账,详细登记享受小型微利企业税收优惠政策的户数、占比、减免税额等基本情况,及时开展税收优惠政策的效应评估。

第十七条　全省各级地税机关每年要对本辖区落实小型微利企业优惠政策情况进行检查，原则上检查抽样数量不得低于本辖区小型微利企业总数的2%。

第十八条　本暂行办法由安徽省地方税务局负责解释。

第十九条　本暂行办法自发文之日起实施。省地税局《关于印发〈安徽省地方税务局小型微利企业认定管理暂行办法〉的通知》（皖地税函〔2012〕392号）同时废止。

安徽省地方税务局　安徽省国土资源厅
关于在全省范围内推广以地控税以税节地工作的通知

2014年11月4日　皖地税发〔2014〕90号

各市、县地方税务局、国土资源局，省地方税务局直属局：

根据国家税务总局、国土资源部的工作部署，2013年下半年以来，我省在合肥、宣城两市开展了“以地控税、以税节地”试点工作。目前，试点工作已顺利完成，取得了明显成效。经研究，决定自2014年第四季度起在全省范围内推广“以地控税、以税节地”工作，现就有关事项通知如下。

一、加强领导，精心组织

地税部门和国土资源部门联合开展“以地控税、以税节地”工作，是堵塞税收征管漏洞，促进土地节约集约利用的有效途径，也是部门间相互借鉴利用工作成果的有益探索。各级地税部门和国土资源部门要高度重视，成立联合领导小组，抽调专人成立工作机构，切实加强领导，认真组织实施，共同做好推广工作。

二、相互支持，密切配合

各级地税部门和国土资源部门要加强沟通，建立工作协作机制，实行信息共享，强化工作合力。要加强保密工作，采取切实措施保证涉密信息及用地单位和个人信息安全。地税部门要及时将税收征管和稽查中发现的纳税人未批先占、私改用途等违法用地信息及其他土地管理所需的涉税信息提供给国土资源部门。国土资源部门要及时将本地最新的土地调查信息和土地登记信息提供给地税部门。

三、认真实施，按时完成

请各单位结合本地实际，比照试点工作要求（参见附件），制定工作计划，开展推广工作。地税部门要充分利用税收征管系统中的“以地控税、以税节地”管理功能，认真开展信息比对，核查和处理差异信息。国土资源部门要根据地税部门提供的违法用地信息，认真分析土地管理存在的问题，加强研究，进一步完善土地管理相关工作。各地要力争在年底前完成推广工作，并上报工作总结。

附件：安徽省地方税务局安徽省国土资源厅转发国家税务总局国土资源部关于深化部门配合联合开展以地控税以税节地试点工作的通知的通知（略）

安徽省地方税务局关于使用资源税纳税申报表的通知

2014年12月31日　皖地税函〔2014〕738号

各市、县地方税务局:

为适应资源税从价计征改革的需要,现将使用《资源税纳税申报表》有关事项通知如下:

自2015年1月1日起,我省纳税人在申报缴纳所属期为2014年12月1日后的原油、天然气、煤炭矿产品资源税时,须使用《资源税纳税申报表》(见附件);在申报缴纳其他矿产品资源税时,仍使用我省现行的《地方各税(基金、费)综合申报表》。

附件:资源税纳税申报表(略)

基金(费)类

安徽省人力资源和社会保障厅　安徽省财政厅 安徽省经济和信息化委员会　安徽省地方税务局 关于延续执行皖政〔2013〕5号文件有关政策的通知

2014年3月18日　皖人社发〔2014〕11号

各市、县(市、区)人力资源社会保障局、财政局、经信委、地方税务局：

为促进全省经济持续健康较快发展，根据全省经济工作暨城镇化工作会议要求，经省政府同意，现就皖政〔2013〕5号文件涉及人力资源社会保障有关政策延续执行问题通知如下：

一、关于政策延续执行时限

《安徽省人民政府关于促进经济持续健康较快发展的意见》(皖政〔2013〕5号)中第4、5条政策延续到2017年底，并将根据经济形势变化和国家新的政策要求进行调整完善。

各地要按照皖政〔2013〕5号文件精神，在确保各项社会保险待遇按时足额支付、基金不出现缺口的前提下，积极落实各项政策。社会保险费缓缴到期后，要督促重点帮扶企业按协议约定将缓缴资金及时足额补缴到位。未补缴到位的，不得再申请享受缓补政策。

二、关于重点帮扶企业核定工作

建立重点帮扶企业动态调整机制，按照下列条件实行一年一核，即：生产经营正常但面临暂时性困难且恢复有望的；已制定稳定就业岗位措施且没有裁员或少裁员(少裁员标准按裁员不超过职工总数10%掌握)；生产经营活动符合国家及所在区域产业和环保政策(不包括国家限制的行业与企业)；依法参加社会保险并履行缴费义务的。具体认定工作由经信委会同人社、财政、地税等部门负责。

三、关于实施普惠制的岗位补贴政策

1. 统筹地区实施条件：市级统筹地区2013年末失业保险基金滚存结余能够保证当地6个月失业人员失业保险金、医疗补助金等基本生活保障支出的，可以实施岗位补贴政策。

2. 享受对象：参加失业保险并承诺一年内不实施规模性裁员的企业。

3. 补贴标准和发放方式：按照企业前三年度年均缴费额的一定比例(由市级统筹地区根据本地区基金结余情况和享受补贴企业数量自行确定)确定补贴金额，一次性发放。原则上，各市每年用于岗位补贴金额不超过当年征收失业保险费的30%。

4. 已经按照省人社厅、省财政厅皖人社秘〔2012〕114号文件出台扩大失业保险基金支出范围政策的统筹地区内符合条件的企业，可在皖人社秘〔2012〕114号文件规定的预防失业岗位补贴与本通知规定的岗位补贴间择一申请，不重复享受。

各地应按照省人社厅皖人社秘〔2013〕256号确定的原则，建立享受岗位补贴企业违反不裁员承诺时补贴资金追回机制，确保政策实施效果。

各地要高度重视皖政〔2013〕5号文件政策延续执行工作，加大政策宣传力度，紧密结合党的群众路线教育实践活动，认真组织实施，及时将本地区政策落实情况进行汇总分析，并于每季度结束后10日内分别向省人社厅、省财政厅、省经信委、省地税局书面报告进展情况。

安徽省地方税务局
关于进一步加强社会保险费费源管理的通知

2014年8月18日　皖地税函〔2014〕445号

各市地方税务局,广德、宿松县地方税务局,省地方税务局直属局:

为适应社会保险费征管工作发展的需要,结合各地过去的实践,现就社会保险费费源管理的有关事项通知如下:

一、费源管理是社会保险费征管工作的基础,准确地掌握费源状况,有利于科学合理地编制社会保险费预算,提高征收工作水平。

二、对凡在地税部门缴纳社会保险费的用人单位,应按其缴费能力确定为不同缴费类别,并按不同的类别实施不同的管理。

三、根据缴费单位的缴费能力,分为A、B、C三类。缴费单位缴费能力主要依据缴费单位的生产经营状况确定。A类为有缴费能力单位;B类为有部分缴费能力单位;C类为无缴费能力单位。

四、了解核实缴费单位的生产经营状况、工资发放、社会保险费申报缴纳等情况,进行缴费单位类别的认定。类别的认定应设定相应的认定程序,建立类别认定档案。要积极创造条件,密切部门配合,共同认定C类标准的缴费单位。

五、对照A、B、C分类标准,掌握费源的情况变化,对缴费单位类别进行动态调整。

六、在社会保险费收入预算编制中,要运用掌握的费源分布、结构情况,并考虑经济发展趋势,以及政策变化等因素。要分析收入预算编制方法与费源分类管理情况的差异,对收入预算提出意见。

七、加强社会保险费收入预算执行情况与费源分布关联分析。分析要坚持定量为主,做到及时、准确。通过分析,把握社会保险费收入预算管理的发展动态。

八、依据认定的缴费类别,要对缴费单位确定相应的征收管理方式,实行分类管理,提升社会保险费征管工作效率。

各地要结合实际,制定具体的措施,切实加强社会保险费费源管理。

安徽省财政厅　安徽省人力资源和社会保障厅　安徽省卫生和计划生育委员会　安徽省地方税务局关于编制2015年社会保险基金预算的通知

2014年10月15日　财社〔2014〕1503号

各市、县(区)财政局、人力资源和社会保障局、卫生计生委(局)、地方税务局:

现将《财政部　人力资源社会保障部　国家卫生计生委关于编报2015年社会保险基金预算的通知》(财社〔2014〕115号)转发给你们,请遵照执行。为确保2015年社会保险基金预算管理工作顺利开展,结合我省实际,现提出如下要求:

一、强化责任意识,高度重视预算编撰管理

各级财政、人力资源社会保障、卫生计生、地税部门要进一步贯彻落实党的十八大和十八届三中全会精神,增强社保基金预算管理的责任感、紧迫感、坚持"统筹兼顾、收支平衡"总体原则,根据省内外经济形势发展变化,综合分析影响全省经济发展和社保基金收支运行的各种因素,按照全省社会保险基金预算编制手册口径要求,示范社会保险基金预算编制方法,提高社会保险基金编算编制的科学性和准确性,促进社会保险制度可持续发展。

二、提升编制水平,科学调整基金预算

各级财政、人力资源社会保障、卫生计生和地税部门要严格按照国家和《安徽省社会保障基金预算管理暂行办法》(财社〔2014〕1292号)相关规定,根据2014年度省里出台的《关于延续执行皖政〔2014〕5号文件有关政策的通知》(皖人社发〔2014〕11号)、《关于职业培训职业介绍补贴使用管理的补充通知》(皖人社秘〔2014〕32号)、《新型农村合作医疗与城镇居民大病保险实施办法》(民生办〔2014〕1号)等文件要求,结合预算实际执行情况,及时对2014年度预算进行调整,并按规定程序上报。

三、强化部门配合,形成预算编制合力

各级财政、人力资源社会保障、卫生计生和地税部门要密切配合,各司其职,加强沟通,完善财政牵头、部门配合、上下互动机制,共同促进预算编制工作顺利开展。要本着"谁经办谁编制"的原则,按统筹层次逐级编报汇总,各项社会保险基金预算草案分别由统筹地区人力资源社会保障部门、卫生计生部门所属经办机构编制相应的基金预算草案,其中,社会保险基金收入预算草案分别由社会保险经办机构会同地税部门编制;同级人力资源社会保障、卫生主生部门审核汇总,财政部门审核后,由财政、人力资源社会保障、卫生计生、地税门门联合报本级人民政府审批,并将本级政府审批后的社会保险基金预算报上一级财政、人力资源社会保障、卫生计生和地税部门。各市社会保险基金预算草案经省级初审后分别上报财政部、人力资源社会保障部、卫生计生委审核,经审核确认的社会保险基金预算报省人民政府审定后,批复各市并由各级按照有关要求分别向同级人大报告。

四、加强科学预测,提升预算编制水平

各地要充分考虑社会保险政策变化因素,结合2014年基金预算执行情况,综合分析经济发展和各种可能影响社会保险基金收支的因素,考虑2015年预计新增就业人数、参保人数、社平工资、待遇水平增长率等指标,统筹编制2015年社保基金预算,科学合理确定社保基金收入和支出数据,确保2015年社会保险基金预算编制的科学性和准确性。

五、认真组织实施,及时完整报送预算

2015年基金预算编制时间紧、任务重、各级财政、人力资源社会保障、卫生计生和地税部门要早着手、早布置、早落实,尽快完成本市所属县(区、市)预算编制人员的培训和预算布置工作,认真组织实施预算编制工作。2014年10月31日前,各市财政部门、人力资源社会保障、卫生计生、地税部门将全市社会保险基金一上预算草案全套报表数据(网络版数据和文本)分别报送省财政厅、人力资源社会保障厅、卫生计生委和地税局。省人力资源社会保障、卫生计生部门经办机构对各市预算草案进行初审后,于11月7日前将初审情况上报省财政、人力资源社会保障、卫生计生、地税主管部门,由四部门组织联合汇审小组对预算数据进行集中汇审。11月17日前,各市通过网络版上报二上数据。下级社会保险经办机构按上述内容时间分别报送上级社会保险经办机构。12月20日前,各市财政、人力资源社会保障、卫生计生、地税部门须将经政府批准盖章后的全市社会保险基金预算和预算说明书一式一份(A4级型)以及电子数据、文档分别报送省财政厅、人力资源社会保障厅、卫生计生委和地税局,下级社会保险经办机构按上述内容,同期分别报送上级社会保险经办机构。

各市、县(区、市)在2015年度社保基金预算报表的编制和报送过程中,如发现问题请及时与省财政厅社会保障处、省人力资源保障厅规划财务处、省卫生计生委新农合办和省地税局基金征管处联系,软件问题请与用友公司联系(预算软件网络版财政内网登陆地址:http://10.4.200.57;人社金保专网登陆地址:http://10.88.8.32:8001;预算软件单机版下载地址:http://www.ufgov.com.cn)。

联系人:财政厅社会保障处

王　振　0551-65100590

方　芳　0551-65195149

梁继鸿　0551-65100589

省人社厅规划财务处

傅诗传　0551-62663211

王时君　0551-62663822

省卫生计生委新农合办

樊晓明　0551-62242950

沈　宏　0551-62242949

省地税局基金征管处

张德霞　0551-65100831

用友公司技术支持

孙　涛　18655116817

桂　楠　13349189721

附件1:财政部人力资源社会保障部　国家卫生计生委关于编报2015年社会保险基金预算的通知(略)

附件2:二〇一五年社会保险基金预算报表(略)

附件3:二〇一五年社会保险基金预算强调编报说明(略)

安徽省财政厅　安徽省地方税务局转发财政部　国家税务总局关于对小微企业免征有关政府性基金的通知

2014 年 12 月 31 日　财综〔2014〕2363 号

各市、县(区)财政局、地方税务局：

为进一步加大对小微企业的扶持力度，现将《财政部　国家税务总局关于对小微企业免征有关政府性基金的通知》(财税〔2014〕122号)转发给你们，并提出以下要求，请一并贯彻执行。

一、各级财政局、地方税务局及有关部门要及时主动向社会公布对小微企业免征有关政府性基金优惠政策，确保符合条件的小微企业享受政府性基金优惠政策。

二、各级财政局、地方税务局要加强监督检查，确保政策落实到位。对不按规定落实本通知对小微企业免征有关政府性基金政策的部门和单位，要按规定给予处罚，并追究责任人员的行政责任。

财政部　国家税务总局关于对小微企业免征有关政府性基金的通知

2014 年 12 月 23 日　财税〔2014〕122 号

各省、自治区、直辖市、计划单列市人民政府，中宣部、教育部、水利部、中国残联：

为进一步加大对小微企业的扶持力度，经国务院批准，现将免征小微企业有关政府性基金问题通知如下：

一、自 2015 年 1 月 1 日起至 2017 年 12 月 31 日，对按月纳税的月销售额或营业额不超过 3 万元(含 3 万元)，以及按季纳税的季度销售额或营业额不超过 9 万元(含 9 万元)的缴纳义务人，免征教育费附加、地方教育附加、水利建设基金、文化事业建设费。

二、自工商登记注册之日起 3 年内，对安排残疾人就业未达到规定比例、在职职工总数 20 人以下(含 20 人)的小微企业，免征残疾人就业保障金。

三、免征上述政府性基金后，有关部门依法履行职能和事业发展所需经费，由同级财政预算予以统筹安排。

收入规划类

安徽省地方税务局关于印发《安徽省地方税务系统税款缴库退库实施办法》的通知

2014年8月22日　皖地税发〔2014〕60号

各市、县地方税务局,省地方税务局直属局:

为贯彻落实国家税务总局《税款缴库退库工作规程》(国家税务总局2014年第31号令),规范税款缴库、退库管理,保障国家税收资金的安全完整,省地税局制定了《安徽省地方税务系统税款缴库退库实施办法》,现印发给你们,请遵照执行。

附件:《安徽省地方税务系统税款缴库退库实施办法》解读(略)

安徽省地方税务系统税款缴库退库实施办法

第一章　总　　则

第一条　为规范税款缴库及退库管理,保障国家税收收入的安全完整,维护纳税人合法权益,适应税收信息化发展需要,根据《中华人民共和国税收征收管理法》、《中华人民共和国预算法》、《中华人民共和国国家金库条例》、《税款缴库退库工作规程》等法律、法规和规章,结合安徽省地方税务系统工作实际,制定本办法。

第二条　安徽省各级地方税务机关(以下简称地税机关)、纳税人、扣缴义务人、代征代售人办理税款缴库和退库业务,适用本办法。

第三条　本办法所称税款缴库是指地税机关、扣缴义务人、代征代售人、自行填开税收票证的纳税人依照法律法规或者代征税款协议,开具法定税收票证,将征收的税款、滞纳金、罚没款等各项收入(以下统称税款)缴入国家金库(以下简称国库),以及纳税人直接通过银行将应缴纳的税款缴入国库;税款退库是指地税机关对经财政部门授权办理的税收收入退库业务,依照法律法规,开具法定税收票证,通过国库向纳税人退还应退税款。

地税机关按照国家政策规定和预算管理要求,对税款预算科目、预算级次、收款国库等通过国库进行调整的税款调库业务,适用本办法。

第四条　税款缴库、退库应当遵循依法、规范、安全、效率、简便的原则。

第五条　税款缴库、退库按办理凭证的不同分为手工缴库、退库和电子缴库、退库。

第六条　地税系统积极推广应用以横向联网电子缴税系统为依托的税款电子缴库、退库工作。

地税机关应当加强与国库、银行等部门间的协作,保持税收征管系统与横向联网电子缴税系统稳定,确保电子缴库、退库信息安全、完整和不可篡改,保证电子缴库、退库税款准确。

第七条　地税机关应当按照国家规定的税

收征收管理范围和税款预算科目、预算级次办理税款缴库、退库。

第八条 地税机关应当将征收的税款按照国家规定直接缴入国库，不得缴入在国库以外或者国家规定的税款账户以外的任何账户。

任何地税机关不得占压、挪用和截留税款。

第九条 地税机关应当加强税款缴库、退库管理，建立部门、岗位配合和制约机制。

第十条 各级地税机关收入核算部门根据本级职责范围，负责制定税款缴库、退库管理制度，办理税款缴库、退库相关业务，反映税款缴库、退库结果，监督税款缴库、退库的规范性、准确性和及时性。

第二章 税款缴库

第十一条 《税收缴款书（银行经收专用）》和《税收电子缴款书》是税款缴库的法定凭证。

第十二条 地税机关、扣缴义务人、代征代售人、自行填开税收票证的纳税人开具税款缴库凭证，应当对开具内容与开具依据进行核对。

核对内容包括登记注册类型、缴款单位（人）识别号、缴款单位（人）名称、开户银行、账号、地税机关、收款国库、预算科目编码、预算科目名称、预算级次、品目名称、税款限缴日期、实缴金额等。

开具依据包括纳税申报表、代扣代收税款报告表、延期缴纳税款申请审批表、税务事项通知书、税务处理决定书、税务行政处罚决定书、税务行政复议决定书、生效的法院判决书、审计决定书、财政监督检查处理书以及其他记载税款缴库凭证内容的纸质资料或电子信息。

第十三条 地税机关、纳税人、扣缴义务人、代征代售人等向银行传递《税收缴款书（银行经收专用）》，由银行据以收纳报解税款后缴入国库的缴库方式为手工缴库。

地税机关将记录纳税人、扣缴义务人、代征代售人应缴税款信息的《税收电子缴款书》通过横向联网电子缴税系统发送给国库，国库转发给银行，银行据以收纳报解税款后缴入国库的缴库方式为电子缴库。

第十四条 手工缴库包括直接缴库和汇总缴库两种形式。

直接缴库的，由纳税人持《税收缴款书（银行经收专用）》，直接到银行缴纳税款，银行据以收纳报解税款后缴入国库。

汇总缴库分为地税机关汇总缴库和扣缴义务人、代征代售人汇总缴库：

（一）地税机关汇总缴库的，由纳税人、扣缴义务人、代征代售人向地税机关缴纳或者解缴税款，地税机关根据所收税款，汇总开具《税收缴款书（银行经收专用）》，向银行解缴，银行据以收纳报解税款后缴入国库，应预缴库的税务代保管资金和待缴库税款，按纳税人分别开具《税收缴款书（银行经收专用）》；

（二）扣缴义务人、代征代售人汇总缴库的，由纳税人向扣缴义务人、代征代售人缴纳税款，扣缴义务人、代征代售人根据所扣、所收税款，汇总开具《税收缴款书（银行经收专用）》，向银行解缴，银行据以收纳报解税款后缴入国库。

第十五条 直接缴库时，纳税人应当在税款缴库凭证载明的税款限缴日期内，到银行办理税款的缴纳；超过税款限缴日期的，由地税机关计算纳税人应缴滞纳金，开具税款缴库凭证，纳税人到银行办理税款和滞纳金的缴纳。

地税机关汇总缴库时，应当于收取税款的当日或次日向银行办理税款解缴；当地未设国库经收处以及地区偏远无法及时办理的，应当按限期、限额的规定向银行办理税款解缴。扣缴义务人、代征代售人汇总缴库时，应当在到地税机关办理税收票款结报缴销前向银行办理税款解缴；解缴迟延的，参照上款规定，办理滞纳金、违约金的缴纳。

当地设有国库经收处的，地税机关应当积极引导代征代售人按日办理税款解缴入库。

第十六条 电子缴库包括划缴入库和自缴入库两种形式。

划缴入库的，由地税机关将纳税人、扣缴义务人、代征代售人应缴库税款的信息，通过横向联网电子缴税系统发送给国库,国库转发给纳税人、扣缴义务人、代征代售人签订授权(委托)划缴协议的开户银行,开户银行从签约指定账户将款项划至国库。

自缴入库的,由纳税人、扣缴义务人、代征代售人通过银行、POS 机或经相关部门认定的可以缴税的其他电子缴税终端,经横向联网电子缴税系统向地税机关查询其应缴税款信息并予以确认,银行、POS 机或其他电子缴税终端的布设机构办理税款实时入库。

条件具备时,地税机关可以通过电子缴库方式,办理税务代保管资金和待缴库税款的缴库。

第十七条　采用划缴入库形式缴库时,地税机关可以将应缴税款信息分户发送至横向联网电子缴税系统办理税款实时划缴入库,也可以将多户应缴税款信息批量发送横向联网电子缴税系统办理税款定时划缴入库。

第十八条　授权(委托)划缴协议是纳税人、扣缴义务人、代征代售人等缴款人准予其指定账户的开户银行根据地税机关发送的应缴税信息,从该指定账户中扣划税款缴库的书面约定。协议的基本要素应当包括协议编号、签约各方名称、签约方地址、缴款人税务登记号、划缴税款账户名称及账号、缴款人开户银行行号、清算行行号及名称、签约日期,签约各方的权利和义务等。

第十九条　由于横向联网电子缴税系统故障等非纳税人、扣缴义务人、代征代售人原因造成税款缴库不成功的,对纳税人、扣缴义务人不予加征滞纳金,对代征代售人不予加征违约金。

第二十条　纳税人从异地或第三方账户缴纳的不能直接缴库的非现金税款,由直接负责税款征收的县及县以上地税机关通过国库“待缴库税款”专户收缴,并在收到国库发送的收账回单的当日或次日,核对收账回单、纳税申报表、税务处理决定书等凭证,分纳税人填开缴库凭证,将税款解缴入库。

“待缴库税款”专户收缴税款时,应当区分以下情况办理:

(一)通过国内汇款方式缴纳税款的,地税机关应当通知纳税人或其他汇款人将税款直接汇入国库“待缴库税款”专户;

(二)通过国外汇款方式缴纳税款的,地税机关应当通知纳税人或其他汇款人将税款汇入国库商地税、财政部门选定的具备结汇资格的银行,指定银行按照当日外汇买入价办理结汇并将税款划转“待缴库税款”专户。

应予缴库的待缴库税款,应按纳税人分别开具《税收缴款书(银行经收专用)》。

第二十一条　税务代保管资金账户资金的孳生利息,地税机关年终填制从财政部门领取的一般缴款书,将利息余额以“其他利息收入”科目一次性全部缴入同级地方国库。

税务代保管资金账户中经确认属于税款的资金,地税机关应于确认之日起 3 日内按纳税人分别开具《税收缴款书(银行经收专用)》,将税款解缴入库。

第三章　税款退库

第二十二条　《税收收入退还书》、《税收收入电子退还书》是税款退库的法定凭证。

地税机关向国库传递《税收收入退还书》,由国库据以办理税款退还的方式为手工退库。

地税机关通过横向联网电子缴税系统将记录应退税款信息的《税收收入电子退还书》发送给国库,国库据以办理税款退还的方式为电子退库。

第二十三条　县及县以上地税机关业务主管部门或具有相应职能的主管地税机关负责退税审批(认定)工作;县及县以上地

税机关收入规划核算部门具体办理税款退库工作。

第二十四条　地税机关办理税款退库应当直接退还纳税人。

纳税人经由扣缴义务人代扣代收的税款发生多缴的,经纳税人同意,地税机关可以将税款退还扣缴义务人,由扣缴义务人转退纳税人。国家政策明确规定税款退给非原纳税人的,以及其他符合法定程序,具有合法有效证明,可以退给非原纳税人的，地税机关应当向非原纳税人退还，退库办理程序参照本章规定执行。

第二十五条 地税机关直接向纳税人退还税款的，应当由纳税人填写退税申请。地税机关通过扣缴义务人向纳税人退还税款的，可以由扣缴义务人填写退税申请。

第二十六条 地税机关应当在法定期限内办理税款退库。

地税机关发现纳税人多缴税款的，应当立即核实应退税额、账户等相关情况，通知纳税人或扣缴义务人提交退税申请。自接到纳税人或扣缴义务人退税申请之日起10日内办理退库手续。

纳税人发现多缴税款要求退还的，地税机关应当自接到纳税人或扣缴义务人退税申请之日起30日内查实并办理退库手续。

第二十七条 纳税人既有应退税款又有欠缴税款的，退税审批(认定)部门应当予以核实，核实无误的可以将纳税人的应退税款和利息先抵扣欠缴的税款；抵扣后有余额的，由退库办理部门办理应退余额的退库。

第二十八条 退库办理部门应当根据退税审批(认定)部门审批(认定)后的退税申请相关资料和纳税人欠税情况，复核退税原因、退税依据、原完税情况、预算科目、预算级次、征收品目、退税金额、退税收款账户、退税类型等退库凭证项目内容，以及相关签字、章戳是否齐备，电子信息与纸质信息是否一致。复核无误的，正确适用预算科目、预算级次，开具税款退库凭证。退税申请相关资料不齐全、相关项目内容不准确的，不得开具退库凭证办理退库；应予抵扣欠税的，办理税款抵扣手续。

退税申请相关资料包括：签有退税审批(认定)部门意见的退税申请书、原完税凭证、减免税审批文书、纳税申报表、税务稽查结论、税务处理决定书、纳税评估文书、税务行政复议决定书、生效的法院判决书、地税机关认可的其他记载应退税款内容的资料或电子信息。

退库办理部门发现退税申请相关资料不齐全、相关项目内容不准确等问题的，应退回退税审批(认定)部门。税收征管系统中可以查询到纳税申报表、税款缴库等电子信息的，可以不再通过书面资料复核。

第二十九条 手工退库的，《税收收入退还书》应当经地税机关主要负责人签发并加盖在国库预留的退税专用印鉴，连同退税申请书，由地税机关送国库办理退库手续；电子退库的，《税收收入电子退还书》应当经地税机关复核人员复核授权，连同相关电子文件，由地税机关向国库发送办理退库手续。

《税收收入退还书》开具人员和退库专用国库预留印鉴保管人员必须分开。

第三十条 地税机关直接向纳税人退还税款时，应当将税款退至纳税人原缴款账户。地税机关通过扣缴义务人向纳税人退还税款的，应当将税款退至扣缴义务人原缴款账户。

由于特殊情况不能退至纳税人、扣缴义务人原缴款账户的，纳税人、扣缴义务人在申请退税时应当书面说明理由，提交相关证明资料，并指定接受退税的其他账户及接受退税单位(人)名称。

第三十一条 地税机关对未开设银行账户的纳税人，确需以现金方式退税的，应当在《税收收入退还书》备注栏注明"退付现金"字样，连同退税申请审批书、原缴库凭证或完税凭证复印件、纳税人有效身份证号码，送当地国库办理退库手续，同时通知纳税人到指定银行领取退还税款。

第三十二条 境外纳税人以外币兑换人民币缴纳的税款需要退库的，地税机关应当在《税收收入退还书》上加盖"可退付外币"戳记，并根据纳税人缴纳的外汇税款币种注明退付的外币币种，送交国库，通过指定银行退付至境外纳税人账户。

第三十三条 根据《中华人民共和国税收征收管理法》及其实施细则的规定，应当向纳税人退付利息的，按照地税机关办理退税手续当天中国人民银行规定的活期存款利率计算利息。

办理退税手续当天是指开具《税收收入退

还书》或《税收收入电子退还书》、办理应退税款抵扣欠缴税款的当天。

第三十四条　退付给纳税人的利息，采用冲减应退税款原入库预算科目和预算级次的办法，从入库收入中退付。

第三十五条　退库税款预算科目和预算级次应当与原入库税款一致，退库税款有专用退库预算科目，原预算科目、预算级次已修订或国家另有规定的除外。

第三十六条　应退税款单笔超过2000万元的，应当由退税审批(认定)部门事先向市级(不含县级市)地税机关的退税审批(认定)部门书面报告；应退税款单笔超过5000万元的，应当事先逐级书面报告至省地方税务局，国家另有规定的除外。

第三十七条　地税机关可根据岗位设置和退税额度，确定退税审批(认定)工作流程，同时，应加强对各软件操作权限的管理，人员岗位发生变动时需及时对操作权限进行修改和维护。

第四章　税款调库

第三十八条　地税机关办理税款调库时，应当开具《更正(调库)通知书》等凭证，送国库进行业务处理。

税款调库可以采用传递纸质调库凭证的手工调库方式办理，也可以采用通过横向联网电子缴税系统发送电子调库凭证的电子调库方式办理。

第三十九条　税款调库包括应退税款跨预算科目抵扣欠税、税款预算科目、预算级次、收款国库更正等业务。

第四十条　地税机关办理应退税款抵扣欠缴税款业务，并且应退税款与欠缴税款属于不同预算科目的，退库办理部门应当根据退税审批(认定)部门提供的《应退税款抵扣欠缴税款通知书》填开《更正(调库)通知书》，送国库办理调库手续。

第四十一条　税款缴库、退库业务办理完成后，地税机关或国库发现双方入库或退库税款预算科目、预算级次、收款国库等要素不一致需要调整的，应当根据“谁差错、谁更正”的原则，按以下程序办理税款更正手续：

(一)国库数据发生差错、地税机关数据正确的，地税机关应当及时将差错数据情况告知国库，由国库填写《更正(调库)通知书》办理更正调库；

(二)国库和地税机关数据同时发生差错的，由地税机关进行数据更正处理，同时填写《更正(调库)通知书》，送国库办理更正调库。

第四十二条　由于政策性原因需要对入库税款预算科目和预算级次等进行调整的，地税机关应当填写《更正(调库)通知书》，连同调整依据，送国库办理更正调库。

第五章　国库对账

第四十三条　银行和国库返回缴库、退库和调库凭证后，地税机关应当检查回执联和报查联上国库和国库经收处章戳是否齐全，并与留存凭证、电子数据的相关项目核对，核对无误后进行凭证销号和税款对账，确认税款缴库、退库和调库业务的完成，并且完成税收会计核算原始凭证的收集。

根据税款缴库、退库和调库业务的处理方式不同，销号和对账可以由地税机关根据国库返回的纸质凭证或电子凭证信息，手工进行销号、对账或者由税收征管系统自动进行电子销号、对账。

第四十四条　手工缴库、退库、调库的，地税机关应当在收到银行、国库返回的纸质缴库、退库、调库凭证相关联次的当日或次日，根据银行收讫章日期、国库收讫章日期、国库退库转讫章日期、国库调库业务章日期进行税款上解、入库、退库和调库销号。

电子缴库、退库、调库的，地税机关应当在横向联网电子缴税系统返回电子缴库、退库、调库凭证信息的当日，根据电子缴库凭证的扣款成功日期、电子缴库凭证的入库日期、电子退库凭证的退还日期、电子调库更正凭证的办理日期，进行税款上解、入库、退库和调库销号。

电子信息未能及时、准确返回的，应当在与国库确认相关业务办理成功后，手工进行销号。

第四十五条　每日、每月、每年业务终了后，各市、县（市、区）地税机关应当将税款缴库、退库、调库数据与国库预算收入报表数据进行对账，对账项目包括预算科目、预算级次和税款金额。

第四十六条　对账不一致时，地税机关数据发生差错而国库数据正确的，地税机关应当及时更正。

国库和地税机关数据同时发生差错，或者国库数据发生差错而地税机关数据正确的，通过税款更正调库办理。

第四十七条　月度、年度对账无误后，地税机关应当在加盖国家金库章的国库预算收入报表上加盖单位公章，按规定及时反馈国库。

第六章　监督管理

第四十八条　地税机关应当强化内部制约机制，严格按照各项法律法规和财经纪律办理税款缴库、退库、调库及销号对账等手续，确保国家税款的安全、完整、准确。

第四十九条　地税机关退税审批（认定）部门和退库办理部门必须严格分开，不得由一个部门既进行退税审批（认定），又办理具体退库手续。

第五十条　地税机关应当定期对下级地税机关、扣缴义务人、代征代售人的税款缴库、退库的及时性、准确性等情况进行检查。县级地税机关每年至少组织一次全面检查；市级地税机关每两年组织一次抽查，审批权限下放的应当全面检查或缩短检查期限；省地方税务局视情况组织抽查。

第五十一条　地税机关应当及时对税款缴库、退库、调库凭证及相关资料进行归档，保存期限按国家有关规定执行。

第五十二条　地税机关工作人员违反本办法的，应当根据情节轻重，给予批评教育、责令做出检查、诫勉谈话或调整工作岗位处理；构成违纪的，按照《中华人民共和国税收征收管理法》、《中华人民共和国公务员法》、《行政机关公务员处分条例》、《财政违法行为处罚处分条例》、《税收违法违纪行为处分规定》及有关规定给予处分；涉嫌犯罪的，移送司法机关。

第五十三条　纳税人、扣缴义务人违反本办法的，按照《中华人民共和国税收征收管理法》及相关规定进行处理；涉嫌犯罪的，移送司法机关。

第五十四条　地税机关与代征代售人签订代征合同时，应当就违反本办法及相关规定的责任进行约定，并按约定及其他有关规定追究责任；涉嫌犯罪的，移送司法机关。

第七章　附　　则

第五十五条　地税机关依照法律法规征收的各种基金、费办理缴库、退库，参照本办法执行。

各级政府部门委托地税机关征收的各种基金、费办理缴库、退库，可以参照本办法执行。

第五十六条　本办法所称银行，是指经收预算收入的银行、信用社等银行业金融机构。

第五十七条　本办法所称应予缴库的税务代保管资金是指按照《税务代保管资金账户管理办法》规定缴入税务代保管资金账户的款项中经确认属于税款的资金；待缴库税款是指按照《待缴库税款收缴管理办法》规定缴入“待缴库税款”专户的税款。

第五十八条　本办法自 2014 年 9 月 1 日起施行。

纳税服务(大企业税收管理)类

安徽省地方税务局关于印发深入开展“便民办税春风行动”实施方案的通知

2014 年 3 月 5 日　皖地税发〔2014〕9 号

各市地方税务局，广德、宿松县地方税务局，省地方税务局局属各单位：

为在全省地税系统深入推进第二批党的群众路线教育实践活动，全面落实“三个三”主题落地要求，切实将国家税务总局“便民办税春风行动”各项部署落到实处，省地税局制定了《安徽省地方税务局深入开展“便民办税春风行动”实施方案》，现印发给你们，请各单位结合实际认真贯彻落实。

安徽省地方税务局深入开展“便民办税春风行动”实施方案

为在全省地税系统深入推进第二批党的群众路线教育实践活动，全面落实“三个服务、三个实在、三个禁止”主题落地要求，切实将国家税务总局“便民办税春风行动”各项部署落到实处，结合实际，制定如下实施方案：

一、主要目标

通过扎实开展“便民办税春风行动”，着力解决“四风”突出问题，着力解决在行政审批、办事效率、服务意识、办税负担、纳税诚信、规范执法等方面存在的问题，全面提高办税服务质效，让纳税人办税更方便、更快捷、更满意。

二、总体安排

全省地税系统“便民办税春风行动”从 2014 年 3 月 4 日税务总局视频会动员开始，以“打连发、呈递进”的方式分批进行，按照细化措施、跟踪实施、明察暗访、绩效考核、责任追究到制度完善形成管理闭环，建立环环相扣的持续改进长效机制。

三、具体行动

（一）提高办税服务效率

1. 时间安排

2014 年 3 月上旬起分批推出。

2. 责任单位

牵头单位：纳税服务（大企业税收管理）处。

参与单位：办公室、政策法规处、劳务和财产行为税处、所得税处、耕地占用税和契税管理处、基金（费）处、征管和科技发展处、政治部、监察室、稽查局、电子税务管理中心。

3. 行动内容

全面落实限时办结制，在纳税人的咨询、登记、发票、申报、审批、投诉等六个方面，缩短办结时限，提高办理质量。

4. 任务分解

（1）提速政策服务，明确税收政策发布时限，缩短咨询答复时限，建立健全重要政策解读机制，增强税收政策确定性。由办公室负责细化方案。

（2）提速登记办理，实现设立登记、变更登记和停复业登记即时办结，缩短注销登记办理时限。由征管和科技发展处负责细化方案。

（3）提速发票领用，缩短发票领用时限。由征管和科技发展处负责细化方案。

（4）提速多元办税，拓展网上办税功能，扩大同城通办范围，深化自助办税服务，试行移动办税服务。由征管和科技发展处负责细化方案。

（5）提速涉税审批，简化审批流程，缩短审批时限，优化审批方式，推行网上审批。由政策法规处负责细化方案。

（6）提速投诉处理，提供多种投诉渠道，缩短投诉受理及处理时限。由纳税服务（大企业税收管理）处负责细化方案。

（二）减轻纳税人办税负担

1. 时间安排

2014 年 3 月下旬起分批推出。

2. 责任单位

牵头单位：纳税服务（大企业税收管理）处、征管和科技发展处。

参与单位：政策法规处、劳务和财产行为税处、所得税处、耕地占用税和契税管理处、基金（费）处、收入规划核算处、稽查局、监察室。

3. 行动内容

规范涉税资料报送，简并涉税表证单书，规范税务检查。

4. 任务分解

（1）规范涉税资料报送，不得要求纳税人重复提供资料。由纳税服务（大企业税收管理）处负责细化方案。

（2）简并涉税表证单书，减轻表单填写负担，简并涉税报表，扩大通用文书报表使用范围，规范涉税文书报表格式，推行免填单和预填单服务。由征管和科技发展处负责细化方案。

（3）统筹涉税检查，减轻税务检查负担，规范进户执法。由稽查局负责细化方案。

（三）公开行政审批清单

1. 时间安排

2014 年 3 月中旬起分批推出。

2. 责任单位

牵头单位：政策法规处。

参与单位：办公室、劳务和财产行为税处、所得税处、纳税服务（大企业税收管理）处、征管和科技发展处、稽查局、监察室。

3. 行动内容

摸清地税部门行政审批“底数”，公开行政审批目录，实行行政审批清单制度，不得在公开的清单外实施其他行政审批，不得对已经取消和下放的审批项目以其他名目搞变相审批。

4. 任务分解

全面梳理行政审批项目，能取消的一律取消，能下放的一律下放，并向社会公开行政审批目录。由政策法规处负责细化方案。

（四）公开纳税人信用状况清单

1. 时间安排

2014 年 4 月中旬起分批推出。

2. 责任单位

牵头单位：纳税服务（大企业税收管理）处、稽查局。

参与单位：办公室、政策法规处、征管和科技发展处。

3. 行动内容

完善纳税信用等级评定管理办法，对不同信用等级纳税人实施分级分类管理，对 A 级以上纳税人给予更多办税便利。及时向社会发布重大税收违法案件信息公告，对公布的重大税收违法案件当事人依法采取评定为 C 级纳税信用等级、列入重点监控对象等惩戒措施。

4. 任务分解

（1）完善纳税信用等级管理办法，公开纳税信用等级评定结果。由纳税服务（大企业税收管理）处负责细化方案。

（2）开展税收不良记录认定工作，客观反映纳税人税收信用状况。由征管和科技发展处负责细化方案。

（3）发布重大税收违法案件信息公告。由

稽查局负责细化方案。

(五)公开执法权力清单

1. 时间安排

2014 年 4 月下旬起分批推出。

2. 责任单位

牵头单位:政策法规处。

参与单位:办公室、劳务和财产行为税处、所得税处、耕地占用税和契税管理处、基金(费)处、纳税服务(大企业税收管理)处、征管和科技发展处、稽查局、监察室。

3. 行动内容

厘清税收执法权力事项,把该放的权力放彻底,放到位,公开权力目录,实行“权力清单制度”,让权力在阳光下运作,主动接受监督,增强税收执法透明度。

4. 任务分解

全面梳理全省地税系统税收执法权力事项,编制税收执法流程,公开税收执法权力目录,实施税收执法权力清单制度。由政策法规处负责细化方案。

(六)推行首问责任制

推行首问责任制度,明确落实要求,对违反规定的严格追责,切实解决执法服务中的难题。

此项工作省局此前已有部署,各地正在实施,要继续抓好落实。由纳税服务(大企业税收管理)处负责监督实施。

在重点实施好上述措施的同时,按照“成熟一个、推出一个”原则,进一步推出其他便民办税措施,使“便民办税春风行动”成为统领全省地税系统便民办税措施的系统工程。

四、行动保障

(一)加强组织领导。省地税局成立“便民办税春风行动”领导小组,由汪建国局长任组长,洪晓建、胡春武、方学军、倪三立、周敬军、郑圣良、李建国等局领导任副组长,办公室、政策法规处、劳务和财产行为税处、所得税处、耕地占用税和契税管理处、基金(费)处、收入规划核算处、纳税服务(大企业税收管理)处、征管和科技发展处、政治部、干部教育处、监察室、稽查局、电子税务管理中心、宣传中心主要负责人任领导小组成员。领导小组办公室设在纳税服务(大企业税收管理)处,负责行动的具体协调等工作。

(二)加强分工配合。纳税服务(大企业税收管理)处负责“便民办税春风行动”的统筹协调和整体推进工作,办公室负责信息宣传报道工作,征管和科技发展处、电子税务管理中心负责信息系统统筹规划工作,电子税务管理中心负责技术支持保障工作。各具体措施牵头部门负责主动协调相关单位,制定细化方案,明确工作内容、实施时间、工作步骤、落实措施、宣传计划、责任部门和责任人,共同完成行动任务。

(三)加强督促检查。办公室、政治部、监察室负责行动措施的绩效考核,并及时进行跟踪督办;纳税服务(大企业税收管理)处根据绩效考核跟踪情况,适时开展明察暗访并通报结果,同时向相关单位反馈察访结果和工作改进建议;相关单位依照规定进行责任追究或完善相关制度。

各市、县地税局要严格按照省地税局“便民办税春风行动”的总体部署和进程安排,结合实际制定本地实施方案并上报省地税局,加强组织领导,严格责任落实,强化宣传报道。对落实过程中遇到的新情况和新问题,以及对完善和发展“便民办税春风行动”的建议,要及时向省地税局“便民办税春风行动”领导小组办公室反馈。

安徽省地方税务局关于进一步规范和改进12366热线接听工作的通知

2014年4月18日　皖地税函〔2014〕211号

各市地方税务局，省地方税务局直属局：

为了深入开展贯党的群众路线教育实践活动和“便民办税春风行动”，现就进一步规范和改进12366纳税服务热线（以下简称“12366热线”）接听解答工作提出以下要求，请认真遵照执行。

一、高度重视热线接听工作

12366热线是纳税人咨询涉税问题、解决办税困难的重要渠道，也是征纳双方沟通互动的重要纽带。各级地税机关要从践行群众路线的高度切实重视热线工作，加强组织领导，严格日常管理，细化规章制度，保障热线畅通，提升接听解答质量，切实把12366热线建设成为便民、亲民的沟通平台。

二、规范热线接听解答管理

要严格按照《安徽省地方税务局关于印发全省地税系统12366纳税服务热线管理办法的通知》（皖地税发〔2013〕52号）规定，确定责任单位，明确程序时限，规范合理解答不同类型的咨询。对涉及地税部门职责的，严格按照规定程序和时限进行答复。对不涉及地税部门职责的，应当认真聆听，耐心解释，并尽可能告知正确的咨询途径或咨询对象。对反映地税干部作风、廉政等问题的，要明确责任人，严格按照规定程序，做好记录和传递工作，确保投诉、检举信息的保密和安全。

三、提高热线人员业务素质

要选拔业务熟练的工作人员负责热线接听工作，通过岗前培训、日常学习和专项培训等多种方式，提高接听人员的业务水平、服务能力和心理素质。要注重培养接听人员的服务意识和敬业精神，规范文明用语，掌握沟通技巧，提升综合素质，更好地展示12366热线良好服务形象。

四、建立轮流值班接听制度

在保持接听队伍相对稳定的基础上，充分发挥业务科室和基层分局的优势，成立12366热线接听小组，每周或每月确定主题和时间，面向社会公告，开展轮流值班接听工作，努力为纳税人提供“真心、热心、暖心”的热线服务。

安徽省地方税务局关于规范简并办税事项推行办税清单工作的意见

2014年5月9日　皖地税发〔2014〕31号

各市、县地方税务局，省地方税务局局属各单位：

为贯彻落实党的十八届三中全会精神，扎实有效地开展党的群众路线教育实践活动，建立健全便民办税长效机制，不断提高全省地税系统纳税服务工作标准化、规范化水平，根据国家税务总局“三个服务”和“便民办税春风行动”工作要求，结合我省地税实际，现就规范简并办税事项推行办税清单工作提出如下意见。

一、指导思想和基本原则

开展规范简并办税事项推行“办税清单”工作，要以推进国家治理体系和治理能力现代化、建设服务型政府要求为指引，坚持为国聚财、为民收税神圣使命，牢固树立现代税收服务理念，改革完善办税制度，规范简并办税事项，切实减轻纳税人办税负担，为纳税人提供规范、公正、高效、便捷的办税服务，推进税收管理转型升级，努力实现税收现代化。

要全面梳理由纳税人发起的各类办税事项，规范服务标准，简并办税程序，降低办税“门槛”，最大限度地方便纳税人办税。面向社会公众及广大纳税人全面公开办税事项名称、流程、资料以及办理时限等具体内容，自觉接受社会公众监督。通过规范简并办税事项，建立办税清单制度，规范办税业务流程，统一全省地税系统办税服务执行标准；依托信息化建设实现信息共享，精减压缩办税所需提供的资料种类和数量；科学优化办税流序，前移审批职责，大力推广先办后审提高办税效率；深化拓展便民办税服务举措，增强办税服务效能和管理水平，推进税收管理转型升级，提高纳税人税法遵从度。

规范简并办税事项推行办税清单工作要坚持以下基本原则：

（一）简政放权。按照深化行政审批制度改革要求，大力清理税务行政审批项目，着力规范税务行政审批行为。能取消的审批一律取消，不得自行设定行政审批项目。依法进一步下放审批权限，对能够由基层税务机关实施的审批事项尽量下放到基层。

（二）便民高效。以满足纳税人合理需求为目标，优化设置机构，科学配置职能，强化组织体系保障。从减轻办税负担出发，简化办税程序，精减办税资料，科学整合工作职责。创新管理服务理念，主动降低办税“门槛”，强化事中、事后监管，增强办税服务效能。

（三）规范统一。按照“大厅受理，内部流转”业务流程，探索实施扁平化管理，避免纳税人“多头跑，反复跑”现象发生。建立完善全省统一的办税标准，简并办税程序，精减报送资料，规范办税时限，积极推行标准化办税。

（四）转型升级。坚持税收法治理念，规范公正执法，优化纳税服务，促进纳税人税法遵从。创新税收征管模式，整合办税服务资源，推进专业化管理和集约化服务。转变“重审批，轻管理”思想，减少审批项目，规范审批程序，实现规范税收执法与维护纳税人权益有机统一。

二、主要任务

办税清单所列事项是纳税人办税的主要内

容,也是地税部门整个征收管理链条中的发起环节和重要组成部分。规范办税事项推行办税清单工作,务必把握大局,突出重点,统筹兼顾,整体推进。

（一）规范办税标准。梳理制定办税清单,实现各类办税事项在内容、资料、程序和时效等方面的全省统一规范。公开服务标准,明确办理时限,优化办税流程,提高办税效能,方便纳税人办税,进一步规范全省地税系统税收执法行为。

（二）大厅统一受理。由纳税人发起的各类办税事项,全部由办税服务厅(含政务中心地税窗口、“两税”中心等办税服务机构和场所,以下统一简称“大厅”)统一受理,实现纳税人办税100%进大厅。严格按照“大厅受理,内部流转,限时办结,窗口出件”要求,让纳税人“只进一个厅,办好一切事”,避免“多头跑、反复找”现象发生。

（三）精减办税资料。精减和压缩需要纳税人提供的资料种类和数量,对可要可不要的资料一律取消。依托信息化建设系统,对纳税人基本信息以及已经报送过的资料,不得要求重复报送。发挥税源管理、纳税评估等管理职能,可以通过现有数据和信息分析加工取得的资料,不再要求纳税人反复报送。建立和完善与第三方部门信息交换机制,拓展和丰富涉税信息的获取途径。

（四）优化管理程序。从便民办税和提升效能出发,科学设计办税程序,着力推进管理转型升级。整合办税服务资源,建立符合专业化管理要求的新型办税服务厅管理模式,实施扁平化管理,推行集约化服务。建立和完善办税服务厅岗责体系,科学设置岗位职责,提速优化办税流程,注重防范执法风险。转变传统的“重审批、轻监管”理念,注重加强日常税源监控,深化纳税评估质效,突出强化后续管理职责。

（五）推行先办后审。树立税法遵从理念,先行推定纳税人依法诚信纳税,充分信任纳税人自行申报质量。简化审核审批程序,前移涉税审批环节,由办税服务厅承担部分要件审核和形式审批职责,大力推行先办后审,尽量实现当场办结。科学界定大厅和后台职责界限,畅通和提速内部信息传递,严格强化后续监督管理职责。合理界定征纳双方责任,真正还责于纳税人,有效防范税收执法风险。

三、工作步骤

规范简并办税事项推行办税清单工作将分为公告、修改软件、全面推行三个阶段组织实施。

（一）公告阶段。按照“成熟一批推行一批”原则,分次分批对外实施办税清单公告,逐步推行实施。自5月起,从全部办税事项中梳理出已经具备条件的事项,面向社会进行第一批办税清单公告,先行推行应用,方便纳税人办税。

（二）优化软件阶段。5～9月,由省局组织协调数据大集中项目组和相关责任单位,开展对2013征管软件优化完善工作,将其余办税事项在征管软件中予以修订固化。

（三）全面推行阶段。自10月起,对其余已经完成软件优化的办税事项,再次面向社会进行办税清单公告,并将全部办税事项在全省地税系统全面推行。

四、工作要求

（一）提高认识,强化组织领导。规范简并办税事项推行办税清单工作是省地税局2014年重点工作之一,是全省地税系统征管改革的重要内容,各地要从践行群众路线的高度予以充分重视,切实抓紧、抓实、抓出成效。省局将成立“规范简并办税事项推行办税清单工作”领导小组,由分管纳税服务工作局领导任组长,纳税服务处主要负责人为副组长,相关单位为成员单位。领导小组在省局党组直接领导下开展工作,下设领导小组办公室,办公室设在纳税服务处(大企业税收管理处)。各级地税机关要及时成立相应组织,加强组织领导,积极协调落实。

（二）勇于实践,科学组织实施。按照省局组织、市局落实、基层执行的原则,各级地税机关和局属各单位要切实履行职责,各负其责地抓好组织实施和落实工作。要积极创造条件,优化机构设置,加强资源配备,调整岗位职责,合理调配人员,确保推出一批清单,规范简并一批办税事项。省局将抓紧组织2013征管软件的优化完善工作,各地也可以因地制宜地开展优化工作,鼓励各地在省局要求的基础上先行推行和落实办税清单,甚至更高标准地执行规范简并工作要求。各地要通过多种渠道,注重细化解读,开展广泛宣传,努力营造良好的社会舆论氛围。

(四)统筹兼顾,协调有序推进。规范简并办税事项涉及地税工作方方面面和机关各个部门,要增强大局意识和责任意识,上下联动,协调配合,形成合力,整体推进。按照简政放权总体部署,规范简并工作对现行工作制度作了较大调整,按照"谁主管谁负责,谁牵头谁落实"原则,省局局属各单位要认真梳理现行制度文件,凡与本文件内容不一致的,务必于7月底前重新修订颁布完毕。各级地税机关要同步完成制度文件修订工作。

(五)总结提高,严格监督考核。要认真总结分析实践中出现的新情况、新问题,并及时反馈省局,以促进此项工作完善提高。要强化对落实执行情况的督导检查,确保规范简并工作落实到位,取得实效。省局将结合联系点制度、"一对一"服务纳税人等工作,检查督导工作落实情况。并将工作落实质量作为综合执法检查、绩效考核以及办税服务厅标准化建设等活动的重要考核内容。各地要强化组织领导,突出责任落实,认真组织实施,对于因工作执行不力而造成严重负面影响的,将严肃追究责任单位和责任人的相关责任。

安徽省地方税务局关于开展总局定点联系企业税务遵从管理年度报告工作的通知

2014年6月4日　皖地税函〔2014〕282号

各市地方税务局,广德、宿松县地方税务局,省地方税务局直属局:

按照《国家税务总局办公厅关于试行总局定点联系企业税务遵从管理年度报告工作的通知》(国税办发〔2012〕23号)精神,为推进全省地税系统大企业税收服务与管理,结合实际,经研究决定,自2014年起在全省地税系统开展遵从管理年度报告工作。现将有关事项通知如下:

一、工作目的

贯彻落实总局关于定点联系企业税务遵从管理的工作要求,努力建立以大企业省级统筹管理模式,共享管理结果,形成管理合力。在省局统一组织下,强化对总局确定的定点联系企业在我省的成员单位和分支机构的管理与服务,建立《税务总局定点联系企业税务遵从管理年度报告》(以下简称《年度报告》)工作制度,为完善大企业税务遵从管理和优化服务奠定基础。

二、主要内容

《年度报告》综合反映定点联系企业的管理构架、组织形式、核算方式、税务管理、税务风险内控机制、税务遵从等情况,以及税务机关对企业提供纳税服务、实施针对性风险管理的工作内容和结果。《年度报告》主要包含两方面内容。

（一）企业税务遵从

1. 企业基本情况。主要反映企业组织架构、所有权结构、核算方式、生产经营特点和税收缴纳情况的现状及变化情况。

2. 企业税务风险内控机制。结合企业的生产经营流程和管理特点，描述企业税务风险内控机制，重点反映涉税业务环节的税务管理控制力。反映企业内部开展的各项风险评估、纳税评估和税务检查的情况和结果。

3. 企业税务遵从。结合企业税务风险管理结果、税款申报缴纳和纳税信用评定等情况，报告企业接受税务机关各种评估、检查和稽查情况及结果。

4. 重大事项报告。反映企业生产经营、投资、资产重组及重大财产损失等对税款缴纳产生的重大影响或调整事项。

5. 企业涉税诉求。反映企业税务遵从过程中遇到的问题和困难，反映申请解决的税收政策或税收征管方面的诉求。

（二）税务遵从管理

1. 纳税服务情况。包括内控机制调查、涉税诉求解决等。

2. 税源监控情况。包括税源监控指标设置、税源监控结果。

3. 针对性风险管理情况。包括风险评估、自查等风险管理工作的开展情况和结果。

4. 税务机关各项管理措施对企业税务管理工作改进的推动和影响。

三、工作要求

（一）高度重视年度报告工作。《年度报告》是各级地税机关对总局定点联系企业集团及其成员企业提供纳税服务、实施风险管理、加强税源管理的重要信息资料，是政策和管理制度制定的重要参考依据，也是推进税收管理转型升级的重要实践。各单位务必要高度重视，切实把年度报告工作抓紧抓好抓到实处。

（二）科学建立报告工作制度。各单位要积极建立健全年度管理制度，及时落实《年度报告》编写工作。一要及时掌握定点联系企业遵从状况。根据总局确定的45户企业集团在本地区分支机构的状况，厘清总分机构之间的关系。二要科学界定管理职责。要根据定点联系企业分支机构数量众、税源多、分布广等特点，科学界定和细化工作职责，统筹协调本地管理和服务资源，有条件的可指派专门机构、专门人员负责此项工作，努力形成管理合力。三要加强遵从管理。要加强对企业编报《企业税务遵从责任报告》的指导和督促，结合大企业数据采集分析、内控测试、风险识别等工作，开展遵从数据收集分析，定期编写并向省地税局报送《年度报告》。

（三）认真完成年度报告任务。为全面客观反映总局定点联系企业在皖成员单位的税务遵从状况，各市局要综合考虑45户企业集团在本地的行业地位、税收规模和户管分布状况，明确编写《年度报告》的对象，各市局每年确定1个编写《年度报告》的对象名单。每年企业所得税汇算清缴工作结束后，于6月5日前通过迈捷向省局报送上一年度的《年度报告》。2013年的《年度报告》，请于2014年6月5日前报送。在开展《年度报告》工作中遇有问题，请及时与省局联系。

附件：总局定点联系企业税务遵从管理年度报告提纲（略）

安徽省地方税务局关于印发《全省地税系统推进县级税务机关纳税服务规范工作实施方案》的通知

2014年9月4日　皖地税发〔2014〕69号

各市、县地方税务局，省地税局局属各单位：

为巩固和落实全省两批教育实践活动整改成果，深入开展“便民办税春风行动”，根据《税务总局关于印发＜全国县级税务机关纳税服务规范(1.0版)＞的通知》(税总发〔2014〕98号)精神，省地税局制定《全省地税系统推进县级税务机关纳税服务规范工作实施方案》，现印发给你们，请结合实际认真贯彻落实。执行过程中如遇问题，请与省局“推行县级税务机关纳税服务规范”工作领导小组办公室联系。

全省地税系统推进县级税务机关纳税服务规范工作实施方案

根据《税务总局关于印发＜全国县级税务机关纳税服务规范(1.0版)＞的通知》(税总发〔2014〕98号，以下简称《纳税服务规范》)精神，为巩固和落实全省两批教育实践活动整改成果，进一步优化纳税服务水平，规范办税服务标准，深化纳税服务内涵，科学指导全省系统有序开展纳税服务规范工作，特制定本方案。

一、总体思路

县级税务机关处于税收工作第一线，直接面对广大纳税人。规范县级税务机关纳税服务工作，对于规范执法，优化服务，提高纳税人满意度和税法遵从度以及树立税务部门良好形象都具有十分重要的意义。以县级税务机关为抓手，以纳税人最关心的问题为重点，统一办税标准，规范服务内容，优化办税流程，明确办理时限，努力打造县级税务机关纳税服务规范，进而为纳税服务在市级、省级直至全国税务系统实现统一和规范奠定坚实基础。通过规范县级税务机关纳税服务工作，努力建立优质便捷的纳税服务体系，不断推进税收现代化建设进程。

二、主要内容

《纳税服务规范》共包括9大类、72项212个服务事项、1120个服务规范。9大类内容主要涉及税务登记规范、税务认定规范、发票办理规范、申报纳税规范、优惠办理规范、证明办理规范、宣传咨询规范、权益维护规范、文明服务规范等。共包含国、地税部门212个依纳税人发起的办税服务事项。每一类内容主要包括概述、业务描述、报送资料、基本流程、基本规范和升级规范等具体内容(详见《纳税服务规范》)。

三、推进步骤

按照税务总局统一部署，服务规范工作按照版本升级方式逐步推进。2014年10月起在全国县级税务机关试行《纳税服务规范》1.0版本。2015年1月1日起试行2.0版本，2017年1月1日起实施3.0版本。为了有序引导、扎实推进，整项工作具体分为启动阶段、推进阶段、实施阶段和升级阶段等四个阶段组织实施。

1. 启动阶段(9 月 1 日 ~12 日)。各级地税机关传达学习税务总局会议精神,组织全体干部职工认真学习《纳税服务规范》,掌握业务内容,领会精神实质。省局组织人员集中开展总局规范与省局简并办税内容的比对工作,查找不足,统一规范。

2. 培训阶段(9 月 13 日 ~20 日)。派员参加税务总局举办的专题培训。认真组织开展省以下培训辅导工作,确保每一位前台工作人员全面掌握和熟练操作各项具体业务。

3. 实施阶段(10 月 1 日 ~12 月底)。10 月 1 日开始正式推行税务总局《纳税服务规范》1.0 版本,加强试行保障,收集反馈效果,扎实向前推进。

4. 升级阶段(2015 年元月起)。2015 年起,按照税务总局安排计划,分期推行《纳税服务规范》2.0 和 3.0 版本,不断提高服务质效,努力引导税法遵从。

四、保障措施

(一)强化组织领导。省局成立“推行县级税务机关纳税服务规范”工作领导小组,领导小组下设办公室,办公室设在纳税服务处(详见附件)。各级地税机关也要成立相应组织,“一把手”负总责,分管领导具体抓,强化分工负责,科学组织实施,务必抓紧、抓实、抓出成效。

(二)加强协作配合。各级纳税服务部门作为牵头单位,具体负责组织和协调等工作,法规、税政、收规、征科、电税中心等相关部门要密切配合。系统上下要协调一致,建立相互衔接、相互促进的协作工作机制,努力形成工作合力。

(三)抓好统筹结合。一要与规范简并办税工作紧密结合。认真比对省地税局规范简并办税与总局规范的内容和标准差异,按照“内容从全,标准从高”的原则,持续抓好规范简并办税的落实工作,扎实推进办税清单公告。二要与省级数据大集中工作紧密结合。按照总局规范标准,不断完善 AHTAX2013 系统,确保总局规范要求的及时、全面、准确实现。三要与日常地税工作紧密结合。坚持把县级地税机关纳税服务规范与地税部门中心工作和重点工作紧密结合起来,扎实推进现代化分局建设,业务建设、队伍建设、效能建设等,把纳税服务真正融入税收管理工作全过程。

(四)强化监督考核。省局将把县级地税机关纳税服务规范工作纳入绩效考核重要内容,结合综合执法检查、年度考核等对落实情况开展督导和检查。各级地税机关要加大落实力度,强化对执行情况的监督和考核工作,确保县级地税机关纳税服务规范工作落到实处。

(五)加强宣传引导。要通过地税网站、12366 服务热线、在线访谈、纳税人学校等多种途径和方式,向纳税人广泛宣传《纳税服务规范》,营造氛围,接受纳税人监督。

安徽省地方税务局　安徽省国家税务局关于开展2012—2013 年度纳税信用等级评定工作的通知

2014 年 9 月 22 日　皖地税发〔2014〕71 号

各市、县地方税务局、国家税务局,省地方税务局直属局:

为深化纳税信用体系建设,引导纳税人依法诚信纳税,提高税法遵从度,根据《安徽省国家税务局　安徽省地方税务局关于印发 <安徽省纳税信用等级评定管理办法(试行)> 的通知》（皖国税发〔2008〕49号）要求，经省地税局、国税局共同研究，决定在全省范围内联合开展2012—2013年度纳税信用等级评定工作，此次评定工作由地税机关牵头，与国税机关联合开展。现将有关事项通知如下：

一、评定范围

2012年1月1日至2013年12月31日期间，在安徽省内依法办理税务登记满2年的企业、从事生产经营的事业单位和个体工商户（以下统称"纳税人"），为此次纳税信用等级评定的对象。

二、评定时间

2014年9月—12月。

三、评定方法和程序

（一）公布评定公告。各级税务机关应提前10日公布纳税信用等级评定的内容、标准、程序、时限等，并在办税服务厅免费提供《纳税信用等级考评申请审批表》（附件1），同时在税务网站上提供电子版下载。

（二）纳税人递交申请。纳税人在税务机关公布的评定起始日后10个工作日内，向主管税务机关报送《纳税信用等级考评申请审批表》。对于地税、国税共同管理的纳税人，应分别向主管地税、国税机关报送。

（三）信用等级审核。根据《安徽省纳税信用等级评定管理办法（试行）》规定，各级纳税信用等级评定委员会及其办公室分别在各自权限内负责对纳税人信用等级的审核评定工作，具体为：

县（市、区）级评委会负责A级纳税人的初审和推荐上报，负责B、C、D级纳税人纳税信用等级的初审和复审评定；

市级评委会负责对A级纳税人的复审和推荐上报；

省级评委会负责审定A级纳税人，并对名单进行公示。自公示之日起15日内无重大异议的，即确定为A级纳税人，由主管地税、国税机关联合送达《纳税信用等级认定通知书》（附件2）。省级税务机关负责制作、发放A级纳税信用等级牌匾和证书。

对地税、国税共同管理的纳税人，在各自分别评定的基础上，按照从低原则，共同确定纳税人的信用等级；对地税、国税分别单独管理的纳税人，以主管税务机关评定结果为准。为便于工作开展，各级评定结果均统一由地税机关汇总，并联合国税机关以正式公文上报上级地税机关（同时抄送上级国税机关）。

四、工作要求

（一）提高认识。开展纳税信用等级评定，既有利于激励纳税人依法纳税、诚信经营，规范税收秩序，也有利于税务机关提升税收征管质量、规范税收执法和优化纳税服务。各级税务机关要切实统一思想，提高认识，充分认识开展纳税信用等级评定工作的重要性，将其作为一项基础性工作抓实、抓好。

（二）加强领导。各级税务机关必须站在全局的高度，加强对纳税信用等级评定工作的领导，制定科学的纳税信用等级评定工作方案，精心组织实施，确保纳税信用等级评定工作顺利开展。

（三）协调配合。各级地税机关、国税机关要牢固树立大局意识和全局观念，积极沟通、相互协调、大力配合，共同做好本次评定工作。对需要上报上一级纳税信用等级评定委员会审核确定的事项，统一由地税机关和国税机关以联合发文的形式，上报上一级地税机关，由上一级地税机关会同同级国税机关共同研究决定。

（四）严格标准。在评定工作中，各地要从严掌握评定标准，适当控制A级纳税人的比例。A级纳税人要以企业为主，总数量原则上不超过企业纳税人总户数的2%，保证A级纳税人的质量，切实发挥典型示范效应。

（五）按时完成。此次评定工作时间紧、任务重，各级税务机关要抓紧组织开展。各市于10月30日前以地税、国税联合发文的形式，将评定工作开展情况报告连同附件3、4、5中有关A级纳税人推荐名单以及评定结果统计表，一并上报省地税局（同时抄送省国税局）。

附件：（略）

安徽省地方税务局关于印发《全省地税系统大企业税收服务与管理办法(试行)》的通知

2014年10月15日 皖地税发〔2014〕81号

各市地方税务局,广德、宿松县地方税务局,省地方税务局稽查局、直属局:

现将《全省地税系统大企业税收服务与管理办法(试行)》发给你们,请遵照执行。

全省地税系统大企业税收服务与管理办法(试行)

第一章 总 则

第一条 为全面落实税收科学化、专业化、精细化管理要求,规范大企业税收服务和管理,根据《中华人民共和国税收征收管理法》和《国家税务总局大企业税收服务和管理规程》等规定,结合我省地税工作实际制订本办法。

第二条 本办法所指大企业税收服务与管理是指以纳税人需求为导向,提供针对性的个性化服务;以风险为导向,实施科学高效、统一规范的专业化管理。通过遵从引导、遵从管控和遵从应对,引导和帮助大企业防范和控制税务风险,提高税法遵从度,降低税收遵从成本。

第三条 本办法适用于安徽省地方税务局对大企业税收服务与管理工作。

第四条 大企业税收服务与管理工作基本原则:

(一)统一组织,归口管理。省地税局负责全省地税系统大企业税收服务与管理工作的业务指导和统一部署。坚持日常税收征管事项属地管理不变、税款归属不变、入库级次不变的管理原则。各级地税机关根据管理职责分级实施大企业税收服务与管理各项工作。各级大企业税收管理部门和属地主管地税机关共同承担、上下协作、统筹互动、共同完成。

(二)专业管控,信息共享。依托专业化人才队伍和信息化手段,充分利用现有税收征管系统中已有数据和功能,强化涉税信息的采集、分析和利用,深化数据应用。分步骤建立"大企业税收信息平台",努力实现全省地税系统大企业税收管理信息共享,不断提升大企业税收管理的效率与效果。

(三)优化服务,强化管理。根据大企业特点,不断优化纳税服务的内容和方法,加强税源监控、风险识别和风险评估,引导和帮助企业建立和完善税务风险内控体系,构建税企之间相互理解、相互信任、合作共赢的和谐征纳关系。

第二章 服务与管理范围

第五条 全省大企业税收服务与管理范围包括国家税务总局定点联系企业、省局定点联系企业(以下均简称大企业),以及上级交办的按照大企业实施管理的各类纳税人。

第六条　市级地税机关可根据辖区的经济特点和发展水平确定本级大企业管理范围,参照本办法实施管理。

第七条　省、市、县(区)地税局和省地税局直属局具体负责实施大企业税收服务和管理工作,总局和省地税局确定的大企业应纳入管理范围。

第八条　市级地税机关确定的大企业的具体标准和名单应报省地税局备案,发生变化的也须在5个工作日内将新的标准和名单报省地税局备案。

第三章　工作职责与内容

第九条　安徽省地税局大企业税收服务与管理职责由纳税服务处(大企业税收管理处)负责。

各市、县(区)地税局大企业税收服务与管理工作由各级纳税服务科、股(大企业税收管理部门)及主管地税机关负责;省地税局直属局大企业税收服务与管理工作由大企业税收管理科室负责。

第十条　省地税局大企业税收管理部门的主要职责是:

(一)贯彻落实国家税务总局等上级部署的大企业税收服务与管理工作任务,科学组织和协调全省征管与服务资源,开展和实施大企业专业化服务与管理。

(二)制定全省地税系统大企业税收服务与管理工作制度、工作重点,探索建立全省大企业税收风险控制体系。

(三)组织实施对大企业的税源监控,通过总局的大企业税收信息系统或者其他方式开展大企业涉税信息的采集、分析与利用。

(四)对各级地税机关开展大企业税收风险管理工作进行业务指导和统筹协调。在全省系统范围内科学组织专业人员对大企业开展税收信息采集、风险评估、风险管理、纳税评估以及税务审计等工作。

(五)组织实施对大企业提供纳税服务工作,引导税务遵从,探索建立大企业纳税服务平台建设,通过更有针对性的个性化服务满足大企业的涉税需求。

(六)组织大企业税收服务与管理人员、大企业人才库成员进行业务培训,提升大企业税收管理人员的综合素质;组织大企业内部税收管理人员进行培训,增强大企业税收遵从度的主动性。

(七)组织开展对各级地税机关大企业税收服务与管理考核评价工作。

第十一条　各市、县(区)地税局纳税服务科、股(大企业税收管理部门)及主管地税机关、省地税局直属局大企业税收管理科室主要职责包括:

(一)日常工作。包括对大企业实施户籍管理、税源监控等日常管理,对大企业税收政策服务、诉求响应,开展税源监控,信息收集与采集,做好年度企业名单核实工作。

(二)遵从管理工作。按年度编写大企业税务遵从管理年度报告,积极探索与大企业签订和实施税收遵从协议,引导大企业税收遵从。

(三)风险管理工作。通过开展分集团风险管理与分事项风险管理工作,引导企业建立完善税务风险内控体系,包括风险识别、内控调查、风险评估、案头审计、税务检查、现场审计以及催缴税(费、基金)款入库,完成阶段性工作报告及专题总结报告等。

(四)交办工作。完成上级交办的其他各项大企业税收服务与管理工作。

第十二条　各级地税机关应厘清纳税服务科、股(大企业税收管理部门)和主管地税机关间的职责,必须设置和明确大企业税收服务与管理岗位,配备相应人员,根据工作需要,可设一岗一人,也可一岗多人。

第四章　工作方式和流程

第十三条　省局大企业税收管理部门统筹系统大企业税收管理资源,对需要推送的大企业税收风险管理工作通过任务派送方式交由各级地税机关承办。

第十四条　派送工作任务主要按照“属地+职责”的原则。省地税局大企业税收管理部门依据大企业注册或经营地点、主要税收管理权限等将工作任务分派至各市地税局(纳税服务科),具体工作任务由各市局分解安排。

第十五条　各级地税机关根据省地税局派发的《安徽省地方税务局关于大企业风险管理任务派送单》(详见附件,以下简称《任务派送单》),及时组织相关职能部门进行落实。

各级地税机关可以指派所属大企业税收管理部门、主管地税机关(税源管理局、风控中心、纳税评估等机构)及稽查局等相关单位具体承担相应工作任务,也可从省、市级大企业税收管理人才库中抽选专业人员组成临时工作组承担工作任务。

各级地税机关要根据《任务派送单》要求开展工作,并在规定期限内按要求由各市纳税服务科(大企业税收管理部门)将各阶段情况报送至省局纳税服务处(大企业税收管理处)。

第十六条　抽派的专业人员根据安排参与各工作组开展大企业税收风险管理等工作。参与人员应当服从工作组统一工作安排,认真开展各项工作。

第十七条　根据国地税分工合作管理原则,对于总局部署的大企业税收服务与管理工作,由国、地税局联合开展。对于省级、市级大企业税收服务与管理工作,倡导实施国、地税局联合开展。

第十八条　各级地税机关大企业税收管理部门间要加强工作协作和信息沟通,要指定大企业税收管理联络员负责工作协作与信息沟通工作,共同做好跨区域大企业税收服务与管理工作。

第十九条　各级地税机关对于需要了解和掌握大企业跨部门、跨省市或境外的其他涉税信息,可向省地税局大企业税收管理部门提出需求,由省地税局按照有关信息交换程序办理。

第二十条　在开展大企业税收风险管理工作中,发现企业存在重大税务风险或者有违法嫌疑的,应及时移交稽查部门处理;稽查部门应及时将查处结果反馈大企业税收管理部门。

第二十一条　省地税局将大企业税收服务与管理纳入工作绩效考核。考核内容包括信息上报及时性与准确性,上级安排纳税评估、风险管理等工作落实情况等。

第二十二条　各级地税机关大企业税收管理部门应按有关规定做好保密工作。

第五章　附　　则

第二十三条　本办法由安徽省地方税务局纳税服务处(大企业税收管理处)负责解释。各级地税机关可根据本地区实际情况,制定具体实施办法。

第二十四条　本办法自发文之日起试行。

安徽省地方税务局　安徽省国家税务局关于印发《安徽省纳税信用管理实施办法》的通知

2014 年 12 月 16 日　皖地税发〔2014〕107 号

各市地方税务局、国家税务局，省地方税务局直属局，广德、宿松县地方税务局：

为进一步推进诚信体系建设，不断深化国地税合作，根据《国家税务总局关于发布 <纳税信用管理办法(试行)> 的公告》(2014 第 40 号)、《国家税务总局关于发布 <纳税信用评价指标和评价方式(试行)> 的公告》(2014 年第 48 号)等文件精神，经安徽省地方税务局、安徽省国家税务局共同研究，决定继续在全省范围内联合开展纳税信用管理工作，特制定《安徽省纳税信用管理实施办法》，现印发给你们，请认真贯彻执行。执行过程中如遇有问题，请及时报告。本办法自 2015 年 2 月 1 日起施行。2008 年 4 月《安徽省国家税务局　安徽省地方税务局关于印发 <安徽省纳税信用等级评价管理办法(试行)> 的通知》(皖国税发〔2008〕49 号)同时废止。

安徽省纳税信用管理实施办法

第一章　总　　则

第一条　为规范纳税信用管理，促进纳税人诚信自律，提高税法遵从度，推进社会信用体系建设，根据《中华人民共和国税收征收管理法》及其实施细则、《国家税务总局关于发布 <纳税信用管理办法(试行)> 的公告》(2014 第 40 号)、《国家税务总局关于发布 <纳税信用评价指标和评价方式(试行)> 的公告》(2014 年第 48 号)等规定，制定本办法。

第二条　本办法所称纳税信用管理，是指安徽省各级国家税务局、地方税务局对纳税人的纳税信用信息开展的采集、评价、确定、发布和应用等活动。

第三条　安徽省各级国家税务局、地方税务局(以下简称税务机关)联合开展纳税信用评价工作。

第四条　本办法适用于已办理税务登记，从事生产、经营并适用查账征收的企业纳税人(以下简称纳税人)。

个体工商户和其他类型纳税人的纳税信用管理办法由安徽省税务机关另行制定。

扣缴义务人、自然人纳税信用管理办法由安徽省税务机关根据国家税务总局的规定另行制定。

第五条　纳税信用管理遵循客观公正、标准统一、分级分类、动态调整的原则。安徽省税务机关按照国家税务总局的统一部署，推动信息化、规范化的纳税信用管理。

第六条　全省税务机关积极参与社会信用体系建设，与相关部门建立信用信息共建共享机制，推动纳税信用与其他社会信用联动管理。

第二章　纳税信用信息采集

第七条　纳税信用信息采集是指税务机关对纳税人纳税信用信息的记录和收集。

第八条　纳税信用信息包括纳税人信用历史信息、税务内部信息、外部信息。

纳税人信用历史信息包括基本信息和评价年度之前的纳税信用记录，以及相关部门评价的优良信用记录和不良信用记录。

税务内部信息包括经常性指标信息和非经常性指标信息。经常性指标信息是指涉税申报信息、税（费）款缴纳信息、发票与税控器具信息、登记与账簿信息等纳税人在评价年度内经常产生的指标信息；非经常性指标信息是指税务检查信息等纳税人在评价年度内不经常产生的指标信息。

外部信息包括外部参考信息和外部评价信息。外部参考信息包括评价年度相关部门评价的优良信用记录和不良信用记录；外部评价信息是指从相关部门取得的影响纳税人纳税信用评价的指标信息，主要包括从工商、商务、社保、海关等行政管理部门以及工商联、企业联合会等社会组织获取的信息。

第九条　纳税信用信息采集工作由省税务机关纳税服务部门牵头组织实施，信息管理部门、征管科技部门等部门做好内外部信息采集的支持和配合工作。

各级税务机关及基层分局负责维护纳税信用评价所需的纳税人信用历史信息、税务内部信息，按期认定税收不良记录等，为纳税信息评价工作提供及时、完整的数据信息。

第十条　本办法第八条第二款纳税人信用历史信息中的基本信息由税务机关从税务管理系统中采集，税务管理系统中暂缺的信息由税务机关通过纳税人申报采集；评价年度之前的纳税信用记录，以及相关部门评价的优良信用记录和不良信用记录，从税收管理记录、安徽省公共信用信息共享服务平台等渠道中采集。

第十一条　本办法第八条第三款税务内部信息从税务管理系统中采集。

第十二条　本办法第八条第四款外部信息主要通过税务管理系统、安徽省公共信用信息共享服务平台、相关部门官方网站、新闻媒体或者媒介等渠道采集。通过新闻媒体或者媒介采集的信息应核实后使用。

第三章　纳税信用评价

第十三条　纳税信用评价采取年度评价指标得分和直接判级方式。评价指标包括税务内部信息和外部评价信息。

年度评价指标得分采取扣分方式。纳税人评价年度内经常性指标和非经常性指标信息齐全的，从100分起评；非经常性指标缺失的，从90分起评（纳税信用评价指标详见附件）。

直接判级适用于有严重失信行为的纳税人。

第十四条　外部参考信息在年度纳税信用评价结果中记录，与纳税信用评价信息形成联动机制。

第十五条　纳税信用评价周期为一个纳税年度，有下列情形之一的纳税人，不参加本期的评价：

（一）纳入纳税信用管理时间不满一个评价年度的；

（二）本评价年度内无生产经营业务收入的；

（三）因涉嫌税收违法被立案查处尚未结案的；

（四）被审计、财政部门依法查出税收违法行为，税务机关正在依法处理，尚未办结的；

（五）已申请税务行政复议、提起行政诉讼尚未结案的；

（六）存在负面舆情，被媒体曝光发生重大安全生产事故、环境保护事故等社会影响较大的问题且受到有关部门处罚的；

（七）其他不应参加本期评价的情形。

第十六条　纳税信用级别设A、B、C、D四级。A级纳税信用为年度评价指标得分90分以上的;B级纳税信用为年度评价指标得分70分以上不满90分的;C级纳税信用为年度评价指标得分40分以上不满70分的;D级纳税信用为年度评价指标得分不满40分或者直接判级确定的。

第十七条　有下列情形之一的纳税人,本评价年度不能评为A级:

(一)实际生产经营期不满3年的;

(二)上一评价年度纳税信用评价结果为D级的;

(三)非正常原因一个评价年度内增值税或营业税连续3个月或者累计6个月零申报、负申报的;

(四)不能按照国家统一的会计制度规定设置账簿,并根据合法、有效凭证核算,向税务机关提供准确税务资料的。

第十八条　有下列情形之一的纳税人,本评价年度直接判为D级:

(一)存在逃避缴纳税款、逃避追缴欠税、骗取出口退税、虚开增值税专用发票等行为,经判决构成涉税犯罪的;

(二)存在前项所列行为,未构成犯罪,但偷税(逃避缴纳税款)金额10万元以上且占各税种应纳税总额10%以上,或者存在逃避追缴欠税、骗取出口退税、虚开增值税专用发票等税收违法行为,已缴纳税款、滞纳金、罚款的;

(三)在规定期限内未按税务机关处理结论缴纳或者足额缴纳税款、滞纳金和罚款的;

(四)以暴力、威胁方法拒不缴纳税款或者拒绝、阻挠税务机关依法实施税务稽查执法行为的;

(五)存在违反增值税发票管理规定或者违反其他发票管理规定的行为,导致其他单位或者个人未缴、少缴或者骗取税款的;

(六)提供虚假申报材料享受税收优惠政策的;

(七)骗取国家出口退税款,被停止出口退(免)税资格未到期的;

(八)有非正常户记录或者由非正常户直接责任人员注册登记或者负责经营的;

(九)由D级纳税人的直接责任人员注册登记或者负责经营的;

(十)被各级税务机关重大税收违法案件信息公布(列入黑名单)和税收违法案件信息曝光的;

(十一)存在税务机关依法认定的其他严重失信情形的。

上述第(八)、(九)款所称非正常户以及D级纳税人,包括我省国税或地税部门认定的,也包括外省、自治区、直辖市税务部门认定的。

第十九条　纳税人有下列情形的,不影响其纳税信用评价:

(一)由于税务机关原因或者不可抗力,造成纳税人未能及时履行纳税义务的;

(二)非主观故意的计算公式运用错误以及明显的笔误造成未缴或者少缴税款的;

(三)国家税务总局认定的其他不影响纳税信用评价的情形。

第四章　纳税信用等级评价组织及程序

第二十条　纳税信用等级由税务机关每年评价一次,每年4月确定上一年度纳税信用评价结果。省国家税务局、省地方税务局每期轮流牵头主办纳税信用等级评价工作。

第二十一条　县(市、区)级以上国家税务局、地方税务局应逐级联合成立纳税信用等级评价管理委员会(以下简称"评委会"),由分管纳税服务工作的局领导负责,纳税服务、法规、税政、基金(费)、征管科技、稽查、信息管理等相关部门共同参与,评委会在国税、地税部门分别下设纳税信用等级评价办公室(以下简称"评价办"),办公室设在纳税服务部门,具体负责纳税信用等级的组织、指导、协调、评价和监督管理等工作。

省地税局直属局比照成立相应组织。

第二十二条　省级评价办负责统筹组织、协调开展全省纳税信用管理工作。根据税务总局纳税信用评价指标和评价方式,指导全省税务系统按月采集相关信息，分年度计算纳税人信用评价指标得分，并将初评得分等情况发各级税务机关评委会核验。

省级评委会负责A级纳税信用等级纳税人的审定、公示、公告和查询等工作。

第二十三条　市、县级评价办负责组织协调本地区纳税信用管理工作，具体承担采集、汇总、核验和维护相关纳税信用信息等职责。

市、县级评委会负责复核并向上级税务机关汇总报送辖区内纳税人信用等级等相关数据信息。推送省级税务机关最终评价结果，实现信息共享，统筹开展分级分类管理。

第二十四条　对国、地税共同管辖的纳税人，由主管国税、地税机关分别对纳税人信用等级实施初评。牵头税务机关向配合税务机关传递初评意见，进行信息交换比对，同级配合税务机关应在10个工作日内予以反馈。

双方对同一纳税人分别评价的纳税信用等级不一致的，由评委会按照从低原则确定纳税人纳税信用等级。

同一纳税人主管国税机关、地税机关不属于同一层级，其纳税信用等级由层级较高的一方税务机关所属的评委会负责评价。

第二十五条　单独由国税局管理的纳税人，纳税信用等级以国税局评价为准；单独由地税局管理的纳税人，纳税信用等级以地税局评价结果为准。

第二十六条　各地逐级核对上报纳税人信用等级相关数据，由省级评价办整理汇总并征求省级评委会各成员单位意见，各成员单位在规定时间内反馈意见，反馈时间最长不超过10个工作日。

第二十七条　省级评价办汇总各单位意见，整理全省参评纳税人的纳税信用等级数据，报省级评委会审定。

对于评价为A级纳税信用等级纳税人名单，由省级评委会通过省级税务网站或新闻媒体进行公示，公示期为15日。公示期内无异议的，即最终确定为A级纳税信用等级；公示期内有异议的，由省级评委会复查后确定最终纳税信用等级。

省级评委会负责审定并向全省税务系统通报纳税信用最终评价结果，统筹指导开展分级分类税收征管和纳税服务。

第二十八条　纳税人对纳税信用评价结果有异议的，可以书面向作出评价的税务机关申请复评。作出评价的税务机关应按本办法第三章规定和评价指标进行复核。

下级税务机关对评价结果存在异议的，可以向上一级税务机关提出申请，由上一级税务机关提交所属评委会审定，评委会应当及时受理并审定后答复提请机关。省级评委会拥有最终裁定权。

第二十九条　对评价为A级纳税信用等级的，可以由省级评定委员会组织颁发“A级纳税信用单位”牌匾或《A级纳税信用等级证书》。

第三十条　税务机关对纳税人的纳税信用级别实行动态调整。

因税务检查等发现纳税人以前评价年度需扣减信用评价指标得分或者直接判级的，税务机关应按本办法第三章规定调整其以前年度纳税信用评价结果和记录。

纳税人因第十五条第三、四、五项所列情形解除而向税务机关申请补充纳税信用评价的，税务机关应按本办法第三章规定处理。

第三十一条　纳税人信用评价状态变化时，税务机关可采取适当方式通知、提醒纳税人。

第五章　纳税信用评价结果的应用

第三十二条　纳税信用评价结果的确定和发布遵循谁评价、谁确定、谁发布的原则。积极创造条件为纳税人提供自我查询服务。

第三十三条　税务机关对纳税信用评价结果，按分级分类原则，依法有序开放：

（一）主动公开A级纳税人名单及相关信息；

（二）根据社会信用体系建设需要，以及与相关部门信用信息共建共享合作备忘录、协议

等规定,逐步开放B、C、D级纳税人名单及相关信息;

(三)定期或者不定期公布重大税收违法案件信息。具体按照相关规定执行。

第三十四条　税务机关按照守信激励,失信惩戒的原则,对不同信用级别的纳税人实施分类服务和管理。

第三十五条　对纳税信用评价为A级的纳税人,税务机关予以下列激励措施:

(一)主动向社会公告年度A级纳税人名单;

(二)一般纳税人可单次领取3个月的增值税发票用量,需要调整增值税发票用量时即时办理;

(三)普通发票按需领用;

(四)连续3年被评为A级信用级别(简称3连A)的纳税人,除享受以上措施外,还可以由税务机关提供绿色通道或专门人员帮助办理涉税事项;

(五)税务机关与相关部门实施的联合激励措施,以及结合当地实际情况采取的其他激励措施。

第三十六条　对纳税信用评价为B级的纳税人,税务机关实施正常管理,适时进行税收政策和管理规定的辅导,并视信用评价状态变化趋势选择性地提供本办法第三十五条的激励措施。

第三十七条　对纳税信用评价为C级的纳税人,税务机关应依法从严管理,并视信用评价状态变化趋势选择性地采取本办法第三十八条的管理措施。

第三十八条　对纳税信用评价为D级的纳税人,税务机关应采取以下措施:

(一)按照本办法第三十三条的规定,公开D级纳税人及其直接责任人员名单,对直接责任人员注册登记或者负责经营的其他纳税人纳税信用直接判为D级;

(二)增值税专用发票领用按辅导期一般纳税人政策办理,普通发票的领用实行交(验)旧供新、严格限量供应;

(三)加强出口退税审核;

(四)加强纳税评估,严格审核其报送的各种资料;

(五)列入重点监控对象,提高监督检查频次,发现税收违法违规行为的,不得适用规定处罚幅度内的最低标准;

(六)将纳税信用评价结果通报相关部门,建议在经营、投融资、取得政府供应土地、进出口、出入境、注册新公司、工程招投标、政府采购、获得荣誉、安全许可、生产许可、从业任职资格、资质审核等方面予以限制或禁止;

(七)D级评价保留2年。评价次年,其纳税信用仍直接判定为D级;第三年,仍不得评价为A级;在保留评价期间内,若再次被评为D级,则时限重新计算。

(八)税务机关与相关部门实施的联合惩戒措施,以及结合实际情况依法采取的其他严格管理措施。

第六章　附　则

第三十九条　各级税务机关及其工作人员在评价过程中,应秉公执法、忠于职守,严格按照规定的内容、标准、程序开展评价工作。

第四十条　未按规定权限和程序评价完毕,各级税务机关及其工作人员不得擅自将纳税信用等级的评价情况和有关评价资料向社会公布或泄露给他人。

第四十一条　本办法所称“以上”、“以下”均含本数。

第四十二条　市级税务机关可以根据本办法制定具体实施办法。

第四十三条　本办法自2015年2月1日起施行。2008年4月《安徽省国家税务局　安徽省地方税务局关于印发<安徽省纳税信用等级评价管理办法(试行)>的通知》(皖国税发〔2008〕49号)同时废止。

征管和科技类

安徽省地方税务局关于印发《安徽省地方税务局个体工商户税收定期定额征收管理实施办法》的通知

2014年3月7日　皖地税发〔2014〕10号

各市、县地方税务局：

为进一步规范和加强个体税收征管，优化纳税服务，促进个体经济发展，现将修订后的《安徽省地方税务局个体工商户税收定期定额征收管理实施办法》印发给你们，并提出以下意见，请一并遵照执行。

一、优化个体经济纳税服务

近年来，国家陆续出台提高个人所得税税前扣除标准、提高营业税起征点、取消发票工本费等支持个体工商户发展的税收政策，各地要从减轻纳税人负担、服务纳税人发展出发，为个体工商户提供基本纳税服务。要保证对纳税人的发票供应，不得随意限制、减少未达营业税起征点纳税人的发票供应，保障个体工商户正常生产经营。要落实关于促进民营经济发展的政策措施，发挥税收服务经济发展的作用，积极支持个体工商大户转型升级。

二、规范定期定额核定工作

个体税收定期定额的核定，直接关系到税收优惠政策的落实成效，影响到广大个体工商户的切身利益。各地要严格按照国家税务总局及省局规定的程序和方法，充分应用安徽地方税收综合管理信息系统（Ahtax2013）的核定管理功能，组织实施定额核定工作，确保核定过程公开公正，核定结果科学合理。

三、促进税负公平

县级地税机关要制订周密的典型调查方案，组织好定额核定工作，全面掌握定额核定结果，对各基层分局的核定结果要进行比对分析。要保证个体工商户税收负担在一定区域内相对公平，防止定额畸高畸低，坚决禁止突击调整定额、大幅度调整定额等违规提高税负行为。

四、加强对未达起征点纳税人的管理

地税机关要积极探索和完善对未达起征点定期定额户的动态管理措施，通过数据分析、抽样调查、定期巡查等方式，切实加强税源监管。对纳税人实际经营情况发生变化，即使尚未达到起征点的，也要及时调整定额，防止定额与实际经营情况严重不符。

五、鼓励有条件的地方实施社会化管理

地税部门要积极借助政府和有关部门力量，开展个体税收社会化管理，与其他部门共同形成管理合力，缓解地税部门征管力量不足的矛盾，提高个体税收征管质量。地税机关与相关部门共同实施个体税收社会化管理的，要注意把握税务部门关键执法权，其中的核定定额、开展检查、违法处理等工作一律由地税机关和税务人员实施。

安徽省地方税务局个体工商户税收定期定额征收管理实施办法

第一章　总　　则

第一条　为规范和加强个体工商户税收定期定额征收(以下简称定期定额征收)管理,优化纳税服务,促进税负公平,维护个体工商户合法权益,促进个体经济的健康发展,根据《中华人民共和国税收征收管理法》及其实施细则、《个体工商户税收定期定额征收管理办法》(国家税务总局令第16号),制定本办法。

第二条　本《办法》所称个体工商户税收定期定额征收,是指地税机关依照法律、行政法规及规章的规定,对个体工商户在一定经营地点、一定经营时期、一定经营范围内的应纳税经营额(包括经营数量)或所得额(以下简称定额)进行核定,并以此为计税依据,确定其应纳税额的一种征收方式。

本《办法》所称的定期定额户是指适用定期定额征收管理方式的个体工商户。

第三条　个体工商户有下列情形之一的,地税机关有权核定其定额并征收税款:

(一)未设置账簿的;

(二)虽设置账簿,但账目混乱或者成本资料、收入、费用凭证残缺不全,难以查账的;

(三)擅自销毁账簿或者拒不提供纳税资料的;

(四)能准确计算收入,但不能正确核算成本、计算盈亏的;

(五)虽能提供成本费用的证明材料,但不能提供准确收入证明的;

(六)发生纳税义务,未按照规定的期限办理纳税申报,经地税机关责令限期申报,逾期仍不申报的;

(七)申报的计税依据明显偏低,又无正当理由的。

第四条　主管地税机关应当按照国务院规定的征管范围,负责地税部门所管辖税种定额的核定工作。

有条件的地方,对国地税共同管理的个体工商户的定额核定工作,地税机关可以与国税机关联合开展。

地税机关应主动争取政府支持,加强与国税、工商、街道、乡镇等单位的协调配合,建立涉税信息交换制度,借助社会力量做好核定工作。

第五条　地税机关应大力推广电子定税,及时收集掌握定期定额户的生产经营信息和其他相关信息,充分运用信息化手段,综合分析影响经营的因素,根据行业特点,合理选定参数,科学核定定额。

第六条　地税人员在核定定额时,应当按照《中华人民共和国税收征收管理法》及其实施细则的要求,严格执行回避制度。

第七条　地税机关应当建立健全定期定额征收管理的监督制度,加强对核定定额过程的监督检查。

地税人员不得擅自确定或更改定额。

第二章　核定程序

第八条　定期定额户的定额执行期为季度或半年,最长不得超过一年。定额执行期为一年的,起始日为当年元月1日,截止日为当年12月31日。

新开业定期定额户当年的定额执行期不足一年的,起始日为开业日期,截止日为当年12月31日。

定额执行期是指地税机关核定后执行的第一个纳税期至最后一个纳税期。

第九条　典型调查由县以上地税机关（含本级，下同）统一制订调查方案并组织实施。县以上地税机关应当将定期定额户进行分类，在年度内按行业、区域选择一定数量并具有代表性的定期定额户，采集定额项目数据，对经营、所得情况进行典型调查。

每个行业的典型调查户数应不少于该行业定期定额户总户数的5%，且各行业调查户不少于10户。如该行业定期定额户总户数不足10户的，全部列入典型调查范围。

第十条　县以上地税机关通过典型调查，按照行业、地域和规模等指标，经组织测算、集体审议，分析建立相关分行业模型，用于指导核定定额。

县以上地税机关可以根据当地具体情况将定期定额户划分不同的纳税等级，下发各主管地税机关执行。各主管税务机关在执行时要按照统一标准，防止定额核定畸高畸低。

第十一条　地税机关核定定额应依照以下程序办理：

（一）自行申报。定期定额户应按照主管地税机关要求，领取并填报《定期定额核定（调整）申请表》，提供有关的成本费用支出凭证、定额项目数据、定额系数调查采集数据以及其他证明材料。

对逾期未办理核定申报或未按照要求提供有关纳税资料的定期定额户，主管地税机关可根据实际调查情况核定定额。

（二）核定定额。主管地税机关根据定期定额户自行申报情况将其按行业、地域、规模进行合理分类，参考运用典型调查结果，采用本《办法》第十九条规定的方法，核定定额，并计算出应纳税额。主管地税机关认为确有必要的，可以实地调查走访，根据调查情况核定定额。

核定定额必须经主管地税机关集体审议。有条件的地方，可以邀请人大代表、政协委员、定期定额户代表、工商联代表、行业协会代表等参加集体审议。

（三）定额公示。主管地税机关应当将初步核定的定额结果在办税服务厅内公布。有条件的地方还可以同时在区、街、乡镇、集贸市场等政府机构所在地或纳税人集中地公布，接受社会各界的监督。

公示的主要内容，应当包括定期定额户姓名、经营地址、行业类别、地税机关初步核定的定额、应纳税额、核定日期、定额执行期、地税机关监督电话等。

公示期限为5个工作日。

（四）上级核准。主管地税机关根据公示意见确定定额，并将核定情况填写《定额核定汇总审批表》，上报县以上地税机关审批。

（五）下达定额。主管地税机关根据县以上地税机关审核确认的核定结果，填写《核定定额通知书》，下达定期定额户执行。

（六）公布定额。主管地税机关将最终确定的定额和应纳税额情况在原公示范围内进行公布。

公示的主要内容，应当包括定期定额户姓名、经营地址、行业类别、地税机关最终确定的定额、应纳税额、核定日期、定额执行期、地税机关监督电话等。

在办税服务厅公示时间为长期，在政府机构所在地或纳税人集中地公示时间不少于5个工作日。

第十二条　新开业定期定额户应当在办理税务登记之日起15日内，领取并填报《定期定额核定（调整）申请表》，提供有关的成本费用支出凭证和其他证明材料。主管地税机关应在受理申报后的20日内，进行实地调查走访，参照典型调查情况，核定定额，经县以上地税机关批准后，下达执行。

新开业定期定额户办理税务登记后未主动办理核定申报的，主管地税机关应在其办理税务登记或发生纳税义务之日起30日内核定定额。

第十三条　定期定额户存在下列情形之一的，主管地税机关应当重新核定其定额：

(一)对地税机关核定定额提出异议的;

(二)被核定的定额经地税机关公布后,其他纳税人或公民提出异议的;

(三)定期定额户自行申报生产经营情况发生重大变化,导致原核定定额难以执行的;

(四)主管地税机关在日常管理中有根据认定定期定额户生产经营情况发生重大变化,导致原核定定额难以执行的。

第十四条 定期定额户存在本《办法》第十三条所列(一)情形的,应当在接到《核定定额通知书》之日起30日内,主动到主管地税机关领取并填报《定期定额核定(调整)申请表》,提交《税务行政许可申请书》,提供能够说明其生产经营真实情况的证明资料(收支凭证粘贴簿、进销货登记簿或者其他的成本费用支出凭证等,下同)。主管地税机关应当及时审查,并在受理申请之日起20日内作出许可决定。

定期定额户存在本《办法》第十三条所列(三)情形的,应当在生产经营情况发生重大变化之日起30日内,主动到主管地税机关领取并填报《定期定额核定(调整)申请表》,提供能够说明其生产经营真实情况的证明资料。主管地税机关应当自接到《定期定额核定(调整)申请表》之日起20日内书面答复。

定期定额户存在本《办法》第十三条所列(二)、(四)两种情形的,主管地税机关应当要求该定期定额户提供能够说明其生产经营真实情况的证明资料。

第十五条 定额执行期内定期定额户经营额或所得额连续三个月高于或低于核定定额超过20%幅度的(不含20%),调整定额并下达《核定定额通知书》;定期定额户经营额或所得额变化未达到上述条件的,对核定定额不予调整。

第十六条 由于税收法律法规发生变化,定期定额户的核定定额不变,但应纳税额应作出统一调整的,主管地税机关可依据核定的定额,直接调整应纳税额,重新下达《核定定额通知书》,并以适当形式进行批量公布。

第十七条 主管地税机关对核定定额未达到营业税起征点的定期定额户,也应当下达《核定定额通知书》。

第十八条 主管地税机关核定的定额作为定期定额户领用发票的依据。

第三章 核定方法

第十九条 地税机关应当根据定期定额户的经营规模、经营区域、经营内容、行业特点、管理水平等因素核定定额,可以采用下列任何一种方法:

(一)行业参照法。参照当地同类行业或者类似行业中经营规模和收入水平相近的纳税人的生产经营情况核定(适用于可供参照的纳税人比较普遍或者容易确定的情况)。

(二)成本费用法。按照营业收入或者成本加合理的费用和利润的方法核定(适用于收入确定或成本、费用确定的纳税人)。

(三)能源消耗法。按照耗用的原材料、燃料、动力等推算或者测算核定(主要适用于生产、加工型纳税人,其主要的成本、费用为耗用的原材料、燃料、动力等,而且比较单一)。

(四)盘点库存法。按照清产核资盘点库存核定(主要适用于库存商品、产成品核算比较准确的纳税人)。

(五)发票测算法。按照定期定额户开具发票的额度,测算其营业额(适用于推行税控装置和有奖发票的纳税人)。

(六)往来资金测算法。按照银行经营账户资金往来情况测算核定。

(七)实地测算法。由地税机关深入定期定额户生产经营实地,测算调查,查验核实纳税人的营业收入。

(八)其他合理方法。

采用前款所列一种方法不足以正确核定定额时,可以同时采用两种以上的方法核定。

第二十条 对国地税共同管理的个体工商户的定额核定原则上按照国税机关核定定额计算。主管地税机关有根据认为国税机关核定的定额明显不实的,或者国税机关未对其进行定额核定的,可以按照本《办法》规定的程序和方法进行定额核定。

第四章　日常管理

第二十一条　依照法律、行政法规的规定，定期定额户负有纳税申报义务。

定期定额户采取简易申报的纳税申报方式。实行简易申报的定期定额户，在按照主管地税机关确定的应纳税额和规定的期限缴纳税款后，当期（指纳税期，下同）可不再办理申报手续。

享受税收优惠政策的定期定额户，要按规定向主管地税机关办理纳税申报。经税务机关核定未达起征点的定期定额户，定额执行期内可不再办理申报手续。

第二十二条　定期定额户在定额执行期结束后30日内，以该期每月实际发生的经营额、所得额申报，申报额超过地税机关核定定额的，按申报额缴纳税款；申报额低于定额的，按定额缴纳税款。

定期定额户当期发生的经营额、所得额超过定额20%（不含）的，应当在法律、行政法规规定的申报期限内向地税机关申报并缴清税款。

第二十三条　定期定额户经营地点偏远、缴纳税款数额较小，或者地税机关征收税款有困难的，地税机关可以按照法律、行政法规的规定简并征期。但简并征期最长不得超过一个定额执行期。

实行简并征期的定期定额户，其税款缴纳时间为简并征期结束次月的纳税申报期。

第二十四条　定期定额户可以委托地税机关认定的银行或其他金融机构办理税款划缴。

凡委托银行或其他金融机构办理税款划缴的定期定额户，应当向地税机关书面报告开户银行及账号。其账户内存款应当足以按期缴纳当期税款。其存款余额低于当期应纳税款，致使当期税款不能按期入库的，地税机关按逾期缴纳税款处理；对实行简易申报的，按逾期办理纳税申报和逾期缴纳税款处理。

通过银行或其他金融机构划缴税款的，其完税凭证可以到地税机关领取，或到地税机关委托的银行或其他金融机构领取；地税机关也可以根据当地实际情况采取邮寄送达，或委托有关单位送达。

第二十五条　县以上地税机关可以根据当地实际情况，依法委托有关单位代征税款。地税机关与代征单位必须签订委托代征协议书，明确双方的权利、义务和应当承担的责任，并向代征单位颁发委托代征证书。

第二十六条　定期定额户应当建立收支凭证粘贴簿、进销货登记簿，完整保存有关纳税资料，并接受地税机关的检查。

第二十七条　定期定额户发生下列情形，应当向地税机关办理相关纳税事宜：

（一）定额与发票开具金额或税控收款机记录数据比对后，经营额、所得额超过定额而应缴纳税款的；

（二）在地税机关核定定额的经营地点以外从事经营活动而应缴纳税款的。

第二十八条　经地税机关检查发现定期定额户在以前定额执行期发生的经营额、所得额超过定额，或者当期发生的经营额、所得额超过定额20%（不含），而未按照本《办法》第二十二条规定向地税机关进行纳税申报并结清应纳税款的，地税机关应当追缴税款，加收滞纳金，并按照法律、行政法规规定予以处理。

第二十九条　定期定额户发生停业的，应在停业前向主管地税机关填报《停业、复业（提前复业）报告书》，并结清应纳税款、滞纳金、罚款。主管地税机关应收存其税务登记证件及副本、发票领购簿、未使用完的发票和其他税务证件。定期定额户在停业期间发生纳税义务的，应当按照规定向主管地税机关申报缴纳税款。

第三十条　定期定额户停业期满或提前恢复生产经营前，向主管地税机关填报《停业、复业（提前复业）报告书》，领回并启用税务登记证件、发票领购簿及其停业前领购的发票。

定期定额户停业期满不能及时恢复生产经营的，应当在停业期内，向主管地税机关提出延长停业登记申请。

第三十一条　地税机关停止定期定额户实行定期定额征收方式,应当书面通知定期定额户。

第三十二条　定期定额户对地税机关核定的定额有争议的,可以按照本《办法》规定,向主管地税机关提出重新核定定额申请;也可以按照法律、行政法规的规定直接向上一级地税机关或当地政府申请行政复议;对行政复议决定不服的,可以依法向人民法院提起行政诉讼。

定期定额户在未接到重新下达的《核定定额通知书》、行政复议决定书或人民法院判决书前,按原核定定额执行。

第五章　附　　则

第三十三条　定期定额户的其他税收征收管理,按照《中华人民共和国税收征收管理法》及其实施细则的有关规定执行。

第三十四条　采取定期定额方式管理的其他个人独资企业、合伙企业、私营独资企业、私营合伙企业,其税款征收管理比照本《办法》执行。

第三十五条　本《办法》由安徽省地方税务局负责解释。

第三十六条　本《办法》自2014年4月1日起施行。2006年10月26日发布的《安徽省地税局个体工商户税收定期定额征收管理实施办法》同时废止。

安徽省地方税务局关于印发《安徽省地方税纳税申报管理暂行办法》的通知

2014年4月15日　皖地税发〔2014〕22号

各市、县地方税务局,省地方税务局直属局:

为进一步明晰纳税人主体地位,提高纳税申报质量,省地税局在充分征求基层意见建议基础上,修订了《安徽省地方税纳税申报管理暂行办法》(以下简称《办法》)。现将《办法》印发给你们,并就做好纳税申报工作提出如下要求,请一并遵照执行。

一、优化纳税服务

地税部门要面向社会主动公开纳税申报地点、时限、内容、具体流程、征纳双方的权利和义务等。纳税申报地点、时限等具体要求发生变化时,要及时通过办税服务大厅、短信平台、网络、媒体等手段,将调整事项告知纳税人。应积极创造条件,推行多元、高效、便捷的纳税申报方式,鼓励纳税人选择高效、便捷方式按期申报纳税。要开展多层次、全方位、个性化的政策宣传活动,促进纳税人及时了解政策、主动依法纳税。特别是对新登记的纳税人,要积极开展申报期前辅导,帮助其尽快掌握纳税申报要求。

二、明确法律责任

进一步突出纳税人主体地位,引导纳税人、扣缴义务人自主进行纳税申报,自觉按照规定报送、补充和更正有关资料,对纳税申报的真实性和合法性负责。地税部门要进一步强化服务理念,为纳税人、扣缴义务人办理纳税申报提供便利;要及时受理和审核纳税申报资料,对不符合要求的,要提醒和告知纳税人,引导和督促其依法纳税。

三、加强申报管理

地税部门办税服务人员，在受理纳税人、扣缴义务人纳税申报时，要做好纳税申报资料的及时性、完整性、逻辑性审核，对未及时申报纳税的，依法加收滞纳金，按规定予以处罚；对纳税申报资料不完整的，要求纳税人补充；对纳税申报资料存在逻辑性错误的，提醒纳税人更正。地税部门在对纳税申报的后续管理中，要通过纳税评估、票表比对等手段，加强申报信息的比对分析，加强零、低申报的管控，及时发现申报异常情况，移交相关部门进行专项评估或稽查。要定期对申报及时性、申报质量等进行调查分析，不断改进申报管理。

四、有效防范风险

地税部门要动态掌握本级本部门纳税申报工作的进展情况，利用安徽地方税收综合管理信息系统（以下简称 AHTAX2013）等软件，实现对纳税申报的监控。充分发挥 AHTAX2013 催报催缴、提醒申报错误或拒绝接收错误数据等功能，及时提醒纳税人按要求办理申报事宜，帮助纳税人防范纳税申报的遵从风险。要通过 AHTAX2013 加强内部管理考核，细化申报质量指标并分解到相关岗位，定期对申报管理情况进行通报，及时做好督查、整改工作，有效防范地税部门在申报管理过程中的执法风险。

安徽省地方税纳税申报管理暂行办法

第一条 为适应税收征管现代化需要，优化地方税纳税申报管理，根据《中华人民共和国税收征收管理法》（以下简称《税收征管法》）、《中华人民共和国税收征收管理法实施细则》（以下简称《实施细则》）和相关法律法规等规定，结合我省地方税征管实际，制定本办法。

第二条 本办法适用于由法律、行政法规规定在我省负有缴纳地方税义务的单位和个人（以下简称纳税人）以及负有代扣代缴、代收代缴税款义务的单位和个人（以下简称扣缴义务人）。

第三条 纳税人、扣缴义务人应依据法律、行政法规和我省地税机关依照法律、行政法规的规定确定的申报期限和申报内容，自主向地税机关办理纳税申报和代扣代缴、代收代缴税款报告（以下简称纳税申报）。

第四条 省地税局根据法律、行政法规规定，按年确定地方税种纳税申报的具体期限，提前向社会发布。

第五条 因税收征管、公共事件、网络故障等原因，需要调整纳税申报期限的，属于全省范围的，由省地税局统一调整，并向社会发布；属于市范围以内的，由市地税局（含省地税局直属局，下同）调整，报省地税局备案，并向社会发布。

因上述原因，纳税人、扣缴义务人未能按照法定期限办理纳税申报，但在省、市地税局调整的期限内办理纳税申报的，视为按期申报，地税部门不予追究责任。

第六条 纳税人在纳税期内没有应纳税款的，也应当按照规定办理纳税申报。纳税人享受减税、免税待遇的，在减税、免税期间应当按照规定办理纳税申报。

第七条 纳税申报事宜应在地税机关指定的办税服务场所（包括办税服务厅、纳税服务中心、代征点等）或电子网络服务平台进行。

第八条 纳税申报方式主要有电子申报、直接申报、邮寄申报、简易申报等。

（一）电子申报。即由纳税人、扣缴义务人将纳税申报表表列信息及有关资料通过计算机网络传输给地税机关。纳税人、扣缴义务人采取电子方式办理纳税申报的,应当按照税务机关的规定,与银行、地税机关签订税库银三方缴纳协议,并按地税机关要求保存和报送相关申报资料。

(二)直接申报。即由纳税人、扣缴义务人持纳税申报表及有关资料到地税机关办税服务厅等办税服务场所申报。

(三)邮寄申报。即由纳税人、扣缴义务人将纳税申报表及有关资料装入专用信封寄达地税机关。邮寄申报应当使用统一的纳税申报专用信封,以邮政部门收据作为申报凭据,以寄出的邮戳日期为实际申报日期。

(四)简易申报。即实行定期定额缴纳税款的纳税人,在法定的期限内缴纳税款的,视同申报。

第九条 纳税人、扣缴义务人可以自行选择纳税申报方式,一经确定后由地税机关为其备案,原则上一个纳税年度内不得随意变更。为方便申报和税收管理,主管地税机关应引导纳税人选择电子申报方式。

第十条 纳税人、扣缴义务人可以委托税务代理人代为办理申报纳税事宜。

第十一条 纳税人、扣缴义务人按照地税机关的规定,根据不同税种、事项选择使用综合类纳税申报表、单税种纳税申报表及代扣代缴税款报告表(以下简称为纳税申报表)。在办理纳税申报时,纳税人、扣缴义务人应当如实填写纳税申报表,并对其真实性、合法性负责。

第十二条 纳税申报表主要内容包括:税种、税目、税款所属期,应纳税项目(或者应代扣代缴、代收代缴税款项目),计税依据、扣除项目及标准、适用税率或者单位税额,应纳税额(或者应代扣代缴、代收代缴税额),应抵扣项目及金额、应减免税项目及税额等。

单税种纳税申报表除上述主要内容外,还应包括相关明细申报信息。

第十三条 纳税人、扣缴义务人在办理纳税申报时,根据不同情况报送下列有关证件、资料,并对其真实性、合法性负责:

(一)财务会计报表及其说明材料;

(二)与纳税有关合同、协议书及凭证;

(三)税控装置的电子报税资料;

(四)外出经营活动税收管理证明及异地完税证明;

(五)境内或者境外公证机构出具的有关证明文件;

(六)代扣代缴、代收代缴税款的合法凭证;

(七)地税机关规定应当报送的其他有关证件、资料。

第十四条 纳税人、扣缴义务人采用电子申报方式并使用CA证书申报的,在按照规定填写、传递纳税申报表和财务会计报表等电子数据后,可不再报送相应纸质材料。

纳税人、扣缴义务人采用电子申报方式但未使用CA证书申报的,在按照规定填写、传递纳税申报表和财务会计报表等电子数据后,其纸质材料可以按季度或年,集中向地税机关报送。具体报送频率由各市地税局规定。

第十五条 地税部门在受理纳税人、扣缴义务人直接申报时,应当做好纳税申报表和涉税资料的及时性、完整性和逻辑性审核。审核内容主要包括:

(一)纳税申报表种类是否符合地税机关要求;

(二)纳税申报期限是否符合法定要求;

(三)纳税申报内容是否齐全,申报项目填写是否完整;

(四)数据计算逻辑关系是否正确;

(五)纳税申报表纳税人全称、单位公章是否符合规定要求;

(六)相关涉税资料是否齐全,纳税人是否签字并加盖单位公章(不得以财务章代替),期限是否符合要求,内容是否完整,是否符合地税机关规定的其他要求。

地税部门在受理纳税人、扣缴义务人邮寄申报时,具体审核内容比照上述规定执行。

第十六条 地税部门受理直接申报、邮寄申报时,纳税人、扣缴义务人提供的纸质纳税申报表和其他涉税资料,审核无误的,当场予以受理。涉及纳税人逾期缴纳税款的，依法加收滞纳金。

纳税人、扣缴义务人提供的纸质纳税申报表和其他涉税资料，不符合要求的，地税部门不予受理，说明原因并要求其补充、更正。纳税人、扣缴义务人拒绝补充、更正的，地税部门不予受理。纳税人、扣缴义务人补充、更正后，地税部门予以受理。

第十七条　地税部门受理直接申报、邮寄申报后，对已经审核的纸质纳税申报表和其他涉税资料，应当及时录入安徽地方税收综合管理信息系统等征管软件。

第十八条　地税部门在受理纳税人、扣缴义务人电子申报时，由纳税人、扣缴义务人直接登录安徽省地方税务局电子税务局自行录入申报数据，系统自动进行审核。

第十九条　纳税人、扣缴义务人办理纳税申报后，发现纳税申报事项有误的，可以要求更正申报。在法定纳税申报期限内，纳税人、扣缴义务人更正申报并缴纳税款的，不加收滞纳金。超出法定纳税申报期限的，纳税人、扣缴义务人更正申报、缴纳税款的，依法加收滞纳金。

第二十条　纳税人经政策辅导、纳税评估等，自行发现的往期未申报税款，可以要求补充申报。纳税人补充申报、缴纳税款的，依法加收滞纳金。

第二十一条　纳税人、扣缴义务人按照规定期限办理纳税申报确有困难的，经地税机关核准，可以延期申报。

纳税人、扣缴义务人应当在纳税申报期限届满前提交《税务行政许可申请书》，报送《延期申报申请核准表》、纳税人、扣缴义务人不能按期办理纳税申报的书面说明。资料齐全的，地税部门当场予以受理；资料不齐全的，纳税人、扣缴义务人应在申报期限届满前补充完毕，地税部门予以受理。

地税部门在受理纳税人延期申报申请后，应当场核定纳税人预缴税额，或者按照纳税人上期实际缴纳的税额，向纳税人征收税款后，作出同意延期申报的许可决定。

第二十二条　纳税人、扣缴义务人因不可抗力，不能按照规定期限办理纳税申报的，可以延期申报。纳税人应在不可抗力情形消除后立即向地税机关报告，提交《税务行政许可申请书》，报送《延期申报申请核准表》、纳税人、扣缴义务人不能按期办理纳税申报的书面说明或者有关部门对于不可抗力情形的证明文件。资料齐全的，地税部门当场予以受理；资料不齐全的，要求纳税人、扣缴义务人补充完毕，地税部门予以受理。

地税部门在受理纳税人延期申报申请后，应当在5日内查明事实，作出许可决定。

第二十三条　符合本办法第二十一条规定，经地税机关核准可以延期办理纳税申报的纳税人、扣缴义务人，应当在规定的申报期限内，按照地税机关核定的税款或者按上期实际缴纳的税额预缴税款，并在核准的延期内办理纳税结算。

第二十四条　纳税人、扣缴义务人、税务代理人未按照规定履行纳税申报义务或代理纳税申报，依据《税收征管法》及实施细则、《注册税务师管理暂行办法》等规定予以处理。

第二十五条　各地应根据本办法结合当地实际情况制定具体实施办法，并报安徽省地方税务局备案。

第二十六条　本办法由安徽省地方税务局负责解释。

第二十七条　本办法自2014年5月1日起施行。

安徽省地方税务局关于进一步优化地方税务设立登记程序的公告

2014年6月19日　2014年第2号

为认真落实国家税务总局“便民办税春风行动”总体部署,进一步减轻纳税人负担,提高税务登记服务效率,安徽省地方税务局决定优化地方税务设立登记程序。现将有关事项公告如下:

一、明确纳税人办理设立登记所需资料

纳税人在申报办理设立登记时,需要正确、完整地填写《税务登记表》,并报送下列资料:

(一)工商营业执照或其他核准执业证件原件及复印件;

(二)组织机构代码证书副本原件及复印件(纳税人为个体工商户的,如果取得此证书,需要提供,如果未取得则不需要提供);

(三)法定代表人(负责人)居民身份证、护照或其他证明身份的合法证件原件及其复印件,或者个体工商户业主居民身份证原件及其复印件;

(四)有关合同、章程、协议书复印件;

(五)纳税人跨县(市)设立的分支机构办理税务登记时,还须提供总机构的税务登记证(国、地税)副本复印件;

(六)注册地址及生产、经营地址证明(产权证、租赁协议)原件及其复印件;如为自有房产,请提供产权证或买卖契约等合法的产权证明原件及其复印件;如为租赁的场所,请提供租赁协议原件及其复印件,出租人为自然人的还须提供产权证明的复印件;如生产、经营地址与注册地址不一致,分别提供相应证明;如为无偿使用房产的,提供房产所有人说明;

(七)土地使用证、机动车行驶证等证件的原件及复印件。

二、纳税人可以视情选择设立登记程序

纳税人可以选择网上办理或者现场办理地方税务设立登记事项,其中现场办理可选择当场办结程序或者容缺办理程序。

(一)网上预约登记程序。纳税人可以登录安徽省地方税务局电子税务局系统,填写电子《税务登记表》并直接报送。纳税人在预约时间内携带本公告第一条所列资料,前往地税部门办税服务场所(含政务中心地税窗口,下同)报送纸质资料、领取税务登记证件。

(二)当场办结程序。纳税人准备好本公告第一条所列资料,在地税部门办税服务场所当场填写《税务登记表》,领取税务登记证件。其中办理临时税务登记的纳税人,只能采取此程序办理。

(三)容缺办理程序。纳税人一次性准备本公告第一条所列资料有困难的,可以选择容缺办理程序办理设立登记。纳税人向地税部门提供本公告第一条所列(一)(二)(三)资料,并保证事后补填《税务登记表》、补充提供本公告第一条所列其余资料,即可以当场领取税务登记证件。选择容缺办理程序,必须经纳税人自愿选择。

三、纳税人应当主动、全面履行税务登记义务

正确填写和报送《税务登记表》,完整提供所有资料,是纳税人办理税务登记应尽义务。纳税人采取容缺办理程序办理税务登记的,其义务未能当场全部履行。因此,纳税人在领取税务登记证件前，应当对地税部门发出的《税务事项通知书》（见附件）进行签字（或签章）确认，保证在领取税务登记证件后1个月内，自觉全面履行其税务登记未尽义务。

在纳税人全面履行税务登记义务前，不得向地税部门申请办理领用发票等涉税事宜。纳税人未能按照《税务事项通知书》要求履行税务登记义务的，地税部门有权进行公告，督促其尽快履行义务，并将信息传递给其他相关部门。对符合非正常户认定条件的纳税人，地税机关依法将其纳入非正常户管理，并在三个月后宣告其税务登记证件失效。

本公告自2014年8月1日起执行。

特此公告。

安徽省地方税务局关于落实便民办税春风行动若干征管措施的通知

2014年7月28日 皖地税发〔2014〕50号

各市地方税务局，广德、宿松县地方税务局，省地方税务局直属局：

为深入推进"便民办税春风行动"，进一步提升税收管理服务效率和水平，根据《安徽省地方税务局关于印发深入开展"便民办税春风行动"实施方案的通知》（皖地税发〔2014〕9号）要求，现结合税收征管工作提出如下措施，请抓好落实。

一、提高税务登记服务效率

1. 减少审批环节。认真落实国家税务总局关于涉税行政审批改革决定和省局新修订的《安徽省地方税务局税务登记管理实施办法》。除注销税务登记外，纳税人在申报办理税务登记事项时，填写表格正确、证件资料齐全的，地税部门一律当场办结。

2. 优化设立登记程序。《安徽省地方税务局关于进一步优化地方税务设立登记程序的公告》（2014年第2号），明确规定纳税人可以自愿选择网上办理或者现场办理税务登记的设立登记事项，其中现场办理可选择当场办结程序或者容缺办理程序。纳税人能够当场正确填写表格、完整提交证件资料的，地税部门必须为其当场办结设立登记事项，避免增加纳税人负担。

对于采用容缺办理程序办理设立登记的纳税人，地税部门应当在1个月内上门开展纳税辅导，主要内容包括：辅导、收集纳税人填写的《税务登记表》；收集纳税人办理设立登记需要报送的其他资料；向纳税人开展发票使用、税控装置、个体工商户定额核定、纳税申报等税收政策的宣传和辅导。有条件的市地税局，也可以采取纳税人学校等形式，集中采集纳税人信息，为纳税人提供集中的纳税辅导。

3. 推进多部门合作。积极与其他部门开展合作，获取其他部门关于纳税人的相关信息。对于能够取得第三方信息的，如房产、土地、车辆，可以不再要求纳税人提供相关资料。依托各地的政务服务中心，大力推进国、地税部门联合办理设立登记业务。支持淮南、马鞍山等有条件的市，探索开展质监、工商、国税、地税部门间的"四证联办"。

4. 缩短注销登记办理时限。对采用定期定额征收方式管理的纳税人，办理注销税务登记时，填写表格正确、证件资料齐全，且无欠税、无未缴销发票和其他未结税务事项的，当场办结。对其他纳税人，在正确提交资料后，地税部门15日内办结。特殊情况需要延长期限的，需经上级地税机关批准,但最长不得超过60日,并应当及时向纳税人说明理由。

二、提升发票管理效率

5. 快速办理纳税人发票领用事宜。在纳税人办理税务登记的同时,地税部门应向其宣传办理发票领用事宜的注意事项,告知其尽快刻制发票专用章。纳税人办理发票领用事项,包括首次领用、日常领用及用票调整,填写表格正确、证件资料齐全的,地税部门当场办结。

6. 保证纳税人发票正常供应。在全面落实免收发票工本费政策的同时,正常供应纳税人(包括未达起征点纳税人)发票,保证纳税人的正常生产经营。引导纳税人尽量使用通用发票,减轻纳税人负担。

7. 积极推行网上办理发票业务。淮南、马鞍山市地税局今年底前要试点启用电子税务局网上领用发票功能,为符合条件的纳税人提供网上申请、领取实物发票的渠道。

8. 提高代开发票小额上限标准。申请代开发票(不含建筑业和销售不动产发票)的单位和个人,单次代开金额低于2000元(含),只需要提供申请代开发票人的合法身份证件,即可向地税部门申请代开发票。

9. 简化发票兑奖程序。有奖发票单张中奖金额在100元(含)以下的,中奖人直接在消费场所兑奖。有奖发票单张中奖金额在100元以上的,中奖人前往地税部门办税服务场所兑奖。合肥市等有条件的市地税局,要积极探索兑奖金额直接充值手机话费等新型兑奖方式。

三、拓展网上办税服务功能

10. 加大电子税务局宣传力度。以全省地税系统信息化应用提升年活动为契机,大力宣传电子税务局各项功能,加强宣传辅导,积极引导纳税人体验应用,促进电子税务局与实体服务场所同发展、同进步,减轻基层和纳税人办税负担。

11. 加强电子税务局功能推广使用。对电子税务局已经开发完毕的各项功能,要加强推广使用。一是电子申报功能。在现有的各种纳税申报方式中,主管地税机关应引导纳税人选择电子申报方式。对采用电子申报方式并使用CA证书申报的纳税人,在按照规定填写、传递纳税申报表和财务会计报表等电子数据后,可不再报送相应纸质材料。对采用电子申报方式但未使用CA证书申报的纳税人,在按照规定填写、传递纳税申报表和财务会计报表等电子数据后,其纸质材料可以按季度或年,集中向地税机关报送。对其他具备上网条件的纳税人,要推广12万元个人所得税网上申报以及房产税、城镇土地使用税明细申报等功能。二是预登记功能。引导纳税人应用税务登记和纯社保户预登记功能。三是预申请功能。对于税务登记变更及注销、外出经营活动税收管理证明开具、发票核定、社保费登记变更等业务,引导纳税人使用电子税务局的预申请功能。

12. 完善发票真伪查验功能。继续完善和深化电子税务局网上发票真伪查验功能,实现与12366热线等发票查询平台的功能互补,推动建立多元化发票查验服务渠道。

13. 不断拓展电子税务局其他业务功能。今年底前,各级地税机关要启用电子税务局征纳互动平台、税务文书开具、逾期申报简易处罚办理等功能。

四、创新自助和移动办税服务

14. 加强自助办税设施建设。市区、县城区的办税服务厅,要加强自助办税区域建设,为纳税人提供网上办税设备或自助办税终端,方便纳税人自助办税。合肥、马鞍山、淮南等有条件的市地税局,2014年要全部实现个人所得税完税凭证自助打印,并实现发票真伪查询、税收政策公告等功能。明年起,逐步增加和完善功能,并积极试点办税场所外的自助办税服务。

15. 试行移动办税服务。支持合肥、淮南市地税局开发移动自助服务平台,2015年上半年试运行,初步实现发票真伪查验、政策咨询等功能。2015年底前进一步完善纳税申报、涉税事项办理查询、预约服务等功能。

五、规范和简并涉税文书报表

16. 落实好国家税务总局取消简并涉税文书报表总体要求。国家税务总局近日发布《关于发布取消简并涉税文书报表的公告》(2014年第21号)、《关于发布第二批取消简并涉税文书报表的公告》(2014年第30号),发布了两批共26种涉税文书报表。按照总局公告要求,我省地税系统具有类似功能的文书《定期定额核定(调整)申请表》、《停供发票购票特批申请审批表》(样式见附件),予以取消。《定期定额核定(调整)申请表》取消后,地税部门在采集有关定额信息时,填写《个体工商户定额信息调查表》,请纳税人签字确认。《停供发票购票特批申请审批表》取消后,对停业期间的纳税人不再供应发票。

17. 进一步规范对自行印制涉税文书报表的管理。省地税局将按照总局要求,成立专门工作小组,组织力量对我省现行涉税文书报表进行一次“大清理”,优化、取消简并涉税文书报表,特别是需要纳税人填报使用的各类文书报表。对决定取消或简并的涉税文书报表,省地税局将根据工作进展情况,分批予以公布。

18. 逐步扩大免填单业务。落实省地税局《关于规范简并办税事项推行办税清单工作的意见》(皖地税发〔2014〕31号),对于外出经营报验登记、个人所得税完税证明开具、发票真伪鉴定、有奖发票兑奖等涉税事项,不再要求纳税人填写表格,由地税人员依托安徽省地方税收综合管理信息系统(以下简称“AHTAX2013”),采集纳税人相关涉税申请信息,按规定程序直接办结涉税事项。对其他需要纳税人填写表证单书的涉税事项,逐步开展免填单服务,纳税人只需按规定提交有关资料,由地税人员在AHTAX2013系统中录入信息,打印出相应表格,由纳税人核对,并签字或签章确认。2014年底全省要全面推行发票代开类、发票票种核定申请(普通发票首次领用)、发票票种调整申请(发票用票调整)、个人契税申报类、个人耕地占用税申报类业务免填单服务。以后逐步扩大免填单服务范围。

六、扩大同城通办业务

19. 全面扩大同城通办覆盖范围。今年年底前,全省所有省辖市地税局实现市区范围内的同城通办,可办业务至少包括日常申报纳税、发票日常领用、代开发票(不含建筑业和销售不动产发票)3项。2015年底前,所有的县地税局实现全县范围内的同城通办。已经推行同城通办的市、县地税局,要积极扩大可办业务。

20. 规范同城通办业务管理。根据信息化应用、税收征管改革等形势发展,梳理同城通办业务流程,规范业务管理标准,在为纳税人服务的同时,维护正常的税收征管秩序。

七、推进税收信用体系建设

21. 加强税收信用宣传。依法诚信纳税,是纳税人在市场经济中最好的信用证明。地税部门要多渠道、多方式、不间断地开展税收信用宣传,及时发布新政策和新举措,帮助纳税人了解税收信用的意义和作用。在税务登记、纳税辅导、纳税申报等日常管理环节,及时提醒纳税人关注其税收信用状况,突出税收信用记录对纳税人市场经济活动的重要性,引导纳税人正确履行纳税义务。

22. 大力褒扬诚信纳税。积极利用纳税信用等级评定成果,为依法诚信纳税人提供更多的办税便利条件,让守信者一路畅通。根据有关部门和单位要求,或者依据纳税人主动申请,地税部门要及时为依法诚信纳税的纳税人提供税收信用方面的鉴证材料,为纳税人参加各类经济活动创造良好的税收环境,进一步凸显税收信用在社会信用体系中的价值,引导更多的纳税人依法诚信纳税。

23. 逐步建立全省地方税纳税人税收不良(失信)记录信息数据库。落实省地税局工作要求,组织开展税收不良(失信)记录认定工作。省地税局正在优化AHTAX2013系统相关功能,加强对纳税人不良记录认定工作的监控,实现全面、动态的管理。2014年底前,宿州、马鞍山市地税局试点使用AHTAX2013系统税收不良(失信)记录认定功能。自2015年起,全省地税系统都要依托AHTAX2013系统,实现纳税人不良(失信)记录认定工作常态化,逐步建立起全省地方税纳税人不良(失信)记录信息数据库。

24. 积极利用地方税收不良(失信)记录认定结果。在税收的内外部管理中,要利用好不良(失信)记录认定结果,督促纳税人依法诚信纳税,维护公平的税收秩序。在有关部门征信时,要规范提供有关认定结果,加强对纳税失信行为惩戒。在 AHTAX2013 系统相关功能未完成前,各级地税机关对外部门有关征信要求,要严格按照《关于规范全省地方税收不良记录认定工作的通知》(皖地税函〔2013〕655 号)明确的标准,进行认定和提供。

附件 1:定期定额核定(调整)申请表(略)

附件 2:停供发票购票特批申请审批表(略)

关于落实便民办税春风行动若干征管措施的通知的解读

近期,安徽省地方税务局发布《关于落实便民办税春风行动若干征管措施的通知》(皖地税函〔2014〕号)(以下简称《通知》)。现将有关内容解读如下:

一、《通知》制定的有关背景

一是落实国家和我省关于政府简政放权、深化行政改革的要求,转变税收管理方式,将以前注重对纳税人的事前控制,调整为加强事中和事后监管。二是按照国家税务总局"三个三"主题和便民办税春风行动的具体部署,进一步优化纳税服务。三是回应全省地税系统开展党的群众路线教育实践活动中基层反映问题和纳税人诉求,建立为基层和纳税人减负的长效机制。四是将近年来全省地税系统征管创新和信息化建设的最新成果应用到办税服务中,力求为纳税人提供更方便、更快捷的服务措施。

二、《通知》优化了税务登记的服务措施

一是落实税务登记审批制度要求,明确纳税人申报办理除注销税务登记外的其他登记事项,地税部门一律当场办结。二是优化设立登记程序,增加了网上预约登记和容缺办理两种程序。三是推进多部门合作,明确了国、地税部门间、税务与其他部门间加强联合服务的措施。四是缩短注销登记办理时限,对定期定额户,符合条件的,当场办结,对其他纳税人则严格限定地税部门办理时限。

三、《通知》优化了发票管理的有关措施

在进一步对纳税人发票日常领用提速、加强纳税人发票正常供应管理、简化发票兑奖程序的基础上,明确了如下措施:一是推行网上办理发票业务,要求有条件的市地税局启用电子税务局网上领用发票功能。二是对代开发票小额标准提高到 2000 元,即申请代开发票(不含建筑业和销售不动产发票)单次金额不超过 2000 元的,只需提供代开申请人的合法身份证件。三是简化发票兑奖程序,有奖发票单张中奖金额在 100 元(含)以下的,中奖人直接在消费场所兑奖。

四、《通知》拓展了办税服务渠道

在加强地税部门实体办税场所建设的同时,要求各级地税机关进一步扣展办税服务的渠道。一是大力推广网上办税各项功能。加大电子税务局功能宣传,引导纳税人主动使用,体验信息办税的优越性。大力推广应用电子税务局的电子申报、预登记、预申请、发票真伪查验功能,并根据 AHTAX2013 优化完善进展,于 2014 年底前启用征纳互动平台、税务文书开具、逾期申报简易处罚办理等功能。二是加快自助办税区域建设。合肥、马鞍山、淮南等有条件的市地税局,2014 年底为纳税人提供个人所得税完税凭证自助打印、发票真伪查询、税收政策公告等自助办税功能。三是试点移动办税。要求合肥市地税局开发移动自助服务平台，2015年上半年初步实现发票真伪查验、政策咨询等功能，2015年底前完善应用纳税申报、涉税事项办理查询、预约服务等功能。

五、《通知》规范和简并了有关涉税文书报表

一是在全省地税系统取消了《定期定额核定（调整）申请表》、《停供发票购票特批申请审批表》，进一步明确取消上述文书报表后的征管流程和要求。同时，对全省地税系统的各类涉税文书报表予以梳理、优化，规范对自行印制涉税文书报表的管理。二是扩大免填单业务。2014年底前在全省全面推行发票代开类、发票票种核定申请（普通发票首次领用）、发票票种调整申请（发票用票调整）、个人契税申报类、个人耕地占用税申报类业务免填单服务，以后将逐步扩大免填单业务覆盖范围。

六、《通知》扩大并规范了同城通办业务

《通知》在总结各级地税机关同城通办业务经验的基础上，对进一步加强管理提出了要求：一是明确全省各省辖市地税局2014年实现辖区内同城通办，2015年县地税局实现同城通办。二是要求各级地税机关结合信息化应用、税收征管改革等新形势，规范同城通办业务管理。

七、《通知》强调了税收信用体系建设

为适应社会信用体系建设的新形势，《通知》从褒扬守信，惩戒失信两个方面，提出税收信用体系建设的新要求。要求加强税收信用宣传，褒扬依法诚信纳税行为，逐步建立全省地方税纳税人不良（失信）记录信息数据库，加大税收失信行为惩戒力度。

安徽省地方税务局关于开展欠税清理工作的通知

2014年8月1日　皖地税函〔2014〕414号

各市地方税务局，广德、宿松县地方税务局，省地方税务局直属局：

为加强欠税管理，提高税收征管质量，防范执法风险，省地税局决定于2014年8月至10月，集中时间组织开展欠税清理工作。现就有关事项通知如下，请抓好落实。

一、开展数据清查，摸清欠税底数

欠税管理是税收管理工作的难点，部分单位对欠税情况掌握不清、采取措施不力，造成税款不能及时征缴入库，形成重大执法风险。要高度重视欠税清理工作，组织专门力量，对2014年6月30日以前的欠缴税款开展全面彻底清查。要对全部欠缴税款进行逐户、逐笔核实，确认属于错误数据的，按照数据维护管理规定程序，在征管信息系统中进行数据清理，确保欠税数据全面、客观地反映欠缴税款的实际情况。

二、加大清欠力度，分类清理欠税

要在摸清欠税数据的基础上，制定清欠工作计划，集中时间精力，开展专门的清欠工作。主管地税机关对于存在欠缴税款纳税人，要加强生产经营、资金周转情况调研，分析经营前景、欠税成因、清偿能力等，有针对性地采取清欠措施。对于确实有缴纳税款能力的纳税人，依法采取多种措施，加大清缴力度。对于暂不具备缴纳税款能力的纳税人，督促其制订清欠计划，分期完成清欠。对于符合核销死欠条件的，按照《欠缴税金核算管理暂行办法》规定的程序和审批权限办理核销。

三、严格执法程序,规范文明执法

在欠税清理过程中要依照法定职权和程序,坚持依法清欠。依法采取限期缴纳、限制发票领用量、欠税公告、强制措施等法定措施,积极行使代位权、撤销权,参与企业清偿债务。对于责任不明的往年陈欠,可根据国家税务总局《关于印发进一步加强税收征管若干具体措施的通知》(国税发〔2009〕114号)要求,在清缴税金与滞纳金时,将往年陈欠和滞纳金分离处理,先将本金清缴入库。

四、认真总结分析,及时反馈情况

主管地税机关对欠税清理情况,要认真统计,对经清查属实的欠税数据,要逐户编制欠税清册,分析说明欠税原因、已经采取的清理措施及成效、下一步拟处理意见等,清册内容由各市地税局自行确定。欠税清册由主管地税机关向上一级地税机关上报,市、县地税局确认后统一立卷归档。各市地税局、省地税局直属局要认真统计汇总相关数据,填写《全省地税系统欠税清理情况统计表》(见附件),于11月15日前报送省地税局(征管和科技发展处),并同时上报工作总结,内容包括清欠工作组织开展情况、取得成效和下一步加强欠税管理的意见建议。

附件:全省地税系统欠税清理情况统计表(略)

安徽省地方税务局　安徽省国家税务局 关于贯彻落实《安徽省人民政府关于建立涉税信息交换与共享机制的通知》的通知

2014年8月27日　皖地税发〔2014〕66号

各市、县地方税务局、国家税务局:

近期,省政府印发《安徽省人民政府关于建立涉税信息交换与共享机制的通知》(皖政秘〔2014〕117号)(以下简称《通知》),决定建立涉税信息交换与共享机制,推动税收征管保障机制建设。为贯彻落实好《通知》要求,现将有关事项通知如下:

一、深刻领会《通知》精神和意义

十八届三中全会以来,随着财税体制改革的深入推进和行政管理方式的不断创新,加快推进税收征管现代化日益迫切。涉税信息共享是实现税收征管现代化的重要抓手,有利于减少税源信息不对称、提升税收监管能力、保障国家税收收入,也有利于优化政务信息资源配置、提高政府公共服务水平。《通知》提出了我省涉税信息交换与共享机制建设的总体要求,明确了40个部门单位提供涉税信息的内容和职责,具有很强的指导性和可操作性,为加快推进全省涉税信息交换与共享工作提供了重要依据和保障。《通知》明确要建立统一、规范、实时的涉税信息共享平台,有利于实现涉税信息的及时交换、深入应用。

二、建立健全长效工作机制

《通知》规定由各级社会信用体系建设领导组织牵头领导涉税信息交换与共享工作,明确由各级政府确定税务或财政部门为具体承办机构。各级税务机关应根据机制建设的实际情况,积极、主动向同级政府汇报,争取政府和有关部门支持,尽快形成常态、高效的涉税信息交换与共享工作机制。未成立领导机构的地方,要依托各级社会信用体系建设联席会议实施组织领导;已成立机构的地方,可发挥现有领导组织的统筹协调作用,必要时加强与社会信用体系建设联席会议的合作。省级层面完善制度、促进落实等工作由税务部门具体承担,各市、县(区)按照便于工作开展原则确定具体承办机构,进一步完善工作职责、内容和方式。同时,各地要将推进涉税信息交换与共享作为深化国地税合作机制的重要内容,明确责任部门和工作要求,建立、落实统一的工作制度和标准,促进全省各级各部门间的涉税信息交换与共享。

三、推进涉税信息交换

《通知》明确了近150大类的涉税信息,涉及领域广,参与部门多,要实现《通知》规定的涉税信息交换与共享目标,需要开展大量、复杂和艰辛的工作,持之以恒地予以推进。各级税务机关要加强统筹规划,分阶段、分步骤实施,形成工作合力。省地税局、省国税局将尽快实现国地税省级数据交换,共享税务登记、定期定额核定、入库税款、查补税款等方面信息;利用省公共信用信息共享服务平台、"点对点"合作等方式,推进与工商等部门的信息交换。各地要利用有利时机,进一步补充信息范围、完善信息内容、健全工作制度,采取多边、双边等形式加强部门沟通和对接,年内实现2个以上部门的突破,不断深化涉税信息交换和共享工作。

四、推动信息平台建设

建立统一、规范、实时的信息平台是涉税信息交换与共享工作常态化、规范化的重要保证。根据当前各部门信息化水平和信息利用状况,需要分级建立信息平台。省地税局、省国税局将依托省公共信用信息共享服务平台开展省级层面的涉税信息交换与共享,明确信息平台建设的具体要求,推动各级信息平台的有效对接和联动发展。已建立信息平台的地方要按照总局、省局的数据规范,对现有平台进行升级,将外部门数据转换为标准数据,以利于数据综合利用。未建立平台的地方要根据实际情况,加快建立或利用已有的政府信息平台,采取以实时网络交换为主、定期介质交换为辅的方式,及时传递和获取各级各部门的涉税信息。

五、加强信息管理与应用

近年来,涉税信息利用已不再局限于简单、粗放的核实比对,更加注重深层次的分析和管理,处理科学化、利用多元化的趋势越来越明显。《通知》指出,要在全面实现信息交换的基础上,着力开展信息分析应用。目前,省级层面已在外部信息采集接口以及信息应用方面取得了突破,下一步将通过编写涉税信息采集应用指引、加强业务人员培训等方式,为各地有效开展应用工作提供帮助。各地要加强数据标准化分类管理,对数据进行多种形式的深入加工,重点利用已有的风险管理等工具开展信息应用。在此基础上,进一步探索创新数据分析应用方式,形成有利于全省涉税信息应用的有益经验,更好地推动全省涉税信息的深化应用。

安徽省人民政府关于建立涉税信息交换与共享机制的通知

2014年6月18日 皖政秘〔2014〕117号

各市、县人民政府,省政府有关部门:

为适应经济社会发展,进一步健全税源控管机制和手段,建立促进依法征税、发挥税收职能、服务科学发展的税收征管体制,省政府决定建立涉税信息交换与共享机制,现就有关事项通知如下:

一、总体要求和工作目标

1. 总体要求。以税收法律、法规为依据,以部门合作、源头管理、信息共享、综合监控为原则,推动政府部门和有关单位履行税收协助职责和义务,促进税务部门提高依法治税水平,切实维护税收公平,为全面深化改革、实现经济社会持续健康较快发展,提供强有力的税收保障。

2. 工作目标。建立"政府领导、部门配合、社会参与"的涉税信息交换与共享机制,建立统一、规范、实时的涉税信息共享平台,省、市、县(市、区)部门间涉税信息及时交换、深入应用,税收监管体系不断健全,纳税服务不断优化。

二、健全工作机制

1. 完善综合协调机制。由各级社会信用体系建设领导组织牵头,负责涉税信息交换与共享工作的组织领导和统筹协调。各级税务或财政部门(具体由各级政府确定)负责涉税信息归集、分析、交换和考评等工作,承担完善制度、促进落实等职责。

2. 加强制度建设。各级税务或财政部门根据税收征管需要及部门管理职能,制定涉税信息交换与共享工作各项制度,明确有关部门和单位应提供的信息范围和工作要求,确定涉税信息详细内容、交换时限和工作规则,规范涉税信息交换和共享的口径、格式和标准。

3. 构建控管机制。有关部门和单位定期对交换的涉税信息进行动态调整,充实有关内容。积极利用涉税信息网络监控平台,加强部门间交流合作,提升涉税信息利用水平。实现涉税信息交换平台与公共信用信息共享服务平台的互联互通,提高信息资源利用效益。

三、明确部门分工

有关部门、单位按照各自职能,在领导小组统一领导下,开展涉税信息交换与共享工作。

1. 发展改革部门:提供重点建设项目立项批复、投资计划、利用国外贷款、利用省外资金等情况,以及风险投资企业、资源综合利用企业、国家规划布局内重点软件企业和集成电路设计企业认定等情况。

2. 教育部门:提供国家和社会力量办学登记、成人教育和校办企业登记、举办各种业余教育的中小学和幼儿园登记等情况,以及外籍文教专家聘用、教师登记等情况。

3. 科技部门:提供高新技术企业名单,高新技术企业复审后提供有关复审情况,技术合同的认定登记情况,省级科普基地认定情况等。

4. 经济和信息化部门:提供重点技术改造项目、改制改组企业、兼并企业、破产企业等情况,煤炭、黄金、水泥、盐业等矿产品开采量和产品生产量情况,以及软件企业、集成电路企业、研发中心、软件产品认定名单和资源综合利用企业等情况。

5. 公安部门:提供车辆登记变更、机动车驾驶证相关信息,外籍人员登记、房屋租赁、宾馆住宿入住人次等情况。

6. 民政部门:提供新办社会团体、民办非企业单位的登记、变更、注销等情况;各类福利企业、基金会的认定、年检、注销、撤销等情况;福利彩票销售等情况。

7. 司法行政部门:提供律师、公证机构登记等情况。

8,财政部门:提供行政事业单位收费情况,纳入预算管理的事业、社会团体单位等情况。

9. 人力资源社会保障部门:提供吸纳失业人员企业认定、年检情况,就业失业登记证发放、年审情况,以及企业用工、城镇医疗保险定点药店、医保结算信息等情况。

10. 国土资源部门:提供依法批准农用地转用和土地征收文件、建设用地批准书、国有建设用地划拨决定书、土地出让合同、土地权利证书等资料;采矿许可证书发放情况,以及矿产资源开采、矿产品产量情况等。

11. 环保部门:提供大型工业企业或建设项目环评文件审批等情况。

12. 住房城乡建设部门:提供房屋产权的登记、变更、租赁、交易等情况,房地产开发企业房地产建设项目概况、规划许可等情况,建筑工程施工许可证发放、已备案的外来建筑企业及城市拆迁等情况。

13. 交通运输部门：提供交通运输企业登记以及驾驶员培训等情况，年度公路建设投资计划等情况。

14. 农业部门：提供农业产业化龙头企业认定情况。

15. 水利部门：提供水利建设项目概况、项目实际资金投入及对施工单位的工程款支付等情况，水利建设投资计划等情况。

16. 商务部门：提供进出口企业备案登记信息、服务外包企业信息、利用外商直接投资、外商投资企业股权转让、企业外派劳务人员、中小进出口企业专项贷款等情况，以及石油开采量和产品生产量等情况。

17. 文化部门：提供动漫企业名单、文化事业单位改制名单、网吧行业登记管理、网络文化经营等特种行业经营许可证发放、大型营业性演出活动等情况。

18. 卫生部门：提供营利性和非营利性医疗机构的认定等情况。

19. 审计部门：提供审计涉税信息，涉税事项的《审计决定书》和其他相关审计文书。

20. 国有资产管理部门：提供批准的企业兼并、划转、改组改制以及大中型企业主辅分离等情况。

21. 体育部门：提供商业性比赛活动、体育彩票销售等情况。

22. 统计部门：提供规模以上企业的分行业、分类型、分区域综合性指标，国民经济和社会发展的主要经济指标等情况。

23. 工商行政管理部门：提供工商经营业户的开业、变更、注销、吊销登记，股权变更登记、股权转让交易等情况。

24. 质量技术监督部门：提供组织机构代码登记及代码证发放等情况。

25. 政府金融工作办公室：提供小额贷款公司、融资性担保公司，由省政府批准设立的权益类交易场所的设立、经营及行业发展等情况。

26. 公共资源交易管理部门：提供建设工程招标项目、政府集中招标采购项目等情况。

27. 物价部门：提供收费许可证核发、变更、注销，核准的行政事业单位收费项目、标准等情况。

28. 税务部门：提供纳税人税务登记基本信息、税款入库信息、欠税，以及税收不良记录、纳税信用等级评定等情况。

29. 海关部门：提供进出口企业登记信息、进出口货物相关数据等情况。

30. 人民银行、外汇管理部门：提供服务贸易、人民币跨境贸易结算等情况。

31. 金融监管部门：提供有关金融机构的设立、经营和行业发展情况，有关新设机构经营许可证的发放、注销、吊销等情形；协调各金融机构为税务机关查询纳税人的账户情况提供便利。

32. 地方海事部门：提供营运船舶、航道运营权等情况。

33. 残联：提供残疾人证核发、残疾人就业登记以及安置残疾人就业的企业名称等情况。

34. 烟草专卖部门：提供烟草经营许可证发放、烟草经营商经营销售等情况。

35. 电力、自来水公司：提供企业用电、用水情况。

36. 其他部门、单位：应当根据税收征管需要及部门管理职能提供有关涉税信息。

四、工作要求

1. 加强组织领导。涉税信息交换与共享涉及面广，任务重。各地各有关单位要高度重视，切实加强领导，尽快建立健全工作推进机制，组织协调各有关方面积极参与涉税信息交换与共享工作。各地应结合实际，制定具体实施方案。

2. 强化协调配合。各有关部门和单位要树立大局意识、责任意识，相互支持、密切配合，合力推进涉税信息交换与共享工作，营造和维护良好的税收环境。

3. 切实防范风险。要加强公共信用信息共享服务平台安全建设，对涉税信息进行授权管理，加强身份认证、存取访问控制和跟踪管理，安全可靠地开展涉税信息交换和共享。

4. 严格保密纪律。有关部门、单位要科学分析和利用信息,对涉及国家秘密、商业秘密、个人隐私的信息要严格保密,不得擅自向社会公开或向本通知所明确范围以外的部门、单位和个人提供涉税信息。

5. 加强督查考核。各级税务或财政部门要制定量化的考核指标体系,建立实时、动态的信息报送情况登记台账,定期统计并通报各单位涉税信息提供情况,确保涉税信息交换与共享工作顺利开展。

安徽省地方税务局关于进一步推进基层分局现代化建设的若干意见

2014年8月28日　皖地税发〔2014〕63号

各市、县地方税务局,省地方税务局局属各单位:

2009年以来,全省地税系统落实“四个现代”的要求,推进现代化分局建设,着力改革创新,基层分局建设取得明显成效。党的十八届三中全会作出了全面深化改革的决策部署,国家税务总局明确提出到2020年基本实现税收现代化的目标。面对新形势新任务,必须继续强化基层和基础工作,推进基层分局现代化建设,促进地方税收现代化。为此,提出如下意见。

一、以税收现代化为指引,明确基层建设目标

1. 推进基层分局现代化建设的目标。从服务经济和社会发展、适应征纳状况变化出发,通过进一步的努力,基层分局现代化建设取得重大进展:税收执法规范公正,依法治税开创新局面;服务措施务实有效,纳税遵从达到新高度;改革创新不断推进,税收管理建立新方式;信息系统熟练应用,信息管税提升新水平;组织结构全面优化,基层税干增强新能力;先进典型不断涌现,为民务实清廉树立新形象。

二、树立依法治税理念,推进依法行政

2. 全面推进依法征税。建设法治基层分局,增强学法遵法守法用法意识,培育和运用法治思维,落实税收法定原则。依法科学组织收入,提高税收收入质量。落实税制改革任务,全面落实各项税收政策,充分发挥税收职能作用,促进经济社会发展。加大对税收违法案件的查处力度,整顿和规范地方税收秩序。开展纳税信用等级评定和税收信用不良记录管理,加大纳税失信行为的惩戒力度,促进依法诚信纳税,营造公平税收环境。

3. 严格执法管理。推进科学、民主、依法决策,完善重大执法事项集体审议、重大案件集体审理等制度。规范行使税务行政自由裁量权,完善执法风险内控机制。健全税收争议预防调处机制,依法化解涉税矛盾纠纷。改进税收执法监督检查,自觉接受有关部门和社会监督。

三、突出纳税人主体地位,优化纳税服务

4. 尊重纳税人权利。加强纳税人权利和义务的宣传,强化纳税人权利和责任主体意识。全面落实政策解读,改进税收政策宣传。建立健全涉税诉求响应机制,主动开门纳谏,公开征集途径,畅通处理渠道。推进纳税人维权组织建设,依法为纳税人提供高效公正的涉税法律救济。规范税务执法权力界限,公告并落实税收执法权力清单、行政审批权力清单、进户执法项目清单。推行办税清单,优化程序,统一标准，明确时限，保障纳税人合法权益。

5. 完善服务体系。建设服务型基层分局，完善纳税服务制度体系。整合纳税服务资源，减少管理层级，积极推进“集约化”办税服务。深化办税服务厅标准化建设，落实“六个统一”要求，大力实施“标准化”服务。推广应用总局12366软件，建设省级集中的呼叫中心平台。完善电子税务局功能，推进自助办税服务终端和移动办税等平台建设。创新服务内容，提醒税收风险，开展分类服务和个性化服务。

6. 优化办税程序。简并优化办税事项及其办理程序，规范实施办税服务标准。推进涉税事项受理、审核、审批等向办税服务窗口前移，落实行政审批制度改革，推行“先办后审”，即时办结。规范和精简表证单书，简并纸质资料报送或实行电子报送，推行免填单服务。

四、运用科学管理方法，提高管理效能

7. 加强税收基础管理。在信息化条件下筑牢税收管理基础。简化和规范税务登记管理，加强注销管理。规范程序和改进方式，完善减免税管理。加强申报服务与管理，提高申报质量。严格税款入库管理，加强催报催缴，规范延期申报及延期缴纳税款管理。加强欠税管理，落实欠税公告制度。规范个体税收核定征收管理，公平税负。

8. 实施分级分类管理。按照“谁适宜，谁承担”的原则，优化纵向分工，构建分级管理体系，市、县局机关进一步承担税收分析评估、税收风险监控、执法管理监测等实体性业务，组织指导和深度参与税收管理。基层分局按照纳税服务、管理评估和税收检查三个方面调整职能，形成专业优势，其中管理评估的主要职责为纳税评估，加强税收日常监管。

9. 推进流程管理。统一业务规范，合理设置环节，规范内部流转，实现流程管理。对管理过程进行监测，及时纠正偏差，加强过程控制和监督问责，督促政策制度落实。加强政策措施落实及效应评估，完善流程，阻塞漏洞。完善税收管理员制度，税收管理员按照管理流程和环节进行职责分工。

10. 开展风险管理。建立风险管理体系，开展风险分析，以风险为导向加强税收管理，保证管理资源优先用于风险大的纳税人和涉税事项。加强纳税遵从风险分析，建立应对机制，完善事中事后税收监管。加强执法管理风险监控，指导基层防范税收执法风险。

11. 创新税收分析。改进税收分析，服务决策，指导基层税收工作。深化经济税收分析，准确把握收入形势。加强政策及效应分析，提出政策措施建议。探索征管状况分析，指导征管工作。提高基层分析能力，增强基层在税收分析中的作用。

12. 强化纳税评估。完善税收管理基本程序，建立健全工作机制，发挥纳税评估在税收监管中的重要作用。深化纳税评估结果利用，做好税收风险提醒，帮助纳税人降低税收风险，引导纳税遵从。鼓励基层分局提出完善评估方法、优化评估指标建议，鼓励制定区域行业税收风险指引，提高评估水平。

13. 改进税务检查。建立税务检查与纳税评估的衔接机制，统筹和规范税务检查。积极开展电子查账，提高税务稽查效能。充分发挥税务稽查职能作用，强化案件查处，严厉打击违法犯罪，维护税法尊严、促进税收公平和提高税法遵从。

五、持续税收科技创新，强化信息管税

14. 完善信息系统。持续完善系统功能和应用平台建设，方便纳税人和基层税干应用，覆盖基层税收管理业务，并依托信息化手段改造传统管理方式，规范流程，精细管理，统筹协调，系统创新。按照总局金税三期工程部署，平稳衔接，顺利实施全国统一的“金税三期税收管理信息系统”。

15. 加强数据管理。提供多种电子办税渠道和途径，广泛引导纳税人使用。推进纳税明细申报，加强财务报表电子报送。开展信息交换，推动建立互联互通、信息共享的涉税信息交换机制与平台建设，采集第三方涉税信息。定期开展数据清理，提升数据质量。强化信息设备管理，加强安全检查，培养并发挥基层分局计算机管理员(信息安全员)作用,确保系统运转和数据安全。

16. 提升信息化应用能力。全面应用安徽地方税收综合管理信息系统和其他配套管理软件。分层、分岗开展软件应用培训,发挥基层分局负责人带头作用,提升基层分局信息技术和综合管理信息系统应用能力。畅通基层和机关之间信息化应用问题反映和解决渠道。

六、优化组织人才结构,加强队伍建设

17. 完善征管组织体系。突出转变职能,适应税收管理需要,合理设置征管组织机构。统筹建立集约化的办税服务机构。突出事中事后监管,建立集中分析监控、分别应对的风险管理机构。适应地方税源变化,建立属地和专业化的管理服务机构。完善稽查职能分工,深化稽查管理体制改革。合理设置岗责,优化征管人力资源配置。

18. 提升专业能力素质。落实"双百双千"工程,突出实践锻炼人才;引导青年税干建立职业生涯学习成长规划,支持分局税干参加学历提升教育和专业资格考试;鼓励分局税干参加各类竞赛,开展岗位练兵,争当业务能手;推动分局税干进入各级人才库,参加各种业务和技术攻关;建立岗位定期交流制度,提升综合业务能力。

19. 改进基层分局内部管理。推进学习型分局建设,以项目带动、团队方式,推动学习、服务和管理创新,激发基层人员的创造力。加强支部建设,发挥分局领导班子和党员的战斗堡垒作用,改进工作作风,严明政治、组织、工作和生活纪律,增强基层人员凝聚力。推进民主管理,以事业激励人、以真情感化人、以典型教育人,提高基层人员综合素质。推进税务廉政文化建设,加强廉政风险防控,筑牢基层人员廉洁从税的防线。

七、改进组织领导方式,统筹基层建设

20. 统筹系统税收管理。推进业务、管理、技术的融合,政策与管理措施同步,管理措施与信息系统升级同步,持续完善安徽地方税收综合管理信息系统功能和应用平台建设,支撑基层全面落实税收政策和制度。各级建立统一的税收业务协调议事机制,统筹各领域(部门)业务的衔接与配合,加强政策制定、组织实施、统计分析和监督考核的协调,统筹税收业务各环节管理,防止政出多门,减少基层分局政策制度执行风险。

21. 统筹推进各项改革。落实税制改革任务,按照统一部署推进征管改革,落实任务要明确,试点要充分,推广要到位,为基层分局现代化建设提供改革动力。进一步简政放权,突出基层税务人员在税收改革中的主体作用,发挥基层首创精神,促进基层人员全面发展,减轻基层负担,增强基层改革主动性。

22. 统筹基层分局现代化建设。省局统一领导、科学规划,完善监测、重点指导。市、县局要统筹安排、统一管理各项涉及基层分局的工作,切实加强对基层工作的领导,支持基层分局创新创造。牵头部门科学分解目标,细化任务指标,层层落实责任,抓好跟踪问效。责任部门要树立大局意识,切实履行职责,做好对口指导,注重日常监管。省、市局组织评比示范单位,发挥典型引领作用。

23. 探索实施绩效管理。突出重点,制定实用、可量化的基层分局建设绩效管理监测和考核指标体系,增强对基层工作指引功能。充分利用综合管理信息系统、内部网站等平台,开展动态监测,定期发布监测结果,督促基层分局加强日常管理和基础工作。各市、县局结合监测情况,对基层分局开展绩效考核。省、市局依据监测、考核情况组织评比示范单位。

安徽省地方税务局转发国家税务总局关于加强税收风险管理工作的意见的通知

2014 年 12 月 5 日 皖地税发〔2014〕100 号

各市、县地方税务局，省地方税务局局属各单位：

现将《国家税务总局关于加强税收风险管理工作的意见》（税总发〔2014〕105 号）转发给你们，并结合我省实际，提出如下意见，请一并贯彻落实。

一、进一步提升对风险管理的认识

税收风险管理是现代税收管理的重要内容。实施税收风险管理，有利于完善税收征管基本程序、转变税收管理方式、有效配置征管资源、构建科学严密的征管体系。当前，实施税收风险管理是深化税收征管改革的关键点和突破口。税收风险管理既包括对纳税人的遵从风险管理，也包括对地税系统执法管理风险的管控。各级地税机关要充分认识到税收风险管理工作的系统性、长期性，加强组织领导，确保税收风险管理工作有序推进。

二、进一步建立健全工作机制

（一）省局工作机制。省局成立税收风险管理工作领导小组，下设领导小组办公室。领导小组负责审议决定税收风险管理工作规划、风险管理有关重大事项，定期召开会议部署相关工作。办公室设在征管和科技发展处，主要负责：制定税收风险管理工作规划和年度计划；根据税收风险管理工作规划和年度计划，结合国家税务总局推送的宏观税收风险指向任务和微观税收风险应对任务，开展风险分析，形成按纳税人归集风险点的风险纳税人库和按照管理执法行为归集风险点的风险行为特征库；指导各级地税机关对风险纳税人进行风险等级排序，开展风险应对；组织对各级地税机关的过程监控及效果评价；建立并应用税收风险管理模型和指标体系，并适时进行维护、调整。

（二）各市局工作机制。一是建立起主要负责人任组长的税收风险管理工作领导小组及办公室，负责制定本级税收风险管理的工作规划、研究审议重大事项，协调各部门发起的风险管理任务，统筹纳税辅导、纳税评估、税务稽查以及规范内部执法管理等各种应对方式。二是明确机构、组建专业团队负责风险管理，具体负责：建立风险管理岗责体系，按照权限维护风险管理模型的各项参数，收集分析涉税信息，开展风险识别与排序，推送风险应对任务，指导和监督承办部门组织应对，考核风险应对绩效，分析评价风险管理模型的有效性，提出模型建设改进的建议等。风险管理机构也可以根据工作需要，承担部分的具体风险应对任务。各县（区）局相应成立税收风险管理工作领导小组及办公室，明确风险管理机构和组建专业团队。

（三）基层风险应对机构。基层风险应对机构包括纳服、评估、管理、稽查部门。负责应对派送的各项风险管理任务，反馈任务完成情况和指标有效性，提出加强日常税收管理和规范内部管理的建议等。

三、进一步做好风险管理平台的推广应用

各级地税机关要按照省局关于推广应用税收风险管理平台的统一部署，开展试点和推广。一是要以税收风险管理平台为依托，建立和完善风险管理工作机制，合理配置岗位，明确管理责任，畅通业务流程，充分验证风险管理的模型和指标。二是要加强对基层的业务指导,通过抽调业务骨干、组建项目团队等方式,建立各级风险应对队伍,加强组织培训、经验交流,全面提升税收风险管理平台的应用水平和税收风险分析和应对能力。三是要采取人机结合的方式,要以系统推送的疑点为基础,结合日常管理、风险应对经验,开展深入全面的案头分析。风险等级调整、应对方式选择等重要环节必须经集体审议确定。

四、进一步加强工作统筹协调

(一)加强风险管理的统筹。一是统筹各部门的风险管理任务。改变原来各部门分头布置、基层重复应对的工作方式。在风险管理机构的协调下,将各部门发起的风险管理任务,进行任务归并、统一推送下达,实现最大限度的统筹,以提高应对效率,减轻基层和纳税人负担。二是统筹风险应对资源。要充分考虑应对资源,合理采取纳税辅导、纳税评估、税务稽查等应对方式,关注重点风险。要合理安排风险任务推送数量和频率,提高质效,防止流于形式。要优化专业团队配备,发挥其核心作用,指导和带动风险管理水平的提升。

(二)明确各部门工作职责。各相关部门要在风险管理协调机制下,各司其职,合理分工。法规部门和监察部门要确定税收执法管理薄弱环节和内部防控的重点;收入规划部门要发挥税收分析的宏观指向作用,明确风险管理的具体方向;税政部门要发挥税种风险规律方面的研究经验和优势,持续完善风险指标模型;征管科技部门要配置岗责体系,优化业务流程,做好协调工作;稽查部门要将上级推送的风险管理推送任务纳入稽查案源,组织开展风险点排查。

五、进一步加强信息采集应用

涉税信息的获取和采集,是开展风险识别的基本条件,也是税收风险管理的基础工作。一是加强企业财务信息报送的督促提醒,提高企业财务信息的采集比率,并将各级重点税源企业全面纳入信息采集范围。二是加强第三方涉税信息的收集、利用。以安徽省人民政府下发的《关于建立涉税信息交换与共享机制的通知》为制度保障,各层级地税部门按照涉税信息的集中程度,建立信息交换机制。三是要以涉税信息采集为基础,加强涉税信息的比对、分析,进一步提升风险指向的准确性。

国家税务总局关于加强税收风险管理工作的意见

2014年9月12日　税总发〔2014〕105号

各省、自治区、直辖市和计划单列市国家税务局、地方税务局,局内各单位:

近年来,全国税务系统积极探索,充分发挥税收风险管理的导向作用,尝试运用各类征管数据,依托信息化工具,实施征管监控和管理决策,提高征管工作的科学性、规范性和有效性,取得了不小的成效,但也存在着部分地区和单位对税收风险管理认识不统一、定位不准确、职责不清晰、机制不健全等问题。为进一步加强和规范税收风险管理工作,现提出如下意见。

一、统一思想认识,把握工作定位

(一)提高对税收风险管理工作重要意义的认识

税收风险管理贯穿于税收工作的全过程,是税务机关运用风险管理理论和方法,在全面分析纳税人税法遵从状况的基础上,针对纳税人不同类型不同等级的税收风险，合理配置税收管理资源，通过风险提醒、纳税评估、税务审计、反避税调查、税务稽查等风险应对手段，防控税收风险，提高纳税人的税法遵从度，提升税务机关管理水平的税收管理活动。准确把握和有效运用风险管理理论与方法，对于税收工作意义重大。第一，税收风险管理是现代税收管理的先进理念和国际通行做法，是完善我国税收管理体系、提高治理能力、实现税收现代化的有效举措，是构建科学严密税收征管体系的核心工作。第二，税收风险管理是税收征管改革的突破口，实施税收风险管理，就是要把有限的征管资源优先配置到高风险领域和大企业税收领域，实现税源管理专业化，推动服务管理方式创新和税收管理体制变革。第三，税收风险管理是完成组织收入目标的重要抓手，开展税收风险管理，通过风险分析识别，有助于找准税收漏洞，有效实施风险应对，促进税收收入的可持续增长。

（二）处理好税收风险管理在税收工作中的关系

税收风险管理是加强税种管理的有效方法和手段。在税种管理中，要把税收风险管理的方法与税种管理特点紧密结合起来，研究各税种的风险发生规律，建立税种风险分析指标体系和模型，形成体现税种特点的风险任务，并为开展综合性的统一应对提供专业支撑。

税收风险管理也是加强日常征管的有效方法和手段。在日常征管过程中，要应用税收风险管理方法，按照税收风险管理流程，加强登记、发票、申报、征收等环节的管理。特别是要结合精简审批、减少环节、下放权力等创新税收服务和管理的要求，发挥税收风险管理的优势，加强事前、事中和事后的风险监控，堵塞管理漏洞，提高征管质效。

税收风险管理还是加强大企业税收管理的有效方法和手段。在大企业税收管理过程中，要运用税收风险管理的理念和方法，提升大企业复杂涉税事项的管理层级，发挥各级税务机关的系统优势，实现大企业由基层的分散管理转变为跨层级的统筹管理，促进税收征管整体资源的优化配置。

此外，税收风险管理是一项需要持续改进的系统工程。需要在统一认识、明确任务、建立机制、厘清职责的基础上，不断调整、改革、完善，使之发挥越来越大的作用。

二、明确工作内容，规范管理流程

税收风险管理的基本内容包括目标规划、信息收集、风险识别、等级排序、风险应对、过程监控和评价反馈，以及通过评价成果应用于规划目标的修订校正，从而形成良性互动、持续改进的管理闭环。各级税务机关，尤其是税务总局和省税务机关，要加强对税收风险管理工作的统筹管理，指定专门机构牵头负责税收风险管理工作。

（一）制定目标规划。要结合税收形势和外部环境，确定税收风险管理工作重点、工作措施和实施步骤，形成系统性、全局性的战略规划和年度计划，统领和指导税收风险管理工作。

（二）收集涉税信息。各级税务机关要落实信息管税的工作思路，将挖掘和利用好内外部涉税信息作为税收风险管理工作的基础。注重收集宏观经济信息、第三方涉税信息、企业财务信息、生产经营信息、纳税申报信息，整合不同应用系统信息。建立企业基础信息库，并定期予以更新。对于集团性大企业，还要注重收集集团总部信息。

（三）开展风险识别。各级税务机关要建立覆盖税收征管全流程、各环节、各税种、各行业的风险识别指标体系、风险特征库和分析模型等风险分析工具。统筹安排风险识别工作，运用风险分析工具，对纳税人的涉税信息进行扫描、分析和识别，找出容易发生风险的领域、环节或纳税人群体，为税收风险管理提供精准指向和具体对象。

（四）确定等级排序。根据风险识别结果，建立风险纳税人库，按纳税人归集风险点，综合评定纳税人的风险分值，并进行等级排序，确定每个纳税人的风险等级。结合征管资源和专业人员的配置情况，按照风险等级由高到低合理确定需采取措施的应对任务数量。

（五）组织风险应对。要按纳税人区域、规模和特定事项等要素，合理确定风险应对层级和承办部门。风险应对过程中，可采取风险提醒、纳税评估、税务审计、反避税调查、税务稽查等差异化应对手段。风险应对任务应扎口管理并统一推送下达。

（六）实施过程监控及评价反馈。要对税收风险管理全过程实施有效监控，建立健全考核评价机制，及时监控和通报各环节的运行情况，并对风险识别的科学性和针对性、风险等级排序的准确性、风险应对措施的有效性等进行效果评价。要将风险应对效果纳入绩效考核体系。加强对过程监控和评价结果的应用，优化识别指标和模型，完善管理措施，提出政策调整建议，实现持续改进。要全面归集分析税务总局定点联系企业税收风险的性质及成因，提出风险防控建议，反馈给企业集团。

各级税务机关在遵循税收风险管理规律的基础上，可结合工作实际，灵活运用税收风险管理的基本流程和工作方法开展税收风险管理工作。

三、完善工作机制，明确职责分工

各级税务机关要因地制宜，统筹安排管理资源，按照统分结合、分类分级应对的原则，合理划分各层级和各部门在税收风险管理工作中的职责，形成纵向联动、横向互动的工作机制，做到职责清晰、分工明确、运行顺畅。

（一）税务总局

税务总局成立税收风险管理工作领导小组（以下简称领导小组），下设领导小组办公室（以下简称办公室），办公室设在征管科技司。

1. 税务总局税收风险管理工作领导小组

领导小组组长由税务总局主要负责人担任，分管局领导任副组长。领导小组成员为办公厅、法规司、货物劳务税司、所得税司、财产行为税司、国际税务司、规划核算司、纳税服务司、征管科技司、大企业管理司、稽查局、人事司、电子税务中心主要负责人。

领导小组负责审议决定税收风险管理战略规划、风险管理年度计划、风险管理年度报告以及风险管理其他重大事项。

2. 办公室

办公室主任由总局领导兼任，征管科技司和大企业管理司主要负责人担任副主任，办公厅、法规司、货物劳务税司、所得税司、财产行为税司、国际税务司、规划核算司、纳税服务司、征管科技司、大企业管理司、稽查局、人事司、电子税务中心等单位1名司领导为成员。

办公室负责指导全国范围内的税收风险管理工作。组织制定税收风险管理战略规划；制定税收风险管理工作规程；制定税收风险过程监控和效果评价标准；组织开展特定微观领域的税收风险分析；有选择地整合风险应对任务并向省税务机关推送；组织对省税务机关的风险管理过程监控和效果评价。税务总局定点联系企业税收风险管理工作在办公室的指导下，由大企业管理司具体组织实施。

办公室工作规则另行制定。

（二）省税务机关

省税务机关应按照税务总局工作部署，结合本地实际，建立健全税收风险管理工作机制，厘清职责分工，持续改进、优化风险管理特征库、模型和指标体系，统筹安排税收风险管理各项工作任务。在运行机制上，对税务总局下达的风险应对任务，省税务机关应统一接收；在此基础上，统一确定全省（区、市）的税收风险管理重点，统一实施税收风险等级排序，统一下达税收风险应对任务，统一组织实施税收风险管理工作的检查和考评，切实做好任务应对并及时反馈应对情况。

1. 成立由主要负责人任组长的税收风险管理工作领导小组，下设领导小组办公室，各有关部门参加。

2. 办公室主要负责以下工作：（1）制定本省（区、市）税收风险管理战略规划和年度计划。（2）组织各单位，根据本省（区、市）税收风险管理战略规划及年度计划，结合税务总局推送的宏观税收风险指向任务和微观税收风险应对任务，进一步开展专业分析，形成本省（区、市)按纳税人归集风险点的风险纳税人库。(3)组织对风险纳税人进行等级排序,确定应对任务。其中,税务总局推送的应对任务,须优先安排。(4)组织本级税务机关开展风险应对,或将风险应对任务推送给下级税务机关。(5)组织对下级税务机关的过程监控及效果评价,并向税务总局反馈整体应对情况。(6)建立、整合本省(区、市)的税收风险管理模型和指标体系并适时发布。

3. 在办公室的统筹领导下,省级定点联系企业(列名企业)税收风险管理工作机制比照税务总局定点联系企业办理,统一风险分析识别,共享分析成果。

(三)市、县税务机关

市、县税务机关重点做好税收风险应对工作,必要时,也可以组织开展风险分析识别工作。其他税收风险管理工作事项,由省税务机关具体规定。

四、工作要求

(一)加强组织领导,抓好贯彻落实。各级税务机关要成立税收风险管理工作领导小组,主要负责人要亲自领导税收风险管理工作,指定分管领导专门负责税收风险管理的组织协调工作,同时成立一个职能部门牵头、相关职能部门派专人参加的办公室或工作团队,共同开展税收风险管理工作。要按照税收风险管理工作流程,明确职责分工,完善工作制度,合理配置资源,积极探索专业化管理方式。

省税务机关税收风险管理工作领导小组情况及办公室(工作小组)的牵头单位、成员单位和联络人员等情况须报税务总局备案。

(二)完善配套措施,夯实管理基础。各级税务机关要加强对纳税人涉税信息的采集和应用;规范数据资源管理,统一口径和标准。加强国税机关、地税机关的风险管理合作,强化与地方政府、相关部门及社会组织的信息交换和共享。逐步建立健全覆盖国民经济主要行业和主要产品的风险分析模型和指标体系。围绕已取消的行政审批和前移办税服务厅的涉税事项,加强后续管理,有针对性地进行风险分析和应对。进一步加大各类管理人才的培养力度,充分发挥税收风险管理领军人才和专业人才库人才的引领作用,为有效实施税收风险管理奠定基础。

(三)发挥平台作用,支撑风险管理。各级税务机关要结合实际积极应用税务总局的决策支持(风险管理)系统,实现税收征管信息系统与决策支持系统的有机衔接,充分发挥信息化平台的支撑作用。已有税收风险管理系统且功能完善的地区,可以继续使用现有系统,并须做好与税务总局系统的衔接工作;现有系统功能不健全的,可按照税务总局系统的设计理念、标准和流程,完善现有系统功能后继续使用,也可直接使用税务总局系统;没有系统的,须使用税务总局系统。

(四)创新大企业管理,实现重点突破。要强化税务总局、省税务机关两级统筹,提升复杂事项管理层级。要创新税务审计,突出案头审计、现场审计等重点环节,规范工作底稿和相关文书,切实发挥税务审计在大企业税收风险管理中的核心作用。要加强税务审计的后续管理,建立自下而上的风险报告备案和自上而下的风险推送整改制度,增强税收政策的确定性和税法执行的统一性。要建立税务总局定点联系企业一户式信息库。

各地要根据本意见制定具体实施办法,连同相关备案要求等,于2014年10月10日前一并报税务总局风险管理领导小组办公室。

税务总局将对此项工作进展情况开展督查督办,并将针对实施中出现的新情况、新问题、新要求,及时修改、充实、完善本意见。

安徽省地方税务局关于进一步规范延期缴纳税款行政许可事项审批工作的通知

2014 年 12 月 12 日　皖地税发〔2014〕104 号

各市、县地方税务局,省地方税务局直属局:

为贯彻落实省委、省政府和国家税务总局关于深化行政审批制度改革、简政放权要求,进一步规范我省地税系统延期缴纳税款行政许可事项审批工作,现就有关事项通知如下:

一、规范受理延期缴纳税款申请

纳税人延期缴纳税款申请由地税部门办税服务场所统一受理、出件。纳税人在提出延期缴纳税款申请时,需要填报《延期缴纳税款申请表》(式样见附件)、《税务行政许可申请表》。纳税人属于《税收征管法实施细则》第四十一条第一款所列不可抗力情形的,需提供灾情报告或公安机关出具的事故证明及复印件;属于第二款所列货币资金不足情形的,需提供当期所有银行存款账户的对账单原件及复印件、《资产负债表》(如果纳税人在办理纳税申报等涉税事项时,已经报送《资产负债表》,可不再报送)、应付职工工资和社会保险费等税务机关要求的支出预算。

二、逐级履行审批职责

纳税人延期缴纳税款申请事项的初步审查及核准后的跟踪管理由主管地税机关负责。主管地税机关原则上只对纳税人提供的资料进行书面审查,确有必要的,可以派 2 名以上地税机关工作人员,前往纳税人现场进行核查。在初步审查后,主管地税机关应当组织集体审议,形成上报意见,上报至上一级地税机关。

按照《安徽省人民政府关于精简调整一批行政审批项目的决定》(皖政〔2014〕4 号)、《关于贯彻落实省政府全面推开扩大县级经济社会管理权限工作要求的通知》(皖地税〔2009〕111 号)要求,纳税人 500 万元(含)以下延期缴纳税款的申请事项,由市地税局、62 个扩权试点县(市)地税局直接审批;500 万元以上的延期缴纳税款申请事项,由市地税局、62 个扩权试点县(市)地税局上报省地税局审批。省、市、县级地税机关对下级地税机关上报的纳税人延期缴纳税款申请事项,应当在组织集体审议后,根据本级机关的审批权限,作出许可决定或形成上报意见。

三、进一步提高审批效率

地税部门应当在接到纳税人延期缴纳税款申请之日起 20 个工作日内作出许可决定。主管地税机关应当在接到纳税人申请之日起 5 个工作日内审查完毕并上报。对属于本级地税机关审批权限的延期缴纳税款申请事项,市、县级地税机关应当在接到下级地税机关上报之日起 10 个工作日内,完成审查程序,作出许可决定。对属于省级地税机关审批权限的,市、县级地税机关应当在接到下级地税机关上报之日起 5 个工作日内,完成审查、上报程序。省级地税机关应当在接到下级地税机关上报的延期缴纳税款申请事项之日起 5 个工作日内,完成审查程序,作出许可决定。

自 2015 年 1 月 1 日起,延期缴纳税款审批事项,包括纳税人的申请受理、完整上传相关附送资料、逐级办理报送、作出许可决定等,全部纳入安徽地方税收综合管理信息系统(以下简称 AHTAX2013)办理,不再通过税务综合办公信息系统处理。AHTAX2013 中对审查、上报、许可等全部工作环节进行时限设定和痕迹管理。各级地税机关可根据需要，启用行政审批专用章电子章（式样见皖地税发〔2014〕52 号文件）。

本通知下发后，省地税局原文件中相关规定与本通知规定不一致的，按本通知规定执行。

附件：延期缴纳税款申请表（略）

安徽省国家税务局　安徽省地方税务局
关于规范纳税人识别号编制规则的通知

2014 年 12 月 23 日　皖国税发〔2014〕208 号

各市国家税务局、地方税务局：

为进一步规范国税、地税联合办理税务登记工作，确保纳税人在全省范围内被赋予唯一的纳税人识别号，根据《税务登记管理办法》（国家税务总局令第 7 号）、《国家税务总局关于完善税务登记管理若干问题的通知》（国税发〔2006〕37 号）要求，经双方协商，决定自 2015 年 1 月 1 日起，全面执行《国家税务总局关于发布纳税人识别号代码标准的通知》（税总发〔2013〕41 号）文件，在全省范围内统一税务登记代码。现将有关事项通知如下：

一、单位纳税人税务登记代码编制规则

以“组织机构代码证”为有效身份证明的组织，即已取得组织机构代码证的纳税人，其纳税人识别号共 15 位，由纳税人登记所在地“6 位行政区划码”+“9 位组织机构代码”组成。其中，对国家统计局已正式发布的行政区划代码，各地在办理相应登记时应确定其为唯一标准；对国家没有赋予行政区划代码的各开发区（含高新区、风景区），其行政区划代码由省国税局、地税局协商确定。“6 位行政区划码”由省国税局、地税局联合发布，具体情况详见附件 2。地税部门跨行政区域设立的分局，如征收管理分局、直属分局和涉外分局等，对其管辖范围内的纳税人，按照纳税人所在地的行政区划编制纳税人识别号。

二、有关工作要求

各地要充分认识到纳税人识别号是税务机关办理业务，以及进行国、地税数据信息内外部交换和共享的基础，应高度重视税务登记代码编制工作。同时，需要指出的是，对于各项分税务机关的数据处理（如数据清分）将依据纳税人的主管税务机关代码，而不是纳税人识别号。所以，各地在办理相关税收业务事项时应指导纳税人正确填写主管税务机关代码。若在执行过程中遇到问题，请及时反馈到省国税局、省地税局（征管和科技发展处）。

附件 1：《国家税务总局关于发布纳税人识别号代码标准的通知》（税总发〔2013〕41 号）（略）

附件 2：安徽省县及县以上行政区划代码（略）

安徽省国家税务局　安徽省地方税务局关于发布《安徽省注销税务登记管理办法(试行)》的公告

2014年12月25日　2014年第16号

现将《安徽省注销税务登记管理办法(试行)》予以发布,自2015年2月1日起施行。

特此公告。

安徽省注销税务登记管理办法(试行)

第一章　总　　则

第一条　为了规范注销税务登记管理,夯实税收征管基础,防止国家税款流失,根据《中华人民共和国税收征收管理法》(以下简称《税收征管法》)、《中华人民共和国税收征收管理法实施细则》(以下简称《税收征管法实施细则》)及《税务登记管理办法》(国家税务总局令第7号)的有关规定,结合全省实际,制定本办法。

第二条　安徽省各级税务机关办理纳税人、扣缴义务人注销税务登记,适用本办法。

第三条　注销税务登记工作应当遵循合法和效率原则,必须按照法定权限和法定程序实施,注重提高工作效率,加强国、地税合作,切实保护纳税人的合法权益。

第二章　申请与受理

第四条　纳税人、扣缴义务人发生下列情形之一的,应当到主管税务机关办税服务部门申请办理注销税务登记:

(一)因解散、破产、撤销等情形,依法终止纳税义务的;

(二)按规定不需要在工商行政管理机关或者其他机关办理注销登记,但经有关部门批准或宣告终止的;

(三)被工商行政管理机关吊销营业执照或者被其他机关予以撤销登记的;

(四)住所、经营地点跨省辖市变动的;

(五)境外企业在中国境内承包建筑、安装、装配、勘探工程和提供劳务,项目完工、离开中国的;

(六)外国企业常驻代表机构驻在期届满、提前终止业务活动的;

(七)非境内注册居民企业经税务总局确认终止居民身份的;

(八)其他需要申请办理注销税务登记的情形。

第五条　纳税人、扣缴义务人应当按照税收管辖范围,分别向主管国税机关、地税机关提出注销税务登记申请。

属于国税局、地税局共管的纳税人、扣缴义

务人，按照先货物劳务税后所得税的顺序分别办理注销税务登记。先受理的税务机关应当提示纳税人、扣缴义务人待先受理方办结后，方可到另一方税务机关申请办理注销税务登记。

第六条　纳税人、扣缴义务人注销税务登记，应当按照以下期限提出申请：

（一）发生解散、破产、撤销以及其他情形，依法终止纳税义务的，应当在向工商行政管理机关或者其他机关办理注销登记前提出；

（二）按规定不需在工商行政管理机关或者其他机关办理注册登记的，应当自有关机关批准或者宣告终止之日起15日内提出；

（三）被工商行政管理机关吊销营业执照或者被其他机关予以撤销登记的，应当自营业执照被吊销或者被撤销登记之日起15日内提出；

（四）跨省辖市迁移的，应当在向工商行政管理机关或者其他机关申请办理变更登记或者迁出前提出；

（五）境外企业在中国境内承包建筑、安装、装配、勘探工程和提供劳务的，应当在项目完工、离开中国前15日内提出；

（六）非境内注册居民企业经税务总局确认终止居民身份的，应当自收到主管税务机关书面通知之日起15日内提出。

第七条　纳税人、扣缴义务人申请注销税务登记前，应当分不同情形办结以下事项：

（一）办理各税种（含基金费）的纳税申报和财务报表报送；企业所得税纳税人在年度中注销税务登记的，应当办理当期企业所得税年度纳税申报；定期定额征收个体工商户应当办理增值税、消费税分月汇总申报；

（二）依法需要进行企业所得税、土地增值税等税种清算的纳税人应当办理相应税种清算；

（三）结清申报税款、欠缴税款、多退（免）税款、预缴税款、查补税款、滞纳金和罚款；

（四）具有出口退（免）税资格的，应当结清出口退（免）税款，并办理出口退（免）税资格注销；

（五）总分机构纳税人登记有分支机构的，应当先办理分支机构注销登记；

（六）持有《外出经营活动税收管理证明》的，应当先办理《外出经营活动税收管理证明》缴销；

（七）存在尚未处理违章记录的，应当到违章行为处理部门办结违章事项；

（八）其他需要办结的事项。

第八条　纳税人、扣缴义务人办结上述事项后，根据不同情况向主管税务机关办税服务部门提交下列资料：

（一）《税务登记证》正、副本原件（国、地税联合办证的，由先受理税务机关收取正本）；

（二）《发票领用簿》、未验旧的发票、未使用完的发票及防伪税控专用设备；

（三）依法需要进行企业所得税清算的纳税人应当提供《企业所得税清算申报表》及附表；

（四）经上级主管部门或董事会决定注销的应当提交上级主管部门批复文件或董事会决议原件及其复印件；

（五）工商营业执照被吊销的应当提交工商行政管理部门发出的吊销决定原件及其复印件；

（六）非居民企业应当提供项目完工证明、验收证明等相关文件原件及其复印件；

（七）破产企业应当提交人民法院破产终结裁定书、破产财产分配报告原件及其复印件；

（八）依法应当报送的其他相关证件、资料。

第九条　主管税务机关办税服务部门接收纳税人、扣缴义务人申请后，应当根据下列情况分别作出处理：

（一）不属于管辖范围的，应当告知纳税人向有管辖权的税务机关申请；

（二）报送的资料存在当场可以更正的错误的，应当允许纳税人当场更正；

（三）报送的资料不齐全或不符合法定形式的，应当当场一次性告知纳税人需要补正的全部内容；

(四)存在未办结事项的,应当告知纳税人、扣缴义务人先办结有关事项后,再提出申请;

(五)申请资料齐全、符合受理条件的,应当予以受理;

(六)拒不更正或补正申请资料的,决定不予受理。

第十条　受理或不予受理注销税务登记申请,均应当向纳税人、扣缴义务人出具《税务事项通知书》。

第十一条　办税服务部门受理注销税务登记申请后,应当制作《注销税务登记申请审批表》交纳税人、扣缴义务人签字确认,并缴销其《税务登记证》正、副本,《发票领用簿》及其未使用完的发票,防伪税控专用设备,对结存发票进行验旧处理。

第三章　清税核查

第十二条　本办法所称清税核查是指税务机关对申请注销税务登记的纳税人、扣缴义务人的税款缴纳或解缴情况、会计核算情况、发票使用情况等事项进行全面核查,以审核纳税人、扣缴义务人应纳税款或应解缴税款,办结纳税人、扣缴义务人其他涉税事项。

第十三条　办税服务部门应当于受理后1个工作日内,将相关资料传递至日常管理部门,由日常管理部门组织实施清税核查。

第十四条　清税核查应当于16个工作日内完成。

因特殊原因,在规定时间内无法完成清税核查的,经本单位负责人批准,可以适当延长,但延长期限不得超过10个工作日。

第十五条　清税核查应当采取书面审查与实地核查相结合的方式进行。

第十六条　开展实地核查的,应当由两名税收执法人员实施,并依法出示税务检查证和《税务检查通知书》。

第十七条　清税核查的范围从注销税务登记申请受理之日起追溯三个纳税年度。对跨区迁移纳税人的清税核查,从注销税务登记申请受理之日的上月末起追溯三个纳税年度。税务登记时间未满三年的,追溯至登记之日止。

第十八条　清税核查时,发现下列情形之一的,注销税务登记程序中止,并告知纳税人、扣缴义务人:

(一)涉嫌逃避缴纳税款、骗取出口退税、虚开发票、非法制售或伪造发票等,需要移交税务稽查处理的;

(二)涉嫌避税,需要实施反避税调查的;

(三)已列入风险应对任务计划或正在进行风险应对以及出口货物税收函调调查尚未办结的;

移交有关部门处理的时间不计算在核准注销税务登记期限内。

第十九条　清税核查时,发现纳税人、扣缴义务人查无下落,无法实施核查的,主管税务机关不予批准其注销税务登记申请,注销税务登记程序终止。

第二十条　清税核查过程中应当详细、完整地填写清税核查工作底稿。

清税核查工作底稿应当由纳税人、扣缴义务人的法定代表人、财务主管人员签字确认。对纳税人、扣缴义务人提出的疑义,应当分项核对,直至核对无误。

第二十一条　清税核查结束后,核查人员应当根据核查的情况制作清税核查工作报告。

第二十二条　清税核查结果需经实施清税核查的部门集体审议。

第四章　结果处理

第二十三条　对无欠税、无应缴销发票、无在查案件的实行定期定额征收的个体工商户申请办理注销税务登记的,可以不进行清税核查,主管税务机关于受理后当场核准注销其税务登记。

第二十四条　对取得人民法院破产终结裁定书且无欠税,或虽有欠税但无法获得清偿且死欠税款已被核销的纳税人、扣缴义务人申请办理注销税务登记,可以不进行清税核查,主管税务机关于受理后5个工作日内核准注销其税务登记。

第二十五条　纳税人、扣缴义务人根据清税核查结果结清应纳税款、多退(免)税款、滞纳金和罚款后,主管税务机关在《注销税务登记申请审批表》中签署意见,核准注销其税务登记。

属于国税局、地税局共管的纳税人、扣缴义务人,先行核准注销税务登记的税务机关,应当在2个工作日内将核准注销的信息传递给另一方。

第二十六条　核准注销税务登记的,主管税务机关同时取消其已经认定的各类税务资格。

第二十七条　核准注销税务登记后,办税服务部门应当出具下列文书,依法送达纳税人、扣缴义务人:

(一)《税务事项通知书》;

(二)《增值税一般纳税人资产重组进项留抵税额转移单》(增值税一般纳税人在资产重组过程中,将全部资产、负债和劳动力一并转让给其他增值税一般纳税人的,办税服务部门根据税源管理部门的核查意见出具);

(三)《增值税一般纳税人迁移进项税额转移单》(增值税一般纳税人跨区迁移,在办理注销税务登记前有尚未抵扣的进项税额的,办税服务部门根据税源管理部门的核查意见出具)。

第二十八条　注销税务登记的档案资料按环节就地归档。

第五章　法律责任

第二十九条　纳税人未按规定期限申报办理注销税务登记的,主管税务机关应当按照《税收征管法》第六十条第一款的规定处理。

第三十条　纳税人、扣缴义务人提交虚假资料骗取主管税务机关核准注销其税务登记,导致未缴、少缴税款的,主管税务机关应当按照《税收征管法》第六十三条的规定处理;涉嫌犯罪的,移送司法机关依法追究刑事责任。

第三十一条　纳税人、扣缴义务人有其他涉税违法违章行为的,主管税务机关应当按照《税收征管法》的有关规定处理。

第三十二条　税务机关工作人员未按规定办理注销税务登记的,应当按照《税收征管法》及《税收违法违纪行为处分规定》等有关规定进行责任追究。

第六章　附　　则

第三十三条　本办法由安徽省国家税务局、安徽省地方税务局负责解释。

第三十四条　本办法自2015年2月1日起施行。

安徽省地方税务局　安徽省国家税务局
关于联合开展个体工商户税收定期定额核定工作的通知

2014年12月25日　皖地税发〔2014〕112号

各市、县地方税务局、国家税务局:

为进一步落实《安徽省国家税务局　安徽省地方税务局关于建立长效合作机制创新税收服务和管理工作的意见》(皖国税发〔2014〕167号),减轻纳税人负担,节约征管成本,提高管理效率,根据《个体工商户税收定期定额征收管理办法》(国家税务总局令第16号)有关规定,省地税局、省国税局共同研究决定,自2015年1月1日起,在全省范围内联合开展国、地税共同管理的个体工商户(以下简称共管户)税收定期定额核定工作。现就有关事项通知如下:

一、联合组织典型调查

典型调查工作原则上每年度开展一次,由县以上(含本级,下同)国税局、地税局共同组织。国税局、地税局统一制订联合调查方案,共同派员实施。县以上国税局、地税局根据辖区共管户具体情况,按行业、区域选择一定数量并具有代表性的共管户,充分考虑国、地税税源管理的需求,共同采集调查项目数据,对共管户的经营和所得情况进行联合调查。对典型调查取得的行业、地域和规模等数据,国税局、地税局共同组织测算、集体审议,分析建立相关分行业模型,应用于税收征管信息系统中,以指导联合核定定额工作。

二、联合组织定额核定

(一)共同组织。共管户的年度定额重新核定工作、年内新开业共管户定额核定工作、定额执行期内共管户定额调整工作,由县以上国、地税局共同协商,确定受理、信息采集、核定、调整等具体的实施程序,指导基层主管国、地税局具体开展工作。

(二)协调分工。各地可以根据具体情况,协调配合,合理分工,共同完成当地的定额核定工作。联合核定可选择以下任意一种分工方式:

1. 国、地税局根据当地的定额核定工作量,按照共管户的行业、区域等因素进行分工,各自按照税务总局确定的程序,具体实施核定工作,在最终下达核定定额通知书前,互相征求对方意见,待意见一致后,共同填制《核定定额通知书》,送达共管户执行,并且共同公布最终确定的定额和应纳税额情况。

2. 国税局先行按照核定程序,具体实施核定工作,在最终下达《核定定额通知书》前,征求地税局意见,待意见一致后,共同填制《核定定额通知书》,送达共管户执行,并且共同公布最终确定的定额和应纳税额情况。

3. 年内新开业共管户定额核定工作、定额执行期内共管户定额调整工作,经国、地税局协商一致后,可以以一方核定为主,另一方直接采用对方核定结果,共同下达《核定定额通知书》。

共管户对于核定定额有争议,申请行政复议的,由国、地税局分别受理后,协商一致,分别按照规定程序进行处理。

(三)相互认可。国、地税局对采用以上方式共同核定的定额,应当相互认可,共同执行,防止出现扯皮现象。

三、做好信息共享工作

各级国税、地税局应重视共管户核定信息的共享工作。由省级国税、地税局按照定期交换的方式,通过安徽省公共信用信息共享服务平台,传递年度定额重新核定信息、年内新开业共管户定额核定信息、定额执行期内共管户定额调整信息等共管户税收定期定额核定信息,确保信息共享,保证工作效率。

干部人事类

安徽省地方税务局关于确定所得税等13个省级专业人才库入库人员名单的通知

2014年1月13日　皖地税函〔2014〕18号

各市、县地方税务局，省地方税务局局属各单位：

根据《安徽省地方税务局省级专业人才库建设管理办法（试行）》规定，经过选拔、公示等程序，确定何静等397名同志入选所得税等13个省级专业人才库（名单见附件）。省地方税务局将根据工作需要，按照职责分工，做好省级专业人才库人员的培养、管理和使用工作。

附件1：安徽省地方税务局省级所得税人才库

附件2：安徽省地方税务局省级两税人才库

附件3：安徽省地方税务局省级社会保险费人才库

附件4：安徽省地方税务局省级收入规划核算人才库

附件5：安徽省地方税务局省级纳税服务人才库

安徽省地方税务局省级大企业税收管理人才库

附件6：安徽省地方税务局省级征收管理人才库

附件7：安徽省地方税务局省级稽查人才库

附件8：安徽省地方税务局省级文秘人才库

附件9：安徽省地方税务局省级组织人事人才库

附件10：安徽省地方税务局省级财务管理人才库

附件11：安徽省地方税务局省级资产管理人才库

附件12：安徽省地方税务局省级内部审计人才库

附件13：安徽省地方税务局省级电子税务信息人才库

附件1

安徽省地方税务局省级所得税人才库

序号	姓名	性别	出生年月	参加税务工作时间	工作单位及职务
1	何静	女	1973.8	1995	合肥市地税局所得税处科员
2	方静	女	1978.1	1996	合肥市地税局蜀山分局科员
3	张宾和	男	1972.10	1994.1	淮北市地税局杜集区分局征管股副股长
4	李伟	男	1975.8	1995.8	亳州市地税局所得税科科长
5	朱峰	男	1973.12	1995.7	宿州市灵璧县地税局税政股股长
6	徐莉	女	1972.6	1996.1	蚌埠市地税局所得税科科员
7	陈增亚	男	1971.3	1991.8	阜阳市阜南县地税局税政股科员
8	刘毅	男	1970.3	1991.8	淮南市地税局田家庵区分局副局长
9	杨卉	女	1976.8	1995.9	淮南市地税局所得税科科员
10	周兵	男	1975.12	1995.9	滁州市明光市地税局监察室主任
11	衡雷	女	1977.11	1995.6	滁州市凤阳县地税局城关分局科员
12	廖祥青	女	1973.11	1991.9	六安市金寨县地税局税政股股长
13	奚斌	女	1973.6	1994.8	马鞍山市当涂县地税局税政股股长
14	王青	女	1968.11	1989.3	马鞍山市地税局所得税科科员
15	杨恺	男	1977.3	1997.9	芜湖市地税局所得税科科员
16	王娟	女	1975.10	1995.11	芜湖市地税局长江大桥分局纳税服务科科长
17	陶继荣	男	1972.12	1995	宣城市宣州区地税局城北分局局长
18	余开荣	男	1973.7	1996.10	铜陵市地税局征管分局科员
19	朱根胜	男	1974.10	1996.12	池州市地税局征管分局科员
20	余从军	男	1968.4	1988.8	安庆市潜山县地税局税政股股长
21	周正超	女	1971.12	1996.1	黄山市地税局屯溪区分局副局长
22	张光智	女	1974.12	2003.12	省地税局直属局主任科员

附件2

安徽省地方税务局省级两税人才库

序号	姓名	性别	出生年月	参加税务工作时间	工作单位及职务
1	荚素敏	女	1976.12	1995.12	合肥市地税局庐阳区分局科员
2	宋丽丽	女	1972.9	1994.12	淮北市濉溪县地税局纳税服务中心副股长
3	王克宝	男	1966.5	1986.7	亳州市地税局两税科科长
4	胡泉水	男	1975.2	2010.2	蚌埠市地税局纳税服务局副局长
5	张勇	男	1963.10		阜阳市地税局
6	徐湛	男	1976.8	1997.10	滁州市地税局办税服务厅副股长
7	黄平	男	1981.7	2006.8	六安市地税局两税科科员
8	吴忠伟	女	1968.7	1987.7	马鞍山市地税局两税科副主任科员
9	俞桑	男	1970.11	2012.5	芜湖市地税局两税征收中心主任
10	卢桂好	男	1966.12	1996.4	铜陵市地税局两税科副科长(主持)
11	刘孝林	男	1966.12	1994.7	安庆市枞阳县地税局两税股副股长
12	练益群	女	1970.9	1991.8	黄山市地税局劳财税科科员

附件3

安徽省地方税务局省级社会保险费人才库

序号	姓名	性别	出生年月	参加税务工作时间	工作单位及职务
1	朱召亮	男	1973.11	1995.12	合肥地税局巢湖经开区分局纳税服务科副科长
2	司圣勇	男	1968.01	1988.10	合肥市地税局征管分局业务科副科长
3	丁磊	女	1979.12	1997.10	淮北市地税局基金(费)科科员
4	李芳	女	1972.07	1994.07	亳州市地税局基金(费)科科员
5	张祥志	男	1974.03	1994	宿州市地税局基金(费)科副科长
6	陈静	女	1976.03	1995.12	蚌埠市地税局基金(费)科科员
7	于晓林	女	1976.05	1996.07	阜阳市地税局基金(费)科科员
8	张晓华	女	1972.07	1995.07	淮南市地税局基金(费)科科员
9	吴侠	女	1975.02	1996.07	凤台县地税局基金(费)股科员
10	宋儒	男	1972.02	1992.07	滁州市地税局基金(费)科科员
11	李鑫	女	1971.10	1995.09	金寨县地税局基金(费)股科员
12	苏闽	女	1965.11	1996.01	马鞍山市地税局征管分局科员
13	吴爱民	男	1970.10	1996.01	当涂县地税局征科股股长
14	秦涛	男	1980.06	1999.01	芜湖市地税局基金(费)科科员
15	郭晓荣	女	1974.11	1998.08	宣城市地税局基金(费)科科员
16	叶飞	男	1980.09	2006.07	铜陵市地税局基金(费)科科员
17	程斌	男	1971.11	1997.10	贵池区地税局基金(费)股股长
18	梁俊	男	1977.06	1995.08	安庆市地税局基金(费)科科员
19	盛颖	女	1974.03	1994.07	黄山市地税局基金(费)科科员
20	梅玫	女	1982.11	2012.10	省地税局直属局副主任科员
21	张德霞	女	1973.09	1997.07	省地税局基金(费)处主任科员
22	袁刚	男	1966.12	1995.11	省地税局基金(费)处主任科员

附件4

安徽省地方税务局省级收入规划核算人才库

序号	姓名	性别	出生年月	参加税务工作时间	工作单位及职务
1	马俊青	男	1973.11	1997.01	合肥市地税局收入规划核算处科员
2	王松	男	1976.12	1999.01	合肥市地税局收入规划核算处科员
3	胡前锋	男	1977.11	1996.11	淮北市地税局收入规划核算科副科长
4	沈巍	男	1977.11	1997.01	宿州市埇桥区地税局收入核算和财务管理股科员
5	王秉淑	女	1970.09	1990.08	蚌埠市地税局收入规划核算科副科长
6	王宗祥	男	1969.02	1992.05	蚌埠市五河县地方税务局科员
7	李薇	女	1974.09	1995.01	阜阳市地税局开发区分局科员
8	殷虹	女	1971.10	1996.01	淮南市地税局收入规划核算科科员
9	茆荣国	男	1968.12	1996.02	滁州市地税局征管分局综合股科员
10	蔡家志	男	1972.08	1999.01	滁州市地税局收入规划核算科科员
11	唐书江	男	1974.12	1995.08	六安市霍邱县地税局收入核算和财务管理股科员
12	戚小庆	男	1974.01	1995.12	马鞍山市地税局收入规划核算科科员
13	姜冠军	男	1973.04	1990.07	芜湖市地税局收入规划核算科科员
14	李棣	男	1977.02	1995.08	芜湖市地税局收入规划核算科科员
15	管文胜	女	1969.02	1996.01	宣城市泾县地税局纳税服务局副局长
16	周翠霞	女	1976.09	1996.08	铜陵市地税局收入规划核算科科员
17	李娜	女	1977.02	1995.08	池州市地税局收入规划核算科副主任科员
18	沈晓彤	女	1969.01	1995.12	安庆市地税局收入规划核算科科员
19	潘迎春	女	1973.12	1994.09	安庆市地税局开发区分局计会科科长
20	廖卫鹏	男	1978.12	1999.09	黄山市地税局收入规划核算科科员
21	许飞	男	1972.06	1991.08	省地税局收入规划核算处主任科员
22	陈兰	女	1973.01	1995.7	省地税局收入规划核算处主任科员

附件5

安徽省地方税务局省级纳税服务人才库

序号	姓名	性别	出生年月	参加税务工作时间	工作单位及职务
1	王宁	女	1976.10	1997.8	淮北市地税局征管分局纳税服务股副股长
2	高汉伟	男	1978.5	1997.9	亳州市地税局纳税服务科科员
3	祝永强	男	1977.6	1997.7	宿州市埇桥区地税局纳税评估办公室主任
4	王宝云	女	1973.12	1995.5	蚌埠地税纳税服务局办税服务科科员
5	宋波	男	1976.3	1997	蚌埠市固镇县地税局征管分局科员
6	赵军辉	男	1976.10	1994.7	阜阳市阜南县地税局纳税服务股长
7	史其斌	男	1976.2	1996.8	淮南市山南地税征管处科员
8	刘冬梅	女	1983.10	2006.10	滁州市天长市地税局纳税服务股科员
9	程华好	男	1973.2	1995.12	六安市地税局征管分局纳服股股长
10	黄厚刚	男	1969.5	1995.12	六安市寿县地税局纳服股股长
11	张晔	女	1966.1	1985.12	马鞍山市地税局办税服务分局副局长
12	卜洪涛	男	1973.9	1996.1	马鞍山市当涂县地税局纳税服务股股长
13	潘媛媛	女	1978.10	1996.10	芜湖市无为县地税局纳税服务股科员
14	鲁晓宝	男	1972.6	1996.1	芜湖市繁昌县地税局征管分局科员
15	葛小英	女	1978.8	1997.1	宣城市绩溪县地税局征管分局业务股股长
16	王陵	女	1973.2	1996.5	铜陵市铜陵县地税局纳税中心负责人
17	许玉红	女	1976	1998	池州市地税局纳服科副科长
18	徐文明	男	1970.1	1989.9	安庆市桐城市地税局纳服股股长
19	赵福德	男	1972.9	1996.1	安庆市太湖县地税局北中分局科员
20	梁磊	女	1973.11	1994.9	黄山市黟县地税局纳税服务股股长
21	黄金霞	女	1975.1	1996.8	广德县地税局税政科科长

安徽省地方税务局省级大企业税收管理人才库

序号	姓名	性别	出生年月	参加税务工作时间	工作单位及职务
1	余刚	男	1974.6	1995.12	合肥市地税局征管分局,副科长
2	张殿良	男	1974.10	1995.9	淮北市地税局稽查局稽查科副科长
3	雷鸣	男	1974.11	1996.9	亳州市地税局涉外分局副主任科员
4	陈晨	男	1976.12	1993.12	宿州市地税局开发区分局评估监测科科长
5	谢晓燕	女	1972.1	1996.3	蚌埠市地税局税源管理一局业务科科长
6	陈昕	男	1977.2	1997.10	蚌埠市地税局税源管理一局科员
7	夏文	男	1968.11	1990.7	阜阳市颍东区地税局纳服股长
8	徐卫平	男	1974.8	1997.10	阜阳市临泉县地税局税政股科员
9	俞淮山	男	1970.12	1991.8	淮南市地税局田家庵分局股长
10	王永学	男	1974.12	1998.10	滁州市定远县地税局城关分局科员
11	林彬	男	1982.12	1999.12	六安市地税局开发区分局科员
12	杨万志	男	1978.10	1997.2	马鞍山市地税局征管分局科长
13	钱磊欣	男	1973.5	1994.12	马鞍山市地税局稽查局检查二科科长
14	钱礼新	男	1970.2	1991.7	芜湖市鸠江区分局综合科科长
15	吴书生	男	1974.12	1992.11	宣城市地税局征管分局科员
16	蔡兴龙	男	1970.5	1992.9	宣城市宁国市地税局纳税评估局科员
17	陈磊	男	1978.11	1996.10	铜陵市地税局铜官山区二分局科员
18	查茂松	男	1974.9	1995	池州市地税局稽查局科长
19	杨芳	女	1975.1	1995.8	安庆市地税局征管分局纳服科科长
20	刘燕	女	1972.10	1995.12	安庆市地税局征管分局管理一科科长
21	叶志勇	男	1977.9	1998.5	黄山市地税局涉外分局科员
22	周正超	女	1971.12	1996.2	黄山市地税局屯溪区分局副局长
23	吴江华	男	1967.4	1985.10	宿松县地税局城关分局副局长

附件6

安徽省地方税务局省级征收管理人才库

序号	姓名	性别	出生年月	参加税务工作时间	工作单位及职务
1	王家祥	男	1972.11	1995.7	合肥市地税局征科处副处长
2	汪文革	男	1967.5	1996.3	合肥市地税局征科处副主任科员
3	段再蓬	男	1966.1	1989.7	合肥市庐江县地税局征科科科长
4	周圣军	男	1971.12	1994.9	淮北市地税局杜集区分局副局长
5	张明亮	男	1969.4	1987.7	淮北市濉溪县地税局副局长
6	于建华	男	1976.9	1997.1	淮北市地税局征科科科员
7	王辉	男	1976.10	1996.9	淮北市地税局征科科科员
8	杜运田	男	1974.10	1995.1	亳州市地税局征科科科员
9	李朝阳	男	1983.4	2006.11	亳州市利辛县地税局征科股科员
10	朱学军	男	1971.3	1991.9	亳州市涡阳县地税局纳税评估局科员
11	刘轶群	男	1980.1	1998.1	宿州市地税局征科科副科长
12	王敬林	男	1963.9	1982.11	宿州市灵璧县地税局征科股股长
13	赵锦德	男	1969.2	1988.8	蚌埠市地税局征科科副科长
14	王芳	女	1971.5	1997.4	蚌埠市地税局征科科科员
15	沈群	女	1971.5	1997.4	蚌埠市地税局征科科科员
16	蒋利民	女	1970.1	1996.1	蚌埠市地税局征科科科员
17	程森	男	1977.02	1997.1	阜阳市地税局征科科副科长
18	亓雪松	男	1977.08	1997.1	阜阳市地税局征科科科员
19	王愚	男	1979.1	1996.12	淮南市地税局征科科副科长
20	刘荣	女	1970.9	1996.1	淮南市地税局评估监控中心科员
21	石玉松	男	1973.9	1995.9	淮南市地税局征管分局副局长
22	王以虎	男	1975.1	1997.1	滁州市地税局征科科科员
23	陆维松	男	1975.4	1995.12	滁州市定远县地税局征科股科员
24	孙桂林	男	1968.1	1996.7	滁州市天长市地税局征科股科员
25	程鹏	男	1974.12	1999.1	六安市地税局征科科科员
26	闵翔	男	1972.1	1994.9	六安市金寨县地税局征科股股长
27	陈静静	女	1981.9	2004.12	马鞍山市地税局雨山区分局科员
28	邵文保	男	1975.11	1996.1	马鞍山市博望区地税局业务科科长
29	张久林	男	1974.5	1997.7	马鞍山市和县地税局征科股副股长
30	赖莺	女	1977.11	2011.7	芜湖市地税局镜湖区分局纳税服务科科员

序号	姓名	性别	出生年月	参加税务工作时间	工作单位及职务
31	张万金	男	1972.10	1996.1	芜湖市地税局弋江区分局计会科科长
32	黄卉	男	1984.8	2004.12	宣城市地税局征科科科员
33	章军	男	1975.12	1998.1	宣城市宁国市地税局开发区分局副局长
34	潘文艺	男	1975.12	1997.10	铜陵市铜陵县地税局顺安分局副局长
35	周美生	男	1975.1	1997.7	铜陵市地税局征科科科员
36	陈磊	男	1978.11	1996.10	铜陵市地税局铜官山区第二分局科员
37	鲍恩晨	男	1976.5	1997.9	池州市地税局征科科科员
38	徐进	男	1971.1	1996.6	池州市东至县地税局香隅分局副局长
39	杨贵胜	男	1965.11	1986.1	池州市地税局征科科副主任科员
40	李欣	男	1973.2	1992.6	安庆市地税局迎江区分局副局长
41	谢鸿熙	男	1972.4	1993.9	安庆市怀宁县地税局征科股股长
42	陈文绮	女	1967.7	1991.7	黄山市地税局征管分局科员
43	程江艺	女	1975.8	1994.9	黄山市地税局评估办公室
44	程瑞华	男	1968.2	1989.5	黄山市歙县地税局征科股股长

附件 7

安徽省地方税务局省级稽查人才库

序号	姓名	性别	出生年月	参加税务工作时间	工作单位及职务
1	沈超	男	1975.02	1995.09	合肥市地税局稽查局审理科科长
2	王奔	男	1971.11	1996.09	合肥市地税局稽查局稽查一科科长
3	吴红梅	女	1970.10	1996.03	合肥市地税局稽查局稽查三科副科长
4	张兴华	男	1963.04	1996.04	合肥市肥东县地税局稽查局副局长
5	张海龙	男	1968.11	1988.10	合肥市肥西县地税局稽查局局长
6	江建勋	男	1972.11	1996.07	合肥市庐江县地税局稽查局审理股长
7	翟宏波	男	1974.04	1995.09	合肥市巢湖市地税局稽查局副局长
8	张殿良	男	1974.10	1995.9	淮北市地税局稽查局稽查科副科长
9	张勇	男	1967.6	1996.2	淮北市地税局稽查局科员
10	李琴芳	女	1967.8	1996.2	淮北市地税局稽查局科员
11	毛静	女	1977.9	1996.1	淮北市地税局稽查局科员
12	张道广	男	1972.8	1996.2	亳州市地税局稽查局副局长
13	丁杰	男	1962.10	1996.2	亳州市地税局稽查局稽查一科科长
14	徐美侠	女	1969.11	1996.2	亳州市地税局稽查局科员
15	王红艳	女	1971.6	1994.7	亳州市地税局稽查局科员
16	高峰	男	1976.4	1996.7	亳州市涡阳县地税局稽查局副局长
17	田军	男	1974.6	1994.12	亳州市蒙城县地税局稽查局科员
18	王知礼	男	1970.11	1996.1	宿州市地税局稽查局稽查科科长
19	杨正鹏	男	1971.11	1995.10	宿州市地税局稽查局科员(上挂)
20	刘娟	女	1963.4	1997.10	宿州市埇桥区地税局稽查局科员
21	周维光	男	1975.5	1994.10	宿州市泗县地税局稽查局副局长
22	徐玉霞	女	1966.9	1996.1	宿州市地税局稽查局科员(上挂)
23	孟宪彬	男	1970.4	1989.7	宿州市砀山县地税局稽查局科员
24	吴跃军	男	1970.6	1991.7	宿州市萧县地税局稽查局科员
25	邓亚娟	女	1975.3	1997.5	蚌埠市地税局稽查局科员
26	朱晓媛	女	1970.11	1997.5	蚌埠市地税局稽查局科员
27	张敬仁	男	1971.2	1992.7	蚌埠市固镇县地税局稽查局检查股股长
28	欧家安	男	1964.11	1988.10	蚌埠市怀远县地税局稽查局科员
29	张翔	男	1967.10	1990.8	蚌埠市五河县地税局稽查局执行股股长
30	李凌	女	1962.2	1996.1	阜阳市地税局稽查局纪检监察员

序号	姓名	性别	出生年月	参加税务工作时间	工作单位及职务
31	张晓文	女	1968.10	1989.7	阜阳市地税局稽查局检查科科长
32	李军	男	1975.6	1996.5	阜阳市临泉县地税局稽查局副局长
33	刘芳	女	1966.5	1995.7	阜阳市界首市地税局稽查局副局长
34	张孝勇	男	1975.7	1998.9	阜阳市颍上县地税局稽查局副局长
35	杜小川	男	1976.7	1996.6	阜阳市阜南县地税局稽查局稽查股股长
36	谭成林	男	1974.9	1998.1	阜阳市颍东区地税局稽查局检查股股长
37	江卫东	男	1969.12	1996.1	淮南市地税局稽查局科员
38	余振芬	女	1975.12	1999.10	淮南市地税局稽查局科员
39	张郢奇	男	1970.5	1991.8	淮南市地税局稽查局科员
40	牛强	男	1970.8	1996.1	淮南市地税局稽查局科员
41	周兵	男	1975.12	1995.9	滁州市明光市地税局监察室主任、稽查局负责人
42	林龙	男	1965.12	1995.1	滁州市地税局稽查局稽查科科长
43	许青	男	1965.7	1998.5	滁州市地税局稽查局稽查科副科长
44	胡静静	女	1975.10	1994.11	滁州市地税局稽查局审理科副科长
45	黄朝晖	男	1968.10	1994.4	滁州市凤阳县地税局稽查局副局长
46	杨志刚	男	1968.2	1988.7	滁州市定远县地税局稽查局审理股长
47	夏良权	男	1964.10	1996.3	滁州市全椒县地税局稽查局科员
48	王华忠	男	1972.07	1994.07	六安市地税局稽查局稽查科科长
49	吴丽娟	女	1981.02	2006.10	六安市地税局稽查局审理科副科长
50	程向东	男	1975.09	1999.10	六安市地税局稽查局综合科副科长
51	曹开明	男	1971.09	1992.07	六安市金安区地税局稽查局检查股股长
52	王刚	男	1965.09	1998.07	六安市裕安区地税局稽查局科员
53	关德生	男	1980.01	2006.10	六安市霍邱县地税局稽查局检查股股长
54	倪钟	男	1968.07	1987.08	六安市霍山县地税局稽查局科员
55	胡宝明	男	1971.12	1989.8	马鞍山市和县地税局稽查局副局长
56	谷亮	男	1982.2	2004.12	马鞍山市地税局稽查局科员
57	马骥	男	1970.7	1994.12	马鞍山市地税局稽查局科员
58	丁志伟	男	1969.07	1996.1	马鞍山市含山县地税局稽查局副局长
59	钱磊欣	男	1973.5	1994.12	马鞍山市地税局稽查局检查二科科长
60	曹建华	男	1970.12	1990.8	马鞍山市地税局稽查局科长
61	王强	男	1971.09	1995.12	芜湖市地税局稽查局审理科科长
62	汪晖	男	1970.10	1996.1	芜湖市地税局稽查局科员
63	丁学友	男	1962.6	1996.1	芜湖市无为县地税局稽查局副局长

序号	姓名	性别	出生年月	参加税务工作时间	工作单位及职务
64	董玉飞	男	1963.4	1982	芜湖市繁昌县地税局稽查局副局长
65	胡金火	男	1965.10	1988.7	芜湖市芜湖县地税局稽查局科员
66	易新	男	1973.10	1999.7	芜湖市南陵县地税局稽查局科员
67	马爱民	男	1970.11	1996.1	宣城市地税局稽查局稽查一科科长
68	刘旺喜	男	1969.9	1996.1	宣城市地税局稽查局科员
69	王学农	男	1968.8	1992.6	宣城市郎溪县地税局稽查局科员
70	蔡兴龙	男	1970.5	1992.9	宣城市宁国市地税局稽查局科员
71	唐东风	男	1966.9	1996.1	宣城市泾县地税局稽查局科员
72	俞海军	男	1978.2	1996.12	宣城市旌德县地税局稽查局审理股股长
73	朱剑雄	男	1969.11	1990.7	宣城市绩溪县地税局稽查局稽查股股长
74	王友财	男	1967.10	1989.7	铜陵市地税局稽查局稽查科科长
75	吴友萍	女	1963.12	1982.11	铜陵市地税局稽查局稽查科科员
76	刘正权	男	1968.7	1996.4	铜陵市地税局稽查局稽查科科员
77	查文忠	男	1971.12	1991.8	铜陵市地税局稽查局稽查科科员
78	王新明	男	1979.05	2005.05	池州市地税局稽查局综合(选案)科负责人
79	周林	男	1977.10	1996.12	池州市地税局稽查局科员
80	朱根宝	男	1969.7	1994.7	池州市青阳县地税局稽查局副局长
81	张结旺	男	1970.12	1994.7	池州市东至县地税局稽查局副局长
82	查茂松	男	1974.9	1995.12	池州市地税局稽查局科长(副科)
83	周鸣蔚	女	1971.10	1994.7	安庆市枞阳县地税局稽查局稽查股股长
84	汪韶华	男	1970.2	1995.1	安庆市太湖县地税局稽查局局长
85	汪侃	男	1971.11	1997.10	安庆市桐城市地税局稽查局审理股股长
86	曹勤	女	1974.9	1994.10	安庆市地税局稽查局检查科科员
87	高晖	男	1970.7	1987.12	安庆市地税局稽查局检查科科员
88	李萍	女	1971.5	1991.7	安庆市地税局稽查局审理科科长
89	何世光	男	1974.11	1995.9	安庆市地税局稽查局选案科科长
90	杜晓峰	女	76.11	1995.8	黄山市地税局稽查局审理科科长
91	詹志刚	男	1972.4	1990.7	黄山市地税局稽查局稽查科科员
92	汪国顺	男	1973.8	1996.1	黄山市黄山区地税局稽查局科员
93	黄武	男	1968.8	1989.1	黄山市黟县地税局稽查局科员
94	黄五星	男	1967.10	1996.1	黄山市祁门县地税局稽查局科员
95	胡立平	男	1973.6	1996.2	黄山市歙县地税局稽查局副局长
96	吴国勇	男	1971.10	1992.8	黄山市休宁县地税局稽查局副局长

序号	姓名	性别	出生年月	参加税务工作时间	工作单位及职务
97	孙明福	男	1965.12	1988.7	广德县地税局稽查局科员
98	丁劲松	男	1973.3	1995.7	宿松县地税局稽查局副局长
99	余斌	男	1976.12	2003.12	省地税局直属局稽查分局主任科员
100	谢璐	女	1981.10	2005.8	省地税局直属局稽查分局主任科员

附件8

安徽省地方税务局省级文秘人才库

序号	姓名	性别	出生年月	参加税务工作时间	工作单位及职务
1	刘正保	男	1967.7	1996.4	合肥市地税局宣传处处长
2	黄晓阳	男	1964.11	1996.1	合肥市庐江县地税局副局长
3	孙德鹏	男	1975.12	1999.10	淮北市地税局办公室科员
4	陈亚飞	男	1975.5	1997.10	亳州市地税局办公室副主任
5	吴万青	男	1979.8	2005.3	亳州市地税局办公室科员
6	刘伟	男	1975.12	1995.6	亳州市利辛县地税局办公室主任
7	张强	男	1976.1	1995.10	宿州市地税局办公室副主任
8	余超	男	1972.11	1997.6	蚌埠市地税局办公室秘书
9	胡斌	男	1973.3	1999.11	阜阳市地税局办公室主任
10	许宜军	男	1972.11	1995.8	淮南市地税局办公室副主任
11	马恩宏	男	1971.10	1995.7	滁州市地税局办公室副主任
12	郑刚	男	1979.8	2006.10	六安市裕安区地税局征科股股长
13	李家义	男	1973.11	1999.11	马鞍山市地税局办公室副主任科员
14	薛大贵	男	1975.7	1997.1	芜湖市地税局办公室副主任
15	庞雪飞	男	1979.12	2004.12	宣城市地税局办公室科员
16	管雪峰	男	1974.11	1996.1	铜陵县地税局办公室科员
17	马文蒴	男	1985.3	2008.12	池州市地税局办公室科员
18	杨祥兵	男	1969.12	1992.7	安庆市地税局办公室副主任
19	吴明华	男	1983.3	2012.11	黄山市地税局办公室科员
20	张辉	男	1977.5	1996.9	省地税局稽查局科员
21	姚亮	男	1977.7	1999.7	省地税局电税中心综合科科长

附件9

安徽省地方税务局省级组织人事人才库

序号	姓名	性别	出生年月	参加税务工作时间	工作单位及职务
1	朱丽	女	1975.3	1994.8	合肥市地税局政治部副主任、离退休工作处处长
2	梁梅	女	1976.8	1997.8	淮北市地税局政治处副主任
3	王铎	男	1971.5	1991.7	亳州市地税局政治处副主任、离退休工作科科长
4	王峰	男	1970.7	1992.7	宿州市地税局政治处副主任
5	张波	男	1975.1	1995.12	蚌埠市地税局政治处科员
6	张露	女	1977.5	1996.5	阜阳市临泉县地税局人事教育股股长
7	齐晓利	男	1974.6	1994.9	淮南市地税局政治处科员
8	吴钧	男	1967.9	1996.2	滁州市地税局政治处副主任
9	侯树林	男	1974.2	1999.10	六安市地税局政治处副主任
10	章成智	男	1975.3	1996.12	马鞍山市地税局政治处副主任
11	奚鹏飞	男	1978.11	1997.10	芜湖市地税局政治处科员
12	寿敏丽	女	1972.3	1996.3	宣城市地税局政治处科员
13	陶黎	女	1973.6	1996.4	铜陵市地税局政治处科员
14	余凤台	男	1974.1	1996.7	安庆市地税局政治处科员
15	陈建平	男	1970.9	2004.11	黄山市地税局政治处副科长
16	张凯	男	1974.4	1997.7	省地税局政治部主任科员
17	王尚峰	男	1981.10	2005.7	省地税局政治部主任科员

附件10

安徽省地方税务局省级财务管理人才库

序号	姓名	性别	出生年月	参加税务工作时间	工作单位及职务
1	刘国强	男	1969.1	1996.3	合肥市地税局财务管理处副处长
2	金志龙	男	1970.4	1989.3	合肥市庐江县地税局收入核算和财务管理股股长
3	孔令军	男	1969.10	1989.7	淮北市地税局财务管理科科长
4	张中亚	男	1973.1	1994.8	亳州市谯城区地税局收入核算和财务管理股股长
5	张淑秀	女	1972.1	1994.12	宿州市地税局财务管理科副科长
6	陈吉娜	女	1975.4	1995.8	蚌埠市地税局财务管理科副科长
7	马景玲	女	1973.6	1991.9	蚌埠市怀远县地税局收入核算和财务管理股股长
8	李坤	男	1974.10	1995.12	阜阳市地税局财务管理科主任科员
9	陈艳	女	1977.11	1996.4	淮南市凤台县地税局收入核算和财务管理股科员
10	陶煜	男	1972.10	1994.9	六安市金寨县地税局收入核算和财务管理股科员
11	丁正好	男	1964.8	1982.12	芜湖市芜湖县地税局收入核算和财务管理股股长
12	高龙贵	男	1976.12	1996.9	宣城市地税局财务管理科科员
13	徐利平	女	1972.10	2010.8	铜陵市地税局财务管理科科员
14	王玲	女	1973.5	1993.9	池州市石台县地税局税政股股长
15	刘萍	女	1976.10	1995.9	安庆市太湖县地税局收入核算和财务管理股科员
16	程莉莉	女	1980.8	2004.12	黄山市徽州区地税局收入核算和财务管理股会计

附件11

安徽省地方税务局省级资产管理人才库

序号	姓名	性别	出生年月	参加税务工作时间	工作单位及职务
1	胡慧敏	女	1987.7	2010.12	合肥市地税局办公室科员
2	张艳	女	1978.10	1996.11	淮北市地税局办公室科员
3	高婕	女	1977.11	2009.12	亳州市地方税务局科员
4	薛斐	女	1976.5	1995.12	宿州市地税局机关服务中心科员(借调)
5	杨勇	男	1976.1	2010.8	蚌埠市地税局办公室科员
6	王洪波	男	1982.10	2006.8	阜阳市地税局科员
7	王海俊	女	1967.9	1992.10	淮南地税局办公室科员
8	吴学梅	女	1973.11	1996.03	滁州市天长市地税局办公室科员
9	范士彬	女	1975.4	1996.09	六安市霍邱县地税局科员
10	蔡震	男	1975.8	2005.10	马鞍山市地税局办公室科员
11	尹吉	女	1973.6	1996.10	芜湖市地税局办公室科员
12	陶军	男	1971.11	2010.1	宣城市地税局办公室科员
13	杭如春	男	1959.5	1995.8	铜陵市地税局办公室科员
14	严任强	男	1975.12	2011.10	池州市地税局办公室科员
15	严伟	男	1973.4	2010.2	安庆市地税局机关服务中心科员
16	张琦	女	1963.11	1982.12	黄山市地税局办公室副主任科员

附件 12

安徽省地方税务局省级内部审计人才库

序号	姓名	性别	出生年月	参加税务工作时间	工作单位及职务
1	杨菊	女	1986. 1	2010. 12	合肥市地税局内审处科员
2	耿兰侠	女	1968. 1	1987. 7	淮北市地税局督察内审科副主任科员
3	詹莹	女	1971. 10	1993. 8	亳州市地税局督察内审科副主任科员
4	魏娜	女	1977. 4	1996	宿州市地税局督察内审科副主任科员
5	赵诗雅	女	1965、10	1984、12	蚌埠市地税局督察内审科副科长
6	于伟林	男	1969. 10	1990. 7	阜阳市太和县地税局收入核算与财务管理股股长、副主任科员
7	胡玉荣	女	1975. 11	1998. 12	淮南市地税局督查内审科科员
8	王智红	女	1972. 7	1997. 10	滁州市地税局督察内审科
9	王艳	女	1981. 09	2001. 09	六安市地税局督察内审科科员
10	朱传玲	女	1970. 10	1995. 12	马鞍山市地税局经济开发区分局科员
11	周圣梅	女	1975. 8	1999. 10	芜湖市地税局督察内审科科员
12	尚立	男	1977. 09	1999. 01	宣城市地税局督察内审科科员
13	耿玲	女	1968. 10	1996. 4	铜陵市地税局督察内审科副科长
14	张元生	男	1964. 2	1982. 11	池州市地税局督察内审科科长
15	谢佳	女	1973. 4	1995 年	安庆市地税局督察内审科副科长
16	吕向红	女	1970. 10	1991. 8	黄山市地税局督察内审科科员

附件13

安徽省地方税务局省级电子税务信息人才库

序号	姓名	性别	出生年月	参加税务工作时间	工作单位及职务
1	张建民	男	1977.3	1999.7	省地税局电税管理中心网络设备管理科科长
2	徐邵兵	男	1976.3	1999.7	省地税局电税管理中心应用系统管理科科长
3	沈云斐	男	1980.6	2002.7	省地税局电税管理中心信息安全管理科副科长
4	叶红	女	1980.1	2005.08	省地税局电税管理中心软件管理科工程师
5	王艳	女	1983.8	2005.8	省地税局电税管理中心应用系统管理科工程师
6	王征	男	1979.10	2006.7	省地税局电税管理中心网络设备管理科工程师
7	汪峻	男	1981.4	2006.7	省地税局电税管理中心应用系统管理科工程师
8	徐吉斌	男	1980.6	2008.11	省地税局电税管理中心应用系统管理科工程师
9	朱雷	男	1983.07	2008.11	省地税局电税管理中心应用系统管理科工程师
10	万忠	男	1980.7	2006.7	省地税局直属局副主任科员
11	傅前飞	男	1973.12	1997.10	合肥市地税局信息中心主任
12	胡明	男	1976.3	1999.7	合肥市地税局信息中心工程师
13	吕桂传	男	1973.11	1995.7	合肥市地税局信息中心
14	杨勇	男	1976.9	1999.7	合肥市地税局信息中心工程师
15	任辉	男	1981.12	2006.8	淮北市地税局信息中心副主任
16	丁友勤	女	1976.10	1999.7	淮北市地税局信息中心工程师
17	张效华	男	1975.6	1997.7	亳州市地税局信息中心主任
18	孟欢	男	1976.10	1997.7	亳州市地税局信息中心副主任
19	项永刚	男	1982.11	2006.9	亳州市地税局信息中心工程师
20	唐新安	男	1975.12	1996.7	亳州市涡阳县地税局信息中心主任
21	张虎	男	1982.08	2006.03	宿州市地税局信息中心工程师
22	周琛琛	男	1982.4	2008.11	蚌埠市地税局征管科技科
23	肖殿华	男	1975.4	1999.09	阜阳市地税局信息中心工程师
24	甘洁静	男	1982.3	2006	阜阳市地税局信息中心工程师
25	陆杨	男	1979.8	2002	阜阳市地税局信息中心工程师
26	靳海峰	男	1977.7	1999.7	淮南市地税局信息中心
27	张升富	男	1981.10	2002.8	淮南市地税局信息中心
28	王坤	男	1973.1	1991.10	六安市地税局信息中心副主任
29	朱亮	男	1973.2	1999.8	六安市地税局信息中心工程师
30	杨仕勇	男	1978.5	2000.8	六安市地税局信息中心工程师

序号	姓名	性别	出生年月	参加税务工作时间	工作单位及职务
31	李政	男	1976.8	1999.8	马鞍山市地税局信息中心副主任
32	周翔	男	1976.3	1996.12	马鞍山市地税局信息中心副主任
33	尹锐	男	1978.10	2000.8	马鞍山市地税局信息中心
34	殷锐	男	1977.5	1999.8	芜湖市地税局信息中心工程师
35	章毓茜	女	1978.5	1999.8	芜湖市地税局信息中心
36	施朝阳	男	1975.06	1999.8	芜湖市地税局信息中心
37	刘东科	男	1976.3	1999.7	宣城市地税局信息中心工程师
38	邵艳萍	女	1984.9	2006.8	宣城市地税局信息中心
39	许鹏	男	1972.9	1999.5	铜陵市地税局信息中心副主任
40	巫洁	女	1976.2	1999.7	铜陵市地税局信息中心工程师
41	孙长青	男	1967.12	1997.1	铜陵市地税局信息中心工程师
42	桂月军	男	1979.9	1999.1	池州市贵池区地税局信息中心
43	朱凌明	男	1978.3	1999.7	安庆市地税局信息中心
44	汪昌勇	男	1978.10	2001.7	黄山市地税局信息中心副主任
45	凤凯	男	1983.12	2006.7	广德县地税局信息中心

安徽省地方税务局转发《关于进一步做好领导干部报告个人有关事项工作的通知》的通知

2014年1月16日　皖地税函〔2014〕27号

各市地方税务局，省地方税务局局属各单位：

现将省委组织部《转发中组部〈关于进一步做好领导干部报告个人有关事项工作的通知〉的通知》（皖组电明字〔2014〕1号，以下简称《通知》）转发给你们，并就做好全省地税系统领导干部报告个人有关事项工作提出如下要求，请一并贯彻执行。

一、全省地税系统处级干部（包括处级非领导职务）和市、县地税局科级领导干部均需填报《领导干部个人有关事项报告表》。已退出现职、但尚未办理退休手续干部也需比照报告个人有关事项。

二、填报有关要求

（一）根据中组部的部署和要求，本次领导干部报告个人有关事项应按照第一次填报的要求，重新填写每一事项的情况信息（截止填报时的现状）。鉴于本次报告需要填写截止填报时的现状，报告表中“有变化”和“无变化”选项无需选择。

（二）各市地税局政治处要将本《通知》和《领导干部个人有关事项报告表》（A4纸双面复印），送给本单位每位处级干部。省地税局局属各单位处级干部《领导干部个人有关事项报告表》由省地税局政治部统一发放。

（三）各市地税局处级干部报告材料应由所在市地税局主要负责人审签（各市地税局主要负责人的报告表交由其他局领导审签），由本人密封并在信封上签名，交所在单位政治处（不拆封）。各市地税局政治处收齐个人有关事项报告表后（不拆封），连同报送清单（应报告多少人，实报告多少人，未报告人数、姓名、职务及原因），于2014年2月20日前报省局政治部。

省地税局局属各单位处级干部报告材料，应由本人填写交分管局领导审签后密封并在信封上签名，于2014年2月20日前交省地税局政治部（吴勇）。

三、各市地税局比照本《通知》要求精神，做好科级领导干部报告个人事项工作，并于2014年3月底前将工作开展情况报告（包括应报告多少人、实报告多少人，未报告人数、姓名、职务及原因）报送省地税局政治部。

四、各级领导干部应严格遵守报告纪律，对无正当理由不按时报告、不如实报告或隐瞒不报的，根据情节轻重，给予批评教育、限期改正、责令作出检查、诫勉谈话、通报批评或调离岗位、免职等处理；构成违纪的，依照有关规定给予纪律处分。凡不如实填报或隐瞒不报的，一律不得提拔任用、不列入后备干部名单。

自2014年起，省地税局将按照中央和省委组织部的统一部署，适时开展领导干部个人有关事项报告抽查核实工作。

安徽省地方税务局关于人力资源社会保障部 国家税务总局表彰我省地税系统全国税务系统先进集体和先进工作者情况的通报

2014年2月17日　皖地税函〔2014〕8号

各市、县地方税务局,省地方税务局局属各单位:

近年来,全省地税系统牢记"为国聚财、为民收税"的神圣使命,按照"一个确保、两个提高"的总体要求,统筹做好组织收入和服务发展"两篇文章",深入推进"三和"地税建设,为全省经济社会发展做出了积极贡献,涌现出一批先进集体和先进个人。2014年1月21日,人力资源社会保障部、国家税务总局作出《人力资源社会保障部　国家税务总局关于表彰全国税务系统先进集体和先进工作者的决定》(人社部发〔2014〕10号),安徽省地方税务局电子税务信息管理中心、六安市地方税务局、合肥市地方税务局经济技术开发区分局被授予"全国税务系统先进集体"荣誉称号,淮南市地方税局局长李长富、淮北市地方税务局征收管理分局纳税服务股副股长王宁被授予"全国税务系统先进工作者"荣誉称号,受到表彰。

希望受表彰的先进集体和先进工作者珍惜荣誉,再接再厉,更好地发挥模范带头作用,在地税工作中取得新的更大的成绩。全省各级地税机关和广大地税干部职工要以先进集体和先进个人为榜样,认真学习贯彻党的十八大和十八届二中、三中全会精神,团结拼搏,奋发进取,扎实工作,为推进全省地税事业科学发展、打造"三个强省"、建设美好安徽做出新的更大贡献。

安徽省地方税务局关于调整基层联系点的通知

2014年2月18日　皖地税函〔2014〕71号

局属各单位:

根据《安徽省地方税务局关于转变工作作风　进一步加强基层联系点工作的通知》(皖地税函〔2013〕574号)要求,现将2014年基层联系点单位作相应调整(见附件)。请按照要求开展联系点工作,记好工作日志,年底前向政治部报送联系点调研报告。同时,省局领导调整后的基层联系点也是党的群众路线教育实践活动联系点,将按照党的群众路线教育实践活动要求,做好市、县地税局开展党的群众路线教

育实践活动指导工作。

附件1:2014年省地税局局领导联系市地税局一览表(略)

附件2:2014年省地税局局属单位联系市地税局一览表(略)

安徽省地方税务局关于确定政策法规等3个省级专业人才库入库入选的通知

2014年5月9日　皖地税函〔2014〕247号

各市、县地方税务局,省地方税务局局属各单位:

根据《安徽省地方税务局省级专业人才库建设管理办法(试行)》规定,经过选拔、公示等程序,确定吴涛等54名同志入选政策法规等3个省级专业人才库(名单见附件)。省地税局将根据工作需要,按照职责分工,做好省级专业人才库人员的培养、管理和使用工作。

附件1:安徽省地方税务局省级政策法规人才库

附件2:安徽省地方税务局省级财产行为税、国际税收管理人才库

附件3:安徽省地方税务局省级纪检监察人才库

附件1

安徽省地方税务局省级政策法规人才库

序号	姓名	性别	出生年月	参加税务工作时间	工作单位及职务
1	吴涛	男	1977.12	1995.9	合肥市地税局法规处科员
2	高伟亚	男	1975.10	1994.7	亳州市地税局法规科副科长
3	王勇	男	1973.10	1995.9	淮北市地税局法规科科员
4	刘亚斌	男	69.12	1997.11	阜阳市地税局涉外分局副局长
5	任兆强	男	1980.5	1997.9	宿州市地税局法规科副主任科员
6	郝朝信	男	1974.9	1999.10	蚌埠市地税局法规科副科长
7	计金明	男	1973.10	1996.4	淮南市地税局田家庵分局副局长
8	韦兰凤	女	1976.4	1999.10	六安市地税局涉外分局副局长
9	张峰	男	1979.6	1996.12	明光市地税局稽查局审理股股长
10	冯宝望	男	1974.4	1999.10	铜陵市地税局法规科副科长(主持工作)
11	梅锋	男	1971.3	1995.8	宣城市地税局法规科副主任科员
12	徐晗	男	1979.5	2004.12	芜湖市地税局法规科科员
13	丁冬来	男	1982.1	2004.12	马鞍山市地税局法规科科员
14	叶强	男	1969.3	1989.10	安庆市地税局法规科科员
15	舒晨	男	1973.7	1995.7	池州市地税局法规科科长
16	夏敏	女	1975.7	1999.10	黄山市地税局法规科科员

附件2

安徽省地方税务局省级财产行为税\国际税收管理人才库

序号	姓名	性别	出生年月	参加税务工作时间	工作单位及职务
1	李珺	女	1975.3	1997.7	省地税局直属局副局长
2	黄敏	女	1977.10	1997.7	合肥市地税局劳财税处副主任科员
3	潘华洲	男	1970.12	1996.4	肥东县地税局税政科科员
4	刘晓莉	女	1973.12	1996	淮北市地税局劳财税科科员
5	李强	男	1975.10	1996.8	淮北市地税局劳财税科科员
6	杨渤	男	1979	1999.12	亳州市谯城区地税局税政股科员
7	许辉	男	1976.9	1994.10	泗县地税局税政股科员
8	李军	女	1971.3	1997.4	蚌埠市地税局劳财税科科员
9	陈增亚	男	1971.3	1991.8	阜南县地税局税政股科员
10	年斌	女	1976.8	1998.12	淮南市地税局劳财税科科员
11	陈萍	女	1979.4	2004.12	滁州市地税局劳财科科员
12	周学连	男	1975.3	1995.1	六安市地税局征管分局管理股股长
13	张惠	女	1973.12	1994.9	马鞍山市地税局劳财税科科员
14	周雯	女	1983.10	2004.12	马鞍山市地税局经济技术开发区分局管理科科员
15	范玲凤	女	1974.4	1996.7	芜湖市地税局劳财税科科员
16	李应飞	男	1976.2	1998.1	繁昌县地税局税政股科员
17	李杰	男	1976.12	1997.1	宣城市地税局劳财税科科员
18	汤蕙萍	女	1970.3	1991.7	铜陵市地税局涉外分局科员
19	方慧	女	1977.5	1997.5	池州市地税局劳财税科科员
20	王锐	男	1976.11	1998.11	桐城市地税局税政股科员
21	袁朝晖	女	1970.7	1990.8	安庆市地税局劳财税科科员
22	叶利红	男	1972.9	1996.2	黄山市地税局劳财税科副科长

附件 3

安徽省地方税务局省级纪检监察人才库

序号	姓名	性别	出生年月	参加税务工作时间	工作单位及职务
1	倪镝飞	男	1968 年 8 月	1995 年 8 月	合肥市地税局监察室副主任
2	周允建	女	1972 年 3 月	1996 年 7 月	淮北市地税局监察室科员
3	李杰	男	1970 年 2 月	1991 年 10 月	亳州市地税局监察室副主任科员
4	王效将	男	1979 年 8 月	1996 年 7 月	砀山县地税局监察室主任
5	彭超	男	1977 年 3 月	1997 年 3 月	蚌埠市地税局监察室科员
6	董启乾	男	1968 年 11 月	1995 年 12 月	阜阳市地税局监察室副主任
7	张学海	男	1969 年 11 月	1990 年 7 月	淮南市地税局监察室科员
8	朱贤雨	男	1978 年 9 月	1999 年 10 月	滁州市地税局监察室副主任
9	王保虎	男	1968 年 9 月	1988 年 10 月	六安市地税局监察室副主任
10	吴少栋	男	1968 年 8 月	1987 年 7 月	马鞍山市地税局监察室副主任科员
11	何淑恒	男	1974 年 4 月	1995 年 9 月	芜湖市地税局监察室科员
12	黄启胜	男	1964 年 11 月	2007 年 1 月	宣城市地税局监察室主任科员
13	耿玲	女	1968 年 10 月	1996 年 4 月	铜陵市地税局内审科副科长
14	高洪珍	女	1967 年 12 月	1985 年 12 月	池州市地税局监察室副主任科员
15	汪汉	男	1969 年 11 月	1995 年 8 月	安庆市地税局监察室副主任
16	钱东红	男	1968 年 8 月	2003 年 11 月	黄山市地税局监察室科员

安徽省地方税务局转发省委组织部关于印发《超职数配备干部整改工作实施意见》的通知

2014 年 8 月 27 日　皖地税函〔2014〕472 号

各市地方税务局：

现将省委组织部《关于印发 < 超职数配备干部整改工作实施意见 > 的通知》（组通字〔2014〕38 号）转发给你们，并提出如下意见，请一并贯彻执行。

一、迅速落实整改

各市地税局要按照干部管理权限，集中力量对本系统超职数配备干部问题逐人对照甄别，分市县形成超配干部名册，确定整改基数，填写《超职数配备干部情况核定表》（见组通字〔2014〕38 号附件 2），并于 9 月 4 日前报省地税局（政治部）备案；要制定整改计划，对超配、“高职低配”、混用机关与基层职数等不按规定配备的干部，必须在 2 ~ 3 年内整改到位，整改计划要求时间清楚、措施具体、责任明确，并于 9 月 15 日前报省地税局（政治部）备案；要建立整改消化情况台账，全程记录整改过程。

二、严格按照规定开展干部选任工作

各市地税局要严格执行干部选拔任用和机构编制有关法律法规，严格落实按职数配备干部规定，凡超配、高职低配、混用机关与基层职数的，省地税局一律不予审批备案；要把按职数配备干部情况列为干部选拔任用工作有关事项报告的一项重要内容，从严抓好抓实；继续从严执行科级干部选拔任用审批备案制度和人员退出备案制度，从源头上进行严格控制。

三、严格执行工作纪律

省地税局将把按职数配备干部情况作为税收绩效管理、市局主要领导、分管领导年度考核、“一报告两评议”的重要内容，认真落实考核和责任追究制度，严肃查处违反干部选任和机构编制纪律的行为。各市地税局要严格执行人事工作纪律，主要负责人为整改工作第一责任人，干部人事部门主要负责人为直接责任人。各市地税局应在每季最后一个月 15 日前将当季超职数配备干部整改消化情况上报省地税局（政治部）。

超职数配备干部整改工作实施意见

根据中组部、中编办、国家公务员局《关于严禁超职数配备干部的通知》（组通字〔2014〕5 号，以下简称《通知》）和中组部整治工作调度会精神，现就全省超职数配备干部整改工作，提出以下实施意见：

一、核定基数，制定整改计划

1. 确定整改基数。各省辖市、省直有关单位根据职数配备规定，结合中组部下发的《关

于职数界定若干问题的答复意见》<附件1),按照干部管理权限,集中力量对所属单位超职数配备干部问题逐人对照甄别,逐单位形成超配干部名册,进一步确定需要整改的超配干部基数。9月10日前,各地各单位将核定的超配干部基数情况(包括党政机关、人民团体、参公管理事业单位),填写《超职数配备干部情况核定表》(附件2),报省委组织部干部监督处审核备案。

2. 制定整改计划。各省辖市、省直有关单位按照《通知》中关于用两到三年时间基本完成整改任务的要求,按照“突出重点、区别对待”的原则,重点整改超配的副处级以上领导职数。其中,超配的副处级以上领导职数,应当在2年内(2016年9月底前)完成整改任务;超配的非领导职数和科级领导职数,由各地各单位根据实际情况确定整改期限,逐步整改到位,但最长时间.不得超过2017年底。各地各单位要结合实际,研究制定整改计划,有针对性地提出整改意见。做到整改措施具体、时间清楚、责任明确。整:改计划于9月20日前报省委组织部干部监督处审核备案,同时抄送省编办和省公务员局。

3. 建立整改台账。建立超职数配备干部整改消化情况台账(附件3),作为整改消化情况的重要依据。对每个超职数配备干部的单位,全程记录其整改消化过程,实行跟踪监督,盘点销号;整改任务未落实前不得新配备干部。

二、从严把关,严格控制增量

4. 严格执行领导干部选拔任用和机构编制有关规定。严格遵守《党政领导干部选拔任用工作条例》、《地方各级人民政府机构设置和编制管。理条例》、《安徽省行政机构设置和编制管理规定》等法规要求。除机构编制部门外,上级业务部门不得以任何形式(包括下发文件、领导讲话、召开会议、打招呼等方式,或以划拨经费、项目审批、评比达标为条件强行要求)干预下级的职能配置、机构设置、编制和领导职数核定,不得对下级的机构编制作出规定。除专,项机构编制法律法规外,各地区各部门拟定法规、制度、文件不得就机构编制事项作出具体规定。各业务部门.制定的行业标准,不得作为审批机构编制的依据。非领导职数必须严格按照《综合管理类公务员非领导职务设置管理办法》核定。

5. 完善干部选拔任用工作有关事项报告制度。把按职数配备干部情况列为干部选拔任用工作有关事项报告的一项重要内容,对因军转安置、机构改革、换届等特殊情况确需超职数配备干部的,应当按规定书面报告上一级组织人事部门和机构编制、公务员管理部门审核把关。

6. 实行市、县干部.选拔任用工作方案预审制度。整改期内,对有超职数配备干部问题的市、县(含省、市直单位),需要选拔任用干部时,应在动议、酝酿后,将选拔任用工作方案报送上级组织部门干部监督机构预审,重点审查是否存在超职数配备干部、超机构规格提拔干部等问题,以及落实整改计划的情况等,从源头上进行把关。

三、严明纪律,坚持长抓不懈

7. 严肃查处违反党政领导干部选拔任用及机构编制纪律行为。把反映超职数配备干部等问题纳入组织部门“12380”和机构编制部门“12310”举报受理的”重要内容,发现一起,查处一起。把按职数配备干部情况作为巡视、党政主要领导干部经济责任审计、市县党委书记离任检查、“一报告两评议”的一项重要内容,对任期内出现新的违规超职数配备干部问题的,一律严肃处理。认真落实干部选拔任用工作责任追究制度,对整改期间出现新的“三超两乱”(超职数配备干部、超机构规格提拔干部、超审批权限设置机构;擅自提高干部职级待遇、擅自设置职务名称)等违纪行为的,严肃追究党委(党组)及其组织人事部门主要负责人的责任。典型案件要在一定范围内予以通报,或公开曝光。

8. 建立经常性检查机制。各级组织部人事部门要会同机构编制部门建立经常性检查机制,采取随机抽查、重点抽查、专项检查等方式,

对下级单位的超职数配备干部整改情况跟踪督查和指导,及时发现和解决存在的问题,始终保持高压态势,防止出现反弹。

9. 建立整改情况通报制度。各地各单位在每季最后一个月20日前将当季整改消化情况及《超职数配备干部整改消化情况汇总统计表》(附件4)报省委组织部干部监督处。省委组织部每季度将整改情况综合汇总上报,并向各市委、省直单位党组(党委)及组织人事部门主要负责同志通报一次。

10. 强化整改工作责任制。各地各单位党委(党组)主要负责人为整改工作第一责任人,组织人事部门主要负责人为直接责任人,做到责任到位、整改措施到位、任务落实到位。对思想不重视、整改工作不力的,上一级组织人事部门对相关责任人进行约谈;对未按计划完成整改任务的,依据《党政领导干部责任追究办法(试行)》,严肃追究责任。

各市、县(市、区)委组织部,省直有关单位党组(党委)可根据本实施意见制定具体的整改工作实施办法。

附件1.《关于职数界定若干问题的答复意见》

附件2.《超职数配备干部情况核定表》(略)

附件3.《超职数配备干部整改消化情况台账》(略)

附件4.《超职数配备干部整改消化情况汇总统计表》(略)

附件1:关于职数界定若干问题的答复意见

1. 换届时不再提名的干部,如何计算,职数?

答:换届时不再提名的干部,尚未到退休年龄,安排了新职务的,其职数按照新任职务计算。未安排新职务的,不计算占职数。

2. 受纪律处分和组织处理的干部,如何计算职数?

答:应当根据纪律处分和组织处理的具体情形确定,按处分或处理后所任职务计算职数。

3. 未到退休年龄,但因健康状况原因不再担任领导职务的干部,如何计算职数?

答:对尚未到退休年龄,但确因身体状况不能履职,不再担任任何职,务的干部,不计算占职数。

4. 尚未到退休年龄,因任职年龄层层递减原因免职的干部,如何计算职数?

答:《关于防止县乡领导干部任职年龄层层递减的意见》(中组发〔2010〕17号)明确规定"干部任职,年龄不能层层递减"。对尚未到退休年龄,因任职年龄层层递减原因在《意见》下发前免职的干部,不计算占职数;在《意见》下发后免职的,计算占非领导职数。

5. 兼职领导的职数如何计算?

答:地方党委、人大、政府、政协领导班子成员兼任同级其他领导班子职务或者兼任下级地方党政领导班子职务、兼任同级党政工作部门领导职务的,都应当分别计算职数。所兼职的工作部门配备了主持常务工作的副职,按部门正职计算职数。

党政工作部门领导干部兼任同级其他部门领导职务,或者兼任下属单位领导职务的,应当分别计算职数。

正职非领导职务兼任同级副职领导职务,应当分别计算职数。

人民团体兼职的领导不占职数。

6. 一个单位的正职调到另一个单位任副职且保留正职待遇(比如:一个县的县委书记或县长,调到市直单位任副职),如何计算

职数?

答:交流干部的职数按其所任职务确定,如其仅任副职保留原职级待遇,未担任相应职数所对应的非领导职务,即按副职职数计算;如同时担任副职领导职务和与其职级相对应的非领导职务,应当分别计算领导职数和非领导职数。

7. 军转干部安置的职数如何计算?

答:军转干部首次安排职务且职务未变动的,单独计算,不列入本次整改范围。

8. 援派干部和挂职干部如何计算职数?

答:挂职干部占派出单位的职数,不占接收单位的职数。对口支持西藏、新疆、青海的干部,不占接收单位的职数,对口支援工作期间可不占派出单位的职数。援派工作结束后,按新任职务计算职数。

9. 地方,各级人大、政府、政协机关和人民团体的党委(党组)书记、副书记、党委委员(党组成员)领导职数如何把握?

答:地方:各级人大、政府、政协机关和人民团.体党委委员(党组成员)是根据工作需要、各单位规模大小、历史沿革等情况,由上级党委审批确定。总的原则是从严控制,一般不实行党政分设。党委委员(党组成员)一般应兼任行政职务,并按所任行政职务确定职级。不得单独配备不担任任何行政职务的党委委员(党组成员)并按同级领导班子成员对待。根据工作需要和特殊情况实行党政分设的,党委(党组)书记、副书记应计算为领导职数。

10. 县级以上地方党委、人大、政府、政协领导班子可否配备非领导职务?

答:按照公务员法有关规定,县级以上地方党委、人大、政府、政协领导班子不能设立非领导职务。一些地方自行配备的各级非领导职务以及正副市(县)级干部、资政、顾问等职务,均属于超职数配备干部。

11. 单位内部群团组织职务(如工会主席、团委书记等)是否占领导职数?

答:机关单位内部群团组织的职务,如"三定"规定设立专职并明,确了相应职级,按相应职级的领导职数计算。如"三定"中未规定设立专职的,一般应视为兼职,不明确职级,兼职干部按所任其他职务确定职级和计算职数。

12. 因行政区划调整、机构改革等情况形成的待消化人员,如何计算职数?

答:在最近一次行政区划调整、机构改革中形成的待消化人员,不计算占职数。在此之前形成的待消化人员,都应列入整改范围。

安徽省地方税务局关于印发《全省地税系统开展"双拥在基层"活动实施方案》的通知

2014年9月22日　皖地税函〔2014〕521号

各市、县地方税务局,省地方税务局局属各单位:

全国双拥工作领导小组决定,在全国范围内开展"双拥在基层"活动。根据省双拥工作委员会统一部署,结合地税系统实际,省局研究制定了《全省地税系统开展"双拥在基层"活动实施方案》(以下简称《方案》),现将《方案》印发给你们,请结合实际,认真抓好落实。

全省地税系统开展“双拥在基层”活动实施方案

为深入贯彻党中央、国务院、中央军委和习近平总书记关于加强军政军民团结的指示精神，大力弘扬拥军优属、拥政爱民光荣传统，促进双拥工作在基层有效落实，进一步营造爱国拥军、爱民奉献的良好社会风尚，按照全省双拥工作领导小组统一部署，省局决定在全省地税系统内开展“双拥在基层”活动，特制定本方案。

一、指导思想和目的

全面贯彻党的十八大和十八届三中全会精神，以邓小平理论、“三个代表”重要思想、科学发展观为指导，深入贯彻落实习近平总书记系列重要讲话精神，按照“双拥工作从基层抓起、政策法规在基层落实、矛盾问题帮基层解决、发展成果向基层惠及”的思路，大力帮助广大优抚对象解决生产生活中的实际困难，在社会倡导形成爱国拥军、爱民奉献的良好社会风尚。

二、主要内容

活动要紧贴基层双拥工作具体实践，重点从以下3个方面开展：

（一）开展热爱国防崇尚荣誉教育活动。充分运用广播电视、报纸报刊等主流媒体和网络、手机、微博、微信等新兴媒体，总结宣扬一批“最美拥军人物”等先进典型，充分发挥示范引领作用。可以组织干部职工参观军史馆、荣誉室、武器装备和体验军营生活，帮助强化国防观念和双拥意识。采取多种形式加强对军队退役人员培训，引导他们珍惜从军戍国荣誉，保持革命军人本色，争做投身经济社会建设、维护社会和谐稳定的模范。

（二）积极做好拥军优抚工作。主要做好两方面工作。一是对涉及地税干部职工优抚安置对象，要对优抚对象本人及其家庭有关优抚政策落实情况进行一次调查摸底，对优抚政策未落实的，尽快落实到位；对政策落实后因遭遇自然灾害、重大疾病等变故存在特殊困难的，依托社会保障和救助体系，帮助他们解决生活、住房、医疗等方面实际困难，提高生活水平。二是加强与民政、劳动等部门沟通协调，及时了解转业干部、退役士兵信息，积极参与配合共同开展拥军优抚工作，力所能及地确定地税部门帮扶对象。要采取有效措施，认真贯彻落实军队转业干部、城镇退役士兵自主择业以及随军家属就业有关税收优惠政策，支持军队转业干部、城镇退役士兵、随军家属就业创业。各市、县地税局要对落实军队转业干部、城镇退役士兵自主择业以及随军家属就业有关税收优惠政策情况进行一次全面的调查摸底，对发现的问题认真整改，确保税收优惠政策落实到位。要结合纪念中国人民抗日战争暨世界反法西斯战争胜利70周年，组织走访慰问老红军、老八路、老民兵、老英雄等革命功臣。

（三）帮助基层部队排忧解难。支持部队建设，注重从税收政策、资金等方面，帮助基层部队解决战备训练等方面的实际问题，积极支持帮助解决基层官兵实际困难。

三、活动步骤

活动于2014年9月至2016年12月，分5个阶段，在系统范围内集中开展。

（一）宣传动员阶段（2014年9月—11月）。各单位依据上级要求，结合当地实际，制订活动方案，深入动员发动。这一阶段主要是宣传开展“双拥在基层”活动的重要意义。同时，要将开展热爱国防、崇尚荣誉的宣传教育贯穿活动始终。

（二）走访摸底阶段（2014年11月—12月）。通过走访驻地部队和优抚对象，摸清所盼所需。主要围绕三个专题展开：一是各项优

抚安置政策,特别是税收优惠政策是否落实到位;二是优抚安置对象还有哪些特殊困难;三是优抚安置对象还有哪些新期盼。通过走访摸底,切实掌握实情,并将困难和问题进行梳理归纳。

(三)排忧解难阶段(2015 年 1 月—11 月)。针对走访摸底阶段梳理归纳的问题,逐项逐个提出解决的办法和措施,明确责任人和完成时限,一个一个地加以解决。同时要建立好台账。

(四)活动小结阶段(2015 年 12 月)。全国开展“双拥在基层”活动至 2015 年底,为了与全国同步,各单位对前期活动开展情况进行小结,查找差距与不足,有针对性的对下一步活动进行再安排再部署。

(五)巩固提高阶段(2016 年 1 月—11 月)。对前期没有彻底解决的困难和问题进行跟踪解决,并建立排忧解难长效机制,进一步打牢双拥基层基础。

四、有关要求

开展“双拥在基层”活动,是今后一段时期全省双拥工作的一项重要任务,各单位要紧密结合实际,精心筹划部署,周密组织实施,确保取得实效。

(一)加强组织领导。各单位要把活动列入重要议事日程,常议常抓,持续用力。各单位领导要率先垂范,重要活动亲自参加,重大事项亲自推动,切实抓好筹划、部署、推进、督导等各个环节工作,确保活动有力有序推进。

(二)形成工作合力。活动涉及面广,社会影响大,需要军地齐抓共管,有关部门特别是各级双拥工委成员单位共同参与、密切配合、协力推进。各单位要依据职责,发挥职能作用,积极参与,主动作为,切实为广大优抚对象解决一批实际困难和问题。

(三)务求取得实效。各单位要认真贯彻改进作风要求,重实际、干实事、求实效,明确目标任务、时间节点和责任分工,逐项抓好落实,切实为驻皖部队建设、部队基层官兵和广大优抚对象解一批难事、办一批实事、做一批好事,真正把活动变成民心工程、爱心工程、暖心工程,进一步夯实双拥工作基础。

(四)搞好宣传总结。充分运用新闻媒体,大力宣传活动的目的意义、部署安排和取得的实际效果,扩大活动的社会影响。要将活动纳入新一轮全国双拥模范城(县)创建工作的重要内容,结合双拥模范城(县)评选推荐,认真搞好工作总结,及时上报活动开展情况。要以市局为单位,将开展“双拥在基层”活动五个阶段的活动总结,特别是落实军队转业干部、城镇退役士兵自主择业以及随军家属就业有关税收优惠政策的具体情况及市、县局帮助优抚对象户数、具体做法及时汇总上报省地税局(政治部)。

中共安徽省地方税务局党组
关于转发《安徽省干部档案任前审核暂行规定》的通知

皖地税党组函〔2014〕17 号　2014 年 9 月 26 日

各市地方税务局党组:

观将省委组织部《关于印发 <安徽省干部档案任前审核暂行规定 > 的通知》(皖组字〔2014〕17 号)(以下简称《通知》)转发给你们,

并提出如下要求,请一并贯彻执行。

一、各市地税局党组要高度重视,认真开展一次本《通知》精神的专题学习。各市地税局从事干部人事工作的同志要认真组织学习《通知》,掌握具体工作要求。

二、各市地税局开展科级干部选拔工作时,要严格按照《通知》要求把好干部档案任前审核关,对审核中发现的问题要有明确的处理意见;在配合省地税局启动处级干部选拔动议时,要事先开展干部档案审核工作,并及时向省地税局政治部报告干部档案审核后干部的准确信息,特别是"三龄二历一身份"信息。

三、各级干部人事部门开展干部考察时,应认真填写《干部档案任前审核表》。对干部档案中"三龄二历一身份"有整改认定的,应归入本人干部档案;按照《通知》规定干部档案任前审核无异议的,《干部档案任前审核表》存入干部选拔纪实档案。

在实施工作中有何问题和建议,请及时向省地税局政治部报告。

关于印发《安徽省干部档案任前审核暂行规定》的通知

皖组字〔2014〕17号　2014年2月17日

各市委组织部,省直各单位组织人事部门,省属各大学、各大型企业党委:

现将《安徽省干部档案任前审核暂行规定》印发给你们,请结合实际认真贯彻执行。在实施中有何问题和建议,请及时向省委组织部反馈。

安徽省干部档案任前审核暂行规定

第一条　为充分发挥干部档案的作用,全面、历史地考察了解干部,严格实行干部档案任前审核制度,根据《党政领导干部选拔任用工作条例》和《中共中央组织部关于进一步从严管理干部档案的通知》等有关要求,制定本规定。

第二条　各级组织人事部门要按照干部管理权限和"谁管理、谁把关,谁考察、谁审核,谁签字、谁负责"原则,对拟选拔任用干部的档案进行严格审核。

第三条　干部档案任前审核,应重点审核以下内容:

1. 出生年月、参加工作时间、入党时间、学历学位、工作经历和干部身份等信息(以下简称"三龄二历一身份")。

2. 干部信息是否准确,信息认定是否符合有关政策规定等。

3. 其他影响干部选拔任用的重要内容。

第四条　考察干部时,考察组应指定专人负责审核考察对象的干部档案,填写《干部档案任前审核表》(附后),考察组负责人、具体审核人签字确认,考察对象主管部门党委(党组)

复核盖章。审核中发现干部信息有疑义的,据实记入《干部档案任前审核表》"需要调查核实的问题"栏,由考察对象主管部门党委(党组)针对考察组提出的问题进行调查核实,核实结果填入《干部档案任前审核表》"主管单位党委(党组)意见"栏。

第五条 发现档案涂改、材料和信息涉嫌造假的,要立即查核,未核准前一律暂缓考察并停止任职程序。

第六条 要严格执行《关于认真做好干部出生日期管理工作的通知》(组通字〔2006〕41号),在办理干部录用、任免等事项时,要对干部的出生日期进行认真核对、确保无误,凡已经组织认定而干部本人又要求更改出生日期的,均不再办理。

第七条 档案任前审核发现的问题,经干部主管部门党委(党组)整改后,仍存在下列情况之一的,不呈报、不上会、不审批:

1. 因缺少重要原始依据材料、材料涉嫌涂改造假或重要问题情况不明等原因,影响干部任职资格条件,干部主管部门没有补全材料、调查处理或问题没有结论的;

2. 干部主管部门没有对干部"三龄二历一身份"进行认定或认定不符合相关规定,经考察组审核后没有纠正的;

3. 干部本人对档案任前审核确认的基本信息,经说明情况和政策解释后,无正当理由拒不接受的。

第八条 《干部档案任前审核表》填写盖章后应归入干部档案第五类,相关的认定材料也一并归入本人档案备查。存在下列情况之一的,《干部档案任前审核表》不再存入干部档案,可以存入干部考察文书档案:

1. 干部主管部门党委(党组)已按相关规定对"三龄二历一身份"进行审核认定且归档,考察组没有异议的;

2. 同一主管单位党委(党组)进行档案任前审核时,已将《干部档案任前审核表》存入干部档案,且再次审核没有异议的。

第九条 考察组应依据《干部档案任前审核表》的核定意见填写干部任免表和有关材料,并据此进行任前公示。

第十条 在干部档案中归入虚假、伪造材料,涂改、抽取、撤换档案材料或认定干部"三龄二历一身份"不符合相关规定的,依照《档案法》、《档案管理违法违纪行为处分规定》等有关规定追究干部主管部门组织(人事)部门负责人和相关人员的责任。

第十一条 在干部选拔任用工作中,考察组不认真审核干部档案,导致干部有关信息不准确,造成严重后果的,依照《党政领导干部选拔任用工作责任追究办法(试行)》等有关规定追究考察组负责人和有关人员的责任。

第十二条 干部档案管理部门不认真履行职责,致使干部档案存在严重问题不能如实反映干部基本信息,情节严重的,依照《干部人事档案材料收集归档规定》等有关规定追究相关人员的责任。

第十三条 拟交流任职干部、军队转业干部和新进干部队伍人员档案任前审核参照本规定执行。

第十四条 本规定自下发之日起施行,中共安徽省委组织部负责解释。

干部档案任前审核表

<table>
<tr><td>姓　名</td><td></td><td>工作单位
及职务</td><td colspan="3"></td></tr>
<tr><td>出生时间</td><td></td><td>参加工作
时间</td><td></td><td>入党时间</td><td></td></tr>
<tr><td rowspan="2">全日制
教育</td><td>学历</td><td></td><td rowspan="2">毕业院校
及专业</td><td colspan="2"></td></tr>
<tr><td>学位</td><td></td><td colspan="2"></td></tr>
<tr><td rowspan="2">在职教育</td><td>学历</td><td></td><td rowspan="2">毕业院校
及专业</td><td colspan="2"></td></tr>
<tr><td>学位</td><td></td><td colspan="2"></td></tr>
<tr><td>简历信息
与对应的
档案材料
记载是否
一致</td><td colspan="5"></td></tr>
<tr><td>干部身份
信息是否
有相应的
档案材料</td><td colspan="5"></td></tr>
<tr><td>需要调查
核实的
问题</td><td colspan="5"></td></tr>
</table>

考察组意见	审核人签名：　　负责人签名： 年　月　日
主管单位党委(党组)意见	单位党委(党组)盖章： 年　月　日
本人意见	签字： 年　月　日

此表及相关的认定材料须归入本人干部档案第5类。

填表说明

1. 在填写干部"出生时间"、"参加工作时间"、"入党时间"、"学历学位"栏信息时,如存有疑义,可暂不填写,先在"需要调查核实的问题"栏注明,待调查核实后,填写认定的信息。

2. 记载参加工作时间的档案材料主要是早期的录(聘)用审批表、应征入伍登记表、招工招干审批表、职工登记表、毕业生转正定级审批表、招生政审表,知识青年上山下乡证明等。

3. "入党时间"栏填写以《入党志愿书》记载为准。入党时间按不同的时期分别为:19569.15—1969.3.31,入党时间为支部大会接收为预备党员之日;1969.4.1—1982.9.5,入党时间为上级党委批准之日;1982.9.6起至今,入党时间为支部大会接收为预备党员之日。

4. "学历学位"栏,应以干部档案材料为依据,按照学历学位认定的条件进行审核。对审核中发现的问题根据不同情况区别对待:(1)对干部档案中学历学位材料不齐全的,应要求及时补齐;(2)对于将在职教育填写为全日制教育的应予以纠正;(3)对于将非学历学位教育填写为学历学位的,要向干部本人讲清政策并予以纠正;(4)在学历学位的档案材料中发现有弄虚作假的,应要求本人予以说明,干部主管单位组织人事、纪检监察部门调查处理。

5. 记载干部身份的档案材料主要是报到(派遣)证、转正定级审批表,转干审批表、以工代干审批表,战士提干审批表、军校学员转正定级审批表、转业审批表,公务员过渡审批表、公务员登记表、参照公务员法管理机关(单位)工作人员登记表等,2008年3月以后从其他单位调任机关或者参照公务员法管理机关的须有公务员调任审批(备案)表。

6. "需要调查核实的问题"栏由干部考察组填写,如实记载审核中发现的问题。

7. "考察组意见"栏由档案审核人和考察组负责人在审核后签名确认,要针对审核中发现的问题提出处理意见或建议,并请主管单位党委(党组)对《干部任前档案审核表》其他信息提出复核意见。

8. "主管单位党委(党组)意见"栏由主管单位盖章确认。(1)针对考察组提出的问题,填写调查核实结果;(2)对《干部任前档案审核表》中的其他信息提出复核意见。

教育培训类

安徽省地方税务局关于印发2014年全省地税系统党建和精神文明建设工作意见的通知

2014年4月14日　皖地税函〔2014〕194号

各市、县地方税务局,省地方税务局局属各单位:

现将《2014年全省地税系统党建和精神文明建设工作意见》印发给你们,请结合实际,认真贯彻落实。

2014年全省地税系统党建和精神文明建设工作意见

2014年全省地税系统党建和精神文明建设工作要以党的十八大和十八届二中、三中全会精神为指引,紧紧围绕实现税收现代化的主题,扎实开展第二批党的群众路线教育实践活动,积极培育和践行社会主义核心价值观,不断深化思想道德建设和志愿服务工作,深入开展群众性文明创建活动,为建设美好安徽提供精神动力和思想保障。

一、加强思想政治建设,增强党建和创建工作科学性

(一)加强理论学习。把学习贯彻落实习近平总书记系列重要讲话和十八届二中、三中全会精神作为税务部门的重要政治任务,通过中心组学习、专题培训班、专题讲座、巡回宣讲等方式,组织广大干部认真学习,深刻领会精神实质。要把学习活动与中国梦宣传教育和深入开展党的群众路线教育实践活动有机结合起来、用理论指导实践、推动工作。

(二)提高队伍素质。推进人才培养"双百双千"工程实施,开展"双基"教育活动;开展全员大练兵,举办征管能手、稽查能手、税收信息化能手竞赛活动;推进干部在线学习,启动税务网络培训工作;加强"职工书屋"建设,开展多种形式的读书活动,积极推进学习型机关建设。

(三)加强党建工作。大力加强基层党组织建设,充分发挥党组织领导核心作用和党员的先锋模范作用。深化"三型"机关党组织建设,推进"承诺、践诺、评诺"制度化、常态化。完善党务公开。指导系统各级基层党组织以党员服务日、党员先锋岗等为载体,深入开展党的群众路线教育实践活动,认真贯彻落实习近平总书记"三严三实"要求和兰考讲话精神以及总局"三个三"要求,大力学习弘扬焦裕禄精神,争做焦裕禄式好党员好干部。加强对系统党建工作的指导,适时召开党建和思想政治工作座谈会。开展建党93周年纪念教育活动,增强基层党组织的生机与活力,不断提高基层党建工作科学化水平。

(四)改进思想政治工作。积极拓展思想政治工作方式手段,坚持以人为本,加强心理疏

导和人文关怀,建立和健全激励机制。在系统内特别是基层一线选树和宣传一批辐射力、带动力强的示范点和模范人物,发挥示范引领作用,形成正确的工作导向。加强基层工作调研和经验交流,着力解决税务干部职工中出现的各种现实思想问题,切实增强工作预见性、针对性和实效性。

二、大力加强道德建设,推动形成良好道德风尚

(一)培育践行社会主义核心价值观。以社会主义核心价值体系建设为根本,依托"道德讲堂"、"地税大讲堂"和网络平台等载体,积极开展社会公德、职业道德、家庭美德实践活动,不断延伸道德讲堂触角。大力发掘地税系统"凡人善举",积极宣传、学习道德模范,弘扬地税精神和良好职业道德,引领社会和谐风尚。

(二)推进诚信制度建设。深化道德领域突出问题专项教育治理。强化职业道德教育,在基层窗口开展纳税信用等级评定和诚信示范单位创建活动,积极引导依法诚信纳税风尚,提高地税系统公信力和信誉度。

三、创新活动载体,扎实开展文明创建活动

(一)推进"讲文明树新风"活动。围绕"三个倡导"要求,利用重大节日,广泛开展文明礼仪知识宣传、经典诵读、清洁环境、文明交通和文明餐桌行动等主题活动,弘扬新风正气,提高干部职工文明素质和机关文明程度。扎实开展"便民办税春风行动",全面提高办税服务质效,给纳税人办税提供更方便、更快捷、更满意的服务。各级地税机关、特别是基层分局、税务所要积极参加所在地区"三线三边"环境整治工作,努力打造优美、整洁、文明、有序的城乡环境。

(二)扎实开展文明创建活动。在机关开展争创"文明单位"、"文明行业"和"文明处室"活动;在基层窗口开展争创"党员示范岗"、"青年文明号"、"巾帼文明岗"、"现代化分局"、"标准化办税服务厅"活动;以"岗位建功创一流,文明点亮中国梦"为主题,开展"青年文明号活动二十周年"系列宣传活动,激励广大干部职工立足岗位、创先争优、岗位建功。全力做好第四届"全国文明单位"申报和迎检工作,加大创建力度,提高创建层次,扩大创建成果。

(三)常态化开展志愿服务活动。运用道德实践,大力弘扬雷锋精神。要把志愿服务活动与优化纳税服务、税收宣传、结对共建等有机结合起来,以"邻里守望"为主题,开展送税法、献亲情、美环境、助贫弱等形式多样的志愿服务活动,推动志愿服务活动进社区、进家庭。积极推荐参评"我最喜爱的江淮志愿服务优秀典型"评选活动,广泛宣传志愿服务优秀典型的先进事迹,大力弘扬志愿精神。着力打造地税优秀志愿服务品牌,不断扩大志愿服务活动的覆盖面和影响力,树立良好的地税形象。

(四)开展税务文化品牌建设。继续深入推进"三和"地税文化建设,加强基层文化阵地建设,充分发挥工青妇等群团组织作用。结合"我们的节日",广泛开展干部职工喜闻乐见、健康有益的文体活动。继续开展精神文明建设创新项目评选,不断总结、宣传、推广各级地税机关文化建设的经典案例,不断创新理念和手段,积极探索"三和"地税建设的新途径,不断打造一批深入人心、效果明显地税文化精品项目。

(五)切实加强文明网站建设。系统省级以上文明单位要及时做好"文明单位大展台"刊播内容的更新维护工作,每个栏目每个月信息更新不少于1条,做到内容充实,图文并茂。要加强网络文明传播志愿者队伍建设,每个省级以上文明单位网络志愿者人数不少于3人。组织网络志愿者利用论坛、QQ、博客和微博等互动平台,积极参与网上宣传,充分发挥传播正能量的作用。

四、加强组织领导,推动创建工作取得新成效

(一)强化责任。各级地税机关精神文明建设领导小组要切实加强对创建工作的组织领导,各职能部门要密切配合,充分发挥职能作用,要进一步完善检查考评机制,形成上下联

动、整体推进、齐抓共管的工作局面,促进党建和文明创建工作扎实有效开展。

(二)加强宣传。要充分发挥舆论宣传导向的作用,运用报刊、专栏、网站等载体,大力宣传本单位创建工作的经验和先进典型,加强创建品牌的培育和宣传,不断展示文明建设工作特色和创新点。

(三)加强督查。各级地税机关要加强对基层单位党建和精神文明建设的检查和指导,及时发现和解决工作中存在的问题。加强理论研究和调研,积极探索新时期党建和文明创建工作的长效机制和途径,不断提升系统党建和精神文明建设的科学化管理水平。

安徽省地方税务局关于表扬全省地税系统征管能手、稽查能手、税收信息化能手的通报

2014年4月29日　皖地税函〔2014〕237号

各市地方税务局,广德、宿松县地方税务局,省地方税务局局属各单位:

为推进地税系统人才建设“双百双千工程”的实施,去年下半年以来,省局在全省地税系统组织开展了征管能手、稽查能手、税收信息化能手竞赛活动。各级地税机关高度重视,广大干部职工积极参与,采取多种形式进行练兵,分层次开展竞赛选拔,积极推荐人员参加省局决赛。4月27日,举行了全省地税系统征管能手、稽查能手、税收信息化能手决赛,全系统共有353人参加决赛。根据竞赛方案,经过比赛考试,现授予郭海霞等53名同志“安徽省地税系统征管能手”称号,葛凤芹等35名同志“安徽省地税系统稽查能手”称号,牛丽义等35名同志“安徽省地税系统税收信息化能手”称号(具体名单附后),并予以通报表扬。

希望受到表扬的同志再接再厉,夺取新的成绩。全省广大地税干部职工要向“三项能手”学习,爱岗敬业,刻苦钻研,勤于实践,锤炼本领。各级地税机关要进一步加强干部教育培训,开展形式多样的岗位练兵活动,切实提高干部能力素质,为推进税收现代化提供人才支撑。

附件1:安徽省地税系统征管能手名单

附件2:安徽省地税系统稽查能手名单

附件3:安徽省地税系统税收信息化能手名单

附件1:安徽省地税系统征管能手名单

郭海霞　宣城市宣州区地税局工业园区分局

杨万志　马鞍山市地税局征收管理分局

廖祥青　六安市金寨县地税局

胡前进　安庆市地税局开发区分局
朱立斌　安庆市桐城市地税局孔城分局
汪荣仙　黄山市黟县地税局征管分局
童小四　宣城市泾县地税局茂林分局
朱　峰　宿州市灵璧县地税局
王恩焕　合肥市长丰县地税局
董金菊　淮北市地税局征收管理分局
权家富　六安市寿县地税局
蒋照生　芜湖市地税局征管分局
王　阳　阜阳市颍上县地税局
周名坤　蚌埠市怀远县地税局征管分局
徐新星　铜陵市地税局铜官山区第一分局
徐文明　安庆市桐城市地税局双港分局
施　俊　黄山市地税局稽查局
张宾和　淮北市地税局杜集区分局
陈　晨　宿州市地税局开发区分局
于晓敏　宿州市泗县地税局
吴小强　淮南市凤台县地税局岳张集分局
王振宇　马鞍山市地税局开发区分局
张立群　芜湖市无为县地税局城关分局
张学锋　宿州市萧县地税局杜楼分局
许典策　淮南市地税局征收管理分局
余　刚　合肥市地税局征管分局
李　超　亳州市蒙城县地税局双涧分局
孟　军　宿州市萧县地税局
胡以顺　滁州市全椒县地税局城关分局
毛　俊　安庆市望江县地税局城关分局
葛绍邦　亳州市蒙城县地税局乐土分局
崔伟强　淮南市地税局开发区分局
王静逸　淮南市地税局毛集分局
谢　剑　滁州市南谯区地税局珠龙分局
夏以广　宣城市郎溪县地税局城郊分局
赵福德　安庆市太湖县地税局北中分局
方建军　黄山市地税局旅游度假区分局
邓百科　滁州市全椒县地税局征管分局
蒋　琼　六安市裕安区地税局
章荣根　宣城市宣州区地税局城关分局
金洪桥　池州市东至县地税局大渡口分局
马　准　亳州市利辛县地税局
姚　毅　滁州市凤阳县地税局征管分局
林　彬　六安市地税局开发区分局
方世清　安庆市岳西县地税局天堂分局
姚　婕　铜陵市铜陵县地税局五松分局
汪卫文　黄山市黟县地税局征管分局
王　兵　合肥市肥西县地税局
王在明　滁州市天长市地税局
王旭东　马鞍山市地税局重点税源管理分局
吴爱民　马鞍山市当涂县地税局
方友元　芜湖市芜湖县地税局工业园分局
徐好养　池州市贵池区地税局
（成绩有并列）

附件2：安徽省地税系统稽查能手名单

葛凤芹　宿州市砀山县地税局稽查局
朱晓媛　蚌埠市地税局稽查局
曹开明　六安市金安区地税局稽查局
徐玉霞　宿州市地税局稽查局
倪　钟　六安市霍山县地税局稽查局
王知礼　宿州市地税局涉外分局
费志良　阜阳市临泉县地税局稽查局
蔡兴龙　宣城市宁国市地税局中溪分局
张孝勇　阜阳市颍上县地税稽查局
刘旺喜　宣城市地税局稽查局
马爱民　宣城市地税局稽查局
许劲松　铜陵市地税局稽查局
王　军　淮南市地税局市稽查局
徐美侠　亳州市地税局稽查局

程向东　六安市地税局稽查局
吴跃军　宿州市萧县地税局稽查局
杜晓峰　黄山市地税局稽查局
胡灶荣　黄山市歙县地税局稽查局
罗益中　合肥市肥东县地税局稽查局
许　辉　宿州市泗县地税局稽查局
朱根宝　池州市青阳县地税局稽查局
洪　梅　省地税局稽查局
刘　伟　滁州市凤阳县地税局征管分局
徐礼田　马鞍山市地税局重点税源管理分局
徐敬立　淮北市地税局稽查局
张道广　亳州市地税局稽查局
王爱云　亳州市地税局稽查局
周　兵　滁州市明光市地税局稽查局
胡立平　黄山市歙县地税局稽查局
张殿良　淮北市地税局稽查局
关德生　六安市霍邱县地税局稽查局
朱德志　芜湖市南陵县地方税务局
董　中　池州市东至县地税局纳税评估局
邱高林　安庆市望江县地税局稽查局
唐艳姝　蚌埠市地税局稽查局

附件3:安徽省地税系统税收信息化能手名单

牛丽义　省地税局电子税务信息管理中心
邵艳萍　宣城市地税局信息中心
方　宏　宣城市宁国市地税局信息中心
吴会兴　合肥市地税局瑶海分局
詹　磊　亳州市涡阳县地方税务局信息中心
刘善友　滁州市天长市地税局
陈本旺　芜湖市芜湖县地税局信息中心
王　涛　省地税局电子税务信息管理中心
徐　进　池州市东至县地税局香隅分局
李　刚　阜阳市颍上县地税局六十铺分局
许大姐　省地税局电子税务信息管理中心
胡伟莉　马鞍山市地税局信息中心
吴丽梅　淮北市地税局纳税服务中心
任亚瑄　马鞍山市当涂县地税局纳税服务中心
牛鹏程　阜阳市颍东区地税局袁寨分局
章毓茜　芜湖市地税局
陶伟琼　黄山市黄山区地税局绿谷分局
张　虎　宿州市地税局信息中心
徐树红　马鞍山市含山县地税局办税服务中心
杨德发　宿州市萧县地税局征收管理分局
钱顺国　滁州市天长市地税局大通分局
吴　江　滁州市明光市地税局
郑　琼　合肥市庐江县地税局
蔡莲子　马鞍山市地税局信息中心
孟　欢　亳州市地税局信息中心
任园园　宣城市地税局信息中心
潘　轩　蚌埠市地税局信息中心
房家娥　蚌埠市怀远县地税局信息中心
刘光辉　阜阳市颍东区地税局
陈功高　六安市地税局开发区分局
阮太锋　铜陵市铜陵县地税局办税服务厅
方炳亮　黄山市歙县地税局杞梓里分局
尹　磊　宿州市泗县地税局
余景山　黄山市地税局征管分局
骆峥节　池州市地税局信息中心

安徽省地方税务局关于印发安徽省地税系统设立身边好人榜实施意见的通知

2014年7月3日　皖地税函〔2014〕367号

各市、县地方税务局，省地方税务局局属各单位：

现将《安徽省地税系统设立身边好人榜实施意见》印发给你们，请认真贯彻落实。

安徽省地税系统设立身边好人榜实施意见

为充分发挥先进典型在培育和践行社会主义核心价值观中的作用，扩大身边好人和道德模范在系统精神文明建设中的示范引领作用，全面提升职工思想道德素质，根据省委宣传部、省文明办的通知要求，结合系统实际，省地税局决定，设立身边好人榜，积极评选地税好人。实施意见如下：

一、指导思想

以建设社会主义核心价值体系为根本，深入贯彻落实党的十八大、十八届三中全会精神和习近平总书记系列讲话精神，通过成立道德评议会，设立身边好人榜，大力宣传地税身边好人，着力推动干部职工的思想道德建设，在系统形成学习身边好人，争当道德模范的热潮，推进三和地税建设，促进地税事业科学发展。

二、机构职责

（一）成立道德评议会。省地税局道德评议会由精神文明建设领导小组成员组成。各市、县地税局都要相应建立道德评议会组织。

（二）主要职责。各级道德评议会定期召开评议会，对本系统推荐的身边好人进行评议，张榜公布。同时，通过广泛征求意见和建议，及时纠正本单位在诚信缺失、公德失范方面存在的突出问题，树立良好地税形象。

三、评议标准

六类身边好人具体标准：

（一）助人为乐好人：扶贫济困，助学帮残，长期主动给他人无私帮助，积极参与各项社会公益事业。

（二）见义勇为好人：临危不惧，挺身而出，关键时刻勇于保护国家、集体和群众生命财产安全。

（三）诚实守信好人：诚信服务，践诺守信，在工作生活中说老实话、办老实事，享有很高的社会信誉。

（四）敬业奉献好人：立足本职，爱岗敬业，依法行政，清正廉洁，无私奉献，在平凡工作岗位上成绩突出，影响广泛。

（五）孝老爱亲好人：孝敬父母，关爱子女，夫妻和睦，家庭和谐，事迹感人，群众颂扬。

（六）勤劳节俭好人：艰苦奋斗，勤俭持家，厉行节约，反对浪费，不互相攀比。

四、评议方式

各市、县地税局机关结合已有的先进典型评选工作，通过干部职工自荐、同事推荐、党团组织举荐等形式推举本单位身边好人候选人，经单位职工评选、公示后，由单位道德评议会研究评定身边好人榜名单，张榜公布。同时，对事迹突出的身边好人积极向所在地文明办重点推荐，并将每期上榜的好人名单及事迹材料逐级向省地税局(干部教育处)报备。对事迹特别突出的身边好人，省局将进行重点挖掘，并向省文明办作重点推荐。

五、发榜时间

各级建立身边好人榜。县(市、区)局：每半年至少发一次榜；市局：每季度至少发一次榜；省局：每季度发一次榜。

六、宣传方式

(一)张榜公告。各单位要在宣传栏、公开栏等显著位置张榜公布身边好人榜单，并利用宣传栏、报刊、网络等媒体，对当选的身边好人，图文并茂地进行报道宣传。省局将在省地税局门户网和文明单位大展台发布先进人物事迹。

(二)建立档案。各级要为当选的身边好人建立档案，详细记录身边好人的先进典型事迹。

(三)宣讲巡讲。定期组织本单位身边好人上道德讲堂宣讲；每年组织身边好人先进事迹报告团赴系统巡讲。

七、有关要求

(一)加强领导。成立道德评议会，设立身边好人榜是加强系统精神文明建设的重要载体，是加强职工道德建设的有效抓手，各级地税机关要高度重视，精心组织，层层抓好落实，务求实效。

(二)严格评选。在推荐评选过程中，按照公开、公平、公正的原则，利用道德评议会等形式，严格把关，确保质量，把有群众基础、有社会影响力、感召力，经得起时间检验的身边好人推荐上来。同时，要加强与所在地文明办联系沟通，积极开展推评争取工作，做好好人榜重要节点发榜工作。

(三)营造氛围。要深入挖掘、选树和宣传各类身边好人，扩大好人榜的社会影响力，教育引导广大干部职工崇德向善，营造向身边好人学习的浓厚氛围，使学习道德模范和身边好人深入人心。

(四)加强考核。要把开展道德评议会活动纳入文明创建工作考核的一项重要内容，加强检查考核。建立完善评议长效机制，促使道德评议活动做到经常化、制度化。

安徽省地方税务局关于进一步加强和规范干部教育培训管理工作的通知

2014年9月26日　皖地税发〔2014〕76号

各市地方税务局，省地方税务局局属各单位：

为贯彻落实中央八项规定和国家税务总局有关要求，进一步严肃培训纪律，加强和规范全省地税系统干部教育培训管理，现就有关事项通知如下：

一、加强培训计划管理

(一)各单位要紧密结合年度重点工作和干部队伍建设需要，统筹研究制定年度教育培

训计划。培训计划应明确项目名称、培训对象、培训目标、培训内容、培训规模、培训时间、培训地点等内容。各市地税局于每年11月底前将下一年度培训计划报省地税局(干部教育处)。

(二)坚持勤俭务实高效办培训,努力提高培训质量和经费使用效益,严禁组织无实质内容的培训班,严禁以培训名义召开会议或组织其他活动。

(三)年度培训计划一经批准,原则上不得调整。因特殊情况或工作需要变更或增加培训班次及调整预算的,须严格履行报批程序。

(四)主要依托省局培训中心和省内教育培训资源举办培训班,严格控制在省外举办培训班,严禁在无培训资质的各类培训中心、高档宾馆、风景名胜区举办培训班。各市、县(区)地税局年度异地(含省内培训机构)培训人数不得超过干部职工总人数的50%。

二、规范培训组织实施

(一)培训主办单位要认真进行培训需求调查分析,紧紧围绕税收工作需要,合理编制培训项目实施方案,严格按照要求落实培训计划和培训项目,不得随意变更培训安排。

(二)培训主办单位要结合工作实际和培训对象具体情况,科学设定培训内容,创新培训形式和方法,增强培训效果。

(三)培训主办单位要综合运用多种形式进行培训效果评估,听取学员意见,并汇总分析考评情况,及时向教育培训管理部门反馈。对培训评估中发现的问题,要认真总结经验,找出存在问题及原因,不断改进培训工作。

(四)教育培训主管部门要对培训实施情况进行督促检查,加强培训教学和学员选派工作的管理及审核监督,防止出现不按照规定选派学员、违规安排考察、违规收费等问题。

三、切实加强学风建设

(一)坚持厉行节约、勤俭办班,不得超标准安排高档套房,培训用餐不得上高档菜肴,不得提供烟酒。

(二)7日以内的培训不得组织调研、考察、参观;7日以上的培训班,如确需安排与培训内容有关的调研、考察活动的,要有具体的内容和要求,并列入培训需求,由主办单位领导批准。调研及考察结束后要形成书面报告。组织进行现场教学、实地考察调研等活动时,不接受宴请,一律吃自助餐或便餐,不收受纪念品和土特产,不得安排旅游和与学习无关的娱乐活动。

(三)参训学员在培训期间,要严格遵守学习培训和廉洁自律的规定,认真完成培训任务。学员学习期间原则上不再承担所在单位的工作、会议等任务。如因特殊情况确需请假的,必须严格履行请假手续。累计请假时间超过总学时1/7的,视同退出培训。

(四)参训学员要按照培训班的安排进行吃、住。学员之间不得用公款相互宴请;学员不得外出参加任何形式的可能影响公正执行公务的宴请和娱乐活动;班级、小组不得以集体活动为名聚餐吃请;学员与学员之间不准以学习交流、对口走访、交叉考察、集体调研等名义互请旅游;不准接受和赠送礼品、礼金、有价证券和支付凭证及土特产等,不得接待以探望为名的各种礼节性来访。学员所在单位不得以看望名义搞慰问、宴请等活动。

(五)参训学员在学习期间及学习结束以后,一律不准以同学名义搞"小圈子",不得成立任何形式的联谊会、同学会等组织,也不得确定召集人、联系人等开展有组织的活动。

四、严格控制经费使用

(一)培训费要严格控制在规定的综合定额标准以内,不得超标准支付培训费和师资费。各市地税局按照省地税局《转发安徽省财政厅关于印发〈安徽省省直机关会议培训活动经费管理办法〉的通知》(皖地税函〔2013〕756号)文件规定的标准执行。局属各单位按照省财政厅、省委组织部、省公务员局《关于印发〈安徽省省直机关培训经费管理办法〉的通知》(财行〔2014〕332号)文件规定的标准执行。

(二)严禁借培训名义安排公款旅游、组织会餐或安排宴请;严禁组织高消费娱乐和健身活动;严禁使用培训费购置电脑、复印机、打印

机、传真机等固定资产以及开支与培训无关的其他费用;严禁在培训费中列支公务接待费、会议费;严禁套取培训费设立“小金库”。

(三)报销培训费时,应提供培训通知、实际参训人员签到表、讲课费签收单以及培训机构出具的原始明细单据等凭证,对未履行审批备案程序的培训,以及超范围、超标准开支的费用不予报销。

(四)培训费由培训举办单位承担,不得向学员收取其他费用。

五、强化培训考核监督

(一)各单位要把教育培训工作作为绩效考核的重要内容,科学设置目标任务,明确目标进度和要求,与税收业务工作同部署、同落实。

(二)严格培训考核,落实培训责任制。对没有完成培训目标任务的单位,要按照绩效考核的标准进行责任落实;对考核中效果较差的班次,除落实考核责任外,还要认真查找原因,及时进行整改。对考核监督中发现违反相关规定的单位和个人,应视情节轻重采取约谈提醒、通报批评等措施。

(三)加强对培训机构的考核评估,对培训效果差,培训管理不善的培训机构,应提出具体的整改意见和建议,对整改不力的,可暂停在该培训机构举办培训班。

(四)干部人事部门要注重学员考核结果的应用,将学员学习期间的有关记录按规定记入其个人档案,作为干部考核的内容和任职、晋升的重要依据之一。

安徽省地方税务局关于印发《2014—2017 年全省地税系统干部教育培训规划》的通知

2014 年 10 月 30 日　皖地税发〔2014〕83 号

各市地方税务局,省地方税务局局属各单位:

现将《2014—2017 年全省地税系统干部教育培训规划》印发给你们,请结合实际认真贯彻执行。

2014—2017 年全省地税系统干部教育培训规划

为深入贯彻党的十八大精神,培养造就高素质地税干部队伍,推动地税事业科学发展,根据《2013—2017 年全国税务系统干部教育培训规划》和《2014—2017 年安徽省干部教育培训规划》,结合全省地方税务系统干部教育培训工作实际,制定本规划。

一、指导思想和基本原则

(一)指导思想

高举中国特色社会主义伟大旗帜,深入贯彻落实党的十八大、十八届三中、四中全会精神,紧紧围绕实现税收现代化的目标,大力实施人才强税战略,加强税收专业化培训和人才培养,推进

干部教育培训改革创新，不断提升干部教育培训质量，增强干部职工依法治税能力，努力培养造就政治坚定、业务精湛、作风优良、勤政廉洁、团结和谐的高素质专业化地税干部队伍，为推进地税事业科学发展提供有力的人才支撑。

（二）基本原则

1. 坚持服务大局、按需施教。坚持围绕税收工作大局和干部队伍建设实际需要开展培训，需要什么就培训什么，缺什么就补什么、干什么就学什么，确保干部教育培训工作与地税中心工作紧密结合。

2. 坚持分类分级、全员培训。把干部教育培训的普遍性要求与不同类别、不同层次、不同岗位干部的特殊需要结合起来，增强针对性，实现全覆盖。

3. 坚持注重能力、学以致用。联系实际开展培训，注重提高干部运用所学理论和知识指导实践、解决问题、推动工作的能力，做到学用结合。

4. 坚持科学管理、注重实效。与时俱进，改革创新，不断提升干部教育培训管理水平，实现培训数量与质量、规模与效益的统一。

二、培训目标和重点内容

（一）培训目标

加强政治理论学习，使广大干部理想信念更加坚定、理论素养不断提高、党性修养切实增强、工作作风明显改进。加强岗位专业知识培训，为推动人才建设“双百双千工程”实施和省、市、县局三级人才库建设提供数量充足的后备人才资源。加强知识更新培训，全面落实大规模培训干部战略任务，提升广大干部的综合素质和能力，适应税收现代化的需要。

（二）重点内容

1. 政治理论。深入开展马克思主义基本原理和中国特色社会主义理论体系学习培训，大力加强党性党风党纪党史和社会主义核心价值体系教育，引导干部坚定对马克思主义的信仰、对社会主义和共产主义的信念，牢固树立正确的世界观、权力观、事业观，增强宗旨意识、公仆意识、忧患意识、使命意识。加强税务职业道德教育，引导干部积极践行忠于职守、公正执法、诚信服务、廉洁奉公的税务人员职业道德规范，提高职业道德修养，立足岗位建功立业。

2. 岗位专业知识。着力开展税收法律、税收制度和税收政策的学习培训，加强法律法规和依法行政教育，提高干部依法治税的能力。开展税收经济分析、纳税服务、风险评估、反避税、税务稽查、大企业税收管理、税收信息化以及所得税管理、劳务和财产行为税管理、基金（费）管理、国际税收管理等业务培训，提高干部推进税收管理现代化的能力。

3. 综合知识更新。着眼于提高干部的综合素质，开展经济、政治、文化、社会等方面知识特别是法律、会计、统计、财政、金融、管理领域各种新知识新技能的培训，优化知识结构、拓宽眼界思路，提高干部综合素养。开展税务文化建设、学习型组织建设和心理健康等方面的培训，激发税务干部的发展动力和创造活力。

三、培训任务

（一）领导干部培训。以理论武装为根本、党性教育为核心、能力提升为主线，加强领导干部特别是市、县区局地税机关领导班子成员培训。省局重点抓好处级领导干部、县区局领导干部轮训和科级及以上领导干部任职培训，市局重点抓好科级及科以下干部的日常培训工作。处级以上领导干部参加脱产培训每5年累计不少于90天，其他干部参加脱产培训每年累计不少于12天。不同类别干部每年达到上级要求的调训率、参训率和人均脱产培训学时数。

（二）人才库人员和业务骨干培训。加强人才库人员和业务骨干培训，着重培养一批税收征管、税收经济分析、税务稽查、反避税、会计电算化、税收信息化方面的专业人才和熟悉税收、会查账、懂电脑、善管理的复合型人才，建设一支知识结构优化、综合素质优秀、专业能力卓越、创新能力突出、能够在税收管理工作中发挥克难攻坚作用和引领辐射作用的税收专业化人才队伍。制定实施“双百双千工程”人员及省级人才库人员培训办法，做好入选全国税务领军人才、总局人才库人员调训，组织省级人才库

人员培训。市局重点抓好市级人才库人员及业务骨干培训,有计划地组织干部参加与税收工作紧密相关的资格考试和水平评价类考试。

(三)基层一线人员培训。以提高税收专业素养和岗位胜任能力为重点,有针对性地开展基层一线人员的差别化培训,全面提升地税干部队伍的整体素质和能力。省局重点开展示范培训和基层兼职教师培训,为基层提供优质教育培训资源;强化初任培训中税收专业和会计专业知识内容,力争通过会计从业资格或水平评价考试,为新录用公务员具备会计基本知识,合格上岗提供保障。市局大力开展财务会计知识、税收相关法律法规和信息化应用技术等知识的日常更新培训,为基层一线人员在岗学习提供必要条件,通过开展岗位练兵、能手竞赛等活动,使基层一线人员在岗学习培训常态化、制度化。

四、推进干部教育培训改革创新

(一)改革培训运行机制。根据地税系统实际,全面推进培训需求调研,统筹地税事业发展、干部履职尽责和健康成长需要,科学制定年度培训计划。完善组织调训制度,同时把地税事业发展改革对干部的要求与干部自身学习需求结合起来,开展自主选学,逐步完善组织调训为主、干部选学为辅的参训机制。健全考核评价和激励约束机制,把干部教育培训工作纳入领导班子考核、一把手考核和单位绩效考核。完善干部教育培训学分制考核管理和督学促学等制度,建立干部学习培训档案和干部教育培训情况通报制度。

(二)创新培训内容方式。按照分类分级培训的要求,根据不同类别、不同层次、不同岗位干部素质能力需求,科学设计岗位培训模式和培训内容,优化培训方案,每年确定 3 ~ 5 个重点培训项目,增强培训绩效。建立以需求为导向的培训内容更新机制,不断推出贴近实际、符合需求的培训课程,编写专业管理培训教材,建立覆盖全面的练习考试题库。创新培训形式和教学方法,加大研究教学、案例教学比重。整合网络教育培训资源,推进安徽省干部教育在线平台应用,2015 年建成全省地税干部业务在线学习平台,提高网络培训覆盖率。

(三)规范培训管理过程。从提高地税干部素质能力的实际需要和增强培训针对性、实效性出发,主要依托省局培训中心和省内教育培训资源实施培训,进一步规范社会培训机构的选择。实行干部教育培训项目管理,明确职责分工,科学制订方案,周密组织实施。从培训项目设计、实施、管理以及培训效果等方面入手,开展培训质量评估,及时反馈评估结果,作为进一步改进培训工作的依据。完善干部培训情况考核、登记、跟踪管理等制度,建立干部学习培训档案,形成规范有效的干部学习培训考核评价机制。

五、保障措施

(一)强化组织领导。各级地税机关要切实把干部教育培训工作摆上重要议事日程,纳入工作规划,统筹安排,整体部署,切实加强组织领导。各级干部教育培训管理部门要在本单位党组领导下,切实履行主管职能,组织好重点培训项目,抓好统筹协调和督促检查,抓好地税干部教育培训管理者队伍建设。各部门要按照职责分工落实相关任务,形成各司其职、各尽其责、密切配合、齐抓共管的工作格局。

(二)抓好学风建设。大力弘扬理论联系实际的马克思主义学风,干部要带着问题参训,联系实际学习,努力做到学与用、知与行、说与做相统一。教师要把理论联系实际的要求贯穿于教学全过程,善于回答学员思想和工作上的实际问题。认真贯彻中央“关于改进工作作风、密切联系群众的八项规定”及其实施细则的精神,严格落实中组部《关于在干部教育培训中进一步加强学员管理的规定》、税务总局和省有关文件要求,严格学员管理。要厉行节约,勤俭办学,反对浪费。

(三)加强培训者队伍建设。加强对税收工作和干部教育培训工作的理论研究,把握干部成长规律,掌握现代培训理论和技术,不断提升培训管理者的素质能力。完善兼职教师选聘和管理,拓宽视野,从高等院校、科研院所、行政

机关和基层单位选聘优秀兼职教师，推动领导干部、先进典型人物、优秀基层干部上讲台。完善全省地税系统干部教育培训师资库，实行动态管理。有计划、分步骤地对兼职教师进行培训，切实提高教师理论联系实际能力、课堂组织能力和授课水平。

安徽省地方税务局关于印发全省地税系统“道德讲堂”建设实施意见的通知

2014年11月17日　皖地税函〔2014〕617号

各市、县地方税务局，省地方税务局局属各单位：

现将《全省地税系统“道德讲堂”建设实施意见》印发给你们，请认真贯彻落实。

全省地税系统“道德讲堂”建设实施意见

为深入学习贯彻党的十八大和十八届三中、四中全会精神，培育和践行社会主义核心价值观，进一步增强思想道德建设的吸引力和感召力，省地税局决定，在全省地税系统开展“道德讲堂”建设活动。

一、指导思想

以培育和践行社会主义核心价值观为根本，以提升干部职工思想道德素质和社会文明素养为核心，以加强社会公德、职业道德、家庭美德和个人品德“四德”教育为重点，推动建立覆盖全省地税系统的“道德讲堂”网络体系，进一步巩固“三和地税”建设成果，着力提升全系统干部职工思想道德修养和科学文明素质，为打造三个强省、建设美好安徽奠定坚实的思想道德基础。

二、目标任务

强化宣传教育，把道德讲堂建设成为弘扬主流价值观念、传承中华民族文化、传播地税系统文明风尚的重要平台。通过传播身边的模范、好人的道德故事，积淀道德文化，弘扬道德精神，展示道德力量，推动道德理念内化于心，外化于行，引导广大干部职工自觉成为文明道德的传播者和实践者，形成人人争当道德模范的良好风尚。

三、主要内容

“道德讲堂”以加强社会公德、职业道德、家庭美德和个人品德“四德”建设为主要内容。

一是社会公德建设。以“礼仪”为核心，包括文明礼貌、助人为乐、爱护公物、保护环境和遵纪守法等；

二是职业道德建设。以“诚信”为核心，包括诚实守信、爱岗敬业、办事公道、热心服务、奉献社会等；

三是家庭美德建设。以“和睦”为核心，包括夫妻和睦、孝敬长辈、关爱孩子、邻里团结、勤俭持家等；

四是个人品德建设。以“友善”为核心,包括友善互助、正直宽容、明礼守信、热情诚恳、自强自立等。

四、形式流程

“道德讲堂”要采取多样化的宣讲形式,引导干部职工积极参与,突出“我参与、我践行”的互动式、开放式特点,以进一步增强亲近感和感染力。

(一)主要形式

听:以经典诵读、先进事迹报告会、模范人物演讲等形式,让观众聆听道德故事,感悟优秀品质。

看:以看视频短片、演绎故事小品等形式,把先进典型的事迹和品质形象化、具体化,使之更加可亲可敬、可信可学。

讲:以自我推荐、自我宣讲等形式,讲述自己和身边的道德故事,展示道德智慧,传播道德力量。

评:以辩论讨论、总结点评等形式,评议干部职工身边的好人好事,挖掘精神实质,升华道德境界。

行:以道德转化、提升素质为目标,引导地税人员认知、接受先进人物的优秀品质,见贤思齐,转化为具体道德行为。

(二)主要流程

唱一首歌曲。开讲前,组织干部职工学唱一首与道德建设相关的主题歌曲。

诵一段经典。组织干部职工诵读一段中华传统经典语录或道德格言。

看一部短片。围绕主题,组织干部职工观看一部道德模范人物事迹或反映时代新风的短片。

讲一个故事。讲述一个发生在干部职工身边或系统内体现传统美德与时代精神的典型事例。

做一番点评。由干部职工评议好人故事,讲述心中感受,品悟道德力量,升华自身境界。

作一个承诺。全体或者个人结合岗位工作和自身情况主动作出道德承诺、亮出善举。

送一份吉祥。围绕主题,向现场观众赠送图书,送出吉祥。

五、工作机制

各单位要按照中央文明办“道德讲堂”标准进行建设,坚持完善机制,因地制宜,务求实效。

(一)有固定场所。根据本单位实际情况,利用会议室、活动室等场地开展“道德讲堂”活动。

(二)有管理机制。建立制度,规范管理,制定行之有效的“道德讲堂”建设长效机制。

(三)有文化氛围。在活动场所设置“道德讲堂”标识,在会场、大厅、走廊等处,利用文字、图片、视频等形式营造浓厚氛围。

(四)有经常活动。坚持每年安排2次以上活动,每次活动都有明确的主题和内容。

(五)有先进人物。精心做好先进人物、道德模范和身边好人的培育和选树工作,借助“道德讲堂”的载体发挥先进人物和道德模范的示范引领作用。

六、工作要求

(一)加强领导。道德讲堂建设是深入学习宣传贯彻社会主义核心价值体系的生动实践,是提升干部职工思想道德素质的有效举措。各单位要高度重视,结合实际制订方案,精心组织,推动道德讲堂活动深入开展。

(二)加强宣传。各单位要充分利用宣传栏、网站等载体,及时报道道德讲堂的开展情况,大力宣传各级各类道德先进人物的优秀事迹。要注意发现总结在建设道德讲堂过程中的成功经验和先进典型,省局将在文明大展台及时展播各地“道德讲堂”建设活动的成功做法,营造“讲道德、做好人、树新风”的浓厚氛围。

(三)注重实效。要紧密结合实际,将“道德讲堂”建设与文明创建、创先争优、志愿服务等有机结合起来,增强活动的针对性和有效性,使道德讲堂办出特色。要加强督查考核,省局将把各单位“道德讲堂”活动开展情况纳入年度绩效考核。请各单位及时将“道德讲堂”建设中的经验做法和先进人物事迹报送至省地税局干部教育处。

安徽省地方税务局转发国家税务总局关于印发《税务系统作风建设“巩固深化拓展”主题活动方案》的通知

2014 年 12 月 3 日　皖地税发〔2014〕99 号

各市、县地方税务局，省地方税务局局属各单位：

现将《国家税务总局关于印发〈税务系统作风建设“巩固深化拓展”主题活动方案〉的通知》（税总发〔2014〕137 号）转发给你们，请结合实际，抓好落实。

国家税务总局关于印发《税务系统作风建设“巩固深化拓展”主题活动方案》的通知

2014 年 11 月 17 日　税总发〔2014〕137 号

各省、自治区、直辖市和计划单列市国家税务局、地方税务局，局内各单位：

现将《税务系统作风建设“巩固深化拓展”主题活动方案》印发给你们，请认真组织实施。

税务系统作风建设“巩固深化拓展”主题活动方案

根据《中共国家税务总局党组印发〈关于全国税务系统深化“四风”整治、巩固和拓展党的群众路线教育实践活动成果的意见〉的通知》（税总党组发〔2014〕135 号），决定在全国税务系统开展作风建设“巩固深化拓展”主题活动，现制定如下方案。

一、总体要求

深入贯彻习近平总书记系列重要讲话精神，认真落实全国税务系统党的群众路线教育实践活动总结大会的要求，始终保持“永远在路上”的精神状态，巩固成果促常态，深化整治反“四风”，拓展机制抓长效，推进集中反“四风”改作风转为经常性的作风建设，以作风建设新常态推动税收事业新发展。

二、主要任务

（一）开展一次“回头看”。围绕“五看”，

对整改落实情况进行一次“回头看”，即：一看落实整改方案的情况，基本完成的是否取得成效，正在推进的是否加大力度，尚未整改的是否明确措施要求，新出现的是否及时跟进，整改结果是否定期公开。二看落实专项整治方案的情况，深化“三清三察三审”、推进“三治”是否扎实，开展培训中心、为税不廉、纵酒行为等“六项集中整治”是否落实，违反规定的是否整改到位，整治过后是否存在反弹反复。三看落实制度建设计划情况，制度计划是否逐项推进，制度制定是否上下结合、前后衔接，制度执行是否推进及时、落实到位。四看班子成员落实个人整改措施情况，班子成员结合本单位的“回头看”，逐项对照检查个人整改措施的落实情况。五看上下联动推进整改的情况，对需要上下联动整改的问题是否认真梳理分析，对上面的问题需要下面配合解决的是否上题下答，下面的问题根子在上面的是否下题上答，需要上下协力共同解决的是否同题共答。

（二）组织检查“两个落实”。一是专项检查党内政治生活制度落实情况。重点检查各级局党组执行民主集中制、民主决策机制、集体领导与个人分工负责相结合制度、请示报告制度等方面的情况；检查各级局基层党组织坚持“三会一课”、民主评议党员、党员党性定期分析、诫勉谈话、组织约谈等制度，结合实际开展主题党日、警示教育等活动方面的情况；检查各级局党员领导干部执行双重组织生活会制度、落实“一岗双责”等方面的情况。二是专项检查教育实践活动成果及整改落实情况。根据中央统一部署，重点看整改落实是否到位、是否见到实效、群众是否满意等情况。

（三）实施“三查三找”。一是查思想、找差距。对照中央八项规定精神和国务院“约法三章”等制度规定，引导党员干部对照标准找差距，自觉筑牢拒腐防变的思想基础，增强依法行政意识。二是查行动、找苗头。全面排查行政管理、干部管理、税收执法中存在的风险点，对倾向性、苗头性问题及时提醒，对党员干部“四体不勤”等问题紧盯不放，防止小问题变成大问题，防止“四风”问题反弹回潮。三是查措施、找良策。继续开展明察暗访、专项整治工作，针对发现的问题，进一步完善内部管理的制度和措施。

（四）推进“四化”建设。一是推进纳税服务规范化。全面落实《全国县级税务机关纳税服务规范》，不断总结完善升级，逐步实现纳税服务规范从县级税务机关的统一到全国税务机关的统一。着手制定后台税收征管规范，使纳税服务与税收征管前后台有机衔接，相互咬合，互促互进。二是推行内控机制信息化。把执法风险和廉政风险防控的各项制度及要求固化在信息技术中、镶嵌到软件中，用制度和科技管人、管事、管风险，实现“预警前置、过程监控、实时考核”。落实好即将召开的全国税务系统视频会议部署。三是推行绩效改进持续化。积极探索组织绩效与个人绩效有机衔接，不断完善评价指标体系，进一步增强信息采集的便利性，切实强化激励约束特别是责任追究机制，实现绩效管理横向到边、纵向到底、任务到岗、责任到人。四是推行监督检查常态化。进一步加强巡视、内审、督查、监察等方面监督的协调配合，做到各有侧重、资源共享、成果共用，积极探索把加强监督与责任追究相结合，努力实现制度化、有机化、协同化，促进形成优良的税务作风。

三、方法步骤

（一）启动部署

1. 制订方案。税务总局印发税务系统作风建设“巩固深化拓展”主题活动方案。2014年11月25日前，各省国、地税局依据税务总局主题活动方案，结合实际制订实施方案。

2. 动员启动。2014年11月30日前，市、县国、地税局动员部署，全面启动作风建设“巩固深化拓展”主题活动。

（二）组织实施

1. 召开民主生活会。根据中纪委、中组部有关要求，税务总局、省国税局党组按照教育实践活动专题民主生活的标准，开好党组民主生活会和机关党支部组织生活会。税务总局要派

人参加省国税局党组民主生活会，领导干部要参加所在支部的组织生活会。

2. 抓好《规范》落地。2015年1月1日起，试行《全国县级税务机关纳税服务规范》2.0版本；及时开展《全国县级税务机关纳税服务规范》落地情况检查。

3. 召开推进会。2014年11月，召开全面推进税务系统内控机制信息化升级版建设会议。2014年12月，召开税务系统绩效管理工作推进会。

4. 组织专项检查。结合2014年度工作总结，对教育实践活动整改落实情况进行一次“回头看”。结合年度考核，对各级局领导班子和领导干部贯彻执行党内政治生活有关规定情况进行检查。2015年适当时候，对整改落实工作以及巩固和拓展教育实践活动成果情况组织专项检查。

5. 开展日常督查。就贯彻落实党中央、国务院重大决策部署和税务总局工作要求等情况开展日常督查督办和明察暗访。

（三）总结提升

1. 总结上报。2015年6月15日前，各省国税局认真总结活动开展情况及成效，收集整理好做法、好经验、好典型，上报作风建设“巩固深化拓展”主题活动情况报告。

2. 通报情况。2015年6月底前，税务总局总结通报作风建设“巩固深化拓展”主题活动情况，提出进一步加强和改进作风建设的要求。

四、保障措施

（一）提高思想认识。教育实践活动有期限，加强作风建设无尽期。开展作风建设“巩固深化拓展”主题活动是税务系统认真落实中央精神、深入贯彻习近平总书记系列重要讲话精神的迫切需要，是深化“四风”问题整治、常态长效地抓好作风建设的有力举措，是切实维护广大纳税人和干部群众根本利益、加快推进税收现代化的必然要求。各级税务机关要充分认识开展主题活动的重要意义，切实增强做好工作的责任感和紧迫感，认真抓好活动各项任务的落实，以作风建设新常态推动税收事业新发展。

（二）明确职责分工。各级局党组是开展作风建设“巩固深化拓展”主题活动的责任主体，要按照税务总局统一部署和要求，细化工作方案，强化组织实施，切实抓好落实。各级局党组主要负责同志是第一责任人，要始终把活动抓在手上，以身作则抓带头，推动班子抓推进，督促下级抓落实。各级局职能部门要尽责担当、协同攻坚。各级局纪检监察、巡视、督察内审等部门要充分发挥监督问责作用，严格责任追究。各级局教育实践活动领导小组办公室要统筹安排、加强协调，确保主题活动扎实落地。

（三）加强沟通联系。各省局要继续坚持每周工作专报制度，按时向税务总局教育实践活动领导小组办公室报送主题活动情况，每月5日前继续上报教育实践活动整改情况统计表，并及时报送工作信息。

（四）严格督导考核。要坚持严的标准、严的纪律、严的要求，对作风建设“巩固深化拓展”主题活动的各项任务严格把关，确保质量和效果。采取定期检查、随机抽查、明察暗访等方式，全面掌握情况，及时发现和解决工作中的问题。对开展活动不得力、效果不明显、群众不满意的，责令“补课”“返工”。对于违规违纪行为特别是顶风违纪的，严格问责，发现一起，查处一起，绝不姑息。主题活动开展情况要作为年度考核和绩效管理的重要内容。

（五）营造良好氛围。要通过通报、公示等形式，公开主题活动内容、过程和结果，让群众充分知情，全程接受群众监督。加大作风建设“巩固深化拓展”主题活动的宣传力度，充分运用税务系统报刊、网站、简报和外部媒体，广泛宣传税务系统作风建设新成果，宣传践行群众路线的好税官、好党员，继续营造深入抓作风树新风的良好氛围。

财务管理类

安徽省地方税务局关于地税系统单位内部食堂纳入定点管理有关事项的通知

2014年5月27日　皖地税函〔2014〕273号

各市、县地方税务局:

为贯彻落实中共中央《关于厉行节约反对食品浪费的意见》有关精神,切实加强地税系统单位内部食堂承办会议、培训、出差等工作餐(以下简称工作餐)管理,推进节俭用餐,经省财政厅同意,现将有关事项通知如下:

一、根据中央有关积极推进单位内部食堂安排工作餐等规定精神,地税系统工作餐应尽可能在单位内部食堂安排,并将内部食堂纳入定点管理。公务人员出差履行公务应自行用餐,由接待单位安排的,应在单位内部食堂用餐,并向接待单位缴纳伙食费。公务接待按照省政府有关公务接待规定执行。

二、单位内部食堂工作餐标准。工作餐应本着实事求是、厉行节约的原则安排,按每人每餐(中餐或晚餐)40元标准执行。

三、单位内部食堂工作餐审批。建立健全工作餐事前审批制度,严格经费管理。在单位内部食堂安排工作餐的,由主办部门事先提出申请,经单位内部食堂主管部门负责人审核后,报所在市局或县局领导审批。

四、单位内部食堂工作餐报销支付。工作餐主办部门应按规定及时办理报销手续。其中:通过省财政厅国库集中支付的,应按有关要求传真会议(培训)通知、会议(培训)签到簿;从"公务接待费"支出预算中开支的工作餐,要传真工作餐审批单,经省财政厅国库集中支付中心审核同意后,按核定的支付金额专项用于支付食堂工作餐相关费用,划入商品或劳务供应商账户(如供应商是个体户,请在申请支付时注明)。各级地税局财务部门要严格按规定审核工作餐开支,对未履行审批程序,或超范围、超标准开支的,不予报销。

安徽省地方税务局关于推进政府向社会力量购买服务工作的通知

2014年7月11日　皖地税函〔2014〕381号

各市、县地方税务局,省地方税务局局属各单位:

为全面贯彻落实党的十八届三中全会精神,改进政府提供服务方式,提高财政资金使用效益,根据《安徽省人民政府办公厅关于政府

向社会力量购买服务的实施意见》(皖政办〔2013〕46号,以下简称《实施意见》)、《安徽省政府向社会力量购买服务流程规范(暂行)》等有关规定,现就推进政府向社会力量购买服务工作有关事项通知如下:

一、主要原则

(一)深化改革。创新业务工作方式,通过政府购买服务,做好依靠自身干不了、干不好的急事难事,进一步加强税收征管,优化纳税服务,提升税法遵从度和纳税人满意度,降低税收流失率和征纳成本。

(二)竞争择优。按照公开、公平、公正的原则,发挥市场机制的作用,选择符合条件的社会组织,承接政府购买服务,实现"多中选好、好中选优"。

(三)权责明晰。严格并强化预算约束。采取合同方式,明确购买主体、承接主体的权利和责任。加强部门协作,完善工作机制,强化监管手段。

(四)注重绩效。突出堵漏增收效果,降低执法风险,提升服务水平,锻炼专业人才,提高财政资金使用效益。

二、操作流程和任务分解

(一)总体部署

贯彻执行《实施意见》和有关规定,省局出台地税部门推进政府向社会力量购买服务工作的实施意见;依据《安徽省政府向社会力量购买服务指导目录》,提出本部门、本单位政府购买服务清单。

1. 制定政府购买服务实施意见。(财务部门负责,业务、采购部门配合)

2. 合理确定本部门政府购买服务清单。在2014年实施的税务发票印制、CA认证介质及服务、企业所得税汇算清缴、土地增值税清算鉴证、土地房产评估基础信息采集、执法满意度第三方调查、12366服务外包等项目的基础上,对地税部门现有预算安排事项进行全面梳理和界定,制定政府购买服务实施清单,实行分类管理,逐步纳入预算编制范围,统一或分级实施。(财务部门牵头,业务部门负责)

(二)项目编审

合理确定本部门、本单位年度政府购买服务具体项目,提出政府购买服务预算建议。

3. 申报政府购买服务项目,提出项目依据、具体内容、测算过程,明确支出经济科目;制订实施方案和绩效目标。(业务部门负责,财务、采购部门配合)

4. 编报政府购买服务预算,确定预算执行方式。(财务部门牵头,业务、采购部门配合)

(三)组织采购

根据批复的预算,按照政府采购和国库集中支付有关程序,组织实施购买。符合政府采购要求的事项,按照应采尽采的要求,原则上全部实施政府采购。具有特殊性、不符合竞争性条件的购买服务项目,要明确具体购买方式,规范操作流程,形成实施方案后,报经财政部门审核后执行。

5. 征求相关供应商(承接主体)、专家意见,明确项目业务需求和绩效目标。(业务部门负责,采购部门配合)

6. 完善实施方案,提出购买方式意见,报经局领导研究同意后执行。(业务部门负责,采购、财务部门配合)

7. 申报采购计划。(采购、财务部门负责)

8. 组织政府采购。(采购部门牵头,业务、财务等部门参与)

(四)签订合同

按照权责统一的要求,购买双方通过签订政府购买服务合同,明确服务提供的时间、范围、内容、服务要求、绩效目标、考核标准、资金支付和违约责任等内容,保障按时完成任务。

9. 采购完成后,按规定与承接主体签订购买服务合同。(采购部门负责)

(五)绩效评审

组织或委托社会中介机构等第三方,对政府购买服务项目进行绩效评价。绩效评价结果作为结算年度政府购买服务资金、编制以后年度预算、社会组织资质管理、选择承接主体等方面的重要参考依据。

10. 项目实施中,加强过程控制,督促承接

主体认真履行合同,保障提供服务的数量、质量等达到预期目标。(业务部门负责)

11. 项目实施后,组织或委托第三方社会中介机构对政府购买服务项目进行绩效评价,形成绩效评价报告。(财务部门牵头,业务、采购部门配合)

12. 组织履约验收并出具验收书,按合同约定报销政府购买服务支出。(采购部门负责,财务、业务部门配合)

(六)监督检查

围绕政府购买服务项目申报审批、预算编制、政府采购、组织实施等内容,加强对服务提供事前、事中、事后的跟踪监管。

13. 对专业服务过程、任务完成和资金使用等情况实施跟踪审计。(内审部门负责)

14. 按规定处理信访、投诉案件,接受社会舆论监督。(监察部门负责)

(七)信息公开

在单位门户网站、省政府采购网、各市指定的信息公开平台公开发布政府购买服务有关信息,及时回应公众关切,广泛接受社会监督。

15. 事前信息公开。按规定时限公开拟实施政府购买服务的背景资料、具体项目、采购方式、承接主体资格、具体服务需求等信息;纳入政府采购的,公开时间按政府采购有关规定执行。(采购部门负责,业务、财务部门配合)

16. 事中信息公开。及时公开购买结果、合同执行、跟踪督导情况等信息。(采购部门负责,业务、财务部门配合)

17. 事后信息公开。及时公开预算安排及执行情况、承接购买服务的社会力量履行合同和提供服务情况、绩效评价结果、绩效评价结果运用等。(财务部门负责)

三、相关要求

(一)加强领导。今年是执行新的地税系统经费政策的第一年。推进政府购买服务,加快预算执行,彰显项目绩效,事关地税改革发展大局。各单位要把政府购买服务工作列入重要议事日程,统筹规划,狠抓落实,明确时间表、路线图,制定责任制、任务书。主要负责人要高度重视,亲自过问;分管领导要齐抓共管,协力推动;相关职能部门要各司其职,各负其责,合力推进,确保政府购买服务项目实施提速增效。

(二)压实责任。今年政府购买服务项目要在7月份申报采购计划,8月底前签订采购合同,11月底前验收付款。今后力争早谋划、早实施。相关职能部门主要负责人要亲自抓,细化工作任务,明确办理时限,指定专人办理,落实执行责任。要加强内部控制,重大事项集体研究决定,政府采购需求制定与内部审批、采购文件准备与验收等不相容岗位分设。

(三)精心实施。各单位要科学设计实施办案,细化承接主体资格条件、购买内容、购买方式、服务标准、资金拨付、绩效评价、监督检查等内容。对于涉税鉴证类项目,业务部门要利用征管数据省级集中优势,采用数据抽取、纳税评估、专家判断等方式科学选案,检验企业纳税申报的准确率和税收征管质量;要选派优秀干部全程参与项目实施,在实战中建设专业人才梯队;要严格政府购买服务验收,通过审增额、入库率等指标反映项目绩效。

(四)会商服务。政府购买服务项目实行不定期会商制度,由财务部门牵头,组织相关部门通报实施进展,研究解决存在问题,提出下一步措施。必要时可即时会商,形成纪要或签报,报局领导研究决定。业务、财务部门要指派专人联系项目实施单位,加强督导,跟踪服务。

(五)重点监控。政府购买服务项目纳入省市局预算执行重点监控范围。各市局按月向省局财务处报送政府购买服务项目实施进展。省局按月向分管局领导、相关部门和各市局通报政府购买服务预算执行情况,发现问题,及时解决。

(六)严格考核。政府购买服务项目实施情况纳入省局绩效管理范围。对绩效明显的项目实施单位,在安排预算时优先保障相关支出。政府购买服务项目预算执行结余资金,次年在经费基数中扣减。

安徽省地方税务局关于印发《安徽省地方税务系统结转结余资金管理暂行办法》的通知

2014年8月29日　皖地税发〔2014〕64号

各市、县地方税务局，省地方税务局局属各单位：

现将《安徽省地方税务系统结转结余资金管理暂行办法》印发给你们，请遵照执行。执行中遇到问题，请及时反馈省地税局（财务管理处）。

安徽省地方税务系统结转结余资金管理暂行办法

第一章　总　　则

第一条　为盘活存量资金，优化资源配置，提高资金使用效益，根据《行政单位财务规则》和《安徽省省级预算管理办法》、《安徽省省级财政结转结余资金管理办法》等相关规定，制定本办法。

第二条　本办法适用于各市、县地税局和省地税局稽查局、直属局、电子税务信息管理中心。

第三条　结转资金是指当年预算已执行但尚未完成，或因故未执行，下一年度需要按照原用途继续使用的项目支出资金。

结余资金是指经批准的当年支出预算指标，执行过程中支出目标已完成，或由于受政策变化、计划调整等因素影响该项工作终止，当年剩余的资金。结余资金包括基本支出结余资金和项目支出结余资金。

单位以前年度滚存使用，结存累计反映在账户上的结转结余资金，即为单位累计结转结余。本办法所称结转结余，除特别注明外，均为单位累计结转结余。

第四条　结转结余资金管理的原则：

（一）合法合规。按照国家相关法律、法规和财务会计制度及本办法规定核算、管理结转结余资金。

（二）归口管理。结转结余资金应当归口本单位财务部门统一管理，并存入符合规定的银行账户。

（三）分类核算。真实准确分别核算、统计和反映结转结余资金，并与相关报表数据保持一致。

（四）目标控制。制定结转结余资金控制目标，采取消化结转结余资金针对性措施，按计划分年消化结转结余规模。

（五）规范使用。结转结余资金纳入部门

预算,统筹安排,规范使用。

第二章　结转结余资金的管理使用

第五条　各单位应当加强预算执行管理,切实减少年度预算结转结余资金。因政策变化等原因,对预计年底可能形成资金结转的项目,应及时提出调减当年预算或调整用于执行中新增重点支出项目的建议,并按规定履行审批程序。

对当年部门预算安排的省级财政项目支出资金,因特殊原因已无法支出或不需要支出的,应通过调减预算方式,将资金收回省级预算。政府采购项目,未按规定时间申报并执行采购计划的,一律取消采购项目,资金收回省级预算。

第六条　当年省级财政预算安排的基本支出和项目支出资金未使用完毕的,原则上全部收回预算;政府采购项目完成后的预算资金结余,全部收回预算。

省级财政预算安排的项目支出连续结转两年仍未使用或未使用完毕形成的结转资金,全部收回预算。

第七条　各单位在编制部门预算时,应当将结转结余资金作为下一年度预算的资金来源,整合各项资金,统筹安排使用。

第八条　省级财政拨款结转结余资金,按省级预算管理规定使用。其他结转结余资金,具有专门用途的,按确定的项目用途使用;无明确用途的,可用于弥补有政策规定的一次性工作奖励、住房公积金、医疗保险等支出缺口。

第九条　省地税局本级结转结余资金主要用于弥补地税系统有政策但省级财政暂时难以保障到位的基本支出缺口,补助困难地方经费,保障省地税局统一组织的重点项目等。

市地税局结转结余资金主要用于弥补本级支出缺口,在财力可能范围内,补助所属困难地方经费,保障省、市地税局统一组织的重点项目等。

第三章　结转结余资金的控制目标和消化措施

第十条　贯彻落实国家和省里盘活财政存量资金规定和要求,省地税局依据2013年末结转结余资金实际情况,分类分档核定单位结转结余资金控制目标。各单位结转结余资金控制目标,省局另行下达。

第十一条　各单位以2013年末结转结余资金与2016年末控制目标的差额作为消化结转结余资金的总任务,分年有序消化。2014年末、2015年末和2016年末消化结转结余资金进度比例为30%、60%和100%。

第十二条　各单位在编制部门预算时,应当制定消化结转结余资金计划,并与预算保持衔接。各市地税局应当将本级及所属单位结转结余资金安排使用情况报送省地税局。

第十三条　建立消化结转结余资金激励约束机制。省地税局安排部门预算与结转结余资金情况挂钩。

结转结余资金规模低于控制目标下限的单位,结转结余资金原则上只减不增,严禁超过控制目标下限。省地税局在安排下一年度部门预算的控制数、统筹项目时予以优先考虑。

结转结余资金规模达到省地税局确定的控制目标和分年进度的单位,在安排下一年度部门预算统筹项目时予以优先考虑。

结转结余资金规模未达到省地税局确定的控制目标,且消化结转结余资金进度未达到省地税局要求的单位,按两者差额的30%扣减下一年度预算控制数。

结转结余资金规模未达到省地税局确定的控制目标,且当年新增结转结余资金的单位,按两者之和的50%扣减下一年度预算控制数,并不再安排单位提出的新增支出。

第四章　结转结余资金的管理监督

第十四条　省地税局对各单位结转结余资金使用管理情况进行定期和不定期的检查

监督。

第十五条　各市地税局应当建立消化结转结余资金分析、监控机制，分类、分级、分期压缩结转结余资金规模，确保结转结余资金只减不增。

第十六条　各单位应当严格执行国库集中收付、会计核算和银行账户管理等制度，严禁设立“小金库”。

第五章　附　　则

第十七条　省地税局局属非预算单位，参照本办法执行。

第十八条　本办法由省地税局负责解释，自2014年1月1日起执行。

装备类

安徽省地方税务局关于印发装备后勤工作有关政策解答口径的通知

2014年2月20日　皖地税函〔2014〕77号

各市、县地方税务局，省地方税务局局属各单位：

为进一步改进工作作风，规范资产管理和政府采购等工作，统一政策解答口径，根据省财政厅、省地税局有关政策规定，现将《装备后勤工作有关政策解答口径》印发给你们，请结合实际，认真贯彻执行。

装备后勤工作有关政策解答口径

一、如何消除“账实不符”，做到“账实相符”？

答：一是严格执行省局固定资产管理相关规章制度，按照规定的单位价值应登尽登，把好资产登记工作的“入口关”；二是严格按照固定资产处置审批流程，公开透明，把好资产处置工作“出口关”；三是不定期进行资产盘点，及时核对账务与实物，确保资产账与实物条码所载信息保持一致，做到“账实相符”。

二、省财政厅“久其”软件与省局固定资产管理软件能否合并使用？

答：目前，两套软件在使用中具有互补作用，整合存在技术困难，暂时无法合并。

三、固定资产单位价值的登记标准？

答：财政部2012年《行政单位财务规则》(财政部令第71号)第三十条第一款规定：“固定资产是指使用期限超过一年，单位价值在1000元以上(其中：专用设备单位价值在1500元以上)，并且在使用过程中基本保持原有物质形态的资产。单位价值虽未达到规定标准，但是耐用时间在一年以上的大批同类物资，作为固定资产管理。”

自2014年1月1日起，固定资产登记按此标准执行，以前年度固定资产登记数据不再进行调整。

四、地税系统闲置办公用房能否对外出租？

答：根据《省局转发省委办公厅省政府办公厅关于做好党政机关停止新建楼堂馆所和清理办公用房工作的通知的通知》(皖地税函〔2013〕473号)规定：对已经出租、出借的办公用房到期应予收回，租赁合同未到期的，租金收入严格按照收支两条线规定管理，到期后不得续租。未经批准在外租用办公用房的，应予以清理并腾退，严禁以租用过渡性用房名义变相购建使用办公用房。

五、部分市、县局办公用房的房地产权证未办理，可否由省局统一协调办理？

答：按照省财政厅、省管局有关文件要求，省

直行政、事业单位房地产权证移交工作已经结束。目前，省直有关部门正在布置不动产产权登记工作，待新政策出台后，省局将组织学习贯彻。

六、省产车未达处置年限及公里数，是否可以处置？

答：对未达到规定处置年限及公里数的省产车，原则上不同意处置。但如果车况及安全性差，使用及维护费用高，在二手车（旧机动车）鉴定评估机构出具车辆实际情况鉴定意见的基础上，可以申请处置。这种情况应在请示报告中根据专业鉴定意见作特别说明。

七、固定资产原值为20万元以上机动车辆如何处置？

答：根据中央厉行节约有关精神及公安部等部委关于非营运车辆强制报废年限的规定，省财政厅对单位原值20万以上车辆处置原则为：如申请拍卖处置，按照“只出不进”的原则，严格控制公车购置费用，处置后一般不再重新配备，确因工作需要配备的，按车辆编制审核审批；如申请报废处置，凭当地公安交警部门出具的报废鉴定材料，方能申报报废处置，否则省财政厅不予审批。

八、机动车辆拍卖出现流拍，是否以原评估价下浮10%以内为依据？

答：省财政厅《关于印发〈安徽省省级行政事业单位国有资产处置管理暂行办法〉的通知》（财资〔2009〕392号）第十四条规定，行政事业单位处置国有资产的价格，不得低于经核准或者备案的资产评估结果。当拍卖出现流拍，再次处置价格低于经核准或者备案的资产评估结果时，应当暂停处置，应当重新报经省财政厅批准后方可处置。

九、市、县地税局“家具类”采购预算能否统一委托省级政府采购？

答：根据省局《政府采购规程》规定，“家具类”采购项目委托当地市政府组织采购。对于经济条件欠发达地区，因没有规模较大家具生产或经销公司，为保证质量，预算单位可根据情况申请委托省级政府采购，但需经预算单位局长办公会议研定并经省局同意后，再办理申请委托手续。

十、个人所得税完税凭证打印系统是否可以采取单一来源采购？

答：采取单一来源采购须具备原项目的升级改造或采购的商品在全球只有一个生产商等条件。对单一来源采购项目，要慎重对待，应严格履行申报程序，防止企业垄断或推销产品。

十一、政府采购项目的需求何时报送为宜？

答：按照省财政厅政府采购“一体化”规定程序，政府采购预算申报分为：计划申报和需求申报。采购计划是预算执行的前提，一经申报便启动采购程序，“一体化”软件将自动生成政府采购任务书，且不得随意改变。因此预算单位可在申报采购计划时，同步制定采购需求，经局长办公会议研究后，打印纸质需求逐级报送。采购需求不得编制有较明显的限制性和指向性，否则将予退回。

十二、协议供货采购是否有新政策？

答：根据财政部最新政策要求，应加大政府集中批量采购，适当控制协议供货采购规模。据此，2014年系统政府采购预算执行，要尽量减少协议供货采购项目，同时考虑协议供货采购时限性较强，预算单位可按季度组织申报，原则上当年6月份前必须申报结束，省局将采取“随到随报、专项审核”的方法，以方便预算单位选取急需的货物。

十三、省财政通用办公设备配备标准过低，对于特殊配置的设备能否按程序报批？

答：省财政厅、省管局《安徽省省级行政单位通用办公设备家具配置标准》（财资〔2013〕491号）规定了通用办公设备家具的配置标准，未对其他特殊配置的办公设备进行详细规定。目前暂未有超高配置的先例。

十四、公车采购是否可以购买国产车？

答：根据省财政厅有关规定，省级政府采购预算资金安排的车辆购置项目，经委托省级政府采购，必须购买省产车。

十五、当年政府采购节余资金能否申请二次使用？

答：自2013年起，省财政厅对当年项目采

购的结余资金,一律收回省级财政,集中使用。

十六、对专业性强且技术含量高的设备采购需求编制较难,可否向社会购买?

答:据了解,目前市场没有专门的编制采购需求代理机构。对专业性强且技术含量高的设备采购需求编制,仍以预算单位自行编制为主。

十七、税务制服制作能否根据实际情况,适当增加个性化需求?

答:为让基层税务干部穿的称心、穿的得体,2014年将由预算单位根据实际情况,编制个性化采购需求,由省局汇总后统一组织采购。改变以往省局统一编制采购需求的做法,真正解决"供需不符"的矛盾。同时,继续要求服装制作厂商继续做好规范量体行为,以及标识配发与服装同步,提高服装的一次性合体率。

十八、车辆处置阶段需要报送哪些资料及注意事项?

答:(一)车辆处置前需要报送如下材料:

1. 行驶证复印件;2. 可将行驶证与汽车码表放一处拍照后的打印件(彩打和黑白皆可);3. 购车发票、购置税发票复印件等(以账面原值为准);4. 车辆登记证书复印件;5. 车辆处置申报表(纸质版及电子版);6. 评估报告(报废处置不需评估报告,只需车辆报废鉴定证明即可)。

以上材料由申请处置单位负责收集(一式二份),可为复印件,应由提供单位加盖公章。要求完整、清晰。经省局初审合格后,再报送正式文件。

(二)车辆处置后需要报送如下备案材料:

1. 材料目录;2. 省局批复;3. 反馈备案表;4. 拍卖资料(委托书(合同)、拍卖公告、成交确认单)或报废资料(属地依法设立的报废回收撤解企业出具的报废汽车回收证明、机动车注销证明);5. 非税收入缴费书。

以上材料可为复印件,应由提供单位加盖公章。在省局正式文件批准后,方能在资产管理网上进行账务处理:

(三)注意事项:

1. 单位原值在20万元以上(含20万元)或批量原值在50万元以上(含50万元)报财政审批的车辆、单位原值在20万元以下或批量原值在50万元以下报省局审批的车辆,应分别发文。

2. 按照财政厅相关要求,车辆评估时应委托给具有资产评估资质的评估机构。有些委托当地价格认证中心有资质证书鉴证机构评估是不符合规定的,他们主要负责涉案财物的评估,因此,价格认证中心不适宜作为车辆的评估机构。经咨询国家商务部,答复车辆评估由二手车(旧机动车)鉴定评估机构担任,评估师应拥有二手车(旧机动车)鉴定评估师资格,且出具的鉴定评估报告书须要有有效期。

3. 委托合同需写明车牌号,并写明拍卖保留价(即底价)。

关于印发安徽省地方税务局职工集体宿舍管理暂行办法的通知

2014年4月9日　皖地税函〔2014〕173号

省地方税务局局属各单位:

现将《安徽省地方税务局职工集体宿舍管理暂行办法》印发给你们,请遵照执行。

安徽省地方税务局职工集体宿舍管理暂行办法

第一条　为规范安徽省地方税务局职工集体宿舍管理，根据有关规定，结合实际，制定本办法。

第二条　职工集体宿舍系临时周转用房，租赁对象为在合肥市区内（不含四县一市）无住房的安徽省地方税务局在职正式职工。

第三条　职工集体宿舍遵循统一管理、有偿使用、先申请先租赁的原则。

第四条　凡符合租用集体宿舍条件的职工，由本人提出书面申请，所在部门主要负责人签注意见后，由装备处根据房源存量情况提供集体宿舍壹间。

第五条　承租人需与省地税局（装备处）签订租赁协议，一年一签，总租赁期不超过三年。

第六条　承租人入住集体宿舍前，须交纳租赁押金 2000 元，退房时凭押金收据无息退还。

第七条　承租人应根据租赁协议按月交纳房租，租金按照集体宿舍所在区域房屋租赁市场价格的70%确定。承租人无正当理由，累计三个月不交房租的，装备处有权提前解除租赁协议，收回集体宿舍使用权。

第八条　承租人在使用期间的物业管理、水电、煤气、有线电视等费用自理。

第九条　承租人应对房屋及设施负责保管和合理使用。因承租人保管不善、使用不当等原因造成的损失，由承租人负责修复或据实赔偿。

第十条　承租的房屋必须由职工本人使用，承租人不得将租用的集体宿舍私自转租、转借或擅自留宿无关的外来人员；承租人不得私下调换集体宿舍；承租人不得在集体宿舍内从事非法活动，损害公共利益；承租人要确保集体宿舍的消防安全。承租人违反上述规定，装备处有权提前解除租赁协议，收回集体宿舍使用权。

第十一条　承租人在合肥市区内购置了住宅或通过其他途径解决了住房，必须自觉地在三个月内办理退房手续（自拿到住房钥匙起计时）。逾期不腾退的，装备处有权终止租赁协议，收回集体宿舍，并将情况通报承租人所在部门和政治部，责令其退房。

第十二条　承租人调离安徽省地方税务局，应在一个月内搬出集体宿舍，同时终止租赁协议。

第十三条　遇情况变化，承租人应服从装备处的调整和安排。

第十四条　本办法由装备处负责解释。

第十五条　本办法自印发之日起施行。

安徽省地方税务局关于印发安徽省地税大楼物业管理委员会财务管理暂行办法的通知

2014年4月28日　皖地税函〔2014〕228号

省地方税务局局属各单位：

现将《安徽省地税大楼物业管理委员会财务管理暂行办法》印发执行。

安徽省地税大楼物业管理委员会财务管理暂行办法

第一章　总　　则

第一条　为进一步规范安徽省地税大楼物业管理委员会(以下简称“物管委”)的财务管理行为,完善内控机制,提高“物管委”工作效率,根据省地税局财务管理有关规定,结合实际,制定本办法。

第二条　省地税局装备处负责“物管委”财务管理工作。

第三条　“物管委”财务管理的基本原则是:执行财务规章制度,严格收支管理;合理调控资金,注重资金使用效率。

第四条　“物管委”财务管理的基本任务是:

(一)合理编制预算项目,统筹安排,节约使用各项资金,保障办公大楼正常运转;

(二)对财务管理活动进行会计核算,做到会计科目设置合理,账务处理程序规范,会计档案整齐有序;

(三)定期编制财务报告,及时、正确反映财务状况。

第二章　预算管理

第五条　建立健全预算管理工作机制。省地税局装备处应以“物管委”财务收支审计报告、物管工作实际为依据,提前谋划预算编制,最大限度地缩小预决算差异。

第六条　加强预算执行管理,规范“物管委”招标采购程序。严格执行省地税局批复的预算科目、项目、金额等,不得随意调整和突破预算,不得截留、挪用、改变项目或资金用途。

第七条　确需调整或追加预算的事项,省地税局装备处应及时提出意见,并按《安徽省地方税务局机关财务审批制度(试行)》规定的程序,报请局领导审批同意后,方可组织实施。

第三章　收支管理

第八条　收入是指“物管委”取得的各种合法资金,包括:

(一)部门预算安排的省地税局物业管理费;

(二)部门预算安排的省地税局水电费;

（三）省地税局安排的拨补物业费；

（四）省地税局大楼其他办公单位缴纳的物业费；

（五）其他收入（利息收入、废旧物品处置收入、通讯公司支付的基站电费等）。

第九条　“物管委”的各项收入必须纳入财务统一管理，统一核算，严禁私设小金库和公款私存。

第十条　支出是指“物管委”为开展业务活动所发生的各项资金耗费，包括预算内支出、预算外支出。

（一）水费；

（二）电费；

（三）空调用油（气）费；

（四）聘用驾驶员工资和社保费；

（五）物业服务费；

（六）保安服务费；

（七）花卉租赁及绿化费；

（八）消防、监控等安保系统维保费；

（九）电梯、中央空调等设施设备维保费；

（十）二次供水设施设备清洗消毒费；

（十一）日常维保耗材费；

（十二）门前“三包”费；

（十三）生活垃圾代运费；

（十四）其他开支。

第十一条　“物管委”各项支出应按照先审批、后支出的原则，实行事前审批制度。

第十二条　对已安排的项目支出，必须按规定权限，严格执行支出审批制度。单笔支出在2000元（含）以下的，由省地税局装备处主要负责人审批；单笔支出在2000元以上的，由省地税局装备处主要负责人复核后，报分管局领导审批。

第十三条　“物管委”出纳人员应认真审核支出凭证，严禁对不符合规定的凭证予以报销。支出原始凭证必须具备以下基本内容：

（一）凭证的用途、名称和填制日期；

（二）填制凭证单位的名称、填制人员的签名或盖章；

（三）接受凭证单位的名称；

（四）项目内容、数量（规格）、单价和金额等。

第十四条　“物管委”出纳人员要严格执行现金支出的有关规定，一般应通过银行转账或其他银行结算方式办理支出手续。对省地税局机关聘用驾驶员工资及零星小额维修费支出，可支付现金。

第四章　资金管理

第十五条　加强现金管理。“物管委”出纳人员要严格遵守现金管理制度，库存现金不得超过1000元。现金管理应做到日清月结，确保现金账面金额与实际库存相符。

第十六条　加强银行存款管理。“物管委”出纳人员要及时办理各种银行结算工作，每月末打印银行账户对账单，编制银行存款余额调节表，保证账账相符。

第五章　财务报告

第十七条　“物管委”要按季度编制财务报表。财务报表主要包括资产负债表、收支情况表和有关附表，报表要做到数字真实、计算准确、内容完整、说明清楚。

第十八条　每年底，“物管委”应认真总结、分析年度预算执行情况，按照有关规定如实编制年度决算和财务情况说明书。

第六章　财务监督

第十九条　“物管委”出纳人员不得兼管稽核、会计档案保管和收入、支出、债权债务账目的登记工作；非出纳人员不得经手现金，不得兼管现金和银行日记账的登记工作；涉及现金和银行存款收支的记账凭证，制单人和审核人要分开（出纳制单，会计审核）；支票与印鉴要实行分别保管。

第二十条　“物管委”财务人员应当认真履行职责。对审批手续不全的财务收支，应当退回，要求补充、更正；对违反规定不纳入单位统一核算的财务收支，应当制止和纠正；对违反财政、财务、会计制度的财务收支，不

予办理。

第二十一条 “物管委”应自觉接受由省地税局内审处牵头组织,办公室、财务管理处和监察室等部门参与的年度财务收支审计及后续审计,按规定进行整改,不定期开展财产清查。

第七章　附　则

第二十二条 本办法由省地税局装备处负责解释。

第二十三条 本办法自印发之日起执行。

安徽省地方税务局转发安徽省财政厅关于印发安徽省省级2015—2016年集中采购目录及采购限额标准的通知

2014年9月1日　皖地税函〔2014〕488号

各市、县(区)地方税务局,省地方税务局局属各单位:

现将《安徽省财政厅关于印发安徽省省级2015—2016年集中采购目录及采购限额标准的通知》(财行〔2014〕1172号)转发给你们,请认真贯彻执行。

安徽省财政厅关于印发安徽省省级2015—2016年集中采购目录及采购限额标准的通知

2014年8月18日　财购〔2014〕1172号

省直各部门、单位:

为做好政府采购预算编制及执行工作,根据《中华人民共和国政府采购法》及《财政部关于印发〈政府采购品目分类目录〉的通知》(财库〔2013〕189号)等规定,经省人民政府授权,安徽省财政厅制定了《安徽省省级2015—2016年政府集中采购目录及限额标准》,现印发给你们,并提出如下要求,请遵照执行。

一、省级国家机关、事业单位和团体组织(以下简称采购人),使用财政性资金,采购集中采购目录以内的或者采购限额标准以上的货物、工程和服务类项目,必须执行政府采购制度。

二、采购人应根据集中采购目录及限额标准的规定,编制年度政府采购预算,并严格按照批复后的政府采购预算执行。

三、采购人根据有关规定制定并公布的政府购买服务实施目录内的项目,凡适合实行政

府采购的，原则上都要纳入政府采购，实行集中或分散采购，通过公开招标、邀请招标、竞争性谈判、单一来源、询价等方式确定承接主体。

四、采购人采购集中采购目录内的政府采购项目，必须依法实行集中采购，由集中采购机构代理采购。

采购集中采购目录以外但在采购限额标准以上的项目，应当依法实行分散采购。分散采购项目，采购人可以依法自行采购，也可以委托集中采购机构或经省级以上财政部门认定资格的政府采购代理机构代理采购。

五、政府采购应当采购本国产品，确需采购进口产品的，要按照国家及省有关规定实行审核管理。

六、采购人、集中采购机构及社会代理机构在政府采购活动中，应当严格执行国家节能、环保产品政府采购有关规定，强制或优先采购节能、环保产品，并在有关采购文件中予以明确。

七、采购人、集中采购机构及社会代理机构在政府采购活动中，应当严格执行《安徽省财政厅　安徽省经济和信息化委员会转发〈财政部工业和信息化部关于印发政府采购促进中小企业发展暂行办法〉的通知》（财购〔2012〕142号）有关规定，认真落实政府采购促进中小企业发展的政策措施。

八、采购人全部或部分使用财政性资金采购建设工程项目的，应当执行《安徽省政府投资工程项目政府采购管理暂行规定》（财购〔2010〕396号）。

九、采购人使用财政性资金采购《集中采购目录》所列"协议供货"、"定点采购"的货物和服务类项目，凡单项或年批量采购预算达到公开招标标准的，不得采用"协议供货"、"定点采购"方式，应当按原程序申报采购计划，由集中采购机构实行公开招标采购。

十、根据《政府采购信息公告管理办法》（财政部令第19号）有关规定，安徽省财政厅指定《安徽政府采购网》（www. ccgp - anhui. gov. cn或www. ahzfcg. gov. cn）为政府采购信息发布媒体。全省各级各类政府采购信息必须在该网站上公告。

十一、本集中采购目录及限额标准由安徽省财政厅负责解释，如因特殊情况需要修改、补充的，由安徽省财政厅另行通知。

附件：安徽省省级2015—2016年集中采购目录及采购限额标准（略）

安徽省地方税务局关于进一步规范国有资产出租出借行为的通知

2014年10月30日　皖地税函〔2014〕586号

各市、县地方税务局：

省财政厅、监察厅、审计厅《关于进一步规范省级行政事业单位国有资产使用管理的通知》（财资〔2014〕430号）下发后，各级地税局高度重视，认真开展自查、抽查及整改，取得了较好成效。为进一步规范国有资产出租出借行为，防止整改问题出现反弹，现就有关事项通知如下：

一、加强领导，落实责任

各级地税局要牢固树立责任意识，切实履

行管理职责,单位主要负责人是国有资产管理第一责任人,资产管理部门要担负起日常管理责任。要建立科学规范的国有资产出租出借监管体系,明确专人负责出租出借管理,严格执行出租出借管理规定,切实维护国有资产安全,促进资产保值增值。

二、严格履行审批手续,强化事前管理

各级地税局要严格控制国有资产出租出借。国有资产原则上不准出借,确需出租资产的,必须逐级报经省地税局批准,依法实行公开招租,并提交如下申报材料:

(一)拟出租资产事项的书面申请及《安徽省省级行政事业单位资产出租出借申请表》;

(二)拟出租出借资产的价格凭证及权属证明等复印件(加盖单位公章);

(三)单位同意出租出借国有资产的内部决议或会议纪要复印件;

(四)评估机构出具的租金评估报告或相关主管部门公布的租金市场信息价。

三、依法签订合同,强化信息化管理

各级地税局资产出租确定承租方后,须由产权单位依法依规签订省财政厅统一制定的出租合同,并于签订合同后10个工作日内,利用《地税系统固定资产管理软件》附件上传功能,将租赁合同上传省地税局备案,取消原纸质备案。从2014年起,新签订合同最长期限不得超过五年,对以往历史遗留问题,租赁合同明显超过规定年限且租金低于市场价格的,应区别不同情况,原则上解除租赁合同或重新签订合同并约定租金年度递增比例。

四、加强监督,严肃追究责任

加强国有资产管理,规范资产出租出借行为,是健全行政管理的重要内容,是加强党风廉政建设的现实要求。各级地税局内审、监察部门要加强监督,对不按规定履行报批或瞒报的,一经发现要追究相关人责任。要按照“收支两条线”规定,国有资产出租收入必须及时、足额上缴省财政,严禁“坐收坐支”行为。

安徽省地方税务局关于进一步规范全省地税系统固定资产统计工作的通知

2014年11月19日　皖地税函〔2014〕627号

各市、县地方税务局:

为准确掌握资产变化情况,适应财政部资产信息系统升级的需要,根据财政部、省财政厅资产报表编报要求,现就进一步做好资产报表统计编报工作通知如下:

一、认真做好《行政事业单位资产管理信息系统》软件与安徽地税《固定资产管理系统》软件的衔接

今年是财政部管理信息系统升级第一年,各级地税局应尽快熟悉升级版本资产管理信息系统,以地税系统资产管理软件为基础,熟练掌握数据导入、处置核销等操作流程,做好两套软件的衔接;加强日常资产数据采集管理,通过系统资产管理软件真实反映当年资产增减变化的实际状况,确保“两套软件”账账相符。

二、抓好资产数据信息工作

政府采购是资产登记的前提,按照省财政厅“属地采购”的原则,各级地税局资产管理部门要根据年初政府采购预算,以采购合同为主要依据,及时准确做好资产登记工作,适时进行

数据更新，坚决杜绝瞒登、漏登、错登等现象；对已批复处置的资产，要按照规定时间进行处置和核销，坚决不准搞体外循环、账外资产，确保账实相符。

三、切实加强系统内部互联互通

各级地税局资产管理部门要主动协调财务部门，每月互通一次情况，建立按季对账机制，市局主管部门应加强对县局资产管理工作的指导督促。自明年起，省局将对上、下半年系统报表会审和财政统计报表编报进行合并，集中开展一次报表审核及统计汇总工作；每年力争在2至3个市县召开资产管理现场会，帮助基层解决实际问题，减轻基层负担。

四、准确把握资产登记的政策口径

一是资产分类问题。按省财政厅资产管理办法规定，目前系统固定资产分为11大类。今年，财政部管理信息系统升级后将固定资产分成6类，并新增“无形资产”一类，在新规定未出台前，安徽地税《固定资产管理系统》软件仍按11类进行登记。二是无形资产登记问题。按照审计部门要求，固定资产数据应反映软件开发、购置等费用，经研究，将在安徽地税《固定资产管理系统》通用类中的“电子产品及通用设备类”，增加“无形资产”项，方便登记使用。

五、严格绩效管理考核

资产报表统计编报工作的目的是加强资产动态监督管理，是政府采购预算编制的重要依据，是预防廉政风险的有效手段，各级地税局要以高度的责任感，认真对待，不折不扣地抓好各项工作任务的落实，坚决杜绝迟报、漏报、瞒报、虚报等现象的发生。省局将把资产报表统计编报工作纳入资产管理绩效考核及年度装备工作考评。

安徽省地方税务局转发安徽省财政厅关于委托公共资源交易中心办理省本级政府集中采购业务的通知

2014年11月26日 皖地税函〔2014〕641号

各市、县地方税务局，省地方税务局局属各单位：

现将《安徽省财政厅关于委托公共资源交易中心办理省本级政府集中采购业务的通知》（财购〔2014〕1686号）转发给你们，并提出以下意见，请一并贯彻执行。

一、实行属地委托采购管理

自2015年起，全省地税系统政府集中采购业务按照属地委托的原则，通过省财政一体化管理信息系统（内网）申报政府采购计划，依据省财政厅下达的“采购任务书”，以市地税局为单位集中委托设区的市公共资源交易中心或者招投标中心（以下简称交易中心）办理。

二、建立内部互通互联机制

各市、县地税局要高度重视，吃透文件精神，理顺内部工作机制，落实部门责任。采购主管部门要在编制采购项目需求的基础上，提出采购计划申请，由财务部门负责在内网进行申报；采购任务结束后要及时签订采购合同并组织项目验收；各部门要切实加强内部沟通，协调配合，共同做好本系统政府采购申请付款工作。

三、强化政府集中采购工作管理

各市、县地税局要严格执行省财政厅有关政府采购业务相关政策和要求，按照交易中心

项目运行规则,积极主动配合,共同完成政府集中采购活动,确保当年政府采购预算执行到位。省地税局将定期、不定期对各地政府集中采购工作进行指导和监督。《安徽省地方税务局关于市县地税局实行属地采购管理的通知》(皖地税函〔2014〕390号)文件同时废止。

安徽省财政厅关于委托公共资源交易中心办理省本级政府集中采购业务的通知

2014年10月31日　财购〔2014〕1686号

省直各部门、单位:

党的十八届三中全会强调,建设统一开放、竞争有序的市场体系,是使市场在资源配置中起决定性作用的基础,要进一步简政放权,强化权力运行制约和监督体系,提高资源配置效率和公平性。省委关于贯彻落实党的十八届三中全会精神全面深化改革的意见提出,推进公共资源交易体制改革,加快建设全省统一的公共资源交易平台,加强对公共资源交易全过程监督。省政府将完善公共资源交易监督管理制度列为今年全面深化改革的重点任务之一。为认真贯彻落实省委、省政府决策部署,推动省本级政府采购执行业务更加便捷高效,保障政府采购工作有序运转,根据《政府采购法》等法律法规和《财政部关于公共资源交易中心开展政府采购活动有关问题的通知》(财库〔2014〕165号)等规定,经省政府同意,现就委托设区的市公共资源交易中心或者招投标中心(以下简称交易中心)办理省本级预算单位政府集中采购业务有关事项通知如下:

一、实施范围、基本原则和时间要求

(一)实施范围

省直各部门、单位使用财政性资金采购依法制定的集中采购目录以内的货物、工程和服务的项目。

(二)基本原则

省本级政府集中采购业务,实行属地委托的原则。驻肥省本级预算单位政府集中采购业务,委托安徽合肥交易中心执行。驻肥外省本级预算单位政府集中采购业务,原则上委托所在地设区的市交易中心或者政府集采机构执行,并比照省市共建模式逐步推进,确保在规定时间内完成。

(三)时间要求

2015年1月1日起,省本级政府集中采购业务实现委托办理。

二、职责分工

省财政厅依法履行对政府采购活动的监督管理职责。主要负责全省政府采购规章制度及政策措施的制定,全省政府采购信息统计,省本级政府采购预算管理,省本级政府采购计划审核及任务下达,省本级政府采购方式、采购进口产品审批及采购信息公告管理,省本级政府采购预算执行监督,省本级采购合同备案,省本级采购资金审核支付,政府采购活动监督检查和绩效评价,政府采购领域违法违纪行为处理处罚等。

省本级预算单位严格按照省本级政府集中采购目录和资产配置标准等规定,认真做好政府采购预算编制、政府采购计划申报,及时提供采购项目需求。在集中采购业务执行过程中,按照交易中心项目运行规则,配合完成政府集中采购活动,及时与中标(成交)供应商签订政府采购合同,加强政府采购项目验收管理,及时

提交采购项目资金支付申请。

合肥市和其他设区的市政府采购监督管理机构,接受省财政厅委托,配合省财政厅对省本级政府采购业务监督管理工作。

交易中心严格执行政府采购法律法规以及财政部和省有关政府采购监督管理制度,做好省本级政府集中采购业务代理工作。按照政府采购有关制度、规则和程序组织操作,按时通过财政部政府采购信息统计系统向省财政厅报送省本级政府采购信息统计报表及分析材料。

三、工作程序和要求

省本级政府采购业务委托交易中心实施,执行财政部和省财政厅政府采购业务相关政策、制度和要求,并按如下程序和要求执行:

(一)采购计划申报

省本级预算单位按规定时间要求,通过省财政一体化管理信息系统(内网)申报政府采购计划。省财政厅审核采购计划,下达采购任务。

(二)采购项目实施

交易中心按省财政厅下达的采购任务,组织执行省本级政府采购项目。

(三)采购合同签订

项目采购活动结束后,交易中心组织并见证省本级预算单位与中标(成交)供应商签订政府采购合同,及时将电子合同上传到省财政厅备案。

(四)采购资金支付

省本级预算单位按原渠道上传验收报告等资料,提出资金支付申请。省财政厅审核采购合同、验收报告等资料,按合同约定支付采购资金。

(五)采购监督检查

省财政厅负责对省本级政府采购活动进行监督检查,有关市政府采购监管机构参与,交易中心予以配合。对于省本级政府采购活动相关当事人的违法违规情况及相关证据资料,有关市监管机构和交易中心应当及时向省财政厅报送,由省财政厅依法进行处理处罚。

四、其他有关事项

(一)2014年省本级政府集中采购业务执行时间安排

2014年省本级政府集中采购业务,自2014年11月11日起停止按原渠道申报采购计划、下达采购任务。此前已下达的采购任务,仍由省政府采购中心、省教育装备中心继续执行,并于12月10日前全部办结。交易中心自12月10起对省本级政府集中采购执行业务试运行,2015年1月1日正式承接运行。

驻肥外省本级预算单位要加强与所在地设区的市公共资源交易中心或政府集采机构的对接、衔接。

(二)省本级批量集中采购、定点采购和协议供货执行

省本级台式计算机、打印机批量集中采购,图书定点、复印纸定点、党政机关出差和会议定点、公务车“三定”(定点大修、定点保险、定点加油),以及部分通用办公设备协议供货采购等在合同期内继续按原规定执行。合同期满后,省财政厅结合省本级预算单位需求,依据省本级政府采购相关规定确定批量集中采购、定点采购和协议供货范围,委托交易中心组织采购。

(三)省本级政府集中采购业务委托后预算执行要求

为保证省本级政府集中采购委托执行工作平稳过渡并产生规模效益,省本级预算单位要加强政府采购预算管理,规范整合采购计划申报。自2015年1月1日起,省本级预算单位根据省财政厅批复的政府采购预算,编制政府采购计划,每月10日前向省财政厅申报一次单位政府采购计划。涉及财政投资评审的项目必须先评审后采购。重大项目原则上要由预算单位在申报采购计划前组织论证;相同品目的采购项目应当在同一个政府采购计划中申报。申报政府采购计划时,应明确具体采购品目、采购需求、采购方式和采购预算金额等内容。

政府采购年初及追加预算应在当年9月底前申报政府采购计划;第四季度追加的采购预算,应在当年12月前底前申报政府采购计划。

对政府采购预算无特殊原因未执行的,由省财政厅按规定收回。

省本级预算单位要做好政府采购业务的衔接工作,认真梳理年内政府采购预算项目,倒排项目采购时间,确保省本级政府采购业务无缝对接、紧密衔接,保质保量完成2014年政府采购任务。同时按照省市共建公共资源交易平台的要求,认真编制2015年政府采购预算,切实做好本部门本单位的政府采购工作。

内审类

安徽省地方税务局关于印发安徽省地方税务系统领导干部经济责任审计办法的通知

2014 年 9 月 25 日　皖地税发〔2014〕75 号

各市地方税务局：

为进一步规范全省地税系统领导干部经济责任审计工作，完善干部监督机制，现将修订后的《安徽省地方税务系统领导干部经济责任审计办法》印发给你们，请认真贯彻执行，执行中如有问题，请及时报告省地税局。

安徽省地方税务系统领导干部经济责任审计办法

第一章　总　　则

第一条　为规范地税系统领导干部经济责任审计工作，完善干部监督机制，加强领导干部监督管理和廉政勤政建设，促进领导干部正确履行经济责任，根据《中华人民共和国审计法》、《党政主要领导干部和国有企业领导人员经济责任审计规定》、《党政主要领导干部和国有企业领导人员经济责任审计规定实施细则》、《安徽省委办公厅、省政府办公厅关于贯彻<党政主要领导干部和国有企业领导人员经济责任审计规定>的实施意见》、《国家税务局系统领导干部经济责任审计办法》、《安徽省内部审计条例》和加强领导干部监督的有关法律法规，结合我省地税系统实际，制定本办法。

第二条　本办法所称领导干部，是指省以下地税机关及其直属派出机构的正职领导干部，或主持工作一年以上的副职领导干部；上级地税机关领导干部兼任下级机关的正职领导干部且不实际履行经济责任时，实际负责下级机关常务工作的副职领导干部。

第三条　本办法所称经济责任，是指领导干部任职期间因其所任职务，对所在单位的税收管理行为和财务管理行为的合法性、规范性、效益性应当负有的责任，以及从事其他经济活动应当履行的职责、义务。

第四条　经济责任审计包括离任审计和任中经济责任审计（以下简称任中审计）。

领导干部办理晋升、调任、转任、轮岗、免职、辞职、退休等离任事项前，必须接受离任审计。未经审计，不得办理离任手续。遇有特殊情况需离任后审计或暂缓审计的，由人事部门按照干部管理权限提出意见，报本级党组批准。任期内未发生上述离任事项，任职满三年的，原则上应安排任中审计。已实施任中审计的领导干部一年内离任的，可不再安排离任审计，但需对财务收支进行检查。特殊情况不受任职时间限制。

第五条　各级地税机关的内部审计部门（以下简称内审部门）负责经济责任审计的组

织实施工作。上级内审部门负责对下级内审部门的经济责任审计工作进行检查指导。

第六条　领导干部的经济责任审计依照干部管理权限确定。上级地税机关对其审计权限范围内的经济责任审计事项,可以授权下级地税机关审计,并可对下级地税机关审计权限范围内的重大经济责任事项直接进行审计。

第七条　各级地税机关应当健全完善内部审计委员会工作职责,加强对经济责任审计工作的领导和协调。各有关部门应当支持、配合内审部门履行审计职责。

第八条　内审部门依法独立实施经济责任审计,任何单位和个人不得拒绝、阻碍、干涉,不得打击报复。

内审部门和审计人员办理经济责任审计事项,应当客观公正,实事求是,并遵守廉政、保密规定和审计回避制度。

第二章　审计内容

第九条　领导干部经济责任审计的内容包括:

(一)税收管理方面

1. 组织贯彻落实税收法律、法规、规章、规范性文件的情况;

2. 组织贯彻落实上级关于税收重大决策部署的情况;

3. 建立和执行税收管理内控制度的情况;

4. 税收收入的真实性、合法性;

5. 税收规范性文件的合法性;

6. 税收具体行政行为的合法性;

7. 其他需要审计的事项。

(二)财务管理方面

1. 组织贯彻落实财务管理法律、法规、规章、规范性文件的情况;

2. 组织贯彻落实上级地税机关关于财务管理工作重大决策部署情况;

3. 预算编制和执行情况;

4. 财务收支的真实性、合法性、效益性;

5. 建立和执行财务管理、内部审计等内控制度情况,以及厉行节约反对浪费情况;

6. 国有资产的采购、管理、使用和处置情况;

7. 基本建设、信息化建设等重要项目的投资、建设和管理情况;

8. 其他需要审计的事项。

(三)其他方面

1. 被审计领导干部履行有关党风廉政建设第一责任人职责情况,以及本人遵守有关廉洁从政规定情况;

2. 机构设置、编制使用以及有关规定的执行情况;

3. 对下属单位有关经济活动的管理和监督情况;

4. 其他需要审计的事项。

第三章　审计工作程序

第十条　领导干部离任审计,在每年年初由人事部门按审计管辖权,提出本年度经济责任审计对象建议名单,向本级党组提出建议,经批准后向内审部门出具经济责任审计委托函,列入年度项目审计计划。

领导干部任中审计,在每年年初由内审部门根据年度工作安排提出审计对象建议名单,商人事部门后向本级党组提出建议,经批准后由人事部门向内审部门出具经济责任审计委托函,列入年度项目审计计划。

计划外的经济责任审计事项,按照审计管辖范围,由人事部门向本级党组提出审计申请,经批准后向内审部门出具经济责任审计委托函,内审部门组织实施。

第十一条　内审部门应在实施经济责任审计3日前,向被审计领导干部所在单位或者原任职单位(以下简称所在单位)发出审计通知书,同时抄送被审计领导干部本人,送人事部门和纪检监察部门。遇有特殊情况,审计组可以直接持审计通知书实施审计。

第十二条　内审部门在发出审计通知书后,应制定具体的审计项目实施方案,明确审计目的、范围、重点内容以及审计组分工和具体工作要求等。人事、纪检监察等部门如有需要内

审部门在审计实施过程中进行核实的内容，应书面提供给内审部门并列入实施方案，内审部门在审计结束后将结果书面反馈有关部门。

根据实际工作需要，人事、纪检监察部门可派人作为审计组成员，参加审计。

第十三条　审计组进驻后，应召开有审计组主要成员、被审计领导干部及其所在单位有关人员参加的会议，安排审计工作有关事项。

审计组在审计工作期间应进行审计公示。

第十四条　被审计领导干部及其所在单位应当及时向审计组提供与被审计领导干部履行经济责任有关的下列资料：

（一）被审计领导干部任职期间履行经济责任情况的综合述职报告；

（二）单位制定发布的税收管理和财务管理文件；

（三）单位内部税收管理、财务管理、内部审计及其他制度规定；

（四）组织收入及税收征管情况，与税收征管、税收执法有关的台账、文书、电子数据等资料；

（五）财政预算执行和财务收支情况，与财政、财务收支有关的凭证、账簿、报表、电子数据等资料；

（六）与税收征管和财政、财务收支有关的会议记录（纪要）、经济合同（协议）以及重大投资决策及实施结果等资料；

（七）重大行政审批事项的请示、批示、批复等；

（八）上级地税机关和外部监督部门审计检查出具的审计报告、审计决定等结论性文件；

（九）需要提供的其他资料。

第十五条　被审计领导干部及其所在单位应当对所提供资料的真实性、完整性负责，并作出书面承诺。

第十六条　被审计领导干部应当在审计工作开始后5日内，向审计组提交任职期间履行经济责任情况的综合述职报告，主要内容包括：

（一）本人的职责范围；

（二）贯彻科学发展观，落实宏观经济政策，履行部门职责，推动地税工作发展情况；

（三）重大经济决策制度建立和执行情况；

（四）组织收入、预算执行和其他财政财务收支及有关经济活动情况；

（五）单位内控制度建立和执行情况；

（六）对下属单位有关经济活动的管理和监督情况；

（七）本人遵守财经法规和廉政规定情况；

（八）需要说明的其他情况。

第十七条　审计组实施审计时，有权就审计事项的有关问题向被审计领导干部及所在单位下属部门的负责人和有关当事人进行询问、核实，并要求其提供必要的证明材料。

审计组应与被审计领导干部进行审计谈话，并可根据工作需要与被审计领导干部所在单位的其他负责人和工作人员进行审计谈话。

第十八条　实地审计结束后，审计组原则上应向被审计领导干部及其所在单位现场反馈审计结果。

第十九条　内审部门在审计过程中发现涉嫌违纪的问题，应当依照法定程序移交纪检监察、人事部门调查核实。纪检监察、人事部门应及时组织实施，其调查结果报本级党组，并同时反馈内审部门。

第四章　审计报告和结果使用

第二十条　审计组应当在实地审计结束后15个工作日内，根据审计工作底稿向内审部门提交审计报告初稿。审计报告初稿经内审部门集体审理后，向被审计领导干部本人及其所在单位下发征求意见书。被审计领导干部本人及其所在单位应自收到征求意见书之日起10日内提交书面意见，逾期未提交书面意见的，视为无异议。内审部门对提交的书面意见进行审核，根据所核实的情况对审计报告作必要的修改和说明，向人事部门反馈，由人事部门牵头向本级党组汇报后，内审部门下达正式审计报告。

第二十一条　审计报告内容应当包括：

（一）实施审计工作基本情况；

（二）被审计领导干部的职责范围，所在单

位的组织收入和财政、财务收支以及资产、负债、损益等主要情况;

(三)被审计领导干部履行经济责任情况的审计评价;

(四)审计发现的问题及被审计领导干部的相关责任分析;

(五)对审计发现问题的处理、整改意见和建议。

审计组对审计中发现的问题,认为不应当列入审计报告的,应通过其他方式向内审部门报告。

第二十二条　内审部门应根据审计查证或者认定的事实,依照法律法规、国家有关规定和政策,以及绩效考核目标等标准,在职权范围内对被审计领导干部履行经济责任情况作出客观公正、实事求是的评价。审计评价应当与审计内容相统一,评价结论应当有充分的审计证据支持。

第二十三条　审计报告对被审计领导干部履行经济责任过程中存在问题所应当承担的直接责任、主管责任、领导责任,应当区别不同情况作出界定。

第二十四条　本办法所称直接责任,是指领导干部对履行经济责任过程中的下列行为应当承担的责任:

(一)本人或者与他人共同违反有关法律法规、国家有关规定、单位内部管理规定的行为;

(二)授意、指使、强令、纵容、包庇下属人员违反有关法律法规、国家有关规定和单位内部管理规定的行为;

(三)未经民主决策、相关会议讨论或者文件传签等规定的程序,直接决定、批准、组织实施重大经济事项,并造成国家利益重大损失、公共资金或国有资产严重损失浪费以及严重损害公共利益等后果的行为;

(四)主持相关会议讨论或者以文件传签等其他方式研究,在多数人不同意的情况下,直接决定、批准、组织实施重大经济事项,由于决策不当或者决策失误造成国家利益重大损失、公共资金或国有资产严重损失浪费以及严重损害公共利益等后果的行为;

(五)对有关法律法规和文件制度规定的作为第一责任人(负总责)的事项、签订的有关目标责任事项或者应当履行的其他重要职责,由于授权(委托)其他领导干部决策且决策不当或者决策失误造成国家利益重大损失、公共资金或国有资产严重损失浪费以及严重损害公共利益等后果的行为;

(六)其他失职、渎职或者应当承担直接责任的行为。

第二十五条　本办法所称主管责任,是指领导干部对履行经济责任过程中的下列行为应当承担的责任:

(一)除直接责任外,领导干部对其直接分管的工作,不履行或者不正确履行经济责任的行为;

(二)除直接责任外,主持相关会议讨论或者以文件传签等其他方式研究,并且在多数人同意的情况下,决定、批准、组织实施重大经济事项,由于决策不当或者决策失误造成国家利益损失、公共资金或国有资产损失浪费以及损害公共利益等后果的行为;

(三)疏于监管,致使所管辖地区、分管部门和单位发生重大违纪违法问题或者造成重大损失浪费等后果的行为;

(四)其他应当承担主管责任的情形。

第二十六条　本办法所称领导责任,是指除直接责任和主管责任外,领导干部对其职责范围内不履行或者不正确履行经济责任的其他行为应当承担的责任。

第二十七条　内审部门对审计报告中反映的重大问题,可以作出审计决定。内审部门应将领导干部经济责任审计报告和审计决定抄送同级人事、纪检监察部门和上一级内审部门。

第二十八条　对领导干部经济责任审计报告和审计决定,各级地税部门党组应将其作为对领导干部考核、任免、奖惩、调整等事项的重要参考依据。人事和纪检监察部门应将其归入领导干部本人档案。

第二十九条 被审计领导干部所在单位应自收到经济责任审计报告和审计决定之日起3个月内，向派出审计组的单位报送审计整改情况报告。

实施经济责任审计的内审部门应对被审计领导干部所在单位的审计整改情况进行后续审计。

第五章 附 则

第三十条 被审计领导干部及所在单位和内审人员有违反规定的处理处罚事项，参照《安徽省内部审计条例》有关规定执行。

第三十一条 各级地税部门所属事业单位领导人员的经济责任审计参照本办法的规定执行。

第三十二条 各市地方税务局可以根据本办法，结合本地实际情况制定具体实施办法，报省地方税务局备案。

第三十三条 本办法由省地方税务局负责解释。

第三十四条 本办法自印发之日起执行。以皖地税〔2007〕71号文件印发的《安徽省地方税务系统领导干部任中经济责任审计暂行办法》中与本办法规定不一致之处，以本办法为准。以皖地税〔2003〕193号文件印发的《安徽省地方税务系统领导干部任期经济责任审计实施办法》同时废止。

机关党建类

安徽省地方税务局机关委员会关于印发《省地方税务局“机关党建服务基层年”活动实施方案》的通知

2014年4月4日

各党总支、支部：

现将《省地方税务局“机关党建服务基层年”活动实施方案》印发给你们，请认真抓好落实。

省地方税务局“机关党建服务基层年”活动实施方案

为深入贯彻党的十八大和十八届三中全会精神，巩固深化群众路线教育实践活动的成果，进一步加强服务型机关党组织建设，根据省直机关工委《关于在省直机关开展“机关党建服务基层年”活动的意见》(直工〔2014〕3号)要求，现制订本实施方案。

一、指导思想

省地税局开展“机关党建服务基层年”活动，以邓小平理论、“三个代表”重要思想、科学发展观为指导，认真学习贯彻党的十八大、十八届三中全会和习近平总书记系列讲话精神，紧紧围绕“服务改革、服务发展、服务民生、服务群众、服务党员”主题，健全服务机制、创新服务载体、深化发展服务、增强服务实效，不断提升机关党组织推动发展、服务基层、凝聚人心、促进和谐的能力和水平，引导机关党员干部积极投身改革实践，为全面完成各项地税任务提供坚强的政治和组织保证。

二、总体目标

坚持把服务基层作为省地税局机关党组织的重要职责，把群众满意作为机关党组织的价值取向，通过开展“服务基层年”活动，努力在服务基层工作认识上形成新的共识，在落实为民服务宗旨上激发新的动力，在解决基层突出问题上取得新的进展，在密切党群干群关系上树立新的形象，真正实现从“管理型”向“服务型”的转变。

三、主要内容

围绕省地税局中心任务和省直机关工委工作部署，重点抓好以下工作。

(一)加强理论武装工作，筑牢服务基层的思想基础。认真抓好党组中心组学习，通过深入学习党的领导人关于群众路线的重要论述，牢固树立党的宗旨意识和马克思主义群众观，充分发挥理论武装引领作用，不断增强服务基层的自觉性和主动性。积极参加学习贯彻习近平总书记系列讲话和十八届三中全会精神专题轮训班，通过“地税大讲堂”、辅导报告等形式，深化对党中央方针政策的认识。加强和改进机关基层思想政治工作，围绕全面深化改革中出现的新情况新问题，及时有效地开展思想政治工作，引导党员干部真正从思想和行动上拥护

改革、支持改革、参与改革。

（二）培育践行“社会主义核心价值观”，凝聚服务基层的价值共识。抓好“核心价值观”的宣传教育，认真学习宣传中央《关于培育和践行社会主义核心价值观的意见》和省委实施办法，利用多种形式推动社会主义核心价值观进机关、进头脑，使之成为机关党员干部共同的价值追求和自觉行动。结合地税工作特点，抓好和引导党员干部增强“服务、务实、高效、清廉”省直机关精神和“崇法尚德、勤廉和谐、求实创新、强税兴皖”省地税局机关精神的认同感，做到自觉践行。加强“四德”教育，不断提升机关党员干部的道德素养。采取多种措施，深化文明处室、文明单位等“三位一体”创建活动，提升活动实效。大力宣传先进典型，开展向道德模范学习活动，形成学习先进、争当先进的浓厚风气。

（三）深化群众路线教育实践活动成果，创新服务基层的方式方法。认真组织开展“扎根工程”，落实国家税务总局“三个三”要求，开展好“意见大走访、换位大体验、落实大检查、便税大行动、作风大扫除”五项活动。积极开展机关党员结对服务，认真落实省地税局《关于转变工作作风，进一步加强基层联系点工作的通知》要求，继续开展“四走进面对面”活动，局领导每人联系2个市地税局，联系2户企业。处级干部联系1个县（区）局或分局，同时联系1户企业。每半年局领导和处级干部深入联系点至少1次，全年不少于2次。组织机关党员干部深入基层，倾听群众呼声，回应群众关切，为群众做好事办实事。按照省委《关于加强党员领导干部联系服务困难地区的意见》统一部署，落实“感情向人民群众贴近、工作向困难地区聚集、投入向困难地区倾斜、机关向基层一线深入”要求，全面拓展与帮扶共建党组织的结对共建工作，主要是开展“五个一”活动，即召开一次联席会议、开展一次互访活动、共同过一次组织生活、组织一次慰问帮扶、为共建单位办一件实事。深化“百名厅局长下基层”和“四级局长带头下基层”成果，省地税局领导在结对帮建的基层联系点结对联系1户困难户，通过“走访慰问、调查研究、驻村蹲点、扶优解困”等形式，帮助解决群众在生产、生活、就业和教育等方面的困难。

（四）推进机关效能建设向纵深发展，提高服务基层的能力水平。组织实施省地税局机关绩效管理，认真落实总局要求，建立横向到边、纵向到底的绩效管理责任机制，确保实现年度工作目标。畅通民情民意渠道，充分利用省局网站，建设网上民意征集平台，及时收集基层和纳税人的诉求反映，并认真做好网上留言办理，利用多种渠道，保持与基层群众的联系。深入开展“四零”服务活动，以服务受理零推诿、服务方式零距离、服务质量零差错、服务结果零投诉为主要内容，完善“党员示范窗口”、“党员示范岗”，亮身份、亮岗位、亮职责、亮承诺，进一步提高服务水平和质量，树立党员干部的形象，改进工作作风，优化发展环境。扎实开展“便民办税春风行动”，着力解决“四风”突出问题，着力解决在行政审批、办事效率、服务意识、办税负担、纳税诚信、规范执法等方面存在的问题，全面提高办税服务质效，让纳税人办税更方便、更快捷、更满意。加大明察暗访督查力度，适时组织开展明察暗访活动。

（五）充分发挥群团组织的桥梁纽带作用，形成服务基层的整体合力。一是积极关心帮扶基层群众。组织机关工会、青工委、妇委会等，适时开展为困难家庭送温暖、为寒门学子送爱心等活动，关心和帮扶基层群众。以评选表彰先进典型为契机，动员群团组织为推动科学发展、促进社会和谐、维护社会稳定作出贡献。二是组织开展志愿服务活动。建立省地税局“和瑞”志愿服务队，加入省直机关志愿者协会，主要在税收政策宣传咨询、服务纳税人、服务基层和开展植树、慰问、结对帮扶、帮助困难家庭、参加社区服务等方面开展活动。三是开展丰富多彩的文体活动。结合重要节庆活动，发挥机关兴趣小组主体作用，组织开展丰富多彩的文化体育活动，凝聚机关党员干部服务基层的精气神。积极参加省直机关第七届运动会，展示地

税机关全民健身活动的成果。

四、保障措施

1. 强化组织领导。各党总支、支部要把“服务基层年”活动作为年度工作重点,积极参加省地税局组织的各项活动,在组织保证、力量投放、时间安排等方面加大力度,采取有效措施,推动活动有序开展,真正做到组织领导到位、责任落实到位、协作联动到位、工作推动到位。

2. 周密部署安排。各党总支、支部要按照“服务基层年”活动的总体目标和主要内容,结合工作实际,精心组织,合力推进,确保做到活动开展心中有数,切实做到以具体求深入、以具体促落实、以具体见实效。

3. 加强宣传联系。各党总支、支部要及时向省地税局机关党委报送活动开展情况,通过安徽地税信息、《安徽地税》内刊、地税内外网站等,及时宣传省地税局“服务基层年”活动开展情况。各党总支、支部在活动中要加强同机关党委的联系和沟通,及时发现和解决“服务基层年”活动中遇到的问题。

纪检监察类

安徽省地方税务局关于进一步加强和改进明察暗访工作的通知

2014 年 4 月 25 日 皖地税发〔2014〕25 号

各市、县地方税务局，省地方税务局局属各单位：

为推动全省地税系统进一步提高服务质量，改进工作作风，加强效能建设，根据《国家税务总局关于全面开展明察暗访工作的通知》（税总发〔2014〕44 号）精神，结合系统实际，省局对明察暗访工作的组织领导、内容和方式等作出了明确要求。现将有关事项通知如下：

一、明察暗访主体及对象

明察暗访工作由省、市、县（市、区）地方税务局具体组织实施，也可委托第三方组织实施。明察暗访对象为辖区内各级地税机关及其工作人员（包括临时聘用人员）。

二、明察暗访内容

明察暗访内容以检查地税机关及其工作人员作风纪律情况为主，兼顾税收业务工作。现阶段，应以纳税人关注的问题为切入点，着力解决税收管理和服务工作中存在的突出问题。具体内容应包括：地税机关及其工作人员贯彻中央八项规定精神和党的群众路线以及落实“四风”整改措施的情况；落实总局“三个三”工作要求和“便民办税春风行动”以及省局服务大局、服务纳税人各项措施的情况；执行效能制度和工作纪律以及严肃税风税纪规定的情况；是否存在“门难进、脸难看、事难办”和“不依法行政、不遵守纪律、办事效率低下”以及“吃拿卡要报”等现象。

三、明察暗访工作方式

明察暗访一般应采取不定时间、不打招呼的方式进行。明察暗访人员可通过实地察看、听取汇报、调取会议纪要和相关文件台账、个人谈话等方式了解相关规定的落实情况；可通过模拟办税、随同办税、利用集中监控系统调取影像资料等方式了解基层地税机关及其办税服务厅等对外服务情况；可拨打 12366 纳税服务热线以及对外公布的办公电话等了解工作人员工作纪律、业务素质和服务态度情况；也可通过召开纳税人座谈会或走访纳税人等形式了解其诉求和对主管地税机关的评价情况。明察暗访具体方式由组织实施者根据实际情况确定。

明察暗访工作应避免“一年查一次，一次管一年”的现象，坚持做到经常化、制度化。明察暗访工作开展的时间应综合考虑征期、节假日、新政策出台、新系统上线等多种因素，力求全面掌握实际情况。

四、明察暗访结果运用

明察暗访工作应坚持实事求是、客观公正的原则，坚持发现问题和改进工作相结合。各单位要注重对明察暗访结果的运用。对明察暗访中发现的先进做法和典型事迹，要及时总结、大力宣传，以弘扬正气，传播正能量；对于发现的问题，要点名道姓通报，责令限期整改，严格责任追究。同时，明察暗访结果要与党风廉政建设责任制考核和年度绩效考评等挂钩，强化约束，推进工作。

五、明察暗访工作组织领导

明察暗访工作是推动各项规定和制度有效落实，促进政风建设的重要手段，是提升地税部门服务质效和执法水平的有力措施。各级地税机关要高度重视此项工作，切实加强对此项工

作的组织领导。省局成立明察暗访工作领导小组,由纪检组长方学军任组长,政治部主任郑圣良、副巡视员李建国任副组长,成员单位包括纳税服务处、办公室、政治部、内审处和监察室。领导小组办公室设在监察室。各地要相应成立明察暗访工作领导小组,由局领导任组长,明确明察暗访工作的牵头单位和各成员单位的工作职责,加强统筹和协调。各地要研究建立明察暗访长效机制,完善组织保障、人力保障、设备保障、经费保障和应急处理机制,切实将明察暗访制度化和常态化。

安徽省地方税务局党组关于印发贯彻落实中共中央《建立健全惩治和预防腐败体系2013—2017年工作规划》及省委实施意见的实施办法的通知

2014年4月29日　皖地税党组发〔2014〕17号

各市地方税务局党组,省地方税务局局属各单位:

现将《中共安徽省地方税务局党组贯彻落实中共中央<建立健全惩治和预防腐败体系2013—2017年工作规划>及省委实施意见的实施办法》印发给你们,请结合实际,认真贯彻落实。对贯彻落实本实施办法的意见和建议,及时报告省局(监察室)。

附件:《中共安徽省地方税务局党组贯彻落实中共中央<建立健全惩治和预防腐败体系2013—2017年工作规划>及省委实施意见的实施办法》主要工作任务分解表

中共安徽省地方税务局党组贯彻落实中共中央《建立健全惩治和预防腐败体系2013—2017年工作规划》及省委实施意见的实施办法

为贯彻落实中共中央《建立健全惩治和预防腐败体系2013—2017年工作规划》(中发〔2013〕14号,以下简称《工作规划》)和《中共安徽省委关于贯彻落实中共中央<建立健全惩治和预防腐败体系2013—2017年工作规划>的实施意见》(皖发〔2013〕16号,以下简称《实施意见》),加强惩治和预防腐败体系建设,推进全省地税系统党风廉政建设和反腐败工作,结合实际,制定本实施办法。

一、贯彻落实《工作规划》和《实施意见》的总体要求

全面推进惩治和预防腐败体系建设,是党

的十八大和十八届三中全会作出的重要部署，是全党的重大政治任务和全社会的共同责任。过去的5年，在省委和国家税务总局党组的坚强领导下，全省地税系统各级党组和纪检监察部门扎实开展惩治和预防腐败体系建设，党风廉政建设和反腐败工作取得明显成效。但必须清醒看到，当前反腐倡廉形势依然严峻复杂，形式主义、官僚主义、享乐主义和奢靡之风依然存在。作风问题和腐败问题解决不好，就会严重影响地税部门的形象。各级地税机关党组必须从思想上警醒起来，坚持惩治和预防腐败两手抓、两手硬，以党风廉政建设和反腐败工作的实际成效取信于民。

加强惩治和预防腐败体系建设，要以邓小平理论、“三个代表”重要思想、科学发展观为指导，深入贯彻落实党的十八大、十八届三中全会精神和习近平同志系列重要讲话精神，按照党章要求，紧紧围绕全面推进中国特色社会主义伟大事业和党的建设新的伟大工程，紧紧围绕全面深化改革的总体部署，坚持标本兼治、综合治理、惩防并举、注重预防，以改革精神加强反腐败体制机制创新和制度保障，坚定不移转变作风，坚定不移反对腐败，促进地税事业健康发展，为打造“三个强省”、建设美好安徽提供有力保障。

经过今后5年不懈努力，按照中央、省委和国家税务总局党组提出的目标要求，坚决遏制腐败蔓延势头，取得广大纳税人和地税干部比较满意的进展和成效。党的政风建设深入推进，“四风”问题得到认真治理；惩治腐败力度进一步加大，纪律约束和法律制裁的警戒作用有效发挥；预防腐败工作扎实开展，党员干部廉洁自律意识和拒腐防变能力显著增强；对权力运行的制约监督更加有效，具有地税部门特点的惩治和预防腐败体系进一步完善。

二、持之以恒加强和改进党的作风建设

（一）切实从严抓党风，大力弘扬党的优良传统和作风

全省地税系统各级党组织要把管党治党作为主要职责和根本任务，扎实推进党的作风建设，牢记“两个务必”，弘扬理论联系实际、密切联系群众、批评和自我批评以及艰苦奋斗、求真务实的优良作风。坚持对党员干部严格要求、严格教育、严格管理、严格监督。落实抓党风建设的工作责任，一级管好一级，一级带动一级。各级党员领导干部要讲党性、讲原则，清正廉洁，保持共产党人政治本色。

（二）深入落实中央八项规定精神，进一步改进工作作风

要以“钉钉子”精神，继续严格执行中央八项规定、省委省政府三十条规定、国家税务总局党组实施办法、省纪委十个严禁以及省局党组十八条措施，坚决纠正“四风”，不断改进学风文风会风。坚持从具体问题抓起，由浅入深，由易到难，由简到繁，循序渐进，一个时间节点一个时间节点地抓。建立健全制度规定，强化制度硬约束，提高制度执行力，加强日常管理，纠正打折扣、搞变通行为，坚决防止反弹。各级领导干部要把自己摆进去，紧密联系思想、工作、生活实际，认真对照检查，带头落实中央八项规定精神。各级纪检监察部门要加大检查监督力度，及时发现问题，督促整改，铁面执纪，严肃查处，并点名道姓地通报、曝光违纪违规行为。

（三）扎实开展党的群众路线教育实践活动，建立健全作风建设长效机制

全省地税系统各级党组织和广大党员干部要按照“照镜子、正衣冠、洗洗澡、治治病”的总要求，深入开展党的群众路线教育实践活动。全面学习领会中央、省委和国家税务总局党组以及省局党组关于开展教育实践活动、加强党的作风建设的一系列重要文件精神，提高思想认识和宗旨意识，增强贯彻群众路线的自觉性。深入学习习近平总书记“三严三实”要求和在河南省兰考县调研指导教育实践活动时的重要讲话精神以及焦裕禄精神，引导党员干部深入领会“三严三实”丰富内涵，自觉践行“三严三实”的要求。紧密结合实际，认真查摆“四风”问题，以整风精神开展批评和自我批评，切实取得扎实具体的成效。认真总结教育实践活动中的好经验好做法，健全领导干部带头改进作风、

深入基层调查研究机制,巩固和深化“四级局长大走访”活动成果,积极开展五个专项行动,建立健全五类重点制度,落实好国家税务总局提出的“三个三”要求和“便民办税春风行动”,着力改进工作作风,密切联系群众。

(四)严明党的纪律,为党的作风建设提供保证

全省地税系统各级党组织和广大党员干部要自觉学习、遵守、贯彻和维护党章,自觉反对特权思想、特权现象,自觉按照党的组织原则和党内政治生活准则办事,牢固树立党的意识和组织纪律观念。严格执行党的政治纪律、组织纪律、财经纪律、工作纪律和生活纪律等各项纪律,坚决克服组织涣散、纪律松弛问题,在思想上政治上行动上同以习近平同志为总书记的党中央保持高度一致,自觉维护党的团结统一,决不允许有令不行、有禁不止,决不允许各自为政、阳奉阴违。加强执纪监督,严肃处理违反党的纪律行为,确保中央、省委和国家税务总局党组以及省局党组关于加强作风建设的决策部署落到实处。

三、坚定不移惩治腐败

(一)严肃查办违纪违法案件

以零容忍态度坚决惩治腐败。严格审查和处置党员干部违反党纪政纪、涉嫌违法的行为。严肃查办领导干部贪污贿赂、权钱交易、腐化堕落、失职渎职案件,严肃查办违反政治纪律的案件,严肃查办发生在税收执法和行政管理重点领域、关键环节和侵害纳税人利益的腐败案件,严肃查办利用税收执法权搞交易、有税不收、收“人情税”、以税谋私的案件。

完善网络投诉举报受理机制,及时核查处理网络投诉和举报。完善案件线索共享机制,系统内的执法检查、督察内审、财务管理、资产管理等工作检查情况和结论,要及时向同级纪检监察部门通报。深入开展涉税案件“一案双查”工作,对于在实施税收检查中,发现地税机关或地税人员涉嫌违纪违法行为的事实或线索,该移交而不移交的,要严肃追究相关单位和领导的责任。完善典型案件剖析与通报制度,充分发挥查办案件治本功能。

抓早抓小,治病救人。本着对地税事业负责、对干部负责的态度,对党员干部存在的问题要早发现、早纠正、早查处,对苗头性问题及时约谈、函询,及时提醒,加强诫勉谈话工作,防止小毛病演变成大问题。对疏于监督管理、致使领导班子成员或者直接管辖的下属发生严重违纪违法问题的,要严肃追究责任。

(二)严肃查处用人上的腐败问题

各级党组要坚持党管干部原则,坚持正确用人导向,选好用好干部。对违反组织人事纪律的行为决不放过,坚决纠正跑官要官不正之风;对拉票贿选、买官卖官的腐败行为决不姑息,发现一起查处一起;对违规用人问题及时发现、迅速处理、严格问责。坚持和完善立项督查制度、责任追究制度,对干部群众举报的选人用人方面的不正之风和腐败问题,组织力量进行及时查核、及时处理、严格问责,不仅查处当事人,而且追究责任人,形成风清气正的用人环境。

(三)坚决纠正损害群众利益的不正之风

以强化基层一线执法监管为重点,着力解决基层负责人以权谋私、以税谋私、权钱交易、以职务影响谋取不正当利益的问题。严肃查纠税务登记注销清算、普通发票代开、税收票证管理、纳税服务等方面存在的问题。坚决查处滥用职权、假公济私、刁难群众、吃拿卡要报等问题。认真贯彻落实领导干部廉洁自律规定,坚决纠正违规收送礼金、有价证券、会员卡、商业预付卡等问题。认真抓好违规建房和多占住房、违规经商办企业等专项清理。健全查纠不正之风工作长效机制。

四、坚持科学有效预防腐败

(一)深化党风廉政教育

深入开展中国特色社会主义和中国梦教育、理想信念和宗旨教育、社会主义核心价值体系教育。加强党纪国法、廉政法规和从政道德教育,将其纳入学习型党组织建设,各级党组中心组每年安排廉洁从政专题学习。坚持在各级各类脱产培训班上开设廉政教育专题课。试行

新任领导干部廉政知识测试制度。加强系统内勤廉典型宣传教育，坚持运用税务系统违纪违法典型案例开展警示教育，以身边的事教育身边的人。加强廉政文化精品工程建设，积极开展廉政文化建设示范点创建活动，充分发挥廉政文化建设激励引导作用，为反腐倡廉提供正能量。

加强宣传和舆论引导工作。把党风廉政建设和反腐败宣传教育工作纳入全局宣传教育工作总体部署和年度安排，积极宣传党风廉政建设和反腐败工作的方针政策、决策部署和工作成效。充分利用《安徽地税信息》、《安徽地税》和地税内外网站，办好反腐倡廉专栏和专题。坚持正确舆论导向，完善反腐倡廉网络舆情信息工作机制。严肃宣传纪律，加强对外宣传工作，扩大宣传效果。

（二）加强反腐倡廉法律法规制度建设

善于用法治思维和法治方式反对腐败，加快推进反腐倡廉法规制度建设。健全改进作风常态化制度，严格落实《党政机关厉行节约反对浪费条例》以及国家工作人员因公临时出国（境）、党政机关国内公务接待管理、党政机关楼堂馆所建设和办公用房清理等方面的制度规定。规范并严格执行领导干部工作生活保障制度，切实解决违反规定和标准享受待遇等问题。按照统一部署，开展领导干部报告个人有关事项抽查工作，开展新提任领导干部有关事项公开制度试点。严格执行配偶已移居国（境）外的国家工作人员任职岗位管理办法。完善公务用车配备使用管理办法。认真落实防止利益冲突、任职回避等方面的法规制度。坚持用制度管人管事，确保法规制度刚性运行。

（三）强化权力运行制约和监督

加强党内监督，强化对民主集中制执行情况的检查监督，落实集体领导和分工负责、重要情况通报和报告、述职述廉、民主生活会、信访处理、谈话和诫勉、询问等监督制度。严格执行《税务系统领导班子和领导干部监督管理办法》及其实施细则，加强对各级领导班子和领导干部特别是“一把手”的监督。按照分权制衡的原则对领导班子成员进行分工，并定期调整，主要负责人不直接分管人、财、物。按照干部管理权限，上级单位主要负责人或纪检组长对直接管理的下级单位领导干部、分管局领导对分管部门负责人，要定期进行廉政谈话。完善领导干部电子廉政档案建设，分级建立干部廉政档案。加强对干部选任、项目招标、工程建设、资金使用、涉税审批等工作过程的监督，拓展监督的深度和广度。加强内部审计监督，建立健全审计情况向局长办公会议汇报制度，强化审计结果运用。加大信访监督力度，促进党员干部自警自励。重视和加强舆论监督，运用和规范互联网监督。健全重点领域和关键环节权力行使制度，建立决策的考核评价、失误纠错和终身追究制。推行权力清单制度，依法公开权力运行流程。进一步深化党务公开和政务公开工作，加强电子政务建设。深化廉政风险防控，建立健全廉政风险责任落实机制、动态监控机制、预警处置机制和检查评估机制。

（四）深化改革不断消除滋生腐败的体制弊端

贯彻中央、省委和国家税务总局关于全面深化改革的部署要求。深化行政审批制度改革，完善涉税审批后续事项监管。深化干部人事制度改革，提高选人用人公信度。深入落实税收自由裁量权实施意见和裁量基准，研究制定依法行政的具体考核方案和标准。按照国家税务总局部署，积极开展环境保护费改税、房地产税立法等相关调研工作，认真落实相关税制改革政策措施。分类深化税收征管改革试点，把握好改革的力度和进度，重点推进集约化纳税服务、纳税评估、风险管理统筹，继续探索建立分类分级专业化管理体制，创新县域税收管理模式，完善税收管理员制度，防范执法风险和腐败问题发生。

五、加强对党风廉政建设和反腐败工作的统一领导

（一）各级党组要承担党风廉政建设和反腐败工作主体责任

健全反腐败领导体制和工作机制，严格落

实党风廉政建设责任制,各级党组负主体责任,纪检监察部门负监督责任。各级党组要把贯彻落实中央《工作规划》、省委《实施意见》和本实施办法列入重要议事日程,与其他税收工作同部署、同落实、同检查;支持和保证纪检监察部门认真履行职责,发挥监督执纪作用。各级领导班子主要负责同志要履行党风廉政建设和反腐败工作第一责任人职责,做到重要工作亲自部署、重大问题亲自过问、重点环节亲自协调、重要案件亲自督办。领导班子其他成员要坚持"一岗双责",根据分工抓好职责范围内的党风廉政建设和反腐败工作。各级党组织要动员和组织人民群众有序参与,发挥社会各有关方面的积极作用。

(二)认真落实纪检监察体制机制改革措施

强化上级纪检监察部门对下级纪检监察部门的领导,建立健全报告工作、定期述职、约谈汇报等制度。坚持查办案件以上级纪检监察部门领导为主,线索处置和案件查办在向同级党组报告的同时必须向上级纪检监察部门报告。各级纪检监察部门要按照转职能、转方式、转作风的要求,把不该牵头或者参与的协调工作交还给主要责任部门,集中精力抓好反腐倡廉主业。加强对同级党组及其班子成员的监督,更好发挥党内专门监督部门职能作用。认真落实省局党组关于纪检组长分工调整的要求,各级纪检组长不分管人、财、物和税收征管、税务稽查等方面的工作。加强对纪检组长履行职责情况的考核评估。对协助党组抓党风廉政建设工作不力,致使本单位、本系统发生严重违纪违法案件的,要严肃追究纪检组长的责任。各级纪检监察部门要按照打铁还需自身硬的要求,进一步增强政治责任感和组织纪律性,带头遵守各项纪律,做到正人先正己,自觉接受监督,自觉加强学习和锻炼,树立忠诚可靠、服务人民、刚正不阿、秉公执纪的良好形象。

(三)增强惩治和预防腐败体系建设工作合力

要细化责任分解和任务分工,明确牵头单位和协办单位,提出完成时限和要求。牵头单位要认真履行牵头责任,主动作为,会同有关部门抓好分解任务的落实;协办单位要积极配合、全力支持,认真履行职责,共同完成所承担的任务。组织人事部门要加强对干部经常性的管理监督,坚决防止和纠正选人用人上的不正之风;办公室、干部教育处和宣传中心要抓好党风廉政建设和反腐败工作宣传教育,强化教育引导;监察、法规、内审等部门要充分发挥纪律约束、综合督查、经济责任审计等作用,增强党风廉政建设和反腐败工作综合效果。各级惩治和预防腐败体系建设工作领导组织和工作机构要充分发挥作用,完善制度,加强分类指导,抓好组织实施。

(四)狠抓各项工作任务的落实

全面推进惩治和预防腐败体系建设是一项系统工程,需要有重点、分步骤地抓好各项工作任务的落实。对阶段性任务,在规定时间内高质量完成;对持续性工作,结合新情况新问题推进提高;对根据新形势新要求充实的工作,及时研究安排。建立工作台账制度,健全惩治和预防腐败体系建设信息管理系统,加强过程监控。健全督查考核机制,继续把惩防体系建设情况列入党风廉政建设责任制和各级领导干部考核评价范围,每年对工作进展情况进行检查考核,总结评估,查找不足,督促任务落实。强化责任追究,对抓党风廉政建设和反腐败工作不力,造成不良影响的,严肃追究领导责任。

各级要结合实际,认真研究制定贯彻落实本实施办法的具体措施,严肃认真地抓好任务落实。

附件:《中共安徽省地方税务局党组贯彻落实中共中央<建立健全惩治和预防腐败体系2013—2017年工作规划>及省委实施意见的实施办法》主要工作任务分解表

主要任务	项目分类	主要内容	主要责任单位	协同单位	时间要求
持之以恒加强和改进党的作风建设	切实从严抓党风,大力弘扬党的优良传统和作风	1. 把管党治党作为主要职责和根本任务,扎实推进党的作风建设。坚持对党员干部严格要求、严格教育、严格管理、严格监督。落实抓党风廉政建设的工作责任,一级抓好一级,一级带动一级。	省局机关党委、政治部、干部教育处、监察室	省局局属各单位	每年
	深入落实中央八项规定,进一步改进工作作风	2. 继续严格执行中央八项规定、省委省政府三十条规定、国家税务总局党组实施办法、省纪委十个严禁以及省局党组十八条措施,坚决纠正"四风",不断改进学风文风会风。	省局政治部、办公室、干部教育处、装备处、监察室	省局局属各单位	
		3. 建立健全制度规定,强化制度硬约束,加强日常管理,提高制度执行力。	省局办公室、政治部、财务管理处、监察室	省局局属各单位	
		4. 督促各级领导干部把自己摆进去,认真对照检查,带头贯彻执行。	省局政治部、机关党委、监察室	省局局属各单位	
		5. 强化作风建设激励约束和监督惩戒机制,完善作风建设考核办法,并把考核结果作为干部奖惩与使用的重要依据。	省局政治部、监察室		2017年底前完成
	扎实开展群众路线教育实践活动,建立健全作风建设长效机制	6. 加大检查监督力度,及时发现问题,督促整改,铁面执纪,严肃查处和点名道姓地通报、曝光违纪违规行为。	省局监察室	省局政治部	每年
		7. 深入开展党的群众路线教育实践活动,全面学习领会中央、省委和国家税务总局党组以及省局党组关于开展教育实践活动、加强党的作风建设的一系列重要文件精神,紧密结合实际,认真查摆"四风"问题,以整风精神开展批评和自我批评,切实取得扎实具体的成效。	各级党的群众路线教育实践活动领导小组办公室		2014年9月底前基本完成
		8. 总结教育实践活动中的好经验好做法,健全领导干部带头改进作风、深入基层调查研究机制。	省局党的群众路线教育实践活动领导小组办公室	省局局属各单位	2017年底前完成
		9. 巩固和深化"四级局长大走访"活动成果。	省局"四级局长大走访"活动领导小组成员单位		每年
		10. 积极开展五个专项行动,建立健全五类重点制度。	省局党的群众路线教育实践活动领导小组办公室	省局党的群众路线教育实践活动领导小组成员单位	2014年底前取得初步成效,长期坚持
		11. 深入落实国家税务总局提出的"三个三"要求和"便民办税春风行动"。	省局办公室、纳税服务处、监察室	省局局属各单位	每年

主要任务	项目分类	主要内容	主要责任单位	协同单位	时间要求
持之以恒加强和改进党的作风建设	严明党的纪律,有力保障党的作风建设	12. 督促党员干部自觉学习、遵守、贯彻和维护党章,自觉反对特权思想、特权现象,自觉按照党的组织原则和党内政治生活准则办事,牢固树立党的意识和组织纪律观念。严格执行党的政治纪律、组织纪律、财经纪律、工作纪律和生活纪律等各项纪律,坚决克服组织涣散、纪律松弛问题,在思想上政治上行动上同以习近平同志为总书记的党中央保持高度一致。	省局机关党委、政治部、监察室、财务管理处、装备处	省局局属各单位	每年
	严明党的纪律,有力保障党的作风建设	13. 加强执纪监督,严肃处理违反党的纪律行为,确保中央、省委和国家税务总局党组以及省局党组关于加强作风建设的决策部署落到实处。	省局监察室	省局政治部	
坚定不移惩治腐败	严肃查办违纪违法案件	14. 以零容忍态度坚决惩治腐败。严格审查和处置党员干部违反党纪政纪、涉嫌违法的行为。	省局监察室	省局政治部	
		15. 完善网络投诉举报受理机制,及时核查处理网络投诉和举报。	省局监察室、政治部、办公室		
		16. 完善案件线索共享机制,系统内的执法检查、督察内审、财务管理、资产管理等工作检查情况和结论,要及时向同级纪检监察部门通报。	省局监察室、法规处、内审处、财务管理处、装备处		
		17. 深入开展涉税案件“一案双查”工作。	省局稽查局、监察室	省局法规处、直属局	
		18. 完善典型案件剖析与通报制度,充分发挥查办案件治本功能。	省局监察室		
		19. 对党员干部存在的问题要早发现、早纠正、早查处,对苗头性问题及时约谈、函询,及时提醒,加强诫勉谈话工作,防止小毛病演变成大问题。对疏于监督管理、致使领导班子成员或者直接管辖的下属发生严重违纪违法问题的,要严肃追究责任。	省局监察室、政治部		
	严肃查处用人上的腐败问题	20. 坚持党管干部原则,坚持正确用人导向,选好用好干部。	省局政治部	省局监察室	
		21. 对违反组织人事纪律的行为决不放过,坚决纠正跑官要官不正之风;对拉票贿选、买官卖官的腐败行为,发现一起,查处一起。	省局政治部、监察室		
		22. 坚持和完善立项督查制度、责任追究制度。	省局政治部	省局监察室	2016 年底前完成
		23. 对干部群众举报的选人用人方面的不正之风和腐败问题,组织力量进行及时查核、及时处理、严格问责,不仅查处当事人,还要追究责任人,形成风清气正的用人环境。	省局政治部、监察室		

主要任务	项目分类	主要内容	主要责任单位	协同单位	时间要求
坚定不移惩治腐败	坚决纠正损害群众利益的不正之风	24. 以强化基层一线执法监管为重点，着力解决基层负责人以权谋私、以税谋私、权钱交易、以职务影响谋取不正当利益的问题。	省局监察室	省局法规处、稽查局	每年
		25. 严肃查纠税务登记注销清算、普通发票代开、税收票证管理、纳税服务等方面存在的问题。	省局监察室	省局征管和科技发展处、纳税服务处	
		26. 坚决查处滥用职权、假公济私、刁难群众、吃拿卡要报等问题。	省局监察室	省局纳税服务处	
		27. 认真贯彻落实领导干部廉洁自律规定，坚决纠正违规收送礼金、有价证券、会员卡、商业预付卡等问题。	省局监察室	办公室、装备处、财务管理处	
		28. 认真抓好违规建房和多占住房、违规经商办企业等专项清理。	省局监察室	省局装备处	2014年底前
		29. 健全查纠不正之风工作长效机制。	省局监察室		每年
持科学有效预防腐败	深化党风廉政教育	30. 深入开展中国特色社会主义和中国梦教育、理想信念和宗旨教育、社会主义核心价值体系教育。加强党纪国法、廉政法规和从政道德教育。	省局干部教育处、机关党委	省局办公室、宣传中心、监察室	每年
		31. 将党纪国法、廉政法规和从政道德教育纳入学习型党组织建设，党组中心组每年安排廉洁从政专题学习。	省局机关党委	省局监察室	每年
		32. 坚持在各级各类脱产培训班上开设廉政教育专题课。	省局干部教育处	省局监察室	
		33. 试行新任领导干部廉政知识测试制度。	省局监察室	省局政治部	2016年底前完成
		34. 加强系统内勤廉典型宣传教育，坚持运用税务系统违纪违法典型案例开展警示教育，以身边的事教育身边的人。	省局干部教育处	省局政治部、监察室	每年
		35. 加强廉政文化精品工程建设，积极开展廉政文化建设示范点创建活动。	省局监察室	省局办公室、宣传中心	
		36. 把党风廉政建设和反腐败宣传教育工作纳入全局宣传教育工作总体部署和年度安排，积极宣传党风廉政建设和反腐败工作的方针政策、决策部署和工作成效。	省局干部教育处、监察室	省局办公室、宣传中心	
		37. 充分利用《安徽地税》、《安徽地税信息》和地税内外网站，办好反腐倡廉专栏和专题。	省局办公室、宣传中心	省局监察室、电子税务信息管理中心	
		38. 坚持正确舆论导向，完善反腐倡廉网络舆情信息工作机制。	省局办公室、监察室		

主要任务	项目分类	主要内容	主要责任单位	协同单位	时间要求
持科学有效预防腐败	加强反腐倡廉法规制度建设	39. 健全改进作风常态化制度,严格落实《党政机关厉行节约反对浪费条例》以及国家工作人员因公临时出国(境)、党政机关国内公务接待管理、党政机关楼堂馆所建设和办公用房清理等方面的制度规定。	省局装备处、办公室、财务管理处	省局监察室、机关服务(培训)中心	
		40. 规范并严格执行领导干部工作生活保障制度,切实解决违反规定和标准享受待遇等问题。	省局装备处、离退休工作处	省局政治部、监察室	2014年底前完成
		41. 按照统一部署,开展领导干部报告个人有关事项抽查工作,开展新提任领导干部有关事项公开制度试点。	省局政治部、监察室	省局局属各单位	2017年底前完成
		42. 严格执行配偶已移居国(境)外的国家工作人员任职岗位管理办法。	省局政治部	省局监察室	每年
		43. 完善公务用车配备使用管理办法。	省局装备处		2017年底前完成
		44. 认真落实防止利益冲突、任职回避等方面的法规制度。	省局政治部、监察室		
	强化权力运行制约和监督	45. 加强党内监督,强化对民主集中制执行情况的检查监督。	省局政治部	省局监察室	每年
		46. 落实集体领导和分工负责、重要情况通报和报告、述职述廉、民主生活会、信访处理、谈话和诫勉、询问等监督制度。	省局监察室、政治部		
		47. 严格执行《税务系统领导班子和领导干部监督管理办法》及其实施细则,加强对各级领导班子和领导干部特别是"一把手"的监督。	省局监察室、政治部		
		48. 按照分权制衡的原则对领导班子成员进行分工,并定期调整,主要负责人不直接分管人、财、物。	省局政治部	省局监察室	
		49. 按照干部管理权限,上级单位主要负责人或纪检组长对直接管理的下级单位领导干部、分管局领导对分管部门负责人,要定期进行廉政谈话。	省局监察室	省局政治部	
		50. 完善领导干部电子廉政档案建设,分级建立干部廉政档案。	省局监察室		
		51. 加强对干部选任、项目招标、工程建设、资金使用、涉税审批等工作过程的监督,拓展监督的深度和广度。	省局政治部、法规处、装备处、内审处、所得税处、征管和科技发展处、监察室		
		52. 加强内部审计监督,建立健全审计情况向局长办公会议汇报制度,强化审计结果运用。	省局内审处		

主要任务	项目分类	主要内容	主要责任单位	协同单位	时间要求
坚持科学有效预防腐败	强化权力运行制约和监督	53. 加大信访监督力度,促进党员干部自警自励。	省局办公室、监察室		每年
		54. 重视和加强舆论监督,运用和规范互联网监督。	省局办公室、电子税务信息管理中心		
		55. 健全重点领域和关键环节权力行使制度,建立决策的考核评价、失误纠错和终身追究制。	省局监察室	省局政治部	
		56. 推行权力清单制度,依法公开权力运行流程。	省局政治部、法规处	省局属各单位	
		57. 进一步深化党务公开工作。	省局机关党委	省局党务公开领导小组成员单位	
		58. 进一步深化政务公开工作。	省局办公室	省局政务公开领导小组成员单位	
		59. 加强电子政务建设。	省局办公室、电子税务信息管理中心	省局局属各单位	
		60. 深化廉政风险防控,建立健全廉政风险责任落实机制、动态监控机制、预警处置机制和检查评估机制。	省局监察室		
	深化税制改革不断消除滋生腐败的体制弊端	61. 深化行政审批制度改革,完善涉税审批后续事项监管。	省局法规处		2017年前完成
		62. 深化干部人事制度改革,提高选人用人公信度。	省局政治部	省局监察室	
		63. 深入落实税收自由裁量权实施意见和裁量基准,研究制定依法行政的具体考核方案和标准。	省局法规处		2014年底前完成
		64. 按照国家税务总局部署,积极开展环境保护费改税、房地产税立法等相关调研工作,认真落实相关税制改革政策措施。	省局劳务和财产行为税处		每年
		65. 分类深化税收征管改革试点,把握好改革的力度和进度,重点推进集约化纳税服务、纳税评估、风险管理统筹,继续探索建立分类分级专业化管理体制,创新县域税收管理模式,完善税收管理员制度,防范执法风险和腐败问题发生。	省局征管和科技发展处		

主要任务	项目分类	主要内容	主要责任单位	协同单位	时间要求
加强对党风廉政建设和反腐败工作的统一领导	各级党组要承担起党风廉政建设和反腐败工作的主体责任	66. 健全反腐败领导体制和工作机制，严格落实党风廉政建设责任制，党组负主体责任，纪检监察部门负监督责任，改革和完善各级反腐败协调小组职能。	省局监察室	省局党风廉政建设暨责任制惩防体系建设工作领导小组成员单位	每年
	各级党组要承担起党风廉政建设和反腐败工作的主体责任	67. 把贯彻落实中央《工作规划》、省委《实施意见》和本实施办法列入重要议事日程，与其他税收工作同部署、同落实、同检查；支持和保证纪检监察部门认真履行职责，发挥监督执纪作用。	省局监察室		每年
	认真落实纪检监察体制机制改革措施	68. 强化上级纪检监察部门对下级纪检监察部门的领导，建立健全报告工作、定期述职、约谈汇报等制度。	省局监察室		每年
	认真落实纪检监察体制机制改革措施	69. 坚持查办案件以上级纪检监察部门领导为主，线索处置和案件查办在向同级党组报告的同时必须向上级纪检监察部门报告。	省局监察室		每年
	认真落实纪检监察体制机制改革措施	70. 把不该牵头或者参与的协调工作交还给主要责任部门，集中精力抓好反腐倡廉主业。	省局监察室		2014年底完成
	认真落实纪检监察体制机制改革措施	71. 加强对同级党组及其班子成员的监督，更好发挥党内专门监督部门职能作用。	省局监察室		每年
	认真落实纪检监察体制机制改革措施	72. 认真落实省局党组关于纪检组长分工调整的要求，各级纪检组长不分管人、财、物和税收征管、税务稽查等方面的工作。	省局监察室		2014年6月底前完成
	认真落实纪检监察体制机制改革措施	73. 加强对纪检组长履行职责情况的考核评估。对协助党组抓党风廉政建设工作不力，致使本单位、本系统发生严重违纪违法案件的，要严肃追究纪检组长的责任。	省局监察室		每年
	增强惩治和预防腐败体系建设工作合力	74. 细化责任分解和任务分工，明确牵头单位和协办单位，提出完成时限和要求。	省局监察室		每年
	增强惩治和预防腐败体系建设工作合力	75. 各级惩治和预防腐败体系建设工作领导组织和工作机构要充分发挥作用，完善制度，加强分类指导，抓好组织实施。加强纪检监察部门自身建设。	省局监察室		每年
	狠抓各项工作任务的落实	76. 建立工作台账制度，健全惩治和预防腐败体系建设信息管理系统，加强过程监控。	省局监察室		每年
	狠抓各项工作任务的落实	77. 健全督查考核机制，继续把惩防体系建设情况列入党风廉政建设责任制和各级领导干部考核评价范围，每年对工作进展情况进行检查考核。	省局监察室、省局政治部		每年
	狠抓各项工作任务的落实	78. 强化责任追究，对抓党风廉政建设和反腐败工作不力，造成不良影响的，严肃追究领导责任。	省局监察室、政治部		每年

中共安徽省地方税务局党组关于印发《安徽省地方税务局党组落实党风廉政建设主体责任实施办法》和《驻安徽省地方税务局纪检组落实党风廉政建设监督责任实施办法》的通知

2014年10月31日 皖地税党组发〔2014〕37号

各市地方税务局党组,省地方税务局局属各单位:

《安徽省地方税务局党组落实党风廉政建设主体责任实施办法》和《驻安徽省地方税务局纪检组落实党风廉政建设监督责任实施办法》,业经省局党组研究通过,现印发给你们,请认真组织学习,抓好贯彻落实。

安徽省地方税务局党组落实党风廉政建设主体责任实施办法

第一章 总 则

第一条 为深入贯彻党的十八届三中全会和十八届中央纪委三次全会精神,认真落实党风廉政建设党组主体责任,扎实推进全省地税系统党风廉政建设和反腐败工作,根据《中共安徽省委关于落实党风廉政建设党委主体责任和纪委监督责任的意见》(皖发〔2014〕15号)和国家税务总局落实党风廉政建设主体责任有关规定和要求,结合地税系统实际,制定本办法。

第二条 党组落实党风廉政建设主体责任是一项重要的政治责任,是深入推进地税系统党风廉政建设和反腐败工作的关键措施,是推进税收现代化的重要保障。省地税局党组和领导班子成员要牢固树立责任担当意识,做到守土有责、守土尽责,严格落实党风廉政建设主体责任。

第三条 党组落实党风廉政建设主体责任,要以完善责任体系为重点,以健全制度机制为保障,以创新载体为抓手,把握党组主体责任内涵,厘清党组主体责任内容,健全党风廉政建设责任分解、责任落实、责任评价、责任追究的体系机制,推进落实主体责任具体化、程序化、制度化,推动系统党风廉政建设和反腐败工作不断取得新成效。

第二章 主体责任

第四条 党风廉政建设主体责任是一个责任体系,包括党组的全面领导责任、党组书记履行第一责任人的责任和领导班子其他成员对分管范围内党风廉政建设的主要领导责任。

第五条 省地税局党组是全省地税系统党风廉政建设和反腐败工作的领导者、执行者、推

动者,要把党风廉政建设作为党的建设的重要内容,与地税各项业务工作同研究、同部署、同落实、同检查、同考核。

(一)落实领导责任。高度重视党风廉政建设,切实担负起对反腐倡廉工作的全面领导责任。定期分析研究党风廉政建设工作,部署任务、加强考核、督促落实,坚持惩治和预防腐败并举,统筹谋划和认真落实惩治和预防腐败体系建设规划,深入推进反腐倡廉工作。省地税局党组每年至少两次专题听取纪检监察工作汇报。

(二)选好用好干部。认真贯彻《党政领导干部选拔任用工作条例》等干部工作法规政策,进一步规范干部选拔、培养、使用和管理等工作。坚持正确用人导向,营造良好的政治生态。强化选人用人监督,把严格监督贯穿于干部选任工作的全过程,防止干部带病提拔。凡是在提拔过程中有举报而没有核查清楚的不上会研究,凡是没有经过纪检监察部门出具廉政情况意见的不上会研究。

(三)抓好作风建设。巩固和扩大党的群众路线教育实践活动成果,牢固树立群众观念和组织纪律观念,反对特权思想和特权行为,大力弘扬党的优良作风。认真贯彻中央八项规定精神,持之以恒反"四风"、改作风。认真落实《全国县级税务机关纳税服务规范》,着力解决服务纳税人"最后一公里"的问题,进一步严肃税风税纪,切实维护纳税人合法权益。

(四)领导和支持案件查办。对各类违纪违法行为零容忍,重点查处发生在领导机关和领导干部中的贪污贿赂案件和发生在基层单位的为税不廉、以税谋私、损害纳税人利益的案件,做到发现一起、查处一起。全力支持和保障纪检监察部门依纪依法办案,加强对重要案件的协调和督办。

(五)强化权力监督制约。进一步健全党组议事规则,完善决策程序,坚持"三重一大"事项集体研究决定制度。进一步健全规范和约束税收执法权与行政管理权运行的相关制度,加强对制度落实情况的监督检查,促进制度执行到位,切实把权力关进制度笼子。加快推进税收征管改革,加强分权制衡、流程制约、风险控制。建立健全巡查工作制度,加强对重点对象、重点领域、重点岗位和重点工作的监督检查,用好巡查成果。进一步健全多种监督力量协调工作机制,建立组织人事、政策法规、内审、稽查等部门向纪检监察部门移交问题线索制度,促进信息共享、成果共用,形成合力。

(六)积极推进"三转"。科学合理确定纪检组长在领导班子中的分工,支持和保障纪检组长把主要精力放在抓反腐倡廉工作上。支持、鼓励和督促纪检监察部门聚焦主业主责,发挥好监督执纪问责的职能作用。配齐配强配优纪检监察干部。坚持高标准、严要求,加强教育管理,以铁的纪律打造政治强、业务精、作风硬的纪检监察干部队伍。

第六条　省地税局党组书记是党风廉政建设第一责任人,必须强化责任担当,带头落实责任。

(一)履行领导责任。积极推进党风廉政建设,主动思考谋划,主动提出意见,主动听取汇报,主动组织协调,定期组织领导班子学习贯彻上级有关党风廉政建设工作的部署和要求,研究解决党风廉政建设工作中出现的重大问题,做到党风廉政建设重要工作亲自部署、重大问题亲自过问、重点环节亲自协调、重要案件亲自督办。

(二)抓班子带队伍。认真贯彻民主集中制,推进决策科学化、规范化。坚持原则,敢抓敢管,加强对省局领导班子成员及省局局属单位主要负责人、市局党组主要负责人的教育、监督和管理,督促省局领导班子成员、下级领导班子成员履行好"一岗双责",做到廉洁从税。

(三)重视和支持查办案件。及时对重要信访举报作出明确批示,领导、督促纪检监察部门查处管辖范围内发生的违纪违法案件,协调解决查办案件工作中遇到的实际困难和问题。

(四)当好廉洁表率。自觉践行"三严三

实”,带头遵守党纪国法和廉洁从政各项规定,严格执行干部选拔任用规定,带头落实中央八项规定精神,管好亲属和身边工作人员,加强风险防范,主动接受监督,当好清正廉洁表率。

第七条　省地税局领导班子其他成员要根据工作分工,严格落实“一岗双责”要求,对职责范围内的反腐倡廉工作负主要领导责任。

(一)落实分管职责。定期研究、布置、检查和报告分管范围内的党风廉政建设工作情况。认真落实年度党风廉政建设工作分解任务,积极支持纪检监察工作。

(二)强化工作指导。把党风廉政建设要求融入到分管业务工作中,认真指导分管部门、单位研究制定加强党风廉政建设的具体措施,完善制度规定,防控廉政风险,推动工作开展。省地税局领导班子成员每年至少要主持召开一次会议,与所分管部门、单位的同志一起研究分管业务领域的党风廉政工作;到基层调研和检查指导工作时,不仅要检查指导业务工作,而且要检查指导党风廉政建设工作。

(三)加强教育管理。对分管部门、单位党员干部进行经常性教育管理,对分管部门、单位及其负责人廉洁从税、改进作风、履行党风廉政建设职责情况进行督促检查,发现违纪违法苗头性、倾向性问题早提醒、早纠正。

(四)带头遵纪守法。强化法治观念和纪律意识,严格执行廉洁从税和改进作风各项规定,坚持以身作则,管好自己,管好亲属和身边工作人员,自觉接受组织和群众监督。

第三章　保障措施

第八条　按照谁主管、谁负责原则,将党组主体责任按领导分工和项目任务进行分解,落实到责任人和承办单位,并加强日常督查和年终考核,确保每项任务落地,促进形成责任链条。

第九条　建立完善并严格执行促进党组主体责任落实的配套制度,确保党组主体责任落到实处。

(一)建立责任传导机制。年初召开党风廉政建设工作会议,部署具体任务;签订责任书,省地税局党组书记与各市地税局主要负责人、省地税局领导班子其他成员与分管部门、单位主要负责人分别签订党风廉政建设责任书,明确责任事项,做到一级抓一级,一级对一级负责。年中加强对各级地税机关党组落实主体责任的指导和督查,督促各级领导干部履行好“一岗双责”。年末或次年初听取下一级党组落实主体责任情况报告,并组织开展责任考核。

(二)完善廉政谈话制度。省地税局党组书记与省地税局领导班子其他成员、市地税局党组书记,省地税局领导班子成员与分管部门、单位负责人每年至少开展一次廉政谈话。

(三)完善述职述责述廉制度。党组落实主体责任情况和领导班子成员落实“一岗双责”情况纳入年度述职述廉内容,并列入民主生活会的重要内容,进行深刻剖析检查。省地税局党组每年听取党风廉政建设和领导班子成员落实“一岗双责”情况的汇报。

(四)建立沟通会商机制。省地税局党组书记与驻省地税局纪检组长定期进行沟通会商,对一些重大问题及时研究分析、交换意见。

(五)建立报告评议制度。省地税局党组每年向省委、省纪委书面报告落实主体责任情况;省地税局党组书记每年书面向省委、省纪委述职述责述廉。省地税局党组书记和领导班子其他成员每年集中述职述责述廉,接受干部及相关代表评议。省地税局局属单位主要负责人每年年末向省地税局局党组、驻省地税局纪检组提交述职述责述廉报告。各市地税局党组及党组书记每年向省地税局党组、驻省地税局纪检组书面报告落实主体责任情况。

第十条　健全党风廉政建设责任制考核机制。完善考核办法,把落实主体责任作为年度检查考核的重点内容,加强对省局局属单位和各市局落实责任制情况的考核评价,将考核评价结果纳入绩效考评,并作为领导班子总体评价和领导干部业绩评定、选拔任用、奖励惩处的重要依据。

第十一条　严格实施责任追究。对主体责

任落实不力而导致不正之风滋生蔓延,或者出现重大腐败问题而不制止、不查处、不报告的,严格按规定追究领导班子和领导干部的责任。在查办重大腐败案件和严重违纪行为的同时,一并调查发案单位领导班子和领导干部落实党风廉政建设主体责任情况,既追究当事人责任,又追究相关领导责任。

第四章　附　　则

第十二条　各市地税局党组要按照本办法精神制定具体落实措施,履行好党风廉政建设主体责任。

第十三条　本办法自印发之日起施行。

驻安徽省地方税务局纪检组落实党风廉政建设监督责任实施办法

第一章　总　　则

第一条　为贯彻落实党的十八届三中全会和十八届中央纪委三次全会精神,全面落实党风廉政建设监督责任,扎实推进全省地税系统党风廉政建设和反腐败工作,根据《中共安徽省委关于落实党风廉政建设党委主体责任和纪委监督责任的意见》(皖发〔2014〕15 号)和国家税务总局落实党风廉政建设监督责任有关规定和要求,结合地税系统实际,制定本办法。

第二条　落实党风廉政建设监督责任,要紧紧围绕党风廉政建设和反腐败工作中心任务,紧扣“三转”要求,把握职能定位,聚焦主业主责,充分发挥监督执纪问责职能作用,推动和促进地税系统党风廉政建设,为实现税收现代化新目标提供有力保障。

第三条　落实党风廉政建设监督责任,驻省地税局纪检组长是第一责任人。纪检组长要坚持原则,敢于担当,主动作为,不分管与纪检监察业务无关的工作,集中精力抓好主业,协助党组书记加强党风廉政建设。

第四条　落实党风廉政建设监督责任,必须坚持依法依纪规范监督原则,坚持监督领域全覆盖原则,坚持问题导向突出重点原则,坚持抓早抓小关口前移原则,坚持结合实际注重实效原则,坚持严肃问责传导压力原则。

第二章　监督检查

第五条　加强对党和国家路线方针政策、法律法规和上级重大决策部署贯彻落实情况的监督检查,维护党的纪律,确保政令畅通。严格执行政治纪律、组织纪律、工作纪律、财经纪律、生活纪律等各项纪律,严肃查处违反党纪政纪的行为。

第六条　加强对作风建设情况的监督检查,推进作风建设常态化、制度化。加大执纪检查力度,坚决纠正“四风”问题,对违反中央八项规定精神的行为,发现一起,查处一起,通报一起。加大明察暗访力度,不断推进政风建设,严肃查处吃拿卡要报、慵懒散奢等不正之风,坚决纠正损害纳税人合法权益的行为。

第七条　加强对重大事项决策的监督检查,督促省、市地税局党组认真落实《税务系统领导班子和领导干部监督管理办法》及其《实施细则》,重点加强对执行民主集中制、“三重一大”事项决策、执行议事程序和工作规则的监督检查,防止违规决策行为,促进依法决策、民主决策、科学决策。

第八条　加强对干部选拔任用工作的监督检查,督促省、市地税局党组认真执行《党政领

导干部选拔任用工作条例》以及“四项监督制度”。以处级干部选拔任用为监督重点，强化对干部选拔任用工作重点环节的监督。对拟提拔人选的廉政和作风情况严格审核把关，坚决查处选人用人上的不正之风和腐败问题。

第九条　加强对领导干部廉洁自律情况的监督检查，督促各级领导干部认真执行《中国共产党党员领导干部廉政从政若干准则》、《税务系统领导干部“八不准”》、个人有关事项报告等制度规定，促进领导干部廉洁自律，规范从政行为。

第十条　加强对税收执法权和行政管理权行使的监督检查，着重加强对坚持组织收入原则、重大税务案件处理、税收政策执行、行政审批、发票管理、个案批复、经费分配使用、政府采购、基本建设、资本处置、人员招录等重要事项的监督检查，进一步规范“两权”运行。

第十一条　转变监督观念，突出监督重点，改进监督方式方法。

（一）加强重点监督。突出对权力集中、廉政风险较大、群众关注度高的重要事项和关键环节的监督，突出对权力运行规则和程序的监督，不以全程参与的形式做应由职能部门承担的具体事务，着力于监督的再监督、检查的再检查。

（二）完善日常监督。认真落实《安徽省地税系统纪检监察信访监督办法》，加大函询、约谈力度。对群众来信来访反映较多、廉政测评满意率较低、管辖范围内腐败问题突出、考核检查中发现问题较多的，由纪检组约谈相关领导干部，对发现的一般性问题和苗头性问题及时教育警示。改进明察暗访方法，加强对地税机关及其工作人员的日常监督。深入推进廉政风险防控，实施动态管理，定期抽查廉政风险防控措施落实情况。

（三）实施综合监督。通过谈心提醒、述职述廉、诫勉谈话、民主生活会、调阅会议记录、相关文件、经济责任审计结论和抽查个人事项报告等方式，加强对党员领导干部履行职责和行使权力情况的监督。

（四）强化主动监督。年初，根据局属各单位确定的年度重点工作，筛选决定重点监督事项，积极主动开展监督。根据工作需要，要求相关部门提供有关文件、资料，必要时派员参加相关部门会议和活动，对重要事项采取事前方案审查、事中监督巡查、事后举报核查等方式实施监督检查。

第三章　执纪办案

第十二条　严肃查办违法违纪案件。坚持以零容忍态度惩治腐败，提高自办案件比例。严格查处党员干部违反党纪政纪、涉嫌违法的行为，严肃查办发生在领导机关和领导干部中贪污贿赂、徇私枉法、腐化堕落、失职渎职案件，严肃查办发生在税收执法领域和纳税人身边的腐败案件。

第十三条　加强信访举报管理与核查。按照集中管理、分级负责的原则，对各类信访举报依法依规登记处理。对指向明确、线索具体的信访举报及时组织核查。对实名举报违反中央八项规定精神、“四风”问题、贪污贿赂等信访举报快查快办。对反映地税系统处级领导干部问题线索认真核实，对失实的及时予以澄清。对已立案的案件快查快结，严肃处理，涉嫌犯罪的按程序及时移交司法机关。

第十四条　加大涉税案件“一案双查”力度。加强与省地税局稽查局的协调配合，建立定期交流信息制度，及时发现和查处涉税案件中地税机关和工作人员违纪违法问题。

第十五条　加强案件监督管理。加强对市地税局信访举报核实及案件查办工作的督导，建立对市地税局案件调查工作抽查制度。严格遵守办案程序和保密纪律，依纪依法、安全文明办案，实行办案工作责任制，提高办案质量。落实重大案件线索报告制度和舆情处置报告制度。

第十六条　探索联合办案机制。积极探索与地方纪委联合办案工作机制，推行地税系统纪检监察部门上下联动办案、横向交叉联合办案机制，充分发挥纪检监察案件检查人才库人员作用，整合办案力量，提高办案效率。对重点案件或下级查处有困难的案件，驻省地税局纪

检组应统筹调配办案力量,牵头直接查办。

第十七条 加强对重大典型腐败案件的剖析和通报,总结教训,加强警示教育,提出堵塞管理漏洞、健全廉政风险防控的意见和建议,充分发挥查办案件的治本功能。

第四章 问责追究

第十八条 对党组和党员领导干部违反党风廉政建设责任制规定,不履行或不正确履行主体责任,对中央、省委省政府、国家税务总局、省纪委有关党风廉政建设决策部署传达贯彻不力,对分管范围内党风廉政建设工作领导不力,致使明令禁止的行为得不到有效治理、造成恶劣影响的,要按照有关规定追究责任。

第十九条 对发生重大腐败案件、重大涉税案件、重大责任事故、重大群体性事件和不正之风长期滋生蔓延得不到有效整治的单位实行责任倒查,既要查处当事人违纪违法问题,又要倒查追究领导班子、领导班子成员及相关人员责任。

第二十条 对纪检组协助党组加强党风廉政建设和组织协调反腐败工作不力,有错不纠,有案不查,致使省地税局机关和地税系统副处级以上领导干部发生严重违纪违法案件的,按有关规定对纪检组长实施责任追究。对纪检监察干部失密泄密、隐匿和瞒报线索、以案谋私等违纪违法行为,坚决查处,决不姑息。

第五章 工作机制

第二十一条 发挥组织协调作用。积极协助省地税局党组加强党风廉政建设,将党风廉政建设和反腐败工作任务分解到领导班子和各部门,加强检查考核,督促任务落实。履行反腐败组织协调职责,及时提请省地税局党组研究监督执纪问责中的重大事项,协调解决全省地税系统党风廉政建设和反腐败重大问题。

第二十二条 建立健全内外部协作机制。建立健全有利于纪检监察部门了解情况、及早发现问题的工作机制,加强与组织人事、政策法规、内审、稽查等职能部门沟通联系,建立问题线索移交机制。加强与纪委、审计、公安、检察等执纪执法机关的协调配合,及时掌握情况,增强工作主动性,认真办理执纪执法机关移送的问题线索。

第二十三条 建立和落实报告评议制度。驻省地税局纪检组定期向省纪委、总局纪检组和省地税局党组报告履行监督责任情况。对省地税局局属单位主要负责人、各市地税局党组书记和纪检组长述职述责述廉报告进行审阅、评议,评议结果及时反馈,对存在问题提出整改要求。

第六章 附 则

第二十四条 各市地税局党组要按照本办法精神制定具体落实措施,履行好党风廉政建设监督责任。

第二十五条 本办法自印发之日起施行。

安徽省地方税务局关于进一步加强政风行风建设的通知

2014年11月18日 皖地税发〔2014〕91号

各市、县地方税务局,省地方税务局局属各单位:

根据省政府办公厅《关于开展2014年度政风行风民主评议工作的通知》(皖政办秘〔2014〕207号)要求,为切实改进机关作风,提高行政效能,优化税收环境,进一步加强全省地税系统政风行风建设,现就有关事项通知如下:

一、高度重视政风建设,切实增强工作责任感

近年来,全省地税系统积极响应省委、省政府号召,采取切实有效措施,不断加强政风建设。去年,省地税局在省政府政风评议中名次靠前,多数市县地税局在当地政风评议中也取得了较好成绩,树立了地税部门良好的社会形象。这是各级地税机关党组高度重视、正确领导的结果,是社会各界真切关心、大力支持的结果,更是广大地税干部职工辛勤工作、奋发进取的结果。但是,我们也要清醒地看到政风建设中存在的问题和不足。各级地税机关和全体干部职工要进一步提高认识,切实增强抓好政风建设的紧迫感和责任感,坚决克服畏难厌战和骄傲自满情绪,切实转变职能、改进作风,坚持依法行政、廉洁从政,扎实推进系统政风建设,以实实在在的工作成效为各项地税工作顺利开展保驾护航。

二、主动走访互动,自觉接受各界监督

各级地税机关要采取多种形式,主动加强与当地省党代表、省人大代表、省政协委员的联系,积极汇报和宣传地税部门政风建设工作的措施、力度和成效,努力寻求社会各界对地税工作的理解、支持和关心。要主动走访当地党政领导、政府所属部门和单位,走访政风建设投诉受理中心、外来投资者投诉受理中心、信访局、政府热线办、人大、政协举报(投诉)受理机构、纪委信访举报机构、法院、检察院的投诉控申受理机构,以及政务公开办(政务服务中心)、政风评议办、效能办、政风行风热线等机构,走访大型企事业单位、外来投资企业、民营企业等行政管理相对人,自觉接受监督,广泛征求意见,切实抓好整改。

三、注重舆论引导,树立地税良好形象

各级地税机关要充分发挥舆论宣传的导向作用,进一步加强与纳税人的交流和沟通,努力扩大地税部门的社会影响。充分利用报刊、电台、电视以及网络等传媒,大力宣传地税工作和地税部门政风建设情况;要善于利用当地的"政风行风热线"、地税网站、"12366"税收服务热线,多方位、多层次建立与纳税人交流沟通的平台。

四、落实工作制度,加大问责追究力度

加大考勤制度、工作时间去向告知制度和外出请示报告制度落实情况的监督检查力度,严肃工作纪律,做到不迟到、不早退,不无故缺勤、不擅自脱岗。要切实加强岗位管理,防止和纠正出勤不在岗、在岗不干事、态度生硬、作风散漫、消极怠工、敷衍应付、推诿拖拉等现象。要继续采取明察暗访等手段,加强对本系统工作纪律、税风税纪、廉洁办税等情况的监督检查,对违反政风建设、效能建设规定的,要严肃处理、及时问责、切实整改。

各单位工作落实情况请于12月15日前书面报送省局(监察室)。

稽查类

安徽省国家税务局　安徽省地方税务局
关于认真做好2014年打击发票违法犯罪活动工作的通知

2014年2月18日　皖国税发〔2014〕32号

各市国家税务局、地方税务局,广德县、宿松县地方税务局,省地方税务局直属局:

为认真开展打击发票违法犯罪活动工作,推动打击发票违法犯罪活动工作取得新成效,根据《国家税务总局关于认真做好2014年打击发票违法犯罪活动工作的通知》(税总发〔2014〕22号)要求,现就我省税务系统2014年继续开展打击发票违法犯罪活动工作有关事项通知如下:

一、认真做好发票使用情况的检查工作

(一)对重点行业开展专项检查。继续强化对纳税人发票使用情况的检查,大力整治虚假发票"买方市场",严厉查处非法使用发票行为,对建筑安装、石油石化、商业批发与零售、餐饮娱乐、营利性教育培训、中介机构等社会关注、违法问题高发的行业,开展发票使用情况的重点检查。与此同时,各地也可以结合发票违法问题的实际情况,对本地区发票违法问题突出的其他行业,如"营改增"试点行业、农产品收购加工行业等一并开展检查。

(二)确保完成指令性查处任务。2014年,国家税务总局对各省、直辖市、自治区、计划单列市整治虚假发票"买方市场"工作继续下达了明确的任务指标,为确保完成总局分配任务,省国家税务局、地方税务局对各地国税、地税机关工作要求如下:合肥、蚌埠、阜阳、芜湖、宣城5市每市查处的违法受票企业不少于200户(国税、地税机关各不少于100户);亳州、宿州、滁州、马鞍山、六安、安庆6市每市查处的违法受票企业不少于160户(国税、地税机关各不少于80户);淮北、淮南、铜陵、池州、黄山5市每市查处的违法受票企业不得少于120户(国税、地税机关各不少于60户);广德县、宿松县地方税务局及省地方税务局直属局查处的违法受票企业各不少于10户。各地也要将上述指标在所属各级税务机关进一步细化、分解,并加强考核监督。其中:各地税源管理部门查处的发票违法企业户数应不低于查处总户数的70%。

(三)严厉查处重大发票违法犯罪案件。各市要加大查处发票违法犯罪案件力度,重点打击发票违法犯罪活动猖獗的重点地区、重点领域。要充分利用制售假发票案件,以及协查、举报、部门移交等发现的线索,力争再破获一批重大购买、使用虚假发票案件。案件查办结束后,要形成典型案例,分别上报省国家税务局、省地方税务局(稽查局)。

(四)对高风险业务进行深度检查。加大对纳税人虚开发票、非法取得发票等违法行为的查处力度,重点核查开具金额较大的发票,对列支项目为"会议费"、"餐费"、"办公用品"、"佣金"和各类手续费的发票,要逐票比对、逐票核查其真实性。要通过将资金、货物的流向与发票信息进行审核分析,确定其业务发生是否真实,是否存在虚开发票、非法取得发票、利用不符合税法规定的凭证列支成本费用等违法行为,一经发现,要一查到底,并依法予以严厉处罚。

（五）统筹安排部署各项检查工作。将发票检查纳入税收检查总体工作中，统筹考虑、统一部署，使发票检查成为税收检查的必查环节和必查项目，做到"查税必查票"。在开展发票使用情况检查过程中，要一并对企业的纳税情况开展检查，发现涉税违法线索的，要深入查处，做到"查票必查税"。

（六）扎实做好查前准备工作。在发票检查过程中，要针对不同行业的特点、企业类型、经营规模等因素合理确定检查对象，制定科学严密的检查方法，充分采集、掌握税收征管资料、税务稽查数据和第三方情报交换信息，在做好人员培训工作的基础上，有计划、有步骤地开展检查工作。税务机关应积极做好对被检查纳税人的税收政策宣传和正确使用发票的辅导，引导纳税人主动查找问题、纠正过错，自觉规范用票行为，提高正确使用发票的意识和能力。

二、积极配合有关部门开展发票整治工作

（一）继续保持打击发票违法犯罪活动的高压态势。会同公安机关进一步完善打击发票违法犯罪活动工作协调机制，加大打击发票违法犯罪工作力度，联合查办一批发票违法犯罪重大案件，摧毁发票犯罪网络，将不法分子绳之以法。税务机关在联合公安机关查办制售假发票违法犯罪大要案过程中，要认真梳理制售假发票违法信息，根据假发票的流向线索，严肃查处购买、使用假发票的纳税人。

（二）积极开展发票违法信息的治理工作。会同通信管理、公安机关等部门不断改进治理发票违法信息的部门协作机制，疏通部门间信息沟通、情报交换渠道，做好对发票违法信息的举报受理、线索收集、证据鉴定、信息通报的综合治理工作。协助通信管理部门及时监控和阻止通过手机、网络等方式传播发票违法信息；协同公安机关对发现的发票违法信息案件实施有效打击，斩断虚假发票制售、贩卖、使用的利益链条。

（三）认真配合对非纳税单位的监督检查工作。配合财政、审计等相关部门和军队有关部门，做好对行政、事业单位和军队有关单位发票使用情况的监督检查工作。协助相关部门做好发票真伪的鉴定，大力提供技术支持和帮助，为发票信息网络查询提供便捷条件。对确认为虚假发票的，税务机关要追根溯源，查清发票来源，依法严肃处理。

（四）积极做好涉票案件的移送工作。对涉嫌犯罪的发票违法案件，要及时移送公安机关，积极配合检察院、法院做好对犯罪分子的公诉、审判工作，依法追究其刑事责任，严厉打击发票违法犯罪行为。

三、继续推进发票管理信息化建设

各级国税、地税机关要根据"简并票种、统一式样、建立平台、网络开具"的发票管理思路，积极推进网络发票管理系统试点的各项工作，不断完善网络发票系统建设，通过改进现行发票管理模式，规范在线开具发票行为，提升网络发票开具系统的安全性，实现对发票领取、开具、缴销、查询等信息的实时监控，全面提高发票管理的信息化、科学化水平。

四、进一步加大宣传教育力度

各级税务机关要充分认识宣传教育工作在打击发票违法犯罪活动中的重要作用，高度重视舆论宣传工作，不断加大宣传教育的力度。要开展全市性宣传教育活动，利用各种新闻媒体和宣传形式，将集中宣传与日常引导结合起来、正面教育与案例警示结合起来，广泛普及发票使用管理知识、宣传发票整治工作成果、曝光违法犯罪案件，揭露虚假发票的社会危害性，达到教育广大公众、震慑不法分子的目的，引导全社会正确规范地使用发票，为打击发票违法犯罪活动营造良好舆论氛围，提升发票整治工作的影响力和社会效果，夯实防范发票违法犯罪的社会基础。

五、切实履行协调小组办公室职责

承担打击发票违法犯罪活动工作协调小组办公室职能的各级国税机关，要定期向地方党政领导汇报打击发票违法犯罪活动工作的开展情况，积极争取地方党委、政府对发票整治工作的重视和支持。要认真做好组织协调、情报沟通、督办指导、总结上报等工作，配合当地综治

部门制定科学合理的综治考评办法,督导协调辖区内有关部门开展打击发票违法犯罪活动工作,不断提高本地区打击发票违法犯罪活动的工作成效。要及时全面准确地向省打击发票违法犯罪活动工作协调小组办公室报送统计报表、工作简报和相关工作进展情况。

六、有计划有步骤地开展检查工作

(一)组织部署阶段。2014年3月15日前为组织部署阶段。各市国家税务局、地方税务局应按照本通知要求并结合本地实际,于2014年3月15日前研究制订实施方案,明确检查对象,完成查前培训,组织部署本地区打击发票违法犯罪活动工作,并将实施方案和有关组织部署情况分别报送省国家税务局、地方税务局(稽查局)。

(二)检查实施阶段。2014年3月16日至10月31日为检查实施阶段。各市国家税务局、地方税务局组织、督导本地区各级税务机关,认真开展打击发票违法犯罪活动工作,及时汇总、整理本地区工作进展情况,随时报送信息简报,分析总结某一行业、某一领域打击发票违法犯罪成效,提出建设性意见。并于每月2日前将上月《打击发票违法犯罪活动工作开展情况统计表》、《发票使用情况检查统计表》(见附件)和检查发现的重大发票违法犯罪线索及对其查处进展情况分别报送省国家税务局、地方税务局(稽查局)。2014年7月10日前,各地要报送打击发票违法犯罪活动工作阶段报告。

(三)工作总结阶段。2014年11月为工作总结阶段。各市要认真分析本地区发票整治工作措施、实施成果、发票违法犯罪活动的特点、存在问题和改进意见,于2014年11月20日前将总结报告分别报送省国家税务局、地方税务局(稽查局)。同时,根据省国家税务局、地方税务局绩效考核工作的总体要求,做好打击发票违法犯罪活动工作绩效考核工作。省打击发票违法活动工作协调小组及办公室将继续对各市税务机关开展打击发票违法犯罪活动工作情况进行考核、通报,并对年度内工作成绩突出的单位和个人上报总局进行表彰。

附件1:发票使用情况检查统计表(一)(略)

附件2:发票使用情况检查统计表(二)(略)

安徽省国家税务局　安徽省地方税务局
关于开展2014年税收专项检查工作的通知

2014年3月26日　皖国税发〔2014〕54号

各市国家税务局、地方税务局,广德县、宿松县地方税务局:

为整顿和规范税收秩序,提高纳税人税法遵从度,营造公平有序的税收环境,根据《国家税务总局关于开展2014年全国税收专项检查工作的通知》(税总发〔2014〕31号)要求,结合我省实际,省国税局、省地税局决定2014年继续在全省范围内开展税收专项检查工作。现将有关事项通知如下:

一、检查项目

(一)行业税收检查项目

1. 指令性检查项目

(1)房地产及建筑安装业；

(2)办理出口退(免)税企业；

(3)股权转让交易的企业及个人。

2. 指导性检查项目

(1)地方商业银行；

(2)高污染、高能耗及产能过剩企业；

(3)高收入者个人所得税(地税)。

(二)区域税收专项整治重点

为进一步加大打击虚开、骗税等重大税收违法行为力度，配合税制改革顺利推行，各地税务机关可选择辖区内税收违法行为较为集中的地区开展专项整治。重点关注以下区域：一是虚开、骗税等税收违法行为易发、多发的地区；二是涉及农产品收购、矿产品和成品油购销企业较为集中的地区及相关专业市场；三是"营改增"试点行业较为集中的地区。

各级国税局和地税局应紧密协作，根据各地情况将专项整治的区域和行业随税收专项检查的方案和文件一同上报。各级地税部门要密切配合国税、公安等部门的专项整治行动，把专项整治行动与打击发票违法犯罪活动工作紧密结合起来，涉及地方税收的行业要及时跟进检查，保障整治效果。

(三)重点税源企业检查安排

省国税局和省地税局将根据国家税务总局的要求和省内税源分布情况，组织各地进行重点税源企业税收专项检查，具体名单另行通知。

各地税务机关也要结合本地区税源情况选择部分重点税源企业开展税收检查。

二、检查年度

税收专项检查的时间范围为2012年度和2013年度，发现重大税收违法行为线索的，应追溯至以前年度或延伸至2014年。

三、时间安排

税收专项检查工作分三个阶段进行：

(一)部署阶段(2014年3月)。各市税务机关全面动员部署税收专项检查工作。并于2014年4月10日前，将部署税收专项检查工作的正式文件(电子版)报送省局稽查局。

(二)实施阶段(2014年4月至11月中旬)。各地税务机关组织实施税收专项检查工作。省局将对各地工作开展情况进行督导、考核。各市国家税务局、地方税务局应于2014年6月30日前，将税收专项检查半年工作总结(电子版)报送省局稽查局。

(三)总结阶段(2014年11月下旬)。各地税务机关对全年税收专项检查工作进行总结，分析问题并整改落实。各市国家税务局、地方税务局应于2014年12月1日前，将税收专项检查工作年度总结(电子版)报送省局稽查局。

四、工作要求

(一)强化组织领导。各市税务机关要成立以税务局主要领导为组长、分管稽查工作领导为副组长、稽查局牵头实施、各部门协调配合的税收专项检查工作领导小组，加强对本级及下级税收专项检查工作的督导和检查，明确进度要求，通报实施情况，开展绩效考核，保障税收专项检查工作的顺利开展。

(二)做好查前准备。各地税务机关要坚决执行税务总局指令性项目的检查工作，同时结合本地实际合理确定自行检查项目。要以点带面，选择行业内有代表性的企业开展解剖式检查，总结归纳检查方法，细化检查方案，制定规范化检查指南。要认真组织查前培训，针对检查项目和行业特点，开展政策适用分析。要结合纳税评估工作，综合开展生产经营业务和财务会计分析，查找存在的涉税疑点，提高检查的针对性和实效性。

(三)精心组织实施。要继续积极探索先进的检查方式，多措并举，提高检查工作的质量和效率。各地税务机关要采取辅导、督促企业自查和重点检查相结合的方式开展重点税源企业检查。

(四)加强协调配合。税务机关内部各部门要充分共享检查信息和检查结果，注重检查成果的增值利用，进一步完善以查促管的工作机制。各地国家税务局、地方税务局要加强协调配合，实行联合进户检查，避免多头重复检查，最大限度减少对纳税人正常经营活动的影

响。要加强与公安、工商、海关、银行、检察院和法院等部门的协调配合,及时获取第三方信息,切实增强执法手段,有效形成执法合力。

(五)认真分析总结。各市国家税务局、地方税务局要全面客观分析税收专项检查工作,按时上报总结材料。总结材料既要反映检查成果,又要阐述工作措施,同时提出意见建议;分行业报告要全面分析行业特点,归纳税收违法行为发生规律,提炼检查方法;典型案例应具有代表性和借鉴价值;各地自行开展的富有成效的税收专项检查项目要形成检查指南,地税部门要另行填报《2014年各地自行开展项目分行业统计表》,其中区域专项整治地区和行业应填报明细,对自行开展项目和行业的检查也要详细分析和总结,随专项检查报告一并报送。各项数据要翔实、可靠,严格按照规定格式报送,不得任意改动统计报表项目、格式。

本通知所要求报送材料均应形成电子数据(办理出口退(免)税企业检查情况应同时填写附件2和附件4),国税部门材料报送至FTP-centre-稽查局-2014年全国税收专项检查工作材料上报文件夹;地税部门材料报送至方昊迈捷邮箱。

联系人:安徽省国家税务局稽查局　徐艺

联系电话:0551-62858610;

安徽省地方税务局稽查局　方昊

联系电话:0551-65100938。

附件1:2014年全国税收专项检查工作方案(略)

附件2:2014年全国税收专项检查工作统计表(略)

附件3:2014年全国税收专项检查工作统计表填报说明(略)

附件4:2014年全国办理出口退(免)税企业检查情况统计表(略)

附件5:2014年各地自行开展项目份行业统计表(略)

安徽省地方税务局转发国家税务总局关于开展历史建筑、公园等公共资源中私人会所税收秩序专项整治工作的通知

2014年3月31日　皖地税发〔2014〕14号

各市地方税务局,广德、宿松县地方税务局,省地方税务局稽查局、直属局:

现将《国家税务总局关于开展历史建筑、公园等公共资源中私人会所税收秩序专项整治工作的通知》(税总发〔2014〕36号(以下简称《通知》)转发给你们,并提出如下意见,请一并贯彻执行。

一、各地要严格按照《通知》要求,对照专项整治的范围、内容和重点,立即组织开展调查摸排和清理检查,确保专项整治按时按质完成。

二、各地应于2014年4月21日前将私人会所税收秩序专项整治工作情况阶段性报告和《历史建筑、公园等公共资源中开设私人会所情况调查表》,通过迈捷上报省地方税务局(稽查局,方昊迈捷邮箱)。

国家税务总局关于开展历史建筑、公园等公共资源中私人会所税收秩序专项整治工作的通知

2014 年 3 月 14 日　税总发〔2014〕36 号

各省、自治区、直辖市和计划单列市国家税务局、地方税务局：

为深入贯彻落实中央纪委、中央教育实践活动领导小组《关于在党的群众路线教育实践活动中严肃整治“会所中的歪风”的通知》（群组发〔2013〕31 号）要求，税务总局决定在全国范围内开展历史建筑、公园等公共资源中私人会所（以下简称私人会所）税收秩序专项整治工作，现将有关事项通知如下：

一、提高思想认识

严肃整治“会所中的歪风”是贯彻落实中央八项规定，大力反对“四风”，深入开展党的群众路线教育实践活动的重要举措。各地税务机关要充分认识整治“会所中的歪风”的重要意义，高度重视、周密部署、精心组织，确保私人会所税收秩序专项整治工作取得实效。

二、做好调查摸排

各地税务机关要与有关主管部门积极沟通协调，及时了解掌握私人会所隶属关系、业务范围、存续期间，重点核查办理税务登记、申报缴纳税款以及发票使用情况。要准确把握政策界限，本次私人会所税收秩序专项整治范围仅限于在历史建筑、公园中占用公共资源开展经营活动，只为少数人员提供高档餐饮、会议、办公或者娱乐活动的经营单位。

三、扎实开展检查

各地税务机关要开展私人会所漏征漏管户清理检查，阻塞税收征管漏洞。要对私人会所申报纳税情况开展检查，针对其经营项目多元化、营业收入及利润较高的特点，重点关注混淆税目高税低报、隐瞒营业收入及开具不合规发票等税收违法行为，涉嫌犯罪的，及时移送司法机关查处。要对历史建筑、公园等免税单位出租、出借土地及地上建筑物作为私人会所涉及的税款情况进行检查，重点关注利用免税单位身份隐瞒出租收入，逃避相关纳税义务行为。要及时清缴已关停私人会所应缴欠缴税款，确保税款及时足额入库。本次检查时间范围为 2012 年度至 2013 年度，涉嫌税收违法行为的，要追溯至以前年度。

四、加强协调配合

私人会所整治工作是一项系统工程，需要各个职能部门齐抓共管，形成合力。各地税务机关要在地方党委政府的统一领导下，结合当地前期治理整顿情况，会同公安、民政、住房和城乡建设、文化、工商、旅游等部门，适时开展联合执法行动，打击非法经营活动，净化社会空气。各地地方税务局牵头负责，国家税务局配合，共同开展好本次私人会所税收秩序专项整治工作。

五、认真总结分析

各地税务机关要认真总结私人会所税收秩序专项整治工作总体情况，针对私人会所税收薄弱环节，分析存在的问题，提出对策建议，形成私人会所税收秩序专项整治工作情况阶段性报告，连同历史建筑、公园等公共资源中开设私人会所情况调查表，于 2014 年 4 月 25 日前报税务总局（稽查局）。报送路径为可控 FTP：E_

CENTER(供各省上传使用)—稽查局—系统工作处—历史建筑、公园等公共资源中私人会所税收秩序专项整治。

附件:历史建筑、公园等公共资源中开设私人会所情况调查表(略)

安徽省地方税务局　安徽省国家税务局
关于开展餐饮企业发票使用情况专项整治工作的通知

2014 年 4 月 10 日　皖地税发〔2014〕20 号

各市地方税务局、国家税务局,广德、宿松县地方税务局,省地方税务局直属局:

为深入贯彻落实《中共中央办公厅　国务院办公厅印发〈关于厉行节约反对食品浪费的意见〉的通知》(中办发〔2014〕22 号),国家税务总局以税总发〔2014〕42 号文,部署在全国范围内深入开展餐饮企业发票使用情况专项整治工作。按照统一部署,现将我省税务系统开展餐饮企业发票使用情况专项整治工作有关事项通知如下:

一、高度重视,精心组织

厉行节约反对食品浪费,是保障国家食品安全的迫切需要,是弘扬中华民族勤俭节约传统美德、加快推进资源节约型环境友好型社会建设的重要举措。目前,在一些餐饮企业存在开发票时将餐费开成非餐费的违法行为和将大额用餐费用分割成小额发票的行为,助长了大手大脚、食品浪费的不良风气,败坏了党风政风和社会风气。各级税务机关要充分认识开展餐饮企业发票使用情况专项整治工作的重要意义,高度重视、周密部署、精心组织,确保专项整治工作取得实效。

二、统筹安排,科学选案

各地税务机关要按照《安徽省国家税务局　安徽省地方税务局关于认真做好 2014 年打击发票违法犯罪活动工作的通知》(皖国税发〔2014〕32 号)要求,将本次餐饮企业发票使用情况专项整治工作与打击发票违法犯罪活动工作结合起来,统筹安排,整体推进。要根据餐饮行业特点,对征管资料数据进行深入分析,科学确定检查对象,制定切实可行的检查方案。应将高档、中档餐饮企业(包括饭店、酒楼、酒店等纯餐饮企业和住宿餐饮一体的企业)作为主要检查对象。

三、突出重点,力求实效

本次整治范围为:(一)餐饮企业 2012 年度至 2013 年度发票的开具、使用情况,重点检查有无将餐费开成非餐费,有无将大额用餐费用分割成小额发票。(二)从餐饮企业取得发票的纳税人,2012 年度至 2013 年度成本列支中的有关发票业务是否真实,有无虚开发票、有无非法取得发票,重点检查列支项目为“会议费”、“餐(饮)费”、“办公用品”的发票。要以问题发票为切入点,对企业涉税情况进行全面检查,并依法严肃处理。对存在严重违法情节的,要追查到以前年度;对检查中发现涉嫌税收犯罪的,要依法移送公安机关;对检查中发现财政部门确定的会议、出差定点饭店将餐费开成非餐费或将大额用餐费用分割成小额发票的,要将相关线索及时移送财政部门;要积极配合监察部门做好餐饮发票信息采集及大额餐饮发票抽查工作。

四、明确步骤，扎实推进

（一）部署阶段（2014 年 4 月 25 日前）。各地地方税务局、国家税务局应按照本通知要求，结合本地实际制订实施方案，明确工作重点，确定检查对象，并联合部署本地区餐饮企业发票使用情况专项整治工作，共同开展入户执法检查。

（二）整治阶段（2014 年 4 月 25 日至 10 月 31 日）。各地地方税务局、国家税务局要认真组织督导本地区各级税务机关，严格按照法律法规确定的程序开展检查，及时汇总、整理本地区工作进展情况，于每月 2 日前上报上月《餐饮企业发票使用情况专项整治工作统计表》（见附件）。

（三）总结阶段（2014 年 11 月 1 日至 11 月 10 日）。各地地方税务局、国家税务局要认真总结餐饮企业发票使用情况专项整治工作，归纳行业发票违法特点，找出存在问题，提出对策建议，详细说明检查中发现的餐饮企业将餐费开成非餐费、将大额用餐费用分割成小额发票的有关情况，于 2014 年 11 月 10 日前将《餐饮企业发票使用情况专项整治工作总结报告》分别报送省地方税务局、国家税务局（稽查局）。国家税务总局已将各地开展餐饮企业发票使用情况专项整治工作列入 2014 年中央社会管理综合治理考评范围。专项整治工作结束后，省地方税务局、国家税务局对工作迟缓，成效不明显的地区，除通报批评外，将相应扣减年度绩效管理考核分值。

附件：餐饮企业发票使用情况专项整治工作统计表（略）

国家税务总局关于开展餐饮企业发票使用情况专项整治工作的通知

2014 年 3 月 26 日　税总发〔2014〕42 号

各省、自治区、直辖市和计划单列市国家税务局、地方税务局：

为深入贯彻落实《中共中央办公厅　国务院办公厅印发〈关于厉行节约反对食品浪费的意见〉的通知》（中办发〔2014〕22 号）要求，税务总局决定在全国范围内开展餐饮企业发票使用情况专项整治工作，现将有关事项通知如下：

一、高度重视，精心组织

厉行节约反对食品浪费，是保障国家食品安全的迫切需要，是弘扬中华民族勤俭节约传统美德、加快推进资源节约型环境友好型社会建设的重要举措。目前，在一些餐饮企业存在开发票时将餐费开成非餐费的违法行为和将大额用餐费用分割成小额发票的行为，助长了大手大脚、食品浪费的不良风气，败坏了党风政风和社会风气。各级税务机关要充分认识开展餐饮企业发票使用情况专项整治工作的重要意义，高度重视、周密部署、精心组织、认真开展专项整治工作，确保专项整治工作取得实效。

二、统筹规划，科学选案

各地税务机关要按照税务总局印发的《关于认真做好 2014 年打击发票违法犯罪活动工作的通知》（税总发〔2014〕22 号）要求，将本次餐饮企业发票使用情况专项整治工作与打击发票违法犯罪活动工作结合起来，统筹规划、整体推进。要根据餐饮行业特点，对征管资料数据

进行深入分析，科学确定检查对象，制定切实可行的检查方案。应将高档、中档餐饮企业（包括饭店、酒楼、酒店等纯餐饮企业和住宿餐饮一体的企业）作为主要检查对象。

三、突出重点，力求实效

本次整治范围为：（一）餐饮企业2012年度至2013年度发票的开具、使用情况，重点检查有无将餐费开成非餐费，有无将大额用餐费用分割成小额发票。（二）从餐饮企业取得发票的纳税人，2012年度至2013年度成本列支中的有关发票业务是否真实，有无虚开发票、有无非法取得发票，重点检查列支项目为"会议费"、"餐费（饮）"、"办公用品"的发票。要以问题发票为切入点，对企业涉税情况进行全面检查，并依法严肃处理。对存在严重违法情节的，要追查到以前年度；对检查中发现涉嫌税收犯罪的，要依法移送公安机关；对检查中发现财政部门确定的会议、出差定点饭店将餐费开成非餐费或将大额用餐费用分割成小额发票的，要将相关线索及时移送财政部门；要积极配合监察部门做好餐饮发票信息采集及大额餐饮发票抽查工作。

四、明确步骤，扎实推进

（一）部署阶段（2014年4月15日前）。各地国家税务局、地方税务局应按照本通知要求，结合本地实际制订实施方案，明确工作重点，确定检查对象，并联合部署本地区餐饮企业发票使用情况专项整治工作，共同开展入户执法检查。

（二）整治阶段（2014年4月15日至10月31日）。各省级国家税务局、地方税务局要认真组织督导本地区各级税务机关，严格按照法律法规确定的程序开展检查，及时汇总、整理本地区工作进展情况，于每月5日前上报上月《餐饮企业发票使用情况专项整治工作统计表》（见附件）。

（三）总结阶段（2014年11月1日至11月15日）。各省级国家税务局、地方税务局要认真总结餐饮企业发票使用情况专项整治工作，归纳行业发票违法特点，找出存在问题，提出对策建议，详细说明检查中发现的餐饮企业将餐费开成非餐费、将大额用餐费用分割成小额发票的有关情况，于2014年11月15日前将《餐饮企业发票使用情况专项整治工作总结报告》报送国家税务总局（稽查局）。税务总局将对各地开展餐饮企业发票使用情况专项整治工作列入2014年中央社会管理综合治理考评范围。

附件：餐饮企业发票使用情况专项整治工作统计表（略）

安徽省地方税务局关于组建稽查专业化专家团队的通知

2014年6月10日　皖地税函〔2014〕308号

各市地方税务局，广德、宿松县地方税务局，省地方税务局稽查局、直属局：

为进一步发挥专业人才的引领和示范作用，推动稽查专业化建设，提升稽查办案水平和稽查工作质效，省地税局决定组建专业化的稽查专家团队。现将有关事项通知如下：

一、团队设置

（一）案源管理专家团队

负责征管信息的提取加工、稽查信息的整理、外部信息的收集，对涉税信息进行分析选案。

（二）税收检查专家团队

检查专家团队主要按行业进行划分，分为

6个检查专家团队。

1. 金融、保险业及担保公司、小额贷款公司、典当行；

2. 中介、培训服务机构、商务服务业，包括企业管理服务、法律服务、咨询与调查、广告业、职业中介服务等行业；

3. 房地产、建安企业；

4. 工业企业、采矿业；

5. 批发和零售业；

6. 交通运输业、现代物流业。

（三）案件审理专家团队

负责税务稽查中相关法律法规的研究，包括执法程序、证据要求、底稿规范、适用法律等事项的研究；对已查结案件进行分析，总结涉税违法案件发生规律、特点等。

（四）稽查信息化专家团队

负责查账软件的运用及各类会计核算软件的研究分析、电子取证、涉税电子数据解密及恢复等，为涉税检查提供信息化支持；负责AHTAX2013稽查业务域的运用及优化。

二、资格条件

（一）案源管理专家团队

能熟练开展财务分析、税收指标分析、数据库处理，具备一定的统计学知识基础，且富有选案、检查工作经验。

（二）税收检查专家团队

具有较强的办案能力、沟通协调能力，熟练掌握和运用财税知识，有一定业务专长，曾办理过稽查大案要案。有多个岗位工作经验、熟悉相关行业情况的优先考虑。

（三）案件审理专家团队

熟悉税政业务、法律知识、财会知识、税务稽查程序及法律规范，具有多年审理经验。

（四）稽查信息化专家团队

熟悉查账软件、企业财务软件、数据库运用、AHTAX2013税收征管综合管理系统及其他计算机相关知识。既熟悉计算机操作又熟悉税收业务的优先考虑。

三、程序方法

（一）单位推荐

各级地税机关稽查局负责辖区范围内的人员推荐和资料报送等组织工作，按要求时间上报专业化稽查专家推荐人选。被推荐人员填报《稽查专业化专家团队推荐人员登记表》（见附件），原则上按照目前所在岗位报名参加相应的专业化专家团队。报检查专家团队的人员须注明所报检查专家团队的所属行业，可选择报名参加多个行业的检查专家团队。

各单位于6月20日前将被推荐人员的《稽查专业化专家团队推荐人员登记表》加盖稽查局公章报送省地税局稽查局，同时将电子表格通过迈捷报送至省地税局稽查局公共信箱。

（二）资格审查

考评小组各成员通过书面材料审核、会议讨论等方式对被推荐人员进行审核选拔，形成初步的专业化稽查专家团队名单，报省地税局分管局领导审定后决定。

（三）公布

各团队人员确定后，由省地税局稽查局在全省范围内公布入选人员名单。

四、其他有关事项

稽查专业化专家团队组成后，在以下工作中优先安排：

（一）参加税务总局、省地税局组织的培训；

（二）作为全省地税稽查系统业务培训师资力量；

（三）作为省地税局组织的异地交叉稽查、重大案件检查等活动的业务骨干力量，负责案件检查及组织协调工作。

附件：稽查专业化专家团队推荐人员登记表（略）

安徽省地方税务局关于开展全省重点税源企业税收检查工作的通知

2014年6月24日　皖地税函〔2014〕352号

各市地方税务局，广德、宿松县地方税务局：

为进一步规范重点税源企业纳税行为，促进纳税遵从，经研究决定，今年继续开展全省重点税源企业检查工作。现将有关事项通知如下：

一、检查对象

按照总局对重点税源企业实行轮查的要求，结合今年我省具体情况，原则上从全省地税纳税400强企业中选择50户（每市3户，广德和宿松县各1户）三年以上未检查企业作为2014年省地税局组织的重点税源企业检查对象，由各地组织企业自查。自查后，省地税局将根据各地自查情况，在上述重点税源企业检查名单中选取部分企业开展异地交叉稽查，未列入交叉稽查范围的，由各地组织检查。

二、检查年度

检查2011年至2013年地方各税申报缴纳情况，遇有重大涉税违法问题的，应依法追溯检查。

三、工作步骤

（一）部署启动阶段（2014年6月20日—6月25日）。省地税局统一部署本次重点税源企业的税收自查和检查工作，下发《重点税源企业检查名单》（见附件1）、《重点税源企业自查和检查情况统计表》（见附件2）、《重点税源企业发票违规情况统计表》（见附件3）。

（二）企业自查阶段（2014年6月26日—7月20日）。各地对名单中的重点税源企业组织自查，应通过纳税辅导、纳税咨询等方式，提供税收政策服务，帮助企业自查自纠。对自查出的税款，由纳税人向自查组织单位报告并说明税款所属期间，经确认后，就地自行入库并按规定加收滞纳金。需要账务调整的，应及时调整有关账务。对自查发现的问题，在纳税人主动补缴税款及滞纳金后，可依据有关规定从轻、减轻或不予处罚；对自查不认真或弄虚作假隐瞒不报的，一经查出，依据有关规定，除追缴未缴或少缴的税款、加收滞纳金外，从严给予处罚。

（三）税收检查阶段（2014年8月1日—9月30日）。根据各地重点税源企业自查情况，省地税局将选择部分重点税源企业，以异地交叉稽查的方式开展检查。对未列入交叉稽查对象的重点税源企业，由各地按方案要求自行组织检查，并在规定的时间范围内完成检查。省地税局稽查局将适时督查或者复查，以确保检查实效。

（四）检查总结阶段（2014年10月1日—10月30日）。报送总结、统计报表、案件处理和执行等相关资料。

四、税收争议问题处理

自查、检查期间，对法规、政策不明确或执行中税企双方有异议的重大问题，由重点税源企业所在市（县）地税局稽查局提出初步处理意见，报省地税局稽查局，由省地税局稽查局征求省地税局相关业务处室意见后统一解答。

五、工作要求

（一）规范进户执法，注重维护纳税人合法权益。要将本次重点税源企业税收检查与发票检查相结合，与相关税收信息采集工作相结合，统筹涉税检查，实现信息共享，减轻进户执法给

纳税人带来的负担。认真告知权利和义务，增强执法透明度，尊重和保护纳税人合法权益。要依照法律规定的权限和程序执法，严格规范执法，统一执法标准，对检查中发现的问题，统一处理、统一处罚，保持执行政策口径的一致性，确保涉税问题的处理、处罚经得起纳税人及社会的监督。

（二）改进稽查方式方法，提高稽查效率。在重点税源企业检查过程中，要结合社会热点问题、发票重点问题和征管盲点问题，有针对性地开展调研，为稽查工作提供新素材、新思路。要借助AHTAX2013平台，实现征管信息共享利用，借助社会网络平台，多方面收集涉税信息，加强案情分析，提升查前评估分析水平。要熟练应用稽查查账软件，熟悉企业信息化管理流程，提升对信息化管理企业的办案能力。要结合重点税源企业经营规模较大、核算相对复杂的特点，合理调配行业专业人员，整合好现有资源，实行重点税源企业的专业化检查。

（三）做好分析总结，促进重点税源企业税收征管。紧密结合企业和所在行业特点，综合分析经营管理现状、发展趋势和税收管理状况，认真梳理检查中存在的问题，及时反馈到管理分局及有关部门，并提出征管建议，整顿和规范税收管理秩序。要结合稽查案例，加强地区税负和行业税负的分析研究，为税源监控分析和纳税评估提供参考依据，促进地区和行业税收秩序的整顿和规范。

（四）结合工作实际，适时开展本级重点税源企业税收检查。各单位应根据本地重点税源企业情况，参照省地税局部署重点税源企业税收检查工作的选户原则、组织方式、工作步骤和工作要求，自行组织本地重点税源企业的检查工作，并注重检查情况的总结分析工作，加大重点税源企业监控力度，上报检查情况。

（五）实行专人负责，及时报送相关资料。各单位应指定专人负责有关数据的汇总统计和材料报送工作。数据的采集、汇总要及时准确；上报的工作总结要有问题、有数字、有分析，所提的建议和措施要有针对性、实效性和可操作性。请各单位通过迈捷系统（省地税局稽查局牛杰邮箱）于2014年7月20日前报送自查阶段总结、《重点税源企业自查及检查情况统计表》，2014年10月30日前报送检查工作总结、《重点税源企业自查及检查情况统计表》和《重点税源企业发票违规情况统计表》。

联系人：省地税局稽查局　熊向辉　牛杰。

联系电话：0551－65100753、65100631。

附件1：重点税源企业检查名单（略）

附件2：重点税源企业自查和检查情况统计表（略）

附件3：重点税源企业发票违规情况统计表（略）

安徽省地方税务局转发国家税务总局关于公布重大税收违法案件信息有关工作事项的通知

2014年9月22日　皖地税发〔2014〕73号

各市地方税务局，广德、宿松县地方税务局，省地方税务局稽查局、直属局：

现将《国家税务总局关于公布重大税收违法案件信息有关工作事项的通知》（税总发

〔2014〕83号)转发给你们,并提出以下意见,请一并遵照执行。

一、高度重视违法案件信息公布工作

信息录入单位对涉税违法案件企业信息(以下简称信息)的真实性和准确性负责,信息经审批后将全部在省级或市级地税机关门户网站公布,违法企业会被列入黑名单,两年后才能消除记录。

二、明确税收违法案件公布信息标准

省地税局公布信息标准如下:偷税案件为企业查补税款金额300万元以上、个人查补税款金额100万元以上,且占应纳税额百分之十以上;逃避追缴欠税200万元以上;发票案件票面额累计100万元以上;抗税案件全部公布。市地税局公布信息标准如下:偷税案件为企业查补税款金额100万元以上、个人查补税款金额50万元以上,且占应纳税额百分之十以上;逃避追缴欠税100万元以上;发票案件票面额累计50万元以上,抗税案件全部公布。

三、严格税收违法案件信息公布程序

各地通过发票协查系统下的子系统录入信息,被录入的违法企业信息经审批将全部对外公布,省地税局将通过录入系统,直接导出各级地税局符合条件的企业信息,经审批后在本级门户网站上公布。各地要以总局门户网站"重大税收违法案件信息"专栏式样为模版,在本级地税机关门户网站建立信息公布栏。除省直管县外,县级地税局暂不设立公布栏,符合信息公布条件的,由各县地税局按要求将信息录入系统,上传至市地税局,由市地税局统一对外公布。

重大税收违法案件信息公布工作已列入省地税局绩效考评内容,各项考核依据包括资料上传时间及工作质量,都能够直接从系统内查找到对应数据,各地应于每季度终了后5个工作日内,完成信息公布的录入、审核及审批工作。

国家税务总局关于公布重大税收违法案件信息有关工作事项的通知

2014年7月4日　税总发〔2014〕83号

各省、自治区、直辖市和计划单列市国家税务局、地方税务局:

为做好重大税收违法案件信息公布工作,根据《国家税务总局关于发布〈重大税收违法案件信息公布办法(试行)〉的公告》(国家税务总局公告2014年第41号)的规定,现将有关事项通知如下:

一、工作安排

(一)时间安排

重大税收违法案件信息按季度进行公布。从2014年10月1日开始,税务机关在每季度终了后30日内,在门户网站上进行公布。

首次公布的案件信息为2013年和2014年前三季度符合公布条件的案件信息。

(二)总体要求

国家税务总局负责搭建全国联网的重大税收违法案件公布信息系统(以下简称信息系统)。

按照谁检查、谁录入、谁负责的原则,由作出行政处理、行政处罚的税务机关将符合公布

标准的重大税收违法案件信息录入信息系统,并对案件的真实性和准确性负责。

各级税务机关通过信息系统汇总符合本级机关公布标准的重大税收违法案件信息,通过门户网站以及其他途径向社会公布。

(三)工作程序

各级税务机关通过信息系统,完成重大税收违法案件信息的录入、审核和审批等工作。其中:

1. 对本级机关实施检查案件的录入及审核审批:按照谁检查、谁录入、谁负责的原则,省以下税务机关(含本级,下同)稽查局应当及时对本级机关作出行政处理、行政处罚的符合本级公布标准的重大税收违法案件信息进行初步审查,并经本级税务机关稽查局局长审核和本级税务机关分管局长或局长审批后录入信息系统。

实施检查的税务机关对案件信息的真实性和准确性负责。省以下税务机关对本级税务机关查处的符合公布标准的重大税收违法案件应随时录入,并于每季度最后一日前完成本季度符合公布标准案件的录入工作。

各级税务机关可通过信息系统查询本辖区内重大税收违法案件信息。

2. 对下级机关实施检查案件的接收及审核审批:各级税务机关稽查部门通过信息系统对下级税务机关作出行政处理、行政处罚的符合本级公布标准的重大税收违法案件信息进行书面审查,并报本级税务机关稽查局局长审核和本级税务机关分管局长或局长审批。

省级税务机关应于每季度终了后10个工作日内,完成对下级机关实施检查案件的接收及审核审批工作。市以下税务机关完成此项工作的时间,由省级税务机关结合本地实际情况确定。

3. 重大税收违法案件信息公布:各级税务机关稽查局汇总信息系统中本辖区内经审核审批的符合本级公布标准的重大税收违法案件信息,送本级税务机关相关部门对外公布。

(四)公布方式

国家税务总局在门户网站设置"重大税收违法案件信息"专栏。各级税务机关参照总局门户网站"重大税收违法案件信息"专栏式样,在其门户网站设置"重大税收违法案件信息"专栏,按照公布重大税收违法案件信息的规定,每季度向社会公布案件信息。

二、工作要求

(一)高度重视、精心组织。对外公布重大税收违法案件信息,是国家税务总局结合税收工作实际,贯彻落实党中央、国务院的重大部署,有效发挥税收职能作用,促进社会信用体系建设的重大举措。要充分认识公布重大税收违法案件信息工作(即"黑名单"制度)的重要意义,把思想统一到国家税务总局的要求上来,切实加强领导、精心组织、积极落实,大力推进,确保达到预期成效。

(二)严格把关,保证质量。要严格审核拟公布的重大税收违法案件信息,严把案件信息的内容关、法律关、文字关。省以下税务机关要按照规定录入和公布重大税收违法案件信息,不得受其他因素的干扰而隐瞒案件信息。上级税务机关要对下级税务机关录入和公布的案件信息进行实时监控,并进行绩效考核,对隐瞒案件信息等行为,一经发现,要给予通报批评。

(三)简明扼要,准确录入。为保证公布信息的统一规范,国家税务总局按偷税、逃避追缴欠税、骗取出口退税、抗税、虚开增值税专用发票和普通发票等违法类型以及法人、自然人等不同主体,分别制作了公布模板(附件1至7)。省以下税务机关要认真参照公布模板和填表说明,扼要介绍税收违法事实,正确引用相关法律依据,准确录入行政处理、行政处罚情况。其中,税收违法事实及违法手段的介绍要尽量简明扼要,避免产生负面社会影响。

(四)积极宣传,扩大影响。要结合本地区实际情况,通过税务机关公告栏、报纸、广播、电视、网络媒体等途径以及新闻发布会等形式,对外公布重大税收违法案件信息,积极宣传重大税收违法案件信息公布工作,进一步增强公布工作的社会影响力和威慑力,促进纳税信用和社会信用体系建设。

(五)逐步探索,有效落实。依据《中华人民共和国税收征收管理法》、《中华人民共和国公司法》和《企业法人法定代表人登记管理规定》等法律法规,国家税务总局制定了对公布当事人依法采取的惩戒措施。各级税务机关对可自行实施的,要采取切实可行的办法,认真组织落实到位;对需外部有关部门配合实施的,要积极与发改委、公安、工商、银行和法院等部门沟通协调,逐步探索落实到位。

在本通知执行过程中遇到的问题,请及时向国家税务总局(稽查局)反馈。

附件1:偷税案件公布模板(隐瞒销售收入)(略)

附件2:偷税案件公布模板(接受虚开增值税专用发票)(略)

附件3:逃避追缴欠税案件公布模板(略)

附件4:骗取出口退税案件公布模板(略)

附件5:抗税案件公布模板(略)

附件6:虚开增值税专用发票(普通发票)案件公布模板(略)

附件7:偷税案件公布模板(自然人)(略)

安徽省地方税务局转发国家税务总局关于印发《税务稽查案卷管理暂行办法》和《税务稽查案卷电子文件管理参考规范》的通知

2014年12月8日　皖地税发〔2014〕102号

各市、县地方税务局:

现将《国家税务总局关于印发<税务稽查案卷管理暂行办法>和<税务稽查案卷电子文件管理参考规范>的通知》(税总发〔2014〕127号)转发给你们,并结合安徽实际,提出如下意见,请一并贯彻执行。

一、2014年12月31日前结案的案件,按照原案卷管理办法于12月31日前立卷归档;2015年1月1日后结案的案件,一律按照新案卷管理办法立卷归档。

二、实行阳光稽查的案件,产生的自查自纠类文书及相关材料的排列顺序在税务检查通知书前面。

三、对新增和需要修改的文书,省局将统一对AHTAX2013稽查业务域中的税务稽查文书进行增加和修改。文书未修改前,按新的文书式样在AHTAX2013线外另行制作纸质文书。

四、各单位在执行中如有疑问和建议,请及时与省局(稽查局)联系。

国家税务总局关于印发《税务稽查案卷管理暂行办法》和《税务稽查案卷电子文件管理参考规范》的通知

2014 年 10 月 23 日　税总发〔2014〕127 号

各省、自治区、直辖市和计划单列市国家税务局、地方税务局：

现将《税务稽查案卷管理暂行办法》和《税务稽查案卷电子文件管理参考规范》印发给你们，请认真遵照执行。执行中遇到的问题，请及时报告国家税务总局(稽查局)。

税务稽查案卷管理暂行办法

第一章　总　　则

第一条　为了规范税务稽查案卷管理，加强执法控制监督，根据《中华人民共和国税收征收管理法》《中华人民共和国档案法》有关规定，制定本办法。

第二条　税务稽查案卷是指税务局及其稽查局在依法履行税务稽查职责过程中取得或者形成的，具有保存价值的文字、图表、声像以及电子数据等形式的过程记录。案卷类别划分为：

(一)税务稽查立案查处类(以下简称立案查处类)；

(二)承办税收违法案件异地协助类(以下简称承办异地协助类)；

(三)重大税收违法案件督办类(以下简称重案督办类)；

(四)国家税务总局和省、自治区、直辖市、计划单列市国家税务局、地方税务局规定的其他类别。

第三条　税务局稽查局(以下简称稽查局)应当在税务局档案管理部门监督和指导下，做好税务稽查案卷立卷、收集、整理、归档、保管、利用等管理工作。

第四条　税务稽查案卷应当完整、准确、客观、规范，方便利用，防止损毁、丢失和泄密。

第二章　立卷及文件材料收集

第五条　对确定税务稽查的对象和事项，稽查局应当建立税务稽查案卷，将稽查选案、检查、审理、执行等相关工作情况记录纳入案卷管理。

税务稽查事项办理过程中取得或者形成的证据材料、相关文书、文件以及其他记录等材料(以下简称文件材料)，应当装入临时税务稽查案卷，填写文件材料交接清单。文件材料交接清单应当编写目录，注明序号。

第六条　立案查处类税务稽查案卷应当包括下列文件材料：

(一)选案环节相关文件材料，如税务稽查

立案审批表、税收违法案件交办函等;

(二)检查环节相关文件材料,如税务稽查报告、纳税人自查报告材料、税务稽查工作底稿、当事人陈述申辩材料、现场笔录、勘验笔录、书证、物证、视听资料、证人证言、电子数据等;

(三)审理环节相关文件材料,如税务稽查审理报告、税务行政处罚事项告知书、听证材料、税务处理决定书、税务行政处罚决定书、税务稽查结论等;

(四)执行环节相关文件材料,如税务稽查执行报告、延期或者分期缴纳罚款申请审批表、查补税收款项完税凭证等;

(五)其他应当归入立案查处类案卷的文件材料。

稽查局选案部门在选案时,根据税务稽查对象,建立立案查处类税务稽查案卷;选案、检查、审理、执行部门分别收集本环节相关文件材料,并按照规定移交下一工作环节;审理部门在结案后60日内整理、装订、归档。

第七条　承办异地协助类税务稽查案卷应当包括下列文件材料:

(一)异地协助事项接受的相关文件材料,如税收违法案件协查函等;

(二)异地协助事项办理的相关文件材料,如税务检查通知书、现场笔录、书证、视听资料、证人证言等;

(三)异地协助事项办结的相关文件材料,如税收违法案件协查回复函等;

(四)其他应当归入承办异地协助类案卷的文件材料。

承办异地协助事项的稽查局(以下简称协助方稽查局)承办具体事项的部门,根据协助事项涉及的对象,建立承办异地协助类税务稽查案卷,收集相关文件材料,在异地协助事项办结后60日内整理、装订、归档。

协助方稽查局发现协助事项涉嫌税收违法行为需要立案查处的,承办具体事项的部门应当将承办异地协助类税务稽查案卷移交选案部门,立案后并入立案查处类案卷管理。

协助方稽查局应当将取得的证据材料原件保留在税务稽查案卷中,并向请求异地协助的稽查局提供复制件,注明“与原件核对无误”,加盖公章证明原件出处和存处。

第八条　重案督办类税务稽查案卷应当包括下列文件材料:

(一)督办立项的相关文件材料,如重大税收违法案件督办立项审批表等;

(二)督办办理的相关文件材料,如重大税收违法案件督办函、重大税收违法案件情况报告表、重大税收违法案件拟处理意见报告、重大税收违法案件催办函等;

(三)督办办结的相关文件材料,如重大税收违法案件结案报告等;

(四)其他应当归入重案督办类案卷的文件材料。

督办税务局所属稽查局具体承担督办事项的部门,根据督办的重大税收违法案件,建立重案督办类税务稽查案卷,收集相关文件材料,在督办事项办结后60日内整理、装订、归档。

督办税务局及其稽查局认为督办的重大税收违法案件依法需要由本机关直接查处的,具体承担督办事项的部门应当将重案督办类税务稽查案卷移交选案部门,立案后并入立案查处类案卷管理。

第九条　税务稽查事项发生行政复议、行政诉讼、国家赔偿诉讼、民事诉讼、刑事诉讼的,收集的复议、诉讼相关文件材料应当归入相关税务稽查案卷。

第十条　税务稽查案卷文件材料有发文稿纸、文件处理单的,应当与文件材料正本、定稿一并收集。会同相关部门召开会议、发文所形成的文件材料,应当收集原件;无法收集原件的,收集复制件或者注明原件主要内容及制作单位。

第十一条　税务局及其稽查局相关部门应当按照税务稽查案卷文件材料交接清单所列项目,对上一工作环节移交的全部文件材料进行清点,填写文件材料交接签收单,办理交接手续。

第三章　整理及装订归档

第十二条　稽查局相关部门和人员应当在税务稽查事项办结后，及时对税务稽查案卷进行整理、装订、归档，做到分类规范、目录清晰、资料齐全、编号统一、装订整齐、归档及时。

第十三条　装订成册的立案查处类税务稽查案卷有不宜对外公开内容的，应当分为正卷、副卷。正卷主要列入各类证据材料、税收执法文书正本以及可以对外公开的相关审批文书等证明定性处理处罚合法性、合理性的文件材料。副卷主要列入检举相关材料、案件讨论记录、法定秘密材料、结论性文书原稿、审批稿以及不宜对外公开的税务稽查报告、税务稽查审理报告等内部管理文书、对案件最终定性处理处罚不具有直接影响但反映税务稽查执法过程的文件材料。

税务稽查案卷副卷作为密卷或者内部档案管理；作为密卷管理的，密级以卷内文件材料最高密级确定。

第一款规定以外的其他税务稽查案卷可以不分正卷、副卷，但其中有不宜对外公开内容的，按照副卷管理，并在案卷封面上标明；无不宜对外公开内容的，按照正卷管理，并在案卷封面上标明。

第十四条　税务稽查案卷及其相关文件材料的密级、保密期限、解密条件、知悉范围等依照国家保密规定确定。

第十五条　装订成册的税务稽查案卷卷内文件材料应当按照以下规则组合排列：

（一）立案查处类案卷正卷中的结论性文书及其送达回证排列在最前面，其他文书材料及副卷文书材料按照工作流程顺序排列；

（二）承办异地协助类、重案督办类等案卷文件材料按照工作流程顺序排列；

（三）证据材料按照所反映的问题特征分类，每类证据主证材料排列在前，旁证材料附列其后；

（四）其他文件材料按照其取得或者形成的时间顺序，并结合其重要程度进行排列。

税务稽查案卷卷内每份或者每组文件材料的排列规则：正文在前，附件在后；批复在前，请示在后；批示在前，报告在后；税收执法文书在前，送达回证在后；重要文件材料在前，其他文件材料在后；汇总性文件材料在前，基础性文件材料在后；定稿在前，修改稿在后。

第十六条　装订成册的税务稽查案卷由案卷封面、卷内文件材料目录、卷内文件材料、卷内文件材料备考表、封底组成。

装订成册的税务稽查案卷封面项目包括：案件名称、纳税人识别号、案件来源、案卷类别、案件编号、立案立项日期、办结日期、立卷日期、保管期限、密级等。

装订成册的税务稽查案卷卷内文件材料目录项目包括：文件材料名称、文号、序号、页号、页数、日期、备注、责任者。

装订成册的税务稽查案卷卷内文件材料备考表项目包括：本卷情况说明、立卷人、检查人、立卷时间。

第十七条　税务稽查案卷卷内文件材料经过系统整理排列后，应当用阿拉伯数字逐页编注页码，正面编注在右上角，背面编注在左上角，空白页不编注页码。卷内每份文件材料的原页码原样不变。案卷封面、卷内文件材料目录、卷内文件材料备考表、封底不编注页码。

装订成册的税务稽查案卷不得擅自增添或者抽取文件材料；确需增减文件材料的，应当由案卷保管人员在备考表中注明。增添的文件材料，可以插入与之直接相关的文件材料处，或者放在卷内文件材料之后，并相应追加填写目录。

第十八条　装订成册的税务稽查案卷可以采用硬卷皮装订保存，或者采用软卷皮装订并装入卷盒保存。

硬卷皮由封面、封底、卷脊构成。

采用软卷皮装订的税务稽查案卷，应当按照案卷编号依序装入卷盒保存。卷盒由封面和卷脊构成，卷脊项目包括全宗名称、目录号、年度、起止卷号。

税务稽查案卷文件材料过多的，应当按照顺序分册装订，各册分别从第一页起编注页码。

税务稽查案卷卷皮、卷盒尺寸规格应当符合国家规定标准。

第十九条 装订税务稽查案卷,应当检查卷内文件材料是否齐全、规范整洁,排列顺序是否符合规则,编注页码是否正确,卷内文件材料名称、数量与目录是否一致等。

第二十条 装订税务稽查案卷,应当剔除下列文件材料:

(一)没有证明或者参考价值的信封、工作材料;

(二)内容完全相同的重份文件材料;

(三)其他与卷内记录事项无关、确无保存必要的文件材料。

对前款所列的文件材料是否剔除存在疑问的,由相关部门甄别后提出意见,由稽查局领导或者税务局档案管理部门负责人审核确定。

第二十一条 装订税务稽查案卷,应当注意以下事项:

(一)文书破损的,应当进行修复或者复制,原件在前,复制件在后;

(二)卷内有不可替代的容易褪色、消失的字迹等证据材料或者其他不利于长期保管的文件材料的,应当进行复制,原件在前,复制件在后;

(三)文件材料小于A4纸或者装订后影响字迹的,应当加贴衬纸;横向粘贴的,字头应当朝向左边;票据应当码平粘贴;

(四)文件材料大于A4纸的,右边与下边应当对齐,采取从里向外、从上往下的方式折叠;

(五)需要附卷保存的信封,应当打开展平后加贴衬纸或者复制留存,邮票不得撕揭;

(六)文件材料上的金属物应当剔除;

(七)排除可能影响案卷装订保管、损坏卷内文件材料的其他事项。

第二十二条 可以随税务稽查案卷保存的物证,应当归入案卷;无法装订的,装入证物袋,标注证物名称、数量、特征、来源等相关信息,用封条粘贴,放到备考表与封底之间。不能随卷保存的物证,应当另处存放,并与案卷相互标注相关信息。不宜保存的物证,应当拍照装订归卷,实物经所属税务局主管稽查工作的局领导批准后销毁或者作其他适当处理。

第二十三条 税务稽查案卷装订后,应当在卷底装订线结扣处粘贴封志,并加盖骑缝章。

第二十四条 装订成册的税务稽查案卷保管期限:

(一)立案查处类中重大偷逃骗抗税、虚开发票等税收违法案件的案卷,保管期限为永久;

(二)立案查处类中一般偷逃骗抗税、虚开发票等税收违法案件的案卷,保管期限为30年;

(三)其他立案查处类案卷,保管期限为10年;

(四)承办异地协助类案卷保管期限参照前三项确定;

(五)重案督办类案卷保管期限根据所督办的案件确定;

(六)其他类别案卷保管期限依照国家税务总局或者省、自治区、直辖市、计划单列市国家税务局、地方税务局规定确定,或者根据所办事项具体情况适当确定。

保管期限从案卷装订成册次年1月1日起计算。

第一款第一项所列的重大税收违法案件标准,由国家税务总局或者省、自治区、直辖市、计划单列市国家税务局、地方税务局确定。

第二十五条 稽查局对装订成册的税务稽查案卷应当集中保管,并指定专人管理。案卷保管人员对保管的案卷应当严格查验,对不合格的案卷,应当退回相关部门重新整理。

稽查局撤销或者稽查局不具备长期档案保管条件的,应当将税务稽查案卷移交承继其职能的机构保管或者移交所属税务局档案管理部门保管。案卷移交时,应当填写档案交接文据,办理交接手续。

第二十六条 稽查局应当定期清理所保管的税务稽查案卷,对已到期的案卷进行鉴定,对仍有保存价值的,应当延长保管期限;对无继续保存价值的,应当依照档案管理规定的权限和

程序审批后销毁。

税务局档案管理部门保管的税务稽查案卷的清理、鉴定、销毁，由档案管理部门会同稽查局审核报税务局领导审批后进行。

第二十七条　任何单位和个人不得擅自销毁、转移、藏匿、伪造、变造、篡改、损毁税务稽查案卷及其文件材料，不得将案卷及其文件材料转让他人或者据为己有。

第四章　电子文件管理

第二十八条　税务稽查案卷电子文件与纸质文件材料的收集、整理、归档应当同步进行。

前款所称税务稽查案卷电子文件，是指税务局及其稽查局在依法履行税务稽查职责过程中，通过计算机等电子设备取得、形成、处理、传输、存储的文字、图表、图像、音频、视频等文件，包括税收执法文书和内部管理文书的电子文本、电子数据、数码照片等。

第二十九条　税务稽查案卷电子文件管理应当遵循以下规则：

（一）统筹规划，统一标准，集中保存，规范管理；

（二）对电子文件取得、形成、处理、传输、存储、利用、销毁等实行全过程管理，确保电子文件始终处于受控状态；

（三）方便利用，提供分层次、分类别共享应用；

（四）依照国家规定标准，采取有效技术手段和管理措施，确保电子文件信息安全。

第三十条　取得或者形成的税务稽查案卷电子文件，应当具备国家规定的原件形式，并符合以下要求：

（一）能够有效表现所记载的内容并可供调取查用；

（二）采用符合国家规定标准的文件存储格式，确保能够长期有效读取；

（三）能够保证电子文件及其元数据自形成起完整无缺、来源可靠，未被非法更改；

（四）在信息交换、存储和显示过程中发生的形式变化不影响电子文件内容真实、完整。

涉密电子文件的原件形式应当符合国家保密规定。

第三十一条　税务稽查过程中取得或者形成的税务稽查案卷电子文件，应当符合以下要求：

（一）从税务稽查对象取得的作为证据的电子文件，应当保持文件原貌，及时封存；

（二）检查人员制作的电子文件，应当注明电子文件的形成背景、证明对象、格式、大小、制作人等；

（三）数据分析过程中产生的电子文件，应当注明数据分析的数据源、数据分析和处理方法、数据处理过程以及数据分析结论。

第三十二条　税务稽查案卷电子文件归档应当符合以下要求：

（一）与相对应的纸质案卷的归档期限相同；

（二）不得低于相对应的纸质案卷保管期限；

（三）电子文件及其元数据应当同时归档；

（四）可以随案卷保存的录音带、录像带、光盘等载体，应当在装具上标注相关信息；

（五）已经真实性、完整性、有效性鉴定、检测，并由相关责任人确认；

（六）具有永久保存价值或者其他重要价值的电子文件，应当转换为纸质文件或者缩微品同时归档；

（七）冲印的数码照片，应当标注照片相关信息；

（八）采用技术手段加密的电子文件应当解密后归档，压缩的电子文件应当解压缩后归档；

（九）准确划分密级；

（十）涉密电子文件应当使用符合国家保密规定的载体存储，并按照保密要求进行管理和使用。

第三十三条　通过税收管理信息系统审批运转、对税务定性处理处罚具有直接决定作用的电子文件，应当连同审批单打印成纸质文件材料，归入相对应的纸质税务稽查案卷；无可靠

电子签名的纸质文件材料,由相关人员手写补充签名;确有特殊情况无法手写补充签名的,应当注明缘由。

第三十四条　税务稽查案卷电子文件归档可以采用在线或者离线存储。在线存储应当使用专用存储服务器,实行电子文件在线管理;离线存储可以选择使用只读光盘、一次写光盘、磁带、可擦写光盘、硬磁盘等耐久性好的载体,不得使用软磁盘作为归档电子文件长期保存的载体。

第三十五条　税务稽查案卷电子文件管理相关事项,参照国家税务总局《税务稽查案卷电子文件管理参考规范》。

第五章　数字化处理

第三十六条　税务机关应当积极创造条件,逐步实现税务稽查案卷数字化。

税务稽查案卷数字化,是指采用扫描仪或者数码相机等数码设备对纸质案卷文件材料进行数字化加工,将其转化为存储在磁带、磁盘、光盘等载体上且能被计算机识别的数字图像或者数字文本,并与案卷已有电子文件融合起来的处理过程。

第三十七条　税务稽查案卷数字化,可以在案卷文件材料整理装订时同步进行,也可以在案卷归档后集中进行。

税务稽查案卷数字化,由稽查局、档案管理部门、电子税务管理部门依照国家纸质档案数字化有关规定实施。

第三十八条　税务稽查案卷数字化应当符合以下要求:

(一)纸质案卷电子版本应当与原纸质案卷保持一致,不一致的应当注明原因和处理方法;

(二)对纸质案卷文件材料从封面至封底进行完整数字化,确实不能数字化的文件材料,应当登记备查;

(三)对纸质案卷数字化直接产生的图像文件应当采用通用格式;

(四)扫描色彩模式通常采用黑白二值模式扫描;对材料中有多色文字、红头、印章、插有照片图片、字迹清晰度较差等采用黑白扫描模式扫描无法清晰辨识的页面,应当采用彩色扫描模式扫描;

(五)需要进行文字识别的文件材料,扫描分辨率应当达到相应率值;

(六)符合国家相关保密规定。

第三十九条　税务稽查案卷数字化过程中,可以为原纸质案卷逐册加贴与税收管理信息系统相关联的条形码、二维码、无线射频等机读标签。

第六章　利　　用

第四十条　税务稽查对象出示有效身份证明,可以查阅、复制涉及自身的税务稽查案卷正卷相关文件材料。

代理人出示税务稽查对象授权委托书及双方有效身份证明,可以查阅、复制涉及税务稽查对象自身的税务稽查案卷正卷相关文件材料。

第四十一条　税务机关相关部门可以查阅、借阅本级税务机关与其工作相关的税务稽查案卷文件材料。

上级税务机关可以查阅、调阅下级税务机关税务稽查案卷相关文件材料。

经税务稽查案卷所在税务机关审核同意,同级税务机关之间可以查阅、复制案卷正卷相关文件材料,下级税务机关可以查阅、复制上级税务机关案卷正卷相关文件材料。

第四十二条　司法、执法、纪检监察机关依照法定职权和程序查阅、调阅税务稽查案卷文件材料的,从其相关法律、法规规定。

其他单位因工作需要,出示单位有效证明和经办人员有效身份证明,经税务稽查案卷所在税务机关审核同意,可以查阅、复制案卷正卷相关文件材料。

第四十三条　查阅、借阅、调阅、复制税务稽查案卷文件材料,应当按照规定办理相关手续。

复制的税务稽查案卷文件材料,案卷保管部门可以加盖印章证明出处或者存处。

借阅、调阅税务稽查案卷文件材料时，应当确定归还期限；借阅、调阅、归还案卷时，应当由借阅、调阅经办人员和案卷保管人员共同对案卷相关文件材料进行清点并签字确认。

第四十四条　涉及国家秘密、工作秘密、商业秘密、个人隐私和可能造成不良社会影响、后果的税务稽查案卷文件材料，以及尚未装订归档的案卷文件材料，在提供利用前应当由税务局及其稽查局相关部门进行审核，严格限制利用范围。利用涉密文件材料，应当按照规定报有权机关和领导批准，并按照规定程序办理有关手续。

具体税务稽查执法行为涉及法律、行政法规和国务院规定应当信息公开的事项，从其相关规定。

第四十五条　对查阅、借阅、调阅、复制的税务稽查案卷文件材料，不得涂改、圈划、抽换、批注、污损、折皱；不得将所借阅、调阅的案卷文件材料转借其他单位或者个人；不得擅自将查阅、借阅、调阅的案卷文件材料内容告知其他单位或者个人；不得泄露案卷涉及国家秘密、工作秘密、商业秘密、个人隐私的内容和事项。

发现被查阅、借阅、调阅、复制的税务稽查案卷文件材料有短缺、涂改、抽换、污损等情况的，案卷保管人员应当及时报告并追查。

第四十六条　税务稽查案卷电子文件与纸质案卷电子版本的利用，依照纸质案卷利用有关规定办理。

具备条件的税务机关，应当优先将税务稽查案卷电子文件与纸质案卷电子版本提供利用。案卷电子文件与纸质案卷电子版本能够满足利用需要的，一般不提供纸质案卷。

提供利用税务稽查案卷电子文件与纸质案卷电子版本，可以采取在线阅览、数据传输、打印输出等方式。

税务稽查案卷电子文件与纸质案卷电子版本经打印输出的，一般应当覆有表明其为复制件的水印，案卷保管部门可以加盖印章证明出处或者存处。

第四十七条　税务稽查案卷电子文件封存载体不得外借。

利用税务稽查案卷电子文件，应当使用拷贝件。

任何单位或者个人不得擅自拷贝税务稽查案卷电子文件。

第四十八条　具有文献价值的税务稽查案卷电子文件和纸质案卷电子版本，由税务局档案管理部门负责人和稽查局局长签报所属税务局主管领导批准，可以永久保存，不与其相对应的纸质案卷同步销毁。

第四十九条　国家税务总局依托税收管理信息系统，逐步建立全国统一的税务稽查案卷查阅服务平台，争取实现案卷远程异地查阅。

第七章　奖　　惩

第五十条　对税务稽查案卷管理工作成绩突出的单位或者个人，应当给予奖励。

第五十一条　对违反税务稽查案卷管理及档案管理规定的单位和个人，依照有关规定追究责任。

第八章　附　　则

第五十二条　本办法所称结案，参照国家税务总局《重大税收违法案件督办管理暂行办法》有关结案规定执行。

第五十三条　国家税务总局和省、自治区、直辖市、计划单列市国家税务局、地方税务局规定的其他类别税务稽查案卷文件材料处理方法，参照本办法有关规定确定。

第五十四条　税务稽查案卷管理基本文书式样，由国家税务总局制定。

第五十五条　国家税务总局以前有关规定与本办法规定不一致的，依照本办法规定执行。

第五十六条　本办法自2015年1月1日起执行。

附件1：税务稽查案卷文件材料排列顺序（略）

附件2：税务稽查案卷管理基本文书式样（略）

税务稽查案卷电子文件管理参考规范

第一条　为了指导税务稽查案卷电子文件安全规范管理,根据《中华人民共和国税收征收管理法》《中华人民共和国档案法》有关规定,制定本规范。

第二条　本规范是指引税务稽查案卷电子文件管理的一般路径和基本方法,本规范未涉及或者未作说明的相关事项,依照国家有关规定执行。

第三条　收集税务稽查案卷电子文件,应当符合以下要求:

(一)收集电子文件应当同时制作记录每份电子文件的元数据、背景信息的电子文件登记表;

(二)收集的电子文件同时存在相对应的纸质或者其他载体形式的文件的,应当在内容、相关说明及描述上保持一致;

(三)收集具有永久保存价值的文本或者图形形式的电子文件,应当制成纸质文件或者缩微品等;

(四)收集只有电子签名的电子文件,应当尽量同时收集具有法律效力的非电子签名;

(五)收集记录重要文件的修改过程和办理情况、有查考价值的电子文件,应当同时收集电子文件及其电子版本的定稿;

(六)收集在网络系统中处于流转状态,暂时无法确定其保管责任的电子文件,应当采取捕获措施,集中暂存在符合安全要求的电子文件存储器中,以防散失;

(七)收集使用文字处理技术形成的文本电子文件,应当采用文字型电子文件通用的XML、RTF、TXT格式,并注明文件存储格式、文字处理工具等,必要时应当同时保留文字处理工具软件;

(八)收集使用扫描仪、数码相机等设备获得的图像电子文件,应当采用扫描型电子文件通用的JPEG、TIFF格式;采用非通用文件格式的,收集时应当将其转换成通用格式;无法转换的,应当将相关软件一并收集;

(九)收集使用数码相机拍摄的照片,反映重要内容的,应当冲洗出纸质照片,与数码照片一并归档;反映一般内容的,可只归档数码照片;

(十)收集使用计算机辅助设计或者绘图等设备获得的图形电子文件,应当注明其软硬件环境和相关数据;

(十一)收集使用视频或者多媒体设备获得的电子文件以及使用超媒体链接技术制作的电子文件,应当采用视频和多媒体电子文件通用的MPEG、AVI格式;采用非通用文件格式的,应当同时收集其非通用格式的压缩算法和相关软件;

(十二)收集使用音频设备获得的声音文件,应当采用音频电子文件通用的WAV、MP3格式,并同时收集其属性标识、参数和非通用格式的相关软件;

(十三)收集使用通用软件产生的电子文件,应当同时收集其软件型号、名称、版本号和相关参数手册、说明资料等;

(十四)收集使用专用软件产生的电子文件,应当转换成通用型电子文件;确实不能转换的,应当连同专用软件一同收集;

(十五)收集套用统一模板的电子文件,在保证能够恢复原形态的情况下,其内容信息可脱离套用模板进行存储,被套用模板作为电子文件的元数据保存;

(十六)收集电子文件一般不加密;加密的,应当将密钥同时归档;

(十七)计算机系统运行和信息处理过程

中涉及的与电子文件处理有关的参数、管理数据等,应当与电子文件一并收集。

第四条 税务稽查案卷电子文件可以采用在线或者离线存储。在线存储应当使用专用存储服务器,实行电子文件在线管理。离线存储应当符合以下要求:

(一)可以选择使用只读光盘、一次写光盘、磁带、可擦写光盘、硬磁盘等耐久性好的载体,一式两套,一套封存保管,一套供查阅使用;有条件的,可另制作一套异处保存;

(二)加密电子文件,应当在解密后再制作拷贝;

(三)不允许使用软磁盘作为归档电子文件长期保存的载体;取得证据原件为软磁盘的,应当将软磁盘中数据拷贝到耐久性好的载体,并将软磁盘原件与拷贝后的载体一并归档;

(四)电子文件存储载体或者装具上应当有标签,标签上应当注明相对应的案卷全宗号、载体序号、类别号、密级、保管期限、存入日期等;需要在光盘标签面书写的,应当使用光盘标签笔;需要通过光盘打印标签的,应当通过计算机排版后,使用能够支持光盘盘面打印的打印机打印。

第五条 保管税务稽查案卷电子文件离线存储载体,应当符合下列条件:

(一)载体应当作防写处理,避免擦、划、触摸记录涂层;

(二)单片载体应当装盒,竖立存放,避免挤压;

(三)存放时应当远离强磁场、强热源,与有害气体隔离;

(四)环境温度及相对湿度应当适宜。

第六条 税务稽查案卷电子文件的利用,依照国家税务总局《税务稽查案卷管理暂行办法》有关规定办理。

第七条 传递、保管、利用、销毁税务稽查案卷电子文件,应当严格遵守国家保密规定,采取相应的安全保密措施。

第八条 本规范应当根据信息技术发展和税务稽查案卷管理实际需要适时修订调整。

电子税务类

安徽省地方税务局关于印发《安徽地方税收综合管理信息系统短信平台应用管理办法》的通知

2014年3月31日　皖地税函〔2014〕142号

各市地方税务局，广德、宿松县地方税务局，省地方税务局直属局：

为规范“安徽地方税收综合管理信息系统”(AHTAX2013)短信平台应用管理，省地税局制定了《安徽地方税收综合管理信息系统短信平台应用管理办法》，现印发给你们，请认真遵照执行。

附件：AHTAX2013自动触发类短信启用备案单(略)

安徽地方税收综合管理信息系统短信平台应用管理办法

第一章　总　　则

第一条　为切实做好“安徽地方税收综合管理信息系统”(AHTAX2013)短信平台(简称短信平台)应用管理工作，进一步创新服务手段、拓展服务渠道、全面提升纳税服务水平，促进短信平台健康、有序、高效运行，特制定本办法。

第二条　本办法适用于通过AHTAX2013短信平台向纳税人发送的各类短信的管理。

第二章　短信平台的启用

第三条　短信平台的短信按生成类型分为自动触发、手工触发两类。自动触发类短信是短信平台根据各单位设置自动生成的发送给纳税人的短信；手工触发类短信是短信平台操作员手工编写的发送给纳税人的短信。

第四条　各单位(市局、直管县局、省直属局)可分业务类型决定并设置自动触发类短信的启用或不启用。启用一类自动触发短信时，需填写《AHTAX2013短信平台自动触发类短信启用备案单》(详见附件)，加盖市局公章后报省局备案。

第五条　手工触发类短信启用不需要向省局备案，可根据税收业务工作要求直接使用。

第三章　短信的生成、审批及发送

第六条　短信发送对象。各级税务机关所辖范围内的所有纳税人。

第七条　短信的生成。

(一)短信平台操作员根据工作需要，手工编写各类涉税手工触发类短信；

(二)短信平台根据各项业务完成情况，按照各单位自动短信启用设置情况，自动生成自动触发类短信。

第八条　短信的审批。各级短信审批人员根据审批权限对本级短信(包括手工触发类短

信和自动触发类短信）进行审批，审批内容包括短信的文字内容、发送对象、发送时间等。

第九条　短信的发送。审批通过的短信即可按时发送给纳税人，短信平台的工作时间是每个工作日的9:00~18:00。

第四章　短信计费及支付

第十条　短信计费标准。根据省政府采购招标结果确定。

第十一条　费用核对。年度终了各有关省级运营商向各市地税局提供各市全年短信使用计费数据，各市地税局根据短信平台统计结果与运营商提供数据核对。

第十二条　费用支付。按年由各市地税局（含下辖各县区局）在第二年1月份向有关运营商统一支付，各市地税局是否向下辖县区局收取其短信发送费用由各地自定。

第五章　管理与职责

第十三条　短信平台应用遵循“谁发布，谁负责；谁承诺，谁办理”的原则。各级税务机关短信平台操作员对所编发的短信内容及发送对象负责，各级短信发送审批人对审批发送的短信负审批责任。

第十四条　短信平台采用全省统一接入专线方式，由省局统一管理。省局主要负责：

（一）与各通信运营商的业务洽谈、综合协调工作；

（二）对短信平台的功能完善、工作协调、统计分析等工作；

（三）对短信平台的日常管理工作。

第十五条　各级税务机关要做好短信平台使用的管理工作，严格遵守国家相关法律、法规，确保短信内容的信息安全。

（一）负责所辖纳税人手机号码信息的采集、维护及保密工作；

（二）建立健全内部使用制度、信息安全责任制度和信息发布的审批制度，严格审查所发布的短信；

（三）禁止发送与工作无关的短信，禁止发布含有危害国家安全和社会稳定、泄露国家秘密和商业秘密、宣扬暴力、涉及个人隐私等内容以及从事赢利活动的短信。

第十六条　对于违反本管理办法的单位和个人，停止其短信平台使用权，情节严重的，由有关部门依照国家法律、法规追究有关责任人的责任。

第六章　附　　则

第十七条　本办法由安徽省地方税务局负责解释。

第十八条　本办法自发布之日起施行。

安徽省地方税务局关于印发《安徽地方税收综合管理信息系统运行维护管理办法》和《安徽地方税收综合管理信息系统数据维护管理办法》的通知

2014年4月22日　皖地税函〔2014〕218号

各市地方税务局，广德、宿松县地方税务局，省地方税务局局属各单位：

为提高“安徽地方税收综合管理信息系统”（AHTAX2013）运维质量和效率，明确职责

分工,规范运维流程,省地税局制定了《安徽地方税收综合管理信息系统运行维护管理办法》和《安徽地方税收综合管理信息系统数据维护管理办法》,现印发给你们,请认真遵照执行。

附件:安徽地方税收综合管理信息系统数据维护申请审批单(略)

安徽地方税收综合管理信息系统运行维护管理办法

第一章　总　　则

第一条　为了规范全省地税系统"安徽地方税收综合管理信息系统"(简称"AHTAX2013")运行维护工作,建立健全职责清晰、协调有序、流程规范、响应快速的运行维护体系,确保信息系统安全、稳定、高效运行,特制订本办法。

第二条　全省地税系统运维体系按照"一个平台、两级运维、流程监控、持续改进"的原则建设。省地税局负责建设全省统一的运维管理平台,各级运维人员通过统一的运维管理平台开展运维工作,实现运维工作的体系化、规范化、流程化和专业化。

第二章　组织与管理

第三条　AHTAX2013运维工作在省地税局信息化领导小组领导下,由省局信息办牵头负责,省局有关部门按照职责分工,各司其职。

第四条　全省运维体系采取"以省局为主,市局为辅"的两级运维模式。省地税局负责全省运维体系的建立、省级运维队伍的建设与管理。各市地税局负责本市运维体系的建立、运维队伍的建设与管理。

第五条　建立问题解决会商制度,通报有关情况,协调解决有关问题。

第三章　运维工作内容

第六条　AHTAX2013运维工作包括应用运维、业务运维和技术运维。

第七条　应用运维解决AHTAX2013使用中出现的应用问题,包括:程序缺陷,操作问题,系统异常错误,系统性能问题,软件与实际业务不符,功能优化,数据维护和后台数据查询等。

第八条　业务运维解决AHTAX2013使用中出现的业务问题,包括:工作流配置,岗位及权限配置,新增或变更业务需求的提出,软件功能缺失,业务政策咨询等。

第九条　技术运维指的是与AHTAX2013相关的信息技术类运维,包括主机、存储、数据库、中间件、网络、信息安全等运维。

第四章　职责分工

第十条　省局电子税务信息管理中心职责:

(一)负责应用运维和技术运维工作,制定应用运维和技术运维工作制度,监督相关制度的落实;

(二)对省局业务运维牵头部门提交的新增或变更业务需求进行需求分析和概要设计,制订软件开发方案,提交并监督软件公司实施;

(三)负责AHTAX2013版本的审核与发布工作;

(四)对软件公司及其人员的运维工作进行管理、监督和考核。

第十一条　省局征管和科技发展处职责:

(一)牵头负责业务运维工作,制定业务运维工作制度,监督相关制度的落实;

(二)组织AHTAX2013重要编码、参数、岗责、权限等配置的审核工作;

（三）负责收集、整理省地税局各业务处室和各市地税局提交的业务问题，牵头组织新增或变更业务需求的编写和审定工作；

第十二条　省局业务处室职责：

（一）解答和确认 AHTAX2013 运行过程中，属于本部门职责范围内的业务问题和应用问题；

（二）编写或参与编写、审定 AHTAX2013 新增或变更业务需求；

（三）对各市地税局对口业务部门上报的 AHTAX2013 业务问题和意见提出优化、完善的意见。

第五章　运维流程

第十三条　AHTAX2013 使用中出现的应用问题和业务问题，应通过运维管理平台统一提交申请，首先应由所在市地税局的运维人员解决。如果市局无法解决，各市应通过运维管理平台统一提交省局电子税务信息管理中心，其中应用问题由电子税务信息管理中心牵头解决，业务问题由征管和科技发展处牵头解决（一般由省局组建的专家团队提出初步处理意见，由征管科技处商省局业务主管部门审定）。

第十四条　在 AHTAX2013 使用过程中，如果出现新增业务需求、现有业务功能变更等涉及经费的开发工作，根据《安徽省地方税务局软件开发与应用管理办法》，业务需求由业务主管处室撰写签报，由相关处室会签后报省局审批，审批后业务需求交由电子税务信息管理中心组织软件开发，软件新增开发费用按照政府采购有关规定办理。

第六章　附　　则

第十五条　本办法由安徽省地方税务局负责解释。各级地税机关可结合本地实际，制定具体的实施办法。

第十六条　本办法自发布之日起执行。

安徽地方税收综合管理信息系统数据维护管理办法

第一章　总　　则

第一条　为了规范安徽地方税收综合管理信息系统（简称“AHTAX2013”）数据维护工作，落实数据管理职责，保障税收数据的完整、准确和安全，特制定本办法。

第二条　数据维护应遵循真实性、规范性、完整性、可恢复性、责任性（谁申请，谁负责）原则。

第二章　数据维护内容

第三条　数据维护是指无法通过 AHTAX2013 前台应用软件进行修改，须通过后台数据库进行的数据调整的行为。数据维护的内容包括：

（一）数据采集或加工过程中，操作人员未按有关规定和要求实施处理，所形成的缺项或错误数据维护。

（二）纳税人办理涉税事项时填写或提供的数据，经核实属于缺项或错误的数据维护。

（三）由于政策变化、业务流程调整以及数据标准变化等形成的业务数据维护。

（四）由于应用软件运行不稳定或因历史数据迁移所形成的缺项或错误数据维护。

（五）其他原因形成的数据维护。

第四条　非税收业务数据的维护（如系统代码、数据库表结构的调整等），由相关部门依据职责分工提出数据维护申请。

第三章　组织与职责

第五条　数据维护工作实行省、市两级管理模式,自下而上,逐级审核,层层负责。数据维护申请人对所提出的申请内容负责,各级审核人要切实负起审核把关的责任。

第六条　省局电子税务信息管理中心职责:

(一)负责制定全省地税系统数据维护工作制度,监督相关制度的落实;

(二)负责审核数据维护申请的正确性和有效性,根据需要提交相关业务处室审核确认;

(三)负责数据维护工作的统筹协调、具体实施和检查通报。

第七条　省局业务处室职责:

(一)负责提出与本部门业务相关的,由于全省性的业务管理需要,或者税收业务参数、税收政策调整等情况,引起的数据维护;

(二)负责审核确认各地在 AHTAX2013 使用过程中,与本部门业务相关的数据维护申请。

第八条　各市局(省直管县局、省直属局)职责:

(一)负责本市范围内数据维护工作的组织与管理工作;

(二)根据省局数据维护工作制度,制定本单位数据维护工作实施办法,规范数据的维护行为,落实数据管理责任;

(三)向上级部门提出数据维护工作意见和建议。

第九条　数据维护申请单位应对数据维护申请进行严格审核,并最终对数据维护申请内容负责。

第四章　数据维护流程

第十条　数据维护流程:

(一)AHTAX2013 使用人员需申请维护数据时,应按要求填写《安徽地方税收综合管理信息系统数据维护申请审批单》(详见附件,以下简称"数据维护单"),经市局审核通过后报省局处理;

(二)省局受理各市局数据维护单后,对于日常数据调整申请,由电子税务信息管理中心对申请内容进行审核,通过后实施调整;涉及重大数据调整事项申请,根据所属的业务范围由相关处室审核,通过后由电子税务信息管理中心实施调整。

(三)省局业务处室提出数据维护申请,由各处室主要负责人签字确认,报分管局领导审签后,送交电子税务信息管理中心实施调整。

(四)电子税务信息管理中心安排专人撰写数据维护脚本和数据备份脚本,做好数据备份,将处理结果反馈给维护申请人,并将数据维护单存档备查。

第十一条　由于应用程序原因造成的数据维护,可由电子税务信息管理中心提出数据维护单进行维护,维护结束跟踪开发人员进行程序修改。

第十二条　提交数据维护单时,各地可先将签字盖章的文档扫描或拍照后(必须保证申请内容和审批内容清晰可见)提交至省局,纸质文件通过邮寄等方式按月报送省局。

第五章　考核与通报

第十三条　省局根据年度数据维护工作开展情况,定期或不定期地对各地数据维护工作情况进行通报和考核。

第六章　附　　则

第十四条　其他省级集中系统的数据维护工作可参照本办法执行。

第十五条　本办法由安徽省地方税务局负责解释。各级地税机关可结合本地实际,制定具体的实施办法。

第十六条　本办法自发布之日起施行。

安徽省地方税务局关于印发《安徽地方税收综合管理信息系统（AHTAX2013）运行维护工作规范》的通知

2014 年 9 月 22 日　皖地税发〔2014〕72 号

各市、县地方税务局，省地方税务局局属各单位：

现将《安徽地方税收综合管理信息系统（AHTAX2013）运行维护工作规范》印发给你们，请遵照执行。执行中遇到问题，应及时报告省地税局（电子税务信息管理中心）。

附件 1：省地税局 AHTAX2013 运维岗位人员设置（略）

附件 2：AHTAX2013 应用运维工作流程（略）

附件 3：AHTAX2013 业务运维工作流程（略）

附件 4：AHTAX2013 数据维护工作流程（略）

附件 5：AHTAX2013 后台数据查询工作流程（略）

附件 6：AHTAX2013 后台数据查询申请单（略）

附件 7：AHTAX2013 紧急问题处理流程（略）

附件 8：AHTAX2013 省局机关业务应用数据库只读用户申请流程（略）

附件 9：AHTAX2013 省局机关业务应用数据库只读用户申请单（略）

附件 10：AHTAX2013 运行维护工作时限要求（略）

安徽地方税收综合管理信息系统（AHTAX2013）运行维护工作规范

第一章　总　　则

第一条　为明确运维职责，规范运维流程，进一步做好安徽地方税收综合管理信息系统（以下简称 AHTAX2013）运行维护工作，根据《安徽地方税收综合管理信息系统 AHTAX2013 运行维护管理办法》和《安徽地方税收综合管理信息系统 AHTAX2013 数据维护管理办法》，结合全省地税系统工作实际，制定本规范。

第二条　本规范适用于各市、县地税局和省地税局局属各单位的 AHTAX2013 应用运维、业务运维。AHTAX2013 技术运维规范另行制定。

第三条　本规范所称 AHTAX2013 包括核心征管、电子税务局、外部信息交换、决策支持等四个子系统。

第二章　运维岗位设置及要求

第四条　全省地税系统 AHTAX2013 运行维护应设置以下岗位：

(一)运维负责人岗

由省、市、县级地税机关 AHTAX2013 运行维护主要部门的负责人担任。全面负责 AHTAX2013 运行维护的各项工作，建立健全运行维护工作机制；负责本机关运行维护队伍的管理、培训工作；做好与其他 AHTAX2013 运行维护部门的协调、沟通，研究解决运行维护过程中存在的问题。

(二)应用受理岗

所有 AHTAX2013 操作人员均可担任。负责受理 AHTAX2013 各类问题，通过安徽地税运行维护管理平台(以下简称"运维平台")报送问题；跟踪、查看报送问题的解决进度，对已解决的问题进行审核和确认。

(三)应用审核维护岗

由省、市、县级地税机关负责 AHTAX2013 运行维护的工作人员担任。负责审核运行维护问题，确定问题信息提供是否完整、清楚；根据运行维护问题的复杂程度，确定由本级解决、上级解决或者 AHTAX2013 开发、运维公司(以下简称第三方)解决。

(四)业务确认岗

由省、市、县级地税机关负责处理 AHTAX2013 运行维护业务问题的人员担任。负责对提交至本岗位的问题进行业务解答和确认。

(五)知识维护岗

由省、市、县级地税机关负责 AHTAX2013 运行维护的业务和技术人员担任。负责收集、整理 AHTAX2013 使用过程中的常见问题及其解决方案，录入运维平台，形成知识库。

(六)知识使用岗

所有 AHTAX2013 操作人员均可担任。查询知识库中的知识，用以借鉴和解决 AHTAX2013 操作使用过程中发现的问题。

(七)数据库管理岗

由省地税局电税管理中心专业技术人员担任。负责 AHTAX2013 数据库的安装升级、日常监控、性能调优等日常运维工作；负责数据管理、数据分发及数据上传工作；负责数据库脚本的执行和结果反馈；负责数据库备份、恢复和备份数据的可恢复性检查；负责组织实施数据库系统应急演练。

(八)中间件管理岗

由省地税局电税管理中心专业技术人员担任。负责 AHTAX2013 所使用的 WEBLOGIC、MQ 等中间件的安装升级、运行监控、性能调优等日常运维；负责 AHTAX2013 版本发布工作；负责中间件备份、恢复和备份的可恢复性检查；负责组织实施中间件系统应急演练。

(九)突发事件处理岗

由省地税局电税管理中心人员担任。负责组织协调突发事件的应急处理，向省局信息化工作领导小组办公室汇报事件处理过程，向全省地税系统发布事件应对方法。

(十)投诉受理岗

由省地税局电税管理中心人员担任。受理各市局在运行维护过程中对省局、市局和第三方运行维护工作的投诉意见和建议，了解投诉详细情况，对事件进行跟踪处理。

(十一)第三方管理岗

由第三方开发或者运维团队指定的负责人担任。负责做好第三方运行维护团队的组织管理，督促工作进度，做好质量管控，按照省地税局要求完成各项运行维护工作。

(十二)第三方维护岗

由负责软件开发或运行维护工作的第三方人员担任。根据省地税局各类规范和流程完成各项运行维护工作；负责 AHTAX2013 的主机、数据库、中间件的日常维护和故障解决等工作；处理 AHTAX2013 运行过程中的各类问题；完成软件修改和开发工作。

第五条　省地税局设立上述所有岗位。其中：业务确认岗由征管科技处和其他业务部门人员担任，征管科技处人员为接口人；"第三方管理岗"和"第三方维护岗"由第三方公司人员担任，电税管理中心负责管理；其余岗位由电税

管理中心人员担任。省地税局AHTAX2013运维岗位人员设置情况详见附件1。

第六条 省地税局业务确认岗在受理业务运维问题时，对于涉及单个业务处室AHTAX2013问题，由主管处室业务确认岗审核确认；对于涉及多个业务处室AHTAX2013问题，由征管科技处接口人协调处理。

第七条 各市地税局应设立以下岗位：运维负责人岗、应用受理岗、应用审核维护岗、业务确认岗、知识使用岗、知识维护岗、突发事件处理岗。

第八条 县（市、区）级地税局运维岗位设置由市地税局负责安排、管理。

第九条 每个岗位必须设立AB角，A角为主要负责人，当A角不能履行职责时，由B角替代。在能够满足工作要求的情况下，1人可以多岗。

第三章 应用运维工作流程

第十条 AHTAX2013应用运维适用范围：解决AHTAX2013使用中出现的应用问题，包括程序缺陷、操作问题、系统异常错误、系统性能问题、软件与实际业务不符等，并负责相关应用功能的优化。

第十一条 AHTAX2013应用运维工作流程（具体流程图见附件2）。

（一）AHTAX2013使用人员发现问题后，由应用受理岗将问题详细情况录入运维平台，提交至市、县（市、区）局应用审核维护岗。

（二）应用审核维护岗根据问题情况，选择本岗位处理或者业务确认岗处理，本级无法解决则提交上级。

（三）问题提交至省局后，应用审核维护岗分析问题，根据问题情况选择退回市局处理、本岗位解决、省局业务确认、第三方查找原因或者修改程序。如需修改程序，则必须由省局应用审核维护岗审核第三方修改方案后方可修改。软件修改后根据版本发布流程升级程序。

（四）问题解决后，由应用审核维护岗将问题原因和处理结果回复给问题提出人，问题提出人在规定期限内验证问题是否解决。

第四章 业务运维工作流程

第十二条 AHTAX2013业务运维主要解决AHTAX2013使用中出现的业务问题，包括：工作流配置、岗位及权限配置、新增或变更业务需求的提出、软件功能缺失、业务政策咨询等。

第十三条 AHTAX2013业务运维工作流程（具体流程图见附件3）。

（一）AHTAX2013使用人员发现问题后，由应用受理岗将问题详细情况录入运维平台，提交至市、县（区）局应用审核维护岗。

（二）应用审核维护岗根据问题情况，选择本级业务确认岗或者本岗位处理，本级无法解决则提交上级。

（三）问题提交至省局后，应用审核维护岗分析问题，根据问题情况选择问题所属业务主管部门或者征管科技处业务确认岗处理。如问题仍需第三方查找原因或者修改程序，则由应用审核维护岗提交给第三方解决。

（四）问题解决后，由应用审核维护岗将问题原因和处理结果回复给问题提出人，问题提出人在规定期限内验证问题是否解决。

第五章 数据维护工作流程

第十四条 AHTAX2013数据维护工作适用范围、工作流程和数据维护申请单样式参见《安徽地方税收综合管理信息系统AHTAX2013数据维护管理办法》，流程图见附件4。

第六章 后台数据查询工作流程

第十五条 AHTAX2013后台数据查询是指由省地税局业务处室提出的、无法通过软件前台功能获取结果的数据查询统计需求。

第十六条 AHTAX2013后台数据查询工作流程（流程图见附件5）。

（一）申请人填写《AHTAX2013后台数据查询申请单》（以下简称《数据查询申请单》）（详见附件6），经本部门领导签字审核后提交电税管理中心。

(二)电税管理中心应用审核维护岗研究申请内容通过后台查询的可行性,向电税管理中心负责人提出数据查询申请单的处理意见。

(三)若数据查询申请单可通过后台查询实现,则提交第三方编写数据库查询脚本。查询脚本应通过应用审核维护岗的审核确认后方可执行。

(四)数据库管理岗选择合适的时间执行脚本,并按照申请人的格式要求生成结果数据,由应用审核维护岗审核后反馈给申请人。

第十七条 电税管理中心应用审核维护岗人员,应定期统计数据查询申请单,分析总结常规性需求,提出软件开发或修改建议。

第七章 紧急问题处理流程

第十八条 省地税局建立AHTAX2013应用紧急问题快速解决通道。紧急问题包括某单位大量用户出现同一错误影响系统正常使用、系统某些重要功能出错影响前台业务办理、前台业务急需快速办理而系统功能无法支持等情况。

第十九条 AHTAX2013紧急问题处理流程如下(流程图见附件7):

(一)AHTAX2013使用人员发现紧急问题时,第一时间提交市局应用审核维护岗,并提供错误详细情况,如截图、用户名、密码和错误描述等。

(二)市局应用审核维护岗进行初判,属于紧急问题的立即向省局紧急问题接口人(突发事件受理岗)报送;不属于紧急问题的,要求问题提出人通过运维平台提报。

(三)省局紧急问题接口人判断问题属于中间件故障、数据库故障还是紧急业务办理,提交相应人员处理问题。

(四)紧急问题解决后,由省局问题处理人员记录详细情况,紧急问题接口人(突发事件受理岗)将处理结果反馈给相应的市局,市局应用审核维护岗回复问题提出人。

第八章 数据库只读用户申请流程

第二十条 AHTAX2013省局机关业务应用数据库只读用户申请流程的适用范围:省局业务部门在业务系统应用过程中,需要使用数据库查询工具对AHTAX2013数据库进行查询操作。

第二十一条 AHTAX2013省局机关业务应用数据库只读用户申请流程如下(流程图见附件8):

(一)申请人填写《AHTAX2013省局机关业务应用数据库只读用户申请单》(以下简称《只读用户申请单》)(详见附件9),经本部门负责人签字审核后,提交电税管理中心。

(二)电税管理中心应用审核维护岗分析只读用户申请的可行性,向电税管理中心负责人提供审核意见。

(三)只读用户申请单审核通过后,由数据库管理岗创建只读用户,并与应用审核维护岗一起对只读用户权限进行确认。

(四)应用审核维护岗将只读用户的账号和密码提交给申请部门。

第二十二条 数据库管理岗在创建只读用户后,应保管好只读用户的初始密码;对于短期开通的只读用户,应在使用截止日期后,及时收回用户权限,并删除用户。

第九章 运行维护工作时限要求

第二十三条 为加强运行维护工作考核,提高各级地税机关的运行维护工作效率,省局对各类运行维护工作所涉及的工作环节设定工作时限(详见附件10),并主要依托运维平台进行运维绩效考核。

第十章 附 则

第二十四条 本规范由省地税局(电子税务信息管理中心)负责解释。

第二十五条 本规范自印发之日起施行。

安徽省地方税务局转发国家税务总局关于发布《自助办税终端系统技术规范》的通知

2014年11月18日　皖地税发〔2014〕92号

各市、县地方税务局：

现将《国家税务总局关于发布<自助办税终端系统技术规范>的通知》(税总发〔2014〕130号)转发给你们，并提出以下意见，请一并贯彻执行。

一、各单位要高度重视，认真学习规范内容，研究并掌握自助办税终端系统建设的总体要求、软硬件功能、系统安全等业务和技术标准。

二、各单位在建设自助办税终端系统时，要充分考虑本地区、本单位实际情况，严格执行规范，制定科学合理、切实可行的建设方案，拓宽服务渠道，方便纳税人办税。

三、已经建设自助办税终端系统的单位，要认真对照规范要求，检查本单位系统建设情况，对不符合的方面，要抓紧研究解决措施，于2014年底前完成整改。

安徽省地方税务局关于印发《安徽省地税系统网络与信息安全应急响应综合预案(试行)》的通知

2014年12月12日　皖地税发〔2014〕105号

各市、县地方税务局，省地方税务局局属各单位：

为进一步提高全省地税系统网络与信息安全应急处置能力，有效应对重大信息安全突发事件，省地税局制定了《安徽省地税系统网络与信息安全应急响应综合预案(试行)》，现印发给你们。

请各单位在本预案的基础上编制本单位网络与信息安全应急响应综合预案及专项预案，并做好学习宣传和落实工作，定期开展演练。如有问题，请及时报告省地税局(电税中心)。

联系人：袁晓

电话：0551－63756083。

附件1：重大信息安全事件报告表(略)

附件2：重大信息安全事件应急响应结果报告表(略)

附件3：一般信息安全事件报告表(略)

附件4：一般信息安全事件应急响应结果报告表(略)

附件5:安徽省地税系统网络与信息安全专项应急预案规划(试行)(略)

附件6:安徽省地税系统网络与信息安全专项预案编写规范(试行)(略)

安徽省地税系统网络与信息安全应急响应综合预案(试行)

第一章　总　　则

一、目的

为贯彻落实国家税务总局下发的《税务系统网络与信息安全应急响应总体预案》,建立健全安徽省地税系统网络与信息安全应急工作机制,明确安徽省地税系统应急响应工作内容和工作流程,提高应急响应能力,完善应急响应机制,确保信息系统的安全和业务的连续性,特制定本预案。

二、依据

本预案主要依据国家税务总局的《税务系统网络与信息安全应急保障工作框架》、《税务系统网络与信息安全应急响应工作指南(试行)》、《税务系统网络与信息安全应急保障工作总体预案(试行)》等相关文件。

三、适用范围

本预案适用于安徽省地方税务局及各市、县(市、区)级地税机关非涉密网络与信息安全应急保障工作,各市、县(市、区)级地税机构应根据本预案制订本市、县(市、区)应急综合预案,安徽省地方税务局直属单位参照本预案制订本单位综合预案。

涉密信息系统应急保障工作按照国家保密局和税务系统保密部门制订的相关制度和规定执行。

四、工作原则

安徽省地税系统应急保障工作在税务系统网络安全和信息化领导小组和安徽省地税系统信息安全领导小组的领导下,坚持保障与应急相结合,坚持“谁主责谁保障,谁保障谁处置,谁处置谁报告”的原则,有效履行保障和应对网络与信息系统突发事件的职责。具体应遵循以下工作原则。

(一)坚持预防为主

提高安徽省地税系统的信息安全防护意识和水平,加强信息系统安全体系建设,按照信息系统建设运行的特点和规律积极做好日常安全工作,开展安全教育和培训工作,建立完善的安全管理、监督和审查制度,提高各单位应对突发信息安全事件的能力。

(二)提高快速反应能力

建立信息安全预警和事件快速反应机制,建立高效的事件汇报渠道,强化人力、物资、技术储备,增强应急处理能力。保证对信息安全事件做到早发现、早报告、早处理、早恢复等环节的紧密衔接,一旦出现影响信息系统的安全事件,快速反应,及时准确处置。

(三)加强安全监管

逐步建立完善信息系统安全监控和管理机制,对重要业务系统、主干网络、核心设备、重要数据进行持续和重点监控,及时发现信息安全隐患和事件迹象,进行安全预警并采取针对性的应对措施。

(四)责任到人、制度保障

加快应急制度建设,完善工作机制,明确信息安全应急响应工作的角色和职责,保证各项工作责任到人。建立应急响应各项工作的处理流程,实现应急响应工作的规范化、制度化和流程化。

第二章　事件分级和分类

一、事件分级

根据税务系统总体预案对事件分级的要求,安徽省地税系统信息安全事件可划分为5

个等级，其中1级危害程度最高，5级危害程度最低，各级网络与信息安全事件的描述如下：

1级网络与信息安全事件：灾难性安全事件。全国税务系统发生重大安全事件，对社会稳定、国家利益或税务系统业务活动有灾难性的影响或危害，需安徽省地税系统进行配合所处置的安全事件；

2级网络与信息安全事件：特别重大安全事件。对全省业务活动、纳税人利益有极其严重的影响或危害，或者对全省社会稳定、社会公共利益造成严重的影响或危害；

3级网络与信息安全事件：重大安全事件。对全省业务活动、纳税人利益有较为严重的影响或危害，或者对全省社会稳定、社会公共利益造成一定的影响或危害；

4级网络与信息安全事件：较大安全事件。对全省业务活动或纳税人利益有一定的影响或危害，基本不影响全省社会稳定和社会公共利益；

5级网络与信息安全事件：一般安全事件。仅对全省业务活动或纳税人利益造成较小影响或危害，不影响全省社会稳定和社会公共利益。

3级和3级以上的网络与信息安全事件统称为重大网络与信息安全事件。

二、事件分类

综合考虑网络与信息安全事件的起因、表现、结果等，网络与信息安全事件可分为有害程序事件、网络攻击事件、信息破坏事件、信息内容安全事件、设备设施故障、灾害性事件和其他信息安全事件等7个基本分类，每个基本分类分别包括若干个子类。

（一）有害程序事件

有害程序事件是指蓄意制造、传播有害程序，或是因受到有害程序的影响而导致的信息安全事件。有害程序事件包括计算机病毒事件、蠕虫事件、特洛伊木马事件、僵尸网络事件、混合攻击程序事件、网页内嵌恶意代码事件和其他有害程序事件等7个子类。

（二）网络攻击事件

网络攻击事件是指通过网络或其他技术手段，利用信息系统的配置缺陷、协议缺陷、程序缺陷或使用暴力攻击对信息系统实施攻击，并造成信息系统异常或对信息系统当前运行造成潜在危害的信息安全事件。

网络攻击事件包括拒绝服务攻击事件、后门攻击事件、漏洞攻击事件、网络扫描窃听事件、网络钓鱼事件、干扰事件和其他网络攻击事件等7个子类。

（三）信息破坏事件

信息破坏事件是指通过网络或其他技术手段，造成信息系统中的信息被篡改、假冒、泄漏、窃取等而导致的信息安全事件。

信息破坏事件包括信息篡改事件、信息假冒事件、信息泄漏事件、信息窃取事件、信息丢失事件和其他信息破坏事件等6个子类。

（四）信息内容安全事件

信息内容安全事件是指利用信息网络发布、传播危害国家安全、社会稳定和公共利益的内容的安全事件。

信息内容安全事件包括违反宪法和法律、行政法规的信息安全事件；针对社会事项进行讨论、评论形成网上敏感的舆论热点，出现一定规模炒作的信息安全事件；组织串连、煽动集会游行的信息安全事件；其他信息内容安全事件等4个子类。

（五）设备设施故障

设备设施故障是指由于信息系统自身故障或外围保障设施故障而导致的信息安全事件，以及人为的使用非技术手段有意或无意的造成信息系统破坏而导致的信息安全事件。

设备设施故障包括软硬件自身故障、外围保障设施故障、人为破坏事故、和其他设备设施故障等4个子类。

（六）灾害性事件

灾害性事件是指由于不可抗力对信息系统造成物理破坏而导致的信息安全事件。

灾害性事件包括水灾、台风、地震、雷击、坍塌、火灾、恐怖袭击、战争等导致的信息安全事件。

（七）其他事件

其他事件类别是指不能归为以上6个基本分类的信息安全事件。

安徽省地税系统网络与信息安全事件分类原则上参照国家税务总局网络与信息安全事件分类方法。

三、事件定级

（一）定级要素

1. 税务工作秘密泄露造成的影响

根据由于失窃或泄露安徽省地税系统内部工作秘密信息而造成的危害程度，可将网络与信息安全事件的级别定义如下表。

表2.1　税务工作秘密泄露范围及影响与安全事件等级对应表

级别	失窃或泄露的信息分类
1级	全国税务系统工作秘密大量泄露，并在互联网等公众媒体上大量出现和传播，在电视、网络、报刊、新闻杂志等媒体有广泛的负面报道，对税务系统业务和声誉造成特别重大影响。
2级	税务机关工作秘密大量泄露，在互联网等公众媒体上出现和传播，进行广泛的负面宣传，对全省地税系统业务和声誉造成特别重大影响。
3级	税务机关工作秘密部分泄露，并在互联网某些论坛等公众媒体上出现但并未广泛传播，对全省地税系统业务和声誉造成重大影响。
4级	税务机关工作秘密部分泄露，影响范围限于市内，税收业务因此受到影响，对市、县税务机构业务运行和声誉造成较大影响。
5级	税务机关工作秘密少量泄露，影响范围限于单个税务机构或单个纳税人，对该税务机构或个别纳税人的业务和声誉造成影响。

本文所定义的税务系统工作秘密具体请参见《关于印发＜安徽省地方税务局工作秘密范围实施办法（试行）＞的通知》（皖地税函〔2014〕176号）。

2. 税收业务中断受影响范围与程度

依据信息安全事件对税收业务的影响范围和发生时间，将网络与信息安全事件划分为不同的等级。

表2.2　税收业务受影响程度与安全事件等级对应表

影响税收服务范围	申报征收期办公时段		申报征收期非办公时段
	中断4小时以上	中断4小时以下	中断8小时以上
安徽省税收业务	3	4	4
一个市级税收业务	4	5	5

（1）申报征收期办公时段是指安徽省地税系统各税费申报征收期内除法定节假日之外的白天正常办公时段。

（2）申报征收期非办公时段是指安徽省地税系统各税费申报征收期内非白天正常办公时段或法定节假日。

（3）3级以上（不含3级）的网络与信息安全事件，应先由省局上报总局，在总局指导下进行相应定级（1级或2级），并按照其所定等级进行相应处理。

举例说明：某市地方税务局的某税收业务，申报征收期为每月1～15日，该单位每天上班时间为8:00～17:30，则该项税收业务的征税期办公时段为1～15日（节假日除外）的每天8:00～12:00，14:30～17:30，征税期非办公时间段为1～15日的每天0:00～8:00，12:00～14:30和17:30～24:00以及节假日全天。

3. 税务重要系统遭破坏后影响严重程度

依据信息系统等级保护备案等级确定重要系统的等级，再判断对重要系统破坏的影响大小，对照下表确定事件等级。

对于尚未定级信息系统发生的网络与信息安全事件，事件定级方法可考虑按照上述1、2两种因素的定级方法确定安全事件等级。

（二）定级方法

安徽省地税系统网络与信息安全事件定级采用综合定级方法，具体定级过程如下。

表 2.3　对重要系统的影响程度与安全事件等级对应表

影响程度 \ 安全等级	等级保护三级系统	等级保护二级系统
对全省正常税收秩序造成影响并对安徽省地税系统的形象和声誉造成影响	3	3
对全省地税系统正常的工作秩序造成影响	3	4
对市、县税务机构正常的工作秩序造成影响	4	5
影响个别纳税人对税务系统的信任	5	5

1. 首先判断信息安全事件是否造成税务信息失窃或泄露、是否中断了正常的税收业务，或者是否对重要系统造成了破坏，并依据这三方面产生影响的严重程度分别确定事件等级；

2. 税务信息失窃或泄密是指涉及税务工作秘密泄露到非相关人员或税务信息系统之外的情况，当此类情况发生时，需要根据文件的标识、属性和内容确定文件中涉及的税务信息类别及信息泄露的范围和危害程度；

3. 按照造成的影响根据《表 2.1 税务工作秘密泄露范围及影响与安全事件等级对应表》确定税务信息安全事件等级；

4. 当信息安全事件对税收业务造成影响时，需首先确定税收业务受影响的地域范围是涉及一个市级区域、多个市级区域还是影响全省范围的；

5. 然后确定税收业务受影响的时段和中断的时间；确定影响的业务时段是征税期办公时段、征税期非办公时段、非征税期办公时段还是非征税期非办公时段，判断准确的系统中断时间；

6. 按照税收业务受影响程度根据《表 2.2 税收业务受影响程度与安全事件等级对应表》确定税收业务安全事件等级；

7. 如果安全事件侵害的对象为重要信息系统的，应先确定该系统在国家信息安全等级保护中的定级，应着重关注等级保护定级为三级与二级的信息系统；

8. 判断影响时，应识别是否影响全省税收秩序、全省地税系统的形象和声誉、全省地税系统正常的工作秩序、部分人员的正常工作还是影响了个别纳税人对税务系统的信任；

9. 按照重要系统所受到的影响根据《表 2.3 对重要系统的影响程度与安全事件等级对应表》确定重要系统安全事件等级；

10. 如果同时出现两种以上类型的损害则依据税务信息安全事件等级、税收业务安全事件等级和重要系统安全事件等级中严重程度高的一个定级。

（三）定级流程

安徽省地税系统网络与信息安全事件定级流程如下图所示。

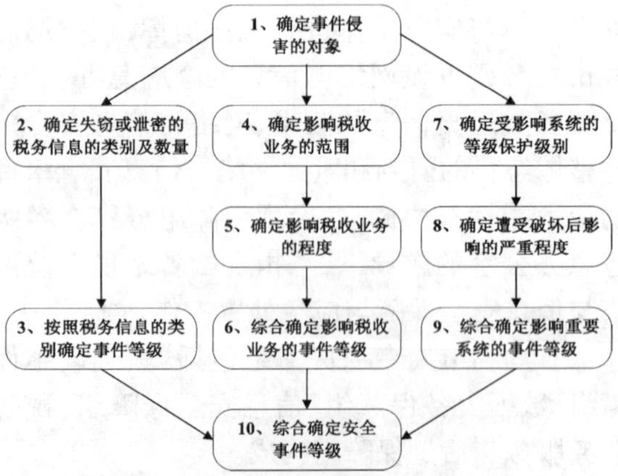

图 2.1　安徽省地税系统网络与信息安全事件定级流程

第三章　组织结构及职责

一、应急组织体系结构

安徽省地税系统网络与信息安全应急工作组织体系包括指挥层、运行层和保障层。指挥层是安徽省地税系统信息安全领导小组（以下简称“领导小组”）；运行层由各级网络与信息安全应急办公室（以下简称“各级应急办公室”）、应急技术专家组、应急技术支撑组、各专项保障组以及外部协调单位构成；保障层包括相关的软件开发商、系统集成商、服务提供商等。

安徽省地税系统网络与信息安全应急工作

组织结构见下图。

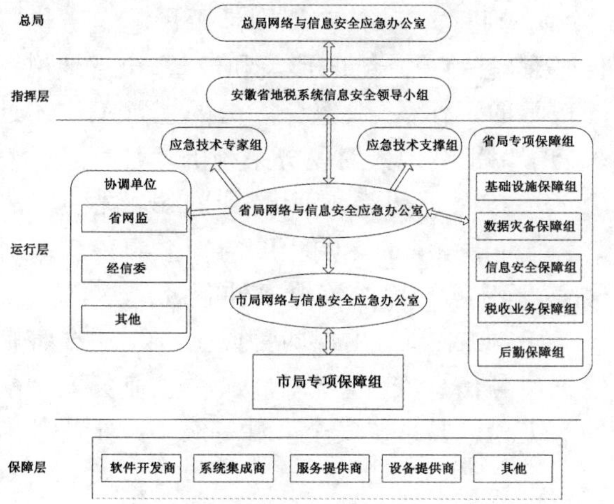

图3.1　安徽省地税系统网络与信息安全应急工作组织结构

安徽省地税系统信息安全领导小组对信息安全保障与应急工作进行统一指挥,在省局和各市局分别下设网络与信息安全应急办公室,负责各类通报信息的收发、网络与信息安全事件整体态势的研判和重大网络与信息安全事件的应急指挥与协调,各专项保障组分别在各级应急办公室的领导下,承担安徽省地税系统网络与信息安全保障与应急处置工作。

省局和市局专项保障组包括:基础设施保障组、数据灾备保障组、信息安全保障组,税收业务服务与后勤保障组构成。

二、应急职责划分

(一)安徽省地税系统信息安全领导小组

安徽省地税系统信息安全领导小组(以下简称"领导小组")主要承担指挥层的工作。组长由局长担任,副组长由各分管局领导担任,成员由各部门主要负责人组成。在应急响应工作中,领导小组的职责是总体指挥和决策。具体负责审核和批准安徽省地税系统网络与信息安全应急响应总体规划,统筹规划安徽省地税系统网络与信息安全应急基础设施建设,对重大网络与信息安全事件进行决策和领导,并向总局网络与信息安全应急办公室报告,协调重大网络与信息安全事件的调查处理,必要时接受应急技术专家组的咨询服务。

(二)应急技术专家组

应急技术专家组为各级应急办公室、各专项保障组提供相关技术支持,主要由与安徽省地税系统相关的技术专家构成。

应急专家组的主要职责包括为安徽省地税系统网络与信息安全应急工作的战略规划、政策措施的制定提供咨询;根据需要参与安徽省地税系统特别重大和重大网络与信息安全预警信息和事件的研判;当发生特别重大网络与信息安全突发事件时,为领导小组的决策提供建议;参与安徽省地税系统特别重大和重大网络与信息安全事件的调查、分析、总结工作。

(三)应急技术支撑组

应急技术支撑组由省局电子税务信息管理中心和第三方厂商组成。国家税务总局是安徽省地税系统的上级管理单位,国家税务总局的应急支撑组和总局技术支持队伍(技术支持热线:4008112366)可同时作为安徽省地税系统网络与信息安全突发事件的应急技术支撑队伍,提供网络与信息安全突发事件应急技术支持。

(四)省局网络与信息安全应急办公室

省局网络与信息安全应急办公室(以下简称"省局应急办")是安徽省地税系统信息安全领导小组的常设机构,设在省局电子税务信息管理中心,负责领导小组的日常工作,省局应急办的具体职责包括:

1. 在领导小组的领导下,指导协调省局及直属单位、市级地税开展重大网络与信息安全事件应急工作。

2. 负责省局网络与信息安全事件的监测预警;负责发布和取消预警信息,负责通报总局下发的预警信息并组织隐患排查和防范措施部署等工作。

3. 组织3级以上重大网络与信息安全事件的调查、分析、总结工作并向领导小组提交相关工作报告。

4. 组织制订、修订与省局应急办职能相关的应急预案,指导各市局制订、修订网络与信息安全突发事件相关应急预案。

5. 负责本预案的宣传、培训和演练工作。

6. 承担领导小组交办的其他工作。

省局应急办有应急处置模式和日常工作模式两个工作模式:

应急处置模式:应急事件发生时,省局应急办立刻进入应急处置状态。负责信息安全保障与应急的通报和协调工作,包括收取和汇总各级上报信息,并及时制定、下发处置预案及意见,指挥、协调各保障组及各市局应急办的工作;组织技术专家组会议,协调各技术支撑组的工作;对突发事件态势进行研判和报告。

日常工作模式:负责建立安徽省地方税务局信息安全保障与应急各项工作制度;制定、完善预警方案;策划预案演练;促进技术储备;编写年度应急工作计划等日常性工作。

(五)市局网络与信息安全应急办公室

市局网络与信息安全应急办公室(以下简称"市局应急办")在省局应急办的垂直领导下,负责本市网络与信息安全事件应急工作的开展,并接受省局应急办交办的其他工作。

市局应急办也有应急处置模式和日常工作模式两个工作模式:

应急处置模式:应急事件发生时,市局应急办启动相应应急预案,并上报省局应急办。市局应急办负责指挥、协调本市各保障组的工作;应急处置结束后向省局应急办上报具体情况。若发生3级以上事件,需组织跨市行动时,市局应急办要接受省局应急办统一指挥,努力配合、积极开展应急处置工作,编写相应总结报告。

日常工作模式:负责建立本局信息安全保障与应急各项工作制度;制定、完善预警方案;策划预案演练;促进技术储备;编写本市局年度应急工作计划等日常性工作。

(六)省局和市局专项保障组

省局专项保障组由基础设施保障组、数据灾备保障组、信息安全保障组、税收业务保障组与后勤保障组组成,其他参与单位协同工作。具体构成如下表所示。

表3.1 省局应急办及各专项保障组成员单位

序号	专项保障组	成员单位
1	省局网络与信息安全应急办	电子税务信息管理中心
		办公室
		征管和科技发展处
		纳税服务处
		财务管理处
		装备处
2	基础设施保障组	电子税务信息管理中心
		装备处
3	数据灾备保障组	电子税务信息管理中心
4	信息安全保障组	电子税务信息管理中心
5	税收业务保障组	相关业务处室
6	后勤保障组	办公室
		财务处
		装备处

各专项保障组的工作职责如下。

基础设施保障组:保障主机、网络链路、通信设备、网络设备、电力系统、空调系统、消防系统等正常运行。

数据灾备保障组:数据存储、备份、安全管理和应急恢复等工作;

信息安全保障组:保障安全设备正常运行;计算机网络系统病毒防护、入侵防护和网络安全事件监控;

税收业务保障组:保障安徽省地方税务局税收业务正常工作以及做好对纳税人的解释工作;

后勤保障组:安徽省地方税务局办公、财务及特殊时期后勤保障。

各市局保障组由各市局应急办根据实际情况确定,并在各市局综合预案中说明各保障组人员构成及各组职责。

三、外部协调与应急保障

(一)外部协调

1. 协调机制

省局应急办同其他通报、协调部门之间应

紧密联系和沟通,及时通报相关情况,当出现1级突发事件时,省局应急办按照总局网络与信息安全应急办公室的部署开展应急工作。

当发生2级或3级网络与信息安全事件时,由省局应急办负责上报总局网络与信息安全应急办公室并向领导小组汇报和协调省级相关协调单位,各市局应急办负责按照省局应急办的部署完成各项工作。

安徽省地税系统根据突发事件的类型需要协调不同的部门,现列表如下。

表3.2　安徽省地税系统网络与信息安全事件协调单位

突发事件	协调部门	说　明
重大网络与信息安全事件	税务系统网络安全和信息化领导小组	提供应急指挥工作。
	省网络安全与信息化领导小组	协调省内资源给予应急支撑。
	省网监总队	协调资源给予应急支持。
重大电力故障	安徽省电力公司	组织协调相关部门尽快恢复税务部门的供电线路等应急供电资源。
重大网络通讯故障	中国电信合肥分公司	组织协调网络通信线路故障等安全事故。
	中国移动合肥分公司	组织协调网络通信线路故障等安全事故。
	中国联通合肥分公司	组织协调网络通信线路故障等安全事故。
外部单位重大信息安全事件	人民银行,人力资源和社会保障	由于人民银行、人力资源和社会保障等单位发生重大故障,造成税收系统无法完成税收业务,协调相关部门与地税部门共同制定应急工作程序并配合执行。

(二)应急保障

安徽省地税系统应急保障层由第三方产品和服务厂商组成,包括软件开发商、系统集成商、设备提供商和服务提供商等,这些第三方产品和服务厂商在安徽省地税信息系统的日常运维和应急工作中发挥着重要的运行保障和应急保障作用,各单位应明确规范与第三方厂商合作流程、具体合作部门,应与第三方厂商签订服务水平协议(SLA),明确双方的责任,确保当网络与信息安全事件发生时能及时有效地进行响应和处置。

第四章　事件预防及预警机制

一、预防

为尽量避免网络与信息安全事件的发生,各单位应做好网络与信息安全突发事件预防工作,及早发现事件隐患,及时采取有效措施。具体应做好如下预防性工作:

(一)建立健全应急保障体系,采用多种技术手段监控和保障单位信息系统安全,不断完善全省信息安全防护体系。

(二)按照国家等级保护制度相关要求,完善各项信息安全管理制度。制定防护策略,设计防护方案,落实防护措施,检查防护效果,修补防护漏洞,保障网络与信息安全。

(三)定期组织开展网络与信息安全检查,在新系统上线、系统升级、网络改造、设备更新等关键信息技术资源发生重大变更及业务发生重大变化时,重新进行风险评估,对于三级系统,每年至少要进行一次检查,检查发现的问题要及时整改。

(四)与电力、通信等重要基础设施服务商,主机、网络、存储等重要设备服务商,系统集成服务商以及其他外包服务商签订服务协议,并对服务商的技术与产品政策、服务水平、服务能力发生变化可能产生的影响及时进行风险评估和预警。

(五)定期组织应急培训和演练,通过培训提高人员对信息安全事件的应急处理能力和对应急操作流程的熟练程度,并保持高度的安全警惕性;通过演练检查人员对应急响应相关知识的掌握程度,检验应急预案的实际效果。

(六)每年组织一次应急演练工作,根据演练的具体情况修改应急预案,确保应急演练方案切实可行。定期检查应急资源准备情况,保证在发生紧急网络与信息安全事件时这些资源

能够及时投入使用，应急资源包括人员、资金、工具、仪器、设备、软件和资料等。

二、预警监测

（一）充分利用全省地税系统网络与信息安全监控系统及其他相关工具，并结合第三方监测信息，及时发现信息安全威胁或事件发生的迹象和趋势；在现有安全监控技术和产品的基础上，做好日志和审计信息记录，加强关联分析，掌握事件发生发展规律和趋势，并不断完善技术监控措施。

（二）各专项保障组及各市局应急办依据各自职责分工开展预警监测工作，要及时收集、分析、汇总本市税务机关网络与信息系统安全运行情况信息，安全风险及事件信息，及时报省局应急办。

（三）各市级地税机构按照省局信息安全运维监控相关制度要求，每月向省局上报信息安全入侵事件、病毒事件等信息安全事件，并制订本市信息安全事件监测汇报制度规范。

（四）各市级地税机构应及时向所属单位及相关业务单位下发或通报省局及本单位监测到的信息安全事件。

（五）应建立关键时点监测与预警机制，在重大业务活动、重大社会活动、信息系统重大变更等关键时点加强风险监控和预警，并及时向业务部门进行风险提示，多部门协同做好应急准备。

三、预警响应

安徽省地税系统网络与信息安全事件预警级别分为三级，分别对应网络与信息安全事件各等级，从高到低表示为：橙色预警对应2级事件、黄色预警对应3级事件、蓝色预警对应4级事件，各预警级别判定标准参照税务系统总体预案。

对于初步判定为橙色的预警信息，5分钟内上报总局网络与信息安全应急办公室，由总局网络与信息安全应急办公室进行预警发布，预警发布后省局应急办立即进行响应并做好防范措施。省局应急办要随时监控预警事件的动态变化并及时报告。由总局网络与信息安全应急办公室适时调整预警级别，省局应急办根据调整后的预警级别做出相应预警措施。

对于初步判定为黄色的预警信息，30分钟内口头汇报、2小时内书面上报省局应急办，由省局应急办进行预警发布，组织相关单位做好防范措施。省局应急办在预警发布后要口头通知总局网络与信息安全应急办公室，省局应急办要随时监控预警事件级别的动态变化，调整预警级别，并采取相应级别的预警措施。

对于初步判定为蓝色的预警，由市局应急办发布，并口头上报省局应急办。

预警信息研判、报告、发布流程见下图。

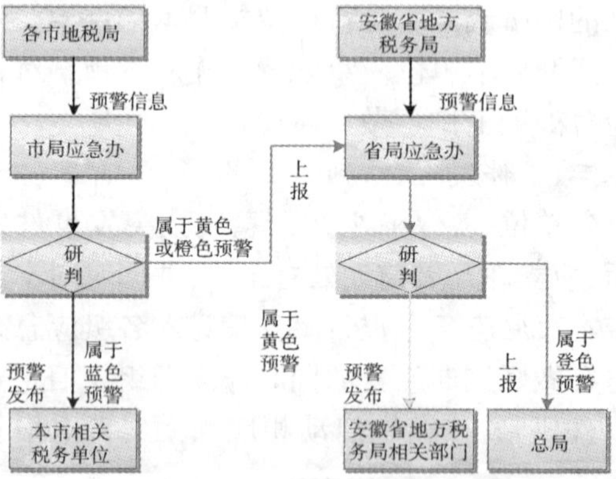

图4.1　安徽省地税系统预警信息报告、发布流程图

四、预警解除

蓝色预警由发布预警的省局应急办和市局应急办解除预警，市局应急办要同时向省局应急办口头报告；

黄色预警由省局应急办解除预警，省局应急办要同时向总局网络与信息安全应急办公室口头报告；

橙色预警由总局网络与信息安全应急办公室解除预警，预警解除后省局应急办应在当日将预警响应和防范情况书面报告至总局网络与信息安全应急办公室。

第五章　应急处置

一、处置原则

突发事件处置应“果断决策、立即处置、及时通报”，对于突发事件，各专项保障组及一线工作岗位按照预案进行现场处置，并及时通报。

对于3级以上网络与信息安全事件,由省局应急办上报总局网络与信息安全应急办公室,对于确属于总局3级以上网络与信息安全事件,由总局网络与信息安全应急办公室统一指挥、组织和协调应急处置工作;否则,由省局应急办按照本综合预案开展应急处置工作。

对于4级网络与信息安全事件,由省局应急办按照本省相关预案领导事件所涉及的网络或系统运行单位的应急处置工作,领导小组根据需要,对各单位应急处置工作予以指导。

对于5级网络与信息安全事件,由事件所涉及的网络或系统运行单位按照本单位相关应急预案开展本单位应急处置工作。本预案对相关应急处置工作不做具体规定。

二、事件发现、初判和上报

各单位、各保障组在信息安全突发事件发生后,应立即开展前期处置工作,并同时向本单位或本市局应急办报告事件信息。各级应急办公室在做好先期处置的同时应立即组织信息安全事件研判,按级别启动相应预案或者上报省局应急办。

对于初判为1、2级的网络与信息安全事件,应5分钟内口头汇报,1小时内书面汇报省局应急办,省局应急办按照税务系统总体预案要求上报总局;对于初判为3级的网络与信息安全事件,应30分钟内口头汇报,2小时内书面汇报省局应急办,省局应急办按照税务系统总体预案要求上报总局。书面汇报需填写《重大信息安全事件报告表》(见附件1)。

对于4级网络与信息安全事件,1小时内口头上报,4个小时书面上报省局应急办,省局应急办应及时采取必要措施控制安全事件造成的影响,并参照省局综合预案及事发单位相应预案及时处置,各市局按总局要求做好应急处置工作。书面汇报需填写《一般信息安全事件报告表》(见附件3)。

对于5级网络与信息安全事件,由网络与信息安全事件发生单位按照本单位相关预案自行处置,并做好事件处理记录和总结。

三、应急预案启动

发生3级以上网络与信息安全事件时,对确属总局3级以上网络与信息安全事件时,由总局启动税务系统总体预案,省局应急办按总局网络与信息安全应急办公室指导开展工作;否则,由省局应急办启动本综合预案,并口头上报总局网络与信息安全应急办公室。

发生4级信息安全事件时,由省局应急办启动本预案及事发单位相关预案。

发生5级信息安全事件时,各单位按照本单位相关预案自行处置。

事件发现、初判、上报及应急预案启动的流程如下图。

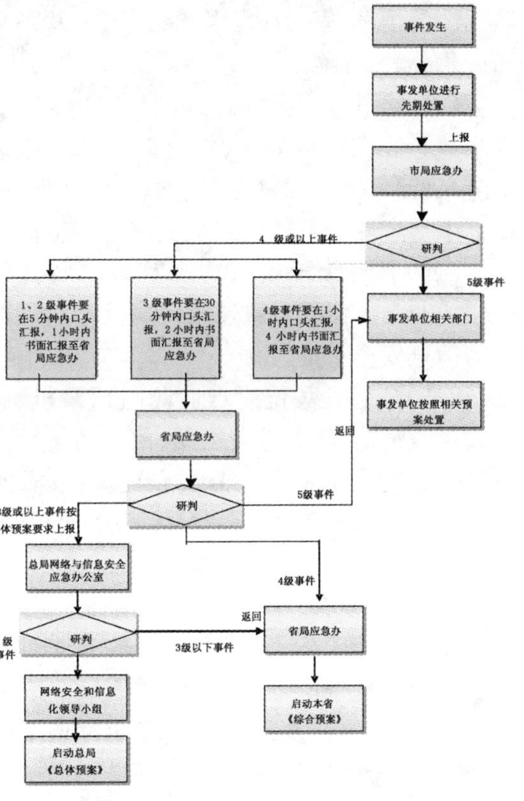

图5.1　安徽省地税系统综合预案启动流程图

四、应急响应

(一)基本响应

网络与信息安全事件发生后,事发单位或各级应急办公室应根据事件发生情况,确定启动相关综合应急预案和专项应急预案,按照预案执行相关操作并及时报送信息,如果没有相关专项预案,应采取以下基本响应措施。

1. 控制事态发展，防控蔓延。事发单位先期处置，采取各种技术措施，及时控制事态发展，最大限度地防止事件蔓延；

2. 快速分析事件性质和危害程度。尽快分析事件发生原因，根据网络与信息系统运行和承载业务情况，初步判断事件的影响、危害和可能波及的范围，提出应对措施建议；

3. 及时报告信息。事发单位在先期处置的同时要按照综合预案要求，及时向上级网络与信息安全应急办公室上报事态发展情况，网络与信息安全应急办公室将突发事件信息上报领导小组，并通报相关专项保障组、各市局应急办和其他协调部门。各专项工作组及各市局应急办根据需要，提请省局应急办协调应急技术专家组和应急技术支撑组提供技术支持；

4. 做好事件发生、发展、处置的记录和证据留存。

（二）分级响应

1.1　级响应

对于总局网络与信息安全应急办公室判定为1级的网络与信息安全事件，省局应急办在总局网络与信息安全应急办公室的指导下开展应急响应。

（1）启动应急指挥系统

领导小组及各级应急办公室进入应急状态，由省局应急办将事件发展状况上报总局网络与信息安全应急办公室，在总局网络与信息安全应急办公室的领导下按照税务系统总体预案的处置流程进行事件处置。

（2）掌握事件动态

事件影响单位及时将事态发展变化情况和处置进展情况上报，省局应急办组织全面了解省内的基础网络和信息系统受到事件波及或影响情况，及时汇总并上报总局网络与信息安全应急办公室和领导小组。对于1级网络与信息安全事件，每1小时向总局网络与信息安全应急办公室上报应急处置进展。

（3）处置实施

各类网络与信息安全事件的应急处置遵循以下原则：

决策及时，处置迅速。省局应急办根据事件状况，将相关情况及时上报总局网络与信息安全应急办公室，并按照总局网络与信息安全应急办公室的决策指示进行应急处置，上报应急处置进展。各相关单位按照领导小组的指令迅速部署和落实处置措施。

控制事态，防止蔓延。各市局应急办根据省局应急办的部署，组织受影响单位应急保障人员采取各种技术措施、管控手段，最大限度地阻止和控制事态发展；省局应急办负责协调本省其他相关部门、行业主管单位，各市局应急办协调本市通信、电力、公安、银行等部门协同配合，防止事件进一步蔓延。

做好处置，尽快恢复。省局和市局应急办组织专家、应急技术力量、事发单位尽快分析事件发生原因、特点、发展趋势，快速制定具体的解决方案，组织实施处置，对业务连续性要求高的受破坏网络与信息系统要及时组织恢复。

预防和处置衍生事件。事件影响单位要做好对受影响公众的解释、疏导工作，及时进行沟通，做好临时性补救措施，防止因公众遭受损失衍生大规模群体性事件。必要时，公安机关负责组织维护现场秩序。

（4）信息发布

对于1级网络与信息安全事件信息发布，由总局网络与信息安全应急办公室决定，各单位不得擅自发布相关消息。

2.2　级响应

对于省局应急办判定为2级的网络与信息安全事件，在总局网络与信息安全应急办公室的指导下启动2级应急响应。

（1）启动应急指挥系统

领导小组、省局应急办及受事件影响的市局应急办进入应急状态，领导小组履行应急处置工作的统一领导、指挥、协调职责，应急技术专家组和应急技术支撑组协助领导小组工作，提供咨询建议和技术支撑。

（2）掌握事件动态

事件影响单位及时将事态发展变化情况和处置进展情况上报，受事件影响的市局应急办

组织全面了解本行政区域内的基础网络和信息系统受到事件波及或影响情况，及时上报省局应急办，领导小组汇总事件发展及应急处置情况，每2小时向总局网络与信息安全应急办公室通报应急处置进展。

(3)处置实施

具体处置实施参照一级应急响应处置实施原则。

相关信息披露由总局网络与信息安全应急办公室决定，各单位不得擅自发布相关消息。

3.3　级响应

对于省局应急办判定为3级的网络与信息安全事件，由省局应急办启动3级应急响应，并口头汇报总局网络与信息安全应急办公室。

(1)启动应急指挥系统

省局应急办、受事件影响的市局应急办进入应急状态，领导小组履行应急处置工作的统一领导、指挥、协调职责，省局应急办和市局应急办负责应急处置具体事宜。

(2)掌握事件动态

事件影响单位应急办将事态发展变化情况和处置进展情况每6小时向省局应急办汇报，再由省局应急办上报总局网络与信息安全应急办公室。

(3)处置实施

事发单位及时采取技术措施阻止事件蔓延，做好处置消除隐患。尽快分析事件发生原因，并根据原因有针对性地采取措施，恢复受破坏信息系统正常运行；

相关信息披露按总局网络与信息安全应急办公室要求发布，各单位不得擅自发布相关消息。

4.4　级响应

对于判定为4级的网络与信息安全事件，按省局应急办要求启动4级应急响应。

(1)启动应急指挥系统

省局应急办、受事件影响的市局应急办进入应急状态，领导小组履行应急处置工作的统一领导、指挥、协调职责，省局应急办和市局应急办负责应急处置具体事宜。

(2)掌握事件动态

事件影响单位应急办将事态发展变化情况和处置进展情况每10小时向省局应急办汇报。

(3)处置实施

事发单位及时采取技术措施阻止事件蔓延，做好处置消除隐患。尽快分析事件发生原因，并根据原因有针对性地采取措施，恢复受破坏信息系统正常运行；

对于各单位判定为4级的网络与信息安全事件，按省局应急办要求发布，各单位不得自行处置。

(三)事件升级

在应急处置过程中，省局应急办实时监控事件动态变化，判断是否调整事件响应处置级别，对需要调整事件级别的，提请领导小组决策，并将相关情况上报总局网络与信息安全应急办公室，按照总局网络与信息安全应急办公室要求采取相应的应急处置措施。

(四)应急结束

1、2级应急响应结束。由总局网络与信息安全应急办公室提出结束应急响应的决定和建议，结束应急响应。

3级应急响应结束。由省局应急办结束应急响应状态，转入后期处置阶段，应急响应结束后，省局应急办及时上报总局网络与信息安全应急办公室，并将有关情况通报相关单位。

4级应急响应结束。市局应急办报省局应急办，省局应急办批准后结束应急响应状态。应急响应结束后及时上报省局应急办。

具体应急响应及响应变更流程见下图。

五、后期处置

(一)系统恢复

应急处置完毕后，信息系统恢复重建工作按照“谁主管谁负责，谁运行谁负责”的原则，由事发单位负责组织制定恢复、整改或重建方案，报相关主管部门审核实施。

(二)事件调查和报告

相关单位应对事件进行研究分析和调查处理，要通过调查，查明突发信息安全事件的原因、经过、性质以及危害程度，并提出消除安全

隐患的改进措施和相关建议，以防止同类事件再次发生。

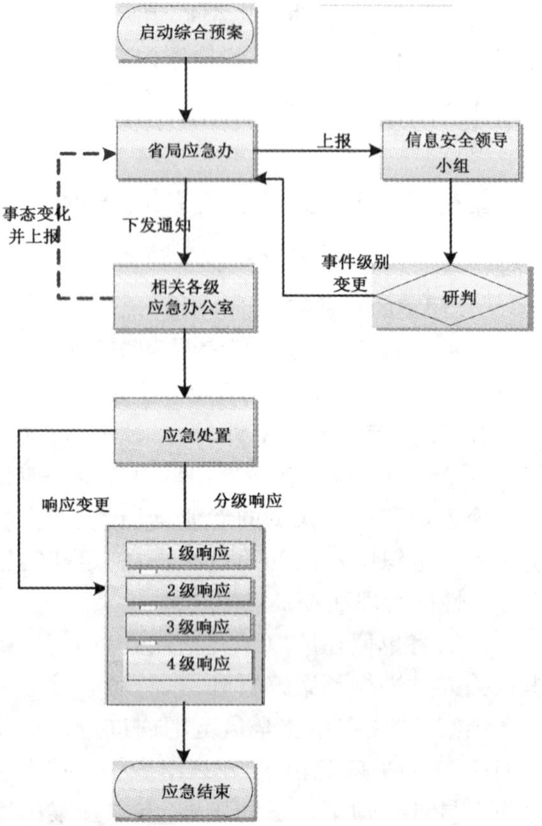

图5.2　安徽省地税系统重大安全事件应急响应及变更流程

对于1级和2级网络与信息安全事件由总局网络与信息安全应急办公室组织有关单位和专业技术机构，成立事件调查组进行调查；对于3级网络与信息安全事件由省局应急办组织有关单位和专业技术机构，成立事件调查组进行调查，将调查结果上报网络与信息安全应急办公室；对于4级网络和信息安全事件由省局应急办或事件发生单位所在市局应急办组织调查处理，市局应急办按省局应急办要求调查处置并将调查结果上报省局应急办。

1级和2级网络与信息安全事件调查处理工作应在应急处置结束后30天内完成，特殊情况下不得超过45天；3级网络与信息安全事件调查处理工作应在应急处置结束后60天内完成；4级网络与信息安全事件调查处理工作根据各单位应急处置情况合理安排调查时间。

事件调查完成后，应形成调查处理报告，明确事件的性质、发生原因、经过及危害程度，提出调查处理建议和防范此类事件再次发生的改进措施和建议，3级以上事件上报总局网络与信息安全应急办公室，4级事件上报省局应急办和领导小组，并对相关责任人进行处理，涉及违法行为的，应依据法律、法规，应移交相关部门处理。

3级及以上信息安全事件调查结果报告模板参见《重大信息安全事件应急响应结果报告表》（见附件2），3级以下信息安全事件调查结果报告模板参见《一般信息安全事件应急响应结果报告表》（见附件4）。

（三）应急预案的评审修订

根据实际应急工作过程记录和应急工作总结报告，组织人员对相关预案进行重新评估和修订，并发布更新，以确保应急预案的准确性和有效性。

第六章　应急响应保障措施

一、人力保障

（一）单位应明确应急保障工作组织体系和人员，明确领导责任，落实岗位责任制，建立相应的考核制度。

（二）加强应急人才队伍建设，确保应急处置人员具备应急工作必要的技术能力，定期组织人员培训以满足应急工作的要求，并通过应急演练，保证应急处置人员的熟练度。

（三）建立长效的应急人员保障机制，包括设立专门的应急管理岗位，为各运维工作岗位人员明确应急工作职责。

（四）建立安徽省地税系统的应急技术专家队伍，应急响应专家队伍是信息安全应急过程中事件研判、全程咨询、资源调度的有力保证。应急响应专家队伍成员由本局内部对应急响应工作有经验或信息安全应急方面资深人员构成。

二、物质保障

各单位应建立有效的物质保障机制，确保在应急响应过程中不会因物质缺乏而导致应急

处置中断或延长应急处置时间，在物质保障方面，采取以下措施：

（一）加强应急资源的建设和管理，应急基础物质保障应与应急技术保障的实现、应急管理工作的开展、应急响应技术服务在应急响应时的及时到位结合起来，物质保障需求由相关应急专项保障小组提出，由各级应急办公室及采购部门负责落实。

（二）建立应急响应专项资金预算管理与审批制度，确保应急保障物资的及时采购和必要储备，确保应急响应工作的有效开展。

（三）加强应急通信、应急广播视频系统、应急交通运输等系统的建设，建立与交通、电力、通信、消防、公安、银行等部门的沟通联络机制，确保应急响应工作的顺利开展。

三、技术保障

（一）逐步建设适应网络与信息安全应急保障工作的技术平台，确保及时发现应急事件，并及时通知有关人员启动应急响应。

（二）按照国家《信息安全等级保护基本要求》、《安徽省地方税务系统信息安全防护体系运行管理办法（试行）》等的要求，逐步完善网络与信息安全保障体系建设。

（三）加强与第三方应急专业机构和社会资源的联系，包括市经信委网络处、市供电部门、市公安网络安全监察部门、科研院所、公司等外部技术和业务支持单位等。

（四）明确相关厂商（如设备厂商、运维外包厂商、安全服务厂商等）的技术支持服务水平，确保应急处置过程中相关厂商能够提供及时有效的技术支持。

四、制度保障

（一）按照国家应急保障工作相关法律法规、国家等级保护制度、税务系统应急工作框架以及税务系统应急工作相关要求逐步完善本单位应急保障制度体系建设。

（二）对应急相关制度及各类应急预案建立定期评审和修订的工作制度，落实制度编写、修订、维护、备案和保存等工作的责任部门，确保各项制度的实用性和实效性。

（三）为保证应急工作制度的执行情况，各市局可结合安全检查、等级保护测评等工作，检查制度的落实情况，也可以根据实际情况，组织开展应急工作的专项检查，检查内容应包括各应急保障组和相关职能部门对应急相关制度的落实情况。

第七章　应急预案的宣贯、培训、演练和维护

一、预案的宣贯和培训

（一）对应急预案进行宣贯和培训的目的是使所有人员了解各自在应急响应工作中的职责，明确发生信息安全事件时应采取的行动步骤。应急响应培训工作应突出针对应急响应相关管理人员和技术人员的专业培训，根据应急响应工作组织中不同的角色职责，制定和实施有针对性的管理和技术培训。

（二）各单位在应急预案正式发布后，应组织相关人员进行预案宣贯和培训，对于总体和综合预案，建议在单位全员范围内进行宣贯或培训；对于专项应急预案，建议组织相关技术和业务人员进行预案宣贯和培训，专项预案的编写规划和规范详见《安徽省地税系统网络与信息安全专项应急预案规划（试行）》（见附件5）和《安徽省地税系统网络与信息安全专项预案编写规范（试行）》（见附件6）。

（三）组织人员编写相应的宣贯材料，采用多种手段，如下发宣贯手册，利用网络、宣传彩页、期刊、视频会议等手段普遍开展应急预案的宣贯，提高全体工作人员的应急意识和应急基本常识。

（四）定期组织针对技术人员的应急预案培训，在组织重要系统专项应急预案培训的基础上，应通过实际的应急响应演练过程，帮助相关人员不断更新应急响应的知识和技能，提高各类人员的应急工作熟练程度，提高突发事件发生时应急响应的效率，并认真做好培训效果的反馈和培训计划的更新。

二、应急演练

（一）应急演练是模拟突发网络与信息安

全事件，各有关部门和人员按照应急预案所进行的一系列活动和措施，每年至少一次。在更新应急预案后或遇可预见的安全事件时，应及时开展应急响应演练，以检验应急预案的正确性，不断加强人员的应急安全意识和应急响应的熟练程度。

（二）应急演练以应急预案为基础，在每次演练前应首先确定演练的目标和范围，制定详细、严谨的应急演练方案，避免对正常业务造成不必要影响。应急演练的范围可视具体情况而定。

（三）应急演练过程中如果涉及上级主管部门或其他相关部门，应事先做好协调沟通工作，避免由于协调工作不到位而导致对这些部门正常工作的干扰。如果应急演练过程涉及社会资源，需要事先与其进行协商，并明确其服务范围和服务级别等事项。

（四）各单位可根据应急预案的要求、演练目标和目前所具备的资源条件等实际情况，确定具体的演练方式；应急演练应记录演练过程，并形成演练报告提交单位主管领导。

具体流程如下图所示：

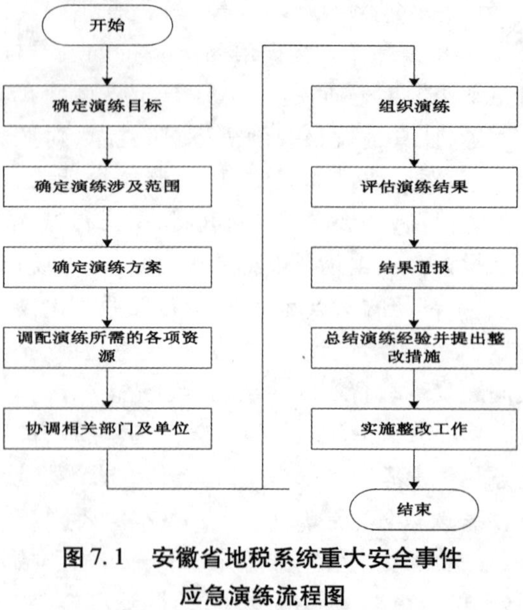

图7.1　安徽省地税系统重大安全事件应急演练流程图

三、预案的管理和维护

（一）预案分类和管理

1. 安徽省地税系统网络与信息安全事件应急预案分为综合预案和专项预案，分级进行管理。

2. 综合预案由省局应急办负责制订和修订，报国家税务总局备案，专项预案由网络与信息系统运营使用单位负责制订和修订。各市局参照税务系统总体预案和本预案，结合本市实际情况负责建立与完善本市网络与信息安全应急预案体系。

（二）预案维护

为了保证应急预案的有效性，对应急预案日常维护的要求如下。

1. 各单位应急预案需有专人负责保存和分发。

2. 应急预案应确保分发给所有应急相关人员，并采用不同形式在多个地点进行保存，以确保预案在紧急情况下可用。

3. 预案在每次修订后，确保所有的拷贝统一更新，旧版本应按照有关规定及时销毁。

4. 网络系统的变化、业务系统的变化、业务流程的变更以及人员的变更等都应该在各相关应急预案中及时反映。

5. 应急预案在演练和信息安全事件发生后实际执行时，对实际执行过程进行详细记录，并对演练和执行的效果进行评估，同时对应急预案进行相应的修订。

6. 应急预案应保证准确性和有效性，应急预案文档应定期进行评审和修订，重要系统应急预案至少每年一次。

第八章　附　　则

一、本预案由省局网络与信息安全应急办公室负责解释和修订。

二、本预案自印发之日起执行。

党的群众路线教育实践活动专题类

中共安徽省地方税务局党组 党的群众路线教育实践活动领导小组 关于市、县(市、区)地方税务局开展党的群众路线教育实践活动的指导意见

2014年2月24日　皖地税群组发〔2014〕4号

各市、县(市、区)地方税务局:

根据安徽省委办公厅《关于深入开展第二批党的群众路线教育实践活动的指导意见》(皖办发〔2014〕3号)和省委党的群众路线教育实践活动领导小组《市、县(市、区)机关及其直属单位开展党的群众路线教育实践活动指导方案》(皖群组发〔2014〕10号)、《执法监管部门和窗口单位、服务行业开展党的群众路线教育实践活动指导方案》(皖群组发〔2014〕11号)以及国家税务总局有关第二批教育实践活动部署要求,现就市、县(市、区)地方税务局开展党的群众路线教育实践活动提出如下指导意见。

一、认清重要意义,把握好总体要求

各市、县(市、区)地方税务局开展党的群众路线教育实践活动,要严格按照当地党委的统一部署和要求,不折不扣地认真抓好落实。同时,结合地税工作特点,注意把握好以下要求:

一要注重加强思想引导。要教育引导广大党员干部和职工充分认识开展群众路线教育实践活动,是服务纳税人、促进征纳和谐的迫切需要,是服务基层、固本强基的迫切需要,是服务改革发展大局、实现税收现代化目标的迫切需要,自觉以严肃认真的政治态度和高度自觉的政治责任感,积极投入教育实践活动中来。通过开展教育实践活动,转变作风,汇集智慧,凝聚力量,为圆满完成地税各项工作任务、促进地方社会经济发展作出新的更大贡献。

二要注重把握主要内容。开展党的群众路线教育实践活动,要以为民务实清廉为主要内容,认真落实总局“三个三”要求:搞好服务税户、服务基层、服务大局“三个服务”,做到任务求实、干事踏实、说话朴实“三个实在”,恪守执法禁贪、服务禁懒、管理禁散“三个禁止”。

三要注重解决突出问题。坚持问题导向,着重解决“四风”问题。党员干部要直面存在的问题,认真进行自我剖析,对照党章、对照廉政准则、对照改进作风要求、对照群众期盼、对照先进典型,开展深刻的自我批评,进行诚恳的相互批评。根据正风肃纪要求,抓住本系统、本单位、本部门的重点问题、群众反映强烈的突出问题,做到边学边改、边查边改、边整边改,把解决问题贯穿教育实践活动的全过程。

四要注重抓住重要环节。“学习教育、听取意见”是基础,“查摆问题、开展批评”是关键,“整改落实、建章立制”是根本。要把三个环节的要求贯通和衔接起来,不分阶段、不搞转段,确保每个环节不能少、领导带头不能丢、统筹兼顾不能误,努力做到“敞开心胸听意见、突出重点抓整改、注重实效建机制”,持续提升全省地税系统工作水平。

五要注重开门组织活动。坚持群众参与，采取召开座谈会、个别谈话、上门征求意见等形式，广泛听取党员、干部、群众和纳税人的意见。坚持群众监督，向群众公示整改任务书和时间表，并在一定范围内公布整改方案和结果，让整个活动始终处于群众监督之下。坚持群众评价，组织党员干部、职工和纳税人对解决问题、改进作风情况进行民主评议，使教育实践活动成为群众支持、群众检验、群众满意的民心工程。

六要注重推动税收中心工作。开展党的群众路线教育实践活动，要与推动税收事业科学发展紧密结合，实现两不误、两促进、两提高。要把教育实践活动成效体现到更好地为广大纳税人、基层税务人和经济社会发展大局服务；体现到依靠打击违法增收、堵塞漏洞增收、科学管理增收，促进圆满完成地税收入任务；体现到税制改革顺利推进，不断释放制度红利；体现到推进税收征管改革，不断提高税收征管质量和效率；体现到地税干部综合素质不断增强，地税形象不断提升。

二、紧紧围绕"四风"，着力查摆解决问题

要紧紧抓住反对"四风"这个重点，着力查摆和解决干部职工和广大纳税人反映强烈的突出问题。

（一）市、县（市、区）地方税务局领导班子和领导干部要着力查找以下8个方面的问题并认真解决：

（1）在指导工作方面，工作不务实、作风不扎实；改革精神不强、创新举措不多；不敢担当、不愿负责；邀功请赏、好大喜功。（2）在依法行政方面，落实税收政策法规不严格，落实人财物管理制度不到位。（3）在纳税服务方面，落实简化行政审批要求不力，程序繁琐，办事拖拉，效率低下；服务渠道不畅通，服务举措不落实，回应纳税人诉求不及时。（4）在服务基层方面，基层联系点制度不落实，不了解基层实际情况，衙门习气，遥控指挥；机关部门间协作配合不力，推诿扯皮，政出多门，文山会海；各种名目的检查多、考核多、评比多；服务不主动，不作为、慢作为，"中梗阻"。（5）在工作执行方面，庸懒散软拖，责任心不强，执行力差；精神萎靡不振，精力不够投入，进取心不强，得过且过，出工不出力。（6）在执行"八项规定"方面，有令不行、有禁不止；"三公"经费管理不严格，公务接待上大吃大喝，相互宴请，挥霍浪费；规范津补贴制度执行不到位，搞上有政策下有对策；借外出考察、培训之名，游山玩水。（7）在队伍管理方面，不敢坚持原则，不敢抓、不敢管，怕得罪人，遇到矛盾绕着走，好人主义盛行。（8）在班子自身建设方面，学习态度不端正、风气不浓厚、制度不落实，能力素质欠缺；"三重一大"决策科学化、民主化不够；团结协作意识不强，争功诿过，相互拆台，凝聚力、战斗力不强，等等。

（二）基层服务窗口单位及一线执法人员要着力查找以下6个方面问题并认真解决：

（1）在税收执法方面，选择性执法和随意性执法，操作不规范，收"关系税"、"人情税"；执法不公正、程序不公开、税收处罚随意性大，滥用行政裁量权。（2）在税收检查方面，日常检查随意性大，对纳税人多头重复检查、随意下户，干扰纳税人正常生产经营。（3）在纳税服务方面，对纳税人态度冷漠，主动服务意识不强，方法简单粗暴，门难进、脸难看、事难办；纳税服务职能整合不到位，造成纳税人办税多头跑、多次跑、排长队；办税流程繁琐，工作效率不高；政策业务生疏，纳税咨询解答不及时、不一致、不准确。（4）在日常税收管理方面，责任心不强，税户底数不清，情况不明，管理粗放不到位。（5）在廉洁从税方面，徇私枉法，以税谋私，吃拿卡要报。（6）在工作纪律方面，迟到早退，上班时间溜号串岗，玩手机、吃零食、逛淘宝、炒股票、打游戏；着装不规范、衣冠不整洁，精气神不足，等等。

三、严密组织实施，确保活动取得实效

一要坚持领导带头，做到以上带下。各级党组要始终把责任担在肩上，把活动抓在手里，把工作落到实处；各单位主要负责人要高度负责，领导干部带头学习、带头深入基层听取意见、带头查摆问题、带头开展批评和自我批评、

带头整改落实,努力形成以上率下、整体联动的生动局面。

二要落实从严要求,确保活动质量。贯彻整风精神,聚焦“四风”,深入查摆问题,敢于正视问题,勇于剖析问题,切实解决问题,立查立改,真正让群众看到变化、看到实效。坚持“严”字当头,把好每个环节,落实好每项任务,一步一“回头”,一步一检查,确保活动质量。

三要加强学习宣传,营造良好氛围。要采取形式多样、务实管用的方法,组织广大党员干部深入学习有关文件及上级工作部署要求,为教育实践活动顺利开展奠定良好的基础。要大力选树先进典型,加强正面宣传,弘扬新风正气。要加强活动宣传,及时总结推广经验做法,为开展教育实践活动统一思想、营造声势、加油鼓劲。

四要注重分类指导,强化督促检查。严格按照中央和地方党委的统一部署和要求,做到“规定动作”不折不扣,“自选动作”有声有色。根据省委要求,省局党组将派出巡回督导组,及时了解各单位活动进展情况,指导教育实践活动开展。各市地方税务局也要成立巡回督导组,加强对县(市、区)局教育实践活动的督导和指导。

五要切实加强领导,密切协作配合。认真贯彻落实当地党委有关部署和要求,加强领导,统筹兼顾,把条块要求结合好、统筹好、落实好。各市、县(市、区)地方税务局要成立领导小组和工作机构,认真履行职责,切实负起责任,充分发挥作用。要积极主动地向地方党委和督导组请示汇报,加强与省局领导小组办公室的工作联系,建立联络员制度,及时上报活动进展情况。

中共安徽省地方税务局党组
党的群众路线教育实践活动领导小组
关于印发《学习贯彻“三严三实”要求开展教育实践活动“回头看”的实施方案》的通知

2014年4月9日　皖地税群组发〔2014〕11号

各市、县地方税务局,省地方税务局局属各单位:

现将《学习贯彻“三严三实”要求开展教育实践活动“回头看”的实施方案》印发给你们,请认真贯彻执行。活动开展情况请及时上报省局教育实践活动领导小组办公室。

学习贯彻“三严三实”要求开展教育实践活动“回头看”的实施方案

根据省委《关于认真学习贯彻习近平总书记“三严三实”要求进一步加强作风建设的意见》(皖发〔2014〕8号)、省委教育实践活动领导小组《关于认真学习贯彻习近平总书记“三严三实”要求高标准高质量推进教育实践活动的意见》(皖群组发〔2014〕20号)精神,为进一步强化作风建设,促进教育实践活动善始善终、善做善成,结合地税工作实际,现就学习贯彻“三严三实”要求,开展教育实践活动“回头看”制定以下实施方案。

一、开展时间

自4月份开始,集中一个月时间进行。

二、责任部门

在省局教育实践活动领导小组领导下,省局教育实践活动领导小组办公室负责“回头看”的统筹指导,省局局属各单位根据职责负责第一批教育实践活动成效的“回头看”,各市、县(市、区)局负责本单位教育实践活动的“回头看”,省局巡回督导组负责对第二批活动单位“回头看”情况进行督查指导。

三、实施范围

“回头看”分为两个层级实施,一是在省局开展,二是在市、县(市、区)局开展。

四、主要内容

“回头看”以学习贯彻“三严三实”要求为主线,针对不同层级确定不同内容。

(一)在省局,扣紧五个专项行动、建立五类重点制度,围绕学习教育、对照检查、整改落实等各个环节中心任务,深入查找差距和不足,着力做好补缺补差,切实巩固和扩大第一批教育实践活动成果。重点看:一是学习上,是否采取多种形式组织党员干部深入学习习近平总书记“三严三实”要求和在河南省兰考县调研指导教育实践活动时的重要讲话精神以及焦裕禄精神,引导党员干部深入领会“三严三实”丰富内涵和实践要求。二是查摆上,对照落实全省地税系统效能建设十项制度,是否存在岗位职责不明、服务承诺延迟、首问负责推诿等问题;聚焦“四风”,结合明察暗访情况,进一步查找是否存在与“三严三实”不相符的突出问题。三是整改上,回应发展、纳税人和基层需求的各项举措是否及时出台并落地生根;“三公”经费使用是否同比下降,超面积、超标准办公用房清理是否深入进行;是否全面落实便民办税各项措施要求;建章立制是否务实管用、广大纳税人是否真正满意。按月填写《税务系统第一批教育实践活动单位整改落实情况统计表》(附后),每月20日前报省局教育实践活动领导小组办公室。

(二)在市、县(市、区)局,既要以“三严三实”要求为重要标尺进一步开展好集中学习环节工作,又要以“三严三实”要求为重要指导,提前谋划好对照查摆问题、组织召开领导班子民主生活会和整改落实等各项工作。一看是否把学习贯彻“三严三实”要求、习总书记兰考重要讲话精神和大力弘扬焦裕禄精神纳入学习内容,以党员领导干部为重点开展集中学习。二看是否以“三严三实”要求为镜子,组织领导班子成员广泛听取和深入查摆在修身用权律己、谋事创业做人等方面存在的突出问题,并认真分析问题根源。三看领导班子及成员是否从撰写对照检查材料、普遍开展谈心交心、深入进行批评和自我批评等环节上提前谋划民主生活会筹备工作,为召开一次高质量的民主生活会奠

定坚实基础。四看是否以“三严三实”要求为导向坚持做到边学边改、力行力改,是否真正从干部职工和广大纳税人反映最强烈的问题改起,切实推动基层基础进一步夯实,制度体现进一步完善,党群关系进一步密切,作风建设进一步加强,为民务实清廉形象进一步树立。

五、工作要求

各单位要以学习贯彻“三严三实”要求,加强领导,周密部署,形成合力,有序实施,切实抓好“回头看”工作。各级领导干部要以身作则、率先垂范,积极在学习贯彻“三严三实”、加强作风建设中发挥引领示范作用。省局局属各单位要切实履行好牵头职责,对照工作内容,立足部门职能,迅速开展“回头看”工作。各市、县(市、区)局要结合落实教育实践活动方案和各个环节的重点工作,认真做好本单位的“回头看”工作。省局巡回督导组要加强对“回头看”的督查指导,确保各项任务落到实处,扎实推进系统教育实践活动开展。

中共安徽省地方税务局党组关于全省地税系统深化“四风”整治、巩固和拓展党的群众路线教育实践活动成果的意见

2014年12月4日　皖地税党组发〔2014〕44号

各市、县地方税务局党组,省地方税务局局属各单位:

为深入贯彻落实习近平总书记系列重要讲话精神,常态长效地抓好全省地税系统作风建设,根据中央办公厅、省委和国家税务总局党组相关文件要求,现就全省地税系统深化“四风”整治、巩固和拓展党的群众路线教育实践活动成果提出如下意见。

一、努力巩固和拓展教育实践活动成果

1. 牢固树立“作风建设永远在路上”的意识。教育实践活动有期限,加强作风建设无尽期。作风建设是攻坚战,也是持久战,松一松就可能前功尽弃。各级地税机关党组织和广大党员干部要充分认识到,中央大力加强作风建设的坚定决心不会改变,保持反“四风”的高压态势不会改变,绝不能有丝毫侥幸心理,必须一如既往地把作风建设抓紧抓实;要充分认识到,作风问题具有顽固性、反复性,应牢固树立作风建设无尽期的观念,主动破除“一劳永逸”等各种影响长期抓作风建设的思想障碍,打好作风建设持久战、攻坚战;要充分认识到,地税部门工作与纳税人联系最直接、最广泛,部门的工作作风,在为纳税人服务中体现得最具体,直接关系党和政府在人民群众心目中的形象。同时,全省地税系统点多、面广、线长,巩固拓展教育实践活动成果,任务更加艰巨,必须以高度的政治责任感和政治意识,始终把作风建设摆在地税工作的重要位置,切实抓常、抓细、抓长、抓好,以作风建设新常态推动地税事业新发展。

2. 以“钉钉子”精神深入推进整改落实工作。各单位要发扬钉钉子精神,按照所在地党委有关深化“四风”整治、巩固和拓展教育实践活动成果的部署要求,严格按照整改落实的路线图、任务书和时间表,与人对应、与事对接,扎实抓好各项任务的落实,自觉接受干部群众和纳税人监督。要认真梳理整改落实情况,对已

经解决的问题及时“销号”，并不断巩固深化，防止反弹和“回潮”；对尚未落实到位的整改任务，无论是班子的还是个人的，都必须严格对照，一件一件地抓、一个一个地改，限期整改到位；对新出现的问题要及时跟进，做到新问题发现一个解决一个，常抓不懈；对普遍存在的问题要抓好建章立制，把问题整改与制度建设有效匹配起来。同时，要注重加强巩固和拓展教育实践活动成果工作的跟踪问效和督办通报。

3. 认真总结教育实践活动宝贵经验。在活动中，各级地税机关为加强作风建设提供了丰富经验。要根据各单位的实际情况，进一步把活动经验提炼好、升华好、推广好，从具体工作中抽出普遍规律，从具体做法中找到长期抓手，使思想认识再深化、工作措施再完善、作风建设再推进。

二、始终拧紧理论武装这个“总开关”

4. 持久补足精神之“钙”。要把深入学习习近平总书记系列重要讲话精神作为首要内容，持久开展理想信念、党性党风和社会主义核心价值观教育，使广大党员干部牢固树立中国特色社会主义共同理想，坚持党的事业、人民利益、宪法法律至上，自觉远离低俗、追求崇高。持久开展群众观点和宗旨意识教育，引导广大党员干部不断深化群众路线是党的生命线和根本工作路线的认识，牢记“为国聚财、为民收税”神圣使命，自觉摆正同人民群众特别是同纳税人的关系，切实解决好角色定位问题。持久开展警示教育和法纪教育，使广大党员干部增强规矩意识、法治思维和纪律观念，真正做到受警醒、明底线、知敬畏。

5. 突出抓好作风教育。要把教育实践活动中学习教育的有效做法坚持好、发扬好，把作风教育纳入各级党组中心组学习和集体学习内容，每年至少集中开展1次专题学习。党员领导干部要联系思想、工作和作风建设实际，每年至少为基层党员干部讲1次党课；各单位组织各类培训班都要把作风教育作为必修课。

6. 更加注重知行合一。要坚持教育与实践并重，大力弘扬理论联系实际的学风，引导党员干部把学习理论同研究解决税收改革发展的重大问题、党的建设的突出问题、纳税人最关心最直接最现实的利益问题结合起来，增强税收工作的原则性、系统性、预见性和创造性。

三、持续抓好“四风”整治各项工作

7. 兑现承诺落实整改任务。要对领导班子整改方案和领导干部整改措施落实情况进行盘点分析，及时掌握整改进度、成效和存在问题，有针对性地拿出对策。坚持“五制”并举，推进整改工作进一步落到实处。基本完成的，要明确巩固深化的具体要求，防止反弹；整改不彻底的，要高标准、严要求，加大力度；尚未整改的，要明确责任人、路线图、时间表，抓紧推进。对随着形势任务发展而不断出现的新问题，要及时跟进，做到发现一个解决一个，常抓不懈。定期公开后续整改进展情况，干部和纳税人认可一件、销号一件，绝不允许出现“烂尾工程”“形象工程”。

8. 持续用力深化专项整治。要根据中央部署的21项专项整治任务，继续深化“三清三察三审”，推进“三治”，扎实开展总局部署的培训中心、为税不廉、纵酒行为等“六项集中整治”，进一步把责任明确到位、措施落实到位、问题解决到位。各单位牵头部门要进一步细化分解任务，完善实施措施，加强协调和调度；协作部门要按照职责分工，主动配合、抓好落实，不达目的不罢休。

9. 坚持上下联动推进整改。要全面系统分析整改任务，对上面的问题需要下面配合解决的，就上题下答；下面的问题根子在上面的，就下题上答；需要上下协力共同解决的，就同题共答。各级领导机关要主动认领基层问题，进一步完善整改台账，认真抓好落实。要深度聚焦问题，确定几个需要上下联动整改的重点项目，制定专门方案，上下互动、挂牌督办。要统筹抓好省、市、县局三级联动，认真核查基层和纳税人需要上级牵头解决的问题，列出联动整改项目清单，明确责任单位和具体措施，抓好组织实施。

10. 严格落实改进作风常态化制度。要认

真执行中央出台的《党政机关厉行节约反对浪费条例》和省委、省政府和国家税务总局等有关文件,坚决防止上有政策下有对策、搞变通打折扣等行为,确保落实中央八项规定精神不走样。按照作风建设要求,把握机关和干部管理规律,搞好制度承接,抓好新旧制度衔接,进一步细化公务接待、公务用车、因公出国(境)、差旅费会议费管理等具体规定,确保出台的每项制度行得通、有效果、管长久。

11. 升级完善好持续改进机制。要发扬钉钉子精神,抓住基层和纳税人反映的突出问题,注重顶层设计,不断改革创新,环环相扣、步步深入,构建具有税务特色、真正务实管用的长效机制。深入推进行政审批制度改革,紧紧围绕减审批项目、减办税负担、加强纳税服务、加强后续管理"两减两加",进一步下放审批项目,实施权力清单制度。着力推进纳税服务规范化、内控机制信息化、绩效改进持续化、监督检查常态化等机制制度建设,各级牵头部门要尽责担当、强力推进,相关部门要密切配合、协同攻坚。要继续强化正风肃纪,加大制度执行监督检查力度,坚持制度面前人人平等、执行制度没有例外,不留"暗门"、不开"天窗",对违反制度规定"踩红线""闯雷区"的零容忍,发现一起坚决查处一起,不搞法不责众、不搞下不为例、不搞情有可原。坚持"一案双查",既要追究当事人责任,也要追究监管者责任。对顶风违纪、影响恶劣的典型案例,要指名道姓予以通报曝光,起到处理一起、警醒一片的作用。

四、切实严肃各级领导班子党内政治生活制度

12. 强化党的意识和政治担当意识。各级领导班子成员必须坚持个人服从组织、少数服从多数、下级服从上级、全党服从中央,坚决维护中央权威,坚决维护党的集中统一,把爱党、忧党、兴党、护党落实到思想工作生活各个环节,使在党言党、在党忧党、在党为党成为自觉行动,更好地发挥党员干部先锋模范作用。

13. 严格执行党内政治生活制度。各级领导班子要坚持民主集中制,完善并严格执行民主决策机制、集体领导与个人分工负责相结合的制度、请示报告制度。各级党组织要着力解决不按规定开展党内活动、党内生活质量不高、流于形式、难以发挥作用的问题,不断提高党内政治生活的政治性、原则性、战斗性。党员领导干部要严格执行双重组织生活会制度,既要认真参加领导班子民主生活会,又要以普通党员身份参加所在党支部的组织生活会。要坚持"三会一课"、民主评议党员、党员党性定期分析、诫勉谈话、组织约谈等制度,结合实际开展主题党日、警示教育等活动。结合年度考核,对各级领导班子和领导干部贯彻执行党内政治生活有关规定情况进行检查,各级领导班子要在自查基础上向上级党组织专题报告。

14. 用好批评和自我批评武器。要本着对自己、对同志、对班子、对党高度负责的精神,大胆使用、经常使用批评和自我批评这一防身治病的有力武器。领导干部民主生活会和基层党组织组织生活会是开展批评和自我批评的有效载体。要将开门听取意见、认真撰写对照检查材料并报上级审核把关、深入谈心交心、严肃开展批评、上级党组织点评并严格督导等有效做法固定下来,促进批评和自我批评常态化。要按照教育实践活动专题民主生活会标准,切实开好年度领导干部民主生活会。基层党组织组织生活会要明确组织学习、谈心谈话征求意见、撰写简要对照检查材料、召开支部委员会开展批评和自我批评、召开党员大会进行民主评议等方法步骤,确保组织生活会高质量召开。

五、继续保持领导机关和领导干部以上率下态势

15. 不断深化领导机关作风建设。要结合实际,持续开展作风建设专题活动,每年确定一个方面的作风问题,集中攻坚解决。全面推行机关联系基层、干部联系群众"双联系"制度,使之成为系统党员干部深入基层受教育、联系群众得锻炼的重要载体。积极推进党务公开、政务公开,加强和改进信访工作,认真听取人民群众的意见和建议。

16. 不断深化领导班子作风建设。要完善

领导班子学习培训制度、会议工作制度，加强学习型领导班子建设。健全党风廉政责任制、监督制度、廉政谈话制度等相关方面的制度规定，加强领导班子廉政建设。建立领导班子领导干部作风状况定期分析机制，不断提高领导班子发现和解决自身问题的能力，进一步把各级领导班子打造成政治坚定、素质过硬、和谐融洽、心齐气顺、组织放心、群众信赖的坚强领导集体。

17. 不断深化领导干部作风建设。要围绕落实“三严三实”要求，引导各级领导干部牢固树立“五观”。树立正确的价值观，既要修身更要修心，做一名有理想、有追求、有境界、明事理的优秀干部；树立正确的监督观，既要习惯于被管理、被监督、被督促，又要努力去管理、去监督、去督促；树立正确的责任观，党组书记要履行党风廉政建设第一责任人的责任，班子成员要对职责范围内的党风廉政建设负领导责任；树立正确的共事观，一把手要尽心尽力带好班子，副职要尽职尽责为党组分忧，努力营造团结共事的良好氛围；树立正确的比较观，做到科学比较、正确比较，多看别人的长处、多找自己的差距。

六、充分发挥基层党组织的战斗堡垒作用

18. 加强基层服务型党组织建设。各级党组织要主动加强与地方党委的沟通联系，协同抓好本系统的基层党建工作。适应税收改革发展和干部队伍建设需求，以加强基层服务型党组织建设为抓手，强化基层党组织政治功能。严把党员队伍入口、疏通出口，加强党员教育管理，稳妥有序处置不合格党员。继续整顿软弱涣散党组织，建立常态化机制，每年按一定比例倒排，滚动开展整顿。

19. 加强基层党组织书记队伍建设。要完善选拔方式，切实选准配强基层党支部书记，尤其是把那些党性强、业务精、作风正、工作实的优秀党员选拔出来，选派得力党员干部到软弱涣散基层单位担任党支部书记。要不断加强基层党组织书记教育培训和监督管理，不断提高抓好基层党建工作的能力。基层单位党支部书记要自觉增强抓党建工作的意识，强化抓党建工作的责任，不能当作一般的工作、一般的兼职。要切实抓好基层党组织思想建设、组织建设和作风建设，努力把基层党支部打造成推进税收现代化建设的坚强战斗堡垒。

20. 加大基层优秀典型的宣传表彰力度。要通过建立基层党建示范点、召开现场推进会、评选优秀基层党组织等形式，发挥示范带动作用，提升基层党建工作整体水平。积极开展优秀党员、优秀党务工作者评选活动，大力表彰，加强宣传，不断激发党员工作的内生动力，推动党员立足本职岗位发挥先锋模范作用。

21. 加大人财物向基层倾斜力度。要充实基层干部队伍，选派机关年轻干部到基层工作，服务群众、提高能力。建立基层党组织工作经费保障制度，基层党组织的工作经费要列入行政经费预算。注重从基层培养选拔干部，逐步改善基层工作生活条件，努力形成基层优先、关爱基层的良好氛围。

七、努力完善作风建设保障措施

22. 落实作风建设责任。要把抓好系统作风建设作为抓好系统党建工作的重要内容，各级党组担负着抓作风建设的主体责任，党组书记是第一责任人。各级党组要坚持把加强作风建设与党建工作和中心工作一起谋划、一起部署、一起考核，做到抓具体、抓深入、抓到位，坚决防止“一手硬、一手软”。党组书记要成为从严治党的书记，坚持抓班子带队伍，加强思想政治工作，对不良作风敢于出手、敢抓敢管。党组其他成员要对分管部门作风建设负领导责任，切实抓好、抓紧、抓实，为作风建设常态化长效化提供坚强保证。

23. 形成作风建设合力。要充分发挥职能部门作用，明确和落实相关责任，形成作风建设齐抓共管的整体格局。要把思想教育、纪律约束、监督查处融为一体，坚持正面教育与警示惩戒并重、立规与执纪并举、自律与他律结合，打好作风建设“组合拳”。运用内外网站、内刊及时宣传党中央关于作风建设重大举措和指示精神，宣传本系统作风建设新成果，宣传践行群众

路线的好税官、好党员,继续营造深入抓作风树新风的良好氛围。

24. 严格作风建设考核。要把领导班子、领导干部整改落实情况纳入年度考核和绩效管理重要内容,按照“对表交账”,坚持动态管理、跟踪问效,一年一考核,巩固活动成果,推动群众路线教育、作风建设逐步深入。把作风要求贯穿到干部教育培养、选拔任用、考核评价、监督管理等全过程,坚持选拔看作风、考核考作风、监督管作风,进一步在税务系统形成良好的用人导向。制定科学、量化、操作性强的党建工作考核机制,对党组织负责人特别是党组书记的考核,首先看抓党建的实效,把“履行党建工作责任不合格的不能当党组书记”作为考核的硬杠杠。

25. 强化作风建设督查。要建立健全作风建设督查机制,推进明察暗访常态化,严格督查督办,严肃执纪问责。要按照总局的部署要求在全省地税系统集中开展作风建设“巩固深化拓展”主题活动,巩固成果促常态,深化整治反“四风”,拓展机制抓长效。要结合年度工作总结,对整改落实情况进行一次“回头看”,整改不到位的,该补课的补课,该回炉的回炉。为强化正风肃纪,各单位要在主题活动中组织一次查思想找差距、查行动找苗头、查措施找良策“三查三找”活动。2015年适当时候,省局要对整改落实工作及巩固拓展教育实践活动成果情况组织专项检查,看整改落实是否到位、是否见到实效、群众是否满意。对整改力度大、推进效果好的,要予以表扬;对整改不力、“四风”问题出现反弹的单位和个人,要实行责任倒查,严肃追究主要领导和当事人责任;对未完成整改任务的单位,要对一把手进行约谈,限期整改;对违反规定、顶风而上的,要发现一起、查处一起、通报一起,决不姑息。

各市、县地税局党组要根据本意见精神,结合实际认真抓好贯彻落实。

第三部分　安徽省地税局机关工作概述

全省地方税收工作综述

【经济概况】 2014年，全省完成生产总值20848.8亿元，同比增长9.2%。第一产业完成增加值2392.4亿元，增长4.6%；第二产业完成增加值11204亿元，增长10.3%；第三产业完成增加值7252.4亿元，增长8.8%。三次产业结构由2013年的12.3:54.6:33.1调整为11.5:53.7:34.8。全省规模以上工业增加值9530.9亿元，同比增长11.2%。完成固定资产投资21256.3亿元，同比增长16.5%。实现社会消费品零售总额7320.8亿元，同比增长13%。外贸进出口总额492.7亿美元，同比增长8.2%。财政总收入3663亿元，同比增长8.9%，其中地方公共财政预算收入2218亿元，增长6.9%。在地方公共财政预算收入中，税收收入1692.5亿元，增长11.1%。财政支出4664亿元，增长7.2%。年末全省金融机构各项存款余额29817.7亿元，同比增长11.5%。全年全省城镇居民人均可支配收入24839元，增长9%；农民人均纯收入9916元，增长12%。

【税费收入情况】 共组织税费收入2348.8亿元，增长10.5%。其中，地方税收入1551.7亿元，增长11%；基金(费)收入797亿元，增长9.5%，其中社会保险费收入741.7亿元，增长9.4%，税费收入双双完成省政府年初下达的计划和预算目标。

【税收收入特点与分析】 全年收入呈现出增幅在波动中趋于平稳、对房地产倚重状况有所改善、民营经济税收贡献增加、增长质量有效提升、增幅高于全国平均水平等特点。收入增长从经济因素分析，在总体水平上，经济税收弹性对地方税收入增长水平影响较大；在期间趋势上，经济运行下行压力深刻影响全省地方税走势。从政策因素分析，减税政策制约税收增幅水平。从征管因素分析，征管能力和强度的提升促进税收增长止跌行稳。

【税收法治】 在全省地税系统开展依法行政示范单位创建活动，有5个市、1个县地税局被评为全省依法行政示范单位。制定2014年度税收法制宣传教育工作计划，省地税局被评为安徽省“六五”普法中期先进单位。制定“法律进机关”示范点创建工作实施方案，省地税局被列为“法律进机关”示范点。制定关于深化税务行政审批制度改革若干问题的意见，公布《安徽省地方税务局行政审批事项公开目录》。落实省委省政府关于建立权力清单和责任清单制度的部署和要求，经清理，省地税局共保留权力事项共29项，其中行政审批2项，行政处罚4项，行政征收3项，行政强制4项，行政确认1项，其他权力10项。对29项权力事项，逐项梳理查找廉政风险点120个，其中：高等级风险点76个，中等级风险点17个，低等级风险点27个，并正式对外公布省地税局权力清单和责任清单、行政权力运行流程图和行政事项廉政风险点。根据省政府关于建立省级涉企收费清单制度的部署要求，地税部门5项政府性基金和1项行政审批前置服务收费项目纳入清单。制定税务行政复议和调解暂行办法，承办2起税务行政复议案件。

【税收政策落实】 稳步推进“营改增”,开展金融保险、建筑业、销售不动产和生活性服务业等“营改增”试点调研和税负测算,向国税部门移交电信业纳税人信息资料410户。认真执行小微企业暂免征收营业税等优惠政策,简化小微企业优惠办税程序,取消小微企业审核、认定的中间环节。落实支持创业就业、科技创新、民营经济发展等税收优惠政策,开展落实税收优惠政策情况专项督查,全年累计减免缓税收120多亿元。延续执行社会保险费“五缓两降”政策,缓缴社保费30.4亿元,降率减负7.2亿元。

【税种管理】 落实煤炭资源税从价计征决策部署,研究提出安徽省煤炭资源税适用税率,报经审批后,与省财政厅联合制发煤炭资源税从价计征改革实施办法,明确安徽省煤炭资源税从价计征税率、煤炭企业洗选煤折算率。实行土地使用税差别化征收政策,强化土地节约集约利用。全面推广房产税、土地使用税明细申报,继续推广“以地控税”和存量房评估工作。完成2013年城建税、教育费附加与增值税、消费税“两税”比对工作,共比对工商企业8.2万户,补征税费收入6799万元。强化土地增值税预征和清算管理,出台土地增值税清算审核购买服务指导意见,探索试行政府购买服务强化土地增值税清算审核工作。继续推进个人所得税全员全额扣缴,自行申报人数突破5万人,达到5.6万人。企业所得税年度汇算清缴8.9万户,实际应纳税所得额149.57亿元,增长12%,汇缴面为100%。探索试行购买社会服务,开展企业所得税汇算清缴评估鉴证,堵漏增收。密切与国土资源等部门联系,开展土地使用权与契税、耕地占用税信息比对,追缴以前年度契税、耕地占用税4.55亿元。印发契税和耕地占用税若干政策问题的解释,促进政策执行规范统一。

【纳税服务】 开展“便民办税春风行动”。突出规范、减负、提效,在全省范围内推行24项便民办税措施。推行先办后审,前移涉税审批环节。规范和改进12366热线接听工作,探索建设省级12366呼叫中心。受理咨询7.9万人次,发票查询1799万次,发送各类短信12.48万条;收集整理热点问题计512条,上报并发布热点问题120条,上报12366热线典型案例12个。实施纳税服务规范。遵循“标准从高、内容从全”原则,全面推行县级税务机关纳税服务规范1.0版,即办事项增加50%,办税时间减少30%以上。推出免填单、预填单、“容缺办理”登记等举措。实行办税清单制度,规范简并办税事项。深化网上办税服务。加强网上办税服务厅和实体办税服务厅对接。整合纳税服务渠道和功能,推广应用全省统一规范的电子税务局,90%以上的企业纳税人实现网上办税。继续推进办税服务厅标准化建设。不断优化办税服务厅管理,推进集约化办税,全省地税系统共认定95个省级标准化办税服务厅。联合省国税局完成2012－2013年度纳税信用等级评定工作。

【税收征管】 稳步推进风险管理。初步建立税收风险管理机制,积极探索机构职能、业务流程优化配置。扩大遵从风险管理系统应用试点,累计推送风险纳税人6885户,入库税款4.1亿元。开展税务总局定点联系企业全流程风险管理。推进部门合作。主动参与公共信用信息共享服务平台建设和“三证合一”改革试点。建立国地税长效合作机制,在注销税务登记管理、双定户税收核定等4个方面取得实质性进展,得到了税务总局局长王军等领导的批示肯定。推进信息管税。推动在省级层面建立涉税信息交换与共享机制,16个市全部建立综合治税平台,利用第三方信息征收税款50.3亿元。夯实征管基础。修订完善税务登记、纳税申报等制度办法。利用信息化手段加强征管绩效考核,“风控指数”5率由年初30%提高到90%以上。应用管理风险监控系统加强内部管理控制,累计推送整改任务17.7万个,整改到位10.7万个。参与社会保险费预算编制,加强社会保险费费源管理,实行A、B、C分类管理,适时动态调整。

【大企业税收服务与管理】 继续对大企

业实行"一对一"税收服务。开展2013年税务总局定点联系企业名册核实工作,共核实45户企业集团在皖成员企业2262户。完成2013年度税务总局定点联系企业集团3家的税务审计工作。对2014年度税务总局联系的8家企业集团,开展全流程税收风险管理,编制税务遵从管理年度报告;对3户企业集团的股权转让、跨境投资和关联交易开展分事项管理和税收风险评估。

【国际税收管理】 出台进一步加强国际税收管理工作的意见,下发规范反避税案件宣传和加强国际税收动态信息报送的通知,强化国际税收管理。稳步推进反避税工作。对全省企业向境外关联方支付大额服务费和特许权使用费开展摸底排查,采集2008年至2013年间全省跨国企业利润水平数据,强化监控,及时追缴税款。做好非居民税收收入分析,开展国际税收征管协作,提供并核查自动税收情报。

【税务稽查】 全年共查处各类税收违法案件5248件,查补入库收入16.37亿元,增长77.1%。重大税务案件查处有力,查处千万元以上案件3户,查补入库税款3512万元;百万元以上案件30户,查补入库税款8172万元。重点税源企业检查成效明显,省地税局稽查局组织50户重点税源企业自查和检查,自查入库税款1.04亿元,检查入库税款1.48亿元。税收专项检查有新突破,专项检查查补收入14.66亿元,其中自查3455户、补税10.76亿元,检查1422户、查结1162户、查补税款3.9亿元。检举案件得到有效查处,收到涉税检举信件材料95份,接听日常举报电话100余次,受理举报案件500余件。重拳打击发票违法犯罪活动,查处虚开发票案件50件,缴获发票1114份;查处非法取得发票案件224件,缴获发票12455份;配合公安机关查办制售假发票、非法取得发票案件3起,捣毁窝点1个,缴获作案机器2台,缴获假发票189份,抓获犯罪嫌疑人4人。开展虚假发票"买方市场"专项整治。共对8449户企业受票情况进行检查,查处违法受票企业1421户,查处非法发票43128份,增长5.37%;涉及金额13.49亿元,查补税款8335.69万元,加收滞纳金365.07万元;罚款992.64万元。

【电子税务管理】 优化完善安徽地方税收综合管理信息系统(AHTAX2013),为税收政策调整和各项业务变革提供技术支撑。深化数据分析利用,制定34个数据质量监控指标,开发数据质量监控子系统,对数据质量进行实时监控、预警。强化省级集中运维,组建专业运维团队,规范运维管理模式,健全运维制度体系,提升运维能力和水平。推广应用综合办公、绩效管理信息系统(省局版)等。强化安全意识,完善检查机制,加强内部巡检。开展"信息化应用提升年"活动,举办全员应用培训,开展应用能力等级考试和主题征文活动。

【政务管理】 改进文风,提高文稿质量。统筹开展信息宣传,全年编发信息简报100期、700余条;上报信息250多条,被上级机关采用110多条;在省级以上主流媒体刊播宣传稿件210多篇,其中在《中国税务报》头版头条刊载宣传稿件2篇,被税务总局局长王军批示1篇。创新宣传载体。在新浪、腾讯分别开通"安徽地税"官方微博,共发布微博50余条;已有20多个市、县局加入,初步建立全省地税系统微博矩阵。紧扣纪念税制改革20周年,开展6大类18项系列宣传。持续推进效能建设,加大督查督办力度,办理领导批示件20件,省人大建议、政协提案18件;对机关执行工作纪律情况开展了3次检查。加强政务公开载体建设,对门户网站进行改版升级,发布各类政务信息1200余条,公开答复涉税咨询500余条,办理依申请公开事项5件。坚持信访、舆情和应急工作"三位一体"管理,办理人民网网友给省委书记、省长留言涉及地税部门办理的和省长热线、省局门户网站局长信箱网友留言及来信93件,受理来信35件、接待来访21批/次,监测、处置负面涉税舆情40起。

【绩效管理】 完善制度机制。制定实施意见、考评办法和实施方案,初步构建融合税务总局决策、省委省政府要求、机关及系统职责

“四位一体”的绩效机制框架,全面承接上级的考评,逐级开展对系统和机关的考评。健全指标体系。先后四次征求意见建议,反复论证修改完善指标体系。7月份,又根据税务总局2.0版指标要求,对考评指标作了进一步优化。规范日常运行。强化组织领导,实行绩效联络员制度,先后组织召开动员会、推进会和再推进会议,宣传发动、部署任务。在信息简报上开辟专栏,采取现场培训、视频培训、跟班轮训等方式,强化宣传引导。经过近一年的试运行,绩效管理制度体系基本成型,运行机制初步确立,考评平台顺利搭建,个人绩效已经破题,绩效考核“指挥棒”作用逐步显现。

【财务管理】 积极争取经费规模,开展调查摸底,主动加强会商,做好新政策宣传解读,细化分解待细化和集中上划经费预算。编准编实编细年度预算,强化预算执行,推进政府购买服务,加强一般性支出管控,从严控制“三公”经费支出,开展预算支出项目绩效评价,开展“小金库”专项整治。年度经费决算工作受到省财政厅通报表扬。完善资产管理制度,强化资产登记、存量资产、处置、出租出借管理,开展资产清查和管理使用情况检查,办理产权登记,完成机关办公用房清理腾退。

【政府采购】 市、县地税局政府采购实行属地化管理,加强批量集中、协议供货采购控管。全年完成省本级政府采购项目20个,合同金额1724.56万元。

【人事管理】 全面推行机构编制实名制管理,做到机构编制“四清”,即机构清、编制清、领导职数清、实有人员清;“两个对应”,即具体机构设置与按规定审批的机构相对应、实际配备人员与财政供养人员与批准的编制和职数相对应。做好人员招录,全系统共招录公务员176名、接收军转干部8名,从基层遴选7名公务员到省地税局工作。组织开展年度考核,开展年度绩效考评、市地税局领导班子和处级干部考核,机关公务员(工作人员)考核。做好干部选拔任用,选拔任用正处级领导干部1名,副处级8名,调研员4名,副调研员9名。开展按职数配备干部专项检查,加强干部选拔任用监督。强化领导干部个人有关事项报告,加强干部出国(境)管理和干部在企业和社会组织兼职任职整改。

【教育培训】 制定教育培训2014－2017年中期规划和年度计划,举办新录用人员初任培训、基层基础知识技能培训、科级干部任职培训等,全年省地税局共安排综合类、税收业务类和行政管理类培训项目40个、培训班48期,培训人员3300多人。配合税务总局做好领军型人才选拔培养,继续与省内重点高校合作,举办公共管理硕士和财政专业在职研究生硕士学位脱产班,推进人才建设“双百双千”工程。邀请专家学者,举办6期“地税发展大讲堂”。在全系统开展征管、稽查、税收信息化“三项能手”竞赛活动,建立涵盖行政执法、综合管理和专业技术等门类的16个省级专业人才库。

【执法督察与内部审计】 组织开展税收综合执法督察,组成8个督察组,对8个市地税局、16个县级地税局及71个基层分局进行重点抽查,针对发现的问题,专门下发通报,“点对点”下发整改意见书,限期整改,并组织开展整改落实情况“回头看”活动。制定年度项目审计计划,组织开展财务收支审计项目3个、经济责任审计项目4个、后续审计项目12个,安排7个基建工程的竣工决算审计和基建财务决算审计。审计提出问题102个,查处违规违纪问题涉及金额1109.76万元,审减节约建设资金303.02万元,提出审计意见和建议50条。

【党的群众路线教育实践活动】 做好宣传启动。以“认真践行群众路线,努力改进工作作风”为主题,召开全系统春训视频会议,对第二批活动开展进行思想发动;省地税局成立6个巡回督导组,印制督导工作手册,举办督导工作专题培训;先后召开准备工作协调会、专题讨论会和推进会,及时跟进推进。制定指导意见,明确着力查摆和解决基层干部职工及广大纳税人关注的14个方面的突出问题。各市、县地税局制定具体的实施方案,扎实开展活动。活动中,省、市、县三级地税机关负责人先后深

入802个基层分局,走访780家企业,召开基层群众和纳税人代表座谈会300多场,征求意见建议4000多条。针对存在的问题,制定整改计划,明确时间表和路线图,认真整改落实。

【纪检监察】　认真落实党风廉政建设责任制。抓好"两个责任"落实,举行党风廉政建设主体责任谈话会,出台党组落实主体责任、监督责任两个实施办法。抓好责任分解、考核和追究。层层签订党风廉政建设责任书,印发年度党风廉政建设主要工作任务分解表,细化10大类、52项具体任务,逐一明确责任主体。组成8个考核组,对16个市地税局领导班子及其成员开展检查考核。出台地税系统贯彻落实建立健全惩治和预防腐败体系2013－2017年工作规划的实施办法,抓好惩治和预防腐败体系建设。强化内控机制建设。集中开展正风肃纪专项整治,持续整治"四风"问题。加强对领导班子和领导干部的监督,强化"三重一大"全过程监督。加强信访举报案件核查,共受理信访举报232件,初核46件,立案11件,给予党纪政纪处分35人。查处有关部门交办案件2起,网络举报案件1起,给予行政记过处分2人。持续改进政风行风。出台严肃税风税纪维护纳税人合法权益的若干规定,下发进一步加强政风行风建设的通知。分3批对267个基层单位开展明察暗访,针对发现的问题,点名道姓通报,并严肃处理整改。强化廉政教育。在门户网站开设"廉政之窗",举办预防职务犯罪专题讲座和基层分局局长反腐倡廉专题培训班,新增省级廉政文化示范点4个,全系统共47个。

【后勤管理】　落实政府向社会力量购买服务要求,推进后勤服务社会化管理,规范物业财务管理。加强基本建设管理,强化在建、维修,办公用房置换项目管理。修订公务接待管理办法,实行公务接待函、审批单、发票、菜单"四单合一"报销制度。严格公务用车编制管理,坚持定点保险、保养维修、加油,严格用车纪律。加强用水用电管理,杜绝跑冒滴漏;加强办公耗材和通信费用管理,节约能源资源;加强职工食堂管理,开展"光盘行动",提倡文明节俭用餐。

【税收科研】　完成中国税务学会重点课题研讨任务。与首都经贸大学共同牵头开展"税收理论:法制与税制改革研究"课题调研,安徽省税务学会提交的"完善我国地方税体系研究"等5篇成果荣获年度优秀调研成果。扎实开展群众性税收调研。确定"大力发展我省混合所有制经济与税收政策研究""打造安徽经济升级版与深化税制改革研究"及"完善国税、地税征管体制与电子税务研究"三个群众性税收调研重点课题,形成调研成果75篇。积极认领省社科联重点调研课题,"促进社会公平完善个人所得税制度改革"课题被立项。举办第五届"合肥经济圈税收论坛"研讨会,收到调研成果12篇。省税务学会被省社科联授予"先进社会组织"称号。

【税务文化】　开展社会主义核心价值观专题学习,积极探索地税部门和人员培育和践行核心价值观的现实路径。印发年度思想政治和精神文明建设工作意见,举行先进人物事迹巡回报告会,设立身边好人榜,开展寻找"最美地税人"活动,深化文明创建,省地税局等100个单位被授予"安徽省文明单位"。《安徽省志·地方税务志》(1994－2008)公开出版,共6篇31章148节、60万字,全景式地再现1994－2008年间全省地税改革发展历程。继续推进征纳和谐、系统和顺、家庭和美"三和"地税建设,建设活动获"安徽省省直机关党建创新品牌提名奖"。

(执笔人:张跃军)

政务工作概述

【概述】 2014年,办公室认真贯彻落实局党组的决策部署,充分发挥参与政务、处理事务、搞好服务职能作用,绩效管理试运行平稳有序,各项政务工作扎实推进。宣传工作又有新提升,有两篇宣传稿件被总局王军局长批示;督查督办工作得到省政府办公厅肯定,在全省政府秘书长和办公室主任会议上作交流发言;效能建设、政务公开被评为先进单位;信访、档案年检工作被评为优秀单位;门户网站被评为优秀网站;信息工作位居省直机关前列;公文交换连续多年受到省政府办公厅通报表扬。

【绩效管理】 绩效管理是一项全新工作,头绪多、任务重。绩效办主动迎难而上,始终坚持不懈,推动责任落实、指标落地。总体看,绩效管理制度体系基本成型,运行机制初步确立,考评平台顺利搭建,个人绩效已经破题,绩效考核"指挥棒"作用逐步显现。完善制度机制。制定一个意见、两个办法和实施方案,初步构建融合总局决策、省委省政府要求、机关及系统职责"四位一体"的绩效机制框架,全面承接总局的考评,逐级开展对系统和机关的考评。健全指标体系。坚持"一个遵循",做到"四个衔接",先后四次征求意见建议,反复论证修改完善指标体系。7月份,又根据总局2.0版指标要求,对考评指标作了进一步优化,形成导向科学、可控可考、全面覆盖的两套考评指标体系。规范日常运行。提请成立领导小组及其办公室,实行绩效联络员制度,先后组织召开动员会、推进会和再推进会议,宣传发动、部署任务。在信息简报上开辟专栏,采取现场培训、视频培训、跟班轮训等方式,强化宣传培训。绩效管理信息系统在省、市、县及基层分局全面上线运行,深化软件应用,信息化保障和支撑作用明显。

【文字服务】 将文字服务作为政务工作的核心,精心起草工作会议主题报告、党组民主生活会对照检查材料、局领导会议讲话及各类汇报交流材料等,深入钻研,精益求精,着力提高文稿的思想性、指导性和针对性,以文辅政水平有新提升。更加重视调研工作熟知业务、锻炼队伍的作用,税收调研又有新进展。把握好课题策划,突出重点方向,统筹确定年度12项重点调研课题。继续在全系统组织开展"当参谋、比贡献"活动。汇编调研成果,积极推动成果转化,服务事业发展和领导决策。

【信息宣传】 坚持日常宣传与集中"造势"相结合,紧紧围绕地税中心工作和队伍建设,统筹运用传统主流媒体和新兴媒体做好正面宣传,努力构建税收宣传工作新格局。打好信息宣传牌。全年编发信息简报100期、700余条;上报信息250多条,被上级机关采用110多条;全年在省级以上主流媒体刊播宣传稿件210多篇,其中在《中国税务报》头版头条刊载宣传稿件2篇。创新宣传载体。在新浪、腾讯分别开通"安徽地税"官方微博,共发布微博50余条;已有20多个市、县局加入,初步建立全省地税系统微博矩阵。开展系列宣传。共6大类18项。紧扣纪念税制改革20周年,在主流媒体刊登署名文章、配发综合报道,召开专题座谈会,评选和发布"安徽地税改革发展20件大事",联合《决策》推出"安徽地税:奋力前行20年"专题报道。组织采写20名基层优秀地税干部的先进事迹,通过《安徽法制报》开展宣传展示。配合做好全国大学生税收辩论赛南京赛区选拔工作。规范税收政策解读。按照"三同步"要求,制定办法,明确税收政策解读的范围和流程、内容和形式,规范新出台税收文件的政策解读工作。省志地税分志出版发行。《安徽

省志·地方税务志》(1994－2008)于去年底公开出版,共6篇31章148节、60万字。

【效能建设】 印发年度工作要点,分解落实省政府和总局重点工作;将效能建设考核核心指标细化分解为22项具体任务,明确责任单位和配合单位,设定具体分值和考核标准,纳入绩效考核。根据效能建设阶段性特征,提请局领导先后3次召开效能建设领导小组会议,研究部署工作。出台暗访查实行为问责办法,强化整改落实和责任追究。机关办公用房腾挪调整后,及时重新制作离岗外出告示牌。规范督办工作流程,加大对重点工作、重要事项的督办力度,推动形成抓落实的工作常态。全年办理领导批示件近20件;分办省人大建议、政协提案18件;对机关执行工作纪律情况开展了3次检查。

【档案保密管理】 加强档案管理。重点抓好省局机关档案的立卷归档工作,全年共立卷归档各类档案7200件,其中文书档案4100件、会计档案400册、基建档案1500件、声像档案1200张/盒。全年提供调档服务310件/次。配合省档案局,完成了4个市、县局的档案管理省特级重新认定工作。强化保密管理。紧盯重点环节,细化管理要求,突出抓好定密管理,规范定密程序,明确定密责任人。联合电税中心开展网络保密专项检查,历时3天,逐人逐机检查。开展"保密委员会主任讲保密专题党课"活动,推动机关党员干部保密意识、保密常识教育制度化、常态化。

【服务机关运转】 规范机关财务管理。主动适应预算管理改革新要求,强化事前审核责任,加大与国库支付中心的协调力度,把好机关预算编制和经费支出关,从严控制一般性支出,压缩"三公"经费规模,机关财务工作保障有序。积极配合有关审计部门,做好经济责任审计和财务收支审计工作。规范公文和用印管理。着重抓好公文处理系统新老软件的过渡衔接,开展业务培训和数据迁移,税务综合办公信息系统于7月份在省、市、县局全面上线运行,系统运维平稳有序。加强公文运转各环节管理,提高办文时效,全年处理文件1万余份。公文交换工作连续多年保持出满勤和无差错记录。坚持机关公章用印登记制度,持续规范用印行为。规范会议管理。严格会议计划及预算管理,区分会议性质和类别,完善会议审批和会议费管理制度。认真做好局长办公会、局务会和局领导专题会等会议服务工作,全年整理各类会议纪要30余期。坚持会议签到考勤通报等制度,持续改进会风。

【政务公开】 制定政务公开社会评价、监督实施等配套制度,持续推进政务公开规范化和政务服务标准化。加强政务公开载体建设,对省局门户网站进行全新改版。会同有关处室,统筹推进财务预决算公开和"三公"经费公开。全年发布各类政务信息近1200余条,公开答复涉税咨询500余条,办理依申请公开事项5件。落实网络问政要求,坚持"四时"工作制度,全年共办理人民网网友给省委书记、省长留言涉及地税部门办理的和省长热线、省局门户网站局长信箱网友留言及来信93件。

【信访舆情应急管理】 2014年,系统涉税信访、网络舆情呈易发、多发、突发态势,错综交织,来势凶猛。认真落实局领导要求,顺应形势发展,实行信访、舆情和应急工作"三位一体"管理,提请局领导先后3次召开专题会议,研究部署工作。理顺报告机制,强化属地责任,及时上报紧急重大情况,并对2014年度系统紧急重大情况报告工作进行了通报。全年受理来信35件、接待来访21批/次,均按规定回复和办理;监测、处置负面涉税舆情40起,最大限度控制和消除负面影响。

(执笔人:张跃军)

税收法制工作概述

2014年,税收法制工作紧紧围绕贯彻落实十八届三中、四中全会精神和安徽省地税系统“十二五”税收规划,主要完成了以下工作任务:

一、积极提升依法行政水平

一是顺应全省地税系统征管数据省级大集中要求,参与省级数据大集中项目,将执法责任制计算机考核列入省级数据大集中项目开发计划。同时,组织部分地市业务骨干,完成编写执法责任制计算机考核软件需求、审定需求规格说明书、测试软件、培训等一系列工作,在蚌埠、铜陵两市试点,软件及时在全系统全面上线。据此,全省地税系统执法责任制工作形成省、市、县局“三级”考核管理模式,初步实现了纵向到底、横向到边、环环相扣、各司其职、各负其责的工作体系,对促进规范税收执法权行使,防范税收执法风险发挥越来越大的作用。

二是深入开展依法行政示范单位创建活动。一方面指导各级地税机关积极参与当地政府和省政府组织开展的依法行政示范单位创建活动。另一方面,根据国家税务总局和省政府有关依法行政创建工作要求,在县、区级地税机关组织开展了依法行政示范单位创建工作。分成四个步骤:第一步制定实施办法。制定了《安徽省地方税务局创建依法行政示范单位实施办法》及依法行政示范单位创建评价标准框架。明确了创建内容、申报条件、创建程序等。第二步组织评估。法规处牵头,组成评估小组,采取听汇报、看资料、实地走访、召开座谈会、听取纳税人意见和利用信息化手段等形式,分别对全省地税系统23家申报单位的依法行政工作进行了全面评估并形成评估报告。第三步审核确定。将组织评估情况及得分情况,提交省局依法行政领导小组审核确定,并将评定结果通过局域网在全系统进行公示。第四步通报表彰。经申报、评估、审核确定和公示,省局依法行政领导小组授予濉溪县地税局等17家单位为首批“安徽省地税系统依法行政示范单位”称号并通报表彰。

三是认真总结依法行政工作。分别对地税成立以来和2004年国务院《全面推进依法行政实施纲要》颁布以来,我局深入推行依法行政,大力开展法治型地税机关建设工作情况进行总结。分析依法行政工作中的薄弱环节和问题,并提出改进措施,实施路径和具体措施。

二、深入推进涉税行政审批及权力清单、责任清单、涉企收费清单“三个清单”制度

1. 研究制定《安徽省地方税务局关于深化税务行政审批制度改革若干问题的意见》。明确了税务行政审批制度改革的指导思想、基本原则、改革目标、主要内容和工作要求,为提高地税系统行政审批效能,减少涉税审批事项环节,优化纳税服务,促进纳税遵从,保护纳税人合法权益提供了可操作的具体内容。同时,还对全省地税系统的行政审批事项进行了全面梳理,随《意见》公布了《安徽省地方税务局行政审批事项公开目录》,为全省各级地税机关清理行政审批项目,深化行政审批制度改革提供了指引。

2. 按照省编办要求,对《国务院关于取消和下放一批行政审批项目的决定》涉及我省地税机关的4个审批项目提出了衔接落实意见,并经省政府皖政〔2014〕35号公布。年底,根据国务院决定取消和下放管理层级的行政审批项目目录(国发〔2014〕50号),对涉及我省地税部门的项目进行梳理比对和反馈。

3. 按照省委、省政府关于建立权力清单和责任清单制度,推行省级权力清单工作的统一

部署和要求。自4月份开始,法规处牵头组织开展了省局权力清单和责任清单的清理和编制工作。一是注重实施方案的制定。制定了清理工作实施方案,明晰工作职责,分解工作任务。二是注重权力事项的梳理。依据法律、法规、规章及国家税务总局下发的行政审批事项公开目录,对照行政审批等10类事项,逐条逐项分类登记,查找每项权力存在的廉政风险点,制定防控措施。三是注重权力清单和责任清单的编制。认真编制行政权力清单和责任清单,确定每项权力对应的责任,做到权责一致。绘制权力运行流程图,优化权力运行。查找廉政风险点,编制廉政风险点情况表。四是注重权力的审核确认。按照行政权力事项审核工作"三报三回"的工作流程要求,对照清理规范领导小组的审核意见,法规处牵头组织相关部门对权力事项进行逐项的认真分析,反复沟通、修改和完善,并提请省局有关单位进行审定,及时反馈,并按时间节点完成材料的报送工作,保证了清理工作的准确高效。五是注重沟通协调。一方面积极与局属相关业务部门沟通协调,确保权力清单和责任清单实施依据准确,责权明晰。另一方面积极与省权力清单清理规范领导小组办公室沟通协调,确保权力清单和责任清单清理编制工作的顺利实施。

经清理,此次省局共保留行政权力事项共29项,其中行政审批2项,行政处罚9项,行政征收3项,行政强制4项,行政确认1项,其他权力10项。根据推进清单制度工作要求,编制了相应的行政权力事项廉政风险点情况表,梳理出行政权力事项廉政风险点120个,其中:高等级风险点76个,中等级风险点17个,低等级风险点27个。经省行政权力事项清理规范工作领导小组审核并报省委、省政府审定,省税局行政权力清单和责任清单、行政权力运行流程图和行政事项廉政风险点情况表已正式对外公布。

4. 认真做好涉企收费清单清理工作。根据《安徽省人民政府办公厅关于清理和规范行政审批前置服务收费的通知》(皖政办〔2014〕9号)和《安徽人民政府办公厅关于建立省级涉企收费清单制度的通知》(皖政办〔2014〕21号)要求,认真组织开展涉企收费清单清理工作,经过三报三审,11月份,省政府公布安徽省省级涉企收费清单,我局5项政府性基金和1项行政审批前置服务收费项目纳入清单。

三、不断强化税收执法监督

1. 组织开展2014年度税收综合督查工作。

一是研究部署。按照国家税务总局要求并结合我省地税系统实际,在征求各处意见的基础上,制订了具体实施方案,确定了包括落实组织收入原则、取消和下放管理层级税务行政审批项目贯彻落实情况、"营改增"工作开展情况、保障民生的税收政策落实情况、土地增值税征收管理情况等十四个方面的重点内容,并对组织领导、督查方式、阶段划分和时间提出明确工作要求。

二是实施督查。10月13日—17日,在各地全面开展自查的基础上,抽调执法检查人才库人员和部分处室业务骨干,由省局法规、税政、稽查等业务部门领导带队,组成8个督查组,分别对亳州、阜阳、滁州、六安、马鞍山、芜湖、宣城、池州8个市局及所属16个县(市、区)局、71个基层分局进行了重点抽查。

三是通报整改。11月份,就督查情况向局务会专题汇报,会后,专门下发通报,要求各地针对存在的问题,加强对整改工作的组织和领导,制定具体的整改方案,明确牵头部门、专门人员具体负责组织实施。12月份,省局适时组织整改"回头看"活动,确保整改工作取得实效。

2. 加强税务行政复议工作。

一是制定印发《安徽省地税系统税务行政复议和解调解办法(暂行)》。办法具体规定了8类涉税行政复议案件可以选择和解、调解方式处理;争议双方的4项权利和3项义务;和解、调解的程序和协议履行等内容。办法充分保护行政复议申请人的合法权益,尊重当事人对解决行政争议方式的选择权,有利于简便、高效地解决税务行政纠纷,提高地税机关办事效

率、降低行政成本,推进纳税服务。

二是承办2起税务行政复议案件,并对部分地市的行政复议工作进行了指导和调研。及时报送税务行政复议年度和半年报表报告。

三是对近年来全省地税系统行政复议情况进行了全面总结、分析、研究,为做好下步行政复议工作,更好地维护纳税人合法权益起到了积极的效果。

3. 严格规范性文件备案审查制度。除做好系统规范性文件备案审查外,认真进行规范性文件审查工作。按照要求向总局和省政府法制办分别报送规范性文件备案和前置审查。

四、深入开展"六五"普法工作

一是继续贯彻落实"六五"普法规划,制定《2014年度税收法制宣传教育工作计划》。提出以弘扬社会主义法治精神,树立社会主义法治理念,提高领导干部运用法治思维和法治方式决策的水平和能力为目标,大力宣传中国特色社会主义法律体系,深化"法律六进"活动,巩固"六五"普法中期成果。2014年,安徽省地税局被评为安徽省"六五"普法中期先进单位。

二是认真开展"法律进机关"示范点创建工作。10月份,安徽省地税局被列为省直机关"法律进机关"示范点创建单位,为此,制定《安徽省地税局开展"法律进机关"示范点创建工作实施方案》,确立"法律进机关"总体目标、工作步骤和时间安排,并对创建工作标准进行细化,责任分解到部门。

三是及时通过网站宣传税法,释疑解惑。向宣传中心及时提供法规速递素材。编发《地方税实用手册(十三)》供系统学习。

(执笔人:朱景生)

劳务和财产行为税(国际税务管理)工作概述

2014年,全省劳务和财产行为税工作部门在省局党组的正确领导下,认真贯彻落实全省地方税务工作会议和全省税政工作会议精神,努力发挥税收职能作用,圆满完成各项工作任务。

【稳步推进营改增工作】 在继续做好"1+7"试点后续工作的同时,积极推进营改增试点扩围,推动试点工作在我省顺利实施。一是提高思想认识。省局先后召开全省税政工作会议和营改增试点工作办公室专题会议,研究部署2014年营改增试点工作任务,要求各地进一步增强做好营改增试点工作的责任感和使命感,做到思想认识到位、准备工作到位、全程服务到位、协同配合到位。二是加强调查研究。在全省开展金融保险业、建筑业、销售不动产和生活性服务业等营改增试点工作的调研,对行业管理现状、税负测算、改革影响等方面进行全面了解。同时,积极参与省营改增试点工作办公室组织的营改增运行情况和扩围准备工作的调研,分别形成专题汇报材料。三是完成信息移交。在充分调查摸底的基础上,与省国税局联合下发信息移交工作通知。各地精心组织,周密部署,逐户清查,筛选核实纳入试点范围的纳税人名单,共向国税部门移交410户电信业纳税人的信息资料,其中:一般纳税人296户,小规模纳税人114户。四是做好后续工作。为确保营改增试点工作的平稳运行,省局要求各级地税机关继续采取有力措施,加强试点纳税户的各项后续管理工作。对纳税户拖欠的税款,按规定清理补征;加强发票使用管理的监控,做好过渡期发票管理工作;对遗漏和新办的纳税户,做好改革宣传服务;时刻关注纳税人的反响,及时处理试点工作中遇到的具体情况。

【开展煤炭资源税从价计征改革工作】 为贯彻落实国家关于煤炭资源税从价计征的部署和要求,省局采取一系列措施,积极做好改革

的各项工作。一是及时传达,积极汇报。国家煤炭资源税费改革工作会后,及时向局党组汇报,将煤炭资源税改革作为一项重点任务来抓。与省财政厅配合,将改革内容、会议精神以及我省改革的建议,向省政府分管领导汇报,争取党政领导的理解和支持。二是开展调查,做好测算。到省直有关部门开展调查,掌握我省煤炭企业的产量、收入和盈亏状况。为做好折算率的测算,与企业面对面就洗选煤折算率测算进行沟通;召集煤炭企业所在市局的业务科长和业务骨干,就折算率测算进行辅导培训,共同研究折算率测算工作。三是上报方案,制定办法。配合省财政厅,研究提出我省适用税率,经省政府确定后报财政部、国家税务总局审批。与省财政厅联合下发我省煤炭资源税从价计征税率、煤炭企业洗选煤折算率和《我省煤炭资源税从价计征改革的实施办法》。四是修改软件,加强宣传。为落实资源税从价计征税目使用总局从价计征申报表要求,做好申报管理调整公告和征管软件修改工作。配合省财政厅召开改革专题会议,布置改革相关事宜,宣传改革政策,开展业务培训,营造良好改革氛围。

【认真贯彻小微企业暂免征收营业税政策】 自2014年10月1日至2015年12月31日,国家对小微企业营业税政策进行了调整。为贯彻落实好此项政策,我们:一是加强学习,明确口径。财政部 国家税务总局文件下发后,我局立即认真学习,对工作落实中可能存在的有关问题进行深入探讨,并多次请示总局,明确政策执行的相关口径。二是开展调查,摸清底数。根据前期申报数据,预测后期每月减免营业税税额,为分析优惠政策出台对营业税收入规模的影响等研究提供参考依据。三是规范管理,强化监督。在现行征管系统的基础上,研究提出了信息化需求的调整方案,对征管系统进行升级,确保小微企业纳税人在11月份进行在线申报,自动享受新的税收优惠政策。四是按月统计,跟踪问效。按月建立小微企业免征营业税优惠政策统计制度,及时掌握税收优惠政策执行情况。配合审计署西安特派办做好小微企业税收政策跟踪问效,对政策执行中存在的问题,予以整改,进一步规范政策执行。

【落实省政府土地使用税差别化征收政策】 为贯彻落实省政府《关于进一步强化土地节约集约利用工作的意见》中提出的实行土地使用税差别化征收政策,省局指导各地在当地政府的统一领导和有关部门的大力支持下开展此项工作。一是认真开展调研。指导各地结合本地实际,参考周边情况,提出土地等级划分和税额标准的调整建议。各地调整后的土地使用税税额标准,不低于省政府规定的最低税额标准。二是制定科学办法。指导各地科学制定差别化征收办法,科学合理确定亩均税收标准,充分考虑不同地域、不同行业、不同企业的税收差异,实行一个行业或一个区域一个标准,并实行分档征收,充分发挥激励作用。三是争取部门支持。对一些国家产业政策扶持的项目和民生工程等,以及一些由于行业差别而税收贡献较小的企业注意区分实际情况。在落实差别化征收政策过程中遇到特殊困难的,指导各地给予财政上的扶持。四是推动政策实施。多次召开研讨会,要求各级地税机关切实做好政策引导和解释工作,确保政策能够顺利实施;注意在执法程序上尽可能做到合法、完备,努力把执法风险降到最低。

【全面推广明细申报管理】 房产税、城镇土地使用税明细申报管理模块系省局大集中软件下一子模块,该模块以实现房产税、城镇土地使用税明细申报纳税为目标,以全省大集中税收征管系统为依托,以财产信息申报、纳税申报、日常管理等业务为核心,通过财产信息申报、按房(地)纳税、明细申报、明细比对等业务子模块将纳税人房产、土地纳税情况全盘纳入监控,并以此为基础,进一步开发"以地控税、以房控税"等业务。2014年1月1日起明细申报管理模块在全省全面推广。实行明细申报后,在未出现大量购置房产的情况下,登记房产数量、原值均出现较大幅度的增长,税源也大幅上升。2014年,全省城镇土地使用税、房产税分别增长40.9%和22.5%。

【开展"以地控税"管理工作】 根据国家税务总局工作部署,我省开展了"以地控税"工作试点,一是确定试点地区。根据总局要求,确定合肥、宣城市为"以地控税"试点地区。为做好试点工作,成立了以省地税局和省国土资源厅分管领导为组长的领导小组。二是制定下发方案。牵头制定下发了《关于深化部门配合联合开展以地控税以税节地试点工作的通知》和工作方案,要求有关地区成立工作机构,加强部门协作,按照方案要求和时间进度循序渐进推进工作,建立工作长效机制。三是开发管理软件。组织力量开发"以地控税"管理子系统,融入省局征管信息系统,结合土地使用税明细申报,开展信息比对,查找漏征漏管土地。四是开展全省推广应用。9月份,举办了全省"以地控税"管理系统应用培训,详细讲解"以地控税"工作要点,演示系统操作,为"以地控税"工作在全省的顺利推进打下坚实基础。12月份,管理软件通过验收在全省上线运行。各地通过数据拷贝、网络传送方式,获取了国土部门土地登记的最新宗地地籍信息,通过比对,查找漏征漏管土地使用税,取得显著成效。

【继续推广存量房评估工作】 目前,我省存量房评估工作已推广到所有有条件的县。一是积极汇报,获得支持。各地向党政领导专题汇报存量房评估工作的重要意义、总局的工作要求、需要的外部环境等,获得当地党政领导支持,增加工作的权威性。二是加强领导,制定方案。各地成立领导小组,建立相关职能部门间的协作配合工作机制,制订实施方案,明确工作目标、工作任务、职责分工和具体方法,实现组织、制度、职责和人员"四保障"。三是采集数据,建立模型。各地组织人员深入住宅小区,采集房地产信息数据样本,建立房地产信息数据库;根据当地房地产市场状况、价格水平和影响因素,建立评税技术标准;组织编写业务需求,将存量房评估软件整合进全省税收征管系统。四是广泛宣传,强化培训。各地广泛开展宣传,说明工作的背景、性质、目的,为存量房评估工作营造出领导支持、部门配合、社会理解的舆论氛围。加强人员培训,详细讲解存量房估价工作的基本内涵和工作流程操作等,提升工作人员业务水平和工作能力。2014年,全省共受理存量房交易申报10.3万套,调整申报价格6.1万套,调增价格111.5亿元,调增税收4亿元。

【做好城建税"两税比对"工作】 一是完成2013年比对工作。7月份对全省"两税"比对工作进行全面部署,要求采用软件与人工相结合,比对工作与税法宣传、纳税辅导、完善征管资料、清理漏征漏管户等工作有效结合,充分发挥比对工作的效用。据统计,2013年,工商企业"两税"比对户数82028户,发现工商企业漏管户数6537户,应补征税费金额17997万元,已补征税费金额6799万元。二是组织开发"两税比对"功能模块。现有"两税比对"系统存在较多问题,为提高"两税比对"工作质效,与征科处通力配合,利用我省地税与国税部门加强合作管理的契机,获取国税户管和税源信息,在全省征管信息系统中修改相关模块,实现国地税户管信息匹配和城建税"两税比对"功能。现软件开发业务需求编制和招标工作正在稳步推进之中。

【完善煤炭行业税收管理】 为进一步提升煤炭行业税收科学化、精细化管理水平,充分利用皖北5市煤炭行业税收管理联席会议平台,调动各方面资源,发挥专业管理人才优势,开发煤炭行业纳税评估模型,打造以从价计征资源税、城建税、教育费附加和印花税为主的纳税评估管理体系,辅以房产税、土地使用税明细申报、房土信息比对专业化管理。目前,纳税评估模型方案已经有关市讨论,进一步完善中。

【开展资源税政策调研工作】 按照税制改革的要求,结合我省实际,在全省范围内开展资源税政策调研。年初下发通知,要求各地对本地矿产资源状况进行全面调查,详实掌握各地矿产资源开采状况,本地主要矿产品资源税存在的问题和政策建议。到芜湖、宣城、马鞍山等市进行重点调研,与矿产品开采企业、基层管理税干进行座谈,实地掌握石灰石、铁矿石、方解石等矿产适用税收政策上存在的问题。

【强化土地增值税管理】 一是积极开展培训。5月份，通过省局视频会议系统，对全省1900多名业务骨干开展了土地增值税培训。7月份，在汤池举办全省房产税和土地使用税明细申报、"以地控税"土地增值税、国际税收的综合业务培训，再次讲解土地增值税政策和清算实务等。二是开展预征率调整调研。按照总局要求，开展土地增值税预征率测算工作。以各市近几年开发的且已清算项目为对象，采取分类测算的方式，测算不同类型房地产的征收率，并以此为基础测算预征率。三是强化预征和清算管理。认真落实总局和省局关于加强土地增值税征管的要求，强化预征和清算管理，认真落实清算计划，加大计划进度执行的督查考核力度，使得全省土地增值税保持较快增长态势。2014年，全省共预征税款70.75亿元，清算税款13.3亿元。四是推行土地增值税清算购买服务工作。根据统一部署，出台土地增值税清算审核购买服务指导意见，指导各市开展土地增值税清算审核购买服务工作。

【完善国际税收管理】 一是不断加强政策指导。先后出台《关于进一步加强国际税收管理工作的意见》、《关于报送国际税收工作动态信息的通知》和《关于规范反避税案件宣传管理的通知》等指导性文件，推动我省地税部门国际税收管理工作的发展。二是稳步推进反避税工作。对我省企业向境外关联方支付大额服务费和特许权使用费情况开展了一次摸底排查，对发现的欠缴税款及时进行追缴。对我省2008年至2013年间跨国企业利润水平数据进行采集，以加强对跨国企业利润水平的监控管理。指导各地完成反避税案件的立案结案工作，圆满完成总局布置的3项反避税绩效考核指标。三是进一步做好非居民税收收入分析。按季度统计上报我省非居民企业税收收入完成情况、所得类型等数据，并结合国际、国内经济形势和当地经济发展状况，对收入增减变化情况及主要影响因素进行了税收收入分析。四是认真开展国际税收征管协作工作。通过对美日韩加澳五国纳税人在我省取得的收入情况进行全面调查摸底，制作并提供自动税收情报241份。联合国税部门，完成澳大利亚税务局自发情报核查工作。

（执笔人：吕　琳）

所得税工作概述

2014年，所得税处在省局党组领导下，坚持为国聚财、为民收税的神圣使命，深入学习贯彻十八届三中、四中全会精神，全面落实总局、省局工作部署，各项工作扎实推进。

一、平稳组织收入

坚持以组织收入为中心，超前谋划，积极作为，在年初对2014年收入工作提出了要求，作出了布置，日常工作，研判收入走势，开展收入分析，发挥分析导向作用，对影响收入起伏的超常规因素及时采取措施消除，通过关注重点行业税源结构变化、跟进重点项目的实施进程，规范企业所得税预缴和汇算管理，加强高收入人群非劳动所得的税收监管，全方位多角度地做到堵漏增收，应收尽收。截至12月底，全省地税系统组织入库所得税339.37亿元，其中：企业所得税209.03亿元，同比增收21.84亿元，增长11.7%；个人所得税130.34亿元，同比增收21.81亿元，增长20.1%。

二、完成自行申报

按照总局要求，年初根据各地经济发展水平和往年申报基数，所得税处对2014年年所得12万自行申报任务进行分解，同时制定下发了

关于做好自行申报工作的通知,对自行申报工作作出了布置。申报期内,分月定期向总局上报自行申报进展情况数据,便于总局对应监督指导,对申报进度缓慢地区,通过电话、实地督导的方式集中开展鞭策催报,确保各地自行申报工作进展均衡。申报期后,将省内自行申报数据按行业分类、税目类型、区间范围分别进行梳理汇总上报,并向各地下发了全省工作情况通报。2014年自行申报人数突破五万人大关,2014年我省自行申报人数达55979人,同比增长近2万人,完成总局下达任务的155.8%。

三、推进汇算清缴

元月份,所得税处下发了《关于做好汇算清缴工作的通知》,从加强组织领导、深化政策宣传、规范后续管理、提升申报质量等方面对汇缴工作提出了具体要求,同时对申报资料受理,申报资料审核、数据资料衔接等汇缴工作涉及的具体环节也提出了指导性意见。同时,为提升汇算清缴数据质量,提升汇缴数据的利用效率,所得税处按照总局要求,依托信息化手段加强企业所得税汇缴管理,与电税中心协同配合,抽调专人对涉税通软件定时升级,现场排查解决软件应用中存在的问题,为汇算清缴工作奠定坚实的信息化支撑,各地细化制定汇缴方案、优化操作流程,明确汇缴重点,汇缴清缴工作开展得有条不紊。7月份,所得税处向总局报送了2013年度企业所得税汇算清缴数据和汇缴工作情况报告,并向各地下发了2013年度汇缴工作情况通报。2013年度,我省地税系统参加汇算清缴户数89048户,实际应纳所得税额149.57亿元,同比增长12%,汇缴面达100%。在参加汇缴企业中,查账征收企业72007户,其中:盈利企业26985户,实现营业收入9582.72亿元,利润总额770.57亿元;亏损企业29709户,实现营业收入3205.07亿元,年度亏损额83.84亿元;零申报企业15313户。

四、加强税政管理

年初,在税收工作会议上,进一步重申了税政管理工作的重要性,以企业所得税汇算清缴、个人所得税全员全额扣缴等主体业务为抓手,切实强化税政管理。全面落实建筑安装业所得税管理办法,严格要求各地依据管理办法开展外来建安业所得税的征收,指导各地做好建筑安装业所得税征管;加强税基管理,落实《企业所得税税收优惠管理办法》和《资产损失税前扣除管理办法》,对资产损失税前扣除和税收优惠严格把关审核;抓好高收入者财产转让、股息、红利等非劳动所得和合伙企业股权转让、私募基金、中介机构生产经营所得等方面个人所得税的征管;贯彻落实分支机构分配税款和查补收入就地入库的措施,强化对分支机构的检查与监管,做好总分机构的纳税管理。

五、开展政策落实督查

为确保稳增长、促改革、调结构、惠民生等一系列税收优惠政策措施的全面落实,充分释放政策优惠效应,扶持各类企业发展壮大,促进全省经济社会平稳较快发展,所得税处专门下发了开展税收政策落实督查的通知,布置政策落实检查工作,采取自查与抽查相结合的方式,对全省支持创业就业、促进改善民生、鼓励科技创新、促进民营经济发展等方面涉税政策执行情况进行检查,及时发现政策执行中存在的薄弱环节和问题,并有针对性地制定具体整改措施,保证各项政策在基层落地生根。

六、增强科技管税能力

开展汇缴软件应用升级。按照总局所得税司要求,为确保企业所得税汇算清缴质量,提高汇缴数据采集利用水平,所得税处积极派员及时对涉税通软件进行同步升级,进行数据汇总信息化处理,跟踪解决各地软件使用过程中存在的具体问题。推进个人所得税信息化管理。一方面,按照金税三期工程要求,在全力扩大信息系统应用范围的同时,为解决系统应用中存在的各类问题,保障系统顺畅运行,我处继续向税友公司购买2014年系统运维服务;另一方面,根据总局个人所得税新申报表发布要求,所得税处安排专人与大集中项目组沟通联系,努力将个人所得税新申报表纳入新征管软件,安排专人对AHTAX2013中个人所得税申报表使用进行测试。推广个人所得税自助办税终端应

用。前期，在合肥、马鞍山、亳州率先试点应用基础上，今年以来，所得税处立足职能，继续深化协调软硬件供应商和大集中项目组地配合，进一步推进自助办税终端在全省的应用范围，提升纳税服务水平，目前各市均已成功启用了自助办税终端。开展个税系统在线升级和编码统一培训。为确保个税系统顺畅运行，提升申报数据质量，2014 年 9 月份 - 12 月份，根据各市代扣代缴系统的使用量和各市地理位置，分批次对各地进行了个税信息系统在线升级和编码统一培训，并多次派员赴各地帮助解决升级统一中存在的具体问题困难。

七、减轻小微企业负担

2014 年上半年，财政部、国家税务总局对小微企业税收优惠政策作出了调整，适用范围和优惠幅度进一步扩大，为使众多小微企业能尽快享受税收政策的优惠效应，结合我省企业所得税管理实际情况，所得税处在反复修改完善的基础上，2014 年 6 月份，下发了《简化小微企业优惠管理暂行办法》、还与省国税局联合下发了《简化小微企业优惠办税程序的公告》，将查账征收、核定征收户全部纳入税收优惠享受范围，允许符合条件的小微企业预缴申报时自行享受税收优惠，取消了小微企业的审核、认定中间环节，年度申报填写资产总额、从业人员的无需再另行备案，简化了小微企业的涉税程序。10 月份，又转发了《关于进一步加强优惠政策落实工作的通知》，从优化纳税服务、简化办税流程方面对落实小微企业优惠政策再度提出了具体要求，一系列办法的出台，有效减轻了企业的办税负担。至 2014 年 9 月底，全省年所得 10 万元以下 15900 多户小微企业全部享受了企业所得税，享受面达 100%，减免税款 5186 多万元。

八、扶持民营经济发展

2 月份，开展支持民营企业发展专项调查，由省局直接发放、直接回收的方式，向全省 600 家民营企业发放调查问卷，了解市、县地税部门支持民营企业发展的状况，征求民营企业的意见建议，了解民营企业的政策知晓率。继续派员参与省“民营办”组织的支持民营经济政策宣讲，开展市、县(区)民营经济税收贡献统计，为民营经济考核提供数据资料。督促指导市、县地税部门落实支持民营经济发展的“66 条”地方税收政策，确保支持政策落实到位。参与高新技术企业认定，支持民营企业申报高新技术企业。积极鼓励支持重点群体创业就业。9 月份，与省国税局、财政厅等六部门下发了关于支持促进重点群体创业就业的有关税收政策实施办法的公告，区分个体经营、企业吸纳就业、创业就业三类情况，对享受税收优惠政策的具体程序、减免顺序额度、备案管理进行了相关明确，确保政策全面执行。

九、购买中介鉴证服务

按照政府职能转变的要求，所得税处深入基层调研摸底，派员赴铜陵、安庆走访前期已购买中介服务的相关单位借鉴经验，选取部分省内重点企业召开汇缴鉴证中介服务购买通气会，最终通过公开招标形式，公平公正地向社会中介事务所购买企业所得税汇缴鉴证服务，对省内部分税源企业 2013 年度企业所得税汇算清缴进行抽查，以着力提升汇缴数据质量。同时，各地制定细化对中介服务的跟踪考核办法，严防各种不合理现象地发生，切实提升中介服务的服务质量，提升纳税人的满意程度。省局通过公开招标采购的方式，选择了 5 家税务师事务所，对省直属局管理的 13 户企业和合肥市地税局管理的 2 户企业，2013 年(部分企业 2012 度、2013 年度)的企业所得税汇算清缴年度申报质量进行了评估鉴证。通过评估，发现涉税问题 16 类 78 个，调增应纳税所得额 17410.7 万元，影响企业所得税 4093.6 万元。

十、举办所得税业务培训

为更新所得税业务骨干知识储备，所得税处 2014 年 12 月份对各市、县业务骨干专门在汤池举办了为期一周的企业所得税业务知识培训，包括企业所得税管理与汇算清缴、建安房地产企业所得税政策与征管实务、企业财务会计知识等相关内容，有效提升了业务骨干的专业素质能力。

十一、扎实完成日常工作

按时办结人大建议和政协提案。采取专人负责,限时办结的方式,认真办理各项建议提案。全年共办复人大代表建议及政协委员提案14件,普遍得到建议人和提案人的充分认可。积极参加税收宣传月活动。通过编印税收宣传册,参与厅长零距离热线接听,政策巡回宣讲的形式,广泛深入地开展税收优惠政策宣讲。按时向外联部门报送工作总结。分别向省农工办、省皖北办、省就业办、省民营办、省人才办报送了我局相关工作材料。参与高新技术企业、动漫企业资格认定和复审。派员参与国家三部委考核组赴辽宁省进行高新技术企业抽查。参与2014年第一批高新技术企业资格认定复审、动漫企业资格认定工作。及时做好来文来信办理。按时办复相关厅局的征求意见稿,及时回复信访人、局长信箱的来信来函,切实解决与纳税人利益息息相关的涉税问题。完成地方税实用手册(十三)和安徽地税年鉴所得税部分的编纂工作,按时完成2013年度处室档案的归档工作。

(执笔人:张正超)

耕地占用税和契税工作概述

2014年,全省两税工作认真贯彻省委、省政府和国家税务总局的决策部署,开拓创新,扎实推进,继续完善两税管理机制,加强两税征收管理,发挥好两税组织收入、调控土地和房地产市场、保障改善民生的职能作用。

【大力组织两税收入】 2014年,全省组织两税收入231.40亿元,比上年同期增加3.53亿元,增长1.5%。其中:耕地占用税35.74亿元,比上年同期减少3.24亿元,下降8.3%;契税195.66亿元,比上年同期增加6.77亿元,增长3.6%;契税收入总量位居全国第7位、中部第1位。一是受房地产调控影响,契税增幅回落。2014年,全省商品房销售面积6202.2万平方米,比上年同期下降1%,增速回落30.7个百分点;商品房销售额3345.2亿元,比上年同期增长5.1%,增速回落31.5个百分点;二手住房成交金额315.98亿元,比上年同期下降14.6%。2014年1~11月份,土地出让面积19.42万亩,成交面积681.8万平方米,比上年同期下降19.5%;土地出让金1560.61亿元,比上年同期下降16.2%。二是受农用地转用面积下降影响,耕地占用税减收。2014年,全省审批农用地转用面积21.26万亩,比上年同期下降33.5%。三是坚持依法治税,兑现优惠政策。面对压力,省局明确要求各地要严格坚持组织收入原则,坚决防止寅吃卯粮和有税不收现象发生。各地坚持依法征收,强化"先税后证",加强源泉控管,清缴以前年度成交土地欠税5.84亿元。坚决落实优惠政策,2014年,契税减免42.89亿元,比上年同期增加2.24亿元,增长5.25%。

【加强两税收入分析】 一是落实两税收入分析制度,掌握年度农用地转用计划和各类建设用地供应计划,预测两税税源底数;加强契税与商品房、二手房销售面积销售额和土地出让收入的对比分析,耕地占用税与农用地转用面积的对比分析,掌握收入变化情况,提高指导两税收入工作针对性。二是加强两税收入分析考核,将其列为系统绩效管理考评内容,按季考评打分,按月向总局报送分析材料。三是开展两税减免专题分析,对2014年上半年全省两税减免情况、政策效应综合分析,提出问题和建议。

【提高两税征管质效】 一是强化两税重点征管。对招标、拍卖、挂牌出让和协议出让国有土地使用权和商品房预售、销售契税,进行跟

踪管理。对国有出让土地改变用途、调整容积率补缴土地出让金契税,划拨国有土地使用权转出让契税,房地产开发企业承受土地使用权用于房地产开发、并在该土地上代政府建设保障性住房契税,开展专项监管。依托国土资源部门相关数据,布置全省农用地转用审批信息与耕地占用税收征收信息比对工作。全省通过两税信息比对核查,追缴以前年度两税4.55亿元。二是推进一体化征收。把两税税源管理、征收管理、评估检查纳入地税征管体系,实行同征、同管、同查。全面应用房地产评估技术,加强存量房交易契税征管,统一契税与其他房地产税收计税价格。三是密切两税部门协作。组织全省地税与国土资源部门两税座谈会,研究布置耕地占用税部门协作工作。各地还作了不少有益探索和创新。部分市、县利用政府综合治税平台,获取两税信息,实现了与房产、土地管理部门征管数据同步传输和信息共享。部分市县两税征管部门进驻房产交易中心、土地交易中心征收,既方便了纳税人,也有利于协税护税工作的开展。四是完善两税情况证明管理。为防范征管漏洞,调整两税情况证明的开具和管理方式,统一使用税收票证,经过软件开发及反复测试,2015年1月1日起正式启用。

【完善落实两税政策】 一是规范两税政策执行。针对房地产市场新情况,积极梳理两税政策执行问题,在充分调研、征求意见和请示总局的基础上,经年初全省税政管理工作会议讨论,形成了《契税和耕地占用税若干政策问题解释》,对家庭唯一住房认定、服务业企业确定、契税若干计税价格、改制重组契税等25个问题进行细化明确,促进政策执行统一、为基层两税执法,提供政策把握依据。二是规范农村居民建房耕地占用税管理。制发规范农村居民建房耕地占用税管理的意见,明确严格执行税收政策、完善申报征收方式、规范征税认定程序、落实协税护税制度、坚持严格依法征税。三是加强两税政策研究。开展城乡建设用地增减挂钩中农用地转用耕地占用税、煤矿塌陷区耕地占用税、房地产开发企业代政府建设保障性住房契税、农村集体建设用地契税调研;开展国有土地有偿使用有关收费调查,向总局上报国有土地使用权出让契税计税依据确认的建议;开展企业事业单位改制重组契税政策调研,分析政策执行效果和存在的问题,向总局上报完善企业事业单位改制重组契税政策建议。

【优化两税纳税服务】 一是精简两税申报资料。对两税征收、减免、不征税认定所需资料进行了全面梳理、精简和规范,全面对接全国县级税务机关纳税服务规范要求,全面完善两税税收优惠底层业务。二是优化两税办税流程。对契税与其他相关房地产税收实行“一站式”征收,“一窗式”办结;除特别复杂的事项外,将两税减免全部授权窗口办理;全面推进个人两税申报免填单服务。

【加强两税业务能力建设】 一是开展两税业务培训。组织开展了系统两税综合业务培训和大集中两税软件应用培训,并派员为各地举行的两税培训进行授课。二是编纂两税政策汇编。全面梳理1997年以来两税政策文件,编纂新版两税政策汇编。各地还结合实际,编辑两税知识问答、政策解读等,切实开展两税业务宣传。三是积极开展两税调研。在充分调研的基础上,撰写了《关于支持推动长江经济带发展税收政策建议的报告》、《关于企业事业单位改制重组契税政策调研的报告》和《2014年上半年契税减免情况分析及思考》等调研文章。四是有效开展税法宣传。积极采取措施,加强两税政策宣传。充实省局、市县局内、外网“两税”征免各项政策,做到动态更新。各地还认真加强行业辅导,组织房地产开发企业财务人员进行两税政策宣讲,对与房开企业密切相关的契税政策进行了讲解,纳税人反映良好。五是认真受理两税政策咨询。局长信箱转来的提问、地税信箱提问、纳税人电话咨询及时回复、认真解答,确保纳税人满意。六是参加总局集中办公工作。积极参加总局组织的两税征管业务手册编写、两税收入征管风险分析和农村集体建设用地流转两税政策研究的集中办公。

(执笔人:谢业明)

基金(费)征收管理工作概述

2014年,省地税局基金处按照全省地税工作会议要求,积极贯彻"一个确保、两个提高",基金费收入平稳增长,服务了经济社会发展,各项基金费征管工作取得新进展。

一、基金费收入平稳增长

坚持依法征收,大力组织收入。2014年全年完成社保费收入741.66亿元,增收63.44亿元,增长9.4%,完成全年预算104.4%。其中,职工养老保险收入485.52亿元,增长6.9%,完成预算101.1%;职工基本医疗保险收入185.33亿元,增长14.5%,完成预算113.2%;失业保险收入36.79亿元,增长18.5%,完成预算108.3%;工伤保险收入18.64亿元,增长6.4%,完成预算100.7%;生育保险收入8.96亿元,增长19.3%,完成预算103.6%;城镇居民医疗保险费6.42亿元也超额完成预算。社保费收入稳定增长,确保了社会保险待遇及时支付,为全省社会保障基金的稳定运行奠定了坚实的物质基础。

全省共组织其他基金费合计103.38亿元,同比增收5.83亿元,增长11.8%。其中,教育费附加48.02亿元,地方教育附加31.43亿元,水利建设基金20.07亿元,残疾人就业保障金3.72亿元,文化事业建设费1438万元。

二、强化社保基金预算管理

2014年全省社保费收入预算任务为710.8亿元,完成预算任务的104.4%,超收入预算任务4个百分点。

合理的收入预算,是能否完成全年预算的基础。社保费预算编制,部门协作,由财政、人社、地税三部门共同组织;程序上,实行"两上两下",即社保费预算先自下而上编制草案,省财政厅、省人社厅、省地税局按照影响收入增减变动因素,对各地上报的预算草案进行审核、反馈;各地根据反馈意见,进行预算草案修正,省财政厅、人社厅、地税局根据修正草案进行再次审核,与各地意见达成一致,将全省社保费预算汇总报省政府,省政府批复后,下达各地执行。2014年社保费预算,从2013年11月开始编制,于2014年3月底省政府批复,历时4个多月。

在预算执行过程中,各地认真分析预算收入执行情况,针对征管薄弱环节,制定有效措施,规范社保费征管。

为做好2015预算编制工作,省地税局与省财政、人社厅于2014年11月份召开2015年社会保险费预算编制会议,要求系统上下密切部门配合,反复测算数据,提前做好2015年预算编制准备工作。

三、落实五缓两降优惠政策

根据全省经济工作暨城镇化工作会议要求,经省政府同意,延续执行《安徽省人民政府关于促进经济平稳较快发展的若干意见》,继续执行"五缓两降"政策,根据企业缴费能力,职工养老、职工医疗、失业、工伤、生育等五项保险费可同时缓缴,也可部分缓缴;各统筹地区可适当降低失业、生育保险等2项保险费率。

2014年,全省累计缓缴五险社保费30.42亿元,降率减收失业保险费6亿元、生育保险费1.16亿元。同时,对已缓缴到期的企业,及时督促企业按协议约定将缓缴资金及时足额补缴到位,未补缴到位的,不给予再申请享受缓补政策。

四、推进社保费费源管理

今年,省政府第一次将社保费收入增长列入对省地税局效能建设考核重点工作目标任务,增长比例主要依据社保费预算编制中的社保费收入,也就是社保费收入比上年增长7%

以上。因此,编制合理的预算收入直接关系效能建设考核中的社保费目标任务,而准确地掌握费源是编制合理预算收入的前提。

2014年,在总结各地社保费费源管理实践的基础上,借鉴外省先进做法,出台《关于进一步加强社会保险费费源管理的通知》,主要内容是,依据企业的缴费能力,实行A、B、C分类管理,随着企业的生产经营状况的变化,适时进行类别调整,实行费源动态管理。

为使A、B、C分类管理在实践中具有可操作性,省地税局组织召开了地税部门南、北片业务座谈会,进行充分讨论,各地认为费源分类管理很有必要,既为编制预算打下基础,也有利于预算执行分析。同时,也提出很多有益的意见和建议,比如,是以《办法》下发,还是以《意见》下发;再比如,《办法》要考虑各地社保费现行征管模式,为各地具体执行留有空间。

五、加强基金费工作调研

从2014年7月份开始,社保费"五缓两降"政策效应释放,全省社保费收入累计增幅逐月下降,能否完成省政府下达的社保费比上年增长7%的目标,成为基金费工作关注重点。省地税局深入特别是社保费收入完成预算进度较慢的地方,进行实地调研,走访相关部门,掌握第一手资料。针对各地情况,提出具体工作要求。要求主动向政府汇报,加强部门沟通,争取调减预算;同时要积极落实"五缓两降"政策,继续处理好组织收入和落实优惠政策两者之间的关系;并对社保预算编制执行工作和基金费征收提出具体意见。

2014年4月,国家税务总局组织税务部门征收社保费的省份,在安徽省就社保费收入分析系统集中办公。按照国家税务总局要求,省地税局搭建了集中办公环境。各省共同学习社保费收入分析报表软件系统,研讨社保费收入统计分析软件系统应用及运行,对国家税务总局的社保费收入统计口径、技术指标、报表分析制度等提出建议,促进税务机关社保费收入统计分析工作进一步规范和完善。

(执笔人:张德霞)

收入规划核算工作概述

2014年,收入规划核算处落实省局年度工作部署,围绕组织收入工作中心,加强重点税源监控,拓展数据管理应用,深化税收经济分析,加强税收票证管理,拓展数据管理应用,加强重点税源监控,深入应用"大集中"软件,加强业务能力建设,各项工作取得积极进展。

【税费收入完成情况】 2014年,全省共组织入库各项税费收入2348.8亿元,同比增收222.5亿元,增长10.5%。其中,入库地方税收入1551.7亿元,同比增收153.4亿元,增长11%;入库基金(费)收入797亿元,同比增收69.3亿元,增长9.5%,其中社会保险费收入741.7亿元,同比增收63.4亿元,增长9.4%。全省地方税收入增幅高出全国地税系统平均增幅2.5个百分点,增幅列全国第10位,收入总量列全国第13位。在中部地区,我省收入总量列第3位(列河南、湖北之后),与上年同期持平,收入增幅列第3位(列湖北、江西之后)。2014年,全省地方税收入增速波动较大,曾出现4个月负增长,但多数月份实现良好增长,总体增势好于年初预期。税收房地产倚重状况有所改善,房地产业的比重为53.2%,同比下降2.2个百分点,金融业、批发和零售业税收比重分别为15.7%和4.7%,同比提高1.3个和0.5个百分点。民营经济税收同比增长13.5%,增幅比地方税总收入高2.5个百分点,占地方税

总收入比重为84%,同比提高1.9个百分点。其中,民营股份公司、私营企业、港澳台投资企业和外商投资企业税收同比分别增长22.2%、20%、77.1%和29.5%,增幅比地方税总收入高出11.2个、9个、66.1个和18.5个百分点。

【重点税源监控】 提高重点税源监控质量,奠定后期重点税源企业风险识别、预测预警机制,确立了"稳定数量、减轻负担、提高质量"的监控目标。一是修订重点税源监控制度。对总局和省级监控范围、监控标准、指标体系、报送时间等重新予以规范。二是稳定监控范围。对全省2013年度70万元以上重点税源企业入库税款情况进行统计,逐户开展重新认定,基本稳定监控范围,确认监控户基本信息。2014年,纳入省级重点税源监控的企业超过1万户。三是实现在大集中软件采集税收数据。提请大集中项目组按监控业务需求开发软件,已完成税收收入集中采集的测试并运行,切实减轻基层工作负担。省局利用TRAS税源监控管理系统,完成分析表取数公式设置和数据测试工作,按季编印全省《重点税源监控资料》。四是加强总局监控数据审核。加强人工审核力度,月度数据审核时,重点关注电力、煤炭、油、水和土地等非税指标的数量级审核;季度数据审核时,重点关注平均职工人数、自用房产原值、房产租金收入和土地面积等指标的审核。重点税源整体数据质量得到总局的充分肯定。完成总局纳税前800强企业数据核对工作。

【税收规划管理】 加强税收计划的指导性,确立"及早落实、合理安排、常态监控、动态调整"的计划管理目标。一是编制年度税收计划。从宏观、微观层面开展税源调查,及时掌握政府预算收入安排并上报。1月份,兼顾考虑各地税源实际和财政预算安排,下达全年地方税收入指导计划,首次将计划下达日期提前至年初。实施收入目标动态管理,多次与各市就全年税收计划预期完成数进行沟通协调,并根据区域税源实情对确实不能完成年初税收计划的地方进行调减,对总局追加中央级收入进行落实。二是加强组织收入指导。先后于6月、11月专门下发通知,要求各单位增强税收任务意识、质量意识和政策意识,加强对组织收入工作的监督检查和分析指导,切实做到计划服从税源、征收服从政策、收入确保质量。三是预测税收收入进度。为提高税收预测准确率,更好地服务组织收入工作,督促各地科学选取预测方法,认真开展月、旬收入预测,并将预测结果纳入对下绩效考评。

【税收收入分析】 贯彻落实总局王军局长关于税收分析的重要批示和讲话精神,认真组织开展税收分析工作。一是做好常规税收计划执行分析。按月简要分析,按季详细分析并下发通报。全省地税工作会议期间专门套开全省季度税收形势分析会,加强税收增减因素深度分析和收入形势预测研判,为省政府、省发改委和本局经济税收形势分析会提供分析材料。抓住经济税收运行中的热点问题,积极向《信息专报》、《安徽地税信息》提供综合性信息和重点行业等税收分析信息。二是深化专题税收分析。围绕全年地方税收入预期目标执行情况,利用2003年以来经济、税收相关数据,开展地方税收与经济关联专题分析。围绕减免税政策落实情况,开展高新技术企业和支持农业发展情况专题效应分析。三是加强对基层的分析指导。参与基层税收分析培训,派人专题授课,着力提高基层税收分析水平,增强税收分析能力。同时,以省局内网收入分析栏目为平台,不定期发布各地优秀分析材料,充分发挥税收分析在服务地方税收征管、服务地方经济发展方面的应有价值。四是举办税收分析业务培训班。11月下旬,利用一周时间,面向市县税收分析人员开展税收分析业务专题培训,就税收政策和税制改革、税收调研的重点和难点、税收分析需要注意的问题、重点税源监控分析、省级大集中软件相关模块等做了详细讲授,反响较好。五是加强对涉税舆情的关注与应用。继续在《税收统计参阅资料》中开辟"参阅信息"专栏,搜集整理有关经济动向、行业发展规划、地市经济发展热点、税收政策调整等文字、数据资料,及时掌握税收收入发展和评价的涉税舆情

动向，加强对社会关注热点问题的研究和引导，服务税收分析工作开展。六是强化税收分析机制建设。制定发布《安徽省地方税务局关于落实协作机制深化收入分析工作的通知》，明确各部门、各层级的工作职责，积极推动形成上下联动、部门协同、齐抓共管的分析工作格局。

【税收会计统计】　立足核算制度建设，提高核算信息化水平，规范税收会计统计核算。一是做好减免税核算工作。按照总局部署，年初下发减免税核算事项的通知，对核算范围、核算科目账簿设置、账务处理、减免登记与申报等予以规范。提出减免税核算业务需求，提交大集中项目组进行软件开发。按照新减免税核算要求完成备案登记信息整改、报表设置和取数定义工作。二是做好税收优惠政策落实情况统计。落实总局要求，提出税收优惠政策统计业务需求，自10月份起按月做好税收优惠政策落实情况上报工作，为国家进一步掌握小微企业税收优惠等减免税政策落实情况打下坚实基础。三是加强欠税分类核算。落实总局要求，及时提出欠缴税金按风险核算分类管理业务需求，并做好跟踪督办，确保自明年1月份起能够按月上报。四是出台缴退库实施办法。依据总局《税款缴库退库工作规程》，拟定《安徽省地税系统税款缴库退库实施办法》初稿，在广泛征求省局局属各单位和全省各级地税部门的意见后，下发全系统执行。拓展数据展示应用，发挥数据决策支撑作用，我们立足统计指标体系建设，全面反映税收收入情况，提高税收收入数据质量。一是做好日常报表编报工作。修订并下发税收会计统计报表制度、税收月快报制度、重点税源报表制度等，对TRS、TRAS报表管理系统的任务进行升级和审核公式制作，实现与大集中软件的同步对接。二是全方位反映收入动态。编印《全省税收工作会议统计参阅资料》、《简明税收统计资料》，分类展示税收数据，提供决策服务支持。调整数据反映指标，编印《月度税收参阅资料》、《地税收入快报》，做到时效性与实用性并存。三是提高统计数据质量。通过下发通报、邮件反馈等方式，加强月度报表审核与纠错工作。从年报与月报关联性、报表制度执行情况方面审核合理性；通过提前预审、交叉审核、人机审核相结合方式完成2013年年报编报与审核工作。

【税收票证管理】　新《税收票证管理办法》颁布后，有序推进税收票证换版工作，进一步规范票证管理。一是完成税收完税证明（文书式）开具项目需求。以统一耕地占用税和契税完税情况证明为契机，协调两税处向大集中项目组提交税收完税证明（文书式）开具项目需求，上线准备工作已就绪。二是制定《税收票证检查考核标准》。三是妥善解决城镇居民医疗保障费票据问题。在局领导的直接关注下，经过反复调查研究，耐心细致说明，年中与省财政厅就城镇居民医疗保障费征收票据问题达成共识，争取财政部门重新设计印制新版票据，保证该项费用的及时顺利征缴。四是实施新的税收票证发放办法，组织发放新版税收票证。

【税收调查和减免税统计调查】　税收调查指标多、调查户数多、工作量大、时间要求严格，通过完善调查方案，明晰职责保证税收调查工作高效运转。一是与各相关处室进行细致协调，完善减免税调查方案，明确工作职责和调查细节等问题，下发减免税调查文件和企业版调查软件。二是召开调查布置会议。及时召开全省税收减免税调查和税收调查工作布置会议，传达贯彻全国会议精神，培训调查软件，明确调查指标口径。2014年全省税收调查户数4922户，入库营业税占全省营业税的比重为53%，较上年度提高1.3个百分点。税收调查涉及指标500多项；减免税调查涉及指标700多项。三是建立数据审核新机制。推广合肥、铜陵等单位在软件应用、数据审核方面好的做法，提高审核效率。

【规划核算类业务软件应用】　坚持“边用边改、边改边用、改用并举、推进完善、提高质效”的原则，深入开展大集中软件应用工作。一是加强软件应用与数据挖掘。全方位应用大集中软件，在大集中软件应用和数据比对中发

现数据完整性、非征期开票数据比重较大、开票未入库风险、欠税数据准确性方面存在的问题，提出修改完善建议。二是全面分析软件问题。结合实际应用情况，提出大集中软件基础信息维度缺失、指标概念模糊、子系统之间逻辑关系混乱、数据准确性问题突出、差错补救机制缺失等五个方面问题。三是提出改进方案与建议。与项目组、公司骨干成员集体讨论，分析原因，提出上述问题的解决方案；在全省范围内征求基层意见、广泛收集系统存在的问题，进行归类分析，研究具体解决措施，推进软件应用。

【业务协调配合】 服务大局，做好综合业务协调配合工作。召开全省收入规划核算工作会议，谋划全年工作。向办公室报送机关、系统收入规划核算类绩效考核指标和相关资料。积极配合审计署部署的征管业务数据抽取工作。配合审计厅经济责任审计工作。积极组织人员参与全省征管数据大集中工作。向宣传中心报送2013地税年鉴资料和文稿。向法规处报送地方税实用手册收入规划类文稿。向统计、财政、国税、发改委等有关单位提供交换数据。向省政府(省统计局)报送全省分市、县(区)民营经济税收情况、民营企业纳税大户情况。向省财政厅报送纳税大户税收情况等。向装备处报送固定资产清查情况。

(执笔人:许　飞)

纳税服务(大企业税收管理)工作概述

2014年，纳税服务(大企业税收管理)处在省局党组的正确领导下，深入贯彻落实十八届三中、四中全会精神，积极开展“便民办税春风行动”，扎实推进县级税务机关纳税服务规范实施，认真完成总局部署的大企业税收管理工作任务，推动注册税务师行业健康发展，努力为安徽地税事业和谐发展作出积极贡献。

【纳税服务工作】 1. 简并优化办税事项。以简政放权、便民高效、规范统一、转型升级为原则，全面梳理全省地税系统各类办税事项，经过大半年的调研和论证，下发《安徽省地方税务局关于规范简并办税事项推行办税清单工作的意见》(皖地税发〔2014〕31号)，规范8大类384项办税事项。精简规范后，384项涉税管理事项中，依法仅保留6项行政许可和36项非许可行政审批；当场办结事项由过去的66项增加到339项，增加4倍之多，占梳理出的全部办税事项88.28%；限时办结事项由原来的318项减少为45项，减少85.85%；办理流程由过去的2678个环节减少为1236个环节，简并53.84%；需要纳税人报送的资料由过去的1658件精减为1206件，精减27.3%。规范简并办税事项推行办税清单工作得到了各级领导的充分肯定。《安徽日报》、《中国税务报》对我省地税规范简并办税事项推行办税清单工作予以报道。2. 积极开展便民办税春风行动。切实将国家税务总局“便民办税春风行动”各项部署落到实处，制定了《安徽省地方税务局深入开展“便民办税春风行动”实施方案》(皖地税发〔2014〕9号)，将六项行动细化为15项具体措施，有序有力推进。在春风行动中，一是强化宣传工作。在安徽主流媒体网站开辟“春风行动，情暖纳税人”宣传专栏，集中宣传活动开展，营造舆论氛围。二是提速办税服务。在全省范围内推行24项便民办税征管措施，内容覆盖税务登记、发票管理、网上办税、自助和移动办税、简并文书报表、同城通办、税收信用7个方面，将近年来全省地税系统征管创新和信息化建设的最新成果应用到办税服务中，力求为纳税人提供更方便、更快捷的服务措施。三是减轻办税负担。着力统一全省地税系统办税标准，规范涉税资料报送，简并涉税表证单书，推

行先办后审，方便纳税人办税，减轻纳税人办税负担。四是推行首问责任制。明确首问责任要求，加强教育引导，使首问负责成为每位税务干部的自觉意识。对首问责任制进行广泛宣传，主动接受纳税人和社会公众的监督，营造良好舆论氛围，使首问负责成为一种工作常态、行为习惯和行业风尚。3. 推行县级税务机关纳税服务规范。印发《实施方案》和《推进方案》，指导全省地税各基层税务机关实施。确保10月8日国庆长假后上班第一天，全省地税系统96个地税机关378个办税服务厅均按照统一纳税服务规范具体实施。一是加强研学，认真组织培训。组织业务骨干开展研究，进行总局《县级税务机关纳税服务规范》和我省地税征管系统操作规范的差异比对工作，遵循“标准从高，内容从全”原则，将总局规范中梳理出纯地税业务139项，结合我省地税上半年开展的简并优化办税事项工作，专门印制《全国纳税服务规范安徽地税操作手册》，分发系统指导学习。同时组织大规模培训，让每一位前台工作人员明晰执行标准，把握精髓，确保全面掌握和熟练操作。二是协调配合，完善征管信息系统及表证单书。协调各业务处室和省局征管数据大集中项目组，根据《县级税务机关纳税服务规范》中涉及的服务事项和标准，对安徽地税征管信息系统（AHTAX2013）进行修改完善，完成升级、测试、联调等工作，在软件中固化各类办税事项的填报表格模版、报送资料类型、办税流程、办理时限等。同时，根据总局《＜全国县级税务机关纳税服务规范（1.0版）＞相关表证单书》要求，结合安徽地税实际，新增并修订了部分表证单书，并在全省AHTAX2013征管软件中增加或修订地税业务需要的相关表证单书，并传递模版供各级地税机关统一使用。三是广泛宣传，营造良好氛围。在省内主要媒体开展《全国纳税服务规范（1.0）版》解读宣传。在地税内外网站开辟专栏，在各办税服务厅采取宣传展板、电子显示屏等多种形式，向地税干部、社会各界和纳税人广泛宣传，努力营造良好的氛围。四是工作成效显著。经测算，《县级税务机关纳税服务规范》实施后，纳税人报送的资料、办税环节、办税次数、办税时间等平均减少30%以上，有的甚至减少40%以上，尤其是即办事项增加50%以上，基本实现了“流程更优、环节更简、耗时更短、效果更佳”的目标。4. 推进办税服务厅标准化建设。将办税服务厅标准化建设列入年度工作重点。一是完善办税服务厅标准化评审方案。制定下发《全省地税系统2014年度标准化办税服务厅建设省级先进单位评审认定方案》，明确了省级先进单位评审认定的内容和软硬件标准，引导全省地税系统继续扎实推进标准化办税服务厅建设。认真组织开展实地评审，全省38个办税服务厅被认定为省级先进单位，促进了标准化办税服务厅建设再上新台阶。二是推进网上办税服务。积极打造功能全面、方便实用的网上办税服务厅。加强网上办税服务厅和实体办税服务厅整合，加大宣传推广力度，努力实现实体和网上办税服务厅无缝对接、优势互补，更好地为纳税人提供优质服务。5. 加强12366纳税服务热线管理。一是完善管理制度。制定印发了《安徽省地方税务局关于进一步规范和改进12366热线接听工作的通知》，对热线的接听工作作出了详细的规范与要求，确保线路接听畅通。二是加强运维工作。经统计，全年，服务热线人工受理咨询79358人次，发票查询179，958，869余次，发送各类短信124800余条。三是及时承办12366北京呼叫中心转办事项。全年我处共承办事项4件，均做到及时调查、回复准确。四是加强热线成果运用。按月收集纳税人咨询的税收热点、重点和难点问题，进行分析、研究和比对，上报总局并在省地税局外网发布，供纳税人办税参考。全年，收集整理热点问题计512条，上报并发布热点问题120条，上报12366热线典型案例12个。五是积极探索建立省级12366呼叫中心。为做好12366热线服务工作，提升接听水平，实现与12366北京呼叫中心直接对接，探索打造省级12366呼叫中心。利用马鞍山地税12366纳税服务热线基础好的优势，经省局局长办公会议研究，在马鞍山市进

行试点，打造我省地税12366纳税服务热线呼叫中心。2014年11月6日，马鞍山12366纳税服务热线呼叫中心正式启用，标志我省纳税服务热线建设上了一个新台阶。6. 开展纳税信用等级评定。联合省国税局印发了《关于开展2012－2013年度纳税信用等级评定工作的通知》，在全省范围内联合开展纳税信用等级评定工作。在外网发布了公告。逐级开展评审，省、市、县逐级成立国地税联合评审委员会。在纳税信用等级评定中，坚持依法、公正、公平、公开的原则，按照统一的标准、方法、程序进行评定管理，使纳税信用等级评定真正成为促进纳税人依法诚信纳税的有效激励机制。经省国地税联合评定，全省共评出A级纳税人4659户。7. 推动纳税人权益保护。对纳税人的服务投诉，各级地税机关均能在第一时间给予妥善处理。全年，我处直接受理省局局长信箱、互联网、12366转办等服务投诉8件，严格按照程序认真处理，及时答复，并通过电话回访，纳税人满意率100%。

【大企业税收管理工作】 1. 完成2013年度总局定点联系企业集团税收风险管理工作。2013年6月至2014年6月，全国税务机关大企业管理部门对中国烟草总公司、中国工商银行股份有限公司、中国大唐集团公司3户企业集团开展税收风险管理。根据工作方案，2014年上半年，重点开展现场审计工作。我处抽调2名同志参加对安徽烟草公司的税务审计，审增税款2000多万元。另组织开展对安徽省工商银行合肥分行和芜湖分行的现场审计，审增税款130多万元。2. 积极开展2014年度总局定点联系企业集团税收风险管理工作。根据总局统一部署，2014年，全国税务机关大企业管理部门对中国石油天然气集团公司、中国建设银行股份有限公司、中国农业银行股份有限公司、中国华能集团公司、中国冶金科工集团公司、华为技术有限公司、中国五矿集团公司和三星(中国)投资有限公司等8户企业集团开展全流程税收风险管理工作。根据总局大企业司部署，一是做好前期准备，开展风险识别和风险内控调查工作。印发《安徽省地方税务局关于开展大企业税收风险识别工作的通知》，采集冶金矿产、建筑安装、电子机械及技术服务等行业税收风险特征32条。印发《安徽省地方税务局关于2014年大企业税务风险内控调查工作方案的通知》，通过发放专门的调查表进行风险内控调查，共调查分支机构80户，通过梳理，整理出5户代表性企业内控调查报告上报总局。二是认真完成全流程风险管理分阶段工作任务。对总局3户定点联系企业开展案头审计工作，梳理风险疑点28条；督促企业自查税款补缴入库工作，入库税款268万；组织对总局派送的中国十七冶集团有限公司、马鞍山十七冶工程科技公司、中冶置业(安徽)有限责任公司3户企业开展现场审计工作，排除疑点问题52条，确认风险疑点2条，审计税款24.7万元。3. 核实总局定点联系企业名册。在全系统部署开展国家税务总局定点联系企业2013名册信息核实工作，核实对象为45户总局定点联系企业集团在皖成员企业，总计2262户；核实内容包括：纳税人代码、纳税人名称、所属行业、组织架构信息、年度缴纳税款等。4. 开展总局定点联系企业税务遵从管理年度报告工作。印发了《安徽省地方税务局关于开展总局定点联系企业税务遵从管理年度报告工作的通知》，《年度报告》综合反映定点联系企业的管理构架、组织形式、核算方式、税务管理、税务风险内控机制、税务遵从等情况，以及税务机关对企业提供纳税服务、实施针对性风险管理的工作内容和结果。全省地税共编制16户企业《2013年度税务遵从管理报告》。5. 开展总局定点联系企业分事项税收风险管理工作。2014年，总局同时布置了“分事项”风险管理工作，主要对通用电气(中国)有限公司、中国中化集团公司、中粮集团有限公司等3户企业集团的股权转让、跨境投资和关联交易开展分事项管理工作。为此，联合安徽省国家税务局大企业处制定了《2014年通用电气(中国)有限公司等3户企业集团在皖成员企业分事项税收风险管理实施方案》，对涉及的中粮集团下属企业“中粮生物化

学(安徽)股份公司"股权转让等涉税事项开展税收风险评估,评估中发现少缴地方税 1.4 万元,及时督促企业补交入库,同时,形成风险评估报告上报总局。

【注税行业管理工作】 1. 履行审批职责。联合省国税局批准成立了安徽新思辰等 8 家税务师事务所。2. 组织资格考试。联合省注册税务师管理中心开展 2014 年注册税务师考试报名及资格审查工作。3. 规范涉税代理。规范涉税鉴证严禁强制代理,在全系统开展自查,督促整改。4. 开展注税年检。国地税联合对全省 165 家税务师事务所(2013 年统计报表中共 167 户,其中 2 户事务所已注销)、1045 名执业注册税务师和 887 名非执业注册税务师进行了年检。

(执笔人:陶　平)

征管科技工作概述

2014 年,征管和科技发展处按照全面深化改革和推进依法治国的总体要求,注重应用现代管理方法和信息化手段,大力推进税收管理和服务创新,进一步提升了征管科技系统的工作质效,为加快实现税收征管现代化奠定了基础。

【税收征管改革情况】 明确税收征管改革思路和方向,深入推进重点工作,探索建立征管改革的总体框架。一是税收风险管理深入推进。6 月份召开全省地税系统税收风险管理座谈会,部署全年税收风险管理工作,研究制定扩大试点方案。7 月份在全省全面推行建筑安装、房地产行业纳税遵从风险管理系统,选择 8 市 1 县推行管理风险监控系统。11 月份起全面推广遵从风险管理和管理风险监控系统的全部模型指标,截至年底,纳税遵从风险管理系统累计推送风险纳税人户数 7043 户、应对 6103 户、入库税款 4.06 亿元。试点单位通过管理风险监控系统启用指标 40 个,扫描疑点数 90 万个、下发疑点数 18 万个、确认并应对结束 11 万个。二是涉税信息共享取得突破。积极推动省政府 6 月份印发《安徽省人民政府关于建立涉税信息交换与共享机制的通知》,标志着全省进入涉税信息"大数据"时代。联合省国税局贯彻落实省政府部署,开展国地税基础信息比对,匹配成功 36 万户纳税人基础信息,查找出可能未登记户 5.63 万户、状态不一致户 2.71 万户、企业所得税税种鉴定缺失户 7.47 万户。各地通过应用第三方涉税信息加强税收征管,增加税收收入效果明显,2014 年,全省利用第三方涉税信息新增税款 50.3 亿元,同比增长 24.7%。三是税收信用管理逐步加强。督促各地规范开展地方税收不良记录认定工作。在 AHTAX2013 系统中开发不良记录认定功能,11 月起在马鞍山、宿州两地试点运行。参与省公共信用信息共享服务平台建设,在省直机关中率先实现数据的电子化定期传递。加强信用褒扬和惩戒,妥善利用诚信纳税评定结果,全年为近 1500 户次的企业提供税收信用情况证明。与省文明办、省高院签署合作备忘录,积极开展部门间失信联合惩戒。四是建立国地税合作长效机制。与省国税局联合起草国地税合作文件,10 月份出台《安徽省国家税务局　安徽省地方税务局关于建立长效合作机制创新税收服务和管理工作的意见》。11 月份国地税联合调研组在宣城召开工作推进座谈会,要求宣城、芜湖、马鞍山等地积极试点国地税合作事项。五是参与长江经济带跨区域税收合作。12 月份参加总局召开的部分省市长江经济带发展税收工作座谈会,对《服务长江经济带发展税收工作方案》提出修改建议。根据安徽省承接产业转移特点,开展支持区域产业转移的政策研究,

作为支持长江经济带发展的政策储备。六是探索创新税收征管方式。研究如何加强事中及事后管理,优化便民办税征管措施,将纳税服务理念贯穿到税收征管的各环节,促进税收征管与纳税服务相互融合、同步提升。出台《关于落实便民办税春风行动若干征管措施的通知》,制定优化纳税服务的24条征管措施。发布《关于进一步优化地方税务设立登记程序的公告》,进一步简化税务设立登记,增加纳税人网上预登记及容缺登记程序。

【征管信息化建设情况】 根据省局信息化建设的总体安排,继续调配骨干力量参与组织AHTAX2013优化和应用,推动AHTAX2013建设和应用再上新台阶。一是推动信息化与税收管理融合。发挥处室信息化建设的综合协调职能,促进信息化运行与现代税收管理框架的协调。建立健全岗责体系,为税收征管改革的稳步推进提供支撑。在管理风险监控系统中新增与绩效管理有关的15个指标,加强监控考核,力求将绩效管理落到实处。二是推进信息系统应用。利用AHTAX2013的数据信息开展统计分析,形成《全省地税系统2013年度推进现代化分局建设监测考核问题分析报告》、《安徽省地方税务局2014年上半年税收收入征管因素分析报告》。做好培训组织和前期准备工作,分两期举办全省征管骨干深化应用AHTAX2013培训班,为各地开展深化应用培训储备师资力量。三是继续优化和完善AHTAX2013。组织编写业务需求,全面完成决策支持系统1包和2包软件功能开发,建立安徽地税特色的风险管理平台,完善外部信息交换系统功能。参与完成简并办税事项、县级纳税服务规范(1.0版)等征管部分的业务需求编写。

【现代化分局建设情况】 进一步加强工作创新和研究谋划,深入推进基层分局现代化建设。一是总结五年规划建设。开展先进单位等级认定工作,确定2013年度现代化分局建设省级先进单位33个,市级先进单位60个。截至2013年,省级先进单位累计认定267个,达到基层分局总数的33.8%,市级先进单位累计认定371个,达到47.0%,完成了2009—2013年的现代化分局建设目标。开展推进现代化分局建设十佳单位评选工作,最终认定马鞍山市地税局稽查局等单位为“全省地税系统推进现代化分局建设十佳单位”。5月26日,《中国税务报》头版头条刊发《追梦税收现代化从基层开始》一文,全面反映全省推进现代化分局建设的探索和成效。二是谋划基层分局现代化建设。适应税收管理和改革发展需要,谋划下一步基层分局现代化建设蓝图,制定《安徽省地方税务局关于进一步推进基层分局现代化建设的若干意见》。编写《基层分局现代化建设基础工作排行榜在线监测考核指标》,开展软件开发工作,探索推进在线监测考核。

【征管基础工作情况】 根据税收征管改革、税收信息化建设等新变化和新要求,进一步做好税收征管基础工作,更好地服务税收管理和服务创新。一是研究制定基础工作制度。制定《关于进一步加强税收征管基础工作的意见》,指导基层更好地开展基础工作,促进税收征管质量的进一步提高。修订完善《个体工商户定期定额核定征收办法》、《纳税申报管理办法》等征管基础制度,对其中需要制定政策解读的,率先在省局外网同步发布。二是加强普通发票内外部管理。根据年度预算执行要求,实事求是完成了省级发票印制采购。配合财务管理处完成2014年度通用发票印制费用省局结算工作,2014年度省局结算通用发票印制费用合计711万元。全年办理印制31批次冠名发票(寿险)250万份,办理审批27批次企业自印发票(邮资明信片门票)302万份,办理审批供应承印企业发票防伪专用纸331.8吨。三是组织开展欠税排查清理。下发《安徽省地方税务局关于开展欠税清理工作的通知》,集中开展2014年6月30日之前的欠税清理工作。经核查,全省扣除清除虚欠数据、延期缴纳税款及待减免税款后,2014年6月前欠税数据为12364户次、26.71亿元。各地采取欠税公告、信用管理、强制执行等手段,组织开展欠税清

理，截至2014年底，全省共清缴欠税2651户次、税款66146万元，另有3851户次、10.29亿元的欠税列入年内清理计划。四是加强延期缴纳税款管理。下放延期缴纳税款审批权限，将市局和扩权试点县局审批权限提高到500万元。全年共直接审批缓缴税款23.5亿元，惠及企业纳税人237户次。下发《关于进一步规范延期缴纳税款行政许可事项审批工作的通知》，更好地规范管理流程、完善管理措施，发挥延期纳税服务纳税人和经济社会发展作用。五是落实规范和简并报表要求。根据总局下发的《总局文书梳理汇总表（供参考）》，组织部分业务骨干研究了表中所列1034个文书，挑选出与地税业务有关的824个文书，按照“保留、废止、修改、增加”等类别提出处理意见建议并上报总局。

【其他综合工作情况】 继续发挥综合业务处室职能，扎实做好日常管理工作，服务全省地税内外工作大局。一是加强绩效管理。坚持“吃透精神、先行一步、落到实处”，促进处室和系统管理水平持续提高。发挥信息技术优势，结合管理风险监控软件修改完善工作，组织开发征管绩效考核查询统计功能。从AHTAX2013系统中抽取总局“风控指数”指标数据，及时通报指标运行情况、明确整改内容，帮助基层有效开展绩效管理工作。二是加强文明处室创建管理。自2011年被评为首届省直机关文明处室以来，继续加强自身建设，在倡导良好风尚、注重学习研讨、加强制度建设的基础上，通过按月召开处务会议研究落实年度工作要点、制定月度工作计划、布置月度工作任务等措施。处室团队管理、业务能力和创新精神进一步提升，被省直文明委评为省局省直机关第二届文明处室。三是配合相关部门开展工作。应省人大预算工委要求，承担《预算管理和预算审查监督》中《税收管理》章节写作内容。向省第三次经济普查办公室提供营业税统计资料。协调相关部门，根据审计署提供的69张表、1645项指标，确定数据抽取规则、开发抽取软件、审核重要指标，完成税收征管数据报送工作。四是认真办理提案及咨询。及时办理回复省政协十一届二次会议提案3份。书面办理省局网站局长信箱分办、群众直接来电来信等各类形式的投诉、举报、咨询信访17件。回答省局网站纳税人咨询栏目征管类问题176个。

（执笔人：吴显涛）

财务管理工作概述

2014年，省局财务管理处紧紧围绕省局工作中心，顺应改革形势，按照年初工作部署，增强工作主动性和前瞻性，突出重点，解决难点，关注热点，攻坚克难，开拓创新，不断加快工作节奏，服务大局、服务征管、服务基层，为地税事业发展和实现税收现代化提供经费保障。

【经费保障】 一是积极协商政策保供给。省局党组高度重视，主要领导经常过问，分管局长亲自协调，财务管理处积极作为，加强与财政厅主管处室联系，向财政厅领导汇报，争取理解支持。通过不懈努力，基本达到预期目标，确保正常运转需要。二是做好政策宣传解读。利用年初地税工作会议、财务工作会议、专题会议等形式，向各市地税局主要负责人、分管负责人宣传解读新经费政策，正确认识新政策有利于依法征税、有利于集中财力办大事、有利于队伍建设和保持税务部门的良好形象等积极效应。三是主动会商配套措施，保证新经费政策平稳有序过渡。对年初无法细化的预算，允许在执行中由省局提出具体细化方案；地税系统必要的

征管工作经费,可采取政府购买公共服务方式解决;市县地税局政府采购实行属地采购管理,简化采购程序;现金管理实行系统总量控制和预算单位按比例核定管理;明确消化结余目标和时间进度等。四是细化分解待细化和集中上划经费预算。按省直供给标准安排随工资计提部分差额,维护保障干部职工利益;大幅提高市局、县局行政人员公用经费综合定额,保障日常运转。科学、合理地下达预算控制数,由各单位统筹安排,把资金落实到项目,把项目细化到经济科目,确保预算执行顺畅。

【部门预算管理】 一是精心编制2015年部门预算。及时更新预算基础信息,核实人员编制和实有数,编准人员经费预算,保障人员经费供给。住房、医疗、津贴补贴支出按属地管理规定和标准执行,维护基层干部职工切身利益。压缩一般性支出,落实出国、培训、考察、差旅等各项规章制度,逐步形成管理规范、标准合理、运行顺畅、体系完备的公务支出标准体系。优化项目支出预算。规范整合经常性项目,净化支出内容,压缩项目数量。优化阶段性项目,按照重点突出、绩效优先的资金配置原则,加大向税费征管、向纳税服务、向基层倾斜的力度,集中财力办大事。二是加强预算执行管理。加强计划管理。年初,会同执行单位(部门)编制项目预算执行计划,增强工作预见性、计划性,摸排执行重点,力保序时进度。实行分工联系制度。跟踪了解项目进展和存在的问题,主动帮助协调解决,保持业务衔接顺畅。做好预算经济科目调剂。先后组织系统对物业管理费、"三公"支出等经济科目调剂,经审核汇总后报财政厅核准,在财政一体化信息系统进行审核上报。开展预算执行会商。多次开展部门会商、与财政厅相关业务处室会商,加强沟通协调,畅通预算执行环节,提高预算执行效果。建立国库集中支付动态监控管理机制。及时掌握预算执行中存在的问题,监控预算执行遵纪依规。建立定期通报制度,分析通报预算执行情况,并将预算执行进度纳入绩效管理财务考核内容,提高对预算执行重视程度。召开预算执行督办会议,通报预算执行进度情况,分析执行中存在问题,研究对策,明确责任部门、单位,限期解决问题,千方百计提高预算执行进度。三是开展预算支出项目绩效评价。与征科处、装备处、电税中心协调配合,完善评价指标体系,开展"数据应用省级集中(2013年实施部分)"和"现代化分局专项补助"项目绩效自评。制定"数据应用省级集中(2014年实施部分)"和"发票印制"项目绩效评价实施方案,成立自评小组,明确目标任务和实施时间节点,拟定评价指标体系,有计划开展绩效自评工作。

【政府购买服务】 加强宣传指导。省局领导班子高度重视政府购买服务工作,专题学习研究中央和省里有关规定。1月份,在全省地方税务工作会议上,部署地税系统政府购买服务工作。在全省地税系统财务工作会议和财务工作专题座谈会上,研究具体措施,推进项目实施。规范操作。3月份,印发《安徽省地方税务局关于向社会力量购买服务的实施意见》,要求各单位充分认识推进政府购买服务工作的重要性和紧迫性,明确工作目标和任务,积极稳妥推进政府购买服务工作,促进税收征管和纳税服务转型升级,加快实现税收现代化。7月份,印发《安徽省地方税务局关于推进政府购买服务工作的通知》,进一步细化操作流程,分解工作任务,明确职能部门责任。12月份,印发《安徽省地方税务局关于开展2014年度政府购买服务项目验收评价工作有关事项通知》,明确验收要求、主要内容和方法,统计分析项目实施情况。加力推进。安排专项资金,组织各市局开展政府购买服务试点;会同所得税处、劳务和财产行为税处推动实施企业所得税汇算清缴、土地增值税清算鉴证等项目。效果显著。通过实施企业所得税汇算清缴、土地增值税清算鉴证购买服务,有效促进了组织收入开展,降低了征收成本。

【财务公开】 一是稳妥做好预决算及"三公经费"公开工作。在上年公开预算和"三公"经费预算基础上,按照省里的统一部署,在省地税局门户网站公开全省地税系统2014年部门

预算和"三公经费"财政拨款支出预算、2013年决算和"三公经费"实际支出数(今年首次公开),接受社会监督。加强"三公经费"支出日常监控。建立统计报告制度,对"三公经费"预算执行进度明显异常(较快或较慢)、支出数或预计执行数大于预算数等异常情况做出详细分析;建立动态监控制度,依托财务会计集中核算软件和财政一体化管理信息系统,开展"三公经费"支出会计信息核查;建立定期通报制度,增强"三公经费"管理意识。推进系统内财务公开。认真执行《安徽省地方税务系统财务公开暂行办法》,将预算执行进度、"三公经费"支出等作为公开的重要内容,在单位内部公开,倒逼财务支出规范,夯实预决算和"三公经费"信息公开基础。

【财务管理制度】 制定结转结余资金管理办法。严格预算约束,减少当年省级财政资金结转结余;制定控制目标,分年消化累计结转结余;实行分类管理,规范结转结余资金使用;建立约束机制,对达到年度控制目标的单位,优先安排统筹项目,对未达到年度控制目标且当年新增结余的,扣减预算控制数,一般不予安排单位提出的新增支出。同时,下发配套文件,核定各单位结余消化目标,下达分年度任务,明确结余消化的任务书、时间表和路线图。印发关于明确地税系统单位内部食堂纳入定点管理有关事项的通知。商财政厅同意,规定工作餐标准,规范工作餐管理。制定地税系统差旅费管理办法。根据《安徽省省直机关差旅费管理办法》授权,结合地税系统实际和调研中各地提出的实际问题,制定地税系统差旅费管理办法,明确差旅费报销、补助标准,规范报销程序。加强培训中心等机构场所管理。根据总局相关规定,结合系统实际,印发贯彻落实中央八项规定要求进一步加强培训中心等机构场所管理的通知,就当前形势下加强培训中心等机构场所财务、资产、内部管理作出明确规定和要求,增强政治敏锐性和责任意识。

【财务基础工作】 一是贯彻执行新制度。执行新的《行政单位会计制度》。及时下发《关于做好2014年经费会计核算工作有关事项的通知》,结合预算口径变化,修订、调整、完善地税系统经费会计科目,明确核算口径、方法和有关要求,规范系统经费会计核算。2013年经费决算报表编制工作受到财政厅通报表扬。推行《行政事业单位内部控制规范》。结合党风廉政责任制和财务风险防控,印发安徽省地税系统内部控制规范实施方案,推进内控规范实施。明确工作目标、阶段任务和要求,将内控规范贯彻实施作为"一把手"工程,逐步推进系统内控机制建设。二是开展非税收入清算。在核实数据的基础上,对系统90多个预算单位四个非税执收项目的预算收支、实际收支、预算结余等情况进行核对清算,指导各地安排清算收入支出预算,审核汇总清算预算安排,并按时报送财政厅;转发省财政厅非税局关于清理省级政府非税收入待查资金的通知,组织系统认真对照、清理检查,严格按文件要求清理待查资金。三是加强银行账户管理。严格执行银行账户管理规定,对系统银行账户的设立、变更、撤销逐一下文批复。四是制定绩效考评指标体系。结合财务管理业务特点,梳理工作重点,讨论、制定系统和机关财务管理绩效考评指标体系,明确考核节点,促进工作开展。

【基本建设管理】 加强在建项目管理。针对新形势、新要求,对系统在建项目实行动态监控,了解项目实施进度和建设规模,严格落实省委省政府要求,避免超预算、超规模情况发生。加强维修项目管理。严格维修审批要求,对维修项目一律实行属地管理,并对项目审批后实行备案管理,避免未经审批维修情况发生。严格维修预算编制,申请维修改造项目,组织人员对项目的必要性、可行性进行考察论证,严格控制维修规模。加强办公用房置换项目管理。对确因城市规划、道路改造等原因发生的、必要的办公用房置换,重点加强资料完备性、手续健全性审核,并积极与财政厅沟通,力求合法合规,并保障办公业务需要。2014年,系统共申报置换项目4个,经审核,手续齐备、资料完整项目1个,已报财政厅审批,其他项目分别通知

相关单位补正资料、完善手续。

【开展财务工作检查】 一是开展“三公经费”执行情况检查。在组织自查的基础上,7月28日至8月1日,分别对六安、安庆、亳州、宿州四市地税局(含所属县区局)和省局直属局开展重点抽查。采取不同形式,反馈各被查单位,要求限期整改。二是开展财务工作执行情况检查。制定检查实施方案,明确检查对象、范围、内容、组织、时间、方法步骤和纪律要求,为检查工作顺利开展奠定基础。精心组织检查。省局财务管理处抽调人员组成三个检查组于2014年10月20日至31日对亳州、阜阳、淮北、淮南、宣城、池州、安庆、黄山八个市局和部分县局2013年度及2014年截止9月份相关财务工作开展了检查。检查结束后,形成书面汇报材料,根据领导批示意见,下发检查整改通知,要求举一反三,限期整改。三是开展专项整治。组织清理整治系统奢华浪费建设。转发安徽省委党的群众路线教育实践活动领导小组办公室《印发〈关于清理整治奢华浪费建设的工作方案〉的通知》。汇总、整理《清理整治奢华浪费建设有关情况统计表》,按时按质上报相关报表及资料。开展培训中心等机构场所专项整治工作。成立全省地税系统培训中心等机构场所专项整治工作领导小组及办公室,加强组织领导,明确工作职责;转发《国家税务总局关于进一步严肃财经纪律加强财务管理的通知》,进一步强化责任意识、制度约束和监督检查,为系统有效开展“三清”专项整治奠定基础;落实省发改委《关于开展培训疗养机构摸底调研工作的通知》要求,及时开展调查摸底,并严格按照要求,统计上报全省地税系统培训疗养机构相关情况;与内审处、干教处联合开展专项检查,有针对性提出整改意见。开展“小金库”专项治理。书面汇报“小金库”专项治理工作动员部署会议精神,提出贯彻落实意见;成立全省地税系统严肃财经纪律和“小金库”专项治理工作领导小组及其办公室,明确相关部门及人员职责,加强专项治理工作领导;制定专项治理工作方案,明确工作目标,界定专项治理范围,厘清专项治理的内容和重点,梳理方法步骤,严格专项治理要求;认真开展自查,收集整理各单位签字确认的《单位“小金库”自查自纠情况报告表》,分析、总结存在的问题,制定整改措施,建立长效机制。

【队伍建设】 一是加强业务培训。7月份,举办预算编制及相关业务知识培训。为提高预算编制质量,组织系统预算编制人员及财务部门负责人开展2015年预算编制业务培训,讲解预算编制政策,示范预算编制软件操作培训,交流、讨论2015年部门预算编制相关问题。9月份,举办财务人员知识更新培训。精心安排课程,将新预算法、国库集中支付改革、绩效管理政策、政府购买服务、政府采购、绩效评价、内部控制和会计核算实务等列作培训主要内容。利用课余时间,召开座谈会,征询对做好财务工作的意见和建议,了解今年地税部门政府购买服务预算执行进展情况,讨论政府购买服务研究课题的内容。实行考勤抽查,严格执行考勤制度。二是组织参加竞赛活动。下发通知,组织系统财务人员参加财政部举办的《行政单位会计制度》、《行政事业单位内部控制规范》网上答题竞赛活动,巩固会计核算知识,提高会计核算准确性,普及内部控制规范知识,推进内部控制规范实施。三是注重培养财务人员职业道德。利用业务培训、财务调研等形式,开展财务人员职业道德和岗位廉政教育,帮助财务人员树立正确的人生观、价值观,筑牢反腐防线。

(执笔人:汪其轩)

装备工作概述

【概述】 2014年,装备处在省局党组的正确领导下,认真贯彻落实全省地税工作会议部署,自觉践行党的群众路线,切实履行装备后勤管理、保障和服务职能,不断提高工作水平和质量,取得了积极成效。

【固定资产管理】 一是准确把握政策变化。针对2014年资产管理政策深度调整的实际,深入了解政策出台的背景、用意,弄懂吃透政策条文,积极应对政策调整所带来的工作任务、内容、要求、方法等变化,用好政策、用活政策。2月中旬,专门出台了《安徽省地方税务局关于印发装备后勤工作有关政策解答口径的通知》,重点明确固定资产管理工作有关政策。二是严格资产配置审核。认真落实强化资产管理与预算管理有机结合的要求,严格执行《安徽省省级行政单位通用办公设备家具配置标准(试行)》规定的实物量标准、价格上限标准和使用年限标准,指导系统做好编制2015年资产配置预算的配合工作,把好资产入口前置关。三是加强新增资产登记。对省局机关新增固定资产,依据政府采购结果,及时通过安徽省地税系统固定资产管理软件和省财政厅行政事业单位资产管理信息系统,按照《安徽省地方税务系统固定资产管理暂行办法》规定的范围、分类、程序进行登记,努力做到条目清楚、数字准确,保证与财务账同步进行,实现资产账与财务账零误差。密切跟踪系统政府采购结果,利用固定资产管理软件,对系统各单位适时进行登记抽查,督促做好资产登记工作,确保资产应登尽登,把好资产登记入口关,保证国有资产安全。四是强化存量资产管理。为充分发挥存量房效用,4月上旬,出台了《安徽省地方税务局职工集体宿舍管理暂行办法》,帮助解决省局机关职工临时住房问题。4月中旬,召开省局局属各单位兼职资产管理员座谈会,听取意见、建议,布置开展各部门资产核对工作。认真落实"按期盘点、定期对账"要求,4月下旬,采取单个填报、分组汇总、交叉审核等形式,开展了2013年度固定资产报表会审。截止2013年12月31日,全系统固定资产总金额为29.18亿元,较2012年增长1.55亿元,增幅为5.6%,其中:房地产、构筑物等金额为18.96亿元;交通运输工具1946辆,金额为3.2亿元(其中汽车1674辆,金额3.19亿元);办公设备、家具等金额为7.02亿元。会审情况专题向省局领导进行了汇报,并针对会审发现的资产登记不及时、资产账与财务账管理不同步、专人专岗制度落实不到位等问题,对有关单位进行了督办。密切关注省局机关人员变动情况,及时办理新进人员、调出人员、退休人员办公用资产交接,做好资产登记和对账工作,确保资产安全完整。此外,认真落实省财政厅《关于开展省级事业单位及所办企业产权登记的通知》要求,按时完成产权登记工作。五是组织资产使用检查。严格执行省财政厅、监察厅、审计厅联合下发的《关于进一步规范省级行政事业单位国有资产使用管理的通知》要求,对资产使用管理特别是资产出租中可能存在的突出问题,专门下发了《关于进一步做好国有资产使用管理和清查工作的通知》,按照正视问题、全面自查和整改落实三个步骤,在全系统组织开展对照检查。对省局本级资产使用管理存在的问题,做到了立查立改;系统所有出租事项均按照整改要求重新签订了制式合同,并进行了备案。11月下旬,专门印发了《关于进一步规范国有资产出租出借行为的通知》,进一步规范全系统资产出租出借行为。六是布置开展资产清查。按照年初工作安排,5月中旬,专门印发通知,集中

利用2个多月时间,采取自查、情况汇总上报、重点抽查的方法,对系统房屋建筑物类、土地类、交通运输工具类资产组织开展全面清查。各单位以账对物、以物查账、见物就点、见账就清,认真细致地开展了自查。七是规范固定资产处置。巩固2013年系统固定资产处置专项检查工作成果,重申处置纪律,严禁先斩后奏、斩而不奏,擅自隐瞒不处置、搞体外循环等行为。严格处置程序,对不同的处置方式、资产类别,认真核实相关信息,严格履行申报审批程序,完善资产处置流程。加强对大额实物资产处置批复的跟踪,确保资产处置及时、结果备案按时、收入上缴准时,严把资产"出口"关,坚决杜绝随意处置资产现象。全年共批复系统车辆处置33辆,账面原值436万元;批复系统房屋土地处置3处,账面原值27万元。八是改革固定资产统计。积极跟进资产统计报表新要求,创新工作方法,组织系统固定资产统计工作专题培训,对资产统计报表进行集中编报、汇总、审核。认真总结资产报表编报的经验做法,11月中旬,制定下发了《关于进一步规范全省地税系统固定资产统计工作的通知》,将每年两次的报表编报进行了合并,对资产报表编报提出了新的更高要求。九是清理腾退办公用房。根据中办、国办和省委办公厅、省政府办公厅有关文件精神,认真开展办公用房清理腾退工作。专门成立了省局办公用房清理腾退工作领导小组,制订了清理腾退方案,明确了清理腾退原则、方法、步骤、时间安排以及办公用房集中统一管理制度,开展了清理腾退前的面积测量工作,拟订了办公用房调整分配表,征求了局属各单位意见建议,对省局领导办公室进行了分隔、调整,并根据"企事业单位一律不得占用党政机关办公用房"规定,顺利收回了省局办公大楼第19层办公用房。此外,为满足机关各处室对功能性用房的需要,综合考虑机关办公用房实际,对部分腾空办公用房进行了二次分配,坚决做到不搞变通、不留死角、不折不扣,圆满完成了办公用房清理腾退工作。

【政府采购】　一是主动作为。为切实加强系统政府采购支出预算执行工作,提高采购效率,1月份,专程赴淮北开展调研,征求部分市局意见,草拟了2014年度系统政府采购预算执行通知,提出省级部门政府采购预算执行继续按照"统报、统采"的原则进行,要求各预算单位严格遵循《安徽省地税系统省级政府采购预算执行工作规程》,加快预算执行进度,防止出现前松后紧问题。此后,专门就贯彻落实省财政厅《关于开展省级预算单位部分设备批量集中采购试点工作的通知》精神、加强协议供货采购控管等工作进行部署。二是科学谋划。4月份,在知晓省财政厅与省局会商地税系统政府采购实行属地采购管理后,深入了解这一动议的背景、用意,客观冷静分析政策变化可能带来的工作利弊,专题向省财政厅采购处、省政府采购中心反映。6月份,地税系统政府采购实行属地采购管理已成定局,为此,从容面对政策调整所带来的工作任务、内容、要求、方法等变化,着手谋划切实可行的应对措施。同时,积极配合有关部门向市、县局做好解释工作,并就有关问题进行记录,及时反馈相关处室。11月下旬,及时转发《安徽省财政厅关于委托公共资源交易中心办理省本级政府集中采购业务的通知》,对今后的地税系统属地采购提出明确具体要求。三是抓好执行。2014年共完成省本级政府采购项目20个(分为31个包组,其中12个公开招标,8个单一来源采购,6个询价,6个协议供货,1个批量集中采购),合同金额1724.56万元。具体为:省局本级二楼会议室会议椅采购;处以上领导干部办公桌采购;省局监控系统升级项目采购;省局中央空调系统"油改气"项目采购;省局办公楼物业和保安服务项目采购;绩效管理服务器采购;个人所得税信息管理系统运维服务项目采购;企业所得税汇算鉴证服务项目采购;TIPS签名服务系统技术支付服务项目采购;省局机关办公设备购置项目采购;网上办税数字证书(CA)及相关服务采购;信息安全基础防护建设项目采购;税收管理信息系统新增需求及完善项目采购;电子征管数据抽取项目软件和硬件采购;普通发票印

制单位采购(后流标被退回);省局宣传服务项目采购;省局安全设备采购;“12366”纳税服务热线维保项目采购;“12366”纳税服务热线业务知识库服务器采购;稽查设备采购。

【后勤事务管理】　一是规范物业财务管理。认真落实局长办公会议纪要要求,规范省地税大楼物管委财务管理,出台了《安徽省地税大楼物业管理委员会财务管理暂行办法》。严格执行《安徽省财政关于进一步从严控制现金提取的通知》要求,主动联系开户银行,为局机关聘用驾驶员办理了工资卡,减少现金支付。积极配合审计物管委2013年度账目,编实编准编细2014年物管委预算。正视审计意见建议,加强会计基础工作,提高财务管理水平。全面清查与通讯公司签订的室内综合覆盖合作协议履行情况,收回电信、移动、联通等公司应付基站电费4万元。二是改革服务模式。落实政府向社会力量购买服务的要求,推进后勤服务社会化管理。及时就物业采购预算安排及采购需求征求相关处室意见,通过政府采购,重新选择物业公司,积极督促新老物业公司做好交接,保证了物业管理工作的连续和稳定。继续委托三孝口街道统一代办门前三包、垃圾代运、化粪池清理等工作。加强与合肥通达旅行服务有限公司的合作,方便干部职工出行,有效缓解了机关公车不足与用车需求俱增的矛盾。同时,督促合作单位在查缺补漏、改进工作、提高服务质量上下功夫,努力做到让单位满意、让职工认可、让住户放心。三是加强安全防范。认真贯彻“安全第一、预防为主、综合治理”的方针,会上常讲、心里常有、平时常抓。注重用电用油的安全管理,督促消防、监控、电梯、智能化、中央空调等维保单位做好日常维保工作,及时排除故障,保证设备正常运行。定期对二次供水水箱清洗消毒,保证饮用水卫生安全。巩固2013年安全生产大检查工作成果,开展了办公楼中央空调“油改气”、监控系统升级等项目的政府采购工作,并着手启动废弃非机动车辆清理、宿舍区水管改造等工作。四是做好体检工作。专门召开群众代表座谈会,通报2013年度体检情况,征求2014年体检工作意见建议,据此提出了提高费用标准、增加体检项目、改变体检时间等意见,呈报局领导审定。及时与省立医院联系,就体检时间安排、服务要求等事项进行沟通,全局共有275名干部职工参加了2014年度健康检查。6月下旬,还专门邀请省立医院2位知名专家来省局为干部职工一对一现场解读个人体检报告。

【厉行节约、反对浪费】　一是加强学习宣传。采取行之有效的形式,深入学习宣传党中央、国务院和省委、省政府就厉行节约、反对浪费制定出台的一系列条例、制度和办法,特别是八项规定、六项禁令、《党政机关厉行节约反对浪费条例》,以及《税务机关国内公务接待管理办法》、《安徽省党政机关国内公务考察及接待管理暂行办法》、《安徽省省直单位接待经费管理暂行办法》等,弘扬勤俭节约优良作风。二是规范公务接待。认真梳理公务接待相关制度规定,积极查漏补缺,进一步明确公务接待的原则、范围、审批程序以及用餐、陪餐、住宿、交通、会议标准,继续推行定点接待、实名登记、转账结算、“五单”合一(公务接待函、审批单/签报、通知单、菜单、发票)等制度,做好公务接待统计和情况定期通报工作,严禁超标准、超规格、超范围接待。省局机关在定点酒店(广玉兰宾馆)公务接待费用大幅下降。三是强化公车管控。认真落实一车一编制要求,加强地税系统新购公车管理,实行车辆购置事前请示报告省局制度,严格执行价格、排气量“双控”规定。加强公车日常使用管理,坚持公车“集中管理、统一调度”规定,严格执行专车专人驾驶、使用登记和公示、外出派单、指定地点停放、节假日封存、日常维护保养、安全管理等制度。坚持公车定点保险、定点维修、定点加油,努力降低使用和维修保养成本。严格用车纪律,严禁将车辆私自借交他人或外单位使用,严禁利用公车从事各种非公务活动,严禁在车辆维修等费用中虚列名目或夹带其他费用。四是节约利用资源。紧紧围绕全国公共机构节能宣传周“携手节能低碳,共建碧水蓝天”主题,大力宣传节约

能源资源和生态文明理念。积极开展节水型单位建设,合理调整用水计划,加强用水设施设备的日常管理,坚决杜绝跑冒滴漏现象。注重照明系统节电,坚持定人定时巡查;发挥电开水器定时自动加热功能,避免非工作时间无效耗电;严格空调开启条件,合理设定空调温度。定期盘点仓库,合理储备物资。加强耗材管理,严格领用手续。及时办理公务电话停机、复机等通信业务,定期核查通信费用,2014 年通信开支较 2013 年下降 2 万元。加强能源资源消费统计,全面、准确掌握地税系统能源资源消费状况。

(执笔人:郝徐鹏)

干部人事工作概述

2014 年,在省局党组坚强领导下,政治部全面贯彻"一个确保、两个提高"总体要求,按照年初工作部署,突出重点,开拓创新,团结协作,狠抓落实,切实做好各项干部人事工作,努力为全省地税事业发展提供坚实的组织保障。

【加强领导班子和干部队伍建设】 一是做好班子调整配备。认真贯彻落实新《条例》的要求,坚持按照核定的职数、职级和班子空缺情况,科学合理选配干部。全年选拔任用正处级领导干部 1 名,副处级领导干部 9 名,调研员 4 名,副调研员 9 名,科干 11 名;办理试用期转正副处级领导干部 14 名。二是认真开展领导班子和领导干部年度考核。根据新修订的机关和系统绩效考评办法,分别组织召开省局机关和系统绩效考评会议,由考评委进行评分,最终评出了绩效考评优秀单位和创先争优优秀单位。先后派出 7 个考核组,由省局领导带队对 16 个市地税局领导班子、市局机关处级干部 121 名同志进行了全面考核。对市地税局 41 名其他处级干部,委托市地税局按照上述形式进行考核。根据考核情况,经省局党组研究,共表彰了 34 名优秀等次处级干部,并对连续 2011 至 2013 连续三年获得优秀等次的 6 名同志予以记三等功。同时,分别对 16 个市局领导班子和 162 名处级干部,通过市局主要负责人逐一正式回函,反馈了近 3 万字的考核意见,提出了工作不足及下一步改进要求。三是加强和改进作风建设。修订下发了《关于转变工作作风进一步加强基层联系点工作的通知》,明确局领导每人联系 2 个市地税局,联系 2 户企业。处级干部联系 1 个县(区)局或分局,同时联系 1 户企业。每半年局领导和处级干部深入联系点至少 1 次,全年不少于 2 次。对局领导和局属各单位联系点进行了调整。局领导和局属各单位处级干部先后深入 16 个市局、57 个县局、120 个基层分局、149 个纳税户,与基层干部和纳税人面对面交流,听取意见,帮助基层解决实际问题。

【加强干部日常管理】 一是认真做好领导干部个人有关事项报告工作。按照省委组织部的统一部署,组织开展系统领导干部 2013 年度个人有关事项报告工作,系统处及处以上干部应报告 249 人、实报告 249 人,市地税局管理的科级干部共计 1764 人,分别向各市地税局党组进行了报告。与此同时,根据省委组织部的要求,应用领导干部个人有关事项报告信息管理系统,将系统 241 名处级干部报告表汇总录入信息管理系统,实行计算机查询和自动生成分析报告,并按 3% 的比例集中开展了随机抽查核实工作。按照省委组织部要求,对局机关和系统处级干部开展了领导干部配偶子女移居海外摸底排查,没有发现领导干部配偶子女移居海外情况。二是加强干部出国(境)管理。认真执行中央和省有关规定,严格按照干部管

理权限，严格履行报批手续，认真做好干部出国（境）管理工作。及时《转发 < 中共中央组织部关于进一步加强领导干部出国（境）管理监督工作的通知 > 的通知》，全年共报批办理因公出国 2 个考察团、1 个培训团共 28 名处以上干部的因公出国境，严格执行因公出访公示制度，并及时收齐出访报告、护照交省外办报。加强干部因私出国（境）管理，全年审批办理 20 人因私出国（境）审批手续，对省局因私出国（境）证件的集中保管情况开展全面检查和清理，共收缴省局机关工作人员和系统处级干部因私出国（境）证照 64 本，进行集中管理。与此同时，对涉及机要、财务等特定身份人员的出国（境），按要求向合肥市公安局报备 10 人。三是加强干部在企业和社会组织兼职任职整改。按照省委组织部的统一部署，组织系统上下认真开展规范党政领导干部在企业、社会组织兼职（任职）清理工作，切实加以整改。通过清理整改，系统进一步健全了干部在社会组织兼职的报批、审批、日常监管和定期报告机制。四是加强领导干部经济责任审计。认真落实《关于加强市地税局局长和副处级分局局长经济责任审计若干事项的通知》，委托内审处对合肥市局、铜陵市局、省局电税中心 3 个单位主要负责人，授权宿州市局、蚌埠市局、池州市局对 3 名副处级分局局长开展经济责任审计。

【加强机构编制管理】　一是深入开展按职数配备干部专项检查。根据中央《关于严禁超职数配备干部的通知》和省《关于开展按职数配备干部情况专项检查的通知》要求，认真开展了按职数配备干部情况核查工作，系统上下按照干部管理权限，对照“三定”规定和公务员职数文件开展深入自查，没有发现超出核定的领导职数配备干部、以“低职高配”等形式超机构规格配备干部、违反规定设置“助理”等领导职务名称配备干部、违反规定提高干部职级待遇、变相设置非领导职数配备干部等违反规定超职数配备干部情况。二是全面推行机构编制实名制管理。根据省编委统一要求，组织开展机构和人员编制核查，全面推行机构编制实名制管理，并将全省地税系统纳入省直机关事业单位核查范围。系统上下以 2014 年 3 月 31 日为机构编制及实有人员有关信息采集标准时点，梳理机构设置及领导职数审批文件，理清机构设置现状，建立完善机构编制台账，分市、县（市、区）填报机构和人员编制核查表格，共核录人员编制数据 13000 余条。通过此次核查，对系统市、县地税局机构编制管理情况进行了一次全面清理规范，做到机构编制“四清”，即机构清、编制清、领导职数清、实有人员清；做到“两个相对应”，即具体机构设置与按规定审批的机构相对应、实际配备人员和财政供养人员与批准的编制和职数相对应。三是加强机构编制日常管理。经积极协调省编办、人社厅，圆满完成了阜阳市县两级“两税”机构设置，核定划转事业编制 29 名；设立了滁州市局办税服务分局，理顺了日常征收管理职能；完成了阜阳、蚌埠两市区划调整地税机构设置；核增合肥、马鞍山市地税局接收安置巢湖区划调整科级非领导职务人员 15 名。

【加强干部人事监督】　一是深入学习贯彻《干部任用条例》。举办新《条例》专题培训班，邀请省委组织部专家作干部选拔任用监督专题辅导；部负责人自己备课授课，结合全省地税系统干部选拔任用实际工作，对党组织领导和把关作用、动议、民主推荐、考察、公开选拔和竞争上岗等 7 个方面的主要内容进行了具体阐述。省局机关科以上干部、各市局主要负责人、政治处主任、干部人事业务骨干共 160 余人参加了专题培训，进一步加深了对新《条例》理解和认识，增强贯彻《条例》的主动性和自觉性。二是严格执行干部备案审批制度。坚持对市局竞争性选拔干部实行备案审批，指导合肥市局开展竞争性选拔科级干部 6 名，指导黄山市局比选择优正科级干部 2 名，指导宿州市局比选择优副科级干部 3 名；坚持对重要岗位任职实行省局备案审批管理，全年备案审批任免县局主要负责人、监察室主任、市局政治处副主任 20 人次；坚持对各市局副科以上干部选拔任用事项，一律报省局备案审核，备案核编 200 名科

级干部职数,自皖地税党组〔2011〕58 号《关于进一步严肃干部人事纪律加强干部职数和人员编制管理的通知》执行以来,共备案审批 16 个市局 700 名科级干部干部职数。三是加强对干部选拔任用工作的举报查核。全年共对滁州、池州、阜阳、六安等市局处级干部选拔任用举报问题进行了核查,根据核查情况,对 2 名处级干部考察对象中止了选拔任用程序。同时,加强对市局科级干部选拔任用举报问题的查核。四是规范系统人员调配管理。全年共对系统 50 名同志进行了调配(其中跨系统调配的 3 人)审批,调配审批坚持在人员编制、职位(岗位)限额内进行,与核编、工资调库、津补贴调整等统一管理。五是认真开展"一报告两评议"。结合市局领导班子和处级干部考核,开展了干部选拔任用工作"一报告两评议",并将评议结果在全系统通报,要求各市局结合实际,制定整改措施,进一步提升干部选拔任用工作水平。2013 年,16 个市局参加测评人员对本单位干部选拔任用工作总体评价满意以上占 91.73%,省局干部选拔任用工作总体评价的满意度分值在 88 个省直单位中排第 21 名。

【加强系统人才队伍建设】 贯彻落实《安徽省地税局省级专业人才库管理办法》,切实履行牵头抓总的职责,在整合规范系统既有人才库的基础上,对系统人才库建设进行了统筹规划,全面开展了省、市、县局三级人才库建设工作。省局 16 个人才库建库工作从去年开始正式启动,经过层层选拔、公示等程序,截止到今年上半年省局专业人才库的建库工作已全部完成,451 名同志入库管理。市、县局也逐级分别建立涵盖行政执法、综合管理和专业技术等各主要门类人才库。与此同时,积极开展领军人才培养工作。根据国家税务总局关于选拔第二批全国税务领军人才培养对象的要求,组织了系统 12 名符合条件的同志参加报考。

【统筹做好日常干部人事工作】 一是开发应用干部人事档案管理信息系统。为做好干部人事档案管理这项重要的基础工作,与有关公司共同研究开发了"安徽省地税系统干部人事档案管理软件"。从 5 月份开始,对省局管理的 426 份在职干部职工档案进行扫描、编辑、基本信息录入工作,历时半年多完成干部人事电子档案制作,并将干部名册、干部任免审批表一并导入软件,实现干部档案有关信息可以通过计算机查阅、分析,基本实现了干部人事档案信息化管理。与此同时,按照省委组织部的要求,开展干部人事档案整理、换版工作,收集筛选工资变动审批表、年度考核等级表、干部任免审批表及考察材料 10000 多份,确保档案资料完整。并以干部档案整理为契机,开展干部"三龄两历"核查,对省局机关 241 名正式在职职工和系统 237 名处级干部"三龄两历"进行了认真核对。二是有序做好新进人员招录工作。开展公务员招录工作,审核上报确定 2014 年招录计划 180 名,组织指导各市县局安排专人对 5500 名考生进行资格初查和 500 余名面试考生进行资格复审。目前,市、县地税系统新招录 176 名公务员已完成所有招录报批程序,年底前均已报到上班。开展公务员遴选工作,按照 2014 年省直机关公开遴选公务员的统一要求,根据省局编制和人员结构情况,本着与职位要求相适应的原则,研究上报遴选计划,从系统内部公开选拔中文、会计、财务管理、法律等专业优秀干部到省局工作。经笔试、面试、体检、考察、报批录用等程序,目前这 7 名同志已按遴选职位到岗上班。认真做好军转干部安置接收工作,全年系统军转干部接收安置计划 8 名(省直 3 名)。同时,对 2012 年新招录公务员和军转接收入干部干部共 198 名同志进行了公务员登记工作。三是组织开展寻找"最美地税人"活动。面向全省地税系统在职干部职工、退休老干部,聚焦基层一线普通干部、优秀基层党员领导干部、服务纳税人标兵等重点对象,采取自下而上、逐级推选等方式,最终审定 20 名全省地税系统最美地税人,并在《安徽地税》、省地税局门户网站和《安徽法制报》开辟专栏,进行报道宣传。四是积极做好信访维稳工作。对信访维稳工作高度重视,始终本着对组织、对个人高度负责的精神,审慎稳妥地做好

每件信访工作。对来信来访，按照信访程序及时办理。特别是对来访人员，能够做到热情接待，坚持原则，耐心解释政策。全年较为圆满地做好了蚌埠、黄山、阜阳、芜湖、马鞍山、亳州、六安等地信访办理工作，维护和促进了系统的和谐稳定。五是加强政治部自身建设。坚持把“讲政治、重公道、业务精、作风好”作为自身建设的标杆，深入学习贯彻党的十八届三中、四中全会和全国、全省组织工作会议精神，贯彻落实局党组决策部署，主动作为，积极担当，服从服务全局工作大局。着力增强办事、办文、办会效能，严格按制度和程序办事，严肃人事工作纪律，着力增强服务意识，改进服务方式。部里两名处级干部认真落实基层联系点制度，认真完成各项调研任务，全年先后完成了省委组织部关于加强领导班子和领导干部综合分析创新课题，以及省税务学会、省局绩效管理调研课题任务。部负责人还带队对2个市局及所辖县区地税局进行了明察暗访。加强文书档案整理归档工作，全年办理移交退文132件、归档文件154件、光盘1件、照片6套，部内大事记12本。

（执笔人：王尚峰）

干部教育工作概述

【概况】 2014年，省地税局干部教育处在省地税局党组正确领导下，按照全省地税工作会议要求，扎实抓好党的群众路线教育实践活动，大力加强系统干部教育培训，深入推进系统精神文明创建和地税文化建设，较好地完成了各项工作任务。省局“三和地税”创建活动获省文明单位创建十佳品牌、省局机关及系统共100家单位获第十届省文明单位、省局教育培训工作在全省公务员管理工作会议作大会交流发言，2014年春训活动获总局王军局长批示表扬。

【党的群众路线教育实践活动】 一是做好活动准备工作。省局组织以“认真践行群众路线，努力改进工作作风”为主题春训视频会议，对第二批群众路线教育实践活动进行思想发动；组建省局教育实践活动领导小组和办公室，指导市、县地税局成立活动领导小组及办公室，加强系统上下、内外工作联系；成立省局6个巡回督导组，指导各市地税局共成立57个督导组，制作《督导工作手册》，举办省局督导工作专题培训。二是制定指导意见。根据总局和省委教育实践活动领导小组有关部署，结合地税行业特点和工作实际，制定《关于市、县地税局开展党的群众路线教育实践活动的指导意见》，明确各地着力查摆和解决基层干部职工和广大纳税人关注的14个突出问题，为指导各市、县地税局扎实开展教育实践活动提供了依据。同时，指导各市、县地税局按照省委、总局和省局下发的第二批教育实践活动指导意见和实施方案，制定本系统教育实践活动实施方案。三是组织开展活动。首先，层层进行思想发动。2月7日至19日，各市、县地税局先后召开本系统党员干部大会，深入进行群众路线教育实践活动动员。其次，认真组织学习教育活动。各市、县地税局按照要求，组织党员干部深入学习习近平总书记系列重要讲话及相关文件。在学习教育期间，全省地税系统共邀请专家学者做辅导报告21场次，领导干部讲课89场次，观看《焦裕禄》和廉政警示片57场次，参观革命传统教育基地13场次，举办体会交流会57场次，征集理论研讨文章15000多篇。第三，广泛征求群众意见。省、市、县局负责人先后深入802个基层分局、走访780多家不同类型的企业，召开300多场基层群众代表和纳税人代表座谈会，征求到4000多条意见建议。四是督促边学边改。在学习教育、听取意见阶段，各市、

县地税局突出问题导向,坚持把解决问题贯穿整个教育活动全过程,边学边查,边查边改,不等不靠,立行立改。五是抓好跟踪推进。第一,加强督导。在各市、县教育实践活动开始前,省局先后召开教育实践活动准备工作协调会、市县地税局第二批教育实践活动指导意见讨论会、省局巡回督导组成员和督导组联络员专题会议。3月5日,召开由各市局一把手参加的教育实践活动推进会,进行再指导、再要求、再推进。省局领导班子成员和省局巡回督导组分赴16个市、37个县地税局和94个企业开展调研工作,加强对联系单位工作指导,认真审核活动方案、民主生活会方案和剖析材料等,实地参加所督导的市、县地税局领导班子民主生活会,指导活动开展。各组联络员认真负责,积极做好协调工作。第二,宣传推动。各级地税机关充分运用本单位局域网、教育实践活动宣传栏等各种媒介,宣传上级精神,推介工作成效,交流活动经验,营造活动氛围。各级地税机关认真落实总局关于"努力走在当地教育实践活动的前列"和"做到两手抓、两不误、两促进"的要求,扎实开展教育实践活动,多数市、县地税局和基层分局都成为当地教育实践活动的标杆,得到当地党委教育实践活动领导小组和督导组的充分肯定。省局活动办及时编报信息,做好各类报表统计报送工作。马鞍山市局教育活动在全国税务系统总结大会上获表扬。第三,做好总结。及时完成第一批教育实践活动整改落实"回头看"等工作任务,制定省局党组民主生活会整改措施,报送整改落实情况总结和"回头看"总结等材料。

【干部教育培训工作】 深入贯彻落实省委、总局、省局关于教育培训工作的一系列指示要求,紧紧围绕地税中心工作,大力加强系统干部教育培训工作,努力为实现税收现代化目标提供智力支撑。一是制定教育培训规划和年度计划。制定《2014-2017年全省地税系统干部教育培训规划》,进一步明确培训目标、任务和重点培训内容,全面推进干部教育培训改革创新。印发2014年度系统干部培训计划,并对加强计划管理、经费管理、培训质量、培训纪律提出具体要求。2014年,省局机关安排综合类、税收业务类和行政管理类培训项目40个(培训班48期),培训人员3300多人。二是组织全省地税系统征管能手、稽查能手、税收信息化能手竞赛。为推进地税系统人才建设"双百双千工程"的实施,加强系统人才库建设,促进"全员大练兵"活动取得持续效果,在全省地税系统组织开展征管能手、稽查能手、税收信息化能手竞赛活动。为深入开展此项活动,省地税局对竞赛活动进行专门部署,市、县地税局采取多种形式,广泛动员、组织、引导系统干部职工对照竞赛内容开展练兵活动。2014年春训期间,各市、县地税局和省局局属相关单位积极组织干部职工在岗学习竞赛,逐级进行选拔考试,分别产生市、县级及单位的征管能手、稽查能手和税收信息化能手。在此基础上,推选出综合素质高、业务能力强的能手参加省局决赛。时年4月份,省局举行全省地税系统征管能手、稽查能手、税收信息化能手决赛,共有353人参加决赛,根据决赛成绩,授予53名同志"安徽省地税系统征管能手"称号,授予35名同志"安徽省地税系统稽查能手"称号,授予35名同志"安徽省地税系统税收信息化能手"称号,并予以通报表扬。三是加强素质能力培训。着手建立新的初任培训体系和新录用公务员能力素质提升培训机制。6月份,分两期对178名新进人员进行初任培训,加大财会知识和税收信息化培训比重,旨在提升新录用人员的岗位胜任能力。举办会计基础知识培训班、企业财务会计与电算化知识培训班、税收信息化和综合业务知识培训班,每期培训30天,126名参训人员来自基层一线税政、征管、稽查、纳税服务等岗位,重点学习会计准则、会计电算化知识及税收综合业务知识。以提升各级领导干部把握全局、依法行政、科学管理、开拓创新能力为重点,实施科级干部任职培训,提高胜任领导岗位、熟悉业务工作和组织协调能力,79名新任科级干部参加培训。四是加大人才培养工作力度。鼓励干部职工参加与税收工作相关的资格(职

称)证书考试,对系统23名通过2013年度全国注册税务师执业资格考试人员进行通报表彰。与合肥工业大学合作举办公共管理硕士(MPA)班,全省地税系统共有126人参加全国统考,36人被正式录取。与安徽财经大学联合举办财政专业在职研究生硕士学位课程脱产班,共有22名地税干部参加学习。五是举办地税发展大讲堂。全年共举办6期地税发展大讲堂,内容包括财税改革、公共管理、预防职务犯罪、税收业务等,主讲人包括财税专家、高校教授以及省直有关单位领导、省局领导和业务骨干,努力打造大讲堂品牌,提升大讲堂层次。六是加强汤池培训部管理。发挥培训部功能,为系统干部职工教育培训做好力所能及的服务工作,依法依规规范培训部管理。

【精神文明建设工作】　一是加强创建工作指导。印发《2014年全省地税系统思想政治工作和精神文明建设工作意见》,对系统党建、文明创建和思想政治工作提出目标要求。二是加强先进典型宣传引导。在各市地税局层层推荐的基础上,组成20名来自基层不同岗位优秀干部职工组成4个先进事迹报告团,分赴16个市地税局做巡回报告。省局还将他们的先进事迹汇编成册,发至基层分局每个干部职工。印发《安徽省地税系统设立身边好人榜实施意见的通知》,在系统各级成立道德评议会,设立身边好人榜,积极推荐宣传"地税好人"、"安徽好人"活动。省地税局还在局域网设置好人榜,对评选的系统身边好人发榜宣传。在省局文明创建大展台和《安徽地税》内刊设置专栏,大力宣传先进人物事迹,努力营造崇尚先进、学习先进、争当先进的良好风气。三是开展青年文明号创建活动。在"青年文明号集体"中广泛开展"两带头、双争创"行动,充分发挥各级青年文明号集体和创建集体的示范和导向作用。制定系统开展"青年文明号"二十周年纪念活动方案,布置开展青年文明号二十周年系列纪念活动。组织参加全省青年文明号微电影大赛,获得优秀奖。做好2014年度省级青年文明号、标兵和先进工作者推荐上报工作,对系统荣获2013年度省级青年文明号、省青年文明号标兵和先进个人进行通报。开展青年文明号集体检查,注重青年文明号创建质量,提高系统青年文明号创建水平。四是开展巾帼建功活动。重点对2009年以来命名表彰的5个国家级"巾帼文明岗"进行自查自评,向国家税务总局和省妇女"巾帼建功"活动领导小组报送系统开展"巾帼文明岗"创建检查情况报告。五是开展学雷锋志愿服务活动。在系统开展"学雷锋示范点"和"岗位学雷锋标兵"评选命名工作,并在"3·5"学雷锋日前,对各地推报的学雷锋活动示范点和岗位学雷锋标兵进行宣传,择优向省文明办推荐参评安徽和全国学雷锋活动示范点和岗位学雷锋标兵。在系统组织开展社区志愿服务活动,要求各地积极开展形式多样的志愿服务活动,推动志愿服务活动常态化。六是加强文明创建网站建设。做好文明网文明单位大展台栏目更新维护工作,集中展现系统精神文明建设的动态和成效,加大对外宣传效应。同时,加强对各基层文明网站建设的指导工作。

【地税文化建设工作】　一是加强思想道德建设。印发《关于思想道德强实施方案的通知》,要求各地开展各种主题教育、文明单位创建、文化建设和道德实践活动,大力推动干部职工的思想道德建设。印发《在全省地税系统开展"道德讲堂"建设实施意见的通知》,通过传播身边的模范、好人的道德故事,形成人人争当道德模范的良好风尚。加强地税人员文明礼仪教育,提炼并弘扬"求实创新,团结拼搏,敬业奉献,勤俭自强"安徽地税精神。二是加强职工书屋建设。印发《关于开展"学习许启金,争当学习型职工"主题读书行动的通知》,组织广大干部职工开展向许启金同志学习活动,积极参加主题读书行动征文活动。经省文行委评选,全省地税系统共有4个单位获一等奖、3个单位和个人获二等奖。开展"职工书屋"示范点创建工作,省局图书室被评为"全国职工书屋示范点",全系统有32家单位分别被授予"全国职工书屋示范点"和"安徽省职工书屋示范点"。三是开展税务文化品牌建设。围绕以

"征纳和谐、系统和顺、家庭和美"为中心的"三和"地税建设,在系统开展精神文明建设创新项目评选活动,对各地选报的21个创新案例集中在省局文明大展台上进行展播。不断总结、宣传、推广各级地税机关文化建设的经典案例,打造地税文化精品。

(执笔人:鲍春林)

内审工作概述

2014年,全省地税系统内审工作坚持围绕中心、服务大局,不断拓展工作思路,创新方式方法,强化内审监督,服务管理决策,各项工作取得了新进展。

【项目审计情况】 全省系统共开展审计项目774个,发现问题880个,涉及有问题金额1662.2万元,审减节约建设资金1628.3万元,提出审计意见和建议1025条,充分发挥了审计监督作用。

财务收支审计。2014年全省系统共开展财务收支(经营情况)审计项目64个,查出各类问题238个,涉及违规违纪金额40.2万元,提出审计意见和建议190条。各级内审部门坚持"全面审计、突出重点"的工作方针,以预算执行审计为主线,在合规性财务审计的基础上,结合"八项规定"和反对"四风"要求,对"三公"经费、会议费、培训费等支出和资产管理情况进行了重点审计。

经济责任审计。2014年全省系统共开展离任审计66个,任中审计63个,审计处级干部8名、科级及以下干部121名,查出各类问题564个,涉及违规金额1621.4万元(其中财务收支方面23.4万元,税收征管方面1598万元),提出审计意见和建议444条。内审部门一方面将审计内容拓展到税收征管和税收执法,全面评价领导干部履职情况;另一方面依据经济责任审计规定,对审计发现的问题公正地进行责任界定。

后续审计。各级内审部门认真落实后续审计制度,以"审计、整改、规范、提高"为主线,对上一年度开展的财务收支、经济责任审计项目全部进行后续审计,全年开展后续审计项目153个,共清理往来款项1042万元,补缴税费325.3万元,收回不合规支出9720元,补征税款2846.1万元,审计整改率达98%。

基建工程审计和大宗物品采购审计监督。2014年,全省系统共对274个信息化工程、基建工程开展竣工决算审计和财务决算审计,审计送审额12755.5万元,审减1628.3万元,审减率达12.8%。审计中重点关注了工程项目未按规定招投标、招标内容不完整、变更签证不规范、工程监理履职不到位、工程款支付不合规、未按规定开展基建审计等问题,保证了国有建设资金的使用绩效。同时,各级内审部门还积极参与单位的大宗物品采购133项,提出54条意见和建议,履行好监督职责,有效防范廉政风险和节约了财政采购资金。

专项审计调查。系统部分单位积极实践,主动作为,针对单位管理中比较受关注的问题,组织开展14个专项审计和专项审计调查。充分利用专项审计和专项审计调查针对性强、容易"审深查透"的优势,全面掌握情况,深入挖掘问题,认真分析原因,切实提出整改意见,为党组决策、规范管理提供了科学依据。

【审计基础建设】 全省系统从组织保障、制度体系、人才队伍、软件应用等方面着手,不断加强内审基础建设。

内审组织建设。各级地税机关党组高度重视内审工作,在机构、人员、工作条件和组织领导上给予大力支持,为内审发挥监督和服务作

用提供了有力保障。省局主要负责同志多次批示肯定内审工作,要求相关部门积极配合、支持内审工作;合肥市局建立审计结果向局长办公会汇报制度,提升了内审工作的影响力;亳州市局由分管局领导担任经济责任审计审计组长,全程参与审计;宣城市局明确内审委员会工作职责,强化了对内审工作的领导、指导和协调;六安、铜陵市局对内审委员会进行了调整。

内审制度建设。省局对《安徽省地方税务系统领导干部经济责任审计办法》进行修订,进一步明确了经济责任审计的对象、形式、内容、程序和审计结果使用等。各地也结合实际制定、完善了18项内审工作制度,宿州市局制定了内部审计暂行办法,淮南市局制定了领导干部经济责任审计办法,池州市局先后出台了财务收支审计办法、经济责任审计办法和基建项目审计管理办法,阜阳市局制定了基层分局长经济责任审计办法,内审工作的规范化水平不断提高。

内审队伍建设。全省系统共建立24个“内审人才库”,入库人员372人,充分发挥人才库的引领、攻坚作用,积极采取业务培训、以审代训等形式加强人才培养,全省举办了7次内审业务培训班,培训内审人员近200人次。同时组织参加各级内审协会组织的CIA培训、岗位资格证培训等,加强了内审人员的后续教育。

内审信息化建设。2014年,安徽地税内审管理信息系统全面推广应用,省、市两级内审部门基本实现内审软件在财务收支审计上的全覆盖。部分内审人员还结合实际应用进行深入思考,对软件功能提出修改完善意见,省局对5处系统漏洞及时进行了完善。

【审计成果利用】 2014年,全省系统内审部门共出具审计或专项审计(调查)报告360份,向领导或上级机关呈报审计情况综合报告33份,提交内审工作信息55篇,开展审计结果公告58次,96份经济责任审计报告存入干部人事档案。各级党组以审计结果为参考,对3名领导干部进行了提拔使用,对10名领导干部进行交流、转任。被审计单位根据审计建议建立、完善内控制度36项。省局内审处提交的《关于固定资产和基本建设管理审计情况的综合报告》、《内审视角下税收征管问题解析》两篇综合分析材料得到了省局领导的高度肯定。

(执笔人:蒋珂)

离退休工作概述

2014年,离退休工作处认真贯彻全省地税工作会议精神,围绕中心,提升质效,较好地完成了各项任务。

【离退休工作】 一是做好机关离退休工作。元旦、春节期间,组织召开省局机关离退休干部迎新春座谈会,省地税局党组书记、局长汪建国,党组成员、政治部主任郑圣良出席会议,相关处室负责同志参加。会议通报了全省地税系统工作情况,慰问了全体离退休干部;按照省委老干部局和省局群众路线教育领导小组统一部署,组织离退休人员学习党的十八大、十八届三中、四中全会以及习近平总书记系列讲话精神;落实年度报刊订阅制度,强化离退休人员报刊订阅管理;及时分发离退休干部各类政治学习资料,引导政治理论自学;组织厅级退休干部听取全省经济工作会议精神;重阳节、春节前夕,走访慰问离退休干部;组织离退休干部健康检查,全程跟踪服务,及时反馈体检报告;安排专人陪同患病老干部复检、治疗,积极与省保健委、省立医院协调,及时办理借款、报销、入院等

事项;探望生病住院的离退休人员,送去组织的温暖与关心;开展“敬老月”活动,组织省局全体离退休人员赴马鞍山参观长江大桥,感受我省经济建设和发展的巨大变化;针对部分离退休干部的爱好,先后组织部分离退休人员参加省第29届老干部竞技麻将赛、第10届老干部竞技麻将段位赛、第21、22届“财税审计”杯老干部麻将赛和第二届县级老年人竞技麻将赛。二是指导系统离退休工作。按照省委组织部、省委老干部局统一要求,组织系统各级地税机关开展好两节期间离退休人员走访慰问工作,确保各项政治、生活待遇落实到位;转发省委组织部等4部门《关于提高离休干部护理费标准的通知》(皖老字〔2014〕4号)精神,确保系统离休干部及时提高护理费标准;全年共受理来信来访13件次,均按有关规定进行了处理。来访未发生滞留情况;完成2013年度地税系统离退休干部统计报表工作,获全优报表单位。

【工资、津贴补贴管理】 一是严格工资审批。依据相关政策,把好工资统发关,认真履行工资审批职责,确保系统人员在工作调动、岗位调整、职务职称及学历等发生变动时,工资及时调整兑现。完成省局机关及二级单位工资统发人员津贴补贴属地标准调整;做好省局机关、二级单位工资统发人员考核晋级晋档工作;及时兑现省局机关工资统发人员13个月工资。全年共办理系统人员审批工资24422人次,办理退休133人。完成全系统机关、事业单位工作人员工资人事报表填报工作;二是进一步规范系统津贴补贴。组织召开系统专题会议,传达省政府领导有关指示精神,学习《安徽省财政厅 安徽省监察厅 安徽省地方税务局关于进一步规范安徽省地税部门津贴补贴发放的通知》(财综〔2014〕463号)文件,集中部署贯彻落实意见。会后认真做好舆情应对和信访工作,继续坚持系统各市一次性工作奖励备案管理;三是开展工资调查。根据省人社厅《关于开展省直机关事业单位人员工资情况调查的通知》(皖人社明电〔2014〕58号)要求,结合系统垂管实际,集中力量在全系统开展机关及事业单位人员工资情况调查,按时完成了全系统12424名在职人员和2258名离退休人员工资调查统计工作,为下一步机关事业单位工资及养老金改革做好准备;四是开展绩效工资政策宣讲。为进一步推进系统事业单位绩效工资工作,9月、11月先后召开系统绩效工资南北片会议,讲解系统事业单位绩效工资有关政策、实施程序,结合16市绩效工资属地标准调整情况,会商省人社厅重新调整系统绩效工资实施进度;五是组织系统人员培训。9月份,组织系统从事工资管理人员参加省人社厅举办的工资和离退休业务培训。

【事业单位管理】 一是谋划“两税”事业人员岗位设置。开展系统“两税”事业人员岗位设置摸底工作,根据我省有关政策规定,参照省人社厅《关于核准安徽省地税系统直属事业单位岗位设置方案的函》(皖人社函〔2010〕495号)要求,制定系统“两税”事业人员岗位设置管理实施方案,对岗位设置的范围、类别、比例、数量、等级和实施步骤作出统一部署,确保“两税”划转人员平衡过渡;二是调整省局直属事业单位绩效工资。年初完成省局直属事业单位绩效工资总量核定、标准兑现工作。5月份,省人社厅、省财政厅《关于调整在肥省直事业单位绩效工资水平和总量的有关问题的通知》(皖人社秘〔2014〕147号)下发后,按要求再次调整省局直属事业单位绩效工资总量和标准,并及时实施兑现;三是开展系统事业人员岗位晋级工作。根据系统事业单位岗位空缺及人员履职情况,开展3个省局直属事业单位和16个市局事业人员岗位晋级确认工作。全年确认系统73名事业人员岗位晋级。

(执笔人:潘 敏)

机关党建工作概述

【概述】 2014年,省局机关党建工作认真贯彻落实省直机关党的工作会议、全省地税工作会议精神和省局党组的部署要求,紧扣"学习型、服务型、创新型"党组织建设,引导机关党员干部积极投身地税改革发展实践,为全面完成各项地税任务提供坚强的政治和组织保证。

【思想建党】 始终把统一机关党员干部思想认识放在中心位置,充分发挥党组中心组学习示范带头作用,促进机关党员干部学习制度化、规范化。一是发挥党组中心组学习引领作用。认真制定年度党组中心学习计划,围绕习近平总书记系列重要讲话和党的十八大精神,十八届三中全会精神、四中全会精神,以及省委会议文件精神等,联系地税工作实际,组织学习活动,全年组织党组中心组学习14次。及时报告学习成果,坚持中心组成员带头撰写学习心得,注重学习成果转化,编撰《省地税局2013年党组中心组理论学习成果文集》、《省地税局党组中心组"三严三实"集中学习交流文集》等,印发全系统指导学习。二是加强党员干部理想信念教育。开展六项活动,纪念建党93周年。7月1日上午,省局党组书记、局长汪建国作了题为《深入学习贯彻习近平总书记系列重要讲话精神,在税收现代化征程中发挥党员模范带头作用》的党课报告。机关党委书记胡春武作保密工作专题党课报告。围绕"送关心、送温暖、送服务",开展走访慰问老党员活动,重点慰问党龄40年以上的9名老党员,增强和带动机关党员的归属感和荣誉感。青工委、妇委会结合年度安排,组织多项主题教育学习实践活动。三是开展读书学习活动提高党员干部素质。积极参加"省直机关读书月"、"省直机关大讲堂"、"与改革同行"演讲比赛、读书荐书等各项学习教育活动,组织机关干部参加读书游园活动。布置机关党员学习总书记"五个坚持"要求,撰写学习心得,交流学习体会。全年组织参加省直机关大讲堂5次共40余人次。省局被省委宣传部、省直机关工委、省新闻出版局评为省直机关"十佳书香机关"。汪建国局长推荐的梁衡著作《跨越百年的美丽》被省直机关工委作为2014年省直机关推荐书目。

【组织建设】 围绕地税中心任务,巩固深化党的群众路线教育实践活动成果,突出作风建设,着力创建服务型党组织。一是认真谋划年度机关党建工作。按照抓紧、抓早的工作要求,结合省直工委安排和省局实际,准确定位机关党建中心任务,紧紧围绕地税中心工作来安排布置机关党建工作,坚持"党组想什么,机关党建就抓什么;基层需要什么,机关党建就服务什么"思路来部署安排机关党建工作,制定省局机关党建工作要点,广泛征求机关支部意见的基础上,召开党委会专题研究,并向省局党组作专题汇报年度党建工作安排,再印发到各总支、支部执行。二是开展"机关党建服务基层年"活动。按照省直工委部署,围绕"服务改革、服务发展、服务民生、服务群众、服务党员"的主题,推进机关党组织由"管理型"向"服务型"的转变,制定"机关党建服务基层年"活动方案,明确具体任务、责任单位。围绕"感情向基层贴近、工作向基层聚焦、走访向基层深入",结合正在开展的第二批党的群众路线教育实践活动相关工作,省局领导和机关党员干部深入基层联系点,开展走访调研,倾听基层呼声,回应基层关切,以实际行动关心基层和一线税干。组建省地税局"和瑞"志愿者服务队,并加入省直机关志愿者协会。开展志愿活动,组织机关党员干部到社区参加义务植树活动。组

织机关在职党员到社区报到活动，为开展机关党员服务社区活动做好基础工作。组织“扶贫日”捐款和干部包户帮扶活动，机关党员干部职工共捐款47700元。三是开展扶贫慰问活动。认真落实中央、省委省政府关于扶贫开展工作部署要求，把定点帮扶工作作为年度重点工作内容，专题向党组进行汇报，提请研究解决具体问题。年前，省局领导分别赴马鞍山市、合肥市庐阳区大夫第社区、太湖县方洲村等地，慰问63户困难党员群众家庭，慰问金35800元。汪建国局长及机关党委先后2次到太湖县九龙村调研结对帮扶及选派干部工作。基金处到太湖县特教学校开展调研。用机关结余经费，支持结对帮扶的太湖县城西乡方洲村50万元，用于道路硬化；太湖县晋熙镇九龙村20万元，用于道路建设；涡阳县义门镇小辛村10万元，修建乡村道路改造项目；支持肥东县张集乡20万元，用于抗旱渠工作；开展共同提升行动，支持“阜南县中岗镇犇鑫奶牛合作社扩建牛舍”项目20万元，引领村民致富。四是加强结对共建工作。认真开展与涡阳县义门镇小辛村、合肥市三孝口街道大夫第社区的党组织共建活动。省局汪建国局长、胡春武副局长分别带队，先后赴太湖县、涡阳县小辛村指导共建帮扶工作。做好共建工作与选派干部工作的结合；与教育机关党员干部工作的结合。及时总结工作，宣传共建活动成效。省直机关工委副书记钱桂仑专程赴义门镇小辛村调研省局结对共建工作，给予充分肯定。

【制度建设】　以机关制度建设为基础，着力增强党员的法制意识、纪律意识、制度意识，推进机关党的工作的规范化、制度化，为改革提供组织保障。一是注重贯彻落实。认真落实《党章》、《条例》以及新颁布的《中国共产党发展党员工作细则》等，落实党建工作责任制。认真落实党务工作民主决策机制，重要工作均召开机关党委会研究。认真抓好基层民主和党内激励、关怀、帮扶机制等制度的落实。利用机关党建考核契机，了解支部活动，督促机关支部认真落实“三会一课”等学习教育制度，促进支部工作日常化、规范化。不断推动制度创新，省局报送的《创建“三和”地税》获“机关党建创新品牌提名奖”。二是加强党内监督。围绕习近平总书记提出的“五个坚持”要求，在机关全体党员中认真开展“五对照五检查”活动，结合党的群众路线教育实践活动“回头看”，布置机关支部“七一”前后召开组织生活会，认真开展批评和自我批评，同时，坚持好党员领导干部参加双重组织生活会制度。三是做好日常工作。坚持按制度办事，继续做好党员发展、党费收缴、党内统计、信息通联等日常性工作。做好机关党务公开工作，对2013年党费进行清算后，印发文件并在省局内网向机关全体党员进行公示。四是做好党建考核工作。按照省委组织部、省直机关工委要求，认真准备年度机关党建工作考核工作和《条例》落实情况检查，对机关党费缴纳情况进行审核，审定各支部党员党费交纳基数。开展机关党建工作“回头看”，对2013年、2014年党建工作开展情况进行梳理，分类整理备查材料，省局机关党建工作开展情况得到考核组好评。

【群团工作】　坚持党委统一领导，充分发挥机关工会、青工委、妇委会的主体作用，支持群团组织独立负责开展工作，引导和活跃机关氛围。

机关工会。积极组织参加省直机关第七届运动会，共参加8个大项25个小项，参赛运动员35人，获得总分73分，省局获组织奖。其中，省局乒乓球队在男子团体机关甲组项目中获得冠军，羽毛球队、游泳队均取得较好名次。组织慰问机关困难党员、困难职工9人次，慰问金9000元。组织参加省直机关健身走活动。继续支持机关各文体兴趣小组开展健康有益活动，丰富机关群众文体活动和业余生活。省局获省直机关全民健身工作先进单位。以机关兴趣小组、支部为单位，排演节目，奉献一台健康向上高质量的迎春文艺联欢会。整理工会财务资料，做好经济责任审计各项工作，获工会财会工作先进个人。做好机关计划生育工作。

机关妇委会。“三八节”前夕，组织机关女

同志到省局美好乡村定点帮建村太湖县城西乡方洲中心村，开展以帮助贫困学生为重点的“百村百区志愿行”活动。开展向省局定点扶贫乡肥东县张集乡“送温暖、献爱心”活动，三年共计向张集乡捐款33400元。组织开展“恒爱行动－百万家庭亲情一线牵”活动，向新疆皮山县安徽中等职业技术学校的贫困女生捐赠过冬棉服。认真组织第六届“省直机关十大女杰”评选活动，在局机关评选推荐出事迹较为突出的一名优秀女同志作为第六届“省直机关十大女杰”候选人。

机关青工委。认真落实换届选举有关规定，选举产生了新一届机关青工委。召开省局机关青年座谈会，省局党组书记、局长汪建国出席座谈会并讲话，总结回顾第一届青工委工作，机关10位青年代表交流发言。组织青年党员干部赴宣城市、泾县革命老区开展“学党史、学先进、送温暖”迎“七一”主题教育实践活动，参观新四军史料陈列馆，向革命烈士敬献花圈，重温入党誓词，参观和了解基层地税改革成果，学习基层先进经验，与基层老党员、困难党员和优秀党员代表进行交流，并送上慰问金。组织青年党员拓展训练，增进交流，激发活力，促进合作。

（执笔人：张　琤）

纪检监察工作概述

【落实“两个责任”】　一是迅速传达贯彻。及时贯彻中央、省委和总局党组关于落实党风廉政建设“两个责任”的决策部署，6月10日，省局党组书记、局长汪建国主持召开党风廉政建设专题党组会议。会议传达学习省委书记张宝顺在落实党风廉政建设和反腐败工作党委主体责任集体谈话会上的讲话和省纪委书记王宾宜在全省纪检监察机关“转职能、转方式、转作风”工作推进会上的讲话精神，研究部署全省地税系统贯彻落实措施。6月18日，省局召开落实党风廉政建设和反腐败工作党组主体责任集体谈话会议，党组书记、局长汪建国代表省局党组就落实党组主体责任，与各市局和省局局属单位主要负责人进行集体约谈。8月8日，省地税局党组中心组召开专题学习会议，认真学习贯彻《中共安徽省委关于落实党风廉政建设党委主体责任和纪委监督责任的意见》精神。二是出台制度办法。4月，省局制定出台《贯彻落实中共中央〈建立健全惩治和预防腐败体系2013－2017年工作规划〉及省委实施意见的实施办法》，细化任务分解，突出责任落实。11月，印发《安徽省地方税务局党组落实党风廉政建设主体责任实施办法》和《驻安徽省地方税务局纪检组落实党风廉政建设监督责任实施办法》，细化明确党组的全面领导责任、党组书记履行第一责任人的责任、领导班子其他成员对分管范围内党风廉政建设的主要领导责任和纪检监察部门的监督责任，并建立完善责任传导、廉政谈话、述职述责述廉、沟通会商、报告评议、责任考核、责任追究等制度机制，确保“两个责任”落到实处。三是强化责任落实。2月21日，召开全省地税系统党风廉政建设工作会议，部署具体任务，省局主要负责人和领导班子其他成员分别与各市局、省局局属各单位主要负责人签订《党风廉政建设目标责任书》，层层传导压力。3月，组织开展2014年度系统党风建设责任制考核，由局领导带队对各市局进行实地检查。考核采取听取汇报、组织测评、个别谈话、查阅资料、上门走访等形式。考核情况印发文件通报全系统，考核结果纳入对各市局的年度绩效考评。严格对照规定实施责任追究，取消了4个市局系统内各类综合性评先评

优资格。9月,分南、北片召开全省地税系统党风廉政建设工作座谈会,对年度重点工作进行跟踪问效。发现、总结或推广有关单位典型做法,供系统学习借鉴,全年共转发基层单位有关工作文件8份。对工作中发现的问题,提出针对性的要求,督促限时整改。四是积极推进"三转"。6月17日,召开系统纪检监察部门"转职能、转方式、转作风"推进会,进一步明确"三转"工作任务。按照纪检组长不分管人财物、税收征管、税务稽查等方面工作的要求,督促市局调整纪检组长在领导班子中的分工,10月底各市局纪检组长分工基本调整到位。配齐配强配优纪检监察干部,并配好基层分局专兼职纪检监察员,督促纪检监察部门聚焦主业主责,发挥职能作用。截至2014年12月,系统共配备纪检监察干部294人。

【领导干部廉洁自律】 一是认真落实"三谈一述"。2014年,系统开展领导干部任前廉政谈话322人次,诫勉谈话45人次,函询3人次,共有1905名领导干部进行述职述廉。严格按照《党政领导干部选拔任用工作条例》等有关规定选拔任用干部,纪检监察部门全程参与监督干部选任工作,省局纪检组全年共对46名干部拟任人选出具廉政情况书面说明,对其中2名拟任副处级领导干部人选核查后暂缓提拔。二是着力加强作风建设。按照中央"八项规定"、省委省政府"三十条规定"、国家税务总局"实施办法"、省纪委"十个严禁"要求,深入推进作风建设。加强对八项规定贯彻落实情况的监督检查,发现违反八项规定情况10件,给予党政纪处分4人次,诫勉谈话5人次,批评教育6人次。三是扎实开展专项整治。集中开展正风肃纪专项治理行动,结合系统实际,开展培训中心、为政不为、为税不廉、公款吃喝、纵酒行为和庸懒散以及吃喝风、"红包"风等专项整治。组织机关党员干部认真学习《中国共产党党员领导干部廉洁从政若干准则》和《党政机关厉行节约反对浪费条例》,以及《关于各级领导干部接受和赠送现金、有价证券和支付凭证的处分规定》。省地税局主要负责人为全体党员干部上党课,重申廉洁自律的各项要求,教育机关党员干部充分认识四风问题的极大危害性,引导党员干部自觉遵守厉行节约、反对奢侈浪费,坚决抵制吃喝风、"红包"风,并就反对吃喝风、"红包"风作出公开承诺。

【政风行风建设】 一是持续改进政风。严格落实《进一步严肃税风税纪维护纳税人合法权益的若干规定》,严肃查纠滥用职权、假公济私、刁难群众、吃拿卡要报等损害纳税人权益的问题。11月,为切实改进机关作风,提高行政效能,优化税收环境,省局印发《进一步加强政风行风建设的通知》,严明纪律要求。二是开展明察暗访。4月,省局印发《关于进一步加强和改进明察暗访工作的通知》,对明察暗访工作的组织领导、内容和方式等作出了明确要求,推进明察暗访工作制度化、常态化。省局全年共组织开展3批次明察暗访,涉及246个基层单位,发现四大类问题146条,并在系统内点名道姓通报,责成相关单位严肃整改问责。三是加强内外互动。省地税局领导参加"厅长零距离"热线接听、省政府网站访谈、"政风行风热线"上线。畅通纳税人诉求表达和民主监督渠道,在地税门户网站设立局长信箱和投诉、举报信箱,及时受理各类咨询和投诉举报,回复率100%。认真处理各类投诉事项,回应社会各界对地税工作的疑问和关切。四是做好迎评工作。按时上报政风建设工作总结,及时提供500户服务对象名单供测评。积极协调省局机关和指导基层做好政风评议各项工作。经政风行风民主评议,省地税局2014年度政风评议测评得分86.03分,在20家执法管理和服务类部门中位列第五名。

【违法违纪案件查办】 一是加强信访举报管理。按照"归口管理、分级负责"的原则,对各类信访举报做到及时受理、规范办理、妥善处理。认真排查、分析信访举报线索,加强信访举报线索管理。2014年,全省地税系统纪检监察部门共受理群众信访举报288件,其中省局纪检组监察室受理信访举报215件。二是加强案件查办督办。省局切实加大直接查办案件力

度，先后查办了省纪委交办的网络举报、信访举报、媒体曝光等3起案件，给予2名处级干部行政记过处分；与地方纪委联合查办了2名市局领导干部的信访举报问题；初步核查了5名拟提拔市局副处级领导干部人选的信访举报问题，其中2人暂缓提拔；直接查办了2名基层税干信访举报问题，发出纪检监察建议书2份。加强对市局办案工作的督促和指导，对转交市局办理的重要信访举报件，跟踪了解办理情况，协调督办核查工作。2014年，全省地税系统纪检监察部门初核案件68件，立案38件，有40人受到党纪政纪处分，另有8人被司法机关判决有罪，其中2人免予刑事处罚，另有9人正在接受司法机关审查，1人正在接受地方纪委调查。三是及时通报典型案件。对系统发生的6起违法违纪案件，制发通报文件发到基层地税部门，剖析原因，举一反三，引以为戒，加强警示教育，发挥查办案件治本功能。

【反腐倡廉宣传教育】　一是抓好日常廉政教育。将反腐倡廉教育纳入干部教育总体规划并制定工作计划，在各级各类培训班开设廉政专题讲座，经常开展党风党纪教育、廉政勤政教育。利用地税发展大讲堂，开展省局机关全员警示教育，邀请安徽省人民检察院柴学友、王玉兰讲授职务犯罪预防，并通过视频向全系统转播；组织集体观看廉政勤政教育影片《焦裕禄》、《第一书记》，引导干部职工加强党性修养、筑牢思想防线、坚持廉洁从税。二是组织专题廉政教育。5月6日－10日，举办系统基层分局长党风廉政建设专题培训班，增强基层分局长抓作风建设、廉政建设的意识和责任，共有16个市局的93名基层分局负责人参加了培训。6月16日－20日，举办全省地税系统纪检监察业务培训班，16个市局纪检组长和监察室主任参加培训。三是重视廉政文化建设。在省局内网专门开设“廉政之窗”栏目，并在首页展示，分设了工作动态、领导讲话、法规制度、经验交流、理论研究、廉政教育、警钟长鸣等子栏目，全年发布各类信息82条。积极做好向省纪委监察厅、总局纪检组监察局信息上报和省局外网动态信息发布等工作，不断拓展廉政宣传渠道。组织开展“地税系统职务犯罪问题研究”课题调研，对全省地税系统2007年以来发生的违法违纪案件进行综合分析，形成了《安徽地税系统职务犯罪调查研究》课题成果。鼓励市、县地税局积极开展“廉政文化建设示范点”创建申报工作，2014年6月，安庆市地税局、涡阳县地税局、颍泉区地税局、临泉县地税局等4个单位被省纪委命名为“廉政文化建设示范点”，芜湖市地税局被省纪委命名为“廉政文化建设标兵”。

（执笔人：杨　柳）

稽查工作概述

【工作概况】　2014年，全省地税稽查部门以发挥稽查职能为主线，创新稽查管理，狠抓工作落实，稳步推进稽查现代化建设，大力整顿和规范税收秩序，堵漏增收成绩斐然。全省地税稽查部门共查处各类税收违法案件5774件，查补收入总额24.02亿元，同比增长83.1%，入库收入总额23.73亿元，同比增长83.2%。

【大力整顿和规范税收秩序】　面对严峻复杂的税收形势，省局稽查局充分发挥税务稽查职能作用，突出重点，统筹兼顾，努力提高稽查质效。一是着力推进大案要案查处。规范案源筛选、检查实施、信息上报等环节，落实重大案件报告制度、重大案件督办管理办法，提高重大税收违法案件管理质量。2014年全省共查

处千万元以上案件5户,查补入库税款8651万元;查处百万元以上案件49户,查补入库税款1.41亿元。二是扎实开展税收专项检查。按照总局要求,开展对房地产及建筑安装企业、股权转让单位和个人等行业和项目的税收专项检查。同时增加对驾校、非学历教育机构、小额贷款担保公司、政府重点工程项目等的检查。做好案源筛选、方案拟订、查前培训、查中分析工作,灵活运用交叉检查、集中检查、下查一级等方法,保证专项检查查深查透、行业共性问题剖深剖透。2014年全省地税系统专项检查收入14.66亿元,其中辅导企业自查3455户,自查收入10.76亿元;检查1422户,查补收入3.9亿元;自查及检查合计入库收入13.48亿元。三是深入开展重点税源企业检查。认真开展总局布置的对中国航天科工集团公司等四家企业在皖的14家成员单位自查和重点检查。查补收入116.9万元;积极组织开展总局定点联系企业重点检查工作,19家定点联系企业查补收入3342.8万元;在全省地税纳税400强企业中选择50户三年以上未检查企业开展以自查为先导的重点税源企业检查,查补收入2.79亿万元,户均查补收入558.6万元。其中,省局稽查局以异地交叉稽查方式直接对16家企业开展检查,查补收入1.23亿元,户均查补收入768.4万元。四是严厉打击发票违法犯罪活动。遵循"查税必查票"、"查票必查税"原则,持续保持对虚假发票"买方市场"和"卖方市场"进行同步整治的高压态势。在虚假发票"买方市场"的整治工作中共对8679及企业的受票情况进行检查,查处违法受票企业1609户,查处非法发票4.4万份,涉及金额13.68亿元,查补收入9879.3万元,通过媒体曝光发票违反案件6起。在打击虚假发票"卖方市场"和餐饮发票使用情况专项整治工作中获总局通报表扬。五是认真开展检举案件查处。实施检举案件分类处理,做好检举案件的矛盾化解、疏导、说服工作,提高检举案件管理和查处质量。全省累计受理检举案件302件,立案查处227件,查补收入6503万元,入库5898万元,支付检举奖金2.7万元。

【稽查法治建设】　一是推进阳光执法。按照《安徽省地方税务局关于印发安徽省地方税务局行政权力清单和责任清单的通知》(皖地税发〔2014〕87号)文件精神,全面公开稽查执法七项责任的内容、运行流程,主动接受社会监督;运用"制度+科技"模式,完善稽查选案、检查、审理、执行四环节分工制约机制,将税收执法权、行政管理权中廉政风险等级较高的环节纳入计算机监控,实现重大权力分权制约,达到了程序控权;通过重大税收违法案件信息系统录入税务违法案件信息,并在门户网站上设置公告栏进行公告,利用税收"黑名单"制度提高税务稽查威慑力和稽查执法的公信力。二是推进效能执法。进一步规范税务机关进户执法工作,对进户执法前提已不存在的、进户执法作用不大的、可进可不进的、可以通过信息共享或其他途径解决的进户执法项目,坚决予以取消,着力解决"重复检查"问题;与国税部门建立稽查情况通报制度和联席会议制度,大力推进联合检查;加强税收检查中有关信息的交换共享,检查情况和处理结果相互通报和相互认可,放大检查力度和成效;三是推进信息化执法。针对企业会计电算化运用查账软件检查,充分发挥查账软件的穿透阅帐和比对分析功能,迅速查找并自动归集处理涉税疑点;深化AHTAX2013稽查业务域应用,注意收集整理发现的问题,提出改进建议,促进系统功能完善;加强全省地税稽查电子案例库建设,定期收集和公开案例,提供交流办案技巧平台,推动提升稽查实战技能。四是推进规范执法。以AHTAX2013稽查业务域为平台,全面推行模板化、格式化检查,实现对稽查选案、案源管理、稽查实施、案件审理、案件执行的全流程实时控制;对全省各级地税稽查部门查处的稽查案件实施随机性或突击性的飞行检查,从程序执行、文书制作、法律适用、事实认定、证据收集、案卷归档等六个方面梳理各地存在的问题,下达整改建议书54份,并在全省地税稽查系统公开通报;开展稽查案卷评审,从税收执法程序、税收

执法事实、做出的行政处罚、税务处理及法律适用等方面开展稽查案卷审核，推动稽查案卷质量提高。

【稽查现代化建设】　一是整合稽查资源。通过集中稽查业务、创新管理机制、优化工作流程，进一步完善一级稽查管理体制，在更大范围内统一调配稽查人力资源，做到统一选案，统一检查，统一审理；按照税源分布结构，赋予不同层级稽查局相应执法任务，使稽查人力、物力、财力等稽查资源与稽查执法对象的分布相对应。目前全省已经初步建立起稽查分类分级管理体制。二是创新稽查机制。查前有针对性地进行宣传发动，通过开展查前辅导，下发自查提纲，进行风险提醒，建立引导遵从机制；统筹建立风险监控指标和风险识别模型，将高风险纳税人作为稽查案件重要来源，除专项检查、上级交办、群众举办等案件外，其他案源均通过风险排序确定具体稽查对象；根据被查企业规模大小和案件检查难易程度实施专业稽查方式，初步形成以审计式检查和异地交叉稽查应对大型重点税源、以调研式检查应对行业税源的稽查方式。

【稽查队伍建设】　一是加强业务建设，提升稽查核心能力。以涉税法律法规、税制改革、企业会计准则、稽查工作规等为学习重点，分批次开展专题培训。全年共组织稽查业务知识更新培训、税收专项检查、稽查信息化培训等4期，培训260人次；找准偷漏税的重点、税收征管的难点、税收政策的模糊点和税务稽查的前沿领域，围绕房地产业、驾校行业专项检查等课题，深入研究稽查对象的经营状态和财务核算特点以及税收征管薄弱环节与政策漏洞，总结归纳稽查对象偷税手段及对应的稽查方式方法，全年形成稽查调研文章20多篇，部分调研文章在《安徽地税》、《安徽地税稽查信息》和《中国税务稽查》上发表；将稽查人员知识结构情况纳入年度工作考核内容，鼓励稽查干部参加学历、职称教育。二是培养稽查尖兵，发挥示范带动作用。采取各地推荐、资格审查、省局考察、选拔公布的方式，组建案源管理、税收检查、案件审理和稽查信息化四类稽查专业化专家团队，共有60名优秀稽查干部入选；继续对全省地税稽查人才库进行动态管理，调整补充全省稽查人才库人员，并向省局各类专业人才库推荐优秀人才；组织全省稽查业务骨干进行异地交叉稽查、案卷评审，切磋讨论稽查热点问题，总结交流办案经验，发挥稽查尖兵的传帮带作用。三是持续改进作风，树立地税稽查形象。认真贯彻“三严三实”要求，严格落实中央八项规定、省委省政府30条要求和省局党组18条措施，大力改进作风；切实抓好总局“三个三”要求、省局效能建设十项制度等改进作风的规定、制度、办法、要求的贯彻落实；结合职责分工和业务流程，在选案、稽查、审理、执行等执法环节中查找出存在或潜在的廉政风险内容及其表现形式，根据不同岗位不同环节的廉政风险内容，建立完善以岗位为点、程序为线、制度为面的环环相扣的廉政风险内控机制；以实地回访为主，辅以发放稽查案件回访调查表、集体座谈等形式，适时开展稽查回访，切实防范可能会发生的渎职、失职行为。

（执笔人：戴　清）

省直属局工作概述

2014年，在省局党组的坚强领导下，在省局局属各单位的大力支持下，直属局认真贯彻落实全省地税工作会议精神，牢记“为国聚财，为民收税”宗旨，采取一系列措施，改进工作作

风,提高工作效率,推进依法治税,服务企业发展,圆满完成了各项工作任务。2014年,直属局被省直工委授予“2011－2013年度省直文明单位”称号;被省精神文明建设指导委员会授予“第十届安徽省文明单位”称号;直属局征收科被省直文明委命名表彰为“学雷锋活动示范点”;在省地税局绩效考评中,直属局被评为优秀单位。

一、凝心聚力,强化措施,确保各项税费依法征收、应收尽收

2014年,面对严峻收入形势,直属局上下团结一心,发扬收工作税、辛苦税精神,采取有力措施,确保各项收入及时、足额入库。

全年共组织各项收入216.78亿元,约占全省同期地税总收入的9.23%,其中:地方税收入78.88亿元,基金费137.9亿元,征缴率99%以上,做到应收尽收。一是强化计划管理。根据企业税源分布情况,综合考虑影响税收增减各种因素前提下,科学合理编制收入计划,按月编制分税种税收收入计划,及时进行收入评估,组织税款入库。二是加强税费源监控。完善三级重点税源监控体系,按月向总局报送18户,向省局报送221户重点税源企业的信息表及各类数据;摸排重点企业所得税及营业税,监控企业所得税企业163户,监控营业税企业96户;动态监控管理72户行业统筹单位和年缴费额达10万元以上的市级统筹企业。三是强化税收征收。精心准备,加强评估,严格审核,圆满完成2013年度企业所得税汇算清缴工作;严格申报管理,全年共送达限期改正通知书652份。四是加大稽查力度。布置50户企业地方税收及发票自查,入库税款滞纳金合计3772万元;完成省稽查局稽查交办的6户企业检查工作,入库193万元;注销清查查补入库税款近777.3万元。五是加大基金费征集。采取监控重点费源、完善征缴制度、加大催报催缴、加强欠费清理等措施。六是向社会中介购买鉴证服务,强化房地产项目土地增值税清算工作。按照直属局向社会力量购买土地增值税清算审核服务工作方案,加强与企业和中介机构的沟通协调,完成8个清算项目的检查工作并向企业送达正式税法文书。

二、加强管理,规范程序,不断夯实基础工作

坚持推进科学化、精细化和规范化管理,深入开展税收调研,着力提高税收征管质量和效率。一是加强登记管理。受理设立、变更税务登记1500余户,注销25户;规范非正常户认定,全年认定44户纳税人为非正常户并进行公告;开具税务证明1140份,其中:开具纳税证明152份,个人所得税信息管理证明52份。二是加强发票管理。严格审核发票领购资格,查验171.37万份,售出发票142万份;严格代开票管理,代开123户258次税款8764.63万元;严格发票印制、领用、缴销管理,全年共印制冠名发票19种123批次,缴销发票5000份;严格按照规定做好“营改增”试点企业过渡时期的发票管理。三是加强重点税种管理。采取重点摸排,提早谋划,广泛宣传,优化服务,过程监控,跟踪问效等措施推进个人所得税全员全额明细申报及扣缴管理,共办理年所得12万元以上纳税人个人所得税自行申报2325人;召开所得税汇算清缴培训会议帮助纳税人加深对税收政策的理解把握,提高纳税人自核自缴的准确性。四是加强社保费管理。建立备查登记簿,开展补充登记信息和增设分账户工作,充实更新数据体系,做到数据完备、依据充分、查找方便;优化业务流程,加大协调沟通,提升服务质量和工作效率;强化票据管理,完善票据发放制度,规范票据使用责任。五是加强委托代征管理。开展与代征单位委托代征信息的核对工作,了解代征户的变化情况;与各代征单位正式签订《省属企业地方税收委托代征协议书》,进一步明确了权利和义务;加强对代征单位所得税汇缴工作的指导,顺利完成全省代征企业2013年度企业所得税的汇算清缴工作;及时拨付委托代征经费。六是加强中心地税窗口建设。加强与工商、质检等部门窗口的协作,共同探索推行省属企业设立“三证合一”登记制度,并于2014年10月成功启动这项改革,进一步提高了企业

办证效率；对行政许可、非行政许可、核准类登记项目和便民服务类项目等具体业务运转流程进行了规定细化；实现标准化管理，对行政审批项目实行“八公开”；落实省局领导到中心窗口轮流值班制度，认真梳理需领导支持和重视的困难和问题，提高针对性，确保领导坐班的实效性；加强宣贯，全力做好服务标准化建设工作。七是加强政务工作。加强“四风”建设，严格请假、外出管理，全面实行离岗告示制度；提升后勤综合保障实力，完成春训、各类税企座谈会及培训会、省局机关迎新年活动等组织保障服务；提高财务管理水平，顺利完成预决算编制及全年预算执行任务，做好与向社会力量购买土地增值税清算审核服务相关的财务支持，积极配合省审计厅完成机关财务审计工作，主动适应不断变化的预算管理和财务监督方式；完成办公用房腾退以及公务用车改革相关资料统计上报工作；继续加强档案管理，认真做好直属局文书档案、会计凭证的整理、归档、保管工作，顺利通过省局专项检查；加强文字综合工作，参与2013年度地税年鉴编纂工作，整理印发18期局务会会议纪要，8期局长办公会会议纪要，按月汇总整理工作总结、计划和大事记。八是加强信息化支撑。及时上报大集中系统上线后问题，主要涉及纳税申报、欠税抵缴、优惠认定、新增土地等级、电子税务局、发票管理等问题；启用催报、催缴短信通知，全年发送8782条短信，发布各类公告16个；完成个税所得税代扣代缴软件公积金扣缴标准升级、代码统一和在线升级功能两次升级；维护局属各单位电脑共100多次，完成大屏幕的日常维护和信息更新750余条。

三、落实责任，提升效能，进一步优化纳税服务工作

在加强管理工作的同时，直属局一直将税收服务工作摆在更加突出的位置来抓，保质提效，税收服务工作进一步优化。一是提升政策落实效能。制定《安徽省地方税务局直属局税收优惠和资产损失税前扣除后续管理暂行办法》以规范税收优惠和资产损失税前扣除管理工作，全年对225报告进行了后续管理审核，查补税款173万元；落实税收优惠政策，全年办理耕地占用税减免26户次，减免税额5215.79万元；及时办理高新技术企业资格、软件企业资格、总分机构分配比例、非营利组织免税资格等认定材料的审核；及时办理符合条件的退税事项，全年办理了62笔税费的退库事宜，涉及营业税等12个税费种，金额约2293万元；按照规定程序办理13户企业延期缴纳税款申请3.14亿元。二是提升纳税服务效能。认真落实《全国税务机关纳税服务规范》，认真开展“便民春风行动”各项活动；举办多形式的座谈会、互动会、培训会，加强与企业的交流与联系，现场听取意见和建议，帮助解疑释惑；认真做好税务咨询工作，全年咨询窗口共接受各类税务咨询（包括电话咨询）2.7万余次，免费发放各类税务资料3万余份；通过发送手机短信、12366热线、大屏幕公告和网上发布信息等措施，为纳税人提供最新的税收政策、税收动态；升级自助服务终端，实现了个人所得税完税证明的自助开具；落实县级纳税服务规范，确保规范中要求办税服务厅办理的业务全部移到办税服务厅窗口办理。三是提升税法宣传效能。召开企业所得税汇算清缴会议，开展政策培训；定期将国家税务总局以及省地税局近期颁布的政策性文件按月汇编成《税法公告》，及时免费发放给纳税人；对“营改增”试点行业单位做好相关政策的解释工作；通过新闻综合广播《政风行风热线》、生活广播《特别关注》等老百姓比较关注的栏目开展税收政策宣传，还就税务12366服务热线、个人所得税12万元自行申报和省政务服务中心地税窗口工作的相关情况进行了深入采访报道，同时在安徽广播网上开辟税法宣传专栏。

四、加强学习，加强管理，不断推进干部队伍建设

2014年，直属局以教育培训为抓手，推动党风廉政建设、效能建设、文明创建深入开展，努力打造“三和”地税机关。一是加强教育培训。认真开展春训工作；组织全员认真学习

《纳税服务规范》等业务文件，加强一线人员技能培训以确保其熟练操作各项具体业务；加强人员业务培训积极争取名额，多人次地参加省局组织的各类业务培训；组织好干部职工积极参加干部网络在线教育学习和省局统一组织的政治、政策学习和读书活动。二是加强反腐倡廉建设。坚持党性原则和法制观念，注重一切形式的警示教育，做到警钟长鸣。组织全体干部职工认真学习《廉政准则》和《税收违法违纪处分规定》。严格执行中央“八项规定”、省委省政府“三十条规定”、国家税务总局以及省地税局有关规定和要求，完善风险防控机制，针对不同等级的风险点实施分级管理，进一步强化干部自律意识，着力从思想、制度、机制等多方面规避执法风险，从根本上制止和预防违法违纪行为发生，努力把各类风险降低到最低程度。三是加强效能建设。认真落实效能建设“十项制度”，推进效能建设向机关、向基层、向岗位延伸，通过加强明察暗访和严格实施责任追究，进一步增强了全体干部职工效能意识，提升了工作效能。从自身做起，从具体事项做起，树正气树新风，艰苦奋斗、勤俭节约，切实改进工作作风。四是开展文明创建工作。按照省直文明委“三位一体”文明单位评选要求，直属局充分利用文明单位大展台网站、局域网、宣传栏等宣传阵地营造浓厚创建氛围，扎实开展省级文明单位创建工作。2014 年，直属局被省直工委授予“2011－2013 年度省直文明单位”称号；被省精神文明建设指导委员会授予“第十届安徽省文明单位”称号。直属局多年来坚持开展以便民利民、优质服务为内容的集中服务、上门服务、预约服务等个性化服务，大力提升基层一线青年员工的业务水平和服务意识。2014 年，直属局征收科被省直文明委命名表彰为“学雷锋活动示范点”。

(执笔人：王　健)

税收信息化工作概述

2014 年，全省地税各级信息化管理部门以开展“信息化应用提升年”活动为主线，以优化系统、深化应用、强化运维、保障安全为重点，开拓进取，扎实工作，圆满完成全年工作任务，有效发挥了信息化对税收工作的技术保障、信息支持和创新驱动作用。

一、精心开展“信息化应用提升年”活动

将开展“信息化应用提升年”活动作为全年工作的重中之重，狠抓落实。一是及时动员部署。省局于 2 月初召开动员会议，明确“三个覆盖、三个提高、三个服务”的活动目标。3 月初制定下发《“信息化应用提升年”活动方案》，明确工作重点，分解落实任务。开展调研、座谈，为各地高效有序开展活动提供指导。各地迅速行动，召开会议，动员部署，成立领导小组和办公室，制定符合本地工作实际的活动方案，切实加强对活动的组织领导。二是举办全员培训。省局举办市局分管领导、业务与技术骨干、基层分局“两员”等培训，累计办班 13 次、培训人员 650 人次，在系统内发挥了示范引领作用。各地积极参加省局组织的各类培训，同时主动开展多层次、分岗位、全方位的软件应用培训。三是开展应用考试。9 月份，从系统内抽调 53 人，历时 1 周，以 AHTAX2013 系统操作使用为核心，编制考试题库(包含 5097 道试题)，为全省开展全员培训和信息化应用能力等级考试奠定基础。各市制定税收信息化应用能力等级考试工作方案，指导各县、区局依托全省税收信息化应用能力等级考试题库进行培训、练习、考试，全省累计举办考试 100 多场，参考 5988 人次，通过率达 95%。四是举办能手竞赛。4 月 27 日，全系统 103 人参加省局举办

的能手竞赛决赛，经过比赛考试，共有35名同志获得省局授予的“安徽省地税系统税收信息化能手”称号。六是开展征文活动。在全系统开展主题征文活动，各级地税机关积极响应，广大干部职工踊跃投稿，共收到征文354篇，选用143篇，分别在省局内网、《安徽地税》内刊、《信息化工作动态》等载体刊发，评出65篇获奖作品和6个优秀组织单位。同时，将获奖征文编印成书，分发各市、县局，供广大干部职工学习。

二、全面优化AHTAX2013系统

以更好服务大局、服务纳税人、服务基层为重点，优化、完善AHTAX2013系统。一是为改革发展提供技术支撑，服务大局。修改AHTAX2013系统，将营业税起征点由2万元调整至3万元，支持小微企业发展；完成个人所得税和企业所得税新申报表、企业所得税汇算清缴系统地税数据接口规范升级、资源税改革和非居民企业税收收入分析等多项软件开发，为落实总局工作部署和税收政策调整提供保障；会同征管科技处，完善纳税遵从风险管理平台，支持该系统在全省推广应用；将马鞍山版存量房评估软件集成到核心征管系统中，供其他市局使用；开发芜湖版存量房评估软件与核心征管系统的数据接口，实现系统间数据共享；根据合肥、宣城市局试点经验和反馈意见，优化以地控税软件，为全省范围内推广“以地控税、以税节地”工作奠定基础；完成外部数据交换平台升级改造，完善协税、护税第三方信息获取平台；开发税收不良记录功能，升级短信平台，引导纳税人主动诚信纳税。二是助力“便民办税春风行动”，服务纳税人。全面升级AHTAX2013系统，落实《县级税务机关纳税服务规范1.0》，共调整37类175个业务流程、49个工作流模板、938个涉税资料，最大限度方便纳税人。根据《关于规范简并办税事项推行办税清单工作的意见》和《关于落实便民办税春风行动若干征管措施的通知》等要求，完善核心征管系统，提升办税效能，当场办结事项由过去的66项增加到339项，占全部办税事项的88.28%；根据《关于进一步优化地方税务设立登记程序的公告》要求，修改税务登记子系统，实现设立税务登记容缺办理，提高纳税人登记办证效率。三是提升软件可用性，服务基层。广泛听取基层对征管软件优化完善的意见、建议，累计征求意见1500余条。组织人员进行攻关，历时半年，完成软件优化。改进数据查询模块，增加缺失功能，合并重复功能，提高数据查询统计的准确性，方便基层开展数据分析；优化查询结果展示功能，使查询结果显示更直观、更易于理解。改进用户体验，优化菜单权限树，解决1人多岗操作不便问题；增加流程终止、作废功能，方便基层进行业务差错处理；根据基层实际情况，调整、优化部分岗责设置和业务流程，使软件更好用、更实用。制定34个数据质量监控指标，开发数据质量监控子系统，对AHTAX2013征管数据质量进行实时监控、预警。至11月底，AHTAX2013系统优化工作顺利完成，受到基层好评。

三、尽力做好运维技术支持

一是保障核心征管系统运行。强化运行监控，加大对核心应用系统和核心设备的巡检力度。依托“安徽地税运维管理平台”，及时解决软件应用和数据维护问题，全年累计受理基层提交的问题9924个，解决了9757个，解决率达98.3%。其中，省局电税管理中心受理问题5381个，解决了5353个，解决率达99.5%。二是支持综合办公系统推广。安排三人参加推广工作组，参与制定推广方案；安装系统生产环境和培训环境；采集、导入全省基础数据，完成系统初始化；参与全省应用培训，做好培训期间技术支持。三是配合绩效管理信息系统应用。搭建系统硬件环境，完成系统功能升级，及时解决使用故障，配合开展系统指标清理，做好系统数据备份，保障了全省绩效管理系统上线运行。四是做好其他应用系统技术支持。完成财产行为税监控平台、企业所得税汇总纳税、稽查协查等总局推广系统的升级；定期对省局网站页面进行巡检，检查硬件和系统资源状况；根据省局相关处室需求，及时增加、更新省局内网页面和栏目；加大敏感时期外网网站巡检力度，确保安

全。定期巡检迈捷邮件系统运行状况,做好数据备份和系统用户添加、密码重置等工作。加强视频会议系统技术保障,做到会前认真调试、会中全程监控、会后收集反馈,确保视频会议效果。五是做好机关终端设备技术支持。及时响应,快速有效解决各级机关电脑、网络、设备应用问题。

四、持续巩固信息安全防线

一是增强防护能力。大力提升系统桌面安全管理系统(VRV)和杀毒软件覆盖率,至年底,覆盖率分别达到99.54%、99.59%。全面推进服务器基线检测工作,至年底,全省所有市局的服务器基线符合度全部达到60%以上,且没有高风险主机,超额完成总局绩效考核要求。出台《安徽省地税系统网络与信息安全应急响应综合预案》,强化应急处置工作。二是完善检查机制。建立专项检查和常态检查相结合的检查机制。在全系统开展网上办税系统信息安全、网络与信息安全保障工作、网络安全和商用密码等三个专项检查,并根据安全保障重点问题,开展针对性单项检查。在单项、专项检查的基础上,通过远程巡检、监控平台和风险检测等方式,实现安全检查常态化。三是开展安全监控。架设日志服务器,密切监控网络运行状况,收集各类设备日志信息,通过WEB扫描监测电子税务局和门户网站,加强日志信息审核、分析,按月出具《信息系统运维报告》和《信息安全日志分析报告》。四是做好“两会”、“五一”、“十一”及“匿名者”攻击等特殊时期网络和信息安全保障。全省全年信息安全状况总体良好,未发生过3级以上(含)信息安全事故。

五、加强信息化队伍建设

一是加强技术队伍建设。将队伍建设列入绩效考核指标,各地积极组织培训,鼓励技术人员参加认证考试。目前全系统共有信息安全工程师(CISP)22名,中级网络工程师(H3CSE)26人。对符合高级工程师、工程师等任职条件的同志予以聘任,兑现待遇,调动技术人员的工作积极性。大力支持2名领军人才参加总局集中培训和实践锻炼。3人入选国家税务总局信息技术人才库。二是推进基层分局“两员”队伍建设。省地税局举办2期全省地税系统基层分局计算机管理员和信息安全员培训班,每期5天,共有180名基层“两员”参加了培训。各地也通过开展培训、举办竞赛、评优奖励、座谈交流等措施,继续加强基层分局计算机管理员和信息安全员队伍建设。

(执笔人:左　婧)

宣传中心工作概述

2014年,宣传中心全体职工认真学习贯彻党的十八届三中、四中全会和习近平总书记系列重要讲话精神,紧紧围绕省局年度工作总体部署和要求,立足单位职责,奋发进取,较好地完成了全年各项工作任务。

【宣传科研工作】 (一)认真办好《安徽地税》内刊。一年来,《安徽地税》紧紧围绕省局中心工作,不断丰富刊物内容,努力满足系统上下实际工作需求。为纪念安徽地税成立20周年,4月初,宣传中心和省局办公室联合开展了征文活动。系统内广大税干积极响应,踊跃投稿,截至11月底,共收到征文近300篇。《安徽地税》在4－11期上辟出专栏,刊登优秀征文30余篇。同时,将《安徽地税》第八期作为纪念安徽地税成立20周年特刊,认真策划,精心编辑,推出后受到系统内广大税干的热烈欢迎。为加强对基层一线和纳税人服务指导,宣传中心与省局法规处、稽查局等部门合作,在《安徽

地税》开设了“法规专递”、“稽查之窗”等专栏，及时发布税政新规，刊登税务稽查精选案例与业务研究，颇受读者欢迎。为配合在全系统开展的信息化应用提升年活动，宣传中心与省局信息管理中心合作，在《安徽地税》开设了“信息化应用提升年征文”专栏，积极反映系统内信息化应用取得的成果与经验，探讨完善信息化应用工作的新思路新方法，具有很强的工作指导性。另外，宣传中心还配合省局“完善地方税体系建设”总课题组，参与编辑出版了《完善我国地方税体系研究》一书；并从实际工作需要出发，编辑出版《安徽地税》年终特刊一期，颇受领导和广大税干好评。党的十八届四中全会召开后，中心及时在《安徽地税》组织大量版面，对全会精神进行宣传解读，并及时宣传报道系统上下学习贯彻全会精神的动态，努力在系统内营造学习贯彻全会精神的浓厚氛围，引导广大税干树立做好地税工作的责任感和使命感。一年来，《安徽地税》内刊共刊发各类文字稿件600余篇，图片500余幅，发稿文字总量140余万字。作为省局内部主要宣传刊物，《安徽地税》在思想引领、业务指导和文化传播上发挥了应有的作用。

（二）不断提高《安徽地税年鉴》编纂质量。为巩固安徽地税年鉴近年来在多项评比中所获得的荣誉，持续推动年鉴编纂工作科学化、规范化，打造年鉴精品。宣传中心将其摆上年度中心工作重要位置，年初提早谋划，加快资料收集整理，合理调度编辑力量，精心设计编校流程，在省局各处室和各市局的大力配合下，如期完成了《安徽地税年鉴》的编辑出版任务。去年底，《安徽地税年鉴》经省地方志办公室审定推荐参加全国行业年鉴评比。

（三）创新网站影音等宣传工作。按照省局领导要求，宣传中心对省局互联网站上的“图片新闻”等板块进行了改革，淡化领导活动，优选重点工作，追求“短、快、新”特色，全年共在省局互联网站推出新闻图片50组150幅左右。同时，对省局机关和系统内重要会议、重大活动及时跟进，认真做好现场影视摄录和后期的电子资料整理编档工作，全年共拍摄1200分钟DV录像资料，为有关处室拍摄专题片提供了大量音像档案素材。作为今年的一项创新举措，同时应广大基层税干的要求，在省局互联网站上建立了电子网页，推出《安徽地税》电子版，反映良好。

（四）发挥好机关橱窗宣传效能。橱窗是反映省局机关重要工作成果，展示良好社会形象的重要宣传手段。宣传中心结合实际，立足鲜活、生动、及时，不断改进版式设计，丰富橱窗宣传内容，全年共推出宣传党的十八届四中中全会精神、全省地税工作会议精神、省局机关重要活动以及纪念安徽地税成立20周年、税收宣传月、税收法规政策等专题10期，制作展板72快。

（五）税收科研工作渐入佳境。税收科研工作是宣传中心近年来才接手的一项新任务。也是省局年度工作绩效指标考评的内容之一。根据税制改革和地税征管工作实际需求，省局确定将“完善地方税体系建设”作为年度税收科研重点课题进行攻关，并确立了大力发展我省混合所有制经济与税收政策研究等3大课题作为系统税收调研方向开展研究。通过精心组织，全年形成以《完善地方税体系研究》为主课题成果以及近60个子课题调研成果。此外，宣传中心还组织力量参与了总局科研所确立的《地方税建设的国际经验——消费税纳税环节及收入归属研究》课题研究工作，完成了东欧部分国家的材料收集整理和部分章节的撰写，较好地协助总局完成了课题研究任务。

【学会秘书处工作】　（一）扎实组织开展全省群众性税收调研工作。省税务学会全年确定了“大力发展我省混合所有制经济与税收政策研究”、“打造安徽经济升级版与深化税制改革研究”及“完善国税、地税征管体制与电子税务研究”等三个全省群众性税收调研重点并组成三个课题组，共完成75篇调研成果。

（二）成功承办中国税务学会重点课题研讨任务。与首都经济贸易大学共同牵头组织开

展《税收理论.法制与税制改革研究(二组)》课题调研。9月份,课题研讨会在合肥召开,学会提交的《完善我国地方税体系研究》(安徽省地税局课题组)等5篇成果在会上荣获课题组年度优秀调研成果并被推荐至中国税务学会年会上进行交流。这次研讨会的成功召开得到了中国税务学会领导的充分肯定。

(三)极参加省社科联和省民间组织管理局安排的各项活动。一是积极认领省社科联重大课题调研任务。课题《促进社会公平完善个人所得税制度改革》被立项(立项号:A2014062)并获得课题经费资助。二是积极响应省民政厅等7部门联合开展的社会团体依法规范管理专项集中推进行动。自觉主动地对照检查,规范内部管理,不超出学会章程规定的业务范围内开展活动。三是积极参加省社科联和省民政厅等单位组织的学习十八届四中全会精神和习近平总书记重要讲话精神等各项政治学习、研讨会和座谈会。

(四)成功举办“合肥经济圈税收论坛”第五届研讨会。10月份,“合肥经济圈税收论坛”第五届研讨会在滁州市召开,合肥、淮南、六安、滁州等4市税务学会,桐城市地税局及特邀安庆市税务学会30余位代表参加研讨。论坛共收到经济圈成员单位调研成果12篇。论坛形成的观点综述核心部分已呈报有关部门领导供参考。

(五)举办2013年年会暨全省税收调研成果交流会。2月份,省税务学会2013年年会暨全省税收调研成果交流会在合肥召开。会议研讨交流优秀税收调研成果15篇,布置落实2014年全省学会工作,并发布2014年全省群众性税收调研课题及课题编组名单。

(六)指导团体会员单位依照学会章程完成换届工作。池州市税务学会于4月、合肥市税务学会于5月分别顺利完成了换届选举工作。

(七)继续完善学会内部的规章制度。对原《安徽省税务学会税收课题立项管理办法》进行了补充修订完善并下发各市税务学会参照执行。同时根据《安徽省税务学会章程》规定精神,新制订《安徽省税务学会会费缴纳暂行办法》。

2015年,学会在过去工作成就基础上,再次荣获2010－2012年度省属“先进社会组织”称号并受到通报表彰;进而又获得全国“百优社会组织”荣誉称号。陈万强、左辉两同志同时喜获“先进个人”荣誉。

【加强队伍建设　夯实工作基础】　(一)强化效能建设。将机关效能建设自觉融入到本部门工作中,积极转变工作作风,着力提高服务意识、时效意识。对领导交办的事项,严肃认真、要求及时高效地完成;对省局机关各部门正常的工作要求,努力做到有求必应,积极配合;对有关部门提出的工作意见和建议,认真采纳,及时改进。同时,不断提高中心办刊(年鉴)、办文、办事效率。

(二)加强制度建设。对中心已有的各项规章制度不断进行修改充实和完善,形成了包括工作考勤、固定资产、财务、档案、车辆、接待、卫生等内务管理和内刊、年鉴、橱窗、影像摄制编、审、校流程等一系列制度办法,并对各科室和工作人员的工作内容、目标任务、完成时限进行了明确和量化,各项管理工作逐步进入有章可循的轨道。

(三)重视学习教育。组织全体人员积极参加省局机关集体学习,以十八届四中全会精神、省委以及省局党组有关决策部署等为主要内容,认真开展单位政治学习,不断提高职工思想认识;积极组织职工参加省局“地税大讲堂”、干部网络在线教育等各类业务学习活动,以学促思,以思求变,确保工作出新出彩。结合全省地税宣传工作实际,11月底,宣传中心召开了《安徽地税》内刊宣传工作会议,座谈商讨进一步提高编辑人员素质和办刊质量的对策,并积极加以实施。

(四)抓好廉政建设。严格遵守省局各项

廉政制度，着眼风险防范，建立健全以岗职、责任、流程、过错追究相对应的管理机制和监控机制。同时，加强对中心各类经费支出的管理，厉行节约，反对铺张浪费，杜绝“四风”。2014年中心“三公”经费在2013年大幅度压缩的基础上持续下降。

（执笔人：周　纯）

培训（机关服务）中心工作概述

【经营管理工作】　2014年，我们在外部经营环境较为不利的情况下，仍积极开拓市场，继续加强内部管理，努力创收，实现经营收入692万元。其中：客房收入430万元，入住率61%；餐饮收入262万元，毛利率42%。与此同时，做好系统内会议、培训及来肥公办人员的接待工作，共接待会议、培训127个，会议收入493万元，占宾馆经营收入的71%。其中地税57个，收入450万元，占会议收入的91%，财政等其他单位70个，收入43万元，占会议收入的9%。

（一）以“春训”为契机，努力做好员工的管理工作

3月上旬，中心在不影响正常经营的前提下，延续以往的好做法，在宾馆内部展开了为期3个月的“春训”工作。一是岗位培训。“春训”期间，每周用不少于4个小时的时间，对员工进行岗位职责、工作技能、工作规范、服务意识等方面的培训。其中，我们重点安排了两名部门负责人当教员，讲解了《宾馆综合知识》及《宾馆财务管理知识》，针对以往的工作难点和员工在工作中易出差错的问题进行了规范。使培训做到有计划、有内容、有落实、有考核验收，收到了较好的效果。二是工作研讨。首先，由各部门负责人分别在总经理办公会上汇报本部门上年度工作完成情况；其二，谈谈对本部门现状的认识，内容包括：岗位设置、员工履行职责情况、设施设备的使用情况、用品用具的管理情况等；其三，就新的一年如何进一步提高工作效率、服务水平、经济效益等方面谈工作打算，同时对宾馆建设提出合理化建议；最后，由总经理和分管副总经理对该部门工作如何开展提出意见。三是管理人员述职。部门主管级以上管理人员对上一年度部门和自身工作进行总结，阐述自己在经营管理中的做法、心得及取得的成绩，找出工作中的不足，确定今后的努力方向。述职时，我们安排各部门的员工代表进行了旁听，让一线员工对管理人员的工作有所了解，交流互动，取得了较好的效果。四是总结表彰。春训工作理清了宾馆的经营管理思路，总结了以往工作中的经验与教训，员工的综合业务素质得到了提高，为开展好全年工作奠定了基础。

（二）强化内部管理，提高工作效率

为进一步促进管理与经营的协调发展，2014年宾馆继续针对以往工作中存在的薄弱环节，进一步细化内部管理，以提高工作效率。

强化日常管理。一是根据需要适时召开各类会议。全年召开总经理办公会6次，主要研究决定事关宾馆全局的大事；召开宾馆管理人员办公会10余次，布置阶段性工作，总结讲评各部门管理状况。且会后及时下发会议通启，以此来规范内部管理。二是继续加强考勤管理。自2012年宾馆实行指纹考勤制度以来，宾馆员工迟到、早退，上班未打卡等现象已明显减少。为了进一步严格管理，使考勤制度落到实处，宾馆每月对各部门考勤情况进行通报，只要有员工考勤出错，则相应的管理人员陪同员工一起受罚，取得了较好效果。三是实行巡岗制

度。安排管理人员,每天用一定的时间在宾馆巡视检查,内容包括员工是否从规定的员工通道上、下班,员工的仪容、仪表,立岗、站姿等。四是明确奖惩。对工作成绩突出、拾金不昧的员工给予一定的物质奖励;对工作中出现差错,责任心差的员工给予经济处罚。全年计奖励员工20次,处罚员工58起,有效地激励了员工的工作。五是依法规范用工。宾馆现有聘用人员75人,全年,宾馆离职48人,入职43人,无论进店离店,宾馆均能依据劳动用工的相关规定,与员工签订或解除劳动合同;并按规定做好职工养老保险的参保、退保等工作,全年没有发生劳动纠纷。

稳定员工队伍。为积极应对服务行业人力资源日益短缺的情况,努力做到拴心留人。宾馆采取了相应措施:一是更换员工宿舍。重新租赁一套设施较为齐全、条件较好的住宅,作为员工宿舍,以此改善员工的住宿条件。二是增加员工洗理费用。因员工浴室采用的是充值卡控制热水量,进入冬季以来,员工普遍反映热水不够用。为此,宾馆增加了员工洗浴卡金额,满足了员工的卫生需求。三是提高员工就餐质量。以往宾馆员工就餐主要是根据餐饮后堂余菜情况而定,今年改为提前制定员工餐菜单,保障有一荤一素,并且有一个菜为新鲜现烧,以此提高员工的伙食水平。四是组织联欢会。春节前夕,宾馆举办迎春联欢会,全体员工欢聚一堂,自娱自乐,共庆新春,营造了欢乐祥和的氛围,提高了宾馆的凝聚力。

减员增薪。针对目前的用工现状,宾馆确定了减员增薪的办法,以此来缓解用工矛盾。即由各部门负责人组织员工自行商量,在保证完成自身任务的前提下,裁减人员,减掉人员的工资由在岗的人员进行分配。按此办法,客房部、餐饮部、后堂先后对人员进行精简、整合,相应减去1至2人,这一办法较好地解决了宾馆控制成本与员工增薪愿望之间的矛盾,同时还减少了人员,提高了工作效率。

【营销工作】 2014年主要措施有两方面,一是及时调整后堂厨师以保证技术力量,定期更换菜谱,以更新菜肴口味,使得宾馆的会议团队餐性价比较好,水平也较为稳定。二是针对"八项规定"出台后的实际情况,我们调整了菜品结构,主推家常菜,面向大众消费,有所收效。

为了把客人请进来还要能留得住,我们不断加强宾馆的硬件建设,以期为客人营造一个舒适健康的入住、就餐环境。一是全面清洗了宾馆集中空调通风系统。9月份,聘请专业公司对宾馆的中央空调风机盘管(出风口、回风口滤网)、风管、风柜及冷却塔进行较为彻底的清洗。并且,在10月份顺利通过了合肥市卫生监督所的专项检查。二是在宾馆东西二门安装了风幕机。以便雨雪天能较快速吹干地面,防止积水、湿滑。同时阻隔蝇蚊等飞入。三是更换了部分客房的换气扇。四是更换了主机房的部分老化坏损的设备。

【安全防事故工作】 一是落实制度。宾馆自开业以来已制定了一系列的安全操作规程和相关制度,做好安全防事故工作重要的是在落实上下功夫。2014年进一步加大事故隐患排查力度,发现问题及时解决;落实好保安巡查制度、重点部位值班责任制度和总值班制度,有效地保障了宾馆的安全。二是责任到人。总经理与副总经理及各部门签订了《安全工作责任书》,按分工对各自的安全责任区负责,使安全工作"谁主管、谁负责",不留死角。三是培训教育。春节前、后,我们2次联系消防大队派员来宾馆,对员工讲解消防常识、火灾处置常识等,并组织了两次初期火灾的扑救及人员搜救、疏散的演练,尽可能地让员工做到心中有安全,遇事会处理。四是做好卫生防疫,保障食品安全。根据卫生防疫要求,组织员工体检,使之持健康证上岗,对不符合要求的人员予以辞退。在保障食品卫生安全方面,宾馆按照相关要求,做到生、熟分开,半成品、成品分开,对餐器具按要求清洗、消毒,严把卫生关,使宾馆的餐器具在历次的卫生抽样检查中,全都合格。为了保证经营环境卫生质量,宾馆与市爱卫会签订"灭四害"协议,由"灭四害"消杀队,定期和不定期进行灭蝇、灭鼠、灭蚊、灭蟑螂,使宾馆"四

害”密度始终控制在国家规定标准之内。

自2013年下半年就对宾馆的安全生产目标、组织机构和职责、法律法规与安全管理制度、教育培训、生产设备设施、作业安全、职业健康、应急救援、重大危险源监控等进行清理规范;对与安全生产相关的标示标牌进行重新制作完善;对安全隐患进行排查和治理。经过几轮的自查、自纠、整改后,于2014年5月,通过了合肥市安全生产管理局组织的审核。

【服务保障工作】 2014年,在完成对省局职工的服务保障方面,中心仍然保持了以往好的做法,不断强化员工的服务意识,增强大家做好对内服务工作的责任感,努力提升员工的工作效率、工作能力和工作质量,为建设和谐地税尽一份力量。

(一)做好局职工餐的供应保障

我们努力在建立长效机制上下功夫,以期省局职工餐始终稳定在一定的水准上,不走样、不衰退。保持以往好的做法,如按周制订菜谱,把好原材料的采购关和出品关,确保菜品质量,持之以恒地抓好职工餐厅的日常管理工作。今年,局职工及亲属在职工餐厅就餐约71795人次,平均每个工作日就餐272人次。其中:早餐86人次;中餐145人次,晚餐41人次。

(二)做好局职工宿舍区的暖气、冷气、热水保障及住户私用部分的日常维修

2014年为杏花、高河埂两宿舍区住户供应暖气90天,冷气92天,热水全天供应。用了近一个月的时间,对杏花宿舍区及宾馆共用机房中的制冷机组、供电设备进行了集中维保,对高河埂宿舍区蒸汽设备、热水设备等进行了3次较大维修,为两宿舍区住户维修403余次。

(三)完成杏花、高河埂宿舍区的水电气费收取及与相关单位的结算工作

自元月起,为落实财政管理的新要求,省局办公室等相关财务结算单位不再代扣住户的水电气等费用,我中心每月20日(含)后的五个工作日内安排工作人员至省局直接收取住户个人水电气等费用,该项工作已有序开展。

(执笔人:万　娜)

第四部分　安徽省各市、直管县地税工作概述

合肥市地方税收工作概述

【概况】　2014年,合肥市地税局在省局和市委、市政府的坚强领导下,克服经济下行、管理转型等多重压力,扎实工作,不辱使命,组织收入跃上新台阶,服务发展取得新成效,依法治税迈出新步伐,征管质效实现新提升,税政管理取得新突破,队伍建设展示新风貌,廉政建设得到新加强,较好地完成了以组织收入为中心的各项工作任务,为推进地税事业新发展、服务合肥长三角副中心和"大湖名城、创新高地"建设作出新贡献。在合肥市地税局组织收入突破500亿元之际,省、市领导在不同场合、通过不同方式,对地税工作给予了充分肯定和鼓励鞭策。新年伊始,市政府还专门向合肥市局发来贺信。

【组织收入】　一年来,合肥市地税局始终坚持组织收入原则,着力强化税收分析和重点税费源管理,围绕年度汇算清缴、土地增值税核查、高收入群体个税征管、历史欠税清理、税收专项检查、"以地控税"、强化基金费征缴等阶段性重点工作,有序推开组织收入各项工作,全年共组织各项税费收入575.7亿元,同比增长20.6%,收入规模首次突破500亿元,继2012年突破400亿元后再上一个百亿元新台阶。其中:地方税收入实现411.87亿元,同比增长23.9%,在全省的首位度达到26.5%,规模首次跻身全国省会前十;财政口径实现397.77亿元,同比增长23.5%,超额完成了市政府下达的目标任务;入库社保基金147.43亿元,同比增长12.3%;组织其他基金费收入16.4亿元,同比增长17.2%。

【优化服务】　顺利实施铁路运输、邮政电信业"营改增"。全面落实提高起征点、扶持小微企业和服务业发展、支持创业就业以及其他调结构、促转型、惠民生的各项优惠政策,减轻纳税人负担28.9亿元。深入开展"便民办税春风行动",全面推行《全国县级税务机关纳税服务规范(1.0版)》。推出10项免填单服务,登记、申报、发票等5类涉税事项实现同城通办。新安装办税服务终端22台,个税查询和完税证明打印等实现便利化自助服务。组建纳税人培训学校16所,开展义务培训85场次。联合国税部门开展了2012－2013年度纳税信用等级评定,1076户纳税人被评为A级纳税人。持续推进标准化办税服务厅建设,4个办税服务厅被评为省级示范单位。拓展线上纳税服务,完成市局门户网站改版升级,开通合肥地税官方微博、微信,12366热线成为沟通征纳的重要桥梁。

【依法治税】　落实简政放权要求,建立审批事项和执法权力清单制度,完善规范性文件审核、发布和解读机制,优化审批流程,规范进户执法。加强税法宣传,深化政务公开,贯穿全年开展面向纳税人的政策业务宣传。组织开展税收执法事项自查、抽查和年度税收综合督查,强化问题整改落实,全员规范执法意识进一步提升。依法行政示范单位创建、案卷评查、行政处罚群众公议等活动取得积极成效,1个单位被评为省局示范单位,3宗案卷被评为全市、1

宗案卷被评为全省地税系统优秀执法案卷。加大稽查打击力度，组织开展对房地产、医疗机构、部分重点税源企业等的专项检查、交叉稽查和飞行检查，稽查序列查处发票违规企业194户，查结举报案件30件，审结重大税务案件11起，查补税款3.78亿元。

【税收征管】　严格征管质量“六率”考核，定期通报考核结果。推行税务登记容缺办理，全年共办理设立登记3.25万件、变更登记1.67万件。强化征管薄弱，出台注销税务登记办法，完善制约机制，明确审核责任。应用发票防伪技术，在地方税全行业、全票种推行二维码发票，实现发票真伪快速识别、快速查验。税源专业化管理深入推进，纳税遵从风险管理系统全面推广运用，市级风险管理平台初步搭建，全年筛查推送风险疑点900余处，评增税款2300余万。加强欠税管理和陈欠清理，全年清缴入库历史陈欠1.97亿元。积极开展“信息化应用提升年”活动，深化大集中系统应用。加强数据安全管理，规范冗余数据清理，完成市局核心网络安全改造。

【税政管理】　全面推广“所得税一点通”应用软件，创建所得税工资薪金项目数据比对评估模式，规范和加强股权转让、转增和分配环节、建安业承包人个税管理，3.02万户企业开展了汇算清缴，10.4万户纳税人完成个税信息管理系统升级，全年征收财产转让所得个人所得税13.26亿元，同比增长237%。加强土地增值税税源监控，完成109个开发项目清算复核。升级存量房申报价格评估软件，同步实现对四县一市全覆盖。全面推行房产、土地明细申报。建立宗地信息交换机制，土地使用税“以地控税”试点和差别化征收取得实质性突破，运行机制和规程全面建立。加强“走出去”税收管理，做好服务贸易备案、税收居民身份证明开具工作。认真做好城建税与增值税、消费税“两税比对”工作。规范契税和耕地占用税政策执行，加强“两税”征收管理。

【队伍建设】　坚持严实标准，扎实开展党的群众路线教育实践活动，系统党员干部全面经受了一次思想洗礼和作风检验，基层党的组织建设全面加强。出台制度办法，建立指标体系，上线考评系统，绩效管理运行机制初步建成。组织开展第三批次干部轮岗交流，155人实现内部轮岗和跨单位交流。提高选人用人公信力，6名同志通过竞争上岗、5名同志通过民主推荐走上科级领导岗位，16名同志通过选拔走上股级干部岗位。搭建学习平台，立足本地资源组织开展各类业务培训，举办合肥地税讲坛、税费新政每月一讲16场次、更新知识培训班7个，467人如期完成在线学习任务。积极组队参加省局三项能手竞赛，连续第8年开展全员业务考试，6人分获省局征管、稽查、信息化能手称号，74人受到市局表彰奖励。组织开展税制改革20周年系列回顾和寻找“最美地税人”活动，凝聚系统合力，传递正能量。深化系统文明创建，市局机关和局属8个单位被评为安徽省第十届文明单位。

【廉政建设】　全面落实党风廉政建设党组主体责任和纪检监督责任，落实班子成员“一岗双责”，建立党组书记、纪检组长党风廉政建设会商沟通制度，修订完善党风廉政建设责任制考核办法。多形式加强廉政教育，建成市局廉政文化室。强化效能监察和对“三重一大”制度落实情况的监督检查。出台明察暗访实施办法，实现明察暗访制度化、常态化。加强政风行风建设，认真开展“吃喝风”、“红包风”等专项整治活动，委托第三方开展作风、纪律、服务调查，突出问题整改。加强内部审计监督，完成项目审计29个，审减节约建设资金、清理往来款300余万元，提出审计整改意见建议141条。加大案件查办工作力度，严肃问责追责，全年共核查各类信访举报38件，行政处分4人，经济惩戒1人，27人受到诫勉谈话等组织处理。出台专兼职纪检监察员管理暂行办法，配齐配强基层专、兼职纪检监察员近80人，纪检监察干部队伍建设进一步加强。

（执笔人：刘正保　朱晓庆）

淮北市地方税收工作概述

【概况】 2014年,全市地税系统在市委、市政府和省局的坚强领导下,围绕服务科学发展、共建和谐税收主题,把握稳中求进总基调,遵循依法行政基本准则,抓住税收管理转型升级主线,以五精地税建设为载体,凝心聚力、求实创新、真抓实干,税费收入平稳增长,服务发展提质增效,依法行政纵深推进,税收管理转型升级,队伍建设争先进位,党风廉政建设持续深化。市局机关顺利通过第四批全国文明单位复查验收,5家单位被评为第十届省级文明单位,市局办税服务厅和12366热线被授予全市“双十佳”服务品牌,市局通过省级依法行政示范单位和法律进机关示范单位验收,市局被评为“2014年度安徽省地税系统绩效管理优秀单位”。

【组织收入】 2014年,应对宏观经济下行、主体税源下滑的巨大压力,坚持依法组织收入原则,加强税源普查和动态监控,完善重点税源监控机制,全年累计组织税费收入67.86亿元,其中入库地方税36.53亿元,增长12.5%,加上“营改增”2亿元转移国税因素,同比增长18.7%,超额完成了省局和市委市政府下达的税收预算目标任务。认真落实社保费政策,缓征13户骨干企业社保费9亿元,减收2500余户纳税人失业保险和生育保险费8600万元,促进传统产业、非煤产业和现代服务业快速发展。用足用活税收政策,落实高新技术企业等税收优惠1500万元,16万户次个体工商户和小微企业受惠3000余万元,减收7000余户居民购买普通住房税收1亿元,免收1.3万户小微企业和个体工商户办证及发票工本费近50万元,在依法征税的同时,更好地助力地方经济发展。

【税费征管】 分析调度掌握主动,贯彻收入工作原则,健全收入进度和质量监测评价体系,按月分解,随时调度。开展税源普查和动态监控,分层分级强化税收分析责任,建立团队分析模式,用分析指导征管。税费收入预测误差率控制在5%以内。征管改革驱动提效,扩围“营改增”10户。厘清征纳权责边界,理顺征管评查关系,将纳税人发起事项全部归口纳服部门,构建风险引导下的新型征管体系;调优区划,重建征管“十率”指标,严格质量考核。提前完成现代化分局创建任务,征收管理分局在省局现场测试中获得第一。开展信用等级评定。在三领域试行购买社会服务,完成6户企业审核鉴证,补税150万元。精细管理促进提质,实施征管基础再夯实、质量再提升工程。改进税源项目化管理,完善所得税管理机制,年收入12万元以上个税申报人数居全省第四;推行土地使用税明细申报;开展清查清算,土地增值税增加53.4%;创新“两税”征管,规范减免认定,试水临占、先占土地耕税征收,试推最低计税价格,增收“两税”6200万元;强化欠税管理,清缴缓欠3.4亿元。信息管税推动增收,精心开展信息化应用提升年活动,信息中心组织选报征文受到省局表彰,信息化工作绩效位居全省系统前列。推送和处置税收风险点7.2万余条,评估补税3767万元。37部门综合治税网良性运行,税证“三证合一”成功首发,国税代征地税工作取得实质进展;试点个体零散税收社会化管理,私房出租补税374.5万元。

【税收执法】 健全配套制度支撑。落实权力清单制度,梳理行政职权目录和流程。开展工作制度清理,新建制度23项,修订13项。狠抓制度落实执行,依法规范系统管理,加强财务管理,深化政务公开,强化审计监督,市局档案管理以系统内最高分顺利通过省特级重新认定,行政运转更加高效。是精准税收执法行为。深化法制创建,市局通过省级依法行政示范单位和法律进机关示范单位验收,县局被省局确

认为系统首批依法行政示范单位。落实普法规划计划，举办税收法制文化展，联办“地税杯”法律知识竞赛。严格督查检查复查，过错追究35人次。重新修订税收法制员工作制度，强化基层法制监督，制度被省局转发，经验在系统内被推广。整顿经济税收秩序，改组稽查组织架构，充实一线稽查力量。组织园区土地房产税收清理，开展漏征漏管清查，实施重点专项检查，严厉打击发票违法犯罪，全年组织稽查自查182户，查处违法违规票据1464份，查补税款7810万元，罚款2723万元。

【纳税服务】 整合办税服务资源，加快理念、作风和职能转变，合署纳税服务科和办税服务厅，建立督导议事机构纳税服务中心，建成“12366”咨询服务热线工作室，扩容办税服务厅、“12366”、网站等平台服务功能，全年受理“12366”服务咨询2352人次。深化服务体系建设，开展便民办税春风行动，强化服务规范落实，以简政放权还权为突破口，规整创新涉税信息、税收事务和维权救济三类服务。落实办税清单制度，实现办税业务服务厅“统一受理、内部流转、限时办结、窗口出件”，提供“容缺”办理服务，扩大同城通办和“免填单”范围，县局试行“先批后审”，受到普遍欢迎。深度优化政策服务，配合开展煤炭资源税改革、以地控税、棚户区改造等政策性调研，1篇成果被总局采用，2篇被省委采用。

【队伍建设】 加紧各级班子建设，调整市局班子成员分工，出台市局党组议事规则等6项制度，推进民主集中制建设。制定落实党组中心组学习计划，组织十八届三中全会专题轮训。配齐配强基层班子，严格执行领导干部请销假、事项报告和基层联系点制度。规范干部选拔任用，严格执行干部民主推荐、民主测评、任前公示、任职谈话和任职试用期等制度，全年按照规定权限和程序，选拔任用了5名科级干部、3名股级干部，开展了18名干部试用期考核，交流了10名科级干部。落实年度干部教育培训计划，围绕当前税收工作的难点、热点问题，全年共举办各类脱产业务培训班11期，培训干部1500余人次。继续推进以学分制为核心的干部网络在线学习，全局人均学时、学分和通过率3项指标均位居全省系统前列。推进“双百双千”人才培养工程，出台鼓励在职干部职工继续学习办法，分类组建全局试题库，按季度组织开展全员闭卷抽考。举办“六项能手”竞赛活动，积极推荐优秀人才参加省局调学、调训活动，建立健全各级各类人才库，充实完善人才培养计划，激发干部学习工作热情。市局共有66名干部入选市局人才库，23名干部入选省局人才库。

【党风廉政】 强化党风廉政建设责任，层层签订目标责任书，修订考廉办法，做到日常监督、季度考评、年度考核相结合，夯实主体责任。落实纪检组长和纪检监察员专职规定，实行监察员和市局纪检组长工作季报告制度，强化了监督责任。深入反腐倡廉宣传教育，购发《十八大以来廉政新规定》，开展廉政知识测试，廉政谈话46人次；组织专题辅导报告，收看暗访实录，观看警示教育片，参观警示教育基地，举办反腐倡廉知识竞赛和主题征文活动，增强了勤廉意识。坚决正风到底肃纪到位，严明20条纪律“红线”，深入开展作风纪律专项整治，明察暗访5次，问责追究6家单位。深化廉政风险防控，组织参加政风行风热线，举行党员干部公开述职述廉。强化“一案双查”和信访管理，坚持典型案件剖析与通报制度，树立了向学向上向善向好向廉的新风正气。

【群教活动】 组织统筹先谋快动，周密制订方案，在市委第十组首家进行活动动员。夯实市局党组书记总负责总带头责任和党组集体领导责任，全程严格守门把关。在外网开设专题，在办公场所布置展板，宣传活动动态，营造浓厚氛围。规定动作不折不扣，组织集中学习16次以上，形成心得600余篇。“三严三实”集中学习月期间，60余名党员作交流。市局班子成员走访企业203家，班子之间谈心交流40余次，严肃认真开好民主生活会，立行立改58项整改措施。实践转化提升实效，突出便民办税春风行动特色动作，深化办税提速减负，清理保

留行政许可 6 项、审批 44 项；当场办结事项由 66 项提至 339 项；限时办结由 318 项减为 45 项；办税流程由 2678 个环节减至 1236 个；办税资料由 1658 件简至 1206 件，便捷了纳税人。测评社会满意率达到 98% 以上。

【创新工程】 完善精致路径，紧贴“一个确保，两个提高”要求，坚持从实际出发，积极借势借鉴精致淮北建设大局，提出精致地税建设思路，从精准执法、精深服务、精细管理、精良作风和精美环境五方面，精确了发力方向。加强理念引领，突出领导带头，通过会议、文件、谈心等形式，通过更新税收文化展厅、举办建局 20 周年图片展等活动，强化精致理念宣传，引导敬业精业，主动对标先进、赶超先进，创造精致格局和品味，打造精品与亮点。强化绩效管理，继承“四考”经验，细化 20 项年度重点工作任务，量化 473 项指标，绑定领导责任，逐项分解到人、倒排到天。依托信息化加强过程管控，探索工作项目化和销号制管理，实施周调度、月小结、季点评通报；强化督查督导和质量验收，开展工作“回头看”，推动精致要求落实落地。

【系统创建】 扎实推进现代化分局创建，组织开展征管基础工作查摆整改，提前完成五年创建工作规划，在省局现代化示范分局现场测试中荣获第一。稳步推进税收文化建设，唱响主旋律，传递正能量用健康的理念引导人、凝聚人、激励人，市地税局大讲堂被确立为全市唯一一家道德讲堂总堂。以思想道德建设和志愿服务活动为重点，大力推进全国文明城市和全国文明单位“双创”工作，树立了地税部门良好社会形象，市局机关顺利通过第四批全国文明单位复查验收，5 家单位被评为第十届省级文明单位，市局办税服务厅和 12366 热线被授予全市“双十佳”服务品牌，1 名干部被评为全国税务系统先进工作者，2 名干部入选全省地税系统身边好人榜，2 名干部荣获“淮北好人”称号，文明创建实现了新突破。

（执笔人：郇小泓）

亳州市地方税收工作概述

【概况】 2014 年，亳州市地税局以组织收入为中心，以服务发展为己任，不断夯实基础建设，持续推进改革创新，着力提升税收征管、纳税服务、依法治税、干部队伍建设及内部管理水平，全面完成了省地税局和市委、市政府交办的各项任务，地税事业实现了新发展。市地税局被评为第四届“全国文明单位”；市局及所属县区地税局均被评为第十届“安徽省文明单位”；市地税局连续第 9 年被评为市直机关绩效考评“优秀单位”。当年，亳州市委书记杨敬农、市长汪一光、分管副市长刘辉分别对地税工作作出批示，对亳州市地税局在各项工作中取得的优异成绩给予充分肯定和表扬。

【组织收入】 2014 年，亳州市地税局克服实体经济下行、重点税源萎缩、政策性减收等诸多困难，通过加强税收分析、强化税源监控、细化征收管理、完善协税护税机制等措施，尽力挖潜增收，确保了地方税费收入平稳增长，收入总量再创新高。全年，共组织入库税费收入 72.58 亿元，同比增收 7.21 亿元，增长 11%。其中：入库地方税 55.11 亿元，同比增收 5.28 亿元，增长 10.6%；入库基金（费）17.47 亿元，同比增收 1.93 亿元，增长 12.4%。地方税总量跃居全省第 10 位，创历史排名最好成绩。

【服务发展】 扎实落实税制改革任务，推进电信业“营改增”试点，顺利移交纳税人信息资料。开展税制改革调研，深入分析“营改增”及煤炭资源税改革对地方社会经济产生的影

响，为领导决策提供参考，为改革实施做好准备。积极梳理整合政策资源，出台了支持农民专业合作社和中小企业健康快速发展意见。认真落实针对自主创新企业、小微企业、失业再就业人员、残疾人等重点群体税收优惠和社保费缓降政策。全年，共减、免、缓相关税费2.5亿元。开展税收政策落实专项督查，全方位查找政策落实中存在的薄弱环节，严格督促整改。

【依法治税】　扎实推进税务行政权力清单制度建设，梳理了68项行政权力、行政责任、行政权力廉政风险点清单及29项权力事项流程图。开展涉税行政审批项目清理，保留5项、转变管理方式6项、冻结3项。完善决策程序，对税收减、免、缓、退和重大税务案件，坚持集体审议和集体审理制度。开展税收规范性文件清理工作，制定了税收规范性文件制发办法，汇编了规范性文件目录手册。建立了税务行政复议和解与调解工作制度，及时有效化解涉税争议。开展年度税收综合督查，加强督查发现问题的整改落实和责任追究力度，对3个责任单位提出通报批评，对60人次进行了批评教育。加大打击涉税违法犯罪力度，全年共稽查81户，查补入库地方各税、滞纳金、罚款合计1.09亿元。落实税收"黑名单"和重大税收违法案件曝光制度，通过新闻媒体向社会公开曝光税收违法案件4起。

【纳税服务】　全面实施《全国县级税务机关纳税服务规范1.0版》，积极改善办税环境、改进办税方式、优化办税服务、提高办税效率。选取6户不同行业规模较大的企业，试点开展了大企业内部风险防范指导，帮助企业提高自我防控税收风险的能力。健全纳税服务需求三级响应机制，开通亳州地税纳税服务微博，深化12366纳税服务热线应用，及时办理回应纳税人诉求。抓好纳税人学校建设，为纳税人实施免费培训辅导。探索建立分行业纳税人权益保护协会，切实维护纳税人合法权益。规范简并办税事项，精简涉税报表资料384项，当场办结项目达到95%以上。在全市所有办税服务厅推行了"免填单"服务，进一步提升纳税服务效能。对现有执法入户检查项目进行梳理整合，取消29项进户执法项目。统筹推行联合检查，限定年度常规检查次数，进一步减轻纳税人负担。

【税收管理】　开展征管质量专项检查，加强对税收漏征漏管、欠税清理的检查督导，严格税收核定管理，着力夯实税收征管基础。加强普通发票管理，开展普通发票管理专项整治，强化"以票控税"。完善重点税源和重点行业的税收管理，加强重点税源监控管理和风险评估，掌控组织收入主动权。深入开展"信息化应用提升年"活动，制定《AHTAX2013常用业务流程操作指南》，进一步规范征管业务操作流程。细化岗责权限设定，全年合理调整岗责设置和权限配置380余人次。完成征管五项绩效指标39000余户次整改工作。扎实开展税收风险管理，构建税收风险分析运行机制。对全市491户房地产企业和建筑业进行风险扫描，对扫描产生的177户纳税人风险分等级进行推送，评估入库税款3600余万元。设立了税收管理监控风险预警指标10个，疑点指标20个，推送风险任务6139个，完成应对4577户次。提请市政府出台文件，调整全市城镇土地使用税征收范围及税额征收标准，增强地方可用财力。完善存量房评估价格争议处理机制，对存量房交易价格进行实时动态管理。通过政府购买服务方式，开展企业所得税汇缴、土地增值税清算鉴证及后续管理工作，共对17户纳税人进行涉税鉴证，入库税款4990万元。探索开展"以地控税、以税节地"试点，提升土地使用税征管质效。

【群众路线教育】　严格按照"照镜子、正衣冠、洗洗澡、治治病"的总要求，以"为民、务实、清廉"为主题，以"反对'四风'、服务群众"为重点，以"三严三实"为准则，扎实开展群众路线教育实践活动。通过切实加强组织领导，认真开展学习教育，积极组织心得交流，广泛征求各方意见，从严查摆"四风"问题，主动撰写对照材料，深入剖析问题根源，相互开展谈心谈话，扎实开展批评和自我批评，积极制定整改措

施,建立健全规章制度,立足解决突出问题,扎实完成各项“规定动作”。同时,认真做好特色“自选动作”,开展了“意见大走访、换位大体验、落实大检查、便民大行动、作风大扫除”、“便民办税春风行动”、“百名税干访税户”和“对辖区税收管理员印象”社会问卷调查等具有地税工作特点的各项活动。通过活动的开展,进一步提高了全系统干部职工的思想认识,强化了群众观念,规范了组织生活,增强了党性观念,改进了工作作风,促进了中心工作开展,基层和纳税人满意度得到显著提升。

【队伍建设】 建立绩效管理考评体系,全面启动了承接省局考核任务、开展机关和系统考核等工作。学习贯彻落实新修订的《党政领导干部选拔任用工作条例》,在全系统大力弘扬正确的选人用人导向,提高选人用人公信度和群众满意度。深入学习贯彻党的十八大、十八届三中、四中全会和习近平总书记系列讲话精神,组织开展人才库、依法行政等专题培训,深入开展干部在线学习,大力提升干部队伍政治理论、业务素养。深入推进“三强三好”优秀团队创建活动,进一步完善了考核体系,开展了上年度“三强三好”优秀团队创建考核工作,7个基层分局被授予优秀团队称号。积极参与全省地税系统“三项能手”竞赛,选拔优秀人员集中封闭式训练,8人获得全省地税系统“三项能手”称号,72人被纳入省局人才库。积极开展业务能手竞赛活动,分类建立16个市级专业人才库,入库139人次。创新党员教育管理新机制,开展“党员考绩卡”试点工作,强化党员的日常教育、管理和监督。认真加强基层党建工作,组织开展了微型党课比赛、庆祝建国65周年暨地税成立20周年系列活动。

【党风廉政建设】 进一步明确各级党组党风廉政建设主体责任和纪检组党风廉政建设监督责任。强化“一岗双责”,细化分解任务落实,定期对全系统党风廉政建设责任制落实情况进行检查和考核,对发现的问题进行归类整理,严肃整改,追究责任。持续加强廉政警示教育,大力开展廉政文化建设,增强税干廉洁从税意识。积极应用AHTAX2013等信息系统,加强党风廉政科技防控。通过明察暗访、廉政约谈、述职述廉、内部审计等渠道,强化对税干及地税工作的内外部监督。完善工作落实推进机制,制定《基层需求事项限时办结(答复)制度》。积极开展“服务群众零距离”活动及“门难进、脸难看、事难办”等突出问题集中治理工作,着力推进作风、政风和效能建设。保持对各类违纪违法行为零容忍,积极开展“一案双查”,制定《案件督查督办制度》,落实“以案促建”工作。2014年,全市地税系统共查处各类信访举报件15起,立案4起,问责处理8人次。

【行政管理】 严格落实中央八项规定精神,修订完善公务接待、公务考察等制度,全面完成办公用房清理腾退工作。加强预算执行管理,严格“三公经费”支出监控,进一步提高资金使用效益。实施政府采购属地管理,规范采购程序,对各单位大宗物品采购实施全程监督。健全资产管理制度机制,强化存量资产管理。发挥内审监督作用,全年共开展审计项目52个,审减节约资金30余万元。

(执笔人:高　婕)

宿州市地方税收工作概述

【概况】 2014年,宿州市地税局按照省局、市委、市政府决策部署,坚持“三严三实”工作作风,主动适应税收工作新常态,凝心聚力,攻坚克难,整体工作呈现出全面播种、次第开花

的生动景象。

【组织收入】 全市地税系统共组织入库各项收入74.59亿元,同比增收11.27亿元,增长17.8%。其中,入库地方税53.71亿元,首次突破50亿元,同比增收9.07亿元,增长20.3%,增幅居全省第4位;入库基金(费)20.88亿元,首次突破20亿元,同比增收2.19亿元,增长11.7%。

【收入分析】 建立收规、基金、税政、征管等部门共同参与的税收分析预测机制,开展分地区、分行业、分税(费)种分析,发现异常,及时预警。完善税收分析、税源监控、纳税评估、税务稽查、综合治税"五位一体"的联动机制,形成一条龙信息传导,所有税费通盘考虑,征、管、查齐抓共管的良性格局。

【综合治税】 着力推动建成政府主导、财税主管、部门配合、社会参与、信息支撑的税收保障体系。通过部门分工协作和涉税信息共享,确保各项税收及时足额入库。加强委托代征管理,以埇桥区为试点,委托街道办事处加强个人出租房屋管理。

【税务稽查】 抓好重大涉税违法案件查处、重点税源企业轮查和高风险企业的税收稽查工作,加强股权、财产转让所得的专项检查,提高稽查案件的结案率、滞纳金加收率、处罚率,以查促管,以查促收,提高税法威慑力。全市共立案检查企业89户,查补入库4677万元。

【依法行政】 开展行政职权清权确权亮权。编制行政职权目录43项,绘制权力运行流程图18张并上网公开。规范税务行政裁量权行使,对7类45项税收违法行为的具体情形及其适用的具体条件、标准、幅度和方式进行了细化、量化,确定130档处罚标准。创新重大案件审理工作机制,规范审理程序,提高案件审理质量。市局、灵璧县局、泗县局和萧县局连续两届获得"宿州市依法行政示范单位"。萧县局被安徽省依法治省领导小组授予"安徽省'六五'普法中期先进集体"。泗县局被省局授予"2013年度依法行政示范单位"。

【税制改革】 积极推进营改增试点扩围。联合有关部门对在宿州市境内的6个煤矿2011年至2014年1-9月销售精选煤折算率进行了测算。强化国地税信息比对工作。全市共比对异常信息17732户(条),核实国、地税信息匹配户5305户,比对税款异常户8822户,查补地方税费1268万元。加强房产、土地税收管理,采集备案房产税信息。对国土部门提供的地籍资料逐条比对,增加应税土地面积351万平方米,增加税源4187万元。启动开展两处以上所得个人所得税清理工作。635户小微企业享受所得税减免213万元。和房管、土地部门建立联席会议制度,即时跟踪税源,加强堵漏增收。

【纳税服务】 开展"便民办税春风行动"。市局班子成员走进企业开展一对一服务。积极开展创建标准化办税服务厅建设工作,落实首问责任制。二是推行县级纳税服务规范。印发操作手册,推出办税清单,修改完善涉税事项办理流程和要求。三是公开办税清单。涉税事项全集中、全到位,相关内容通过《拂晓报》向社会公开。四是加强国地税协作。国地税联合开展2012—2013年度纳税信用等级评定。全市国税办税大厅全部随征地方各税。五是委托市统计局对1400多家企业、500多户个体经营者开展纳税人需求和满意度调查。3月19日和12月19日,安徽新闻联播两次对市局优化纳税服务做法进行报道。

【税收征管】 一是稳步推进税收分类管事。重新进行岗位职责划分,定期通报任务完成情况。二是扎实开展风险防控工作。对30项指标进行全程测试。8月1日起运行风控系统,推送5批共15666条疑点任务,疑点有效率96%。三是深入推进综合治税暨第三方信息利用。升级综合治税平台,自动抓取AHTAX2013数据,增加地税内网登陆节点。市局被市政府授予"2013年度综合治税工作先进单位"。

【绩效管理】 强化建章立制,出台一个工作方案、两个管理办法、两套指标体系及两个加减分细则、两项配套奖励措施,确保绩效管理制度化、规范化、长效化。强化工作结合,将市委、

市政府目标任务内容、季度重点工作考评体系纳入到绩效管理之中,丰富完善指标体系建设。强化推进落实,严格抓好工作监控,对基层绩效管理工作开展全面督导,通报工作进展情况。强化软件应用,编写操作培训教材,及时发布预警指标,建立绩效联络员QQ群。市局有关做法被《中国税务报》和《安徽地税信息》刊载推介。宿州市委张曙光书记在市局报送的绩效管理汇报材料上批示:市地税系统今年工作很努力,以绩效考核促进任务完成,为推进全市工作发挥了积极作用。望认真操作,正向激励,为全市发展改革作出新贡献!

【群教活动】 组织市局领导班子成员、基层党支部书记、机关科室负责人等共计38人,开展了为期3天的"三严三实"集中脱产学习。召开"双学双找双比"和"学习焦裕禄、争当好干部"两场座谈会,举行"三严三实"集中学习测试。从纳税人、一线税干职工和党委政府及相关部门三个层面听取对地税工作的意见,累计征求意见建议96条,并梳理归纳为5类17项,明确承办人员、办理时限和整改措施。班子成员认真撰写对照检查材料,召开专题民主生活会和支部组织生活会,达到了帮助同志、增进团结、促进工作的目的。10月20日,市局召开群教活动总结大会,全面总结活动开展情况,并对巩固活动成果、建立长效机制等工作进行了部署。市局群教活动得到省局、市委相关领导高度评价,市委督导组在市局召开了现场观摩会。

【班子建设】 认真贯彻执行中央、省委、省局和市局党组关于改进工作作风、密切联系群众的若干规定。贯彻落实民主集中制,实行"重大事项集体决策制度"和"主要负责人末位发言制度",不断完善班子议事决策机制。认真落实干部职工谈心谈话制度和领导干部基层联系点制度。

【干部选任交流】 对基层单位提出优化班子结构、推进轮岗交流建议,市局党组研究出台了《关于加强县区局领导班子建设的意见》,并对县区地税局部分班子成员进行了选任调整,对市局机关科室、分局16名主要负责人和14名工作人员进行了交流轮岗。运用"比选择优"选拔3个副科级分局长,23名干部参加面试,市区局职工代表20人列席旁听。

【干部教育培训】 组织参加省局"征管能手、稽查能手、税收信息化能手"竞赛,共有13人入选,入选人数位居全省地税系统榜首,其中砀山县局葛凤芹同志取得了"稽查能手"全省第一名的优异成绩。组织系统全员开展税收基本业务技能等级考试,考试内容涵盖了AHTAX2013征管软件、办公平台、计算机基础、信息安全、税收业务和相关岗位应知应会的知识。

【机关党建】 组织市局机关现任的科级干部和新任科级干部参加市直工委举办的集中轮训班,五期轮训47人。完成机关7个支部换届选举和机关党委换届选举工作,选举机关工会委员会、妇委会、关心下一代工作委员会等各级组织,做好"两优一先"评选推荐工作。

【文明创建】 积极申报全省优秀公务员集体,开展"学雷锋志愿者服务月"、机关"整脏治乱"、"建设学习型党组织、打造书香机关"等活动。市局成立8个兴趣小组,举办"建国65周年及地税成立20周年摄影成就展",参加省局举办的"20年20件大事"以及"安徽地税20周年纪念征文"活动。拍摄税收公益广告,举办"全市地税系统第二届职工健身运动会"。市局被全国总工会授予"职工书屋示范点"。

【行政管理】 推广应用新版办公系统,按照省局统一部署,开展基础数据采集,进行岗位模板、公文模板采集,分类分批组织全员培训。7月1日,正式上线税务综合办公系统。开通手机办公平台,与电信公司合作开发手机平台,嵌入考勤、通知、会议、手机报等功能,有效提高办公效率。严格财务收支管理,出台预算管理工作规程,严格现金管理,规范差旅费报销,开展往来款清理。加强后勤管理,清理整顿办公用房,规范国有资产使用管理。认真落实政府采购属地管理,严控公务接待,按时完成公车改革摸底统计工作。严格内部审计,2014年全系

统开展项目审计60个，补缴税款2846万元，审减节约建设资金27.85万元。省审计厅、省总工会授予内部审计先进集体称号。强化信访舆情应急工作，完善应急预案体系，加强网络舆情监控，及时回复局长信箱留言。扎实推进档案管理。市局被省档案局授予“2014年机关档案工作目标管理省特级单位”。

【廉政建设】　着力加强作风建设，委托市效能办对全市地税系统50余家单位进行明察暗访，将明察暗访影像上传内网进行播放曝光。高度重视案件查办工作，出台《税收违法案件“一案双查”实施办法》，加强对执法行为的监督检查。认真查办群众反映强烈的信访问题。着力推进职能转变，重点部署系统纪检监察部门落实“两个责任”、“三转”要求，完成纪检组长分工调整等工作。

（执笔人：张　强）

蚌埠市地方税收工作概述

【概况】　2014年，面对宏观经济下行压力加大、房地产增速下滑、结构性减税因素增加、企业要求减负等复杂局面，全市地税系统认真贯彻落实省局和市委、市政府部署要求，以组织税费收入、夯实征管基础和群众路线教育实践活动三项重点为抓手推动全局工作，主动作为，积极应对，奋力赶超，全面完成了各项工作任务。市委书记周春雨、市长白金明等市领导和省局领导多次作出重要批示或提出表扬；市政府专门对2014年地税工作进行通报表彰；荣获2014年度全省地税系统绩效管理优秀单位；蝉联全市党政机关目标管理考核优秀单位；荣获全市政风效能建设第三名受到市委、市政府表彰；系统8家单位荣获“第十届安徽省文明单位”。

【税费收入】　2014年，面对房地产、建安等支柱性行业税源大幅下滑、制造业税源增长乏力的局面，从年初开始就紧抓组织收入不放松，加强对收入形势的预判分析，加大税源监控和征管力度，始终掌握组织收入工作主动权。全年共组织税费收入111.5亿元，同比增长13.7%，成为皖北第一个地方税费收入超百亿市。其中征收地方税收73.52亿元，同比增收8.98亿元，增长13.9%，高出全省平均增幅3个百分点，完成市政府目标任务的102%，实现了地方税三年连上三个新台阶的目标；征收各项基金费收入37.96亿元，增长13.1%。

【服务发展】　制定出台《蚌埠市地税系统关于扶持和培育高新技术企业加快发展的意见》，从完善高新技术企业认定、研发费用扣除、股权激励、产业培育和孵化等方面给予税收政策支持，提高政策服务能力。全面落实结构性减税和各项税费优惠政策，支持战略性新兴产业、高新技术企业、服务业和小微企业发展，全年共计减免地方税收5.03亿元。通过缓缴税款方式为141家企业缓解资金困难，涉及税款2.83亿元。落实社保费“五缓一降”政策3050万元，惠及3632家企业。对全市177个重点企业、重点工程、重点项目实行税收直通服务和个性化服务，开辟“绿色通道”。做好电信业“营改增”税制改革，主动配合财政、国税部门做好业务衔接，顺利完成26户电信业“营改增”试点。

【税收法制】　做好“六五”普法工作，开展依法治理工作提升年活动，举办行政复议应诉法制专题讲座，联合市电视台制作“与法同行”节目，落实“江淮普法行”和“国家宪法日”暨“12.4”法制宣传日活动。实施税务柔性执法，推行税务宣传告知、税务行政指导、税务风险提示、税务行政劝导、从宽适用处罚、纳税人权益

维护等6类柔性执法方式。完善税务行政处罚自由裁量权实施办法,制定处罚流程图,促进处罚规范。组织开展税收综合督查,修订重大税务案件集体审理办法,建立多层次、多元化的审理参与机制。

【便民办税春风行动】 在全省地税系统首家实行权力清单公开,梳理公开行政审批项目38项、执法权力项目58项、涉税服务项目384项,公布前台受理165项便民办税清单。规范进户执法管理,取消18项进户执法项目。实施便民办税行动,推行办税服务厅工作日中午值班制度,共办理各类涉税事项1282件次。建立二线审核审批团队,避免纳税人"多头找,多次跑",共现场办理审核审批事项2054件。组建专家咨询团队,为纳税人提供专业咨询服务。定期开办"纳税人学堂",培训辅导纳税人2835人次。推进办税流程整合,全面梳理整合前台服务和后台管理岗位职责、业务流程、资料流转等环节,提高服务效率近25%。全面落实办税服务规范,实行"全功能"窗口办税模式,全面推行免填单业务,缩短办税时间,打造蚌埠地税纳税服务规范升级版。

【征管基础年活动】 以强化税源管理、规范征管程序、防范执法风险为目标,开展夯实征管基础年活动。健全规范征管数据管理,完善充实各类涉税信息,全市共采集1.41万户纳税人房产、土地等信息41800多条,新增税源2.87亿元。定期开展征管基础数据质量督查,共整改问题4.23万个。规范欠税和减免税管理,全年共清理欠税4050万元。加强与法院、公安等部门协作,通过司法途径追缴入库地方税收和社保费1020万元,其中清欠社保费153万元为全省首例司法清欠。完善税收优惠审批、报备管理,对纳税人减免税资格的真实性、程序的合法性、资料的完整性、政策执行的规范性进行全面清理检查,取消税收优惠资格93户。加强涉税信息比对分析和稽查评估,通过综合治税平台采集交换涉税信息9.25万条,比对发现疑点信息3870条,补缴税款1110万元,补办税务登记95户。

【征管改革和税收风险管理】 2014年,蚌埠市地税局承担了省局安排的深化征管改革试点、风险管理平台测试和执法考核软件试点任务。进一步优化岗责体系和业务流程,积极实施分环节管事工作机制,归并减少岗位6个,明确各序列业务事项1002项。科学运用现代技术和管理手段,将税收业务与计算机技术深度融合,建立起制造业、房地产、金融等14个行业的税源监控指标体系和44个预警值测算方案,筛选高、中风险466户推送纳税评估和稽查,共确认税款6835万元,纳税调整3269万元。强化内部管理风险监控,推送基层单位预警、核实整改疑点问题5万个,解决执法类问题6370个,登记类问题7218个,增收税款10104万元。创新执法监督方式,通过计算机系统实行自动监控。试点成果得到省局充分肯定,并在我局召开总结推广会议。

【纳税评估和税务稽查】 充分发挥以评促收、以评促管的作用,全年对151户企业开展纳税评估,评估税款3100万元,调增应纳税所得额664万元。探索重点难点户团队式评估及重大疑难事项分级集体审议制度。通过纳税评估反馈各类问题161条,提出改进意见和建议164条。不断加大稽查力度,创新稽查方式。开展以房地产、地方金融及公证机构专项检查为重点的税务稽查,共检查154户,查补入库6831万元。开展打击发票违法犯罪活动,检查978户企业,查处违法企业120户、非法发票636份,查补收入1228万元。受理举报13起,立案查处3起,查结遗留案件2起。改进工作方法,实行统一选案、统一审理、统一案卷制作。加大县域交叉稽查力度,提升稽查质量。

【信息化建设】 开展"信息化应用提升年"活动,分岗位层次开展征管软件应用培训和考试,举办征文活动,做好征管软件运维,修订《蚌埠市地税局税收综合管理信息系统(AHTAX2013)运行维护工作规范》,明确岗位职责,规范运维流程。加强网络建设管理,落实广域网建设与运行管理规范,定期对网络及信息安全防护体系进行巡检,对网络系统进行检

查和加固。制定信息安全应急预案并开展应急演练。

【群众路线教育实践活动】 在8个多月的活动期间,全局272名党员、11个党支部全部参加教育实践活动。学习教育、征求意见环节,共组织各类专题学习11次,撰写学习心得206份,累计参加学习1380人次,召开座谈会12场,归纳整理各类意见建议201条。查摆问题、开展批评环节,市局党组召开专题会议对征求意见建议情况进行深入梳理,研究公布整改问题清单,涉及服务纳税人、服务基层、作风建设、队伍建设等4大类26条。市局党组、各党支部相继召开专题民主生活会和组织生活会。整改落实、建章立制环节,市局党组围绕"四风"查摆5个方面16个问题,制定50余条整改措施,修订完善34项制度。教育实践活动得到了系统内外的充分肯定,在民主评议中,好评率达95.5%。

【干部队伍建设】 强化干部教育培训,坚持需求导向,加强培训管理,强化激励,增强培训质效。全年举办各类培训班21期、培训1800余人次。加强岗位练兵,开展能手竞赛,5名税干获省局"三项能手"称号。优化班子和干部结构,选拔17名科级干部,促进干部职数合理使用。加强岗位交流,健全岗位交流常态机制,对40名干部进行交流。

【绩效管理】 确立指标全面对接、突出工作重点、注重过程监控、强化执行落实的工作思路,制定绩效管理办法,编制覆盖26项重点工作、37项具体任务的483个指标的考评指标体系,建立起符合系统特点和实际的绩效管理机制。蚌埠市地税局的做法在全省地税系统绩效管理推进会上作了经验介绍。

【机关党建和文明创建】 加强基层服务型党组织建设,机关党建工作连续16年被评为全市先进,荣获全市"创建五大工程、建设五型机关"先进单位。深化文明创建,广泛开展"道德讲堂"和文体活动,丰富志愿服务,文明创建动态管理得分名列全市第一。系统8家单位荣获"第十届安徽省文明单位"。

【党风廉政和效能建设】 认真落实主体责任和监督责任,明确"责任清单",制订完善6项制度,以规范的制度强化各级领导班子的主体责任,其中2项制度被省局转发。加大案件查处力度,积极实施"一案双查",1人受到组织处理。大力推进政风效能建设向基层、向岗位、向个人延伸,强化监督检查,严格责任追究。开展专项整治活动,多次聘请第三方开展明察暗访和纳税人满意度调查,32人受到通报批评等组织处理,并将暗访情况在全市地税系统进行播放,加强警示教育。深化调查结果利用,对存在的7个方面问题进行专项整改,推进作风和效能建设。我局的效能建设多次在市效能办的明察暗访中受到表扬,4个单位参加全市重点科室评议,2个单位名列前茅,1个单位被表彰为优秀科室,1人被表彰为"十佳科长"。

【内部审计】 开展审计项目36个。其中,经济责任审计10个,基建决算审计5个,财务收支审计1个,后续审计14个,大宗物品采购4个和固定资产处置监督2个。发现问题49个,提出26条审计意见和建议。核减基建项目金额31万元,核减率21%。

【行政管理】 大力推进政务公开,全年发布政务信息2519条,同比增长19%。回复各种网上咨询、投诉、举报和市民心声216条。受理信息公开申请2起。强化内部事务公开,推进民主决策、民主监督,所有重大事项都通过《局长办公会议纪要》向全员公开。开通官方微信,通过微博、微信发布最新税收政策和解读766条,关注阅读近8万人次。落实政务公开政务服务"信息化平台提升年"活动,对信息公开网行政执法栏目进行调整。开办运行职工食堂,开展办公用房清理,完成电子教室、职工活动中心改造等基建维修项目,规范和强化财务管理,全年"三公"经费支出同比下降30%。按照省地税局统一部署,7月1日正式上线应用总局新版税务综合办公系统,推进行政管理工作规范化、制度化和科学化。

【税收信息宣传调研】 坚持"抓信息就是抓工作"理念,加大税收信息调研工作力度。

全年编报《蚌埠地税信息》61期、《信息专报》188期、《地税专报》6期,《以“营改增”为契机加快推进我市服务业发展》等信息受到市委书记周春雨等领导批示,上报信息被省委、省政府和国家税务总局采用创历史新高。信息工作在全市党政机关目标考核中继续位居垂直管理单位第一名,在全省地税系统绩效管理中获得满分。重点工作宣传取得新突破,《蚌埠地税局首次通过司法途径追回企业少缴税款》等稿件被中国税务报专刊采用。

(执笔人:余　超)

阜阳市地方税收工作概述

【概况】　2014年,在省局和市委、市政府的坚强领导下,阜阳市地税局围绕税收现代化的目标,认真学习习近平总书记系列重要讲话和党的十八届三中、四中全会精神,落实“讲法治、抓改革、重人本、促发展”的工作思路,扎实开展党的群众路线教育实践活动,统筹做好组织收入和服务发展“两篇文章”,持续推进税收管理转型升级,较好地完成各项任务,为促进阜阳经济社会发展作出了积极贡献。2015年1月14日,市委副书记、市长李平对地税工作作出批示:2014年阜阳地税系统积极进取、扎实苦干,很好地完成了年度计划任务,且自身建设明显得到加强,市委、市政府对地税工作是十分满意的,请地税局党组代向全市地税系统干部职工表示慰问和感谢!同时也希望在新的一年里,乘势而上,再创辉煌,为全市经济社会发展做出新的更大的贡献。2015年1月13日,市委常委、常务副市长卢仕仁对地税工作作出批示:整体经济下行,阜阳地税工作逆势上扬,这是全市地税系统干部职工拼搏努力的结果,向大家表示感谢和亲切慰问!希望2015年,地税工作“讲法治、抓改革、重人本、促发展”,各项工作再上新台阶。

【组织收入】　2014年,阜阳市地税局牢牢把握阜阳经济社会快速发展的良好势头,顺势而为,着力在税源管理上下功夫,在收入分析上做文章,在稽查评估上用力气,超额完成全年收入任务。一是税费总量上了新台阶。全年组织收入首次突破百亿元“大关”,达107.4亿元,增收20.5亿元。其中,地方税收入76.5亿元,增收16.6亿元,税收总量排名比2013年跃升三位,在全省16市中位列第七,皖北地区位列第一;基金费收入30.8亿元,增收3.9亿元。二是收入增量有了新突破。组织收入同比增长23.6%。其中,地方税收入增长27.6%,高于2013年10.2个百分点,增速全省第一,高出全省平均增速1.5倍。三是收入质量提到新高度。地方税收入占全市财政收入的比重为42%,比2013年提高近12个百分点,收入比重居阜阳地税部门组建20年来最高。

【服务发展】　跟进税制改革,释放改革红利。圆满完成电信业“营改增”工作,移交纳税户24户,涉及税款1.1亿元;落实煤炭资源税“量改价”、“费改税”改革,实现清费与立税同步,解决费高税低、税费结构不合理等问题。落实优惠政策,助推企业发展。树立“不执行税收优惠政策也是收过头税”的观念,贯彻定向减税要求,重点加大支持结构调整、科技创新、促进消费、保障民生等方面税收政策的落实力度。发挥参谋助手作用,积极建言献策。积极参加地方政府组织召开的财税会议及其他联席会议,发挥职能作用,为地方经济发展提供决策参考和政策支持;围绕“促发展、转方式、调结构、惠民生”,深入开展“当参谋、比贡献”税收调研活动。响应政府号召,积极参与帮扶工作。组织地税志愿者开展“整治城乡环境　情暖千

村万家”志愿服务大行动；开展结对帮扶活动，深入结对帮扶行政村和社区走访慰问。

【依法治税】　以创建依法行政示范单位为抓手，坚定法治观念，树立法治思维，运用法治方式，建设法治地税。强化法治理念，严把思想关。对内，打造依法征税干部队伍，加强法制教育，建立学法、知法、懂法常态机制；对外，以税收宣传月、全国宪法日、阜阳人民广播电台“执法热线”等系列活动为依托，以办税服务厅和阜阳市纳税人学校为阵地，以网络、微信、微博等新媒体为媒介，加强普法教育，营造依法纳税、诚信纳税的税收环境。开展建章立制，严把制度关。制定并下发了重大行政决策《听取意见制度》、《合法性审查制度》、《集体决定制度》、《责任追究制度》、《风险评估制度》等八项制度；开展规范性文件清理工作，共对48份文件进行了清理，其中，现行有效27份、部分废止和失效4份、全文废止和失效17份。规范执法行为，严把执法关。规范自由裁量权，认真开展税收执法检查，强化节点控制，人机结合按月、季度进行执法检查，按年落实税收执法综合督查；开展3个案件的执法评查，重点评查案件适用法律法规、适用执法文书、实行行政处罚是否准确，案件执行是否到位。强化监督考核，严把监督关。落实执法责任制，加强内部监督，依托新版执法信息管理系统，成立税收执法考核委员会，对执法过程进行考核；加强内部风险控制，利用管理风险平台，提醒执法过程易发风险，及时纠偏改正。市地税局荣获“省级依法行政示范单位”荣誉称号，阜南县局荣获“全省地税系统依法行政示范单位”荣誉称号，颍州区局、颍泉区局、颍上县局、临泉县局被评为“市级依法行政示范单位”。

【纳税服务】　以开展“便民办税春风行动”为抓手，以落实《全国税务机关纳税服务规范》为契机，提质增效，提升纳税服务品质。一是提高办税服务效能，增强纳税人满意度。实行当场办结和限时办结制，由纳税人发起的登记、发票、申报、审批等涉税事项，办结时限平均缩短40%以上，压缩办税时限6项；实行“一窗式”、“一站式”、“一次性告知制”和“首问负责制”，切实解决纳税人多头跑、多次跑、事难办、难办事的情形；优化办税流程，如取消注销税务登记外的其他登记审批，创新实行网上预约登记和容缺办理等。二是降低办税成本和降低税款流失，提高征纳双方和谐度。涉税文书报表实现“瘦身”，取消简并涉税文书10余种，逐步取消网上申报纳税人纸质资料的报送，同一合同分次开票实行一次报送多次使用；推行免填单和预填单服务，为纳税人提供免填单服务2000多次；规范进户执法，取消5种进户执法项目；创新纳税辅导新形式，组建阜阳市纳税人学校，辅导更专业化、具体化。三是公开行政审批清单、办税清单和纳税人信用状况，增强纳税服务透明度。公开行政审批清单，梳理并公开6项行政审批目录；公开办税清单，首推第一批办税清单，涵盖297个办税事项，明确办税流程、办理时限；公开纳税人信用状况，对全市160户A级信用纳税人实行办税绿色通道。

【税收征管】　突出“打基础、促规范、提效率、求创新”征管工作主题，以夯实税收征管基础为根本，以加强税收征管规范化建设为抓手，以推进税收征管改革为突破，提升征管科技工作水平。夯实征管基础，规范征管行为。修订完善适合新形势下的税收征管制度，已出台发布纳税申报、发票管理、核定管理、欠税管理等四项制度，税务登记、委托代征、延期缴纳税款、税收管理员等制度正有序推进；加强个体工商户管理，重点针对漏征漏管、定额核定、税负公平、临界点纳税人管理等方面进行抽查；规范发票管理，积极推广房地产业网络税控系统，自推广上线已安装系统153户，共计开票金额达13亿元，开票2980份。推进税收风险管理，提升征管质效。加强部门协作获取第三方信息，定期开展信息交换工作，拓展第三方信息获取渠道，为税收风险分析监控工作提供数据支撑；强化数据监控分析与利用，通过数据分析，筛选出税收风险疑点信息14683条（其中高风险599条、中低风险14084条），全部推送至相关税源管理单位开展应对，入库收入3197.86万元，提

高全市地税系统税源管控能力;深化纳税评估软件应用,依托 AHTAX2013 纳税评估模块,利用各种案源实施纳税评估 486 户次,评估收入 1232.11 万元;全面提升税收风险管理水平,抓住税收风险管理平台上线机遇,针对房地产行业、建筑业税收风险进行了全面风险扫描,全市共组织应对 154 户,其中稽查应对 12 户、评估应对 56 户、纳税辅导应对 86 户,全市共补税 902.94 万元,其中稽查 530.82 万元、评估 340.66 万元、纳税辅导 31.46 万元。坚持科学兴税,深化“信息管税”进程。深化税收征管信息省级大集中应用,组织管理团队开发了残疾人就业保障金征管信息系统,获得市科学技术奖二等奖,市地税局被市政府授予 2013 至 2014 年度阜阳科技工作先进单位。

【干部队伍建设】 强化制度落实,领导班子建设进一步得到加强。在省局的关心和支持下,调整充实了市局领导班子,班子知识、年龄和能力结构得到优化。始终把加强政治理论学习放在首位,完善党组中心组学习制度,2014 年,市局先后举办 12 次市局党组中心组集中学习,28 次机关全员政治业务学习。贯彻执行“集体领导、民主集中、个别酝酿、会议决定”的组织原则,坚持每周召开 1 次局长例会,每一个月召开 1 次局务会议研究工作。人事安排、重大收支和重大项目的决策拍板,充分发扬民主,实行民主集中制。贯彻落实《党政领导干部选拔任用工作条例》等干部工作法规政策,坚持 20 字好干部标准,遵循方案明晰、程序规范、监督有力、结果公正的基本原则,严格按照党组酝酿、民主推荐、组织考察、党组决定等规范程序,公开、公平、公正的分层次、分岗位组织开展了干部选拔任用工作。2014 年,选拔任用 2 名正科级领导干部,7 名主任科员,3 名县市区局班子副职,5 名市直副科级领导干部。整个干部选任工作过程无举报、无反复,树立了正确用人导向,系统内反映良好。认真落实中央“八项规定”,严格执行会议管理、公务接待、车辆管理等相关管理办法,2014 年,全市地税系统“三公”经费支出同比减少 305.9 万元,下降 24.7%;其中,市本级同比减少 111.9 万元,下降 46.5%。坚持整风肃纪,严格执行《党政机关办公用房建设标准》,对超标准办公用房及时腾退。组织开展全市地税系统吃喝风、“红包”风专项整治,全市系统 1200 多名干部职工开展了自查自纠,并就反对吃喝风、“红包”风进行公开承诺;组织开展集资房、房改房和自建房专项清理。加强教育培训和绩效管理,队伍整体素质进一步得到提升。坚持因材施教,加强干部教育培训管理,全年举办各类更新知识培训 31 期,培训人员 1723 人次。广泛开展岗位大练兵和征管、稽查、计算机能手竞赛活动,6 人获得省级能手称号,建立 3 大类 9 个类别 146 人的市级专业人才库。按照总局、省局统一部署,研究制定实施方案及系统、机关考核办法、考核指标,把绩效管理在系统内横向推到边,纵向推到底,市地税局连续两年被评为全省地税系统绩效考评先进单位。

【党风廉政建设】 适应党风廉政建设的新常态,完善廉洁从税工作机制,营造风清气正的政治生态。坚决落实“两个责任”,构建“齐参与”的工作格局。制定落实党风廉政建设主体责任和监督责任“两个实施办法”;将党风廉政建设与税收业务工作同部署、同落实、同检查、同考核,坚持两手抓、两手硬。积极开展廉政教育,筑牢“不想腐”的思想防线。加强日常教育,抓住元旦、春节、五一、国庆等重要时间节点,通过印发文件、发送廉政短信等方式,提高自律意识;开展警示教育,组织干部职工到阜阳监狱开展警示教育,组织学习有关违法违纪案件通报;组织观看《四风之害》、《小官大贪》等专题片;组织专题教育,对 2014 年以来 14 位新任科级干部,开展集体廉政谈话,进行廉政知识测试;组织开展学习焦裕禄精神专题活动,2014 年全市系统新增省级廉政文化示范点 2 个,累计达 7 个。强化“两权”监督制约,扎紧“不能腐”的制度铁笼。建立健全行政管理权和税收执法权制度体系;完善涉税事项公开机制和风险防控机制;聚焦重点人员、重点岗位和重点事项,进一步强化监督;适时开展了税收综合督

查、小金库专项督查、作风建设督查和基层窑厂税收征管督查等“四项督查”，共督查基层单位72户次，发现问题125条，下发《督办函》14份，通报批评40多人次。严肃查办腐败案件，形成“不敢腐”的高压震慑。加强案源管理，确保信访举报得到及时处理；强化案件查办，强化自主办案意识，提高自办案件比例，2014年自办案件12件，自办案件比例达到80%。2014年共收到各类举报15件，组织核查13件，核查率86.7%；结案13件，结案率100%。廉政谈话12人次，有3人受到了党纪政纪处理。

【精神文明建设】 立足品牌地税建设，在全系统开展“阜阳地税精神”提炼活动，形成“忠诚、敬业、守法、廉洁、创新、服务”12字的地税精神。立足文化地税建设，利用楼道、走廊建设职工书画、税收理念、传统文化等不同主题的“文化长廊”，建成有15000多册图书的“职工书屋”，建立以廉政文化墙、廉政教育室为载体的廉政文化教育基地。立足活力地税建设，举办“我与阜阳有约会百名税干看阜阳”采风活动；积极参加“接您回家”帮扶返乡农民工创业就业系列活动；组织12次学雷锋义务活动。市地税局和界首市局、太和县局、颍上县局、临泉县局、阜南县局均被授予第十届“安徽省文明单位”荣誉称号，市地税局还被推荐为第四届“全国文明单位”候选单位并在安徽文明网、安徽日报上公示。

【群众路线教育实践活动】 紧紧围绕“为民、务实、清廉”的主题，坚持问题导向，上下联动、征纳互动、干群齐动，扎实开展党的群众路线教育实践活动。学习教育听取意见环节，全市系统共组织集中学习141次，参学达13080人次，举办专题报告会15场次，主要领导上党课9次，干部职工撰写心得体会1727篇；走访360多家不同类型的企业，召开80多场基层群众代表和纳税人代表座谈会，发放征求意见函和问卷调查表12000多份，征求到120多条意见建议。查摆问题开展批评环节，在认真征求意见的基础上，梳理出领导班子及班子成员“四风”问题400多条；各级班子敢于动真碰硬、敢于思想交锋，提出了100多条批评意见，达到“团结—批评—团结”的目的。整改落实建章立制环节，拟定制度52项、完善78项、废止10项，初步建立了反“四风”、转作风长期管用的制度体系。由于工作措施得力，问题解决有效，地税系统教育实践活动得到各级党委的肯定。市委以及颍上县委、颍州区委、颍泉区委分别在地税部门召开了活动现场会。

（执笔人：胡　斌）

淮南市地方税收工作概述

【概况】 2014年，淮南市地税局紧紧围绕为国聚财、为民收税宗旨，深入学习党的十八大和十八届三中全会、四中全会精神，坚持将地税工作融入全市经济社会发展大局，坚持将充分发挥税收职能作用作为立局之本，在应对挑战中争创一流业绩，在夯实基础中积聚发展后劲，在改革创新中谋求发展优势，较好地完成各项工作任务，被授予“安徽省第十届文明单位”、“安徽省依法行政示范单位”、“淮南市文明行业”等多项荣誉称号，连续第19年获得全市目标管理考核优秀单位称号。

【组织收入】 2014年是淮南发展进程中极不平凡的一年。经济下行，煤炭、房地产业低迷，结构性减税、“营改增”等减收效应叠加，给地税工作带来巨大压力。面对困难，淮南市地税局全体干部职工负重爬坡、迎难而上，坚持依

法组织收入原则,坚持“月月都是12月”,千方百计挖潜力,精细严实强管理。全年组织入库各项税费总收入97.32亿元,其中:地方税收入完成51.36亿元,顺利完成省局和市政府税收计划;基金费收入完成45.96亿元,同比增收7.16亿元,增长18.5%。市长王宏对地税工作给予了充分肯定:“市地税局充分发挥税收职能作用,推动全市经济社会发展,自身建设在2014年也取得长足进步,望2015年继续克难奋进,加强税收管理,提升征管质效,提高服务水平,再创新业绩!”

【依法治税】 突出公开透明和公平公正,全面推进依法治税。实行权力责任清单制度,清理规范行政审批事项,将权力由81项修正为47项,下放审批权限,公开5项行政许可及审批项目,主动接受社会监督,并严格后续管理。完善税收执法程序,规范税务行政自由裁量权。开展税收综合督查,创新开展“订单式、联动式、远程式”督查,“点对点”下达整改意见书。完善决策程序,对税收减、免、缓和重大税务案件,坚持集体审议和审理制度。深入开展税收宣传和普法教育,贯彻落实税收“黑名单”和重大税收违法案件曝光制度。深入开展税收专项检查、重点税源企业检查和打击发票违法犯罪活动,“以查促收”、“以查促管”,全年查补收入4007万元。积极开展依法行政示范单位创建,在市局被授予全省依法行政示范单位的同时,凤台县局、田家庵区分局分别被省局、市政府授予依法行政示范单位。

【税政管理】 探索政府购买中介鉴证服务和调研式检查,开展企业所得税汇缴和土地增值税清算并取得明显成效。开展“以地控税”、“以房控税”试点,推广房产税、城镇土地使用税明细申报管理,推进存量房评估,积极做好耕地占用税和契税一体化征收。稳步推进营改增工作,税制转换及征管业务顺利对接。深入开展煤炭资源税改革调研,积极做好改革各项准备工作。综合运用税收减、免、缓等各类政策措施,不折不扣落实税费优惠政策,全年累计减免税收3.75亿元。全年12万元以上自行申报5376人,同比增加1164人,增长27.6%。

【税收征管】 围绕提升征管质效,从解决突出问题入手,抓完善、求创新、促提高,推动税收征管工作有序开展。一是征管创新成绩可喜。从全省地税系统来看,办税服务方式在淮南率先拓展,8个办税服务场所配置13台自助办税服务设备,开发上线移动办税系统,初步建成以网上申报为主,以自助办税终端、移动办税终端和实体办税服务厅为辅的“一主三辅”立体式、无障碍办税服务体系;发票申领方式在淮南率先改变,从2014年8月1日起,实行普通发票“网上申请、速递配送”;“四证联办”在淮南率先落地,与工商、质检、国税等部门密切配合,推行涉税事项网上办理,实现纳税人足不出户办理电子税务登记证。二是纳税评估成效明显。推广应用“纳税遵从风险管理系统”,全年筛选、推送993户(次)高、中、低不同等级风险应对任务,评估入库税款4447万元,加收滞纳金107万元。三是信息管税大力推进。总局确定的税务登记信息完整率等5项考核指标全部达标;试点推行“电子存储,分类归档,数字索引”的征管档案电子化管理。实现核心征管系统与综合治税平台联通,为第三方涉税信息加工提供数据支撑。稳步推进开展“信息化应用提升年”活动,大集中软件应用水平不断提升。四是现代化分局建设圆满收官,省级现代化分局再添涉外分局,市征收管理分局以综合得分全省第一的成绩荣获“十佳省级示范单位”。

【纳税服务】 深入开展“便民办税春风行动”。围绕“六提速、三减负”,推行24项便民办税措施。全面推行全国县级税务机关纳税服务规范1.0版,切实优化纳税服务,全力打造优质的税收发展环境。简并办税程序,规范服务标准,推行第一批办税清单;推进“一站式”服务、“一窗式”办结,扩大免填单服务、“同城通办”等服务领域,进一步扩大当场办结事项,实行一次性告知,全面推动办税速度进入“高铁时代”。成立12366纳税服务呼叫中心,率先在全省范围内实现12366“热线、网络、微博、微信、QQ群、短信”六网合一。落实大企业联络

员制度,深入推进"一对一"等个性化服务。制定《纳税申报管理实施办法》,明确纳税人使用CA方式申报、报送纳税申报表和财务会计报表的,可不再报送相应纸质材料。认真受理和及时解决纳税人投诉,建立投诉受理、承办、转办、督办、反馈、回访、监督、抽查和改进的良性工作机制,完善投诉统计、分析、通报制度,定期整理典型案例,提高投诉管理水平,开展涉税诉求跟踪问效。推进建立纳税人维权组织,主动维护和保障纳税人合法权益。推动建立各级志愿者服务组织,畅通志愿者和服务需求者之间的信息渠道,鼓励、引导和支持志愿服务。

【队伍建设】 按照"以人为本"方针,突出"人才兴税"战略,狠抓班子建设、队伍建设、文明创建,干部素质明显提升,队伍活力明显增强。一是积极推进领导班子和人才队伍建设。落实党组中心组理论学习和撰写调研报告制度。严肃规范领导干部党内生活。加强领导班子制度建设,梳理完成制度97项。加强干部在线学习和学分制考核管理。建立完善省、市两级各类人才库,举办8期共415人参加的综合能力提升、更新知识脱产培训。开展岗位练兵,5名税干获得省局能手表彰。二是稳妥做好干部选拔任用相关工作。完善干部选拔任用机制,积极开展干部选拔任用个人事项专项申报和干部任前档案审核工作;加强对干部选拔任用全程监督,稳慎开展干部选拔工作,确保干部选拔任用工作组织缜密、程序规范、资料完备,共选拔、考核干部24名;积极推进干部轮岗交流。加强领导干部管理、监督、考核力度,认真开展民主评议科室负责人活动。三是纵深推进绩效管理工作。建立"四位一体"制度体系,稳妥推进绩效管理工作。制定2014年度系统绩效考评指标175项,机关绩效考评指标264项。四是妥善做好退休人员服务管理工作。建立退休管理动态信息库,完善退休人员谈话、登记制度。落实老干部集中学习制度,完成退休党支部换届选举工作。积极开展退休职工传统节日走访慰问,更新老干部活动硬件设施。五是持续推进机关党建。坚持"围绕税收抓党建、抓好党建促税收"的工作思路,继续强化基层党支部的战斗堡垒作用和党员的先锋模范作用,着重抓好系统基层党建示范点和共产党员示范岗工作。大力推动"全员健身、健康地税"活动,成功举办首届地税系统职工运动会。六是扎实做好文明创建。加强党建和精神文明创建,全系统共有5家单位被评为第十届安徽省文明单位,市局荣获淮南市文明行业。

【党风廉政建设】 一是责任制度全面落实。市局主要领导、分管领导分别与局属单位、机关科室签订党风廉政责任书,明确、细化党风廉政工作目标。压实推进"两责三转",明确各级党组(班子)主体责任,全力推进系统纪检监察"三转"工作落实,使纪检监察干部从日常事务中摆脱出来,收缩战线,聚焦主业。二是风险防控不断深化。建立"执法风险点提示谈话"机制,开展廉政风险集中谈话和不定期提醒;严控"三公"费用开支,严肃财经纪律,认真开展"小金库"、培训中心等机构场所专项整治,完成办公用房清理腾退工作。深化财务收支审计,开展工程审计、大宗物品采购招标等审计工作。对税收执法重点环节开展检查,制定整改措施,实行责任追究。梳理、更新风险点和风险等级,深化细化廉政风险防控。全年共发放"风险提醒卡"178份,提醒高风险230条;收回防控反馈卡178份,考核监督卡178份,廉政风险防控效果持续加强。四是正风肃纪持续加压。严明政治纪律、组织纪律、人事纪律、财经纪律、工作纪律,增加明察暗访频率,加大查处力度,对典型问题不遮不盖,点名道姓通报,对暴露问题多、作风问题突出的单位,按规定追究相关领导责任。全年编发《正风肃纪情况通报》六期,通报批评11人5个单位。五是廉政教育创新深入。结合群众路线教育实践活动,采取个人自学、集中辅导、专家讲座、座谈交流、先进事迹报告会、警示教育等形式,增强学习效果。全年组织党组中心组廉政专题学习12次,组织机关观看廉政警示片7次。首次举办针对基层股所长的反腐倡廉专题培训班,深入推进"一局一品"廉政文化创建活动。注重电子网

络、短信平台等新媒体运用,及时将最新规定、廉政提醒、典型案例等发送至每名税干,全年向系统税干发送廉政警示信息100余条。六是执纪监督日趋强化。认真落实"一案双查"、"一岗双责"制度,加强对系统内外典型案例的剖析和通报。加强对信访案件的核查、办理等工作。加强内部行政执法行为监督,对系统2011、2012、2013三个年度的"三代"税款手续费管理情况开展专项监察,提出整改意见和监察建议。深化日常监督,认真贯彻《全国税务系统领导班子和领导干部监督管理办法》及《实施细则》,全年受理各类投诉电话16起,责任到人,跟踪问效。落实初核信访举报4起。印发廉政谈话方案,共开展廉政谈话36人次。

【群众路线教育实践活动】 严格按照中央和市委的部署和要求,将教育实践活动活动作为首要政治任务来抓,立足改进作风与税收工作紧密结合、同向同步,推动教育实践活动持续深入。一是沉心静气抓学习。坚持真学深学,原汁原味学习习近平总书记等中央领导讲话精神,学习中央、税务总局、省市委等对教育实践活动的一系列部署和要求。在系统内外网开设学习园地,刊载学习资料,在办公场所显要位置放置宣传牌,确保人人知晓、适时提醒。二是敞开大门听意见。坚持真听实听,党组成员带头开展"互动走访"和"基层实践"活动,召开座谈会15次,走访36家企业,发放调查问卷500余份,广泛听取纳税人、一线税务干部职工、党委政府、社会各部门对税收工作的意见,并通过"两网一箱一线一函"形式,征集纳税人意见55条、二级单位和部门意见125条,对标提出18条努力方向,画像找出12个问题,真正把问题找准,把整改工作做实。三是聚焦问题抓整改。坚持动真碰硬,建立问题"台账",实行销号式办理,部署正风肃纪、互动走访、基层实践、便民增效、税源排查"五大专项行动",上班期间"庸、懒、散"、文山会海、涉税审批效率低下等一批问题得到有效解决。四是从严从实强督导。主动委托市纪委对政风、行风建设情况进行明察暗访,并将暗访情况进行通报;通过监察室等部门不定期进行察访,强化内部监督和制约;积极参加"政风行风热线",聘请特约监督员,不断完善政务公开和党务公开,开展向纳税人和社会各界述职述廉活动,自觉接受纳税人的广泛监督。五是创新机制促长效。按照不等不靠、不分级次、成熟一个推出一个的原则,从体现群众意愿的民主科学决策、严格三公经费支出管理、简化办税流程提升服务质量等六个方面,全面梳理现有制度。

(执笔人:段胜男)

滁州市地方税收工作概述

【工作概况】 2014年,全市地税系统在省局和市委、市政府的正确领导下,以组织收入为中心,以群众路线教育实践活动、征管基础提升年和信息化应用提升年活动为主线,有序推进征管改革,积极参与税制改革,着力优化纳税服务,不断深化干部队伍建设,切实加强党风廉政建设,圆满完成各项工作任务。市委书记李明、市长张祥安分别作出重要批示,给予充分肯定。市政府还对市地税局进行了通报表扬。

【税收计划执行情况】 全市地税系统积极应对经济下行、结构性减税政策增多、房地产市场降温等不利因素,坚持"两副重担一肩挑",加强分析研判,强化征管措施,千方百计抓好税费征管工作,累计组织税费收入125.83亿元,增长9%。其中:地税收入87.86亿元,总量居全省第4位,增长7.8%,按照财政口径

统计，总量位居全省第3位，占全市财政收入的42%，占地方财政收入的60.9%；征缴各类基金费37.96亿元，总量居全省第7位，增长12%。

【服务发展大局】　一是融入全市发展大局。推进服务“三个一千”活动，定期深入帮办企业，协助解决有关问题。针对我省社保费缴费标准较高，企业用工成本增加等问题，提出意见建议，被省委办公厅《要情专报》采用。积极支持第五批选派干部工作，带动村民脱贫致富；刘武华同志被表彰为全省先进工作者，刘段华同志被表彰为全省优秀选派干部标兵。二是全面落实税收政策。开展小微企业政策执行情况自查，全市4000余户小微企业享受税费优惠2500多万元。为符合条件的128户（次）纳税人办理延期缴纳税款5678.2万元。全面落实结构性减税、困难企业社保费“五缓两降”等政策，减免税费7亿多元。市局被市效能办表彰为“服务企业先进单位”。三是密切跟踪“营改增”动态。建立工作预移交机制，全面完成38户电信业企业移交工作；开展生活性服务业、金融保险业、建筑业和销售不动产纳税人自查和纳税评估，为营改增全面完成做好前期准备。四是强化税收宣传。连续5年更新《税法辑要》，按季编发《地方税务公告及解读汇编》。开通地税微博，开设纳税人学堂，扩大综合宣传。市局门户网站在省局委托第三方组织的评估中，位列全省第2；在市政府对102家网站监测中，为5家网站信息更新及时的单位之一。扎实做好政务公开工作，连续6年被市政府表彰为政务公开先进单位。

【优化纳税服务】　一是扎实开展“便民办税春风行动”。将涉税事项受理、核查、审批全部前移至办税厅。认真落实首问责任制度，组建12366税收咨询热线专家团队，共受理各类咨询3088人次，当场答复率98.47%，转办回复率100%。联合国税部门开展纳税信用等级评定工作，评出A级纳税人288户。市局办税服务厅启用双显屏，实现了办税全程透明化。二是落实纳税服务规范。全面推行《全国县级税务机关纳税服务规范》，梳理办税服务事项139项，精减各类资料27.3%、简并办税环节53.84%，即时办结事项占全部办税事项的88.28%。三是完善税收服务平台。全市共安装11台自助办税终端，增加2项软件需求。开发“税讯通”软件，使纳税人足不出户就能享受便捷的税收政策、纳税提醒、在线咨询等服务，上线用户达2320户。四是加强标准化办税服务厅建设。明光市局和定远、全椒县局办税服务厅获标准化办税服务厅建设省级先进单位。

【推进依法行政】　一是率先晒出权力清单。全面梳理124项涉税行政权力事项，清理规范行政审批项目；编制公布行政权力目录和涉税行政权力清单，被国务院法制办网站刊载，成为全市政府机关和全省地税系统首家向社会公布行政权力清单的单位。二是创建依法行政示范单位。明光、天长市局分别被评为“滁州市依法行政示范单位”、“全省地税系统依法行政示范单位”，来安县局被推荐为“安徽省依法行政示范单位”。三是开展税收综合督查。严格实施《税收执法督察规则》，对检查出来的问题，“点对点”下发《税收执法督查处理意见书》，对相关过错责任人员进行问责追究，限期整改落实。四是加大税务稽查力度。联合公安等部门查处发票违法犯罪案件，查获虚假发票200份，涉案金额580万元，查补税款、罚款20.8万元。开展房地产及建筑安装业、地方商业银行、高收入者个人所得税等行业和项目专项检查。对53户纳税人实施检查，查补税款1.85亿元，比上年增长3倍多。

【开展“征管基础提升年”活动】　一是大力夯实征管基础。从户籍管理等7个方面扎实开展“征管基础提升年”活动，全市纳税人平均申报率、税务登记完整率、重点税源财务报表采集率、未申报催报率、未缴纳税款催缴率分别达98.93%、99.19%、97.96%、68.78%和95.31%，分别比年初提高0.86、57.13、64.11、57.25和90个百分点；税务登记差错率0.02%，比年初降低0.27个百分点。二是稳步推进风险管理。成立税收风险管理中心，应用

风险管理系统对全市房地产和建筑业纳税人申报数据进行风险扫描,共扫描疑点 11997 条,对 283 户纳税人税收征管实施风险推送。三是大力实施纳税评估。全年共评估 1480 户,评估入库税款 1.7 亿元,增长 71.7%。四是完善社保费管理。完成全市参保单位缴费能力分类认定工作,实施动态、分类管理,为科学编制社保费收入预算及细化社保费征缴工作打好基础。五是全面完成现代化分局建设目标任务。省级先进单位达 24 个,市级先进单位 36 个,分别占基层分局总数的 33% 和 50%。全椒县局被省局评为实施现代化分局建设规划(2009 - 2013 年)先进单位。

【开展"信息化应用提升年"活动】　一是系统应用初见成效。结合大集中系统深化应用,调整操作权限明晰了岗责配置,确定电子文书规范了业务流程,深化协税护税平台应用强化了代征管理,开发辅助系统解决了土地增值税清算难题,扩展自助办税系统功能储备了社保费批量代扣功能。二是分类实施培训考试。全年共举办分类分层分级培训 11 场次,培训干部职工 850 人次,纳税人近 1.5 万人次。依托税收信息化应用能力考试系统,以上机和纸质相结合的方式,开展了全员税收信息化应用能力等级考试工作。三是系统运维统筹兼顾。建立基础传输线路监控联动机制,实现硬件故障及时报警;采用设备配置分级分权管理方式,实现团队运维,并定期通报运维平台应用情况。四是数据管理不断加强。规范数据信息来源渠道,数据准确率明显提升。开通电子税务局的单位纳税人占比达 91.3%;申报开票准确率达 95%,网上申报率达 95.71%,通过 TIPS 系统入库税(费)占比达 90.35%,提高了 21.95 个百分点。

【创新税种管理】　一是破解土地增值税管理难题。在全省率先实现全市房地产开发项目四项成本预警值管理全覆盖,率先开发出土地增值税清算管理系统。完成清算审核房地产开发项目 40 个,清算查补土地增值税 4000 多万元。二是加强房产税、土地使用税管理。做好城镇土地使用税征收范围和等级税额标准调整工作,全市共入库土地使用税 6.79 亿元,增长 50%。完善房产税、城镇土地使用税信息采集和维护工作,推行明细申报;推进"以地控税、以税节地"工作,与国土部门实现信息共享。三是强化所得税管理。修订《建筑安装业企业所得税和个人所得税征收管理办法》,规范和细化建安行业所得税管理。严格企业所得税汇算清缴,全市共 4846 户企业参加汇缴,汇缴面 100%,汇缴入库企业所得税 1.59 亿元,增长 118%。年所得 12 万元以上自行申报人数达 1756 人,增幅达 30%。个人所得税信息管理系统全面上线运行,全员全额扣缴明细申报数量和质量进一步提高,共申报个人所得税 3.06 亿元。四是完成存量房评估系统升级。存量房交易申报纳税评估系统与征管系统成功对接,平均每户办税时间缩短 30%;存量房交易增收营业税 2750 万元,增长 209.44%。五是创新契税征管方法。通过研究典型案例,探索出"权重分摊抵扣"计算方法,有效破解拆迁安置房抵扣税基不准确的难题。六是探索开展涉税审核业务服务外包。服务外包企业土地增值税、企业所得税税款审增效果明显。

【加强队伍建设】　一是提升思想文化软实力。出台《加强基层思想文化建设的指导意见》,被省局在全系统转发;首次召开加强基层思想文化建设工作座谈会,引导税干践行社会主义核心价值观,推动和谐地税建设的思想共识和美好愿景。二是加强干部管理。全系统 107 名科级领导干部按规定报告了个人有关事项,领导干部述职述廉 119 人次,诫勉谈话 1 人次,函询 1 人次,为市局 34 名科级干部建立了电子廉政档案。严格落实《干部选拔任用工作条例》,坚持干部选拔全程纪实制度,选拔任用 24 名科级干部。先后开展了机构和人员编制核查、超职数配备干部、"吃空饷"问题自查,对党员领导干部持有因私出国(境)证件、干部职工在企业兼职(任职)等情况进行了全面清理。综合运用纪检监察、述职述廉述德等形式,对县市区局干部选拔任用情况和新选拔任用干部开

展"一报告两评议"工作。三是强化教育培训。建立集体学习制度；开展全员大练兵，10 名同志获得省级"三项能手"称号，总数全省第二。依托省内高校和其他培训机构，有针对性地开展分类脱产培训，全年共培训 937 人次。四是开展文明创建。广泛参与清洁市容、义务植树、学雷锋和文明交通劝导等文明志愿服务活动。市局获得 2014 年度滁州市道德讲堂（总堂）、城市窗口优质服务提升行动"优秀组织单位"，被评为 2014 年度滁州市"十佳文明行业窗口单位"，已通过全国文明单位复审公示。全市地税系统 7 个单位获第十届安徽省文明单位；1 名同志获全省地税系统"最美地税人"称号，2 名同志获得"滁州好人"称号。五是有序推进绩效管理。绩效管理工作启动以来，市局深入学习宣传、健全工作机制、细化指标设计、谋划结果运用，"四措"并举推动绩效管理指标落地，并在省局绩效管理推进会上作交流发言。

【开展教育实践活动】　一是主题落地明导向。紧密联系地税工作实际，把"为民、务实、清廉"主题落在税收业务上，着眼"三个服务"，立足"三个实在"，严格"三个禁止"，大力实施"扎根工程"，出台了一系列细化措施。二是凝聚共识促发展。市局党组召开了高质量的民主生活会，各党支部召开了组织生活会，真正把会议开成自我剖析会、分析问题会、沟通思想会，达到了团结－批评－团结的目的，形成了更加奋发向上的良好氛围。三是狠抓整改树新风。市局收集意见建议 617 条，班子成员查摆问题 70 条。针对存在的问题，制定了"两方案一计划"，明确了全面整改和专项整治的清单、时间表、路线图。先后开展吃喝风、"红包"风、"为税不廉"等一系列专项整治行动，公务接待费和公车运行维护费分别下降 47.7%、9.2%。四是健全制度保长效。先后制定修改了《滁州市地税局工作规则》、《公务接待管理办法》等 19 项制度办法，确保内部管理工作有章可循。全市地税系统教育实践活动取得了一批重要的实践成果和制度成果，得到省局巡回督导组和市委督导组的充分肯定。

【强化廉政建设】　一是落实领导责任。市局党组把党风廉政建设与地税各项业务工作同研究、同部署、同落实、同检查、同考核。出台了落实党风廉政建设"两个责任"实施办法、《建立健全惩治和预防腐败体系 2013－2017 年实施办法》、《关于进一步加强党风廉政建设的若干意见》等制度。召开落实党组主体责任集体谈话会，开展集体约谈。市局党组书记认真履行第一责任人职责，班子其他成员切实落实分管职责。二是完善责任机制。召开党风廉政建设工作会议，部署具体任务，层层签订责任书。加强对县市区局党组落实主体责任的指导和督查。由市局领导班子成员带队，组织开展责任考核。三是强化党内监督。贯彻执行民主集中制，坚持"三重一大"事项集体研究决定。落实廉政谈话制度，对 37 名提拔转任的科级干部进行任前集体廉政谈话。四是规范权力运行。加强对落实组织收入原则、重大税务案件处理等重要事项的监督。深入推进廉政风险防控，实施动态管理，定期抽查廉政风险防控措施落实情况。建立财务内审互动机制，对 11 个基建项目进行决算审计，共核减工程造价 57.7 万元，平均核减率为 12.6%。强化选人用人监督，纪检监察部门对 27 名干部拟任人选出具了廉政情况书面说明。五是整治"四风"积弊。出台了"十条禁令"，整肃工作纪律。先后 4 次组织对 35 个基层单位开展暗访，对发现的问题下发通报、督促整改。编印《作风建设红宝书》、《纪检监察文件汇编》。大力开展"会所中的歪风"、"为税不廉"、纵酒行为等专项整治。六是重视案件查办。市局党组书记对重要信访件亲自阅批、亲自督办，支持纪检监察部门依纪依法查办案件；纪检组长直接抓，对信访件办理的每个环节工作加强指导和把关。坚持抓早抓小，对干部身上的苗头性问题及时约谈提醒，防止小毛病演变成大问题。七是深化廉政教育。市局党组书记围绕为民务实清廉主题给党员干部上党课。在各类脱产培训班开设廉政专题讲座，邀请省局监察室负责人等领导授课。两次组织科级以上领导干部及重点岗位工作人员共

45人到市党风廉政教育中心接受教育。以反腐倡廉教育为主线,坚持每天发送一条短信,并分年汇编成《作风建设永远在路上－短信文化伴你行》两本书。扎实推进基层党风廉政建设示范点创建活动,《中国纪检监察报》以“典型示范助推党风廉政建设”为题刊载了这一举措。八是支持纪检工作。积极推进“三转”。切实发挥党组作为领导者和责任主体的作用,全力支持、鼓励和督促纪检监察部门聚焦主业主责。重视纪检监察干部队伍建设,配齐、配强、配好纪检监察干部。

(执笔人:陈春华)

六安市地方税收工作概述

2014年,六安市地税局积极融入发展大局,发挥职能,创新管理,优化服务,促进发展,各项工作呈现新常态。在省、市各类考评中,六安市地税局各项工作成绩名列前茅,先后被评为“全国税务系统先进集体”、“全省地税系统绩效考评优秀单位”、“六安市政府目标管理考核先进单位”、“全市依法行政先进单位”、“全省现代化分局建设规划先进单位”、“六安市第七届文明单位”、“安徽省第十届文明单位”等,全国文明单位复查已进入复查确认环节。

【组织收入】　2014年,六安市地税局全年累计组织税费收入1016468万元,同比增收157052万元,增长18.3%,首次突破百亿大关,其中:地方税收729803万元,同比增收132170万元,增长22.1%,完成全年计划的109%;组织各项费金286654万元,同比增收24907万元,增长9.5%,其中社会保险费收入263678万元,同比增收22704万元,增长9.5%。

【计划执行】　一是科学编制计划。年初深入摸排税源,在充分考虑上年增减收因素的基础上,合理确定2014年的税收计划建议数,同时,加强与财政等相关部门的联系,积极参与政府预算编制工作,努力使税收任务符合经济发展规律。二是强化计划执行。切实加强收入调度,突出重点,以点带面,掌握主动,按月通报、按月考核、按月督查,督促各地加强征管、挖掘潜力、增加收入,不断提高收入预测的准确率,将误差率控制在5%以内。三是监控重点税源。2014年,全市纳入按月监控的总局重点税源户96户,省级重点税源户507户,按月填报各项税收指标,按季填报企业财务指标,重点监控,开展分析,有效防范税收风险,减少税收流失,进一步提高税收收入质量。四是坚持“税费同管”。推行个人持卡申报,全年委托银行扣款约35000万元。经与人社、财政等单位联合出台了《关于进一步加强社会保险费费源管理工作的通知》,进一步强化了部门协作,提升了社保费的征管质量和效率,规范建安行业代征工会经费管理。

【服务发展】　2014年,六安市地税局主动融入经济转型升级的大局,积极发挥税收职能,全面落实税收优惠政策,把政策红利第一时间传递到纳税人手中。一是释放政策红利。对小型微利企业、保障民生、促进就业、权益性投资收益、高新技术企业等符合条件的各项税收优惠项目全面兑现相关政策,据统计,2014年全市共落实各类税收减免近6.57亿元。落实社保费“五缓两降”等优惠政策,累计缓缴五项社保费约6200万元,通过降低两率累计减收约4100万元,有力地促进了全市经济平稳较快发展。二是积极建言献策。组织人员在充分调研的基础上,提交了《后营改增时代地方税收管理的分析与思考》、《大数据条件下综合治税的实践与思考》等调研成果三个,为市委、市政府决策提供有价值的参考依据。牵头办理市区城镇土地使用税额标准和适用范围调整,建议市

政府出台了《六安市市直工业企业节约集约利用土地奖励办法》，为推进节约集约利用土地、鼓励优势企业发展提供有利条件。三是落实税改任务。按照国务院的统一要求，2014年6月1日起，将符合条件的25户电信业纳税人移交国税部门，做到一户不漏，该移交的坚决移交。积极协助国税部门到纳税人经营处宣传、解释政策，协助办理确认手续，确保全市“营改增”工作的顺利推进。四是完善税政管理。着力提升企业所得税汇算质量，引入第三方中介参与，有效降低税务机关的税收执法风险和纳税人办税风险。全年应汇算户数为3693户，同比增加335户。实际汇算3693户，汇算面100%。抓好年所得12万元以上个人所得税自行申报工作，截止2014年3月31日，共受理年所得12万元以上个人所得税自行申报1347人，应纳税额4951.28万元，已扣缴税额4891.51万元，应补税额59.77万元。在全市推广个税完税证明自助打印系统。强化土地增值税管理，完善预征制度，推行政府购买服务，引入中介机构参与土地增值税清算，全年入库土地增值税44797万元，同比增收10192万元，增长29.5%。落实城镇土地使用税税额调整新政，全年入库土地使用税42958万元，同比增收24304万元，增长130.3%。

【依法治税】　一是推行行政指导。全年共开展行政指导项目467次，行政建议301次，行政提示87次，行政警示47次，案件回访27次，移送稽查5个，进一步凸显了地税部门柔性执法的特色。二是规范行政权力。扎实开展行政审批项目清理工作，梳理地税部门现行有效的许可事项，保留行政许可项目5项，非许可行政审批事项35项。认真开展规范性文件清理，最终保留1项，失效取消5项。规范地税人员进户执法行为，明确进户执法的条件、纪律和依据，减轻纳税人负担。开展权力、责任清单两单一图清理工作，明确行使权力的责任，建立权力清单和责任清单制度。三是突出税务稽查。全年全市稽查部门对221户纳税人进行了检查，共查补收入11764万元。继续保持严厉打击发票违法活动的高压态势，全年各级地税机关共查处非法发票832份，发票涉及金额3225.70万元，查补税款178.13万元，规范了发票使用和管理秩序，营造了良好的经济和社会发展环境。

【税费征管】　2014年，六安市地税局继续沿着税收现代化的道路，全面落实税制改革措施，探索征管方式创新，推行技术与业务融合，着力夯实征管基础工作。一是大数据推进大征管。以市政府综合治税平台为载体，加大涉税信息整理推送力度，全年梳理涉税信息55674条，推送12000多条，编写涉税信息分析利用指南，分类提出指导性建议。强化跟踪问效，注重发挥信息管税的作用，全年各地利用各类涉税信息追征税款6292万元。二是完善纳税评估机制。加大对纳税人财务报表采集的力度，全年共采集电子报表69039份，较2013年增长88.1%，为纳税评估提供了较好的数据支撑。先后举办了两期风险管理培训班，帮助业务骨干掌握了纳税遵从风险筛选方法。推进县区局机关实体化，市局和各县区局税源办，主动承担部分高中风险税户纳税评估工作，全年利用纳税遵从风险管理系统筛选出高中风险纳税人118户，评估终结69户，入库税款2423万元。三是规范个体税收征管。组织开展AHTAX2013税款核定业务域操作技能培训，规范在新征管软件环境下的核定流程，印发关于进一步做好个体税收管理的通知，对个体税收征管流程进行明确，个体税收管理工作基础工作进一步夯实。四是扎实开展欠税清理。按照省局统一部署，全市地税系统共需清理8254户次，欠税金额合计12626万元。依法严肃开展欠税清理工作，并严格规范欠税核销程序，全市地税系统共公告欠税企业112户，公告欠税金额1122.69万元。五是加速业务与技术融合。扎实开展“信息化应用提升年”活动，组织多层次培训，探索信息化应用能力等级考试，开展信息化能手竞赛，梳理AHTAX2013系统软件优化建议，加强数据质量管理，积极发挥科技手段对征管业务的支撑和保障作用，打牢税收现代

化的基础工作。以大集中系统电子税务局为平台,继续推广应用网上申报、批量扣税,不断提高税费入库电子化水平。

【纳税服务】 2014年,全市地税部门扎实开展"春风便民办税行动",大力推进现代纳税服务体系建设,着力优化纳税服务,提高纳税满意度和税法遵从度。一是大力推行三项服务。推行免填单办税服务,一次性推出29项"免填单"服务,涉及8大业务类别,大大方便了纳税人,缩短了办税时间,提高了办税效率。推行快拍仪装置,正式启用AHTAX2013税收资料快拍功能,切实解决了纳税人重复报送、多头报送资料的问题。推行办税厅公共管理系统,对全系统办税厅进行实时化、标准化管理,有效提升了办税厅的管理水平。二是着力优化服务平台。着力推进办税服务厅标准化建设,积极推行"一窗多能"办税服务,持续抓好办税服务厅工作质量考评,在办税厅配置必要的办税服务设施,办税服务厅环境得到极大改善,积极争创省级标准化服务厅建设。深入推进纳税人学校建设,全市已挂牌成立67所纳税人学校,建立了由100名业务骨干组成的纳税人学校兼职老师人才库,累计开展各类业务培训500多场,培训纳税人2万多人次,产生了良好的社会效应。三是全力推行服务规范。成立"推行县级税务机关纳税服务规范"工作领导小组,第一时间组织一线税干深入学习贯彻《全国县级税务机关纳税服务规范(1.0版)》,通过市局网站、12366服务热线、纳税人学校等多种途径和方式,向纳税人广泛宣传《纳税服务规范》,确保纳税服务规范工作落到实处。四是倾力开展政策宣传。落实纳税咨询热点、难点问题收集公布制度,定期在地税网站公布。在税收宣传月期间,将已公布的热点问题按税种分类,汇编成《纳税咨询热点问答》,编印10000册,免费发放到纳税人手中。

【队伍管理】 一是扎实开展教育实践活动。及时动员部署,结合实际,制定方案,分解任务。深入走访调研,开展"访问查办、加减乘除"活动。广大党员干部,尤其是领导干部深刻剖析检查,认真撰写材料。召开专题民主生活会,班子和班子成员开展了严肃认真的对照检查,进行了开诚布公的批评和自我批评,同时抓好整改落实,积极建章立制工作。二是强化干部教育培训。抓好"安徽干部教育在线"学习,全市地税系统1051名参加考核人员全部按规定完成了在线学习任务。开展了纳税人学校兼职教师培训、人才库人员培训、房产地税收政策培训、纪检监察业务培训、知识更新等专题培训。开展系统全员业务抽考,共举办考试9期,全员轮考一遍。三是规范干部选拔任用。组织干部学习新修订的《干部选拔任用条例》,并严格按照新《条例》开展工作,2014年选拔任用了2名副主任科员、3名主任科员、9名副科级分局长、1名县局班子成员和1名市局稽查局副局长。同时,稳步推进轮岗交流工作,继续开展从基层遴选公务员工作,使干部职工面对新岗位的需求和新环境的压力,克服惰性,积极进取。四是深化各类文明创建。以"友善"、"敬业"、"诚信"、"爱国"为主题,开展道德讲堂活动,增强创建内容的感染力;积极参与文明城市创建,强化志愿者服务活动,坚持开展税法宣传进企业、进学校、进机关、进社区等志愿活动,积极活跃于网络空间,争做网络文明"引导员"。五是创新党建活动载体。通过组建职工兴趣小组、建立健全"党内激励、关爱、帮扶机制"、开展结对共建活动、争创"全国职工书屋示范点"、开展职工职技能大赛等载体,不断增党建工作的吸引力、亲和力、感染力和活力。六是探索开展绩效管理。按照省局的统一部署,全面推行绩效管理,制定本系统和本局机关的考核方案和考核指标,细化指标任务,明确指标责任,规范考核流程,成功上线运行绩效管理信息系统,为探索地税部门绩效考核、改进干部绩效评价提供了有力的支撑。市地税局成功运用绩效管理体系实现对所辖各局和本局机关的年度绩效考核。

【党风廉政】 围绕落实中央八项规定精神、加强作风建设的工作要求,在转作风、肃税风、清党风、正行风上深入推进,确保地税干部

队伍清正廉洁。一是落实“两个责任”。市局印发关于落实“两个责任”办法,加强反腐败领导体制和工作机制建设,厘清职能定位,强化对权力运行的制约和监督,努力抓好主体责任和监督责任的落实。二是推进效能建设。围绕市委、市政府重点工作安排,联系地税主要职能,分解任务。制定考核办法,抓好日常考核,考核结果与干部的经济利益、评先评优挂钩。围绕总局“三个服务”、“三个实在”、“三个禁止”,认真开展对基层地税机关、办税服务厅以及部分基层分局的明察暗访。三是优化政风行风。严格执行中央八项规定和各级改进作风的具体规定,组织开展吃喝风、“红包”风专项整治工作,市局本级共有97名党员干部向党组织作出拒吃喝风、拒收“红包”四项公开承诺。积极参与政风行风热线,向广大听众介绍了六安地税纳税服务新举措、征管改革新动向、税收现代化新理念、地税成立二十周年新变化和服务地方经济发展新途径。四是巩固风险防控。全年市本级共有713人次进行了廉政风险防控自测,巩固了人人参与、全员防控的良好局面。对资产采购、大宗物品采购、干部选拔任用等重点防控项目,依照权力运行流程图进行跟踪监督和预警,严密防控风险。五是强化内部审计。财务收支审计项目18个,经济责任审计项目22个,基建决算审计项目32个,基建财务收支审计6个,大宗物品采购监督11个,专项审计调查1个,后续审计36个。提出问题157个,提出审计意见或建议237条,既规范了财务管理,又强化领导干部依法理财的意识。

（执笔人:郑　刚）

马鞍山市地方税收工作概述

2014年,马鞍山市地税局紧紧围绕年初确定的“1234”工作思路,即围绕组织收入一个中心,抓好群众路线教育实践活动、纳税服务提升年两项活动,突出依法治税、税制改革、征管改革三个重点,加强行政效能、干部队伍、精神文明、党风廉政四项建设,凝心聚力,攻坚克难,圆满完成年初部署的各项工作。

【组织收入】　2014年,受房地产市场低迷、一次性税源萎缩、结构性减税政策持续推出等多重减收因素叠加影响,马鞍山市地税局组织地方税收入高开低走,在1月份实现29.5%的高增长后,增幅急转直下,出现连续负增长。面对形势变化,市局党组坚持组织收入原则不动摇,沉着应对,果断决策,及时调整工作思路;各责任单位困难面前不退缩,加强征管,堵漏增收,圆满完成了调整后的税费收入任务。全年累计组织各项税费收入138.3亿元,其中,地方税收入88.02亿元,虽然同比下降1.5%,但是占财政收入比重提高了3.5个百分点,占比达到42.1%,位列全市各征收部门之首;剔除马钢资产重组、城投等一次性税收8.8亿元,实际可用财力同比增加7.5亿元,增长10.3%。实现组织收入总量、地方税收入总量、地方税收入占财政收入比重均位居全市各征收部门第一的位次。在全市财政收入屈居全省第六位的情况下,地方税收入仍然位居全省第三,为经济发展和民生改善提供了坚实的财力支撑。与此同时,征收各项基金费50.3亿元,同比仅下降0.51%,考虑到上年度灵活就业人员一次性政策补缴7亿元的社保费基数,成绩的取得来之不易。市委书记张晓麟给予了充分肯定:2014年总量下降,但质量上升,可用财力增加,在经济总体下行、我市艰难转型的双重压力下,取得这样的成绩,的确不易,与地税全体同志努力工作分不开,向大家致谢!

【党的群众路线教育实践活动】　按照省

地税局和市委市政府的统一部署,马鞍山市地税局聚焦“四风”问题,对照“三严三实”要求,压茬推进各项活动。先后召开专题学习会120场,征求意见建议516条,市局班子及成员查找梳理问题83条,建立健全“四风”及关系纳税人切身利益等5大方面40项制度。通过深入学、全面查、立刻改,党员干部践行党的群众路线的思想认识明显增强,批评与自我批评等党内政治生活更加规范,“四风”问题得到有效整治,作风建设常态化工作机制初步形成。马鞍山市地税局的教育实践活动得到省地税局和市委督导组的充分肯定。国家税务总局网站——教育实践活动版块——地方税务局系统扎实推进第二批教育实践活动专栏中的“把整改做实”,单独用一条介绍了马鞍山市地税局的做法。特别一提的是,在全国税务系统党的群众路线教育实践活动总结会议上,国家税务总局党组书记、局长王军充分肯定了马鞍山市地税局的做法:安徽省马鞍山市地方税务局组织纳税人与税务干部面对面整改、重点改、持续改,拉近了征纳之间距离。这也是全省税务系统唯一受表彰的单位,同时也是全国税务系统受表彰的少数市级税务局之一。

【税收执法】 2014年,马鞍山市地税局先后被市政府命名为“马鞍山市依法行政示范单位”“行政处罚前群众公议试点单位”。重点抓好了行政审批改革、规范执法行为、强化执法监督、净化执法环境四项工作。较好完成了税制改革、优惠政策落实、税种管理三项任务。配合推进铁路运输业、邮政业、电信业营改增,征管业务顺利对接。认真落实各项税收优惠政策,全年累计减免缓税收5.67亿元;延续执行社保费“五缓两降”政策,缓缴社保费3.2亿元,降率减负916万元。稳妥推行土地使用税新标准,深入开展行政事业单位个人所得税专项检查,持续加强股权转让个人所得税管理,大力推进土地契税信息比对,全面实现房产税、土地使用税明细申报。制定了《马鞍山市地税局重大行政决策规则》。实施了税务行政处罚案件群众公议。全面清理了地税成立以来的137份规范性文件,全文或部分废止35份。取消9个执法项目,对保留的21个进户执法项目进行合并。推行“首违不罚”,对首次违法行为轻微,主动纠正,且没有造成危害后果的纳税人,不予或从轻处罚。与法院、区政府、街道和金融等多部门配合,加强对企业资产和经营情况的跟踪,借助社会力量追缴欠税。与国土、房产部门实行“先税后证”征收税款4.03亿元,与国税、外管部门核查对外支付税收备案表124份征收税款857万元。改造存量房评估系统,升级个人所得税信息管理系统。联合市国税局、市财政局、市教育局、市人社局共建马鞍山市中学生实践基地财税教育展馆。积极试行购买社会中介服务,借助税务师事务所的专业力量,对12户房地产企业50个项目开展土地增值税清算,对连续三年亏损总额100万元以上的80户企业开展企业所得税鉴证服务,补征税款1.26亿元。深入开展税收专项稽查,查补入库税款1.43亿元;持续打击发票违法犯罪活动,查获违章发票225份。

【纳税服务】 开展了“纳税服务提升年”活动和“便民办税春风行动”,全面落实《县级税务机关纳税服务规范》。认真落实小微企业优惠政策;先后对7项业务推行“留置后补、容缺受理”服务;在发票换购、查验两个环节实行“免填单”服务;推出了外建业务“一窗式”办理,在全市范围内取消《外出经营证明》开具;将产权管理处档案窗口整合至房产交易税征收窗口,在市行政服务中心增设土地契税征收窗口,完成《房产证》和《土地证》的“税证一体化”。联合工商、质监、国税窗口对新设立企业推行“四证一体”联合办理业务,实现了工商营业执照、组织机构代码证、地税及国税税务登记证四证同时受理、同时办结。按照省地税局党组要求,马鞍山市地税局独家承担了全省地税12366升级改造任务。11月6日,新系统正式上线,标志着安徽地税12366纳税服务热线成功实现与总局12366呼叫中心的业务对接。委托市城调队开展纳税人满意度调查,结果显示纳税人满意率达到93.8%。此外,《中国税务报》大篇幅宣传市地税局“税融通”工作，省电视台公共频道《热线 1 +1 · 探窗口》栏目正面报道地税窗口服务。

【税收征管改革】 以开展“信息化应用提升年”活动为契机，整合数据资源，信息技术支撑能力显著增强；以各类平台软件为依托，深化数据利用，税收风险管理水平显著提升。在全省地税系统率先实施税收稽查管理体制改革，上收三县地税局稽查局的全部业务管理权和部分行政管理权，将含山、和县、当涂三县地税稽查局分别作为市稽查局检查三科、检查四科、检查五科。探索征管档案“电子化”，开发征管电子档案管理系统，采集纳税人财务报表电子信息，推进纳税人征管档案和涉税申请等纸质资料电子化、图片化上传、查询及管理。各县（区）局设置统一的办税服务局，实现“集约化”办税全覆盖。完善税源分类分级管理机制，实施市级税源、重点行业税源集中管理、一般税源属地分类管理、零散税源社会化管理的税源分类管理；各税源管理分局设置税源管理科，细化税源分类管理措施。拓展数据处理中心职能，统筹数据质量管理、风险疑点筛选、扎口任务推送、风险核查复审，指导各单位纳税评估。统一设置县局纳税评估中心，承担辖区内所有纳税人税收风险点的二次分析、税收风险疑点排查、任务派送和重度风险疑点的稽核评估。在花山区分局试点开展“团队管户、分类管事”。以和县地税局为试点构建“征收、管理、评估、稽查”四位一体的征管模式。

【队伍建设】 行政效能方面，督查督办有力，资产经费管理有方，“三公”经费支出有度。落实首问负责制，严格外出登记制，严格督查督办工作。2014 年面对预算管理体制改革的新形势，马鞍山市地税局顺利完成年度预算指标，市局及三个县局预算执行率均达到 100%，位列全省第一，在全省地方税务工作会议上作了专题经验交流。干部管理方面，做实办税服务实践日活动，每月申报期安排中层干部轮流值班，现场协调解决涉税难题。切实加强对各单位正职的管理监督，及时做好领导班子的新老更替和调整补充。组织税干参加省局调学 43 批次 141 人，举办外出脱产培训 6 期 341 人次。举办了全市地税系统税收信息化能手竞赛。制发《马鞍山市地税局继续学习管理暂行办法》，调整奖学助学标准。在精神文明建设方面，坚持党建、创建、共建齐抓，深入学习贯彻党的十八届三中、四中全会精神，持续加强基层党组织建设，举办庆祝地税成立 20 周年系列活动，凝聚了人心，鼓舞了士气。市局和各县局全部荣获第十届安徽省文明单位，市局成功进入第四届全国文明单位复评。在党风廉政建设方面，认真落实党风廉政建设党组主体责任和纪检组监督责任，推动纪检监察部门实行“三转”。强化“一岗双责”，加强“三重一大”监督力度。开展科级以上干部个人事项报告，深查严处违法违纪问题。开展廉政文化进机关活动，深入推进地税系统廉政文化建设。开展吃喝风、“红包”风专项整治工作，所有在职党员干部签订了《党员干部坚决反对和抵制吃喝风、红包风承诺书》。全年开展明察暗访 4 次，内部审计项目 21 个。加大执纪问责力度，严肃追究违法违纪违规人员责任，着力营造出风清气正的良好氛围。

（执笔人：李家义）

芜湖市地方税收工作概述

【概况】 2014年,芜湖市地税局在省地税局和芜湖市委、市政府的正确领导下,全面贯彻党的十八大、十八届三中、四中全会和全省地税工作会议精神,按照稳中求进、改革创新的总要求,继续坚持“一个确保、两个提高”,统筹做好“两篇文章”,紧扣推进税收管理转型升级工作主线,以组织税费收入为中心,以提升征管质效为抓手,以规范税收执法为导向,以优化纳税服务为重点,以提升队伍素质为保障,进一步夯实工作基础,充分发挥地税部门在促发展、调结构、惠民生等方面的重要作用,为芜湖经济社会的发展作出了新的贡献,圆满完成了年度各项工作任务。

【税费收入】 2014年共组织各项收入241.84亿元,同比增长7.26%,增收16.37亿元。其中:地方税收入164.93亿元,同比增长6.47%,增收10亿元;五项社保费收68.3亿元,同比增长9.3%,增收5.8亿元;其他基金费收入8.6亿元,同比增长7.2%,增收0.5亿元。主要工作措施:一是加强税收计划统筹管理。加强对收入计划执行情况的跟踪监控和监督考核,坚持组织收入原则,市局领导班子成员分别带队深入基层一线开展调研,了解收入形势,增强预测预判,加强了对组织收入工作的领导和指导。二是加强税源监控预测。继续完善税源监控体系建设(截止12月底,国家局重点监控70户,省级重点监控1341户),注重加强税源监测数据的分析应用,全年收入计划准确率达到了95%以上。三是完善土地使用税征管工作。全年征收土地使用税20.52亿元,比上年增收5.79亿元,增长39.36%。四是抓好年所得12万元以上个人所得税年度自行申报工作。全市共有7306名纳税人办理了年所得12万元以上个人所得税年度自行申报,同比增加1995人,增长37.6%,超额完成省局计划任务。共有93名纳税人申报补缴税款287.5万元,同比增加123.8万元。五是推进“一体化”征收管理。继续应用房地产评估技术,加强存量房交易契税征管,全年通过评税软件评估存量房7161套,评估价值31.3亿元,比纳税人申报总价增加10.1亿元,增加契税收入2020万元。六是组织开展国有土地使用权出让环节契税清缴工作。清理工作涉及2009年以来国有土地使用权出让环节的企业共2037户次,核实确认有问题企业782户次,清理入库契税7472.84万元,印花税521.42万元。七是开展了打击发票违法犯罪活动工作。重点对建筑安装、石油石化、商业批发与零售、中介机构等行业发票使用情况开展检查,全年共对2803户企事业单位进行了发票检查,查处发票违法单位157户,查处非法发票4088份,涉及金额2.3亿元,查补税费、基金1169万元,加收滞纳金32万元,处以罚款19万元。八是抓好欠税清理工作。全年共清理欠税301户,制定清欠计划990户,已清缴入库税款1.27亿元。九是开展缓缴到期社保费催报催缴工作。全年共组织入库缓缴到期费款近7500万元,实现了清欠入库“零”逾期。

【依法行政】 一是全面清理行政权力清单。逐条梳理行政权力事项,初步梳理出417项行政权力。通过合并同类项、调整行政权力类型、精简共性权力等措施,确定了7大类43大项92小项的行政权力,冻结了2项不常用的行政权力。对保留的行政权力逐项编制运行流程图,共编制行政权力内、外部运行流程图74个,并同步在相关网站上予以公布。二是加强税收执法监督。全系统税收法制员共审核税务行政处罚行为72起,确保税务行政处罚行为定性准确、处理恰当、资料完整。三是推进依法行政示范单位创建工作。向省局推荐了芜湖县地税局、南陵县地税局为“依法行政示范单位”，并于2014年6月通过了省局检查组的相关验收，获得了肯定和好评。11月份，南陵县局被授予安徽省地税系统依法行政示范单位。四是规范税收执法行为。全年共协助基层处理了2起涉税诉讼案件、1起行政复议案件。五是落实“六五”普法规划。开展了首个宪法日宣传活动，参加了芜湖市“国家宪法日”万人签名活动。编印4期税务公告共1.2万册，普及税法学习资料。市局政策法规科被安徽省依法治省领导小组办公室评为安徽省“六五”普法中期先进集体。

【税收征管】 一是夯实征管基础工作。截止12月31日，全市正常税务登记82291户(其中，企业31853户，个体登记户50438户)，新增税务户数3038户。加强发票日常管理。简化普通发票审批程序，全年共印制普通发票1139.8万份，为34户企业印制1380.4万份冠名发票。推进银行端查询缴税工作，进一步优化办税流程，提高税款入库效率。二是强化征管软件应用。完成AHTAX2013的问题建议收集上报工作。依托安徽地税运维平台，利用RTX征管软件2013讨论组，共收集软件优化类289条，岗责流程类68条，查询优化136条，并及时清理解决软件应用的各类问题，解决AHTAX2013中出现的各类问题率达40%。开放发布大集中软件AHTAX2013题库，对题库进行分类整理。三是做好征管数据集中清理工作。推进征管数据报送的常态化管理，进一步规范税收征管，完善数据管理，防范执法风险。四是做好税收风险监控工作。建立专职税收风险监控机构，制定税收风险监控管理办法，健全制度机制，促进工作规范。完成税收风险管理平台的上线运行，共推送30571条日常风险任务。五是抓好个体税收征管工作。强化税款核定管理过程中实地核查环节，提高税款核定准确率。六是推行免填单服务工作。在全市范围内推行了包括税务登记、发票管理、证明管理等涉税事项的“免填单”服务，提升服务效率，最大限度地提高纳税人的满意度。七是抓好现代化分局创建工作。全系统13个分局获得省级先进单位，占全市基层单位30.23%；22单位获得市级先进单位，占全市基层分局51.16%。

【纳税服务】 一是深入开展专项服务活动。开展“便民办税春风行动”，制发了具体实施方案，设置专题宣传网页，推进系统宣传。推行“亲切服务”工作，进一步深化服务纳税人的理念。二是推行《全国县级税务机关纳税服务规范》。简并优化办税流程，成立了专项工作领导小组，通过走访调研，摸清征管脉络，收集各单位意见、建议200余条。印发了全市地税系统《规范》实施方案，确定了具有特色的初期“双轨制”运行模式。三是强化纳税人权益保护。进一步构建完善涉税诉求响应机制，促进诉求收集、诉求登记、诉求响应和诉求反馈等环节的严格落实。全系统共响应462条涉税诉求。四是抓实税收宣传工作。共制作税收政策宣传手册47类，编发《纳税服务视窗》24期，编撰印发了《电子税务局常见问题解答(续)》宣传资料8000份，放置在市局的门户网站上供纳税人查阅。全年共发布纳税人咨询热点问题47个。宣传月期间，明确了10个特色项目，举办“税费热点政策大讲堂”等系列宣传活动。向全市纳税人邮寄送达个人所得税完税证明14.1万份，比去年增长2.5万余份。五是促进征纳互动交流。开展“服务对象满意度测评”，共发出1663封测评问卷。深入开展“一对一”服务纳税人活动，认真听取纳税人意见和建议。进一步提升“12366”纳税服务热线接听回复满意度，全年“12366”热线共受理咨询6349人次，同比增长3.7%。六是做好大企业服务工作。对金融行业和建筑行业共挖掘整理23处涉税风险点。做好总局定点联系企业基础信息核实工作，在对141户企业信息进行了详细核实，共修正相关信息80余个。七是深化部门合作。开展税务师事务所年检工作，强化执业管理。首次建立了公共资源交易地方税诚信评价办法，将地方税诚信评价办法融入到社会整体诚信评价体系中,提高了诚信纳税的社会意识。联合开展纳税信用等级评定工作。通过购买公共服务,开展社会中介机构第三方汇缴评估工作。八是严格落实税收优惠政策。共有 394 户企业申报享受企业所得税减免达 4.3 亿元。认真落实房屋拆迁安置、家庭唯一住房、农村居民建房等减免抵政策,全年共计办理两税减免抵税 39695 户次,减免抵税款达 3.92 亿元。减免纳税人普通发票领购工本费约 110 万元。全市累计缓缴各项社保费 1 亿元,降低部分社保费费率减负约 5.5 亿元。

【队伍建设】　一是严格干部选拔任用。开展了干部选拔任用自查工作。二是加强领导班子建设。加大对领导班子的考核监管力度。对县局、市区分局(局)进行考核。认真开展科级领导干部报告个人有关事项工作,年终集中受理科级领导干部报告个人有关事项 147 人,向省局转递县处级领导干部个人有关事项报告资料 12 份。三是完善人事管理工作。继续开展党员领导干部在企业兼职任职清理工作,共清理在企业兼职 1 人。认真开展按职数配备科级干部自查工作。继续加强干部人事档案管理。认真落实离退休干部的政治、生活待遇,做好老干部服务管理工作。四是加强干部教育培训。先后开展了"征管、稽查和税收信息化能手竞赛"活动,系统共有 150 人次参赛。市局选拔了 21 名同志,参加省局"三项能手"决赛,共有 6 名同志被省局授予能手称号。制发了鼓励干部职工继续学习激励制度。制作的《翰墨飘香铸税魂》读书成果视频,在全省职工读书圆梦成果展示赛中荣获一等奖。

【党风廉政】　一是严格落实党风廉政建设责任制。分级签订了《党风廉政建设责任书》。制定了《党风廉政建设主要工作任务分解表》,对 2014 年党风廉政建设工作任务按 10 个方面分解细化为 52 项具体任务。二是持续推进反腐倡廉工作。持续推进廉政风险防控工作,针对重点风险环节分级开展廉政谈话,切实加强风险防范。制定明察暗访工作方案,不定期对全系统各单位党风廉政建设工作情况开展突击检查,发现一起,查处一起。三是认真开展廉政专项活动。开展了党政干部违规建房和多占住房问题专项清理核对工作,对存在疑问的 11 名干部的房地产信息逐一进行了核对确认。在全局系统范围内开展吃喝风、"红包"风专项整治工作。开展了迎接市政府政风评议工作,市局荣获第一名。市局荣获省第一批廉政文化建设示范点(标兵)单位。

【党建工作】　一是深入开展党的群众路线教育实践活动。全系统共组织集中学习 4654 人次,举办专题辅导报告 8 场次,党组织主要负责同志讲党课 9 次,撰写心得文章 1246 篇。开展走访调研,发放问卷 200 余份,走访基层单位 14 个,双联系点 3 个,纳税户 32 户,召开不同类型的座谈会 20 余场,征求基层、纳税人、双联系单位意见建议 110 余条。共发布了 15 期活动简报,利用网站刊发各类文章 71 篇,总浏览次数达到 10256 次。市局整改方案细化整改任务 13 项,具体整治任务 22 项,确定了 15 个责任部门负责落实。班子及成员整改方案、整改清单所列 54 项内容,已落实 39 项,占 72%。二是加强学习型党组织建设。开展了以"修身律己、筑梦圆梦"为主题的"读书月"活动,共征集了 34 篇评书文章,并开展了择优评比工作。积极参加了"宣讲中国梦—与改革同行,与梦想起飞"主题宣讲展示赛学习活动。三是推进基层组织建设。认真开展了公开承诺领导点评、群众评议以及 2014 年公开承诺工作。全局共有 15 个党支部 250 余名党员参加了点评、评议和承诺工作。做好党员发展和管理工作,截止 2014 年底,在职党员占在职人员总人数 69.60%。认真做好市直机关创建第六批"共产党员示范岗及标兵"申报、验收工作。全局共有 7 个分局 9 个服务窗口(科室)分别被市直机关工委授予第六批创建"共产党员示范岗"和第二批创建"共产党员示范岗标兵"荣誉称号,其中:6 个"共产党员示范岗",3 个"共产党员示范岗标兵"。

【文明创建】　一是加强思想政治建设。组织开展了寻找"最美地税人"活动,全市各单位共推选好税官候选人 29 人，向省局推荐了 2 名候选人。开展道德讲堂活动。二是积极开展志愿服务活动。开展了送税法、献亲情、美环境、助贫弱等形式多样的志愿服务活动。共约 200 人次完成绿色环保志愿服务。继续开展“双联双助”活动。开展“送温暖、献爱心”慈善捐助活动，共捐助 2.8 万元。三是扎实开展“双联系”活动。为南陵县石铺村筹措建设资金 3 万元用于新河组拦水坝工程改造。定期走访慰问铁桥社区“双联系”困难户。购置书包文具，慰问黄金坝村、石铺村、铁桥社区留守儿童 30 名。四是做好绩效管理工作。及时成立绩效管理专项工作机构。建立绩效管理工作联络员制度，确保各项工作的有序衔接。五是加强系统内部管理。制发了《芜湖市地方税务局工作规则》、《芜湖市地方税务局局长办公会议制度》、《芜湖市地税局差旅费管理暂行办法》等文件。进一步加强财务收支管理。加强后续审计管理，开展了 10 项经济责任审计，共发现审计问题 43 个、提出审计意见建议 28 条。进一步规范公文处理、信息、建议提案办理、信访、保密、档案、舆情、印信、网站等日常政务工作。加强公务用车、接待等后勤保障工作。继续抓好效能建设“十项制度”的落实。加强基建维修项目管理。认真开展招商引资工作。进一步加强固定资产规范管理。抓好节约型机关建设。落实综合治理工作机制。

（执笔人：王雪艳）

宣城市地方税收工作概述

【概况】 2014 年，宣城市地税局深入贯彻年度工作总体思路，紧紧围绕“一条主线”（深化税收专业化管理），积极坚持“两手抓”（一手抓征管改革，一手抓路线教育），不断推进“两项建设”（干部队伍建设和党风廉政建设），努力提升“四个水平”（组织收入、支持发展、依法行政、纳税服务水平），各项工作取得进展。市委书记姚玉舟、市委副书记、市长韩军分别对地税全年工作做出百余字批示褒奖。自 2007 年以来，全市地税工作连续第八年获得市政府通报嘉奖表扬。

【组织收入概况及特点】 全年累计入库税费收入（含广德，下同）112.69 亿元，同比增长 11.1%。其中：入库税收收入 82.09 亿元，同比增长 10.1%；入库各项基金费收入 30.60 亿元，同比增长 14.0%。主要特点：从县区收入位次看，在全省 77 个县（市、区）中，宁国市、宣州区、广德县收入规模分列 3、8 和 11 位，郎溪县和泾县列 24 和 48 位，绩溪县和旌德县列 70 和 73 位。从月度收入规模看，全年最高月份税收 10.47 亿元，最低月份税收 4.18 亿元，前 11 个月累计增速呈现逐步下行状态，12 月份实现税收 9.43 亿元。从地税主要行业看，制造业入库 13.69 亿元，增长 22.7%；建筑业入库 12.68 亿元，增长 14.2%；金融业入库 5.60 亿元，增长 7.6%。受政策环境以及房地产投资下降因素的影响，房地产税收连续十个月减收，累计入库 21.95 亿元，减收 2.16 亿元，下降 9%。从地税主要税种看，营业税入库 25.39 亿元，增长 0.9%，主要源于房地产业、租赁商务服务业减收。契税入库 12.04 亿元，增长 3.2%；企业所得税入库 10.08 亿元，增长 41.5%。

【税费征管】 加强收入分析监控。细化行业、税种管理，全市参加企业所得税汇缴户 3986 户，同比增长 536 户，预缴税款 3.32 亿元，预缴率达 74.92%；全市办理年所得 12 万元以上个人所得税自行纳税申报 2745 人，同比增加 1163 人；制定《宣城市印花税征收管理办法》，统一全市印花税核定征收比例。创新税政管理措施,按时移交全市24户电信业“营改增”试点纳税人基础信息,规范全市建筑业所得税征收管理,加强土地增值税清算管理,推进“以地控税、以税节地”试点工作,通过信息比对核查查补税收1462万元。整顿规范税收秩序,全市稽查部门共检查111户,查补收入1.29亿元,其中查处违法涉票企业101户,查补税款1100多万元。依法推进基金费扩面征缴,全年新增参保户1257户,社保费“确认申报”模式在全市统一推行成功。

【支持发展】 全年共兑现落实各类税收优惠6.76亿元。分税种看,兑现减免企业所得税2.36亿元,个人所得税593万元,营业税及财产行为税2.59亿元,契税1.75亿元。其中,兑现企业所得税优惠面、减免税比率为46.96%、17.12%,分别高于全省平均水平20.8、8.3个百分点。分类型看,计有729户小型微利企业预缴享受优惠334万元,分别比上年增长440户、210%;高新技术企业享受所得税直接减免8632万元。深入开展经济税收调研分析,全年完成计划调研课题24个,报送了扶持产业发展、规范融资平台税收等送阅材料6期,得到市党政领导批示转办6次。

【税收专业化管理】 完善以“基层专业化、机关实体化、管理一体化”为主要特征的管理新格局。开展机关实体化工作试点,各地主动作为、亮点纷呈,其中郎溪、旌德、宁国市地税局管理创新成效明显,泾县地税局在全省系统党风廉政会议上交流。加强风险管理,在市局层面成立风险分析监控中心,先后完成征管绩效指标、征管因素分析。完善纳税评估,全年开展软件评估2期,专项评估24期,入库税款1亿元。夯实征管基础,12月5日举行市国、地税深化合作推进会。继续推进现代化分局建设,市局稽查局被评为全省地税系统现代化分局建设“十佳单位”。开展“信息化应用提升年”活动,组织开展应用等级考试,深化征管软件应用业务培训,全年组织60余场循环培训,纳税人参训1万余户次。

【依法治税】 坚持以依法行政为龙头,规范执法水平、优化纳税服务。深入落实税收法制员工作制度,继续规范税务行政处罚自由裁量权,清理保留权力清单68项,并向社会公布。首次组织“规范进户”执法检查,结合实际调整市级重大案件审理标准,全年共审理重大案件21件,受理税务行政复议案件2件。全面加强欠税管理,建立欠税追缴协作机制,全年追缴195户税款6505万元。各基层分局普遍推行重要事项集体审议制度,审议涉税事项3215起,涉税金额2.30亿元。市局和下辖六个县市区局全部获得“全市创建依法行政示范单位”称号,宣州区地税局获得“全省地税系统依法行政示范单位”称号。

【纳税服务】 开展“便民办税春风行动”,落实县级税务机关纳税服务规范,深化办税服务实践日活动。系统共有626人次参加“办税服务实践日”活动。加快推进向社会力量购买服务工作,土地增值税清算、所得税汇算清缴、股权转让、作风满意度调查等4个采购项目顺利推进。实行首问责任制、预约服务、延时服务等,推行“容缺办理”、免填单等举措,规范简并办税事项推行办税清单,339项涉税事项实现当场办结。全年各地纳税人学堂开班92期,培训人员17378人次;通过税收短信平台发送各类涉税短信52.6万条。绩溪县局办税服务厅被认定为省级标准化办税服务厅。

【党的群众路线教育实践活动】 围绕市委以及省局的统一部署,以“为民务实清廉”为主题,扎实开展党的群众路线教育实践活动。3月和4月,安徽省委第十二督导组组长方成,中央第三巡回督导组组长陆浩先后带队来宣并莅临我局调研。及早谋篇布局,精心制定方案,扎实开展学习。市局领导班子先后安排15次集体学习,召开了集中学习交流会。深入查摆问题,通过深入基层联系点,征集到各类意见建议136条,分两批次予以整改反馈。经批准,市局领导班子于7月下旬召开了专题民主生活会。积极整改提高,印发整改方案和《领导班子整改任务书》,组织“回头看”活动,部门作风进一步改进。市地税局连续第二年被授予“市直政风评议先进单位”称号，有3位科长在民主考评百名科长活动中被评为“优秀科长”。

【党风廉政建设】　狠抓主体责任落实，层层签订目标责任书，修订《党风廉政建设责任制考核办法》，全年组织开展廉政谈话近300次，其中：领导干部任前谈话21次，干部诫勉谈话4次。突出制度建设，制定“一案双查”暂行办法，出台《违规违纪及政风建设过错责任追究实施办法》，继续深化廉政风险防控，排查到廉政风险点72个。强化纪律约束，深入开展明察暗访，扎实推进吃喝风、“红包”风专项整治。加强廉政教育，全年组织各类廉政集中学习9次，专题讲座2次。健全监督机制，深入开展经济责任审计、专项审计和后续审计，全年系统共开展项目审计16个，提出审计意见39条。录制“百姓问政”地税访谈节目，实施工作作风满意度第三方调查。

【队伍建设】　加强领导班子建设，全年开展党组中心组理论学习12次，其中扩大学习4次。推进地税文化建设，举办6期“地税文化讲坛”和5期“道德讲堂”，完成“干部在线学习教育”年度计划，在全省地税系统“三项能手”竞赛活动中有10名干部喜获“能手”称号。鼓励职称考试，全年新增取得各类职称证书人员45人，累计达到345人。落实改进作风各项规定，加大预算执行力度，规范推进政府采购，全年共办理政府采购项目15项30余类，较预算安排节约资金35.9%。积极推进税务绩效管理。融入全市“六城同创、六年并进”，市局志愿服务队被评定为全市“五星级志愿服务队”，市局和宣州、宁国、旌德、绩溪县局荣获全省“第十届文明单位”称号。

（执笔人：庞雪飞）

铜陵市地方税收工作概述

【概况】　2014年，铜陵市地税局认真贯彻落实党的十八届三中、四中全会精神和省地税局、市委市政府决策部署，主动融入大局、倾力服务发展，深入推进依法治税，深化税收征管改革，充分释放政策红利，持续改进工作作风，实现税费收入稳定增长，为深入推进税收现代化和建设美丽幸福新铜陵做出了积极贡献。铜陵市委、市人大及市政府主要领导分别对地税工作予以批示肯定。

【组织收入】　坚持组织收入原则不动摇，努力克服增速换档期、结构调整期和基数消化期“三期叠加”困难局面，坚定信心，保持定力，统筹施策，精准发力，圆满完成政府年度44亿元目标任务。2014年累计组织税费收入64.59亿元，同比增收5.46亿元，增长9.2%，收入规模再创新高。其中：地方税收入44亿元，同比增收3.97亿元，增长9.9%；社保等基金费收入20.59亿元，同比增收1.49亿元，增长7.8%。地税收入的稳定增长为地方经济发展和民生持续改善提供了坚实的财力保障。

【服务发展】　做好“营改增”试点扩围工作。5月份，顺利完成16户电信业“营改增”试点纳税人资料移交工作。全年共对780户（次）“营改增”企业地方税缴纳情况进行审核，按时向财政部门传递企业税负变化申报表，确保“营改增”过渡期财政扶持政策及时落实到位。全面落实各项优惠政策。全年共减免各类税收3亿元。其中落实支持高新技术等企业所得税优惠政策，直接或间接减免企业所得税1.23亿元；落实促进小微企业发展和扶持创业就业优惠政策，全市共6364户营业税纳税人享受小微企业免征额上调政策；办理家庭唯一普通住房等契税减免14090户次，共减免税款1.03亿元。简化减免税办理程序。取消企业所得税预缴申报时认定审核环节,由企业直接申报减免,实行汇缴备案管理。落实困难企业税费缓缴政策。共审批43户次困难企业延期缴纳税款3881万元,其中首次采取资产抵押方式为一房地产项目办理税款缓缴;执行社保费"五缓四降"政策,缓缴社保费1329万元,降率减负4769万元。

【征管改革】 2月26日出台《关于深化税收征管改革的实施意见》,在全省地税系统率先启动新一轮税收征管改革,着力构建现代化的税收征管体系,推行"五化"征管新模式。即办税服务一体化。将由纳税人发起的事项全部归集到纳税服务部门统一受理,100%进办税服务厅,实行流程办理。管理层级扁平化。减少管理层级,优化调整征管机构设置。健全市局、分局二级纳税服务机构体系,将办税服务厅从分局上收到市局,由纳税服务科负责业务管理及监督。深化市级一级集约稽查模式。机关运行实体化。以风险管理为导向,上收部分由基层负责的重要或复杂税源事项。明确契税和耕地占用税科行使市本级契税和耕地占用税的征管职能;税收风险分析监控中心重点应对全市高风险事项、高风险环节的税收管理。税收征管专业化。在基层分局全面实行"管事制",改变"分户到人、各事统管"的局面,管理方式由传统的"单兵保姆式"向现代的"团队流程化"转变。税源监控信息化。加强税控收款机系统、网络税控系统、网络版委托代征系统的推广应用,以及存量房系统升级维护工作。全面应用纳税遵从风险管理系统,在全省率先开展房地产、建筑安装遵从风险模型试点和全行业模型试点工作;加强电子税务局建设,实现电子税务局与办税服务厅无缝链接,全市地方税网上申报覆盖率已达95.92%,税款电子入库率达85.44%。

【纳税服务】 以"便民办税春风行动"为抓手,不断规范服务标准、拓展服务内容、提升服务效能,打通服务纳税人"最后一公里"。规范服务标准。全面推行县级税务机关纳税服务规范1.0版,推出容缺服务、延时服务、叫号服务、免填单服务等举措,最大限度便利纳税人。完善服务平台。提升12366热线服务水平,充分发挥热线在税务机关与纳税人之间的纽带作用。建立纳税人学堂,全年免费开班25期。借助地税网站、电子税务局、短信平台、QQ群等电子平台,实时与纳税人交流互动,为纳税人答疑解惑。拓展服务内容。邀请纳税人走进办税服务厅,现场体验方便快捷的办税服务;深入开展定点联系企业"一对一"走访活动和"暖企行动",送政策上门,为企业发展出主意、解难题。组织小贷公司和房地产纳税人代表座谈,一线把脉生产经营状况,听取意见和建议,提升服务效能。公开办税服务清单,简化涉税审批业务流程。全面落实首问责任制。建立健全纳税人诉求收集、分析和响应机制,及时处理回复纳税人投诉问题。

【依法治税】 将法治理念始终贯穿于税收工作的全过程。推进行政审批制度改革。强化组织领导,成立税务行政审批制度改革领导小组和办公室,负责对涉税行政审批工作的组织、协调、汇总、落实和督查。公开税收行政审批事项和权力清单。包括涉税行政许可5项、非许可类行政审批35项。编制行政权力清单、行政责任清单和行政权力运行流程图、廉政风险点报备表等事项,梳理地税部门行政权力36项。加强对行政审批权的监督制约,杜绝在公开的目录清单外实施其他行政审批;加强取消和下放行政审批事项的事中事后监督,对违反规定的严格责任追究。改进税收综合督查。将深化改革实施意见的任务分解落实情况和征管基础工作纳入督查内容,重点加强对税收执法程序、执法文书使用规范等情况的督查,规范税收执法行为,促进执法公正。加大税务稽查力度。创新开展"项目式稽查",提高稽查质效。深入开展打击发票违法犯罪活动,加大对举报案件以及协查案件的查处力度,规范涉税案件移送工作。全年依法查补收入7084万元,同比增长30.4%;查处违法受票企业31户,查处"买方市场"虚假发票份数84份,涉及金额1596万元,查补涉票税收收入56万元;受理涉税举报案件6件，向公安部门成功移送2宗涉税违法案件。试点上线新执法管理系统。主动承接首批试点任务，确保新系统按时上线试运行，对税收执法的过错行为实现在线监控和自动识别。加强税收宣传力度。制定税收政策解读管理办法，推进“黑名单”制度，公开重大税收违法案件。认真组织开展第23个税收宣传月活动，突出便民办税春风行动主题。不断完善日常法制宣传形式和内容，认真组织参加“江淮普法行暨铜都法制宣传月”和“12.4”第一个国家宪法日宣传活动，不断提升税法知晓度和遵从度。积极参加铜陵市纪念国务院《全面推进依法行政实施纲要》颁布十周年依法行政知识竞赛活动，并荣获团体三等奖。组织全局职工参加2014年铜陵市公务员法律知识考试。组织市、县局税收法制员、业务骨干，参加税收行政执法业务培训班。深入开展依法行政示范单位创建工作，2014年铜陵市地税局被铜陵市依法行政工作领导小组确认为铜陵市依法行政示范单位；铜陵县地税局被省地税局授予“安徽省地税系统依法行政示范单位”称号。

【群众路线教育实践活动】　以“为民务实清廉”为主题，扎实开展第二批党的群众路线教育实践活动。坚持领导带头，周密部署、以上率下、上下联动；坚持群众参与，征集各方面意见，共召开座谈会22场次，发放征求意见函1100余份，征求到各方面意见64条，其中涉及“四风”和群众切身利益方面的问题35条；坚持实践特色，在做好规定动作同时，创新自选动作，扎实开展“三个三”主题落地扎根工程、“便民办税春风行动”及《全国县级税务机关纳税服务规范1.0版》实施等工作，丰富活动载体，形成教育实践活动的良好品牌和效应，先后推出便民办税措施37项，整合税收检查评比考核2项，简并报表资料5项，压缩办税时限20项，优化办税流程10项。坚持问题整改，实施“三张清单”工作法，活动共整改各类问题53个；完善修订了13个制度、新建制度7个，内容涉及服务纳税人、依法行政、厉行节约、队伍建设和内部管理等方面，初步形成了贯彻群众路线的长效机制。《铜陵日报》2次对铜陵市地税局群众路线教育实践活动进行专访，铜陵市委教育实践活动领导小组扩大会议2次肯定了铜陵市地税局活动做法。

【党风廉政】　加强服务型党组织建设，与各党支部书记签订《铜陵市地税局党的工作责任制责任书》；对软弱涣散基层党组织开展集中整顿，对党员干部“四风”方面存在的问题进行剖析，明确整改方向，推进基层党建工作迈上新台阶。积极探索创新防腐新机制。在基层分局全面实行“管事制”，建立“不易腐”的税收征管机制；完善风险防控措施、落实“一岗双责”，建立“不能腐”的廉政风险防控机制；制定“一案双查”工作办法，建立“不敢腐”的执纪问责机制。扎实开展内审工作，对上年度开展的4个审计项目实施后续审计。严格落实党风廉政责任制。市局与局属各单位分别签订党风廉政建设责任书。印发党风廉政建设工作要点。严格执行《铜陵市地税局党风廉政建设责任制考核办法》，全年共实施党内警告1人次，行政警告1人次，诫勉谈话2人次，批评教育2人次，查处3起严重违纪违法案件。

【队伍建设】　坚持正确的用人导向，着力打造一支适应时代发展，符合地税事业需要的专业化干部队伍。强化思想政治建设。深入开展学习习近平总书记系列重要讲话及党的十八届三中、四中全会精神活动。培育和践行社会主义核心价值观，提升“三和”地税内涵，寻找地税好人，讲好身边故事，汇聚正能量。优化干部结构。完善干部考察选任机制，以“三严三实”为标准，选好干部，2名同志得到提任。优化配强基层分局班子，提升班子凝聚力，充分发挥班子战斗堡垒作用。新招录10名公务员，为系统补充新鲜血液。实施素质提升工程。强化培训管理，落实培训项目责任制，举办春训、会计业务知识培训等培训项目12个。加强与高等院校协作，认真落实调学任务，先后举办3期培训，合计150人参训。全年累计培训时间共40天，1583人次参训。开展全员练兵和能手竞赛，择优推荐21名选手参加省局三项能手决赛,4 人分别荣获省局“征管、稽查、信息化能手”称号。完善人才库建设,鼓励考试考证,加强在线学习管理,严格学分制考核。增加基层单位购书预算,推荐好书、鼓励读书,连续被铜陵市直机关工委评为第二届、第三届“书香机关”。全面试行绩效管理。初步搭建横向到边、纵向到底,覆盖全系统、全过程的绩效管理考评体系,进一步提升全系统整体工作效能。

【文明创建】　建立“铜陵市地税局文明创建大展台”,按照考核要求完善网络平台、充实创建内容、开展创建活动。积极参加社会公益性活动,确定了帮扶对象 160 人。走访慰问了顺安镇敬老院、市儿童福利院、大通镇新一村和阳光社区的孤寡老人和困难群众。组织干部职工积极参加“慈善一日捐”活动,累计捐助善款 26400 元。组织 12 名干部职工参加无偿献血活动。积极协调参建单位帮助联建村大通镇新一村修建一条 1.2 公里村村通公路。在党建联建村建立了 1.5 亩“地税林”。开展“寻找最美地税人”推选,宣传基层税干李和平先进事迹。抓好双拥工作。荣获安徽省第十届文明单位称号。全力争创第四批全国文明单位,成功入围候选单位,创建取得阶段性成果。

(执笔人:姚惠平)

池州市地方税收工作概述

【概况】　2014 年是池州地税成立 20 周年,也是近年来形势最为复杂多变、任务最为艰巨繁重的一年。一年来,全市地税系统认真贯彻省地税局和市委、市政府的部署要求,坚持“实干强基、创新争先”的治局理念,按照“两改一提升”的总体思路,承压而上,奋力作为,较好地完成了各项工作任务,为推进税收现代化建设迈出了坚实一步。池州市委书记、市长赵馨群,市委常委、常务副市长张夏林作出批示,充分肯定了地税部门在“复杂多变的宏观经济形势下”,“圆满完成了全年税费收入任务”,取得了“来之不易的工作成绩”。

【组织收入】　2014 年,克服了经济下行压力加大、结构性减税力度加大、地方税收基数增大、营改增后地税征收范围缩减等诸多不利因素叠加影响,沉着应对,迎难而上,坚持收“工作税”、“服务税”、“辛苦税”,全年共组织税费收入 53.5 亿元,同比增长 1.3%,其中:地方税收入 42.72 亿元,同比下降 0.6%,基金费收入 10.78 亿元,同比增长 9.7%,均完成了上级下达的预算收入任务。地方税收入占全市财政收入的比重为 45.5%,比全省平均水平高 3.1 个百分点,占全市生产总值的比重为 8.5%,比全省平均水平高 0.7 个百分点。

【党的群众路线教育实践活动】　以为民、务实、清廉为主题,深入开展教育实践活动,努力改进工作作风。一是认真开展学习教育。开展学习教育“十个一”活动,组织开展习近平重要讲话、“三严三实”等专题学习会 20 余次,撰写学习心得 159 篇。二是开好专题民主生活会和专题组织生活会。多层次开展谈心谈话活动,沟通交流思想谈心谈话次数达 93 人次;认真开展批评与自我批评,市局班子成员相互批评意见达 85 条。三是扎实开展专项整治工作。围绕贯彻落实八项规定精神,开展了严肃财经纪律和“小金库”专项治理、县区局班子落实八项规定精神专项检查、开展“节日病”专项治理、“吃喝风”、“红包”风、党员干部婚丧喜庆事宜大操大办专项治理、办公用房和接待场所行动整治等工作,清理办公用房超标面积 610 平方米,全年“三公”经费下降 27.9%。四是加强制度建设。制定制度建设计划,做好规章制度“废、改、立”工作,修改完善制度 30 余项,巩固教育实践活动成效。五是密切联系群众。将便民办税春风行动扎根工程，认真开展便税大行动、意见大走访、作风大扫除、换位大体验、服务大提速五大工程，纳税人满意率达到98%以上；建立市局班子成员双联系点制度，征集意见建议136条，整改落实109个。经市委第九督导组组织测评，对开展教育实践活动总体评价为"好"的占98.4%，对解决"四风"问题，特别是解决群众反映的强烈问题评价"好"的占96.8%。

【依法治税】　始终坚持依法行政，规范税收执法行为。一是深入推进涉税事项行政审批改革。公开行政审批目录，明确市级税务机关42项审批事项，并将8项审批事项中市局享有的许可（审批）权限，按照税收管辖权全部下放至县（区）局，同时加强涉税审批事项后续监管。二是积极清理税收政策。结合商事制度改革，对2007年以来所有制发的规范性文件进行了2次集中清理，对涉及增设前置条件、要求报送资料等增加纳税人负担的事项一律废止，其中，全文废止文件13份、部分条款失效文件12份。三是制定权力清单。出台市本级税收权力清单，共清理出行政审批权限6项、行政处罚权限7项、行政征收权限23项、行政强制权限4项、其他权限8项共计48项税收行政权力，规范权力运行。四是扎实开展依法行政示范单位创建。全市系统4个单位被认定为池州市依法行政示范单位，1个单位被省局认定为示范单位。五是开展税收综合督查工作。开展税收执法综合督查及"回头看"，下发督查通报严格整改，共督查入库税款2243万元。六是整顿规范税收秩序。开展建筑安装、房地产行业及重点税源企业专项检查，全年稽查查补税收7468万元，增长1.03倍。

【改革创新】　一是全面推行城乡纳税服务一体化改革。在总结2013年试点地区经验的基础上，全面实施改革，建立了以城区办税服务厅为主、农村办税延伸点为辅、各服务点为补充的纳税服务新格局，初步形成专业化、集约化、信息化、社会化纳税服务新模式。二是积极开展政府购买服务。积极探索采用政府购买服务方式，向社会中介机构"借智"、"借力"，在全省地税系统率先进行12366纳税服务热线政府购买服务项目，全年12366热线人工接听7062起，同比增长40.8%；大力开展企业所得税汇算清缴评估鉴证项目，评估鉴证补税2020万元；积极探索实施土地增值税清算审核服务外包工作。三是稳步推进税收征管改革。推进税收风险管理，制发《纳税遵从风险管理办法（试行）》，部署纳税遵从风险管理平台上线工作；应用AHTAX2013系统"风险管理平台"进行扫描监控，积极开展纳税评估，发现推送241户存在纳税风险纳税人；认真落实税收征管保障工作，全市系统依托税收征管保障工作机制获取外部门有价值涉税信息14622条，共组织入库税款1.28亿元。

【便民办税春风行动】　围绕"提速、减负、增效"目标，常态化开展"便民办税春风行动"。一是积极落实税费优惠政策。认真落实扶持小微企业发展、支持重点群体创业就业等优惠政策，全市地税系统落实税收优惠政策减免税收2.20亿元。积极帮扶困难企业，落实社保费"五缓二降"优惠政策，缓缴社保费3024万元，降低费率、调整基数为企业减负3596万元。同时，做好电信业"营改增"扩围工作，移交纳税户69户。二是确保《全国县级税务机关纳税服务规范（1.0）》落地。采取"五个一"举措，即制定一个方案，用好一本教材，开辟一个专栏，完善一次性告知，举行一次考试，严格按照《规范》要求开展办税服务。三是不断优化纳税服务。健全纳税人维权组织，成立全省首个依托第三方搭建的纳税人权益保护组织——纳税人之家；加强纳税人学堂建设，全年举办纳税人学堂26场，培训纳税人3400余次；简并办税事项，简化办税资料，纳税人报送资料由1658件精减到1206件，精减了27.3%；推行"容缺受理"和延时、预约服务，当场办结比例超过90%。另外，积极调研献策，先后开展了支持现代服务业发展、主城区房地产税收管理、服务业企业契税优惠政策、建安房地产等五大行业营改增等各类调研活动，多篇文章被省局、市委、市政府相关媒体刊载并获奖。

【税源管理】 通过细化税种管理,提升信息化应用水平,完善征管举措等手段,不断强化税源管理。一是强化征管和信息化基础。开展"征管基础建设年"活动,不定期对征管状况和征管质量情况进行监测分析;开展"信息化应用提升年"活动,研究制定《池州市地方税务局电子数据管理(试行)办法》,开展数据分析3次,组织开展全员信息化应用能力考试,不断提升全员信息化应用水平。二是细化征管举措。建立主城区房地产开发土地增值税"四项成本"扣除预警指标值,加大房地产企业土地增值税清算力度;加强各类国有土地使用权出让契税监管;加强企业所得税预缴和自然人股权分红、转让个人所得税管理;严格落实房产、土地、车辆等行业先税后证等征管办法;推广应用委托代征软件,防范零散税源流失。三是做好现代化分局建设收官工作。全市系统新增1家省级先进单位,3家市级先进单位,1个分局被评为全省地税系统推进现代化分局建设十佳单位。

【队伍建设】 加强领导班子建设。修订完善市局党组会议事规则、局长办公会议制度,认真落实民主集中制原则,提高决策的民主化、科学化水平。完善干部选拔任用机制。认真贯彻新修订的《党政领导干部选拔任用工作条例》,严把初始动议关、民主推荐关、组织考察关、酝酿决定关、任用监督关五个关口,选拔提任了16名科级干部。加强后备干部培养。出台《后备干部管理办法》,建立后备干部选拔、培养、管理、使用"四位一体"工作机制,建立副科级后备领导干部库,选任干部时充分考虑干部库人员。加强干部教育培训。修订《继续学习管理暂行办法》和《市级兼职教师队伍建设管理暂行办法》,营造学习氛围,打造自己的培训"师资"队伍;开展岗位练兵活动,举办"三项能手"竞赛,积极参加全省系统决赛,6名同志取得较好成绩。加强地税文化建设。培育和践行社会主义核心价值观,积极投身我市"和美文化"创建工作,搭建道德讲堂、地税发展大讲堂等载体,积极打造具有池州地税特色的精神文化、制度文化和廉政文化。加强机关党建。开展"机关党建服务基层年"活动,深入开展"学雷锋活动示范点"和"岗位学雷锋标兵"等创先争优活动,严格落实党内组织生活制度,加强基层党组织建设。加强绩效管理。按照省局统一部署推进绩效管理工作,上线绩效管理信息系统,以绩效管理信息系统考核和按季开展工作督查相结合的方式,加强重点工作日常监控,确保各项工作落实到位。

【党风廉政建设】 牢固树立"抓党风廉政建设是本职、不抓党风廉政建设就是失职、抓不好党风廉政建设就是渎职"的理念,切实加强党风廉政建设。一是认真落实主体责任。研究制定《池州市地税局关于落实党风廉政建设主体责任和纪检组监督责任的实施办法(试行)》、《池州市地税系统党风廉政建设责任制日常考核办法》,实行日常考核与年度考核相结合,将单位和个人落实党风廉政建设责任制的情况纳入绩效考核,认真落实党风廉政建设党组主体责任。二是加强"两权"监督检查。加大领导干部廉洁自律的监督检查,开展了县(区)局主要负责人落实"八项规定"精神等情况的监督检查,并采取提醒教育、廉政谈话等措施,进一步加强对领导班子和领导干部的监督。进一步深化领导干部责任审计,全年共开展审计项目11个,发现问题14个,提出审计意见19条。三是积极推进纪检监察三转。聚焦办案主业,明确办案重点,落实主要负责人批查案件、阅批人民来信和接待来访等制度,全年共受理信访举报9件,结案9件。制定《池州市地税局廉政风险防控考核办法》,建立健全廉政风险预警处置、动态管理和检查评估等机制,开展廉政风险动态防控试点工作。

【取得荣誉】 2014年度,先后获得全省地税系统绩效考评优秀单位、中央和省驻池单位目标管理考核一等单位、第十届安徽省文明单位、第六届池州市文明行业、全市依法行政示范单位称号、全市政务公开工作先进单位、全市优秀政府网站、市直双拥优秀单位等多项荣誉称号。

(执笔人:马文蒴)

安庆市地方税收工作概述

【概况】 2014年,安庆市地税局认真贯彻省地税局和市委市政府的决策部署,围绕服务科学发展、共建和谐税收主题,遵循依法行政基本准则,深入推进“三和”地税建设,全力推进地税事业的全面发展,锐意进取,务实创新,充分发挥地税职能,圆满完成各项目标任务,为“三个强市”和美好安庆建设发挥了积极作用。

【税费收入】 围绕中心工作,贯彻落实组织收入原则,根据全市经济发展和公共财政需求等变化趋势,科学部署收入目标,全面推行税源专业化管理,努力提高征管质量和效率。全力优化纳税服务,努力提升纳税人满意度和税法遵从度,也有效地促进了税收收入的稳定增长,为促进安庆经济社会又好又快发展和民生改善提供了坚实的财力支持。2014年共组织税费收入131.16亿元,同比增收16.7亿元,增长14.6%。其中:税收收入完成85.44亿元,同比增收11.69亿元,增长15.8%;基金(费)收入完成45.72亿元,同比增收5.01亿元,增长12.3%。市本级15.98亿元,同比增收2.59亿元,增长19.4%。

【服务发展】 全力服务地方经济转型跨越发展大局,不折不扣地落实各项所得税优惠政策,最大限度地释放税收支持经济发展效应,有效地发挥了税收职能作用。全年兑现各类税收优惠政策,减免税款12.8亿元。办理“五险”缓缴4720万元,降率减收失业保险1420万元、生育保险490万元。切实帮助中小企业加快发展,梳理鼓励中小企业科技创新、加强资源综合利用等七个方面55项具体优惠政策规定。印制、发放《小微企业税收政策汇编》,切实服务纳税人和基层机关,制作2000份《个人年所得12万元以上自行纳税申报知识问答》宣传册,举行多场所得税政策宣传、培训会,培训纳税人达1万多人次。做好“营改增”各项工作,进一步释放改革的红利,16户铁路运输、邮政业和35户电信业纳税人顺利实现税制转换。落实小微企业结构性减税政策。推动土地使用税等级范围和税额标准的调整,开展“工业企业亩均税收贡献调查”,提出建立“一增一奖”制度建议,为市政府出台文件当好参谋助手。实施“以地控税、以税节地”工作,配合政府落实土地“三项清理”整治,规范税收征管秩序。

【依法治税】 大力整顿和规范税收秩序,实施各类税收检查,严厉打击发票违法犯罪行为。加大对服务业税收支持力度,制定实施三产兴市战略推进服务业跨越发展若干地方税收政策100条。认真落实各项税收优惠政策特别是结构性减税政策,营造宽松的税收政策环境,近年来每年减免税额超过1亿元。开展行政职权清理工作,梳理确认市本级行政职权事项共计8类108项,并通过网站向社会进行公告。在市政务服务中心设立首席代表,同时将市本级13项行政职权事项进入市政务中心窗口统一办理。出台了《关于深化税务行政审批制度改革若干问题的意见》,梳理出42项税务行政审批事项。进一步明确了市本级与市区分局的审批权限和职责。加强政府权力清单和责任清单的清理和落实。推行行政审批改革工作,认真落实国家税务总局“便民办税春风行动”,出台了《关于深化税务行政审批制度改革若干问题的意见》。开展依法行政示范创建工作,编纂安庆市地税局依法行政图片册,推出安庆地税系统依法行政工作“路线图”,受到市政府法制办的表扬。开展“六五”普法工作,组织依法行政知识考试,落实执法人员持证上岗和资格管理制度。开展依法行政示范创建工作,被安庆市人民政府推荐表彰为“安徽省依法行政示范单位”。

【纳税服务】　开展“便民办税春风行动”，落实《纳税服务规范》。规范简并办税事项，建立办税清单制度；依托信息化建设成果，精简压缩办税所提供的资料；科学优化办税流程，前移审批职责，大力推广当场办结事项。出台以“首问负责制”为首的十四项纳税服务制度，印发了1500册《安庆市地方税务局纳税服务制度文件汇编》宣传手册。开展纳税服务满意度问卷调查，全面掌握纳税服务工作的总体状况。开展大企业税务风险管控工作，进行大企业数据采集分析平台地应用推广，将大企业税收管理报表与2013年度总局定点联系企业名册的后续申报管理工作有机地结合起来。召开多次纳税人维权办公室工作会议，为纳税人依法开展涉税维权活动。开展群众路线教育征求意见大走访活动，深入企业开展“一对一”纳税服务。建立市级纳税人学校，开展对全市纳税人的分层次培训。推进标准化办税服务厅建设，全面提升办税服务质效。安装了电子触摸屏、排队叫号系统及服务评价器。安装自助办税终端，实现24小时办税。协调银行、社保，实现个人缴费银行代扣代缴。编印发放《纳税咨询热点问题100题问答》6000份，开通网上纳税人学校，12366纳税服务热线实现24小时“全时段”，全年接听受理各项涉税事项2432次，全年发送涉税(费)信息累计达24万条。

【税收征管】　制定《安庆市地方税务局关于推行免填单服务工作》，推广实施“免填单”服务，继续推行涉税费业务“同城通办”，增加“发票日常领用”业务。推进现代化分局建设，将现代化分局建设与税收征管改革、税收管理转型升级、创先争优活动、效能建设、文明创建、“三和”地税建设等工作结合起来，注重现代化分局监测考核与其他考核有机结合，加强考核结果的综合运用。全面落实风险管理，开展地方税收不良记录认定工作。完成纳税遵从管理软件、管理风险监控软件上线工作。开展纳税评估工作，应用纳税遵从软件，风险应对补税及滞纳金199.65万元。加强征管绩效“五率”考核，对征管效能“五率”进行了全面监测。开展“信息化提升年”活动，提升信息管税水平，提高AHTAX2013核心征管软件应用效率。落实取消发票工本费政策，免费发放发票2695.7万份。

【税政管理】　抓好企业所得税汇算清缴工作，补缴税款7.10亿元，同比增长109%。个人所得税全员全额明细扣缴申报实现全覆盖。“12万元”以上个税申报人数、纳税额双创历史新高，开具完税证明5.1万份。维护调整存量房评估系统参数，全年评估存量房4233套，调增57%。规范国际税收管理，138户外资企业通过了年检确认。

【税收宣传】　一是与安庆电视台经过精心准备和充分酝酿，于4月13日在“家乐福”超市门前广场(原华茂集团)举行的一场税收专题灯谜有奖竞猜活动。二是在安庆电视台《热线800》栏目、《安庆日报》、《安庆晚报》，对“群众路线教育”及税收宣传月内容进行报道。三是印发《关于进一步加强信息报送工作的通知》，编印《安庆地税信息》14期，在《安徽地税》、《安徽地税信息》、《安庆日报》、《安庆晚报》、《安庆宣传》和市委、市政府《安庆信息》和《今日要情》等载体上，发布宣传信息113篇，在安庆电视台播放地税相关节目15条。四是利用各种平台宣传。通过中邮广告公司印制1万张涉税政策宣传单。发挥市局内、外两个网站作用，全年刊发各类信息773条，全年访问量371万人次。五是精心组织“开展纪念地税成立20周年纪念”系列活动，与安庆日报联合开展征文活动。开展“20年20件大事”评选。编印纪念地税成立20周年纪念画册“筑梦”。

【廉政建设】　围绕党风廉政建设和反腐败工作中心任务，紧扣“三转”要求，结合全面开展的第二批党的群众路线教育实践活动，突出作风纪律建设，深化廉政教育，强化执纪监督，有效的落实党风廉政建设监督责任。编制廉政警示教育展板、组织参观廉政警示基地活动、召开党的群众路线教育实践活动征求意见座谈会、举办廉政警示教育讲座、开展“一清三查”专项作风纪律督查、进行干部任前廉政谈话、召开市区落实党风廉政建设主体责任暨廉政风险防控工作座谈会、举办全市地税系统纪检监察业务培训班、组织现场观摩怀宁县地税局廉政文化进家庭创建工作。受理安庆政府网“政民互动”栏目的网上咨询,回复纳税人103个咨询问题,满意率100%。积极参与安庆人民广播电台1584政风行风热线,上线6次,回复热线23条。做好市纪委开展的“千项办件看效能”活动,向市纪委效能办抽选并报送涉税事项400件。

【队伍建设】 学习贯彻新修订的《党政领导干部选拔任用工作条例》,做好领导班子和领导干部的调整配备工作。择优选拔1名正科、3名副科,3名县局纪检组长转任副局长,15名县局副科级分局长轮岗交流。加强人才库建设,调整充实各级人才库成员,认真推荐省级人才库成员,选拔进入市级库成员179人。抓好“三项能手”竞赛工作,有7人获省级能手称号。继续大规模培训干部,全年组织开展各类培训73期,培训超过2100人次。加强系统党建、创建工作指导。推进绩效管理工作,制定《全市地税系统绩效管理工作实施方案》、《安庆市地税系统绩效管理办法》和《安庆市地税局机关绩效管理办法》等,采取边推进、边研究、边培训的方式,抓好面对面培训。参与安庆市第四届文明行业(系统)评比申报工作,有4家单位荣获第四届文明行业先进集体称号,宜秀区分局等10多家单位被评为安徽省六五普法中期先进集体、安庆市十佳为民服务机关(科室)等荣誉称号。

(执笔人:程平原)

黄山市地方税收工作概述

【概况】 2014年,是适应经济发展新常态、全面深化改革新开局、贯彻作风建设新要求的一年。一年来,黄山市地税局以党的十八大和十八届三中、四中全会精神为指引,始终坚持“一个确保、两个提高”总体要求,充分发挥地税职能,大力推进依法治税,不断深化征管改革,切实加强作风建设和队伍建设,各项工作取得新的成效。

【组织收入】 2014年,全市地税系统累计组织各项税费收入59.21亿元,其中完成地方税收入43.48亿元,比上年增收4738万元,增长1.1%。全面加强和规范基金(费)征收管理,全市全年共征收入库社保费14.38亿元,完成预算收入的104.88%,五项社保费征缴率均超过省政府95%的考核目标,有力支持了全市社会民生事业的发展。

【税费征管】 全市各级地税部门采取了一系列堵漏增收、挖潜增收措施。通过实施房产税城镇土地使用税明细申报、强化税收基础信息比对、通过购买社会服务开展土地增值税“四项成本”中介鉴证、强化股权转让税收管理、开展两处或两处以上取得工资、薪金所得个人所得税专项检查等措施,加强各税种管理。积极落实省、市政府关于强化土地节约集约利用有关文件精神,对土地使用税等级税额标准进行调整,全市全年城镇土地使用税入库2.89亿元,比上年增长86.4%。同时,切实加大稽查查补力度,全年立案检查127件,结案119件,组织自查540户,查补入库税收7386.86万元,同比增长71.43%。

【依法治税】 充分利用AHTAX2013软件数据查询功能,对日常执法行为实施有效监测,初步建立了岗位自我监测、分局日常监测和上级重点监测的三级执法监测体系;认真开展综合执法检查,对县区局及市直各分局(局)税收政策执行、税收征管、税收资金管理和票款安全、政务公开以及依法行政工作等方面进行了全面督查,促进了规范执法;制定《关于规范纳税人税收自查自纠工作实施意见》,规范税收违法案件处罚自由裁量权使用;专题开展"促进小微企业发展相关税收政策落实情况"执法督查,不折不扣地落实改善民生、鼓励高新技术企业发展等各项税收优惠政策,全年政策性减免地方各税20689万元。认真落实"两缓一降"社保基金优惠政策,其中通过降低费率减收失业保险费901万元,对符合条件的困难企业缓征养老和失业社保费771万元。

【改革创新】 积极推动税制改革,按期完成了邮政业31户、电信业46户"营改增"移交工作;为规范企业残疾人就业保障金征缴程序,经市政府研究同意,改革全市企业残保金的征管方式,由核定征收改为企业自行申报缴纳,2014年,全市共征收保障金758万元,比上年增长31.37%,创历史新高。完善税收专业化管理,制定了《纳税服务联系人工作制度》,进一步明晰税务联系人工作职责,把"管户与管事"有机结合;加大信息化推广力度,全市共有11410户纳税人通过电子税务进行纳税申报、报送财务报表,全市通过TIPS缴款入库数占总税费比76%,达到45亿元;深化AHTAX2013软件应用,充分依托纳税遵从风险管理系统、管理监控系统,强化风险防控,全年累计推送、反馈、确认各类疑点指标3151条,评估终结140户,评估入库税款及滞纳金962万元。

【纳税服务】 以全面落实"两前两办"和"办税清单"为基础,在全市范围内推行《全国县级税务机关纳税服务规范》(1.0版),73%的办税事项可当场办结,办税时间户均缩减34%,纳税人报送资料减少39%以上,办税环节减少62%,纳税人到税务机关办税次数减少47%;突出减负提效,深入推进简化工作环节、简捷办税流程、简并涉税资料、推行格式化告知的"三简一告知"工作,推行"容缺管理"和"免填单"服务,切实减轻纳税人办税负担;在全市办税服务厅设立技术服务岗,进一步完善税控装置售后服务;实施个体工商业户首次购票"先供后核",解决新开业户急需用票需求;建立市局机关、管理分局、办税服务厅"三位一体"沟通协调机制,提升纳税人需求办理效率。

【效能建设】 在群众路线教育实践活动中,黄山市地税局紧紧围绕"为民务实清廉"主题要求,坚持把学习教育贯穿始终,把服务税户、服务基层、服务大局贯穿始终,通过边查边改,立行立改,教育实践活动取得实实在在的成效:修订和完善各项规章制度15条;推出"一事一单"式《涉税事项格式化告知单》;增设59台POS机,遍布全市所有分局和办税点;实施个体工商业户首次购票"先供后核";建立市局机关、管理分局、办税服务厅"三位一体"沟通协调机制;全系统共投资52万元购置13台个人所得税完税证明自助打印终端,方便全市纳税人查询打印。开展CA认证和涉税鉴证社会化购买,为全市8000余户纳税人减轻费用100余万元;开展"百村千户双联"走访帮扶活动,支援休宁、祁门县乡村兴修水利建设13万元。

【内部管理】 按照总局、省局关于实施绩效管理工作统一部署,围绕提升站位、增强地税公信力和执行力的"一提双增"目标,确定"改革发展、依法行政、税务形象、满意服务"四类绩效内容,并结合市委、市政府工作部署,制定了三级绩效考评指标体系,把目标任务细化落实到岗到人。同时,运用绩效管理信息系统,通过节点管理、日常监控、季度分析、半年自查等方式,对工作绩效进行考评,充分调动全系统争先创优的激情与活力。

【廉政建设】 严格贯彻执行中央八项规定、省纪委"十个严禁"和省局、市委市政府关于改进作风、厉行节约一系列规定,认真纠正"四风"问题。黄山市地税局制定了《机关工作作风效能问责惩戒办法》,修订了《日常行政管理办法》,《车辆管理办法》和《公务接待管理办法》等办法,严格落实考勤管理、领导干部个人有关事项报告等规定,开展上班纪律日常巡查和明察暗访工作,不断强化干部队伍作风建设。认真开展办公用房、公务用车等专项清理工作,及时查处和纠正违规行为。严格执行公务接待管理规定和会议培训活动经费管理办法，大力压缩“三公”经费支出。据统计，办公用房清理腾空816平方米，“三公”经费支出较上年下降27.87%。2013年，在市直一类单位“三位一体”政风评议中，黄山市地税局名列第六，名次比上年有较大提升。

【队伍建设】　开展“五好领导班子”创建活动，进一步加强各级领导班子思想、政治、组织、作风建设。在干部任用工作中，打破原来只在本单位进行竞争上岗的做法，采取“比选择优”方式，在区县局领导班子成员副职中选拔2名市局正科级领导干部。结合比选择优，6名科级领导干部调整交流了工作岗位。分级分类开展干部培训，全年市局组织外出脱产培训15次、业余税校培训27次，培训人数达2056人次，干部队伍综合素质不断提高。黄山市地税局被评为2013年度市政府目标管理绩效考核先进单位，被省局评为2013年度全省地税系统绩效考评优秀单位。

（执笔人：潘　力）

广德县地方税收工作概述

【概况】　2014年，在县委、县政府的正确领导和省、市局的关心指导下，广德县地税局深入开展党的群众路线教育实践活动，认真落实县委、县政府的各项工作部署和省局工作会议精神，以“信息化应用提升年”、“绩效启动年”活动为抓手，依法治税，勇于创新，提升站位，各项工作得到了有序、有效推进，2全年组织入库地方税费17.69亿元，同比增收2.38亿元，增长16%。其中：地方税收入13.26亿元，同比增收1.36亿元，增长11%，税收总量位居全省第11位，全市第3位，与去年持平，增幅位居全省41位，全市第3位；基金费收入4.43亿元，同比增收1.02亿元，增长30%。

【组织收入】　调整重点税源标准，强化税源监控。组织各业务部门和税源管理分局深入到征收一线，摸底排查税源；根据实际情况，对县级重点税源的标准进行调整，从原来的年纳税额30万以上调整为50万以上，经筛选确认的县局重点税源企业由去年的289户减少到今年的242户，提升了税源监控的针对性。采集多方数据，强化税收分析与监控考核。积极与统计局、财政局、国税局、发改委等部门沟通，多方采集数据，特别是相关经济指标，分行业、税种等多种方式进行税源分析，加强税收分析的数据化，使税收分析更加明细、具体；及时分析增减因素，进一步完备税源管理和监控双岗双轨预测监控体系；健全基层分局联系点制度，以“联座机制”共担风险。抓好重点税种控管。在企业所得税方面，加强对年度所得税纳税申报的过程控制，实行错峰申报，推行汇算进度定期跟踪和通报反馈制度，2014年全县应参加企业所得税汇算清缴户数690户，全年实际应纳所得税额13714万元，累计实际已预缴的所得税额7045万元，已参加汇缴624户，汇缴率为90.4%，应补企业所得税额6669.4万元；在个人所得税方面，通过征管软件，结合个税BIMS系统提取、筛选、确认年收入达12万元的纳税人信息，降低申报差错率，目前全县有2122户扣缴义务人、50363户纳税人应税项目的申报信息纳入系统管理；在资源税方面，不断规范源泉控管，于6月初下发了《关于进一步加强资源税代扣代缴管理工作的通知》，加大土地增值税清缴审核力度，截止10月底，完成2个项目清算，补缴税款40万元，剩余10个项目计划于11月底前完成；在营业税方面，加大推广应用存量房评估系统，修订了《存量房交易计税价格争议处理办法》，有效解决征纳双方对核定计税价格的争议，规范存量房交易市场税收征管,目前评估系统已进入数据测试阶段,预计2015年1月起上线应用;稳步推进“营改增”试点扩围,分析测算“营改增”对地方税收收入和财政收入的影响,形成专题报告,确保了6月1日电信业纳税人顺利实施税制转换;在契税和耕地占用税方面,加强耕地占用税与农用地转用面积的对比分析,契税与房屋销售量、土地成交量的对比分析,掌握两税收入变动情况和趋势,严格两税减免退审核,对涉及税收减免的按即时减免和程序减免办理,加强退税审核。发挥纳税评估作用。在2月底和5月中旬分别对2014年度营业账簿、2013年购销合同和2013年新办企业实收资本印花税申报缴纳情况进行了评估,共评估3465户次,推送分局核查疑点户3026户,已评估入库税款153万元,1-10月份入库全部印花税比去年同增加364.35万元,增长31.58%,其中实收资本印花税是去年同期的2.89倍增收116万元,营业账簿印花税是去年同期的1.34倍;通过从广德县国土资源局收集的矿山企业2013年实际开采量测量信息、炸药领购量和纳税人账簿记载量同征管软件中纳税人资源税申报量对比,共向新杭、邱村、征管和柏垫四个分局推送26户申报异常户信息,入库税款606万元、滞纳金39万元;在新杭分局建立钙业资源税评估模型,对生石灰行业生产工艺、耗电量、耗煤量和投入产出比进行了调查测算,并形成了专题调研在《安徽地税》杂志发表,为资源税监控提供了更有力的理论支持。

【征管改革】 集思广益,全力推进税收征管改革。先后组织相关人员前往高淳、宜兴、长兴、安吉等江浙发达地区、安徽铜陵市地税局调研学习税收征管改革工作情况,赴扬州税务学院聆听潘雷驰教授的现场指导,完成针对性调研学习报告两篇。分别组织召开了纳税服务、电子税务局、风险管理、税源管理模式、机构及职能设置等专题座谈会,上半年累计组织召开征管改革座谈会10次,共征求7个方面意见21条,拟定了《广德县地税局税收征管改革实施方案》初稿。以风险为导向,加强信息管税。配合省地税局做好对AHTAX2013的优化完善工作,于2月下旬以分批开展座谈会、实地调研等形式广泛地征求了各分局、科室的意见,经讨论审核后合计整理出4大类(岗责流程类、查询统计类、软件功能类、其他类)37个问题;加强电子税务局的推广,于5月在全县开始了CA电子认证证书的使用推广,截至10月下旬共发放2600余个CA电子证书;作为省局风险管理平台试点单位,该局对平台上线的时间进度、责任分工、运行维护等进行了明确规定,7月初风险平台顺利上线,截至目前管控风险的20个指标已全部在县局上线运行,遵从风险试行了房地产开发业模型和建筑业模型,现已累计推送了3批风险应对任务,涉及20个风险指标的7130条风险信息,遵从风险累计推送了2批风险应对任务,涉及两个风险模型的23户有风险户;提出自主开发广德地税局移动终端的设想,集成地税外网的包括公告、提醒推送、信息采集、相关查询等功能。创新模式,推进社保费征缴信息化。全面推行网上申报,行政事业单位网上申报缴费率达100%,并针对社保费机关实体化征缴特色,积极向省局数据大集中项目提出优化和修改业务需求,创新了该县灵活就业人员社保费批量扣缴的征缴模式;实现了社保费单位缴费模式由自行申报向确认申报过渡的前期准备工作。固本求新,夯实征管基础工作。在全县范围内分阶段、突出重点、有序推进漏征漏管清理工作,以“两调查、两比对、两清查”方式深入开展,目前普通发票清查工作正在有条不紊地实施;同时还对县境内的矿产资源税收管理进行了全面梳理,就矿产资源地方税管理、所得税管理分别撰写了分析报告,明确了下一步主要征管措施;对县竹胶板制造行业进行了专题调研,并撰写了调研报告,就税收征管和企业发展向政府提出了意见和建议;起草制订了《进一步加强印花税征管工作的通知》,制订下发了《关于进一步加强欠税管理工作的意见》,对欠税公告工作进行进一步明确和要求,现已确定了第一期欠税公告名单,涉及23户纳税人,欠税税款4067848.57元;对临时税务登记的办理进行了规范，明确了受理岗位及申报资料等内容，下放了新办税务登记（含项目登记）主管税务机关分配权限给纳服局直接分配，统一起用 Ahtax2013 新修订的表证单书。注重综合治税。在前期联合国税、财政拟定《广德县税收保障办法》的基础上，进一步配合政府完成了对综合治税平台建设调查研究、建设方案拟定等工作，初步明确了项目建设的总体思路、建设内容等，目前，综合治税平台首批八个单位的信息传递机制已经建立，并于 9 月份上传了第一批涉税信息，为进一步加大总部经济的引入和服务工作提供了良好基础。强化措施，确保现代化分局建设五年规划完美收关。以省局现代化分局建设在线监测为契机，组织分局对在线监测的税务登记等 11 个方面的基础数据进行了修改、补充和完善；模拟开展考核验收，联合广德电视台先后拍摄了广德县地税局现代化分局建设五年组织宣传片及经济开发区分局现代化分局创建宣传片。在年初的省局现代化分局创建考核验收中，该局被授予全省地税系统实施现代化分局建设规划（2009—2013 年）先进单位，该局经济开发区分局被推荐为省级先进单位。

【服务发展】 着眼地方经济发展之局，发挥参政辅政作用。修订了《信息宣传、调研工作考核办法》，已形成《营改增实施对我县地方财政收入的影响及建议》、《促进我县房地产市场健康发展的建议》和《生石灰生产行业资源税纳税评估模型初探》等多篇调研文章，供县领导参阅决策。另外，承办了强化土地节约集约利用等 19 项政府交办事项的政策解释、答复和建议，向省局、县委、县政府累计报送各类信息百余条，采编关注地方税 12 期，调研 8 期，为县委县政府推进招商引资、科学决策财税事项提供了政策支撑和参谋意见。着眼税收长远发展之局，引导税法遵从。精心拟定全年税收宣传和第 23 个全国税收宣传月活动方案，以“为民务实清廉”为宗旨，开展了“种植税务林税农一家亲”、税法进小学活动，创办了全县纳税人自己的税法教育基地－－－纳税人（网络）学校，与县国税局联合开展了税宣动漫进媒体活动，通过“关注地方税”栏目、广德报专刊和广德地税网站等多渠道宣传纳税人的权利与义务以及最新的税收政策；通过座谈回顾、画册宣传展示县地税局成立 20 周年成果。着眼征纳和谐共进之局，深化“便民办税春风行动”，落实县级纳税服务规范。不断改进纳税服务手段，积极改进服务方式，创新个性化服务，基本完成全职能窗口建设，举办了服务大厅人员礼仪培训和业务知识培训；强化优惠政策落实，积极主动落实各项税收优惠政策，努力拓展税收优惠政策利用空间，确保各项税收优惠政策落实到位，充分发挥税收优惠政策的引导和扶持作用，2014 年 1－9 月份累计减免各项税收 7473 万元，其中：扶持小型微利企业减免 413 万元、高新技术企业减免 2241 万元，契税减免 3229 户，减免金额 3332 万元，促进了企业再发展；深入帮扶企业排忧解难，以“三扶一帮”行动计划为抓手，迅速深入对口帮扶企业，了解企业用工、用资等方面的需求，经营情况和存在的困难，为企业发展支新招。目前，全局已走访企业 130 户，收集企业生产经营和发展中存在问题 35 条，对财政扶持等个性问题已与相关部门及时沟通联系，对用人和用资等共性问题已提交上报经信委并转办相关部门正在办理；加强总部经济相关企业税收服务。建立服务经济台账，安排专人开展税收业务对接，明确前台无限时预约办税服务机制，全方位满足总部经济企业的特殊税收服务要求。针对问题需求有的放矢。针对日常征管和税务稽查中存在的纳税咨询服务和热点问题，依托纳税人（网络）学校，举办了五期专题业务培训，及时回应纳税人的疑问。在个人所得税明细申报客户端申报培训和建筑、房地产、小额贷款担保公司及餐饮业税收政策辅导中，指出了问题根源，明确了正确的操作方法和政策的执行口径。着眼全局工作协调发展之局，服务基层、规范行政管理。修订印发了《工作纪律、考勤、公务接待及车辆管理办法》，组织开展安全、卫生检查，服务各种会议，为全局日常工作的高效运转做好后勤保障；积极筹备并开展了老版综合办公 OA 系统的向新版软件的数据整理迁移工作,并于同月开展了新版综合办公系统的应用培训;热心作好福利工作,新春期间局领导分五组登门拜访慰问单位退休老干部及困难干部职工;深入开展温暖星期五活动,利用月中第一个周末下午,不拘形式,选择不同基层分局及相关科室、纳税人、帮扶对象,组织谈心活动,服务基层"送信心"、深入企业车间服务纳税人"送政策"、走访困难群众排忧解难"送温暖",截至目前局工会对系统人员家庭各种丧事慰问、生病慰问 25 人次,发放慰问金 3.5 万元。

【依法治税】 强化依法行政,积极开展"六五"普法工作。以党的十八大精神为指导,加强以宪法为核心的法律法规学习宣传,深入开展以"法律六进"活动为主线的全民税收法制宣传教育工作,深入贯彻《依法行政实施纲要》,大力开展行政权力清理,"六一"儿童节进入小学进行税法宣传活动;组织广大干部职工认真学习宪法和法律、法规,认真开展《征管法》执法自查和整改。完善稽查程序,加大稽查力度。县局稽查部门认真按照省局税务稽查工作会议要求,实施"阳光选案"并认真开展"阳光稽查"查前约谈辅导工作,拟定 33 户企业实施阳光稽查,选定 15 户企业作为重点税源检查,截至 2014 年 1－10 月共结案 11 户、查结 3 户,自查申报企业共 34 户,共组织入库各项税费基金 1774 万元,其中检查查补入库收入 664 万元,受理举报案件责令补税入库税款 17 万元;阳光自查入库各项税费基金 1110 万元;另查结省稽查局选定的 1 户重点税源户的专项检查工作,查补税款 102 万元。与国税联文下发《关于<广德县 2014 年度打击发票违法犯罪活动工作实施方案>的通知》,并依照《关于开展餐饮企业发票使用情况专项整治工作的通知》(皖地税发〔2014〕20 号),严厉打击涉税违法犯罪行为,利用信息、报纸、广播、通信和政府门户网站开辟专栏宣传,开展发票使用、查询和辨伪知识宣传,全面检查发票领购、开具、取得、使用、缴销等情况;加大发票违法犯罪案件的曝光力度,遏制发票违法犯罪行为的发生;组织全体人员进行了电子查账软件的技能培训,以提高稽查查账水平和执法能力。发挥税收执法监督职能。全面整合现行税收管理办法,及时修改、废止与国家税收法律、法规不一致的文件规定,最大限度地减少执法的随意性,有效防范和化解了税收执法风险;开展税收执法事后检查工作,重点检查了税收执法、减免税、发票管理、财务基础资料,对检查发现的薄弱环节及时进行了整改。推进政务公开。梳理完善并公开办事流程,突出地税门户网站、电子税务局、纳税服务局窗口主阵地,及时公开各类税收信息,使纳税人能够方便、全面地了解和掌握各类涉税信息,不断拓展政务公开的广度和深度,自觉接受广大纳税人和社会各界群众的监督,有效地促进了税收执法权力运行的公开化、透明化、规范化。

【群教活动】 创新学习形式,严抓学习教育。创造性地开办了"周末送学堂"、"移动快学堂"、"贴心小学堂"等学习平台,利用周末邀请省委讲师团到局进行《学习马克思主义哲学基本原理和方法》专题报告会;针对退休老干,送学上门"一本通";发挥"移动快学堂"作用,组织中层以上干部观摩县法院公开庭审活动,组织全体党员干部观看《四风之害》警示教育片和《焦裕禄》、《生死牛玉儒》、《杨善洲》纪录片;针对因工作安排不能参加集体活动的干部职工,量身定做"学习小贴士",利用"贴心小学堂"补课加餐。广征意见,强化作风建设。在地税系统内部,两次发放针对领导班子"四风"问题调查问卷,收集整理意见建议 36 条;系统外,采取"背对背"方式向 150 户重点纳税人企业发函征求意见表,局领导已深入 30 余户重点企业调研走访,收集 7 大类约 22 条意见,中层干部走访 100 余户,收集意见 13 条,均反馈到相关职能部门。以听意见的形式实现真正的帮扶,创建"两卡"贴心服务。与城乡共建结对联系点卢村乡唐流村和桃山村签订《结对共建协议书》,走访群众共 350 户,收集整理意见共 8 大类,约 20 条,分别根据不同解决方案反馈到相关部门。建立了意见台账,并做好反馈、销号记录,与20户帮扶对象建立了“连心卡”。建立“一对一联系卡”,领导班子及中层干部与企业建立长期帮扶联系,结合纳税人生产经营项目,适时送上对应的税收政策或优惠政策,辅导网络在线申报和开具发票等具体办税事宜。丰富载体,践行群众路线。积极活用“温暖星期五”活动载体,将温暖延伸到企业、到社会,开通三条“快车道”,服务基层快速“送信心”,服务企业快速“送政策”,服务困难职工快速“送温暖”,结合“扎根工程”,全面推进机关与基层换位、“地税开放日”零距离体验、“假如我是纳税人”换位等活动。

【作风建设】　不断深化思想政治建设,提高人员政治素养。组织干部深入学习贯彻党的十八大、十八届三中全会和习近平总书记一系列重要讲话精神,积极开展社会主义核心价值体系教育;春训期间,邀请上海复旦大学教授作了《未来七年我国经济社会改革发展的难点重点与顶层设计》辅导,开展“书香地税”活动,鼓励干部职工阅读经典书籍,引导大家认真践行社会主义核心价值观。大胆提拔干部,充实基层领导队伍。按照干部管理权限上报县委组织部,推荐三名同志担任分局局长职务;提拔3名同志担任科室负责人和1名同志担任分局内设股室负责人。对10名干部进行了岗位轮换。在县委组织部统一的开展的股级岗位干部交流轮岗工作中,该局纳税服务科科长胡观录同志交流到县开发区财政局,县财政局、发改委各有一名科股长交流到县局担任纳税服务科科长和契税和耕地占用税征收服务中心主任。切实加强对口培训,提升干部工作能力。坚持以参加省、市地税局培训为依托,采取集中学习与个人自学相结合、专题讲座、辅导报告等方式,有针对性地举办各类业务培训班,仅6月就组织了4大类的对内、对外软件应用培训,建立业务题库,上挂局内网,供全体干部职工学习,邀请扬州税务学院教授对业务骨干进行了土地增值税清算、所得税汇算清缴业务培训,分两批将干部职工送往安徽财经学院开展了提升业务能力培训;2月份开展了“三项能手”竞赛活动,选拔出征管能手、税收信息化能手各5名、稽查能手3名;继续鼓励和支持干部参加学历教育、职称资格考试,在时间和奖励方面对参加的干部给予大力支持。严守各项要求,促进队伍清正廉洁。深入开展了公务用车、办公用房治理工作,严格控制“三公”经费支出,严格执行公务接待标准,控制和规范各项活动的支出,从严从简降低公务活动成本,深入推进党风廉政建设和反腐败工作。改进作风,提升队伍工作效能。抓实抓牢“三评”工作,成效明显。在上年度获执法类机关评议优秀单位、征管分局局长获评优秀科股长的基础上,2014年度加大了再创建力度,以各种形式改进作风,全方位服务号纳税人,赢得群众信任、社会好评。突出节假日期间对执行《党政机关厉行节约反对浪费条例》和相关制度规定落实情况的督查。1－10月,配合县纪委对系统内公务接待进行暗访3次,自行组织公车私用情况明察6次。对工作日期间中午饮酒情况专项检查3次,办公用房清理2次、党员干部在外兼职经商行为清理2次。按月巡查干部作风纪律落实情况,按月通报反馈;邀请行风监督员和民主监督员定期对机关干部尤其是窗口人员着装、上下班、办公电脑使用、办公室卫生状况、公车私用等情况进行明察暗访,对违规违纪的人员和单位在内网进行通报批评并督促整改。深入开展创建活动,大力提升地税形象。组织志愿服务者走进“中国航天第一村”—誓节镇茆林村开展义务植树活动;开展送温暖活动,举办“冬有所衣”爱心衣物捐赠活动,系统内干部职工积极行动,共捐献了300多件衣物,送到邱村镇孤寡老人、贫困儿童的手中;到敬老院开展“冬暖敬老院、情系夕阳红”志愿服务活动,为30多位孤寡老人送去了生活必需品和新年的问候;在第24个全国助残日走进共建村卢村乡唐流村、桃山村部分残障家庭送慰问、献爱心;组织女税干到卢村乡唐流村幸福院,包饺子、打扫房屋、与孤寡残老人共度“三八”,为共建村6名残障儿童送去温暖,资助4名学生上大学。同时积极参与县委、政府、县总工会组织、登山比赛、庆"五一"男子篮球邀请赛、友谊赛等,丰富大家的业余生活,提高地税人的文化素养。

【党建工作】 进一步严肃党的纪律。加强组织管理,纠正无组织无纪律、自由主义、好人主义现象;严格民主集中制,严格执行请示报告制度。1－10月,对违的系统内相关纪律的单位或个人在不同场合、时机点名批评13人(部门)次,约谈4人次,并给予相关组织处理和纪律处理。认真落实"一岗双责"。年初,局党委书记与各基层分局签订党风廉政建设责任书,向全体干部职工做专题党风廉政报告,切实负起党风廉政建设主体责任;局纪委在局党委的领导下狠抓纪检监察明察暗访,认真落实好监督责任;8月份组织系统"家属助廉知识测试"活动,党委班子成员率先学习,积极参与;制定了年度党风廉政建设工作要点、主要工作任务分解表、整治四风长效机制、兼职监察员工作制度等,责任到人、到岗,做到"真兑现"、"严挂钩"。切实加强基层党组织建设。先后建立了"基层党校"、"党员活动室"等,明确了分局党支部"七有"建设目标,以"从严治党"、"把党建工作摆在与中心工作同等重要位置上"为主题,开展了2次支部书记业务座谈交流会,增强了支部书记学习新时期党建工作的责任感和使命感;在系统内组织以"群众路线教育实践活动"为主题的知识竞赛活动;组织党员干部现场观看税务系统内违法犯罪庭审现场;新杭分局、征管分局党支部开展了"忆革命传统　重温入党誓词"活动;誓节分局党支部开展了"谈革命、话信仰"主题活动;邱村分局、稽查局党支部送爱心到困难学生家中;老干部党支部成功进行支部书记改选;加强入党积极分子培养,今年3名入党积极分子参加县直工委组织的培训学习,征管分局党支部1名党员发展对象拟被组织吸收为预备党员。建立健全党组织共建联系机制。成立了党组织结对共建领导小组,并与卢村乡唐流村、桃山村2个党组织结对共建。积极开展走访慰问活动,截至目前,局党委班子及基层支部与上述村、社区开展座谈交流、志愿者服务30余次,走访慰问300余人(户)次。

今年以来,县局荣获了"安徽省学习型党组织建设工作示范点"称号,获评2013年度市、县两级依法行政工作先进单位,县综治工作先进单位、全县党委系统信息工作先进单位、工会工作先进单位、全县组工信息工作突出单位、县三八红旗集体,组织收入工作连续五年受到县政府通令嘉奖。县局收规科王燕燕同志获2013年度"最美广德人"十大年度人物称号。

(执笔人:章敏娜)

宿松县地方税收工作概述

【概况】 2014年,在省、市地税局及县委、县政府的坚强领导下,宿松县地税局正确把握"稳中求进、好中求快、改革创新"的工作总基调,坚持"一个确保、两个提高"的工作思路,统筹做好"两篇文章",以人为本,从严治队,各项工作取得了新发展、新进步,受到县委、政府、人大主要领导多次点赞,被授予"财税工作先进单位"、"服务经济发展先进单位"等荣誉称号。

【组织收入】 去年,在经济增长放缓和进一步落实结构性减税政策的大环境下,组织收入面临前所未有的困难,县局班子科学施策、精准发力,广大干部顾全大局、勇于拼搏,税费收入实现了新的突破,全年完成税收收入42218万元,同比增收8436万元,增长25%,增幅位居全市第一、全省第七；入库各项基金费26910万元，同比增收3565万元，增长15.3%。为地方经济持续、健康发展奠定了坚实基础。

【服务发展】一是全面落实税收优惠政策，审批各类减免11户，减免税额共计65132元。二是继续落实安徽省营改增试点工作，向县国税局移交“电信业”“营改增”纳税户3户；按照省局安排，对该县的生活性服务业、金融保险业、建筑业和销售不动产等行业876户纳税户进行了营改增工作调研。三是认真抓好税政管理工作，调整了全县城镇土地使用税标准；制定了《宿松县地税局自然人股东股权转让所得个人所得税征管办法》；向县政府提出了《关于完善我县城镇土地使用税奖励政策的通知》的建议，得到政府采纳并付诸实施。四是认真落实社保费征缴“五缓二降”等优惠政策，全年享受养老保险基金缓缴企业5户缓缴34万元。五是认真开展企业所得税汇算清缴工作，全年汇算户数为218户汇算面达100%；六是做好年所得在12万元以上个人所得税年度申报工作，对全县个体大户进行了业务培训和政策辅导，有61户主动申报税款251万元，比去年增加了24户，应纳税额增加了40.57万元。

【税费征管】　全面落实税收征管改革措施，积极探索征管方式创新，进一步夯实征管基础。一是实施税收风险管理，充分发挥风险分析监控系统功能，2014年共扫描房地产业及建筑安装业350户，对21户进行纳税评估，对38户进行纳税辅导；二是强化信息管税，加强征管数据管理。制定了征管数据质量管理办法，全年异常数据总体纠正率87.03%，征管数据质量明显提高；三是完善“征、管、评、查”四位一体的征管模式，加快推进征管改革；四是推进基金费扩面征缴，全年新增参保户186户，开通“地税、人社、银行信息互通工程”，简化社保费征缴手续；五是整顿规范税收秩序，推行“阳光稽查”，全年重点检查了35户，查补税款606万元。

【依法治税】　规范税收执法行为。深化税务行政审批制度改革，对涉税行政审批事项进行了统一清理，保留行政许可类项目5项，非许可类行政审批项目35项，并制定并公布了权力运行流程图和对外执法流程图；全面协调落实依法行政工作，大力开展依法行政示范单位创建工作。健全行政执法监督机制。继续开展依法行政税收综合督查，向基层分局下发督办函12份，督促有关单位对存在的问题及时进行整改落实；继续推行税收法制员工作制度，各兼职法制员累计审核对外执法文书5129份、税款核定通知书42084份、核定税款2766万元，降低了执法风险。

【纳税服务】　围绕“便民办税春风行动”，进一步规范办税服务。一是继续推进办税服务厅标准化建设，实行“窗口受理、内部流转、限时办结、窗口出件”的办税模式。实行“首问责任制”、“办税服务承诺制度”等服务制度及“预约服务”、“延时服务”、“容缺办理”等举措。县局办税大厅被省总工会授予“全省工人先锋号”称号。二是推行全国县级税务机关纳税服务规范1.0版，抓好试行规范工作的承接、推进和落实。三是深化“一对一”服务纳税人活动，深化服务举措，加强跟踪问效，县局及分局班子成员合计对200多户纳税人展开了“一对一”纳税服务活动；同时，借助地税网站、电子税务局、短信平台、QQ群等电子平台，实时与纳税人交流互动，为纳税人答疑解惑。四是规范简并办税事项，推行办税清单。简并涉税报表及表证单书20余种，在办理税务登记、发票领用、普通发票代开等领域推广“免填单”和“预填单”服务。五是开展纳税信用等级评定，对全县4978户纳税人进行了信用等级评定。

【群众路线教育实践活动】　按照习总书记“照镜子、正衣冠、洗洗澡、治治病”的总体要求，以为民务实清廉为主题，聚焦“四风”，扎实开展党的群众路线教育实践活动。一是深入扎实抓学习教育。按照县委“六学”要求，认真设计学习载体，做到“规定动作不走形，自主动作有创新”，确保党员学习教育不走过场，入心入脑。二是真心诚意听取意见。采取多种形式，充分听取了系统党员干部、纳税人代表、“两代

表一委员”及广大群众等几个层面的意见和建议 178 条,其中涉及局领导班子“四风”方面问题 59 条,经“集体会诊”后梳理归纳为 14 条。三是碰硬较真边查边改。局党组对群众反映“四风”方面的突出问题,深刻剖析问题根源,立行立改初见成效。对会议效率不高、调研不实、公务接中厉行节约不够、办公室面积超标、机关作风“庸懒散”等问题进行专项整改,初步建立了机关会议制度、公务接待管理办法、公务用车管理办法、财务管理制度等。四是精心部署安排,抓好整改落实。紧紧抓住整改落实和建章立制两个关键,对照中央领导的 7 +4 +10 专项整治项目,找准穴位,对症下药,标本兼治。由于措施得力,上行下效,教育实践活动得到各级领导的高度认可,人民网、省教育实践活动专网、安庆市先锋网、县委新闻网等媒体均多次报道了该局教育实践活动经验与成效。

【队伍建设】　强化干部教育培训,抓好“安徽干部教育在线”学习,系统 52 名参考核干部全部按时完成在线学习任务。大力开展文明单位创建。通过深入开展“寻找最美地税人”活动,大力宣传先进典型;认真举办地税道德讲堂,传播凡人善举,培养地税干部职工自豪感、责任感、归属感。2014 年该局获得全省第十届省级文明单位,这是该局连续第四届获此荣誉。推进绩效管理。按照省局的统一部署,全面推行绩效管理,制定本系统和本局机关的考核方案和考核指标,细化指标任务,明确指标责任,规范考核流程。加强系统党建工作。成立县局机关党委,结束了长期以来系统党组织分散局面,便于县局对党务工作的统一领导;创办了县局机关党校,为系统党员干部提供了一个学习交流园地。

【党风廉政建设】　狠抓主体责任落实,层层签订目标责任书,推进全系统惩治和预防腐败体系建设暨反腐倡廉制度建设;狠抓系统党风廉政宣传教育。邀请县纪委及反贪局领导授课课,营造廉政氛围,增强广大税干廉洁从政意识;积极开展向纳税人述职述廉活动,增强了干部职工自觉防腐倡廉意识,形成了“团结拼搏、务实进取、清正廉洁、争创一流”的良好氛围;认真落实“一岗双责”。严格按照“谁主管,谁负责”的原则,自觉做到党风廉政建设与日常税收工作同部署、同落实、同检查、同考核。

(执笔人:贺雪松)

第五部分　典型经验

以勇于担当精神　履行好第一职责　完成好首要任务

合肥市地方税务局

组织收入是地税部门的基本职责。完成任务是履职尽责的基本要求。下面,按照会议要求,围绕如何贯彻全省地税工作会议精神和汪局长报告要求,做好今年组织收入工作作发言。

一、科学研判,准确把握组织收入工作形势

2013年,合肥市地方税收入首次突破300亿元,收入总量达到477亿元。但是,形势时刻变化,税源动态调整,要求我们居安思危,科学把握,从最坏处打算,向最好处努力。当前,经济大势仍有下行压力,各类减收因素依然较多,特别是房地产业潜在巨大风险。在风险和压力面前,唯有科学施策、精准发力才能确保收入任务的圆满完成。2014年,我局将以全面贯彻全省地税工作会议精神,深化改革创新为引领,更加注重税源分析和汇报协调,更加注重科学管理和优化服务,更加注重步调一致和上下联动,群策群力,继续书写好合肥地税组织收入和服务发展的"两篇文章"。

二、沉着应对,细化落实组织收入工作举措

*一是立足收好明白税,加强税源调查和税收分析。*班子成员分专题开展工作调研,梳理问题,摸排税源,摸清底数。加强异常申报风险监测。加大对垄断行业、大型国企、重点企业集团税收管理力度,强化重点税源动态监控。从分局抓起,全面提高收入分析质量和对工作的指导作用。科学评估重大税收政策调整效应。坚持月通报、季分析制度,完善收入督查办法,牢牢把握组织收入工作主动权。

*二是立足收好管理税,推动税收管理变革创新。*依托大集中系统,加强数据分析应用。建立纳税评估员制度。扩大纳税评估范围,强化评估结果运用。改进"分类评估+风险提示+重点监控"管户方式。推进税收管理员向纳税评估员、风险管理员和办税服务员转变。加强税种管理。规范房地产企业所得税预征管理。完善建筑业个人承包人个税核定征收。实施土地增值税可清算项目和必须清算项目清单管理,对清算申报税负低于预征率或同类项目税负水平情形的,移交稽查部门立案复查。

*三是立足收好服务税,不断提高纳税人税法遵从度。*实施全员岗位服务能力提升计划。推行免填单和先办后审制度。探索同城通办。推进电子税务局建设。上线个税缴纳情况自助查询和完税凭证自助打印系统。办好市县区三级纳税人学校。推行报表资料等电子化报送,简化办税流程。建设12366专业化咨询员队伍,拓展热线网上咨询服务功能,打造地税服务品牌。

*四是立足收好公平税,有序组织开展税收专项检查。*整合市县区稽查资源,积极推行一级稽查,提高稽查"拳头"的打击力度。继续抽调全员业务考试前100名人员,统一编组,围绕组织收入和促进遵从,组织开展跨区域、有针对的税收专项检查。加强和改进税收宣传。开展

纳税信誉等级评定工作并向社会公布。选择曝光一批涉税案件。

五是立足收好协作税,健全完善税收综合治理机制。加强与工商部门的配合,实现登记信息实时比对,对股权转让、未分配利润转增股本等全部实行先税后转。加强与房产部门的配合,实现存量房税收源头控管。今年计划将存量房评估系统推广到四县一市。加强与国土部门的配合,强化契税“以证控税”,推进土地使用税“以地控税”。加强与保险公司的协作,实现车船税代征数据实时监控。加强个体工商户税收委托代征和私房出租税收的社会化管理。开发应用发票二维码识别系统和发票兑奖话费充值系统,探索推行网络发票。依托税源管理综合平台加强第三方信息应用。

六是立足收好能力税,打造高素质专业人才队伍。因地制宜,组织开展数据分析、纳税评估、稽查业务、大集中系统应用等专门培训,打造合肥地税讲坛、税费新政每月一讲、全员业务考试等本土化学习平台,开展互教互学活动,不断提升地税干部专业素养和业务技能,培育能力“第二税源”。同时大力倡导践行地税核心价值理念,完善绩效考评体系,强化信任激励、工作激励、荣誉激励,以人的素质现代化推进地税工作的现代化。

三、防控风险,不断提高组织收入工作水平

一是加强欠税清缴管理,防范税款流失风险。欠税问题成因复杂,既是管理难点,也是风险所在。2014 年,我局将进一步加大欠税清理力度,努力缩减欠税规模,逐步将陈欠税源变为现实税收。主要打算是:第一步是先确权。对征管系统内历史陈欠进行全面梳理,企业分户填制《欠税确认表》予以确认;第二步是分类清理,逐户下达《税收事项通知书》进行催缴。承诺入库的,填报清欠计划,督促在规定时间入库;不能承诺入库的,进行公告催缴并依法启动强制程序;对国企改制等形成的欠税,协调财政局牵头集中向政府打报告给予支持;第三步是规范文书资料分户存档,实行痕迹管理。

二是深入推进依法治税,防范税收执法风险。收入计划与经济税源之间、考核刚性和法治刚性之间始终存在难以完全协调一致的矛盾。2014 年,我局将坚持以经济税源为依托,进一步加强与各级政府的沟通协调,参与计划编制,为完成全年任务争取主动。在计划执行中,首先是各级都坚决做到不征过头税;其次在体现科学有序和均衡入库上,坚持合法手段调控,奉行防控风险优先的原则和税款安全优先的原则,努力做到既依法加强征管,又不留执法隐患,不留后遗症。

三是完善制度和机制约束,防范为税不廉风险。为减少和杜绝人情税、关系税、口袋税,2014 年,我们将突出重点,加强检查、清算、注销三个环节的管理。在检查环节,继续推行原查负责、交叉互查制,打破单位、属地界限,统一安排户型,做到管户不查户,同时在各级全部实行案件集体审理制度;在清算环节,加强关键数据核查比对,实行退税复查、备案复核、部门等比例抽查督查制;在注销环节,出台注销管理办法,明确清算审核和签字把关双重责任,严防弄权弄查、以税谋私。

(全省地方税务工作会议经验交流材料)

练好内功 当好参谋 为经济社会发展建言献策

宣城市地方税务局

新的一年,宣城市地税局将按照省局的总体部署,积极发挥好建言献策这一“特定职能”,继续当好“四个参谋”,做地方经济社会加速发展的“助推器”。

一、立足发展全局,当好党委政府决策的参谋

要牢固树立“跳出税收看税收,立足全局抓税收”的工作理念,加强税收调研分析,主动为党委政府决策服务。我们根据近三年来宣城“第二产业地方税收贡献提升,制造业比重、增速超出全省”的地税收入特征,先后撰写了收入分析《产业结构调整是地税收入能够保持增长的关键》、《从地方税收角度看宣城市产业结构变化及优化路径》,验证了市委、市政府近年来大力实施工业强市战略的成效,市委书记姚玉舟两次作出批示,予以肯定和鼓励。我们将再接再厉,围绕宣城“11331”总体发展思路和打造皖苏浙交汇区域中心城市的目标献计献策,争当党委政府的“战略顾问”。

二、把脉经济运行,当好维护地方利益的参谋

深入开展经济税收热点、难点问题研究,坚持做到“两个围绕”,即:围绕税制改革细测算,维护地方合法利益;围绕经济运行查风险,保障经济健康发展。面对营改增政策扩围试点的大好时机,我们及时撰写了《营业税改征增值税对我市经济税收影响分析》,得到市党政领导的高度评价。面对宣城金融业占地税总量比重全省垫底的窘境,我们向政府报送了《壮大宣城市金融产业规模的分析与建议》,力助金融业实现新跨越。我们还敏锐地发现地税收入与GDP增长的协调性不足问题,撰写了《对宣城市GDP与地税收入发展情况的分析和建议》,引发市政府对宣城GDP规模统计疏漏50－70个亿问题的重视和纠偏。我们将继续努力,问诊税制改革,把脉经济运行,争当党委政府的“经济参谋”。

三、加强政策服务,当好引导产业发展的参谋

既要克服“惜税”思想,不折不扣落实政策;又要增强服务观念,建言出台扶持政策,引导宣城优势产业、新兴产业和实体经济的发展。五年来,为了用好用足技术创新优惠政策,我们千方百计加强政策宣传、引导,调研、建言,全市高新技术企业由17家发展到127家,享受的研发费用加计扣除政策从不足200万元增长到8000多万元。五年来,从《培育“巨人”企业做大做强工业经济》、《我市农业产业化发展困境与对策》到《婺源模式对我省发展乡村旅游的启示》,多篇调研报告获得省、市各级党政领导的批示转办,推动了一系列鼓励支持产业经济发展政策的出台。我们将积极行动,研究政策、落实政策,争当党委政府的“政策专家”。

四、做好聚财文章,当好增加可用财力的参谋

组织收入是地税部门最主要的职能,增加财力是支持发展最需要的文章。要深刻领会和正确把握党委政府的期盼要求,努力把收入分析的优化措施转化为实实在在的财力增长。我们曾经撰写调研报告《政策工具:保护地方财政利益的利剑——全市地税部门所得税收入比较分析》,提出了从地方税费征收、所得税政策服务、个体经济扶持等方面调整、改进我市所得税征收工作,壮大市县两级财力。五年间,入库企业所得税占全部地税收入比重从15.6%下降至11.1%,增加了地方可用财力1.75亿元。我们将多措并举,继续做好收入结构优化分析,围绕“扩大总量、优化结构、前移位次、提高比重”,争当党委政府的“财税行家”。

我们还将继续苦练内功,在以下四个方面狠抓落实。一是坚定信心抓调研,用好用活调研分析,把枯燥的税收数据转化为生动的发展业绩,把发展的问题症结转化为前进的措施动力。二是高屋建瓴抓调研,坚持做到立足全局有高度,分析问题有深度,建言献策有角度。三是完善方法抓调研,坚持“望、闻、问、切”的中医疗法,从统计中看出问题、从数据中找到症结、从分析中把准脉络、从建议中对症下药。四是健全机制抓调研。继续健全领导带题制度、考核通报制度、评比激励制度,分解落实调研任务,加快推进成果转化,汇聚形成工作合力。

(全省地方税务工作会议经验交流材料)

强基础　优服务　严考核　推进税收规范执法

滁州市地方税务局

新的一年是贯彻落实十八届三中全会精神,全面深化改革、推进税收现代化的开局之年。我局将以规范执法凝聚共识、以深化改革增强动力、以绩效考核提升能力,进一步规范执法行为、加快转型升级、优化纳税服务、促进征纳和谐,确保完成各项工作任务。

一、以夯实征管基础为抓手,推动规范执法上台阶

(一)优化征管模式。初步建立市区范围内纳税服务、税源管理、纳税评估、税务稽查“四位一体”的新型现代征管模式。整合业务流程,按照标准化、规范化的要求查找和解决权力运行过程中存在的问题,梳理涉税事项,规范调查审批,精简涉税资料,实现征管业务流程的最优化。突出优化纳税服务理念,减少管理层级,优化人才配置,实现滁城市区范围内纳税服务全覆盖。把能力强、素质高的优秀人才充实到纳税服务、纳税评估等基层一线,实现能人干难事。

(二)强化征管基础。以开展征管基础提升年活动为依托,强化数据大集中条件下的征管基础工作。抓数据质量。规范信息采集标准,建立起数据录入事前监督、过程控制、事后复核的管理机制,把好数据录入、审核、整改、分析四个关口,为税源专业化管理打下坚实基础。抓税源监控。加强综合治税信息平台建设,定期与工商等部门传递信息,拓展信息收集渠道,及时掌握各种税源信息,提升对信息管税的支撑。抓发票管理。按照大集中软件流程设置,规范发票业务操作流程;继续推广网络在线发票应用;运用多种形式,开展发票检查,推动发票管理制度执行到位。

(三)细化征管措施。突出风险管理。运用风险管理指标,对发票管理、个体税收征管、纳税人户籍管理等基础税收管理进行监测考核。突出纳税评估。探索建立分层级的预警值、阀值参数体系,修改完善行业评估模型,应用大集中软件开展评估工作,加强评估税款的入库管理,逐步实现管评分离,以评促管。突出项目管税。按照AHTAX2013项目管理流程设置,完善房地产开发、建筑安装项目管理,重点加强报验登记、项目登记、税款征收、完工项目注销等环节的管理，提高房地产、建筑安装行业的管理水平。

（四）抓好政策落实。适应国家税制改革进程，积极投身税收改革实践；在做好邮政业营改增试点工作的同时，做好下一步拟扩围行业的调查摸底、分析测算等前期准备工作；深入研究资源税、环境保护税、房地产税等税制改革和相关税收政策的调整，积极建言献策；加强对现行税制、税法和政策的研究分析，提出完善地方税体系的合理意见和建议。根据各税种内在特点，深入查找薄弱环节，切实采取有效措施，提高分税种管理水平。

二、以优化纳税服务为手段，推动规范执法提水平

（一）做大办税服务。从有利于税源监控，有利于纳税人办税出发，推动管理模式创新，做大办税服务；合理调整税源管理和纳税服务的职责，推进集约化办税，将纳税人的办税事项全部归并到办税服务厅办理，全面落实“窗口受理、内部流转、限时办结、窗口出件”的要求，真正做到“一站式”服务，做到“大厅之外无审批，大厅之内快审批”，切实解决纳税人办税“多头跑、多次跑”的问题。

（二）推进网上办税。针对征力不足的矛盾，在大力加强实体办税服务厅建设的同时，充分发挥AHTAX2013软件优势，切实加强网上办税服务厅建设，实现企业纳税人网上申报全覆盖，大力推行个体税收批量代扣，逐步取消纸质申报，进一步扩大网上办税事项。充分运用新征管软件和电子税务局中“征纳互动”平台，为纳税人释疑解惑，切实提高纳税人办税质量和服务纳税人的水平。

（三）强化政务公开。把公开作为依法行政的一项基本制度，不断提高权力运行透明度。以防范税收执法风险为抓手，推进税收征收、管理、稽查各个环节的公开，及时准确公开税收执法依据、纳税人权利义务、税收政策与办税流程、服务承诺与时限、税款核定程序、投诉举报渠道等重要内容，把涉税文件清理结果和各类涉税审批事项及时广泛公开，增强税收执法的透明度。

（四）注重权益维护。建立纳税人需求调研、分析、响应和跟踪问效机制，确保纳税人合理需求及时回应、高效满足。完善权益告知制度和程序，做好行政执法和权益保护的衔接，落实纳税人的知情权。加强涉税投诉、信访、举报、听证、复议、诉讼等渠道建设，落实纳税人的申辩权、救济权。

三、以强化责任考核为保障，推动规范执法出成效

（一）加强执法监督。深入推行税收执法责任制，运用大集中软件执法管理信息系统，加强对具体行政行为人机结合的执法考核。充分发挥税收信息资源库作用，实现考核工作与信息技术的有机统一。严格过错责任追究。加强改进税收综合督查，整合督查项目、创新督查方式、突出督查重点、强化督查整改、深化结果利用。强化对重点岗位和关键环节的监督审计，试点建立逐事项、全过程税收执法内控机制，减少执法风险隐患。

（二）完善风险防控。探索利用征管信息系统对基层税收管理情况进行在线监测考核，提高征管质效。建立健全联席会议、案件协查、信息共享和预防调研等制度，共同推进预防职务犯罪工作常态化、实效化。强化廉政风险防控信息、预警信息的收集、评估、反馈和处置，着力健全廉政风险防控机制。

（三）推动绩效管理。按照总局、省局统一部署，认真研究、积极稳妥地推进依法行政综合绩效考核工作。坚持税收工作项目化、项目实施指标化、指标落实责任化。尝试结合岗责角色定位，提出有针对性的考核指标，筛选确定科学合理、切实管用关键指标，坚持成熟一项，推出一项，为正式实施绩效管理、开展考评、结果运用奠定坚实基础。

（全省地方税务工作会议经验交流材料）

深化纳税评估　推进税收征管转型升级

铜陵市地方税务局

2014年,铜陵市地税局要在全面贯彻落实全省地税工作会议精神的基础上,继续积极推进征管改革,着重围绕风险管理,从以下几个方面入手,深化纳税评估工作,推进税收管理转型升级。

一、树立三种意识,强化风险管理理念

在现代税收征管体系中,纳税评估将被列入现代税收征管的基本程序,是风险管理的重要手段。我们认为重视风险管理和纳税评估工作必须树立"三种意识"。一是树立风险意识,重点防范税收流失风险和税收执法风险;二是树立责任意识,强化纳税服务责任和风险管理责任;三是树立法治意识,积极运用法治思维和法治方式处理税收改革发展中遇到的矛盾和问题,提高依法行政能力和税收执法内控能力。具体工作中,要推行以风险管理为导向的分类分级专业化管理,建立健全税收风险管理运行机制,将风险管理的理念和方法贯穿于税收征管全过程,把有限的征管资源优先用于风险较高的纳税人,通过加强税收风险分析监控,把纳税评估作为当前加强税收征管的"利器"和风险管理的重要手段,促进管理理念的提升和管理方式的转变,实现税收征管改革"两提高两降低"的目标。

二、完善三项措施,建立风险管理机制

开展纳税评估,离不开健全的组织机构、完善的工作制度和专业化人才队伍。

(一)改革运行机制,建立风险统筹和集约应对管理模式。一是以市局纳税评估小组为基础,在市局层面成立"风险评估中心",专司纳税遵从风险识别、分析、应对任务派发、绩效考评和市局评估应对工作。二是区别风险类别,实施差别风险应对。对不同等级风险采取不同措施分别应对:1. 高风险等级应对:对监测为高风险等级的重点税源企业,采取市局评估工作组直接应对或稽查应对方式。2. 中风险等级应对:对监测为中风险等级的企业,包括高风险的一般税源企业,派发给各分局通过提醒、约谈、核查等方式组织应对。3. 低风险等级应对:对监测为低风险等级的企业,由分局发起"风险提醒服务",由纳税人自查并纠正。三是整合机关各业务科室职能,在市局层面扭转"上面千条线、下面一根针"的不利局面,保留各科室税源管理分析权,将相关任务派送权,集中到风险评估中心,实现"一次性集约派发",提高资源使用效率、提高应对质量。四是在市、县、区局层面普遍建立"集体审议机构",充分发挥"专家团队优势"和"重要事项集体审议"的职能。在提高应对质效的同时,有效降低执法风险和廉政风险。五是在城区分局、县以下分局层面充实并完善纳税服务职能,全面落实"低风险"户常态化纳税辅导工作。

(二)健全相关制度,保障风险管理和纳税评估深入推进。全面修订《铜陵地税纳税评估管理暂行办法》和《铜陵地税纳税评估业务操作规范》,进一步规范纳税评估管理和业务流程;拟定《纳税遵从风险管理业务规范》,进一步明确如何统筹风险以及评估、稽查、辅导的协作关系;拟定《纳税辅导操作规范》,明确纳税辅导的规范操作;拟定《数据管理和数据应用工作规范》,明确日常基础数据的收集、整理、分析和应用管理。通过一系列制度安排,确保

软件体系和业务体系的协调匹配、共同推进。

（三）加强人才培养，打造风险管理和纳税评估专业型队伍。制定并实施《纳税评估人才库建设规划》，选拔高素质人才充实到纳税评估队伍中，采取集中培训、引导培训、实践培训三种方式，提升队伍风险管理和纳税评估业务水平，保障风险管理和纳税评估工作顺利开展。

三、抓住三个环节，注重评估过程控制

（一）深化软件应用，提升软件功效。严格按照省局的统一部署，从规范管理的角度，深化软件应用。同时，紧密结合自身特点，持续开展信息拓展、指标创建、模型完善等工作，不断突出风险识别的针对性和有效性，努力提高风险管理和纳税评估工作的质效。

（二）狠抓数据质量，准确识别风险。一是进一步规范税务登记管理、纳税申报管理等基础数据源泉，建立健全申报数据校验制度，提高基础数据质量；二是建立健全企业会计报表报送制度，确保数据真实、完整；三是积极主动开展多部门协作，力争在第三方信息来源、信息标准化处理等方面实现突破。

（三）强化后续管理，促进整改完善。通过建立纳税遵从评价机制，定期进行评价通报。对评估工作中发现的税收征管存在的问题，通过《纳税评估建议书》的形式及时反馈到管理分局，督促基层整改完善。

四、坚持三个结合，提高纳税评估效能

一是坚持纳税评估与组织收入相结合。纳税评估的根本目的是促进税法遵从，有利于降低组织收入成本、提高组织收入效率。仅2013年12月，我们运用省局纳税遵从风险管理系统针对房地产、建筑安装行业42户企业开展验证性评估，一个月时间就通过纳税人自查补税2800万元。这充分证明了纳税评估对组织收入的极大促进作用。因此，我们要通过深入开展纳税评估，堵塞税收的跑、冒、滴、漏，使组织收入措施更具针对性。

二是坚持纳税评估与规范征管相结合。纳税评估所核实的风险点，往往对于某行业、某类具体涉税行为具有普遍意义。因此，我们要通过对行业或一类涉税行为的评估，梳理“风险点”，进而税政、征管等职能部门及时采取措施或完善制度，来规范这个行业或这类涉税行为的税收征管，堵塞税收征管漏洞，促进纳税评估与税源管理的有效融合。

三是坚持纳税评估与纳税服务相结合。纳税评估具备鲜明的纳税服务特征，通过对“风险点”开展普遍性的提醒服务，要求纳税人自我分析可能存在的涉税风险；通过对“风险点”应对排查，采取“一对一”和“多对一”遵从辅导等形式，对评估核实的风险行为，以自查自纠的方式补充申报。因此，我们要充分利用纳税评估这一服务纳税人的有效载体，使之成为满足纳税人真正需求的重要途径。

（全省地方税务工作会议经验交流材料）

振奋精神　开拓进取　努力锻造坚强有力的地税干部队伍

亳州市地方税务局

新的一年，我们将按照省局的决策部署，进一步提振精神、鼓舞士气、解放思想、开拓思路，从班子建设入手、从锤炼队伍抓起，精心谋划税收改革发展举措，迅速推动税收改革发展步伐。

一是统一思想认识，在发展创新上求新求变。深入学习领会和准确理解把握十八届三中全会会议精神实质,特别是全会对深化财税体制改革的科学论断和总体部署。紧紧围绕推进税收管理转型升级这个战略发展要求,把全体干部职工的思想认识统一到地税发展大局和省局的工作部署上来,高标准要求、高起点谋划,不走弯路、多走新路,用跨越发展思维,制定跨越发展规划。总结提炼过去工作中的创新点和闪光点,使有效的工作举措、创新的工作方法得到深化应用。充分调动广大干部职工求新、求变、求发展的主动性,大力弘扬少说多做、真抓实干的工作作风,学习借鉴先进地区的经验做法,着力用改革的方法破解难题、用开放的思路引领发展、用创新的举措推动工作,从基础做起,从点滴抓起,使各项工作有创新、有提高、有突破、有成效。

二是强化队伍建设,在管理质效上求精求细。以规范管理为切入点,以制度建设为支撑点,从领导班子自身建设抓起,从学习、作风、团结、纪律、业绩等方面入手,增强领导班子的统筹驾驭能力,提高大局意识,发挥表率作用,敢于负责,勇于担当。严格执行民主集中制,坚持集体领导和个人分工负责相结合,有效保证决策的贯彻执行。以现代化分局建设为核心,按照"重心下移抓基层、立足基层抓基础、巩固基础抓提升"的工作思路,狠抓基层建设,夯实工作基础。大力推进干部人事改革,改革完善干部选拔任用和考核评价办法,通过上挂下派双向交流、从基层遴选优秀人才、提高竞争上岗选拔比例等方式,有效激活干部队伍活力,为每一位想干事、能干事的干部职工提供空间和舞台。完善干部考核评价机制,全力推行绩效管理和工作落实推进机制,根据税收管理战略目标科学设定考核指标和工作规划,实行重点工作定期调度,重要事项现场督办,提高效能,强化督查,确保各项工作目标高效完成。

三是提高干部素质,在能力培养上求实求效。面对当前地税队伍年轻人员比重低、专业人才比重低、业务岗位人员比重低等现状,特别是大集中系统上线后,许多干部感到目前的知识结构、业务能力和管理水平已不能满足当前征管改革需要,普通表达出提升自身能力素质的迫切愿望,我们将继续坚持"大规模培训干部、大幅度提升素质"战略,大力开展干部教育培训、岗位练兵、能手竞赛、业务抽考等活动,检验提高干部职工业务素质。努力创造良好学习环境,鼓励引导广大干部职工积极参加在职教育学习和专业资格考试,全面提升干部职工的学习能力、实践能力、创新能力、服务能力。将以"三和"地税建设为目标,开展以"政治强、能力强、活力强,作风好、形象好、业绩好"为主要内容的"三强三好"优秀团队创建活动,选树先进典型,弘扬正气,凝聚人心,引导广大干部职工扎根岗位,创先争优。将继续推进精神文明创建和地税文化建设,通过举办地税大讲堂、推荐优秀书目、成立兴趣爱好小组等形式,开展健康向上的文艺展示、体育健身活动,陶冶情操、净化心灵、锻炼意志,增强干部职工全局观念和团队意识。着力营造更加开放包容、和谐向上的系统环境和工作氛围,着力培养一支"眼界宽、善谋全局,思路宽、善于创新,胸襟宽、善聚人心"的地税干部队伍,为税收现代化建设提供坚强的组织保障和人才支撑。

(全省地方税务工作会议经验交流材料)

依法依纪 履职尽责 着力加大自办案件力度

黄山市地方税务局

近年来，我局高度重视信访举报和自办案件工作。2013年共收到信访举报件7起，初核7件，立案5件，不实2件。在已结案的5起案件中，涉及损害纳税人权益的案件3件，涉及公车管理和违反组织收入原则各1件。其中涉案人员中3人为基层分局长、2人为副科级主任科员。分别给予1人警告、3人记过、1人记大过处分，同时还对其中1名基层分局长进行了免职处理。为国家和纳税人挽回经济损失55.41万元。通过案件查处，起到了警示教育作用，促进了系统队伍健康、稳定、和谐。我们的主要做法是：

一、领导重视，案件查办督导有力

市局党组牢固树立“严是爱、松是害”的管理理念，坚持有案必查，有腐必惩，把加大自办案件作为教育和挽救干部，防范和减少违法案件发生的重要手段。一是重视群众信访举报工作。主要领导切实负起第一责任人的职责，认真对待每一封来信和每一次来访，对于线索具体、指向明确的信访举报及时作出批示。二是亲自督办案件。每查一起案件，主要领导都亲自听取案情汇报，及时掌握办案情况，协调解决办案困难和问题。同时在立案、审理、处分各环节，都召开党组会，认真听取初核及案件调查情况汇报，对案情进行分析讨论。三是认真分析案件发生的规律和特点。针对税收一线执法人员案件多发和易发环节，纪检组长牵头，班子成员“一岗双责”，统一认识，形成合力，共同研究预防对策，采取有针对性的防范措施，做到“边办案，边预防，边堵漏”。

二、强化监督，案源渠道不断拓宽

对群众的来信来访，及时登记受理；设立举报电话，安排专人接听，做到事事有落实，件件有回音。在发挥信访主渠道作用的同时，我们还注意多角度全方位摸排案源线索。如2013年，黄山区审计部门对黄山区地税局开展税收征管审计时，在上报给区政府的审计专报中提到1名副科级基层分局长涉嫌违纪问题。市局获悉后，及时与区政府和区审计部门沟通，争取主动权，迅速成立核查组，立案查处，根据违纪事实，给予当事人行政记过处分，免去分局长职务，调离行政执法岗位，并将处理结果及时向区政府、区纪委和审计局进行通报，得到了他们充分肯定。案件及时查处，有效制止事态进一步扩大，对干部本人也真正起到保护作用。另外，我们还通过走访企业收集案源信息。去年底，在市局领导带队开展“一对一”服务纳税人走访中，有1户企业反映市局某副科级干部违规购房谋取私利行为，市局及时进行立案查处，纠正了损害纳税人利益的行为，对违纪人员给予行政记过处分，为纳税人挽回损失20万元。

三、协调配合，案件核查深入缜密

在案件查办中，区分案情，进行快查、细查。一是对案情简单、易查易结的信访案件快查快办。2013年，对3起损害纳税人利益的案件（注：张某利用职务之便向纳税人借款、江某利用职务便利向管辖的纳税人借车、邓某违规购房向纳税人索要卖房差价），迅速查处，分别给予了行政处分，制止了损害纳税人利益行为。二是对复杂案件，做好案前综合分析，特别是涉及面广、影响较大案件更是查深查透。如黄山区审计专报中，反映区局分局长俞某违反组织收入原则和私设“小金库”等问题。市局核查组深入黄山区6个乡镇调查取证,查实俞某管理不到位,少征税款12.95万元和超范围征收税款20.32万元以及将乡镇奖励2.1万元“私设小金库”等违纪事实。同时,针对专报中反映朱某(俞某原配侄子)领取乡镇引税奖励2.03万元可能与俞有关的问题。8月份,核查组人员顶着40度酷暑,前往上海、苏州等地现场核实,找相关人员作谈话笔录。通过深入细致调查,证明2.03万元乡镇奖励款与俞某无关,至此,该案在这一重大疑点上还当事人“清白”。三是建立完善协调机制,形成办案合力。对涉及需追缴税款、滞纳金案件时,加强组织协调,由市监察室牵头,税政、征管、稽查等部门配合,共同研究案情和税收政策,开展“一案双查”,共查补税款10多万元。

四、审理把关,惩处做到宽严相济

在查清被调查人错误事实的基础上,对每一起需要给予党政纪处分的案件,都进行集体审理。对案情复杂、政策把握不准的,及时向省局和市纪委、检察院办案专家请教。涉及税收政策方面的,召开法规、税政、征管、稽查等相关部门联席会,共同商讨,同时,对照党纪条规条款,由纪检监察部门先提出处理意见,然后召开党组会集体研究决定。坚持“惩前毖后、治病救人”的方针,依据违纪人员的错误事实、情节及后果等,依法依规作出恰当处理,既维护了党纪政纪严肃性,又达到警示教育的目的。

综上所述,通过一年来自办案件的查处,充分发挥了案件查办的治本功能。

*一是注重以案施教。*坚持教育为先导,强化风险教育和警示教育。将系统2012年发生的三个案例编写廉政风险防控教育手册。同时,对自办的5起违纪案件,在系统内进行通报,以儆效尤。集中开展“八个一”的警示教育活动。通过集中学习、廉政知识测试、参观警示教育基地、座谈讨论等系列活动,认真剖析案件发生成因,开展自我教育、风险教育和廉政教育,真正起到了警示后人的效果。

*二是注重建章立制。*针对办案中发现的问题和薄弱环节,举一反三,建章立制,堵塞漏洞。针对黄山区个别基层分局接受乡镇奖励的问题,市局发文责令整改,并重申基层分局经费财务管理制度,严禁私设“小金库”,严禁到乡镇要征管业务费及奖励经费。祁门县局针对个别干部公车私用发生的问题,重新修订了《车辆管理规定》。市局将本系统近年来发案问题逐项进行梳理,与廉政风险防控相结合,制定了税务人员廉洁自律“十项禁令”,进一步规范了税收减、免、缓、处罚等执法行为。各管理分局认真排查风险点,“点对点”制定防控措施,建立重大涉税事项报备制度和分局集体审议制度,发挥了查办案件在治本方面的建设性作用。

*三是注重挽救干部。*充分发挥纪检监察“保护、惩处、监督、教育”四项职能,对有具体线索或实名举报案件,做到“有信必查,有查必果”;对反映严重不实的,还当事人清白。同时,坚持以教育挽救干部为目的,对犯错误的同志不另眼看待,不搞一棍子打死,通过经常性谈心、交流,岗位调整等措施,让他们放下包袱,轻装上阵,不掉队、不落伍。

虽然我局在自办案件的查处上,取得了一定成效,积累了一些经验,但也存在:如办案方法和技巧欠缺,办案手段滞后,办案人员的业务能力有待提高等不足。新的一年,我们将按照省局和市纪委工作部署,并以此次会议为契机,依法依纪、履职尽责,进一步加强党风廉政建设和反腐败工作力度,为推动黄山地税科学发展做出新的贡献。

(全省地税系统党风廉政建设工作会议交流材料)

重治标之效　固治本之基

铜陵市地方税务局

党的十八大以来，以习近平为总书记的党中央强调要以猛药去疴、重典治乱的决心，以刮骨疗毒、壮士断腕的勇气，坚决把党风廉政建设和反腐败斗争进行到底。王岐山书记也指出：当前要以治标为主，为治本赢得时间。针对近年来全省地税系统通报的违纪违法案件，结合我局实际，我们坚持重治标之效，加大案件的查办力度，同时坚持以问题为导向，以案明鉴，聚力制度的建设和机制的完善，筑牢治本之基，努力实现标本兼治。

一、理顺标本关系，着力抓早抓小抓牢

从中医理论看，标与本是说明病变主次矛盾的相对关系，用于权衡治疗过程中复杂多变的先后取舍，在此基础上，采取“急则治标，缓则治本”的办法，达到治病求本的目的。反腐倡廉建设亦是如此，中央狠抓反腐败斗争的高压态势以及系统内近年来违法违纪行为多发易发的实情，决定了我们反腐倡廉建设既要加大案件的查办力度，同时要注重抓早抓小抓牢。

一抓时间节点，前移监管关口。围绕抓细节、抓小节、抓年节，前移监管关口。在细节小节方面，关注“习焉不察”的现象，防止“破窗效应”。如在节假日公车一律封存入库；对基层分局招待费实行“零预算”，杜绝“同城宴请”，合规公务接待一律安排在机关食堂进行工作餐。在年节方面，对端午的粽子、中秋的月饼，以及元旦、春节的贺卡等从严管住；要求在春节的时间段，税务人员一律不得下户。要求凡是花公款的地方，钱再少也不能纵容；凡是用公权的地方，事再小也不能漠视。市局经常组织人员对上述要求进行明察暗访，并及时通报违纪行为。

二抓“两权”行为，实行全程监督。去年，我们组织力量着重开展了对注销税务登记、发票使用、税款核定及减免缓、稽查环节、行政处罚的自由裁量、财务资金使用、固定资产购置等方面进行综合督查，梳理出5大类18个方面的问题，对28人次过错行为实施了责任追究。对其中税收执法过错19次，重大过错行为2次，及时发函进行通报，提出限时整改要求。同时，我们主动接受社会监督，开展为期四个月的集中整治“庸懒散奢”问题专项行动，向纳税人及相关部门发出500余份调查问卷，针对梳理出的16项问题进行集中整治。

三抓提醒约谈，防止养痈为患。去年我们通过内查外调，有针对性核实发生在系统内的一些问题，对9名人员实施了从分局长、监察室主任、纪检组长和党组书记四个层面26次的廉政约谈。针对发现的个别税款核定程序不到位、注销登记不规范、税款延缓缴纳手续不全等问题，对直接责任人和单位分管领导分别进行了诫勉谈话5人次和责任追究3人，并进行两次函询。针对基层一名税务人员工作不负责任，在工作交接中丢失纳税资料的问题，责成纳税管理分局及当事人向纳税人当面道歉，对当事人、分管局长进行通报批评。对省局及市纪委转办的两起信访案件及时进行认真调查，并对相关税务人员进行约谈，查明事实真相。

二、着力治标，加大案件查处力度

如果说制度建设是前端，制度执行是终端，惩治就是对制度防线最有力的驻守。因此，我们对系统内发生的腐败现象实行“零容忍”，查处腐败不手软、不护短,强化案件惩戒警示作用。

一是以壮士断腕的勇气,严厉查处违纪违法案件。坚持有错必究,有责必问,发现一起,查处一起。2013 年 1 月严肃查处一起分局长参与赌博案件,对当事人进行了行政撤职和留党察看的党纪政纪处分,并作为典型案件进行剖析和通报。2013 年 5 月因环保窝案致我市部分人员涉案,对此我们高度警觉,及时与某纳税人联系的分局负责人及相关工作人员谈话,了解情况,要求如有问题必须及时主动向组织交代,由于工作及时到位,有两名人员分别向组织上缴了纳税人给的钱款,避免了牢狱之灾。同时还对一名因受贿金额较大的分局长,通过谈话、提醒,敦促其到司法部门投案自首,可望依法得到减轻处理。为了消除税收执法隐患,我们还及时查阅相关纳税户的税收资料,了解税收执法的合法性、规范性。市纪委及司法机关对我局案件查办及处理情况予以充分肯定。

二是以雷霆之势,强化案件的震慑作用。对违法违纪案件查处后,我们进行及时通报,剖析案件成因,分析危害后果,要求系统上下引以为戒。对违法违纪当事人,除依法依纪进行处理外,同时实行经济惩戒。对进行刑事拘留、取保候审的当事人,一般实行停职检查,停发工资奖金,只发生活费,使其不仅身败名裂,经济上也遭受重创,真正得不偿失。雷霆般的高压态势及严厉的处理方式,警示作用明显。

三、聚力治本,健全制度创新机制

做好党风廉政建设,既要求我们建立健全科学严密的制度,防范"牛栏关猫"现象的发生,又要求我们不断创新机制,形成对权力运行的监督制约。我们坚持以问题为导向,分析违纪违法案件的共性,有针对性地完善相关制度,倒逼管理和监督机制改革创新。

首先,推进税收管理机制创新。着力在税收专业化管理、机关实体化和管理扁平化上下功夫,创新税收管理机制,防范执法风险。在案件查处过程中,我们发现现实的税收征管方式还存在着一些漏洞,税源专业化管理在部分分局实际执行中没有完全落实到位,没有真正实现"管户"向"管事"转变,存在"形转神不转"的现象。存在的问题,就是改革的目标。2013 年 9 月份起,我们着力深化税源专业化管理,全力推进税收管理转型,以征管流程为导向,根据服务对象特点和职责事项实行专业化管理,分解过于集中的管理权力,实行有效监督制约,堵塞可能产生权力寻租的漏洞,防范执法风险。同时,实行机制创新,成立税收风险监控中心,明确工作职责,理顺工作职能,对内防范廉政风险和执法风险,加大对税收执法权监督;对外实施纳税评估、风险监控。2013 年,市局共评估企业 209 户,评估入库税款 1.07 亿元,占同期地方税收入的 2.68%。建立问题倒查机制,对评估出的问题进行管理上的责任追究。调整纳税服务科职能,将市局办税服务厅纳入其管理,要求将市局、分局所有纳税人申请事项 200 余项全部由办税服务厅受理后,分别传递到主管分局或机关相关科室,履行备案、核准或审批后,再由办税服务厅进行送达,形成有效监督制约机制,促进了机关实体化,服务标准化、管理扁平化。

其次,全面落实"一案双查"、"一岗双责"。加强稽查与纪检监察的双向合作机制,强化稽查查处税收违纪违法职能,积极开展一案双查,涉及税务干部或企业违纪违法问题的,双方要及时向对方移交,打断部门之间的隔板,增强信息共享,必要时成立联合调查小组,形成工作合力,不断缩小税务干部违纪违法的隐蔽空间。细化一岗双责标准范围,提出两个"明确",即明确党组成员在部署工作的同时,强化党风廉政责任制落实;明确出现违纪违法问题的单位和个人,其主要负责人、分管领导及其直接领导负连带责任。加强对"三重一大"事项的监管,严格执行"一把手""五不直接分管"制度,形成有效的权力制衡机制。

四、以案明鉴,筑牢思想防线

治标治本,教育是关键。我们以教育为基础,注重发挥教育固本功能,教育广大干部职工将党纪国法作为"带电高压线"和人生底线。

一是加强党风党纪教育。编印了《改进工作作风、密切联系群众资料汇编》，选编违反中央八项规定的典型案例，增强对全体税干理论指导，巡回播放廉政专题片《四风之害》，切实做到对党风党纪内化于心，外化于形；引导干部职工“见善如不及，见不善如探汤”，对权力使用心存敬畏，莫要心存侥幸。二是加强正反典型教育。组织开展“身边的勤廉人物”演讲，以“身边人讲身边事、身边人讲自己事、身边事教身边人”为基本形式，大力弘扬立足本职岗位，加强学习、爱岗敬业、无私奉献等先进典型。组织税务干部赴监狱接受反面警示教育，结合系统内通报的案件以及身边发生的案例，进行深入认真剖析，以案为鉴，使干部职工深刻认识罪与非罪的界限，从灵魂深处触动全体税务干部进行深刻反思，时刻警醒自己。三是加强廉政文化建设。巩固省级廉政文化示范点成果，不断发挥廉政文化“润物细无声”的功效，坚持开门办活动，创新廉政文化载体，让干部职工家庭成员和纳税人也参与进来，做到机关廉政文化深入人心，让廉洁成为一种习惯。

总之，我们坚持面对问题不回避，不遮掩，不妄自菲薄，正确认识在前进道路上遇到的磕磕绊绊，通过标本兼治，干部队伍管理更加科学有效；干部廉洁自律意识、自我约束力明显增强；机关作风效能、税风税纪得到明显改观。但我们清醒地认识到，面对党风廉政建设和反腐败的严峻形势，我们的工作还存在一定差距，我们将在省局的坚强领导下，发挥治标之效，巩固治本之基，进一步提升党风廉政建设工作水平。

（全省地税系统党风廉政建设工作会议交流材料）

坚持“一案三查”制度　着力增强惩治效果

马鞍山市地方税务局

查办案件是从严治党的重要体现，是惩治腐败的有效手段，也是党的十八大和中央纪委提出的构建惩防体系、推进反腐倡廉建设的重要任务。马鞍山市地税局在查办涉税案件时，坚持做到“一案三查”，即在检查纳税人、扣缴义务人税收违法行为的同时，检查基层税务机关征管质量和税务人员的执法过错行为，检查税务机关、税务人员违法违纪行为，切实起到“查处一人，教育一片、警示一群、挽救一批”的作用。

一、案情回顾

2013 年 5 月底，我局办税服务分局窗口人员在进行发票查验时，发现有 2 份建筑业网络税控发票开具金额高达 300 余万元，但比对发票管理系统时却没有发现相关的数据记录，同时查出领票企业已办理注销手续。事发蹊跷，市局主要领导在听取汇报后，要求立即着手调查。由于案件涉及虚开发票行为，市局立即启动“一案三查”工作机制，即稽查部门主要检查纳税人偷、逃税等涉税违法问题，纪检监察部门主要检查地税机关及其人员是否有违反廉洁从政条规、不履行或不认真履行工作职责，以及是否有失职、渎职等行为，同时通知公安机关提前参与调查。

一方面，市局监察室第一时间询问税收管理员刘某，了解有关情况。此后在公安机关调查期间，市局有关领导、部门先后与税管员刘某约谈了 3 次，要求其写出企业注销过程、空白建安发票缴销等业务办理经过，说明本人是否参与、是否存在问题，刘某均表示自己没有任何问题。

另一方面,为打击虚开发票行为,挽回虚开发票给国家税款造成的损失,市局稽查局和公安机关成立联合专案小组,制定检查方案,开展进一步核查。在办案过程中,公安机关使用恢复计算机删除信息、监听手机通话、查询银行个人账户等手段,及时与我局证据共享,提高了工作效率。6 月下旬,公安部门初步查明,该案共涉及 5 人,已发现虚开发票 13 份,开具金额 1300 余万元。其中税收管理员刘某直接参与了虚开发票案件,并可能收受了好处。当天下午,税收管理员刘某被公安机关拘留,后被检察机关以介绍虚开发票罪批捕。经法院一审判处有期徒刑二年,缓刑两年执行,并处罚金 15 万元。目前该案正在二审中。

接到公安机关的通报后,市局党组立即召开会议,研究对此案处理意见。经过讨论,市局党组认为对虚开发票案要高度重视,不掩不护、主动揭短,积极配合、坚决查处,第一时间向省局报告了案情,并及时召开了中层干部会议,通报案件有关情况,开展内部摸排,认真分析问题产生的原因,规范管理、堵塞漏洞。同时,运用该典型案件对全局干部职工进行警示教育,将坏事变成好事,警示大家从中吸取教训,敲响反腐倡廉警钟。

该案件发生后,出于对税务干部的人道主义关怀,刘某所在分局对其家庭出现的困难及时给予了关心帮助。在该案一审审判期间,我局实事求是地出具了刘某在税务机关三十多年来的工作表现,为法院判决提供依据。

二、工作体会

在查办这起案件过程中,马鞍山市局党组旗帜鲜明、态度坚决地支持查处腐败案件,对腐败分子决不姑息迁就。克服了怕“家丑外露”的狭隘本位主义思想和办案影响政绩的观念,超额完成税收收入是政绩,查清问题保护干部也是政绩,有案不查就是失职。通过查处该起案例,我们的体会是:

一是进一步提升了税务人员廉洁自律意识。“一案三查”是税务机关内部对执法行为的再监督,虽然不可能监督到每项具体执法行为,但建立这种机制无形中加大了对执法过程的约束,促使税务人员在履行职责过程中自我检点、自我提醒。该案当事人刘某因侥幸心理作祟,案发悔悟已晚。市局以此开展用身边事教育身边人活动,教育干部职工树立责任意识、风险意识。

二是找准了纪检监察融入税收征管的切入点。实施“一案三查”,将纪检监察与税收业务紧密配合,可以及时发现问题的苗头,在“小错误”阶段解决问题。在这起案件中,认真落实市局《税收违法案件一案三查办法》,市局监察室积极排查线索,认真开展调查,通过综合分析、组织协调、跟踪督办,充分发挥了纪检监察办案主渠道作用。稽查部门按照职责分工,积极协调配合,在查处涉税案件中,对发现的地税机关或地税人员失职渎职、滥用职权、贪污受贿或利用职权侵犯公民权利等涉嫌违法违纪行为的事实或线索,及时将有关证据转交监察部门进行调查处理。

三是及时发现征管中的薄弱环节。2013 年,根据“一案三查”工作中发现的问题,全局共撰写调研文章 6 篇,撰写行业性检查报告 9 篇,向管理分局下达监察或征管建议书 12 份,提醒管理分局及时整改问题 32 条,查处虚开发票金额 1800 余万元,查补税款 200 多万元。通过深入剖析发案原因,促使被查单位梳理排查廉政风险节点 32 个,修改权力运行流程图 6 个,完善相关制度办法 4 项,有效堵塞了管理漏洞。

四是进一步强化了查案治本功能。“一案三查”在查处为税不廉的同时,也提高了对稽查案件查办的质量要求,通过对稽查人员的过程监督,促进了案件查处质量、案件分析和征管建议书水平的提高。在这起案件中,市局党组做了许多文章,在加大对查办违纪违法案件力度的同时,注意发挥查办案件在惩防体系中的重要性作用,增强查办案件的综合效果。先后召开中层干部会议,通报案件有关情况,开展了内部排查,认真分析问题产生的原因,规范管理、堵塞漏洞。

税收发展环境需要不断优化，“一案三查”工作需要常抓不懈。在新的一年里，我们将按照省局的工作部署，继续加强纪检监察、法规和稽查等部门的密切合作，不断改进“一案三查”工作方法，有效预防税收违法违纪行为的发生，为地税事业的长期健康发展提供坚强保障。

（全省地税系统党风廉政建设工作会议交流材料）

抓“四考”　促“四风”　探索党风廉政建设新路径

淮北市地方税务局

近年来，淮北市地税局按照省局党组和省局纪检组的工作部署，紧紧围绕加强干部作风建设这条“主线”，推行了以考学、考勤、考绩、考廉为主要内容的“四考”管理机制，添加压力、增强动力、激发活力，突出解决干部队伍中存在的庸、懒、散、软等问题，有力推动了党风廉政建设科学发展。

一、推出“四考”工作措施

一是抓考学，兴学风。着眼于提高税务人员的知识水平、业务能力和综合素质，由市局统一组织，集中考试，一季一考，一考一通报。每次通过电脑随机抽取机关科室和基层单位近20%的人员参加闭卷测试，封闭出卷、阅卷，严肃考场纪律。区分考试内容，针对不同时期的工作重点和阶段要求，设定不同的考试专题，区分试题，分类考试。建立考试题库，机关科室结合工作需要，组建了电子试题库，并根据政策变化情况做好题库维护充实工作。严格学分管理，将个人在线学习情况纳入单位考学内容，强化硬约束，激励勤学习。

二是抓考勤，树行风。着眼于公务员上下班出勤纪律，严格考勤管理，全面推行纸质签到和书面请销假制度，各单位按日或按次记录，一月一汇总，一月一报告。规范请假程序，分层级授予请假审批权限，科学界定请假事由和时间，严格执行请假审批单制度，认真履行一级对一级监督的职责。明确假期规定，根据《公务员法》和维护公务员权益的有关规定，细化、量化各种假期的请假期限和条件，提高考勤工作的可操作性。加强日常考核，在各单位平时考勤的基础上，市局重点加强日常检查和随机抽查，确保干部出勤在岗。

三是抓考绩，转作风。着眼于促进任务落实，以目标管理为导向，建立分级考评体系，市局考核到县局、分局，二级机构考核到个人，层层建立考评领导机构，自上而下构建起分级考评组织体系。完善分类考评方式，季度考核、年终考核和民主测评得分，按照不同的比例汇总构成年度考核总分。设置分层考核主体，在各单位季度自评的基础上，由机关科室对县局、分局打分，市局领导对机关科室打分，切实做到一级对一级负责。

四是抓考廉，清政风。着眼于倡导清风正气，市局按季度对各单位党风廉政建设各项工作进行专项考评。综合运用调阅资料、明察暗访、走访调查、外部测评、信访监督、廉政谈话等多种方式，实行定性考核与定量考核相结合。单位发生严重违规违纪行为造成严重后果的，当季考廉为零分；将反腐倡廉宣传教育、“一岗两责”落实情况、廉政风险防控、作风纪律建设的各项工作任务科学合理地分解到季度指标中，设定分值，动态考核，实行党风廉政建设一季一汇报、一季一考评，并把季度考核结果直接纳入年度党风廉政建设责任制考核。

二、完善“四考”配套机制

一是搭建考评制度框架。出台了《淮北市地税系统绩效考评管理大纲》，统领淮北市地税系统《考勤管理办法》、《考学管理办法》、《考绩管理办法》和《考廉管理办法》等一系列规范性文件，全面明确实施方案、考核细则和评分指标，以考勤促进想干事，以考学造就会干事，以考绩保障干成事，以考廉确保不出事。通过严格的标准、严格的制度、严格的考核，为推进“四考”管理机制的经常化、规范化、科学化奠定了基础。

二是健全风险防控体系。立足风险防范，修订出台了《工作制度规范》、《岗位工作质量管理规范》和《税收服务规范》，从党务监察、政务行政、税费业务等三个方面完善了百余项制度，形成一套科学系统的廉政风险防控机制。配合省级数据大集中软件上线，合理界定工作流程，建立过程监督机制，结合阶段工作重点，适时开展征管质量执法监察、作风纪律效能监察、行政执法综合督查，并将各项监控结果纳入“四考”机制，按季度召开“四考”工作分析会议，通报存在问题，分析原因，提出解决办法，并作为下季度风险预警信息实行重点监控，对干部队伍中出现的问题做到早发现、早预防、早处理，从源头上防范执法风险和廉政风险，促进工作质量和效率持续改进。

三是严格作风监督检查。对内打造精良作风，以为民务实清廉为宗旨，按照“三个服务”、“三个实在”和“三个禁止”五十条措施的要求，结合实际制定作风纪律建设“十条规定”，印发《淮北市地税局建设精良作风实施方案》，着力锤炼干群齐心、用心做事的精良作风，弘扬勤政廉政的正气新风，推进精致地税建设。对外拓宽监督渠道，积极参加淮北市政风行风热线节目，通过电视、广播、网络的并机直播，接受咨询投诉。全面开展基层执法人员向纳税人述职述廉，与纳税人面对面征求意见建议。建立纳税服务QQ群，畅通“12366”投诉热线和地税网站投诉平台，开展第三方问卷调查，通过多层面、多维度的外部监督，较好地伸延了考评指标触角。

四是强化考评结果运用。将考评结果与物质奖励紧密结合，按照四项考评结果兑现政府奖励，去年一年考核扣罚202人次，扣罚金额6.8万元，促进了各项工作任务的落实。将考评结果与评先评优紧密结合，依据年度考评结果和测评情况，评选优秀单位、基层先进领导班子和优秀公务员。将考评结果与人才培养使用紧密结合，对考学和各类竞赛活动中取得较好名次的个人，市局优先纳入人才库，实行动态管理，予以重点培养。

三、发挥“四考”综合效应

实践证明，通过推进“四考”管理工作，抓住了党风廉政建设的突破口，实现了全面、动态、精细管理，产生了牵一发而动全身的辐射效应。

从人本效应看，激发了干部队伍活力。“四考”工作促进了干部工作学习的积极性，培养了钻研业务、争先创优、爱岗敬业的良好风气，形成了人心思学、人心思干、人心思廉的工作氛围。2013年，全局干部职工在线学习人均学时、学分两项指标均位居全省地税系统前列，全市系统涌现出了66名市级专业人才，20名干部入选省局人才库。

从税收效应看，提高了依法治税效能。“四考”工作促进了税收执法和行政管理各项工作的规范运行，有力地保障了组织收入任务的完成。2013年，努力克服宏观政策及煤炭、白酒和房地产市场持续下滑等因素的叠加影响，在全市财政总收入下降8个百分点的情况下，实现了组织收入同比增长10.7%，较好地完成了市委、市政府和省局下达的各项工作任务。

从社会效应看，锻造了部门良好形象。“四考”工作实施以来，受到了社会普遍好评。2013年市局被市委、市政府评为民主评议先进单位，系统5家单位被市文明委推荐为第十届省级文明单位，1名税干被人社部和税务总局联合表彰为全国税务系统先进工作者，1名税干被评为全省地税系统“好税官”，2名税干荣获“中国好人”荣誉称号。

各位领导、各位同事，我局虽然在“四考”

管理方面做了一些探索,取得了初步成效。但也清醒地看到,与省局领导要求、与兄弟市局相比,还有不小差距。我们将以贯彻此次会议精神为契机,牢牢抓住改进工作作风这个根本目的,进一步完善机制、改进方式,以作风建设的新成效凝聚起推动税收管理转型升级的正能量,为提高党风廉政建设科学化水平作出应有的贡献。

(全省地税系统党风廉政建设工作会议交流材料)

强化监督制约　防范队伍风险

肥东县地方税务局

税收的职能告诉我们,地税部门不仅具有税收执法权和行政管理权,也有服务经济和社会发展的义务。权利和义务蕴含着风险,因此,加大对权利和义务的监督力度,防范由此而形成的廉政风险、执法风险、作风风险、纪律风险、效能风险、服务风险,就显得十分重要和必要。近年来,我局以强化监督为抓手,明确监督责任,突出监督重点,改进监督方式,强化监督考核,取得了明显的成效。

一、主要做法

(一)强化监督责任,形成监督合力

信任不能代替监督,监督必须形成合力。为了保证监督的制度化、具体化、常态化,形成监督合力,我局在强化监督责任上坚持"一明、二清、三落实",为形成监督合力提供了保障。"一明",即明确监督主体,明确县局党组和分局(局)领导班子是监督的领导主体,主要负责人对监督承担领导责任,法规、内审、人事、行政、征管、税政、纳服等部门是各自范围内监督的组织和执行主体,纪检监察部门和专兼职监察员既根据自身的职责进行监督,又积极支持其他部门开展监督。"二清",即监督责任清楚、监督内容和目标要求清楚。"三落实",即落实工作职责、落实工作任务、落实目标要求。在强化内部监督责任的同时,我局还通过建立特邀监察员制度、联席会议制度、与纳税人协调交流和沟通机制,进一步加强外部监督。内外部监督的加强,建立了严密的立体监督网络,形成了监督的整体合力。

(二)突出监督重点,拓展监督空间

监督的针对性和有效性是监督的根本所在,我局始终把突出监督重点、拓展监督空间作为提高监督质效的前提来对待。执法监督上,在强化对税收征收权、管理权、检查权、减免权及行政审批权等监督的基础上,将监督的重点和空间向汇算清缴、土地增值税清算、纳税户注销、税额核定、非正常户管理、纳税户迁入迁出等具体的业务工作转变。行政监督上,在强化财务、基本建设、大宗物品采购等传统监督的基础上,将监督的重点转向国内公务接待、公车私用、津补贴发放、公务用烟、公款发放月饼节礼等一系列规章制度和规定的执行上,努力实现工作程序规范化、日常管理制度化。在作风、效能、纪律、服务监督上,将监督的重点转变到解决慵懒散奢和效能不高、服务不优、纪律遵从度不好等问题上。监督内容的丰富和监督空间的扩大,增强了监督的针对性,为监督的有效开展奠定了基础。

(三)创新监督机制,改进监督方式

建机制强监督。一是以建立内控机制为抓手,清权确权,对权力运行的程序进行固化,并制定严密的防控措施,落实"痕迹管理",实现由“组织监督”向“自我监督”的转变。二是以建立和完善制度为重点，建立了包括规范两权运行、改进工作作风、促进纪律遵从、提高工作效能、优化纳税服务等一系列规章制度，将监督寓于规章制度的执行之中。

强管理严监督。在税收执法上，一是适度集权。通过规范涉企检查、案件审理、行政处理处罚、税额核定等，增加呈批或备案环节，适度将执法权力上收。如针对“税收核定”、“停歇业管理”等容易出现风险的工作事项，制定下发《关于加强个体工商户定期定额税收管理的办法》，进一步明确核定和办理停歇业程序，并执行税额核定向县局备案。在涉企检查上，执行涉企检查抄告备案，严格呈批手续，凡未经主要负责人批准的一律不得下户检查。针对稽查工作的特殊性，在稽查环节推行税务稽查“一证一书一卡制”，对稽查权力的行使进行约束，防止随意检查和以查谋私情况发生。对纳税户注销、迁入迁出，必须经所在单位主要负责人批准方可办理。二是适度分权。结合征管和机构改革，从机构设置和岗责体系上进行分离，实行征收、管理、稽查、处罚四个环节的适度分权。在稽查体系中实行选案、实施、审理、执行四分离，对检查选案、案件审理、处理处罚决定等严格实行集体研究。在行政管理上，认真落实“三重一大”，对经费支出、建设项目安排、职工福利等重大问题，坚决执行“四个一律”，即：大额经费支出一律由会议集体讨论决定；凡属于政府采购范围的物资，一律纳入政府采购按程序办理；预算外取得的经费一律纳入预算内管理；凡需经批准购买、处置的固定资产，一律先报批后实施。在作风建设上，严格执行作风建设有关规定，组织开展全员勤政廉政承诺活动，大力压缩三公经费，严格公文、会议、公务接待、公车管理。认真开展“会员卡、办公用房、经商办企业和在企业任职兼职”等清理活动。切实加强对劳动纪律遵守情况的管理和监督，通过执行指纹考勤、离岗告示等，促进自律遵从。在效能建设上，积极推进效能建设向机关、基层、窗口和执法一线延伸，认真落实效能建设“十项制度”，积极开展效能监察和明查暗访，对于违反效能建设规定的严格实行责任追究。在纳税服务上，以“人人是窗口、个个是形象”为引领，认真落实纳税服务工作规范，积极开展“一对一”纳税服务和办税服务实践日活动，加强办税服务厅管理，认真落实申报期分局长带班制、税企挂钩服务制，切实强化对纳税服务的监督。在队伍建设上，推行干部选拔和轮岗交流制度，通过竞争上岗方式选拔5名股级干部，通过民主推荐任用10名科室及分局副职，并在2010年7月、2012年6月、2013年组织三批轮岗交流，完成了对重点岗位的轮换和监督。

抓公开促监督。强化载体建设，通过内外网站、公告栏、触摸屏等载体，拓展公开空间。丰富公开内容，坚持以公开为原则、不公开为例外，及时公开税收政策、法规和各项办税程序，公开税务机关各岗位职责、税务人员工作纪律和各项廉政规定，公开举报电话和投诉渠道，此外还通过上墙、上报、上刊、上街、上电视等形式，将所有纳税事项放在阳光下操作，主动接受社会监督。

引外力助监督。强化廉政反馈制的执行，认真组织开展基层执法人员向纳税人述职述廉活动。与检察院合作开展预防职务犯罪征文活动，与纪委监察局共同举办廉政书画摄影活动，与文明委共建道德讲堂活动。充分发挥特邀监察员的作用，定期召开税收听证质询会，不定期开展走访、查访活动。积极开展第三方调查活动，真实了解社会各界对地税部门和地税工作人员的意见和建议，使外部监督的作用得到进一步发挥。

（四）强化监督考核，力求监督实效

将监督作为党风廉政建设责任制重要内容，年初分解，年中检查，年末考核，具体采取岗位自查、前后互查、领导评查、部门联查、制度梳理等步骤和方法。针对因监督责任不落实导致队伍出现风险的情况，除对责任人进行责任追究外，还追究有关领导的责任。通过严格的监督考核，增强了全员勤政廉政风险意识，规范了权力运行，促进了依法行政，改进了工作作风，提高了工作效能，优化了纳税服务，在系统内形成了风清气正的良好局面，我局因此荣获全县纪检监察先进单位、市级廉政文化建设示范单位、合肥市五一劳动奖状等荣誉称号。

二、几点体会

一是强化监督合力是保障。只有通过明确监督主体，整合监督资源，才能为监督的有效开展提供组织保障。

二是转变监督理念是前提。在当前复杂多变的情况下，只有切实转变监督观念，以监督促规范、防风险，才能为监督赢得主动。

三是改进监督方式是关键。只有把监督寓于管理之中，坚持组织监督、自我监督、外部监督并重，才能构建一个全方位的立体监督体系，提升监督的质效。

四是取得监督实效是根本。只有把改进工作作风、提高工作效能、优化纳税服务、促进纪律遵从、防范队伍风险作为抓监督的出发点和落脚点，监督才能有效。

近年来，我局在强化监督制约、防范队伍风险上虽然取得了一定的成效，但我们深知我们的工作与上级的要求还有较大差距。面对新形势、新任务，我们将以此次会议为契机，进一步加强监督制约，为防范队伍风险、维护系统和队伍安全，为地税事业的科学发展、和谐发展提供坚强的保障。

（全省地税系统党风廉政建设工作会议交流材料）

全面推进征管创新　有效防范化解风险

泾县地方税务局

近年来，泾县地税局认真落实省、市局的决策部署，坚持以推进税收专业化管理工作为依托，以强化部门权力运行制约和监督为核心，着力加强执法和廉政风险防控工作，取得了积极成效。尤其是在2013年积极探索机关实体化运作，切实巩固深化了税收专业化管理的同时，进一步健全完善了执法和廉政风险管控体系。

一、组建“四个中心”，完善税收专业化管理机制

按照“先剥离后整合”思路，对当前县级局机关的职能按遵从管理、法制监督、资源保障三大方面进行归集，组建纳税服务、业务管理、行政管理、效能监察四个中心。其中，纳税服务中心主要负责组织收入计划管理，税法宣传、纳税人学校管理、纳税人权益维护，税收票证（发票）、会统核算、征管资料、纳税人发起事项办理（流转）的组织、支撑和监测，开展纳税服务分析、监测及调研等；业务管理中心主要负责风险分析监控，组织风险应对、税费政策、征管措施、税收执法的规范性管理和执行质量管理，综合治税、税收救济管理，征管软件运维及信息化管理等；行政管理中心主要负责行政内务管理、教育培训、政务管理、财务管理工作等；效能监察中心主要负责效能监测、执法权及管理权监察、内部审计、人事管理、文明创建、党风廉政建设、绩效考核评价及群团工作等。四个中心直接指导、参与基层纳税服务、纳税评估、日常管理、税务稽查四大序列工作，专业分工清晰，相互协作有序。

二、优化资源配置，提高权力运行程序化水平

针对新组建的“四个中心”，明确各中心主任均由县局领导班子成员兼任，每个中心7到10人，并同步调整岗位编制、岗责内容，根据新的岗责体系,调整软件权限和节点设置,所有工作任务一律通过软件进行电子推送,实行计算机过程留痕管理,方便跟踪问效,落实全程监督,做到工作相互贯通。对上级局布置的工作任务实行中心主任(或中心综合事务岗)首问负责制,属于本中心职责范围的,按规定岗位推送任务,非本中心职责范围的,推送相关中心,并将信息反馈上级局,确保对上职责有效衔接,落实工作有责任主体。依据四个中心与四个序列之间业务的直接对接,组织汇编工作业务流程目录101条,绘制业务流程图101个,同时统一执法文书盖章和编号,在101条工作业务流程中明确岗位职责,专业化管事分工到位,相互制约制衡有力。

三、实施职能重组,加强高等级风险应对管理

在组织机构保持基本稳定的情况下,积极创新,突破机构设置物理扁平化的观念束缚,实施税收征管业务逻辑扁平化,使机关从以行政管理职能为主的职能体制向以直接承担税源税基监控管理等实体职能为主的职能体制转变。一是将机关与基层共同承担的事项全部梳理出来,并按照业务复杂程度、风险等级、发生频率三项指标做好分类;二是将固定资产管理、依法申请破产企业的税款清算、股权转让调查、土地增值税清算、纳税评估模型建立、企业所得税汇算清缴检查6项风险等级高、业务程度复杂、发生频率较低的业务事项从分局管理职能中调整出来,由机关直接进行管理和实施,压缩管理层级,发挥机关征管资源集中的优势;三是将发票申请印制、领购、发放、统计,税收票证领、销、存,所得税备案类减免,税款核定审核,网上申报5项风险等级低、业务需求简单、发生次数频繁的业务事项从机关股室职能中调整出来,由基层分局对应管理,方便纳税人,提高工作效率。机关与基层间的职能重组,实现部分业务机关既是政策的准确把握者又是政策的有力执行者,是将单位最优的征管资源集中运用到高等级、高难度的风险识别和应对上。

四、创新项目管理,实现科学防范和化解风险

针对机关和基层职能重组后,机关直接承担的风险等级高、复杂程度高的业务事项和省、市局一些重大的阶段性、临时性部署,实行项目管理。做到适时立项,确定工作内容、项目负责人、牵头单位、参与单位及人员,以团队确保项目实施、管控各类风险。例如,在去年省级"数据大集中"系统上线期间,我们对新系统上线工作实行项目管理,保证工作目标任务全面完成的同时,有效防范化解了其中执法和廉政风险。特别是围绕省、市局的部署,运用廉政风险防控先进理念、科学方法,明晰工作权责、规范业务流程、强化监督检查,努力建立风险防范、监控和处置三项机制,探索项目廉政风险防控工作,为我们进一步完善项目管理工作提供了新的经验。在新系统上线过程中,我们注重收集各方面信息,对廉政风险点进行动态监测,对可能引发违规违纪违法行为的苗头性、倾向性问题,及时进行预警处置,主动防范化解各类风险,提高全局预防腐败工作科学化、制度化和规范化水平。据统计AHTAX2013上线期间,我们组织所有参与人员认真进行风险点排查,累计制定了防控措施205条。

一年来,我局实施机关实体化运作,无论在深化税收专业化管理方面,还是在加强各类风险防控方面,都达到了预期效果。具体体现在:一是人力资源整体盘活,工作效能全面提升。实施机关实体化运作,机关常规性工作实行流程管理,临时性工作、阶段性工作实行项目管理,破解了原来机关股室之间忙闲不均、冷暖自顾的局面。并与基层分局管事专业化相配套,单位人力资源整体盘活,全局各项工作质量和效率明显提高。二是防控体系不断完善,各类风险有效管控。将人事管理、内部审计等纳入效能监察中心,拓宽了监察范围,保障了监察成效;上收复杂程度高、风险等级高的业务事项由机关统筹优势资源应对,破解了高等级风险管控难题,形成了真正意义上的风险防控长效机制。三是职能分工科学合理,纳税服务更趋优化。组建四个中心、根据风险等级程度和业务复杂程度的不同相应调整机关与基层之间的职能,一定程度上看县级局整体更直接面向广大纳税人、更趋向税收政策、服务措施的执行,保证了系统政策措施执行的统一,避免了纳税人多头跑、找多头现象的发生,纳税服务更加优化。

风险防控工作任重道远。我们不能仅看到取得的一点成绩,更要看到自身工作中需要改进的地方。下一步,我们将在省、市局及地方党委、政府的坚强领导下,以深入开展党的群众路线教育实践活动为契机,以各项创建活动为抓手,着力在提高风险管控实效上求突破,努力为地税事业科学健康发展保驾护航。

(全省地税系统党风廉政建设工作会议交流材料)

第六部分　调研报告

安徽地税系统稽查信息化建设实践与探索

安徽省地方税务局稽查局课题组

稽查信息化是借助信息化、智能化技术和手段实施稽查管理和执法,畅通第三方信息获取渠道,在稽查工作规范化的基础上,对稽查各环节,各要素建立可操作的标准参数,形成高效的税务稽查管理体系的过程。稽查信息化是稽查现代化的重要一面,也是稽查现代化的一个突破口,如何切实推进稽查信息化建设是稽查现代化过程中面临的一个重要问题。安徽省地税系统近年来对稽查信息化工作进行了有益的探索,不断总结经验、强化实践,对稽查信息化体系进一步设计、规划、求证,以期建立更加科学、高效的稽查信息管理模式和工作体系。

一、安徽地税系统稽查信息化建设实践

2000 年起,安徽省地税系统尝试应用稽查管理软件,2005 年试用电子查账软件。在信息化工具与方法应用实践中,依托稽查管理平台和电子查账软件,安徽地税在摸索中尝试和创新,扬稽查质效之长、避执法风险之短,倚稽查管理之便、就稽查威慑之重,因地制宜,因时而变,切实提升工作质效。

(一)深度优化稽查管理平台

2013 年,依托全省征管数据大集中契机,稽查管理软件历经两次版本升级后进入 AHTAX2013 时代。在严格按照稽查四环节正常流转案件基础上,AHTAX2013 平台还提供了丰富的特色功能:一是基于任务推送。分岗、分人实时通过消息提示任务,使得职能和权责匹配,实现整个平台有效有序运转,避免执法风险,并有效避免以前版本中案件流转过程中的案件丢失问题。二是将全省数据集中到省局高效服务器。数据集中后,实现了全省稽查案件的信息互通,方便全省稽查工作的监督、管理和指导。三是统一了文书格式。将全省地税稽查系统税务执法文书和内部文书格式统一,与总局要求格式一致。四是实现了可视化的案件统计功能。按期计算稽查工作数据,定期分析案件类型、查处结果,自动生成选案、检查、审理、执行台账,为稽查工作提供直观决策依据。五是实现报表自动生成。实现综合类报表、举报类报表、专项检查类报表、打击发票犯罪等各类报表网上报送功能,避免了各级报表格式和数据混乱的问题,提高了系统工作水平。六是支持在线审理。支持在线多级审理,凸显程序规范化、结果透明化。七是实现征管数据实时查询。平台与征管数据对接,快速获取纳税人各项相关信息,有效对接征管评估部门推送案件。

(二)全面装备电子查账利剑

2008 至 2013 年,安徽省地税系统从尝试试点到全面应用电子查账软件,不断探索、推进电子查账软件创新应用。一是合理配置查账软件。针对不同层级稽查力量的强弱,合理配置查账软件,实现硬件、软件与人员的匹配结合,有效提高稽查资源利用效率。目前全省地税稽查系统共购置电子查账软件 260 套,保证每个

检查组至少可使用一套查账软件。二是加强学习培训。历年来不断通过集中培训、专题培训、春训等各种形式，对电子查账应用进行培训，提高使用效率，为有效、有序开展电子查账奠定了基础。2013 年，全省地税稽查系统针对电子查账软件累计培训 18 次，培训合计 1450 人、天。三是完善电子取证流程。提取数据时采取双备份，一份复制到所采集的计算机上，一份复制到 U 盘，现场封存并现场签字，有效规避了电子取证漏洞和执法风险。四是创新联合办案机制。依托公安部门取证优势，调取数据时联合公安部门及软件公司人员，现场取证，遇到问题及时处理，不给待查企业转移和隐匿电子账簿的机会，固定了证据，规避了执法风险，强化了稽查效果。2012 年，全省地税稽查系统共采用电子查账方式检查纳税人 381 户次，约占总检查户数(除去自查户数)的 56.5%，与传统稽查方式相比，电子查账优势明显，使用电子查账户均查补税款数是检查平均数的 7 倍，户均检查时间是全省平均数的 30%，对比数据见下图。

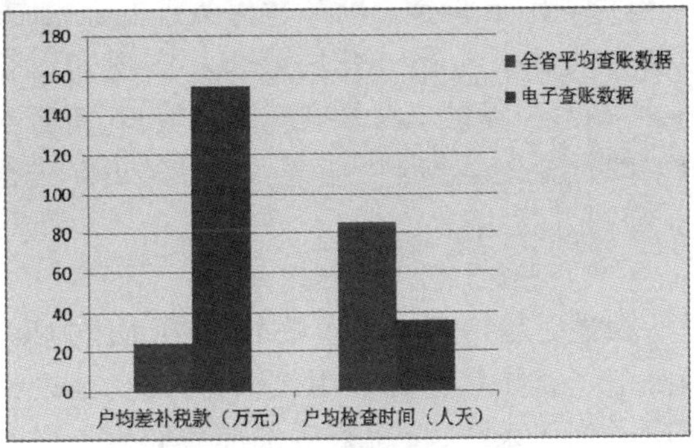

图 1　电子查账效果比对

二、稽查信息化建设思路

(一)当前稽查信息化建设存在的问题和不足

从我省稽查信息化应用实践来看，目前，稽查信息化还存在以下问题和不足：一是选案信息化质量不高。选案工作是稽查工作的第一关，选案的质量决定了稽查资源的分配和稽查工作的效率。但现阶段选案工作信息化应用不够，信息渠道狭窄，选案手段落后，与纳税评估推送来的案件“水土不服”。二是稽查管理平台智能化不够。对第三方信息传递、电子查账软件以及选案软件的拓展接口考虑不足；案头审计功能有待完善；查询和报表都是系统设置好的，如临时修改会严重增加软件的复杂度。三是电子查账使用受限。数据采集环节技术有障碍，面对 SAP 财务软件、基于 ORACLE 的财务软件及一些在线财务软件平台，很难有效实施；数据采集机制不完善，遇到借口拖延不提供检查账号的企业，数据采集便无法实施；无明确法律及制度规范，电子查账实施法律风险较大；四是对稽查信息化认知有误区。稽查信息化是个科学化、智能化、系统化的系统。很多人认为稽查信息化只是“简单”的稽查辅助手段，稽查信息化就是购置机器与设备，将纸上能做的东西放到计算机上再做一遍，这种消极、简单的理解将妨碍稽查信息化的过程。

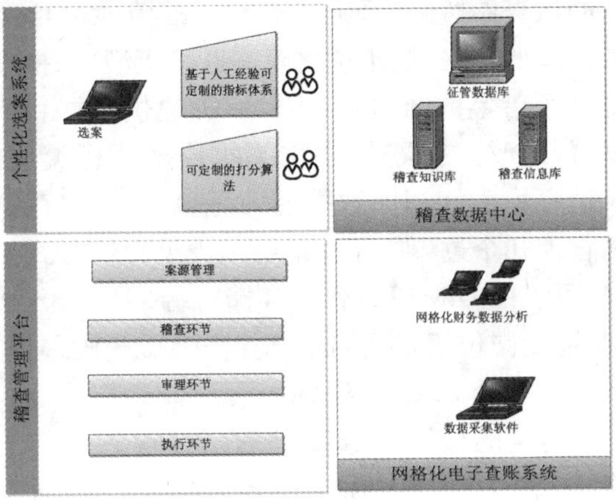

图 2　稽查信息化体系

(二)稽查信息化基本框架构思

稽查信息化是用信息化手段全面改造稽查的各方面、各环节，针对现阶段信息分散利用不充分、稽查平台智能不够、电子查账深度使用较少等现实，安徽地税借鉴国内外先进经验，在实践基础上，对稽查信息化体系进行了构思：稽查信息化体系以稽查数据中心为基础，由个性化选案系统、稽查管理平台、网格化电子查账系统三部分组成。个性选案系统将人工经验建模，建立比较指标，利用基于异常点检测的方式实现计算机选案，为稽查管理平台推送案源；稽查管理平台采用基于任务推送的方式，严格按照选案、检查、审理、执行四环节,为稽查流程管理提供保障;网格化电子查账系统实现稽查案件检查的共享,节约人力资源,并实现与稽查平台对接。各部分关系如上图。

三、稽查信息化方案设计

(一)打造稽查数据中心

稽查数据中心包括稽查信息库和稽查知识库。稽查信息库是一切工作开展的核心,经分析整理,在实际稽查中用到的数据包括企业财会信息、企业基本资料、企业纳税申报数据、历史稽查信息、第三方信息。稽查知识库是指稽查过程中获取的相关知识,包括检查企业的基本信息、涉税情况、作案手法、征管建议等。稽查知识库是对稽查案例的有序组织和再创造,保存并利用了这些宝贵的智力资源和经验,并部分转化为机器可以处理的数据,它避免使案件的检查停留在“狗熊掰玉米”的阶段。稽查知识库的建立,便于优化改进选案模型,为检查提供可借鉴的经验,对案件审理提供数据和依据,帮助改进查账软件相关的数据分析模型。对信息库和知识库数据的处理包括获取、存储和管理几个过程。不同的数据类型存储方式不同,可以以ORACLE作为存储后端,采用BS架构,配置岗位权限面向全部稽查人员开放。

(二)个性化选案系统

传统的计算机选案是利用纳税评估的思路,根据纳税人的纳税指标检测异常户,这种方法在实际操作中难免会有偏差。如某个企业的某些指标和所有企业相比可能是异常的,但是和它的同类型企业或者同行业企业相比较却并非如此;某个企业涉嫌偷逃漏税信息可能仅在部分指标上有显示,即局部异常,而整体指标却是正常的,这种基于统计的或者是有监督的学习方法的选案往往误报率很高。基于此,可以采用数据挖掘中无监督的学习办法,即基于密度的离散点检测方法。涉税企业往往与同行业同规模企业指标有差别,在数学模型上,将其理解为异常点。这种方法可通过行业和规模参数调节使范围可控,更符合实际的选案方式,也使稽查选案更具准确性和科学性。

经对安徽省地税局稽查局2010-2012年检查的104户典型涉税企业的问题类型、原因和手段分析,我们初步建立了分行业、分税种的31项涉税问题和以财务指标和账目指标为基础的28项指标组合,然后用基于密度的离散点方法测试,在部分市进行了试点并取得较好效果,目前该项工作还在进一步测试中。

(三)可扩展的稽查管理平台

基于安徽省稽查管理平台实践和应用,可以对稽查管理平台进行完善和改造。目前流程管理工作仍限于“四环节”内部,下一步工作方向是与外部的各软件及模块对接,一方面要完善与选案系统的对接,使选案系统推送来的企业数据及提供的涉税疑点信息直接进入稽查管理平台。另一方面要与电子查账系统中数据采集软件对接,支持常用财务软件数据的导入,方便稽查人员的检查、比对、分析。实现知识管理,在平台中提供丰富稽查知识库接口,将每次查案的企业基本资料、作案手法、查办方法整理、归纳、保存下来。

(四)网格化电子查账系统

为进一步扩大电子查账软件的使用力度,提升电子查账软件的使用效率,可以构建网格化电子查账系统,将所查案件部署到省局服务器上来,实现数据的共享,方便多人看账,最大限度地利用资源,将电子查账与稽查知识库的充实结合起来。

课题组组长:洪晓建
课题组成员:仇应广、卢年春、戴清、韩思远
执 笔 人:韩思远

新形势下提高税务稽查选案质效的思考

安徽省地方税务局稽查局课题组

税务稽查选案是稽查工作的第一个环节，也是基础环节。选案的定位，决定稽查工作方向。选案的水准，直接关系到稽查的效率和质量。《税务稽查工作规程》对税务稽查的选案方法做了原则性规定，如人机结合，随机抽选，接收检举线索等，但随着近年来纳税人的不断增加、经济主体的多元化和经济环境的日趋复杂，税务稽查选案必须随之做出提升改进，要创新选案方法，以适应上述复杂情况。

一、稽查选案总体情况

目前安徽地税按照“做实省级稽查局，做强市级稽查局，做精县级稽查局”的思路，积极推进稽查管理方式改革。在现有人员、机构、编制不能变动的情况下，进一步推进市、县稽查资源、业务的整合和城区一级稽查，积极构建适应现代税源结构特征的稽查资源配置模式和管理机制，上收县级稽查局业务管理权，实行“四个统一”即统一选案、统一检查、统一审理、统一执行，或者初步实现“统一选案，集中审理”。即市级稽查局选案部门在全市（含县）范围内集中案源，统一选案、立案，安排稽查计划，向检查环节派送任务；规范进户执法，避免多头检查、重复检查。

我省淮北、铜陵等下辖一个县的市，及部分下辖多区、县的市，如马鞍山市等，基本实行一级稽查，统一归集、部署全市范围内的稽查案源，稽查人员统一安排调配；部分下辖多个县区的市，如六安市等，上收市区稽查局全部执法权限，上收县局稽查局的选案、审理等部分执法权限。

二、稽查选案存在的主要问题

（一）内部案源数据收集渠道单一

在现行稽查选案工作中，无论是计算机选案还是人工选案，都需要有真实、全面、准确的涉税信息作为数据基础。目前选案所依托的信息主要来自征管软件 TAX2013，然而，在我省现在使用的 AHTAX2013 系统中，人工选案的基础资料严重不足；同时，受各种利益因素的驱动，纳税人的财务核算结果受人为控制，经营指标造假严重，会计信息、计税依据失真，甚至隐瞒收入做假账等情况不可能在软件中反映出来，导致选案准确率不高。

在现行税收管理体制中，由于税收征管与税务稽查之间缺乏有效的协作配合，信息传递方面虽较过去已有明显转变，但总体交互利用程度不高，稽查部门对企业的征管情况无法全面、及时掌握，特别是依据纳税评估结果及时有针对地加以查前分析，缺位明显，使得税务稽查选案工作缺乏最基本的原始资料和动态线索。在实际工作中只能实施人工选案，选案人员只能凭主观印象或税负率去决定稽查对象，并没有一个科学分析的筛选过程。

（二）外部纳税人信息共享不畅

随着时代的发展，稽查选案呈现多元化的发展趋势，稽查选案也不仅仅是稽查局内部的事，需要上级税务机关和政府各相关部门的大力协助，但是目前外部环境还无法提供完整、真实、动态的信息，各部门信息共享不畅通，国地税之间信息交流都不够，更何况与其他部门的信息共享。《税收征管法》虽设置了要求工商、银行等部门与税务机关相互配合的条款，但其作用十分有限。例如,与银行的协调配合主要是针对有涉税违法嫌疑的特定纳税人,且仅限于稽查实施程序启动之后,选案阶段的调查收集信息师出无名。

(三)选案工作机制上有局限性

目前,税务稽查对象除自主选案外,主要来自专项检查确定的指令性和指导性计划,纳税评估环节移送案件,上级交办案件,有关部门转办案件和检举案件等。对上述案源案件的查处,已消耗稽查局的大部分时间精力,甚至没有余力自主另行选案查处。上级部门部署的指令性稽查计划,虽然对稽查的全局性把握上有一定作用,涵盖了共性问题,但也在某种程度上限制了下级稽查局自主选案的积极性和创造性,使稽查质量和效果打了折扣。

稽查质量考核体系中"稽查面"的考核指标制定欠科学,这一指标只考核稽查选案的数量而忽视了选案的质量,检查人员为完成稽查计划量疲于奔命,降低检查质量标准,舍本求末。

(四)对选案人才培养重视不够

当前的稽查工作需要有效率有力度,需要出成果提威信,这对选案工作提出了更高的要求。但稽查部门对于选案岗位的人员配备和业务培训工作,却远远没有跟上。对选案人员的素质和能力没有具体要求,对选案信息处理手段和方法缺少系统研究和管理。一是人员力量配备跟不上。我省各市稽查部门经过近年来稽查改革,一些地方直接简并了选案部门,甚至取消了专职选案岗位,由综合部门统一管理。二是在各类业务培训中习惯性忽视选案岗位。选案人员应该具备的业务素质并不仅仅是进行选案的计算机相关操作,而是需要全面的业务能力,熟悉查案的基本流程,了解经济和税收的大方向,掌握最新的税收规章制度,以确保选出适合的稽查案件。

三、稽查选案需开创新做法保持好做法

(一)依托网络平台 建立选案数据库

选案人员既不直接接触纳税人,也不保管纳税人档案资料,对纳税人的情况了解只能依靠税务征管信息系统提供的纳税数据。因此,必须依托网络平台,建立完善的纳税信息收集体系。

1. 依托AHTAX2013征管信息系统平台,建立纳税人基本信息库。一套科学全面的纳税人信息,除包括企业代码、名称、地址电话、上年纳税总额等主要基础数据外,还应包括更多更详细的税收相关数据及更强大的查询比较功能,比如发票管理、租赁、货运、投资等各个方面的涉税信息。

2. 依托风险管理平台,建立重点税源案源库,按照企业年纳税额,把企业按年纳税额分为不同的档次,按照不同管理部门分别建立台账,从中选择重点稽查目标,进行重点监控。

3. 依托执法责任制平台,建立稽查案件管理库,将下达稽查任务的企业名称、税种、偷税环节、入库税款、滞纳金数额、罚款金额等有关项目登记到台账上,为以后进行案例分析,找出不同行业的偷漏税特点,研究偷逃避税的动向和规律提供有价值的线索。

4. 依托纳税服务平台,建立涉税检举库,充分利用"12366"纳税服务平台及时受理和排解检举人反映的各种涉税问题,切实处理好每个检举线索。

(二)配合分级分类稽查 实施分级分类选案

制定分级分类稽查管理实施办法,健全工作绩效考核新机制。一是明确分级分类稽查对象标准,划清各级稽查局检查范围和时限,确定相应级次稽查主体,结合各地区、行业实际,选择重点税源户作为分级分类稽查对象;二是建立分级分类稽查选案台账,提高税务稽查管理工作的科学化、精细化水平。稽查选案时,应综合考虑纳税遵从度、信用等级评定、上级重点督办案件、纳税总额、纳税排名、纳税负担率等因素,并注重听取县级地税机关意见,兼顾被查对象中市、县纳税人比例。三是将分级分类稽查选案工作纳入工作绩效考核管理,以全方位监控分级分类稽查选案工作的开展情况,加大分级分类稽查选案工作的推进力度。

（三）利用纳税评估 筛选有效案源

稽查选案应当重视并充分利用纳税评估输送的案源。首先稽查要明确与纳税评估的区别定位。税务稽查专司偷逃抗骗大案要案，纳税评估则是税务机关对纳税人纳税申报的合理性进行评定的一项税收管理服务工作，是介于税收日常管理与税务稽查之间的一种管理活动，目的是为纳税人对非恶意偷税行为自查自纠提供预警和帮助，而对有恶意偷税疑点和经评估约谈后仍未自查自纠的问题向税务稽查部门推送。稽查部门并非必须检查所有推送案源，选案部门经过筛选、报批认定后，才会进一步立案提交检查。因此纳税评估是对原有稽查选案方式的一种有效补充。二要规范纳税评估案件移送选案的标准，移送标准应包含两方面内容：一是定性标准，如有实质证据的涉税违法行为嫌疑的，拒绝自查和约谈举证或提供虚假资料的，经约谈举证疑点仍难以排除以及以前纳税评估时被发现并得以纠正的问题再次发生的等；二是定量标准，根据事前设定的几个行业主要指标，如有两个以上不正常或者一个主要指标低于或高于正常指标在多大幅度以上的。三要建立纳税评估移送案件联系和反馈制度，与纳税评估部门充分互动，提高其案源送的准确度。

（四）加强局内部门联系 拓展外部信息资源

随着时代的发展，稽查选案呈现多元化的发展趋势，稽查选案不仅仅是稽查内部的事，需要税务机关内部和外单位各相关部门的大力协助。

虽然当前有了税收征管网络平台，稽查部门仍要积极加强与局内各业务部门、征管部门及办税服务部门联系，落实征、管、查互动工作联系机制，实现信息互通、共享。通过这种形式稽查部门能及时掌握一定时期征收管理中的热点和难点问题，这些信息是网络纳税信息的有益补充，为选案方向的准确性提供真实、可靠的依据。

对外要建立畅通的信息传递制度。一要加强与国税、财政、审计机关等部门之间的工作联系制度，将他们查处的属于本部门范围的有问题户及时纳入日常选案计划中，提高稽查选案的准确性。二是要加强与公安、检察、法院等司法部门的配合协作，特别要借助公安、检察、法院等司法部门的强制手段，提高稽查震慑作用。三是要加强工商、国土、城建、银行等部门的沟通，增强这些部门的协税护税责任。自2010年起，我省开始建立财政、地税、国税、公安、审计、工商、房产、建委、土地、物价等若干部门组成的涉税信息共享平台（综合治税分析平台）。在该网络平台中，相关部门分别提供国税的发票开具信息，稽查查补信息、房地产管理部门的房产登记、商品房销售许可证发放信息、国土局的国有土地使用权出让、转让信息、建筑管理部门的工程招标项目资料、项目合同备案信息和建筑工程施工许可证发放信息、工商部门的股权转让等纳税人经营信息、国有资产管理机构审批的国有企业兼并、划转、转让、改组改制信息等。选案部门要充分利用这个涉税信息共享平台，积极获取“第三方涉税信息”。

（五）利用检举线索 扩大稽查成果

检举案件是税务稽查的重要案源，不可否认由于举报人自身原因，检举线索有些事实不清，有些夸大其辞，从而增加了稽查工作的难度。选案人员应善于从检举材料中发现优质案源，特别是同行竞争类举报，常常有行业黑幕起底的重大发现。对这些案件的检查结果进行总结归纳后，开展行业性的专项整治，往往能够收到意想不到的重大成果。如我省对新华书店系统和汽车驾校开展的专项检查，就是从检举案件中取得的线索，然后部署全行业检查，不仅查补了大量税款，而且规范了行业行为，堵塞了税收漏洞，有效扩大了战果。

（六）施行随机选案轮查制度

可根据本地正常纳税户户数和稽查人力，确定一年的稽查轮查比例。对于纳税户较多的市、区，可以实行在某一行业或者某一指标数据超过警戒值的范围内抽查。对于纳税人来说，随机选案轮查就是悬在头顶上的利剑，不知什么时候会落下，须时刻醒觉按章纳税。随机轮查的好处一是保持长久的威慑力，二是体现选案的公平,三是防止人为因素干预选案,四是预防腐败。但随机轮查会对选案准确性产生一定影响,因此考核中应客观应对。

(七)提高选案人员业务能力

提升选案人员业务素质应从以下几个方面入手:一是建立科学公正的用人机制,实行轮岗制度,选案人员应当在稽查或审理部门有过一定经验,有良好的综合能力,确保政治业务过硬、综合能力强的干部负责选案岗位;能够及时总结经验,提出建议,把握选案大方向。二是建立长期学习培训机制,提高选案人员业务素质和专业水准;三是建立有效的绩效激励机制,提高选案人员的工作积极性。

在提高自身选案人员素质和水平的同时,可以考虑聘请税务筹划专家、注册税务师、各行业的专家等参与到稽查选案的过程中,来弥补稽查选案人员知识面的不足。

总之,稽查选案是稽查工作的重要环节,是税务稽查的基础性工作。只有不断提高稽查选案的科学性、规范性和准确性,才能更好地适应新形势下稽查工作的需要。

课题组组长:洪晓建

课题组成员:仇应广、周光伟、刘榕

执　笔　人:刘　榕

安徽地税系统职务犯罪情况分析

安徽省地方税务局监察室课题组

近年来,我省地税系统职务犯罪案件呈上升趋势,已判决案件从2007年的2件上升至2014年的11件,共计55件,年均增长率为27.58%。2014年已判决和未结案的职务犯罪案件多达18件,超过以往每年案发数量,同时涉案人员职务级别趋高,其中包括1名市局局长、2名副处级领导干部。现对2007年至2014年已判决的职务犯罪案件进行分析,剖析案发原因,以便进一步有针对性地采取防范措施,发挥好查处案件的治本作用。

一、我省地税系统职务犯罪特点

从犯罪主体、犯罪行为特点看,我省地税系统职务犯罪人员大多是基层各级领导干部、税收执法一线人员,他们利用税务行政管理权和税收执法权徇私舞弊,谋取私利,给国家造成很大损失。

(一)基层税务人员成为职务犯罪主体,基层领导干部占比较高

55起案件中,有52件发生在基层地税机关,占94.55%。从犯罪人员工作岗位看,主要是基层税收执法一线人员计42人,占76.36%。其中,基层税务分局(含稽查局)负责人23人,税收管理员等执法人员14人,协税员5人。从犯罪人员职务看,主要是基层各级领导干部计33人,占60%,其中县(区)局"一把手"8人,领导班子其他成员2人。

(二)受贿案件最多,受贿形式多种多样

55起案件涉及受贿罪、贪污罪、挪用公款罪、巨额财产来源不明罪、滥用职权罪、徇私舞弊不征少征税款罪、徇私舞弊发售发票罪、虚开发票罪、出售非法制造的发票罪、非法提供公民个人信息罪10项罪名,其中受贿案数量最多,共38件,占69.09%。受贿形式除了传统的收受现金、购物卡以外,还有其他多种形式,且手段隐蔽。如收受存折;收受金条、电脑、邮票等实物;收受车辆维修、装潢"业务回扣";向纳税人报销车辆修理费、外出考察费等费用;无偿借取纳税人巨额资金,以亲属或本人名义投资股

票、小额贷款公司获利；以干股形式入股税务师事务所获取“红利”、“业务提成费”；接受企业老板为其出资合办企业；接受房地产商为其低价建造私人住宅；以明显低于市场价的价格从房地产商购买住房、商铺，有的低幅接近40%；以职务影响拖延支付房款或未足额支付房款等等。纵观系统内的受贿案件，有两个显著特点，一是受贿金额较大，其中单笔受贿金额5万元以上的14人，占25.45%；最大金额为一次收20万元，有2人。二是节日受贿现象突出，即利用春节、中秋节等传统节日收受钱财，多数金额为几百元或上千元，数额不大，但多年多次累计则金额较大，触犯法律红线。

（三）领导机关工作人员和领导干部涉案多是人财物管理领域，权钱交易特点明显

从案发领域看，主要发生在干部人事管理、信息化建设、大宗物品采购、财务资金支配、基建项目管理等人财物管理领域。如六安市地税局原副局长钟诵平、凤阳县地税局原局长杨群、宿州市埇桥区地税局原局长杨流、天长市地税局原副局长焦贤民等人，利用主管或分管干部人事工作等职权，多次收受多名下属贿赂。宣城市地税局信息中心原副主任（主持工作）陈金虎，利用主管信息化工作的职务便利，为他人在市局广域网项目建设、设备购置上提供帮助支持，多次受贿，数额较大。宣州区局原局长徐庆春同意区局向某公司批量采购大量电脑和办公耗材，收受公司老板现金、电脑。阜阳市颍泉区地税局原局长张荣华滥用职权，安排教育费附加“手续费”不入账，将部分款项作为职工福利发放；擅自决定将职工集资款外借，导致无法收回。

尤其值得关注的是，办公楼土建、装饰工程项目管理领域案件频发，且犯罪人员几乎全是基层“一把手”。如休宁县地税局原局长谢文奎收受贿赂，帮助建筑商承接单位办公楼装修、建筑工程。宣城市地税局原副调研员、泾县县局原局长吴建华在办理县局办公楼工程结算、质量监督、工程验收等方面为他人提供便利，收受大额钱财。少数市县局“一把手”虽名义上不直接分管基建项目，但实质上不肯放权。如有的“一把手”为其近亲属承揽本单位基建工程大开绿灯，5年内其近亲属直接负责绝大多数办公楼装潢项目施工。有的“一把手”插手干预多个办公楼基建项目，存在恶意规避招标、围标、超合同预算、随意增加工程项目、超额支付工程款等问题，并授意、暗示有关人员，要求指定工程承包商。有的“一把手”无论在原任或异地交流任职后，都与工程承包商们打得火热，结识“新欢”又不忘“旧爱”，为他们在基建项目管理上谋取利益，大搞权钱交易。

（四）少数基层干部利欲熏心，利用税收执法权谋取私利

突出表现为不征或少征税款，谋取个人好处。一是利用税收征收权侵占税款、收受钱财。通过代开发票截留挪用税款；修改征管系统信息，以收多交少的方式侵吞税款；采取大头小尾等方式开具税票，暗中贪污税款；以优惠代缴税费为名要求企业将税款转至个人账户，直接贪污税款。二是利用税收管理权徇私舞弊、谋取私利。利用税收核定管理权谋取利益。有的基层分局负责人在应税所得率、个体户税额核定方面照顾纳税人，收受贿赂。利用发票管理权违规发售发票，套开、虚开发票。有的税务人员在未验旧、未核实税款是否缴清的情况下，违规向亲属、朋友的企业继续发售发票，造成大量税款流失；或利用经手领取发票职务便利或通过其他地税分局人员违规获得发票，非法提供给纳税人使用，造成大量税款流失；或与外勾结，共同作案，或套号非法制造并开具发票，或介绍他人虚开发票，金额特别巨大，并从中牟利。利用管理房地产企业职权收受钱财、低价购房。有的县（区）局长、分局长在审核土地增值税清算扣除项目时，帮助企业谋取利益，收受企业巨额钱财；购房时少付巨额房款，长期无息借占房地产商资金；在管辖的房地产企业采取“预定房源、不付房款、择机转手”的方式谋利；向管辖的房地产企业低价购房，并私自开具税务发票，以票冲抵少付房款。利用管理服务辖区内企业的便利为中介机构谋利。有的基层分局负责人以亲属或本人名义以干股形式入股税务师

事务所,帮助事务所办理涉税事宜、维护客户关系,收受其“红利”、“业务提成费”。利用负责、分管日常管理企业的职务便利进行权钱交易。有的税务人员在办理税收核定、延期纳税、注销清算等正常税收业务时,为纳税人谋取利益,收受财物。利用职务影响斡旋受贿。有的基层分局负责人利用本人职务影响,通过其他地税分局人员为企业协调稽查、发票检查事宜,收受贿赂。三是利用税收检查权徇私舞弊,不征、少征应征税款。有的县局负责人、稽查人员接受他人请托,直接干预或授意下属不征、少征税款;收取企业好处后,或少查处税收问题,或明知企业有少缴税款却不予查处,或明知企业有少缴税款而选择查处纳税年度,或有税不征,放任企业少缴税款,造成大量税款流失。

(五)渎职犯罪案件不多,但危害性巨大

系统职务犯罪渎职案件共计13件,占比23.64%,其中:徇私舞弊发售发票案1件,造成税收损失12万余元;滥用职权案2件,累计造成国家、个人财产损失75万余元;徇私舞弊不征少征税款案10件,其中3件为共同犯罪,累计造成税收损失1531万余元。渎职案件数量不多,占案件总量比例不高,但严重破坏国家管理秩序,造成大量税收流失。如天长市地税局稽查局原局长陶武及原副局长朱珑,收受某企业贿赂5万元,对其多列支的利息支出不予查处,少征税款29万余元。另外,陶武收受某企业老板现金3万元,怠于履行追缴税款职责,造成税收损失852万余元。

二、我省地税系统职务犯罪产生原因

职务犯罪产生的原因比较复杂,且因人而异,但综合来看,“三观”扭曲、法纪观念淡薄是主观因素、根本因素,税务权力配置、运行、监督不合理是体制因素、关键因素,税收工作外部环境影响是社会因素、诱发因素。

(一)“三观”扭曲、法纪观念淡薄是根本原因

从系统内职务犯罪人员的个人悔过情况来看,他们大多长期不注重政治理论学习,放松对自己世界观、人生观、价值观的改造,迷失了人生追求方向,价值取向发生偏差,理想信念逐渐动摇,宗旨意识淡化,公仆意识缺失,各种腐朽观念乘虚而入,造成行为失范。他们有的崇尚金钱,私欲膨胀,肆无忌惮,受贿、索贿;有的贪图享受,追求奢华生活,迷恋灯红酒绿,常年与一些企业老板吃喝玩乐,混迹于“夜总会”;有的看到别人生活富裕,心理失衡,盲目攀比。在这些错误心理的作祟下,很容易滋长以税谋私行为。少数地税干部法纪观念淡漠,错误地认为自己是按正常税收业务程序办理受托事项,没有为他人谋取非法利益,即使收了钱也属礼金,不算受贿。有的在逢年过节、家属生病、子女升学时收受“朋友”的财物,认为这属于人情往来,即使追究,也只能算违纪,不是犯罪。有的“天真”地认为是按领导“意思”办事,出了问题由领导担着,自己没什么责任。有的自欺欺人,相信“朋友”,认为自己处事慎重,不是“铁哥们”送的坚决不收,应该不会出问题。有的认为法不责众,别人能收,我也能收,收点小钱小卡补贴生活没什么大不了。由于存在种种法律观念误区,这些地税干部对触犯法律底线丧失应有的警惕,逐渐滑向犯罪深渊。

(二)体制机制不完善、监督管理不力是直接原因

一是权力过于集中。民主集中制原则没有很好执行,导致“一把手”权力过于集中,加之缺乏有效监督,导致职务犯罪频发。如宣州区地税局原局长徐庆春长期兼任市局办公室主任,手握权力,独断专行,重要事项私下运作,重大决策个人决定,甚至未经任何程序一次动用公款十余万元,最终被判犯受贿罪、挪用公款罪,两罪并罚。有的“一把手”大权独揽,不按党组议事规则研究事项,漠视“三重一大”议事制度,暗中为他人谋取利益,多次收受钱财,金额相当巨大。有的单位税收管理员或协税员集开具发票、收取税款、保管税款职权于一身,多次挪用或贪污税款,如探囊取物,轻而易举。二是地方税收任务计划管理存在缺陷。目前采取的“基数+增幅”税收任务计划管理方式,不符合依法治税、应收尽收的税收法治要求,为发生

违法违纪行为埋下隐患，给滥用职权、以税谋私、权钱交易等职务犯罪行为可乘之机。税源紧张时，容易发生摊派税款、征收过头税、转引税款、违法强制预缴税款、贷款缴税甚至税款“空转”等现象。税源充裕时，为了保证实现来年所谓的“开门红”和完成高增幅的税收收入任务，容易发生有税不征、有税不查或违规审批税收减免缓等问题。三是税收执法自由裁量权空间较大。如税收核定方面，企业所得税分行业应税所得率适用范围较大，无明细标准；对个体工商户核定虽然规定了基本核定程序，但未规定分行业核定方式方法，税务人员选择性执行范围较大。如税务行政处罚自由裁量方面，省局虽出台了有关《实施办法》、《执行基准》，规范了税务行政处罚行为，但仍有细化空间。如在延期纳税方面，《征管法》规定纳税人因有特殊困难，经批准可以延期缴纳税款，但对“特殊困难”的条件解释较为粗糙，难以准确把握，人为操作空间较大。由于地方税费种类多、征管流程复杂，上述类似的自由裁量空间在多个执法领域不同程度存在，税务人员在日常征收管理时，选择性执行自由度较大，为权力寻租留下空间。四是权力监督制约乏力。在监督制约手段上，还过多地依赖于书面审核、会议研究等传统方式，甚至是“一把手”说了算或一、两个人随意决定，缺乏动态过程监控，难以有效防范职务违法违纪风险。在监督制约机制上，纪检监察、组织人事、内审、法规、财务管理等部门之间未形成高效便捷的内部工作信息共享和联合督查机制，难以形成管控合力。全省地税系统从省局到基层分局，管理线长、面广、点多，管理信息不对称，监督效率难以提高。党务政务公开不到位，有的单位选择性地公开甚至不公开权力事项，群众难以有效监督。在监督制约力度上，有的单位把制度当摆设，有的领导干部怕得罪人，不愿监督，不敢管理，导致监督制度落实不力。

（三）法治意识不强、世风世俗的不良影响是诱发原因

一是税收法治意识不强。一方面一些纳税人依法纳税意识不强，甚至有少数不法之徒把偷漏税款当作致富手段，想方设法拉拢腐蚀税务人员，以达到少交税、不交税的目的，税收执法权寻租存在较大买方市场。另一方面有的领导干部依法征税意识不强，少数地方政府把不征、少征税款作为招商引资的重要手段，以权压法，以言代法，给税务部门增加了执法风险和渎职风险。二是人情风俗存在消极影响。中国人情往来传统风俗氛围浓厚，礼尚往来与法纪红线存在模糊区域，客观上成为受贿行为的“避风港”。有的受贿人与相对人是双重或多重关系，既是管理服务和被管理服务的关系，也是亲属或朋友、同学、战友、世交等关系，甚至曾经就有人情往来关系。这给查处定性受贿行为带来难度，容易诱发节日及婚丧喜庆受贿现象。

三、我省地税系统职务犯罪防治对策

针对系统内职务犯罪特点及其产生原因，应对症下药，实施综合防治对策。要不断加强个人自身修养，树立法治意识，深化廉政教育，促使地税干部树立正确的世界观、人生观、价值观，坚定政治立场，增强宗旨观念，自觉尊法学法守法用法，做到不想腐；要加强税务“两权”监督，健全有利于权力规范运行的制度机制，使之不能腐；要加大对职务违法违纪案件查处力度，形成露头就打的高压常态，使之不敢腐；要严格执行党风廉政建设责任制，强化主体责任、监督责任落实，不断健全惩治和预防腐败机制。

（一）加强自身修养，提高思想素质

一是加强“三观”改造，筑牢拒腐防变的坚固“长城”。拒腐防变最根本的就是要牢固树立马克思主义世界观、人生观、价值观，筑牢思想防线。广大地税干部职工要加强马克思主义理论、中国特色社会主义理论体系学习，深入贯彻习近平总书记系列重要讲话精神，不断运用正确的思想理论自我改造主观世界，“活到老、学到老、改造到老”，做到头脑清醒，坚守原则。二是加强党性修养，自觉做到自重、自省、自警、自励。要严格要求自己，常思贪欲之害，常怀律己之心，常除非分之想，常守为政之德，切实做到“三严三实”。要坚决反对“四风”，自觉抵制

各种腐朽思想,发扬艰苦奋斗的作风。要处理好“生活圈”、“社交圈”的问题,注重培养积极健康的个人志趣,远离低级庸俗的娱乐活动,多读书,读好书,提高素质,增强本领,净化心灵。三是加强宗旨意识,树立正确的权力观念。要牢记全心全意为人民服务的宗旨,增强公仆意识,增强为国聚财、为民收税的使命感。要深刻认识到权力姓公不姓私,做到秉公用权,规范用权,防止滥用职权、以权谋私。

(二)树立法治意识,尊法学法守法用法

法治意识是职务犯罪的天敌。要引导全省地税系统干部职工,尤其是各级领导干部尊法学法守法用法,织密织牢抵御职务犯罪风险的防护网。一是要做尊法的模范。牢固树立税由法定、权依法使、公平公正执法的基本法治观念,做到内心尊崇法治、敬畏法律,决不搞以言代法、以权压法。二是要做学法的模范。加强学习《宪法》、《刑法》、《廉政准则》、《税收违法违纪行为处分规定》等党纪国法,明了自己肩负之职责,做到心中高悬法律明镜,手中紧握法律戒尺,知晓为官做事尺度。三是要做守法的模范。法定职责必须为,法无授权不可为。牢记法律底线不可触碰,带头遵纪守法、捍卫法治,把遵纪守法、依法办事作为自己安身立命的最基本工作要求、工作职责和工作素养,时时事事以党纪国法约束,自觉接受法律监督、组织监督、群众监督和舆论监督,养成在“阳光”下工作的习惯。四是要做用法的模范。把对法治的尊崇、对法律的敬畏转化为法治行为,自觉在法治轨道上想问题、作决策、干工作,以法治方式提升税收管理水平,把法治原则贯穿于组织收入工作始终,不断增强在经济发展新常态下履职尽责能力。

(三)深化廉政教育,时刻警钟长鸣

一是要注重开展廉政警示教育。梳理税务系统职务犯罪案例,总结不同岗位、人群的犯罪特点,联系实际开展以案说法,防微杜渐,警钟长鸣。及时剖析通报发生在本单位或系统内违纪违法典型案件,用身边的人和事教育身边的人,强化说服力和震撼力,引导干部职工牢固树立风险就在身边的理念。二是要提高廉政教育针对性和有效性。根据不同群体的工作、生活、思想等实际情况有针对性实施教育,努力使廉政教育贴近实际、贴近人心,增强实效性。要改进载体形式,采取不同方法灵活施教,让人乐于接受,增强感染力。三是要深入推进廉政文化建设。通过举行多种形式廉政文化活动,发挥廉政文化潜移默化功能,提高干部职工对廉政勤政认同度,远离腐化堕落。单位工、青、妇等群团组织要经常开展各种积极向上、陶冶情操的集体活动,丰富职工业余生活,帮助职工培养健康的生活情趣。

(四)加强监督制约,规范权力运行

一是加大对领导干部监督力度。要进一步健全民主集中制,加大对领导干部,尤其是对主要负责人的监督力度,着重监督其履行重大事项决策权、重要项目审批权、人事选拔调动权、工作指挥权、财物调配权和工作奖惩权等行为是否合法合规。细化监督内容、监督途径、管理手段,坚持抓早抓小,根据情况及时进行提醒教育、诫勉谈话、组织函询等。要严格执行任职交流制度。在一个地方或部门工作时间较长的领导干部,必须按规定进行交流,尽量减少诱发腐败的因素。要深化党务政务公开。以公开为原则,不公开为例外,对内以人财物管理和涉及干部职工切身利益的事为重点,对外以征管查和纳税人关注的事为重点,建立公开信息标准,通过固定的平台和程序对外公开,将领导干部的决策用权行为置于群众监督下。二是科学合理分权控权。要完善权力分配机制。明确“一把手”不直接分管人财物、工程建设管理等具体事务,明晰“一把手”和其他班子成员的权力边界,形成“副职分管、正职监管”的权力分配运行体系。要按照内控的理念,对班子成员职权进行合理分工,形成既有效率,又能相互监督制约的工作机制。要认真执行“三重一大”议事制度。要细化决策范围,明确决策规则,凡属“三重一大”事项,包括大额税收的减、免、缓以及重大税务案件查处等,必须上会集体研究决定。要增强同级纪检监察部门的监督刚性,探索建立由上级纪检监察部门、组织人事部门对下级纪检监察部门负责人进行考察、提名的制度。要积极推进税收征管改革，彻底打破传统“全能型、集权式”的税管员分户管理模式，将单一集中的税收执法权分散到各个管理环节，形成一个环环相扣、互为制约的税收执法权严密运行体系，将权力关进“铁笼”。要坚决执行一线执法人员定期轮岗交流制度，防止收“人情税”。三是完善制度压缩自由裁量空间。要进一步明晰规则、程序、标准，强化重要执法环节管控，减少选择性执行空间，防止权力寻租。严格规范发票管理，针对基层发票管理制度落实不严的问题，强化日常监督检查，把好发票领用、开具、缴销、保管等各个管理关口，从源头上预防各类发票管理违法违纪行为发生。严格规范税收核定，细化核定管理流程，根据纳税人的不同行业、规模大小，实施不同的核定方式、方法，力求核定税额合理恰当，并将过程、结果多渠道进行公示。严格规范税务检查，完善日常税务检查操作程序，建立健全纳税评估制度；推行稽查选案、检查、审理、执行信息化管理，将案件复查、交叉稽查、案卷评审与岗位责任结合起来，严格考核管理。认真执行重大税务案件审理制度。严格规范涉税审批，按照上级要求取消和调整涉税行政审批项目，同时细化延期纳税、减免税、项目扣除等重要涉税事项审批、备案管理，严格实施后续跟踪督查制度。进一步规范土地增值税清算、注销清算管理，完善操作程序，堵塞政策漏洞，依法引入第三方社会中介参与清算审核。四是建立健全监督机制。要充分发挥纪检监察、组织人事、内审、法规等部门的监督作用，使之既各负其责，又通力合作，形成对税务行政、执法权力的综合监督体系。要整合监督信息，打造监督信息平台，互通有无，细化信息交流标准，重要信息强制自动推送，减少监督盲区。要整合监督力量，开展联合执法监察、综合督查、审计督查、人事督查等，重要问题联合检查，联合处置，强化监督效果。要增强监督结果运用，将各部门专项检查或联合检查结果与有关领导班子、领导干部、责任人员评优提拔直接挂钩。五是深入推进廉政风险防控工作。要紧紧围绕重点领域和关键环节，以岗位风险防控为基础，进一步健全风险预警、纠错整改、内外监督、考核评价和责任追究机制，形成一整套行之有效的廉政风险防控制度体系。依托“大集中”征管信息系统，建立“内控管理平台”，强化税收执法领域廉政风险信息化动态防控。

（五）严肃查处违纪违法行为，提高案件查办威慑力度

立足抓早抓小，进一步健全案件线索受理、排查机制，提高对违法违纪行为发现概率，严肃查处违法违纪行为，增强惩处威慑力，形成露头就打的高压常态。一是加强案件线索受理排查。要完善来访、来信、来电、网络举报受理机制，关注媒体舆情，善于从执法检查、督察内审、财务管理、资产管理等内部工作信息中排查案件线索。深入开展涉税案件“一案双查”。二是健全案件线索管理。对指向明确、线索具体的要及时核查；对实名举报的要优先办理、及时回复；对转交下级查办的信访举报要跟踪督办。要定期检查下一级纪检监察部门案件线索受理及处置情况。三是加大案件查处力度。要将人员力量、工作资源向执纪办案集中，切实提高查办案件水平；对重点案件或下级查处有困难的案件，上级机关要直接查办或牵头查办。要提高案件初核率、自办案率，努力做到对职务违纪行为早发现，早查处，防止违纪演变为犯罪。对涉嫌犯罪的，要坚决移送司法机关处理，绝不袒护，绝不姑息。四是强化案件监督管理。要加强对下级纪检监察案件监督，如定期抽查办结案件，直接审理重要案件。实行办案责任制，对压案不查、查处不力的，要严肃追究责任。

（六）重视税收法治文化建设，积极营造依法治税的外部环境

要积极探索税收法治与税收文化的结合途径，将税收法治理念融入税收宣传活动中，多维度向社会推广税收法治文化，形成有利于依法治税的良好环境。一是要面向群众。以提高纳税遵从度为导向，面向社会开展各种税收宣传

文化活动,让税收取之于民、用之于民的观念深入人心,培养纳税人对税法发自内心的尊敬,引导群众树立现代税收法治文化观念。二是要面向舆论。多与新闻媒体进行互动,建立常态化的协作机制,并利用解答或回应税收热点、难点、疑点问题之机,向社会传播税收法治正能量。三是面向党政有关部门。要着重向党政有关部门宣传税收组织收入原则、《税收违法违纪行为处分规定》等政策规定,同时做好税收收入分析预测,对收入形势早做预判,为政府当好参谋,做好助手。

(七)严格落实"两个责任",加大问责追究力度

落实好"两个责任",既是健全惩治和预防腐败体系的重要基础,也是预防职务犯罪的有效举措。各级领导班子要牢固树立担当意识,切实负起党风廉政建设主体责任,把税收业务工作与党风廉政建设同部署、同落实、同检查,支持和保证纪检监察部门认真履职。主要负责同志要履行"第一责任人"职责,做到重要工作亲自部署、重大问题亲自过问、重点环节亲自协调、重要案件亲自督办。领导班子其他成员要坚持"一岗双责",根据分工抓好职责范围内的党风廉政建设和反腐败工作。各级纪检监察部门要严格落实党风廉政建设监督责任,积极推进"三转"工作,强化监督执纪问责,严厉查处违法违纪行为,使腐败分子无藏身之地。各级领导干部不但要做好廉洁表率,还要对干部职工勤于教育、善于管理、敢于监督,做到守土有责、守土尽责,确保一方"平安"。要在党风廉政建设责任制考核中强化防治职务犯罪要求,对因疏于管理导致干部出问题的,既要追究当事人责任,也要倒查追究相关领导责任。

课题组组长:方学军
课题组成员:张俊、孟令保、莫靖
执　笔　人:莫　靖

完善我国地方税收立法权的法律研究

安徽省地方税务局政策法规处课题组

地方税收立法权是一国立法制度的重要组成部分,也是一国税制体系中的关键构成要素。而我国地方税收立法权在实践中存在诸多问题,如地方税收立法权在法律上尚无明确细化规定、中央和地方在税收立法权划分上缺乏基本原则等。党的十八届三中全会通过的改革决定提出深化新一轮的税制改革,为此,研究和完善地方税收立法权已成为一项重要课题。基于此种背景,笔者认为从地方税收立法权的内涵入手,客观剖析我国地方税收立法权在实践中存在的问题,借鉴发达国家中地方税收立法权建设的成功经验和做法,为完善我国地方税收立法权提出科学合理的法律建议,具有重要意义。

一、地方税收立法权的理论分析

(一)地方税收立法权的内涵

立法权是一个历史范畴,古今中外法学家对立法权的内涵见仁见智,如英国学者洛克认为"立法权是享有权利来指导如何运用国家的力量来保障这个社会及其成员的权力";①黑格尔认为"立法权涉及的是法律本身以及那些按

---

① [英]洛克著:《政府论》(下篇),瞿菊农、叶启芳译,商务印书馆1983年版,第89页。

其内容来说具有普遍性的国内事务”。[①] 随着立法权问题重要性的凸显，学者开始对立法权问题进行较为系统、深入的研究，对立法权概念的界定也日趋精确、科学。目前在我国，对立法权概念较为普遍认同的观点是：立法权是主权者所拥有的，由特定的国家政权机关所行使的，在国家权力中占据特殊地位的，旨在制定、认可和变动规范性文件以调整一定社会关系的综合性权力体系。[②] 税收立法权是国家立法权在税收这一特定领域的具体体现，既有国家立法权的一般属性，又有税收工作的专业化特点。由于国情和政体等差异，各国对税收立法权涵义的界定和内容的理解并不完全相同，但是，从总体上看，较普遍认为税收立法权是有权机关根据法定权限和程序，制定、认可、修改、补充和废止税收法律规范的权力，包括税法的创设权、修改权、解释权和废止权，税种的开征权和停征权，税目、税率的确定权和调整权等。关于税收立法权的表现形式，有的学者认为“税收立法权主要包括税法的初创权、税法的修改权和解释权、税法的废止权，其中尤为重要的是税种的开征权与停征权、税目的确定权和税率的调整权、税收优惠的确定权等。”[③]在我国，税收立法权的划分涉及横向划分和纵向划分，横向划分是指税收立法权在相同级次的不同国家机关间的分割与划分，如将税收立法权在全国人大与国务院之间进行的划分；纵向划分是指税收立法权在不同级次的同类国家机关之间的划分，如将税收立法权在中央立法机关和地方立法机关之间的划分。本文将重点对税收立法权如何在中央和地方之间进行划分进行阐述。

地方税收立法权具体是指地方有权机关依法享有的制定、修改和废止税收法律规范的权力。其特征主要有：一方面，地方税收立法权的效力层次较低，地方税收立法不能与中央税收立法相抵触，并且有的地方税收立法是执行或补充中央立法的结果，行使地方税收立法权并不能都像行使中央税收立法权那样可以产生包括宪法、法律等重要形式的法律规范，而只能制定地方性法规等层次较低的法律规范，这些层次较低的法律规范具有地域性，只能在本地区内实施有效，而且行使地方税收立法权的主体只能是地方国家权力机关；另一方面，地方税收立法权实际上就是使地方享有一定的税收资源配置权，税收立法权是税权中最根本的权力，谁拥有完全的税收立法权，谁就不仅可以通过确定税收规模、选择税收结构以及设置税收要素等来贯彻国家税收法律和政策意图，而且可以在一定程度上控制税收征管权和税收政策制定权，在该层面上，税收立法权实际上就是一种资源配置决策权，赋予地方税收立法权，实际上就是赋予地方一定税收资源的配置权。

（二）研究地方税收立法权的意义

1. 有利于满足地方税收立法的需求

我国地域辽阔，东部沿海地区与中西部地区的生产力水平相差悬殊，地区之间的地理环境和资源差异也很大，这些差异必然折射出不同的税收立法需求。如对一些税种、税目若由中央统一立法，而一些地方却未必有相应的税源；有的地方具备一定税源，中央立法又往往不能及时跟上，特别是在全国范围内没有普遍征收意义的税种，由中央统一立法实无必要，如1992年全国屠宰税收入只有3亿多，而四川、湖南、河南三省就占到了一半左右。在这种情况下，由中央政府统一划定各地的税基范围，会使相当一部分未纳入规定征收范围的税基和潜在的税收收入流失，因此，赋予地方适度的税收立法权既可以保证中央对税收大政方针的决策权、维护中央在税收领域中的领导地位，又有利于调动地方税收立法的积极性，使得地方能够根据本地经济状况因地制宜地制定地方性税收法规，便于地方政府正确行使职能，对本地区经济进行调节，促进地方经济发展。

---

① ［德］黑格尔著：《法哲学原理》，范扬、张企泰译，商务印书馆1982年版，第315页。

② 周旺生著：《立法学》，法律出版社2004年版，第121页。

③ 张守文：《税权的定位与分配》，载《法商研究》2000第1期，第22页。

2. 有利于地方有效配置资源

我国人口众多,地域辽阔,民族风情各异,经济、社会发展又极不平衡,地区间资源优势和税源条件各不相同。市场经济体制确立以后,经济规模日趋扩大,经济生活更加复杂。地方政府同高高在上的中央政府相比,更贴近居民和社区,在地区经济信息收集和掌握中占有优势,能更好地留意社会和个人的需求并迅速准确地作出差别性反应。因此,根据资源配置的效率原则,地方政府理应在地方资源配置中占据地位。这就自然要求地方对配置地方资源的重要经济杠杆——地方税拥有一定的税收立法权,使地方可以自主地根据地区经济税源发展和地方公共物品的供求情况,通过地方税收立法优化区域资源配置,尽量减少由中央在信息不完全的情况下制定地方税法带来的效率损失,使社会政治、经济生活充满活力,加快地区发展,并进而促进整个国家经济的繁荣和社会的进步。

3. 有利于规范地方收入行为

目前,我国地方收费的失控状况总体上呈愈演愈烈之势。根源是多方面的,如法律体制不健全、税收法定原则未确立等,但其中一个重要原因是一些本应以税收形式征收的地方性收费或基金项目,由于地方没有税收立法权而不能征税,削弱了税收作为地方政府财政收入主要来源的地位,制约了税收规模的扩大,扰乱了正常国民收入分配秩序,形成了"税不够,费来凑"甚至"以费挤税"的现象。这不但破坏了财政收入的规范性,削弱了中央立法的权威,侵蚀了税基,而且损害了政府在人民群众中的形象,一定意义上也为腐败现象的滋生和蔓延提供了土壤,给个人和企业带来了沉重的负担,妨碍了正常的社会生产经营活动。要解决这一问题,必须从根本入手,授予地方税收立法权,使地方在清费立税、收入减少的情况下,能够通过税收立法权因地制宜地合法取得收入,并纳入预算管理。推行税费改革必须与赋予地方税收立法权同步进行,堵非规范收费的"后门",开正常收税、收费的"正门"。

二、我国地方税收立法权在实践中存在的问题

(一)地方是否享有税收立法权尚无法律明确规定

我国《立法法》和《税收征管法》虽试图解决税收立法权的划分和归属问题,但是如何理解两法各自的规定、如何将两法规定的内容有机衔接起来,则存在诸多歧义。此外,1993年底《国务院关于实行分税制财政管理体制的决定》与《国务院批转国家税务总局〈工商税制改革实施方案〉的通知》,二者在非全国统一实行的地方税的立法权是否应下放给地方这一原则问题上存在着根本分歧。中央和地方实际上拥有多大的税收立法权限,不是依法律的规定,在一定意义上而是取决于各立法主体的利益和地方"讨价还价"、"打擦边球"的能力。这些问题的存在,给税收立法实践带来诸多问题,立法越位和立法缺位现象同时存在,严重削弱了税收立法在资源配置方面的有效性,对国家法制建设也产生了极为消极的影响。正如有的学者所指出的那样,"我国在税收立法权限划分方面存在的问题影响到了税法体系本身。我国税法体系中存在的立法层次普遍偏低、协调性差、立法文件屡有冲突等现象,都与缺乏立法主体间明确而合理的权限划分标准有关。"①

(二)地方与中央在税收立法权的划分上缺乏稳定的原则

从建国至今,税收立法权在纵向分配上经历了五次较大调整,第一次是1950—1957年,以《全国税政实施要则》的颁布为标志,税收立法权高度集中,强调各税法的制定权、税种的开征与停征权、税目和税率的调整权、税收的减免权等都集中在中央;第二次是在1958—1976年,以《国务院关于改进税收管理体制的规定》的颁布为标志,在一定程度上,税收立法权开始由中央集权向地方分权转变,明确了对凡是可由省级政府负责管理的税收,都应当交其管理,

---

① 刘剑文主编:《税法学》,人民出版社2002年版,第199页。

并授权省级政府在一定范围内可以制定税收办法,开征地区性的税收;第三次是在1977—1984年,以国务院批转财政部的《关于税收管理体制的决定》为标志,税收立法权再次高度集中,并统一由国务院行使;第四次是在1984—1994年,以第六届人大常委会做出的《关于授权国务院改革工商税制发布有关税收条例草案试行的决定》为标志,税收立法权仍然是高度集中,但其重要意义是首次明确了税收立法权专属于全国人大及其常委会,国务院行使税收立法权必须获得前者的授权;第五次是1994年分税制财政体制改革后至今,虽然将屠宰税、宴席税等少数地方税种的开征权、停征权等下放给地方,但这些税种目前都已不存在,因此地方在税收立法权的享有上仍然是存在较多空白。从这5次税收立法权的变动调整看,中央和地方之间究竟应遵循什么原则、依据什么标准、界定什么范围等来划分税收立法权始终没有一个统一的规则,使税收立法权一直在集权——放权——集权的博弈循环中摇摆不定。

(三)地方税收立法权行使上的高度集中

1993年国务院在《关于实行分税制财政管理体制的决定》中明确规定"中央税、共享税以及地方税的立法权都要集中在中央"。按照这种规定,导致目前几乎所有地方税种的税法、暂行条例和大多数税种的实施细则等都是由中央制定和颁布的,地方只享有对房产税、车船税、城市维护建设税、城镇土地使用税、耕地占用税等少数地方税种暂行条例的实施细则的立法权以及具体的一些征税办法和补充措施方面的制定权,这样一种与地方政府实施有效管理的现实需要相违背的并且高度集中的税收立法权分配模式不仅有违合理划分地方税立法权的国际惯例,而且也忽视了我国各地复杂多样的经济发展状况和千差万别的税源情况,不利于地方政府事权与财权、税权的统一,不利于地方政府对地方税源的科学监管和对地方税种构成要素的适时、合理调整,也不利于地方政府利用税收杠杆灵活有效地调控地方经济的发展。

(四)税收立法权行使中的行政主导化色彩浓厚

当前,税收立法权一直集中在行政机关而非权力机关,国务院及其财税主管部门在税法制定方面长期处于主导地位。如由全国人大及其常委会制定的法律仅有《个人所得税法》、《税收征收管理法》、《企业所得税法》等少数几个,占主导地位、数量众多的是行政机关制定的行政法规和部门规章。有学者将此现象概括地称之为"总体上的无法可依与局部的法制化并存。"①行政机关而非权力机关在税收立法中居于主导地位,是对税收法定主义的背离,其直接后果是,税收立法层级低、质量差、权威性不高。

(五)地方变相行使税收立法权的现象严重

有资料统计,湖南省张家界市于1999年对所有行政事业单位的行政事业性收费和部分基金项目进行了清理,共涉及执法单位83个,涉及收费项目8000多个(小项),清理后取消收费项目758个,调整收费项目和标准927个,取消和调整合计1685个,约占收费项目总数的211%。② 表面上看,全部收入都是以收费或基金的名义存在的,但是,由于我国目前税费界限不清,有些名为收费、基金的收入,实乃税收。据此,我们可以得出这样一个基本认识,即地方享有收费、基金立法权并通过行使收费、基金立法权而享有了实质意义上的税收立法权。再次,地方未经批准,通过收费、基金和其他形式为辖区内公民、法人及其他组织创设、减免税费义务,取得或减少财政收入,法外攫取税收产法权。地方利用非法手段取得减免财政收入,无论其是否利用该收入为辖区内公民、法人及其他组织提供公共产品和公共服务,法律上都不具有正当性,理应取缔。

三、地方税收立法权行使状况的国外借鉴

---

① 涂龙力、王鸿貌著:《税收基本法研究》,东北财经大学出版社1998年版,第86页。

② 许善达著:《中国税权研究》,中国税务出版社2003年版,第42页。

美国联邦宪法明确规定州和市(县、镇)都具有相对独立的税收立法权和征收管理权,州和市(县、镇)的议会都可以在联邦宪法规定的范围内行使自己的税收立法权,制定自己的税收制度,并且除哥伦比亚特区外,州和市(县、镇)制定的税收制度无需经过联邦议会批准。

法国宪法规定行使税收立法权的主体属于议会,各个税收法律必须经过议会的批准,才能颁布实施;税种的设置、纳税人和课税对象的确立、征收范围的划分、税种的开征与停征以及税收收入的如何分配等,都由国家统一在税法中予以明确规定;具体的税收条例、法令、细则等也都是由中央授权国家财政部制定;地方只负责执行国家制定的税收法律法令和政策。但从80年代中后期开始,在充分保证中央宏观调控的前提下,税收立法权也出现向地方下放的趋势,如准许地方议会可制定地方税的税率、开征必要的捐税等。①

日本地方税的税收立法权是由国会统一行使,其中地方税内容是根据国会制定的《地方税法》予以确定的,但地方在收不抵支等特殊情况下,也可享有决定开征一些地方税种的权力,但要受制于国会制定的《地方税法》的约束,即地方只能开征《地方税法》中所列的税种,且只能在《地方税法》规定的税率幅度范围内征收,此外还要经过地方议会讨论通过并要得到国会的批准方可有效。

上述国家都不同程度地赋予地方相应的税收立法权,如美国各州和市(县、镇)都有权确定各自的地方税收制度,其地方拥有比较宽泛的税收立法权;法国的地方税收立法权虽然是由中央享有,但也呈现向地方放权的趋势,如近些年来,其地方议会和政府在确定地方税一些税种的税率、减免部分地方税收入等方面也逐渐享有了一定程度上的税收立法权和征收管理权。这些国家做法对我国的借鉴是:一方面,中央和地方税收立法权限划分要有明确的法律规定。我国目前尚无税收基本法,有关税收立法权限的内容,散见于各单行法律、法规中,这给我国的税收立法工作带来诸多不便:一是对税收立法权限没有系统的、明确的法律规定,各单项法律的有关规定间往往出现不协调、不一致之处,致使不同层次的立法机关及不同职能的部门间就税收问题所作的规定,常常存在矛盾和冲突;二是有些授权立法不够规范,权限界定不甚清楚,如法律、法规经常在授权中强调,地方立法不得与统一税法的原则相抵触,但究竟可不可以和具体条款相抵触,就很不明确,在实际工作中很难操作和实施。税收立法权限在法律规定上的笼统、含糊,在一定程度上影响了我国税收立法工作的质量。对此,有必要参照美国的作法,对税收立法权限,尤其是对中央、地方间,权力机关、行政机关间的税收立法权限要进行明确区分,并以法律的形式固定下来,以进一步健全我国的地方税收立法制度。另一方面,完善我国地方税收立法权应吸收联邦制税收立法体制的某些特点。我国是单一制国家,税收立法体制必须与我国的国情相适应,对中央税、共享税及统一适用的地方税应由中央统一立法,以保证税制统一,政令畅通,增强宏观调控能力,保障中央财政收入。但是,随着我国经济体制改革的深化和社会主义市场经济目标模式的确定,以及分税制财政管理体制的实行,在税收立法权上,我们应吸收、借鉴美国联邦制的某些特点,适当地下放税收立法权,包括赋予地方立法机关开征某些地方税种的权力。即使对于全国统一适用的地方税,在中央统一立法的原则下,对某些税法要素也可以授权地方根据各地情况在中央规定的一定范围内自行确定。只有这样,才能进一步调动地方的工作积极性,规范地方组织收入的行为,建立健全地方税体系。

四、完善我国地方税收立法权的建议

(一)制定法律对地方税收立法权问题作出规定

地方税收立法权作为一种宪法性权力,其在中央和地方之间划分应遵循的基本原则、划

① 财政部税收制度国际比较课题组编:《法国财政制度》,中国财政经济出版社1998年版,第51页。

分的范围、具体的行使和运作等一系列重大问题都应有宪法或法律性文件做出统一、明确、具体的规定，并以此推动地方税收立法实践的发展。对明确地方税收立法问题一般采取两种办法解决：一是通过宪法或宪法性文件来规定，如美国、加拿大等，其中，美国宪法中有四条七款来规定地方税收立法权问题，而加拿大1982年宪法则规定了中央与地方的立法权限；二是通过制定税收基本法的形式来规定地方税收立法权问题，如俄罗斯、韩国、德国、日本等。① 就我国而言，由于至今没有一部专门统领、规范税收立法权分配的法律，宪法对税收立法权问题没有任何触及，《立法法》、《税收征管法》等在税收立法权方面的规定不够系统、明确，各税收实体和程序法律、法规和税收规范性文件中有关税收立法权划分的规定更是少之又少，税收立法权配置中存在的问题充分暴露了我国税收法制建设的滞后，因此，有必要从法律上对地方税收立法权问题做出明确规定。至于用什么法律对地方的税收立法权进行规定，可分别由宪法、《立法法》或其他税收基本法进行明确。但笔者认为：宪法内容多是宣言性、原则性的规定，可具体执行与操作的内容并不多，不可能单独对地方的税收立法权问题做出细致、缜密的规定；《立法法》虽然是对国家全部立法权限和立法行为进行规范的法律，对税收立法具有当然的指导性和约束力，但该法涉及范围较广，内容多为统揽全局的重大问题，而且其本身也存在着表述不明的缺陷，如并未对税收基本制度和非基本制度的划分标准做出界定等，由其对地方的税收立法权问题进行细化和明确是不现实的；因此理想的法律选择是由其他税收基本法即通过制定《税收基本法》对地方的税收立法权问题做出较为细致的规定。《税收基本法》是税收法律规范中的母法，是税收领域里的宪法性文件，在税收领域具有最高的法律地位和法律效力，是统领、约束、指导、协调各单行税收法律、法规和规章的基本税收法律。② 我国《立法法》第八条明确规定：基本经济制度以及财政、税收、海关和外贸的基本制度只能制定法律，这表明有关税收的基本制度应当定格在法律层面，因此，通过制定专门的税收基本法来对我国地方税收立法权问题做出相关规定是具有法律依据的。其中，有关税收基本法的名称，既可以是《税收基本法》，也可以是《税收通则》等；关于对我国地方税收立法权进行法律指导的方式，从现阶段看，可以是通过在《税收基本法》或《税收通则》中以设置专门篇章的方式，也可在今后条件成熟时，以《税收基本法》或《税收通则》为指导，参照日本做法，通过制定单独的《地方税收基本法》或《地方税收通则》的方式进行；在内容上，《税收基本法》或《税收通则》对地方税收立法权的指导主要包括地方税收立法权行使的原则与目标、地方税收立法的立法程序、地方与中央间税收立法权划分的划分标准与原则等内容。

（二）明确赋予地方税收立法权应遵循的基本原则

这些基本原则主要有：一是统一税法的原则。我国是一个中央集权国家，在税收上要维护国家税法的统一和完整，通过统一税法，可以发挥税收的宏观调控职能，统一协调全国各地区的税收活动，从而维护全国统一市场和企业平等竞争，防止出现“税收壁垒”和地方保护主义现象。遵循统一税法的原则，一方面地方行使税收立法权必须不能与宪法、税收法律、行政法规相抵触，否则属于无效行为；另一方面对属应由中央行使税收立法权的，地方只能在中央对该税种的税目税率幅度范围内做出细化规定，并且地方对地方税种的税目、税率等的决定不能妨碍全国统一市场的形成，不得侵蚀中央税和共享税的税基，要以保障中央法制统一、政令畅通为前提和基础。二是适度分权的原则。中央应当将税收立法权向地方适度分权，亦即赋予地方一些税种的立法权与解释权，税种的

① 周建军：《税收基本法与税权规范》，载《价格月刊》，2003年第7期，第18页。

② 涂龙力、涂京联：《税收基本法若干问题研究》，《税务研究》，2005年第8期，第57页。

开征、停征权,税率税目的调整权等。受现阶段我国经济发展、国家结构、政治体制、法制进程、历史文化和财政状况等诸多因素的影响,在地方行使税收立法权上实行一定程度的中央集权,对加强国家宏观调控、提高中央汲取财政收入的能力有着积极意义。但又考虑到我国地域辽阔,各地经济发展和资源状况的差异,且又存在少数民族自治的特殊性,为便于地方政府因地制宜处理一些地方性税收问题,更好地通过税收组织收入满足地方事权以及利用税收杠杆调控地方经济的需要,有必要赋予地方部分税收立法权,即适度分权,因此赋予地方相应的税收立法权,仍然强调的是在集权基础上的适度分权。三是事权、财权、税权相一致的原则。事权、财权、税权的统一,是指事权是基础,财权是履行事权的保障,税权是实现财权的手段。凡涉及对国民经济具有较强调控功能、对维护国家权益具有重要作用的等税种的立法权都应统一在中央,以保证中央组织财政收入以支付全社会公共需求和宏观调控的需要;对地方赋予一定的税收立法权,以保证地方根据地方社会经济发展的实际状况调整税收政策,组织财政收入,按地方经济特点和需求实施宏观调控。四是符合税种的性质和功能的原则,即把凡与宏观经济稳定、资源流动性较强、税基分布不均匀等密切相关的地方税种的税收立法权都应交由中央行使,对这些地方税种,地方只能在中央制定的税法范围内制定一些实施细则,除此之外的税种,如税基比较固定、征管比较便利的一些地方税种的税收立法权都由地方享有,地方有权对这些税种的开征和停征、税目和税率的确定与调整以及税收法律规范的修改、废止、解释等作出决定。

(三)建立以地方权力机关为中心的立法权行使主体模式

在近代民主政治国家,为确保税法符合人民意愿,并对人民的权益损害最小,各国均实行税收法定主义,即税法的创设、税种的开征与停征、税率税目的调整等,必须征得人民或其授权代表的同意,否则,国家征税行为不具有法律上的合法性和有效性,这即著名的“无代表则无税”原则。该原则首先在英国确立,现已被世界上许多国家和地区采纳并被规定在宪法或宪法性文件中,成为指导和规范税收立法实践的基本准则。长期以来,“无代表则无税”原则在我国税收立法中并未得到较好体现,税收立法权在更大范围和更本质的意义上由行政机关而不是由代议机关行使,如前所述,在中央一级,税收立法权主要由最高国家行政机关——国务院及其财税主管部门行使。国务院制定税收法律规范,形式上取得了全国人大及其常委会的授权,然而,全国人大常委会的授权决定内容宽泛,缺乏具体的标准及严格的限制条件,对国务院的立法行为根本起不到任何监督、制约作用,实际上成了一张任由国务院随意填写和支取的“空白支票”。在地方一级,地方政府在法律上没有独立、完整的税收立法权,然而,地方政府经常通过税收减免或收费等形式变相形式税收立法权。从法治意义上讲,这是对法治原则的破坏。众所周知,税收立法权究竟是由权力机关行使还是由行政机关行使,不是现实“能力”选择的结果,其背后蕴含着深刻的民主政治、权力制约等宪政思想。立法、执法和司法等国家权力分别归属于不同机关、由不同的主体行使,是近代资产阶级同封建专制王权做斗争的结果,是人民在保护自身权益方面取得的历史性进步。未经人民同意不得向人民课征税款,是人民主权和民主政治理念在税收领域的具体体现,是对人民财产权益的最大尊重和最好保护。此外,根据我国宪法规定,全国人大及其常委会是国家最高权力机关,代表人民行使权力,税收立法权理应由权力机关行使,这是“无代表则无税”原则的基本要求。就地方税收立法权的行使主体而言,地方税收立法权只能由地方的权力机关行使,即地方的人民代表大会及其常委会行使。至于由地方哪个层级的权力机关行使地方税收立法权,虽然在有些国家如美国将税收立法权层层下放到州以下的市、县、镇,但针对我国目前地方机构仍然臃肿、地方乱开财政口子现象仍然比较严重的现实状况下,若放权过宽，势必造成权力的滥用，不利于中央和地方财政分配关系的规范和稳定，因此建议地方税收立法权目前只能放到省一级的权力机关，即由省一级的人民代表大会及其常务委员会行使地方税收立法权。

（四）确定地方行使税收立法权的具体内容

一方面，要合理确定我国地方税种范围。首先要遵循一定的原则来合理确定中央税种与地方税种，这些原则主要有：一是与宏观经济运行是否直接发生关联的原则，中央肩负着调控整个社会经济运行的使命，凡是对整个国民经济运行产生全局性、战略性影响的税种，如消费税、关税等都应划归中央作为中央税，地方是在中央领导下运用经济手段调控本区域经济的运行，因此，对一些有利于调节地方经济、中央在客观上不宜或没有必要直接掌握的税种应划归地方作为地方税；二是对巩固中央财力是否有利的原则，根据事权、财权、税权相一致原则，中央既然肩负着调控全国宏观经济运行的重任，那么就需要坚实的财力做保障，从而确保中央政府职能的发挥和宏观调控能力的加强，因此对在国家财政收入体系中税源稳定、收入比重较大、占据重要地位的税种如所得税等应划归中央，而对那些税源分散、或形成环节不宜掌握的税种如印花税、契税等应划为地方税；三是税源的形成是否具有明显区域性的原则，凡税源的形成与地方政府提供良好的外部环境密切相关的税种如营业税，与地方政府通过主观努力积极开拓财源的行为有内在联系的税种如房产税，与地方自然环境有着不可分割的联系的税种如资源税、土地增值税、耕地占用税等，这些税种都应划归地方，这样更加有利于地方开拓税源和挖掘税源潜力，积极为地方提供稳定增长的财源；四是收入的用途是否带有明显区域受益性的原则，每一级地方政府都要发展本地方的公共事业和创办本地区的公共设施，这就需要一定的资金，而征收地方税是筹措这些资金的重要手段，因此，地方税种的确立要注重支出的受益性问题，只有将支出带有明显区域受益性的税种如城市维护建设税等划归地方税，才能使地方税真正做到征收有据、支出有益，充分体现其浓厚的地方性特色；五是征收管理是否便利的原则，地方税的税源一般比较零星分散，不仅具有地区差别性，而且征收难度比较大，所以地方税种应根据地方政府的税收征管能力和征管手段的特点相应设置，以使地方税种的征管效率更高、成本更低。其次在遵循划分原则的基础上，应对我国现行地方税种范围进行重新设计，设计后的我国地方税种应主要包括资源税类的资源税和城镇土地使用税，财产税类的物业税，特定目的税类的城市维护建设税、土地增值税、环境保护税、社会保障税和耕地占用税，行为税类的车船税、印花税和契税等税种。另一方面，要明确地方行使税收立法权的具体事项。地方权力机关主要是针对地方税种行使税收立法权，地方税种是地方行使税收立法权的对象，但又由于受地方税种的性质和功能的制约，地方权力机关行使税收立法权的对象范围并不能覆盖全部地方税种，需要将对地方税种的立法权行使尺度在中央和地方之间进行划分。地方行使地方税收立法权的具体事项是：一对全国统一开征且对宏观经济影响较大的营业税，其税收立法权由中央享有，即税法及其实施细则的制定权、修改权、解释权和废止权，税种的开征权和停征权，税目、税率的确定权和调整权等都由中央行使，地方不得对该税种的税目、税率等作出任何变通规定；二对全国统一开征、且对宏观经济影响较小、但对地方经济影响较大的资源税、环境保护税、社会保障税、印花税，税收立法权由中央享有，即税法的制定权、修改权、解释权和废止权，税种的开征权和停征权，税目、税率的确定权和调整权等都由中央行使，但中央可将实施细则的制定权、修改权、解释权和废止权等下放给地方，且地方在中央规定的幅度范围内，结合本地实际对税目、税率等作出细化规定；三对税源流动性较小、外溢性较小、不易引起经济波动且适宜于地方征收管理的房产税，对税源较为普遍、税基不易产生地区间转移且对宏观经济影响较小的城镇土地使用税、土地增值税、耕地占用税、车船税、契税，以及对有利于维护地方基础设施建设的城市维护建设税，这些税种的税收立法权应由地方享有，即税法及其实施细则的制定权、修改权、解释权和废止权，税种的开征权和停征权，税目、税率的确定权和调整权等都由地方行使。

课题组组长：方学军
课题组成员：张　勇　耿璐莹　朱景生
陈茂鑫　席　伟
执　笔　人：席　伟

依法履行职责　维护合法权益

安徽省地方税务局政策法规处课题组

税务行政复议是解决税务争议的重要途径，在推进依法治税，保障纳税人合法权益方面发挥着重要作用。近年来，全省地税系统高度重视行政复议工作，认真贯彻落实行政复议各项制度，积极运用调解和解手段，化解征纳矛盾，为地税执法和税收管理各项工作提供了有力保障。

一、税务行政复议发展变化情况分析

2009－2013年度全省各级地税机关共收到纳税人提起的复议申请21起，其中因不符合提起复议条件而不予受理的5起，实际受理16起。所受理的复议案件经复议机关审理后，申请人撤回申请的4起，被申请人改变处理决定后撤回申请的2起，维持原处理决定的6起，变更原处理决定的1起，调解结案1起，和解结案2起。

从总体上来看，2009－2013年度全省地税系统行政复议案件相对来说数量极少。对于一个国家重要的执法部门而言，每天都存在大量的具体行政执法行为，复议案件发案率如此之低，原因主要有以下几个方面：

（一）队伍建设不断加强，依法治税观念进一步增强。近年来，各级地税机关通过加强法治型地税机关建设，地税执法队伍整体素质和执法水平不断提高，干部队伍的法治意识和法律素质进一步加强，税收执法水平有了较大提高，减少了可能引起复议的执法隐患。

（二）纳税服务理念不断强化，征纳关系进一步和谐。全省地税系统将纳税服务的理念贯穿税收管理的全过程，使纳税服务内涵不断丰富，质量不断提高，效果越来越好，征纳关系越来越和谐，这在一定程度上有效避免和减少了税务行政复议的发生。

（三）税收执法监督力度加大，执法行为进一步规范。首先系统上下深化政务公开工作，充分发挥发挥纳税人监督作用，扩大了监督主体的范围。其次以重大税务案件审理为依托，加强了事中监督，进一步提高了监督的时效性。三是创新监督形式，以税收法制员工作制度为依托，强化了事前监督。四是以执法督察为核心，着力推进事后监督机制的日常化和制度化，充分发挥了对依法行政的监督保障作用。

（四）执法责任制不断深化，依法行政主动性进一步增强。近年来，全省各级地税机关全面推行税收执法责任制，在运用税收执法管理信息系统对执法行为进行计算机评价考核的基础上，还不断加大人工考核的深度和广度，有效增强了广大执法人员依法行政的自觉性，减少了因为违法行政而引发税务行政复议的可能。

（五）税务行政复议工作力度不断加强，工作体制进一步健全。全省县以上地税机关均由负责税收法制工作的机构具体承办税务行政复议工作，县以下基层分局也有税收法制员负责与行政复议相关的工作，做到了工作有部署，经费有保障，落实有专人。

（六）积极运用调解、和解方式，复议工作效果进一步彰显。一方面在复议工作中做好税法宣传和政策解读工作，及时纠正违法违规行为，缓解征纳矛盾；另一方面顺应行政复议新形势，出台《安徽省地方税务系统税务行政复议和解调解办法（暂行）》，鼓励运用和解、调解手段解决行政复议纠纷，促进征纳和谐。

（七）系统培训力度加大，复议人员素质进一步提升。全省地税系统非常重视行政复议人才的培养，一方面通过组织各种层次、各种形式的培训，提升能力；另一方面通过加强交流、以案释法等，提升系统上下行政复议工作水平。

（八）普法宣传效果显著，依法治税环境进一步优化。全省各级地税机关以“五五”“六五”普法工作为抓手，通过采取多种措施，不断创新形式，加大普法力度，征纳双方的法律意识显著增强，税法遵从度不断提高。

二、当前税务行政复议工作存在的问题

（一）纳税人的维权意识尚需提高。一是一些纳税人对行政复议的有关制度、规定尚不了解，对税法维护纳税人权益的规定不清楚，不会用法律武器维护自身的合法权益。二是一些纳税人维权的信心不足，虽然明知法律法规赋予其权利，但认为税务机关处于强势地位，担心自己维权不成，反遭到税务机关的“打击报复”，从而放弃自己的权利。

（二）部分税务机关和工作人员对行政复议的认识有待进一步提高。部分税务机关和部分税务工作人员对税务行政复议的认识还不到位。在实际工作中，或者对纳税人提起税务行政复议进行“围追堵截”想方设法为纳税人行使复议权利设置障碍；或者是面对复议“片面妥协”，不惜满足纳税人不合理要求以求得息事宁人，减少麻烦的目的。

（三）部分税务机关和工作人员依法行政能力有待提升。近年来，系统上下狠抓依法治税，依法行政，效果明显，但在部分单位，部分人员当中依然存在依法行政意识不强，政策掌握不及时，服务意识不到位，落实能力不够等方面的问题。

（四）税务行政复议程序规则有待进一步细化。税务行政复议程序是行政复议制度的核心，《税务行政复议规则》在程序规则方面做了大量规定，如明确了证据制度，如扩大了税务行政复议机关的调查取证权，又如对调解和解做了专门规定等。这些程序规则对于维护纳税人合法权益，推动税务行政复议机关履行职责提供了指引，但是部分条款的操作性还有待进一步加强，具体规定的落实，还需要通过制定具体的规定予以细化，以方便操作。

三、进一步做好税务行政复议工作的思考

从2014年度全省地税系统复议整体情况看，案件发生率开始呈上升趋势，形势不容乐观。为此，我们必须从以下几方面入手，积极做好税务行政复议各项工作。

（一）树立学习观念，提高执法能力。纳税人的维权意识正在不断觉醒，对行政执法工作提出了更高的要求。系统上下要结合“六五”普法，着力提高广大税干业务素质和执法能力。同时，要按照打造学习型、法治型地税机关的要求，加强对一线执法人员的培训，特别是加强涉税法律基础知识和规范执法内容的学习，不断提升执法能力，提高执法水平，减少和消除执法隐患。

（二）进一步完善行政执法监督制度，规范执法行为。一是进一步完善税收法制员工作制度，从源头抓起，建立网状税收执法检查、监督机制，切实起到防微杜渐的作用，进一步提高税收执法质量。二是加大重大案件审理力度，发挥集体监督优势，有效杜绝执法隐患。三是进一步推进执法督查日常化、制度化，强化内部监督作用，纠正执法过错，规范执法行为，杜绝行政复议隐患。

（三）完善制度，夯实税务行政复议制度基础。积极贯彻落实已有的各项制度，如复议调解和解办法等。同时，加强对行政复议工作的分析研究，通过制定各项细化办法，进一步完善

行政复议制度,充分发挥行政复议在解决税务争议中的作用。

(四)严把"三关",认真做好复议案件审理工作。严把"复议程序关"、"案件审理关"和"复议决定关",严格按照程序和时限,认真做好复议工作的每一步骤,决不偏袒姑息,公正地处理复议案件,维护税法尊严,保护纳税人的合法权益。

(五)进一步加大税法宣传力度,提高对行政复议的认识。在税法宣传中,将对税务行政复议的法律救济性质、复议范围和程序等法律法规知识的宣传作为重要部分来对待,提高纳税人依法保护自身合法权益的意识,畅通复议渠道。同时,帮助各级地税机关和广大地税干部克服害怕复议会造成负面影响的认识,正确对待税务行政复议工作。

课题组组长:方学军

课题组成员:张　勇　耿璐莹

执　笔　人:陈茂鑫

关于支持推动长江经济带发展税收政策建议的调研报告

安徽省地方税务局耕地占用税和契税管理处课题组

依托黄金水道推动长江经济带发展,打造中国经济新的支撑带,是党中央、国务院审时度势,谋划中国经济新棋局作出的既利当前又惠长远的重大战略决策。为了深入贯彻落实《国务院关于依托黄金水道推动长江经济带发展的指导意见》(国发〔2014〕39号)精神,经调研、走访,现就支持推动长江经济带发展,提出以下税收政策建议:

一、形成有利于市场统一的税收制度

建设长江经济带,关键是要打破区域性市场壁垒,充分发挥市场配置资源的决定性作用,推动上、中、下游各种要素跨区域流动,促进产业分工协作和有序转移,建设一体化市场,形成上中下游地区协调发展新格局。这就要求形成有利于市场统一的税收制度。

(一)统一区域内税收政策

一是清理区域税收优惠。为了推动区域经济发展,一些地区通过先征后返、财政奖励或补贴等方式,对特定企业及其投资者实施特定的税收优惠政策。这些税收优惠政策一定程度上促进了投资增长和产业集聚,但客观上影响了公平竞争,扭曲了资源配置,破坏了市场统一。因此,建设长江经济带,必须清理税收优惠政策,对违反国家法律、法规的优惠政策一律停止执行,形成统一的税收政策,从根本上消除妨碍生产要素自由流动和资源优化配置的税收壁垒。

二是协调区域税收政策。国务院指导意见提出,引导长江经济带产业有序转移和分工协作,在着力推动下游地区产业转型升级的同时,引导具有成本优势的资源加工型、劳动密集型产业和具有市场需求的资本、技术密集型产业向中、上游地区转移。支持和鼓励开展产业园区战略合作,建设承接产业转移示范区和加工贸易梯度转移承接地,推动产业协同合作、联动发展。但目前重庆市、四川省、贵州省、云南省、西藏自治区、陕西省、甘肃省、宁夏回族自治区、青海省、新疆维吾尔自治区、内蒙古自治区、广西壮族自治区等西部12省(自治区、直辖市)和新疆生产建设兵团执行西部大开发税收政策,享受西部地区鼓励类产业税收优惠。其中重庆市、四川省、贵州省、云南省属于长江经济带规划，因此，建议对安徽省、江西省、湖北省、湖南省等中部地区的产业税收政策与重庆市、四川省、贵州省、云南省等西部地区的产业税收政策进行协调，以适应长江经济带产业有序转移和分工协作的要求。

（二）完善税收分配体制

税收分配关系到地方利益和财力，深刻影响区域经济行为和资源配置。从现行增值税收入归属来看，由中央与地方按75:25分享，并给予地方税收增量返还，容易产生地方追求投资型、数量型经济增长的外部性；同时，增值税的税基具有流动性，收入由生产地分享，消费地负担，使税源与税收背离，形成生产地激励，容易产生地方保护和市场分割的外部性。从现行消费税收入来看，在生产环节征收，对地方实行返还增量，容易产生地方对生产环节、“三高”产业依赖的外部性。这些都会影响长江经济带产业有序转移和要素自由流动，阻碍统一市场的形成。尤其是“营改增”全面实施后，这种影响可能更大。因此，建议深化增值税分配改革，将目前按收入来源地分享，改为按各地的人口、消费等因素分享（现行税收收益分配体制不合理，未能充分反映税收收益与社会成本之间的关系，地方承担太多的社会成本，而收益又归入中央，建议对分享比例进行调整，以鼓励地方政府用于城市建设）；调整消费税征收环节，将目前主要在生产环节征收，改为主要在批发零售环节征收。

（三）深化税务行政审批改革

按照简政放权的总体要求，继续取消和下放税务行政审批事项，把不该管的放给市场、交给社会、还给基层，以进一步转变税收管理方式，形成纳税人主体地位，激发市场主体创业、创新活力。

二、完善有利于创新驱动产业转型升级的税收制度

建设长江经济带，核心是顺应全球新一轮科技革命和产业变革趋势，推动沿江产业由中低端向中高端迈进，沿江经济由要素驱动向创新驱动转变，大力发展战略性新兴产业，加快改造提升传统产业，大幅提高服务业比重，努力增强长江经济带的产业竞争力。因此，要完善更加有利于创新驱动、促进产业转型升级的税收制度。

（一）推动产业分工和深度融合

加快推进增值税改革，全面实施“营改增”，简并增值税税率档次，进一步完善固定资产抵扣政策，扩大抵扣范围，实行固定资产抵扣全覆盖。如，企业在转型升级过程中普遍面临扩大基建生产，建议将与建筑物等密不可分的电梯、钢结构厂房、中央空调等纳入增值税抵扣范围，彻底打通增值税抵扣链条，消除重复课征税，以期在更大的范围内、更深的层次上推动产业分工和融合，促进工业转型、服务业发展和商业模式创新，形成有利于经济发展方式转变和产业结构调整的增值税制度。

（二）支持改造提升传统产业

长江经济带尤其是中上游地区普遍存在老工矿城市多、传统产业多的特点，因此，加快改造提升传统产业，推动产业结构调整存量、做优增量，是建设长江经济带面临的一项重要而紧迫的任务。建议：在长江经济带先行先试一些针对性的区域税收优惠政策。一是对符合国家产业政策的技术改造项目设备投资，比照环境保护、节能节水、安全生产等专用设备投资，允许抵免企业所得税，以鼓励通过技术改造提升传统产业。二是将中国（上海）自由贸易试验区实行的非货币性资产投资资产评估增值企业所得税分期纳税政策，推广到长江经济带，以鼓励通过企业重组、资产重组改造提升传统产业。

（三）鼓励企业自主创新

加大税收政策支持力度，形成税收支持自主创新、创新支撑产业转型升级的机制。一是扩围实施自主创新试点税收政策。将在中关村、东湖、张江国家自主创新试点地区和合芜蚌自主创新综合试验区先行先试的自主创新税收政策，包括有限合伙制创业投资企业法人合伙人企业所得税试点政策、5年以上非独占许可使用权转让企业所得税试点政策、中小高新技术企业向个人股东转增股本个人所得税试点政策以及高新技术企业对技术人员股权奖励个人所得税试点政策,推向长江经济带内所有国家自主创新示范区和合芜蚌自主创新综合试验区实施;将高新技术企业职工教育经费税前扣除试点政策,推向长江经济带全范围实施,充分发挥长江经济带的示范区、实验区创新引领作用。二是适当降低高新技术企业认定门槛,如降低研发费用比率、科研人员比例,让更多科技型企业迈进高新技术企业大门,实实在在地享受自主创新税收优惠政策。三是加大科技人员税收优惠力度,参照企业所得税技术转让所得或者个人所得税稿酬所得的优惠方式,对个人转让技术所得给予税收减免。四是促进科技成果转化。产业转型升级,不仅要依靠自主创新,也要依靠创新成果全社会的广泛应用。建议:对企业外购专利权、专利技术、非专利技术等无形资产,实行加速摊销,鼓励企业应用新技术、新工艺,做到支持科技研发与支持技术应用并重,从供需两端促进科技成果转化。

三、形成有利于生态文明建设的税收制度

长江经济带横跨东、中、西三大区域,是我国重要的生态资源带。建设长江经济带,必须守住生态底线,坚持走绿色发展之路。国务院指导意见提出,要建设绿色生态廊道,顺应自然,保育生态,强化长江水资源保护和合理利用,加大重点生态功能区保护力度,加强流域生态系统修复和环境综合治理,稳步提高长江流域水质,显著改善长江生态环境。因此,要形成有利于长江经济带生态文明建设的税收制度。

(一)改革完善资源税制

长江中上游地区是资源富集地区,但现行税收以及价格机制还难以有效抑制对资源及资源性产品的过渡需求,远远无法弥补生态价值,同时也导致资源输出省份生态系统修复和综合治理的事权与财力不匹配,迫切需要加快改革资源税制。一是扩大征税范围,逐步将资源税扩展到水流、森林、草原、滩涂等自然生态空间。二是结合规范资源收费,统筹考虑税费负担,取消部分资源类收费如矿产资源管理费、林业补偿费、水资源费等,并入资源税。三是改革计征方式,全面推进资源税从价计征。

(二)试点水资源税改革

长江全长超过6300公里,流域内提供了占全国36.5%的水资源、48%的可开发水电资源、52.5%的内河通航里程,既是南水北调等水资源配置的战略水源地,又是名副其实的“黄金水道”。因此,水资源的利用和保护是建设长江经济带的重中之重。建议在长江经济带实施水资源“费改税”试点,利用税收杠杆引导节约用水、保护水源,以落实最严格水资源管理制度。同时,将水资源税列为中央与地方共享收入,中央收入部分主要用于建立长江经济带横向生态补偿机制。

(三)建立环境保护税制度

严格控制和治理长江水污染,避免产业转移可能带来的污染转移,是建设绿色生态廊道的必要之举。建议按照重在调控、清费立税、循序渐进、合理负担的原则,将现行排污收费改为环境保护税,新设二氧化碳税目,进一步发挥税收对生态环境保护的促进作用。

(四)完善其他相关税收政策

一是将一些高耗能、高污染产品纳入消费税征税范围。二是完善资源综合利用企业所得税优惠政策。目前,对企业利用本企业生产过程中产生的炉气、余热等生产的电力、热力,直接用于本企业生产经营的,由于未产生对外销售收入,而不能享受减计收入优惠,建议比照享受相应税收优惠。三是加大对发展生态经济的企业所得税优惠力度,对符合条件从事生态经济的企业减免企业所得税。四是出台支持节能环保和循环经济项目的税收优惠政策。对于“双示范”城市(全国节能减排示范市、全国循环经济示范市)项目予以重点扶持。

四、实施有利于提升长江黄金水道功能的税收政策

建设长江经济带,前提是要打造畅通、高效、平安、绿色的黄金水道,发挥长江黄金水道的纽带性、支撑性作用。因此,要形成有利于提升长江黄金水道功能的政策安排。

（一）支持基础设施建设

提升长江水道干流航道标准，改善支流通航条件，优化港口功能布局，港口、码头、河道建设需要的投资大；依托长江黄金水道，建设综合立体交通走廊，铁路、公路、航空、管道建设需要的投资大。这些基础设施对长江经济带发展具有基础性、先导性作用和区域经济正外部性效应、投资乘数效应，建议给予税收优惠支持。一是对于基础设施建设用地，给予耕地占用税和契税减免。二是加大公共基础设施项目的税收优惠力度，对港口、码头、机场、铁路、公路等新建、扩建项目，比照海南国际旅游岛给予"五免五减半"优惠，将享受税收优惠的开始时间"自该项目取得第一笔生产经营收入所属纳税年度起"，修改为"自该项目开始获利纳税年度起"。三是对于企业向长江沿岸重要的港口、码头的投资，可以按投资额的一定比例抵免应纳税所得额。

（二）支持物流业发展

提升长江黄金水道功能，既要有基础设施"硬件"，更要有物流服务"软件"。建议：一是研究完善物流业增值税政策。降低"交通运输服务"的增值税适用税率，使其税负水平与"物流辅助服务"相当，以适应物流业一体化运作的需要。对实行总分机构的物流企业允许实行合并纳税，以适应物流业规模化、集约化经营的需要。二是延长物流企业大宗商品仓储设施用地减免城镇土地使用税政策，并对物流企业取得的仓储设施用地给予契税减免优惠。三是鼓励大贸易大交通，对3万吨以上的船舶车船税，给予一定减免。

（三）畅通口岸管理

畅通对外开放口岸管理，促进长三角大通关建设和质检联合通关试点，形成推进贸易便利化体制机制，在有条件的地区设立综合保税区。进一步扩大启运港政策试点范围，将长江经济带内如安徽的池州港、铜陵港、马鞍山港等纳入启运地口岸，设立保税港区，以点带面，充分发挥其辐射作用，扩大对外开放程度，推动区域经济社会发展。

五、完善有利于全面推进新型城镇化的税收政策

国务院指导意见提出，推进以人为核心的新型城镇化，优化城镇化布局和形态，增强城市可持续发展能力，创新城镇化发展体制机制，全面提高长江经济带城镇化质量。因此，要形成有利于全面推进新型城镇化的税收政策。

（一）形成有利于多元可持续资金保障机制的地方税体系

新型城镇化的核心是人的城镇化，关键是推进城镇基本公共服务常住人口全覆盖。必须建立多元可持续的资金保障机制，保障和增加基本公共服务供给。随着"营改增"的全面实施，地方城镇化的事权与财权越来越不相称，尤其是中西部城镇、中小城镇，实现基本公共服务常住人口全覆盖的财力差距更大。必须完善地方税体系，加快培育地方主体税种，增强地方政府提供基本公共服务能力。

（二）完善支持城镇居民创业就业的税收政策

实现人的城镇化，根本前提是能创业、可就业，努力实现进得来、留得住、能发展。因此，要继续完善支持创业就业的税收政策，营造良好就业创业环境，促进大众创业、万众创新。一是加大小微企业扶持力度，将小型微利企业减半征收企业所得税的限额提高至年应纳税所得额30万元，同时取消资产、职工人数等前置条件，充分发挥中小企业创业就业主渠道作用。同时，积极研究实施中小企业亏损向以前年度弥补的税收优惠政策。二是加大对服务业企业支持力度，结合"营改增"，对生活服务业实行增值税低税率或采取简易征收的方式，充分发挥服务业吸纳劳动力容量大的作用。

（三）完善支持城镇绿色循环低碳发展的税收政策

城镇化在释放要素、产业、人口聚集效应的同时，也产生资源约束、环境污染、交通拥堵等"大城市"病，推进长江经济带城镇化，必须走绿色循环低碳发展之路。因此，要深化资源环境税制改革，完善支持绿色循环低碳发展的税收政策。

(四)完善有利于优化沿江城镇化格局的税收政策

加快发展中小城市和小城镇,实现大、中、小城市的协调发展,是优化沿江城镇化格局的重要方向。针对中小城镇建设条件差、发展不足的状况,建议进一步完善支持中小城镇发展的税收政策,促进优化沿江城镇化格局。一是加快房地产税改革,引导资源要素、产业、人口向中小城市和小城镇合理流动,改变向大城市过渡聚集的状况。二是将城市基础设施项目纳入《公共基础设施项目企业所得税优惠目录》,实行企业所得税优惠,以支持中小城市、小城镇的城市基础设施建设,提高其综合承载能力。三是深化农村土地制度改革,允许农村集体经营性建设用地进行出让、租赁、入股,实行与国有土地同等入市、同权同价,是促进城乡要素市场统一,推动城乡发展一体化,建设新型城镇化的重要之举。因此,要研究明确农村集体经营性建设用地流转税收政策,合理调节集体建设用地流转收益分配关系,更好地发挥税收职能作用,促进城镇化尤其是中小城市和县域城镇化发展。

课题组组长:倪三立
执　笔　人:刘利庆

优化支持自主科技创新的企业所得税政策若干思考

安徽省地方税务局所得税处课题组

自主创新是指创新主体以自身的研究开发为基础,实现科技成果的商品化和产业化,获取商业利益的创新活动。对于国家而言,自主创新能力是提高综合国力和促进经济发展的核心动力。对于企业而言,真正的核心技术只有通过自己研发才能得到,而一旦有了核心技术并将这种技术产业化、市场化,企业就会在行业竞争中占据优势。

改革开放至今,我国通过大规模的技术引进和技术模仿,促进传统产业的技术改造和结构调整,较快地提高了科技水平。但是,我国科技水平在总体上与国外还有很大的差距,在国际高新技术产业分工体系中处于较低层次,真正具有自主知识产权和掌握核心技术的高新技术产品市场份额很低。我省正在开展自主创新试验省建设,合芜蚌自主创新试验区是国家批准、重点建设的四个试验区之一,财政部、国家税务总局也出台了相应在税收支持政策,我省自主创新工作也取得了一定成绩。至2014年10月底,我省共有高新技术企业2361家,居全国第七、中部省份第一位。由地税部门管理服务的高新技术企业364户,2013年全省地税系统减免企业所得税9.01亿元,比上年增长1.1%;研发费用加计扣除28.3亿元,比上年增长3.75%;技术转让收入免税0.45亿元,比上年下降7.4%。

一、自主科技创新在经济社会发展中的地位

(一)自主创新是国家富强、民族复兴的根本途径

建立创新型国家,是事关社会主义现代化建设的全局跃居第一的重大决策,其核心就是把增强自主创新能力作为发展科学技术的战略基点,走出中国特色自主创新道路,推动科学技术的跨越式发展。我国的对外技术依存度高,关键技术上的自给率低,高科技含量的关键装备基本上依赖进口。据统计,我国关健技术的对外依存率在50%以上,而发达国家均在30%

以下，美国和日本都在5%以下。例如我国高新技术产品的贸易方式85%以上采取来料加工装配和进料加工，真正利用自己掌握的高新技术生产出来的高新技术产品只占我国高新技术产品出口总额的10%左右。仅仅依靠技术引进和技术模仿难以从根本上提高我国的技术创新水平，我们需要更加关注和鼓励自主创新，提升本国的核心技术竞争力，实现国家富强和民族复兴。

（二）自主创新是转变经济增长根本方法

目前，我国的经济发展又到了一个新的关键时期，转变经济增长方式，推进经济结构的调整，也成为我国经济发展中的关键节点。我国的企业自主创新能力不强，特别是企业的核心竞争力不强；农业和农村经济的科技水平还比较低，粮食生产、粮食安全都存在着一定的风险，如炒得很热的转基因产品的生产、食用问题；高新技术产业在国民经济中所占的比例不高，产业技术的一些关键领域存在着较大的对外依赖性，如我国是手机生产大国，而芯片基本上靠进口；号称“世界工厂”的制造业附加值产品低，多是利用国外品牌生产或销售，如我国是服装生产大国，但自主品牌很少。这些都与完成经济结构调整、转变经济增长方式的迫切要求不相适应。所以要把自主创新能力作为调整经济结构、转变增长方式的中心环节，建设资源节约型、环境友好型社会，推动我国经济从资源依赖型向创新驱动型转变，推动国民经济又好又快发展，推动经济社会发展切实转入科学发展的轨道。

（三）自主创新是企业发展的原动力

企业是市场经济的主体，我国经济社会建设的主要力量，企业的发展壮大，是国家发展、人民富裕的前提条件。提高企业的自主创新能力，则是企业发展的原动力。一是有利于在市场竞争中始终占有竞争优势，确保企业稳定增长，技术上的突破，就可能提高单产、降低成本、提高产品质量，取得优势；二是有利于企业创造超额利润，提高经济效益，思科、微软、华为等中外企业都提供了很好的例证，实现了企业的超常规发展。

二、税收政策调节与自主创新的关系

（一）自主技术创新的特性表明，需要税收政策调节

一是科学技术产品具有公共性特征，要求政府运用财政和税收政策进行调节。科学技术在一定程度上具有非竞争性和不完全排他性的特点，即边际成本为零，更多的人享有技术创新带来的好处并不会使他的成本增加。这种公共性特征要求政府通过财政税收手段来提供这种公共品。二是科学技术产品生产具有外在性特征，要求政府进行财税调节。随着技术的扩散而被其他企业广泛应用，并迅速转变成公共物品，企业或个人并不能控制与获得其研发投资的全部收益，得到的利益小于该活动的社会利益，这就会导致资源配置失当，不利于科学技术活动的发展。因此要采取财政税收政策来消除外在性，通过财政补贴和税收优惠的办法，使企业的私人利益和个人利益趋于相等。三是科技创新活动具有高风险和收益的不确定性，要求政府进行财税调节，形成促进技术创新的动力机制。科技创新活动风险大，可能在一定时期给企业或个人带来较高的收益；但在另一时期，可能因技术创新的失败而遭受重大损失。这样对处于经营初创期、更新升级期的企业或个人而言，科技创新的偏好不是很强。但是科技创新对经济增长有重要的作用，因此国家可以通过财政税收办法分担创新主体一部分风险，引导创新主体参与科技创新的风险偏好，形成政府促进技术创新的动力机制。四是科技创新活动投资巨大，需要政府给予财税支持。企业看到科技投资的高效回报，愿意承担科技投资的风险，但对一些大型科技创新项目，往往无力满足科技投资的要求。这就需要政府运用财税手段给予资金扶助，解决市场配置资源失灵问题，给予创新活动必要的资金保障。

（二）税收政策调节可以为自主技术创新提供支持

在市场经济体制下，企业技术创新所需的资金主要依赖于自身的积累和银行贷款。但是

由于自主技术创新具有一定风险性,商业银行贷款受到限制。因此需要政府通过财政税收政策促进企业自主创新。财政政策重点是对国家基础研究的大部分和应用研究的一部分进行直接补助,税收政策主要是通过减免税、加大费用扣除、加速折旧、投资抵免等手段降低创新投资资本成本,增加企业资金收益和资本积累,引导企业进行自主技术创新投资。另外,技术创新始于研究开发而终于市场实现,其中涉及创新构思的产生、研究开发、技术管理与组织、工程设计与制造、用户参与市场营销等一系列活动。在整个活动中,许多环节都涉及财政税收政策,比如工资的扣除标准、固定资产折旧的计算方法、技术转让收入等。因此,技术创新对国家的税收政策具有较强的敏感性,财政税收政策对技术创新活动调节作用比较大。

(三)调节自主技术创新主要手段是税收政策调节

世界大部分国家,包括全部发达国家和大部分发展中国家,对自主技术创新都给予不同形式的税收优惠。这些优惠手段主要包括税收减免、加速折旧、费用扣除、提取准备金、税收抵免等。税收减免是通过对研究开发企业或个人给予减税或者免税,有利于研究开发企业或个人获得更多利益,减少私人利益和社会利益的差距。加速折旧是在固定资产使用年限期满前提足更新资金,使企业享受到延期纳税的优惠,相当于从政府手中获得一笔无息贷款。费用扣除是允许企业将用于科研、试验及资源开发的投资,在计算应纳税所得额时作为费用扣除,以减少应纳所得税,减少纳税人税收负担。提取准备金指为减少企业投资风险而设立的资金准备,主要有技术开发准备金、呆账准备金等。准备金作为税式支出的一种形式,可在税前进行扣除而不纳税。税收抵免指用于技术创新活动的投资可按照规定直接抵扣当年的应纳税所得额或应纳税额,减轻纳税人负担和减少投资风险。

三、现行支持自主创新的企业所得税政策

目前,我国支持企业自主创新的税收政策主要体现在企业所得税。从2008年开始,两套所得税法合并,新的企业所得税法正式实施。新税法在统一税率、普遍降低企业税负的同时,对原有的优惠政策进行了大面积的归并、调整、取舍和创新,特别是在税基式减免等间接优惠方面有了很大突破,给企业自主创新带来了新的发展契机,增添了新的发展动力。

(一)加速折旧

《企业所得税法》第三十二条规定:企业的固定资产由于技术进步等原因,确需加速折旧的,可以缩短折旧年限或者采取加速折旧的方法。《实施条例》第九十八条规定:可以采取缩短折旧年限或者采取加速折旧的方法的固定资产,包括:(1)由于技术进步,产品更新换代较快的固定资产;(2)常年处于强震动、高腐蚀状态的固定资产。采取缩短折旧年限方法的,最低折旧年限不得低于本条例第六十条规定折旧年限的60%;采取加速折旧方法的,可以采取双倍余额递减法或者年数总和法。对于按照25%税率正常纳税的企业来说,缩短折旧和摊销年限意味着企业长期资产迅速收回,一方面鼓励企业更新资产,另一方面也递延了纳税人的所得税负债,减轻购买初期的所得税负担,赚取了时间性差异的应付税款利息。2013年11月,国务院又扩大了加速折旧的范围,对生物药品制造、专用设备制造等六大行业,以及对专门用于研发的仪器设备等实行新的加速折旧政策。

(二)加计扣除

《企业所得税法》第三十条第一款规定:开发新技术、新产品、新工艺发生的研究开发费用的支出,可以在计算应纳税所得额时加计扣除;《实施条例》第九十五条规定:企业所得研究开发费用的加计扣除,是指企业为开发新技术、新产品、新工艺发生的研究开发费用,未形成无形资产计入当期损益的,在按照规定据实扣除的基础上,按照研究开发费用的50%加计扣除;形成无形资产的,按照无形资产成本的150%摊销。对于企业来说,这部分扣除实际上是对所得税的直接减免,减免税额=研究开发费用

50%税率，正常情况下应为研究开发费用的12.5%。2013年3月财政部、国家税务总局也出台政策，扩大了北京中关村、上海张江科技园、武汉东湖科技园、合芜蚌自主试验区的研发费用加计扣除的范围，2013年9月财政部、国家税务总局又将政策推广至全国。

（三）高新技术企业优惠税率

《企业所得税法》第二十八条规定：对国家需要重点扶持的高新技术企业，减按15%的税率征收企业所得税。《实施条例》第九十五条对重点扶持的高新技术企业进行了详细规定，指拥有核心自主知识产权，并同时符合下列条件的企业以下五项条件（1）产品（服务）属于《国家重点支持的高新技术领域》规定的范围；（2）研究开发费用占销售收入的比例不低于规定比例；（3）高新技术产品（服务）收入占企业总收入的比例不低于规定比例；（4）科技人员占企业职工总数的比例不低于规定比例；（5）高新技术企业认定管理办法规定的其他条件。之后，科技部等又以国科发火〔2008〕172号对其作了详细规定。此外，在一定年度内对合肥等20个城市的技术先进性服务企业也可享受15%的优惠税率。

（四）技术转让收入减免税

《企业所得税法》第二十七条、《实施条例》第九十条规定：居民企业技术转让所得不超过500万元的部分免征企业所得税，超过500万元的部分减半征收企业所得税。对一些重点行业更是优惠，对于软件和集成电路的减免税和优惠税率是叠加的；对那些在节能节水、环境保护方面实施高新技术的企业推动力更大。2013年10月，国家税务总局对居民企业为技术转让而提供的服务收入，也纳入了免征、减征企业所得税的范围。

（五）创业投资抵免

《企业所得税法》第三十一条规定：创业投资企业从事国家需要重点扶持和鼓励的创业投资，可以按投资额的一定比例抵扣应纳税所得额。《实施条例》第九十七条规定：抵扣应纳税所得额，是指创业投资企业采取股权投资方式投资于未上市的中小高新技术企业2年以上的，可以按照其投资额的70%在股权持有满2年的当年抵扣该创业投资企业的应纳税所得额；当年不足抵扣的，可以在以后纳税年度结转抵扣。

（六）其他相关扣除政策

主要是对企业的职工教育经费的扣除比例进行了优惠。对从事软件生产、集成电路设计企业的职工教育经费据实扣除；对包括合芜蚌等试验区的职工教育经费按8%的比例在税前扣除，当年不足扣除的，可以结转扣除；对合肥等20个城市的技术先进性服务企业的职工教育经费也可按8%在税前扣除，超过部分扣除。

对于自主科技创新企业的直接减免、间接抵免，从特定角度来看就是对纳税人一种政府补贴或贴息，只不过没有通过政府财政而已。这些举措减少了补贴或贴息的中间环节，提高了补贴或贴息的效率，节省了纳税人取得补贴资金的成本，可以称得上是鼓励自主创新的上策。

四、存在的问题

（一）政府支持自主创新的规划不合理

自主技术创新主体包括个人、企业、政府。就企业而言，主要通过市场配置资源；就政府而言，通过财政、税收等多种手段进行资源配置和调节，是必要的，但目前政府部门过多依赖财政政策，没有正确认识税收在促进自主技术创新中的意义和作用，没有合理界定财政与税收的职责和范围。由于对企业、财政、税收各自职责和发挥作用的领域和力度认识不清，加之我国有关税收优惠政策的分析、评估制度尚未建立，对各种优惠政策效果难以准确掌握，导致制定和执行政策准确性不够，出现缺位和越位情况，没有发挥市场在自主技术创新资源配置的主体作用。

（二）政策导向不明确，协调性差

支持企业发展，最终目的应包括：一是提升企业自身的素质，进而增强市场竞争能力；二是提高就业水平。影响企业素质提升和市场竞争能力的因素有许多，其中最关键和最根本的是不能通过不断科技创新和技术改造,保持核心竞争力。我国现有企业所得税导向不明确的表现为:一是适用所得税低税率政策主要是小微企业,主要为了企业增加就业,对自主创新的支持力度不够,有鼓励低效之嫌。二是我国对自主创新的税收优惠政策不统一,税收优惠政策涉及增值税、营业税、关税、企业所得税和城镇土地使用税等多个税种,但都是从各税种自身特点设计,缺乏内在的关联,不能突出体现一以贯之的支持重点和方向。

(三)现行企业所得税政策促进自主技术创新力度不大

一是高新技术企业的认定条件较高,一些起步阶段的高新技术企业,不能通过认定,不能享受优惠;二是企业所得税的优惠是有利润才能享受,亏损的弥补年限只有5年,一些自主创新企业由于期间投入大,很难盈利,出现亏损也只能在5年内弥补;三是缺乏刺激技术创新力度较大、国外广泛采用的投资抵免政策;四是技术转让收入免征减征企业所得税的范围太少,只限于专利权、知识产权等五项收入转让,技术服务收入享受面也不宽;五是研发费用处理方法单一,扣除范围也较小。国外许多国家采取直接扣除和资本化两种形式,企业按照孰优原则选择。

(四)税收优惠环节选择不合理,重点不够突出

目前税收优惠主要集中于对已形成科技实力的高新技术企业、高新技术的引进以及已享有科研成果的技术性收入实施优惠,侧重于研发创新成功企业的终端环节。而对正在进行科技开发活动,特别是对研究与开发、设备更新、风险投资和孵化器等重点环节的税收支持力度不够大,优惠政策格局不合理,重点不突出。

五、完善支持自主创新的所得税政策思考

(一)明确企业、财政、税收的作用和职责

自主创新作为国家发展战略,需要企业以及财政、税收等政府部门各司其职,明确各自职责所在,最大限度地发挥好各自的积极作用。根据财政补贴、税收优惠各自特点以及目前各类政策执行效果,企业、财政、税收应明确以下范围:对于引进设备与技术、加大研发费用投入等应由企业主导,发挥好市场机制的作用,不宜通过财政支出安排或实施减免税;对于基础研究、战略高技术、共性的关键技术以及节能、环保等促进经济社会可持续发展的公共产品或服务的自主技术创新,应主要通过规范的财政支出予以安排;税收优惠的作用空间应主要放在激励和引导方面,政策手段的选择上尽可能采用加速折旧、费用加计扣除等间接优惠方式,引导企业建立健全自主创新机制等。

(二)完善税收制度政策体系

结合我国实际,完善税收制度和政策体系应坚持“减少优惠项目、加大优惠力度”的原则,处理好市场配置和政府调节的关系,优惠政策既要真正起作用,但也不宜优惠过度。在企业所得税方面:一是对企业投资于技术创新和研究开发获得的利润减半征收企业所得税。对企业投资于技术创新获得利润再用于技术创新投资,退还其用于投资部分利润所对应的企业所得税;二是适当降低高新技术企业的认定条件和标准,特别是自主知识产权的认定中;三是对于进行国家规定项目的自主技术创新的投资可实施税收投资抵免;四是加大亏损结转力度,对用于特殊项目的技术创新和研究开发投入的亏损可允许一定期限的前转;五是对适度扩大研发费用的开支范围,把合芜蚌等地区的政策推广,并减少审批、备案手续,鼓励企业扩大研发投入;六是于居民个人投资于自主创新企业获得的收入免征或减征个人所得税,或者用企业已缴纳的企业所得税中进行比例抵免,避免个人投资企业的行为企业所得税、个人所得税的双重征收。

(三)提高税收优惠政策效果

规范科技税收立法,制定统一的税收优惠政策,促进高新技术产业发展,确保税收政策内在的规范、统一,体现促进自主技术创新政策的系统性、严肃性和稳定性。从长远角度考虑,国家应制定《国家高技术产业促进法》,从总体上考虑技术创新和高技术产业发展战略以及相关

促进政策。国务院按照促进法制定专门的《鼓励技术创新和高新技术产业发展的优惠政策条例》,对税收优惠政策和执行进行全面系统的规定。

(四)体现公平和效率原则

对企业自主技术创新税收优惠要体现公平原则,不分企业、行业、区域性质,只要符合国家规定的自主技术创新标准,一律给予优惠,充分体现公平和效率原则。改变过去注重区域性优惠的做法,应以产业优惠为主,区域优惠为辅。对从事符合条件的技术创新企业(组织)和项目,不分性质、行业、地区,一视同仁,给予相同的税收优惠,体现税收公平竞争原则。

课题组组长:倪三立

课题组成员:何祥森

执　笔　人:何祥森

省级集中下的信息安全保障体系建设研究

安徽省地方税务局电子税务信息管理中心课题组

随着信息技术的快速发展和广泛应用,信息系统对国民经济发展的支撑作用愈加重要,信息安全形势也愈加严峻,信息安全已上升为国家战略。税务系统作为国家重要职能部门,信息安全问题直接影响国家财政收入和社会经济稳定,必须实施可靠的安全保障。近年来,全省地税系统按照国家有关要求,结合工作需要,持续开展信息安全保障体系建设,较好地保障了安徽地税信息系统安全、可靠运行。但随着信息安全形势的不断变化和征管数据应用省级集中处理的实现,全省地税系统面临的信息安全风险更加集中,信息安全事件后果将更加严重。如何适应省级集中的发展需要,构建完备的信息安全保障体系,增强信息安全监测、预警和处置能力,保障税务信息系统的安全、稳定、高效运行,成为摆在全省地税系统面前的一个重要而迫切的课题和艰巨的任务。

一、税务信息安全面临的形势与要求

(一)国际信息安全形势日益严峻

国际网络空间利益争夺和较量更趋激烈。以美国为首的西方国家攻防并举,加快网络空间战略部署,强化网络空间控制。我国面临的信息安全压力和信息化系统性风险剧增。维基解密、“棱镜门”事件持续发酵,各国开始重新审视信息安全政策。网络渗透、系统攻击、窃密行为手段多变,“云”攻击、“端”威胁愈发明显,网络攻击呈现“大规模化、高对抗性”特点。以智能手机为代表的移动智能终端广泛普及,并迅速成为网络攻击对象,个人隐私信息安全的关注度明显上升。地下黑客行为泛滥,网络攻击手段和装备快速扩散,系统环境复杂恶劣。

(二)我国信息安全战略初步形成

党和国家对信息安全工作高度重视。2014年2月,成立了中央网络安全和信息化领导小组,召开了第一次领导小组会议。习近平总书记在会上指出,没有网络安全就没有国家安全,没有信息化就没有现代化。这次会议明确提出建设网络强国的目标。明确了信息安全发展的战略定位,将网络空间的核心利益提高到国家安全的战略高度;提出了要全面构建信息安全主动防御技术体系,形成国家网络空间积极防御协作机制,建立跨部门、跨行业的应急处置体系,提高国家对信息安全事件的处置能力;打造拥有自主知识产权的信息安全产业生态体系;制定实施国家网络安全和信息化发展战略、宏观规划和重大政策,不断增强网络安全保障能力。

(三)税务信息安全要求越来越高

针对日趋严峻的信息安全形势,国家税务总局提出,要基于现代信息安全理论,采用目前国内先进的信息安全技术,建设税务系统统一、安全、稳定、高效的信息安全体系,形成涵盖税务系统网络、应用和管理等信息系统各个方面的信息安全总体方案及安全策略,结合税收信息化建设进程制定信息安全体系建设的分步实施方案,逐步形成完整的信息安全保障体系。国家税务总局的工作要求,为下一步我省地税系统信息安全工作指明了方向、确立了目标和任务。

二、省级集中后我省地税信息安全存在的风险与挑战

数据的集中也意味着风险的集中。征管数据应用省级集中后,信息系统更加庞大,功能越来越多,系统之间的关系越来越复杂,甚至单个系统或设备故障,也可能导致全省税收业务停顿。加之,基于互联网向纳税人提供的办税服务越来越多,税务部门与外部门之间的联网范围越来越广,造成税务信息安全风险和管理难度相应增加。

(一)存在的风险

总的来看,目前,税务信息系统主要面临四类风险。

应用软件风险。一是软件存在缺陷。应用系统开发时,只关注软件的功能和性能,对软件安全关注较少,导致软件存在设计缺陷和漏洞。二是软件使用风险。一方面,授权用户的误操作,可能会给系统带来致命破坏。另一方面,非授权用户的越权访问、第三方运维人员对核心系统的非法访问等,会加剧系统使用风险。三是外部攻击风险。部署在互联网上的 Web 类应用系统,很容易成为黑客攻击的目标。网页被篡改、服务无法使用成为 web 应用系统的常见隐患。

系统运行环境风险。一是系统漏洞。税务系统大量使用的核心关键技术与产品主要依靠国外进口,存在着安全漏洞和隐蔽通道,导致一定的安全隐患。二是软硬件配置不当。操作系统、数据库系统和各种硬件设备的配置失误,会造成税务信息系统容易被攻击。三是系统管理不到位。由于系统管理安全意识的淡薄,可能出现弱口令、越权访问、共享目录以及病毒、木马攻击等危害,对省级集中系统带来灾难性的破坏。

网络安全风险。一是网络互联风险。随着税收业务发展,税务部门与财政、银行等外部单位的横向联网快速发展,税务信息系统与外单位信息系统相互联系、信息交换越来越多,来自外单位的网络安全风险与日俱增。二是互联网服务风险。目前,基于互联网为纳税人提供办税服务、信息服务和征纳互动服务,已经成为税务部门优化纳税服务的重要手段。由于税务业务专网与互联网实行逻辑隔离,因此,必须严加防范来自互联网的、针对税务业务专网的安全风险。三是网络设备或线路风险。网络设备故障、业务高峰期的网络拥堵,或者网络运营商传输介质故障等,都会引起税务网络中断或数据丢失,对部分市县局,甚至是全省业务造成影响。

数据丢失和泄密风险。省局数据处理中心存储了全省地税系统所有税收征管数据、纳税人信息和主要的行政管理信息。一旦发生因系统故障或外部攻击造成的数据丢失、数据泄密,轻则会影响纳税人办税效率,重则可能导致其隐私泄密,纳税人合法权益受到侵害,后果极其严重。

(二)面临的挑战

信息安全意识薄弱。从统计情况看,仅 2013 年全省地税系统就发生了 300 余起内、外网混用事件,严重违反了信息安全管理规定。究其原因,主要是广大税务干部职工信息安全意识薄弱。有的人认为,信息安全工作是技术部门的事情,与己无关,无需在意。有的人认为,信息安全防护应重点抵御“外来入侵”,对税务办公内网不必严加管制,内外网混用、在外网计算机处理和存放涉及工作秘密的文档等,没有多大危害。有的人有畏难心理,认为信息安全知识深奥，不愿意学习，对税务总局、省局下发的信息安全规章制度不学习、不了解，自然也不执行、不落实。

信息安全基础建设还待加强。与软件开发、网络建设相比，信息安全建设具有"资金投入大、成效不明显"的特点，部分单位不愿意把真金白银投入到这个不明显的基础工程中去，从而出现"重应用系统开发，轻信息安全建设"的现象。部分单位领导对信息安全建设的认识比较肤浅，认为买几台防火墙，安装一套防病毒软件，就算做好了信息安全防护工作。其实，信息安全建设是项系统工程，需要部署不同类型的信息安全软硬件设备，各种设备、系统之间相互配合、相互联动，形成纵深防御体系，才能够最大限度地发挥保障作用。

信息安全管理难度逐步加大。一方面信息系统运行缺乏精细化管理，安全保护对象不够清晰，安全防护措施针对性不强。关键岗位人员权限未能有效控制，安全保障职责未充分落实，应用系统开发过程中安全管控不到位等问题，给信息安全保障工作引入新的安全风险。另一方面从信息安全检查情况来看，很多信息安全管理措施没有得到有效落实。部分单位网络安全和信息化领导小组未能充分发挥作用，信息安全制度未正式发文、且缺乏可操作性，缺乏信息安全专业管理人员，未对信息安全设备运行情况、日志信息进行有效监控，部分信息安全设备因策略配置不当，未能真正起到安全防护作用等问题，加大了信息安全管理的难度。

信息安全技术存在隐患。从外部看，信息安全攻击技术和手段不断翻新、管控难度不断增大；网络互联、系统整合、快速发展的情况下，信息安全技术日趋复杂；税务系统的信息化发展速度越快，技术更新带来的新风险就越突出。从内部看，市县局信息技术人员知识更新缓慢、结构老化，难以适应信息安全工作快速发展需要；信息安全防护手段单一，安全域划分粗放，没有形成纵深防御体系；信息安全监控主要依靠手工方式，且未能实现实时监控，难以及时、全面地掌握系统整体信息安全状况，处于被动防御状态。

三、省级集中下的信息安全保障体系建设对策

（一）明确信息安全保障体系建设的总体思路

信息安全保障体系建设，是一项长期、复杂的系统性工程，需要统筹规划，顶层设计，总体布局、分步实施。根据省委、省政府关于信息安全工作的要求，结合国家税务总局金税三期工程总体规划，立足安徽地税实际，我们建议，今后一段时期，我省地税信息安全保障体系建设的总体思路是："以提升信息安全保障能力为目标，以组织架构和队伍建设为支撑，以安全防护和集中监控为基础，以安全检查、风险评估、等级保护为抓手，以应急机制为保障，构建全省地税系统信息安全保障体系，适应省级数据集中和基于互联网面向纳税人服务的要求，为税收信息化发展提供有效的信息安全保障。"

（二）确立信息安全保障体系建设的基本方针

为实现上述总体思路，在推进信息安全保障体系建设的过程中，应始终坚持三个基本方针。一是坚持以资产保护为核心。将保障核心信息资产的保密性、完整性和可用性，作为一切信息安全工作的出发点和落脚点。二是坚持以风险管理为主线。在信息系统的整个生命周期中，周期性地、反复地对信息资产的安全性进行风险评估，分析、发现潜在的风险和隐患，并采取针对性措施，规避、转移或消除风险。三是以政策法规为准绳。严格执行国家和税务总局关于信息安全等级保护、风险评估、应急响应、灾难备份以及网络信任等信息安全政策法规，确保信息安全工作合法、合规。

（三）建立纵深防御的信息安全技术体系

按照"综合治理、纵深防御"的理念，建立涵盖事前防御、事中监测、事后审计，全方位、立体化的纵深防御技术体系。一是事前防御。利用税务信息系统信息安全基线，对主机、网络等硬件设备和数据库、中间件、应用服务器进行扫描，不断提高核心设备和系统的基线符合度；部

署漏洞扫描、WEB应用扫描系统,及时发现漏洞,进行升级加固,加强系统安全防护;全面推广桌面安全管理系统、防病毒软件和上网行为审计系统,强化终端安全防护;部署防火墙、网络准入等设备,加强网络边界防御和访问控制,提升网络安全防护能力。二是事中监测。部署计算机病毒预警管理系统,实时监测全网病毒爆发情况;安装入侵检测系统(IDS),加强网络和主机入侵行为监控;建立集中监控平台,对核心应用系统、关键设备进行集中、实时、深度监控,及时发出故障预警信息。三是事后审计。利用数据库安全审计系统,加强省级集中系统的数据库访问审计,保障数据安全。应用安全审计系统,对主机、网络、防火墙、权限管理系统等各类设备(系统)的日志、安全事件信息进行审计、分析,发现攻击行为,采取补救措施。四是集中监控。搭建上下联动,统一管理的平台,实现统一集中的安全策略、安全管理、安全审计、安全控制、安全配置和应急处理,充分发挥管理、监控、调度和应急报警等作用,提高对各类信息安全事件的监测、预警和处置能力,达到功能齐全、协调高效、信息共享、监控严密、安全稳定、保障有力的目标。

(四)建立应用系统安全审核机制

全省地税征管省级集中系统作为全省地税系统的核心应用,安全性和稳定性至关重要。因此,必须建立规范的信息安全审核机制,对应用系统全生命周期实施安全审核,确保新建或改造系统符合安全规范,不对省级集中系统造成安全隐患。一是审核项目建设安全。项目立项阶段要进行系统安全事件影响面分析,确定应用系统信息安全保护等级,并确保项目所需信息安全建设和信息安全测评工作经费;对信息安全需求进行审核把关,确保应用系统需求分析阶段实施完备的信息安全需求分析;审核应用系统设计,确保信息安全需求在设计中得以落实;开发测试阶段要实施严格的代码安全控制,确保开发测试环境与生产环境安全隔离。二是审核应用系统验收安全。对项目文档和验收文档实施安全审核,确保文档安全可用;对重要应用系统实施必要的安全测评;审查部署方案,确保其符合网络接入、计算存储资源分配、运维管理方式等技术要求。三是审核应用系统运维安全。严格控制应用系统访问权限,规范设置和使用密码;评估应用系统IT基础架构变更、应用系统升级等产生的风险,规范应用系统变更行为。

(五)建立税务电子数据可控管理机制

税务电子数据是税务信息系统的核心资产,数据安全是信息安全的主要内容之一,全省地税征管数据应用省级集中后,数据价值更大、风险更集中,数据损失的后果更严重。必须建立数据全生命周期的安全管控机制,保障数据安全。一是在数据创建和生成环节,对数据分级分类、标识和访问权限设定,为数据安全保护提供基础;二是在数据使用环节,规范用户的使用行为,加强用户身份认证、授权和访问控制,控制具体操作方式并做好操作记录;三是在数据共享和交换环节,建立数据交换标准,对共享和交换的数据使用情况做好记录,与外界发生数据交换和共享时,采取必要的数据隔离和加密技术;四是在数据存储环节,做好数据备份,保证可用性,对敏感数据进行加密,防止随意访问。五是在数据传输环节,对敏感数据进行加密传输,防止数据内容被中途截取,实施数据的完整性验证,及时发现数据未预期修改的情况。六是在数据销毁环节,根据数据的敏感程度,选择合适的技术工具,对数据进行彻底的擦除和销毁,防止数据被非授权人员还原。

(六)建立持续改进的风险管控机制

安全检查、风险评估、等级保护、安全测评是信息风险管控机制的四个重要环节,也是提升信息安全保障水平的重要途径。要围绕"四化"方向,持续改进安全风险管控机制。一是推动等级保护工作基准化。将等级保护合规性要求作为信息系统安全保护工作的准绳,贯穿于信息系统的整个生命周期。对照等级保护要求,分析信息系统安全保障措施的合规性,找准存在的差距和改进的重点。所有新建系统,必须按照要求,开展等级保护定级和备案工作。

二是推动安全检查工作常态化。采取日常检查和专项检查相结合方式,定期开展全省地税系统信息安全检查,着力从组织保障、安全管理、安全技术等方面,查找不足,排查隐患,落实整改。三是推动安全测评工作规范化。在全省地税系统全面推广信息安全测评工作,逐步做到信息安全测评与信息系统同步规划、同步建设和同步管理。未经测评或测评不达标的系统,一律不准上网运行。四是推动风险评估工作制度化。依据国家税务总局《税务系统信息安全风险评估工作管理规定》,制定我省地税信息安全风险评估制度。采取自我评估和借助外部力量进行评估相结合的方式,深入开展信息安全风险评估工作,逐步形成评估—整改—建设—再评估的良性循环。

(七)建设应急响应和灾难恢复体系

应急响应能力的高低和灾备恢复体系的强弱,决定了网络和信息系统遇到安全事故时,是能否快速恢复将影响降低至最小的最主要因素。要进一步加强应急响应和灾备恢复体系建设,不断提高应急处置能力。一是完善应急响应预案。以国家税务总局《税务系统信息安全应急工作框架》为基础,《税务系统网络与信息安全应急响应工作指南》为指导,进一步完善安徽地税网络与信息安全应急响应预案,建立健全各级应急响应组织,明确应急响应过程中各部门的职责。并根据实际工作需要针对各重要应用系统制订专题预案以及规范的应急流程。此外,还应制定灾难备份方案、应用系统健康检查方案和应用系统快速恢复方案等一系列辅助性方案。各类方案要明晰、实用,具有可操作性,做到事前积极预防,事后快速响应,保障网络与信息系统的安全。二是建立完备的灾难恢复体系。制定"两地三中心"的灾难恢复解决方案,采用同城灾备与异地灾备相结合方式,满足不同灾难等级下的业务连续性要求。同城灾备采取数据实时复制,异地灾备采取数据异步复制。一旦生产系统或数据遭到破坏,就使用灾备数据或将整个应用系统切换到灾备中心的应用系统上去。三是深入开展应急演练。各级地税机关应建立应急预案演练机制,定期开展应急演练。相关人员要熟悉应急流程,依托既定方案,有条不紊应对突发事件。通过开展应急演练,检验应急预案的可行性、应急资源的可用性、应急流程的合理性和应急处置的实效性,根据演练结果,不断修改完善应急预案,切实提高各级地税机关应急响应能力。四是建立特殊时期应急保障机制。在特殊时期,提高互联网门户网站、网上办税等重要信息系统应急保障工作级别,实施专人值班和零事件报告,提升防御能力。

四、信息安全保障体系建设的实施保障

(一)健全组织机构,落实安全责任

健全组织机构,落实安全责任,是做好信息安全工作的关键。一是健全信息安全组织。各级税务机关都要成立网络安全和信息化领导小组,明确工作职责和工作规程,充分发挥领导小组统一领导、统筹规划、组织协调的作用。每个市局至少有1名专职信息安全管理人员。机关内设部门和基层分局设立兼职信息安全员,负责协调、落实本部门信息安全相关工作。二是落实信息安全责任。按照"谁主管、谁负责;谁开发、谁负责;谁使用、谁负责"的原则,进行归口管理,落实责任和分工,建立并完善信息安全管理责任制和责任追究制。对因管理不规范、措施不到位而发生的信息安全事故,要追究相关单位和人员的责任。

(二)完善规章制度,提升管理水平

健全制度,狠抓落实,是做好信息安全工作的核心。加强信息安全保障工作,三分靠技术,七分靠管理。而管理的基础就是有一套健全的规章制度。一是努力形成信息安全制度体系。根据省级数据集中需要和信息安全最新发展趋势,对现有管理制度进行全面梳理、修订和完善。参照 ISO 27001 文件体系,结合安徽地税实际,分步骤、分层次地制定信息安全管理制度和标准规范,逐步形成安徽地税信息安全管理制度体系。加强制度宣传,狠抓制度落实,确保制度落到实处。二是制定全省统一的信息安全策略。以国家税务总局下发的《税务系统网络

与信息安全总体策略》为蓝本,结合本省工作实际,从安全组织建设、资产分类与控制、人员信息安全、物理环境安全、计算机和网络运行管理、访问控制、系统开发和维护以及业务连续性管理、恢复等方面详细阐述全省信息安全建设的标准和目标。各阶文档紧密结合,相辅相成,以高阶文档为指引、低阶文档为支撑,最终形成安徽地税信息安全管理制度体系,指导全省地税系统的信息安全建设工作,提升管理水平。

(三)加强教育培训,增强防护技能

增强安全意识,提升防护技能,是做好信息安全工作的根本。要多措并举,开展信息安全教育培训。一是提升全员信息安全意识。严格执行《税务系统信息安全培训教育总体计划》,将信息安全意识教育纳入干部职工日常培训工作中,通过开展多种形式的意识教育、警示教育,普及信息安全知识,提高全员信息安全意识和基本防范技能。二是加强信息安全专业队伍建设。大力引进信息安全专业技术人才,逐步建立一支信息安全管理专业队伍。通过购买社会服务,充分利用外部资源,充实地税系统的信息安全保障力量。三是加强信息安全技术培训。有计划、有步骤、分层次地开展信息安全技术培训,及时更新技术人员的知识结构,培养和造就地税系统自己的“信息安全专家队伍”,确保每个市局的专职信息安全人员都取得 CISP/CISM 认证证书。四是提升基层信息安全员的水平。进一步加强市县局和基层分局信息安全员队伍建设,明确岗位职责,加强知识培训,建立激励机制,充分调动信息安全员工作的积极性,充分发挥其信息安全基础意识“传播人”、日常信息安全防范“守护人”的作用。

(四)开展绩效考核,促进工作落实

严格绩效考核,促进工作落实,是做好信息安全保障工作的保证。将信息安全工作纳入系统绩效考核,明确考核范围,细化考核标准,以严格的考核来促进工作。对于市、县地税局,应重点考核全员安全意识教育、安全组织、安全事故发生率、制度落实、第三方人员管理和信息安全保障体系运维情况等内容。要量化考核指标,坚持用“数据”说话,通过数据反映取得的成绩和存在的问题。要抓好考核结果的利用,针对考核中发现的问题,分析原因,提出措施,加以改进,持续提升全省地税系统信息安全保障水平。

课 题 组 组 长:倪三立
课题组副组长:唐　亮
执　　笔　　人:沈云斐　姚　亮　张建民

深入学习贯彻《干部任用条例》
努力建设高素质地税干部队伍

省地税局党组成员、政治部主任　郑圣良

今年1月,中央正式颁布实施新修订的《党政领导干部选拔任用工作条例》(以下简称《条例》)。《条例》出台后,中央、省委先后发出专门通知,要求各地各部门切实抓好学习宣传和贯彻落实工作。围绕学习贯彻好新《条例》,谈点粗浅意见。

一、深刻领会学习贯彻《条例》的重大意义

中央新颁布实施的《条例》,全面贯彻了党的十八大、十八届二中全会、三中全会精神和习近平总书记系列重要讲话精神,突出了坚持党管干部原则、坚持好干部标准、坚持全面深化干部人事制度改革、坚持从严管理干部的系列要求，为培养选拔党和人民需要的好干部提供了有力的制度保障。学习贯彻好《条例》，具有十分重要的现实意义。

第一，学习贯彻好《条例》是贯彻落实习近平总书记关于干部工作重要指导思想的需要。党的十八大以来，习近平总书记站在党和国家发展全局的高度，就干部工作发表了一系列重要讲话，提出了许多新思想、新观点、新要求，思想深刻、内涵丰富，抓住了关键、切中了要害，回答了广大干部群众关心的重大问题。新修订的《条例》全面贯彻了习近平总书记重要讲话精神，从制度上回答和解决了"为什么选人"、"选什么样的人"、"怎样选人"等一系列重大理论和实践问题，是做好干部选拔任用工作的基本遵循，是深化干部人事制度改革的重大举措，是防治选人用人不正之风的有力武器。把新《条例》学习好、贯彻好，对于我们深入贯彻落实党的十八大精神，特别是习近平总书记关于干部工作的一系列重要指导思想，切实加强地税系统领导班子建设和干部队伍建设，意义十分重大。

第二，学习贯彻好《条例》是坚定选人用人制度自信的需要。干部人事制度是中国特色社会主义制度的重要组成部分，《条例》是干部人事制度体系里最重要的一项制度。新修订的《条例》坚持和全面深化改革，在总结经验的基础上，对干部工作中的一些做法进行与时俱进的调整、丰富、拓展，充分体现了对干部工作规律性认识的深化与成熟，标志着我们党干部选拔任用制度建设取得了新的重大进展，充分彰显了我们党在选人用人方面的制度自信。各级领导和广大干部要坚定对中国特色选人用人制度的自信。为此，全省各级地税党组和广大干部，特别是人事干部要从贯彻执行党的政治路线、组织路线、群众路线、干部路线的高度，学习好、贯彻好《条例》。

第三，学习贯彻好《条例》是解决干部工作中新情况新问题的需要。随着改革开放的不断深入，近些年来干部工作面临的形势任务、干部队伍状况等都发生了很大变化，干部选拔任用工作中出现了许多新情况新问题。《条例》坚持改革精神，突出问题导向，针对近年来干部群众反映强烈的唯票、唯分、唯 GDP、唯年龄取人这"四唯"问题，从指导思想、基本原则、标准条件、程序方法、纪律监督等方面，提出了改进措施。同时，对跑官要官、买官卖官、拉票贿选、说情打招呼等问题，《条例》明确规定要严肃处理、严厉追责。可以说，《条例》为解决突出问题提供了答案、开出了"药方"，为选人用人提供了有效管用、简便易行的制度依据。认真学习贯彻《条例》，必将有力提高系统干部选拔任用工作科学化水平。

第四，学习贯彻好《条例》是更好地加强地税干部队伍建设的需要。为税之要，首在用人。新《条例》坚持从严治党、从严管理干部，坚持党管干部原则，坚持好干部标准，坚持继承与创新相结合，着力解决突出问题，充分体现了干部工作理论认识、实践探索、制度建设的最新成果，集中体现了党的干部路线方针政策，是我们党选人用人原则、标准、条件、程序和纪律的最全面、最权威的制度规定，是干部选拔任用工作的总章程，是做好新时期干部选拔任用工作、干部制度建设、干部工作监督检查的基本依据。只有认真学习贯彻好新《条例》，把正确的选人用人导向、选人用人方式、培养方法、管人制度等各项要求坚定不移落到实处，才能真正把信念坚定、为民服务、勤政务实、敢于担当、清正廉洁的好干部选拔出来，建设一支高素质的地税干部队伍，为推动地税事业的持续发展提供坚强的组织保障。

总之，中央颁布实施的《党政领导干部选拔任用工作条例》是新时期做好干部选拔任用工作的基本遵循，是选拔任用好干部的制度保证。全省各级地税部门和广大地税干部，特别是人事干部要深刻认识学习贯彻《条例》的重大意义，切实增强学习贯彻《条例》的思想自觉和行动自觉。

二、准确把握《条例》精神实质

学习贯彻《条例》，必须深刻理解、准确把

握其精神实质。全省各级地税局党组和干部人事部门是贯彻执行《条例》的主体,要准确把握精神实质和具体要求,不折不扣地把《条例》贯彻好、落实好。

(一)把握好干部标准,大力选拔地税事业发展需要的好干部。树立正确的用人导向,坚持标准至关重要。在2013年全国组织工作会议上,习近平总书记强调要建设一支宏大的高素质干部队伍,并明确提出“信念坚定、为民服务、勤政务实、敢于担当、清正廉洁”的好干部标准,要求党的干部必须坚定共产主义远大理想、真诚信仰马克思主义、矢志不渝为中国特色社会主义而奋斗,全心全意为人民服务,求真务实、真抓实干,坚持原则、认真负责,敬畏权力、慎用权力,保持拒腐蚀、永不沾的政治本色,创造出经得起实践、人民、历史检验的实绩。修订后的《条例》,鲜明地将好干部标准写进总则第一条,并围绕有利于选准用好党和人民需要的好干部,提出了一系列新要求。2013年8月,在全省组织工作会议上,省委书记张宝顺强调,要以党和人民需要的好干部为标准,进一步树立正确的用人导向,努力建设一支德才兼备的党员干部队伍,并提出“五个褒奖重用、五个警醒惩戒”的具体要求:一是让那些胸怀远大理想,政治立场坚定,自觉在大局下想问题、做工作,始终与中央和省委保持一致的干部得到褒奖和重用,使那些理想信念动摇,缺乏政治定力,关键时刻经不起考验的干部受到警醒和惩戒;二是让那些对群众感情真挚,密切联系群众,倾心服务群众,深得群众拥护的干部得到褒奖和重用,使那些群众观念淡薄,严重脱离群众,甚至与民争利的干部受到警醒和惩戒;三是让那些坚持求真务实,对上对下实实在在、不玩虚招,说话有灼见、办事有效率的干部得到褒奖和重用,使那些欺上瞒下,作风飘浮,热衷于形式主义的干部受到警醒和惩戒;四是让那些紧要关头敢于负责,重大问题勇于担当,奋发有为、敢抓敢管的干部得到褒奖和重用,使那些碰到矛盾往后缩,遇到问题绕道走,拈轻怕重、明哲保身的干部受到警醒和惩戒;五是让那些严于律己,廉洁奉公,一身正气,公众形象好的干部得到褒奖和重用,使那些享乐思想严重,习惯于耍特权,甚至以权谋私、贪赃枉法的干部受到警醒和惩戒。“五个褒奖重用、五个警醒惩戒”是根据好干部标准对用人标准的具体化,我们在实际工作要准确把握、认真坚持。

全省各级地税党组和干部人事部门要深刻理解、认真贯彻习近平总书记提出的新时期好干部标准、“三严三实”要求、做焦裕禄式的好党员好干部等重要论述,始终坚持按照好干部标准和“五个褒奖重用、五个警醒惩戒”的要求去发现干部、培养干部、选拔干部、使用干部,突出选用党性强、敢担当、有本事、有实绩的干部。要全面理解、正确把握、严格执行《条例》规定党政领导干部应当具备的六项基本条件和七项基本资格,全面准确地衡量干部的思想政治素质和作风、领导能力和业务素质、创新意识和创新能力、工作实绩和群众公认程度,以及廉洁自律情况等,用标准定取舍,按德才选贤能。

(二)坚持党管干部原则,强化党组和分管领导在选人和用人上的把关作用。干部选拔任用的原则,是党的干部路线方针政策的集中体现,是干部选拔任用工作各个方面和全部过程的总规范总要求,带有总揽性、根本性和方向性。做好干部选拔任用工作,必须始终坚持《条例》明确规定的七条原则,即党管干部原则;五湖四海、任人唯贤原则;德才兼备、以德为先原则;注重实绩、群众公认原则;民主、公开、竞争、择优原则;民主集中制原则;依法办事原则。这七条原则,贯穿和体现在干部工作的各个方面和各个环节,是干部选拔任用的基本依据,其中首要的一条就是要坚持党管干部原则。

坚持党管干部,是党的领导在干部人事工作中的重要体现,是我们党反复强调和始终坚持的一条根本原则,突出强调党管干部原则也是新修订《条例》的一个主要特点,中组部负责人就修订颁布《条例》答记者问中对此作出了具体解读。总的原则是,强调党领导干部选拔任用工作,在原则标准和程序方法等多方面,都要体现党组织的主体地位和主导作用。对此,

《条例》从四个方面作出了具体规定：一是新增“动议”一章，规范了选拔任用的初始环节，强调党组织从干部选拔任用的启动环节就应当发挥领导和把关作用。二是突出对考察对象人选的把关，规定考察对象由党组织集体研究确定，防止简单以票、以分取人。三是加强了党组织对公开选拔、竞争上岗、交流任用、破格提拔等特殊情形选拔任用人选的审批把关。四是严格监督检查，充实了“十不准”纪律要求，规定对干部选拔任用工作实行全程监督，严肃查处违反组织人事纪律的行为。

落实上述要求，一要进一步健全完善干部选拔任用制度建设，在干部选拔任用的动议、民主推荐、考察、讨论决定、任职等各个环节，都充分发挥党组的领导和把关作用，在程序设置上落实党组织的主体地位和主导作用，在干部选拔任用的全过程都加强党的领导。二要继续扩大干部工作民主，在干部选拔任用的全过程都要不断汇集民意，切实提高民主质量、体现群众公认；严格落实民主集中制，坚持民主与集中相统一，加强民主基础上的集中，做到党组集体讨论把关。三要切实强化各级干部人事部门的责任，干部人事部门要把考核识别干部的功夫下在平时，强化对干部的日常了解和对班子的分析研判，综合运用多种方式，真实了解民意、正确集中民意。在干部选拔任用的各环节，要根据职位和人选的不同情况，及时向党组汇报相关情况，主动加强与有关领导成员的沟通，提前征求上级分管领导成员的意见，尽可能多地听取方方面面意见，把相关情况了解得更透、把基础工作做得更扎实，确保在干部选拔任用工作中做到加强党的领导与充分发扬民主相结合，培养选拔出更多适应地税事业发展需要的好干部。

（三）着力完善选人用人机制，进一步深化干部人事制度改革。党的十八届三中全会《决定》提出，坚持党管干部原则，深化干部人事制度改革，构建有效管用、简便易行的选人用人机制，使各方面优秀干部充分涌现。这是在总结实践经验的基础上，对干部人事制度改革总的方向、目标和思路的新概括，是进一步深化干部人事制度改革的总要求。近年来，在省局党组和各市县局党组的领导下，全省地税各级干部人事部门坚持围绕中心、服务大局，大力推动干部人事制度改革，加大竞争性选拔干部力度，积极推行差额选拔干部，加强干部轮岗交流，加强干部选拔任用监督，着力提高干部选拔任用工作水平和选人用人公信度，为推动税收管理转型升级，促进地税事业科学发展选好干部、配强班子。系统干部人事制度改革取得了良好成效，干部职工对系统干部选拔任用工作总体上是比较满意的。从2013年度“一报告两评议”结果来看，16个市局参加测评人员对本单位干部选拔任用工作总体评价满意以上占91.73%，省局干部选拔任用工作总体评价的满意度分值在88个省直单位中排第21名，也是比较靠前的。

按照新的《条例》，根据中央和省委的要求，要以构建有效管用、简便易行的选人用人机制为深化干部人事制度改革的着力点，进一步提高干部人事工作科学化水平。为此，一要改进民主推荐。为解决民主推荐在实践中存在的问题，特别是“唯票”问题，新《条例》对民主推荐作了修改，主要有5个地方：一是民主推荐结果由“重要依据”改为“重要参考”；二是领导班子换届由“上级党委组织部门组织主持”改为“同级党委（党组）主持”；三是把“对不同职务层次人员的推荐票分别统计”改为“对推荐情况进行综合分析”；四是个别提拔时，可以先“会议推荐”，也可以先“谈话推荐”；五是明确了“二次推荐”。这些修改的核心精神，就是要使民主推荐回归应有的地位，发挥应有的作用。我们要认真把握，加以贯彻落实：一是在方向上要坚持，就是要坚持发扬民主的方向，坚持把民主推荐作为干部选拔任用的必经程序。二是在定位上要调整，就是要正确分析和对待票数。正常情况下，选人用人还是要从得票靠前的干部中去选，得不到大多数人拥护的人不能用，至于得票名次倒不一定太在意。三是在方法上要改进，就是进一步改进民主推荐方式方法，正确集中民意。比如,规定既可以先进行会议推荐、再个别谈话推荐;也可以先进行个别谈话推荐,再进行会议推荐。再比如,一次推荐后人选比较分散,进行二次会议推荐,使民意更加集中,更能反映推荐的真实度。四是在质量上要提高,就是要提高民意表达的真实性。《条例》完善了参加民主推荐的人员范围,根据知情度、关联度和代表性原则合理确定范围,让参加人员投知情票、责任票。要将票数和对干部平时的了解结合起来,进行综合分析,客观分析票数,公正评价干部。二要改进考察。针对近年来在实际工作中,考察失真失实、干部"带病提拔""带病上岗"的问题,《条例》主要在4个方面作了修改:一是确定考察对象的主体和要求作了修改;二是列出了不能列为考察对象的6种情形;三是充实完善了考察内容;四是改进了考察程序和方法。贯彻上述要求,在实际工作中要把握以下五个关键点,进一步改进考察工作:一是确定对象要综合考虑。《条例》明确,应当根据工作需要和干部德才条件,将民主推荐与平时考核、年度考核、一贯表现、人岗相适等情况进行综合考虑,充分酝酿,不简单以推荐票取人。这里面干部人事部门还有一个敢于担当的问题,对敢于负责、敢抓敢管、得票可能不高的干部,要主持公道;对到一个单位工作不久、群众不太熟悉的干部,要综合考虑;对一个单位基础较差,干部下了功夫、做了努力的,要有正确的评价。二是不要"病官"拒绝"跑官"拦住"裸官"。明确规定了"群众公认度不高"、"裸官"等6种人不得列为考察对象。三是落实责任主体。个别提拔任职时,确定考察对象的主体由"党委(党组)或组织人事部门"修改为"党委(党组)",强化党组织主体地位、主导作用、主要责任。同时,仍然明确,考察时还是由组织人事部门按照干部管理权限进行严格考察。四是考察内容要全面客观。《条例》明确加强对政治品质和道德品行、科学发展实绩、作风表现、廉政情况的考察,用较大的篇幅明确了实绩考察的内容,对防止简单以GDP评价政绩作了明确规定。五是履行程序要坚持考实考准,避免走过场。《条例》对考察程序和方法做了较多的丰富和改进,考察方法区分为个别谈话、发放征求意见表、民主测评、实地走访、查阅干部档案和工作资料、同考察对象面谈等6种必用的方法,和民意调查、专项调查、延伸考察3种根据实际可以选用的方法;细化、增加了综合分析环节;强调"应当保证充足的考察时间",避免走过场。三要改进竞争性选拔干部办法。近年来,很多地方加大竞争性选拔干部力度,一批优秀干部通过竞争上岗脱颖而出,有效改善了干部队伍结构,激发了干部队伍活力。但是由于一些地方对竞争性选拔存在片面理解和不合理的做法,也导致竞争性选拔干部工作存在不少问题。比如有的地方在竞争性选拔考试中,侧重于知识而不是能力,笔试成绩作为第一关,往往让会干不会考的人被淘汰,而让一些善考不善干的人过关;一些地方凡提拔必竞争,把竞争性选拔作为主要的甚至是唯一的选拔方式;有的地方干部竞争上岗看分数,谁高分谁上,忽略了考察考核和党组织的把关作用。从地税系统实际来看,近年来在干部选拔任用工作中坚持"两条腿"走路,通过竞争方式和常规推荐方式选拔了一批干部,实际效果都比较好。根据《条例》要求,下一步我们要结合实际,进一步完善竞争方式选拔干部,科学确定竞争上岗的范围和规模,改进选拔程序和方法,引导干部在实干、实绩上竞争,而不在考试、分数上竞争,科学合理地设置资格条件和考试方法,让干得好的能考得好,考出干部的真水平、真本事。

(四)落实从严管理要求,切实加强干部管理监督。党的十八大以来,以习近平同志为总书记的党中央治国理政的一个鲜明特征,就是坚持党要管党、从严治党。新修订的《条例》把从严治党、从严管理干部的要求贯穿于干部工作的各个环节,既有实体性的要求,又有程序性规定,使干部选拔任用制度删繁就简,环环相扣,形成了可操作、可检验、可追究的闭环系统。各级地税党组及干部人事部门,学习贯彻《条例》,必须准确把握从严管理这个基本方针,始终坚持从严选拔、从严把关、严格纪律、严格监督,着力实现干部工作风清气正。一要严把标准关。修订后的《条例》完善了党政领导干部应当具备的六项基本条件和七项基本资格,对好干部标准和干部德才素质要求作了进一步具体化,更加突出理想信念的要求,突出政治立场、政治态度、政治纪律的要求,突出坚持原则、敢于担当的要求,突出加强道德品行、作风修养的要求,突出树立正确政绩观,做出经得起实践、人民、历史检验实绩的要求。这六项基本条件和七项基本资格,是衡量干部的基本尺度,具有鲜明的时代性、针对性,必须严格执行,认真贯彻落实。二要严把人选关。《条例》专门对确定考察对象作出了规定,明确了六种不得列为考察对象的情形,把不符合好干部标准的干部挡在了提拔任用的门槛之外。《条例》还要求加大对人选政治品质和道德品行、科学发展实绩、作风表现、廉政情况的考察,加强对人选的综合分析,全面历史辩证地评价干部。这些规定对把好人选德才素质关有很强的操作性、导向性,落实好这些规定,对防止那些德才平平、素质能力不合格的人得到提拔任用,防止出现"带病上岗""带病提拔"等现象,都具有重要意义。三要严把审批关。《条例》规定,拟提拔人选要充分酝酿,广泛听取意见,双重管理的干部主管方还要征求协管方意见。对人选的任用必须由党组集体讨论决定,决不允许临时动议、个人说了算或者私相授受。《条例》特别强调,破格或越级提拔干部的、公开选拔或竞争上岗资格条件突破规定的,必须从严掌握,防止借破格或公选之名行谋私之实。《条例》还规定,干部交流是组织行为,个人不得自行联系交流事宜,领导干部不得指定交流人选,同一干部不宜频繁交流。《条例》还从严规范了被问责干部的"复出",规定引咎辞职、责令辞职和因问责被免职的干部,一年内不安排职务,两年内不得提拔任职,同时受到党纪政纪处分的,按影响期长的规定执行。这些规定进一步强化了干部选拔任用的审批把关,从源头上拧紧了干部任用的"开关"。四要严把纪律关。《条例》规定,选拔任用干部不准超职数配备、超机构规格提拔干部,不准采取不正当手段为本人或他人谋取职位,不准违反规定程序任免干部,不准泄露选拔任用干部有关情况,不准在考察工作中隐瞒或歪曲事实真相,不准搞拉票等非组织活动,不准利用职务便利私自干预下级或原任职地区、单位选拔任用工作,不准突击提拔、调整干部,不准封官许愿、任人唯亲、营私舞弊,不准涂改干部档案或在干部身份、"三龄两历"等方面弄虚作假。这"十不准"是干部选拔任用不可逾越的"高压线",必须严格执行,做到纪律面前人人平等、纪律面前没有特权、纪律约束没有例外,以刚性的纪律约束保证选人用人风清气正。五要严把监督关。《条例》完善了监督制度,强化了监督措施,为从源头上预防和治理选人用人不正之风提供了有力武器。中组部还配套制定了《关于加强干部选拔任用工作监督的意见》。加强干部选拔任用工作全程监督,重点加强对领导干部特别是一把手的监督。强调要加强监督检查,严肃查处违反组织人事纪律的行为,强化责任追究,对不按规定办事、用人失察失误造成严重后果的,本地本部门用人上不正之风严重、干部群众反映强烈的,对违反组织人事纪律行为查处不力的,要追究有关领导和相关责任人的责任。要完善群众和社会舆论监督,努力营造公道正派、公平公正的选人用人环境。

三、各级地税党组和干部人事部门要带头学习贯彻好《条例》

学习宣传好、贯彻落实好《干部任用条例》,是当前各级党组和干部人事部门的一项重要政治任务。各市、县地税局要深入开展新《条例》的学习贯彻活动,要将新《条例》学习贯彻与党的十八大、十八届三中全会精神、习近平总书记系列重要讲话精神,以及正在开展的党的群众路线教育实践活动紧密结合起来,统筹兼顾,确保取得实效。

(一)带头抓好学习宣传。贯彻落实好《条例》,必须在深入学习宣传上下功夫。各级地税领导干部特别是主要负责人,要带头先学一步、深学一层,深刻领会、全面掌握,切实增强贯彻执行制度的自觉性和责任感,提高贯彻执行的能力和水平。各级地税人事干部要把《条例》学深学透,精学细研,全面把握精神实质,精通各项措施规定,熟练掌握选拔任用干部的原则、条件、程序、纪律等各个方面的规定和操作要求,尤其要着重吃透《条例》有哪些新的修改、提出了哪些新要求、作出了哪些新规定,在此基础上紧密结合地税干部工作实际,认真查找和解决工作中存在的突出问题和薄弱环节,做到干中学、学中干,学以致用,真正成为贯彻执行《条例》的行家里手。广大地税干部要了解熟知《条例》主要精神,参与和监督《条例》的落实到位。各级地税部门要运用多种方式,对《条例》进行广泛宣传和深入解读,提高干部职工对《条例》的知晓度,落实好干部职工的知情权、参与权和监督权,引导广大干部职工支持并自觉监督干部选拔任用工作,努力营造干部选拔任用工作的良好氛围。

(二)带头严格贯彻执行。学好用好《条例》,必须在严格执行上下功夫。新《条例》是干部工作的基本遵循和总章程,必须以敬畏之心对待,选任干部时时想着《条例》、事事依据《条例》、处处体现《条例》,绝不搞例外、做变通、打折扣,使干部工作的每项程序都有规有序、依规依据。要严格选人用人标准,始终坚持好干部标准,大力培养选拔信念坚定靠得住、为民服务有本领、勤政务实敢担当、清正廉洁有正气的人,真正做到按标准定取舍、凭德才选贤能;要严格执行程序,把干部选拔任用程序做到位,坚持程序一步不缺、履行程序一步不错;要严格监督检查,坚持重点环节重点监督、重点事项重点监督,特别要把党组主要负责人执行新《条例》的情况,关键岗位的干部选用等作为重点加强监督,对违反规定选拔任用干部,用人失察、失误,造成严重后果的,不仅要查处当事人,而且要追究责任人的责任。要抓住新《条例》中干部人事制度改革的重点,注意结合地税实际,针对干部选任工作中存在的问题,强化问题意识,积极探索、大胆实践,进一步拓展干部人事制度改革的空间,不断改进和完善干部选拔任用工作,进一步建立健全干部选拔任用机制,为大力选拔好干部、使用好干部提供有力有效的制度保障。

(三)带头强化责任落实。学好用好《条例》,必须在落实责任上下功夫。各级党组是贯彻执行《条例》的责任主体,要切实承担起贯彻执行《条例》的政治责任,准确把握新形势下干部人事工作的各项要求,在干部选任工作中充分发挥领导和把关作用。各级党组书记是贯彻执行《条例》的第一责任人,要以对地税事业高度负责的精神,始终站在推进地税事业发展的大局中思考和研究干部人事工作,大力支持干部人事部门开展工作,切实履行好第一责任人职责。各级干部人事部门是贯彻执行《条例》的职能部门,按照"讲政治、重公道、业务精、作风好"和"三严三实"要求加强自身建设,坚持公道正派,知人善任,不折不扣按《条例》规定办事,为选准用好干部把好关、尽好责。各级地税党组和干部人事部门要严守干部人事纪律,坚持从严选拔干部,把《条例》规定的"十不准"纪律作为不可触碰的"高压线",对违反选人用人纪律的各种行为要坚决抵制,铲除特权思想,做到纪律面前人人平等、纪律约束没有例外。系统上下要加强监督检查,切实把《条例》贯彻执行情况作为加强干部监督工作的一项重要任务来落实,把严格监督贯穿干部选拔任用全过程,及时发现和纠正存在的问题,并严格按照规定开展责任追究,切实维护《条例》的权威性和严肃性。

安徽省地方税收入与经济增长关联分析

安徽省地方税务局收入规划核算处课题组

一、近年来地方税收入与宏观经济运行比较

为较好地观察近年来我省经济、税收关系，尽量减少非经济因素干扰，我们选取税收政策基本无重大变化的2003年以后的时期，作为本课题的研究阶段，同时，选取地区生产总值、工业增加值、社会消费品零售总额、固定资产投资、金融机构贷款和房地产销售额等主要经济指标作为与税收进行对比的对象。

（一）税收与各经济指标增长状况

表1　2003－2013年安徽省主要经济指标增幅

指标	2003年	2004年	2005年	2006年	2007年	2008年	2009年	2010年	2011年	2012年	2013年
地区生产总值	9.2	12.5	11.8	12.9	13.9	12.7	12.9	14.5	13.5	12.1	10.4
工业增加值	19.8	25.1	22.7	20.3	24.5	22.0	22.6	23.6	21.1	16.2	13.7
消费品零售总额	9.8	12.9	13.3	15.0	18.4	23.4	19.0	19.2	18.0	16.0	14.0
固定资产投资额	30.3	29.6	31.7	40.6	44.0	34.3	36.2	33.6	27.6	24.2	21.2
金融机构贷款余额	14.7	15.6	14.6	19.5	17.7	20.0	33.7	23.3	20.3	18.7	17.2
商品房销售额	61.4	54.0	66.2	26.6	53.3	－1.7	67.8	25.7	26.0	5.9	36.6
地方税收入	13.0	26.5	24.5	23.2	30.2	33.9	18.8	34.2	37.0	17.6	15.0

1. 税收增幅与地区生产总值的相关性。从表1、表2中可以看出，自2003年以来，我省生产总值增幅保持持续较快水平，全省生产总值经历了一个相对“前低中高后低”的运行态势，由2003年的9.2%上升到2010年的最高点14.5%，继而回落到2013年的10.4%。同期，全省地方税收入增幅经历了由较快增长到快速增长再到较快增长的过程，由2003年的13%上升到2011年的最高点37%，继而回落到2013年的15%。其间经济税收弹性也是从最低点2003年的1.41上升到2011年的2.74，继而回落到次低点2013年的1.44，总体上分布在2左右。

表2　2003－2013年安徽省主要经济指标税收弹性

指标	2003年	2004年	2005年	2006年	2007年	2008年	2009年	2010年	2011年	2012年	2013年
地区生产总值	1.41	2.12	2.08	1.80	2.17	2.67	1.46	2.36	2.74	1.45	1.44
工业增加值	0.66	1.06	1.08	1.14	1.23	1.54	0.83	1.45	1.75	1.09	1.09
消费品零售额	1.33	2.05	1.84	1.55	1.64	1.45	0.99	1.78	2.06	1.10	1.07
固定资产投资额	0.40	0.90	0.80	0.60	0.70	1.00	0.50	1.00	1.30	0.70	0.70
金融机构贷款	0.90	1.70	1.70	1.20	1.70	1.70	0.60	1.50	1.80	0.90	0.90
商品房销售额	0.21	0.49	0.37	0.87	0.57	－19.94	0.28	1.33	1.42	2.98	0.41

2. 税收增幅与工业增加值的相关性。从表1、表2中可以看出,自2003年以来,我省工业增加值均实现较快增长,全省工业增加值增幅表现出一个"前中期相对较高后期加速回落"的运行态势,由2003年的19.8%上升到2004年的最高点25.1%,自2004年开始连续8年增幅保持在20%以上,2012年和2013年分别回落到16.2%和13.7%。其间经济税收弹性从最低点2003年的0.66上升到2011年的1.75,继而回落到较低点2013年的1.09,总体上分布在1.1左右。

3. 税收增幅与固定资产投资的相关性。从表1、表2中可以看出,自2003年以来,我省固定资产投资增幅经历了"在高起点上持续抬升到回落到阶段性低点"的过程,由2003年的30.3%上升到2007年的最高点44%,继而回落到最低点2013年的21.2%。其间经济税收弹性从最低点2003年的0.4上升到2011年的1.3,继而回落到较低点2013年的0.7,总体上分布在接近1的水平。

4. 税收增幅与社会消费品零售总额的相关性。从表1、表2中可以看出,自2003年以来,我省社会消费品零售总额增幅经历了一个"前低中高后稳"的运行态势,由最低点2003年的9.8%上升到2008年的最高点23.4%,继而回落到次低点2013年的14%。其间经济税收弹性从较低点2003年的1.33上升到2011年的2.06,继而回落到次低点2013年的1.07,总体上分布在1.5左右。

5. 税收增幅与金融机构贷款余额的相关性。从表1、表2中可以看出,自2003年以来,我省金融机构贷款余额增幅经历了一个"前低中高后低"的运行态势,由次低点2003年的14.7%上升到2009年的最高点33.7%,继而回落到较低点2013年的17.2%。其间经济税收弹性从较低点2003年的0.9上升到2011年的1.8,继而回落到较低点2013年的0.9,总体上分布在1.3左右。

6. 税收增幅与商品房销售额的相关性。从表1、表2中可以看出,自2003年以来,我省商品房销售额增幅经历了一个"前中期高后期回落"的总体运行态势,由较高点2003年的61.4%到2009年的最高点67.8%(其间2009年增幅为-1.7%),基本维持在高增长水平,从2010年开始增幅明显回落,到2013年又现一短期高点36.6%。其间经济税收弹性从2003年的最低点0.21上升到2012年的2.98,继而回落到较低点2013年的0.41,总体上分布在离散度较大且多数低于1。

(二)税收与各经济指标增长关联性分析

1. 增长趋势分析。由(图1、2)可以看出,以整个阶段观察,我省地方税收入增幅运行与各主要经济指标的总体变化趋势基本一致,以各年度观察,除个别年份外,税收增幅波动的方向性与各主要经济指标也是一致的。反映出基于目前的征管机制和水平,我省经济税收运行总体协调,体现了现有税制的财政目标。按照税收增幅与各主要经济指标波动及走势的一致紧密程度,联动关系较好的主要是地区生产总值、工业增加值和社会消费品零售总额,其次是固定资产投资、金融机构贷款,反而是房地产销售联动关系最低。这一规律似乎与我们常规的认识有较大差距,但仔细分析其缘由,不难找到答案。

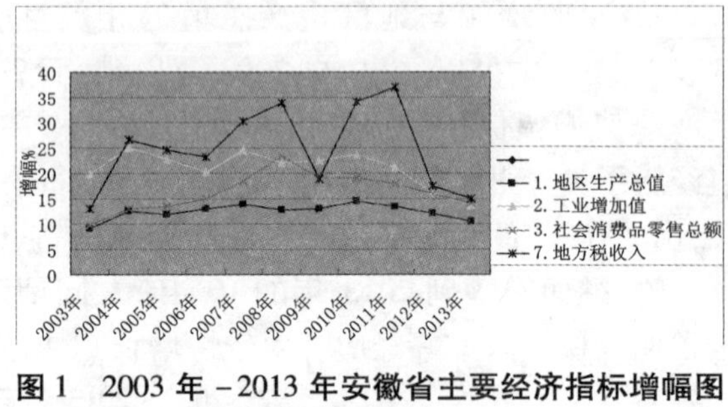

图1　2003年-2013年安徽省主要经济指标增幅图

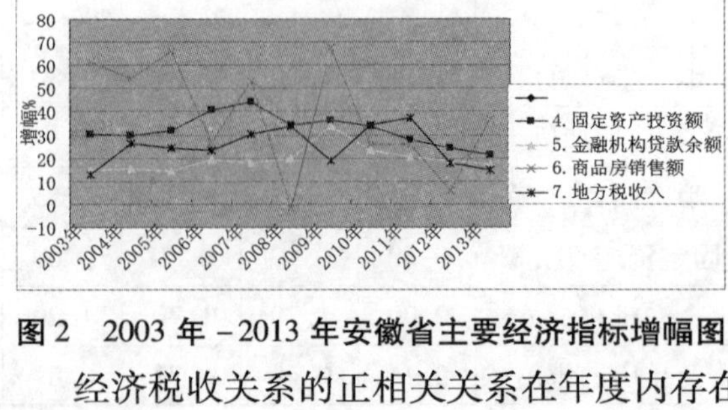

图2　2003年-2013年安徽省主要经济指标增幅图

经济税收关系的正相关关系在年度内存在

是不争的事实，但其也存在一定程度的差异，说明税收经济关系研究正如计划改革的方向一样，可能应放在一个更大的时间区间内去研究。至于税收与经济指标在年度间的增长反差，一定程度上是由于在由现行税制规范的经济税收关系之外，还有年度经济税收计划安排的影响。由此而来在经济高增长年份（尤其是同时存在房地产高增长的年份）会有相当一部分税收由上年带入下一年度，从而会在一定程度上平抑经济高增长年份的税收增长水平，也会拉高其后较低经济增长年份的税收增长水平。

2. 增长弹性分析。根据表2数据显示，我省地方税年度增长水平与当年经济（行业）增长水平之间弹性变化呈现与宏观经济指标关联更为紧密的状况。宏观经济税收弹性（地区生产总值税收弹性）基本都是在13%以上的增速年度出现高点，而其他各经济指税收弹性也与宏观经济税收弹性的出现高点的年度基本一致，尤其是在在经济连续两年高增长下的2011年，各主要经济指标税收弹性形成高度一致的最高水平。而在宏观经济增长处于一般水平的其他年份，其他各主要经济税收弹性怎表现出高低不一的分布状况，主要是其他各主要经济指标高增长年份税收弹性并不一定高，经济指标低的年份税收弹性并不一定低。

如从房地产销售指标看，随着经济体量的大幅扩张，工业化、城镇化加速推进，以投资拉动为主要模式的增长方式逐渐强化，这其中一条重要的主线是房地产成为国民经济支柱性行业。虽然其本身在国民经济中占比并不突出，但其连带性、尤其是在税收增长上的贡献开始显现并逐渐占据举足轻重地位。在2003年、2005年、2009年三年商品房销售额均增长6成以上的年份，其税收弹性分别只在0.21、0.37、0.28的低水平，2013年房地产增量占比达到最高点时，其弹性反而是接近最低点的，而在商品房销售增幅最低的2012年，其弹性却达到最高点2.98。没有其他行业的均衡发展，房地产业即使高增长也不见得能带来税收的高增长。

究其原因，说明房地产行业虽然对地方税收入增减至关重要，但由于规模在整个经济税收中占比有限，当其他行业增长滞缓时，其增长贡献虽然较大，但单位增长对税收的拉动作用却是有限的，因而弹性表现并不突出。因此，只有在整体经济增长情况较好时，房地产包括其他主要经济指标税收弹性的表现才会更好一些。

由上述两方面的经济税收关联分析可以看出，总体上我省税收增长与同期经济发展水平存在趋势相同、协调一致的关联关系，全部税收增长的水平更多地受宏观经济整体增长水平的影响。因此，单纯依靠单个产业（行业）增长拉动税收较快增长是不现实的，必须依靠经济整体规模的扩张才是关键。

二、当前经济运行下行压力深刻影响全省地方税走势

今年前三季度，安徽地税系统共入库税收收入1168.6亿元，同比增长13.8%。分行业看，37.5%的税收来自房地产业、15.8%的税收来自工业、15.1%的税收来自建筑业，10.8%的税收来自金融业。因此，当前我省经济总体运行走势和房地产业、工业、建筑业、金融业及土地供应市场运行情况，对地方税收入影响至关重要。本文搜集了与地方税收入关联度较大的相关行业信息，作出地方税收入与经济关联分析，并对全年地方税收入作出预测。

（一）年内税收与经济增速关联分析

1. 经济走势减速下行。上半年，全省地区生产总值同比增长9.3%，增速比一季度回落0.3个百分点，比上年同期回落1.6个百分点。分产业看，二季度与一季度相比，一产GDP（3.9%）上升0.3个百分点，拉动GDP增幅上升0.1个百分点；二产（10.8%）回落0.5个百分点，下拉GDP增幅0.2个百分点；三产（8.1%）上升0.2个百分点，但其占比由一季度的34.8%下降为32.5%，对GDP增长的贡献率由28.5%下降到27.3%，下拉GDP增幅0.2个百分点。

2. 工业增幅持续回落。前8个月与上半年相比，规模以上工业增加值增幅回落0.9个百分点,40个行业大类中有30个回落,其中电力(回落4.8个百分点)、有色金属(回落2.2个百分点)、钢铁(回落2.1个百分点)、通用设备制造(回落1.7个百分点)、煤炭(由增转降回落2个百分点)等五个行业生产下滑对全部工业增速影响居前列。

3. 投资增势继续减弱。前8个月与上半年相比,固定资产投资回落0.7个百分点,其中技术改造、房地产开发和制造业投资下滑影响较大。前8个月,技术改造投资增幅由上半年的25.7%回落至22.1%,影响投资增幅0.8个百分点;房地产开发投资增幅由11.9%回落到10%,影响投资增幅0.4个百分点;制造业投资增幅由16.9%回落至16.6%,影响0.1个百分点。

4. 消费市场需求不足。前8个月与上半年相比,限额以上消费品零售总额增幅回落0.9个百分点,其中汽车、文化办公用品零售额增速减缓影响较大。前8个月,这两类商品零售额分别增长13.6%、3.2%,比上半年回落2.4和6.2个百分点。

5. 近期经济加速下行。受部分行业产能过剩、有效需求不足影响,今年以来,我省部分主要指标增速持续下行,尤其是7、8月份以来,回落幅度较大。8月份当月,全省工业增加值同比增长6.8%,分别比3、4、5、6和7月份低6.4、5.4、5.1、4.7和4.1个百分点,回落幅度高于7月份(比6月份回落0.6个百分点)3.5个百分点;限额以上消费品零售额增长7.1%,比7月份低4.1个百分点,回落幅度高于7月份(比6月份回落3.5个百分点)0.6个百分点,均呈加速下行态势;商品房销售额同比下降15.3%,环比下降4.1%,皖北城市销售势头开始大幅减缓。

前三季度,全省地方税收入增幅分别比一季度、上半年回落5.2和2.2个百分点。尤其是8月份后税收增幅快速滑落,连续两个月负增长,同比分别下降0.5%和0.8%,回落程度有所加深。

(二)短期税收指标波动的经济关联分析

今年以来,全省地方税收入各月之间增幅起伏较大。1月份实现43%的年内最高增幅,5、7两月份出现短期峰值,同比分别增长20.8%和26%,3、8、9三月份出现负增长,尤其是8月份后,连续两个月负增长,同比分别下降0.3%、0.5%和0.8%。这种税收增幅上的剧烈变化,都有着经济(包括政策)影响的深刻背景。首先,跨期收入拉高前期收入。由于上年房地产及受关联的金融、建筑行业快速增长,其影响延续到今年年初乃至到汇算清缴期间。1月份,全省来自房地产、金融和建筑业的税收增量占到全部税收增量的63.6%;5月份,来自企业所得税的税收增量占到全部税收增量的40.3%。其次,受新“国五条”政策影响,上年3月份房地产市场成交量剧增,相关税种随之大幅增收,导致今年3月份税收增幅剧降,三是受房产税、土地使用税纳税期限调整,包括土地使用税税额标准提高因素影响,造成1月份和7月份收入基数不可比,导致当月两税种收入增幅畸高,同比分别增长2.4倍、2.5倍和3.9倍、3.8倍,合计增量分别占到当月全部税收增量的23.4%和80.5%。四是受近期经济增速下行加速,以及“营改增”政策扩围影响,8月份后税收增幅也连续呈现失速下滑状态。

(三)税收行业(企业)指标的经济关联分析

1. 房地产市场快速回落

(1)房地产开发投资增速回落快于同期固定资产投资增速。前8个月,全省固定资产投资增速17.3%,只比前7个月回落0.5个百分点,而房地产开发投资增速低于同期总投资增速7.3个百分点,增幅回落快于总投资回落幅度1.7个百分点。

(2)建安工程投资回落、新开工商品房投资下降。前8个月,全省房地产开发中建筑安装工程投资同比增长9.5%,比上年同期回落19.3个百分点,主要反映前期投入的其他费用同比仅增长10.3%,回落3.7个百分点,尤其是新开工商品房投资同比下降2.5%。

(3)商品房成交量初显下降。前8个月,全省新建商品房销售同比仅增长1.2%,其中商品住宅销售同比下降2.1%，降幅比前7个月扩大0.6个百分点。16个市新建商品房销售下降3.2%，其中商品住宅销售下降7%。8月份单月，16个市新建商品房销售下降15.3%。

(4)新建商品房库存继续增加。根据住建部门对全省商品房在建在售情况调查，6月末，全省已出让给开发企业尚未开发建设的房地产开发土地3778.2万平方米，可建设商品房7941.3万平方米，相当于2013年商品房销售量的1.3倍；在建商品房施工面积2.4亿平方米(扣除已竣工)，相当于2013年商品房销售量的3.8倍；在建商品房7409万平方米，相当于2013年商品房销售量的1.2倍。

房地产投资和销售增势持续放缓，对地方税相关行业和税种产生巨大负面影响。前三季度，全省房地产业税收同比增长8.9%，增幅比上年同期回落23.3个百分点，7月份—9月份，全省房地产业税收增幅连续低速增长(分别为7.4%、8.6%、3.5%)。其中，前三季度，来自房地产业的营业税、企业所得税和契税同比分别增长19.1%、26.1%和-13.3%，增幅比上年同期分别回落12.2、23.1和65.8个百分点，尤其是7月份—9月份，三税种同比分别增长-1.6%、27.1%和-29.7%。

2. 土地出让收入明显减少

(1)建设项目用地预审面积连续回落。7月份、8月份，全省建设项目用地分别预审1699.65亩和601.17亩，环比分别下降69.8%、64.6%，同比分别下降62.5%、86.6%。前8个月，全省建设项目用地累计预审1.65万亩，同比下降68.8%，主要是交通运输用地预审面积明显回落。

(2)土地供应面积波动下降。7月份、8月份，全省建设用地供应面积同比下降3.7%、8.6%。前8个月，全省国有建设用地累计供应面积32.91万亩，同比增长2.8%，增速较上年同期回落26个百分点。按用地类型分，商业服务用地、工矿仓储用地分别下降11.7%、20.4%，住宅用地微增0.3%。

(3)土地出让均价大幅下跌。7月份、8月份，全省土地出让均价环比分别下降28.5%、37.7%。前8个月，全省土地出让均价为1170.79元/平方米，同比增长8.6%，增幅较上年同期下降67.5个百分点。商业服务用地、工矿仓储用地均价分别增长12.4%、12.6%，住宅用地均价下降4.3%。

(4)土地出让收入明显减少。7月份、8月份，全省土地出让面积同比分别下降13.1%、34.3%，土地出让金分别下降1.9%、53.6%。前8个月，全省土地出让面积15.11万亩，同比下降10%，土地出让金1179.26亿元，同比下降2.2%。分类型看，商业服务用地出让面积下降8.2%、出让金增长3.2%，住宅用地出让面积、出让金分别下降0.5%、4.9%，工矿仓储用地出让面积、出让金分别下降14%、3.1%。

当前，建设项目用地预审大幅回落，土地出让收入减缓，一方面直接减少地方政府收入，另一方面削弱了地方税中耕地占用税、契税税基。与土地出让和土地供应收入相关，前三季度，全省契税收入同比仅增长4.5%，耕地占用税收入同比下降3.8%。

3. 货币信贷保持适度增长

(1)贷款增速实现较快增长。8月末，全省本外币各项贷款余额21977.6亿元，同比增长15.3%，高于全国2.1个百分点，其中人民币贷款余额增长15.2%，增加2242.3亿元，同比多增16.9亿元。

(2)直接融资规模增长，表外融资占比下降。前8个月，全省直接融资1044.25亿元，同比增长43.9%，其中，股票融资50.69亿元，债券融资992.45亿元，增长88.2%，债券融资成为直接融资主渠道。前7个月，我省实体经济以委托贷款、信托贷款和未贴现的银行承兑汇票方式合计融资174.36亿元，比上年同期减少915.9亿元，占社会融资规模6.42%，同比下降19.6个百分点。

(3)小微企业和涉农信贷投放平稳。8月末，全省小微企业贷款余额同比增长14.5%，较年初增加353亿元，涉农贷款余额同比增长

21.2%,较年初增加796亿元。

(4)基础设施和房地产贷款增加较多。8月末,全省基础设施主要行业贷款余额同比增长12.3%,较6月末提高0.8个百分点,比年初增加300.7亿元;房地产开发贷款余额同比增长24.5%,比年初增加212.8亿元,个人住房贷款余额增长26.7%,比年初增加632.5亿元。

金融行业前期运行态势良好,对地方税收入稳定增长拉动作用显著。前三季度,全省金融业税收同比增长24.3%,其中,货币金融服务同比增长23.8%,资本市场服务同比增长11.1%,其他金融同比增长23%。

4. 省属重点骨干企业面临较大压力

(1)冶金企业生产经营有所改善。前8个月,马钢公司钢材销量增加19万吨,由于价格同比下降258元/吨,累计实现营业收入同比下降12.4%,亏损6亿元,同比增亏4.5亿元。但7月份、8月份,马钢公司连续两个月盈利,生产趋于稳定。铜陵有色集团前8个月主要产品产量增长,实现利润2.2亿元,同比下降47.4%,降幅逐步收窄。

(2)煤炭企业产销持续低迷。7月份、8月份,淮南矿业集团、淮北矿业集团、皖北煤电集团继续呈现销量减少、价格下跌、亏损增加态势,前8个月,分别亏损6.2亿元、7.3亿元、6.6亿元,同比减利3.8亿元、7.7亿元、7.2亿元。

(3)建材企业产销回落。前8个月,海螺集团水泥销量同比增长19.8%,价格上涨14.3元/吨,实现利润同比增长65.8%,但7月份、8月份,连续两个月出现销量增长、价格下跌、利润减少状况。

(4)投资及金融企业效益较好。前8个月,国元集团等6户投资及金融类企业累计实现营业收入同比增长17.7%,实现利润增长63.2%,6户企业利润增幅均在20%以上,其中8月份实现利润较6月份增加1.2亿元。

由于省属重点企业主要分布在能源、投资和基础材料行业,对投资拉动的依赖度较高,多数企业入库税收状况不佳。经初步统计,前三季度,马钢公司入库企业所得税同比下降92.9%,但今年以来首笔企业所得税41万元就是在9月份入库,铜陵有色集团入库企业所得税同比下降36.9%;淮南矿业集团入库企业所得税同比下降57%,淮北矿业集团入库企业所得税同比下降67.5%,皖北煤电集团入库企业所得税同比下降98.2%;海螺集团入库企业所得税同比增长32.3%;国元集团入库企业所得税同比增长69.1%。

从以上各项分析中可以看出,不论是总体趋势还是短期走势,以及分行业(企业)、税种变化上,地方税收入增幅与经济运行态势都表现出高度一致,我省地方税收入运行态势与经济增长保持了紧密的关联性,总体走势符合经济运行与各项政策调整的综合效果,处于合理区间。从今年以来我省地方税收入增幅运行情况看,呈现总体稳中趋降,走势前高后低,近期加速下探的态势。

三、当前经济税收运行状况的基本研析

(一)经济运行进入"新常态"

2008年后,全球经济在金融危机爆发开始进入缓慢的恢复过程。中国经济在经历了一揽子大规模刺激政策后,也由增长高峰快速回落,进入增长速度换挡期、结构调整阵痛期、前期刺激政策消化期'三期'叠加的新常态。这一"新常态"其外在表现就是我国经济增长速度相较以前下了一个大台阶,高速增长时期已告一段落;其内在要求就是要创新宏观调控思路和方式,统筹稳增长促改革调结构惠民生防风险,以深化改革激发市场活力,加快经济转型升级。仅从我省来看,2013年全省地区生产总值增幅为10.4%,是自2004年开始的连续十年经济超10%增长的最低点。从今年来看,前三季度全省经济增速为9.1%,分别低于一季度和上半年0.5和0.7个百分点。

年内后期来看,根据省直有关部门的研究判断,今年后期我省经济运行有望企稳或稳中缓升。

(二)政策调整进入密集期

从宏观政策来看,当前,增量扩张的空间有

限，更多的是从盘活存量出发驱动经济增长。其主要表现就是从兼顾当前和长远的角度出发，在货币政策上主要采取定向宽松措施，在财政政策上则推出一系列减税措施，使减税成为一种重要的经济扶持政策。近期，针对经济下行压力增大的形势变化，政策出台的密度增加，如国务院常务会议日前确定，从今年10月1日至2015年底，在现行免税政策的基础上，将享受暂免征收增值税、营业税的范围，从原本的月销售额不超过2万元，扩大到月销售额不超过3万元的小微企业、个体工商户和其他个人，同时央行对市场注入新的流动性，对房地产限贷政策进行调整，各地对房地产市场限购、公积金使用政策也进行了松绑。

（三）税收增速进入平稳期

年度来看，我省地方税收入运行态势自前期刺激政策退出后已开始调整，地方税持续高增长的态势不复存在。本轮以房地产"黄金十年"为显著特征和拉动力的经济上行，在2010年达到最高峰值，当年我省生产总值增速为14.5%，作为经济运行情况反映的税收增幅，由于主客观因素的影响，其峰值出现在次年2011年，当年我省地方税收入增幅为37%。其后，全省地方税收入增速快速回落，2012和2013年分别为17.6%和15%。实际上，2013年如果不是房地产市场出现一波高峰，全省地方税收入增幅可能更低（当年房地产行业税收增量占比达到空前的59.5%）。而今年房地产市场由于供给和信贷等因素快速下行，加上去年高基数的影响，地方税收入失去重要支撑，在整体经济放缓的情况下，收入增速必然显现出真实水平。

月度来看，近期月度收入增幅明显回落，一方面时间上与经济走势高度吻合，正是经济运行的有效映证，也反映出当前税收运行的走势是正常的。另一方面，则显示出下半年经济下行压力骤然增大对税收已实时产生很大影响，地方税税源形势渐趋严峻。

年内来看，由于上年四季度收入增幅快速回升，11月份还创下当年月度最高增速，因此，后期收入基数相对较高，四季度增收压力较大。

当前，全省地方税收入累计增幅持续走低，尤其是8、9、10月份以来呈现加速下滑态势，税收累计增幅以每个月接近1－2个百分点的幅度递减。考虑到年内稳增长系列政策对经济税收的影响及基数因素，后期全省税收增幅将可能维持低水平运行，年内税收累计增幅将继续回落。

执笔人：李今是　骆晓青

浅论加强省级地税机关服务型基层党组织建设

安徽省地方税务局机关党委课题组

党的十八大报告指出，要"以服务群众、做群众工作为主要任务，加强基层服务型党组织建设"。今年5月，中央办公厅印发《关于加强基层服务型党组织建设的意见》，进一步明确建设服务型基层党组织的重大意义，并提出具体要求、任务和措施。中央、省委的部署要求，对省级地税机关加强服务型基层党组织建设赋予了新使命、指出了新方向。省级地税机关是全省地税工作的领导机关，其内部基层党组织肩负重要使命和责任，在工作上承上启下，处于领导和中枢地位；地税基层党组织是税收政策的执行者、文明进步的促进者、社会公益的参与者;广大党员是服务型党组织建设的生力军。因此,加强机关服务型基层党组织建设,转变工作方式、改进工作作风,对示范、改进和推动全省地税工作具有重大的现实意义。

一、明确机关服务型党组织建设的定位

省级地税机关服务型党组织建设的关键在于准确定位服务内涵,使服务型党组织建设人本化、目的化。

一是要树立“以民为本”的服务理念。以民为本,就是省级地税机关党组织和党员干部要真正贯彻“为人民服务”宗旨,落实“为国聚财、为民收税”神圣使命,坚持走群众路线,把服务对象的需求作为党的建设和服务工作的主要内容,把党的事业和服务对象的利益放在首位。从服务角度来说,地税机关党组织及其党员干部开展服务活动,既是对服务对象主体地位的肯定,体现人民当家做主的社会主义内涵;也是明确服务重点,促进宣传社会主义核心价值观和宣传税收政策相统一,简化办事程序与方便纳税相统一,组织收入与服务小微企业、促进科技创新和节能减排型企业的发展相统一;同时又是一种价值取向和工作方式,体现“文明、和谐、公正、友善”的社会核心价值观。服务不是做秀,必须在调查研究的前提上,针对服务对象需要帮助和解决的问题,有目的地开展活动;必须结合服务对象需求,想其所想、急其所急、做其所需、达其所求。省级地税机关在服务型党组织建设中,既要加强党组织、党员干部的自身建设和学习,努力提高服务本领,发挥地税部门服务优势;更要了解掌握社情民意和服务对象的具体情况,针对性开展服务活动。

二是要坚定“依法治税”的服务观念。依法治税,是以法治国的重要组成部分,既是地税工作的本质特征,也是地税部门开展服务活动的准则。法律规范是调整社会各方利益的基础性社会要求,越过法律规范开展服务活动,必然会损害其他方的利益,为国家法律法规所禁止。作为执法机关,其部分服务行为必然与工作联系紧密,因此,在服务过程中必须紧扣主题,严守底线,既达到满足服务对象的合理要求,但也决不能越过法律法规的红线。省级地税机关党组织及其党员干部在开展服务活动的过程中,必须牢固树立法治思维,牢固树立法治地税的观念,始终坚持依法治税,才能让服务活动得到社会各方满意。

三是要突出“服务中心”的服务意识。服务中心,就是要服务国家确定的以经济发展为中心这个中心,地税机关服务型党组织建设必须要服务好社会经济发展大局。税务机关作为国家经济管理部门之一,在服务经济发展方面具有重要职责。因此,省级地税机关党组织及其党员干部必须了解掌握社会经济发展的形势和方向,围绕当前的经济发展中心工作和地税中心工作,有针对性的把握和确定服务方向和内容,在服务内容上要做到“四个联系”,联系党委政府经济发展大局,联系地税自身工作任务,联系党员所在的实际工作岗位,联系上级阶段性工作布置,发挥部门专长,发挥党员个人特长,有计划地开展活动,才能取得服务型党组织建设的实效。

二、畅通机关服务型党组织建设的渠道

省级地税机关服务型党组织建设的核心在于畅通服务渠道,使服务型党组织建设生动化、主动化。

一是健全服务机关党员的渠道。省级地税机关党组织既是管理机关党员干部的主体,也是服务机关和基层党员干部的主体。在服务型党组织建设中,必须把服务机关和基层党员干部放在重要位置,进一步畅通服务渠道,发挥服务机关党员的主体作用。通过开展学习、培训、教育、宣传、实践等活动,增强机关党员干部理想信念;落实党员激励、关怀、奖惩等制度,引导机关党员发挥先锋模范作用;加大机关党务政务公开力度,引导党员干部积极参与管理,落实党员干部知情权;组织精神文明建设、健康的文娱健身活动等,提高机关党员干部精神素养、丰富业余生活。开展有效的、丰富的党组织服务活动,在加强管理的同时,进一步提高党组织的服务能力和水平。

二是健全服务纳税人的渠道。省级地税机

关一般直接同纳税人接触较少，因此服务纳税人主要是从管理层面进行。在服务方式上要注重“两个结合”，结合税收业务审核审批管理工作，结合整合优化纳税服务环节，有组织地开展活动；在调查研究的前提上，针对服务对象需要的帮助和解决的问题，有目的地开展活动。如，通过畅通争议诉求渠道，正确理解和解决纳税人诉求；加强税收政策法律宣传工作，大力推行税务公开，增强纳税人“知情权、选择权”等权益意识；提高税收信息科技管理水平，实施税收简便征管，方便纳税人履行纳税义务，减轻纳税负担；畅通联系纳税人渠道，开展工作调研，分类了解纳税人情况，有针对性地为纳税人解决实际问题；认真落实税收优惠政策，保障纳税人权益，帮助纳税人发展；开展税收标准化服务以及“党员示范岗”、“巾帼示范岗”、“青年文明号”，“亮岗位、亮职责、亮身份”等活动，加强机关效能建设，建立服务品牌，提升服务水平。不断规范和完善税收管理行为，在改进工作的同时，进一步提高服务纳税人的能力和水平。

三是健全服务基层地税的渠道。省级地税机关党组织及其党员承担着领导、指导全省地税工作的重任，基层地税是其重要的服务对象，其服务内容必然包含着服务基层地税。通过加强工作调研，落实基层联系点制度，了解掌握基层实际情况，在基层实际需求上开展服务。应该看到，地税基层党员总数占到职工总数的60%以上，为提高服务效率和建设质量，服务型基层党组织建设要始终把握并做到“五个一体化”，即税收全盘工作与党组织工作任务一体化，党团工妇与行政工作一体化，党员参与与全体职工参与一体化，政治思想教育与为群众办实事、解难事一体化，党员服务场所与社会服务空间一体化。通过统筹安排，融汇结合，上下联动，各个兼顾，各有侧重，加强考核，扎实开展。通过提升工作效能，在对基层工作上减负增效，减少基层无效工作量；关心基层党员干部和职工群众工作生活情况，为基层提供较好的工作生活环境；开展系统性活动，增强系统凝聚力，丰富基层党员干部生活。不断改进和加强基层工作，在固本强基的同时，进一步提高服务基层地税的能力和水平。

四是健全服务社会的渠道。省级地税机关党组织及其党员干部要把服务社会、奉献社会作为服务的重要内容，认真落实党员干部直接联系服务群众制度，力所能及地开展服务活动，发挥全员“志愿者”作用，发挥系统内会计师、税务师、律师等“志愿者服务团队”作用，发挥党员干部个人专长，释放服务能量，不断激发和增强党员干部的社会责任感。加强与党组织共建单位、结对扶贫对象、系统基层联系点、基层社区、公益性单位等的联系，建立机关党员志愿服务基地，合理确定服务项目，建立相对固定的服务关系，保证服务社会活动的常态化、专业化、规范化。通过开展在职党员服务社区活动、党组织结对共建活动、党员干部结对帮扶活动、扶贫慰问活动、志愿服务活动等，领导党员干部密切联系群众，积极参与社会活动，切实为群众办实事、解难事，服务关爱他人，服务奉献社会。组织开展社会实践活动，在教育党员干部的同时，进一步提高服务社会的能力和水平。

三、加强机关服务型党组织建设的保障

省级地税机关服务型党组织建设的基础在于加强工作保障，使服务型党组织建设各项工作固定化、实效化。

一是紧紧依靠省局党组的重视支持。落实省局党组对机关党建工作负总责的制度，定期听取机关党委对服务型党组织建设情况的汇报，健全完善机关服务型党组织建设的机制，加强对服务型党组织建设工作的指导。对机关开展服务型党组织建设过程中，给予人、财、物等方面的支持。结合系统垂直管理特点，坚持条块结合，开展对系统基层单位党组织的考核评价工作，推动全系统服务型基层党组织建设，形成上下联动的工作局面。

二是健全完善服务型党组织的规划。省级地税机关服务型党组织建设既有意识形态方面的内容，也有具体操作层面的内容，是推动机关党建现代化、科学化的重要举措，需要长期不懈的坚持和努力，需要机关全体党员干部的共同参与，必须建立健全机关服务型党组织建设的规划，定期向下级党组织提出指导意见，从制度层面对服务型党组织建设进行固化。在服务效果上要有长期规划和近期安排，明确服务重点，做到“两个统一”，宣传社会主义核心价值观和宣传税收政策相统一，组织收入与服务小微企业、促进科技创新和节能减排型企业发展相统一。同时要不断健全完善服务型党组织的考核评价指标体系，定期分析总结，防止工作中“言与行不统一、过程与结果不统一”的现象，切实将服务型党组织建设实体化、指标化、程序化。

三是切实加强对党建工作的领导和指导。建设地税基层服务型党组织，是基层党建工作的核心内容。省局机关党委要围绕省委提出的“六有”目标开展考核检查，切实加强对基层日常党建工作的领导和指导，各级基层党组织要把机关服务型基层党组织创建纳入年度党建工作重点，通过倡导持续的创先争优活动，不断增强基层服务型党组织建设的积极性和主动性，不断提高基层服务型党组织建设的水平。

四是机关党员干部的共同努力。机关党员干部是服务型党组织建设的主体，应积极参与活动，率先当好服务员、志愿者，积极发挥服务群众的作用，必须广泛调动和积极参与建设活动，才能不断提高服务型党组织的有效性、长期性。机关党员干部要将开展服务活动与自我提升统一起来，将开展服务活动与提高工作质量统一起来，将开展服务活动与实践教育统一起来，将开展服务活动与增强社会责任统一起来，在服务型党组织建设中理想信念更加坚定，工作生活更加充实，素质能力不断提升，群众满意度不断提高。

建设地税基层服务型党组织，是党的宗旨所定，是地税“聚财为国，执政为民”的有效载体，更是基层党组织工作的核心内容，广大党员应优先成为“服务员”、“志愿者”，才能真正发挥出基层组织的战斗堡垒作用和党员的先锋模范作用。

课题组组长：王　言
课题组成员：左敦华
执　笔　人：张　琤

关于教育培训成果运用的研究

安徽省地方税务局干部教育处课题组

长期以来，各级地税机关高度重视教育培训工作，持续加大投入，教育培训工作呈现出良好发展态势。成果运用是教育培训工作的落脚点，又反过来促进教育培训工作。党的十八大以及三中、四中全会召开后，各级政府机关更加注重研究教育培训成果运用问题，对地税部门而言，具有很强的针对性和重要的现实意义。

一、教育培训成果的体现形式

教育培训成果，是指地税部门在教育培训工作中，通过投入一定数量的人力、物力、财力和时间所取得的效果和收益。教育培训成果体现形式可以从以下三种角度来分析：

（一）从产生途径来看，有直接成果和间接成果。直接成果指干部综合素质和工作能力提高的效果，例如学历学位培训；间接成果指经过教育培训，对于本职工作的促进程度，例如通过计算机应用知识培训，税收科学化、精细化管理得以推行。

（二）从作用期限来看，有长期成果和短期成果。长期成果指一些基础性的培训，收效较慢，但对税收工作的长远发展十分必要，例如法律知识培训、三师培训；短期成果指一些操作性的培训，见效较快，对当前税收工作具有较大促进作用，例如AHTAX2013操作培训。

（三）从体现方式来看，有显性成果和隐性成果。显性成果指显而易见地发挥作用、容易被直观感受到或量化的成果，如干部对某项工作操作熟练程度的提高；隐性成果指潜移默化地发挥作用，不易被直观感受到或量化的成果，如依法治税理念的树立。

在实际工作中，基层地税干部对培训成果的感知，往往比较具体，例如考试竞赛成绩、人才库的建立、职称资格证书的获取、课题项目攻关、重大案件的有效查处，等等。教育培训既是投资，又是福利，只有从成果产出的角度审视干部教育培训工作，才能做到不花冤枉钱、少做无用功；只有从成果运用的角度多算成本账和效益账，才能实现教育培训与税收工作的良性互动。各级地税机关必须更加注重教育培训成果的运用，使干部的学习与应用、培训与任用有机地结合起来，做到“学用结合、训用一体”。

二、教育培训成果运用的现状

教育培训是一项具体工作，每一项任务完成，不等于教育培训工作就结束，其成果运用才开始。在实际工作中，各级地税机关想方设法，努力探索，将培训结果转化为培训成果，转化为干部现实的工作能力。

一是积极拓展培训成果。一些单位在培训班结束后，通过“四个一”活动，来拓展培训成果，即：撰写一篇学习心得，要求每位学员撰写一篇个人学习心得，总结学习的收获和体会；汇报一次培训收获，学员向本单位领导汇报，让领导了解培训的内容，了解学员的学习情况、成果、经验以及下一步对工作的想法、打算等；交流一次培训体会，在一定范围内，召开培训体会分享座谈会，将自己所学、所感、所悟与大家交流，让大家共同分享和借鉴学习成果；提交一份培训报告，牵头单位将培训基本情况、主要收获、存在的不足和努力的方向等情况，撰写成书面报告送领导审阅并存档。

二是尽量提供展示机会。由组织人事部门牵头，为优秀学员搭建各种展示机会，如担任系统内兼职教师、各级人才库成员、各项工作检查组成员、课题调研组成员、重大决策咨询员，选派参加高端培训等等。通过搭建平台，让学员们畅所欲言、献计献策、展示形象、促进提升，对其中的一些创新理念、改进意见、合理化建议，及时汇总整理，并向有关单位和领导反馈，直接促进了干部教育培训成果的转化和运用。

三是努力与干部选任奖惩结合。将学历层次、完成年度学分制任务等情况作为硬杠杠，对不符合规定的人员，竞争上岗不予报名，组织不予推荐；在干部考察中，将干部参加教育培训情况，以及取得的成绩列入考察内容，优先选拔学习习惯好、学习能力强、学习成果突出的人员；在轮岗交流中，注重干部的培训经历，既做到人尽其才，又做到才适其位，努力把培训成果体现在岗位适应上；在各类评先评优中，优先考虑学习成果突出人员，对未完成学习任务人员实行“一票否决”。例如在去年某市局组织副科级分局长竞争上岗，选拔上的5名分局长，今年有3名获得市局“三项能手”称号、1名获得省局“三项能手”称号，这也从一个侧面体现出教育培训成果运用与干部选拔任用之间的必然联系。

三、教育培训成果运用中存在的问题及原因

组织培训和成果运用工作，是一个不可分割的有机整体。从总体上来说，地税系统在近年来组织培训上做得较好，精彩纷呈，但在成果运用上，效率欠佳，存在不足。主要体现在：

（一）对培训成果认识不到位。有的单位对培训的“成果意识”不强，在组织培训前，准备工作不完善，没有进行认真细致的摸底调查，没有进行分级分类梳理，主观上对干部的培训需求不清楚。有的单位是为完成任务而培训，甚至是为完成预算而培训，学习与需求之间不能有效对接。在培训内容上没有仔细斟酌，听从施教方安排，存在跟风式培训、应景式培训等现象。由于目标不明，定位不清，必然导致培训成果模糊,成果运用弱化,更谈不上根据工作需求来确定培训成果体系,制定好干部培训规划。

(二)培训成果与实际使用不对接。培训结束后,有的单位没有及时把干部放到合适的岗位上承担相应的工作,没有做到人尽其才、才适其岗。培而不用,培训成果往往就慢慢淡化乃至消失。如某县地税局把1个获得注册会计师资格的干部长期放在偏远农村分局工作,造成培训资源的浪费,也影响了其他学员的积极性。有的领导尤其是学员的直接领导,没有对业务骨干的成长进步、对人才库人才的后续使用等等放在心中、抓在手中;有的组织人事部门没有建立学员培训应用情况档案,没有对学员参学情况进行科学分析,对成果应用监督乏力。培训与使用相脱节,导致培训成果运用缺乏良性氛围。

(三)参训人员成果运用不积极。由于地税队伍整体年龄老化、职数资源紧张、奖惩机制不顺等因素的影响,有些学员在培训成果运用的认识上存在偏差,认为学得好的将会承担更多的工作,责任、压力和风险会更大,但相应的待遇却没有增加,出现了不愿意参加培训、不愿意发挥作用的怪现象。对一些干部来说,如果不是外出培训,就不感兴趣;如果培训严格管理,就推三阻四;如果培训要展示成果,要考核运用,就逃避参加。因为职务激励空间狭窄、经济激励缺乏手段、精神激励虚多实少,导致部分干部内生动力不足,往往对培训成果运用不关心、不在乎。

(四)培训成果运用机制不健全。在实际工作中,干部调训、培训成果计划、培训成果跟踪、培训成果绩效评估、培训成果激励、培训成果监督和保障等等运用工作,组织人事部门或多或少都在做,但零星分散,没有形成配套体系,没有上升到制度层面。尤其是现有的培训成果评估机制和奖惩机制还存在很大的完善空间。在评估机制方面,评估方式比较单一,主要是通过考试的形式来检测其对培训内容的掌握程度,缺乏科学性;评估手段缺乏量化指标体系,局限于考勤和考试成绩。在奖惩机制方面,激励手段不多,力度不大,激励和惩戒的效果都不明显。

四、促进教育培训成果运用的对策与建议

由于培训成果往往难以具体体现,或者在短时间内得到体现,转化程度难以量化,考核起来难以操作,导致了培训成果运用工作存在实际困难。但这些问题不解决,势必挫伤培训人员的积极性,浪费资源;忽视和轻视成果运用,投入与产出不匹配,必然导致参训人员压力不大,效果不好。

(一)加强引导,强化成果运用意识。加强激励引导、营造良好环境是促进培训成果运用的重要手段。各单位领导尤其是主要领导要重视培训成果的转化运用工作,支持并督促参训干部学以致用,鼓励大胆探索,努力创新工作思路、措施和方法。组织人事部门要专门安排时间或结合其他工作调研活动,加强督促检查和跟踪管理,指导和支持干部搞好培训成果的运用,并落实专人负责收集干部培训成果转化情况,把成果转化情况作为干部管理的重要参考。同时,各单位要大力营造有利于推动培训成果转化的良好氛围,对培训成果得到认可的干部,由组织上给予表彰和奖励;对运用所学知识推动工作并取得较好效果的干部,要大张旗鼓地进行宣传。特别需要注意的是,人才往往有个性。领导干部对人才不能求全责备,更不能吹毛求疵,要看准主流,大胆使用。一个单位如果在培训成果运用激励引导方面,做到前有引力、后有推力、干部自身有动力,就会形成人人争出成果、早出成果、多出成果的良性局面。

(二)提升质量,优化成果运用基础。良好的培训效果是成果运用的前提和基础。当前,在培训工作中要更加关注培训的质量,追求培训的实际效果。首先,要进行培训需求调研。通过问卷调查、召开座谈会等方式,广泛征求干部对培训工作的意见,了解群众的培训需求。关注培训对象的共性和个性需求,能在一定程度上提高学员主动参与的积极性,利于后期的成果运用工作。其次、要优选培训机构。要对培训机构的信誉、实力、师资、特色等进行全面

考察评估。一般来说,税务系统的培训中心、税务干部学校比较贴近基层地税干部的实际工作生活,适合实务性培训;普通高校则在理论上占优势,适合高层高端培训。第三、要讲求培训方法。地税干部是有实践经验的人员,理解分析能力较强,但机械记忆力一般较弱,应多采用互动式培训方式,如交流研讨法、情景模拟法、案例教学法等,强调学员的积极参与,学员在培训过程中就可以实现成果的转化,在培训后就可以直接在单位进行运用。第四,要开展培训满意度调查。做到"一次培训一次跟踪调查",对学员和培训机构实行双向考核,以便更准确地了解学员的需求,评估培训效果,改进培训工作。第五,要发挥学员的辐射作用。培训结束后,要及时抽选部分学员在单位讲课,给其展示平台,扩大培训受益面。对优秀学员可给予适当经济奖励,倒逼其有动力、有压力、有责任把培训抓好、把成果运用好。

(三)强化管理,规范成果运用实施。制度具有长期性、稳定性和导向性。要加强培训成果管理,促进其交流、应用、推广,充分发挥其应有的效益,就必须加强规范化、制度化建设。第一,规范成果的归口管理部门。明确由各级地税机关干部教育培训管理部门牵头,会同各相关部门和单位共同进行。第二,规范培训成果的鉴定。根据成果的内容和价值,决定鉴定条件、鉴定方法和级别,明确成果鉴定的申报程序、所需材料、鉴定期限、费用来源等等;第三,规范成果的申报、登记和奖励。教育培训管理部门每年定期组织进行全系统培训成果的申报、登记、统计,编排年度培训成果目录,在系统内以文件形式公示,并制定奖励办法,兑现奖励;第四,规范成果交流与应用的归档。对教育培训成果运用后,在税收工作中形成的具有保存价值的各种文件材料,要及时收集整理,以便于利用。包括各种文字资料、图片、光盘、软盘、录像带、录音带等。

(四)创新机制,推进成果运用转化。要探索通过建立"培训—使用—考核—奖惩"的配套政策,形成以成果运用为先导、以利益激励为后盾的培训成果转化机制。一是建立跟踪考察制度。干部参加培训结束后,组织人事部门通过个人总结、群众反馈、领导评价等方式,对参训人员的思想和工作表现,以及他们对所学知识的应用情况进行跟踪调研,进行综合评价,检验学习成果的转化和运用情况,并建立教育培训成果运用档案。二是完善激励约束机制。将培训成果综合评价结果作为岗位调整、使用、表彰重要依据,作为干部年度考核、提拔任用时的重要参考,对未完成规定任务的干部不予评先评优、不予列入考察对象。三是健全考核评价机制。把干部教育培训成果运用工作纳入年度领导班子考核和单位绩效考核,并定期组织对各单位干部教育培训成果进行交流、通报和评比。四是探索质量评估机制。评估是一项技术性很强的工作,如何科学量化是一个共性的难题。各单位在培训成果运用质量评估上要大胆探索,鼓励创新,宽容失败。在方式方法上要由表及里,由浅入深,逐步完善。五是坚持述学、评学、考学、督学制度。干部述职时要对培训成果及运用情况进行"述学";群众评议领导干部时要对培训成果及运用情况进行"评学";干部考核时要对培训成果及运用情况进行"考学";对未及时完成规定任务的,要采取措施实行"督学"。要用制度的刚性,推动干部教育培训成果的有效运用。

课题组组长:石文彬
课题组成员:鲍春林
执　笔　人:余凤台

地税系统基本建设管理存在问题的分析与思考

安徽省地方税务局内审处课题组

多年来,在各级地方党委政府的大力支持下,地税部门办公环境和工作条件有了较大程度的改善,期间基本建设过程中规范的程序操作和严格的质量管理也得到广大干部职工的普遍认可。但是,我们通过不同形式的审计和专项调查发现,部分单位在基本建设管理中还是存在一些具有普遍性和代表性的问题,值得引起重视。我们初步对这些问题产生的原因进行剖析,并从制度机制方面提出针对性的意见和建议,以进一步加强基本建设管理。

一、地税系统基本建设管理的主要做法

(一)完善制度管理。省局2005年、2006年先后制定下发了《安徽省地税系统基本建设管理办法》和《安徽省地方税务局基本建设管理办法》,对基建项目的立项、工程设计、工程招标、工程合同、竣工验收、(预)决算等做了明确规定,并以基建项目准予建设通知单形式进行审批管理。2010年,省局再次印发《安徽省地方税务系统基本建设管理责任状》,进一步加强基本建设责任管理。

(二)明确责任部门。省局在2010年机构改革时对系统基本建设管理的责任部门进行明确:省局财务管理部门负责基本建设项目的立项意向核准和经费拨付;省局资产管理部门负责基建项目有关招投标和政府采购管理以及资产入账管理;内审部门负责基建项目的竣工决算审计和财务决算审计。相关建设单位抽调专人成立基建办,负责整个工程项目建设过程中的具体事务管理。各单位分工明确,各司其职,共同加强系统基本建设项目管理。

(三)强化审计管理。省局2003年印发《安徽省地方税务系统基建项目审计管理暂行办法》,加强对基建项目竣工决算真实、合法及效益和整个基建项目资金活动真实性、合法性、安全性的审计监督。2010－2013年,全系统共审减节约工程建设资金1.09亿元,大大提高了财政资金使用效益。

二、基本建设管理中存在的问题

(一)工程招投标方面

1. 工程项目未按规定进行招投标。如某县局办公楼新建工程只对土建工程进行招标,装饰工程重新设计后未进行招标,室外附属工程、绿化、食堂、弱电、机房工程及家具、音响设备等也未进行招标,而是直接发包给施工单位或供货商。

2. 未编制工程预算。某市局办税厅维修工程未编制项目预算和标底,通过邀请招标方式,由某装饰园林工程有限公司以最低价19.4万元中标。而项目决算送审额86.5万元,最终审定额55.3万元,为中标价的2.86倍。

3. 招标内容不完整,工程量清单编制不全。如某市局土建项目招标内容只包括土建工程本身,不包含外部装饰,招标内容不完整、工程量清单编制不全,导致项目变更量较大。某县局办公楼装修工程在委托招标代理机构编制工程量清单时,存在少计40樘门及部分施工内容,未明确材料品牌等问题,导致决算价大大高于中标价。某县局办公楼新建工程部分设计内容如防水、漏电报警等,在编制工程量清单时漏项,导致招投标内容不完整。某市区分局办公楼内装饰工程编制招标工程量清单时,一楼门厅装修只有包干价4.5万元,没有明确具体

内容。

（二）基建工程管理方面

1. 施工过程管理不到位，工程签证管理不规范。如某市局办公楼建设过程中，建设方未对现场施工工作量进行实时记录和考核，对工程签证单未及时明确意见，导致后期计算工作量时产生争议。某市区分局办公楼内装饰工程建设过程中，建设方、施工方均未对地砖供货方提供货物的数量和质量进行验收；施工方未经建设方正式同意，擅自更换乳胶漆品牌并施工，造成既定事实后再提出增加工程量要求。某县局办公楼新建工程和某市区分局办公楼内装饰工程，部分工程签证单未明确材料品牌、规格、价格、数量，要求"由审计确定"，而实际工作中审计方难以全面掌握相关信息，套用的信息价准确性不高，得不到施工方认可，导致审计中出现扯皮。

2. 工程监理方未尽职尽责。我们发现，部分工程监理未经招标，监理人员有的是关系户，有的甚至是施工方安排的，在工程建设管理中履职不到位。如某市局办公楼项目中，监理方是本地自行找上门的关系户，工程建设中未完全履行职责，现场监理不到位，部分签证单上未签署意见；某市区分局办公楼内装饰工程建设过程中，监理人员是土建施工方安排的，对内装饰施工方的变更签证单"一签了之"，未对其中不合规、不合理的内容提出意见。

（三）基建财务管理方面

1. 基建账户管理不规范。如某市局办公楼新建工程、某县局办公楼装修工程在建设过程中，未设立基建账户对项目资金进行专户核算。某市局虽对市局办公楼新建工程设立了基建专户，但同时在该专户中核算其他维修改造工程，多个基建项目在同一账户中核算，不符合"每个基本建设项目都必须单独建账、单独核算"的规定。

2. 基建财务核算不完整，财务管理制度执行不到位。如某市局办公楼大型修缮工程由省财政支付中心支付建安工程投资3238540元，该笔支出未在基建支出中核算。某市局财务部门在每年底未编制基建工程财务报表，无法完整反映工程实际投资完成情况和工程款支付情况，且工程后期，基建财务出纳人员和主管会计为同一人担任，岗位责任制和稽核制度欠缺。不符合《基本建设财务管理规定》中"按规定报送财务报表"的要求和《内部会计控制规范》中"不相容职务分离"的原则。

3. 工程款支付不合规。如某县局办公楼新建工程，支付房产开发公司工程款1504.5万元、市政工程公司工程款390万元时，无基建项目经办人审核，仅县局领导1人审批；且工程款支付进度超过工程施工进度，至基建竣工决算审计结束时，已多付工程款325.1万元。某市局综合楼新建工程，支付部分工程款时未附合同、工程进度申请单、工程决算表等附件。

4. 未按规定预留工程质保金。如某市局2010年支出服务大厅改造维修审定价136092.14元，合同未约定质保金条款，也未扣留质保金。某市区分局办公楼维修工程审定金额303.3万元，至少应按5%比例扣留质保金15.2万元，实际扣留10万元，质保金扣留不足。还有部分单位在基建工程结束后未扣留质保金。

（四）基建项目管理方面

建筑面积和建设投资超批准规模。如某县发改委批复县地税局综合办公楼（含食堂）建筑面积6750㎡，建设投资650万元，该工程实际建筑面积7599㎡，实际投资2399万元。某县发改委对县地税局办公楼批复同意建筑面积为4500㎡，建设投资批准为900万元，实际建筑面积4673㎡，实际投资1217万元。

（五）基建审计管理方面

1. 基建项目未进行决算审计。如某市局2009年支付围墙修复、单身宿舍装饰工程款67937.86元；某市局2010年付市局停车场及乒乓球室工程改造费用26956元，2012年付办公楼维修费53596.96元，均未经基建决算审计而直接付款。

2. 越权开展基建审计，多支付基建审计费。如某市局2011年完成分局维修工程、2012

年完成市局后勤服务中心建设工程后,未按规定权限向省局申请开展基建审计,而是直接委托中介机构开展基建竣工决算审计,且审减率超过10%部分的审计费未由施工方承担。某市局2011年开展分局空调线路改造工程,支付基建审计费2534元,其中审减率超过10%部分的审计费888.21元未由施工方承担。

三、存在问题的原因分析

问题的产生主要是相关管理制度没有落实到位,而落实不到位的原因主要有以下几方面:

(一)少数领导干部的依法行政意识还不够。如工程项目未按规定招投标、未编制工程预算、工程签证单不合理、基建财务管理不规范、工程款支付不合规、未安排基建审计等问题,有的是为了规避公开招投标时间长、不符合实际工作需求的弊端;有的考虑到工程规模小,审减金额少,安排审计反而浪费人力物力财力;有的则是因为对有关规定要求不了解,也没有安排专门人员去了解,而是直接拍板决定,都反映出主管领导在基本建设管理方面的依法行政意识有待加强。由于地税部门的工作特点,有的领导干部花了大量精力在组织收入工作上,可能对内部管理有所弱化,而且有着"都是为公,不谋私利"的想法,从而淡化了依法行政的意识。还有个别领导干部在办公楼建设过程中不顾国家有关规定和实际工作需要,一味"贪大求洋",盲目攀比,如肥东县局综合楼(含食堂)工程实际面积超批准849㎡,实际投资超批准1749万元,就是依法行政意识弱化的具体体现。

(二)少数领导干部责任意识不强。如基建工程中经济签证单内容不清、价格不明问题,主要是因为建设方没有履行好职责,未认真了解工程施工实际情况,未及时采取适当方式确定材料价格,而是签署"由审计确定",将责任全部推给审计方。而基建审计是在工程竣工验收后进行的,审计方对施工当时当地的材料市场价格难以准确掌握,所依据的信息指导价与市场价可能存在较大差异,导致审计过程中争议较多。

(三)部分工作人员的业务能力和责任意识不够。如未按规定权限申请基建审计、多支付基建审计费、少扣留工程质保金等问题,主要原因是经办人员对有关制度规定学习掌握不够,业务素养方面存在不足;而基建工程现场监督考核不严等问题,则与业务水平关系不大,反映出经办人员在工作中的责任心有所欠缺。这与主管领导对工作要求不够严格也有一定关系。

(四)责任追究不到位。审计发现的问题基本上是在工程竣工验收后才发现的,大部分无法进行整改,我们只能以建议的形式提出要求,且疏于对责任人的追究,起不到惩戒作用,少数领导干部和经办人员对问题没有引起足够的重视。

四、对策建议

(一)领导干部要强化责任意识,严格依法行政。单位主要领导和主管领导要高度重视基本建设管理,一方面要主动了解、学习有关法律法规和制度规定,做到"心中有把尺",遇事决策时要以心中的"尺"为标准,衡量决策措施是否合法合规,还要善于倾听相关业务人员的意见,严格依法办事;另一方面要积极承担起责任,如基本建设管理中的工程招投标管理、材料定价、签证单管理等,建设方应积极参与、主动作为,按规定进行行业咨询、市场询价或现场勘测,按规定做出决策,不能把相应工作简单地推给审计。

(二)加强基建项目管理人员的管理。一是要精挑细选,安排责任心强、原则性强的人员承担基建项目管理的具体工作。基建管理工作内容繁琐、耗时耗力,要求项目管理人员具有强烈的责任意识,能够耐心细致、克服艰苦条件,在工程建设过程中加强监督管理,确保工程质量。而且在与施工方打交道过程中,项目管理人员要能坚持原则、坚守底线,抵挡住利益的诱惑,坚决维护单位利益。二是要提高项目管理人员的业务能力。系统基建工程的项目管理人员通常是由没有工程管理资质的干部职工兼任,有的甚至没有任何类似工作经验,在实际工作中遇到问题时可能会力不从心，这就需要加强对基本建设管理专业知识的学习，提高与施工方沟通的能力，尽量避免因业务能力不足造成不必要的经济损失。三是强化对项目管理人员和财务人员的工作要求，认真履职尽责，严格审核把关，避免出现工程考核不严格、变更签证不规范、超进度支付工程款、质保金扣留不足等非工作能力问题。

（三）进一步完善和严格执行管理制度。如基建管理方面，省局基本建设管理部门、采购管理部门和内审部门应建立工作联动机制，加强对立项建设、工程招投标和工程质量等方面的联合监管。省局在基本建设管理各方面都建立了相关制度，关键在于落实到位。各责任单位和部门、人员在决策、办理有关事项时应严格执行管理制度，加强部门协作配合，及时请示报告，坚决杜绝低水平错误。

（四）强化监督和责任追究。首先，各单位要加强自身监督，贯彻执行“三重一大”集体研究制度，重大经济决策事项不能搞“一言堂”，同时应主动进行公开，接受单位内部监督。其次，要进一步重视和加强内审工作，充分发挥内审的监督作用，围绕“发现、分析、整改、提高”这条主线，不断规范基建管理工作，提高管理水平。逐步推行审计结果公开，通过对审计发现问题的通报和剖析，使被审计单位的领导干部脸红，未被审计单位的领导干部自省，有则改之，无则加勉。第三，要加强责任追究。对发现的问题找出直接责任人，分析问题产生的原因，属于业务能力方面的，应要求加强学习，提高业务素养；属于主观认识和责任意识方面的，应采取批评教育、诫勉谈话等形式，督促其转变观念，强化依法行政意识和责任意识；属于涉嫌违法违纪的，应移交有关部门核查追究。

课题组组长：江敏如

课题组成员：程寿祥　程　锦　蒋　珂

执　笔　人：陈　浩

地方税收征管改革20年之思考

安徽省地方税务局征管和科技发展处课题组

20年前伴随着新中国成立以来最重要的财税体制改革，地税机构应运而生，不断成长发展。这其中每一步，都有着地方税收征管改革的身影。正是二十年来的持续改革、不断创新，地方税收征管才能承担起保障税制改革，促进地方税收全面工作的重任。二十年后的今天，地方税收征管必须迎接新的挑战，努力建立科学、规范、严密、高效的现代化地方税征管体系，在税收现代化进程中留下浓墨重彩的一笔。

一、地方税收征管改革20年之回顾

地税系统成立之初，即面临着建立全新的税收征管模式这一历史性任务，以适应社会主义市场经济发展、适应税制改革要求。经过20年系统上下共同努力，我省已经基本形成了相对成熟、适应全省经济社会发展进程的地方税收征管模式，取得了历史性进步。

（一）调整优化征管机构职能，确立税收征管的基本框架。改革了征管查于一体的税收征管运行机制，调整和优化征管机构。和全国税务机关一样，我省地税系统建立征、管、查“三分离”或征管、查“两分离”的征管机构，有利于实行不同形式的分责制约，初步实现了职能分解和权力制衡。

(二)全面推行集中征收,清晰征纳双方权责。在市场经济下,纳税人具有独立的法律地位,也应当成为自行申报纳税的主体。从1996年开始,改革税务专管员“一员到户、各事统管”制度,建立纳税人自主申报纳税制度。从税务专管员分散到纳税人的场所收税,逐步转变为纳税人集中到地税部门的办税服务场所申报纳税。表面上是办税场所地点的改变,实质上体现了还权于纳税人,也还责于纳税人,初步划清了征纳双方权利义务,体现了市场经济发展的最基本要求,税收征管实现了一次质的飞跃。多年来,地税部门不断改进集中征收,积极应用现代信息技术手段,推行网上申报、财税库银联网等多元化申报纳税渠道,大大提升效率。目前电子税务局等虚拟化的办税服务场所,已经在集中征收中发挥了主渠道的作用。

(三)不断优化纳税服务,彰显现代税收文明。新税收征管模式首次把纳税服务明确为税收征管的基础工作,我省的纳税服务工作也从规范和加强办税服务场所建设开始起步。多年来,不断创新纳税服务理念,拓展纳税服务渠道,丰富纳税服务内涵,目前已经形成了较为发达成熟的纳税服务工作体系,正在向标准化、规范化、集约化方向迈进。纳税服务成为新时期税收征管的重要组成部分和鲜明标志,使征税成为人性化的公共服务,纳税成为现代社会文明生活方式,在征纳活动中彰显现代税收文明的力量。

(四)积极落实现代管理理念,提升税收管理质量效率。地税机构组建以来,为应对日益复杂的税收管理形势,税收管理理念、方法、技术手段等处于持续变革和创新中。尤其是征管模式由30字演变成34字后,强化管理的重要性日益凸显。摒弃管制型、保姆型、人海战术的传统管理方式方法,落实信息管税、引导纳税遵从、风险管理等科学的管理理念,引入纳税评估等有效的管理工具,实施一系列加强管理的新方法、新举措,推动加强管理成为系统上下持续热点。时至今日,科学化和精细化、专业化和信息化等管理理念根植于干部思想意识中,管理内涵有效拓展,管理机制、手段和方式等实现了质的飞跃。

(五)始终突出信息化建设,突显现代科技力量。在改革过程中,全省贯彻“科技兴税”战略,先后四次对征管信息系统进行重大开发和升级,初步建成国内先进、具有安徽特色的地方税收管理信息系统,实现税费种、工作环节和系统上下全覆盖,业务规范、工作流程和数据标准全省统一、数据省级集中。作为先进的生产力,信息技术以不可阻挡之势取代传统手工方式,把征管改革的一系列措施进行固化,并以技术手段持续改造和创新税收管理,为实现各个时期征管改革的构想提供了支撑。税收管理和信息技术初步实现了有机融合,良性互动。

(六)积极推动涉税信息共享机制建设,综合治税大格局呼之欲出。地税部门始终重视营造良好的外部环境,努力争取各级政府重视关心和相关部门配合支持,1996年我省在全国率先建立地方税收执法保障联席会议制度,在多年地方税实践中有力地保障了税收征管。在信息管税的新形势下,地税部门积极推动省政府建立涉税信息交换与共享机制,形成了政府主导、部门参与、综合治税的地方税收信息共享机制。在现代信息技术的支撑下,我省正在加快建立社会各方参与的综合治税大格局。

二、地方税收征管改革20年之启迪

20年改革,留下的不仅是一段历史,更多的是对未来改革具有重要意义的经验和思考。

——把握大势,主动融入经济社会改革开放大潮。改革开放越深入,市场经济越成熟,税收的职能作用越凸显,税收征管的舞台和空间就越广阔。回顾征管改革的每一个脚步,我们都把适应改革开放、适应社会主义市场经济的需要作为内在要求,贯穿于征管改革的始终和各个环节,在改革开放的伟大进程中找准定位、履职尽责,维护和促进了社会主义市场经济,收获了累累硕果。未来的税收征管改革,也必须自觉服从和服务于经济社会全面深化改革这个最根本的背景和潮流,才能确保征管改革不迷失方向。

——思想变革,为征管创新提供不竭动力。地方税收征管不断改革、持续探索,在地税系统产生了一个最为直接且重要的结果,就是在改革的长期实践中,广大税务干部的思想观念发生了深刻的嬗变。这种转变,范围之广、力度之大、影响之深,是前所未有的。以改革的思维考虑问题、以改革方式解决问题,已经成为地税干部的共识,在未来的改革中,要注重改造我们的思维模式,以思想的变革推动行为方式的变革,为征管创新提供源源不竭的动力。

——相互促进,征管和税制改革相得益彰。税收制度承载着税收的职能作用,税收征管是税收政策得以运行的基础。税制改革和征管改革殊途同归。通过征管改革,进一步健全税收管理机制,完善管理手段,创新管理方法,强化管理措施,征管改革和税制改革琴瑟和鸣,才能最终实现税制改革的预期目标。过去的20年,我们以自信、开放的姿态迎接各个时期的税制改革,主动作为,远谋近施,有力保障了税制改革的顺利进行。我们相信,未来的征管改革,将建立起现代化的税收征管体系,将有力地保障新的税制改革目标顺利实现。

——坚持法治,推动依法治税的整体进程。20年来的税收征管改革,既是一段思想与管理的改革历史,也是一段规范税务机关和纳税人之间税收法律关系的实践史。通过改革,不断调整、诠释税务机关和纳税人之间的法律地位与关系,推动征纳双方权利义务回归应有之义,科学分割和重组地税机关内部职能与权力。诸如此类的变革,无不是现代法治理念在税收领域的集中体现。我们坚信,正确的理解和执行税收法定原则,严格按照法定权限和程序行使权力、履行职责,使税法得到有效执行和普遍遵从,是不可逆转的趋势。

——因地制宜,努力契合安徽经济社会的发展实际。在推动地方税收征管改革的进程中,我们积极响应与跟进党和国家对税收工作的本质要求,又深根我省经济社会发展现状这个实际,把改革的力度、发展的速度和我省经济社会的可承受程度结合起来。这样既符合改革的基本节奏,在总体方向上明确统一,又体现本地的工作特色,切实增强操作性和灵活性,因而聚合起改革的正能量,解决了中部省份改革创新面临的实际难题。事实证明,按照这个思路,统筹有序的推进我省地税系统的征管改革,善作为、敢作为,安徽地税征管改革的前景一定会更加美好。

三、地方税收征管改革之未来展望

20年后的今天,我们来到全面深化改革的新的历史阶段,站在了启动新一轮税制改革的新起点上,地方税收征管也面临着崭新的机遇和巨大的挑战。主动适应和融入改革开放大格局。十八届三中全会对全面深化改革作出部署,提出了推进国家治理体系和治理能力现代化的战略任务,经济社会各个关键领域的改革都在加力推进,这些都将对税收工作产生重大影响。同时,十八届三中全会首次提出税收法定原则,并赋予税收工作新的重要使命。税收征管作为一项高度集成的系统工程,是国家治理能力的重要体现。必须要深刻把握经济社会发展新的阶段性特征,以全新的角度思考和完善税收征管,促进税收职能作用的有效发挥,为改革开放事业和安徽经济社会发展做出地方税收应有的贡献。全面促进和保障税收现代化目标实现。税务系统2020年实现税收现代化的工作目标,涵盖税收制度现代化和税收征管现代化两大类。其中现代化的税收征管,不仅是税收现代化的重要组成部分,更是保障税收现代化的重要基础条件。没有现代化的税收征管,就不会有现代化的税收制度,也就没有税收的现代化。特别是对新时期的地方税收而言,尤为如此。“完善地方税体系,逐步提高直接税比重”是新一轮税制改革的主要任务,而目前改革的主要难题不在于税制本身,而在于缺乏足够的征管条件和能力。因此,地方税收征管必须进一步推进改革,形成与现代化税制相适应的征管机制,从而促进和保障税收现代化总体目标的实现。

(一)切实优化纳税服务。随着纳税人市场经济主体和纳税遵从主体地位的进一步突出,纳税服务在未来的税收管理中具有十分重要的基础性和先导性作用。按照转变政府职能的要求,进一步突出纳税人的平等主体地位,调整税收工作中不符合市场化改革取向的观念和做法,改革现有的纳税服务与税收征管制度,建立有效的纳税人维权服务体系,切实保障纳税人合法权益,满足纳税人的正当需求,创造公平竞争的税收环境。按照提供优质公共服务的要求,创新纳税服务的管理体制,对系统上下的服务资源和职能进一步整合,建设统一规范的服务机构,搭建便民高效的服务平台,提升纳税服务的集约化和专业化水平。加强征纳互动与沟通,减少征纳矛盾。将税收信用作为社会信用体系的重要内容,引导纳税人主动遵从税法。按照简政放权、减负提效的要求,精简办税程序,简并报表资料,完善工作衔接,延伸服务链条,提升纳税人满意度。特别对地方税收服务而言,要更多为普通个人纳税人服务。随着越来越多的自然人成为纳税人,地方税收服务体系的重心应当进一步下移,更多地满足普通个人纳税人的需求。进一步提高税法宣传、办税服务等举措的受众面,丰富和拓展网上办税、自助办税等不受时空限制、适合个体人群的办税渠道。有计划的培植社会力量,促进和引导税收中介机构快速发展,有效帮助纳税能力有限的个体纳税人。

(二)创新税收征管方式。税收征管是税务部门的核心业务之一。我们不仅要优化纳税服务、放宽事前控制,还要创新税收征管方式,加强事中事后监管,增强税收治理能力,形成现代化的税收征管。坚持依法征管。用法治思维和法治方式履行征管职能,从行为到程序、从内容到形式、从决策到执行都必须符合法律规定,让征管权力在法律和制度的框架内运行。建立健全风险管理。以促进纳税遵从为目标,将风险管理的理念和方法贯穿于税收征管全过程,全方位运用识别、预测、应对和控制等风险管理方法与工具,再造税收征管流程,形成以风险管理为导向的税收管理运行机制。通过完善风险管理运行方式,围绕风险大小配置征管资源,推进分级分类管理。推进信息管税。以落实全面修订后的《税收征管法》为契机,以依法对纳税人涉税信息进行采集、分析、利用为主线,打造我省综合治税大格局,有效解决征纳双方信息不对称问题,提高税收征管质量和效率。与国税等相关部门全面合作,凝聚力量,共同治理。

(三)坚持科技创新驱动。解决税收管理面临的难题,需要进一步发挥信息化的支撑作用,通过科技创新推动税收管理水平实现跨越性提高。完善信息技术平台。加快推进金税三期工程建设,进一步提高信息化装备水平,进一步统一征收管理技术平台,进一步提升数据集中层级。参与建设全社会基础数据统一平台,全面建成跨区域、跨领域集中的税收征管数据基础数据库。推进技术与业务的融合。将税收管理的一系列要求和制度镶嵌到软件中,实行科技管人管税,将业务创新、管理创新的成果通过技术手手段固化,并以科技创新带动观念创新、制度创新、组织结构创新、管理创新和服务创新等。提升数据分析应用能力。引入现代化数理统计和信息分析方法,建立评价指标体系,挖掘利用税收管理数据,提高管理决策水平。在此基础上,逐步完善建立包括风险管理、绩效管理、政策评估等内容的数据信息应用体系,建立税收数据处理分析和运行管理机制。

(四)优化组织机构体系。深化税收管理改革必然涉及组织体系的调整,组织体系的完善又将为改革提供有力保证。下一步,要围绕扁平化、专业化和集约化等税务组织机构发展趋势,综合考虑当前状况和改革进程,逐步减少管理层次和管理环节,进一步优化征管机构及人员配置,建立起具备现代化特征的组织架构和人力资源配置体系。推进基层专业化、集约化。适应税制改革后,地方税收税源状况的新变化、新形势,组建职能专业、分工明确的专业性基层分局,实现基层分局由综合性向专业化转变。在一定区域范围内改变目前属地管理的现状,按纳税人风险特征,对基层税务局(所)进行合并和裁减,实现纳税人的分类管理。推进机关实体化。结合地税系统的特点,按照涉税事项难易程度与风险管理需要,调整各层级、各部门的职能定位,调整复杂事项在各层级的分工,调整涉税事项在各部门的分工。强化省市级地税机关的征收管理职能,特别是县级机关可以适当弱化内部行政管理职能,增强面向纳税人的业务管理功能,与基层实现一体化运行。推进人才队伍专业化。适应现代化税收管理对干部队伍的要求,提升税务干部的业务能力与综合素质。加强学习型组织建设,建立管用、实用的教育培训体系,切实提升干部的工作水平。加强各类专业性人才的选拔与培养,形成有利于地税干部的成长与激励机制。推进人才运用团队化。按照专业化的管理方向,对人才队伍进行合理配比。在符合编制要求的前提下,适当压缩行政人员,充实直接面向纳税人的干部。加强专业团队建设,更多的采取项目化、团队化的方式形成项目管理团队,集中精力推进关键性工作,发挥系统人才队伍的合力。

执笔人:汪 愉

安徽省高新技术企业减免税政策效应分析报告

安徽省地方税务局收入规划核算处 所得税处课题组

高新技术企业是先进生产力的发展方向,是国家重点扶持领域。近年来,国家针对支持高新技术产业发展出台了多项税收优惠政策,对其政策实施情况进行分析与评估,很有意义,也很有必要。本文选取近三年安徽省相关减免税数据为样本,并结合合肥、蚌埠、滁州等地的实地调查情况,研究分析高新技术企业减免税政策的实施情况及其效应,梳理查找执行中存在的突出问题,据此探寻改进和完善税收政策的对策建议。

一、安徽省高新技术企业减免税特征分析

(一)减免税力度不断加大。2011 年至 2013 年,安徽省高新技术企业分别享受各项税收优惠 30.1 亿元、42.8 亿元和 51.9 亿元,占减免税总额的比重分别为 12.8%、14.4% 和 14.1%,年均增长 31.3%。三年间,享受企业所得税政策减免户数由 2011 年的 984 户增加到 2013 年的 1659 户,累计达 3804 户。

安徽省高新技术企业减免税情况表

单位:万元、%

	2011 年	2012 年	2013 年
总减免额	2354117	2963617	3683420
高新技术企业减免额	301268	427985	519210
占比	12.8	14.4	14.1

(二)企业所得税是主要减免税种。2011 年至 2013 年,安徽省高新技术企业分别享受企业所得税减免税额 26.5 亿元、37.2 亿元和

48.4 亿元，占减免税总额的比重分别为87.9%、86.9%和84.6%。增值税减免税额占比居于第二，占减免税总额的比重分别为9.7%、10.9%和15.3%。

安徽省高新技术企业分税种减免税情况表

单位：万元、%

税种	2011 年		2012 年		2013 年	
	金额	占比	金额	占比	金额	占比
总计 301268	100.0	427985	100.0	571825	100.0	
增值税	29247	9.7	46628	10.9	87576	15.3
营业税	6778	2.2	9106	2.1	81	0.0
企业所得税	264834	87.9	371767	86.9	483754	84.6
城建税	2	0.0	4	0.0	58	0.0
房产税	96	0.0	262	0.1	99	0.0
城镇土地使用税	310	0.1	219	0.1	258	0.0

（三）税收减免主要集中在制造业。2011 年至 2013 年，安徽省高新技术制造业企业分别享受减免税额 24.1 亿元、30.2 亿元和 38.5 亿元，占减免税总额的比重分别为 79.8%、70.7%和 74.2%。信息传输计算机服务和软件业减免税额占比增长较快，由 2011 年的5.3%增加到 2013 年的 8.9%。

安徽省高新技术企业分行业减免税情况表

单位：万元、%

行业	2011 年		2012 年		2013 年	
	金额	占比	金额	占比	金额	占比
总计	301267	100.0	427985	100.0	519210	100.0
采矿业	14251	4.7	29683	6.9	23112	4.5
制造业	240529	79.8	302453	70.7	385411	74.2
电力燃气及水的生产和供应业	947	0.3	1221	0.3	2436	0.5
建筑业	8502	2.8	6299	1.5	20259	3.9
交通运输仓储及邮政业	276	0.1	1503	0.4	2813	0.5
批发和零售业	1691	0.6	17254	4.0	4343	0.8
金融业	67	0.0	393	0.1	272.4	0.1
信息传输计算机服务和软件业	15900	5.3	36212	8.5	46424	8.9
租赁和商务服务业	280	0.1	5558	1.3	5285	1.0
房地产	0	0.0	1540	0.4	1741	0.3
其他	18824	6.2	25870	6.0	27114	5.2

（四）股份公司是税收减免主力军。2011 年至 2013 年，安徽省高新技术企业中的股份公司分别享受减免税额 19.3 亿元、26.9 亿元和33.5 亿元，占减免税总额的比重分别为64.2%、62.9%和 64.5%。私营企业减免税占比呈下降趋势，由 2011 年的 13.9%下滑到2013 年的 9.8%。国有企业、外商投资企业减免税占比均呈上升趋势，分别由 2011 年的8.2%、8.6%增加到 2013 年的 8.9%、10.5%。

安徽省高新技术企业分企业类型减免税情况表

单位:万元、%

企业类型	2011 年		2012 年		2013 年	
	金额	占比	金额	占比	金额	占比
总计	301268	100.0	427985	100.0	519210	100.0
国有企业	24610	8.2	35195	8.2	46092	8.9
集体企业	93	0.0	78	0.0	247	0.0
股份合作企业	38	0.0	131	0.0	766	0.1
联营企业	192	0.1	1	0.0	397	0.1
股份公司	193465	64.2	269376	62.9	335027	64.5
私营企业	41822	13.9	49831	11.6	51017	9.8
其他内资企业	1529	0.5	17576	4.1	2148	0.4
港澳台投资企业	13737	4.6	13121	3.1	28776	5.5
外商投资企业	25782	8.6	42677	10.0	54739	10.5

(五)征前减免是主要减免方式。安徽省高新技术企业享受减免税从减免方式看,2011年至2013年,征前减免(指不须征收入库而直接减免的税款,这里包括欠税抵顶)占比分别为94.8%、94.4%和94.7%,退库减免(指已征收入库但通过审批办理的退库减免,包括由税务部门办理的即征即退减免和其他退库减免)占比分别为5.2%、5.6%和5.3%,征前减免是减免主要方式。其原因主要是国家重点扶持的高新技术企业,减按15%的税率征收企业所得税;增值税方面主要是经认定的软件企业对增值税实际税负超过3%的部分即征即退。

安徽省高新技术企业分减免方式减免税情况表

单位:万元、%

减免方式	2011 年		2012 年		2013 年	
	金额	占比	金额	占比	金额	占比
总计	301268	100.0	427985	100.0	519210	100.0
征前减免	285688	94.8	404171	94.4	491531	94.7
退库减免	15580	5.2	23814	5.6	27680	5.3

二、安徽省高新技术企业税收减免政策效应分析

近年来,随着高新技术企业税收优惠政策在安徽的落地实施,减免税政策在促进经济发展、优化产业结构、鼓励技术创新等方面的积极效应不断显现。

(一)促进了产业发展。2011年至2013年,安徽省高新技术企业户数由1335家增加到2018家,其中营业总收入在亿元以上的由551家增加到731家。规模以上高新技术产业实现产值由2011年的8330亿元增加到2013年的12053亿元;实现增加值由2143亿元增加到3013亿元,占GDP的比重由14.2%增加到15.8%。

(二)促进了技术进步。2011年至2013年,安徽省高新技术企业累计申请专利56817项,授权专利37371项,分别占全省专利申请总数和专利授权总数的26.2%和29.9%。与之相关的是,科技活动经费投入力度不断加大,占企业当年收入的比重由2011年的3.7%上升到4%。

(三)促进了税收增长。从产业领域分布

情况看,安徽省高新技术企业主要集中在汽车及装备制造业,2012 年该领域企业户数占高新技术企业总户数的比重为 61%。2011 年至 2013 年,汽车及装备制造业税收由 188 亿元增加到 225 亿元,年均增长 9.4%,增幅高于全部制造业税收 0.8 个百分点。

(四)促进了劳动就业。根据 2010 年至 2012 年参与调查的高新技术企业调查数据(调查面分别为 94.7%、98.7%、98.6%),安徽高新技术企业从业人员分别达到 49 万人、51 万人和 58.3 万人。

三、高新技术企业减免税政策执行中反映出的主要问题

从安徽省的情况来看,税收减免无疑对高新技术产业的发展起着重要的作用。但通过调研发现,高新技术产业优惠政策在制定及实践工作中仍存在一些问题。主要表现在:

(一)研发费用加计扣除范围较窄。2008 年,在科技部、财政部、国家税务总局联合下发的《高新技术企业认定管理工作指引》(以下简称《工作指引》)中,对高新技术企业的研发费用核算范围进行了设定。之后,国家税务总局对于可享受加计扣除的研究开发活动范围作了具体规定。目前研发费加计扣除政策虽然较当初规定有所扩大,但仍只允许对直接研发人员的工资等 8 个项目进行加计扣除,而研发人员的"三险一金"、研发成果的检测、鉴定费,知识产权申请费等都不允许加计扣除,《工作指引》扣除范围显得过窄。

(二)研究开发费项目内容不明确、管理困难。《工作指引》中主要列举了研发费的主要几个项目,但实践中,企业研发与生产是同时进行,部分机器设备及人员也是共用的,技术研究开发费支出与企业日常费用支出、生产成本等票据、项目相同,项目费用与非项目费用混淆,税务机关在事后审核过程中难以准确把握,加大了税收执法风险。同时,部分企业因技术开发费归集过于复杂或无法准确归集而未享受加计扣除。以安徽地税为例,2012 年征管的高新技术企业有 572 户,当年汇算清缴实际享受研发费用加计扣除的企业只有 313 户;2013 年征管的高新技术企业有 678 户,当年年汇算清缴实际享受研发费用加计扣除的企业只有 314 户,从一个侧面反映出优惠政策并未充分发挥促进企业技术进步、发展高科技产业的作用。

(三)亏损企业及创业期企业等不能享受相应优惠。就零利润或亏损类高新技术企业来说,由于没有经营盈余,不能享受企业所得税优惠税率,对企业投资会造成一定影响,如滁州市地税部门管辖的高新技术企业中有 21 家因常年亏损不能享受该项优惠政策,占比达 61.8%。就创业型企业来说,当企业处于创业阶段时,需要投入大量资金用于研发,在研发成果转化前很难产生销售收入,也就不会有盈利,因而无法享受税收优惠。就稳定成长型高新技术企业来说,研发费用与销售收入之比未必会连续三年都能达到规定标准,若因此不能再享受税收优惠不符合国家产业扶持的初衷。

(四)职工教育经费税前扣除政策应用不足。财政部、国家税务总局财税〔2013〕14 号文件规定:"试点地区内的高新技术企业发生的职工教育经费支出,不超过工资薪金总额 8% 的部分,准予在计算企业所得税应纳税所得额时扣除;超过部分,准予在以后纳税年度结转扣除。"按此政策,蚌埠市地税部门管辖的 38 家高新技术企业在 2013 年可税前扣除职工教育经费支出 4083 万元,然而实际发生职工教育经费支出 517 万元,仅占工薪薪金总额的 1.01%,其中有 19 家未发生职工教育经费支出。一定程度上反映了部分高新技术企业对人才培养工作的重视程度不够,缺乏创新动力。

(五)优惠税率有下调的空间。近年来,对小型微利企业应纳税所得额低于 10 万元的,在优惠税率 20% 基础上实行减半征收,大大促进了小型微利企业发展。高新技术企业和小型微利企业在国民经济中占特殊地位,对国家需要重点扶持的高新技术企业和小型微利企业实行更低优惠税率是必要的。另外,在原企业所得税税率为 33% 时,高新技术企业优惠税率也是 15%,其优惠幅度超过了 50%。因此,可以对高新技术企业实行12.5%或10%的优惠税率，进一步促进高新技术企业发展。

（六）基于企业而不是基于项目的税收优惠容易导致滥用。现行的税收优惠主要是对已取得科研成果、并产生经济效益的企业，而不是针对具体的科技研究开发活动及其项目。这样的税收政策，一方面缺乏针对性，只是对已形成科技实力的高新技术企业以及已享有科研成果的技术性收入实行优惠，对在取得收入以前进行的大量科技投资、对创新的过程并不给予优惠，对技术创新的巨大风险未能给予有效补偿。另一方面，容易出现滥用优惠的现象，使高新技术企业中的非高新（产品）技术收入（如投资收益、营业外收入等）也享受科技优惠政策，造成优惠的滥用。

（七）个人所得税优惠政策的积极效应没有显现。财政部、国家税务总局财税字〔1999〕45号文件专门就促进科技成果转化方面的税收政策作了明确规定，但安徽省高新技术企业减免税数据显示，近三年个人所得税减免额均为零，没有企业享受到该项优惠政策。

按照财政部、科技部财企函〔2011〕30号文件精神，合芜蚌自主创新试验区内科技创新创业企业转化科技成果，以股份或出资比例等股权形式给予本企业相关技术人员的奖励，技术人员一次缴纳税款有困难的，经主管税务机关审核，可分期缴纳个人所得税，但最长不得超过5年。然而截至2013年底，蚌埠市地税部门管辖的企业中有18家办理了股权激励试点备案，却没有一户办理个人所得税缓缴备案手续，这说明有关股权奖励个人所得税政策尚未得到有效利用。

四、进一步加快高新技术产业发展的对策建议

加强与规范高新技术企业认定和税收管理是充分发挥国家税收政策效应的两个重要环节，是促进高新技术企业健康、快速、良性发展的关键所在。针对高新技术企业在认定与税收管理等方面存在的问题，不仅要在政策层次上加以完善，同时还必须在认定与税收管理的实际工作中不断改进与深化。

（一）切实加强减免税政策宣传。减免税是调节经济、调节分配的重要方式，是税务机关服务经济发展、服务党和国家工作大局的重要体现。作为肩负组织税收收入和落实税收优惠“双重职责”的税务机关，既要宣传为国聚财、为民收税的不懈努力，更要大力宣传税收减免在让利社会、扶持经济等方面的工作成果。要树立和落实问题导向，特别是要针对优惠政策执行中反映出的突出问题，诸如职工教育经费税前扣除标准，以及技术转让、股权奖励方面的个人所得税政策等，认真查找问题成因，分类采取应对措施，对于企业不熟悉的，加大政策宣传和解读力度，让所有高新技术企业都能准确理解和运用好相关政策；属于政策本身问题的，重新进行综合评估后加以完善，实现国家鼓励高新技术产业发展的预期目标。

（二）形成有利于研发的税收激励导向。高新技术产业的研发期集中体现了高投入、高风险的显著特征，需要税收优惠政策的跟进配合，以保护企业扩大研发投入的积极性和主动性。一是建议国家建立技术开发准备金制度。允许企业按销售收入的一定比例税前提取技术开发准备金，该项资金专门用于一定时期内的技术研发工作，这样可以让那些尚处于创业期、暂时没有盈利的企业也能享受到税收优惠。二是建议国家扩大研发费用加计扣除范围。将《工作指引》设定的研发费用核算范围，作为企业可以税前加计扣除的研发费用基数，使税法与《工作指引》在研发费用的口径上统一起来，尽量减少税企争议。此外，对于超过上年研发费的增加部分，可以给予直接抵免税额等更大优惠。

（三）明晰自主知识产权核心地位。一是从管理办法和工作指引的条文明晰核心自主知识产权对企业主要产品（服务）的核心技术发挥支持作用，实践中很多企业的核心自主知识产权与其主营业务无关或关联度不高，政策的模糊容易给弄虚作假提供空间。二是管理办法和工作指引对新签订的独占许可协议或软件著作权转让协议明确规定需要备案。在未备案的情况下,专利让与方可能恶意与多方签订“全球独占协议”,也不排除一些企业单纯为获得高新认定资格,签署虚假的协议而故意不备案,造成“全球独占协议”泛滥。三是一些企业在申报时拥有的知识产权在高企资质有效期内失效,同时企业又在有效期内拥有了新的知识产权,对企业的此类行为应予以明确。

(四)统一研发费用归集口径。一是规范研发项目的会计核算。对于会计科目而言,企业可以在“生产成本”、“管理费用”等科目下增设“研发费用”科目并按照企业的具体研发项目进行辅助核算。通过这些明细科目的设置,可以保证研究开发项目费用归集的及时性和准确性。二是相关指标内容应保持一致。高新技术企业认定、企业所得税前加计扣除所涉及的“研发费用”,其包括项目、内容、标准应保持一致,且以财务上核算“研发费用”发生额为基准,对于不符合“研发费用”的项目、内容、标准,企业在年度汇算清缴和专项审计时应予以扣除。若研发费用的认定标准一时无法过渡到会计口径或税收法规的口径,则尽快明确和完善工作指引中关于研发费用的有关规定,尤其是其中容易产生不同理解的部分,要尽量明晰和准确。

(五)统一产品收入归集口径。一是单独建立明细核算。为了便于高新技术产品(服务)收入的审计确认,建议有关主管部门应尽快出台高新技术产品(服务)目录以及认定办法,对申报企业属于高新技术产品(服务)进行认定,中介机构可以据此来确定高新技术产品(服务)收入,与此同时,申报企业进一步规范和完善高新技术产品(服务)收入核算,高新技术产品(服务)收入单独建立明细账目核算。二是明确收入指标口径的统一。保持收入统计指标的口径和方法一致,如对销售收入、总收入等企业财务指标应明确口径,原则上保持一致,既便于实际操作,也便于会计口径统一归集计算。同时,高新产品收入归集口径应与税法口径一致,避免出现在汇算清缴时出现应纳税所得额的调增或调减,有利于外部使用者直观理解,提高收入指标口径的使用效果。

(六)更好服务于高新技术企业认定管理工作。一是构建明确的研发项目界定标准。美国对其研究开发税收优惠中“合格的研发活动”制定了四方面的标准,但并未规定具体的研发项目范围。建议借鉴国外经验,扩大研发活动范围,建立通用的研发活动测度标准,使企业能够对研发活动和研发支出进行准确认定。二是建立科学合理的认定指标体系。从国家鼓励高新技术产业发展的原点出发,对高新技术企业各项认定指标的科学性进行全面评估,及时提出不适宜指标值的调整建议。比如,受经济运行环境和企业成长阶段影响,销售增长率有时很难做到逐年递增;研发人员以及具备大学专科以上学历科技人员的比例问题,与企业能否形成拥有自主知识产权的主要产品(服务)的核心技术、高新技术产品(服务)收入占比等指标没有正相关关系,宜降低该指标值。三是全面加强后续管理。建立健全部门协作和信息反馈机制,对于日常管理中发现的不具备认定条件的高新技术企业,税务机关应暂停其享受有关税收优惠,并及时提请认定机构复核。

(七)企业要高度重视创新能力的塑造。一是领导及管理层要正确决策企业的科研投入配比,持续进行研究开发与科研成果转化工作。二是要制定一套适合本企业自身特点的健全的科研活动管理办法,形成科研投入产出测评体系。三是要营造科研活动氛围,制定相应的激励政策,鼓励员工的持续技术创新工作,还要积极争取国家、省市企业相关的高新技术领域内的科研课题及科研活动经费,获取政府的科研活动资助。四是要重视自身科技成果和知识产权的积累,注重科技产品的市场化应用,持之以恒提高自主创新能力。

执笔人:姚银虎(收入规划核算处)
丁先文(所得税处)

优化干部队伍结构　推进地税人才队伍建设

安徽省地方税务局政治部课题组

人才是兴业之本、发展之源,地税部门人才队伍建设关乎税收工作全局和税收事业长远发展。自地税机构组建尤其是垂管以来,安徽省地税系统坚持人才兴税,不断采取得力措施,切实优化干部队伍结构,大力推进地税人才队伍建设,充分发挥了人才强税作用。但随着税收事业的改革发展,干部队伍尤其是人才队伍建设也暴露出一些问题和薄弱环节,如何进一步加强干部队伍建设,切实优化干部队伍结构,努力建设一支全面深化改革大环境下税收工作需要的人才队伍,亟须加以研究解决。

一、主要做法

近年来,安徽省地税局适应新形势的要求,围绕服务科学发展、共建和谐税收主题,狠抓干部队伍建设,不断优化干部政治素质、文化水平、知识结构,努力培养和造就一支“懂经济、善税收、会管理、勤服务”的地税干部队伍。

一是加强领导干部队伍建设。按照“选贤任能”的用人理念和“德才兼备、以德为先”的用人标准,通过竞争上岗和双推一考方式,将一批年纪轻、素质高、能力强的同志选拔到领导岗位。特别是2007年以来,结合竞争上岗和干部选任,多次在系统内开展干部轮岗交流,着力加强各级领导班子建设。系统领导干部队伍政治素质、文化素质普遍提高,特别是在复杂经济税收运行状况下分析问题、处理问题的能力显著增强,充分发挥了模范带头作用。与此同时,省局党组注重对领导干部的素质提升培训,在中国人民大学、清华大学、复旦大学、扬州税院、省委党校等高校举办专门针对领导干部素质提升培训班,改善领导干部知识结构。

二是加强干部轮岗交流。按照干部交流管理办法,不断加大干部交流力度,将其作为合理调整干部结构、加强廉政建设的一项重要措施,正式出台了全省地方税务系统人员轮岗交流暂行办法,对市、县地税局机关内设机构以及直属、派出机构负责人、税收管理员、稽查人员以及人事、监察、财务部门负责人轮岗交流作出规定,大力推进干部轮岗交流。特别是结合地税机构改革和事业单位岗位设置改革,科学选配干部,注重各单位干部年龄、专业、性格、气质和经验等方面的搭配,增推进干部轮岗交流和竞争上岗,强团队活力,有效激发了干部队伍的活力。

三是加强人才引进培养。严把新进人员录用关,根据编制空缺和队伍的专业结构情况,坚持有计划招录公务员、招聘事业人员,改善队伍年龄及专业结构。同时加大人才培养工作力度,启动实施人才“双百双千”工程。系统上下坚持分类指导,急用先建、整体推进的原则,全面开展了省、市、县局三级人才库建设工作,逐级分类建立税务稽查、税收经济分析、财务管理、信息技术等涵盖行政管理、税收业务和专业技术等门类的人才库,已建立省级专业人才库16个,451名同志入库管理。

四是加强干部教育培训。按照“改进培训方式,提升专业技能,实施全员培训,促进终身学习”的思路,建立起一套完整的培训与使用结合、学用结合、分级分类、按需培训的教育培训机制。不断加大投入,改进培训方式方法,开展了春训“全员大练兵”考试等大规模多层次的岗位练兵、业务竞赛活动。对系统外出培训、在线学习、学历教育、职称考试等建立培训档案,完善激励措施,促进个人自学,鼓励职工参加税收相关专业的学历提升教育和各类专业技术职称考试,提高能力水平。

五是加强干部人才管理。省局党组始终将制度建设作为队伍管理的基础工作来抓,在全面贯彻实施《公务员法》基础上,出台了税收综合督查办法、领导班子考核评价暂行办法、绩效考核评价暂行办法、领导干部竞争上岗实施办法等等,建立起了一整套行之有效的干部管理制度体系,保证了人才队伍建设的顺利开展。同时在人才培养上,制订了一系列配套管理办法,引导和鼓励干部职工参加税收工作相关的学历提升教育或培训进修,参加注册税务师、注册会计师、律师等执业资格和工程师等职称考试,提高专业水平和工作能力。

六是加强党建工作。党员已经成为安徽省地税干部队伍的绝对主体,从某种意义上说,抓好了党员队伍建设,就抓好了地税干部队伍建设。各级党组织积极吸收新党员,加强基层党组织建设,认真开展党员纯洁性教育、群众路线教育实践等主题活动,党的先锋作用充分发挥,以党建促创建效果明显。

通过大力优化干部队伍结构,人才队伍素质明显提高,干部队伍整体实力明显增强,人才强税作用发挥明显。截至目前,全系统被评为省级文明行业,108 个单位被评为第九届安徽省文明单位,省地税局和 12 个市地税局被评为全国文明单位。省地税局连续多年被评为省政府目标管理考核先进单位、政风评议达到满意等次、效能建设先进单位,位次在执法部门一直名列前茅。省委、省政府和国家税务总局领导,多次对地税工作作出重要批示和指示,给予充分肯定。

二、存在的主要问题及原因

经过系统上下多年来的共同努力,安徽省地税干部队伍建设取得了明显成效,但也存在着不足之处。从干部队伍结构角度来看,主要表现以下几个方面:

(一)年龄结构趋向老化。地税在成立之初,是一支年轻的队伍,但近 20 年来,人员更新缓慢,由于年龄的自然向上增长,当年的年轻人,现在大部分已到中年,部分已是老年。目前,队伍老、中、青构成极不合理,人员集中在 36-50 年龄段,年龄结构已经出现“两头尖、中间宽”的“菱形”状态。由于受编制因素制约,新生力量的补充严重不足。年龄结构不合理的现象,以及带来的负面影响日趋显现。这种状况如不及时改变,地税队伍将会出现严重的青黄不接,甚至“断层”现象,直接影响队伍的生机和活力。一般来讲,一个优化的税务干部队伍年龄结构,应由“老马识途”的老年、“中流砥柱”的中年、“朝气蓬勃”的青年合理搭配,如果以 51 岁以上、36-50、35 岁以下 3 个年龄段来划分老、中、青的话(此划分方法仅供参考),合理年龄结构所占比例在 15:45:40 较为合适,并处于不断发展的动态平衡中。而目前 51 岁以上、36-50、35 岁以下 3 个年龄段差异甚大。

(二)知识结构参差不齐。地税机构在组建初期,人员一部分由原税务局划转,一部分从行政企事业单位调入,一部分为接收学校毕业生,一部分为部队转业人员,人员来源途径复杂,专业五花八门,学历参差不齐,队伍整体素质偏低。后来在发展过程中,为提高干部能力水平,地税系统曾花大力气在提升干部学历层次上做文章,短期内干部学历层次大跃进,纷纷达到大专、本科,有的已经达到研究生。由于部分高校片面追求经济利益,降低标准要求,一些干部持有的学历与能力并不相称,文凭与水平存在较大差距,用现有学历来衡量能力会出现较大偏差。如果要用学历来衡量能力,往往用第一学历说服力更强。虽然也存在一些人由于不注重知识更新和继续学习,知识衰退,能力水平并不十分突出的现象,但干部仍普遍认同第一学历。目前队伍的专业素质基本能适应税收工作的需要,但从整体上来看,掌握一般性财税知识的人多,复合型、高素质人才依然不足。此外,仍有少数干部,尤其是年龄偏大的干部,不能熟练掌握基本的税收业务知识和政策法规,文字表述能力差,对新生事物接受能力差,有的甚至连基本的征管软件应用都不会。另外，计算机、外语、中文方面人才紧缺，直接制约着地税事业向更高层次发展。

（三）职务结构空间狭窄。从职务结构来看，提拔任用干部的空间很小，大部分干部特别是基层地税部门的干部将以“科员”身份工作到退休。有的单位职数已接近饱和，干部看不到希望。在实际工作中，在职的领导干部多数能够胜任工作，没有理由被卸任，年轻干部哪怕再优秀，也只能排队等待，往往在漫长的等待中消磨了激情。而且由于考核不严、机制不顺等原因，干部只“上”不“下”，只要没有“硬伤”，就可以在领导职位上长期占据，本人没有激情，其他人没有机会。由于职位太少，“有为才会有位”在地税系统往往成为一句空话。尽管省局一直在努力争取，不断提高基层人员的政治待遇，但是，地税系统作为垂管单位，与地方相比，干部尤其是基层干部纵向比起点低、进步空间狭小，横向比进步途径狭窄、提升难度大的现状无法从根本上改变，部分干部长期在升迁无望的氛围中工作，动力逐渐减退，一些干部还放松要求，自暴自弃，形成一种“干好干坏无区别，干多干少无所谓”的不正确认识。有的优秀人才“潜力股”甚至堕落为“垃圾股”，令人痛心。一些干部刚过50岁就进入不求有功，但求无过，混日子等退休的状态。推一推，动一动，甚至推也不动的大有人在。在地税系统，靠行政职务激励的路子只能越走越窄。

（四）地域结构分布不均。在整体分布上，市、县局机关和城区分局的人才资源较为丰富，可使用的人才选择性大。从编制管理角度而言，现行编制主要是在2002年机构改革时确定的，其后只是进行过微调，十几年来，各地经济社会发生了巨大的变化，地税的税源结构、征管模式、征管手段、队伍素质等等也发生了巨大变化，现行编制已经与实际工作需要不匹配。由于编制工作本身是一个敏感及综合性极强的工作，牵一发而动全身，不可能根据需要及时变动，但工作是灵活的，一些单位就采取“抽调”或者“借调”等变通的方式，从农村基层分局调人到城区工作，或者在城区单位之间相互借人，造成实际上的部分单位超编和部分单位缺编并存的现象。由于机关领导地位的需要，以及税源向城区集中的现状，决定了人员向城区集中有着合理性，在实际工作中，农村分局好一点的人才或刚刚培养起来的业务骨干，都千方百计调往城区，走不了的干部也不安心工作，致使人才基础本就薄弱的农村分局，在队伍管理上更显窘迫。在经济欠发达、工作环境较差、离城区路途远的农村分局，人手紧缺、素质不高的现象更为突出。从业务量来说，大部分农村分局业务量确实小，有的纯粹就是“开票分局”，主要业务就是建安发票的开具，且开票集中在年底，平时平均起来一天开不了一张票，人多确实没有必要。但地税整体上是一盘棋，人才资源分布应合理均衡，才有利于工作的顺利开展。作为一支执法队伍，一个地税基层单位，人数太少、素质过低不利于工作，因为执法规范性、税收信息化等工作要求在城区和农村是相同的，农村分局人才过少，将成为整个地税工作的短板。与此同时，在城区，由于人才扎堆，有时存在富余甚至是浪费现象。少数单位人满为患，两个和尚抬水吃的现象并不少见。

三、对策与建议

从当前队伍的实际状况和工作需要来看，优化干部队伍结构应以调整优化全系统干部队伍的年龄、知识、职务和地域结构为重点，力争实现干部队伍年龄搭配合理、专业知识配套、职务空间拓展、地域分布均衡的目标。

（一）争取支持，特案处理，优化干部队伍年龄结构。在地税系统，解决队伍年龄结构问题很有必要，也很迫切，但这是一个系统工程，单靠省地税局做不到，必须得到省里编制、人力资源、财政等部门的支持。要改善年龄结构：一是拓展出口。干部“能进能出”，关键是“能出”。“出”的路子通了，“进”才有可能。近期，省内有的地市党委为解决干部年龄老化、超编超职数等问题，推行干部队伍“活力工程”：在达到一定年龄的干部中，通过提高工资待遇等优惠政策，鼓励干部提前退休，让出岗位、让出编制。所空出的职位和编制，通过公开选拔竞岗、招录等方式，补充新鲜血液，增强队伍活力。在2002年市、县地税局机构改革时，地税系统也曾经出台过“提前离岗”政策，让达到一定年龄的干部提前离开岗位，待遇不变，不占编制。省地税局可将地税队伍年龄结构问题专题向省里有关部门报告，争取支持，同意地税系统采取类似措施，对干部从经济待遇上给予补偿，鼓励提前退休或离岗，以便及时招录更多的新人，改善队伍年龄结构。二是特事特办。在退休高峰来临之前，省局要采取措施提前应对，争取省里相关部门对地税的编制在短期内进行动态调节，对即将退休而尚未空出的大量编制，同意提前3年使用，以便招录新人，保证地税工作不致因人员集中退休而造成大的冲击。地税队伍的年龄结构问题确实情况特殊，既有历史原因，又有体制原因，不特案办理很难解决。

(二)改进培训，多措并举，优化干部队伍知识结构。目前，从外部大规模引进高素质人才来优化干部队伍知识结构是不现实的，只有依靠自身来调整。各单位要根据干部队伍现状，确定知识结构优化目标，有针对性地开展培训。一要淡化学历教育，强化学位教育。根据规定，公务员最低需要达到大专以上学历，目前干部都已达到了，而且地税系统的学历层次，已高于其他系统，作为组织上，继续花大力气提高干部学历意义不大，提升干部能力才是硬道理。要组织对各单位已经出台的教育培训奖励办法进行清理，对取得学历证书的奖励标准可维持不变，对取得学位证书的奖励标准可以大幅度提高。二要鼓励干部参加资格考试。调研显示，从当前工作需要和未来发展需求来看，持有经济师、会计师证书人数分别达到本单位总人数的30%、15%以上，持有注册税务师、注册会计师、律师证书人数分别达到10%、4%、1%以上，干部的整体素质将大幅度提高，将是一支能力过硬、结构优良的专业化干部队伍。各单位要在鼓励干部参加资格考试上下大力气。三要建设“安徽地税干部教育在线”。在线学习能及时更新内容，将当前干部需要掌握的知识实时传递。省地税局可依托内网，建设地税干部在线教育平台，运行模式可参考省委组织部“安徽干部教育在线”，内容可采取切块分工的办法，16个市地税局和省局有关处室各负责一块内容的制作以及更新维护。安徽省地税系统能建好数据大集中这样的工程，建设“安徽地税干部教育在线”在技术上应该不成问题。而且建设和维护的过程也是锻炼干部的过程，有利于优化干部队伍的知识结构。四要发挥兼职教师队伍作用。“土专家”传授的知识贴近工作实际，用身边的人说身边的事，实用性、针对性更强，能引起干部的共鸣，而且能随时随地与干部互动，不受时空限制，培训的成本也远低于外出培训和外请专家授课。当前，兼职教师的作用并未得到充分发挥，今后，要加强对系统内兼职教师的专门培训，既要完善他们的专业知识，又要提升他们的授课能力。要善待兼职教师，给予合理的经济待遇，不能对外请的专家慷慨大方，对家里的教师却在给予授课报酬时瞻前顾后，左顾右盼，片面强调奉献，要充分考虑到兼职教师的性价比和以点带面的作用。只要长期坚持，兼职教师对促进队伍素质提升的效果就会体现出来，兼职教师也会成为优化干部队伍知识结构的“排头兵”。五要用好外部资源培养紧缺人才。一方面根据需要和经费承受能力，继续利用高校教育资源外出办班，或者聘请专家上门授课；另一方面，对普遍缺乏，但本单位需求量又不是太大的人才，如外语人才，可将基础较好的干部送到高校插班学习。对文秘人才，可协调当地市(县)委、政府办公室，将文秘人员送去跟班学习。

(三)拓展空间，积极探索，优化干部队伍职务结构。既然干部晋升纵向出口窄，就可以想办法拓宽横向出口，充分利用地税专业化管理的特点，实现在不同岗位、不同职能部门上的多点开花，促进干部成才。一是探索试行税衔制。可借鉴海关系统的关衔制和公安系统的警衔制模式，参照与关衔或警衔相对应的级别，探索税衔制的路子，拓宽税务人才成长的空间，解决地税人员的级别和待遇问题。施行税衔制，以业务素质和工作能力为标准，不受职数的限制，只要达到相应的等级标准，就可以享受相应级别的待遇。二是探索设置虚拟职务。地税干部可划分为“行政管理、业务管理”两大系列，我们可以把科员级别的人员对应到不同的系列中去，在行政职务之外，设置虚拟职务。通过设立不同标准的考评指标，干部在考核达标后，分别按相对独立的提升体系晋升级别。如：在行政管理序列，可以设置初级管理员、中级管理员和高级管理员；在业务管理序列，可以设置一级税务员、二级税务员、三级税务员。在现行津补贴政策下，拿出一部分资金，将干部的工资待遇与虚拟职务挂钩。在待遇设置上，虚拟职务可与行政职务实行“双轨制”，在待遇上与行政职务具有一定的可比性，体现以能定酬。这样将极大地调动干部职工学习和工作的积极性。特别是对那些晋升困难的年轻干部，将产生巨大的激励作用。三是探索拓宽人才出口。以前地税干部不愿到地方工作，主要是考虑到地税的待遇好。随着工资津补贴属地化管理，以及津补贴政策日趋严格规范，地税的待遇优势已不明显。在职数少、晋升难的情况下，一些有条件的干部会考虑去地方机关干一番事业。但他们也有顾虑，患得患失，这些人在地税系统也不安心。省局可以向有关部门建议，借鉴援藏干部体制，在干部中通过自愿申报、推荐选拔的方式，派一些优秀的地税干部到地方党委、政府挂职，在一定期限内（比如3年），若干部能适应地方工作、愿意留在地方的，可以转出人事关系；若要求回到地税的，按派出时的职级安排适当工作。

（四）整合编制，强化轮岗，优化干部队伍地域结构。人才在各单位、各岗位均衡分布，有利于人才整体效能的发挥和队伍的协调发展。一要适当整合机构编制。随着社会经济发展和征管改革的需要，可对地税系统的机构、编制情况进行专门调研，着手为新形势下地税系统的机构编制管理改革做准备。一是对部分机构进行整合，更好地为纳税人服务，如：突出纳税服务系列的地位，设立纳税服务局等。二是调整编制分布。将编制的配备与收入任务相协调、与税源结构相适应，解决目前编制明确到分局（所），个别单位人员编制数量与实际需要的人数存在动态脱节问题。三是突出对农村分局进行适当整合。当前，由于农村税收征管逐渐淡化，农村分局编制多、干部少的状况在短期内难以改变，考虑到基层干部领导职数的需要，机构报批的不易，以及“营改增”后对地税影响的不确定性，对农村分局暂不撤并，可将2至3个地域相邻的分局实行合署办公、资源共享。实行几块牌子、一套人马，对外依各自征管范围独立执法，对内实行一个机构综合管理。对辖区内各乡镇，安排“流动办税服务车”定时定点为纳税人提供服务。二要继续坚持岗位轮换。轮岗有利于解决人才分布不均衡的问题，丰富干部知识结构，提升工作能力。当前，需要继续强力推进内部轮岗，通过严格执行岗位工作最高年限，强制实行跨部门、跨地域轮岗。既可以分系列轮岗，如从事行政管理的干部，在人事、监察、办公室、党务等部门间轮岗；从事业务管理的干部，在税政、征管、法规、稽查等部门间轮岗。也可以跨系列轮岗。既可以在城区（农村）轮岗，更要在城乡之间轮岗。还可以在系统内部上下轮岗，挂职锻炼。轮岗要做好规划，不能为轮岗而轮岗，要与优化队伍的结构和优化干部本人的知识结构结合起来。

优化干部队伍结构，加强人才队伍建设是一个系统工程，既需要长期的真抓实干，又需要积极的改革探索，还需要外部的支持帮助。各级地税机关要充分发挥自身优势，从各方面积极营造有利于人才发展的内、外部环境，抓协调、抓选配、抓培养、抓创新，推动干部队伍结构的逐步优化。要进一步加大激励力度，着眼长远，建章立制，引导干部自觉参与，努力提高自身素质，合力建设一支精干高效、素质优良的地税人才队伍，为推进税收管理转型升级、实现地税事业科学发展提供强大动力和组织保障。

执笔：安徽省地税局政治部

第七部分　税收统计、税务登记资料

税收统计类

全省地税部门组织收入分税费种分市、县(市、区)情况

单位:万元

项　目	全省合计			省直属局		
	2013年	2014年	增长%	2013年	2014年	增长%
地税部门组织收入总计	21262936	23488107	10.5	2167111	2167755	0.0
一、税收收入	13983379	15516971	11.0	881991	788731	-10.6
营业税	4966748	5394436	8.6	186152	183587	-1.4
个人所得税	1085295	1303388	20.1	36733	44522	21.2
土地增值税	911505	966655	6.1	6409	9675	51.0
城市维护建设税	904447	1013338	12.0	20443	25339	23.9
车船使用税	106988	128294	19.9			
房产税	315445	386350	22.5	5189	5474	5.5
资源税	197364	208196	5.5	26615	27958	5.0
土地使用税	712233	1003793	40.9	3776	8062	113.5
印花税	188803	208694	10.5	4381	4389	0.2
企业所得税	1871887	2090320	11.7	436702	336901	-22.9
烟叶税	13096	19187	46.5			
契税	1888921	1956615	3.6			
耕地占用税	389851	357423	-8.3	144285	130502	-9.6
教育费附加	430796	480282	11.5	11306	12322	9.0
二、基金费收入合计	7277443	7970203	9.5	1285118	1379019	7.3
(一)社会保险费收入小计	6782130	7416594	9.4	1272589	1365267	7.3
基本养老保险费	4542992	4855185	6.9	1066986	1116658	4.7
失业保险费	310373	367897	18.5	24761	29794	20.3
基本医疗保险费	1619073	1853280	14.5	163106	197252	20.9
工伤保险费	175224	186435	6.4	8090	9794	21.1
生育保险费	75070	89583	19.3	8204	10264	25.1
城镇居民医疗保障费	59398	64214	8.1	1442	1505	4.4
(二)其他基金费收入小计	495313	553609	11.8	12529	13752	9.8
残疾人就业保障金	33993	37159	9.3	1964	1648	-16.1
文化事业建设费	1679	1439	-14.3	6		-100.0
水利基金	174907	200741	14.8	5084	6056	19.1
地方教育附加费	284734	314270	10.4	5475	6048	10.5
三、税务部门其他罚没收入	2114	933	-55.9	2	5	150.0

注:“两税”指耕地占用税和契税

续表

项目	合肥市合计			市区			长丰县		
	2013年	2014年	增长%	2013年	2014年	增长%	2013年	2014年	增长%
地税部门组织收入总计	4773071	5751736	20.5	3673069	4545259	23.7	220616	273733	24.1
一、税收收入	3320526	4118728	24.0	2497914	3209536	28.5	179894	225943	25.6
营业税	1383694	1691278	22.2	1028611	1310045	27.4	81283	97400	19.8
个人所得税	359580	534017	48.5	293378	465963	58.8	9146	13443	47.0
土地增值税	255047	277971	9.0	195935	203845	4.0	16339	20021	22.5
城市维护建设税	221009	256171	15.9	177650	210257	18.4	8666	9164	5.7
车船使用税	27422	30729	12.1	21611	25167	16.5	656	811	23.6
房产税	85110	125610	47.6	72770	102470	40.8	1857	3629	95.4
资源税	11041	12226	10.7	3	2	-33.3	12	9	-25.0
土地使用税	42290	72397	71.2	21340	46365	117.3	3155	5551	75.9
印花税	60489	66382	9.7	47793	52987	10.9	2198	2309	5.1
企业所得税	313636	408845	30.4	214416	298475	39.2	28321	34212	20.8
烟叶税									
契税	434396	496051	14.2	332369	383272	15.3	22314	33012	47.9
耕地占用税	25025	30130	20.4	15346	20287	32.2	642	806	25.5
教育费附加	101787	116921	14.9	76693	90401	17.9	5305	5576	5.1
二、基金费收入合计	1452280	1632736	12.4	1174956	1335498	13.7	40719	47784	17.4
(一)社会保险费收入小计	1312586	1474284	12.3	1065592	1210368	13.6	33756	40452	19.8
基本养老保险费	839048	933709	11.3	694472	781159	12.5	19848	23824	20.0
失业保险费	71125	82946	16.6	56229	68710	22.2	1428	1832	28.3
基本医疗保险费	344662	392361	13.8	268892	307764	14.5	10611	12498	17.8
工伤保险费	29230	32409	10.9	21579	24550	13.8	1334	1609	20.6
生育保险费	20811	24456	17.5	16713	19782	18.4	535	689	28.8
城镇居民医疗保障费	7710	8403	9.0	7708	8403	9.0			
(二)其他基金费收入小计	139694	158452	13.4	109364	125130	14.4	6963	7332	5.3
残疾人就业保障金	12584	13944	10.8	10788	12052	11.7	538	520	-3.3
文化事业建设费	429	417	-2.8	347	284	-18.2	27	33	22.2
水利基金	57531	65840	14.4	45683	52047	13.9	2881	3087	7.2
地方教育附加费	69150	78251	13.2	52546	60747	15.6	3517	3692	5.0
三、税务部门其他罚没收入	265	272	2.6	199	225	13.1	3	6	100.0

续表

项目	肥东县			肥西县			巢湖市(含巢湖市开发区)		
	2013年	2014年	增长%	2013年	2014年	增长%	2013年	2014年	增长%
地税部门组织收入总计	206394	199168	-3.5	268575	332250	23.7	236471	225243	-4.7
一、税收收入	159565	149718	-6.2	212026	269950	27.3	152943	142537	-6.8
营业税	81531	72400	-11.2	87004	109156	25.5	62052	56303	-9.3
个人所得税	11356	9323	-17.9	16825	20635	22.6	13128	13380	1.9
土地增值税	11303	14612	29.3	19420	25432	31.0	7088	8002	12.9
城市维护建设税	7282	6928	-4.9	13267	15269	15.1	9445	9500	0.6
车船使用税	1964	1061	-46.0	893	1041	16.6	1441	1583	9.9
房产税	1579	3496	121.4	3226	8953	177.5	4405	5293	20.2
资源税	57	46	-19.3	6		-100.0	7342	8037	9.5
土地使用税	1962	3777	92.5	4515	9510	110.6	6842	4005	-41.5
印花税	2219	2145	-3.3	3058	5728	87.3	4180	2154	-48.5
企业所得税	10904	12795	17.3	23180	23347	0.7	12436	15215	22.3
烟叶税									
契税	21038	16786	-20.2	32062	39362	22.8	18047	12293	-31.9
耕地占用税	3660	1775	-51.5	776	2614	236.9	2096	2339	11.6
教育费附加	4710	4574	-2.9	7794	8903	14.2	4440	4433	-0.2
二、基金费收入合计	46802	49440	5.6	56532	62289	10.2	83525	82700	-1.0
(一)社会保险费收入小计	40828	43313	6.1	47411	51138	7.9	78539	77537	-1.3
基本养老保险费	22254	24846	11.6	29036	31571	8.7	48159	44996	-6.6
失业保险费	4549	1669	-63.3	1838	1909	3.9	4261	4882	14.6
基本医疗保险费	12369	15079	21.9	14356	15023	4.6	22005	23817	8.2
工伤保险费	1251	1242	-0.7	1470	1807	22.9	2337	1836	-21.4
生育保险费	403	477	18.4	711	828	16.5	1776	2006	12.9
城镇居民医疗保障费	2								
(二)其他基金费收入小计	5974	6127	2.6	9121	11151	22.3	4986	5163	3.5
残疾人就业保障金	396	409	3.3	405	501	23.7	321	325	1.2
文化事业建设费	8	8	0.0	23	67	191.3	24	25	4.2
水利基金	2439	2672	9.6	3506	4748	35.4	1740	1871	7.5
地方教育附加费	3131	3038	-3.0	5187	5835	12.5	2901	2942	1.4
三、税务部门其他罚没收入	27	10	-63.0	17	11	-35.3	3	6	100.0

续表

项　　目	庐江县			淮北市合计			市区		
	2013 年	2014 年	增长%	2013 年	2014 年	增长%	2013 年	2014 年	增长%
地税部门组织收入总计	167946	176083	4.8	656333	662077	0.9	520116	501726	-3.5
一、税收收入	118184	121044	2.4	369617	397118	7.4	265865	268402	1.0
营业税	43213	45974	6.4	115372	133304	15.5	77225	93703	21.3
个人所得税	15747	11273	-28.4	22687	25937	14.3	17887	20261	13.3
土地增值税	4962	6059	22.1	14521	22272	53.4	9098	14753	62.2
城市维护建设税	4699	5053	7.5	27102	30123	11.1	20415	22305	9.3
车船使用税	857	1066	24.4	3800	4849	27.6	3337	4305	29.0
房产税	1273	1769	39.0	9795	11817	20.6	7619	8519	11.8
资源税	3621	4132	14.1	8896	11245	26.4	7866	8257	5.0
土地使用税	4476	3189	-28.8	34717	37541	8.1	22465	22894	1.9
印花税	1041	1059	1.7	6008	6796	13.1	4357	5123	17.6
企业所得税	24379	24801	1.7	34588	35830	3.6	16985	16844	-0.8
烟叶税									
契税	8566	11326	32.2	65768	45164	-31.3	56961	29045	-49.0
耕地占用税	2505	2309	-7.8	13418	17584	31.0	12216	11984	-1.9
教育费附加	2845	3034	6.6	12945	14656	13.2	9434	10409	10.3
二、基金费收入合计	49746	55025	10.6	286048	264938	-7.4	253585	233308	-8.0
(一)社会保险费收入小计	46460	51476	10.8	271707	249875	-8.0	243411	222451	-8.6
基本养老保险费	25279	27313	8.0	169415	156560	-7.6	149754	142674	-4.7
失业保险费	2820	3944	39.9	22151	14887	-32.8	21485	14136	-34.2
基本医疗保险费	16429	18180	10.7	51561	56241	9.1	44114	44170	0.1
工伤保险费	1259	1365	8.4	25166	18139	-27.9	24689	17505	-29.1
生育保险费	673	674	0.1	920	978	6.3	875	896	2.4
城镇居民医疗保障费				2494	3070	23.1	2494	3070	23.1
(二)其他基金费收入小计	3286	3549	8.0	14341	15063	5.0	10174	10857	6.7
残疾人就业保障金	136	137	0.7	1009	934	-7.4	926	860	-7.1
文化事业建设费				80	69	-13.8	74	64	-13.5
水利基金	1282	1415	10.4	4209	4615	9.6	2569	2872	11.8
地方教育附加费	1868	1997	6.9	9043	9445	4.4	6605	7061	6.9
三、税务部门其他罚没收入	16	14	-12.5	668	21	-96.9	666	16	-97.6

续表

项　　目	濉溪县			亳州市合计			市直		
	2013 年	2014 年	增长%	2013 年	2014 年	增长%	2013 年	2014 年	增长%
地税部门组织收入总计	136217	160351	17.7	653688	725812	11.0	201809	248944	23.4
一、税收收入	103752	128716	24.1	498288	551119	10.6	158974	198931	25.1
营业税	38147	39601	3.8	168374	192660	14.4	34839	58676	68.4
个人所得税	4800	5676	18.3	20864	24811	18.9	8568	12265	43.1
土地增值税	5423	7519	38.7	22159	24452	10.3	3560	6547	83.9
城市维护建设税	6687	7818	16.9	29278	31930	9.1	11594	13094	12.9
车船使用税	463	544	17.5	6366	7710	21.1	2443	3089	26.4
房产税	2176	3298	51.6	5654	6253	10.6	1097	1951	77.8
资源税	1030	2988	190.1	2528	2050	-18.9		97	
土地使用税	12252	14647	19.5	10684	18661	74.7	2353	4751	101.9
印花税	1651	1673	1.3	5229	6385	22.1	1493	2133	42.9
企业所得税	17603	18986	7.9	85649	112847	31.8	36170	46841	29.5
烟叶税				1620	1061	-34.5		0	
契税	8807	16119	83.0	110032	97922	-11.0	45962	39997	-13.0
耕地占用税	1202	5600	365.9	15154	8255	-45.5	5701	3235	-43.3
教育费附加	3511	4247	21.0	14697	16122	9.7	5194	6255	20.4
二、基金费收入合计	32463	31630	-2.6	155375	174669	12.4	42832	50010	16.8
(一)社会保险费收入小计	28296	27424	-3.1	139315	156362	12.2	37854	43699	15.4
基本养老保险费	19661	13886	-29.4	80252	89728	11.8	22781	26355	15.7
失业保险费	666	751	12.8	5479	6494	18.5	2020	2364	17.0
基本医疗保险费	7447	12071	62.1	45875	51361	12.0	10592	12372	16.8
工伤保险费	477	634	32.9	4214	5053	19.9	1724	1731	0.4
生育保险费	45	82		2104	2183	3.8	666	801	20.3
城镇居民医疗保障费				1391	1543	10.9	71	76	7.0
(二)其他基金费收入小计	4167	4206	0.9	16060	18307	14.0	4978	6311	26.8
残疾人就业保障金	83	74	-10.8	1448	2189	51.2	513	840	63.7
文化事业建设费	6	5	-16.7	2	13	550.0	0	0	
水利基金	1640	1743	6.3	4880	5387	10.4	1008	1314	30.4
地方教育附加费	2438	2384	-2.2	9730	10718	10.2	3457	4157	20.2
三、税务部门其他罚没收入	7	5	-28.6	25	24	-4.0	3	3	0.0

续表

项　　目	谯城区			涡阳县			蒙城县		
	2013 年	2014 年	增长%	2013 年	2014 年	增长%	2013 年	2014 年	增长%
地税部门组织收入总计	131726	149811	13.7	131079	101422	-22.6	109205	131899	20.8
一、税收收入	100363	115120	14.7	99072	68910	-30.4	78068	95530	22.4
营业税	45918	43332	-5.6	32712	25258	-22.8	30520	36396	19.3
个人所得税	3854	3384	-12.2	4325	4404	1.8	2517	2793	11.0
土地增值税	4776	6476	35.6	7414	2689	-63.7	3072	4679	52.3
城市维护建设税	6463	7298	12.9	4783	3296	-31.1	3864	4727	22.3
车船使用税		0		829	1082	30.5	1830	2106	15.1
房产税	1346	1118	-16.9	1719	1597	-7.1	1079	1156	7.1
资源税	45	52	15.6	1933	1164	-39.8	493	734	48.9
土地使用税	2192	3784	72.6	2955	4973	68.3	2237	3893	74.0
印花税	1141	1741	52.6	1072	857	-20.1	1042	738	-29.2
企业所得税	19970	28458	42.5	9445	9481	0.4	10348	14293	38.1
烟叶税	1620	1061	-34.5						
契税	7309	13515	84.9	27129	11493	-57.6	15426	19061	23.6
耕地占用税	2778	1593	-42.7	1885	640	-66.0	3301	2123	-35.7
教育费附加	2951	3308	12.1	2871	1976	-31.2	2339	2831	21.0
二、基金费收入合计	31352	34679	10.6	32006	32509	1.6	31129	36366	16.8
(一)社会保险费收入小计	27628	30273	9.6	28882	30164	4.4	28442	33204	16.7
基本养老保险费	16567	18807	13.5	17421	18075	3.8	15422	18033	16.9
失业保险费	782	874	11.8	863	1015	17.6	1224	1618	32.2
基本医疗保险费	9164	9392	2.5	9055	9115	0.7	10260	11778	14.8
工伤保险费	746	803	7.6	472	833	76.5	615	900	46.3
生育保险费	369	397	7.6	479	497	3.8	355	316	-11.0
城镇居民医疗保障费		0		592	629	6.3	566	559	-1.2
(二)其他基金费收入小计	3724	4406	18.3	3124	2345	-24.9	2687	3162	17.7
残疾人就业保障金	299	401	34.1	109	246	125.7	328	422	28.7
文化事业建设费	1	13	1200.0				1		
水利基金	1497	1792	19.7	1117	794	-28.9	800	857	7.1
地方教育附加费	1927	2200	14.2	1898	1305	-31.2	1558	1883	20.9
三、税务部门其他罚没收入	11	12	9.1	1	3		8	3	-62.5

续表

项　　目	利辛县			宿州市合计			埇桥区		
	2013 年	2014 年	增长%	2013 年	2014 年	增长%	2013 年	2014 年	增长%
地税部门组织收入总计	79869	93736	17.4	633207	745877	17.8	162571	166189	2.2
一、税收收入	61811	72628	17.5	446321	537050	20.3	112424	114409	1.8
营业税	24385	28998	18.9	166186	195032	17.4	47372	37121	-21.6
个人所得税	1600	1965	22.8	26833	33113	23.4	13174	11392	-13.5
土地增值税	3337	4061	21.7	33162	39330	18.6	8222	4502	-45.2
城市维护建设税	2574	3515	36.6	23018	26725	16.1	8504	8486	-0.2
车船使用税	1264	1433	13.4	5497	6463	17.6	1794	1939	8.1
房产税	413	431	4.4	6137	7998	30.3	2474	3160	27.7
资源税	57	3	-94.7	8258	10546	27.7	4162	3631	-12.8
土地使用税	947	1260	33.1	17669	49057	177.6	6384	21114	230.7
印花税	481	916	90.4	4778	5573	16.6	1198	1353	12.9
企业所得税	9716	13774	41.8	44298	68927	55.6	9204	12380	34.5
烟叶税		0							
契税	14206	13856	-2.5	88659	70027	-21.0	3739	4471	19.6
耕地占用税	1489	664	-55.4	9014	10884	20.7	951	626	-34.2
教育费附加	1342	1752	30.6	12812	13375	4.4	5246	4234	-19.3
二、基金费收入合计	18056	21105	16.9	186852	208769	11.7	50129	51752	3.2
(一)社会保险费收入小计	16509	19022	15.2	173963	193876	11.4	46001	48013	4.4
基本养老保险费	8061	8458	4.9	104426	115461	10.6	29202	29070	-0.5
失业保险费	590	623	5.6	7638	8856	15.9	1683	1679	-0.2
基本医疗保险费	6804	8704	27.9	54380	60293	10.9	12855	14802	15.1
工伤保险费	657	786	19.6	2759	3600	30.5	587	600	2.2
生育保险费	235	172	-26.8	2293	2887	25.9	409	442	8.1
城镇居民医疗保障费	162	279	72.2	2467	2779	12.6	1265	1420	12.3
(二)其他基金费收入小计	1547	2083	34.6	12889	14893	15.5	4128	3739	-9.4
残疾人就业保障金	199	280	40.7	681	686	0.7	129	130	0.8
文化事业建设费		0		12	11	-8.3	7	7	0.0
水利基金	458	630	37.6	4461	5564	24.7	1346	1395	3.6
地方教育附加费	890	1173	31.8	7735	8632	11.6	2646	2207	-16.6
三、税务部门其他罚没收入	2	3	50.0	34	58	70.6	18	28	55.6

续表

项　目	市直			砀山县			萧县		
	2013 年	2014 年	增长%	2013 年	2014 年	增长%	2013 年	2014 年	增长%
地税部门组织收入总计	224848	292546	30.1	61497	69747	13.4	77863	90991	16.9
一、税收收入	170890	227189	32.9	38004	44146	16.2	53412	63818	19.5
营业税	47296	74470	57.5	17305	18997	9.8	21168	21162	0.0
个人所得税	8020	12790	59.5	1223	1657	35.5	1500	3416	127.7
土地增值税	12251	18838	53.8	3318	3518	6.0	3730	3390	-9.1
城市维护建设税	9103	11634	27.8	1346	1539	14.3	1729	1850	7.0
车船使用税	1095	1350	23.3	709	870	22.7	817	1005	23.0
房产税	1896	2928	54.4	531	546	2.8	438	562	28.3
资源税	488		-100.0	18	34	88.9	2460	6273	155.0
土地使用税	7371	19692	167.2	1492	1816	21.7	1052	2675	154.3
印花税	2046	2406	17.6	363	386	6.3	526	564	7.2
企业所得税	11168	24394	118.4	4856	6123	26.1	10195	15250	49.6
烟叶税									
契税	60261	46503	-22.8	5515	6995	26.8	7779	4996	-35.8
耕地占用税	5687	7134	25.4	517	740	43.1	927	1485	60.2
教育费附加	4208	5050	20.0	811	925	14.1	1091	1190	9.1
二、基金费收入合计	53950	65348	21.1	23492	25598	9.0	24450	27168	11.1
(一)社会保险费收入小计	49270	59073	19.9	22504	24432	8.6	23256	25837	11.1
基本养老保险费	28603	34138	19.4	14494	15895	9.7	13790	15668	13.6
失业保险费	2742	3869	41.1	617	742	20.3	1502	1209	-19.5
基本医疗保险费	16124	18389	14.0	6584	6721	2.1	6893	7753	12.5
工伤保险费	908	1394	53.5	308	496	61.0	349	383	9.7
生育保险费	823	1224	48.7	151	156	3.3	343	436	27.1
城镇居民医疗保障费	70	59	-15.7	350	422	20.6	379	388	2.4
(二)其他基金费收入小计	4680	6275	34.1	988	1166	18.0	1194	1331	11.5
残疾人就业保障金	284	252	-11.3	68	80	17.6	67	69	3.0
文化事业建设费		1					1		-100.0
水利基金	1522	2238	47.0	392	468	19.4	404	480	18.8
地方教育附加费	2874	3784	31.7	528	618	17.0	722	782	8.3
三、税务部门其他罚没收入	8	9	12.5	1	3	200.0	1	5	400.0

续表

项　目	灵璧县			泗县			蚌埠市合计		
	2013 年	2014 年	增长%	2013 年	2014 年	增长%	2013 年	2014 年	增长%
地税部门组织收入总计	53275	62636	17.6	53153	63768	20.0	980884	1114817	13.7
一、税收收入	34380	41597	21.0	37211	45891	23.3	645366	735175	13.9
营业税	15716	20248	28.8	17329	23034	32.9	247255	258722	4.6
个人所得税	1352	1921	42.1	1564	1937	23.8	32501	35203	8.3
土地增值税	2473	5343	116.1	3168	3739	18.0	39170	41310	5.5
城市维护建设税	1084	1360	25.5	1252	1856	48.2	72662	76602	5.4
车船使用税	588	703	19.6	494	596	20.6	5650	7242	28.2
房产税	359	343	-4.5	439	459	4.6	11369	17448	53.5
资源税	1072	550	-48.7	58	58	0.0	155	734	373.5
土地使用税	633	1056	66.8	737	2704	266.9	23229	48010	106.7
印花税	349	442	26.6	296	422	42.6	8524	10842	27.2
企业所得税	3406	4522	32.8	5469	6258	14.4	77183	101874	32.0
烟叶税								0	
契税	5854	3697	-36.8	5511	3365	-38.9	81746	92749	13.5
耕地占用税	811	568	-30.0	121	331	173.6	13279	9809	-26.1
教育费附加	683	844	23.6	773	1132	46.4	32643	34630	6.1
二、基金费收入合计	18892	21035	11.3	15939	17868	12.1	335504	379611	13.1
(一)社会保险费收入小计	17969	19914	10.8	14963	16607	11.0	302849	343633	13.5
基本养老保险费	9757	10988	12.6	8580	9702	13.1	186005	208441	12.1
失业保险费	498	906	81.9	596	451	-24.3	14543	20690	42.3
基本医疗保险费	6850	7010	2.3	5074	5618	10.7	89712	99525	10.9
工伤保险费	343	406	18.4	264	321	21.6	5638	6539	16.0
生育保险费	339	370	9.1	228	259	13.6	3887	5274	35.7
城镇居民医疗保障费	182	234	28.6	221	256	15.8	3064	3164	3.3
(二)其他基金费收入小计	923	1121	21.5	976	1261	29.2	32655	35978	10.2
残疾人就业保障金	92	101	9.8	41	54	31.7	1516	1623	7.1
文化事业建设费	2	2	0.0	2	1	-50.0	132	106	-19.7
水利基金	375	453	20.8	422	530	25.6	9020	9901	9.8
地方教育附加费	454	565	24.4	511	676	32.3	21987	24348	10.7
三、税务部门其他罚没收入	3	4	33.3	3	9	200.0	14	31	121.4

续表

项　　目	市区			怀远县			五河县		
	2013 年	2014 年	增长%	2013 年	2014 年	增长%	2013 年	2014 年	增长%
地税部门组织收入总计	739167	842927	14.0	100350	112839	12.4	79770	85797	7.6
一、税收收入	475739	543903	14.3	68921	78005	13.2	59250	62146	4.9
营业税	174485	180726	3.6	28056	33125	18.1	32084	26287	-18.1
个人所得税	26893	28658	6.6	2748	2674	-2.7	1832	2843	55.2
土地增值税	28812	30724	6.6	4917	3856	-21.6	4027	4018	-0.2
城市维护建设税	64223	66902	4.2	4231	4438	4.9	2593	2846	9.8
车船使用税	3226	3884	20.4	1364	1536	12.6	624	1345	115.5
房产税	8781	14682	67.2	1249	1149	-8.0	565	814	44.1
资源税	40	371		81	332	309.9	21	24	14.3
土地使用税	12064	32120	166.2	7045	8549	21.3	1854	3217	73.5
印花税	6000	7620	27.0	1288	1248	-3.1	699	703	0.6
企业所得税	60144	77501	28.9	7607	7574	-0.4	6574	8658	31.7
烟叶税									
契税	57351	65343	13.9	7118	9951	39.8	6124	9427	53.9
耕地占用税	6320	6772	7.2	516	732	41.9	698	270	-61.3
教育费附加	27400	28600	4.4	2701	2841	5.2	1555	1694	8.9
二、基金费收入合计	263419	299010	13.5	31428	34823	10.8	20518	23648	15.3
(一)社会保险费收入小计	237475	270326	13.8	27997	31260	11.7	18492	21673	17.2
基本养老保险费	146192	166022	13.6	16551	17544	6.0	12079	12908	6.9
失业保险费	12165	16920	39.1	861	1200	39.4	654	1437	119.7
基本医疗保险费	69694	75911	8.9	9193	11001	19.7	5016	6447	28.5
工伤保险费	4417	5220	18.2	451	489	8.4	287	361	25.8
生育保险费	3138	4276	36.3	331	463	39.9	193	249	29.0
城镇居民医疗保障费	1869	1977	5.8	610	563	-7.7	263	271	3.0
(二)其他基金费收入小计	25944	28684	10.6	3431	3563	3.8	2026	1975	-2.5
残疾人就业保障金	1180	1265	7.2	193	199	3.1	79	80	1.3
文化事业建设费	101	90	-10.9	18	11	-38.9	7	5	-28.6
水利基金	6177	7002	13.4	1419	1458	2.7	900	761	-15.4
地方教育附加费	18486	20327	10.0	1801	1895	5.2	1040	1129	8.6
三、税务部门其他罚没收入	9	14	55.6	1	11	1000.0	2	3	50.0

续表

项目	固镇县			阜阳市合计			颍州区		
	2013 年	2014 年	增长%	2013 年	2014 年	增长%	2013 年	2014 年	增长%
地税部门组织收入总计	61597	73254	18.9	869112	1073914	23.6	132383	173759	31.3
一、税收收入	41456	51121	23.3	599834	765409	27.6	93615	128588	37.4
营业税	12630	18584	47.1	209558	262089	25.1	40480	58158	43.7
个人所得税	1028	1028	0.0	34899	35744	2.4	2962	3699	24.9
土地增值税	1414	2712	91.8	36660	52881	44.2	7649	14645	91.5
城市维护建设税	1615	2416	49.6	53403	55955	4.8	4277	5712	33.6
车船使用税	436	477	9.4	10051	12773	27.1	167	164	-1.8
房产税	774	803	3.7	10298	9771	-5.1	1266	1215	-4.0
资源税	13	7	-46.2	4290	4827	12.5	3	22	633.3
土地使用税	2266	4124	82.0	34538	33753	-2.3	1193	2568	115.3
印花税	537	1271	136.7	7004	8494	21.3	873	1284	47.1
企业所得税	2858	8141	184.8	51903	89951	73.3	9063	14850	63.9
烟叶税		0		524	273			0	
契税	11153	8028	-28.0	101400	147353	45.3	23802	23795	0.0
耕地占用税	5745	2035	-64.6	19510	23557	20.7	11	0	-100.0
教育费附加	987	1495	51.5	25796	27988	8.5	1869	2476	32.5
二、基金费收入合计	20139	22130	9.9	269221	308387	14.5	38754	45147	16.5
(一)社会保险费收入小计	18885	20374	7.9	242479	278626	14.9	36227	41846	15.5
基本养老保险费	11183	11967	7.0	142803	164200	15.0	22312	26762	19.9
失业保险费	863	1133	31.3	12035	14389	19.6	1525	1917	25.7
基本医疗保险费	5809	6166	6.1	76559	85803	12.1	10206	10929	7.1
工伤保险费	483	469	-2.9	5966	6895	15.6	1024	881	-14.0
生育保险费	225	286	27.1	3764	4510	19.8	475	611	28.6
城镇居民医疗保障费	322	353	9.6	1352	2829	109.2	685	746	8.9
(二)其他基金费收入小计	1254	1756	40.0	26742	29761	11.3	2527	3301	30.6
残疾人就业保障金	64	79	23.4	1743	1959	12.4	260	326	25.4
文化事业建设费	6	0	-100.0	52	45	-13.5	28	21	-25.0
水利基金	524	680	29.8	7969	9277	16.4	993	1316	32.5
地方教育附加费	660	997	51.1	16978	18480	8.8	1246	1638	31.5
三、税务部门其他罚没收入	2	3	50.0	57	118	107.0	14	24	

续表

项目	颍东区			颍泉区			临泉县		
	2013 年	2014 年	增长%	2013 年	2014 年	增长%	2013 年	2014 年	增长%
地税部门组织收入总计	44454	59730	34.4	84577	102165	20.8	69623	77337	11.1
一、税收收入	29696	41825	40.8	55040	70131	27.4	46746	50510	8.1
营业税	15917	16868	6.0	22214	30032	35.2	18487	18050	-2.4
个人所得税	1407	1506	7.0	1709	2696	57.8	5084	3040	-40.2
土地增值税	1343	1712	27.5	6755	6767	0.2	2592	2915	12.5
城市维护建设税	1659	2310	39.2	2603	3240	24.5	2077	1909	-8.1
车船使用税	241	2034	744.0	320	406	26.9	604	710	17.5
房产税	732	573	-21.7	1541	1467	-4.8	853	515	-39.6
资源税	311	317	1.9		0		198	165	-16.7
土地使用税	760	1945	155.9	1856	1826	-1.6	1247	2301	84.5
印花税	418	646	54.5	613	899	46.7	633	541	-14.5
企业所得税	2264	4904	116.6	9152	13344	45.8	4516	6902	52.8
烟叶税		0			0			0	
契税	3368	6997	107.7	118	7925	6616.1	4975	10423	109.5
耕地占用税	475	935	96.8	7100	204	-97.1	4286	1878	-56.2
教育费附加	801	1078	34.6	1059	1325	25.1	1194	1161	-2.8
二、基金费收入合计	14753	17903	21.4	29519	32026	8.5	22873	26767	17.0
(一)社会保险费收入小计	13758	16730	21.6	28126	30247	7.5	21320	25149	18.0
基本养老保险费	7425	8599	15.8	17815	18550	4.1	12085	14022	16.0
失业保险费	899	1063	18.2	1628	1883	15.7	1359	1676	23.3
基本医疗保险费	4880	5486	12.4	7650	7967	4.1	6645	8247	24.1
工伤保险费	289	297	2.8	618	525	-15.0	608	824	35.5
生育保险费	260	298	14.6	415	445	7.2	300	379	26.3
城镇居民医疗保障费	5	987	19640.0		877		323	1	-99.7
(二)其他基金费收入小计	995	1173	17.9	1393	1779	27.7	1553	1618	4.2
残疾人就业保障金	88	97	10.2	194	203	4.6	91	104	14.3
文化事业建设费	3		-100.0	15	18	20.0		0	
水利基金	394	349	-11.4	571	758	32.7	739	744	0.7
地方教育附加费	510	727	42.5	613	800	30.5	723	770	6.5
三、税务部门其他罚没收入	5	2	-60.0	18	8	-55.6	4	60	1400.0

续表

项目	太和县			阜南县			颍上县		
	2013年	2014年	增长%	2013年	2014年	增长%	2013年	2014年	增长%
地税部门组织收入总计	79973	111246	39.1	51086	60020	17.5	101080	108590	7.4
一、税收收入	50641	80532	59.0	32098	38001	18.4	78927	85652	8.5
营业税	21063	28904	37.2	15351	16515	7.6	23034	27173	18.0
个人所得税	1726	3092	79.1	1779	1813	1.9	4615	4627	0.3
土地增值税	3595	7661	113.1	1910	2108	10.4	4044	5125	26.7
城市维护建设税	3719	3840	3.3	1412	1604	13.6	6248	6008	-3.8
车船使用税	1085	1376	26.8	590	886	50.2	721	918	27.3
房产税	1269	1333	5.0	336	296	-11.9	1216	1411	16.0
资源税	26	8	-69.2	121	171	41.3	3177	3671	15.5
土地使用税	2390	3634	52.1	723	1722	138.2	19892	11268	-43.4
印花税	1035	1177	13.7	329	356	8.2	690	780	13.0
企业所得税	4599	7367	60.2	3593	3926	9.3	2163	3624	67.5
烟叶税	524	273			0		0	0	
契税	6866	18225	165.4	3457	5863	69.6	6062	10747	77.3
耕地占用税	632	1024	62.0	1619	1749	8.0	3137	6946	
教育费附加	2112	2618	24.0	878	992	13.0	3928	3354	-14.6
二、基金费收入合计	29323	30707	4.7	18986	22017	16.0	22153	22934	3.5
(一)社会保险费收入小计	27085	28052	3.6	17741	20695	16.7	18226	19617	7.6
基本养老保险费	13139	14931	13.6	10287	10563	2.7	10721	10859	1.3
失业保险费	902	1120	24.2	709	554	-21.9	510	755	48.0
基本医疗保险费	12032	10893	-9.5	5830	8569	47.0	6311	6889	9.2
工伤保险费	500	627	25.4	664	637	-4.1	409	769	88.0
生育保险费	394	481	22.1	250	372	48.8	275	345	25.5
城镇居民医疗保障费	118	0	-100.0	1	0			0	
(二)其他基金费收入小计	2238	2655	18.6	1245	1322	6.2	3927	3317	-15.5
残疾人就业保障金	118	130	10.2	161	159	-1.2	105	143	36.2
文化事业建设费		0		3	3	0.0	0	0	
水利基金	709	939	32.4	498	523	5.0	1196	1021	-14.6
地方教育附加费	1411	1586	12.4	583	637	9.3	2626	2153	-18.0
三、税务部门其他罚没收入	9	7	-22.2	2	2	0.0	0	4	

续表

项　目	界首市			征管分局			涉外分局		
	2013 年	2014 年	增长%	2013 年	2014 年	增长%	2013 年	2014 年	增长%
地税部门组织收入总计	59764	81148	35.8	173649	192675	11.0	22860	30456	33.2
一、税收收入	39242	55409	41.2	115371	124123	7.6	17160	23711	38.2
营业税	11536	13659	18.4	17047	16171	-5.1	8224	12913	57.0
个人所得税	3612	2366	-34.5	7782	7680	-1.3	3068	3577	16.6
土地增值税	2391	3057	27.9	3096	4246	37.1		0	
城市维护建设税	6366	9131	43.4	22411	18746	-16.4	590	917	55.4
车船使用税	426	555	30.3	1058	0	-100.0	4481	5273	17.7
房产税	792	738	-6.8	1760	1294	-26.5	308	341	10.7
资源税		0		454	473			0	
土地使用税	1511	2272	50.4	2426	2779	14.6	35	52	48.6
印花税	671	907	35.2	945	812	-14.1	179	246	37.4
企业所得税	2498	3655	46.3	8339	21107	153.1		0	
烟叶税		0			0			0	
契税	5270	12505	137.3	39182	35850	-8.5		0	
耕地占用税	970	1127	16.2	1280	6883	437.7		0	
教育费附加	3199	5437	70.0	9591	8082	-15.7	275	392	42.5
二、基金费收入合计	20520	25737	25.4	58278	68552	17.6	5700	6745	18.3
(一)社会保险费收入小计	17363	20412	17.6	50241	61373	22.2	5243	6169	17.7
基本养老保险费	10631	11966	12.6	31416	39733	26.5	2475	2789	12.7
失业保险费	677	757	11.8	2789	3479	24.7	593	708	19.4
基本医疗保险费	5258	6428	22.3	14239	16173	13.6	1865	2324	24.6
工伤保险费	591	988	67.2	850	1008	18.6	133	134	0.8
生育保险费	196	273	39.3	893	939	5.2	177	214	20.9
城镇居民医疗保障费	10	0	-100.0	54	41	-24.1		0	
(二)其他基金费收入小计	3157	5325	68.7	8037	7179	-10.7	457	576	26.0
残疾人就业保障金	119	138	16.0	339	376	10.9	189	195	3.2
文化事业建设费	3	3	0.0					0	
水利基金	995	1398	40.5	1246	1404	12.7	100	120	20.0
地方教育附加费	2040	3786	85.6	6452	5399	-16.3	168	261	55.4
三、税务部门其他罚没收入	2	2	0.0					0	

续表

项　　目	开发区分局			阜合园区			淮南市合计		
	2013 年	2014 年	增长%	2013 年	2014 年	增长%	2013 年	2014 年	增长%
地税部门组织收入总计	46880	64852	38.3	2783	11936	328.9	1008899	970485	-3.8
一、税收收入	38662	55221	42.8	2636	11706	344.1	623265	513595	-17.6
营业税	14561	19345	32.9	1644	4301	161.6	214079	174497	-18.5
个人所得税	1132	1537	35.8	23	111	382.6	76437	54844	-28.2
土地增值税	3285	3966	20.7		679		52223	48399	-7.3
城市维护建设税	1844	2139	16.0	197	399	102.5	45663	40562	-11.2
车船使用税	358	451	26.0				4128	5072	22.9
房产税	225	563	150.2		25		17425	16538	-5.1
资源税							13920	12283	-11.8
土地使用税	2433	3008	23.6	72	378	425.0	48705	47238	-3.0
印花税	516	725	40.5	102	121	18.6	8308	7157	-13.9
企业所得税	5604	9553	70.5	112	719	542.0	35360	28605	-19.1
烟叶税									
契税	7900	12587	59.3	400	2436	509.0	77550	52377	-32.5
耕地占用税		449		0	2362		8213	6005	-26.9
教育费附加	804	898	11.7	86	175	103.5	21254	20018	-5.8
二、基金费收入合计	8215	9624	17.2	147	228	55.1	385604	456863	18.5
(一)社会保险费收入小计	7149	8329	16.5	0	7		365888	437579	19.6
基本养老保险费	4497	5419	20.5		7		232108	246361	6.1
失业保险费	444	477	7.4				28635	44626	55.8
基本医疗保险费	1643	1898	15.5				72876	113979	56.4
工伤保险费	280	205	-26.8				25391	25708	1.2
生育保险费	129	153	18.6				2875	2923	1.7
城镇居民医疗保障费	156	177	13.5				4003	3982	-0.5
(二)其他基金费收入小计	1066	1295	21.5	147	221	50.3	19716	19284	-2.2
残疾人就业保障金	79	88	11.4				1649	1630	-1.2
文化事业建设费							48	27	-43.8
水利基金	461	599	29.9	67	106	58.2	5315	5248	-1.3
地方教育附加费	526	608	15.6	80	115	43.8	12704	12379	-2.6
三、税务部门其他罚没收入	3	7	133.3		2		30	27	-10.0

续表

项目	市区			凤台县			滁州市合计		
	2013年	2014年	增长%	2013年	2014年	增长%	2013年	2014年	增长%
地税部门组织收入总计	819646	790426	-3.6	189253	180059	-4.9	1153843	1258199	9.0
一、税收收入	519426	421057	-18.9	103839	92538	-10.9	814831	878618	7.8
营业税	178448	147278	-17.5	35631	27219	-23.6	306947	331896	8.1
个人所得税	65015	44892	-31.0	11422	9952	-12.9	48323	56301	16.5
土地增值税	44472	44105	-0.8	7751	4294	-44.6	65919	72599	10.1
城市维护建设税	35005	29248	-16.4	10658	11314	6.2	50807	56937	12.1
车船使用税	3637	4409	21.2	491	663	35.0	5594	6659	19.0
房产税	13972	13140	-6.0	3453	3398	-1.6	20621	19498	-5.4
资源税	7350	5404	-26.5	6570	6879	4.7	12813	12739	-0.6
土地使用税	43397	41764	-3.8	5308	5474	3.1	45287	67913	50.0
印花税	7105	5956	-16.2	1203	1201	-0.2	9003	10648	18.3
企业所得税	30873	24275	-21.4	4487	4330	-3.5	99695	116079	16.4
烟叶税		0							
契税	68628	43248	-37.0	8922	9129	2.3	111348	88822	-20.2
耕地占用税	7030	4847	-31.1	1183	1158	-2.1	14501	11111	-23.4
教育费附加	14494	12491	-13.8	6760	7527	11.3	23973	27416	14.4
二、基金费收入合计	300209	369343	23.0	85395	87520	2.5	338803	379506	12.0
(一)社会保险费收入小计	286300	356119	24.4	79588	81460	2.4	315886	352649	11.6
基本养老保险费	168700	181942	7.8	63408	64419	1.6	188848	208534	10.4
失业保险费	23122	39093	69.1	5513	5533	0.4	15906	20371	28.1
基本医疗保险费	67236	107395	59.7	5640	6584	16.7	94506	104921	11.0
工伤保险费	21161	21549	1.8	4230	4159	-1.7	8991	9541	6.1
生育保险费	2580	2607	1.0	295	316	7.1	3320	4732	42.5
城镇居民医疗保障费	3501	3533	0.9	502	449	-10.6	4315	4550	5.4
(二)其他基金费收入小计	13909	13224	-4.9	5807	6060	4.4	22917	26857	17.2
残疾人就业保障金	1428	1386	-2.9	221	244	10.4	1349	1577	16.9
文化事业建设费	43	24	-44.2	5	3	-40.0	121	101	-16.5
水利基金	4469	4455	-0.3	846	793	-6.3	5396	6910	28.1
地方教育附加费	7969	7359	-7.7	4735	5020	6.0	16051	18269	13.8
三、税务部门其他罚没收入	11	26	136.4	19	1		209	75	-64.1

续表

项目	市区			来安县			全椒县		
	2013 年	2014 年	增长%	2013 年	2014 年	增长%	2013 年	2014 年	增长%
地税部门组织收入总计	452507	489575	8.2	110036	114786	4.3	117876	129891	10.2
一、税收收入	318072	335742	5.6	79054	79772	0.9	80424	90317	12.3
营业税	118292	125800	6.3	36217	32087	-11.4	35668	36024	1.0
个人所得税	19506	21215	8.8	4961	5234	5.5	5671	5649	-0.4
土地增值税	22205	22550	1.6	5132	4292	-16.4	7194	11975	66.5
城市维护建设税	28423	32060	12.8	3380	3461	2.4	2861	2973	3.9
车船使用税	2450	2930	19.6	307	345	12.4	383	454	18.5
房产税	9538	9144	-4.1	1570	1815	15.6	1817	1697	-6.6
资源税	694	603	-13.1	449	591	31.6	915	568	-37.9
土地使用税	12210	21182	73.5	4303	6761	57.1	4409	7193	63.1
印花税	3496	3838	9.8	908	1169	28.7	1001	1222	22.1
企业所得税	40233	40698	1.2	11942	15305	28.2	9947	10774	8.3
烟叶税									
契税	41592	35774	-14.0	6550	5747	-12.3	8406	9607	14.3
耕地占用税	7377	5987	-18.8	1233	861	-30.2	443	410	-7.4
教育费附加	12056	13961	15.8	2102	2104	0.1	1709	1771	3.6
二、基金费收入合计	134429	153822	14.4	30979	35013	13.0	37444	39554	5.6
(一)社会保险费收入小计	123904	141191	14.0	28697	32712	14.0	35672	37597	5.4
基本养老保险费	72550	82357	13.5	17054	19493	14.3	21803	22746	4.3
失业保险费	6480	8498	31.1	1387	1849	33.3	1846	2092	13.3
基本医疗保险费	38648	43618	12.9	8660	9507	9.8	10217	10562	3.4
工伤保险费	3709	3502	-5.6	894	1014	13.4	869	1154	32.8
生育保险费	1368	2058	50.4	313	417	33.2	348	464	33.3
城镇居民医疗保障费	1149	1158	0.8	389	432	11.1	589	579	-1.7
(二)其他基金费收入小计	10525	12631	20.0	2282	2301	0.8	1772	1957	10.4
残疾人就业保障金	736	865	17.5	100	120	20.0	133	127	-4.5
文化事业建设费	60	56	-6.7	14	5	-64.3	14	9	-35.7
水利基金	1679	2402	43.1	698	784	12.3	485	649	33.8
地方教育附加费	8050	9308	15.6	1470	1392	-5.3	1140	1172	2.8
三、税务部门其他罚没收入	6	11	83.3	3	1	-66.7	8	20	150.0

续表

项　　目	定远县			凤阳县			天长市		
	2013 年	2014 年	增长%	2013 年	2014 年	增长%	2013 年	2014 年	增长%
地税部门组织收入总计	101768	116777	14.7	109430	116591	6.5	179471	195622	9.0
一、税收收入	72987	84132	15.3	76024	81014	6.6	132617	143880	8.5
营业税	29134	41121	41.1	25455	22689	-10.9	43460	47764	9.9
个人所得税	3606	4626	28.3	5350	5979	11.8	4503	8630	91.7
土地增值税	3940	4633	17.6	8251	11519	39.6	15611	14352	-8.1
城市维护建设税	2149	2873	33.7	3319	3415	2.9	8183	9007	10.1
车船使用税	496	652	31.5	436	509	16.7	1095	1309	19.5
房产税	1061	1059	-0.2	1474	1671	13.4	3787	3055	-19.3
资源税	2402	3592	49.5	4717	5223	10.7	2971	1666	-43.9
土地使用税	4258	7013	64.7	6687	9042	35.2	6351	10089	58.9
印花税	694	732	5.5	850	860	1.2	1669	2183	30.8
企业所得税	8689	8690	0.0	8046	9883	22.8	17960	24405	35.9
烟叶税									
契税	14772	6144	-58.4	8131	6980	-14.2	21391	16551	-22.6
耕地占用税	474	1255	164.8	1323	1156	-12.6	1922	506	-73.7
教育费附加	1312	1742	32.8	1985	2088	5.2	3714	4363	17.5
二、基金费收入合计	28721	32637	13.6	33298	35560	6.8	46834	51728	10.4
(一)社会保险费收入小计	27321	30803	12.7	30817	32901	6.8	43666	47908	9.7
基本养老保险费	15423	16632	7.8	17627	18712	6.2	28237	30828	9.2
失业保险费	1712	1891	10.5	1868	2256	20.8	1525	2273	49.0
基本医疗保险费	8781	10666	21.5	9489	9961	5.0	11656	12194	4.6
工伤保险费	692	648	-6.4	1137	1103	-3.0	1174	1380	17.5
生育保险费	328	413	25.9	358	525	46.6	388	537	38.4
城镇居民医疗保障费	385	553	43.6	338	344	1.8	686	696	1.5
(二)其他基金费收入小计	1400	1834	31.0	2481	2659	7.2	3168	3820	20.6
残疾人就业保障金	101	103	2.0	115	129	12.2	138	165	19.6
文化事业建设费	0	0		22	21	-4.5	0	0	
水利基金	429	571	33.1	1019	1116	9.5	560	732	30.7
地方教育附加费	870	1160	33.3	1325	1393	5.1	2470	2923	18.3
三、税务部门其他罚没收入	60	8	-86.7	108	17	-84.3	20	14	-30.0

续表

项　　目	明光市			六安市合计			金安区		
	2013 年	2014 年	增长%	2013 年	2014 年	增长%	2013 年	2014 年	增长%
地税部门组织收入总计	82755	94957	14.7	857940	1013782	18.2	78398	93228	18.9
一、税收收入	55653	63761	14.6	597633	729803	22.1	52686	65306	24.0
营业税	18721	26411	41.1	236081	273863	16.0	22268	24691	10.9
个人所得税	4726	4968	5.1	35634	44976	26.2	2882	3439	19.3
土地增值税	3586	3278	-8.6	34605	44797	29.5	2942	2385	-18.9
城市维护建设税	2492	3148	26.3	29679	32352	9.0	2041	2298	12.6
车船使用税	427	460	7.7	7171	7961	11.0	3518	3872	10.1
房产税	1374	1057	-23.1	13424	15726	17.1	1183	1229	3.9
资源税	665	496	-25.4	18684	18250	-2.3	309	365	18.1
土地使用税	7069	6633	-6.2	18654	42958	130.3	1091	3592	229.2
印花税	385	644	67.3	6675	7331	9.8	509	698	37.1
企业所得税	2878	6324	119.7	79943	97548	22.0	8011	8477	5.8
烟叶税					0			0	
契税	10506	8019	-23.7	77157	113611	47.2	5467	11921	118.1
耕地占用税	1729	936	-45.9	23605	13484	-42.9	1384	1105	-20.2
教育费附加	1095	1387	26.7	16321	16946	3.8	1081	1234	14.2
二、基金费收入合计	27098	31192	15.1	260253	283950	9.1	25712	27920	8.6
(一)社会保险费收入小计	25809	29537	14.4	240969	263673	9.4	24274	26252	8.1
基本养老保险费	16154	17766	10.0	140268	150460	7.3	14722	16467	11.9
失业保险费	1088	1512	39.0	13755	14252	3.6	1106	930	-15.9
基本医疗保险费	7055	8413	19.2	72936	82783	13.5	6638	6855	3.3
工伤保险费	516	740	43.4	5706	7069	23.9	424	522	23.1
生育保险费	217	318	46.5	3458	3636	5.1	274	285	4.0
城镇居民医疗保障费	779	788	1.2	4846	5473	12.9	1110	1193	7.5
(二)其他基金费收入小计	1289	1655	28.4	19284	20277	5.1	1438	1668	16.0
残疾人就业保障金	26	68	161.5	981	1182	20.5	85	85	0.0
文化事业建设费	11	10	-9.1	54	33	-38.9	10	6	-40.0
水利基金	526	656	24.7	7172	8017	11.8	619	767	23.9
地方教育附加费	726	921	26.9	11077	11045	-0.3	724	810	11.9
三、税务部门其他罚没收入	4	4		54	29	-46.3		2	

续表

项　　目	裕安区			寿县			霍邱县		
	2013 年	2014 年	增长%	2013 年	2014 年	增长%	2013 年	2014 年	增长%
地税部门组织收入总计	88761	102928	16.0	72845	85750	17.7	120560	131727	9.3
一、税收收入	59082	72970	23.5	49525	58476	18.1	89447	97093	8.5
营业税	29651	34234	15.5	23050	26521	15.1	27307	30999	13.5
个人所得税	4489	4902	9.2	3502	4147	18.4	6072	10125	66.7
土地增值税	4371	6127	40.2	2709	4123	52.2	2483	2812	13.3
城市维护建设税	2489	2680	7.7	1656	1995	20.5	4733	3865	-18.3
车船使用税	163	155	-4.9	551	532	-3.4	783	837	6.9
房产税	966	981	1.6	612	570	-6.9	1316	2022	53.6
资源税	548	657	19.9	209	58	-72.2	16996	16697	-1.8
土地使用税	1540	5003	224.9	616	2365	283.9	2630	5664	115.4
印花税	622	765	23.0	641	622	-3.0	863	916	6.1
企业所得税	5543	10500	89.4	6193	8578	38.5	8472	10266	21.2
烟叶税								0	
契税	6509	5225	-19.7	7221	5709	-20.9	6521	8055	23.5
耕地占用税	881	323	-63.3	1546	2070	33.9	8433	2496	-70.4
教育费附加	1310	1418	8.2	1019	1186	16.4	2838	2339	-17.6
二、基金费收入合计	29657	29956	1.0	23317	27271	17.0	31097	34624	11.3
(一)社会保险费收入小计	27952	28120	0.6	21992	25725	17.0	27961	31638	13.2
基本养老保险费	18312	17410	-4.9	12251	14017	14.4	14563	16639	14.3
失业保险费	1306	1425	9.1	1232	1330	8.0	1625	1659	2.1
基本医疗保险费	6672	7268	8.9	6947	8381	20.6	9982	11133	11.5
工伤保险费	561	653	16.4	316	566	79.1	784	1121	43.0
生育保险费	381	377	-1.0	314	427	36.0	392	427	8.9
城镇居民医疗保障费	720	987	37.1	932	1004	7.7	615	659	7.2
(二)其他基金费收入小计	1705	1836	7.7	1325	1546	16.7	3136	2986	-4.8
残疾人就业保障金	85	93	9.4	91	115	26.4	168	301	79.2
文化事业建设费	31	19	-38.7	1	1	0.0	9	6	-33.3
水利基金	724	782	8.0	549	646	17.7	1066	1110	4.1
地方教育附加费	865	942	8.9	684	784	14.6	1893	1569	-17.1
三、税务部门其他罚没收入	22	2	-90.9	3	3	0.0	16	10	-37.5

续表

项　　目	舒城县			金寨县			霍山县		
	2013 年	2014 年	增长%	2013 年	2014 年	增长%	2013 年	2014 年	增长%
地税部门组织收入总计	94203	105129	11.6	48675	66684	37.0	97617	104713	7.3
一、税收收入	65280	75923	16.3	30759	45085	46.6	70510	75739	7.4
营业税	26042	28105	7.9	14532	19109	31.5	19867	17841	-10.2
个人所得税	4402	4060	-7.8	2475	2301	-7.0	3003	3805	26.7
土地增值税	7264	7553	4.0	1259	1662	32.0	2174	3886	78.7
城市维护建设税	2469	2598	5.2	1417	1508	6.4	5560	5256	-5.5
车船使用税	717	810	13.0	343	419	22.2	434	503	15.9
房产税	1598	1543	-3.4	632	578	-8.5	2493	3545	42.2
资源税	55	83	50.9	261	173	-33.7	296	211	-28.7
土地使用税	1963	3172	61.6	1152	1674	45.3	3177	6382	100.9
印花税	647	691	6.8	452	517	14.4	712	784	10.1
企业所得税	10116	13904	37.4	2426	6192	155.2	22991	20988	-8.7
烟叶税		0						0	
契税	7425	10615	43.0	2233	8164	265.6	5116	9025	76.4
耕地占用税	1087	1218	12.1	2652	1834	-30.8	1250	458	-63.4
教育费附加	1495	1571	5.1	925	954	3.1	3437	3055	-11.1
二、基金费收入合计	28922	29203	1.0	17915	21598	20.6	27106	28972	6.9
(一)社会保险费收入小计	27327	27486	0.6	16927	20484	21.0	23853	25952	8.8
基本养老保险费	16948	16484	-2.7	9191	10394	13.1	13471	14389	6.8
失业保险费	1328	1177	-11.4	1308	1343	2.7	1240	1367	10.2
基本医疗保险费	7430	7994	7.6	5247	7505	43.0	7618	8498	11.6
工伤保险费	657	721	9.7	374	435	16.3	964	1124	16.6
生育保险费	345	354	2.6	257	258	0.4	365	359	-1.6
城镇居民医疗保障费	619	756	22.1	550	549	-0.2	195	215	10.3
(二)其他基金费收入小计	1595	1717	7.6	988	1114	12.8	3253	3020	-7.2
残疾人就业保障金	111	120	8.1	103	116	12.6	100	104	4.0
文化事业建设费		0		1	1	0.0	1		-100.0
水利基金	488	545	11.7	282	362	28.4	863	909	5.3
地方教育附加费	996	1052	5.6	602	635	5.5	2289	2007	-12.3
三、税务部门其他罚没收入	1	3	200.0	1	1	0.0	1	2	100.0

续表

项目	开发区			叶集区			征管分局		
	2013年	2014年	增长%	2013年	2014年	增长%	2013年	2014年	增长%
地税部门组织收入总计	37903	53501	41.2	17871	20565	15.1	201107	249557	24.1
一、税收收入	33037	37856	14.6	13587	15612	14.9	133720	185743	38.9
营业税	9751	9892	1.4	5642	6199	9.9	57971	76272	31.6
个人所得税	1591	1998	25.6	858	1186	38.2	6360	9013	41.7
土地增值税	1674	2223	32.8	1265	853	-32.6	8464	13173	55.6
城市维护建设税	3702	4537	22.6	505	641	26.9	5107	6974	36.6
车船使用税	48	170	254.2	139	153	10.1	475	510	7.4
房产税	1860	2155	15.9	181	243	34.3	2583	2860	10.7
资源税	0			10	6	-40.0			
土地使用税	4085	9303	127.7	703	1204	71.3	1697	4599	171.0
印花税	656	658	0.3	185	199	7.6	1388	1481	6.7
企业所得税	2177	2298	5.6	846	1225	44.8	13168	15120	14.8
烟叶税									
契税	5880	2825	-52.0	2436	2684	10.2	28349	49388	74.2
耕地占用税	0			443	632	42.7	5929	3348	-43.5
教育费附加	1613	1797	11.4	374	387	3.5	2229	3005	34.8
二、基金费收入合计	4863	15642	221.7	4281	4951	15.7	67383	63813	-5.3
(一)社会保险费收入小计	2526	13635	439.8	3893	4442	14.1	64264	59939	-6.7
基本养老保险费	1665	8580	415.3	2226	2485	11.6	36919	33595	-9.0
失业保险费	138	809	486.2	216	251	16.2	4256	3961	-6.9
基本医疗保险费	582	3596	517.9	1131	1306	15.5	20689	20247	-2.1
工伤保险费	96	465	384.4	164	233	42.1	1366	1229	-10.0
生育保险费	45	185	311.1	51	57	11.8	1034	907	-12.3
城镇居民医疗保障费				105	110	4.8			
(二)其他基金费收入小计	2337	2007	-14.1	388	509	31.2	3119	3874	24.2
残疾人就业保障金	35	64	82.9	23	24	4.3	180	160	-11.1
文化事业建设费	0			0			1		-100.0
水利基金	1021	954	-6.6	114	227	99.1	1446	1715	18.6
地方教育附加费	1281	989	-22.8	251	258	2.8	1492	1999	34.0
三、税务部门其他罚没收入	3	3	0.0	3	2	-33.3	4	1	-75.0

续表

项　　目	马鞍山市合计			市区			当涂县		
	2013 年	2014 年	增长%	2013 年	2014 年	增长%	2013 年	2014 年	增长%
地税部门组织收入总计	1398665	1383017	-1.1	958167	938200	-2.1	222787	214764	-3.6
一、税收收入	893174	880162	-1.5	581136	531023	-8.6	168359	171262	1.7
营业税	293397	267349	-8.9	188475	159351	-15.5	56159	56444	0.5
个人所得税	64733	66879	3.3	45618	48678	6.7	8532	9025	5.8
土地增值税	95892	47236	-50.7	69183	16605	-76.0	19766	23225	17.5
城市维护建设税	55041	55163	0.2	40636	41795	2.9	9019	7355	-18.4
车船使用税	5141	6204	20.7	3648	4619	26.6	743	735	-1.1
房产税	30264	34993	15.6	24589	28672	16.6	3324	3479	4.7
资源税	21585	25789	19.5	10621	12893	21.4	2538	3072	21.0
土地使用税	53192	79139	48.8	30088	48724	61.9	18467	21878	18.5
印花税	15016	14798	-1.5	10995	11028	0.3	2270	2321	2.2
企业所得税	79806	114591	43.6	56966	78375	37.6	13134	19075	45.2
烟叶税					0				
契税	137572	134041	-2.6	71055	57199	-19.5	27441	18289	-33.4
耕地占用税	15542	8082	-48.0	11773	5125	-56.5	1705	2030	19.1
教育费附加	25993	25898	-0.4	17489	17959	2.7	5261	4334	-17.6
二、基金费收入合计	505335	502770	-0.5	376907	407110	8.0	54397	43489	-20.1
(一)社会保险费收入小计	473941	471065	-0.6	355309	385017	8.4	48037	37788	-21.3
基本养老保险费	318531	286752	-10.0	233004	239144	2.6	33497	21688	-35.3
失业保险费	21644	27591	27.5	18044	22929	27.1	1456	1789	22.9
基本医疗保险费	114536	131760	15.0	90006	103880	15.4	11306	12154	7.5
工伤保险费	10776	14476	34.3	8619	11960	38.8	876	1022	16.7
生育保险费	4491	5717	27.3	3497	4570	30.7	418	516	23.4
城镇居民医疗保障费	3963	4769	20.3	2139	2534	18.5	484	619	27.9
(二)其他基金费收入小计	31394	31705	1.0	21598	22093	2.3	6360	5701	-10.4
残疾人就业保障金	2034	2065	1.5	1743	1735	-0.5	193	212	9.8
文化事业建设费	98	66	-32.7	89	57	-36.0			
水利基金	12158	12291	1.1	8319	8281	-0.5	2666	2605	-2.3
地方教育附加费	17104	17283	1.0	11447	12020	5.0	3501	2884	-17.6
三、税务部门其他罚没收入	156	85	-45.5	124	67	-46.0	31	13	-58.1

续表

项目	含山县			和县			芜湖市合计		
	2013 年	2014 年	增长%	2013 年	2014 年	增长%	2013 年	2014 年	增长%
地税部门组织收入总计	96205	95917	-0.3	121506	134156	10.4	2247533	2415875	7.5
一、税收收入	61170	70066	14.5	82509	107811	30.7	1549111	1649351	6.5
营业税	25036	22454	-10.3	23727	29100	22.6	486733	466371	-4.2
个人所得税	4157	2849	-31.5	6426	6327	-1.5	134540	145933	8.5
土地增值税	3555	4487	26.2	3388	2919	-13.8	67200	67582	0.6
城市维护建设税	2750	3067	11.5	2636	2946	11.8	118135	140424	18.9
车船使用税	326	351	7.7	424	499	17.7	7943	9538	20.1
房产税	722	1042	44.3	1629	1800	10.5	40387	51254	26.9
资源税	3174	3819	20.3	5252	6005	14.3	16023	19841	23.8
土地使用税	1632	2592	58.8	3005	5945	97.8	147220	205172	39.4
印花税	549	560	2.0	1202	889	-26.0	22056	24028	8.9
企业所得税	4239	6632	56.5	5467	10509	92.2	228296	236500	3.6
烟叶税							2505	2782	
契税	12271	20002	63.0	26805	38551	43.8	186508	176536	-5.3
耕地占用税	1112	374	-66.4	952	553	-41.9	37471	39317	4.9
教育费附加	1647	1837	11.5	1596	1768	10.8	54094	64073	18.4
二、基金费收入合计	35035	25847	-26.2	38996	26344	-32.4	697985	766466	9.8
(一)社会保险费收入小计	33374	23946	-28.2	37221	24314	-34.7	635028	693655	9.2
基本养老保险费	24536	13538	-44.8	27494	12382	-55.0	425849	464099	9.0
失业保险费	880	1454	65.2	1264	1419	12.3	25009	27392	9.5
基本医疗保险费	6404	7114	11.1	6820	8612	26.3	159079	175849	10.5
工伤保险费	573	707	23.4	708	787	11.2	9027	9114	1.0
生育保险费	268	272	1.5	308	359	16.6	6084	6762	11.1
城镇居民医疗保障费	713	861	20.8	627	755	20.4	9980	10439	4.6
(二)其他基金费收入小计	1661	1901	14.4	1775	2030	14.4	62957	72811	15.7
残疾人就业保障金	43	56	30.2	55	82	49.1	2399	2569	7.1
文化事业建设费	4	3	-25.0	5	6	20.0	220	187	-15.0
水利基金	517	635	22.8	656	770	17.4	23586	30506	29.3
地方教育附加费	1097	1207	10.0	1059	1172	10.7	36752	39549	7.6
三、税务部门其他罚没收入		4		1	1		437	58	-86.7

续表

项　　　目	市区			芜湖县			繁昌县		
	2013年	2014年	增长%	2013年	2014年	增长%	2013年	2014年	增长%
地税部门组织收入总计	1624381	1743688	7.3	140802	154072	9.4	173147	181408	4.8
一、税收收入	1107964	1157910	4.5	104945	114941	9.5	120087	135090	12.5
营业税	353092	337696	-4.4	29732	27403	-7.8	21958	22102	0.7
个人所得税	109699	121193	10.5	4566	4886	7.0	5187	4766	-8.1
土地增值税	48909	46576	-4.8	3534	3011	-14.8	2675	5972	123.3
城市维护建设税	95887	117183	22.2	6462	6727	4.1	4529	5779	27.6
车船使用税	5341	6510	21.9	698	777	11.3	625	761	21.8
房产税	32066	39753	24.0	3362	4553	35.4	2464	2299	-6.7
资源税	22	112	409.1	1187	1232	3.8	13117	15886	21.1
土地使用税	94989	124776	31.4	16237	25206	55.2	22507	32821	45.8
印花税	16200	18553	14.5	1303	1656	27.1	1068	1206	12.9
企业所得税	158010	159079	0.7	14817	14145	-4.5	17997	22062	22.6
烟叶税				1342	1498				
契税	139050	119919	-13.8	16646	19168	15.2	9064	10020	10.5
耕地占用税	14037	16320	16.3	1262	722	-42.8	16034	7980	-50.2
教育费附加	40662	50240	23.6	3797	3957	4.2	2862	3436	20.1
二、基金费收入合计	516220	585748	13.5	35845	39130	9.2	52991	46317	-12.6
(一)社会保险费收入小计	470601	530838	12.8	31003	34032	9.8	48859	41778	-14.5
基本养老保险费	303195	346335	14.2	22695	24601	8.4	39017	30504	-21.8
失业保险费	20247	22186	9.6	1051	1169	11.2	1103	1239	12.3
基本医疗保险费	126251	140993	11.7	6640	7437	12.0	8025	9196	14.6
工伤保险费	7171	6565	-8.5	344	519	50.9	438	534	21.9
生育保险费	4795	5352	11.6	273	306	12.1	276	305	10.5
城镇居民医疗保障费	8942	9407	5.2						
(二)其他基金费收入小计	45619	54910	20.4	4842	5098	5.3	4132	4539	9.8
残疾人就业保障金	1449	1534	5.9	503	489	-2.8	319	313	-1.9
文化事业建设费	144	129	-10.4	20	12	-40.0	19	11	-42.1
水利基金	16244	22897	41.0	1790	1960	9.5	1890	1918	1.5
地方教育附加费	27782	30350	9.2	2529	2637	4.3	1904	2297	20.6
三、税务部门其他罚没收入	197	30	-84.8	12	1	-91.7	69	1	-98.6

续表

项　　目	南陵县			无为县			宣城市合计		
	2013 年	2014 年	增长%	2013 年	2014 年	增长%	2013 年	2014 年	增长%
地税部门组织收入总计	126874	145391	14.6	182329	191316	4.9	1014055	1126904	11.1
一、税收收入	84534	101562	20.1	131581	139848	6.3	745657	820946	10.1
营业税	33789	35049	3.7	48162	44121	-8.4	251630	253883	0.9
个人所得税	3295	3686	11.9	11793	11402	-3.3	51318	52947	3.2
土地增值税	4999	5014	0.3	7083	7009	-1.0	37758	58738	55.6
城市维护建设税	3651	3781	3.6	7606	6954	-8.6	40605	42045	3.5
车船使用税	600	693	15.5	679	797	17.4	4858	5957	22.6
房产税	1001	1528	52.6	1494	3121	108.9	11263	16096	42.9
资源税	461	385	-16.5	1236	2226	80.1	19420	20629	6.2
土地使用税	3302	8856	168.2	10185	13513	32.7	92022	95833	4.1
印花税	819	909	11.0	2666	1704	-36.1	8036	9240	15.0
企业所得税	16187	16202	0.1	21285	25012	17.5	71193	100750	41.5
烟叶税	1147	1267		16	17		6267	12854	
契税	8962	9466	5.6	12786	17963	40.5	116640	120374	3.2
耕地占用税	4136	12469	201.5	2002	1826	-8.8	13844	9758	-29.5
教育费附加	2185	2257	3.3	4588	4183	-8.8	20803	21842	5.0
二、基金费收入合计	42326	43825	3.5	50603	51446	1.7	268347	305889	14.0
(一)社会保险费收入小计	39708	40985	3.2	44857	46022	2.6	244875	280884	14.7
基本养老保险费	28734	31248	8.7	32208	31411	-2.5	175781	200686	14.2
失业保险费	1179	1306	10.8	1429	1492	4.4	7637	9210	20.6
基本医疗保险费	9119	7575	-16.9	9044	10648	17.7	49604	57061	15.0
工伤保险费	391	537	37.3	683	959	40.4	8466	10091	19.2
生育保险费	285	319	11.9	455	480	5.5	2152	2633	22.4
城镇居民医疗保障费		0		1038	1032	-0.6	1235	1203	-2.6
(二)其他基金费收入小计	2618	2840	8.5	5746	5424	-5.6	23472	25005	6.5
残疾人就业保障金	90	151	67.8	38	82	115.8	796	886	11.3
文化事业建设费	19	15	-21.1	18	20	11.1	83	54	-34.9
水利基金	1051	1166	10.9	2611	2565	-1.8	8818	9645	9.4
地方教育附加费	1458	1508	3.4	3079	2757	-10.5	13775	14420	4.7
三、税务部门其他罚没收入	14	4	-71.4	145	22	-84.8	51	69	35.3

续表

项　　目	市区			宣州区			宁国市		
	2013 年	2014 年	增长%	2013 年	2014 年	增长%	2013 年	2014 年	增长%
地税部门组织收入总计	185095	200169	8.1	168829	196425	16.3	223419	251109	12.4
一、税收收入	140489	152967	8.9	131546	142476	8.3	154357	174275	12.9
营业税	55327	67005	21.1	38600	32358	-16.2	49186	40082	-18.5
个人所得税	9122	10139	11.1	4753	6446	35.6	19172	14689	-23.4
土地增值税	6894	9644	39.9	4487	11786	162.7	9978	11640	16.7
城市维护建设税	7765	8682	11.8	8143	7242	-11.1	9884	9995	1.1
车船使用税	18	10	-44.4	2036	2337	14.8	863	1045	21.1
房产税	2142	2687	25.4	1748	2294	31.2	2833	4404	55.5
资源税	591	776	31.3	5496	5321	-3.2	2496	2639	5.7
土地使用税	27551	23871	-13.4	10314	11570	12.2	16561	20716	25.1
印花税	1698	1768	4.1	1138	1188	4.4	1604	1599	-0.3
企业所得税	8304	9057	9.1	7243	11248	55.3	22702	41313	82.0
烟叶税		0		4280	10109			37	
契税	16018	12681	-20.8	36532	34229	-6.3	13585	20579	51.5
耕地占用税	1651	2784	68.6	2848	2890	1.5	1052	1037	-1.4
教育费附加	3408	3863	13.4	3928	3458	-12.0	4441	4500	1.3
二、基金费收入合计	44603	47199	5.8	37280	53941	44.7	69060	76831	11.3
(一)社会保险费收入小计	40369	42667	5.7	33101	49936	50.9	64322	71815	11.6
基本养老保险费	26434	26316	-0.4	23538	39398	67.4	46676	51033	9.3
失业保险费	1856	2258	21.7	789	996	26.2	2345	2754	17.4
基本医疗保险费	9806	11549	17.8	7158	7767	8.5	12832	14998	16.9
工伤保险费	1887	2081	10.3	865	979	13.2	1662	2111	27.0
生育保险费	386	463	19.9	180	258	43.3	807	919	13.9
城镇居民医疗保障费				571	538	-5.8			
(二)其他基金费收入小计	4234	4532	7.0	4179	4005	-4.2	4738	5016	5.9
残疾人就业保障金	234	240	2.6	167	202	21.0	69	75	8.7
文化事业建设费	18	7	-61.1	58	42	-27.6	1	1	0.0
水利基金	1656	1780	7.5	1349	1433	6.2	1773	1942	9.5
地方教育附加费	2326	2505	7.7	2605	2328	-10.6	2895	2998	3.6
三、税务部门其他罚没收入	3	3	0.0	3	8	166.7	2	3	50.0

续表

项　目	郎溪县			广德县			泾县		
	2013年	2014年	增长%	2013年	2014年	增长%	2013年	2014年	增长%
地税部门组织收入总计	112390	120061	6.8	153013	176308	15.2	79414	91305	15.0
一、税收收入	87941	95458	8.5	119008	132584	11.4	52659	63535	20.7
营业税	36139	33219	-8.1	39793	40783	2.5	16188	19315	19.3
个人所得税	3682	5516	49.8	7705	8482	10.1	3830	3917	2.3
土地增值税	2747	7316	166.3	5684	6592	16.0	3296	6915	109.8
城市维护建设税	4494	3809	-15.2	5460	6395	17.1	2414	3092	28.1
车船使用税	377	454	20.4	779	1182	51.7	400	471	17.8
房产税	920	1797	95.3	1867	2681	43.6	726	712	-1.9
资源税	1165	1354	16.2	7607	8125	6.8	1207	1678	39.0
土地使用税	8967	13923	55.3	14517	14331	-1.3	5400	4965	-8.1
印花税	903	1408	55.9	1583	1932	22.0	421	533	26.6
企业所得税	5102	5488	7.6	14274	18806	31.8	6900	7971	15.5
烟叶税	647	811		180	325		396	613	
契税	18294	17337	-5.2	15222	18337	20.5	8834	10619	20.2
耕地占用税	1755	671	-61.8	984	620	-37.0	1190	839	-29.5
教育费附加	2749	2355	-14.3	3353	3993	19.1	1457	1895	30.1
二、基金费收入合计	24449	24601	0.6	33997	43695	28.5	26755	27756	3.7
(一)社会保险费收入小计	21550	21901	1.6	29972	38991	30.1	25087	25681	2.4
基本养老保险费	15557	15724	1.1	22582	30174	33.6	17515	16774	-4.2
失业保险费	264	352	33.3	795	973	22.4	625	812	29.9
基本医疗保险费	4640	4623	-0.4	4237	5066	19.6	5879	6768	15.1
工伤保险费	668	759	13.6	2109	2470	17.1	602	779	29.4
生育保险费	175	198	13.1	249	308	23.7	221	305	38.0
城镇居民医疗保障费	246	245	-0.4		0		245	243	-0.8
(二)其他基金费收入小计	2899	2700	-6.9	4025	4704	16.9	1668	2075	24.4
残疾人就业保障金	55	68	23.6	218	241	10.6	33	36	9.1
文化事业建设费	1	2	100.0	3		-100.0			
水利基金	1037	1082	4.3	1605	1869	16.4	665	780	17.3
地方教育附加费	1806	1548	-14.3	2199	2594	18.0	970	1259	29.8
三、税务部门其他罚没收入		2		8	29	262.5		14	

续表

项　　目	旌德县			绩溪县			铜陵市合计		
	2013 年	2014 年	增长%	2013 年	2014 年	增长%	2013 年	2014 年	增长%
地税部门组织收入总计	39968	38525	-3.6	51927	53002	2.1	591331	645881	9.2
一、税收收入	28569	27348	-4.3	31088	32303	3.9	400328	440015	9.9
营业税	8299	8584	3.4	8098	12537	54.8	141100	135071	-4.3
个人所得税	1523	1705	12.0	1531	2053	34.1	29442	30665	4.2
土地增值税	2022	2524	24.8	2650	2321	-12.4	20826	20408	-2.0
城市维护建设税	1130	1161	2.7	1315	1669	26.9	22715	25970	14.3
车船使用税	162	194	19.8	223	264	18.4	2357	2709	14.9
房产税	398	352	-11.6	629	1169	85.9	8285	12778	54.2
资源税	478	391	-18.2	380	345	-9.2	16556	14691	-11.3
土地使用税	3678	2158	-41.3	5034	4299	-14.6	37881	71977	90.0
印花税	353	302	-14.4	336	510	51.8	6863	7211	5.1
企业所得税	3894	3559	-8.6	2774	3308	19.3	53478	48642	-9.0
烟叶税	610	674		154	285				
契税	4872	4532	-7.0	3283	2060	-37.3	46170	56063	21.4
耕地占用税	472	429	-9.1	3892	488	-87.5	3861	1707	-55.8
教育费附加	678	783	15.5	789	995	26.1	10794	12123	12.3
二、基金费收入合计	11390	11170	-1.9	20813	20696	-0.6	190988	205859	7.8
(一)社会保险费收入小计	10665	10383	-2.6	19809	19510	-1.5	181227	195154	7.7
基本养老保险费	7567	6645	-12.2	15912	14622	-8.1	94654	105638	11.6
失业保险费	396	458	15.7	567	607	7.1	10360	9762	-5.8
基本医疗保险费	2320	2738	18.0	2732	3552	30.0	66630	69403	4.2
工伤保险费	237	357	50.6	436	555	27.3	6264	7275	16.1
生育保险费	75	114	52.0	59	68	15.3	2973	2929	-1.5
城镇居民医疗保障费	70	71	1.4	103	106	2.9	346	147	-57.5
(二)其他基金费收入小计	725	787	8.6	1004	1186	18.1	9761	10705	9.7
残疾人就业保障金	11	12	9.1	9	12	33.3	731	717	-1.9
文化事业建设费	1	1	0.0	1	1	0.0	117	92	-21.4
水利基金	262	249	-5.0	471	510	8.3	1745	1808	3.6
地方教育附加费	451	525	16.4	523	663	26.8	7168	8088	12.8
三、税务部门其他罚没收入	9	7	-22.2	26	3	-88.5	15	7	-53.3

续表

项　　目	市区			铜陵县			池州市合计		
	2013 年	2014 年	增长%	2013 年	2014 年	增长%	2013 年	2014 年	增长%
地税部门组织收入总计	488394	539856	10.5	102937	106025	3.0	528095	529651	0.3
一、税收收入	318636	356628	11.9	81692	83387	2.1	429851	421928	-1.8
营业税	109368	105886	-3.2	31732	29185	-8.0	130852	133997	2.4
个人所得税	25311	26474	4.6	4131	4191	1.5	23026	18572	-19.3
土地增值税	17053	18708	9.7	3773	1700	-54.9	34719	29922	-13.8
城市维护建设税	19292	22394	16.1	3423	3576	4.5	15935	15855	-0.5
车船使用税	1930	2224	15.2	427	485	13.6	2035	2456	20.7
房产税	6991	10569	51.2	1294	2209	70.7	8299	7572	-8.8
资源税	10041	8724	-13.1	6515	5967	-8.4	5812	6543	12.6
土地使用税	29957	54965	83.5	7924	17012	114.7	58853	59900	1.8
印花税	5726	6116	6.8	1137	1095	-3.7	3967	4765	20.1
企业所得税	48584	44419	-8.6	4894	4223	-13.7	28288	36145	27.8
烟叶税	0	0					1752	1836	4.8
契税	34255	46279	35.1	11915	9784	-17.9	97619	87182	-10.7
耕地占用税	1852	295	-84.1	2009	1412	-29.7	10931	9092	-16.8
教育费附加	8276	9575	15.7	2518	2548	1.2	7763	8091	4.2
二、基金费收入合计	169743	183221	7.9	21245	22638	6.6	98209	107710	9.7
(一)社会保险费收入小计	162521	175092	7.7	18706	20062	7.2	88817	97311	9.6
基本养老保险费	83098	93181	12.1	11556	12457	7.8	50708	55420	9.3
失业保险费	9735	9131	-6.2	625	631	1.0	4780	5473	14.5
基本医疗保险费	61289	63837	4.2	5341	5566	4.2	26704	29359	9.9
工伤保险费	5508	6373	15.7	756	902	19.3	4590	5040	9.8
生育保险费	2612	2569	-1.6	361	360	-0.3	1198	1382	15.4
城镇居民医疗保障费	279	1	-99.6	67	146	117.9	837	637	-23.9
(二)其他基金费收入小计	7222	8129	12.6	2539	2576	1.5	9392	10399	10.7
残疾人就业保障金	593	608	2.5	138	109	-21.0	936	1004	7.3
文化事业建设费	84	61	-27.4	33	31	-6.1	1	2	100.0
水利基金	1104	1062	-3.8	641	746	16.4	3422	4035	17.9
地方教育附加费	5441	6398	17.6	1727	1690	-2.1	5033	5358	6.5
三、税务部门其他罚没收入	15	7	-53.3				35	13	-62.9

续表

项　　目	市本级(征管分局、江南集中区)			贵池区			东至县		
	2013 年	2014 年	增长%	2013 年	2014 年	增长%	2013 年	2014 年	增长%
地税部门组织收入总计	199871	220332	10.2	134038	116495	-13.1	81905	82840	1.1
一、税收收入	162844	180453	10.8	114912	94268	-18.0	61278	61667	0.6
营业税	57551	54594	-5.1	34480	34642	0.5	15096	20653	36.8
个人所得税	6328	6204	-2.0	9272	3802	-59.0	3291	3751	14.0
土地增值税	8589	11436	33.1	20412	13087	-35.9	1408	1790	27.1
城市维护建设税	8057	6302	-21.8	3641	4523	24.2	1828	2288	25.2
车船使用税	568	1586	179.2	728	1	-99.9	313	381	21.7
房产税	4354	3724	-14.5	1688	1529	-9.4	721	709	-1.7
资源税	297	287	-3.4	1586	1817	14.6	1058	1424	34.6
土地使用税	17280	17310	0.2	15897	16154	1.6	11907	11173	-6.2
印花税	1424	1394	-2.1	1294	939	-27.4	571	1042	82.5
企业所得税	9867	11762	19.2	5599	9137	63.2	4258	4692	10.2
烟叶税				38	48	26.3	1531	1622	5.9
契税	39092	58499	49.6	17505	5142	-70.6	16889	9377	-44.5
耕地占用税	6611	4640	-29.8	653	1329	103.5	1263	1359	
教育费附加	2826	2715	-3.9	2119	2118	0.0	1144	1406	22.9
二、基金费收入合计	37008	39876	7.7	19126	22224	16.2	20627	21173	2.6
(一)社会保险费收入小计	33301	36311	9.0	16980	19485	14.8	19043	19250	1.1
基本养老保险费	18255	20801	13.9	10186	11140	9.4	10255	10408	1.5
失业保险费	2377	2363	-0.6	756	835	10.4	779	1026	31.7
基本医疗保险费	9786	10445	6.7	4823	5731	18.8	6587	6656	1.0
工伤保险费	1920	2166	12.8	824	924	12.1	997	889	-10.8
生育保险费	519	536	3.3	234	222	-5.1	189	267	41.3
城镇居民医疗保障费	444		-100.0	157	633		236	4	-98.3
(二)其他基金费收入小计	3707	3565	-3.8	2146	2739	27.6	1584	1923	21.4
残疾人就业保障金	356	410	15.2	207	216	4.3	177	185	4.5
文化事业建设费		2							
水利基金	1347	1347	0.0	788	1142	44.9	644	801	24.4
地方教育附加费	2004	1806	-9.9	1151	1381	20.0	763	937	22.8
三、税务部门其他罚没收入	19	3	-84.2		3				

续表

项目	石台县			青阳县			九华山		
	2013年	2014年	增长%	2013年	2014年	增长%	2013年	2014年	增长%
地税部门组织收入总计	15744	16497	4.8	79248	81142	2.4	17289	12345	-28.6
一、税收收入	10299	10692	3.8	66344	65591	-1.1	14174	9257	-34.7
营业税	3949	3434	-13.0	14642	15830	8.1	5134	4844	-5.6
个人所得税	1033	1127	9.1	2314	3431	48.3	788	257	-67.4
土地增值税	1284	627	-51.2	2994	2932	-2.1	32	50	56.3
城市维护建设税	318	310	-2.5	1841	2214	20.3	250	218	-12.8
车船使用税	62	74	19.4	350	400	14.3	14	14	0.0
房产税	181	215	18.8	907	1078	18.9	448	317	-29.2
资源税	581	801	37.9	2290	2214	-3.3			
土地使用税	513	1095	113.5	12860	13715	6.6	396	453	14.4
印花税	88	91	3.4	548	1250	128.1	42	49	16.7
企业所得税	950	1065	12.1	5074	6638	30.8	2540	2851	12.2
烟叶税	59	33	-44.1	124	133	7.3			
契税	998	964	-3.4	18763	13152	-29.9	4372	48	
耕地占用税	46	628	1265.2	2358	1131	-52.0		5	
教育费附加	237	228	-3.8	1279	1473	15.2	158	151	-4.4
二、基金费收入合计	5445	5801	6.5	12888	15550	20.7	3115	3086	-0.9
(一)社会保险费收入小计	5144	5497	6.9	11387	13822	21.4	2962	2946	-0.5
基本养老保险费	3118	3245	4.1	7109	8015	12.7	1785	1811	1.5
失业保险费	131	153	16.8	583	933	60.0	154	163	5.8
基本医疗保险费	1695	1851	9.2	2875	3802	32.2	938	874	-6.8
工伤保险费	157	196	24.8	645	806	25.0	47	59	25.5
生育保险费	43	52	20.9	175	266	52.0	38	39	2.6
城镇居民医疗保障费									
(二)其他基金费收入小计	301	304	1.0	1501	1728	15.1	153	140	-8.5
残疾人就业保障金	33	32	-3.0	157	155	-1.3	6	6	0.0
文化事业建设费	1		-100.0	0					
水利基金	108	120	11.1	493	591	19.9	42	34	-19.0
地方教育附加费	159	152	-4.4	851	982	15.4	105	100	-4.8
三、税务部门其他罚没收入		4		16	1			2	

续表

项　　目	安庆市合计			市区			怀宁县		
	2013 年	2014 年	增长%	2013 年	2014 年	增长%	2013 年	2014 年	增长%
地税部门组织收入总计	1143686	1310203	14.6	564011	669211	18.7	94107	106237	12.9
一、税收收入	737515	854414	15.9	355893	433101	21.7	67171	76706	14.2
营业税	280026	292107	4.3	133638	134548	0.7	25163	26426	5.0
个人所得税	59421	70574	18.8	26614	31424	18.1	6181	6068	-1.8
土地增值税	47849	62578	30.8	23909	31639	32.3	8050	7900	-1.9
城市维护建设税	63330	85087	34.4	48153	69020	43.3	2650	3158	19.2
车船使用税	6452	8132	26.0	2694	3301	22.5	522	653	25.1
房产税	15806	16345	3.4	8208	9559	16.5	1092	1181	8.2
资源税	6915	6175	-10.7	299	360	20.4	2506	3302	31.8
土地使用税	28010	37273	33.1	7557	10786	42.7	3419	4392	28.5
印花税	8441	9207	9.1	4020	4225	5.1	740	767	3.6
企业所得税	88176	99598	13.0	45212	44792	-0.9	3719	9125	145.4
烟叶税		0			0			0	
契税	88797	106436	19.9	31380	56562	80.2	5805	5167	-11.0
耕地占用税	14894	21949	47.4	3477	7156	105.8	5681	6610	16.4
教育费附加	29398	38953	32.5	20732	29729	43.4	1643	1957	19.1
二、基金费收入合计	406132	455759	12.2	208115	236095	13.4	26927	29522	9.6
(一)社会保险费收入小计	375157	416677	11.1	187237	208220	11.2	24970	27196	8.9
基本养老保险费	236017	265806	12.6	115539	134097	16.1	15636	17418	11.4
失业保险费	17267	22430	29.9	9493	12139	27.9	1375	1444	5.0
基本医疗保险费	98520	103943	5.5	50284	50306	0.0	6337	6635	4.7
工伤保险费	11333	11680	3.1	5185	4731	-8.8	934	1004	7.5
生育保险费	4299	5308	23.5	2452	2870	17.0	230	285	23.9
城镇居民医疗保障费	7721	7510		4284	4077		458	410	
(二)其他基金费收入小计	30975	39082	26.2	20878	27875	33.5	1957	2326	18.9
残疾人就业保障金	1596	1788	12.0	657	716	9.0	118	119	0.8
文化事业建设费	123	105	-14.6	100	88	-12.0	11	7	-36.4
水利基金	9770	11122	13.8	6229	7001	12.4	739	899	21.7
地方教育附加费	19486	26067	33.8	13892	20070	44.5	1089	1301	19.5
三、税务部门其他罚没收入	39	30	-23.1	3	15	400.0	9	9	0.0

续表

项　　目	枞阳县			潜山县			太湖县		
	2013 年	2014 年	增长%	2013 年	2014 年	增长%	2013 年	2014 年	增长%
地税部门组织收入总计	73736	79220	7.4	63809	70343	10.2	45657	55101	20.7
一、税收收入	45428	46544	2.5	38416	44306	15.3	26947	32703	21.4
营业税	18903	17507	-7.4	16962	18697	10.2	11513	13662	18.7
个人所得税	1361	1823	33.9	1918	2445	27.5	3021	3619	19.8
土地增值税	2636	3484	32.2	3297	3236	-1.9	1324	1511	14.1
城市维护建设税	1515	1466	-3.2	1827	1794	-1.8	1045	1115	6.7
车船使用税	437	541	23.8	494	647	31.0	397	531	33.8
房产税	659	362	-45.1	788	771	-2.2	603	531	-11.9
资源税	2087	542	-74.0	203	250	23.2	237	354	49.4
土地使用税	3392	3769	11.1	1066	3571	235.0	724	1276	76.2
印花税	457	471	3.1	393	495	26.0	318	372	17.0
企业所得税	3849	4911	27.6	4224	4188	-0.9	3394	5300	56.2
烟叶税		0			0			0	
契税	8775	10133	15.5	5016	6815	35.9	2737	3141	14.8
耕地占用税	366	598	63.4	1116	257	-77.0	963	613	-36.3
教育费附加	991	937	-5.4	1112	1140	2.5	671	678	1.0
二、基金费收入合计	28296	32675	15.5	26505	26036	-1.8	18710	22398	19.7
(一)社会保险费收入小计	27009	31388	16.2	24113	24713	2.5	17829	21495	20.6
基本养老保险费	17116	19594	14.5	16688	16939	1.5	10660	11823	10.9
失业保险费	934	1440	54.2	878	1059	20.6	846	1112	31.4
基本医疗保险费	7442	8699	16.9	5375	5478	1.9	5236	7301	39.4
工伤保险费	602	671	11.5	625	653	4.5	596	657	10.2
生育保险费	284	341	20.1	225	262	16.4	147	277	88.4
城镇居民医疗保障费	631	643		322	322		344	325	
(二)其他基金费收入小计	1287	1287	0.0	1280	1323	3.4	881	903	2.5
残疾人就业保障金	136	121	-11.0	78	83	6.4	70	67	-4.3
文化事业建设费	6	2	-66.7	1	0	-100.0		0	
水利基金	498	538	8.0	458	478	4.4	353	388	9.9
地方教育附加费	647	626	-3.2	743	762	2.6	458	448	-2.2
三、税务部门其他罚没收入	12	1	-91.7		1			0	

续表

项　　目	宿松县			望江县			岳西县		
	2013年	2014年	增长%	2013年	2014年	增长%	2013年	2014年	增长%
地税部门组织收入总计	57128	69128	21.0	50364	53333	5.9	37463	44300	18.3
一、税收收入	33782	42218	25.0	31064	32416	4.4	23329	28828	23.6
营业税	13531	17737	31.1	14379	14697	2.2	11893	14171	19.2
个人所得税	3793	3986	5.1	1459	1867	28.0	2283	1753	-23.2
土地增值税	997	2141	114.7	1719	2902	68.8	535	2013	276.3
城市维护建设税	1040	1281	23.2	1229	1217	-1.0	997	1091	9.4
车船使用税	341	545	59.8	373	505	35.4	297	367	23.6
房产税	416	284	-31.7	783	512	-34.6	627	466	-25.7
资源税	358	56	-84.4	297	266	-10.4	321	361	12.5
土地使用税	516	372	-27.9	1189	1249	5.0	525	824	57.0
印花税	336	474	41.1	374	383	2.4	259	293	13.1
企业所得税	2898	5006	72.7	3794	4060	7.0	2719	3895	43.3
烟叶税					0			0	
契税	7451	8972	20.4	4078	2927	-28.2	1856	1992	7.3
耕地占用税	1392	475	-65.9	627	1039	65.7	373	902	141.8
教育费附加	713	889	24.7	763	792	3.8	644	700	8.7
二、基金费收入合计	23339	26909	15.3	19299	20917	8.4	14133	15470	9.5
(一)社会保险费收入小计	22370	25625	14.6	18361	19916	8.5	13281	14540	9.5
基本养老保险费	13220	15615	18.1	12710	12948	1.9	7547	8509	12.7
失业保险费	916	1362	48.7	643	1057	64.4	904	1039	14.9
基本医疗保险费	6699	6995	4.4	4154	4699	13.1	3936	4000	1.6
工伤保险费	694	731	5.3	370	557	50.5	473	539	14.0
生育保险费	278	326	17.3	140	295	110.7	201	233	15.9
城镇居民医疗保障费	563	596		344	360		220	220	
(二)其他基金费收入小计	969	1284	32.5	938	1001	6.7	852	930	9.2
残疾人就业保障金	210	339	61.4	102	107	4.9	84	84	0.0
文化事业建设费		0		5	6	20.0		0	
水利基金	314	380	21.0	313	364	16.3	342	388	13.5
地方教育附加费	445	565	27.0	518	524	1.2	426	458	7.5
三、税务部门其他罚没收入	7	1		1	0		1	2	100.0

续表

项　　目	桐城市			黄山市合计			市直(含屯溪区)		
	2013 年	2014 年	增长%	2013 年	2014 年	增长%	2013 年	2014 年	增长%
地税部门组织收入总计	147411	163330	10.8	585483	592122	1.1	238266	234238	-1.7
一、税收收入	105485	117592	11.5	430071	434809	1.1	173807	169808	-2.3
营业税	34044	34662	1.8	149312	148730	-0.4	62560	58335	-6.8
个人所得税	12791	17589	37.5	28324	28350	0.1	11510	10700	-7.0
土地增值税	5382	7752	44.0	47386	46505	-1.9	21029	19872	-5.5
城市维护建设税	4874	4945	1.5	15622	16098	3.0	6777	6246	-7.8
车船使用税	897	1042	16.2	2523	3840	52.2	1351	1705	26.2
房产税	2630	2679	1.9	16119	11179	-30.6	8465	6006	-29.0
资源税	607	684	12.7	3853	1670	-56.7	11	15	36.4
土地使用税	9622	11034	14.7	15506	28909	86.4	8234	10246	24.4
印花税	1544	1727	11.9	4025	5448	35.4	1395	2324	66.6
企业所得税	18367	18321	-0.3	63693	56687	-11.0	21734	20904	-3.8
烟叶税		0		428	381	-11.0		0	
契税	11699	10727	-8.3	67559	71907	6.4	26673	30210	13.3
耕地占用税	899	4299	378.2	7304	6197	-15.2	1273	647	-49.2
教育费附加	2129	2131	0.1	8417	8908	5.8	2795	2598	-7.0
二、基金费收入合计	41920	45737	9.1	155389	157302	1.2	64442	64424	0.0
(一)社会保险费收入小计	39987	43584	9.0	144854	146024	0.8	60805	60943	0.2
基本养老保险费	26901	28863	7.3	91293	86672	-5.1	36507	34999	-4.1
失业保险费	1278	1778	39.1	7648	8734	14.2	3722	4189	12.5
基本医疗保险费	9057	9830	8.5	37827	41386	9.4	17109	17933	4.8
工伤保险费	1854	2137	15.3	3617	4012	10.9	1604	1608	0.2
生育保险费	342	419	22.5	2237	3009	34.5	1023	1353	32.3
城镇居民医疗保障费	555	557		2232	2211	-0.9	840	861	2.5
(二)其他基金费收入小计	1933	2153	11.4	10535	11278	7.1	3637	3481	-4.3
残疾人就业保障金	141	152	7.8	577	758	31.4	299	374	25.1
文化事业建设费		2		101	111	9.9	78	56	-28.2
水利基金	524	686	30.9	4371	4519	3.4	1447	1324	-8.5
地方教育附加费	1268	1313	3.5	5486	5890	7.4	1813	1727	-4.7
三、税务部门其他罚没收入	6	1	-83.3	23	11	-52.2	17	6	-64.7

续表

项　　目	黄山区			徽州区			歙县		
	2013 年	2014 年	增长%	2013 年	2014 年	增长%	2013 年	2014 年	增长%
地税部门组织收入总计	63586	68859	8.3	59285	60907	2.7	90117	90517	0.4
一、税收收入	48847	53096	8.7	45946	44883	-2.3	65829	66116	0.4
营业税	17481	20973	20.0	10489	10815	3.1	23309	26348	13.0
个人所得税	2786	3432	23.2	4329	4555	5.2	3824	3216	-15.9
土地增值税	5690	4594	-19.3	2632	7351	179.3	5779	4071	-29.6
城市维护建设税	1512	1722	13.9	1928	1931	0.2	2134	2467	15.6
车船使用税	252	813	222.6	250	249	-0.4	361	463	28.3
房产税	1441	1266	-12.1	2223	1015	-54.3	1423	1278	-10.2
资源税	589	719	22.1	762	1	-99.9	719	78	-89.2
土地使用税	2660	5872	120.8	1365	3754	175.0	1409	3879	175.3
印花税	450	446	-0.9	599	504	-15.9	703	1065	51.5
企业所得税	6578	6892	4.8	7383	5331	-27.8	15475	11269	-27.2
烟叶税				88	72	-18.2	198	163	-17.7
契税	7716	4504	-41.6	11516	7078	-38.5	7434	9806	31.9
耕地占用税	749	705	-5.9	1221	1059	-13.3	1619	404	-75.0
教育费附加	943	1158	22.8	1161	1168	0.6	1442	1609	11.6
二、基金费收入合计	14734	15761	7.0	13339	16023	20.1	24288	24400	0.5
(一)社会保险费收入小计	13696	14405	5.2	11888	14511	22.1	22303	22133	-0.8
基本养老保险费	8844	8946	1.2	7690	9222	19.9	14052	13316	-5.2
失业保险费	673	797	18.4	735	871	18.5	1029	1150	11.8
基本医疗保险费	3394	3732	10.0	2778	3447	24.1	5871	6235	6.2
工伤保险费	333	413	24.0	306	463	51.3	676	672	-0.6
生育保险费	225	293	30.2	201	328	63.2	327	412	26.0
城镇居民医疗保障费	227	224	-1.3	178	180	1.1	348	348	0.0
(二)其他基金费收入小计	1038	1356	30.6	1451	1512	4.2	1985	2267	14.2
残疾人就业保障金	27	68	151.9	25	33	32.0	49	103	110.2
文化事业建设费		38		3	3	0.0	9	8	-11.1
水利基金	382	479	25.4	656	698	6.4	972	1082	11.3
地方教育附加费	629	771	22.6	767	778	1.4	955	1074	12.5
三、税务部门其他罚没收入	5	2	-60.0		1			1	

续表

项　　目	休宁县			黟县			祁门县		
	2013 年	2014 年	增长%	2013 年	2014 年	增长%	2013 年	2014 年	增长%
地税部门组织收入总计	64488	67963	5.4	25150	25386	0.9	44591	44252	-0.8
一、税收收入	48633	51754	6.4	17736	17945	1.2	29273	31207	6.6
营业税	16664	13990	-16.0	7255	7531	3.8	11554	10738	-7.1
个人所得税	3336	3571	7.0	1047	1392	33.0	1492	1484	-0.5
土地增值税	6170	4813	-22.0	1669	1375	-17.6	4417	4429	0.3
城市维护建设税	1665	1743	4.7	606	789	30.2	1000	1200	20.0
车船使用税	142	281	97.9	63	83	31.7	104	246	136.5
房产税	681	603	-11.5	988	675	-31.7	898	336	-62.6
资源税	539	552	2.4	207	11	-94.7	1026	294	-71.3
土地使用税	710	2295	223.2	620	1665	168.5	508	1198	135.8
印花税	494	625	26.5	181	188	3.9	203	296	45.8
企业所得税	7376	8121	10.1	2582	1877	-27.3	2565	2293	-10.6
烟叶税	90	95	5.6	3	3		49	48	
契税	8969	11725	30.7	1849	1728	-6.5	3402	6856	101.5
耕地占用税	773	2245	190.4	283	111	-60.8	1386	1026	-26.0
教育费附加	1024	1095	6.9	383	517	35.0	669	763	14.1
二、基金费收入合计	15854	16208	2.2	7414	7441	0.4	15318	13045	-14.8
(一)社会保险费收入小计	14675	14923	1.7	6919	6847	-1.0	14568	12262	-15.8
基本养老保险费	9047	8674	-4.1	4793	4330	-9.7	10360	7185	-30.6
失业保险费	892	951	6.6	175	266	52.0	422	510	20.9
基本医疗保险费	3942	4358	10.6	1599	1849	15.6	3134	3832	22.3
工伤保险费	336	425	26.5	131	154	17.6	231	277	19.9
生育保险费	231	320	38.5	94	124	31.9	136	179	31.6
城镇居民医疗保障费	227	195	-14.1	127	124	-2.4	285	279	-2.1
(二)其他基金费收入小计	1179	1285	9.0	495	594	20.0	750	783	4.4
残疾人就业保障金	75	82	9.3	59	58	-1.7	43	40	-7.0
文化事业建设费	5	1	-80.0	1	1	0.0	5	4	-20.0
水利基金	477	516	8.2	184	190	3.3	253	230	-9.1
地方教育附加费	622	686	10.3	251	345	37.5	449	509	13.4
三、税务部门其他罚没收入	1	1			0				

全省税收收入、生产总值、财政收入比较(3－1)

(1994～2014年)　　单位:亿元

项　　目	1993年	1994年	1995年	1996年	1997年	1998年	1999年
地税部门组织收入总计	20.8	32.2	49.0	67.7	84.2	97.9	127.9
其中:1. 税收收入	20.8	31.9	48.1	66.3	82.6	90.5	96.3
比上年增长%		53.3	50.6	38.0	24.5	9.6	6.4
占生产总值比重%		2.15	2.40	2.84	3.09	3.22	3.31
占财政总收入比重%		29.3	32.6	34.3	35.1	34.5	34.3
占地方财政收入比重%		58.4	57.9	58.8	57.1	56.8	55.3
2. 社保等基金(费)收入		0.3	0.9	1.4	1.6	7.4	31.6
生产总值(GDP)	1070	1488	2004	2339	2670	2806	2909
比上年增长%		21.0	15.0	14.4	12.7	8.5	8.4
第一产业 GDP		337	581	665	732	740	741
第一产业占 GDP 比重%		22.6	29.0	28.4	27.4	26.4	25.5
第二产业 GDP		744	939	1097	1261	1254	1279
第二产业占 GDP 比重%		50.0	46.9	46.9	47.2	44.7	44.0
第三产业 GDP		407	484	577	677	812	889
第三产业占 GDP 比重%		27.4	24.2	24.7	25.4	28.9	30.6
财政总收入	73.21	108.9	147.5	193.1	235.0	262.1	280.9
比上年增长%		48.8	35.4	30.9	21.7	11.5	7.2
地方财政收入	31.14	54.7	83.1	112.9	144.7	159.2	174.3
比上年增长%		75.6	51.9	36.7	26.2	10.0	9.5
国税部门组织收入		74.6	86.1	102.1	118.6	135.4	140.4
其中:增、消两税收入		66.3	79.1	97.4	112.6	127.5	133.1

注:国税部门组织收入不含“海关代征”。

全省税收收入、生产总值、财政收入比较(3-2)

(1994~2014年) 单位:亿元

项 目	2000年	2001年	2002年	2003年	2004年	2005年	2006年
地税部门组织收入总计	129.2	164.9	173.1	206.9	261.3	330.3	417.8
其中:1. 税收收入	89.7	108.1	106.9	120.8	152.8	190.2	234.4
比上年增长%	-6.8	20.4	-1.0	13.0	26.5	24.5	23.2
占生产总值比重%	2.96	3.28	3.00	3.04	3.17	3.54	3.82
占财政总收入比重%	30.9	34.9	30.8	29.3	29.4	29.0	28.7
占地方财政收入比重%	50.2	56.2	50.6	54.8	55.7	57.0	54.8
2. 社保等基金(费)收入	39.5	56.9	66.1	86.0	108.4	140.0	183.3
生产总值(GDP)	3030	3290	3569	3973	4813	5376	6142
比上年增长%	8.3	8.6	8.9	9.2	12.5	11.8	12.9
第一产业GDP	732	750	773	749	932	960	1027
第一产业占GDP比重%	24.2	22.8	21.7	18.9	19.4	17.9	16.7
第二产业GDP	1297	1415	1552	1781	2170	2234	2656
第二产业占GDP比重%	42.8	43.0	43.5	44.8	45.1	41.6	43.2
第三产业GDP	1001	1125	1244	1444	1711	2182	2459
第三产业占GDP比重%	33.0	34.2	34.8	36.3	35.5	40.6	40.0
财政总收入	290.4	309.6	346.7	412.3	520.49	656.4	816.2
比上年增长%	3.4	6.6	12.0	18.9	26.2	26.1	24.3
地方财政收入	178.7	192.2	211.4	220.5	274.4	333.9	427.7
比上年增长%	2.5	7.5	10.0	4.3	24.4	21.7	28.0
国税部门组织收入	150.9	169.8	192.2	215.8	275.3	351.6	428.1
其中:增、消两税收入	138.2	147.7	168.9	189.4	238.1	293.6	345.0

注:国税部门组织收入不含“海关代征”。

全省税收收入、生产总值、财政收入比较(3－3)

(1994～2014年)　单位:亿元

项　　目	2007年	2008年	2009年	2010年	2011年	2012年	2013年	2014年	21年合计或平均
地税部门组织收入总计	542.7	716.5	832.1	1047.1	1434.0	1815.5	2125.3	2348.8	13004.4
其中:1. 税收收入	305.1	408.4	485.4	651.4	891.3	1215.6	1397.3	1551.7	8324.8
比上年增长%	30.2	33.9	18.8	34.2	36.8	17.6	15.0	11.0	21.4
占生产总值比重%	4.15	4.60	4.83	5.31	5.90	7.06	7.34	7.44	5.37
占财政总收入比重%	29.5	30.8	31.3	31.6	33.9	40.2	41.5	42.4	35.8
占地方财政收入比重%	56.1	56.4	56.2	56.7	60.9	67.8	67.3	70.0	62.1
2. 社保等基金(费)收入	237.4	308.0	346.6	395.5	542.6	599.7	727.7	797.0	4677.9
生产总值(GDP)	7346	8874	10053	12263	15110	17212	19039	20849	155155
比上年增长%	13.9	12.7	12.9	14.5	13.5	12.1	10.4	9.5	11.6
第一产业GDP	1215	1418	1496	1729	2020	2179	2348	2392	24517
第一产业占GDP比重%	16.5	16.0	14.9	14.1	13.4	12.7	12.3	11.5	15.8
第二产业GDP	3283	4137	4903	6391	8226	9404	10404	11204	77631
第二产业占GDP比重%	44.7	46.6	48.8	52.1	54.4	54.6	54.6	53.7	50.0
第三产业GDP	2848	3319	3655	4143	4864	5629	6287	7252	53007
第三产业占GDP比重%	38.8	37.4	36.4	33.8	32.2	32.7	33.0	34.8	34.2
财政总收入	1034.5	1326.0	1551.2	2063.8	2632.8	3026.0	3365.1	3663.0	23242.0
比上年增长%	26.7	28.2	17.0	33.0	27.6	14.9	11.2	8.9	21.6
地方财政收入	543.5	724.6	863.9	1149.4	1463.4	1792.7	2075.1	2218.0	13398.1
比上年增长%	27.0	33.3	19.2	33.0	27.3	22.5	15.8	6.9	23.8
国税部门组织收入	528.7	627.3	738.1	955.1	1173.0	1250.0	1325.7	1469.1	10507.9
其中:增、消两税收入	408.6	474.2	577.6	733.5	882.4	909.5	966.9	1052.0	8141.5

注:国税部门组织收入不含"海关代征"。

全省地税部门分税(费)种收入完成情况(5-1)

(1994~2014年)　单位:万元

项目	1993年	1994年		1995年		1996年		1997年	
	实绩	实绩	增长%	实绩	增长%	实绩	增长%	实绩	增长%
地税部门组织收入总计	208249	322427	54.8	489774	51.9	676803	38.2	842173	24.4
一、税收收入合计	208249	319280	53.3	480722	50.6	663236	38.0	825786	24.5
营业税	85401	125082	46.5	161054	28.8	201645	25.2	253576	25.8
企业所得税	34721	76522	120.4	111760	46.0	138580	24.0	169582	22.4
个人所得税	4618	8889	92.5	28800	224.0	65546	127.6	104657	59.7
城市维护建设税	36339	43546	19.8	60963	40.0	76726	25.9	85641	11.6
土地使用税	7826	9392	20.0	10814	15.1	16045	48.4	27117	69.0
土地增值税				122		970	695.1	3116	221.2
资源税	3898	8033	106.1	13015	62.0	20482	57.4	21232	3.7
房产税	12074	15564	28.9	23423	50.5	33224	41.8	36819	10.8
印花税	2074	2948	42.1	4184	41.9	11336	170.9	10633	-6.2
车船税	1926	2395	24.4	3346	39.7	4515	34.9	7454	65.1
烟叶税									
教育费附加	8781	12456	41.9	24212	94.4	27705	14.4	28693	3.6
涉外企业所得税	614	1103	79.6	1998	81.1	2304	15.3	2860	24.1
投资方向调节税	7868	10210	29.8	22487	120.2	48118	114.0	55176	14.7
屠宰税	238	1471	518.1	10974	646.0	13998	27.6	16485	17.8
筵席税									
滞纳罚收入	1871	1669	-10.8	3570	113.9	2042	-42.8	2745	34.4
二、基金费收入合计		3147		9052	187.6	13567	49.9	16387	20.8
(一)社会保险费收入小计									
基本养老保险费									
失业保险费									
基本医疗保险费									
工伤保险费									
生育保险费									
城镇居民医疗保障费									
(二)其他基金(费)收入小计		3147		9052	187.6	13567	49.9	16387	20.8
水利建设基金		3147		7968	153.2	9513	19.4	10797	13.5
地方教育附加				1084		4054	274.0	5119	26.3
残疾人就业保障金									
文化事业建设费								471	
三、税务部门罚没收入									

全省地税部门分税(费)种收入完成情况(5-2)

(1994~2014年)　　单位:万元

项　目	1998年		1999年		2000年		2001年	
	实绩	增长%	实绩	增长%	实绩	增长%	实绩	增长%
地税部门组织收入总计	978802	16.2	1279362	30.7	1292449	1.0	1649399	27.6
一、税收收入合计	904938	9.6	963023	6.4	897425	-6.8	1080633	20.4
营业税	284814	12.3	294382	3.4	319728	8.6	326477	2.1
企业所得税	176652	4.2	163627	-7.4	221938	35.6	369859	66.6
个人所得税	116537	11.4	96697	-17.0	94677	-2.1	113130	19.5
城市维护建设税	79270	-7.4	87590	10.5	88339	0.9	98109	11.1
土地使用税	33652	24.1	30971	-8.0	33526	8.2	30707	-8.4
土地增值税	2478	-20.5	3052	23.2	3531	15.7	3777	7.0
资源税	20874	-1.7	22671	8.6	18334	-19.1	19329	5.4
房产税	43407	17.9	45403	4.6	46043	1.4	48121	4.5
印花税	10983	3.3	8884	-19.1	9276	4.4	10267	10.7
车船税	7206	-3.3	7775	7.9	7677	-1.3	7460	-2.8
烟叶税								
教育费附加	31373	9.3	33089	5.5	34305	3.7	40218	17.2
涉外企业所得税	5309	85.6	6138	15.6	11592	88.9	12650	9.1
投资方向调节税	76155	38.0	145176	90.6	3272	-97.7	546	-83.3
屠宰税	16226	-1.6	17559	8.2	5187	-70.5	-17	
筵席税	4		9	125.0				
滞纳罚收入								
二、基金费收入合计	73864	350.7	316339	328.3	394870	24.8	568529	44.0
(一)社会保险费收入小计	54805		302000	451.0	378455	25.3	548580	45.0
基本养老保险费	54805		302000	451.0	360554	19.4	443037	22.9
失业保险费					10606		37830	256.7
基本医疗保险费					7295		67713	828.2
工伤保险费								
生育保险费								
城镇居民医疗保障费								
(二)其他基金(费)收入小计	19059	16.3	14339	-24.8	16415	14.5	19949	21.5
水利建设基金	12732	17.9	10829	-14.9	11941	10.3	15531	30.1
地方教育附加	4734	-7.5	1881	-60.3	2682	42.6	2691	0.3
残疾人就业保障金								
文化事业建设费	1593	238.2	1629	2.3	1792	10.0	1727	-3.6
三、税务部门罚没收入					154		237	53.9

全省地税部门分税(费)种收入完成情况(5-3)

(1994~2014年) 单位:万元

项目	2002年		2003年		2004年		2005年	
	实绩	增长%	实绩	增长%	实绩	增长%	实绩	增长%
地税部门组织收入总计	1730773	4.9	2068588	19.5	2612531	26.3	3303245	26.4
一、税收收入合计	1069276	-1.1	1207806	13.0	1527715	26.5	1902247	24.5
营业税	389667	19.4	459638	18.0	602829	31.2	781069	29.6
企业所得税	252180	-31.8	262679	4.2	338655	28.9	369324	9.1
个人所得税	124785	10.3	143722	15.2	180967	25.9	226729	25.3
城市维护建设税	118198	20.5	133111	12.6	160475	20.6	204870	27.7
土地使用税	33392	8.7	33546	0.5	33172	-1.1	43557	31.3
土地增值税	6488	71.8	11090	70.9	18292	64.9	30050	64.3
资源税	21823	12.9	26468	21.3	34281	29.5	45685	33.3
房产税	55052	14.4	59684	8.4	61587	3.2	73564	19.4
印花税	13405	30.6	16670	24.4	22464	34.8	29989	33.5
车船税	7461	0.0	7091	-5.0	9097	28.3	10876	19.6
烟叶税								
教育费附加	46792	16.3	54095	15.6	65897	21.8	86534	31.3
涉外企业所得税								
投资方向调节税	33	-94.0	12	-63.6	-1			
屠宰税								
筵席税								
滞纳罚收入								
二、基金费收入合计	661070	16.3	860012	30.1	1083902	26.0	1400005	29.2
(一)社会保险费收入小计	639468	16.6	835252	30.6	1034226	23.8	1330534	28.7
基本养老保险费	483178	9.1	609850	26.2	731119	19.9	917977	25.6
失业保险费	48884	29.2	52659	7.7	63658	20.9	75840	19.1
基本医疗保险费	107406	58.6	172743	60.8	237500	37.5	323924	36.4
工伤保险费					1473		9632	553.9
生育保险费					476		3161	564.1
城镇居民医疗保障费								
(二)其他基金(费)收入小计	21602	8.3	24760	14.6	49676	100.6	69471	39.8
水利建设基金	16717	7.6	19694	17.8	30316	53.9	33215	9.6
地方教育附加	2989	11.1	3012	0.8	16816	458.3	25130	49.4
残疾人就业保障金					10		8192	
文化事业建设费	1896	9.8	2054	8.3	2534	23.4	2934	15.8
三、税务部门罚没收入	427	80.2	770	80.3	914	18.7	993	8.6

全省地税部门分税(费)种收入完成情况(5-4)

(1994~2014年)　　　　单位:万元

项　目	2006年		2007年		2008年		2009年		2010年	
	实绩	增长%	实绩	增长%	实绩	增长%	实绩	增长%	实绩	增长%
地税部门组织收入总计	4177944	26.5	5426479	29.9	7165432	32.0	8321158	16.1	10470881	25.8
一、税收收入合计	2343941	23.2	3050934	30.2	4084336	33.9	4853543	18.8	6513918	34.2
营业税	1025804	31.3	1366208	33.2	1777028	30.1	2197692	23.7	2919302	32.8
企业所得税	434661	17.7	509940	17.3	654047	28.3	646438	-1.2	869431	34.5
个人所得税	239153	5.5	326615	36.6	438893	34.4	530180	20.8	786287	48.3
城市维护建设税	234964	14.7	303803	29.3	380946	25.4	433412	13.8	565695	30.5
土地使用税	56031	28.6	73245	30.7	220370	200.9	283705	28.7	325214	14.6
土地增值税	46021	53.1	89164	93.7	123106	38.1	154584	25.6	302221	95.5
资源税	60499	32.4	74301	22.8	98458	32.5	115568	17.4	126488	9.4
房产税	84263	14.5	96948	15.1	113751	17.3	149662	31.6	176178	17.7
印花税	36703	22.4	49133	33.9	63303	28.8	83457	31.8	111530	33.6
车船税	15629	43.7	19694	26.0	34167	73.5	48191	41.0	59459	23.4
烟叶税	2961		3132	5.8	3836	22.5	4903	27.8	5707	16.4
教育费附加	107252	23.9	138751	29.4	176431	27.2	205751	16.6	266406	29.5
涉外企业所得税										
投资方向调节税										
屠宰税										
筵席税										
滞纳罚收入										
二、基金费收入合计	1832909	30.9	2374257	29.5	3079842	29.7	3466047	12.5	3954522	14.1
(一)社会保险费收入小计	1740705	30.8	2254757	29.5	2928663	29.9	3289622	12.3	3728343	13.3
基本养老保险费	1221426	33.1	1565790	28.2	2044576	30.6	2331565	14.0	2618379	12.3
失业保险费	89790	18.4	108234	20.5	136934	26.5	139654	2.0	157559	12.8
基本医疗保险费	404871	25.0	514818	27.2	642666	24.8	698251	8.6	813696	16.5
工伤保险费	19077	98.1	27461	43.9	41944	52.7	45400	8.2	54396	19.8
生育保险费	5541	75.3	11772	112.5	23603	100.5	27332	15.8	34581	26.5
城镇居民医疗保障费			26682		38940	45.9	47420	21.8	49732	4.9
(二)其他基金(费)收入小计	92204	32.7	119500	29.6	151179	26.5	176425	16.7	226179	28.2
水利建设基金	44198	33.1	58015	31.3	72800	25.5	84146	15.6	107917	28.2
地方教育附加	34534	37.4	45005	30.3	57305	27.3	67476	17.7	88254	30.8
残疾人就业保障金	10718	30.8	12986	21.2	16641	28.1	19350	16.3	22767	17.7
文化事业建设费	2754	-6.1	3494	26.9	4433	26.9	5453	23.0	7241	32.8
三、税务部门罚没收入	1094	10.2	1288	17.7	1254	-2.6	1568	25.0	2441	55.7

全省地税部门分税(费)种收入完成情况(5-5)

(1994~2014年) 单位:万元

项目	2011年		2012年		2013年		2014年		21年合计	21年平均增长%
	实绩	增长%	实绩	增长%	实绩	增长%	实绩	增长%		
地税部门组织收入总计	14340401	37.0	18154660	15.2	21262936	17.1	23488107	10.5	130044324	23.9
一、税收收入(含耕契两税)			12155709	17.6	13983379	15.0	15516971	11.0	83247669	
税收收入合计(不含耕契两税)	8912851	36.8	10478546	17.6	11704607	11.7	13202933	12.8	76987696	20.5
营业税	3791812	29.9	4514187	19.1	4966748	10.0	5394436	8.6	32153178	20.7
企业所得税	1441471	65.8	1748263	21.3	1871887	7.1	2090320	11.7	12917816	18.0
个人所得税	995806	26.6	896206	-10.0	1085295	21.1	1303388	20.1	7906959	28.3
城市维护建设税	770643	36.2	821133	6.6	904447	10.1	1013338	12.0	6665219	17.0
土地使用税	428479	31.8	667526	55.8	712233	6.7	1003793	40.9	4106487	26.3
土地增值税	519784	72.0	700638	34.8	911505	30.1	966655	6.1	3896644	
资源税	145231	14.8	179245	23.4	197364	10.1	208196	5.5	1477577	17.7
房产税	230950	31.1	298474	29.2	315445	5.7	386350	22.5	2393912	17.4
印花税	137031	22.9	157772	15.1	188803	19.7	208694	10.5	1187465	23.7
车船税	74090	24.6	91356	23.3	106988	17.1	128294	19.9	660221	22.0
烟叶税	6772	18.7	10217	50.9	13096	28.2	19187	46.5	69811	
教育费附加	370782	39.2	393529	6.1	430796	9.5	480282	11.5	3055349	20.0
涉外企业所得税									43954	
投资方向调节税									361184	
屠宰税									81883	
筵席税									13	
滞纳罚收入									10026	
耕地占用税			506196	20.5	389851	-23.0	357423	-8.3	1253470	
契税			1170967	16.8	1888921	60.5	1956615	3.6	5006503	
二、基金费收入合计	5425888	37.2	5997418	10.5	7277443	21.3	7970203	9.5	46779273	
(一)社会保险费收入小计	5035470	35.1	5538996	10.0	6782130	22.4	7416594	9.4	43838600	
基本养老保险费	3490840	33.3	3741321	7.2	4542992	21.4	4855185	6.9	30314594	
失业保险费	226471	43.7	257752	13.8	310373	20.4	367897	18.5	2084141	
基本医疗保险费	1110621	36.5	1291309	16.3	1619073	25.4	1853280	14.5	9865166	
工伤保险费	101763	87.1	132389	30.1	175224	32.4	186435	6.4	795194	
生育保险费	51580	49.2	56962	10.4	75070	31.8	89583	19.3	379661	
城镇居民医疗保障费	54195	9.0	59263	9.4	59398	0.2	64214	8.1	399844	
(二)其他基金(费)收入小计	390418	72.6	458422	17.4	495313	8.0	553609	11.8	2940673	
水利建设基金	137818	7.7	159130	15.5	174907	9.9	37159	9.3	1058490	
地方教育附加	217064	146.0	259532	19.6	284734	9.7	1439	-14.3	1125535	
残疾人就业保障金	26492	16.4	30415	14.8	33993	11.8	200741	14.8	382305	
文化事业建设费	9044	24.9	9345	3.3	1679	-82.0	314270	10.4	374343	
三、税务部门罚没收入	1662	-31.9	1533	-7.8	2114	37.9	933	-55.9	17382	

注:各项基金费“二十年平均增长%”从实际开征年度始计算。

全省分市分产业地方税收入构成表

(2014 年)

本表数据不含教育费附加

	地方税收入总量(万元)	地方税收入构成(%)					
		其中:一产税收(万元)	比重%	二产税收(万元)	比重%	三产税收(万元)	比重%
全省合计	15036689	40279	0.3	4761415	31.7	10234995	68.1
省直属局	776409	1511	0.2	324617	41.8	450281	58.0
合肥市	4001807	2432	0.1	875296	21.9	3124079	78.1
淮北市	382462	133	0.0	141413	37.0	240916	63.0
亳州市	534997	666	0.1	144554	27.0	389777	72.9
宿州市	523675	528	0.1	187287	35.8	335860	64.1
蚌埠市	700545	1537	0.2	221966	31.7	477042	68.1
阜阳市	737421	3444	0.5	232264	31.5	501713	68.0
淮南市	493577	382	0.1	199562	40.4	293633	59.5
滁州市	851202	4448	0.5	306075	36.0	540679	63.5
六安市	712857	1496	0.2	242864	34.1	468497	65.7
马鞍山市	854264	10483	1.2	327069	38.3	516712	60.5
芜湖市	1585278	3546	0.2	601642	38.0	980090	61.8
宣城市	670513	4581	0.7	243953	36.4	421979	62.9
铜陵市	427892	143	0.0	161175	37.7	266574	62.3
池州市	413837	96	0.0	127040	30.7	286701	69.3
安庆市	774132	3805	0.5	268498	34.7	501829	64.8
黄山市	425901	454	0.1	93605	22.0	331842	77.9
广德县	128591	379	0.3	52224	41	75988	59.1
宿松县	41329	215	0.5	10311	25	30803	74.5

全省地税税收收入分市完成情况(5-1)

(1994~2014年) 单位:万元

地区	1993年	1994年		1995年		1996年		1997年	
	实绩	实绩	增长%	实绩	增长%	实绩	增长%	实绩	增长%
全省合计	208249	319280	53.3	480722	50.6	663236	38.0	825786	24.5
省直两局	2585	12976	402.0	17262	33.0	28368	64.3	53194	87.5
#直属局	2585	12976	402.0	17262	33.0	28368	64.3	53194	87.5
稽查局									
合肥市	38461	58170	51.2	82023	41.0	105304	28.4	132991	26.3
淮北市	11073	13858	25.2	19709	42.2	23803	20.8	27221	14.4
亳州市	5826	15085	158.9	26783	77.5	43103	60.9	54762	27.1
宿州市	6745	11403	69.1	22844	100.3	28242	23.6	33520	18.7
蚌埠市	17017	25504	49.9	35653	39.8	43333	21.5	48721	12.4
阜阳市	10347	16996	64.3	28906	70.1	47558	64.5	63349	33.2
淮南市	12571	17000	35.2	22218	30.7	31151	40.2	39205	25.9
滁州市	12046	17541	45.6	30929	76.3	41605	34.5	51695	24.3
六安市	7211	11349	57.4	20567	81.2	35687	73.5	38701	8.4
马鞍山市	27115	37912	39.8	48092	26.9	61074	27.0	67577	10.6
芜湖市	14141	20511	45.0	30799	50.2	46462	50.9	55448	19.3
宣城市	9126	13793	51.1	21982	59.4	31769	44.5	37440	17.9
铜陵市	7262	11047	52.1	14389	30.3	18828	30.8	23358	24.1
池州市	3588	5355	49.2	10157	89.7	13888	36.7	16751	20.6
安庆市	16788	23034	37.2	36649	59.1	47257	28.9	61203	29.5
黄山市	6347	7746	22.0	11760	51.8	15804	34.4	20650	30.7

全省地税税收收入分市完成情况(5－2)

(1994～2014年)　　单位:万元

地区	1998年		1999年		2000年		2001年		2002年	
	实绩	增长%	实绩	增长%	实绩	增长%	实绩	增长%	实绩	增长%
全省合计	904938	9.6	963023	6.4	897425	－6.8	1080633	20.4	1069276	－1.1
省直两局	68332	28.5	70778	3.6	109243	54.3	152713	39.8	112097	－26.6
#直属局	68332	28.5	69337	1.5	106917	54.2	148996	39.4	110315	－26.0
稽查局			1441		2326	61.4	3717	59.8	1782	－52.1
合肥市	157513	18.4	179914	14.2	185283	3.0	217350	17.3	232442	6.9
淮北市	30259	11.2	30557	1.0	32817	7.4	36175	10.2	39378	8.9
亳州市	52974	－3.3	52514	－0.9	33246	－36.7	34377	3.4	28445	－17.3
宿州市	34394	2.6	35486	3.2	24937	－29.7	27714	11.1	28303	2.1
蚌埠市	52013	6.8	50486	－2.9	43485	－13.9	54493	25.3	56622	3.9
阜阳市	69626	9.9	69040	－0.8	35140	－49.1	38548	9.7	39484	2.4
淮南市	45383	15.8	48942	7.8	39129	－20.1	42854	9.5	46627	8.8
滁州市	53221	3.0	57073	7.2	47469	－16.8	60119	26.6	54978	－8.6
六安市	39511	2.1	40040	1.3	36809	－8.1	37636	2.2	42042	11.7
马鞍山市	73615	8.9	81660	10.9	63598	－22.1	67579	6.3	81939	21.2
芜湖市	58795	6.0	67726	15.2	70332	3.8	114505	62.8	102627	－10.4
宣城市	37579	0.4	36290	－3.4	32288	－11.0	36942	14.4	37963	2.8
铜陵市	26531	13.6	31172	17.5	33834	8.5	37364	10.4	38670	3.5
池州市	17584	5.0	16786	－4.5	15645	－6.8	18080	15.6	19570	8.2
安庆市	62033	1.4	64524	4.0	63916	－0.9	71843	12.4	73820	2.8
黄山市	25575	23.8	30035	17.4	30254	0.7	32341	6.9	34269	6.0

全省地税税收收入分市完成情况(5－3)

(1994～2014年)　单位:万元

地区	2003年		2004年		2005年		2006年	
	实绩	增长%	实绩	增长%	实绩	增长%	实绩	增长%
全省合计	1207806	13.0	1527715	26.5	1902247	24.5	2343941	23.2
省直两局	112759	0.6	165558	46.8	196007	18.4	233541	19.1
#直属局	108616	－1.5	165558	52.4	196007	18.4	233541	19.1
稽查局	4143	132.5						
合肥市	267007	14.9	336701	26.1	442005	31.3	546556	23.7
淮北市	43594	10.7	52240	19.8	66152	26.6	77220	16.7
亳州市	26665	－6.3	30090	12.8	37356	24.1	50074	34.0
宿州市	28878	2.0	31175	8.0	33623	7.9	42238	25.6
蚌埠市	62795	10.9	75271	19.9	90578	20.3	108817	20.1
阜阳市	40329	2.1	50264	24.6	70350	40.0	88715	26.1
淮南市	50103	7.5	59341	18.4	84573	42.5	114616	35.5
滁州市	57452	4.5	63870	11.2	73027	14.3	90234	23.6
六安市	46316	10.2	52630	13.6	63151	20.0	81873	29.6
马鞍山市	108761	32.7	165399	52.1	220212	33.1	251581	14.2
芜湖市	137642	34.1	179637	30.5	194726	8.4	237929	22.2
宣城市	43642	15.0	53505	22.6	68578	28.2	94070	37.2
铜陵市	42584	10.1	48457	13.8	59844	23.5	76559	27.9
池州市	21143	8.0	25160	19.0	35650	41.7	47849	34.2
安庆市	80508	9.1	93027	15.6	108606	16.7	129364	19.1
黄山市	37628	9.8	45390	20.6	57809	27.4	72707	25.8

全省地税税收收入分市完成情况(5-4)

(1994~2013年)　　单位:万元

地区	2007年		2008年		2009年		2010年	
	实绩	增长%	实绩	增长%	实绩	增长%	实绩	增长%
全省合计	3050934	30.2	4084336	33.9	4853543	18.8	6513918	34.2
省直两局	270237	15.7	309324	14.5	365457	18.1	426879	16.8
#直属局	270237	15.7	309324	14.5	365457	18.1	426879	16.8
稽查局								
合肥市	738084	35.1	1109519	50.3	1303708	17.5	1775646	36.2
淮北市	98189	27.2	134552	37.0	150090	11.5	200517	33.6
亳州市	63061	25.9	81502	29.2	105174	29.0	152060	44.6
宿州市	59789	41.6	79916	33.7	97591	22.1	151140	54.9
蚌埠市	140093	28.7	173908	24.1	206248	18.6	266255	29.1
阜阳市	114241	28.8	148176	29.7	192132	29.7	245902	28.0
淮南市	147568	28.7	191149	29.5	242986	27.1	348090	43.3
滁州市	132454	46.8	189148	42.8	235580	24.5	320403	36.0
六安市	114809	40.2	150426	31.0	193899	28.9	258513	33.3
马鞍山市	296272	17.8	369972	24.9	345414	-6.6	436053	26.2
芜湖市	318754	34.0	421681	32.3	514600	22.0	753611	46.4
宣城市	135854	44.4	181283	33.4	221015	21.9	311311	40.9
铜陵市	98781	29.0	132832	34.5	166140	25.1	200859	20.9
池州市	68810	43.8	91066	32.3	119314	31.0	156695	31.3
安庆市	160119	23.8	196806	22.9	245033	24.5	306900	25.2
黄山市	93819	29.0	123076	31.2	149162	21.2	203084	36.1

全省地税税收收入分市完成情况(5－5)

(1994～2014年)　单位:万元

地区	2012年(不含耕契两税)		2012年(含耕契两税)		2013年(含耕契两税)		2014年(含耕契两税)		21年合计	年均增长%
	实绩	增长%	实绩	增长%	实绩	增长%	实绩	增长%		
全省合计	10478546	17.6	12155709	17.6	13983379	15.0	15516972	11.0	67740698	21.4
省直局	750080	17.2	916771	9.5	881991	-3.8	788731	-10.6	5143519	22.8
合肥市	2635011	14.3	2940760	13.0	3320526	12.9	4118728	24.0	16436059	23.7
淮北市	302496	10.0	355335	27.8	369617	4.0	397118	7.4	2076237	18.3
亳州市	313424	38.4	366095	36.1	498288	36.1	551119	10.6	1978126	19.7
宿州市	290788	21.2	346068	27.0	446321	29.0	537050	20.3	1803408	21.2
蚌埠市	440133	15.6	532863	22.0	645366	21.1	735177	13.9	3093302	18.3
阜阳市	408347	21.4	467076	15.1	599834	28.4	765409	27.6	2761950	21.0
淮南市	524684	16.4	599164	14.6	623265	4.0	513596	-17.6	3244048	18.6
滁州市	611659	27.1	710813	28.2	814831	14.6	878618	7.8	3583689	21.6
六安市	437581	19.0	510259	15.2	597633	17.1	729803	22.1	2739560	23.1
马鞍山市	609138	13.1	694963	10.9	893174	28.5	880162	-1.5	4903575	17.0
芜湖市	1193144	15.7	1369391	17.9	1549111	13.1	1649349	6.5	7275585	24.5
宣城市	526090	22.3	620755	24.8	745657	20.1	820946	10.1	3191944	22.7
铜陵市	318807	25.8	359106	23.6	400328	11.5	440015	9.9	2074108	20.2
池州市	293130	35.6	365376	37.5	429851	17.6	421928	-1.8	1710888	24.4
安庆市	487482	21.7	604345	28.3	737515	22.0	854414	15.9	3566915	19.8
黄山市	336552	12.9	396569	10.8	430071	8.4	434809	1.1	2115782	22.3
江北集中区									41829	
江南集中区									176	

注:1. 2000年,阜阳市、亳州市行政区划调整,本表中两市历史数据分别按现口径进行了调整。

2. 2004年,省稽查局不再作为单独税收会计核算单位,稽查收入并入省直属局统计。

3. 2011年,原地级巢湖市撤销,1994—2010年原巢湖市数据按照新的行政区划调整至合肥市、马鞍山市、芜湖市。

4. 2012年,耕地占用税、契税才财政部门划归地税部门征收,表中两税指"耕地占用税和契税"。

全省地方税收入分行业表(4－1)

(2014年)

本表数据不含教育费附加

单位:亿元

项目	税收收入				2014年与2013年相比		2014年比2013年增长%
	2014年	占比重%	2013年	占比重%	增加额	占比重%	
合计	15036689	111.0	13542583	134.3	1494106	83.9	11.0
一、第一产业	40279	0.3	19300	0.2	20979	1.2	108.7
二、第二产业	4761415	35.2	4387583	43.5	373832	21.0	8.5
(一)采矿业	422191	3.1	584178	5.8	－161987	－9.1	－27.7
1. 煤炭开采和洗选业	188115	1.4	326793	3.2	－138678	－7.8	－42.4
2. 石油和天然气开采业	1979	0.0	1674	0.0	305	0.0	18.2
其中:原油	1215	0.0	1302	0.0	－87	0.0	－6.7
3. 黑色金属矿采选业	81997	0.6	72861	0.7	9136	0.5	12.5
4. 有色金属矿采选业	27380	0.2	42370	0.4	－14990	－0.8	－35.4
5. 非金属矿采选业	116149	0.9	128262	1.3	－12113	－0.7	－9.4
6. 其他采矿业	6571	0.0	12218	0.1	－5647	－0.3	－46.2
(二)制造业	1765412	13.0	1449036	14.4	316376	17.8	21.8
1. 农副食品加工业	25339	0.2	21723	0.2	3616	0.2	16.6
2. 食品制造业	22625	0.2	18059	0.2	4566	0.3	25.3
3. 酒、饮料和精制茶制造业	61923	0.5	57315	0.6	4608	0.3	8.0
4. 烟草制品业	148125	1.1	131986	1.3	16139	0.9	12.2
其中:卷烟制造	145464	1.1	130140	1.3	15324	0.9	11.8
5. 纺织业	31049	0.2	27252	0.3	3797	0.2	13.9
6. 纺织服装、服饰业	22124	0.2	19979	0.2	2145	0.1	10.7
7. 皮革、毛皮、羽毛及其制品和制鞋业	17557	0.1	13036	0.1	4521	0.3	34.7
8. 木材加工和木竹藤棕草制品业	15951	0.1	13024	0.1	2927	0.2	22.5
9. 家具制造业	6788	0.1	4612	0.0	2176	0.1	47.2
10. 造纸和纸制品业	19902	0.1	13681	0.1	6221	0.3	45.5
11. 印刷和记录媒介复制业	12171	0.1	11058	0.1	1113	0.1	10.1
12. 文教、工美、体育和娱乐用品制造业	8954	0.1	7742	0.1	1212	0.1	15.7

全省地方税收入分行业表(4－2)

(2014年)

本表数据不含教育费附加 单位:亿元

项目	税收收入				2014年与2013年相比		2014年比2013年增长%
	2014年	占比重%	2013年	占比重%	增加额	占比重%	
13. 石油加工、炼焦和核燃料加工业	56807	0.4	35532	0.3	21275	1.2	59.9
其中:成品油		0.0	23216	0.2	－23216	－1.3	－100.0
14. 化学原料和化学制品制造业	112737	0.8	114264	1.0	－1527	－0.1	－1.3
15. 医药制造业	42610	0.3	33648	0.3	8962	0.5	26.6
16. 化学纤维制造业	4893	0.0	5164	0.0	－271	0.0	－5.2
17. 橡胶和塑料制品业	75603	0.6	51639	0.4	23964	1.3	46.4
18. 非金属矿物制品业	229803	1.7	178803	1.5	51000	2.9	28.5
19. 黑色金属冶炼和压延加工业	65071	0.5	80007	0.7	－14936	－0.8	－18.7
20. 有色金属冶炼和压延加工业	72891	0.5	44773	0.4	28118	1.6	62.8
21. 金属制品业	62374	0.5	51923	0.4	10451	0.6	20.1
22. 通用设备制造业	104523	0.8	81122	0.7	23401	1.3	28.8
23. 专用设备制造业	68105	0.5	53375	0.5	14730	0.8	27.6
24. 汽车制造业	161610	1.2	133565	1.1	28045	1.6	21.0
25. 铁路、船舶、航空航天和其他运输设备制造业	12281	0.1	9702	0.1	2579	0.1	26.6
26. 电气机械和器材制造业	143493	1.1	122557	1.0	20936	1.2	17.1
27. 计算机、通信和其他电子设备制造业	50626	0.4	37574	0.3	13052	0.7	34.7
28. 仪表仪器制造业	11403	0.1	9281	0.1	2122	0.1	22.9
29. 其他制造业	98074	0.7	66640	0.6	31434	1.8	47.2
(三)电力、热力、燃气及水的生产和供应业	204014	1.5	171489	1.5	32525	1.8	19.0
1. 电力、热力生产和供应业	165920	1.2	140713	1.2	25207	1.4	17.9
①电力生产	101218	0.7	85583	0.7	15635	0.9	18.3
②电力供应	59739	0.4	50738	0.4	9001	0.5	17.7
③热力生产和供应业	4963	0.0	4392	0.0	571	0.0	13.0
2. 燃气生产和供应业	18802	0.1	15455	0.1	3347	0.2	21.7
3. 水的生产和供应业	19292	0.1	15321	0.1	3971	0.2	25.9

全省地方税收入分行业表(4-3)

(2014年)

本表数据不含教育费附加

单位:亿元

项目	税收收入				2014年与2013年相比		2014年比2013年增长%
	2014年	占比重%	2013年	占比重%	增加额	占比重%	
(四)建筑业	2369798	17.5	2182880	18.6	186918	10.5	8.6
1. 房屋建筑业	923733	6.8	790943	6.7	132790	7.5	16.8
2. 土木工程建筑业	440868	3.3	391165	3.3	49703	2.8	12.7
3. 建筑安装业	733502	5.4	733645	6.2	-143	0.0	0.0
4. 建筑装饰和其他建筑业	271695	2.0	267127	2.3	4568	0.3	1.7
三、第三产业	10234995	75.6	9135700	77.7	1099295	61.7	12.0
(一)批发和零售业	485801	3.6	397569	3.4	88232	5.0	22.2
1. 批发业	338757	2.5	270441	2.3	68316	3.8	25.3
其中:烟草制品批发	57966	0.4	43777	0.4	14189	0.8	32.4
煤炭及制品批发	6412	0.0	6791	0.1	-379	0.0	-5.6
石油及其制品批发	11688	0.1	7914	0.1	3774	0.2	47.7
汽车及零配件批发	15992	0.1	11348	0.1	4644	0.3	40.9
2. 零售业	147044	1.1	127128	1.1	19916	1.1	15.7
(二)交通运输、仓储和邮政业	246982	1.8	255494	2.2	-8512	-0.5	-3.3
1. 交通运输业	229874	1.7	235343	2.0	-5469	-0.3	-2.3
2. 仓储业	11346	0.1	11959	0.1	-613	0.0	-5.1
3. 邮政业	5762	0.0	8192	0.1	-2430	-0.1	-29.7
(三)住宿和餐饮业	179348	1.3	184136	1.6	-4788	-0.3	-2.6
1. 住宿业	53937	0.4	59434	0.5	-5497	-0.3	-9.2
2. 餐饮业	125411	0.9	124702	1.1	709	0.0	0.6
(四)信息传输、软件和信息技术服务业	143984	1.1	180213	1.5	-36229	-2.0	-20.1
1. 电信、广播电视和卫星传输服务业	105496	0.8	145764	1.2	-40268	-2.3	-27.6
其中:电信	103775	0.8	137582	1.2	-33807	-1.9	-24.6
2. 互联网和相关服务	2033	0.0	1565	0.0	468	0.0	29.9
3. 软件和信息技术服务业	36455	0.3	32884	0.3	3571	0.2	10.9

全省地方税收入分行业表(4-4)

(2014年)

本表数据不含教育费附加 单位:亿元

项目	税收收入				2014年与2013年相比		2014年比2013年增长%
	2014年	占比重%	2013年	占比重%	增加额	占比重%	
(五)金融业	1608069	11.9	1320435	11.2	287634	16.2	21.8
1. 货币金融服务	1069696	7.9	895833	7.6	173863	9.8	19.4
其中:银行	929894	6.9	780846	6.6	149048	8.4	19.1
金融租赁	18975	0.1	11758	0.1	7217	0.4	61.4
2. 资本市场服务	80944	0.6	66762	0.6	14182	0.8	21.2
3. 保险业	299332	2.2	230299	2.0	69033	3.9	30.0
4. 其他金融业	158097	1.2	127541	1.1	30556	1.7	24.0
(六)房地产业	5450770	40.2	5053904	43.0	396866	22.3	7.9
(七)租赁和商务服务业	942405	7.0	739431	6.3	202974	11.4	27.5
1. 租赁业	39230	0.3	28429	0.2	10801	0.6	38.0
2. 商务服务业	903175	6.7	711002	6.0	192173	10.8	27.0
(八)科学研究和技术服务业	136033	1.0	109271	0.9	26762	1.5	24.5
(九)居民服务、修理和其他服务业	411565	3.0	323787	2.8	87778	4.9	27.1
其中:居民服务业	155534	1.1	176670	1.5	-21136	-1.2	-12.0
机动车、电子产品和日用产品修理业	2624	0.0	2863	0.0	-239	0.0	-8.3
(十)教育	41948	0.3	30351	0.3	11597	0.7	38.2
(十一)卫生和社会工作	41703	0.3	18162	0.2	23541	1.3	129.6
其中:卫生	39978	0.3	17156	0.1	22822	1.3	133.0
(十二)文化、体育和娱乐业	59196	0.4	65767	0.6	-6571	-0.4	-10.0
其中:新闻和出版业	7522	0.1	7104	0.1	418	0.0	5.9
广播、电视、电影和影视录音制作业	8453	0.1	11299	0.1	-2846	-0.2	-25.2
体育	2740	0.0	3059	0.0	-319	0.0	-10.4
娱乐业	23783	0.2	25511	0.2	-1728	-0.1	-6.8
(十三)公共管理、社会保障和社会组织	414569	3.1	375759	3.2	38810	2.2	10.3
(十四)其他行业	72622	0.5	81421	0.7	-8799	-0.5	-10.8

全国分省市区税收及经济总量表

(2014年)

省市区	序号	全部税收合计(亿元)	位次	国税系统税收收入(亿元)	位次	地税系统税收收入(亿元)	位次	GDP(亿元)	位次
北京市	1	11534.5	3	7840.2	1	3209.4	4	21330.8	13
天津市	2	4294.4	7	1698.5	10	1231.0	16	15722.5	17
河北省	3	3750.0	9	1731.2	9	1613.7	10	29421.2	6
山西省	4	2104.4	21	1093.2	20	982.1	21	12759.4	24
内蒙古区	5	2078.2	22	855.1	25	1139.8	18	17769.5	15
辽宁省	6	3202.5	12	1476.8	15	1507.7	11	28626.6	7
吉林省	7	1967.6	24	1127.7	19	737.7	26	13803.8	22
黑龙江省	8	2208.2	20	1197.7	18	880.2	24	15039.4	20
上海市	9	12084.0	1	5850.6	2	3357.4	3	23560.9	12
江苏省	10	12068.2	2	5699.8	3	5170.3	1	65088.3	2
浙江省	11	6158.4	6	3053.9	5	2662.4	6	40153.5	4
安徽省	12	3089.6	13	1469.1	16	1503.7	12	20848.8	14
福建省	13	2957.5	15	1345.4	17	1278.5	13	24055.8	11
江西省	14	2281.7	18	1006.4	21	1234.3	15	15078.6	18
山东省	15	6393.6	5	2832.2	6	2755.9	5	59426.6	3
河南省	16	3640.7	10	1692.7	11	1752.0	8	34939.3	5
湖北省	17	3633.1	11	1865.4	7	1658.8	9	27367.0	9
湖南省	18	2957.5	14	1636.5	13	1263.3	14	27048.5	10
广东省	19	11146.2	4	5375.5	4	3988.1	2	67792.2	1
广西区	20	1979.2	23	874.9	24	892.9	23	15673.0	19
海南省	21	846.1	28	313.3	28	447.0	27	3500.7	28
重庆市	22	2231.3	19	976.5	22	1153.2	17	14265.4	21
四川省	23	4058.8	8	1809.6	8	2147.4	7	28536.7	8
贵州省	24	1794.6	26	805.7	26	981.4	22	9251.0	26
云南省	25	2792.7	16	1674.1	12	1083.2	20	12814.6	23
西藏区	26	170.7	31	170.0	31	0.0	31	920.8	31
陕西省	27	2683.6	17	1561.3	14	1100.2	19	17690.0	16
甘肃省	28	1044.9	27	590.8	27	439.7	28	6835.3	27
青海省	29	355.5	30	176.2	30	178.2	30	2301.1	30
宁夏区	30	476.7	29	269.5	29	201.6	29	2752.1	29
新疆区	31	1897.3	25	935.8	23	802.0	25	9264.1	25

注:税收合计含海关代征、耕地占用税和契税,本表数据来自税收月快报。

全国税务部门组织收入分税种情况表

（2014 年）　单位：亿元

	2014 年全年实绩				
	收入额（亿元）	比上年增加额（亿元）	比上年增长%	总量占比重%	增量占比重%
一、国内税收收入合计	129541	9598	8.0	100.0	100.0
其中：（一）税务部门组织	115097	9196	8.7	88.8	95.8
1. 国内增值税	30983	2050	7.1	23.9	21.4
其中：直接收入	27608	1609	6.2	21.3	16.8
免抵调库	3375	440	15.0	2.6	4.6
其中：营改增	2853	1312	85.1	2.2	13.7
2. 国内消费税	8969	675	8.1	6.9	7.0
3. 营业税	17779	541	3.1	13.7	5.6
4. 企业所得税	26441	2562	10.7	20.4	26.7
5. 个人所得税	7379	848	13.0	5.7	8.8
6. 资源税	1084	78	7.8	0.8	0.8
7. 城镇土地使用税	1990	271	15.8	1.5	2.8
8. 城市维护建设税	3642	223	6.5	2.8	2.3
9. 印花税	1542	297	23.8	1.2	3.1
其中：证券交易印花税	669	198	42.1	0.5	2.1
其他印花税	873	98	12.7	0.7	1.0
10. 土地增值税	3915	621	18.8	3.0	6.5
11. 房产税	1852	270	17.1	1.4	2.8
12. 车船税	541	67	14.2	0.4	0.7
13. 车辆购置税	2885	289	11.1	2.2	3.0
14. 烟叶税	141	-9	-6.1	0.1	-0.1
15. 耕地占用税	1991	257	14.8	1.5	2.7
16. 契税	3963	158	4.1	3.1	1.6
17. 其他税收	0	0	33.3	0.0	0.0
（二）海关代征进口税收	14444	402	2.9	11.2	4.2
1. 增值税	13597	356	2.7	10.5	3.7
2. 消费税	847	46	5.8	0.7	0.5
二、出口退税	-11329	-811	7.7	-8.7	-8.4
1. 退增值税	-11315	-812	7.7	-8.7	-8.5
2. 退消费税	-15	1	-9.2	0.0	0.0
三、其他收入合计	18255	1615	9.7	14.1	16.8
1. 教育费附加	1731	97	5.9	1.3	1.0
2. 文化事业建设费	112	4	3.3	0.1	0.0
3. 社会保险基金收入	13779	1288	10.3	10.6	13.4
4. 地方教育附加	1136	75	7.1	0.9	0.8
5. 其他收入	1497	150	11.2	1.2	1.6

全国地税税收收入分省市完成情况

(2014年)

本表不含教育费附加　　单位:亿元

31个省市区	序号	税收收入规模				2014年与2013年相比			
		2014年	排序	2013年	排序	增加额	排序	增长速度%	排序
全国合计		51313		47298		4015		8.5	
北京市	1	3209	4	2895	6	314	3	10.8	10
天津市	2	1231	16	1067	19	164	7	15.4	4
河北省	3	1614	10	1535	11	79	14	5.1	18
山西省	4	982	21	1065	20	-83	25	-7.8	25
内蒙古区	5	1140	18	1095	15	45	18	4.1	19
辽宁省	6	1508	11	2330	7	-822	29	-35.3	30
吉林省	7	738	26	737	26	0	23	0.0	23
黑龙江省	8	880	24	826	22	54	16	6.6	17
上海市	9	3357	3	3034	4	324	2	10.7	11
江苏省	10	5170	1	4686	2	485	1	10.3	14
浙江省	11	2662	6	3067	3	-405	28	-13.2	27
安徽省	12	1504	12	1355	13	148	8	11.0	9
福建省	13	1278	13	1541	10	-263	26	-17.1	28
江西省	14	1234	15	1088	16	147	10	13.5	6
山东省	15	2756	5	3029	5	-273	27	-9.0	26
河南省	16	1752	8	1585	9	167	5	10.5	12
湖北省	17	1659	9	1410	12	249	4	17.7	2
湖南省	18	1263	14	1155	14	109	12	9.4	15
广东省	19	3988	2	5085	1	-1097	30	-21.6	29
广西区	20	893	23	808	24	84	13	10.5	13
海南省	21	447	27	400	27	47	17	11.7	8
重庆市	22	1153	17	1025	21	128	11	12.5	7
四川省	23	2147	7	1999	8	148	9	7.4	16
贵州省	24	981	22	817	23	165	6	20.1	1
云南省	25	1083	20	1087	17	-4	24	-0.4	24
西藏区	26	0							
陕西省	27	1100	19	1076	18	24	21	2.2	22
甘肃省	28	440	28	382	28	57	15	15.0	5
青海省	29	178	30	152	30	26	20	16.9	3
宁夏区	30	202	29	194	29	8	22	4.1	20
新疆区	31	802	25	772	25	30	19	3.8	21

全国营业税收入分省市完成情况

（2014 年）

单位：亿元

31 个省市区	序号	营业税规模				2014 年与 2013 年相比			
		2014 年	排序	2013 年	排序	增加额	排序	增长速度%	排序
全国合计		17779		17238		541		3.1	
北京市	1	1149	3	1236	3	-87	25	-7.1	24
天津市	2	478	12	423	16	55	3	13.1	3
河北省	3	591	9	600	9	-8	18	-1.4	16
山西省	4	345	20	373	20	-28	24	-7.4	25
内蒙古区	5	338	22	345	21	-7	17	-2.0	17
辽宁省	6	380	19	652	8	-272	29	-41.7	30
吉林省	7	228	26	243	26	-15	19	-6.0	22
黑龙江省	8	249	25	264	25	-15	20	-5.5	20
上海市	9	1002	4	962	6	40	7	4.1	13
江苏省	10	2084	1	1870	1	214	1	11.5	6
浙江省	11	896	6	1067	4	-171	28	-16.0	27
安徽省	12	539	11	497	13	43	6	8.6	8
福建省	13	456	14	550	11	-94	26	-17.2	28
江西省	14	443	16	418	18	25	9	5.9	10
山东省	15	929	5	1063	5	-134	27	-12.6	26
河南省	16	626	8	572	10	55	4	9.5	7
湖北省	17	586	10	522	12	64	2	12.3	4
湖南省	18	470	13	444	14	26	8	5.8	11
广东省	19	1251	2	1633	2	-382	30	-23.4	29
广西区	20	321	23	301	23	20	12	6.7	9
海南省	21	154	28	159	28	-5	16	-2.9	18
重庆市	22	444	15	423	17	21	11	5.0	12
四川省	23	805	7	808	7	-3	15	-0.4	15
贵州省	24	344	21	298	24	47	5	15.6	1
云南省	25	396	18	417	19	-21	22	-5.0	19
西藏区	26	32		28					
陕西省	27	399	17	423	15	-25	23	-5.8	21
甘肃省	28	194	27	171	27	23	10	13.4	2
青海省	29	78	30	70	30	8	13	11.7	5
宁夏区	30	105	29	105	29	0	14	0.2	14
新疆区	31	282	24	303	22	-21	21	-6.9	23

全国地税企业所得税收入分省市完成情况

（2014 年）　单位:亿元

31 个省市区	序号	企业所得税规模				2014 年与 2013 年相比			
		2014 年	排序	2013 年	排序	增加额	排序	增长速度%	排序
全国合计		6452		5969		484		8.1	
北京市	1	334	5	258	8	76	1	29.4	1
天津市	2	148	15	123	18	25	5	20.1	6
河北省	3	227	9	223	9	4	18	1.7	19
山西省	4	184	13	278	6	-94	29	-33.9	29
内蒙古区	5	112	20	160	14	-48	26	-30.1	27
辽宁省	6	109	21	195	11	-86	28	-44.0	30
吉林省	7	81	26	79	26	1	19	1.9	18
黑龙江省	8	112	19	113	21	-1	20	-0.7	20
上海市	9	444	3	393	4	51	2	12.9	12
江苏省	10	504	2	485	2	18	8	3.8	17
浙江省	11	409	4	442	3	-34	25	-7.6	24
安徽省	12	209	10	187	13	22	6	11.7	13
福建省	13	189	12	204	10	-15	24	-7.1	23
江西省	14	169	14	152	16	18	10	11.6	14
山东省	15	282	6	353	5	-70	27	-19.9	26
河南省	16	230	8	195	12	36	4	18.2	7
湖北省	17	203	11	159	15	44	3	28.0	2
湖南省	18	108	22	94	23	15	12	15.5	10
广东省	19	571	1	839	1	-268	30	-31.9	28
广西区	20	99	24	82	25	18	9	21.7	4
海南省	21	66	27	54	27	11	13	21.0	5
重庆市	22	118	18	100	22	18	11	17.5	9
四川省	23	280	7	269	7	11	14	4.2	16
贵州省	24	147	16	128	17	20	7	15.4	11
云南省	25	124	17	117	20	7	16	5.8	15
西藏区	26			0					
陕西省	27	108	23	117	19	-9	23	-7.9	25
甘肃省	28	53	28	45	28	8	15	18.1	8
青海省	29	19	30	20	30	-1	21	-5.8	22
宁夏区	30	25	29	21	29	5	17	22.3	3
新疆区	31	82	25	83	24	-1	22	-1.7	21

全国地税个人所得税收入分省市完成情况

（2014年）

单位：亿元

31个省市区	序号	个人所得税规模				2014年与2013年相比			
		2014年	排序	2013年	排序	增加额	排序	增长速度%	排序
全国合计		7328		6477		850		13.1	
北京市	1	959	2	834	3	124	2	14.9	11
天津市	2	167	8	132	12	35	4	26.6	2
河北省	3	140	13	136	11	4	18	2.9	20
山西省	4	118	17	122	14	-4	22	-3.3	22
内蒙古区	5	100	21	112	17	-12	25	-10.6	26
辽宁省	6	108	20	160	9	-52	29	-32.4	30
吉林省	7	87	24	70	25	17	11	24.5	4
黑龙江省	8	92	22	89	22	3	19	3.9	19
上海市	9	1021	1	888	1	133	1	15.0	10
江苏省	10	766	3	662	4	104	3	15.7	8
浙江省	11	436	5	485	5	-49	27	-10.0	25
安徽省	12	130	14	109	18	22	7	20.1	6
福建省	13	158	10	196	8	-38	26	-19.2	28
江西省	14	90	23	72	24	18	9	24.9	3
山东省	15	213	7	261	6	-49	28	-18.7	27
河南省	16	145	11	119	16	26	5	21.8	5
湖北省	17	162	9	144	10	17	10	12.1	13
湖南省	18	141	12	127	13	14	13	11.1	15
广东省	19	599	4	864	2	-265	30	-30.6	29
广西区	20	75	26	69	26	6	15	8.5	18
海南省	21	34	28	29	28	4	16	14.8	12
重庆市	22	108	19	94	21	14	12	15.3	9
四川省	23	243	6	220	7	23	6	10.4	16
贵州省	24	81	25	87	23	-5	24	-6.1	24
云南省	25	120	15	102	20	19	8	18.2	7
西藏区	26			0					
陕西省	27	117	18	122	15	-5	23	-4.3	23
甘肃省	28	40	27	36	27	3	20	9.3	17
青海省	29	16	30	12	30	4	17	33.2	1
宁夏区	30	16	29	17	29	0	21	-1.4	21
新疆区	31	120	16	107	19	13	14	11.7	14

税务登记类

2014 年度全省地税部门税务登记基本情况

2014 年,全省地方税税务登记新增 204856 户,减少 61659 户,截至年底税务登记总户数达到 1279562 户,同比增长 12.6%。其中,2014 年底全省国地税共同登记的户数为 939636 户,占全省地税部门登记总户数的 73.1%。

分类型看,截至 2014 年底,全省内资企业 457506 户,同比增长 23.0%;港澳台投资企业 1891 户,同比增长 8.0%;外商投资企业 2790 户,同比增长 3.6%;个体经营户 801227 户,同比增长 7.4%;外国企业及其他 16148 户,同比增长 17.1%(详见附表 1)。

分行业看,第一产业(含农、林、牧、渔业)税务登记户数为 40781 户,占全省总户数的 3.2%,第二产业(含采矿业、制造业、电力、燃气及水的生产和供应业、建筑业)税务登记户数为 176692 户,占全省总户数的 13.8%,第三产业(除第一、二产业外的其他行业)登记户数为 1062089 户,占全省总户数的 83.0%(详见附表 2)。

分单位看,合肥、阜阳和六安市税务登记户数位列全省前三,分别为 234425、103784 和 102541 户,占全省总户数比重为 18.3%、8.1% 和 8.0%。另外,广德、宿松县税务登记户数分别为 15106 和 5214 户,省直属局税务登记户数为 3583 户,分别占全省总户数的 1.2%、0.4% 和 0.3%。

附表1 2014年全省税务登记户数基本情况表

单位:户

序号	类型		项目	上期末户数	本期增减数：增加	本期增减数：减少	本期末户数	其中:共同登记户
			顺序号	1	2	3	4	5
1			合计	1136356	204865	61659	1279562	939636
2	内资企业		国有企业	8698	420	438	8680	238
3	内资企业		集体企业	6752	291	529	6514	370
4	内资企业		股份合作企业	1831	356	178	2009	41
5	内资企业		联营企业	163	40	4	199	2
6	内资企业	其中	国有联营企业	29	31	3	1	33
7	内资企业	其中	集体联营企业	29	28	4	1	31
8	内资企业	其中	国有与集体联营企业	22	23	2	1	24
9	内资企业	其中	其他联营企业	72	81	31	1	111
10	内资企业		有限责任公司	171232	49263	11567	208928	5858
11	内资企业	其中	国有独资公司	855	151	19	987	459
12	内资企业	其中	其他有限责任公司	137468	40464	8205	169727	122514
13	内资企业		股份有限公司	981	154	68	1067	21
14	内资企业		私营企业	170251	49109	11499	207861	5837
15	内资企业	其中	私营独资企业	15012	1750	1032	15730	486
16	内资企业	其中	私营合伙企业	3381	692	229	3844	88
17	内资企业	其中	私营有限责任公司	143392	49302	8754	183940	4166
18	内资企业	其中	私营股份有限公司	1125	370	64	1431	38
19	内资企业		其他企业	12383	6398	1085	17696	460
20	内资企业		小计	371985	110871	25350	457506	11909
21	港澳台投资企业		合资经营企业(港或澳、台资)	674	100	65	709	28
22	港澳台投资企业		合作经营企业(港或澳、台资)	31	3	3	31	2
23	港澳台投资企业		港、澳、台商独资经营企业	990	209	108	1091	36
24	港澳台投资企业		港、澳、台商投资股份有限公司	56	6	2	60	1
25	港澳台投资企业		小计	1751	318	178	1891	67
26	外商投资企业		中外合资经营企业	1030	134	102	1062	37
27	外商投资企业		中外合作经营企业	54	2	4	52	2
28	外商投资企业		外资企业	1526	230	166	1590	75
29	外商投资企业		外商投资股份有限公司	82	13	9	86	4
30	外商投资企业		小计	2692	379	281	2790	118
31			外国企业	43	10	17	36	16
32			个体经营	746134	91197	36104	801227	20136
33			其他	13751	2090	-271	16112	907390

附表 2　2014 年全省分行业税务登记户数情况表

单位：户

序号	类型		项目	农、林、牧、渔业	采矿业	制造业	电力、燃气及水的生产和供应业	建筑业	交通运输、仓储和邮政业	信息传输、计算机服务和软件业	批发和零售业	住宿和餐饮业	金融业	房地产业	租赁和商务服务业	其他行业
			顺序号	1	2	3	4	5	6	7	8	9	10	11	12	13
1			合计	40781	2663	115278	2309	56442	27408	14471	640657	118453	7161	15938	55586	182415
2	内资企业		国有企业	222	68	619	220	1131	746	282	1899	338	532	255	806	1562
3	内资企业		集体企业	261	186	1556	105	644	398	9	1400	301	344	71	413	826
4	内资企业		股份合作企业	798	10	225	7	92	19	4	207	18	425	8	44	152
5	内资企业		联营企业	61	4	35	1	15	5	2	33	10	1	6	12	14
6	内资企业	其中	国有联营企业	0	2	3	0	7	2	1	11	2	0	0	1	4
7	内资企业	其中	集体联营企业	8	0	3	0	3	0	0	5	3	0	2	2	5
8	内资企业	其中	国有与集体联营企业	1	1	5	0	3	1	0	7	1	0	0	4	1
9	内资企业	其中	其他联营企业	52	1	24	1	2	2	1	10	4	1	4	5	4
10	内资企业		有限责任公司	7655	958	35775	881	28257	7944	3364	67378	3584	1626	9628	20615	21263
11	内资企业	其中	国有独资公司	20	24	42	45	179	38	23	154	22	42	74	253	151
12	内资企业	其中	其他有限责任公司	7635	934	35733	836	28078	7906	3341	67224	3562	1584	9554	20362	21112
13	内资企业		股份有限公司	110	52	1084	45	741	106	244	1479	69	3785	149	294	377
14	内资企业		私营企业	6398	845	29640	501	20990	4628	6256	75103	3561	290	5197	23563	27973
15	内资企业	其中	私营独资企业	1498	267	6413	188	300	185	190	2817	537	0	33	347	2955
16	内资企业	其中	私营合伙企业	460	90	938	85	50	59	12	482	113	50	4	975	526
17	内资企业	其中	私营有限责任公司	3988	475	22053	226	20522	4364	6042	71527	2892	225	5116	22147	24363
18	内资企业	其中	私营股份有限公司	452	13	236	2	118	20	12	277	19	15	44	94	129
19	内资企业		其他企业	10111	42	1418	45	249	78	108	1732	204	34	80	631	2964
20	内资企业		小计	25616	2165	70352	1805	52119	13924	10269	149231	8085	7037	15394	46378	55131
21	港澳台投资企业		合资经营企业（港或澳、台资）	10	8	322	18	41	22	14	101	17	12	64	29	51
22	港澳台投资企业		合作经营企业（港或澳、台资）	2	1	7	1	3	0	1	2	2	0	3	5	4
23	港澳台投资企业		港、澳、台商独资经营企业	21	7	370	31	23	12	45	263	86	14	77	54	88
24	港澳台投资企业		港、澳、台商投资股份有限公司	0	0	23	2	2	0	14	11	0	0	4	3	1
25	港澳台投资企业		小计	33	16	722	52	69	34	74	377	105	26	148	91	144
26	外商投资企业		中外合资经营企业	10	8	519	47	69	13	47	150	25	52	36	32	54
27	外商投资企业		中外合作经营企业	1	2	20	4	2	4	0	3	2	1	4	4	5
28	外商投资企业		外资企业	13	5	517	23	43	17	251	217	220	5	59	74	146
29	外商投资企业		外商投资股份有限公司	0	0	24	2	4	2	28	6	3	11	2	0	4
30	外商投资企业		小计	24	15	1080	76	118	36	326	376	250	69	101	110	209
31			外国企业	0	0	9	1	0	2	0	1	1	0	0	9	13
32			个体经营	10647	455	42963	336	3680	13268	3753	490329	109972	4	224	7983	117613
33			其他	4461	12	152	39	456	144	49	343	40	25	71	1015	9305

附表3　2014年全省分单位税务登记情况表

单位:户、%

单　位	登记户数	占全省比重
合肥市地方税务局	234425	18.3%
淮北市地方税务局	46492	3.6%
亳州市地方税务局	55859	4.4%
宿州市地方税务局	61046	4.8%
蚌埠市地方税务局	74491	5.8%
阜阳市地方税务局	103784	8.1%
淮南市地方税务局	29138	2.3%
滁州市地方税务局	77088	6.0%
六安市地方税务局	102541	8.0%
马鞍山地方税务局	60658	4.7%
芜湖市地方税务局	90552	7.1%
宣城市地方税务局	78415	6.1%
铜陵市地方税务局	37187	2.9%
池州市地方税务局	55727	4.4%
安庆市地方税务局	98643	7.7%
黄山市地方税务局	49602	3.9%
广德县地方税务局	15106	1.2%
宿松县地方税务局	5214	0.4%
安徽省地方税务局直属局	3583	0.3%
全省合计	—	100%

第八部分　机构人员

安徽省地税局处级以上干部名单

（截至 2014 年 12 月 31 日）

局领导

党组书记、局长:汪建国

党组成员、副局长:洪晓建

党组成员、副局长:胡春武

党组成员、巡视员:方学军

党组成员、副局长:倪三立

党组成员、副局长:周敬军

党组成员、政治部主任:郑圣良

党组成员、副局长:王朝晖

办公室

副主任:赵　勇　戴长胜

调研员:华曙群　项　军

政策法规处

处　长:张　勇

副处长:耿璐莹

劳务和财产行为税处(国际税收管理处)

处　长:张　英

副处长:杨　琳　章荣环

所得税处

处　长:胡新新

副处长:何祥森

副调研员:杨勇刚　刘　冰　郁　霞

耕地占用税和契税管理处

处　长:刘利庆

副处长:傅玉明

基金(费)处

处　长:李　岩

副处长:刘　俐

收入规划核算处

处　长:李今是

副处长:姚银虎

副调研员:骆晓青

纳税服务处(大企业税收管理处)

处　长:金敌钟

征管和科技发展处

处　长:李杰生

副处长:程海琳　汪　愉

调研员:宋　玲

政治部

副主任:张守凤(正处长级)

副主任:李四耕

干部教育处

处　长:石文彬

副处长:郑　萍

财务管理处

处　长:叶秉如

副处长:蒋宇纯

副调研员:王宏祥

装备处

处　长:曹惠平

副处长:倪　民

内审处

处　长:江敏如

副处长:程寿祥

离退休工作处

副处长:钱　霞

机关党委

专职副书记:王　言(正处长级)

副调研员:葛凤华

监察室

主　任:张　俊

副主任:孟令保

调研员:麻德华

副调研员:张劲松　祁玉宏

稽查局

局　长:仇应广

党总支书记、调研员:叶丽雪

副局长:李晓文　卢年春　陈明洋　周光伟

副调研员:谢建君

直属局

局　长:傅二林

党总支书记、调研员:刘　岩

副局长:朱　志　卞加林　陈富赟　李　珺

省地方税务局行政审批办公室主任(副处长级),省地方税务局驻省政务服务中心窗口首席代表:丁伟

稽查分局局长:陈富赟(兼)

副调研员:马　伟

电子税务信息管理中心

副主任:唐　亮

宣传中心

主　任:郭　宝

培训中心(机关服务中心)

主　任:叶挺华

各市、县地税局领导班子成员名单

(截至 2014 年 12 月 31 日)

合肥市地税局

党组书记、局长:邢孝鸿

副局长:童来生　王俊华

纪检组长:郑清泉

副局长:刘文军　程亚松

政治部主任:刘鸣枫

肥东县地税局

党组书记、局长:张义明

党组副书记、主任科员:李昌衡

副局长:袁　军　陆汝建　王其彪

纪检组长:刘　浩

肥西县地税局

党组书记、局长:杜逊甫

副局长:张成洲　刘　泉　殷光艳

纪检组长:秦　斌

长丰县地税局

党组书记、局长:季益涛

党组成员、主任科员:褚友矿

副局长:童有武　杨俊东　胡基根

纪检组长:胡挺松

庐江县地税局

党组书记、局长:韦士俊

副局长、主任科员:王根生

副局长:何家华　黄晓阳

纪检组长:夏春龙

巢湖市地税局

党组书记、局长:王　飞

副局长:李登祥　倪大志

党组成员、征管分局局长:张宗楚

副局长:汤维亮　赵　军　周书华
叶　青　李林彬

纪检组长:罗明丰

副局长:王卫江

淮北市地税局

党组书记、局长:戴国琨

副局长:吴卓文　孙秀荣

政治处主任:李成志

纪检组长:刘　权

调研员:邹　林　王兴华

濉溪县地税局

党组书记、局长:杨德刚

党组副书记、副局长:张明亮

副局长:王　玫　宋新华

纪检组长:徐继武

亳州市地税局

党组书记、局长:刘　岩

副局长:郭东颖　蔡子彬

政治处主任:王　敏

纪检组长:程永金

副局长:王金刚

副调研员:孙　霞　王成才

谯城区地税局

党组书记、局长:哈媛媛

副局长:佟　雷　任耿飞　李长征

纪检组长:祝　伟

主任科员:孙　歌　王　锐

蒙城县地税局

党组书记、局长:张效德

党组副书记、副局长:曹　辉

副局长:张　凯

党组成员、主任科员:苏吉云

纪检组长:巩伟耕

副局长:韦如辉

涡阳县地税局

党组书记、局长:李红伟

副局长:刘洪军　张　亮

纪检组长:李　辉

副局长:邓汉全

主任科员:李　勇　魏国辉

利辛县地税局

党组书记、局长:王振德

党组成员、主任科员:宋继业

副局长:戴　华　李玉军

纪检组长:李洪建

主任科员:张卫民

宿州市地税局

党组书记、局长:陈　俊

党组副书记、副局长:许继峰
(2014.10起任调研员)

副局长:郑怀强

纪检组长:李金波

副局长:祖振海

政治处主任:房　巍

调研员:刘会选

副调研员:王修本　蒋咏梅

埇桥区地税局

党组书记、局长:蔡子平

党组副书记、副局长、主任科员:汪德润

副局长:朱振龙　李广奎　杜增永

纪检组长:邱东海

泗县地税局

党组书记、局长:黄峻岭

副局长:王汉超(2014.3起)

主任科员:张　震

副局长:谢耀皆(2014.4起)

副局长:尤孟辉(2014.4起)

纪检组长:张庆贺

灵璧县地税局

党组书记、局长:陈绍生

副局长:宋四炜　郑永军
刘　晓(2014.3起)

纪检组长:孙浪涛(2014.4 起)

萧县地税局

党组书记、局长:朱　强

副局长:王　义　王晓歌

纪检组长:陈建博

副局长:刘亚东

砀山县地税局

党组书记、局长:闵继玲

副局长:段作海　王首浩

纪检组长:孙凯歌

副局长(挂职):尹春蓉(2014.4 起)

蚌埠市地税局

党组书记、局长:郑成良

党组副书记、副局长:李苏闽

副局长:程　林　黄明利

纪检组长:丁贤凤

政治处主任:康　军

怀远县地税局

党组书记、局长:孙明魁

副局长:蔡云旺　王光辉

纪检组长:姚焕刚

五河县地税局

党组书记、局长:蒋胜业

副局长:余保铜　吴瑞锋　王　猛

纪检组长:齐永生

固镇县地税局

党组书记、局长:宋方奎

副局长:安家瑞

纪检组长:王金钟

阜阳市地税局

党组书记、局长:黄如军

副局长:锁仁凌　汪　宁　孟学中

政治处主任:陶小杰

纪检组长: 杨绍林

调研员:马　艳　汪　宁　苏文辉

副调研员:陈保平　李　跃

界首市地税局

党组书记、局长:王建军

副局长:王建华　郭之敏　穆如泉

纪检组长:段士锦

太和县地税局

党组书记、局长:应学志

副局长:王闵君　李鸿飞　王加强

纪检组长:徐军勇

临泉县地税局

党组书记、局长:王广宇

副局长:李洪林　孙　彪

纪检组长:李洪伟

主任科员:张　岱

副主任科员:黄　光

颍上县地税局

党组书记、局长:燕　堃

副局长:姚道胜　田　平　李振林

纪检组长:许　涛

阜南县地税局

党组书记、局长:陈传宁

副局长:张士宾　陈　曙

纪检组长:朱天平

主任科员:王　坤

副主任科员:谢振球

颍东区地税局

党组书记、局长:高建民

副局长:袁红垒　吕　超　张治伟

纪检组长:杨华魁

主任科员:时亚民　罗会彬

颍泉区地税局

党组书记、局长:宫效峰

副局长:马庆梅

纪检组长:刘　盾

主任科员:樊东海

颍州区地税局

党组书记、局长:孟学中

副局长:李　辉　蒋磊祥　蒋文宾

纪检组长:朱红霞

主任科员:王秋飞

淮南市地税局

党组书记、局长:李长富

副局长:张　枫
政治处主任:何　坚
纪检组长:姜典柱
副局长:郑群生

凤台县地税局:

党组书记、局长:汪学伟
副局长:盛绍亮　牛志宏　岳延辉
纪检组长:石秀堂

滁州市地税局

党组书记、局长:刘武华
副局长:阚卫平　包遵诚
纪检组长:胡升庆
政治处主任:仰先平
副调研员:田　昕

琅琊区地税局

党组书记、局长:王　刚
副局长:周树鸣　陈　光
纪检组长:查贵平

南谯区地税局

党组书记、局长:程　明
副局长:王红兵
纪检组长:刘祝波

天长市地税局

党组书记、局长:吉　霖
副局长:姜培忠　高立新　周殿虎
纪检组长:段红兵

明光市地税局

党组书记、局长:吕维刚
副局长:刘玉成　朱相海　庄雪源
纪检组长:钱朝方

来安县地税局

党组书记、局长:余华建
副局长:马义林　孙正江
纪检组长:李　浩
副局长:詹国武

全椒县地税局

党组书记、局长:王　军
副局长:朱益萍　茆恩浩
纪检组长:李海洋
副局长:田　勇

定远县地税局

党组书记、局长:任安乐
副局长:徐家胜　赵传升
纪检组长:殷　武
副局长:汪永学

凤阳县地税局

党组书记、局长:裘　军
副局长:魏　强　张冰峰
纪检组长:毛大文

六安市地税局

党组书记、局长:吴福姐
副局长:胡海运　金　雷　冯　峰
纪检组长:徐　峰
副调研员:牛继成　田新宏

金安区地税局

党组书记、局长:陈　新
副局长:王安林　叶　强　刘　飞
纪检组长:夏俊芳

裕安区地税局

党组书记、局长:毛德忠
副局长:袁文全　管传胜　汪　煜
纪检组长:邵荣忠

寿县地税局

党组书记、局长:李逢银
党组成员、主任科员:邵松明
副局长:邹传江　柴　源
纪检组长:刘　兵

霍邱县地税局

党组书记、局长:王向伟
副局长:周　伟　窦仁江
纪检组长:阎　林

舒城县地税局

党组书记、局长:黄必显
副局长:郑祖兵　朱玉超　卞为玉
纪检组长:谈业武

金寨县地税局

党组书记、局长:夏建科
副局长:陆向东　程克常　陈荣耀

纪检组长:黄 刚

霍山县地税局

党组书记、局长:罗向阳

副局长:张云飞 张 革 詹 军

纪检组长:冯德峰

叶集区地税局

党组书记、局长:杨 群

副局长:杜 俊 傅启胜

马鞍山市地税局

党组书记、局长:刘鲁舟

纪检组长、调研员:张东辰

副局长:陶周清 李晓明 赵玉峰

政治处主任:乔增良

副调研员:吴杭华

含山县地税局

党组书记、局长:尹晓华

党组成员、主任科员:夏忠直 杨国农

副局长:宫建政

纪检组长:姜吉臻

副局长:柯光发

和县地税局

党组书记、局长:吕才明

党组成员、主任科员:何开瑜

副局长:章丽民

纪检组长:刘仕武

副局长:周广飞

党组成员、机关党委书记:成和平

当涂县地税局

党组书记、局长:朱贵平

党组成员、主任科员:明庭顺

副局长:胡晓骏 李 炜

纪检组长:胡旺兵

芜湖市地税局

党组书记、局长:谈 平(2014.11 任职)

副局长:鲍峰林 李昌平

纪检组长:邢华春

政治处主任:宋 玮

副局长:戴文艺

调研员:张维民 张克平

无为县地税局

党组书记、局长:李炳华

副局长:蒋光发 王继明 张鹏程 陈志生

纪检组长:童朝晖

芜湖县地税局

党组书记、局长:姜宗汇

副局长:吴显浒 周贤升 汪晓清

纪检组长:吴晓峰

繁昌县地税局

党组书记、局长:郑业林(2013.07 已停职,2015.01 免职)

副局长:姚亚士 汪 涛 陈福明

纪检组长:方 斌

南陵县地税局

党组书记、局长:朱建忠

纪检组长:丁 勇

副局长: 姚 辉 孙九荣 奚邦金

宣城市地税局

党组书记、局长:胡兴宽

副局长:丁仁鸣 范 峥 殷本辉

政治处主任:殷农宁

纪检组长:许心贤

宣州区地税局

党组书记、局长:方建新

副局长:鲁有进 孙剑军 江 宁

纪检组长:沙 宁

郎溪县地税局

党组书记、局长:俞卫东

副局长:金汉新 姜忠华 梅来宝

纪检组长:余世棠

宁国市地税局

党组书记、局长:李寅生

副局长:祝寿赓 杨西发 戴正刚

纪检组长:魏子云

泾县地税局

党组书记、局长:田兆祥

副局长:肖德保 胡厚欢 朱成松

纪检组长:张 帆

旌德县地税局

党组书记、局长:朱立飞

副局长:赵瑞平　孙晓东　丁　鑫

纪检组长:闵成钢

绩溪县地税局

党组书记、局长:吴庆华

副局长:金艺波　周顺武　许政君

纪检组长:周　军

铜陵市地税局

党组书记、局长:查让平

副局长:赵怀德　朱世贵

政治处主任:裴正富

纪检组长:江厚松

副局长:杨凤仪

铜陵县地税局

党组书记、局长:朱光军

副局长:王真理　王良宏　陈华东

纪检组长:魏　民

池州市地税局

党组书记、局长:汪文贵

副局长:孙志勇　孙章虎

纪检组长:崔剑明

政治处主任:钱光景

副局长:何　平

调研员:李国祥

贵池区地税局

党组书记、局长:胡陆生

副局长:高　飞　朱汉彬

党组成员、主任科员:吴春涛

纪检组长:丁　平

主任科员:王　斌

东至县地税局

党组书记、局长:琚　红

党组成员、主任科员:周长银

副局长:查接炼

纪检组长:孙　杰

副局长:张根平

石台县地税局

党组书记、局长:徐光照

党组成员、主任科员:杜来祥

副局长:李四平

纪检组长:姚玉民

青阳县地税局

党组书记、局长:程学军

副局长:潘愈青　丁　震　朱永成

纪检组长:何家祥

主任科员:宁转林

安庆市地税局

党组书记、局长:周文平

副局长:杨春平　陈建辉　苏自勤

政治处主任:齐美勇

纪检组长:王同波

桐城市地税局

党组书记、局长:都　健

副局长:戴照胜　邓　钟　龙志强

纪检组长:江震华

枞阳县地税局

党组书记、局长:汪孔球

副局长:章　斌　王桃义

纪检组长:左联合

怀宁县地税局

党组书记、局长:何　平

副局长:汪江生　王小平　张向东

纪检组长:潘孝吾

潜山县地税局

党组书记、局长:周　祥

副局长:王高潮　储卫宏　芮立林

纪检组长:宋万兵

岳西县地税局

党组书记、局长:方庆云

副局长:胡培生　储诚宏　祝中东

纪检组长:鲁　伟

太湖县地税局

党组书记、局长:龙云飞

副局长:王建国　孟小康　姜　明

纪检组长:周春玉

望江县地税局

党组书记、局长:毕启发

副局长:杨华乔　胡金林

副局长:丁庆宁

黄山市地税局

党组书记、局长:吴念能

副局长:汪嘉瑞　程建华　王志强

纪检组长:孙振春

政治处主任:胡孝武

徽州区地税局

党组书记、局长:王西贵

副局长:孙克勤　张　明

纪检组长:潘小华

黄山区地税局

党组书记、局长:胡东升

主任科员、纪检组长:李　源

副局长:郑　哲　吴良根

歙县地税局

党组书记、局长:李庆红

主任科员、副局长:苏　清

副局长:吴云政　汪晓岚

主任科员、纪检组长:吴东海

休宁县地税局

党组书记、局长:陈阿华

副局长:洪雪光　汪春发

纪检组长:王秋玲

黟县地税局

党组书记、局长:查　蓬

副局长:吴苏文　高国祥

纪检组长:马　翠

祁门县地税局

党组书记、局长:孙晓鸿

副局长:许爱珍　高　燕　许基才

主任科员、纪检组长:祝革新

省直管县地税局领导班子成员名单

（截至2014年12月31日）

广德县地税局

党组书记、局长:任　平

党组副书记:乌家芳

副局长:江雪松　姚世文

纪检书记:喻晓钟

总经济师:孔　筱

宿松县地税局

局　长:蔡默雷

党组书记:叶　慧

副局长:程向东　张春耀　高　飞

第九部分　附　录

2014 年度局属单位绩效考评(创先争优)优秀单位和优秀等次公务员(工作人员)名单

一、绩效管理优秀单位(6 个)

业务类:收入规划核算处、征管和科技发展处

行政类:办公室、政治部

直属单位类:直属局、稽查局

二、创先争优优秀单位(3 个)

业务类:纳税服务处

行政类:干部教育处

直属单位类:电税中心

三、局属单位考评优秀等次公务员(工作人员)名单(47 人)

1. 处级优秀等次公务员(工作人员)(12 名)。李杰生、李今是、戴长胜、刘利庆、李岩、李四耕、石文彬、章荣环、张守凤、仇应广、蒋宇纯、赵勇。

2. 局机关科级优秀等次公务员(12 名)。马文奇、赵俊峰、吕春雷、方胜、陈浩、欧洋、杨柳、吴洁、张跃军、吕琳、张正超、霍海鹏。

3. 局机关、稽查局、直属局优秀等次工作人员(3 名)。唐芝贵、张晓红、倪军。

4. 稽查局优秀等次公务员(4 名)。石卫斌、熊向辉、牛杰、韩思远。

5. 直属局优秀等次公务员(5 名)。许明球、王健、刘玲、孙海黎、何蓓。

6. 电子税务信息管理中心优秀等次工作人员(6 名)。沈云斐、叶红、王征、王艳、徐吉斌、周济人。

7. 宣传中心优秀等次工作人员(2 名)。左辉、周纯。

8. 培训(服务)中心优秀等次工作人员(1 名)。陈莉。

9. 省局挂职或派驻工作优秀等次公务员(2 名)。丁伟、杨传杰。

2014 年度安徽省地税系统绩效考评(创先争优)优秀单位和处级公务员优秀等次人员名单

一、绩效管理优秀单位

宿州市地方税务局、宣城市地方税务局、马鞍山市地方税务局、淮北市地方税务局、淮南市地方税务局、蚌埠市地方税务局

二、创先争优优秀单位

黄山市地方税务局、铜陵市地方税务局

三、绩效管理优良单位

阜阳市地方税务局、安庆市地方税务局、六安市地方税务局、滁州市地方税务局、亳州市地方税务局、合肥市地方税务局、池州市地方税务局、芜湖市地方税务局

四、市地税局处级公务员优秀等次人员名单

1. 合肥市:刘文军、王飞、胡家斌
2. 淮北市:王兴华、孙秀荣
3. 亳州市:郭东颖、蔡子彬
4. 宿州市:陈俊、郑怀强、祖振海
5. 蚌埠市:李苏闽、罗恩祥、王传政
6. 阜阳市:陶小杰、应学志
7. 淮南市:李长富、姜典柱、郑群生
8. 滁州市:包遵诚
8. 六安市:胡海运、冯峰
10. 马鞍山市:刘鲁舟、李晓明
11. 芜湖市:鲍峰林、宋玮、沙军
12. 宣城市:范峥、殷本辉
13. 铜陵市:赵怀德、朱世贵
14. 池州市:孙志勇
15. 安庆市:苏自勤、齐美勇
16. 黄山市:程建华

2014 年度安徽省地税系统获省部级以上表彰的先进个人名录

安徽省地税局唐芝贵同志被省直机关机要公文交换站表彰为 2013、2014 年度先进个人。

安徽省地方税局鲍春林被评为省青年文明号先进工作者。

省地税局选派干部、涡阳县义门镇小辛居委会党总支第一书记杨传杰被省委组织部部、省人社厅表彰为全省第五批选派工作优秀选派干部标兵。

宣城市地税局冷冰被国家税务总局评为全国内部审计先进工作者。

安徽省地税局稽查局谢建君、阜阳市地税局稽查局刘欲飞被公安部、国家税务总局表彰为打击整治发票违法犯罪专项行动成绩突出个人。

安徽省地税局张建民被国家税务总局电子税务管理中心 2014 年度技术管理工作中表现突出个人进行了通报表扬。

安徽省地税局丁伟被省政府政务中心评为优秀。

2014 年度安徽省地税系统获省部级以上表彰的先进集体名录

安徽省地税局被省委办公厅评为 2013 年全省信访工作责任目标管理优秀单位。

安徽省地税局被省委评为 2013 年度省直机关效能建设先进单位。

安徽省地税局被省政府办公厅评为 2013 年全省政务公开工作先进单位。

安徽省地方税务局被省双拥工作委员会评为履职优秀单位。

安徽省地税局被省直机关工委评为2011-2013年度省直机关文明单位。

安徽省地税局《省地税部门全力服务马钢重组,有效落实政策资金6.55亿元》被省委办公厅评为全省党委系统优秀决策信息。

安徽省地税局被省档案局评为2013年度省直及中央在皖单位档案工作年检优秀单位。

安徽省地税局网站被省政府办公厅评为2013年度全省优秀政府网站。

安徽省地税局办公室、征管和科技发展处被省直机关精神文明建设指导委员会评为"第二届省直机关文明处室"。

安徽省地税局内审处被省审计厅、省总工会评为全省"内部审计先进集体"。

安徽省地税局政务中心窗口被省政府办公厅评委2013年度省政府服务中心优秀窗口。

安徽省地税局被省老干部局评为2013年离退休干部统计全优报表单位。

马鞍山市地税局信息中心、铜陵市地税局征管分局、安庆市地税局大观经济开发区分局被命名为2013年度省青年文明号;铜陵市地税局狮子山区分局被命名为省青年文明号标兵。

安徽省地税局稽查局被公安部、国家税务总局表彰为打击整治发票违法犯罪专项行动成绩突出单位。

安徽省地税局被省财政厅2013年度省直部门决算编报通报表扬。

省地税局记三等功公务员(2012—2014)

李今是、赵勇、戴长胜、马文奇赵俊峰、吴洁、熊向辉、刘玲、何蓓

市地税局记三等功处级公务员(2012—2014)

王兴华、姜典柱、胡海运、朱世贵、苏自勤、程建华

图书在版编目（CIP）数据

安徽地税年鉴（2015）/《安徽地税年鉴》编委会编．—合肥：
黄山书社，2015.10

ISBN 978-7-5461-4117-6

Ⅰ．①安… Ⅱ．①安… Ⅲ．①地方税收－安徽省－2015－
年鉴 Ⅳ．①F812.754.042-54

中国版本图书馆CIP数据核字（2015）第241644号

出 版 人　任耕耘
责任编辑　向　焱
装帧设计　添彩设计

出版发行　时代传媒股份有限公司（http://www.press-mart.com）
　　　　　黄山书社（http://www.hspress.cn）
　　　　　（合肥市政务文化新区翡翠路1118号出版传媒广场7层　邮编：230071）
经　　销　新华书店
印　　刷　合肥添彩包装有限公司

开本　787×1092　1/16　　字数　1060千字
版次　2015年10月第1版　　2015年10月第1次印刷
印数　3000　印张　40.5
书号　ISBN 978-7-5461-4117-6　　　定价　280.00元